Der neue Sackmann

Vorbereitung auf die Meisterprüfung

Teil III: A Rechnungswesen

B Wirtschaftslehre

C Grundzüge des Rechts- und Sozialwesens

mit Disketten zum Rechnungswesen

Mitarbeiter:

Dipl.-Volksw. Brink, Dipl.-Volksw. Bünten, Ass. Fiekens,
Dipl.-Volksw. v. Földvary, Ass. Heesing, Dipl.-Volksw. Jungermann,
Dr. Köppen, Ass. Kuhfuhs, Dipl.-Kfm. Mertens, Dipl.-Ing. Dipl.-Kfm. Panzer,
Dipl.-Volksw. Scheele, Dipl.-Kfm. Schermer, Dipl.-Betriebsw. Schlenke,
Dipl.-oec. Schlimmer, Dipl.-Kfm. Schulte, RA Schulze Wierling,
Dipl.-Volksw. Tartter, Ass. Wilbert

33. Auflage

Verlagsanstalt
Handwerk
GmbH

Die Deutsche Bibliothek – CIP-Einheitsaufnahme

Vorbereitung auf die Meisterprüfung : gemäss Verordnung über gemeinsame Anforderungen in der Meisterprüfung;
Teil III: Rechnungswesen, Wirtschaftslehre, Grundzüge des Rechts- und Sozialwesens;
Teil IV: Berufs- und Arbeitspädagogik ; der neue Sackmann / Mitarb.: Brink . . . –
Düsseldorf : Verl.-Anst. Handwerk.
  ISBN 3-87864-216-4
    ISBN 3-87864-141-9 (28. Aufl.)
    ISBN 3-87864-233-4 (Nachdr. der 31. Aufl.)
    ISBN 3-87864-264-4 (32. Aufl.)
    ISBN 3-87864-280-6 (33. Aufl.)
NE: Brink, . . . ; Der neue Sackmann

Teil A/C. Rechnungswesen; Wirtschaftslehre; Grundzüge des Rechts- und Sozialwesens.
Lehrbuch. – 33. Aufl., – 1995
  ISBN 3-87864-281-4
Übungsdiskette [zur 33. Aufl.]. – 1995
  ISBN 3-87864-281-4

© by Verlagsanstalt Handwerk GmbH, Düsseldorf
Nachdruck oder jede Form der Vervielfältigung – auch auszugsweise – nur mit ausdrücklicher Genehmigung des Verlages gestattet.
Umschlaggestaltung: Monika Hagenberg
Herstellung: Barbara Schnell, Renate Weise
Satz: Graphische Werkstätten Lehne GmbH, Grevenbroich-Kapellen

Inhaltsverzeichnis

Vorwort 15

Allgemeine Meisterprüfungsverordnung (AMVO) 17
(Verf.: Ass. Kuhfuhs)

A Rechnungswesen

Aufgaben und Gliederung des betrieblichen Rechnungswesens
(Verf.: Dipl.-Kfm. Mertens)

1. Buchführung und Bilanz 19

    1.1 Zweck und Aufgaben der Buchführung 20
    1.2 Gesetzliche Buchführungs- und Bilanzierungsvorschriften 20
    1.3 Grundsätze ordnungsmäßiger Buchführung und Bilanzierung (GoB) 24

2. Von der Inventur zur Bilanz 28

    2.1 Inventur und Inventar 28
    2.2 Bilanz 31
    2.3 Gewinn- und Verlustrechnung 34
    2.4 Bilanzveränderungen 37

3. Bewerten des Betriebsvermögens und der Schulden 42

    3.1 Bewertungsgrundsätze 42
    3.2 Bewertungsvorschriften 44
    3.3 Maßgeblichkeitsprinzip 46
    3.4 Bewertung der Vermögens- und Schuldposten im einzelnen 47

4. Einrichtung und Handhabung der Buchführung 49

    4.1 Konto – Kontenrahmen – Kontenplan 49
    4.2 Einrichten – Berühren – Abschluß der Konten 54
    4.3 Buchführung und Bilanzierung in ihrer praktischen Anwendung 78

5. Buchführungsbeispiel 85
    5.1 Angenommene Beispielsprämissen 85
    5.2 Durchführung des Buchführungsbeispiels 85

Kostenrechnung und Kalkulation
(Verf.: Dipl.-Volksw. Brink)

1. Aufgaben und Grundbegriffe der Kostenrechnung   103
   - 1.1 Aufgaben der Kostenrechnung   103
   - 1.2 Grundbegriffe der Kostenrechnung   104

2. Aufbau der Kostenrechnung   108
   - 2.1 Kostenartenrechnung   108
   - 2.2 Kalkulation – Kostenträgerrechnung   116
   - 2.3 Kostenstellenrechnung   119
   - 2.4 Deckungsbeitragsrechnung   125

Betriebswirtschaftliche Auswertung der Buchführung und betriebliche Statistik
(Verf.: Dipl.-Kfm. Schulte 1-5 / Dipl.-Volksw. Brink 6-7)

1. Einführung   130

2. Analyse und Beurteilung der Bilanz   133
   - 2.1 Aufbereitung einer Bilanz   133
   - 2.2 Vergleich zweier Bilanzen   135
   - 2.3 Kennziffern der Bilanz   135
   - 2.4 Eigenkapitalentwicklung   140
   - 2.5 Liquiditätsentwicklung   142
   - 2.6 Anlagedeckungsberechnung   150

3. Analyse und Beurteilung der Gewinn- und Verlustrechnung   155
   - 3.1 Aufbereitung der Gewinn- und Verlustrechnung   155
   - 3.2 Kostenanalyse   156
   - 3.3 Vergleich zweier Gewinn- und Verlustrechnungen   158
   - 3.4 Möglichkeiten der Kostensenkungen   160

4. Erfolgs- und Kostenkontrolle   162
   - 4.1 Kurzfristige Erfolgsrechnung   162
   - 4.2 Kurzfristige Erfolgsrechnung als Monatsvergleich   164

5. Kennziffern aus Bilanz und Gewinn- und Verlustrechnung   168

6. Betriebliche Statistik als Teil des innerbetrieblichen Rechnungswesens   172
   - 6.1 Begriff und Aufgaben der betrieblichen Statistik   172
   - 6.2 Anwendungsbereiche der betrieblichen Statistik   172

7. Betriebsvergleich   176
   - 7.1 Begriff und Inhalt des Betriebsvergleichs   176
   - 7.2 Innerbetrieblicher Vergleich   176
   - 7.3 Zwischenbetrieblicher Vergleich   176

B Wirtschaftslehre

Wirtschaftliche Grundfragen bei der Gründung eines Handwerksbetriebes
(Verf.: Dipl.-Volksw. Jungermann)

1. Motivation zur Selbständigkeit und Unternehmensziele	181
2. Standortwahl	181
2.1 Begriff des Standortes	183
2.2 Bestimmungsfaktoren der Standortwahl	183
2.3 Auswirkungen des Bau- und Immissionsschutzrechts auf Handwerksbetriebe und Gewerbebauten	187
2.4 Standortwechsel	190
2.5 Standortspaltung	190
2.6 Standortkalkulation	191
3. Wahl der Rechtsform	192
3.1 Einzelunternehmen	192
3.2 Personengesellschaften	192
3.3 Kapitalgesellschaften	195
3.4 Mischformen zwischen Kapital- und Personengesellschaft	196
4. Größe des Betriebes	197
5. Arten der Gründung und Gründungsfinanzierung	199
5.1 Arten der Gründung	199
5.2 Gründungsfinanzierung	203

Betriebliche Grundaufgaben
(Verf.: Dr. Köppen)

1. Beschaffung von Material, Maschinen, Werkzeugen	209
1.1 Allgemeines	209
1.2 Beschaffungsdispositionen	210
1.3 Lagerhaltung und Materialkontrolle	212
2. Handwerkliche Leistungserstellung	214
2.1 Allgemeine Kennzeichnung	214
2.2 Faktoren der handwerklichen Leistungserstellung	214
2.3 Vorbereitung und Durchführung der handwerklichen Leistung	216
3. Absatz	218
3.1 Allgemeines	218
3.2 Marketing	218
3.3 Bedeutung der Marktforschung und der Markterkundung	219
3.4 Absatzfördernde Maßnahmen	221

Finanzwirtschaftliche Aufgaben

(Verf.: Dipl.-Kfm. Mertens)

1. Finanzierung eines Unternehmens   229
    - 1.1 Finanzwirtschaftliche Grundsätze der Unternehmensführung   229
    - 1.2 Kontrolle und Planung der betrieblichen Finanzierung   231
    - 1.3 Finanzierungsarten   232
    - 1.4 Kreditabsicherung   236
    - 1.5 Finanzierungsplan   237

Zahlungsverkehr

(Verf.: Dipl.-Volksw. Scheele)

1. Grundbegriffe der Geldwirtschaft   238
    - 1.1 Geld und Währung   238
    - 1.2 Deutsche Bundesbank   238
    - 1.3 Zahlungsverkehr   240

2. Zahlungsweisen   241
    - 2.1 Giroverkehr   241
    - 2.2 Postgiroverkehr   242
    - 2.3 Electronic Banking   243
    - 2.4 Scheck-Wechsel-Verfahren   243

3. Scheck   244

4. Kreditkarten   247

5. Wechsel   248
    - 5.1 Wirtschaftliche Bedeutung des Wechsels   248
    - 5.2 Arten des Wechsels   249
    - 5.3 Gesetzliche Bestandteile des Wechsels   249
    - 5.4 Akzept   250
    - 5.5 Indossament   252
    - 5.6 Zahlung, Protest und Rückgriff   254
    - 5.7 Weitere Hinweise zum Wechsel   257

Betriebsorganisation

(Verf.: Dipl.-Kfm. Schermer)

1. Begriff der betrieblichen Organisation   258
    - 1.1 Gegenstand und Aufgabe der Betriebsorganisation   259
    - 1.2 Organisationsprinzipien   260
    - 1.3 Arten der Betriebsorganisation   260
    - 1.4 Planung der Betriebsstätte und Betriebsausstattung   264

2.	Arbeitsorganisation	266
	2.1 Auftragsvorbereitung	266
	2.2 Auftragsabwicklung	274
3.	Büroorganisation	277
	3.1 Gliederung der Büroarbeit	277
	3.2 Technische Hilfsmittel	278
	3.3 Schriftverkehr und Formulare	284
	3.4 Informationswesen und Ablage	286
	3.5 Organisationshilfsmittel	290
	3.6 Rationalisierung, Mechanisierung und Automatisierung	290

Elektronische Datenverarbeitung
(Verf.: Dipl.-Ing. Dipl.-Kfm. Panzer / Dipl.-oec. Schlimmer)

1.	Einleitung	294
	1.1 Vorteile der EDV	294
	1.2 Einführung der EDV	295
2.	Datenverarbeitung	298
	2.1 Hardware	298
	2.2 Software	301
	2.3 Zusammenwirken von Hard- und Software	302
3.	Daten und Datenverarbeitung	304
	3.1 Betriebliche Daten	304
	3.2 Datenspeicherung	309
4.	Betriebsanalyse	312
	4.1 Aufgabenanalyse	312
	4.2 Analyse der betrieblichen Daten	314
	4.3 Analyse der Datenverarbeitung	315
	4.4 Wirtschaftlichkeitsbetrachtung	316
	4.5 Weitere Gründe für die Einführung eines EDV-Systems	317
5.	Pflichtenheft	319
	5.1 Aufgabenstellung	319
	5.2 Programmfunktionen	319
	5.3 Ausdrucke, Formulare und Listen	321
	5.4 Datenaustausch	323
	5.5 Besondere Anforderungen	323
	5.6 Geplante Erweiterungen	324
6.	Systemauswahl	325
	6.1 Einholen von Angeboten	325
	6.2 Entscheidungshilfen für die Auswahl eines EDV-Systems	325
	6.3 Systemdemonstration bei EDV-Anwendern	325
	6.4 Kaufbedingungen und Kaufverträge	326

7. Inbetriebnahme des EDV-Systems 327

    7.1 Organisatorische Vorbereitungen 327
    7.2 Umstellung 327
    7.3 Abnahme 328

Personalorganisation und Personalführung
(Verf.: Dipl.-Betriebsw. Schlenke)

1. Personalorganisation 329

    1.1 Methoden der Personalorganisation 329
    1.2 Verschiedene Systeme der Aufbauorganisation 331
    1.3 Personalplanung 334

2. Personalführung 335

    2.1 Führung und Motivation 335
    2.2 Führungsstile 337
    2.3 Führungsmittel und Managementtechniken 339

Gewerbeförderung für das Handwerk
(Verf.: Dipl.-Volksw. Bünten)

1. Überblick 341

    1.1 Inhalt 341
    1.2 Träger 341
    1.3 Zweck 342

2. Maßnahmen im einzelnen 344

    2.1 Beratung 344
    2.2 Bildung 347
    2.3 Finanzierungshilfen 349
    2.4 Informationsbroschüren 352
    2.5 Vermittlungsdienste 353
    2.6 Messen, Ausstellungen, Sonderschauen 353

C Grundzüge des Rechts- und Sozialwesens

Grundzüge der politischen Bildung
(Verf.: Ass. Fiekens)

1. Begriff und Aufgaben des Staates — 355
    - 1.1 Was ist ein Staat? — 355
    - 1.2 Demokratischer Staat — 356
    - 1.3 Diktatur — 358
    - 1.4 Aufgaben des Staates — 358
    - 1.5 Europäische Union — 359

2. Grundgesetz und Staatsverfassung für die Bundesrepublik Deutschland — 362
    - 2.1 Charakterisierung der Bundesrepublik — 362
    - 2.2 Grundrechte — 363
    - 2.3 Auftrag und Befugnisse der Organe der Bundesrepublik Deutschland — 365
    - 2.4 Gesetzgebungsverfahren und Verwaltung — 368

3. Länder und Gemeinden — 370
    - 3.1 Länder und ihre Verfassungen — 370
    - 3.2 Gemeinden — 371

Bürgerliches Recht und seine Nebenbestimmungen
(Verf.: Ass. Wilbert)

1. Begriff und Einteilung des Rechts — 374
    - 1.1 Rechtsordnung und Rechtsnormen — 374
    - 1.2 Öffentliches Recht – Privates Recht — 375
    - 1.3 Einteilung des Bürgerlichen Gesetzbuches, seiner Nebengesetze und seiner Nebenbestimmungen — 376

2. Bewertung der verschiedenen Altersstufen im BGB — 378
    - 2.1 Rechtsfähigkeit — 378
    - 2.2 Parteifähigkeit — 380
    - 2.3 Geschäftsfähigkeit — 380
    - 2.4 Prozeßfähigkeit — 382
    - 2.5 Deliktsfähigkeit — 382
    - 2.6 Ehefähigkeit — 383
    - 2.7 Testierfähigkeit — 383

3. Rechtsgeschäfte — 384
    - 3.1 Vertragsfreiheit — 384
    - 3.2 Willenserklärungen — 386
    - 3.3 Verjährung — 390
    - 3.4 Erfüllungsort einer Leistung — 391

3.5	Leistungsstörungen	392
3.6	Verschulden und Schadenersatz	397
3.7	Haftung für Mitarbeiter	398
3.8	Beendigung des Schuldverhältnisses	401

4. Allgemeine Geschäftsbedingungen (AGB) — 406

5. Einzelne Vertragsarten — 411

5.1	Kaufvertrag	411
5.2	Besondere Kaufverträge	414
5.3	Dienstvertrag	419
5.4	Werkvertrag	419
5.5	Schenkung	426
5.6	Leihe, Miete, Leasing, Pacht	427
5.7	Darlehen und Bürgschaft	431
5.8	Schuldanerkenntnis, Schuldversprechen, Schuldschein	432
5.9	Maklervertrag	432
5.10	Spiel und Wette	432

6. Sachenrecht — 433

6.1	Besitz	433
6.2	Eigentum	433
6.3	Nießbrauch und Dienstbarkeit	435
6.4	Pfandrecht	436
6.5	Grundpfandrecht	436

7. Familienrecht — 441

7.1	Ehe	441
7.2	Eheliches Güterrecht	443
7.3	Verwandtschaft und Schwägerschaft	444
7.4	Adoption	445
7.5	Vormundschaft, Betreuung und Pflegschaft	445

8. Erbrechtliche Fragen — 448

8.1	Nachlaßgericht	448
8.2	Gesetzliche Erbfolge	448
8.3	Testament, Vermächtnis, Erbvertrag	450

Gerichte in der Bundesrepublik Deutschland
(Verf.: Ass. Wilbert)

1. Gliederung der Gerichtsbarkeit — 454

2. Rechtsverfolgung mit Hilfe des Gerichts in bürgerlichen Streitigkeiten (Zivilprozeß) — 456

2.1	Gerichtliches Mahnverfahren	457
2.2	Klageverfahren	459
2.3	Rechtszug vor den Zivilgerichten	461

3. Zwangsvollstreckung — 463

3.1	Arrest und einstweilige Verfügung	465

4.	Konkurs und Vergleichsverfahren	466
	4.1 Konkurs	466
	4.2 Vergleichsverfahren	468
	4.3 Zwangsvergleich	468

Selbständige Ausübung des Handwerks

(Verf.: Ass. Fiekens)

1.	Gründung eines Gewerbebetriebes	469
2.	Handwerksbetrieb und Handwerksrolleneintragung	471
	2.1 Voraussetzungen für die Eintragung in die Handwerksrolle	472
	2.2 Handwerksähnliches Gewerbe	474
	2.3 Unberechtigte Ausübung des Handwerks – Schwarzarbeit	474
3.	Gesellschaftsrecht und Gesellschaftsformen	476
	3.1 Allgemeines	476
	3.2 Personengesellschaften	476
	3.3 Kapitalgesellschaften	477
	3.4 Eintragung in das Handelsregister	479
4.	Wettbewerbsrecht	481
	4.1 Gewerbliches Urheberrecht	481
	4.2 Preisrecht	481
	4.3 Unlauterer Wettbewerb	483

Arbeitsrecht

(Verf.: Ass. Heesing)

1.	Allgemeines	484
2.	Kollektives Arbeitsrecht	486
	2.1 Tarifvertragsrecht	486
	2.2 Arbeitskampfrecht	487
	2.3 Schlichtungsrecht	488
3.	Individuelles Arbeitsrecht	489
	3.1 Arbeitsvertrag	489
	3.2 Rechte und Pflichten aus dem Arbeitsverhältnis	495
	3.3 Beendigung des Arbeitsverhältnisses	498
4.	Arbeitnehmer-Schutzrechte	506
	4.1 Kündigungsschutz	506
	4.2 Sonstiger Arbeitsschutz	509
5.	Betriebsverfassungsgesetz	519
	5.1 Errichtung von Betriebsräten	519
	5.2 Stellung und Rechte des Betriebsrats	520

5.3	Mitwirkung des Betriebsrats	520
5.4	Betriebsvereinbarungen	521
5.5	Einigungsstellen	521
5.6	Erzwingbarkeit	522
5.7	Arbeitsgerichtsbarkeit	522

Schutz gegen Wechselfälle des Lebens (Sozialrecht und Versicherungen)

(Verf.: RA Schulze Wierling)

1. System der Sozialen Sicherung — 523

1.1	Allgemeines	523
1.2	Geschichtliche Entwicklung	525
1.3	Rechtsgrundlagen des Sozialrechts	526
1.4	Sozialgerichtsbarkeit	526

2. Sozialversicherung — 527

2.1	Gliederung und Selbstverwaltung	527
2.2	Versicherungsrecht	531
2.3	Melde- und Beitragsrecht	533
2.4	Rentenversicherung des selbständigen Handwerkers	536
2.5	Leistungen der Arbeitslosenversicherung	537
2.6	Leistungen der Krankenversicherung	540
2.7	Leistungen der Rentenversicherung	541
2.8	Leistungen der Unfallversicherung	545
2.9	Leistungen der Pflegeversicherung	546

3. Sonstige Sozialleistungsbereiche — 548

3.1	Ausbildungsförderung	548
3.2	Kinder- und Jugendhilfe	548
3.3	Sozialhilfe	549
3.4	Soziale Entschädigung	549
3.5	Kindergeld und Erziehungsgeld	550
3.6	Wohngeld	551
3.7	Eingliederung Schwerbehinderter	551

4. Privatversicherungen — 552

4.1	Private Kranken- und Unfallversicherungen	552
4.2	Lebensversicherungen	552
4.3	Haftpflichtversicherungen	553
4.4	Sachversicherungen	553
4.5	Sonstige Versicherungen	553

Vermögensbildung

(Verf.: Dipl.-Volksw. Tartter)

1. Vermögensbildung in der Bundesrepublik Deutschland — 554

1.1	Wertbeständigkeit	554
1.2	Verfügbarkeit	555
1.3	Sachvermögen	556
1.4	Geldvermögen	556

2. Staatliche Förderung der Vermögensbildung — 558

    2.1 Fünftes Vermögensbildungsgesetz (936-DM-Gesetz) — 559
    2.2 Wohnungsbau-Prämiengesetz — 562

Steuern

(Verf.: Dipl.-Volksw. v. Földvary)

1. Wichtigste Steuerarten — 563

    1.1 Übersicht über Bundes-, Landes-, Gemeindesteuern — 563
    1.2 Umsatzsteuer (Mehrwertsteuer) — 564
    1.3 Einkommensteuer — 579
    1.4 Körperschaftsteuer — 594
    1.5 Lohnsteuer — 596
    1.6 Gewerbesteuer — 602
    1.7 Andere Steuern — 606

2. Rechtsverfahren bei Steuern — 609

    2.1 Rechtsbehelfe gegen Steuerveranlagung — 609
    2.2 Steuerstundung, -ermäßigung und -erlaß — 609
    2.3 Außenprüfung, Steuerstrafverfahren — 610

Handwerk in Wirtschaft und Gesellschaft

(Verf.: Ass. Fiekens)

1. Geschichtliche Entwicklung — 612

    1.1 Handwerk im Mittelalter — 612
    1.2 Zünfte — 612
    1.3 Gewerbefreiheit und ihre Folgen — 614
    1.4 Aufbau der Kammern, Innungen und Kreishandwerkerschaften — 614
    1.5 Handwerksrecht nach 1945 — 616

2. Handwerk als Wirtschaftsgruppe — 617

    2.1 Welcher Betrieb ist Handwerksbetrieb? — 617
    2.2 Wirtschaftliche Bedeutung des Handwerks — 618
    2.3 Arbeitsgebiete des Handwerks — 621
    2.4 Soziologische Bedeutung des Handwerks — 621

3. Handwerksorganisation — 623

    3.1 Gesamtaufbau — 623
    3.2 Innungen — 625
    3.3 Kreishandwerkerschaften — 626
    3.4 Innungsverbände (Fachverbände) — 627
    3.5 Handwerkskammern — 627
    3.6 Spitzenorganisationen des Handwerks — 629
    3.7 Gesellenzusammenschlüsse — 630

4.	Organisation der übrigen gewerblichen Wirtschaft	631
4.1	Industrie- und Handelskammern	631
4.2	Landwirtschaftskammern	631
4.3	Fachverbände	631
4.4	Arbeitgeberverbände	632
4.5	Gewerkschaften	632

Abkürzungsverzeichnis 635

Stichwortverzeichnis 639

Vorwort zur 33. Auflage

Mit der 33. Auflage des Sackmann legen wir wiederum ein Werk vor, das zahlreiche Neuerungen enthält.

Gesamtwerk — Das Gesamtwerk ‚Vorbereitung auf die Meisterprüfung – Der neue Sackmann' besteht nunmehr aus vier Bänden:

- Lehrbuch zu Teil III (Rechnungswesen, Wirtschaftslehre, Grundzüge des Rechts- und Sozialwesens)
- Test- und Übungsaufgaben inkl. Lösungen zu Teil III
- Lehrbuch zu Teil IV (Berufs- und Arbeitspädagogik)
- Test- und Übungsaufgaben inkl. Lösungen zu Teil IV.

AMVO — Grundlage für den ‚Sackmann' ist die AMVO – ‚Verordnung über gemeinsame Anforderungen in der Meisterprüfung im Handwerk' sowie die jeweils gültigen Rahmenstoff- und Rahmenzeitpläne. Verlag wie auch Autoren legen jedoch größten Wert darauf, daß die notwendige Theorie nicht die Praxis erschlägt. Daher hat bei der Strukturierung jedes einzelnen Beitrags der Praxisbezug Vorrang, wenn es darum geht, die ungeheure Informationsfülle anschaulich, vom logischen Ablauf begreifbar und erlernbar zu machen.

Arbeitsbuch — Wir bieten Ihnen mit dem Sackmann daher ein aktuelles Arbeitsbuch an, das Sie zur aktiven Vorbereitung auf die Prüfung nutzen können. Der breite Rand ist dabei nicht nur für die Randmarginalien gedacht, die Ihnen die Orientierung auf der Seite und das Auffinden von wichtigen Textstellen erleichtern sollen, sondern auch für Ihre persönlichen Anmerkungen oder zusätzliche Hinweise Ihres Dozenten. So halten Sie am Ende Ihrer Vorbereitungszeit Ihr ganz persönliches Arbeitsbuch in Händen, anhand dessen Sie noch einmal für die Prüfung gezielt nachlesen und sich intensiv vorbereiten können.

Nutzen Sie auch das detaillierte Stichwortverzeichnis am Ende des Buches und die zahlreichen Querverweise, die Ihnen beim Suchen und Nachlesen helfen.

Und nun zu den Neuerungen:
Unnötig zu erwähnen, daß – wie bei jeder Auflage – gesetzliche Änderungen in allen Teilen berücksichtigt sind und sorgfältig in Zusammenarbeit mit den Autoren eingearbeitet wurden. Komplett neu bearbeitet wurde der Teil A – das Rechnungswesen. Dieser Teil wird jetzt zusätzlich durch eine Trainings-
Disketten — software begleitet, die Sie auf zwei Disketten am Ende dieses Bandes finden.

Diese Software ist so gestaltet, daß alle damit umgehen können, auch diejenigen unter Ihnen, die noch keine PC-Erfahrung haben. Sie werden systematisch durch das Programm geführt und können nichts ‚falsch' machen. Daher sollten Sie dieses zusätzliche Trainingsangebot unbedingt nutzen. Sie werden sehen, daß auch Rechnungswesen Spaß machen kann. Und ‚so ganz nebenbei' trainieren Sie Ihre Kenntnisse, was Ihnen spätestens in der Prüfung zugute kommen wird.

Das Programm ist sehr einfach zu installieren. Sie benötigen einen PC (386er oder höher) mit Farbmonitor und installierter Windows-Software.

Vorwort

Installation Beachten Sie bitte folgende Installationshinweise:

1. Starten Sie MS-Windows.
2. Legen Sie die Diskette 1 in das Laufwerk A: ein.
3. Rufen Sie den Menüpunkt *Datei* im Programm-Manager auf, anschließend den Menüpunkt *Ausführen*.
4. Tragen Sie im Feld Befehlszeile ein: *A:\SETUP*.
5. Bestätigen Sie mit *OK*.

Die Installation des Programms wird nun automatisch durchgeführt. Und dann kann es schon losgehen!

Für die Erstellung dieser Software haben wir bewußt einen Partner ausgewählt, der im Handwerk etabliert ist und speziell auf die Bedürfnisse des Handwerks ausgerichtete Software anbietet. Diesen Partner haben wir in der Firma PCAS gefunden. Die Kombination von Lehrbuch und darauf abgestimmter Trainingssoftware zum Rechnungswesen soll zum einen Ihr Verständnis für die wirtschaftlichen Zusammenhänge vertiefen und zum anderen Ihnen dieses für Handwerker so leidige Thema der Zahlen näher bringen. Denn für Sie als potentieller zukünftiger Handwerksunternehmer ist das Gesamtthema „Rechnungswesen" von nicht zu unterschätzender Bedeutung für den wirtschaftlichen Erfolg Ihres Betriebes.

August 1995

Allgemeine Meisterprüfungsverordnung (AMVO)

Die Prüfungsanforderungen für die Teile III und IV der Meisterprüfung sind durch die „Verordnung über gemeinsame Anforderungen in der Meisterprüfung im Handwerk" (AMVO) vom 12. 12. 1972 in der Fassung vom 20. 12. 1993 (BGBl. I S. 2256) für die Meisterprüfungen aller Handwerke verbindlich festgelegt.

Vor Erlaß der AMVO waren die Prüfungsanforderungen auch für die Teile III und IV jeweils in den einzelnen Fachlichen Vorschriften für die Meisterprüfung und in den Meisterprüfungsverordnungen nach § 45 niedergelegt. Da diese Anforderungen in allen Meisterprüfungen der 127 Handwerksberufe gleich sind, wird durch die AMVO eine ständige Wiederholung wortgleicher Prüfungsanforderungen in den Verordnungen über die Meisterprüfung in den einzelnen Handwerken vermieden.

gemeinsame Regelung für alle Handwerke

Zugleich werden in der AMVO u. a. Gliederung, Inhalt, Bestehen und Wiederholung der Meisterprüfung geregelt.

Im einzelnen schreibt die AMVO u. a. folgendes vor:

vier Prüfungsteile
- Die handwerkliche Meisterprüfung setzt sich aus vier Prüfungsteilen zusammen, nämlich aus
  der praktischen Prüfung (Teil I),
  der Prüfung der fachtheoretischen Kenntnisse (Teil II),
  der Prüfung der wirtschaftlichen und rechtlichen Kenntnisse (Teil III) und
  der Prüfung der berufs- und arbeitspädagogischen Kenntnisse (Teil IV)
  (vgl. § 1 Abs. 1 AMVO).

Rechtsgrundlage für Teile I und II
- Gegenstand der Meisterprüfung in den Teilen I und II ist ausschließlich das, was die einzelne Verordnung über die Anforderungen in der Meisterprüfung nach § 45 Nr. 2 HwO oder – soweit noch nicht eine solche Verordnung erlassen ist – die jeweiligen Fachlichen Vorschriften für die Meisterprüfung insoweit vorschreiben (vgl. § 1 Abs. 2 Satz 1 AMVO).

Rechtsgrundlage für Teile III und IV
- Die Meisterprüfungsanforderungen in den Teilen III und IV sind in dem § 4 (für Teil III) und in dem § 5 (für Teil IV) niedergelegt (vgl. § 1 Abs. 2 Satz 2 AMVO). Hierbei handelt es sich um eine abschließende Aufzählung.

- Teil III der Meisterprüfung umfaßt drei Prüfungsfächer, nämlich
  Rechnungswesen,
  Wirtschaftslehre sowie
  Grundzüge des Rechts- und Sozialwesens.

Prüfungsanforderungen für Teil III
Die Prüfungsanforderungen dieser drei Prüfungsfächer sind in § 4 Abs. 1 AMVO im einzelnen aufgezählt.

In § 4 Abs. 2 bis 5 AMVO werden zugleich nähere Regelungen über die Art und Weise der Prüfung von Teil III getroffen. Danach ist die Prüfung grundsätzlich schriftlich und mündlich durchzuführen (Ausnahmen vgl. Absätze 4 und 5). Nach § 4 Abs. 6 AMVO kann Teil III nur bestanden werden, wenn mindestens zwei Prüfungsfächer mit ausreichend oder besser bewertet werden.

Allgemeine Meisterprüfungsverordnung

– Teil IV der Meisterprüfung umfaßt vier Prüfungsfächer und eine praktisch durchzuführende Unterweisung von Lehrlingen (Unterweisungsprobe). Was in den vier Prüfungsfächern
Grundfragen der Berufsbildung,
Planung und Durchführung der Ausbildung,
der Jugendliche in der Ausbildung und
Rechtsgrundlagen für die Berufsbildung
im einzelnen Prüfungsgegenstand ist, regelt § 5 Abs. 1 AMVO abschließend.

Prüfungsanforderungen für Teil IV

Die Prüfungsanforderungen in Teil IV der Meisterprüfung stimmen fast wörtlich mit den Anforderungen überein, die nach der Verordnung über die berufs- und arbeitspädagogische Eignung für die Berufsausbildung in der gewerblichen Wirtschaft (sog. Ausbilder-Eignungsverordnung) vom 20. 4. 1972 in der Prüfung von Ausbildern nachzuweisen sind.

Ausbilder-Eignungsprüfung

In § 5 Abs. 2 bis 4 AMVO wird Näheres über die Durchführung der schriftlichen und mündlichen Prüfung von Teil IV der Meisterprüfung gesagt. Danach ist die Prüfung schriftlich und mündlich durchzuführen. Eine Befreiung von der mündlichen Prüfung kommt hier – im Gegensatz zu Teil III – nicht in Betracht. Im übrigen ist hier Voraussetzung für das Bestehen des Teiles IV mindestens ausreichende Leistungen in den Prüfungsfächern „Planung und Durchführung der Ausbildung", „der Jugendliche in der Ausbildung" und „Rechtsgrundlagen für die Berufsbildung" (vgl. § 5 Abs. 5 AMVO).

Bestehen der Meisterprüfung

– Nach § 2 AMVO ist die Meisterprüfung insgesamt bestanden, wenn in jedem der vier Prüfungsteile im rechnerischen Durchschnitt ausreichende Leistungen erbracht worden sind und die vorgeschriebenen Mindestvoraussetzungen (vgl. § 4 Abs. 6 und § 5 Abs. 5 AMVO) erfüllt sind.

Wiederholung der Meisterprüfung

– Die einzelnen Prüfungsteile können zweimal wiederholt werden. Mit mindestens ausreichend bewertete Prüfungsfächer brauchen ebenso wenig wiederholt werden wie entsprechende Leistungen in der Arbeitsprobe oder in der Meisterprüfungsarbeit, wenn der Prüfling einen Befreiungsantrag stellt (§ 3 AMVO).

Meisterprüfungsordnung

Die Einzelheiten des bei der Durchführung der Meisterprüfung zu beachtenden Verfahrens regelt die Meisterprüfungsordnung der Handwerkskammer. Sie hat die in der AMVO niedergelegten Verfahrensregelungen zu berücksichtigen.

A Rechnungswesen

Aufgaben und Gliederung des betrieblichen Rechnungswesens

1. Buchführung und Bilanz

Lernziele:

Der Lernende kann, nachdem er dieses Kapitel durchgearbeitet hat,
- die Aufgaben und Teilgebiete des betrieblichen Rechnungswesens darlegen,
- die Aufgaben der Buchführung und Bilanz erläutern,
- die wichtigsten Rechtsgrundlagen der Buchführung und Bilanz nach Handelsrecht und Steuerrecht angeben,
- die Grundsätze ordnungsgemäßer Buchführung und Bilanzierung erklären,
- die für Einzelunternehmen und kleinere Kapitalgesellschaften wesentlichen Bestimmungen des Bilanzrichtliniengesetzes wiedergeben,
- die für die Buchführung eines Handwerksbetriebes bedeutsamen gesetzlichen Aufzeichnungspflichten angeben.

Aufgaben Die wesentlichen Aufgaben des betrieblichen Rechnungswesens lassen sich wie folgt zusammenfassen:
- Dokumentationsfunktion
  Systematische Erfassung und Auswertung aller zahlenmäßigen Vorgänge eines Unternehmens
- Dispositionsfunktion
  Grundlage für unternehmerische Entscheidungen
- Kontrollfunktion
  Grundlage unternehmerischer Kontrollmaßnahmen
- Informationsfunktion
  Darstellung der Vermögens-, Kapital- und Erfolgsverhältnisse gegenüber dem Betriebsinhaber selbst und betriebsfremden Dritten (z. B. Banken, Behörden).

vier Teilbereiche Das betriebliche Rechnungswesen umfaßt die folgenden Teilbereiche:
- Buchführung und Bilanz
- Kostenrechnung und Kalkulation
- Statistik und Vergleichsrechnung (z. B. Soll-Ist-Vergleich)
- Planungsrechnung (z. B. Absatzplanung, Finanzplanung).

1.1 Zweck und Aufgaben der Buchführung

Zweck Aufgabe der Buchführung ist es, alle diejenigen Geschäftsvorfälle im Leben eines Unternehmens, die sich wertmäßig darstellen lassen, zu erfassen und auszudrücken. Dies erfolgt zu dem Zweck, die Veränderungen des betrieblichen Vermögens und der Schulden sichtbar werden zu lassen und den betrieblichen Erfolg während eines bestimmten Zeitraumes festzustellen.

Ziel Aus den obigen Zielsetzungen lassen sich die wichtigsten Anforderungen an die Buchführung ableiten. Sie muß demnach die folgenden Funktionen erfüllen können:

- jederzeit einen Überblick geben über die Höhe und die Zusammensetzung des betrieblichen Vermögens und der betrieblichen Schulden
- den Erfolg (oder Mißerfolg) der betrieblichen Tätigkeit während eines bestimmten Zeitraumes ermitteln und ausdrücken
- die Veränderungen der einzelnen Vermögens- und Schuldposten festhalten und ausweisen
- als wichtige Unterlage dienen für die betriebliche Kostenrechnung und Kalkulation und weitere Planungsrechnungen
- Zahlenmaterial für inner- und außerbetriebliche statistische Zwecke sowie interne und externe Betriebsvergleiche bereithalten
- die Errechnung von Kennziffern zur Beurteilung der betrieblichen Rentabilität und Liquidität ermöglichen
- Grundlage abgeben für die Bemessung verschiedener Steuern
- die wirtschaftlichen Verhältnisse des Unternehmens wiedergeben bei Verhandlungen mit Kreditgebern, Auftraggebern und Behörden (z. B. Krankenkassen, Arbeitsämtern, Gerichten) oder bei Vermögens- oder Erbauseinandersetzungen.

Ergebnisse Die Ergebnisse der Buchführung sind aus dem Jahresabschluß zu erkennen. Dessen Kernpunkte bilden die Bilanz mit der Gewinn- und Verlustrechnung.

1.2 Gesetzliche Buchführungs- und Bilanzierungsvorschriften

Die oben genannten Ziele und Anforderungen an die Buchführung und Bilanzierung haben ihren Niederschlag in gesetzlichen Vorschriften und einer recht umfangreichen Rechtsprechung und Verwaltungspraxis hierzu gefunden. Hier sind insbesondere das Handelsgesetzbuch (HGB) und die Abgabenordnung (AO) zu nennen.

HGB und AO

1.2.1 Handelsrechtliche Buchführungs- und Bilanzierungsvorschriften

BiRiLiG Wesentliche Auswirkungen auf die Buchführung und die Bilanzerstellung gehen von dem Bilanzrichtliniengesetz (BiRiLiG) aus. Es gilt für alle Personen und Gesellschaften, die unter das HGB fallen, d. h. also, für alle Vollkaufleute (→ S. 479) sowie für Kapitalgesellschaften (→ S. 477), z. B. AG, GmbH.

EU-Harmonisierung Das BiRiLiG dient der Harmonisierung der Buchführungs- und Bilanzierungsvorschriften innerhalb der Europäischen Union (EU). Zur Verabschiedung dieses Gesetzes war die Bundesrepublik durch bindende EU-Beschlüsse verpflichtet. Das BiRiLiG als sogenanntes „Artikelgesetz" regelt in seinen Bestimmungen u. a. im dritten Buch des Handelsgesetzbuches (HGB) die Vorschriften über die „Handelsbücher" und zwar im ersten Abschnitt des dritten Buches die gesetzlichen Grundlagen, die für alle Kaufleute gelten, im zweiten zusätzliche und spezielle Vorschriften für Kapitalgesellschaften.

Vorschriften für alle Kaufleute

Buchführungspflicht Nach dem HGB ist „jeder Kaufmann verpflichtet, Bücher zu führen und in diesen seine Geschäfte und die Lage seines Vermögens nach den Grundsätzen ordnungsmäßiger Buchführung" (GoB) ersichtlich zu machen.

Buchführungsaufzeichnungen An die Buchführungsaufzeichnungen werden ganz bestimmte Anforderungen gestellt:
- Sie müssen „vollständig, richtig, zeitgerecht und geordnet" vorgenommen werden.
- Sie dürfen nicht so verändert werden, daß der ursprüngliche Inhalt nicht mehr feststellbar ist, d. h., sie dürfen nicht unleserlich gemacht oder ausradiert werden.
- Sie müssen in einer lebenden Sprache abgefaßt werden.
- Sofern Abkürzungen, Ziffern, Buchstaben oder Symbole verwendet werden, muß deren Bedeutung festliegen.

Die Aufzeichnungen dürfen auch auf Datenträgern geführt werden, sofern sichergestellt ist, daß sie während der gesetzlich vorgeschriebenen Aufbewahrungsfristen verfügbar und jederzeit lesbar gemacht werden können.

Bilanzierungspflicht Das HGB schreibt weiterhin vor, daß jeder Kaufmann bei Beginn seiner Tätigkeit und zum Schluß eines jeden Geschäftsjahres eine Bilanz aufzustellen hat. Es muß dazu ein Abschluß gemacht werden, in dem Vermögen und Schulden des Unternehmens darzustellen und zu bewerten sind. Durch das BiRiLiG ist ausdrücklich in das HGB die Bestimmung aufgenommen worden, daß zum Ende eines jeden Geschäftsjahres Aufwendungen und Erträge in einer Gewinn- und Verlustrechnung gegenüberzustellen sind.

Aufbewahrungsfristen Handelsbücher (Grundbuch, Hauptbuch, Journal → Abschnitt 4.3.1), die Bestandteile des Jahresabschlusses sind, und Inventare (→ Abschnitt 2.1.2) müssen 10 Jahre aufbewahrt werden, Geschäftsbriefe, Buchungsbelege 6 Jahre. Die Frist beginnt mit Ablauf des Kalenderjahres, in dem die Bilanz aufgestellt, der Geschäftsbrief empfangen, der Buchungsbeleg angefallen ist.

Bewertungsvorschriften Sehr ausführlich beschäftigt sich das dritte Buch des HGB auch mit der Bewertung in der Bilanz. Hierauf wird im Abschnitt 3 näher eingegangen.

Zu diesem Kapitel finden Sie die Aufgaben A 1 – A 63 im Band „Vorbereitung auf die Meisterprüfung – Test- und Übungsaufgaben".

Spezielle Vorschriften für Kapitalgesellschaften

Größenklassen Kapitalgesellschaften sind durch das BiRiLiG in Größenklassen nach folgenden Kriterien eingeteilt worden:

	klein	mittel	groß
Umsatz in Mio. DM	bis 10,62	bis 42,48	über 42,48
Bilanzsumme in Mio. DM	bis 5,31	bis 21,24	über 21,31
Beschäftigte (Jahresdurchschnitt)	bis 50	bis 250	über 250

Zur Einordnung in eine der obigen Größenklassen müssen mindestens zwei der drei Merkmale gegeben sein. Darüber hinaus ist es erforderlich, daß die Voraussetzungen an zwei aufeinander folgenden Jahresabschlußstichtagen vorgelegen haben.

Bestandteile des Jahresabschlusses Der Jahresabschluß ist für Kapitalgesellschaften erweitert worden. Er setzt sich danach zusammen aus

- der Bilanz (→ Abschnitt 2.2)
- der Gewinn- und Verlustrechnung (→ Abschnitt 2.3) und
- dem Anhang.

Anhang Im Anhang sind insbesondere Bilanz und Gewinn- und Verlustrechnung zu erläutern sowie Abweichungen von bisherigen Bilanzierungs- und Bewertungsmethoden anzugeben und zu begründen. Von weitergehenden Angaben zu verschiedenen wirtschaftlichen Daten des Unternehmens, z. B. über Geschäftsführerbezüge, Angaben zur Gewinnverwendung, sind kleine Kapitalgesellschaften, unter die die meisten handwerklichen GmbHs fallen, ausdrücklich befreit.

Lagebericht Grundsätzlich ist von Kapitalgesellschaften zusätzlich zum Jahresabschluß der Lagebericht zu erstellen. Im Lagebericht sollen der Geschäftsverlauf und die wirtschaftliche Situation des Unternehmens dargestellt sowie Angaben zur voraussichtlichen Entwicklung des Unternehmens gemacht werden. Kleine Kapitalgesellschaften sind von der Erstellung eines Lageberichtes befreit.

Hinterlegungspflicht/Publizitätspflicht Grundsätzlich sind alle Kapitalgesellschaften verpflichtet, ihre Jahresabschlüsse beim Amtsgericht zu hinterlegen und damit zur Einsichtnahme für betriebsfremde Dritte offen zu legen (Publizitätspflicht). Kleinere Kapitalgesellschaften brauchen jedoch nur die Bilanz – mit verkürzter zusammengefaßter Gliederung – sowie den Anhang beim Handelsregister einzureichen.

Prüfungsbericht Mittlere und große Kapitalgesellschaften müssen darüber hinaus ihren Jahresabschluß und den Lagebericht nicht nur vom Steuerberater erstellen, sondern zusätzlich auch noch von einem gesonderten Abschlußprüfer überprüfen lassen.

1.2.2 Steuerrechtliche Buchführungs- und Bilanzierungsvorschriften

Nun fallen aber die meisten Handwerksbetriebe nicht unter die Bestimmungen des HGB oder sind als sogenannte „Minderkaufleute" (→ S. 479) einzustufen. Für sie gelten die handelsrechtlichen Buchführungs- und Bilanzierungsvorschriften grundsätzlich nicht.

Hier greift das Steuerrecht ein, speziell die Abgabenordnung (AO). Zahlreiche der dortigen Bestimmungen stimmen wörtlich mit entsprechenden Vorschriften im HGB überein, z. B. über die gesetzlichen Anforderungen an die Ordnungsmäßigkeit der Buchführungsaufzeichnungen oder die Aufbewahrungsfristen.

Grenzen der Buchführungspflicht

abgeleitete Buchführungspflicht (§ 140 AO)

Buchführungs- und damit bilanzierungspflichtig sind alle Gewerbetreibende, die schon nach anderen gesetzlichen Bestimmungen Bücher führen und Jahresabschlüsse erstellen müssen (z. B. alle Vollkaufleute im Sinne des HGB).

originäre Buchführungspflicht (§ 141 AO)

Buchführungs- und bilanzierungspflichtig sind auch alle übrigen Gewerbetreibende, wenn bei ihnen eine der folgenden Grenzen überschritten wird:

- Umsatz von mehr als DM 500 000,- im Kalenderjahr

oder

- Gewinn aus Gewerbebetrieb von mehr als DM 48 000,- im Wirtschaftsjahr (12 Monate)

oder

- steuerliches Betriebsvermögen von mehr als DM 125 000,-.

Einnahmen-Überschuß-Rechnung

Diejenigen Gewerbetreibenden, die nicht unter die Bestimmungen der §§ 140 und 141 AO fallen, sind nicht etwa von der jährlichen Gewinnermittlung gänzlich befreit. Sie müssen vielmehr ihr Jahresergebnis mittels eines vereinfachten Verfahrens errechnen, nämlich mit Hilfe der sogenannten „Einnahmen-Überschuß-Rechnung". Der steuerlich relevante Gewinn aus einem Gewerbebetrieb wird hierbei, grob gesagt, durch die Gegenüberstellung betrieblicher Einzahlungen und Auszahlungen ermittelt, wobei noch gewisse Besonderheiten zu berücksichtigen sind, z. B. bezüglich Abschreibungen (→ Abschnitt 3.2.4).

Obwohl steuerlich zulässig, erfüllt die Einnahmen-Überschuß-Rechnung bei weitem nicht die Anforderungen, die in betriebswirtschaftlicher Hinsicht an die Buchführung und Bilanz zu stellen sind. Die wesentlichen Aufgaben der Bilanz (→ Abschnitt 2.2) werden von ihr jedenfalls nicht erfüllt.

Dies ist auch der Grund dafür, daß viele Betriebe unterhalb der obigen Buchführungspflichtgrenzen ihre Buchführung im Sinne des § 141 AO gestalten und Bilanzen aufstellen (freiwillige Bilanzierung).

Spezielle steuerliche Aufzeichnungspflichten

Wareneingangsbuch

Nach den Bestimmungen der AO (§ 143) müssen grundsätzlich alle gewerblichen Unternehmen, unabhängig davon, ob sie buchführungspflichtig sind oder nicht, den Wareneingang gesondert aufzeichnen. Es ist aber nicht unbedingt die Führung eines Wareneingangsbuches vorgeschrieben. Bilanzierungspflichtige Unternehmen können daher der obigen Vorschrift schon durch die Führung eines Wareneingangskontos innerhalb der Buchführung nachkommen.

Kassenbuch

Nach der AO sollen die Kasseneinnahmen und -ausgaben täglich erfaßt werden. Dies wird praktisch zur Pflicht bei allen Betrieben, die ein Ladengeschäft führen oder sonstwie laufende bare Einnahmen oder Ausgaben tätigen. In der Praxis wird hierzu ein Kassenbuch geführt, von dem in gewissen zeitlichen Abständen (täglich, wöchentlich, monatlich) dann die addierten Einzahlungen und Auszahlungen in die Buchführung übernommen werden.

Kontokorrentbuch — Im Kontokorrentbuch (auch Geschäftsfreundebuch genannt) ist nach den Einkommensteuerrichtlinien der Geschäftsverkehr mit den einzelnen Kunden und Lieferanten auszuweisen. Aus ihm ist zu erkennen, auf welche Kunden und Lieferanten welcher Rechnungsausgang bzw. -eingang entfällt. Die Kontrolle der Kundenforderungen und Lieferantenverbindlichkeiten wird hierdurch wirksam erleichtert. Eine gesetzliche Verpflichtung zur Führung eines Kontokorrentbuches besteht dann nicht, wenn innerhalb der Finanzbuchhaltung der unbare Geschäftsverkehr mit Kunden und Lieferanten über entsprechende Konten erfaßt wird.

Lohnkonto — Das Einkommensteuergesetz bestimmt, daß der Arbeitgeber für jeden Arbeitnehmer und für jedes Kalenderjahr getrennt ein Lohnkonto zu führen hat. Zu dessen Aufbau und Inhalt machen das EStG und die Lohnsteuerdurchführungsverordnung genaue Angaben.

Lohnbuch — Die Lohnkonten werden vielfach im Lohnbuch oder einer gesonderten Lohnbuchhaltung zusammengefaßt. Die Lohnbuchhaltung findet man heute in fast allen – auch kleineren – Handwerksbetrieben selbständig neben der Finanzbuchhaltung.

Anlageverzeichnis — Aus den steuerlichen Vorschriften zur Buchführungspflicht leitet die Finanzverwaltung auch die Notwendigkeit zur Führung eines gesonderten Anlageverzeichnisses oder einer Anlagekartei über die beweglichen Wirtschaftsgüter des betrieblichen Anlagevermögens ab (z. B. Maschinen, Fahrzeuge). Hier werden die entsprechenden Gegenstände mit genauer Bezeichnung, Datum der Anschaffung oder Herstellung, Anschaffungs- oder Herstellungskosten, jährliche Abschreibung u. a. erfaßt und fortgeschrieben. Die dortigen Angaben stellen eine statistische Kontrolle der entsprechenden Bilanzwerte dar.

Das BiRiLiG stellt hinsichtlich der Gliederung und der zahlenmäßigen Kontrolle der Eintragungen besondere Anforderungen an das Anlageverzeichnis in Kapitalgesellschaften. Die zusammengefaßten Zahlen aus den Anlageverzeichnissen für die einzelnen Wirtschaftsgüter sind bei Kapitalgesellschaften *Anlagespiegel/* im sogenannten Anlagespiegel oder Anlagegitter als direkte Bilanzerläute- *-gitter* rung oder gesondert im Anhang auszuweisen. Kleinere Kapitalgesellschaften sind jedoch von der Führung eines Anlagespiegels befreit.

sonstige steuerliche — Weitere Aufzeichnungspflichten finden sich in verschiedensten Steuergeset-
Aufzeichnungs- zen, u. a. zur steuerlichen Anerkennung von Bewirtungskosten, Geschen-
pflichten ken an Geschäftsfreunde, geringwertigen Wirtschaftsgütern (→ Kapitel „Steuern").

1.3 Grundsätze ordnungsmäßiger Buchführung und Bilanzierung (GoB)

GoB — Aus den gesetzlichen Bestimmungen und der hierzu ergangenen Rechtsprechung heraus haben sich die Grundsätze ordnungsmäßiger Buchführung (und Bilanzierung) entwickelt.

Betriebliches Rechnungswesen

Vor- und Zuname: _____   **Eintritt:** _____ **Austritt:** _____ L Nr. _____

Beruf: _____

Geburtsdatum: _____

Wohnsitz: _____

Wohnung: _____

Religion: _____ **Ehegatte:** _____

Steuerklasse und Familienstand

Steuerklasse	Zahl der Kinder unter 18 Jahren	ledig / verheiratet / verwitwet / geschieden

Lohnsteuerkarte Nr.: _____

Gemeinde: _____

Finanzamt: _____

Gehalt-Lohn

Tarifgruppe: _____

Ab _____ DM _____ je _____

Ab _____ DM _____ je _____

Hinzuzurechnender Betrag: _____

Abzuziehender Betrag: _____

Urlaub: _____

Papiere	Lohn- steuerkarte Nr.	Ang.-Inv.- Vers.-Karte Nr.
abgegeben:		
zurück:		

Krankenkasse: _____

1	2		3	4	5	6	7	8	9	10	11	12	13	14	15	16	17	18	19	20
Gehalt Lohn 19__ vom __ bis __	Arbeits- Tage	Std.	Über- stun- den	Sach- oder sonstige Bezüge	Steuer- pflicht. Betrag DM|Pf	Steuer- freier Betrag DM|Pf	Brutto- Gehalt Lohn DM|Pf	Lohnsteuer DM|Pf	Kirchensteuer evgl. DM|Pf	Kirchensteuer kath. DM|Pf	Kranken- kasse DM|Pf	**Abzüge** Renten- ver- sicherung DM|Pf	Arbeits- losenver- sicherung DM|Pf	Vermög.- wirksame Leistung DM|Pf	Vorschuß DM|Pf	Summe der Abzüge DM|Pf	DM|Pf	Aus- gezahlter Betrag DM|Pf	Empfangs- bescheinigung

Übertrag _____

Betriebliches Rechnungswesen

Jahresabschluß nach GoB

Durch das BiRiLiG ist erstmals die Beachtung der Grundsätze ordnungsmäßiger Buchführung im HGB gesetzlich verankert worden. So heißt es dort ausdrücklich, daß der Jahresabschluß „den Grundsätzen ordnungsmäßiger Buchführung" entsprechen muß. Mit dieser Bestimmung werden die Grundsätze ordnungsmäßiger Buchführung auch auf die Bilanzierung übertragen.

1.3.1 Ordnungsmäßige Buchführung

Ganz allgemein läßt sich festhalten:

Eine Buchführung ist ordnungsmäßig, wenn sie den gesetzlichen Bestimmungen entspricht.

Konkret bedeutet dies u. a.:
- Es müssen die erforderlichen Bücher geführt werden.
- Die Geschäftsvorfälle sind zeitnah und nach sachlichen Gesichtspunkten geordnet zu erfassen.

Um die Ordnungsmäßigkeit der Buchführung sicherzustellen, müssen u. a. insbesondere die folgenden Grundsätze eingehalten werden:

Grundsätze der GoB
- Materielle Ordnungsmäßigkeit
  Die Buchführungsaufzeichnungen müssen vollständig und richtig sein. Sie müssen sämtlich nachprüfbar sein. Keine Buchung ohne Beleg!

- Formelle Ordnungsmäßigkeit
  Die Buchungen müssen klar und übersichtlich ausgeführt sein. Dies bedeutet, daß der Buchführungspflichtige selbst oder ein sachkundiger Dritter (z. B. Steuerprüfer) ohne Schwierigkeiten und in angemessener Zeit Einblick in die Buchführungszusammenhänge gewinnen kann. Ein bestimmtes Buchführungssystem ist dabei aber nicht vorgeschrieben.

- Grundsatz der Wirtschaftlichkeit
  Die Buchführung muß so aufgebaut sein, daß der Umfang der Buchführungsarbeiten in einem vertretbaren Verhältnis zu den hieraus zu gewinnenden Erkenntnissen steht.

Hieraus resultieren zahlreiche, insbesondere steuerliche Erleichterungsbestimmungen, u. a. bei der Inventur (z. B. Zusammenfassung gleichartiger Artikel zu Warengruppen), bei der Bewertung des Betriebsvermögens (z. B. Sofortabschreibungen) oder der Kassenbuchführung (z. B. Erfassung der täglichen Einnahmen in einer einzigen Summe unter bestimmten Voraussetzungen in Geschäften des Einzelhandels und Handwerks).

1.3.2 Ordnungsmäßige Bilanzierung

Die Übertragung der obigen Grundsätze auf die Erstellung der Bilanz bedeutet u. a.:

Bilanzklarheit — Der Jahresabschluß (Bilanz und Gewinn- und Verlustrechnung) ist klar und übersichtlich darzustellen. Er hat sich hierbei zum Teil an ein genau vorgegebenes Gliederungsschema zu halten (z. B. bei Kapitalgesellschaften).

Bilanzwahrheit — Sämtliche Vermögens- und Schuldpositionen müssen in der Bilanz vollständig und unverfälscht dargestellt und dabei einheitliche Bewertungsgrundsätze eingehalten werden.

Bilanzkontinuität	Bilanzgliederung sowie die Maßstäbe der Bewertung des Bilanzvermögens und der Schulden bleiben von Jahr zu Jahr gleich. Abweichungen müssen besonders begründet werden.
Bilanzidentität	Zur Bilanzkontinuität gehört schließlich auch der Grundsatz der Bilanzidentität, d. h., daß die Schlußbilanz des Vorjahres gleich sein muß mit der Eröffnungsbilanz des laufenden Jahres.

Zu diesem Kapitel finden Sie die Aufgaben A 1 – A 63 im Band „Vorbereitung auf die Meisterprüfung – Test- und Übungsaufgaben".

2. Von der Inventur zur Bilanz

Lernziele:

Der Lernende kann, nachdem er dieses Kapitel durchgearbeitet hat,
- den Inhalt einer Inventur erklären,
- ein Inventar erstellen,
- die Bilanz aus dem Inventar ableiten,
- den Inhalt einzelner Bilanzpositionen erklären,
- die Bedeutung der Gewinn- und Verlustrechnung erkennen,
- die Auswirkungen von Gewinn und Verlust auf das bilanzielle Eigenkapitalkonto feststellen,
- erfolgsunabhängige und erfolgsabhängige Bilanzveränderungen bestimmen.

2.1 Inventur und Inventar

Es wurde bereits auf die handelsrechtlichen Vorschriften hingewiesen, wonach jeder Kaufmann zu Beginn seiner gewerblichen Tätigkeit und danach zum Ende eines jeden Geschäftsjahres seine Vermögensgegenstände und Schulden zu erfassen und darzustellen hat. Da diese Bestimmungen durch die Maßgeblichkeit der Handelsbilanz (→ Kapitel 3.3.1) praktisch für alle buchführungspflichtigen Gewerbetreibenden gelten, bedeutet dies, daß dieser Personenkreis mindestens einmal jährlich, zum Ende seines jeweiligen Geschäftsjahres, welches sich in den meisten Handwerksbetrieben mit dem Kalenderjahr deckt, Inventur zu machen hat.

2.1.1 Inventur

Inventur — Inventur ist die mengen- und wertmäßige Bestandsaufnahme aller Vermögensteile und Schulden.

Inventur bedeutet: Alle Wirtschaftsgüter und Verbindlichkeiten eines Unternehmens erfassen – bezeichnen – bewerten.

Ziel der Inventur ist die Kontrolle zwischen Ist-Bestand und Soll-Bestand laut Buchführung.

Man unterscheidet zwischen

körperliche Inventur — körperlicher Inventur durch Messen, Zählen, Wiegen, z. B. beim Vorratsvermögen (Waren- und Materialbestand) und

Buchinventur — Buchinventur, z. B. bei Forderungen, Verbindlichkeiten und dem betrieblichen Anlagevermögen, wo eine laufende Bestandsfortschreibung durch Zu- und Abgänge besteht.

2.1.2 Inventar

Inventar — Im Inventar werden die Ergebnisse der Inventur festgehalten. Das Inventar ist ein ausführliches Verzeichnis, das alle Vermögensteile und Schulden nach Art, Menge und Wert ausweist.

Das Inventar besteht aus drei Teilen:

        A. Vermögensteil (betriebliches Rohvermögen)
(./.) B. Schulden
___
= C. betriebliches Reinvermögen = Eigenkapital

Betriebsvermögen   Man unterscheidet hier zwischen Anlagevermögen und Umlaufvermögen.

Anlagevermögen   Unter das Anlagevermögen fallen die Vermögensgegenstände, die normalerweise dazu bestimmt sind, dem Betrieb auf längere Dauer zur Verfügung zu stehen, um die jeweilige Betriebsleistung zu erbringen. Es sind dies insbesondere die Betriebsgrundstücke und -gebäude, die Maschinen, Einrichtungsgegenstände, Betriebsfahrzeuge.

Umlaufvermögen   Das Umlaufvermögen umfaßt die Vermögensposten, die üblicherweise nur kurze Zeit im Betrieb verbleiben, weil sie sich durch die Leistungserstellung ständig verändern (z. B. Roh-, Hilfs- und Betriebsstoffe) oder wieder möglichst schnell in Zahlungsmittel umgewandelt werden sollen (z. B. Verkaufswaren, Kundenforderungen, Besitzwechsel) und schließlich die Zahlungsmittel selbst (z. B. Bankguthaben oder Kassenbestand).

Eine besondere Stellung haben die sogenannten Posten der Rechnungsabgrenzung (PdR oder RAP) inne. Sie dienen der Abgrenzung von Auszahlungen und Einzahlungen, die während eines Abrechnungszeitraumes (Geschäftsjahr) anfallen, jedoch nicht oder nicht in voller Höhe dem jeweiligen Abrechnungszeitraum als Ertrag oder Aufwand zuzurechnen sind (Näheres hierzu im Abschnitt 4.2.9).

betriebliche Schulden   Die betrieblichen Schulden werden nach ihrer Fälligkeit und der Struktur der Gläubiger unterteilt, in langfristige und kurzfristige bzw. Bankschulden, Lieferantenverbindlichkeiten usw. So gehören die Darlehen z. B. zu den langfristigen Verbindlichkeiten, die Lieferantenschulden hingegen zu den kurzfristigen (→ Kapitel „Finanzwirtschaftliche Aufgaben", 1.1 Finanzwirtschaftliche Grundsätze der Unternehmensführung).

Beispiel für ein Inventar

Inventar des Betriebes Ewald Fleißigmann für den 31. Dezember 19 . .

A. Vermögensteile	DM	DM
I. Anlagevermögen		
1. Grund und Boden lt. Anlageverzeichnis		50 000,-
2. Betriebsgebäude lt. Anlageverzeichnis		300 000,-
3. Maschinen		
Maschine A lt. Anlageverzeichnis	12 000,-	
Maschine B lt. Anlageverzeichnis	15 000,-	
insgesamt		60 000,-
4. Betriebsfahrzeug lt. Anlageverzeichnis		30 000,-

Fortsetzung des Beispiels für ein Inventar

II. Umlaufvermögen

1. Material
Warengruppe A 100 Stck. je DM 10,-   1 000,-
Warengruppe B 120 Stck. je DM 50,-   6 000,-

.   .
.   .

insgesamt   35 000,-

2. Forderungen an Kunden
Kunde A lt. Ausgangsrechnung   1 000,-
Kunde B lt. Ausgangsrechnung   3 000,-

.   .
.   .

insgesamt   145 000,-

3. Bankguthaben
Bank A lt. Kontoauszug   7 000,-
Bank B lt. Kontoauszug   500,-   7 500,-

4. Bargeld (Kassenbestand)   2 500,-

Summe des Vermögens   630 000,-

B. Schulden

I. Darlehen Bank A lt. Kontoauszug   250 000,-

II. Kontokorrentkredit
Bank C lt. Kontoauszug   120 000,-

III. Lieferantenverbindlichkeiten
Lieferant A lt. Eingangsrechnung   1 000,-
Lieferant B lt. Eingangsrechnung   2 000,-

.   .
.   .

insgesamt   140 000,-

IV. Sonstige kurzfristige Verbindlichkeiten
Noch zu zahlende Kfz-Reparaturrechnung   2 000,-
Noch zu zahlende Telefonrechnung   300,-

.   .
.   .

10 000,-

Summe der Schulden   520 000,-

C. Ermittlung des Reinvermögens
Summe des Vermögens   630 000,-
./. Summe der Schulden   520 000,-

= Reinvermögen (= Eigenkapital)   110 000,-

Düsseldorf, den 31. Dez. 19..   Ewald Fleißigmann

2.2 Bilanz

2.2.1 Aufgaben der Bilanz

Aufgaben   Aufgabe der Bilanz ist es, eine Übersicht über die Zusammensetzung und den Wert des betrieblichen Vermögens und der betrieblichen Schulden zu geben und das bilanzielle Eigenkapital als Differenz aus Vermögen und Schulden zahlenmäßig zu einem bestimmten Stichtag auszuweisen.

2.2.2 Darstellungsform der Bilanz

Aktiva/Passiva   Die Bilanz enthält in einer Gegenüberstellung auf der linken Seite, der sogenannten „Aktiv-Seite" oder den „Aktiva", die Vermögensteile und auf der rechten Seite, der „Passiv-Seite" oder „Passiva", die Schulden (das Fremdkapital) und das Eigenkapital. Beide Seiten der Bilanz müssen somit die gleichen Summen aufweisen, sie halten sich also die Waage (bilancia = italienisch: Waage).

Aktiva	Bilanz	Passiva
Betriebsvermögen		Betriebskapital

Schlußbilanz/ Eröffnungsbilanz   Liegt der Stichtag der Bilanzerstellung am Ende des Geschäftsjahres, so spricht man von der Schlußbilanz. Deren Werte müssen den Bilanzansätzen zu Beginn des neuen Geschäftsjahres entsprechen (Bilanzidentität → Abschnitt 1.3.2). Dies ist dann die Eröffnungsbilanz.

Auf der Aktiv-Seite ist das Anlage- und Umlaufvermögen (→ Abschnitt 2.1.2) ausgewiesen. Es wird in der Aufstellung allgemein mit den Vermögensgegenständen des geringstmöglichen Liquidierbarkeitsgrades begonnen. Die ersten Bilanzpositionen bilden daher in der Regel die Grundstücke und Gebäude, die letzten Bankguthaben und Kassenbestand.

Unter den Passiva wird das dem Unternehmen zur Verfügung stehende Kapital nach seiner Fälligkeit und Herkunft gegliedert, und zwar beginnend mit den langfristig fälligen und endend mit den kurzfristig fälligen Mitteln. Begonnen wird mit dem Eigenkapital, weil es dem Unternehmen am längsten zur Verfügung steht. Danach folgt das Fremdkapital.

Bestandskonten   In der Bilanz werden ausschließlich Bestandskonten (zum Konto → Abschnitt 4.1) ausgewiesen. Die Bestandskonten, die das Vermögen bezeichnen, heißen Aktiv-Konten, diejenigen, die auf der Passiv-Seite das Kapital (Eigenkapital und Fremdkapital) anzeigen, werden Passiv-Konten genannt.

Aktiv-Konten
Passiv-Konten

Zu diesem Kapitel finden Sie die Aufgaben A 1 - A 63 im Band „Vorbereitung auf die Meisterprüfung - Test- und Übungsaufgaben".

(Soll)	Bilanzkonto	(Haben)
Aktiva	(Summe der Bestandskonten)	Passiva

I. Anlagevermögen
II. Umlaufvermögen
   1. Vorratsvermögen
   2. Forderungen
   3. Zahlungsmittel
      (Bankguthaben,
      Kassenbestand)
		I. Eigenkapital
		II. Fremdkapital
		   1. Langfristiges
		      Fremdkapital
		   2. Kurzfristiges
		      Fremdkapital

Aktiv-Konten		Passiv-Konten

Die nach diesen Gesichtspunkten aufgestellte Bilanz zeigt dann auf ihrer (linken) Aktiv-Seite, wie die dem Unternehmen zur Verfügung stehenden Mittel verwendet worden sind und auf der (rechten) Passiv-Seite, woher diese Mittel gekommen sind.

Mittelverwendung/ Mittelherkunft

Aktiva = Mittelverwendung
Passiva = Mittelherkunft

Aus dem Inventar auf → S. 29 ff. ergibt sich folgende Bilanz:

Bilanz per 31. 12. ...

Aktiva	DM		Passiva	DM
I. Anlagevermögen			I. Eigenkapital	110 000,-
1. Grund und Boden	50 000,-		II. Fremdkapital	
2. Betriebsgebäude	300 000,-		1. Darlehen	250 000,-
3. Maschinen	60 000,-		2. Kontokorrent- kredit	120 000,-
4. Fahrzeug	30 000,-		3. Lieferanten- kredit	140 000,-
II. Umlaufvermögen			4. Sonstige kurz- fristige Ver- bindlichkeiten	10 000,-
1. Materialbestand	35 000,-			
2. Kundenforderun- gen	145 000,-			
3. Bankguthaben	7 500,-			
4. Kassenbestand	2 500,-			
Bilanzsumme	630 000,-		Bilanzsumme	630 000,-

Düsseldorf, den 31. Dez. 19 . .   Ewald Fleißigman

Bilanzgliederungs- vorschriften

Eine bestimmte Gliederung der Bilanz ist nur für die Kapitalgesellschafter vorgeschrieben.

Nach den Vorschriften des HGB zeigt die Bilanz einer kleinen Kapitalgesellschaft im Sinne des BiRiLiG folgendes Bild (sogenannte verkürzte Bilanz gemäß § 266, Abs. 1 HGB):

Bilanzgliederung für Kapitalgesellschaften

Aktivseite	Bilanz	Passiv-Seite

A Anlagevermögen
  I. Immaterielle Vermögensgegenstände
    (z. B. erworbener Geschäftswert)
  II. Sachanlagen
    (z. B. Grundstück, Gebäude, Maschinen)
  III. Finanzanlagen
    (z. B. Beteiligungen)
 	
B Umlaufvermögen
  I. Vorräte
    (z. B. Roh-, Hilfs- und Betriebsstoffe)
  II. Forderungen und sonstige Vermögensgegenstände
    (z. B. Kundenforderungen, Steuererstattungsansprüche)
  III. Wertpapiere
    (z. B. Anteile an verbundenen Unternehmen)
  IV. Schecks, Kassenbestand, Guthaben bei Kreditinstituten
 	
C Rechnungsabgrenzungsposten
  (z. B. zeitliche Abgrenzung von Versicherungsprämien)
		A Eigenkapital
		  I. Gezeichnetes Kapital
		    (z. B. Stammkapital der GmbH)
		  II. Kapitalrücklage
		    (nur für AG vorgeschrieben)
		  III. Gewinnrücklagen
		    (z. B. satzungsmäßig einbehaltene Gewinnanteile)
		  IV. Gewinnvortrag/Verlustvortrag
		    (der vorhergehenden Geschäftsjahre)
		  V. Jahresüberschuß/Jahresfehlbetrag
		    (Gewinn bzw. Verlust des jeweiligen Geschäftsjahres)
		
		B Rückstellungen
		  (z. B. für Gewährleistungsverpflichtungen)
		
		C Verbindlichkeiten
		  (z. B. Bankschulden, Lieferantenschulden, sonstige Schulden)
		
		D Rechnungsabgrenzungsposten
		  (z. B. erhaltene Mietvorauszahlungen)

Für mittlere und große Kapitalgesellschaften sind weitergehende Differenzierungen in der Gliederung vorgeschrieben. Hierauf wird jedoch hier nicht eingegangen, da sie für Handwerksbetriebe allgemein nicht relevant sind.

Die obige Bilanzgliederung wird heute auch häufig von Einzelunternehmen und Personengesellschaften übernommen.

Unterschiede ergeben sich gegenüber dem obigen Schema nur in der Darstellung des Eigenkapitals. Beim <u>Einzelunternehmen</u> (oder einer Personengesellschaft) wird das Eigenkapital nämlich wie folgt gegliedert:

      Eigenkapital zu Beginn des Geschäftsjahres
+/-   Gewinn/Verlust
+   Privateinlagen
./.   Privatentnahmen
=   Eigenkapital am Ende des Geschäftsjahres

2.3 Gewinn- und Verlustrechnung

2.3.1 Aufgabe der Gewinn- und Verlustrechnung

Aufgabe Aufgabe der Gewinn- und Verlustrechnung ist es, eine Übersicht über die Zusammensetzung und die wertmäßige Höhe der Erträge und Aufwendungen einer bestimmten Abrechnungsperiode zwischen zwei Bilanzstichtagen zu geben und den betrieblichen Erfolg oder Mißerfolg (Gewinn oder Verlust) als Differenz aus Ertrag und Aufwand dieses Zeitraumes auszuweisen.

2.3.2 Darstellungsformen der Gewinn- und Verlustrechnung

Kontenform/ Staffelform Die Gewinn- und Verlustrechnung läßt sich in Kontenform und in Staffelform darstellen.

Für Kapitalgesellschaften läßt das BiRiLiG ausschließlich die Staffelform mit genau vorgeschriebener Gliederung zu. Von dieser Darstellungsmöglichkeit machen heute aber auch immer mehr Unternehmen anderer Rechtsformen Gebrauch.

Kapitalgesellschaften können auch zwischen verschiedenen Verfahren der Gewinnermittlung wählen.

Gesamtkostenverfahren In der handwerklichen Praxis ist das Gesamtkosten-Verfahren üblich.

Gewinn/Verlust = Erträge eines Abrechnungszeitraumes
./. Aufwendungen eines Abrechnungszeitraumes, einschließlich der noch nicht verkauften Fertig- und Teilfertigerzeugnisse

Umsatzkostenverfahren Gewinn/Verlust = Erträge eines Abrechnungszeitraumes,
./. Aufwendungen eines Abrechnungszeitraumes, ohne Berücksichtigung der auf Lager produzierten Erzeugnisse und teilfertigen Leistungen und ohne Berücksichtigung der darin enthaltenen Aufwendungen

Beim Umsatzkostenverfahren sind die Aufwendungen zudem noch zu gliedern in Herstellungs-, Verwaltungs- und Vertriebskosten. Ein solches Verfahren erfordert ein differenziertes System der Aufwandserfassung und -verteilung.

Für die handwerkliche Praxis stehen die dazu erforderlichen zusätzlichen Verwaltungsarbeiten in der Regel aber in keinem betriebswirtschaftlich vertretbaren Verhältnis zu dem hieraus erkennbaren Vorteil.

Das Umsatzkostenverfahren ist daher für die Praxis der Handwerksbetriebe ohne Bedeutung.

Betriebliches Rechnungswesen

Aufbau und Inhalt der Gewinn- und Verlustrechnung im Vergleich

Gesamtkosten-/Umsatzkostenverfahren im Vergleich

	Gesamtkostenverfahren		Umsatzkostenverfahren
	Umsatzerlöse (Rechnungsausgang)		Umsatzerlöse (Rechnungsausgang)
+/./.	Bestandsveränderungen bei teilfertigen Arbeiten und Fertigerzeugnissen		
=	Betriebsleistung		
+	sonstige betriebliche Erträge	+ ./.	sonstige betriebliche Erträge Aufwendungen, die den sonstigen betrieblichen Erträgen zuzuordnen sind
./.	betrieblicher Aufwand, einschließlich Aufwand für die Erstellung der teilfertigen Arbeiten und Fertigfabrikate	./.	betrieblicher Aufwand, ohne Aufwand für die Erstellung der teilfertigen Arbeiten und Fertigfabrikate
	Das sind: Materialaufwand Personalaufwand Abschreibungen sonstige betriebliche Aufwendungen		Das sind: Herstellungskosten allgemeine Verwaltungskosten Vertriebskosten
+ ./.	Zinsertrag u. ä. Zinsaufwendung u. ä.	+ ./.	Zinsertrag u. ä. Zinsaufwendung u. ä.
=	Betriebsergebnis (Ergebnis der gewöhnlichen Geschäftstätigkeit)	=	Betriebsergebnis (Ergebnis der gewöhnlichen Geschäftstätigkeit)
+/./.	außerordentliches Ergebnis (a. o. Erträge ./. a. o. Aufwendungen)	+/./.	außerordentliches Ergebnis (a. o. Erträge ./. a. o. Aufwendungen)
./.	Steuern	./.	Steuern
=	Gewinn/Verlust (Jahresüberschuß/-fehlbetrag)	=	Gewinn/Verlust (Jahresüberschuß/-fehlbetrag)
+/./. ./. +	Gewinn-/Verlustvortrag Zuführung in Rücklagen Entnahme aus Rücklagen	+/./. ./. +	Gewinn-/Verlustvortrag Zuführung in Rücklagen Entnahme aus Rücklagen
=	Bilanzgewinn/-verlust	=	Bilanzgewinn/-verlust

Zu diesem Kapitel finden Sie die Aufgaben A 1 - A 63 im Band „Vorbereitung auf die Meisterprüfung - Test- und Übungsaufgaben".

2.3.3 Ertrag/Aufwand – Einnahmen/Ausgaben – Einzahlungen/Auszahlungen

In der Gewinn- und Verlustrechnung wird mit Erträgen und Aufwendungen (Ertrag/Aufwand) gearbeitet. Zur Vermeidung späterer Mißverständnisse erscheint es zweckmäßig, in diesem Zusammenhang hier einige begriffliche Klarstellungen zu bringen:

Ertrag Als Ertrag einer bestimmten Abrechnungsperiode bezeichnet man den Wert aller vom Unternehmen erbrachten betrieblichen Leistungen während eines bestimmten Zeitraumes (z. B. Einbau einer neuen Heizungsanlage durch einen Heizungsbaubetrieb).

Aufwand Aufwand ist demgegenüber der Wert aller verbrauchten Güter und Dienstleistungen während eines bestimmten Abrechnungszeitraumes (z. B. Materialverbrauch, Miete für Werkstatt, Lohn als Vergütung für genutzte Dienstleistung eines Arbeitnehmers).

Ertrag und Aufwand sind nicht zu verwechseln mit Einnahmen und Ausgaben.

Einnahmen Einnahmen liegen vor bei Erhöhung von Zahlungsmitteln (z. B. Bankguthaben oder Kassenbestand) oder von betrieblichen Forderungen. Um eine Einnahme handelt es sich daher schon, wenn einem Kunden eine Rechnung erteilt wird, nicht erst, wenn diese Rechnung bezahlt wird.

Ausgaben Von Ausgaben spricht man bei Verringerung von Zahlungsmitteln oder der Erhöhung von betrieblichen Schulden (z. B. Erhalt, aber auch Bezahlung einer Lieferantenrechnung).

Einnahmen und Ausgaben sind nicht deckungsgleich mit Erträgen und Aufwendungen.

Einnahmen, die nicht Erträge sind:
Beispiel: Einzahlung eines Geldbetrages durch den Betriebsinhaber aus seinem Privatvermögen auf das Geschäftskonto (Privateinlage)

Erträge, die nicht Einnahmen sind:
Beispiel: Vom Unternehmen erstellte Produkte, z. B. Möbel, die noch nicht verkauft sind (Lagerproduktion)

Ausgaben, die nicht Aufwendungen sind:
Beispiel: Abhebung eines Geldbetrages vom Geschäftskonto für private Zwecke des Betriebsinhabers (Privatentnahme)

Aufwendungen, die nicht Ausgaben sind:
Beispiel: Entnahme von Material aus dem Lagerbestand zur Herstellung eines Produkts

Schließlich ist in diesem Zusammenhang auch noch zu unterscheiden zwischen Einzahlungen und Auszahlungen. Dieses Begriffspaar findet in der BWL allerdings weniger Anwendung als die oben erläuterten Begriffe.

Einzahlungen/ Auszahlungen Von Einzahlungen redet man bei Erhöhungen der Zahlungsmittel, von Auszahlungen bei Verminderungen derselben.

2.4 Bilanzveränderungen

2.4.1 Erfolgsunwirksame (gewinnunabhängige) Bilanzveränderungen

erfolgsunwirksame Bilanzveränderung

In der täglichen Praxis ändern sich die Bilanzpositionen mit jedem Geschäftsvorfall. Die möglichen Bilanzveränderungen lassen sich auf insgesamt vier Grundtypen zurückführen.

Aktiv-Tausch

- **Aktiv-Tausch**
  Ein Aktiv-Posten ändert sich um den gleichen Betrag wie andere Aktiv-Posten. Die Bilanzsumme ändert sich nicht. Beispiel: Kunde bezahlt eine Rechnung in Höhe von DM 1 000,- durch Überweisung auf Bankkonto.

Bank + 1 000,-	Forderungen - 1 000,-

Passiv-Tausch

- **Passiv-Tausch**
  Hier ändert sich ein Passiv-Posten um den gleichen Betrag wie andere Passiv-Posten. Auch hier ändert sich die Bilanzsumme nicht. Beispiel: Bezahlung einer offenstehenden Lieferantenrechnung über DM 5 000,- durch Aufnahme eines Darlehens.

Liefererverbindl. - 5 000,-	Darlehen + 5 000,-

Bilanzverlängerung

- **Aktiv-/Passiv-Mehrung (Bilanzverlängerung)**
  Ein Aktiv-Posten erhöht sich um den gleichen Betrag wie ein oder mehrere Passiv-Posten. Die Bilanz erhöht sich im gleichen Umfange auf der Aktiv- und Passiv-Seite. Beispiel: Einkauf von Material auf Ziel (unter Inanspruchnahme von Lieferantenkredit) in Höhe von DM 4 000,-.

Material + 4 000,-	Liefererverbindl. + 4 000,-

(Zur Vereinfachung wird die Mehrwertsteuer nicht mitberücksichtigt).

Bilanzverkürzung

- **Aktiv-/Passiv-Minderung (Bilanzverkürzung)**
  Ein Aktiv-Posten verringert sich um den gleichen Betrag wie ein oder mehrere Passiv-Posten. Die Bilanzsumme verringert sich im gleichen Umfange auf der Aktiv-Seite wie auf der Passiv-Seite. Beispiel: Bezahlung einer offenstehenden Rechnung der Kfz-Werkstatt in Höhe von DM 2 000,- bar.

Verbindlichkeiten - 2 000,-	Kasse - 2 000,-

Die obigen Bilanzveränderungen können wir uns anhand des Beispiels → S. 38 rein zahlenmäßig vor Augen führen, wenn wir jeweils eine Bilanz vor und nach den erwähnten Geschäftsvorfällen erstellen.

Betriebliches Rechnungswesen

Beispiel 1: Aktiv-Tausch

Bilanz vor dem Geschäftsvorfall

Aktiva			Passiva	
Mat.-Bestand	15 000,–		Eigenkapital	10 000,–
Kundenfordg.	10 000,–		Darlehen	10 000,–
Bankguthaben	2 500,–		Lieferanten	8 000,–
Kassenbestand			sonst. kurzfr. Verbindlichk.	2 000,–
Summe	**30 000,–**		**Summe**	**30 000,–**

Bilanz nach dem Geschäftsvorfall

Aktiva			Passiva	
Mat.-Bestand	15 000,–		Eigenkapital	10 000,–
Kundenfordg.	9 000,–		Darlehen	10 000,–
Bankguthaben	3 500,–		Lieferanten	8 000,–
Kassenbestand	2 500,–		sonst. kurzfr. Verbindlichk.	2 000,–
Summe	**30 000,–**		**Summe**	**30 000,–**

Beispiel 2: Passiv-Tausch

Bilanz vor dem Geschäftsvorfall

Aktiva			Passiva	
Mat.-Bestand	15 000,–		Eigenkapital	10 000,–
Kundenfordg.	9 000,–		Darlehen	10 000,–
Bankguthaben	3 500,–		Lieferanten	8 000,–
Kassenbestand	2 500,–		sonst. kurzfr. Verbindlichk.	2 000,–
Summe	**30 000,–**		**Summe**	**30 000,–**

Bilanz nach dem Geschäftsvorfall

Aktiva			Passiva	
Mat.-Bestand	15 000,–		Eigenkapital	10 000,–
Kundenfordg.	9 000,–		Darlehen	15 000,–
Bankguthaben	3 500,–		Lieferanten	3 000,–
Kassenbestand	2 500,–		sonst. kurzfr. Verbindlichk.	2 000,–
Summe	**30 000,–**		**Summe**	**30 000,–**

Beispiel 3: Aktiv-/Passiv-Mehrung (Bilanzverlängerung)

Bilanz vor dem Geschäftsvorfall

Aktiva			Passiva	
Mat.-Bestand	15 000,–		Eigenkapital	10 000,–
Kundenfordg.	9 000,–		Darlehen	15 000,–
Bankguthaben	3 500,–		Lieferanten	3 000,–
Kassenbestand	2 500,–		sonst. kurzfr. Verbindlichk.	2 000,–
Summe	**30 000,–**		**Summe**	**30 000,–**

Bilanz nach dem Geschäftsvorfall

Aktiva			Passiva	
Mat.-Bestand	19 000,–		Eigenkapital	10 000,–
Kundenfordg.	9 000,–		Darlehen	15 000,–
Bankguthaben	3 500,–		Lieferanten	7 000,–
Kassenbestand	2 500,–		sonst. kurzfr. Verbindlichk.	2 000,–
Summe	**34 000,–**		**Summe**	**34 000,–**

Beispiel 4: Aktiv-/Passiv-Minderung (Bilanzverkürzung)

Bilanz vor dem Geschäftsvorfall

Aktiva			Passiva	
Mat.-Bestand	19 000,–		Eigenkapital	10 000,–
Kundenfordg.	9 000,–		Darlehen	15 000,–
Bankguthaben	3 500,–		Lieferanten	7 000,–
Kassenbestand	2 500,–		sonst. kurzfr. Verbindlichk.	2 000,–
Summe	**34 000,–**		**Summe**	**34 000,–**

Bilanz nach dem Geschäftsvorfall

Aktiva			Passiva	
Mat.-Bestand	19 000,–		Eigenkapital	10 000,–
Kundenfordg.	9 000,–		Darlehen	15 000,–
Bankguthaben	3 500,–		Lieferanten	7 000,–
Kassenbestand	500,–		sonst. kurzfr. Verbindlichk.	0,–
Summe	**32 000,–**		**Summe**	**32 000,–**

2.4.2 Erfolgswirksame (gewinnabhängige) Bilanzveränderungen

Die bisher beispielhaft aufgeführten Geschäftsvorfälle spiegelten lediglich reine Tauschvorgänge innerhalb des Betriebsvermögens oder der Schulden wider. Sie bewirkten weder einen Gewinn noch Verlust des Unternehmens. Die betreffenden Buchungen blieben demnach erfolgsunwirksam oder erfolgsneutral. Aufgabe der Buchführung soll es aber auch sein, den Erfolg eines Unternehmens auszuweisen (→ Abschnitt 1.1). Der Erfolg (oder Mißerfolg) eines Unternehmens während eines bestimmten Zeitraumes (meistens ein Geschäftsjahr) ergibt sich aus der Differenz zwischen den Erträgen und Aufwendungen des Unternehmens während des gewählten Zeitraumes.

erfolgsunwirksame Buchungen

Erträge werden in der Buchführung zu verschiedenen Zeitpunkten sichtbar, z. B. bei Erteilung einer Rechnung für eine geleistete Arbeit oder beim Barverkauf über die Theke. Ähnlich ist es bei den Aufwendungen. Sie können buchführungsmäßig erfaßt werden, z. B. beim Eingang von Materialrechnungen, aber auch bei der Barzahlung einer Hotelrechnung oder der Überweisung des Monatsgehalts an einen Arbeitnehmer. Kommen in den Geschäftsvorfällen Erträge oder Aufwendungen des Unternehmens zum Ausdruck, sind damit immer erfolgswirksame Bilanzveränderungen verbunden. Sie zeigen sich letztlich in der Erhöhung oder Verminderung des bilanziellen Eigenkapitals.

erfolgswirksame Buchungen

Erträge führen zu einer Erhöhung des Eigenkapitals, Aufwendungen zu einer Eigenkapitalminderung.

Dies ist aus den folgenden Beispielen auch zu erkennen. Der Einfachheit halber werden die obigen Beispiele für erfolgsunwirksame Bilanzveränderungen (→ Abschnitt 2.4.1) noch um die folgenden Geschäftsvorfälle erweitert:

Beispiel 5: Bilanzverkürzung

Materialverbrauch für die Erstellung einer handwerklichen Leistung durch Materialentnahme aus dem Materialbestand: DM 5 000,-

Materialbestand – 5 000,-	Eigenkapital – 5 000,-

Beispiel 6: Bilanzverkürzung

Banküberweisung für Nettolohn an einen Arbeitnehmer: DM 2 500,-

Bankguthaben – 2 500,-	Eigenkapital – 2 500,-

Beispiel 7: Bilanzverkürzung

Einkauf von Büromaterial durch Barzahlung im Schreibwarengeschäft: DM 100,-

Kassenbestand – 100,-	Eigenkapital – 100,-

Beispiel 8: Passiv-Tausch

Stadt erteilt Gewerbesteuerbescheid, der aber erst in vier Wochen zur Zahlung fällig ist: DM 600,-

Steuerschuld + 600,-	Eigenkapital – 600,-

Betriebliches Rechnungswesen

Beispiel 9: Bilanzverlängerung
Kasseneinnahme aus durchgeführter Reparaturleistung (ohne Berücksichtigung der Mehrwertsteuer!): DM 200,-

Kasse + 200,-	Eigenkapital + 200,-

Beispiel 10: Bilanzverlängerung
Erteilung einer Rechnung über durchgeführten Kundenauftrag (ohne Berücksichtigung der Mehrwertsteuer!): DM 10 000,-

Kundenforderung + 10 000,-	Eigenkapital + 10 000,-

Faßt man die erfolgswirksamen Auswirkungen der obigen Beispielsfälle 5 bis 10 zusammen, so hat man die folgenden Darstellungsmöglichkeiten:

Kontenform   Kontenform (heute weniger gebräuchlich)

Aufwand		Ertrag	
	DM		DM
(Beispiel 5) Materialverbrauch	5 000,-	(Beispiel 9) Leistung gegen Barzahlung	200,-
(Beispiel 6) Lohnzahlung	2 500,-	(Beispiel 10) Leistung gegen Rechnungsausgang	10 000,-
(Beispiel 7) Büromaterial	100,-		
(Beispiel 8) Gewerbesteuer	600,-		
Summe Aufwand	8 200,-	Summe Ertrag	10 200,-
Gewinn	2 000,-		
Summe	10 200,-	Summe	10 200,-

Staffelform   Staffelform (heute zunehmend gebräuchlicher)

Ertrag
| Beispiel 9 | DM | 200,- |
| Beispiel 10 | DM | 10 000,- |

| Summe Ertrag | DM | 10 200,- |

./. Aufwand
Beispiel 1	DM	5 000,-
Beispiel 2	DM	2 500,-
Beispiel 3	DM	100,-
Beispiel 4	DM	600,-

| Summe Aufwand | DM | 8 200,- |
| Gewinn | DM | 2 000,- |

In der Praxis werden die Zahlen der Gewinn- und Verlustrechnung aus der Buchführung gewonnen und über die einzelnen Kontenabschlüsse in die Gewinn- und Verlustrechnung eingebucht.

Bezogen auf das Eigenkapital in der Schlußbilanz des Beispiels Nr. 4 (→ S. 38) zeigt sich durch den obigen Gewinn folgende Änderung:

Eigenkapital lt. Bilanz nach Beispiel Nr. 4	DM 10 000,-
+ Gewinn lt. obiger Gewinn- und Verlustrechnung	DM 2 000,-
= Eigenkapital nach Beispiel Nr. 10	DM 12 000,-

Die entsprechende Schlußbilanz nach Beispiel Nr. 10 zeigt danach folgendes Bild:

Schlußbilanz

Aktiva				Passiva	
Mat.-Best.	19 000,-		EK	10 000,-	
./.			+ Gewinn	2 000,-	
Beisp. ⑤	5 000,-				12 000,-
		14 000,-	Darlehen		15 000,-
Ku.-Fordg.	9 000,-				
+			Lief.-Verb.		7 000,-
Beisp. ⑩	10 000,-				
			sonst.		
		19 000,-	kurzfr. Vbk.	0,-	
Bankguth.	3 500,-				
./.			+ Beisp. ⑧	600,-	
Beisp. ⑥	2 500,-				
		1 000,-			600,-
Ka.-Bestd.	500,-				
./.					
Beisp. ⑦	100,-				
+					
Beisp. ⑨	200,-				
		600,-			
Summe		34 600,-	Summe		34 600,-

Zu diesem Kapitel finden Sie die Aufgaben A 1 – A 63 im Band „Vorbereitung auf die Meisterprüfung – Test- und Übungsaufgaben".

3. Bewertung des Betriebsvermögens und der Schulden

Lernziele:

Der Lernende kann, nachdem er dieses Kapitel durchgearbeitet hat,
- die allgemeinen Bewertungsgrundsätze für die Bewertung des Vermögens und der Schulden angeben,
- spezielle Bewertungsmaßstäbe, wie Anschaffungskosten, Herstellungskosten, Teilwert und Absetzungen für Abnutzung, erklären,
- die Maßgeblichkeit der Handelsbilanz für die Steuerbilanz und umgekehrt erkennen,
- die bilanziellen Bewertungsvorschriften für das Betriebsvermögen und die betrieblichen Schulden anwenden,
- die zulässigen handelsrechtlichen und steuerlichen Bewertungswahlrechte berücksichtigen.

Bewertungsumfang

Eine wichtige Aufgabe der Inventur ist neben der körperlichen Erfassung und Auflistung des betrieblichen Vermögens und der Schulden auch deren Bewertung. Die hierbei zu beachtenden Grundsätze und Einzelvorschriften gelten uneingeschränkt auch für die Bewertung in der Bilanz. Sie ergeben sich zum einen aus dem HGB und zum anderen aus dem Einkommensteuergesetz (EStG). Das HGB enthält dabei noch ergänzende Bestimmungen für die Bewertung bei Kapitalgesellschaften. Hierauf soll aber im folgenden nicht näher eingegangen werden.

3.1 Bewertungsgrundsätze

3.1.1 Vorsichtsprinzip

Vorsichtsprinzip

Von großer Bedeutung für die Bewertung ist der Gläubigerschutz. Das bedeutet, daß die Bewertung vorsichtig vorzunehmen ist. Alle zum Zeitpunkt der Bewertung erkennbaren Risiken sind entsprechend zu berücksichtigen.

Aus dem Prinzip der Vorsicht heraus leiten sich die folgenden Bewertungsgrundsätze ab, die in der Praxis immer wieder zu beachten sind:

Bewertungsgrundsätze

Nicht realisierte Gewinne dürfen nicht ausgewiesen werden!

Beispiel:

Inventar- oder Bilanzwert eines Grundstücks zum 1.1. des Jahres 01 = DM 100 000,-.

Werterhöhung im Laufe des Jahres durch gestiegene Grundstückspreise bis auf DM 120 000,-.

Bilanzielle Folgen

Bewertung zum 31.12. des Jahres 01 nach wie vor mit DM 100 000,-. Wertsteigerung darf nicht berücksichtigt werden.

Nicht realisierte Verluste müssen ausgewiesen werden!

Beispiel:

Die Anschaffungskosten des am 31. 12. des Jahres 01 noch auf Lager befindlichen Materials betragen DM 20 000,-. Infolge gesunkener Einkaufspreise würde die Anschaffung des Materialbestandes zum Bilanzstichtag nur noch DM 17 000,- verursachen.

Bilanzielle Folgen

Das auf Lager befindliche Material müßte mit DM 17 000,- bilanziert werden.

Für ungewisse Schulden sind vom Unternehmen Rückstellungen zu bilden!

Begriffliche Klarstellung

Bei Rückstellungen handelt es sich um betriebliche Risiken, bei denen die folgenden Voraussetzungen gegeben sein müssen:

- Der Grund für die evtl. zu erwartende Verpflichtung muß bekannt sein (z. B. das Risiko, einen schwebenden Rechtsstreit zu verlieren).
- Die Ursache der Risikos muß im laufenden Geschäftsjahr liegen.
- Die Inanspruchnahme innerhalb eines abgrenzbaren Zeitraumes darf nicht völlig auszuschließen sein.

Nur die Höhe des auf das Unternehmen zukommenden Risikos ist nicht genau bekannt. Sie ist für bilanzielle Zwecke sorgfältig abzuschätzen und zahlenmäßig zu beziffern.

Typische Rückstellungen findet man in handwerklichen Betrieben für Gewerbesteuerabschlußzahlungen, Steuerberatungshonorare für die Erstellung des Jahresabschlusses, evtl. Gewährleistungsverpflichtungen aus ausgeführten Aufträgen des Unternehmens.

3.1.2 Prinzip der Unternehmensfortführung

Prinzip Bei der Bewertung ist davon auszugehen, daß das Unternehmen fortgeführt wird. Im anderen Falle müßte man bei der Bewertung von Liquidationswerten für die einzelnen Vermögensposten ausgehen. Dies könnte trotz Beachtung des Vorsichtsprinzips ein allzu schlechtes Bild von der Vermögenslage des Unternehmens abgeben.

3.1.3 Stichtagsprinzip

Stichtagsprinzip Entscheidend für die Bewertung sind die Verhältnisse am Bewertungsstichtag. Sie sind zu berücksichtigen, auch wenn der Betriebsinhaber hiervon erst nach dem Stichtag Kenntnis erlangt.

Beispiel:

Ein Unternehmer erhält, noch vor der Erstellung seines Jahresabschlusses, am 20. Januar des Jahres 02 von seinem Anwalt die Mitteilung, daß eine Forderung aus dem Jahr 01 gegenüber einem zahlungsunfähigen Kunden in Höhe von DM 5 000,- nach mehrmaligen vergeblichen Eintreibungsversuchen endgültig als uneinbringlich anzusehen sei.

Bilanzielle Folgen

Die nach dem Bilanzstichtag dem Betriebsinhaber zugegangene Kenntnis ist zum 31. 12. des Jahres 01 zu berücksichtigen (Gewinnmindernde Abschreibung der uneinbringlichen Forderung noch zu Lasten der Bilanz des Jahres 01).

3.1.4 Prinzip der Bewertungsstetigkeit

Stetigkeitsprinzip

Die einmal gewählte Bewertungsmethode (z. B. lineare Abschreibung für eine Maschine) ist grundsätzlich beizubehalten. Von ihr darf ohne genaue Begründung nicht abgewichen werden (Grundsatz der Bilanzkontinuität → Abschnitt 1.3.2).

3.1.5 Prinzip der Zeitraumbezogenheit

Prinzip des Zeitraumbezugs

Dieses Prinzip ist von Bedeutung für die Ermittlung des Gewinns oder Verlusts eines Abrechnungszeitraumes. Es besagt, daß Aufwendungen und Erträge ausschließlich von ihrer Zuordnung zu einem bestimmten Abrechnungszeitraum abhängen und nicht vom Zeitpunkt der Zahlungen für den jeweiligen Aufwand bzw. Ertrag.

Beispiel:

Materialverbrauch für die Erstellung betrieblicher Leistungen mit Material, welches aus dem Materialbestand entnommen wird.

Bilanzielle Behandlung

Materialverbrauch wird als betrieblicher Aufwand behandelt, völlig unabhängig davon, wann der Materialeingang war oder die Bezahlung für das eingesetzte Material erfolgt.

3.2 Bewertungsvorschriften

3.2.1 Anschaffungskosten

(HGB und EStG inhaltsgleich)

Definition

Anschaffungskosten sind alle Aufwendungen, die geleistet werden, um ein Wirtschaftsgut zu erwerben und es für die betriebliche Verwendung nutzbar zu machen.

Anschaffungskosten
=   Anschaffungspreis
./.   Preisreduzierungen (z. B. Skonti)
+   Anschaffungsnebenkosten
(z. B. Transportkosten, -versicherungen, Montage- und Anschlußkosten für Ver- und Entsorgungssysteme, bei Anschaffung eines Grundstücks auch die Kosten der notariellen Beurkundung des Kaufvertrages und der Änderungen im Grundbuch)

> Zu diesem Kapitel finden Sie die Aufgaben A 1 – A 63 im Band „Vorbereitung auf die Meisterprüfung – Test- und Übungsaufgaben".

3.2.2 Herstellungskosten

(HGB und EStG nicht inhaltsgleich)

Hinsichtlich der Herstellungskosten für selbsterstellte Wirtschaftsgüter gehen die steuerlichen Bestimmungen weiter als die handelsrechtlichen.

Handwerkstypische Unterscheidungskriterien

Herstellungskosten

Unterscheidung nach Handels- und Steuerrecht

Handelsgesetzbuch	Einkommensteuergesetz
Materialeinzelkosten Fertigungseinzelkosten Sondereinzelkosten der Fertigung	Materialeinzelkosten Fertigungseinzelkosten Sondereinzelkosten der Fertigung Materialgemeinkosten Fertigungsgemeinkosten
= Mindestansatz	
Materialgemeinkosten Fertigungsgemeinkosten Kosten der allgemeinen Verwaltung	= Mindestansatz Kosten der allgemeinen Verwaltung
= Wahlansatz	= Wahlansatz

Die obige Aufstellung zeigt, daß der Bewertungsspielraum im Handelsrecht höher ist als im Steuerrecht. Gleichlautende Bestimmungen gelten jedoch hinsichtlich des Ansatzverbotes für Vertriebskosten und Gewinne.

3.2.3 Teilwert

Eine besondere Bedeutung für die Bewertung hat der sogenannte Teilwert.

Teilwert — Der Teilwert ist ein rein steuerlicher Begriff, der sich im Handelsgesetzbuch nur unvollständig wiederfindet.

Definition nach EStG — Teilwert ist der Betrag, „den ein Erwerber des ganzen Betriebes im Rahmen des Gesamtkaufpreises für das einzelne Wirtschaftsgut ansetzen würde, dabei ist davon auszugehen, daß der Erwerber den Betrieb fortführt".

Der Teilwert richtet sich somit nach den Vorstellungen eines fiktiven Unternehmenserwerbers. Hier liegt verständlicherweise ein großer Entscheidungsspielraum für den handwerklichen Betriebsinhaber, wenn eine Teilwert-Bewertung zulässig ist.

3.2.4 Abschreibungen

Definition — Abschreibungen sind Abschläge von den Anschaffungs- oder Herstellungskosten zur Berücksichtigung des technischen und wirtschaftlichen Werteverzehrs bei Wirtschaftsgütern, die aufgrund ihrer Beschaffenheit einer solchen

Betriebliches Rechnungswesen

Wertminderung ausgesetzt sind (z. B. Maschinen, Fahrzeuge, aber unter Umständen auch Materialbestände, Warenvorräte, erworbene Firmenwerte).

Abschreibungsdauer

Die jährlichen Abschreibungsbeträge können entsprechend der betriebsgewöhnlichen Nutzungsdauer der jeweiligen Wirtschaftsgüter vom Betriebsinhaber nach eigenen Schätzungen im vorhinein festgesetzt werden. Statt dessen kann er aber auch auf Richtwerte zurückgreifen, die von der Finanzverwaltung herausgegeben werden. Hiervon wird in der handwerklichen Praxis meistens auch Gebrauch gemacht.

außerplanmäßige Abschreibungen

Bei nicht planmäßigem Verlauf des veranschlagten Werteverzehrs (z. B. unvorhersehbarer Wertverlust einer Maschine durch neue Fertigungstechnologie) sind auch außerplanmäßige oder sogenannte Teilwert-Abschreibungen zulässig.

Abschreibungsverfahren

Handelsrechtlich bestehen keine Beschränkungen hinsichtlich des zu wählenden Abschreibungsverfahrens (z. B. jährlich gleichbleibende, fallende oder sogar steigende Wertabschläge bzw. lineare, degressive oder progressive AfA – „Absetzung für Abnutzung").

Steuerlich sind nur bestimmte Abschreibungsverfahren zugelassen. Darüber hinaus gibt es eine Vielzahl spezieller steuerlicher Sonderabschreibungen mit zumeist künstlich erhöhten jährlichen Abschreibungsbeträgen.

3.3 Maßgeblichkeitsprinzip

3.3.1 Maßgeblichkeit der Handelsbilanz

– Handelsbilanz bestimmt Steuerbilanz –

Maßgeblichkeit

In den vorhergehenden Abschnitten wurde teilweise auf Unterschiede zwischen handelsrechtlichen und steuerlichen Bewertungsgrundsätzen und -maßstäben hingewiesen. Für den bilanzierungspflichtigen Handwerker ergibt sich daraus die Frage, welche Bestimmungen für die Erstellung seines Jahresabschlusses zutreffend sind.

Für die unter das HGB fallenden Unternehmen gelten zunächst die handelsrechtlichen Bestimmungen. Hier bestimmt also die Handelsbilanz die Steuerbilanz.

Für die meisten Handwerksbetriebe treffen aber die HGB-Vorschriften gar nicht zu, da es sich hierbei nicht um vollkaufmännische Unternehmen handelt. Sie können aber sehr wohl nach § 141 AO buchführungs- und bilanzierungspflichtig sein.

Wonach müssen sich diese Betriebe nun richten?

Hier baut der § 5 des Einkommensteuergesetzes eine wichtige Brücke zwischen handelsrechtlichen und steuerlichen Bilanzierungsvorschriften. Er verpflichtet alle buchführungspflichtigen Gewerbetreibenden, ganz gleich ob sie unter das HGB fallen oder nicht, zum Schluß eines jeden Wirtschaftsjahres das Betriebsvermögen anzusetzen „nach den Grundsätzen ordnungsmäßiger Buchführung". Damit wird der Bilanz nach handelsrechtlichen Vorschriften, der Handelsbilanz also, grundsätzlich Vorrang gegenüber der Steuerbilanz eingeräumt. Für die nicht unter das HGB fallenden Gewerbetreibenden gilt also ebenfalls zunächst die Maßgeblichkeit der Handelsbilanz für die Steuerbilanz.

3.3.2 Umgekehrte Maßgeblichkeit

– Steuerbilanz bestimmt Handelsbilanz –

Hinsichtlich der Bewertungen in der Bilanz gibt es aber zahlreiche steuerliche Bestimmungen, nach denen Bewertungswahlrechte, z. B. bei der Wahl des Abschreibungsverfahrens oder der Vornahme von Sonderabschreibungen, nur dann ihre steuerliche Anerkennung finden können, wenn sie auch in der Handelsbilanz entsprechend berücksichtigt werden. Es sei denn, es wird ausdrücklich eine Ausnahme von diesem Grundsatz zugelassen.

umgekehrte Maßgeblichkeit

Hierdurch kommt es zur sogenannten umgekehrten Maßgeblichkeit: Die Bilanzansätze in der Handelsbilanz werden, unbeschadet anderer handelsrechtlicher Wahlmöglichkeiten, praktisch von steuerlichen Vorschriften bestimmt. Dieses Bilanzierungsprinzip entspricht in der Praxis den Bilanzierungsgepflogenheiten im Handwerk.

Im Handwerk gilt daher allgemein:

Steuerbilanz = Handelsbilanz

3.4 Bewertung der Vermögens- und Schuldposten im einzelnen

Die obigen Bewertungsgrundsätze und -maßstäbe finden in den handels- und steuerrechtlichen Bestimmungen zur Bewertung der einzelnen Vermögens- und Schuldposten im Inventar und in der Bilanz ihren konkreten Niederschlag.

3.4.1 Nicht abnutzbare Wirtschaftsgüter des Anlagevermögens

Im Handwerk fällt hierunter insbesondere Grund und Boden. Handels- und steuerrechtlich sind hier die Anschaffungskosten anzusetzen. Der einmal ermittelte Bilanzwert bleibt unverändert, auch wenn der Wert des Grundstücks steigt. Bei dauernder Wertminderung ist allerdings eine Abschreibung auf den niedrigeren Teilwert vorzunehmen (= strenges Niederstwertprinzip).

strenges Niederstwertprinzip

Eine Ausnahme besteht nur für Einzelunternehmen oder Personengesellschaften. Die Herabsetzung auf den niedrigeren Teilwert für ein Grundstück ist dort auch schon möglich, wenn die Wertminderung voraussichtlich nicht von Dauer ist (= gemildertes Niederstwertprinzip).

gemildertes Niederstwertprinzip

3.4.2 Abnutzbare Wirtschaftsgüter des Anlagevermögens (unbewegliche und bewegliche)

Hierzu zählen insbesondere Gebäude, Maschinen, Einrichtungen, Fahrzeuge, aber auch ein eventuell erworbener Firmenwert. Die Bilanzansätze richten sich nach den Anschaffungs- oder Herstellungskosten (→ Abschnitt 3.2.1 und 3.2.2), vermindert um die der Nutzungsdauer entsprechenden Abschreibungen (→ Abschnittt 3.2.4).

Bei außerplanmäßigen Wertminderungen ist eine Teilwertabschreibung zwingend vorgeschrieben, wenn es sich um eine dauernde Wertminderung handelt (strenges bzw. gemildertes Niederstwertprinzip wie unter Abschnitt 3.4.1).

3.4.3 Umlaufvermögen

Vorratsvermögen

(Waren- und Materialbestände, teilfertige Arbeiten)

Die Waren- und Materialbestände sind mit den Anschaffungs- oder Herstellungskosten anzusetzen. Liegt der Börsen- oder Marktpreis, bei nicht marktgängigen Materialien, der Teilwert, niedriger, so ist dieser Wert maßgeblich (= strenges Niederstwertprinzip).

Forderungen und Zahlungsmittel

Forderungen und Zahlungsmittel sind mit dem jeweiligen Nennbetrag anzusetzen, sofern es sich um Werte in DM handelt. Bei Forderungen oder Zahlungsmitteln in ausländischer Währung gilt der jeweilige Tageskurs zum Zeitpunkt der Entstehung der Forderung bzw. der niedrigere Tageskurs zum Bilanzstichtag (= strenges Niederstwertprinzip).

3.4.4 Verbindlichkeiten

Höchstwertprinzip

Verbindlichkeiten sind wie Forderungen mit dem Nominalwert in die Bilanz einzusetzen. Ist z. B. bei Schulden in ausländischer Währung der Tageskurs höher als die ursprüngliche Schuld, so ist der höhere Wert anzusetzen (= Vorsichtsprinzip → Kapitel 3.1.1).

3.4.5 Privateinlagen und -entnahmen

Bewertung von Privatentnahmen oder -einlagen

Privateinlagen und -entnahmen sind mit dem Teilwert anzusetzen. Diese Bestimmung ist für viele Handwerksbetriebe von Bedeutung, z. B. bei Existenzgründern, wo in die Eröffnungsbilanz schon im bisherigen Privatvermögen vorhandene Maschinen, Fahrzeuge usw. in das Unternehmen eingebracht und dort bilanziert werden müssen, oder bei der Entnahme von Materialien aus den betrieblichen Beständen für private Zwecke (Eigenverbrauch).

Zu diesem Kapitel finden Sie die Aufgaben A 1 – A 63 im Band „Vorbereitung auf die Meisterprüfung – Test- und Übungsaufgaben".

4. Einrichtung und Handhabung der Buchführung

Lernziele:

Der Lernende kann, nachdem er dieses Kapitel durchgearbeitet hat,
- ein Konto in der Buchführung eröffnen, berühren und abschließen,
- erfolgswirksame und erfolgsunwirksame Geschäftsvorfälle unterscheiden und richtig buchen,
- Bestandskonten und Erfolgskonten führen und mit den entsprechenden Sammelkonten abschließen,
- Buchungssätze formulieren,
- Grundbuch und Hauptbuch unterscheiden,
- ein Journal führen und zum Abschluß bringen,
- eine Hauptabschlußübersicht erstellen und daraus die Vermögens- und Erfolgsbilanz entwickeln.

4.1 Konto – Kontenrahmen – Kontenplan

4.1.1 Konto als Hilfsmittel der Buchführung

Zur Darstellung und zum rechnerischen Nachvollzug der einzelnen Geschäftsvorfälle bedient sich die Buchführung des Kontos.

Das Konto ist entstanden aus der zahlenmäßigen Darstellung einer zweiseitigen Rechnung mit Geschäftspartnern. Es wird ausgedrückt in der stilisierten Form einer Waage. Durch das Weglassen der Gehänge auf den beiden Seiten der Waage entsteht der Eindruck eines großen „T", weshalb man auch von „T-Konten" spricht.

T-Konto

Auf der linken Seite des Kontos wurde ursprünglich die Summe eingesetzt, die vom Geschäftspartner bezahlt werden soll; auf der rechten Seite dasjenige, was er gezahlt hat bzw. haben soll. Hieraus hat sich ganz allgemein die Bezeichnung „Soll" oder „Soll-Seite" für die linke Seite eines Kontos und die Bezeichnung „Haben" oder „Haben-Seite" für die rechte Seite entwickelt.

Soll-Seite
Haben-Seite

Die Kopfspalte eines Kontos könnte folgendes Aussehen haben, wobei in der Praxis auch andere Aufteilungen vorkommen:

Zweiseitiges Schema

<u>Materialbestand</u>
Konto-Nr. 3000

Soll							Haben
Datum	Beleg-Nr.	Gegen-konto	Betrag in DM	Datum	Beleg-Nr.	Gegen-konto	Betrag in DM

Einseitiges Schema

Materialbestand
Konto-Nr. 3000

Datum	Beleg-Nr.	Gegen-konto	Text	Betrag in DM	
				Soll	Haben

4.1.2 Kontenrahmen

Kontenrahmen

Im Interesse einer möglichst übersichtlichen organisatorischen Gestaltung der Buchführung bietet es sich an, die notwendigen Konten nach einem bestimmten Schema zu ordnen. Dies ermöglicht der Kontenrahmen.

Mit dem Kontenrahmen soll ein allgemein gültiges System der Kontenbezeichnungen erreicht werden. Vorschläge zur Einführung eines einheitlichen Kontenrahmens wurden von der betriebswirtschaftlichen Wissenschaft (insbesondere Prof. Schmalenbach) in den 20er und 30er Jahren dieses Jahrhunderts gemacht. Auf diesen Grundlagen entstanden der vom Bundesverband der deutschen Industrie herausgegebene Gemeinschaftskontenrahmen (IKR) und der „Einheitskontenrahmen für das Deutsche Handwerk". Aufbauend auf dem Einheitskontenrahmen sind von einzelnen Handwerksberufen Branchenkontenrahmen abgeleitet worden, in denen unter Beibehaltung des grundsätzlichen Schemas bestimmte branchenspezifische Besonderheiten berücksichtigt wurden. Ein gesetzlicher Zwang zur Anwendung eines bestimmten Kontenrahmens besteht allerdings heute nicht mehr.

Kontenklassen

Der Einheitskontenrahmen des Handwerks basiert auf der Einteilung in 10 Kontenklassen von 0 – 9, von denen allerdings nur sechs zur Abwicklung der in einem Handwerksbetrieb üblicherweise anfallenden Buchungsfälle benötigt werden.

Klasse 0 = Anlage- und Kapitalkonten („ruhende Konten")
Das sind die Konten des Anlagevermögens, der langfristigen Verbindlichkeiten, der Rechnungsabgrenzungsposten, Rückstellungen und des Eigenkapitals.

Klasse 1 = Finanzkonten
Diese Klasse enthält die Konten der flüssigen Mittel (Kasse, Bank, Postgiro) und der kurzfristigen Forderungen und Verbindlichkeiten (z. B. Kundenforderungen, Besitzwechsel, Schuldwechsel, Lieferantenverbindlichkeiten).

Klasse 3 = Konten der Bestände an Verbrauchsstoffen und Erzeugnissen
Diese Konten sollen die Bestände der bezogenen Roh-, Hilfs- und Betriebsstoffe, der Halb- und Fertigerzeugnisse sowie der Handelswaren erfassen.

Klasse 4 = Konten der Kostenarten
Hier werden die betrieblichen Aufwendungen aufgenommen.

Klasse 8 = Erlöskonten
Sie weisen die verschiedenen betrieblichen Erlöse aus.

Klasse 9 = Abgrenzungs- und Abschlußkonten
Hierunter fallen die Konten der außerordentlichen und betriebsfremden Aufwendungen und Erträge, die Zins-, Skonti- u. ä. -aufwendungen und -erträge, die Abschreibungen sowie das Bilanz- und Gewinn- und Verlustkonto.

Die Klassen 0, 1 und 3 umfassen die sogenannten Bestandskonten, die Klassen 4, 8 und 9 die sogenannten Erfolgskonten.

Kontengruppen Die einzelnen Kontenklassen können in sogenannte Kontengruppen unterteilt werden, je Kontenklasse bis zu 10 Kontengruppen. Innerhalb der obigen Klassifizierung geschieht dies durch Anhängen einer zweiten Ziffer an die Kennziffer der jeweiligen Kontenklasse. Auf diese Weise können auch noch weitere Untergruppen gebildet werden.

Beispiel:

Kontenklasse 0   = Anlage- und Kapitalkonten
Kontengruppe 03   = Fahrzeuge
Kontenuntergruppe 0300   = Lkw
Kontenuntergruppe 0310   = Pkw

Beim Buchen mit Hilfe elektronischer Datenerfassung, wie es heute im Handwerk bei Erledigung der Buchführung durch ein Steuerbüro in der Regel der Fall ist, werden bei der konkreten Bezeichnung des Kontos (Kontenuntergruppe) vierstellige Kontennummern genommen, z. B. Konto Nr. 0310 „Pkw". Die Kontenklassen und Kontengruppen bleiben aber zur Vermeidung von Verwechselungen ein- und zweiziffrig, wie oben beispielhaft angegeben.

Von der bundesweit tätigen Datenverarbeitungsorganisation des steuerberatenden Berufes (DATEV) wurden verschiedene Spezialkontenrahmen (SKR) entwickelt, die in der Praxis weit verbreitet sind. Die DATEV-Kontenrahmen weisen zwar z. T. eine vom Einheitskontenrahmen des Handwerks abweichende Kontengliederung auf, basieren jedoch auch auf dem 10er-System der Kontenklassen. Inhaltlich bestehen keine grundsätzlichen Unterschiede zum Einheitskontenrahmen.

4.1.3 Kontenplan

Vom Kontenrahmen zu unterscheiden ist der Kontenplan.

Kontenplan Im Kontenplan werden aus dem zugrundeliegenden Kontenrahmen nur die Konten aufgenommen, die für das jeweilige Unternehmen in Betracht kommen. Der Kontenplan hängt daher ab von den betriebsindividuellen Gegebenheiten und Auswahlkriterien des jeweiligen Betriebsinhabers. Die Kontenpläne, auch in zahlreichen Handwerksbetrieben, weichen in der Praxis nicht selten mehr oder weniger stark von dem empfohlenen Einheitskontenrahmen der einzelnen Wirtschaftszweige oder Branchen ab. Die Notwendigkeit hierzu ergibt sich vielfach schon dann, wenn sich der Betrieb einer Buchführung außer Haus über ein Rechenzentrum der elektronischen Datenverarbeitung mit einer abweichenden Kontengruppenunterteilung anschließt, wie z. B. der DATEV.

Betriebliches Rechnungswesen

Einheits-kontenrahmen

Einheitskontenrahmen für das Deutsche Handwerk
Fassung für elektronische Datenverarbeitung – Konten vierstellig

Bestandskonten

Klasse 0
Anlage- und Kapitalkonten

01 Grundstücke, grundstücksgleiche Rechte u. Bauten 1)
- 0100 Werkstatt-, Lager- u. Geschäftsgebäude
- 0120 Wohngebäude
- 0130 Sonstige Gebäude
- 0140 Außenanlagen
- 0150 Grund u. Boden d. bebauten Grundstücke (wenn nicht in 0100-0140 eingeschlossen)
- 0160 Unbebaute Grundstücke
- 0170 Bauten auf fremden Grundstücken
- 0180 grundstücksgleiche Rechte

02 Maschinen, techn. Anlagen, Werkzeuge
- 0200 Maschinen
- 0210 Techn. Anlagen
- 0220 Werkzeuge, Modelle, Formen
- 0280 „Geringwertige Anlagegüter" (GWG) Masch., techn. Anlagen, Werkzeuge

03 Fahrzeuge
- 0300 Lastkraftwagen
- 0310 Personenkraftwagen
- 0320 Sonstige Fahrzeuge

04 Betriebs- und Geschäftsausstattung
- 0400 Betriebsausstattung
- 0410 Ladenausstattung
- 0420 Büroausstattung
- 0480 „Geringwertige Anlagegüter" (GWG) Betriebs- u. Geschäftsausstattung

05 Immaterielle Vermögensgegenstände
- 0500 Konzessionen, Patente, Lizenzen u. ä. Rechte
- 0510 Geschäfts- oder Firmenwert

06 Finanzanlagen, langfristige Forderungen
- 0600 Anteile an verbund. Unternehmen
- 0610 Ausleihungen an verbund. Untern.*
- 0620 Beteiligungen
- 0630 Ausleihungen an Unternehmen, mit denen ein Beteiligungsverhältnis besteht*
- 0640 Wertpapiere des Anlagevermögens
- 0650 Genossenschaftsanteile
- 0660 Sonst. langfristige Forderungen*
- 0670 frei für Aufgliederg. d. Fordgn. nach
- -0690 Restlaufzeit, Sicherheiten u. gegenüber Geschäftsführern u. Gesellschaftern (einschließlich Kontengruppe 14)*

07 Langfristige Verbindlichkeiten*
- 0700 Langfr. Verb. gegenüber Kreditinstituten
- 0710 Darlehen v. anderen Geldgebern, (auch stille Beteiligungen)
- 0720 Verbindlichkeiten gegenüber verbundenen Unternehmen
- 0730 Verbindlichk. gegenüber Unternehmen, mit denen ein Beteiligungsverhältnis besteht
- 0740 Langfr. Verbindlichkeiten im Rahmen d. sozialen Sicherheit
- 0750 Anleihen
- 0760 Sonst. langfr. Verbindlichkeiten
- 0770 frei für Aufgliederungen d. Verbindlichk.
- -0790 nach Restlaufzeit u. gegenüber Geschäftsführern u. Gesellschaftern (einschl. Kontengruppe 16)*

08 Eigenkapital
Einzelunternehmen u. Personengesellschaften:
- 0800 Kapitalkonto A
- 0810 Kapitalkonto B

Kapitalgesellschaften:
- 0800 Gezeichnetes Kapital
- 0810 Ausstehende eingeford. Einlagen (Sollseite)
- 0820 Ausstehende nicht eingeford. Einl. (Sollseite)
- 0830 Kapitalrücklage
- 0840 Gewinnrücklagen
- 0850 Gewinn-/Verlustvortrag
- 0860 Jahresüberschuß/-fehlbetrag
- 0880 Sonderposten mit Rücklagenanteil

09 Rückstellungen, Rechnungsabgrenzungsposten u. aktivierte Ingangsetzungsaufwendungen
- 0900 Rückstellungen für Pensionen und ähnliche Verpflichtungen
- 0910 Steuerrückstellungen
- 0920 Sonstige Rückstellungen
- 0930 Aktive Rechnungsabgrenzung*
- 0940 Passive Rechnungsabgrenzung
- 0980 Aktivierte Aufwendgn. f. d. Ingangsetzung u. Erweiterung d. Geschäftsbetriebs

Klasse 1
Finanzkonten

10 Kasse
- 1000 Hauptkasse
- 1010 Ladenkasse

11 Postscheck, Banken, Schecks
- 1100 Postgiro (Postscheck)
- 1110 Bank A
- 1120 Bank B usw.
- 1180 Schecks

12 Wechselforderungen, Umlaufwertpapiere
- 1200 Wechselforderungen
- 1210 Umlaufwertpapiere

13 Interimskonten
- 1300 Interimskonto für innerbetrieblichen Geldverkehr

14 Kurzfristige Forderungen*
- 1400 Forderungen auf Lieferungen u. Leistgn.
- 1410 Fordergn. gegen verbundene Unternehmen
- 1420 Fordergn. geg. Unternehmen, mit denen ein Beteiligungsverhältnis besteht
- 1430 Sonst. kurzfr. Forderungen
- 1440 Zweifelhafte Forderungen
- 1450 Wertberichtigungen auf Forderungen
- 1460 frei für individuelle
- -1470 Vorsteueraufgliederung
- 1480 Vorsteuer (Mehrwertst.) zusammengefaßt

15 Geleistete Anzahlungen
- 1500 Anzahlungen u. sonstige Guthaben bei Lieferanten (nur z. Bilanzstichtag hier, sonst unter 1600)
- 1510 Geleistete Anzahlungen auf immaterielle Vermögensgegenstände
- 1520 Geleistete Anzahlungen auf Sachanlagen u. in Bau befindliche Anlagen
- 1580 Geleistete Mehrwertsteuervorauszahlungen

16 Kurzfristige Verbindlichkeiten*
- 1600 Verbindlichk. aus Lieferungen u. Leistgn.
- 1610 Verbindlichk. gegenüber Kreditinstituten (hier nur für Bilanz)
- 1620 Treuhandkonto Lohnsteuer
- 1630 Treuhandkonto Sozialabgaben (Arbeitnehmeranteil)
- 1640 Verpflichtungen aus gesetzl. Sozialabgaben (Arbeitgeberanteil)
- 1650 Verbindlichkeiten an das Finanzamt (ohne Mehrwert- u. Lohnsteuer)
- 1660 frei für individuelle Mehrwert-
- -1670 steueraufgliederung
- 1680 Mehrwertsteuerverpflichtung zusammengefaßt
- 1690 Sonstige kurzfr. Verbindlichkeiten

17 Vorauszahlungen u. sonst. Guthaben d. Kunden, noch zu erbringende Leistungen (nur z. Bilanzstichtag hier, sonst unter 1400)
- 1700 Vorauszahlungen u. sonst. Guthaben der Kunden*
- 1710 Noch zu erbringende Leistungen, die schon in Rechnung gest. u. verbucht sind

18 Wechselverbindlichkeiten*
- 1890 Wechselverbindlichkeiten

19 Privatkonten
- 1900 Geld- u. Sachentnahmen
- 1910 Eigenverbrauch
- 1920 Private Steuern
- 1930 Vorsorgeaufwendungen
- 1940 Sonstige Sonderausgaben
- 1950 Private Grundstücksaufwendg. u. -erträge
- 1980 Einlagen

Klasse 3
Konten der Bestände an Verbrauchsstoffen und Erzeugnissen

30 Rohstoffe (Grundstoffe)
- 3000 Rohstoff A
- 3010 Rohstoff B usw.

31 Bezogene einbaufertige Teile[2])
- 3190 Bezogene einbaufertige Teile

32 Hilfs- und Betriebsstoffe[2])
- 3290 Hilfs- und Betriebsstoffe

33 Kleinmaterial[2])
- 3390 Kleinmaterial

34 Handelswaren[2])
- 3490 Handelswaren

35 frei

36 Unfertige Erzeugnisse bzw. Leistungen
- 3690 Unfertige Erzeugn. bzw. Lstgn.

37 Selbstgestellte Fertigerzeugnisse
- 3700 Erzeugnis A
- 3710 Erzeugnis B usw.
- 3780 Sonst. selbsthergest. Fertigerzeugn.

38 noch in Rechnung zu stellende Leistungen[2])
- 3890 Noch in Rechnung zu stellende Leistgn.

39 Frei für nicht direkt zuordenbare Skonti und Rabatte

---

*) Bei den mit * gekennzeichneten Konten sind bei Kapitalgesellschaften weitere Untergliederungen zweckmäßig

1) falls es sinnvoll ist, die Konten einer Kontengruppe zusammenzufassen, ist bei der EDV-Fassung des EKR jeweils das betreffende Konto ..90 zu benützen, z. B. Fahrzeuge insgesamt: 0390

2) falls nicht in ..90 zusammengefaßt, branchenmäßige Untergliederung ..00 bis ..8

3) sofern nicht Sondereinzelkosten

Fortsetzung der Einheitskonten

Erfolgskonten

Klasse 4
Konten der Kostenarten

40 Einsatz an Rohstoffen u. bezogenen Teilen (Einzelkostenmaterial)
- 4000 Material A
- 4010 Material B usw.
- 4040 Bezogene einbaufertige Teile Gruppe A
- 4050 Bezogene einbauf. Teile Gruppe B usw.
- 4080 Sonst. Fertigungsmaterial

41 Personalkosten (außer Entlohnung für Leiharbeitskräfte)
- 4100 Sammelkonto Löhne u. Gehälter
- 4110 frei für direkt verrechenbare Löhne und Gehälter
- 4120 frei für nicht direkt verrechenbare Löhne und Gehälter
- 4130 Sammelkonto gesetzl. Sozialabgaben (Arbeitgeberanteil)
- 4140 frei für gesetzl. Sozialabgaben (Arbeitgeberanteil) zu 4110
- 4150 frei für gesetzl. Sozialabgaben (Arbeitgeberanteil) zu 4120
- 4160 Berufsgenossenschaftsbeiträge
- 4170 Tarifliche Sozialleistungen
- 4180 Freiwillige Sozialleistungen
- 4190 Sonstige Personal-Zusatz- und -Nebenkosten [3]

42 Kleinmaterial, Hilfs- u. Betriebsstoffe (Gemeinkosten)
- 4200 Kleinmaterial
- 4210 und 4220 frei
- 4230 Kleinwerkzeuge u. sonstige „Geringwertige Anlagegüter" (bis DM
- 4240 Hilfsstoffe
- 4250 Verpackungsmaterial
- 4260 Schmierstoffe, Öle, Fette
- 4270 Treibstoffe
- 4280 Heizungsmaterial

43 Fremdstrom, -gas, -wasser
- 4390 Fremdstrom, -gas, -wasser

44 Steuern, Gebühren, Beiträge, Versicherungen u. ä.
- 4400 Betriebl. Steuern*)
- 4410 Gebühren
- 4420 Abgaben
- 4430 Beiträge
- 4440 Umlagen
- 4450 Versicherungen

45 Verschiedene Gemeinkosten
- 4500 Miete, Pacht
- 4510 Fremdreparaturen
- 4520 Porti, Fernspr.- u. Telegr.-Geb.
- 4530 Büromat., Zeitungen, Zeitschriften
- 4540 Werbekosten
- 4550 Reisekosten (außer 4980)
- 4560 Steuer- u. Rechtsberatung, Rechenzentrum, Buchstelle
- 4570 Kfz-Unterhalt (außer Treibstoffe u. Kfz.-Steuer)
- 4580 Kfz-Unterhalt (Treibstoffe) (Untergliederung der Konten 4570 und 4580 nach Fahrzeugen bzw. Fahrzeuggruppen)
- 4590 Sonstige Gemeinkosten

46 Frei für kalkulatorische Kosten
- 4600 frei f. kalk. Abschreibg. auf Gebäude
- 4601 frei für kalk. Abschreibg. auf Kraftfahrzeuge
- 4602 frei f. sonstige kalk. Abschreibungen
- 4610 frei für kalk. Zinsen
- 4620 frei für kalk. Unternehmerlohn u. Entgelt für nichtentl. mith. Familienangeh.
- 4630 frei für kalk. Wagnisprämie
- 4640 frei für sonst. kalk. Kosten

47 Handelswareneinsatz [2]
- 4790 Handelswareneinsatz

48 Sondereinzelkosten d. Fertigung einschl. bezogene Leistungen
- 4800 Fremd- u. Nachunternehmerleistgn.
- 4860 und 4870 frei für Kosten für Leiharbeitskräfte
- 4880 Sonst. Sondereinzelk. d. Fertigung

49 Sondereinzelkosten des Vertriebs und sonstige Sondereinzelkosten einschl. bezogene Leistungen
- 4900 Verpackungs- u. Versandsonderk.
- 4910 – 4930 frei
- 4940 Sonst. Sondereinzelkosten des Vertriebs (Provisionen)
- 4950 – 4970 frei
- 4980 Sonstige Sondereinzelkosten (evtl. Reisekosten)

Klasse 8
Erlöskonten

80 Erlöse aus selbsthergest. Erzeugnissen
- 8000 Erlöse aus Erzeugnisgruppe A
- 8010 Erlöse aus Erzeugnisgruppe B usw.
- 8080 Erlöse aus sonst. selbsthergestellten Erzeugnissen

81 Erlöse aus Lohnaufträgen [2]
- 8190 Erlöse aus Lohnaufträgen

82 Erlöse aus Reparaturaufträgen [2]
- 8290 Erlöse aus Reparaturaufträgen

83 Erlöse aus Dienstleistungen
- 8300 Erlöse aus Gruppe I
- 8310 Erlöse aus Gruppe II usw.
- 8380 Erlöse aus sonst. Dienstleistungen

84 Erlöse aus Handelswaren
- 8400 Erlöse aus Handelswaren A
- 8410 Erlöse aus Handelswaren B usw.
- 8480 Erlöse aus sonst. Handelswaren

85 Sonstige Erlöse [2]
- 8590 Sonstige Erlöse

86 Erlösschmälerungen
- 8600 Erlösschmälerungen zu Handwerkserlösen
- 8650 Erlösschmälerungen zu Handelserlösen u. sonst. Erlösen

87 Bestandsveränderungen bei unfertigen Erzeugnissen bzw. Leistungen, bei selbsthergestellten Fertigerzeugnissen, bei noch in Rechnung zu stellenden Leistungen [2]
- 8790 Bestandsveränderungen

88 frei (bei EDV nicht verwenden)

89 Eigenverbrauch an Reparaturleistgn. u. sonst. betrieblichen Leistungen
- 8900 Eigenverbrauch an selbsthergest. Erzeugnissen z. vollen MWSt-Satz
- 8910 Eigenverbrauch an Reparaturleistgn. z. vollen MWSt-Satz
- 8920 Eigenverbrauch an Handelswaren u. Materialien z. vollen MWSt-Satz

(falls zusammengefaßt:
- 8940 Eigenverbrauch z. vollen MWSt-Satz)

- 8950 Eigenverbrauch an selbsthergestellten Erzeugnissen z. halben MWSt-Satz
- 8970 Eigenverbrauch an Handelswaren u. Materialien z. halben MWSt-Satz

(falls zusammengefaßt:
- 8990 Eigenverbrauch z. halben MWSt-Satz)

Klasse 9
Abgrenzungs- u. Abschlußkonten

90 Außerordentliche Aufwendungen und Erträge
- 9000 Außerordentliche Aufwendungen
- 9050 Außerordentliche Erträge

91 Betriebsfremde Aufwendungen u. Erträge
- 9100 Betriebsfremde Aufwendungen
- 9150 Betriebsfremde Erträge

92 Haus- u. Grundstücksaufwendungen u. -erträge
- 9200 Haus- u. Grundstücksaufwendungen (ohne Grundsteuer)
- 9250 Haus- u. Grundstückserträge

93 Zinsen u. ä. Aufwendungen
- 9300 Zins- und Diskontaufwendungen
- 9310 Zinsähnliche Aufwendungen

94 Zinsen u. ä. Erträge
- 9400 Erträge aus Beteiligungen
- 9410 Erträge aus anderen Wertpapieren u. Ausleihgn. d. Finanzanlageverm.
- 9420 Sonst. Zinsen u. ähnliche Erträge

95 Bilanzielle Abschreibungen
- 9500 Bil. Abschreibg. auf Gebäude
- 9510 Bil. Abschreibg. auf Kraftfahrzeuge
- 9520 Bil. Abschreibg. auf sonstiges Anlagevermögen (außer Finanzanlagen)
- 9530 Bil. Abschreibg. auf Vermögensgegenstände d. Anlagevermögens
- 9540 Bil. Abschreibg. auf Finanzanlagen u. Wertpapiere d. Umlaufvermögens
- 9550 Bilanzielle Abschreibungen auf das Umlaufvermögen (außer Wertpapieren)

96 Frei für Verrechnungskonten zu den kalkulatorischen Kosten
- 9690 frei für Verrechnungskonto zu den kalkulatorischen Kosten

97 Frei für kurzfristige Rechnungen
- 9700 frei für Monatserfolgsrechnung
- 9710 frei für zeitl. Abgrenzg. zu 9700
- 9720 frei für Vierteljahreserfolgsrechng.
- 9730 frei für zeitl. Abgrenzg. zu 9720
- 9750 – 9760 frei für **vorläufige Abschlußbuchungen zur EDV-Kennziffernauswertung**
  - 9750 vorl. Abschreibungen auf Gebäude
  - 9751 vorl. Abschreibungen auf Kraftfahrz.
  - 9752 vorl. Abschreibungen auf sonstiges Anlagevermögen
  - 9753 geschätzter Materialbestand
  - 9754 geschätzter Bestand an Handelswaren
  - 9755 geschätzter Bestand an unfertigen u. noch nicht abger. Arbeiten
  - 9756 Unternehmerlohn
  - 9757 Entgelt für nichtentlohnte mithelfende Familienangehörige
  - 9758 vorl. aktive Rechnungsabgrenzungen
  - 9759 vorl. passive Rechnungsabgrenzungen
  - 9760 Gegenbuchungen zu 9750 – 9759

98 Jahres-Gewinn- und Verlustkonto
- 9890 Jahres-Gewinn- u. Verlustkonto

99 Jahresbilanzkonto und buchungstechnische Verrechnungskonten
- 9900 Jahres-Bilanzkonto
- 9910 – 9999 Buchungstechn. Verrechnungskonten (vorw. EDV-bedingt)
- 9998 Eröffnungsübergangskonto (Gegenposten der Anfangsbestände)
- 9999 Differenzkonto

entnommen aus:
Laub K. Einheitskontenrahmen
für das Deutsche Handwerk,
München 1988

4.2 Einrichten – Berühren – Abschluß der Konten

Unter Abschnitt 2.4 ist demonstriert worden, daß mit jedem Geschäftsvorfall auch Verschiebungen innerhalb der Vermögens- oder Kapitalseite einer Bilanz verbunden sind. Nun kann aber in der Praxis nicht nach jeder Einwirkung auf irgendwelche Bilanzpositionen eine neue Bilanz erstellt werden. Gleichzeitig müssen jedoch die laufenden Veränderungen des betrieblichen Vermögens und der Schulden ersichtlich gemacht werden. <u>Diese Aufgabe übernimmt die Buchführung!</u>

4.2.1 Buchen von erfolgsunwirksamen (erfolgsneutralen) Geschäftsvorfällen

Einrichten von Konten

Um die Beispielsfälle unter Abschnitt 2.4 buchführungsmäßig darzustellen, wird die Eröffnungsbilanz (Beispiel 1) aufgelöst, d. h., für jeden Aktiv- und jeden Passiv-Posten wird ein gesondertes Konto angelegt. Die Übernahme der Beträge aus der Eröffnungsbilanz auf die einzelnen Konten ist im Folgenden vorgenommen worden. Dabei werden die Aktiva auf die Soll-Seiten der genannten Konten und die Passiva auf die Haben-Seiten übertragen. Die aus der Eröffnungsbilanz übernommenen Zahlen sind mit „EB" gekennzeichnet.

```
                Materialbestand                              Kundenforderungen
Soll                3000           Haben        Soll              1400           Haben

EB        15 000,- | SB    19 000,-             EB      10 000,- | ①   1110/1 000,-
③         1 600/4 000,-                                          | SB        9 000,-
          ─────────                                      ────────   ────────
          19 000,-   19 000,-                            10 000,-   10 000,-
          ═════════  ═════════                           ════════   ════════


                    Bank                                       Kasse
Soll                1110           Haben        Soll              1000           Haben

EB         2 500,- | SB     3 500,-             EB       2 500,- | ④   1690/2 000,-
①         1400/1 000,-                                           | SB         500,-
          ─────────                                      ────────   ────────
           3 500,-   3 500,-                              2 500,-    2 500,-
          ═════════  ═════════                           ════════   ════════


                Eigenkapital                                  Darlehen
Soll                0800           Haben        Soll              0700           Haben

SB        10 000,- | EB    10 000,-             SB      15 000,- | EB      10 000,-
          ═════════  ═════════                                   | ②   1600/5 000,-
                                                         ────────   ────────
                                                         15 000,-   15 000,-
                                                         ════════   ════════
```

Betriebliches Rechnungswesen

	Lieferanten			Sonstige kurzfr. Verbindlichkeiten	
Soll	1600	Haben	Soll	1690	Haben
② 0700/5 000,-		EB 8 000,-	④ 1000/2 000,-		EB 2 000,-
SB 7 000,-		③ 3000/4 000,-			
12 000,-		12 000,-			

①, ② usw. = Kontenberührung durch Buchung des Beispiels 1, 2 usw.

Gegenkonto Um die einzelnen gebuchten Geschäftsvorfälle besser nachvollziehen zu können, wird bei der Berührung eines Kontos in der Regel das entsprechende Gegenkonto mit vermerkt. So bedeutet z. B. 1600/4 000,- auf Konto 3000: Die Gegenbuchung der Soll-Berührung auf dem Konto 3000 (Zugang im Materialbestand in Höhe von DM 4 000,-) erfolgt auf der Haben-Seite des Kontos 1600 (Erhöhung der Lieferantenschulden um DM 4 000,-). In der Darstellung der Buchungen stehen die Buchstaben „EB" für das Gegenkonto „Eröffnungs-Bilanz" und „SB" entsprechend für „Schluß-Bilanz".

Buchungstext Wollen wir nun die obigen Geschäftsvorfälle 1-4 (→ S. 38) buchführungsmäßig erfassen und darstellen, müssen wir zunächst den Buchungstext angeben. Hierbei wird der zugrundeliegende Geschäftsvorfall kurz beschrieben. Beispiel: „Überweisung DM 1 000,- auf Bank durch Kunde A".

Es erfolgt hier also eine Erhöhung des Bankguthabens und eine Minderung der Kundenforderungen um jeweils DM 1 000,-.

Wie weisen wir nun diese Vermögensverschiebung auf den berührten Konten aus?

Rufen wir uns hierzu ins Gedächtnis zurück:

Das Bankguthaben zählt zum Betriebsvermögen. - Das Betriebsvermögen steht auf der (linken) Aktiv- oder Soll-Seite des Bilanzkontos.

Folgerungen:
- Eine Erhöhung des Bankguthabens muß also auf der Soll-Seite des Bankkontos zahlenmäßig vermerkt werden.
- Die Verringerung der Kundenforderungen wird auf der Haben-Seite des Kundenkontos festgehalten.

Buchungssatz Der zahlenmäßige Buchungsvorgang findet im Buchungssatz seine konkrete Darstellung. Im Buchungssatz werden immer die Konten, die auf der Soll-Seite berührt werden, zuerst genannt, danach die Haben-Seiten. Beide Teile des Buchungssatzes werden durch das Wörtchen „an" miteinander verbunden.

Die Buchungssätze der obigen Beispiele lassen sich danach wie folgt ausdrücken:

Beispiel 1:
Kt. 1110, Bank, DM 1 000,- an Kt. 1400, Kundenfordg., DM 1 000,-

Beispiel 2:
Kt. 1600, Lieferanten, DM 5 000,- an Kt. 0700, Darlehen, DM 5 000,-

Beispiel 3:
Kt. 3000, Material, DM 4 000,- an Kt. 1600, Lieferanten, DM 4 000,-

Betriebliches Rechnungswesen

Beispiel 4:
Kt. 1690, sonst. kurzfr. Verbindlk., DM 2 000,- an Kt. 1000, Kasse, DM 2 000,-

Innerhalb eines Buchungssatzes muß die Summe der Soll-Buchungen immer gleich sein der Summe der Haben-Buchungen.

Zur Veranschaulichung dieses Zusammenhangs hilft hier wieder das Beispiel der Waage: Im Gleichgewicht bleibt sie nur, wenn Zu- oder Abgänge auf der einen Seite genau gleich sind den Zu- oder Abgängen auf der anderen Seite.

Im Beispiel auf → S. 54 sind die obigen Buchungssätze auf den eröffneten Konten durchgeführt worden.

Kontenanrufe Für den mit der Buchungspraxis nicht so Bewanderten kann es empfehlenswert sein, sich den Inhalt der Buchungssätze durch eine zahlenmäßige Auflistung darzustellen. Dies kann mit Hilfe der sogenannten Kontenanrufe geschehen, die für das obige Beispiel wie folgt aussehen:

Kontenanrufe

Geschäftsvorfall lfd. Nr.	Soll		Haben	
	Konto-Nr.	Betrag in DM	Konto-Nr.	Betrag in DM
1	1110	1 000,-	1400	1 000,-
2	1600	5 000,-	0700	5 000,-
3	3000	4 000,-	1600	4 000,-
4	1690	2 000,-	1000	2 000,-
Summe		12 000,-		12 000,-

Die Darstellung der Kontenanrufe bietet neben dem Vorteil der Übersichtlichkeit auch noch die Kontrolle darüber, ob der obige Grundsatz gewahrt ist, wonach die Summe der Kontenberührungen im Soll gleich sein muß der Summe der Kontenberührungen im Haben.

Buchungsgrundsätze Aus den obigen Buchungsvorgängen lassen sich die folgenden Buchungsgrundsätze ableiten:

Erhöhungen des Betriebsvermögens werden auf der Soll-Seite des jeweiligen Aktiv-Kontos ausgewiesen, Vermögensminderungen auf dessen Habenseite.

Zu diesem Kapitel finden Sie die Aufgaben A 1 - A 63 im Band „Vorbereitung auf die Meisterprüfung - Test- und Übungsaufgaben".

Beispiele:

Aktiv-Konto

Vermögenszunahme	Vermögensabnahme
– Zugang im Anlagevermögen durch Anschaffung von Maschinen, Kfz usw.	– Verringerung Anlagevermögen infolge Wertminderung (Abschreibung) oder Anlagenverkauf
– Erhöhung Material- oder Warenbestand durch Neueinkauf	– Material- oder Warenbestandsverminderungen durch Verbrauch oder Verkauf
– Erhöhung Kundenforderung durch Rechnungserteilung	– Abnahme Kundenforderungen durch Bezahlung von Rechnungen
– Kassen- oder Bankeingänge	– Kassen- oder Bankausgänge

Erhöhungen der betrieblichen Schulden oder des Eigenkapitals werden auf der Passiv-Seite des jeweiligen Passiv-Kontos, Verringerungen auf dessen Soll-Seite eingetragen.

Beispiele:

Passiv-Konto

Kapitalverringerung	Kapitalerhöhung
– Verringerung des Eigenkapitals durch Verlust oder Privatentnahmen	– Eigenkapitalerhöhung durch Gewinn oder Privateinlagen
– Verringerung von Darlehen durch Tilgung	– Aufnahme zusätzlicher Darlehen
– Abbau Lieferantenschulden durch Bezahlung	– Erhöhung Lieferantenschulden durch Eingangsrechnungen für Materialeinkäufe

Nach den Grundsätzen ordnungsmäßiger Buchführung gilt bekanntlich:

Keine Buchung ohne Beleg!

Buchungsbeleg Danach muß jede Buchung durch einen entsprechenden Hinweis auf dem zugrundeliegenden Geschäftsvorfall „belegt" sein. Die Möglichkeiten des Belegnachweises sind recht vielfältig. Es können hierzu herangezogen werden z. B. Eingangsrechnungen, Durchschriften der Ausgangsrechnungen, Bankbelege und Bankauszüge, Quittungen über Barbezahlungen. Jeder Beleg ist mit einer Beleg-Nummer zu versehen. Beispiel: ER/123, für: Eingangsrechnung Nr. 123 oder KA/320, für: Kassenausgang Nr. 320.

Beleg-Nummer Die Beleg-Nummer gibt im Konto den Hinweis auf den entsprechenden Geschäftsvorfall. Umgekehrt sollte auf dem Beleg zum Zwecke der Gegenkontrolle ein Buchungsvermerk eingetragen werden, aus dem zu erkennen ist, **Buchungsvermerk** wo dieser Beleg innerhalb des Kontensystems der Buchführung verbucht ist. Sofern schriftliche Belege für Geschäftsvorfälle nicht vorliegen, z. B. bei Entnahmen aus der Kasse für private Zwecke, sollten zur Sicherung des Bu- **Eigenbeleg** chungsnachweises sogenannte „Eigenbelege" erstellt werden.

Auf ihnen werden, ähnlich wie bei den Originalbelegen, die zur Charakterisierung des jeweiligen Geschäftsvorfalles notwendigen Angaben gemacht (→ nachfolgendes Muster).

Betriebliches Rechnungswesen

```
┌─────────────────────────────────────────────────────────────────┐
│                                    Eigenbeleg                   │
│                                                                 │
│   Nr.:             KA/302        Buchungszeichen: J 19/22*)     │
│   Datum:           18.10.1991                                   │
│   Geschäftsvorfall: Barentnahme aus der Kasse DM 200,-          │
│                     (in Worten: zweihundert)                    │
│   Unterschrift:    Paul Lehmann                                 │
└─────────────────────────────────────────────────────────────────┘
```

*) J 19/22 bedeutet: Journal (→ S. 78), Seite 19, Zeile 22

Kontenabschluß Nachdem die Geschäftsvorfälle einer Abrechnungsperiode (z. B. eines Geschäftsjahres) erfaßt sind, ist der Kontenabschluß vorzunehmen. Zu diesem Zweck müssen die Salden der Konten ermittelt werden. Saldo ist die Differenz zwischen der Summe der Buchungen auf der Sollseite und der Habenseite eines Kontos. Der Saldo wird immer zum Ausgleich der Soll- und Habenseiten dem jeweils niedrigeren Betrag auf den beiden Kontenseiten hinzugerechnet.

Beispiel:

		Bank		
Soll		1110		Haben
				20 000,-
	30 000,-	Saldo		10 000,-
Summe	30 000,-	Summe		30 000,-

Kontensaldo Abschlußkonten Der Saldo der einzelnen Konten wird ebenfalls in Form einer Buchung wieder auf die Abschlußkonten (Schlußbilanz-Konto oder Gewinn- und Verlustkonto) gebracht. Die Salden, die sich auf den Soll-Seiten der Konten ergeben, finden sich also im Schlußbilanz- bzw. Gewinn- und Verlust-Konto auf der Haben-Seite wieder und umgekehrt.

Der Saldo auf dem oben beispielhaft aufgeführten Konto Nr. 1110 „Bank" beträgt DM 10 000,- und ist auf der Haben-Seite dieses Kontos einzutragen. Der Buchungssatz für seine Einbuchung in das Schlußbilanz-Konto lautet:

„Schlußbilanz-Konto DM 10 000,-   an   Bank DM 10 000,-."

In gleicher Weise sind die Salden der übrigen Konten im obigen Beispiel ermittelt und die Konten abgeschlossen worden. Die für die Buchung in die Schlußbilanz in Betracht kommenden Salden sind zur Nachvollziehbarkeit für den Leser mit dem Zeichen „SB" versehen worden.

Die Konten auf → S. 54 sind nach diesem Verfahren entsprechend abgeschlossen worden. Die sich hieraus ergebende Schlußbilanz entspricht der Schlußbilanz nach Beispiel 4 auf → S. 38.

4.2.2 Buchen von erfolgswirksamen Geschäftsvorfällen

Bereits im Abschnitt 2.4.2 wurde auf die erfolgswirksamen Bilanzveränderungen hingewiesen. Auch sie müssen kontenmäßig erfaßt und ausgewiesen werden. Dies geschieht auf den sogenannten Erfolgskonten.

Im folgenden werden erfolgswirksame Geschäftsvorfälle beispielhaft dargestellt. Zur besseren Erkenntnis der Zusammenhänge werden dabei bewußt die Buchungen ohne Berücksichtigung der Mehrwertsteuer durchgeführt. Die buchungsmäßige Behandlung der Mehrwertsteuer erfolgt gesondert unter Abschnitt 4.2.3.

Nehmen wir als Ausgangswerte die Zahlen aus der Schlußbilanz unter Beispiel 4 auf → S. 38 als Eröffnungsbilanz für eine neue Abrechnungsperiode der Geschäftsvorfälle Nr. 5 bis 10 (→ S. 39), so sind die folgenden Konten mit den jeweiligen EB-Werten zu eröffnen:

Konto-Nr.	Bezeichnung	Gegenbuchung	Betrag in DM Soll	Betrag in DM Haben
3000	Materialbestand	Eröffnungsbilanz (EB)	19 000,-	
1400	Kundenforderungen	EB	9 000,-	
1100	Bank	EB	3 500,-	
1000	Kasse	EB	500,-	
0800	Eigenkapital	EB		10 000,-
0700	Bankdarlehen	EB		15 000,-
1600	Lieferanten	EB		7 000,-
1690	sonstige kurzfristige Verbindlichkeiten	EB		0,-
			32 000,-	32 000,-

Zur buchungsmäßigen Erfassung der Geschäftsvorfälle unter den Beispielen 5–10 sind noch folgende Erfolgskonten einzurichten:

Beispiel-Nr.
- 5   Konto Nr. 4000   „Materialaufwand"
- 6   Konto Nr. 4100   „Personalkosten"
- 7   Konto Nr. 4530   „Bürokosten"
- 8   Konto Nr. 4400   „Betriebliche Steuern"
- 9   Konto Nr. 8290   „Erlöse aus Reparaturaufträgen"
- 10 Konto Nr. 8000   „Erlöse aus selbsthergestellten Erzeugnissen"

> Zu diesem Kapitel finden Sie die Aufgaben A 1 - A 63 im Band „Vorbereitung auf die Meisterprüfung – Test- und Übungsaufgaben".

Betriebliches Rechnungswesen

Die Geschäftsvorfälle aus den obigen Beispielen führen zu folgenden Kontenanrufen:

Kontenanrufe

Kontenanrufe

Geschäftsvorfall Beispiel-Nr.	Soll		Haben	
	Konto-Nr.	Betrag in DM	Konto-Nr.	Betrag in DM
5	4000	5 000,–	3000	5 000,–
6	4100	2 500,–	1110	2 500,–
7	4530	100,–	1000	100,–
8	4400	600,–	1690	600,–
9	1000	200,–	8290	200,–
10	1400	10 000,–	8000	10 000,–
Summe		18 400,–		18 400,–

Buchen von Aufwendungen und Erträgen

Da Aufwendungen zu Eigenkapitalverringerungen führen, sind sie im Soll zu buchen (→ Abschnitt 2.4.2). Erträge bewirken Eigenkapitalerhöhungen und sind dementsprechend im Haben auszuweisen.

```
            Materialbestand                         Kundenforderungen
Soll            3000           Haben       Soll          1400           Haben
EB        19 000,– | ⑤ 4000/   5 000,–     EB       9 000,– | SB       19 000,–
                   | SB       14 000,–     ⑩ 8000/ 10 000,– |
          19 000,– |          19 000,–              19 000,– |          19 000,–


                Bank                                    Kasse
Soll           1110           Haben         Soll         1000           Haben
EB         3 500,– | ⑥ 4100/   2 500,–      EB         500,– | ⑦ 4530/    100,–
                   | SB        1 000,–      ⑨ 8290/   200,– | SB          600,–
           3 500,– |           3 500,–                 700,– |            700,–


              Eigenkapital                           Bankdarlehen
Soll            0800          Haben         Soll         0700           Haben
SB        12 000,– | EB       10 000,–      SB      15 000,– | EB       15 000,–
                   | 9890/     2 000,–
          12 000,– |          12 000,–


              Lieferanten                         sonst. kurzfr. Vbk.
Soll            1600          Haben         Soll         1690           Haben
SB         7 000,– | EB        7 000,–                       | EB            0,–
                                            SB         600,– | ⑧ 4400/     600,–
```

⑤, ⑥ usw. = Kontenberührung durch Buchung des Beispiels Nr. 5, 6 usw.

	Materialaufwand			Personalkosten	
Soll	4000	Haben	Soll	4100	Haben
⑤ 3000/ 5 000,-		9890 / 5 000,-	⑥ 1110/ 2 500,-		9890 / 2 500,-

	Büromaterial			Betriebliche Steuern	
Soll	4530	Haben	Soll	4400	Haben
⑦ 1000/ 100,-		9890 / 100,-	⑧ 1690/ 600,-		9890 / 600,-

	Erlöse Reparaturen			Erlöse Erzeugnisse	
Soll	8290	Haben	Soll	8000	Haben
9890 / 200,-		⑨ 1000/ 200,-	9890 / 10 000,-		⑩ 1400/ 10 000,-

Obwohl die <u>Aufwands- und Erlöskonten</u> (= Erfolgskonten) daher letztlich nichts anderes sind als <u>Unterkonten des Eigenkapitalkontos</u>, wäre ein Abschluß der Konten ausschließlich über das Eigenkapitalkonto in der Bilanz völlig unpraktikabel und würde einen hinreichenden Kenntnisstand über den Periodenerfolg oder -mißerfolg erheblich erschweren (Verstoß gegen den Grundsatz der Bilanzklarheit).

Gewinn- und Verlustkonto

Zur Darstellung des Betriebserfolgs wird daher das <u>Gewinn-und Verlustkonto, Konto Nr. 9890, zwischengeschaltet</u>. Dort werden die Aufwendungen und Erträge erfaßt. Die Soll-Seite des Gewinn- und Verlustkontos wird allgemein

Aufwand/Ertrag

mit „<u>Aufwand</u>" überschrieben und die Haben-Seite mit „<u>Ertrag</u>", heute vermehrt auch mit „Erlöse" oder „Umsatzerlöse", die aber inhaltlich alle gleichbedeutend sind. Der Saldo des Gewinn- und Verlustkontos beziffert den Gewinn oder Verlust des Unternehmens während des zugrunde liegenden Zeitraumes. Seine Gegenbuchung erfolgt auf dem Eigenkapitalkonto.

Die Sammlung der Salden der obigen Aufwands- und Erlöskonten auf dem Gewinn- und Verlustkonto führt zu folgendem Ergebnis:

Gewinn- und Verlustkonto

Aufwand (Soll)		9890		Ertrag (Haben)
		DM		DM
4000		5 000,-	8000	10 000,-
4100		2 500,-	8290	200,-
4400		600,-		
4530		100,-		
Gewinn		2 000,-		
Summe		10 200,-	Summe	10 200,-

Die neue Schlußbilanz nach Abschluß der Gewinn- und Verlustrechnung zeigt dann folgendes Bild:

Schlußbilanz-Konto

Aktiva		9900		Passiva
	DM			DM
3000 Mat.-Best.	14 000,-	0800 Eigenkapital		12 000,-
1400 Kundenforderungen	19 000,-	0700 Darlehen		15 000,-
1110 Bankguthaben	1 000,-	1600 Lieferanten		7 000,-
1000 Kassenbestand	600,-	1690 Sonst. kurzfr. Verbindlichkeiten		600,-
Summe	34 600,-	Summe		34 600,-

Durch den Gewinn von DM 2 000,- ergibt sich eine Erhöhung des Eigenkapitals in der Schlußbilanz auf DM 12 000,-.

außerordentliche und betriebsfremde Aufwendungen und Erträge

Neben den betriebsbedingten Aufwendungen und Erträgen, die durch den normalen Geschäftsablauf entstehen, findet man noch die „außerordentlichen" und die „betriebsfremden" Aufwendungen und Erträge (Kontengruppen 90 und 91 im Einheitskontenrahmen → S. 53). Während die betriebsfremden Aufwendungen und Erträge überhaupt in keiner Beziehung zur betrieblichen Leistungserstellung stehen, z. B. Spende an Wohltätigkeitsvereine, sind die außerordentlichen betrieblich bedingt. Sie sind jedoch von ungewöhnlicher Art und fallen ohne gewisse Regelmäßigkeit außerhalb der „normalen" Geschäftstätigkeit eines Unternehmens an (z. B. Gewinn oder Verlust aus der Veräußerung einer Maschine).

4.2.3 Buchungsmäßige Berücksichtigung der Mehrwertsteuer

Verbuchung der Mehrwertsteuer

In den bisher dargestellten Buchungsbeispielen wurde das Problem der Mehrwertsteuer – offiziell als Umsatzsteuer (USt) bezeichnet – bewußt ausgeklammert. Dies entspricht jedoch nicht der betrieblichen Wirklichkeit. Für handwerkliche Unternehmen gilt vielmehr, daß grundsätzlich alle Betriebsleistungen mehrwertsteuerpflichtig sind. Auf den Nettobetrag der Ausgangsrechnungen ist daher in der Regel noch die jeweils gültige gesetzliche Mehrwertsteuer zu berechnen. Sie beträgt z. Z. für die Leistungen der meisten Handwerksberufe 15 % des Nettorechnungsbetrages (→ S. 568).

Obwohl die den Kunden berechnete Mehrwertsteuer Bestandteil der Kundenforderung bleibt, ist sie zu ganz bestimmten Terminen der Finanzbehörde gegenüber zu erklären und abzurechnen. Dies geschieht in der sogenannten Umsatzsteuervoranmeldung (→ S. 567).

Vorsteuer

Der Unternehmer selbst erhält mit den meisten Eingangsrechnungen auch die Mehrwertsteuer seiner Lieferanten in Rechnung gestellt. Aus der Sicht des Rechnungsempfängers (Unternehmers) ist dies die sogenannte „Vorsteuer". Auch sie bleibt Bestandteil der Eingangsrechnung, wird jedoch mit der vom Unternehmen geschuldeten Mehrwertsteuer verrechnet. Aus der

Mehrwertsteuer- und Vorsteuerkonten

Saldierung von Mehrwertsteuer mit Vorsteuer ergibt sich die Zahllast bzw. Erstattungsforderung gegenüber dem Finanzamt.

Mehrwertsteuer und Vorsteuer stellen sozusagen durchlaufende Posten dar und sind erfolgsneutral zu behandeln. Aus diesen und darüber hinaus auch aus besonderen umsatzsteuerlichen Gründen, auf die hier allerdings nicht näher eingegangen werden kann, ist die buchhalterische Erfassung von Mehrwertsteuer und Vorsteuer auf gesonderten Konten erforderlich. Dies geschieht mit Hilfe der Konten Nr. 1680 für die Mehrwertsteuer und Nr. 1480 für die Vorsteuer (→ siehe auch Einheitskontenrahmen).

Beispiele:

① Materialrechnung vom Lieferanten L:
Nettorechnungsbetrag   DM 1 000,-
+ gesetzliche MwSt 15 %
(Vorsteuer)   DM   150,-

Bruttorechnungsbetrag   DM 1 150,-

② Ausgangsrechnung an Kunde K:
Nettorechnungsbetrag   DM 2 000,-
+ gesetzliche MwSt 15 %   DM   300,-

Bruttorechnungsbetrag   DM 2 300,-

Verrechnung ③ Verrechnung von Vorsteuer mit Mehrwertsteuer zum Ende des Abrechnungs-(Voranmeldungs-) Zeitraumes

Verbuchung ④ Zahlung der Mehrwertsteuerzahllast an das Finanzamt durch Banküberweisung.

	Material 3000			Lieferanten 1600	
Soll		Haben	Soll		Haben
①	1 000,-			①	1 150,-

	Vorsteuer 1480			Kundenforderungen 1400	
Soll		Haben	Soll		Haben
①	150,-	③ 150,-	②	2 300,-	

	Betriebliche Erlöse 8000			Mehrwertsteuer 1680	
Soll		Haben	Soll		Haben
		② 2 000,-	③	150,-	② 300,-
			④	150,-	
				300,-	300,-

	Bank 1110	
Soll		Haben
		④ 150,-

Kontenanrufe

Geschäftsvorfall	Soll		Haben	
	Konto-Nr.	Betrag in DM	Konto-Nr.	Betrag in DM
①	3000 1480	1 000,- 150,-	1600	1 150,-
②	1400	2 300,-	8000 1680	2 000,- 300,-
③	1680	150,-	1480	150,-
④	1680	150,-	1110	150,-

4.2.4 Ermittlung und buchungsmäßige Berücksichtigung des Materialverbrauchs

Materialeinkauf und -verbrauch

Bei der buchungsmäßigen Behandlung des Materials ist zu unterscheiden zwischen Materialeinkauf, d. h. Eingang der Materialrechnung, und dem Materialverbrauch. Konsequenterweise buchen wir daher den Materialeingang als Zugang auf den Konten der Kontenklasse 3 (Konten der Bestände). Der Materialverbrauch wird meistens nur einmal am Ende einer Abrechnungsperiode in einer Summe über die Konten der Kontengruppe 40 (oder 47 - Handelsware) erfolgswirksam verbucht. Der Grund hierfür liegt darin, daß die laufenden Bestandsverschiebungen in der Praxis der meisten Handwerksbetriebe – auch der größeren – nicht genau buchhaltungsmäßig festgehalten werden. Bestenfalls existiert eine Lagerkartei oder -buchführung, die aber isoliert von der Finanzbuchhaltung rein statistisch geführt wird. Ein solches Verfahren ist auch in den meisten Fällen betriebswirtschaftlich vertretbar und entspricht dem oben erwähnten Grundsatz der Wirtschaftlichkeit der Buchführung.

Trotzdem wird ein Unternehmen hierdurch nicht von der Pflicht befreit, seinen Materialbestand und gleichzeitig auch seinen Materialverbrauch genau zu ermitteln und im Rahmen der Buchführung zahlenmäßig auszudrücken.

Die körperliche Inventur des Materialbestandes bietet diese Möglichkeit. Hierdurch wird der Ist-Bestand ermittelt. Durch den Vergleich mit dem Saldo des Materialkontos, auf dem der Soll-Bestand ausgewiesen ist, ergibt sich danach der tatsächliche Materialverbrauch nach der Formel:

```
    Material-Ist-Bestand Anfang lt. Inventur
 +  Zugänge Materialkonto lt. Buchführung
./. Abgänge Materialkonto lt. Buchführung  (z. B. Rücksendung)

 =  Material-Soll-Bestand
./. Material-Ist-Bestand Ende lt. Inventur

 =  Materialverbrauch
```

Beispiel:

a) Es wird von einem Material-Ist-Bestand zu Beginn der Abrechnungsperiode ausgegangen in Höhe von DM 10 000,-.

b) Während der Abrechnungsperiode werden folgende Materialeingänge getätigt:

① DM 5 000,-
② DM 3 000,-
③ DM 2 000,-
④ Während der Abrechnungsperiode erfolgt eine Retoure (Warenrücksendung) über DM 100,- (Materialeinkaufspreis ohne Vorsteuer).

c) Der Material-Ist-Bestand am Ende der Abrechnungsperiode beträgt lt. Inventur DM 12 000,-.

Ermittlung des Materialverbrauchs

Ermittlung des Materialverbrauchs:

	Material-Ist-Bestand Anfang	DM 10 000,-
+	Zugänge Materialkonto	DM 10 000,-
./.	Abgänge Materialkonto	DM 100,-
=	Material-Soll-Bestand	DM 19 900,-
./.	Material-Ist-Bestand Ende	DM 12 000,-
=	Materialverbrauch	DM 7 900,-

Die kontenmäßige Darstellung dieser Zusammenhänge zeigt folgendes Bild:

Materialbestandskonto

Materialbestand

Soll	Gegen-Kt.	3000		Gegen-Kt.	Haben
	EB	10 000,-	④	1600	100,-
①	1600	5 000,-		4000	7 900,-
②	1600	3 000,-		SB	12 000,-
③	1600	2 000,-			
		20 000,-			20 000,-

Materialverbrauchskonto

Materialverbrauch
(Fertigungsmaterial)

Soll	Gegen-Kt.	4000	Gegen-Kt.	Haben
	3000	7 900,-	9890	7 900,-

4.2.5 Buchung teilfertiger und fertiger Erzeugnisse

In vielen Handwerksbetrieben, insbesondere des Bau- und Ausbaugewerbes, bestehen zum Bilanzstichtag Aufträge, die sich in der Durchführung befinden. Hieraus resultieren teilfertige oder halbfertige Arbeiten (Halberzeugnisse lt. Kt. 36 Einheitskontenrahmen).

Erlösmäßig haben sich diese Leistungen allerdings noch nicht ausgewirkt, weil entsprechende Rechnungen an die Auftraggeber noch nicht erteilt wurden. Aufwandsmäßig aber haben sie sich ausgewirkt. Denn in den einzelnen Aufwandspositionen der Unternehmung – z. B. gezahlte Löhne, Materialkauf – sind ja auch diejenigen für die teilfertigen Erzeugnisse enthalten. Daraus aber folgt, daß den Aufwendungen nicht die entsprechenden Erträge gegenüberstehen, wenn die teilfertigen Erzeugnisse nicht als Erträge berücksichtigt werden. Um aber einen periodengerechten Erfolg (= Gewinn oder Verlust) der Unternehmung zu ermitteln, müssen die in der jeweiligen Rechnungsperiode erstellten Halberzeugnisse als Erträge gebucht werden.

Eine Erhöhung des Bestandes zwischen zwei Bilanzstichtagen bedeutet auch eine Erhöhung der Betriebsleistung und damit der Erlöse, eine Verringerung der teilfertigen Arbeiten wirkt sich erlösmindernd aus.

Beispiel:

Teilfertige Arbeiten zu Beginn der Abrechnungsperiode (Eröffnungsbilanz)	DM 10 000,-
teilfertige Arbeiten am Ende der Abrechnungsperiode (Schlußbilanz)	DM 15 000,-
Erhöhung der teilfertigen Arbeiten	DM 5 000,-

Verbuchung teilfertiger Arbeiten Buchungssatz:

Kt. 3690, Halberzeugnisse   an   Kt. 8000, Erlöse
    DM 5 000,-   DM 5 000,-

(Nach dem überarbeiteten Einheitskontenrahmen kann auch an Kt. 8790 „Bestandsveränderungen bei unfertigen Erzeugnissen" gebucht werden.)

4.2.6 Buchung des Lohnaufwandes

Bruttolohn (-gehalt), zuzüglich der Arbeitgeberanteile zur Sozialversicherung, ist immer erfolgswirksam in der Buchführung auszuweisen und zu erfassen. Bei den genannten Arbeitgeberanteilen zur Sozialversicherung handelt es sich um Beitragsleistungen, die der Arbeitgeber in der Regel zur gesetzlichen Renten-, Kranken- und Arbeitslosenversicherung, meist in gleicher Höhe wie der Arbeitnehmer, zu erbringen hat. (Auch hier gibt es zahlreiche Ausnahmen, die jedoch im Zusammenhang dieses Kapitels nicht behandelt werden → hierzu Kapitel „Schutz gegen Wechselfälle des Lebens".)

Im Bruttolohn (-gehalt) sind neben den Beitragsanteilen des Arbeitnehmers zur gesetzlichen Sozialversicherung in der Regel auch noch dessen Lohn- und meist auch Kirchensteuer enthalten. Die Höhe der Lohn- und Kirchensteuer ergibt sich aus entsprechenden Steuertabellen. Bruttolohn (-gehalt) abzüglich Arbeitnehmeranteile zur Sozialversicherung und abzüglich Lohn- und Kirchensteuer ergibt den Nettolohn (-gehalt).

Da sich die Zahlungstermine für die Sozialversicherungsbeiträge und die Steuern nicht mit den Lohn- (Gehalts-) terminen decken, erfolgt in der Praxis vielfach die Buchung des Lohnaufwandes an zwei zeitlich auseinander liegenden Terminen

– zum Zeitpunkt der Nettolohn/gehalts-Auszahlung

– zum Zeitpunkt der Zahlung der Sozialversicherungsbeiträge und Steuern.

Nettolohnbuchung

Werden nun auch die jeweiligen Zahlungen erst am Zahltag buchungsmäßig erfaßt, spricht man von der sogenannten Nettolohnbuchung.

Bruttolohnbuchung

Obwohl die Nettolohnbuchung in der Praxis sehr oft anzutreffen ist, dürfte die sogenannte Bruttolohnbuchung betriebswirtschaftlich exakter sein. Dies zeigt sich vor allem bei der Heranziehung der Buchhaltungszahlen für die Selbstkostenermittlung und Kalkulation (→ S. 116 ff), die kurzfristige Erfolgsrechnung oder die Rentabilitäts- oder Kostenanalyse.

Die Bruttolohnbuchung geht von dem betriebswirtschaftlich richtigen Grundgedanken aus, daß ja schon in dem Zeitpunkt, in dem der Bruttolohnanspruch des Arbeitnehmers entsteht, in gleicher Höhe betrieblicher Aufwand anfällt. Er braucht nur noch nicht gezahlt werden. Die noch abzuführenden Sozialversicherungsbeiträge des Arbeitnehmers und Arbeitgebers sowie die Lohn- und Kirchensteuer werden bis zur Fälligkeit von der Sozialversicherung und dem Finanzamt lediglich kreditiert. Sie stellen insofern Verbindlichkeiten des Betriebes gegenüber diesen Stellen dar. Der auf den Arbeitnehmer entfallende Anteil der Beiträge und Steuern wird zudem vom Arbeitgeber bis zum Fälligkeitstermin nur treuhänderisch verwaltet, da es sich ja tatsächlich um Beiträge handelt, die eigentlich der Arbeitnehmer schuldet.

Treuhandkonten

Bei der Bruttolohnbuchung werden diese Zusammenhänge buchungsmäßig durch die Benutzung der sogenannten „Treuhandkonten", Kt. Nr. 1620 und Nr. 1630 (und des Kontos „Verpflichtungen aus gesetzlichen Sozialabgaben", Kt. Nr. 1640), deutlich gemacht. Die noch nicht gezahlten Versicherungsbeiträge (Arbeitnehmer- und Arbeitgeberanteile!) sowie die Steuern werden bis zur Fälligkeit auf diesen Konten festgehalten. Bei geringem Buchungsanfall werden sie meistens auf nur einem einzigen der genannten Konten erfaßt.

Mit der Zahlung am Fälligkeitstage wird (werden) das (die) Treuhandkonto (-konten) wieder ausgeglichen.

Beispiel:

Bruttolohn am 30. 9. für mehrere Arbeitnehmer: DM 20 000,-, davon Lohn- und Kirchensteuer DM 3 500,-, zuzüglich Arbeitgeberanteile DM 4 200,-, davon Nettolohn DM 12 300,-

Buchungssätze

① am 30. 9.
Kt. 4100, Löhne u. Gehälter,
DM 20 000,-
und
Kt. 4130, Arbeitg.-Ant.
Soz.-Vers.,
DM 4 200,-

an

Kt. 1110 Bank,
DM 12 300,-
und
Kt. 1620, Treuhandkt.,
DM 11 900,-

② am 10. 10.
Kt. 1620, Treuhandkt.,
DM 11 900,-

an

Kt. 1110, Bank,
DM 11 900,-

Zu diesem Kapitel finden Sie die Aufgaben A 1 – A 63 im Band „Vorbereitung auf die Meisterprüfung – Test- und Übungsaufgaben".

Betriebliches Rechnungswesen

	Löhne			Arbeitgeberanteile zur Soz.-Versicherung	
Soll	4100	Haben	Soll	4130	Haben
①	20 000,-		①	4 200,-	

	Bank			Treuhandkonto	
Soll	1110	Haben	Soll	1620	Haben
		① 12 300,-	②	11 900,-	① 11 900,-
		② 11 900,-			

4.2.7 Buchen von Abschreibungen

Abschreibung bei mehrjähriger Nutzungsdauer

Das betriebliche Anlagevermögen unterliegt einem ständigen Wertverlust durch Benutzung und/oder technische Überalterung. Diese Wertminderungen müssen aus den jährlichen Bilanzen erkennbar sein.

Sie werden durch die Abschreibungen gekennzeichnet. Die Abschreibungen verringern auf der einen Seite die Bilanzwerte des Anlagevermögens, andererseits wirken sie sich erfolgswirksam als Aufwand gewinnmindernd aus.

Die Abschreibungen werden üblicherweise nur einmal jährlich und zwar in Zusammenhang mit der Erstellung des Jahresabschlusses erfaßt. Der übliche Buchungssatz zur Durchführung der AfA lautet dabei:

Verbuchung von Abschreibungen

Kt. 9510, Abschreibungen   an   Kt. 0300, Lastkraftwagen oder
Kt. 9520, Abschreibungen   an   Kt. 0200, Maschinen usw.

Ist der Buchwert des einzelnen Wirtschaftsgutes im Laufe der Zeit durch die jährlichen Abschreibungen aufgezehrt, so wird auf dem betreffenden Anlagekonto ein Restbetrag von DM 1,- als sogenannter „Erinnerungswert" festgehalten. Er wird in dieser Höhe auch bilanziert, solange der abgeschriebene Gegenstand weiter im Betriebsvermögen verbleibt.

Buchen von Sofortabschreibungen

Das Einkommensteuergesetz läßt zu, daß Gegenstände des betrieblichen Anlagevermögens im Jahr der Anschaffung unter bestimmten Voraussetzungen in voller Höhe gewinnmindernd abgeschrieben werden können, wenn ihr Nettoanschaffungspreis nicht höher liegt als DM 800,-. Bei diesen Wirtschaftsgütern handelt es sich um die sogenannten „geringwertigen Wirtschaftsgüter" (GWG).

Verbuchung von geringwertigen Wirtschaftsgütern

Die Buchung von Sofortabschreibungen erfolgt entweder zunächst als Zugang auf einem gesonderten Anlagekonto der Klasse 0, z. B. Konto Nr. 0280 (geringwertige Anlagegüter) und dann am Jahresende über das Konto 9520 (Bilanzabschreibungen auf sonstiges Anlagevermögen). In der Praxis findet man meistens die Buchung direkt über das Konto Nr. 9520.

Buchungssatz:

9520 an   Kt. 1000
  oder Kt. 1100
  oder Kt. 1110

Bei GWG mit einem Anschaffungspreis bis DM 100,- kann zulässigerweise auch eine Buchung direkt bei der Anschaffung über das Konto Nr. 4230 (Kleinwerkzeuge) gewinnmindernd vorgenommen werden.

4.2.8 Buchen von nachträglichen Rechnungskürzungen (Skonti, Rechnungskorrekturen, Nachlässe u. ä.)

In der Praxis kommt es immer vor, daß Eingangs- oder Ausgangsrechnungen im Nachhinein vom Kunden oder dem Lieferanten gegenüber korrigiert werden. Der typische Fall ist die Inanspruchnahme von Skonto. Wenn man bedenkt, daß sich jede Bruttorechnung aus dem Nettobetrag zuzüglich der gesetzlichen Mehrwertsteuer (z. B. 15 %) zusammensetzt, besteht auch jede beliebige Kürzung des ursprünglichen Bruttobetrages aus einer Verminderung sowohl des Nettobetrages als auch der im Bruttobetrag enthaltenen Mehrwertsteuer.

Bruttorechnung	=	Nettorechnung	+	Mehrwertsteuer
DM 1 150,-	=	DM 1 000,-	+	DM 150,-
./. Kürzung 2 %				
DM 23,-	=	DM 20,-	+	DM 3,-
DM 1 127,-		DM 980,-		DM 147,-

Erfolgswirksamer Effekt: DM 20,- Erlöskürzung (Kundenskonto) oder Aufwandskürzung (Lieferantenskonto)

Erfolgsneutraler Effekt: DM 3,- Verminderung der Mehrwertsteuerschuld oder Verminderung des Vorsteuerguthabens

Zu buchführungsmäßigen Zwecken muß daher aus der Kürzung des Bruttobetrages die darin enthaltene anteilige Kürzung des Nettorechnungsbetrages und die Kürzung des darauf entfallenden Mehrwertsteuerbetrages herausgerechnet werden. Dies kann nach den folgenden Formeln geschehen:

Kürzung des Nettorechnungsbetrages

$$\text{Netto-Skonto} = \frac{\text{Rechnungskürzung brutto (= Brutto-Skonto)}}{115} \times 100$$

oder

$$\frac{\text{Brutto-Skonto}}{1{,}15}$$

Beispiel:

$$\frac{\text{DM } 23{,}-}{1{,}15} = 20$$

Betriebliches Rechnungswesen

Kürzung der anteiligen Mehrwertsteuer (bzw. Vorsteuer)

$$= \frac{\text{Rechnungskürzung brutto}}{115} \times 15$$

Beispiel:

$$\frac{\text{DM } 23{,}-}{115} \times 15 = \text{DM } 3{,}-$$

oder

    Brutto-Skonto
./. Netto-Skonto
= Mehrwertsteuer-Skonto

Beispiel:

    DM 23,-
./. DM 20,-
= DM 3,-

Der Zusammenhang zwischen Minderung der Nettorechnungssumme und der daran hängenden Mehrwertsteuer ist auch zu beachten, wenn nur von einer Verringerung des Nettobetrages die Rede ist (→ Beispiel 2).

Beispiel 1:

Verbuchung von Rechnungskürzungen

Skontierung einer Bruttoausgangsrechnung von DM 11 500,- (DM 10 000,- netto + 15 % MwSt) in Höhe von 2 % des Bruttobetrages (2 % vor DM 11 500,- = DM 230,-)

Zu buchen sind:

a) Kundenskonto $= \dfrac{\text{DM } 230{,}-}{115} \times 100 = \text{DM } 200{,}-$

b) Berichtigung Mehrwertsteuer $= \dfrac{\text{DM } 230{,}-}{115} \times 15 = \text{DM } 30{,}-$

Buchungssatz:

Kt. 8600, Erlösschmälerungen, DM 200,-
und   an Kt. 1400, Kundenfordg.,
Kt. 1680, Mehrwertsteuer,   DM 230,-
DM 30,-

Folgen:
Der Erlös und damit der Gewinn verringert sich um DM 200,-.
Die Mehrwertsteuerschuld verringert sich um DM 30,-.
Die Kundenforderung verringert sich um DM 230,-.

Beispiel 2:

Reduzierung einer Eingangsrechnung in Höhe von DM 1 300,- netto zzgl. MwSt DM 195,- durch nachträglichen Preisnachlaß auf den Nettobetrag in Höhe von DM 300,-.

Zu buchen sind:

a) Lieferantenskonti u. ä.   DM 300,-
b) Berichtigung Vorsteuer = 15 % von DM 300,- =   DM 45,-

Buchungssatz:

Kt. 1600, Lieferanten,   an   Kt. 9420[1]), Skontierträge u. ä.,
DM 345,-   DM 300,-
                                   und
                                   Kt. 1480, Vorsteuer,
                                   DM 45,-

Folgen:
Die Lieferantenverbindlichkeiten verringern sich um DM 345,-.
Der Materialeinsatz verringert sich um DM 300,- und wirkt sich insoweit gewinnerhöhend aus.

Die zu verrechnende Vorsteuer verringert sich um DM 45,- und erhöht insoweit die Mehrwertsteuerzahllast.

4.2.9 Buchungsmäßige Behandlung von Rechnungsabgrenzungsposten, sonstigen Forderungen und sonstigen Verbindlichkeiten

Aus den erwähnten gesetzlichen Buchführungsvorschriften (→ Abschnitt 1.2) ergibt sich die Notwendigkeit der periodengerechten Gewinnermittlung, d. h., für die Feststellung des Geschäftserfolgs oder Mißerfolgs dürfen nur die der jeweiligen Abrechnungsperiode eindeutig zuzuordnenden Aufwendungen und Erträge ausgewiesen werden. Nun kommt es aber in der wirtschaftlichen Praxis immer wieder vor, daß während eines Geschäftsjahres Ausgaben entstehen, die nicht oder nicht in vollem Umfange in diesem betreffenden Jahr schon zu Aufwand werden. Umgekehrt fallen Aufwendungen an, die sich erst im Folgejahr als Ausgaben in der Buchhaltung niederschlagen. Hinsichtlich der Einnahmen und Erträge verhält es sich genau so. Man kann hier die folgenden vier Möglichkeiten unterscheiden:

aktive Rechnungsabgrenzung

Ausgaben im laufenden Jahr – Aufwand im Folgejahr

Beispiel: Die Kfz-Versicherungsprämie für das Betriebsfahrzeug in Höhe von DM 1 200,- für die Zeit vom 1. 10. bis 30. 9. des Folgejahres wird am 1. 10. durch Banküberweisung gezahlt.

Erfolgswirksamer Sachverhalt:
Der Prämienanteil für die Zeit vom 1. 10. bis 31. 12. ist Aufwand des laufenden Geschäftsjahres, der Prämienanteil vom 1. 1. bis 30. 9. demgegenüber Aufwand des Folgejahres.

---

[1]) Anstelle des Kontos 9420 kann auch über ein Konto der Kontenklasse 3 gebucht werden (z. B. Kt. 3900).

Betriebliches Rechnungswesen

Verbuchung der aktiven PdR

Buchungsmäßige Behandlung des Vorganges:

① Bei Zahlung der Prämie am 1. 10. des laufenden Jahres erfolgt die Buchung zunächst auf dem Konto 4570 (Kfz-Unterhalt).

② Zum Jahresende wird der das Folgejahr betreffende Prämienanteil auf das Konto 0930 (aktive Rechnungsabgrenzung) umgebucht (der Saldo des Kontos 0930 erscheint in der Schlußbilanz).

③ Im Folgejahr wird das Konto 0930 aufgelöst. Sein Saldo wird als Aufwand auf das Konto 4570 (Kfz-Unterhalt) gebucht.

Buchungssätze:

① am 1. 10.
Kt. 4570, Kfz-Unterhalt, an Kt. 1110, Bank,
DM 1 200,- DM 1 200,-

② zum Jahresende:
Kt. 0930, aktive Rechnungs-
abgrenzung, an Kt. 4570, Kfz-Unterhalt,
DM 900,- DM 900,-

③ im Folgejahr:
Kt. 4570, Kfz-Unterhalt, an Kt. 0930, aktive Rechnungs-
DM 900,- abgrenzung,
DM 900,-

passive Rechnungsabgrenzung

Einnahme im laufenden Jahr – Ertrag im Folgejahr

Beispiel: Meister Scholz hat einen Teil des Betriebsgebäudes vermietet. Der Mieter zahlt am 20. 12. schon die Miete für den Januar des Folgejahres in Höhe von DM 1 000,- durch Banküberweisung.

Erfolgswirksamer Sachverhalt:
Die eingehende Zahlung gehört als Haus- und Grundstücksertrag (Kt. 9250) noch nicht in das laufende, sondern in das Folgejahr.

Verbuchung der passiven PdR

Buchungsmäßige Behandlung des Vorganges:

① Beim Eingang der Zahlung wird zunächst das Konto Nr. 9250 berührt.

② Das Konto Nr. 9250 muß am Jahresende durch eine Umbuchung des Betrages auf Konto Nr. 0940 korrigiert werden (der Saldo des Kontos 0940 erscheint in der Schlußbilanz).

③ Im Folgejahr wird das Konto 0940 aufgelöst. Sein Saldo wird als Haus- und Grundstücksertrag auf das Konto Nr. 9250 gebucht.

Buchungssätze:

① am 20. 12.:
Kt. 1110, Bank, an Kt. 9250, Hauserträge,
DM 1 000,- DM 1 000,-

② zum Jahresende:
Kt. 9250, Hauserträge, an Kt. 0940, passive
DM 1 000,- Rechnungsabgrenzung,
DM 1 000,-

③ im Folgejahr:
Kt. 0940, passive Rechnungs-
abgrenzung, an Kt. 9250, Hauserträge,
DM 1 000,- DM 1 000,-

sonstige kurzfristige Forderungen

Ertrag im laufenden Jahr – Einnahmen im Folgejahr

Beispiel: Von der Gebäudeversicherung wird Meister Scholz am 1. 12. die Erstattung eines Wasserrohrbruchschadens in Höhe von DM 3 000,- zugesagt. Die Auszahlung erfolgt jedoch erst im Folgejahr.

Erfolgswirksamer Sachverhalt:
Der außerordentliche Ertrag unseres Unternehmens erhöht sich um die noch nicht ausgezahlte Versicherungserstattung.

Verbuchung

Buchungsmäßige Behandlung:
Die Forderung an die Versicherungsgesellschaft ist erfolgswirksam zu buchen.

Buchungssatz:
Kt. 1430, sonst. kurzfr. Fordg., DM 3 000,- an Kt. 9050, außerordentl. Erträge, DM 3 000,-

sonstige kurzfristige Verbindlichkeiten

Aufwand im laufenden Jahr – Ausgabe im Folgejahr

Beispiel: Die Telefonrechnung von Dezember des laufenden Jahres in Höhe von DM 300,- wird erst im Januar des Folgejahres bezahlt.

Erfolgswirksamer Sachverhalt:
Die Telefonkosten des laufenden Jahres erhöhen sich um die noch nicht bezahlte Dezember-Rechnung.

Verbuchung

Buchungsmäßige Behandlung:
Die Verbindlichkeit gegenüber der Post ist erfolgswirksam zu buchen.

Buchungssatz:
Kt. 4520, Telefon usw., DM 300,- an Kt. 1690, sonst. kurzfr. Verbindlichkeiten, DM 300,-

4.2.10 Buchung von Rückstellungen

Ähnlich wie bei den Posten der Rechnungsabgrenzung verhält es sich mit der Buchung von Rückstellungen.

Beispiel: Unternehmer Meier weiß, daß er im kommenden Jahr aufgrund seiner Gewinnentwicklung Gewerbesteuer nachzahlen muß. Die Höhe der Nachzahlung und der Zeitpunkt ihrer Fälligkeit sind jedoch zum Bilanzstichtag noch nicht bekannt, lassen sich jedoch unter Berücksichtigung steuerlicher Anhaltspunkte ziemlich konkret auf DM 4 000,- schätzen.

Erfolgswirksamer Sachverhalt:
Die Aufwendungen des laufenden Jahres für betriebliche Steuern müssen noch entsprechend erhöht werden.

Verbuchung von Rückstellungen

Buchungsmäßige Behandlung:
Die Rückstellung ist erfolgswirksam zu buchen. Das Konto 0910, Steuerrückstellungen, erscheint als Fremdkapitalposten in der Schlußbilanz.

Buchungssatz:
Kt. 4400, betriebl. Steuern, DM 4 000,- an Kt. 0910, Steuerrückstellungen, DM 4 000,-

4.2.11 Buchungen auf dem Privatkonto

Neben den erfolgswirksamen Geschäftsvorfällen gehen auch von den Privatentnahmen und Privateinlagen Auswirkungen auf das bilanzielle Eigenkapital aus.

Beispiele:

Privatentnahmen/ Privateinlagen

① Unternehmer U. entnimmt DM 500,- bar aus der Kasse.

② Unternehmer U. zahlt DM 1 000,- aus seinem Privatvermögen auf das Geschäftskonto bei der Bank ein.

Würde man die Geschäftsvorfälle, die Privatentnahmen oder -einlagen zum Inhalt haben, alle über das Eigenkapitalkonto buchen, so würde dies leicht zu Unübersichtlichkeiten führen. In der Praxis wird daher das Privatkonto (Kt. Nr. 1900) geführt. Es stellt praktisch ein Unterkonto des Eigenkapitalkontos dar. Sein Saldo wird daher zum Jahresende auch auf das Eigenkapitalkonto umgebucht.

Entnahme von Gegenständen für private Zwecke

Eigenverbrauch

Der Unternehmer kann nicht nur Bar- oder Zahlungsmittel aus dem Betriebsvermögen entnehmen oder einlegen, sondern auch für private Zwecke Materialien entnehmen oder betriebliche Leistungen in Anspruch nehmen. Diese Fälle nennt man Eigenverbrauch. Der Eigenverbrauch wirkt sich gewinnerhöhend aus: Anstelle einer betrieblichen Leistung an Fremde erbringt das Unternehmen eine an den Betriebsinhaber selbst. Beispiel: ③ Der Unternehmer U. fertigt in seinem Betrieb einen Gegenstand (z. B. Schrank) für seine privaten Zwecke an. Der umsatzsteuerliche Entnahmewert des Gegenstandes soll sich auf DM 2 000,- belaufen. Zur umsatzsteuerlichen Gleichstellung mit den übrigen privaten Verbrauchern ist der Eigenverbrauch der Mehrwertsteuer zu unterwerfen.

Private Nutzung betrieblicher Gegenstände

private Nutzung

In der Praxis kommt es laufend vor, daß der Unternehmer Gegenstände des Betriebsvermögens zum Teil auch für private Zwecke nutzt. Beispiel: ④ Unternehmer U. nutzt das Betriebsfahrzeug zu 20 % für private Zwecke. Von den Kfz-Aufwendungen in Höhe von DM 6 000,- und der Kfz-AfA in Höhe von DM 5 000,- entfallen demnach jeweils 20 % auf den privaten Nutzungsanteil des Fahrzeugs. Die betrieblichen Aufwendungen für Kfz-Unterhalt und Kfz-AfA werden hierdurch entsprechend verringert und damit der betriebliche Gewinn erhöht.

Auch im Falle der privaten Kraftfahrzeugnutzung ist zur Vermeidung ungebrachter umsatzsteuerlicher Vorteile auf seiten des Betriebsinhabers der private Nutzungsanteil mehrwertsteuerpflichtig. Der private Nutzungsanteil der Abschreibung, eingebauter Ersatzteile oder vorgenommener Reparaturen, kann jedoch unter bestimmten Voraussetzungen mehrwertsteuerfrei sein. Hierauf soll aber im vorliegenden Beispiel nicht näher eingegangen werden.

Zu diesem Kapitel finden Sie die Aufgaben A 1 – A 63 im Band „Vorbereitung auf die Meisterprüfung – Test- und Übungsaufgaben".

Buchungsmäßige Darstellung der obigen Geschäftsvorfälle:

Buchungssätze für die obigen Beispiele:

① Kt. 1900, Privatkonto, DM 500,- an Kt. 1000, Kasse, DM 500,-

② Kt. 1110, Bank, DM 1 000,- an Kt. 1900, Privatkonto, DM 1 000,-

③ Kt. 1900, Privatkonto DM 2 300,- an Kt. 8900, Eigenverbrauch,
(DM 2 000,- Entnahmewert DM 2 000,-
+ 15% MwSt) und
Kt. 1680, Mehrwertsteuer,
DM 300,-

④ Kt. 1900, Privatkonto, an Kt. 4570, Kfz-Kosten,
(= 20 % von DM 6 000,-) = DM 1 200,- DM 1 200,-
(+ 20 % von DM 5 000,-) = DM 1 000,- und
——————— Kt. 9510, Abschreibungen,
DM 2 200,- DM 1 000,-
+ 15 % MwSt DM 330,- und
——————— Kt. 1680, Mehrwertsteuer,
DM 2 530,- DM 330,-

Privatkonto

Soll	Privatkonto 1900		Haben
①	500,-	②	1 000,-
③	2 300,-	⑤ Saldo	4 330,-
④	2 530,-		
	5 330,-		5 330,-

⑤ Kt. 0800, Eigenkapital, an Kt. 1900, Privatkonto,
DM 4 330,- DM 4 330,-

4.2.12 Buchung von Anlageabgängen

Beispiel a): Ein Betriebsfahrzeug erleidet durch einen Autounfall Totalschaden. Der Schrotthändler zahlt einen Schrottpreis von DM 2 000,- zzgl. gesetzlicher Mehrwertsteuer in bar. Der Buchwert des Fahrzeugs zum Unfallzeitpunkt beträgt DM 10 000,-.

Beispiel b): Eine auf den Erinnerungswert von DM 1,- abgeschriebene Maschine wird zum Kaufpreis von netto DM 1 000,- gegen Barzahlung verkauft.

Beispiele für Buchungen Die buchungsmäßige Darstellung der obigen Geschäftsvorfälle zeigt folgendes Bild:

Beispiel a):

Buchungssatz:

Kt. 1000, Kasse,	DM 2 300,-	an	Kt. 0310, Kfz,	DM 10 000,-
und			und	
Kt. 9000, außerordentl. Aufwendg.	DM 8 000,-		Kt. 1680, MwSt	DM 300,-
	DM 10 300,-			DM 10 300,-

Beispiel b):

Buchungssatz:

Kt. 1000, Kasse,	DM 1 150,-	an	Kt. 0200, Maschinen,	DM 1,-
			und	
			Kt. 9050, a. o. Erträge,	DM 999,-
			und	
			Kt. 1680, MwSt.	DM 150,-
	DM 1 150,-			DM 1 150,-

In den obigen Beispielen erfolgt der Ausgleich der Bestandskonten (Kt. 0310 und Kt. 0200) über außerordentliche Aufwendungen bzw. außerordentliche Erträge (Kt. 9000 bzw. Kt. 9050).

Über ihre Zuordnung zu den betriebsgewöhnlichen oder außerordentlichen Geschäftsvorfällen bestehen in der betriebswirtschaftlichen Literatur nach dem Inkrafttreten des BiRiLiG noch teilweise recht unterschiedliche Meinungen. Die obigen Geschäftsvorfälle könnten bei enger begrifflicher Auslegung der Außerordentlichkeit auch über die sonstigen Erlöse des Kontos 8590 gebucht werden.

4.3 Buchführung und Bilanzierung in ihrer praktischen Anwendung

4.3.1 Grundbuch – Hauptbuch – Journal

Auch wenn im vorhergehenden Abschnitt die Technik des Buchens am Beispiel unterschiedlicher Geschäftsvorfälle aufgezeigt wurde, leuchtet es ein, daß die in einem Unternehmen anfallenden Buchungen nicht über eine mehr oder weniger große Anzahl von T-Konten den Grundsätzen ordnungsgemäßer Buchführung entsprechend abgewickelt werden können. Hierzu bedarf es schon weiterer organisatorischer Voraussetzungen.

Von der historischen Entwicklung her wurden die Geschäftsvorfälle nach zwei Gesichtspunkten erfaßt:

Grundbuch (1) im Grundbuch: Erfassung der Geschäftsvorfälle in zeitlicher Reihenfolge

Hauptbuch (2) im Hauptbuch: Erfassung der Geschäftsvorfälle nach sachlicher Zugehörigkeit, z. B. Kasse, Bank, Kunden

amerikanisches Journal

Mit Einführung des sogenannten amerikanischen Journals wurden Grund- und Hauptbuch in einem einzigen Organisationsmittel zusammengefaßt. In der Anordnung von oben nach unten werden dort die Geschäftsvorfälle in chronologischer Reihenfolge vermerkt (Grundbuchteil). In der Anordnung von links nach rechts werden die eingetragenen Beträge nochmals den einzelnen Konten zugeordnet (Hauptbuchteil). Die uns bekannte Form des sogenannten T-Kontos bleibt dabei grundsätzlich erhalten. Die Konten im Journal werden je nach betriebsindividuell angelegtem Kontenplan bezeichnet.

Die Kopfspalte eines Journals hat auszugsweise in der Regel folgendes Aussehen:

Dat.	Beleg	Geschäftsvorfall	Betrag	1000 Kasse		1100 Postgiro		1110 Bank	
				Soll 1	Haben 2	Soll 3	Haben 4	Soll 5	Haben 6

Die Einbuchung von Geschäftsvorfällen in das Journal wird bei der Buchung angenommener Geschäftsvorfälle im Buchführungsbeispiel unter Abschnitt 5 demonstriert.

Raumsparjournal

Die Unterbringung der Konten im Journal erfordert häufig sehr viel Platz. Aus Gründen der Raumersparnis ist daher das sogenannte „Raumsparjournal" entwickelt worden. Hier wird bei einem Teil der Konten auf die Führung der Haben-Seite, bei einem anderen Teil der Soll-Seite, verzichtet (= einseitige Konten). Dies ist für die Konten gedacht, die überwiegend während des gesamten Jahres nur im Soll (z. B. die Kostenartenkonten der Klasse 4) oder im Haben (z. B. die Erlöskonten der Klasse 8) berührt werden. Sollten dennoch Buchungen auf den nicht eingedruckten Haben- bzw. Soll- Seiten der einseitigen Konten anfallen, kann man sich mit einem Sammelkonto für derartige Seltenheitsbuchungen behelfen. – Auch dies wird im Abschnitt 5 bei der Durchführung des Buchführungsbeispiels gezeigt.

4.3.2 Handhabung des Journals

Sofern das Journal mit den erforderlichen Konten bezeichnet ist, können die einzelnen Geschäftsvorfälle problemlos gebucht werden. In die vorgedruckten Spalten für Datum und Beleg werden die entsprechenden Eintragungen vorgenommen, desgl. der Geschäftsvorfall mit dem Buchungstext kurz skizziert und der Betrag eingesetzt. Die gleiche Summe wird dann nochmals gebucht, d. h., der Betrag in jeweils gleicher Höhe auf den zu berührenden Konten im Soll und im Haben eingetragen. Am unteren Ende jeder Journalseite kann die Addition der Betragsspalte sowie der einzelnen Konten-Spalten vorgenommen werden. Hierdurch ergibt sich auch zugleich eine Kontrolle

Abstimmung des Journals

über das Gebuchte: Die Summe aller Soll-Spalten muß mit der Summe in der Betrags-Spalte übereinstimmen.

Die Ergebnisse einer Journalseite werden auf die folgende Seite übertragen. Zu Kontrollzwecken werden die Journalseiten numeriert. Zur Verringerung von Übertragungsfehlern werden die Journaleintragungen meist monatsweise zusammengerechnet und die Monatssummen auf einem gesonderten

Journalblatt gesammelt. Die Jahressummen ergeben sich dann aus der Addition der 12 Monatssummen. Im Buchführungsbeispiel ist dies ansatzweise dargestellt.

4.3.3 Durchschreibebuchführung

Das amerikanische Journal bringt zwar durch die Zusammenfassung von Grund- und Hauptbuch, durch die Zusammenstellung der Monatszahlen, evtl. auch durch das Weglassen „überflüssiger" Kontenseiten bei verschiedenen Konten eine Reihe organisatorischer Vereinfachungen, trotzdem haften auch dieser Buchführungsmethode noch eindeutige Mängel an:

- Das amerikanische Journal bietet trotz aller Raumsparmöglichkeiten nur relativ begrenzten Platz für die Einrichtung von Konten.
- Es werden nur Sachkonten und keine Personenkonten geführt.

Durchschreibe-buchführung

Durch die Auflösung des zumeist in Buchform gebundenen amerikanischen Journals in lose Journalbögen und die Anlegung von Kontenblättern für die einzelnen Konten hat man die Probleme weitgehend gelöst. Anstelle des „Nebeneinander" von Betragsspalte (Grundbuchteil) und Sachkonten (Hauptbuchteil) im amerikanischen Journal arbeitet die Durchschreibebuchführung mit dem „Übereinander" von Grundbuch und einzelnen Kontenblättern des Hauptbuches. Durch eine entsprechende Präparierung des Kontenblattes oder durch das Dazwischenlegen von Durchschreibepapier wird der Geschäftsvorfall in einem einzigen Arbeitsgang im Grundbuch (Journal) und auf dem jeweiligen Kontenblatt des Sachbuches eingetragen. Die Anzahl der Konten im Sachbuchteil kann dabei beliebig groß sein. Organisatorische Einschränkungen durch die Größe der Journalseiten im amerikanischen Journal bestehen bei der Durchschreibebuchführung nicht.

Sachkonten

Datum: 1. 7. .....

Konto-Nr.: 3000				EB-Wert:		
Bezeichn.: Rohstoffe/Fertigungsmaterial				Verk. Z.:[1] 796,50		0,00
Datum	G-Konto[2]	Bel.-Nr.	Kost[3]	ST[4]	Text	Soll	Haben
1. 7.	1600	7020		2	ER[5]	493,30	
1. 7.	1600	7030		2	ER	303,20	
					Saldo:	796,50	

[1] Verk. Z.: = Verkehrszahl (Summe aus den Soll- oder Habenbuchungen)
[2] G-Konto = Gegenkonto
[3] Kost = Kostenstelle (für Zwecke der Kostenrechnung oder Kalkulation geeignet)
[4] ST = Stückzahl des Buchungsbeleges (2 = zweifach, z. B. Eingangsrechnung in doppelter Ausfertigung)
[5] ER = Eingangsrechnung

> Zu diesem Kapitel finden Sie die Aufgaben A 1 – A 63 im Band „Vorbereitung auf die Meisterprüfung – Test- und Übungsaufgaben".

Sachkonten

Datum: 1. 7. ....

Konto-Nr.: 8000
Bezeichn.: Erlöse 15 %   Verk. Z.:   0,00   9 392,31

Datum	G-Konto	Bel-Nr.	Kost	ST	Text	Soll	Haben
1. 7.	1400	7004		1	AR[1]		2 619,75
1. 7.	1400	7010		1	AR		780,81
1. 7.	1400	7011		1	AR		1 647,03
1. 7.	1400	7012		1	AR		4 344,72
					Saldo:		9 392,31

[1] AR = Ausgangsrechnung

Personenkonten

Ein weiterer wichtiger Vorteil, verbunden mit wesentlich erleichterten Kontrollmöglichkeiten, besteht bei der Durchschreibebuchführung in der Anlage von Personenkonten für den Geschäftsverkehr mit Kunden und Lieferanten. Sie ersetzen das „Geschäftsfreunde-" oder „Kontokorrent-Buch" (→ Abschnitt 1.2.2).

Debitoren/Kundenforderungen

Datum: 1. 7. ....

Konto-Nr.: 1400   EB-Wert:
Bezeichn.: Paul Müller, 45356 Dortmund   Verk. Z.: 2 792,01   2 792,01

Datum	G-Konto	Bel-Nr.	Kost	ST	Text	Soll	Haben
1. 7.	8000	7014			AR	897,93	
1. 7.	8000	7015			AR	1894,08	
1. 7.	1110	7016			EZ[1]		897,93
1. 7.	1110	7017			EZ		1894,08
					Saldo: 0,00		

[1] EZ = Einzahlung

Kreditoren/Lieferanten

Datum: 1. 7. ....

Konto-Nr.: 1600   EB-Wert:
Bezeichn.: Franz Jansen, 47119 Duisburg   Verk. Z.: 915,98   915,98

Datum	G-Konto	Bel-Nr.	Kost	ST	Text	Soll	Haben
1. 7.	3000	7020			ER		567,30
1. 7.	3000	7030			ER		348,68
1. 7.	1110	7020			AZ[1]	555,95	
1. 7.	9420	7020			AZ	11,35	
1. 7.	1110	7030			AZ	348,68	
					Saldo: 0,00		

[1] AZ = Auszahlung (Bezahlung)

In Anlehnung an: Lehrmappe Finanzbuchhaltung, PCAS GmbH, 46485 Wesel

Betriebliches Rechnungswesen

Buchungs-Journal

Datum: 1. 7. ....

Konto	Buch. per	Beleg-Nr.	Beleg-Datum ST	Gegen-konto	Kosten-stelle	Buchungs-text	Umsatz	Steuer-betrag
3000	7.95	7020	1. 7.	1600		ER	567,30H	
1600	7.95	7021	1. 7.	1110		AZ	555,95S	
1600	7.95	7022	1. 7.	9420		AZ	11,35S	
3000	7.95	7030	1. 7.	1600		ER	348,68H	
1600	7.95	7031	1. 7.	1110		AZ	348,68S	
1400	7.95	7014	1. 7.	8000		AR	897,93S	
1110	7.95	7016	1. 7.	1400		EZ	897,93H	
1400	7.95	9340	1. 7.	8000		AR	1894,08S	
1110	7.95	9340	1. 7.	1400		EZ	1894,08H	

Im amerikanischen Journal findet man üblicherweise je ein einzelnes Sachkonto für die Erfassung der Kundenforderungen und ein weiteres für die Lieferantenverbindlichkeiten. Die Durchschreibebuchführung erlaubt es hingegen, beliebig viele Einzelkonten anzulegen, auf denen die Kunden bzw. Lieferanten nach Gruppen, in alphabetischer Reihenfolge oder anderen Kriterien aufgeteilt werden (z. B. Konto-Nr. 1400/A, d. h., alle Kunden mit dem Anfangsbuchstaben A). Bei der Berührung eines solchen Personenkontos werden die auf ihm vorzunehmenden Buchungen mittels Durchschreibeverfahren auch auf das jeweilige Sachkonto (z. B. Nr. 1400 „Kundenforderungen") vermerkt. Das betreffende Personenkonto wird somit in den Kontrollkreis der betrieblichen Finanzbuchhaltung einbezogen und unterliegt damit seiner ihm innewohnenden Kontroll- und Abstimmungsautomatik. Auf eine gesonderte statistische Erfassung der einzelnen Kunden- und Lieferantenkonten außerhalb der Finanzbuchhaltung, z. B. in einem gesonderten Kontokorrentbuch, kann damit verzichtet werden.

Im Journal der Durchschreibebuchführung kommt man mit insgesamt drei Konten aus: Kundensammelkonto, Lieferantensammelkonto, Sammelkonto für alle übrigen Konten. Die Durchschreibebuchführung hat sich wegen ihrer erwähnten Vorteile nicht nur allgemein gegenüber dem amerikanischen Journal durchgesetzt, sondern wird auch bei den verschiedenen Ausgestaltungen der Maschinenbuchhaltung und der Buchführung über EDV ausschließlich angewendet.

Maschinenbuchhaltung/Buchführung über EDV

Zur Einführung in die Buchführungstechniken und zur Vertiefung des Verständnisses wird allerdings bei den Aufgaben zum hier behandelten Lehrstoff stets nach der Buchführungsmethode mittels amerikanischem Journal gearbeitet. Die Einführung in die Methode der Durchschreibebuchführung gehört auch nicht zum Lehrinhalt des Vorbereitungsunterrichtes auf die Meisterprüfung. Auf die weitere detaillierte Darstellung dieser Methode wird daher im Rahmen dieses Kapitels nicht eingegangen.

4.3.4 Journal als Grundlage der doppelten Buchführung

doppelte Buchführung

Bei dem in den vorhergehenden Abschnitten behandelten Buchführungssystem handelt es sich um die sogenannte doppelte Buchführung. Sie ist als Buchführungssystem nach dem BiRiLiG für alle Vollkaufleute vorgeschrieben. In der Praxis findet sie aber auch überwiegend Anwendung bei aller übrigen buchführungspflichtigen Gewerbetreibenden. Die Bezeichnung „doppelte Buchführung" läßt sich auf verschiedene Weise erklären:

- Alle Geschäftsvorfälle werden doppelt erfaßt: zum einen im Grundbuch und zum anderen im Hauptbuch, zusammengefaßt im amerikanischen Journal (→ Abschnitt 4.3.1).
- Alle Geschäftsvorfälle werden buchhalterisch doppelt erfaßt, einmal im Soll und einmal im Haben.
- Der Betriebserfolg (Gewinn oder Verlust) wird auf doppelte Weise ermittelt, sowohl durch den Vergleich des Eigenkapitals zwischen zwei Bilanz- oder Inventurstichtagen als auch in der Gewinn- und Verlustrechnung (→ Abschnitt 2.3).

Ein wesentlicher Vorteil der doppelten Buchführung gegenüber allen anderen Buchführungssystemen besteht darin, daß durch die doppelte Verbuchung der Geschäftsvorfälle eine automatische zahlenmäßige Kontrolle gewährleistet wird (Summe der Soll-Buchungen immer gleich Summe der Haben-Buchungen). Auch wenn hierdurch die Gefahr von Falschbuchungen (falsche erfolgswirksame oder erfolgsneutrale Wiedergabe der Geschäftsvorfälle) nicht ausgeschlossen bleibt, so wird die Kontrolle der durchgeführten Buchungen durch das doppelte Buchen erheblich erleichtert.

4.3.5 Hauptabschlußübersicht

Hauptabschlußübersicht

Die ordnungsmäßige Handhabung des Journals alleine führt noch nicht zur Bilanz. Dies erreicht man mit der Hauptabschlußübersicht (auch Abschlußbogen, Abschlußübersicht, Betriebsübersicht genannt). Sie stellt die Entwicklung aller Sachkonten von der Eröffnungs- bis zur Schlußbilanz dar und gibt somit einen Überblick über das gesamte Zahlenwerk der Buchführung während des Geschäftsjahres. Die HÜ (Hauptabschlußübersicht) wird außerhalb der eigentlichen Buchführung erstellt, d. h., sie steht nicht in kontenmäßiger Verbindung zu ihr. Obwohl der formale Aufbau der HÜ nicht vorgeschrieben ist, wird in der Praxis in der Regel aus steuerlichen Gründen ein ganz bestimmtes Grundmuster eingehalten. Bei gewerblichen Unternehmen, die buchführungspflichtig sind, kann nämlich das Finanzamt neben dem Jahresabschluß in der Form der Bilanz auch die Vorlage einer Hauptabschlußübersicht – und zwar nach einem amtlichen Muster – verlangen. Danach wird die HÜ wie folgt eingeteilt:

Sie beginnt mit zwei Spalten zur Bezeichnung der Konten-Nummer und der Konto-Bezeichnung. In der Reihenfolge von oben nach unten werden darin sämtliche Konten aus dem betrieblichen Kontenplan aufgeführt.

Sodann ist eine Einteilung von links nach rechts wie folgt vorgenommen:

HÜ-Systematik

- Eröffnungsbilanz (Vortragsbilanz)
  Hier werden sämtliche Zahlen der Eröffnungsbilanz unter Zuordnung zum jeweiligen Konto eingetragen.
- Umsatzbilanz (Verkehrsbilanz)
  Sie enthält die gesamten Zugänge (Umsätze) des Jahres auf den Soll- und Haben-Seiten der einzelnen Konten.
- Summenbilanz
  Sie ist die Addition der Zahlen auf beiden Seiten der Konten aus den Vorträgen in der Eröffnungsbilanz und den Kontenumsätzen in der Umsatzbilanz.

- Saldenbilanz
 In ihr werden die Salden ausgewiesen, die sich durch den Abschluß der Konten in der Summenbilanz ergeben.
- Über eine zusätzliche Spalte zur Eintragung von Erläuterungen werden danach in der Regel Umbuchungen vorgenommen, die zu einer Korrektur einzelner Salden führen. Manche Formulare weisen nach der Umbuchungsspalte nochmals eine – geänderte – Saldenbilanz II aus.
- Vermögensbilanz (vorläufige Schlußbilanz)
 In ihr werden unter Berücksichtigung der Umbuchungen aus der Saldenbilanz die Zahlen der neuen Schlußbilanz eingesetzt.
- Erfolgsbilanz (Gewinn- und Verlustrechnung)
 Hier werden aus der Saldenbilanz unter Berücksichtigung der Umbuchungen die Ergebnisse der erfolgswirksamen Konten aufgeführt.

Zum Abschluß der HÜ werden die Aktiva und Passiva in der Vermögensbilanz sowie die Aufwendungen und Erträge in der Gewinn- und Verlustrechnung addiert. Der sich danach in der Vermögensbilanz einerseits und in der Erfolgsbilanz andererseits ergebende Saldo muß in beiden Fällen gleich groß sein. Er stellt den Gewinn oder Verlust des abgeschlossenen Geschäftsjahres dar und führt durch seine Eintragung jeweils zum Ausgleich der Soll- und Haben-Seiten in der Vermögensbilanz und in der Erfolgsbilanz.

Die Handhabung der HÜ wird bei der Durchführung des folgenden Buchführungsbeispiels dargestellt.

> Zu diesem Kapitel finden Sie die Aufgaben A 1 – A 63 im Band „Vorbereitung auf die Meisterprüfung – Test- und Übungsaufgaben".

5. Buchführungsbeispiel

Lernziele:

Der Lernende kann, nachdem er dieses Kapitel durchgearbeitet hat,
- einen Kontenplan für ein angenommenes Unternehmen anlegen,
- den Kontenplan den Gegebenheiten eines Raumsparjournals anpassen,
- vorgegebene Geschäftsvorfälle im Journal verbuchen,
- die Buchungen eines angenommenen Monats im Journal abschließen,
- die monatlichen Kontenumsätze abstimmen und zu Jahressummen zusammenstellen,
- eine Hauptabschlußübersicht entwickeln und bis zur Erstellung der Vermögens- und Erfolgsbilanz durchführen,
- aus der HÜ die neue Schlußbilanz mit Gewinn- und Verlustrechnung ableiten.

5.1 Angenommene Beispielsprämissen

Anhand eines Buchführungsbeispiels soll die Anwendungspraxis eines Buchführungssystems, welches auf dem amerikanischen Journal aufbaut, demonstriert werden. Im folgenden sind deshalb die Buchungen eines simulierten Monats Dezember durchgeführt worden. Sowohl die Monats- als auch späterhin die Jahressummen auf den einzelnen berührten Konten sind in Anlehnung an die Verhältnisse eines kleineren Handwerksbetriebes zusammengestellt worden. Im Beispiel soll es sich um die Schlosserei des Ewald Fleißigmann handeln.

Der Buchungsanfall ist im angenommenen Beispielmonat so komprimiert worden, daß eine einzige Journalseite zur Erfassung der Monatsbewegungen auf den einzelnen Konten ausreicht.

Die Buchungsergebnisse des Monats Dezember sind in einem weiteren Arbeitsschritt in das Zahlenwerk der übrigen Jahresmonate eingebaut worden, so, wie dies in der Praxis bei Anwendung des amerikanischen Journals ebenfalls in der Regel vorgenommen wird. Die Jahresumsätze auf den einzelnen Konten sind schließlich dann in die Hauptabschlußübersicht des angenommenen Betriebes übernommen und zur Ermittlung der Schlußbilanz und des Jahresergebnisses verwendet worden. Auf diese Weise kann dem Schüler eine beispielhafte und zusammengefaßte Übersicht über die Funktionsweise der Buchführung auf der Grundlage des amerikanischen Journals gegeben werden.

5.2 Durchführung des Buchführungsbeispiels

betriebsgerechter Kontenplan

Arbeitsschritt 1 – Auswahl eines betriebsgerechten Kontenplanes: Für die Funktionsfähigkeit und Praktikabilität des Journals kommt es entscheidend auf die Auswahl eines betriebsgerechten Kontenplanes an. Ein solcher Kontenplan, der sich grundsätzlich auf die Konteneinteilung nach dem „Einheitskontenrahmen für das deutsche Handwerk" (vgl. dort) stützen kann, wird einerseits die Konten enthalten müssen, die im jeweiligen Betrieb erfahrungsgemäß relativ häufig berührt werden. Zum anderen sind bei der Aufstellung des Kontenplanes die Grenzen des jeweiligen Journals zu beachten.

beispielhafte Kontenanlage

Innerhalb dieser Grenzen hat sich im vorliegenden Beispielsfalle der Schlosserbetrieb Ewald Fleißigmann für die Anlage der folgenden Konten entschlossen:

Konto-Nr.	Bezeichnung des Kontos	Journalspalte
1000	Kasse	1 und 2
1100	Postgiro	3 und 4
1110	Bank	5 und 6
1400	Kundenforderungen	7 und 8
1480	Vorsteuer	9 und 10
1600	Lieferantenverbindlichkeiten	11 und 12
1620	Treuhandkonto	13 und 14
1680	Mehrwertsteuer	15 und 16
1690	sonstige kurzfristige Verbindlichkeiten	17 und 18
1900	Privatkonto	19 und 20
0100/ 0480	Anlagevermögen	21 und 22
0700	Darlehen	23 und 24
9300	Zinsaufwand	25
9400	Zinserträge	26
3000	Materialbestand	27
4100	Personalkosten (Löhne und Gehälter)	28
4390	Strom, Gas, Wasser	29
4400	Steuern, Gebühren, Beiträge, Versicherungen	30
4530	Bürokosten	31
4570	Kfz-Kosten	32
4590	sonstige Kosten	33
8600	Kundenskonti	34
9420	Lieferantenskonti	35
8000	Erlöse	36
8590	sonstige Erlöse	37
	übrige Konten	38 und 39

Man sieht, Herr Fleißigmann verwendet auch das im vorhergehenden Abschnitt besprochene sogenannte „Raumsparjournal".

Mit den Journalspalten 38 und 39 sollen alle diejenigen Kontenberührungen der übrigen Konten buchungsmäßig erfaßt werden, die sich nicht innerhalb des vorgegebenen Kontenplanes berücksichtigen lassen.

Obwohl die Spalten 25 und 26 sowie 34 und 35 jeweils die Soll- und Habenspalten eines einzigen T-Kontos darstellen, sollen dort insgesamt vier verschiedene Konten, nämlich die Nr. 9300 und 9400, „Zinsaufwendungen" und „Zinserträge" sowie die Nr. 8600 „Kundenskonti" und Nr. 9420 „Lieferantenskonti" untergebracht werden. Es handelt sich demnach hier nicht um ein Zinskonto bzw. Skonti-Konto mit jeweils nur einer einzigen Konto-Nummer, auf dem die Zinsaufwendungen und -erträge bzw. Kunden- und Lieferantenskonti etwa miteinander saldiert werden dürfen. Obwohl eine solche Vorgehensweise im Hinblick auf die ertragsmäßigen Auswirkungen unerheblich wäre, müssen diese Aufwendungen und Erträge buchführungsmäßig getrennt erfaßt und ausgewiesen werden (Grundsatz der Bilanzklarheit!).

Disketten Spätestens an dieser Stelle sollten Sie – falls Sie es noch nicht schon getan haben – die diesem Buch beiliegenden Disketten nutzen.

Trainingsprogramm Trauen Sie sich, auch wenn Sie noch keine PC-Erfahrung haben. Das Trainingsprogramm ist so ausgerüstet, daß Sie stets weiter geleitet werden und weder etwas löschen, noch etwas durcheinanderbringen können.

Das Programm läßt sich sehr schnell und problemlos installieren, so daß Sie sicherlich auch den PC in Ihrem Betrieb oder vielleicht bei Freunden einmal für einige Stunden nutzen können, falls Ihnen selbst kein PC zur Verfügung steht.

Weitere Einzelheiten und Installationshinweise finden Sie im Vorwort.

Und nun gehts los!

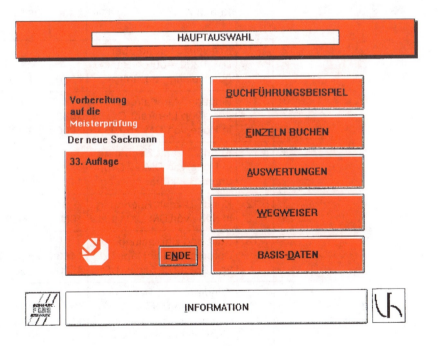

Übersicht So sieht die Hauptauswahlseite Ihrer Trainingssoftware aus. Hinter der Taste „INFORMATIONEN" verbirgt sich eine knappe Einführung und kurze Bedienungshinweise. Der „WEGWEISER" erleichtert Ihnen die Orientierung und gibt einen Überblick über den Inhalt des Trainingsprogramms.

Betriebliches Rechnungswesen

Buchung der Geschäftsvorfälle

Arbeitsschritt 2 – Buchung der Geschäftsvorfälle: Nachdem das Journal mit den ausgewählten Konten versehen ist, werden die beispielhaft angeführten Geschäftsvorfälle in der zeitlichen Reihenfolge ihres Anfalls gebucht. Im einzelnen soll es sich dabei um die unter den folgenden Kontenanrufen zusammengefaßten Vorgänge handeln:

Geschäftsvorfälle im Monat Dezember

Kontenanrufe

lfd. Nr.	Datum	Geschäftsvorfall	Soll Konto	Soll Betrag in DM	Haben Konto	Haben Betrag in DM
1	1.12.	Rechnung über Handwerksleistungen in Höhe von DM 38 870,– an Kunde A	1400	38 870,–	1680 8000	5 070,– 33 800,–
2	1.12.	Kfz-Versicherung über DM 1 200,– durch Banküberweisung bezahlt	4570	1 200,–	1110	1 200,–
3	3.12.	Eingang Materialrechnung von Lieferant C in Höhe von DM 26 795,–	1480 3000	3 495,– 23 300,–	1600	26 795,–
4	4.12.	Kunde Z zahlt Rechnung in Höhe von DM 22 540,– durch Banküberweisung	1110	22 540,–	1400	22 540,–
5	5.12.	Kunde B zahlt Rechnung in Höhe von DM 920,– bar	1000	920,–	1400	920,–
6	7.12.	Kauf und Barzahlung von Büromaterial in Höhe von DM 327,75 incl. USt.	1480 4530	42,75 285,–	1000	327,75
7	7.12.	Kunde A zahlt Rechnung in Höhe von DM 4 370,– durch Postüberweisung, unter Einbehaltung von 2 % Skonto	1100 1680 8600	4 282,60 11,40 76,–	1400	4 370,–
8	7.12.	Bezahlung Stromrechnung für Betrieb in Höhe von DM 483,– per Bankeinzug	1480 4390	63,– 420,–	1110	483,–
9	8.12.	Rechnung in Höhe von DM 20 470,– an Kunde S	1400	20 470,–	1680 8000	2 670,– 17 800,–

Betriebliches Rechnungswesen

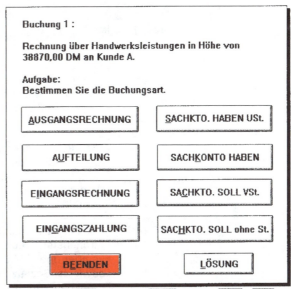

PC-Trainings-
programm

In Ihrem PC-Trainingsprogramm finden Sie unter dem Bereich „BUCHFÜH-RUNG" oder „EINZELN BUCHEN" alle Geschäftsvorfälle und Umbuchungen in Form von Aufgaben wieder. Nutzen Sie dieses besondere Angebot in jedem Fall, um den Bereich des Buchens besser zu verstehen und zu trainieren. Überall finden Sie Seitenverweise auf die entsprechenden Textstellen im Sackmann. Dort können Sie ausführlich nachlesen, wenn Sie bei der Lösung der Aufgaben Probleme haben.

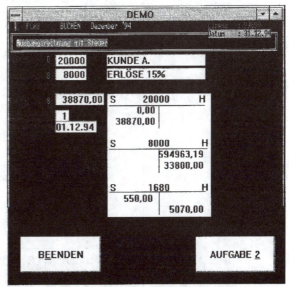

89

Betriebliches Rechnungswesen

lfd. Nr.	Datum	Geschäftsvorfall	Soll Konto	Soll Betrag in DM	Haben Konto	Haben Betrag in DM
10	8.12.	Entnahme in Höhe von DM 4 800,- aus Kasse für private Zwecke	1900	4 800,-	1000	4 800,-
11	10.12.	Einkommen- und Kirchensteuer-Vorauszahlung in Höhe von insgesamt DM 2 180,- durch Banküberweisung gezahlt	1900	2 180,-	1110	2 180,-
12	10.12.	Bezahlung der Lohn- und Kirchensteuer aus November über DM 2 910,- sowie der Sozialversicherungsbeiträge der Arbeitnehmer und des Arbeitgebers über insgesamt DM 6 120,- durch Postüberweisung	1620 1620	2 910,- 6 120,-	1100	9 030,-
13	10.12.	Mehrwertsteuerschuld aus November in Höhe von DM 2 450,- bezahlt durch Postüberweisung	1680	2 450,-	1100	2 450,-
14	14.12.	Zinsen in Höhe von DM 5 240,- werden durch Bankeinzug gezahlt	9300	5 240,-	1110	5 240,-
15	14.12.	Tilgung eines Bankdarlehens in Höhe von DM 7 125,- durch Bankeinzug	0700	7 125,-	1110	7 125,-
16	17.12.	Bezahlung einer Rechnung des Lieferanten D in Höhe von DM 1 725,- unter Einbehaltung von 3 % Skonto durch Banküberweisung von DM 1 500,- und Rest in bar	1600	1 725,-	1000 1110 1480 9420	173,25 1 500,- 6,75 45,-
17	18.12.	Verkauf von Schrott gegen Barzahlung DM 1 955,- incl. USt	1000	1 955,-	1680 8500	255,- 1 700,-

lfd. Nr.	Datum	Geschäftsvorfall	Soll Konto	Soll Betrag in DM	Haben Konto	Haben Betrag in DM
18	18.12.	Eingang Gebäude-Reparaturrechnung in Höhe von DM 3 220,-	1480 4590	420,- 2 800,-	1690	3 220,-
19	19.12.	Verkauf einer Maschine mit einem Buchwert von DM 4 000,- zum Preis von brutto DM 6 670,- gegen Hereinnahme eines Schecks über DM 5 000,- und Restzahlung in bar	1000 1110	1 670,- 5 000,-	0200 1680 9050	4 000,- 870,- 1 800,-
20	20.12.	Monatsbeitrag Sachversicherung DM 130,- bar bezahlt	4400	130,-	1000	130,-
21	20.12.	Bruttolohn DM 20 840,- zuzügl. AG-Ant. Soz.-Versicherung DM 4 390,-, davon Nettolohn DM 12 400,- durch Banküberweisung	4100	25 230,-	1110 1620	12 400,- 12 830,-
22	20.12.	Bankeinzahlung aus Kasse in Höhe von DM 3 000,-	1110	3 000,-	1000	3 000,-
23	21.12.	Anschaffung einer Maschine DM 2 000,-, zuzügl. USt. durch Scheck auf Bank bezahlt	0200 1480	2 000,- 300,-	1110	2 300,-
24	27.12.	Bezahlung Reparaturrechnung DM 3 220,- abzügl. einer Rechnungskürzung von DM 300,- und Verrechnung mit eigener Forderung über DM 1 495,- (brutto), Rest durch Postscheck	1690	3 220,-	1100 1400 9420 1480	1 425,- 1 495,- 260,87 39,13
25	28.12.	Privateinlage in Höhe von DM 2 820,- auf Bank	1110	2 820,-	1900	2 820,-

Die Kontenanrufe ließen sich auch in der Form von Buchungssätzen darstellen; z. B. für den Geschäftsvorfall unter lfd. Nr. 1:

„Konto 1400   DM 38 870,-   an   Konto 1680, DM   5 070,-
und
Konto 8000, DM 33 800,-."

Vor dem Buchen der obigen Geschäftsvorfälle wird es des öfteren erforderlich sein, die zu buchenden Zahlen über gesonderte Zwischenrechnungen buchführungsmäßig aufzubereiten (z. B. bei Inanspruchnahme von Skonto). Diese Rechenvorgänge sind hier im einzelnen nicht durchgeführt. Sie lassen sich aber bei der Durcharbeitung des Buchungsbeispiels ohne Schwierigkeiten nachvollziehen und eignen sich zur Einübung des bisher behandelten Stoffes.

In das Journal werden auch das Datum des Geschäftsvorfalles und der Inhalt der einzelnen Geschäftsvorfälle stichwortartig übernommen. Weiterhin sind in das Journal auch noch die Beleg-Nummern des einzelnen Buchungsbelegs zu vermerken (Grundsatz: Keine Buchung ohne Beleg!). Da jedoch in der Praxis die verschiedensten Belegnumerierungssysteme anzutreffen sind, ist in dem hier dargestellten Beispiel zur Vermeidung von Mißverständnissen und aus Vereinfachungsgründen auf jegliche Belegnumerierung verzichtet worden.

Kontenabstimmung Arbeitsschritt 3 – Kontenabstimmung: Nachdem die obigen Geschäftsvorfälle gebucht sind, müssen die einzelnen Konten addiert werden. Hierbei müssen die Summe der Soll-Spalten mit der Summe der Haben-Spalten und beide jeweils mit der Betrags-Spalte übereinstimmen. Nur unter diesen Voraussetzungen sind die Monatszahlen für die weitere Auswertung der Buchhaltungsergebnisse brauchbar.

Ermittlung der Jahressummen Arbeitsschritt 4 – Ermittlung der Jahressummen: In der Praxis hat es sich als zweckmäßig erwiesen, die Kontenumsätze monatlich gesondert zu erfassen und zum Jahresende zusammenzurechnen. Zu diesem Zweck wird eine gesonderte Journalseite angelegt, auf die die Monatssummen übertragen und schließlich bis zum Jahresende addiert werden.

Zur Veranschaulichung sind im vorliegenden Beispiel neben den Zahlen des hier eingebuchten Monats Dezember auch die angenommenen Zahlen der Monate Januar und Februar eingetragen worden. In die Zeile 21 der Monatszusammenstellung sind als Zwischensumme die angenommenen Beträge eingesetzt worden, die sich bei einer Addition der Monate Januar bis November ergeben würden.

Erstellung der HÜ Arbeitsschritt 5 – Erstellung der Bilanzübersicht (Hauptabschlußübersicht – HÜ):

HÜ – Eröffnungsbilanz Übernahme der Zahlen aus der Eröffnungsbilanz
Zur Abwicklung der Bilanzübersicht muß zunächst die Eröffnungsbilanz bekannt sein. Sie ist auf → S. 93 dargestellt.

Zu diesem Kapitel finden Sie die Aufgaben A 1 – A 63 im Band „Vorbereitung auf die Meisterprüfung – Test- und Übungsaufgaben".

Betriebliches Rechnungswesen

Beispiel einer Eröffnungsbilanz

Ewald Fleißigmann
Schlosserei
Eröffnungsbilanz per 1.1.19....

Aktiva			DM	DM			Passiva	DM	DM
I.		Anlagevermögen			I.		Eigenkapital		
	0150	Grund und Boden	50 000,-			0800	Eigenkapital		140 400,-
	0100	Werkstattgebäude	210 300,-						
	0200	Maschinen	28 800,-		II.		Langfristige Fremdmittel		
	0300	Fahrzeug	18 100,-			0700	Darlehen Bank		237 700,-
	0400	Einrichtung	3 800,-	311 000,-					
					III.		Kurzfristige Fremdmittel		
II.		Umlaufvermögen				1600	Lieferantenverbindlichkeiten	94 400,-	
	3000	Materialbestand	28 100,-			1620	Treuhandkonto	8 984,-	
	3690	Teilfertige Arbeiten	5 000,-			1680	Mehrwertsteuer	2 700,-	
	1400	Kundenforderungen	118 700,-			1690	Sonstige kurzfristige Verbindlichkeiten	3 716,-	109 800,-
	1110	Bankguthaben	21 200,-						
	1100	Postgiroguthaben	1 100,-						
	1000	Kassenbestand	2 800,-	176 900,-					
		Bilanzsumme		487 900,-			Bilanzsumme		487 900,-

Ort und Datum
Unterschrift: Ewald Fleißigmann

Betriebliches Rechnungswesen

Übertragung der EB in HÜ

Die obigen Zahlen werden nun in die Bilanzübersicht übertragen. Aus Gründen der Raumersparnis werden dabei die Beträge der Konten 0100 bis 0480 in einer einzigen Zeile der Bilanzübersicht erfaßt, desgleichen die Konten 9300/9400, 8600/9420 und 8590/8900. Zu beachten ist hierbei, daß die Summen auf den Soll- und Habenseiten der erwähnten Konten nicht miteinander saldiert werden. Dies würde gegen den Grundsatz der Bilanzklarheit (→ Abschnitt 1.3.2) und das sich hieraus ableitende Saldierungsverbot verstoßen.

Aus Vereinfachungsgründen werden auch sämtliche Abschreibungen auf Konto 9500 erfaßt, obwohl hierunter im Einheitskontenrahmen nur die Abschreibungen auf Gebäude fallen.

Jahresverkehrszahlen

Übertragung der Jahresverkehrszahlen
Nachdem die Zahlen aus der Eröffnungsbilanz in die Bilanzübersicht übertragen sind, können in die Umsatzbilanz die im vorhergehenden Arbeitsschritt zusammengestellten Jahressummen der Buchungen aus dem abgelaufenen Geschäftsjahr ebenfalls übertragen werden.

Bei der Übernahme der Zahlen aus dem Journal müssen allerdings vorher noch die Umsätze auf dem Konto der Spalten 38 und 39 des Journals (übrige Konten) aufgegliedert und den einzelnen Konten zugeordnet werden. Dies geschieht am zweckmäßigsten über eine gesonderte Anlage, die der Bilanzübersicht beigeheftet wird. Im Beispielsfall ist das jedoch nicht nötig, da auf dem Sammelkonto nur a. o. Erträge angefallen sind.

Umbuchungen

Arbeitsschritt 6 – Durchführung von Umbuchungen:
Für die Darstellung des genauen Betriebsergebnisses sind die Umbuchungen innerhalb der Bilanzübersicht von besonderer Bedeutung. Im Beispielsfalle sollen die folgenden Um- und Abschlußbuchungen notwendig werden:

① Es sind noch die folgenden Abschreibungen auf Gegenstände des betrieblichen Anlagevermögens vorzunehmen (→ Abschnitt 4.2.7):

Werkstatt	DM 9 600,-
Maschinen	DM 5 400,-
Fahrzeug	DM 16 600,-
Einrichtung	DM 700,-
insgesamt	DM 32 300,-

② Der Materialbestand am Ende des Jahres beträgt laut Inventur DM 44 000,-. Der Materialaufwand des Jahres ist unter Berücksichtigung dieses Ist-Bestandes zu ermitteln und zu buchen (→ Abschnitt 4.2.4).

③ Der Bestand an teilfertigen Arbeiten am Ende des Jahres beträgt DM 18 000,-. Die Differenz zum Anfangsbestand ist buchungsmäßig zu berücksichtigen (→ Abschnitt 4.2.5).

④ Es sind noch die folgenden, am Jahresende noch nicht gebuchten und nicht bezahlten Rechnungen zu buchen:
- Telefonrechnung für Dezember über DM 284,-
- Kfz-Reparaturrechnung über DM 2 100,- zuzügl. DM 315,- Mehrwertsteuer

⑤ Bei der Abstimmung der Lohnkonten stellen wir eine irrtümlich erfolgte Überzahlung von Lohnsteuer an das Finanzamt in Höhe von DM 180,- fest. Nach Absprache mit dem Finanzamt wird dieser Betrag erstattet (→ Abschnitt 4.2.9).

⑥ Die Kfz-Versicherung in Höhe von DM 1 200,-, gezahlt am 1. 12. für ein Jahr im voraus (vgl. Geschäftsvorfall Nr. 2 unter 2. Arbeitsschritt) ist zum Bilanzstichtag abzugrenzen (→ Abschnitt 4.2.9).

⑦ Von den Kfz-Kosten ist ein Anteil für die private Nutzung in Höhe von DM 800,- umzubuchen.

⑧ Von der AfA für Kfz ist ein Anteil von DM 1 240,- für private Kfz-Nutzung umzubuchen.

⑨ Es ist eine Rückstellung in Höhe von DM 6 000,- für das voraussichtliche Steuerberaterhonorar für die Bilanzerstellung zu bilden (→ Abschnitt 4.2.10).

⑩ Einbuchung Eigenverbrauch DM 1 800,-, zuzügl. USt.

⑪ Der Saldo des Kontos „Vorsteuer" (Konto Nr. 1480) wird auf Konto „Mehrwertsteuer" (Konto Nr. 1680) umgebucht (→ Abschnitt 4.2.3).

⑫ Der Saldo auf dem „Privatkonto" (Konto Nr. 1900) wird auf Konto „Eigenkapital" (Konto Nr. 0800) umgebucht.

Zur besseren Übersichtlichkeit empfiehlt es sich, die notwendigen Umbuchungen in einer gesonderten Anlage zusammenzustellen und von dort aus die Zahlen in die Bilanzübersicht zu übertragen. Eine derartige Anlage zeigt für den vorliegenden Beispielsfall das folgende Bild:

Abschluß- und Umbuchungsschlüssel

lfd. Nr.	Umbuchung	Soll		Haben	
		Konto	Betrag in DM	Konto	Betrag in DM
①	Abschreibung Werkstatt		9 600,-	0100	9 600,-
①	Abschreibung Maschinen		5 400,-	0200	5 400,-
①	Abschreibung Fahrzeug		16 600,-	0300	16 600,-
①	Abschreibung Einrichtung		700,-	0400	700,-
	Summe	9500	32 300,-		32 300,-

Bilanz-Übersicht am 31.12.

Kto.-Nr.	Konten	Eröffnungs-Bilanz Aktiva 1	Eröffnungs-Bilanz Passiva 2	Umsatz-Bilanz Soll 3	Umsatz-Bilanz Haben 4	Summenbilanz Aktiva 5	Summenbilanz Passiva 6
0100/0450	Anlagevermögen	311000,-		217400,-	4000,-	528400,-	4000,-
3000	Materialbestand	28100,-		264826,48		292926,48	
3690	Teilfertige Arbeiten	5000,-				5000,-	
1400	Kundenforderungen	118700,-		511350,81	529040,85	630050,81	529040,8
1110	Bank	21200,-		840750,59	860649,55	861950,59	860649,5
1100	Postgiro	1100,-		103664,59	104724,27	104764,59	104724,2
1000	Kasse	2800,-		20935,44	23003,30	23735,44	23003,3
0800	Eigenkapital		140400,-				140400,-
0700	Langfristige Bankdarlehen		237700,-	21250,-	156000,-	21250,-	393700,-
1600	Lieferantenverbindlichkeiten		94400,-	310899,90	300179,90	310899,90	394579,9
1620	Treuhandkonto		8984,-	107960,60	111806,60	107960,60	120790,6
1680	Mehrwertsteuer		2700,-	90058,30	93211,90	90058,30	95911,9
1690	Sonst. kurzfrist. Verbindl.		3716,-	15578,-	24962,58	15578,-	28678,5
1480	Vorsteuer			44840,52	39890,65	44840,52	39890,6
1900	Privatkonto			88712,32	7420,-	88712,32	7420,-
4100	Lohnaufwand			196637,26		196637,26	
4390	Strom-Gas-Wasser			10107,30		10107,30	
4400	Steuern-Gebühren-Beiträge			5223,72		5223,72	
4550	Bürokosten			4927,80		4927,80	
4570	Kfz-Kosten			11601,14		11601,14	
4590	Sonstige Gemeinkosten			2692,65		2692,65	
9300/9400	Zinsaufwendg./-erträge			21320,10	114,22	21320,10	114,2
8600/9420	Kunden-/Lieferantenskonti u.ä.			1243,-	3428,51	1243,-	3428,5
8000	Erlöse				646563,19		646563,1
8590/8900	Sonst. Erlöse/Eigenverbrauch				7420,-		7420,-
9050	a.o. Erträge				3800,-		3800,-
9500	Abschreibungen						
4000	Materialeinsatz						
1430	Sonst. kurzfrist. Forderungen						
0930	aktive P.d.R.						
0920	Rückstellungen						
	Gewinn						
	Summe	487900,-	487900,-	2916215,52	2916215,52	3404115,52	3404115,5

Betriebliches Rechnungswesen

für die Zeit von 01.01. **bis** 31.12.

Saldenbilanz		Umbuchungen			Vorl. Schlußbilanz		Gewinn-Verlust-Rechnung	
Aktiva 7	Passiva 8	Erläuterungen	Soll 9	Haben 10	Aktiva 11	Passiva 12	Aufwand 13	Ertrag 14
4400,-		Kt. 9500	32300,-		492100,-			
292648		Kt. 4000		248926,48	44000,-			
5000,-		Kt. 8000	13000,-		18000,-			
101009,96					101009,96			
1301,04					1301,04			
40,32					40,32			
732,14					732,14			
	140400,-	Kt. 1900	85708,32			54691,68		
	372450,-					372450,-		
	83680,-					83680,-		
	12830,-					12830,-		
	5853,60	Kt. 1480 Kt. 1900	5264,87	576,-		1164,73		
	13100,58	Kt. 4530/ 4540/1480		2699,-		15799,58		
4949,87		Kt. 1690 Kt. 1680	315,-	5264,87				
292,32		Kt. 4540/1680 Kt. 9500/1680 Kt. 8900/1680 Kt. 0800	920,- 1415,- 2070,-	85708,32				
19637,26		Kt. 1430		180,-	19457,26			
10107,30					10107,50			
5223,73					5223,72			
5927,80		Kt. 1690	284,-		5211,80			
9601,14		Kt. 1690 Kt. 1900 Kt. 0930	2100,-	800,- 1100,-	11801,14			
88927,65		Kt. 0920	6000,-		82927,65			
21320,10	114,22				21320,10	114,22		
1243,-	3428,51				1243,-	3428,51		
	646563,19	Kt. 3690	13000,-					659563,19
	7420,-	Kt. 1900		1800,-				7420,- 1800,-
	3800,-							3800,-
		Kt. 0100 -0480 Kt. 1900	32300,-	1240,-			31060,-	
		Kt. 3000	248926,48				248926,48	
		Kt. 4100	180,-	180,-				
		Kt. 4570	1100,-	1100,-				
		Kt. 4590	6000,-	6000,-				
							111847,47	111847,47
1289640,10	1289640,10		399594,67	399594,67	658463,46	658463,46	676125,92	676125,92

Betriebliches Rechnungswesen

lfd. Nr.	Umbuchung	Soll		Haben	
		Konto	Betrag in DM	Konto	Betrag in DM
②	Einbuchung Materialaufwand (Materialeinsatz) Zwischenrechnung Mat.-Bestand Anfang 28 100,- + Mat.-Eingang 264 826,48 = Mat.-Bestand Soll 292 926,48 ./. Mat.-Bestand Ist 44 000,- = Mat.-Aufwand	4000	248 926,48	3000	248 926,48
③	Einbuchung teilfertige Arbeiten Zwischenrechnung Bestand teilf. Arbeiten Anfang 5 000,- gegenüber Bestand teilf. Arbeiten Ende 18 000,- Erhöhung Ende	3690	13 000,-	8000	13 000,-

④	Einbuchung sonst. Verbindlk.
	  Telefonrechnung
	  Kfz-Reparaturrechnung
	  Vorsteuer darauf
	Summe
		4530
		4570
		1480
			284,-
			2 100,-
			315,-
			2 699,-
				1690	284,-
					2415,-
					2 699,-

⑤	LSt.-Erstattungs-Anspruch	1430	180,-	4100	180,-
⑥	Abgrenzg. Kfz-Versicherg.	0930	1 110,-	4570	1 100,-
⑦	Umbuchung Privatanteil Kfz-Kosten Mehrwertsteuer darauf Summe	1900	920,- 920,-	4570 1680	800,- 120,- 920,-

Betriebliches Rechnungswesen

lfd. Nr.	Umbuchung	Soll		Haben	
		Konto	Betrag in DM	Konto	Betrag in DM
⑧	Umbuchung Privatanteil Kfz-AfA Mehrwertsteuer darauf	1900	1 426,-	9500 1680	1 240,- 186,-
	Summe		1 426,-		1 426,-
⑨	Rückstellung für Stb.-Honorar	4590	6 000,-	0920	6 000,-
⑩	Einbuchung von Eigenverbrauch Mehrwertst. darauf	1900	2 070,-	8900 1680	1 800,- 270,-
⑪	Umbuchung Privat auf Eigenkapital	0800	85 708,32	1900	85 708,32
⑫	Umbuchung Vorsteuer auf Mehrwertsteuer	1680	5 264,87	1480	5 264,87
	Summenkontrolle		399 594,67		399 594,67

Der Vorteil einer Anlage nach dem obigen Schema besteht insbesondere darin, daß die den Umbuchungen zugrundeliegenden Geschäftsvorfälle in der Bilanzübersicht besser nachvollzogen werden können.

In der Spalte „Erläuterungen" der Bilanzübersicht sind darüber hinaus zum Zwecke einer leichteren Zuordnung der einzelnen Kontenberührungen die jeweiligen Gegenkonten angegeben worden.

vorläufige Schlußbilanz

Arbeitsschritt 7 – Erstellung der vorläufigen Schlußbilanz und Gewinn- und Verlustrechnung:

Nach Vornahme der Umbuchungen kann die Bilanzübersicht fertiggestellt werden. Sind alle Umbuchungen ordnungsgemäß durchgeführt und keine Rechenfehler vorgekommen, ergibt sich die richtige „Vorläufige Schlußbilanz" und die „Erfolgsbilanz" mit der letzten noch vorzunehmenden Buchung, nämlich der Buchung des Jahresergebnisses (Gewinn oder Verlust). Das Jahresergebnis ist dann der Saldo auf dem Konto „Vorläufige Schlußbilanz" und dem Konto „Erfolgsbilanz" (Gewinn- und Verlustrechnung).

Erfolgsbilanz

endgültige Jahresschlußbilanz

Arbeitsschritt 8 – Erstellung der endgültigen Jahresschlußbilanz und Gewinn- und Verlustrechnung:

Aus der vorläufigen Schlußbilanz ergibt sich dann die endgültige Schlußbilanz, in der insbesondere das Jahresergebnis nicht mehr gesondert ausgewiesen, sondern auf das Eigenkapitalkonto übernommen worden ist.

Eigenkapitalentwicklung

Zur besseren Übersicht über die Eigenkapitalentwicklung wird diese häufig als Anlage der Schlußbilanz beigefügt. Im Falle des vorliegenden Beispielbetriebes zeigt sich die folgende Schlußbilanz mit Eigenkapitalentwicklung:

Betriebliches Rechnungswesen

Schlußbilanz

Ewald Fleißigmann
Schlosserei
Schlußbilanz per 31. 12. 19.....

Aktiva		Wert 1.1.	Zug.	Abg.	AfA	
I.	Anlagevermögen					
0150	Grund und Boden	50 000,–	–	–	–	50 000,–
0100	Werkstatt	210 300,–	158 700,–	–	9 600,–	359 400,–
0200	Maschinen	28 800,–	6 700,–	4 000,–	5 400,–	26 100,–
0300	Fahrzeuge	18 100,–	52 000,–	–	16 600,–	53 500,–
0400	Einrichtung	3 800,–	–	–	700,–	3 100,–
		311 000,–	217 400,–	4 000,–	32 300,–	492 100,–
II.	Umlaufvermögen					
3000	Materialbestand			44 000,–		
3690	Teilfertige Arbeiten			18 000,–		
1400	Kundenforderungen			101 009,96		
1430	Sonstige kurzfristige Forderungen			180,–		
				1 301,04		
1110	Bankguthaben					
1100	Postgiroguthaben			40,32		
1000	Kassenbestand			732,14		165 263,46
III.	Rechnungsabgrenzung					
0930	Akt. PdR					1 100,–
	Bilanzsumme					658 463,46

		Passiva
I.	Eigenkapital	
0800	Eigenkapital	166 539,15
II.	Rückstellungen	
0920	Gewerbesteuerrückstellung	6 000,–
III.	Fremdkapital	
0700	Darlehen Bank	372 450,–
1600	Lieferantenverbindlichkeiten	83 680,–
1620	Treuhandkonto	12 830,–
1680	Mehrwertsteuer	1 164,73
1690	Sonstige kurzfristige Verbindlichkeiten	15 799,58
	kurzfristiges Fremdkapital	113 474,31
	Bilanzsumme	658 463,46

Ort und Datum
Unterschrift: Ewald Fleißigmann

Eigenkapitalentwicklung	DM
Eigenkapital Anfang (Eröffnungsbilanz)	140 400,-
+ Privateinlagen (lt. HÜ)	7 420,-
./. Privatentnahmen (lt. HÜ)	93 128,32
Eigenkapital lt. vorl. Schlußbilanz (lt. HÜ)	54 691,68
+ Gewinn (lt. Erfolgsbilanz bzw. Gewinn- und Verlustrechnung	111 847,47
Eigenkapital Ende (Schlußbilanz)	166 539,15

G+V-Rechnung in Kontenform

Gewinn- und Verlustrechnung in Kontenform

Ewald Fleißigmann
Schlosserei

Gewinn- und Verlustrechnung
1. 1. bis 31. 12.

Aufwendungen		DM	Erträge		DM
4000	Materialaufwand	248 926,48	8000	Erlöse	659 563,19
4100	Lohnaufwand [1]	196 457,26	8590	Sonst. Erlöse	7 420,-
4390	Strom, Gas, Wasser	10 107,30	8900	Eigenverbrauch	1 800,-
4400	Steuern, Geb., Beiträge Versicherungen	5 223,72	9050	Außerordentlicher Ertrag	3 800,-
4530	Bürokosten	5 211,80	9400	Zinserträge	114,22
4570	Kfz-Kosten	11 801,14	9420	Lieferantenskonti	3 428,51
4590	Sonstige Kosten	32 927,65			
8600	Kundenskonti	1 243,-			
9300	Zinsaufwand	21 320,10			
9500	Abschreibungen	31 060,-			
9890	Gewinn	111 847,47			
Summe		676 125,92	Summe		676 125,92

Ort, Datum
Unterschrift: Ewald Fleißigmann

In der Praxis wird die Gewinn- und Verlustrechnung immer häufiger in der sogenannten Staffelform anstelle der obigen Kontenform dargestellt.

Eine Darstellung der obigen Gewinn- und Verlustrechnung in Staffelform würde in Anlehnung an das Gliederungsschema des BiRiLiG folgendes Bild zeigen:

---

[1] Darin sind Arbeitgeberanteile zur Sozialversicherung in Höhe von DM 34 163,92 enthalten.

Betriebliches Rechnungswesen

Ewald Fleißigmann
Schlosserei

G+V-Rechnung in Staffelform

Gewinn- und Verlustrechnung
1. 1. bis 31. 12. 19 ....

		DM	DM
	Umsatzerlöse (Rechnungsausgang)		646 563,19
./.	Kundenskonti		1 243,–
			645 320,19
+	Bestandserhöhung teilfertige Arbeiten		13 000,–
	Betriebsleistung		658 320,19
+	Eigenverbrauch		1 800,–
=	Gesamtleistung		660 120,19
./.	Materialaufwand		248 926,48
+	Lieferantenskonti		3 428,51
=	Rohertrag (Rohgewinn)		414 622,22
+	Sonstige Erlöse		7 420,–
	Zwischensumme		422 042,22
./.	Betriebliche Aufwendungen		
	Personalaufwand		196 457,26
	Abschreibungen		31 060,–
	Sonstige betriebliche Aufwendungen		
	Strom, Gas, Wasser	10 107,30	
	Steuern, Geb., Beitr., Versicherungen	5 223,72	
	Bürokosten	5 211,80	
	Kfz-Kosten	11 801,14	
	Sonstige Kosten	32 927, 65	
			65 271,61
+	Zinserträge	114,22	
./.	Zinsaufwand	21 320,10	
			21 205,81
	Ergebnis der gewöhnlichen Geschäftstätigkeit		108 047,47
+	Außerordentliche Erträge	3 800,–	
	Außerordentliches Ergebnis		3 800,–
	Gesamtgewinn		111 847,47

Ort und Datum
Unterschrift: Ewald Fleißigmann

> Zu diesem Kapitel finden Sie die Aufgaben A 1 – A 63 im Band „Vorbereitung auf die Meisterprüfung – Test- und Übungsaufgaben".

Kostenrechnung und Kalkulation

1. Aufgaben und Grundbegriffe der Kostenrechnung

Lernziele:
Der Lernende kann, nachdem er dieses Kapitel durchgearbeitet hat,
- den Begriff „Kostenrechnung" erklären und mindestens drei Aufgaben der Kostenrechnung nennen,
- die Begriffe „Aufwendungen", „Kosten", „Erträge" und „Leistungen" voneinander abgrenzen,
- die Kosten nach der Art der verbrauchten Produktionsfaktoren gliedern.

1.1 Aufgaben der Kostenrechnung

In unserer Wirtschaftsordnung werden Angebot und Nachfrage von Gütern und Dienstleistungen sowie ihre Preise zwar weitgehend über den Markt gesteuert, das Rechnungswesen des Betriebes muß aber Auskunft darüber geben können, inwieweit der Betrieb mit diesen Marktdaten mithalten kann oder ob Konsequenzen durch die Betriebsleitung ergriffen werden müssen. Das betriebliche Rechnungswesen umfaßt einerseits die Beziehungen eines Unternehmens zu der Außenwelt (z. B. Kunden, Lieferanten, Banken, Rechtsform etc.), andererseits ist es notwendig, die erbrachten Güter und Leistungen sowie den dazu erforderlichen Einsatz an Werten zu erfassen und auszuwerten, um die Wirtschaftlichkeit eines Unternehmens oder Unternehmensteils beurteilen zu können. Hierzu ist eine aussagefähige Kosten- und Leistungsrechnung notwendig, die nie Selbstzweck sein kann, sondern als Teil des betrieblichen Rechnungswesens ein Instrumentarium darstellt, die Wirtschaftlichkeit des Betriebsablaufs aufzuzeigen, zu steuern und zu kontrollieren.

Zweck der Kosten- und Leistungsrechnung

Im Mittelpunkt stehen dabei der durch die betriebliche Güter- und Leistungserstellung verursachte Werteverzehr (Kosten) und die erbrachten Leistungen.

Die Kosten- und Leistungsrechnung baut auf den Zahlen der Geschäftsbuchhaltung auf, ist aber im Gegensatz dazu nicht an steuerliche, handelsrechtliche und sonstige „äußeren" Vorschriften gebunden, sondern muß imstande sein, die betriebsbedingten Erfordernisse der Kosten- und Leistungsrechnung zu erbringen. Die Zahlen der Geschäftsbuchhaltung sind deshalb aufzubereiten, abzugrenzen, zu ergänzen und aufzuteilen, um die Aufgaben dieses Teils des betrieblichen Rechnungswesens erfüllen zu können.

Zu diesem Kapitel finden Sie die Aufgaben A 64 – A 93 im Band „Vorbereitung auf die Meisterprüfung – Test- und Übungsaufgaben".

Diese Aufgaben bestehen

- **Kontrolle der Wirtschaftlichkeit** — in der Kontrolle der Wirtschaftlichkeit. Welche Kosten sind entstanden, wo sind sie entstanden, und wofür wurden sie eingesetzt? Neben den gesamten Kosten interessieren auch einzelne Kostenarten. Die Kosten- und Leistungsrechnung bietet auch eine Möglichkeit, Vergleiche mit internen, aber auch mit externen Vergleichswerten anzustellen. Mit wachsender Betriebsgröße und zunehmender Konkurrenz ist eine einwandfreie Überwachung des betrieblichen Geschehens ohne Kostenrechnung nicht mehr möglich. Wirtschaftlich arbeitet ein Betrieb nicht allein dadurch, indem viel gearbeitet wird. Wirtschaftlich gearbeitet wird dort, wo eine bestimmte Leistung mit dem geringstmöglichen Mitteleinsatz erreicht wird

- **Preisermittlung** — in der Notwendigkeit, den richtigen Preis zu ermitteln, und zwar als Angebotspreis und als Preisuntergrenze. Neben der Qualität eines Erzeugnisses oder einer Leistung ist der Preis entscheidend für die Absatzmöglichkeit. Liegt er zu hoch, verringert sich im allgemeinen der Absatz, ist er zu niedrig, leidet die Wirtschaftlichkeit des Betriebs. Die Preisfeststellung hat in den einzelnen Betrieben je nach Marktstellung unterschiedliche Bedeutung. Grundlage sind die Kosten, die für den Betrieb selbst entstehen = Selbstkosten. Erst nach genauer Kenntnis dieser Selbstkosten kann der Unternehmer den Angebotspreis eines Produktes oder einer Leistung festsetzen, der sowohl kostendeckend ist als auch noch einen angemessenen Gewinn abwirft

- **Preiskontrolle** — in der Preiskontrolle. Da für die meisten Erzeugnisse Marktpreise vorliegen, die der einzelne Unternehmer nicht verändern kann, muß geprüft werden, ob festliegende Marktpreise auskömmlich sind, d. h. die Selbstkosten eines Auftrages decken (Preisuntergrenze) und zusätzlich noch einen Gewinn beinhalten. Für die unternehmerische Entscheidung ist es außerdem wichtig, ob vorliegende Marktpreise gegebenenfalls zur Absatzsteigerung noch unterboten werden können, ob ein Erzeugnis, eine Leistung innerhalb des Unternehmensprogramms gefördert oder eingeschränkt werden soll oder ob sogar bei nicht kostendeckend erzielbaren Preisen eine bestimmte Produktion aufgegeben werden muß, wenn sich die Selbstkosten nicht senken lassen

- **Bewertung für Bilanzansätze** — in der Ermittlung der Wertansätze von Halb- und Fertigerzeugnissen für die Bilanz

- **Planungsgrundlagen** — in der Bereitstellung von Planungsgrundlagen für eine Vorschaurechnung künftiger betrieblicher Entwicklungen, um die angestrebten Unternehmensziele besser erreichen zu können. Unternehmerische Entscheidungen setzen voraus, daß objektive Sachinformationen vorliegen, die sowohl aus dem Betrieb selbst als auch aus der betrieblichen Umwelt zu erhalten sind. Bezogen auf die Kostenrechnung heißt

Kalkulieren = Kosten von Produkten und Leistungen vorausbestimmen.

1.2 Grundbegriffe der Kostenrechnung

Nach steuer- und handelsrechtlichen Vorschriften reicht die Buchhaltung (auch Geschäfts- oder Finanzbuchhaltung genannt) als einziger Teil des Rechnungswesens aus, um die Beziehungen des Unternehmens zur Außenwelt rechnerisch zu erfassen und periodisch den Abschluß zu erstellen.

Kostenrechnung

Die inneren Betriebsvorgänge der Fertigung bzw. Leistungserbringung vom Einsatz des Materials, der Hilfsstoffe, des Personals usw. werden dabei nicht erfaßt. Dies ist in der <u>Kosten- und Leistungsrechnung</u> der Fall, die diese <u>inneren Betriebsvorgänge mengen- und wertmäßig erfaßt</u>, um die im vorigen Abschnitt beschriebenen Aufgaben erfüllen zu können.

Die Herstellung von Gütern und das Erbringen von Dienstleistungen ist stets damit verbunden, daß Produktionsfaktoren in Form von Arbeitsleistungen, Werkstoffen und Betriebsmitteln verzehrt werden. Das Ergebnis ist dann die <u>Leistung</u> des Betriebes.

Aufwand und Ertrag Bewertet man die Mengeneinheiten von Verbrauch und Leistung, erhält man Aufwand und Ertrag als Güter- und Diensteverzehr bzw. als dem Unternehmen zufließende Werte während eines bestimmten Zeitraumes. Aufwand und Ertrag können betriebsbedingt sein, sie können aber auch neutral, d. h. betriebsfremd oder außerordentlich bedingt sein.

Den Zusammenhang zwischen Aufwand und Kosten soll folgendes Schema verdeutlichen:

Geschäfts-buchhaltung	neutraler Aufwand	Zweckaufwand	
Kosten-rechnung		Grundkosten	Zusatzkosten

Zweckaufwand Grundkosten Aufwand ist der Verbrauch an Gütern und Diensten in einer bestimmten <u>Zeitperiode</u> in einer Unternehmung, unabhängig davon, ob er dem Betriebszweck dient oder nicht. Dient dieser Aufwand dem Betriebszweck, stellt er <u>Zweckaufwand</u> dar und deckt sich mit den <u>Grundkosten</u>. Dient der Aufwand sonstigen betriebsfremden oder außerordentlichen Zwecken, handelt es sich um <u>neutralen Aufwand</u> (z. B. Aufwendung für betrieblich nicht genutzte Gebäude), der nicht Kosten darstellt.

Zusatzkosten werden in der Geschäftsbuchhaltung nicht erfaßt. Ihnen steht also kein Aufwand gegenüber. Hierzu gehören in erster Linie Zinsen für Eigenkapital, kalkulatorischer Unternehmerlohn und Abschreibungen, die über Anschaffungs- oder Herstellkosten hinausgehen (→ auch S. 110 ff).

Ausgaben Ausgaben sind ein Begriff der Geldrechnung. Fallen die Ausgaben zeitlich mit dem Verbrauch von Gütern zusammen, sind sie Aufwand (= erfolgswirksame Ausgaben). Ansonsten sind Ausgaben kein Aufwand (noch nicht erfolgswirksame Ausgaben und erfolgsunwirksame Ausgaben).

Kosten Kosten sind der wertmäßige, betriebsbedingte Verbrauch an Gütern und Dienstleistungen zur Erstellung der betrieblichen Leistung.

Kostenbegriff Der Kostenbegriff ist also gekennzeichnet durch die Merkmale des in DM bewerteten Güter- und Dienstleistungsverbrauchs und durch die betriebliche Leistungsbezogenheit. Unter der Erstellung der betrieblichen Leistung versteht man alle absatzbestimmten und innerbetrieblichen Leistungen einer Periode. Neutrale Erlöse und Aufwendungen werden in der Kostenrechnung nicht berücksichtigt, weil sie ihre Ursache nicht in der betrieblichen Leistungserstellung haben.

Kostenrechnung

Je nachdem, welche Ziele man mit der Kostenrechnung verfolgt, lassen sich Kosten nach unterschiedlichen Einteilungsgesichtspunkten ordnen. Neben der Unterscheidung nach Grundkosten und Zusatzkosten können wir sie einteilen:

Nach Art der verbrauchten Produktionsfaktoren in

- Personalkosten, die alle Kosten umfassen, die mit der menschlichen Arbeitsleistung innerhalb eines Unternehmens in Verbindung stehen (Löhne, Gehälter, gesetzliche und freiwillige Sozialabgaben)
- Stoffkosten; hierzu zählen alle mit der Leistungserstellung anfallenden Material-, Wareneinsatz-, Hilfs- und Betriebsstoffkosten
- Kapitalkosten; Zinsen und Abschreibungen
- Fremdleistungen; diese Kosten entstehen durch die Inanspruchnahme von Dienstleistungen (z. B. Transportkosten, Beratungskosten, Energiekosten)
- Kosten der menschlichen Gesellschaft; hierzu zählen Steuern, Gebühren, Beiträge.

Nach Art der Verrechnung bzw. Zurechnung auf die erstellten Produkte und Dienstleistungen in

Einzelkosten
- Einzelkosten, die dem Produkt (der Leistung) unmittelbar zugerechnet werden können (z. B. Fertigungsmaterial, Fertigungslöhne, Einbauteile)
- Sondereinzelkosten (der Fertigung oder des Vertriebs); das sind direkt zu verrechnende Einzelkosten, die nur in Sonderfällen anfallen (z. B. Kosten für Modelle, Spezialwerkzeuge, Lizenzgebühren, Spezialverpackung, Rollgelder)

Gemeinkosten
- Gemeinkosten; das sind diejenigen Kosten, die für die gesamte Produktion (Leistung) einer Abrechnungsperiode gemeinsam anfallen und nicht unmittelbar zugerechnet werden können (z. B. Miete, Gehälter, Energiekosten). Die Verrechnung dieser Kosten auf die einzelnen Produkte und Leistungen erfolgt indirekt durch Zuschläge, deren Höhe in der Kalkulation ermittelt wird (Aufgliederung der Kontenklasse 4 nach Einzel- und Gemeinkosten, → S. 112 ff).

Nach der Abhängigkeit vom Beschäftigungsgrad

(= Verhältnis zwischen vorhandener Kapazität eines Betriebes zur tatsächlichen Ausnutzung in einem Zeitabschnitt) Die Kosten zeigen bei Veränderung der Beschäftigung (Auslastung) innerhalb einer gegebenen Kapazität unterschiedliche Verhaltensweisen.

variable Kosten
- Variable Kosten steigen oder sinken mit dem Grad der Beschäftigung.

fixe Kosten
- Fixe Kosten zeigen keine Reaktion auf Veränderungen des Beschäftigungsgrades.

Zu diesem Kapitel finden Sie die Aufgaben A 64 – A 93 im Band „Vorbereitung auf die Meisterprüfung – Test- und Übungsaufgaben".

Kostenrechnung

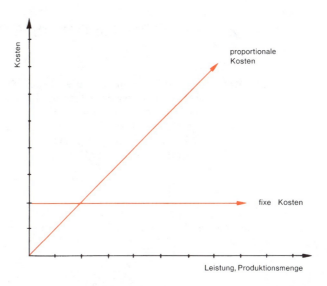

Nach dem Umfang der verrechneten Kosten in

Vollkostenrechnung – Vollkostenrechnung, die die Leistung mit der Summe aller entstandenen Kosten belastet. Das Verhalten der Kosten zu den Beschäftigungsänderungen bleibt unberücksichtigt

Teilkostenrechnung – Teilkostenrechnung, bei der nur die variablen Kosten auf die Leistung verrechnet werden und sich die Differenz zwischen erzieltem Erlös und den eingesetzten

Deckungsbeitrag variablen Kosten (Teilkosten) als Deckungsbeitrag für die ohnehin vorhandenen Fixkosten ergibt.

Der Weg zur Teilkostenrechnung mit all seinen Vorzügen aber auch Gefahren sollte ausschließlich über die Vollkostenrechnung führen. Deshalb wird in diesem Lehrbuch zur Vorbereitung auf die Meisterprüfung auch zuerst nur die Vollkostenrechnung behandelt und in einem späteren Abschnitt (→ 2.4) die Teilkostenrechnung als Führungs- und Kontrollinstrument angehängt.

Kostenrechnung im betrieblichen Rechnungswesen als Betriebsabrechnung und als Selbstkostenrechnung: Wir haben in Abschnitt 1.1 den Zweck der Kostenrechnung erläutert. Dort, wo die Kostenrechnung in erster Linie die Wirtschaftlichkeit des Betriebes kontrolliert und Grundlage für die betriebliche Disposition schafft, wird die Kostenrechnung auch als Betriebsabrech-

Betriebsabrechnung nung bezeichnet. Sie ist der wichtigste Teil der Kostenrechnung und hat die Aufgabe, alle Zahlen, die für die Kostenrechnung in Frage kommen, zu sammeln, zu verarbeiten und aufzuarbeiten. Die Kostenrechnung in Form der Betriebsabrechnung stellt sich dar als Kostenartenrechnung (Abschnitt 2.1) und als Kostenstellenrechnung (Abschnitt 2.3) und gibt Auskunft darüber, welche Kosten entstanden sind und wo die Kosten entstanden sind. Sie ist zeitraumbezogen.

Selbstkosten Die Selbstkostenrechnung ist objektbezogen und ermittelt für die einzelne Leistungseinheit die Selbstkosten und ist als Kalkulation = Kostenträgerrechnung (Abschnitt 2.2) Grundlage für die Kalkulation des Angebotspreises.

2. Aufbau der Kostenrechnung

Lernziele:
Der Lernende kann, nachdem er dieses Kapitel durchgearbeitet hat,
- die Aufgaben der Kostenartenrechnung, Kostenstellenrechnung und Kostenträgerrechnung erklären,
- einen einfachen Betriebsabrechnungsbogen lesen und aufstellen,
- die Divisions- und die Zuschlagskalkulation durchführen,
- den Grundgedanken der Teilkostenrechnung erläutern.

Drei Teilbereiche haben sich in der Kostenrechnung zur Beantwortung der immer wiederkehrenden Fragen, welche Kosten, wofür und wo, herausgebildet.

2.1 Kostenartenrechnung

Grundlage der Kostenrechnung

Die Kostenartenrechnung erfaßt sämtliche Kosten, die bei der betrieblichen Leistungserstellung anfallen und bildet die Grundlage der gesamten Kostenrechnung. Aufgabe und Zweck ist die Ermittlung und Darstellung der Kostenstruktur und des Kostenniveaus eines Unternehmens sowie die entsprechende Kontrolle der gesamten Kosten und einzelner Kostenarten. Die Kostenartenrechnung ist zeitraumbezogen, indem sie die Kosten für eine Abrechnungsperiode erfaßt.

2.1.1 Gliederung der Kostenarten

Kontenrahmen

Um die Kostenartenrechnung ordnungsgemäß durchführen zu können, muß jeder Betrieb einen eigenen Kostenartenplan erstellen. Generelle Orientierungsmöglichkeit ist der jeweils empfohlene Kontenrahmen. Branche und Betriebsgröße und Umfang der angestrebten Kostenkontrolle bestimmen dann die Tiefe der Gliederung, wobei grundsätzlich die Wirtschaftlichkeit zu beachten ist. Aus der Geschäftsbuchhaltung entnehmen wir der Kontenklasse 4 des handwerklichen Kontenrahmens für mittlere Betriebe folgende Aufwandsposten, die in der Regel Kosten darstellen, was im konkreten Einzelfall zu analysieren ist:

4000	Materialverbrauch
4100	Löhne und Gehälter
4130	Gesetzliche Sozialabgaben (Arbeitgeberanteile)
4200	Kleinmaterial, Hilfs- und Betriebsstoffe
4390	Strom, Gas, Wasser
4400	Betriebssteuern, Gebühren, Versicherungen
4500	Geschäftsraummiete/Pacht
4510	Fremdreparaturen
4520	Porti, Fernsprecher usw.
4530	Büromaterial
4540	Werbeaufwand
4550	Reisespesen

Kostenrechnung

4560	Steuerberatung
4570	Kfz-Aufwendungen
4590	sonstige Aufwendungen
4790	Handelswareneinsatz

Die Konten 9300 Zins- und Diskontaufwendungen sowie 9500 bilanzielle Abschreibungen gehören zwar nicht zur Kontenklasse 4 (wegen ihrer Zugehörigkeit zu den Abschlußbuchungen), stellen aber betrieblichen Aufwand (= Kosten) dar.

Die Aufwandsposten müssen untersucht werden, ob und in welchem Umfang neutraler Aufwand darin enthalten ist. Die **Aufwandsposten müssen ggf. um den neutralen Aufwand vermindert** und um die **Zusatzkosten (kalkulatorische Kosten) vermehrt werden**, damit die „richtigen" **Kosten** für die Kostenrechnung zur Verfügung stehen. Neutraler bzw. a. o. Aufwand könnte sich beispielsweise aus dem Verkauf eines Anlagegutes ergeben, dessen Verkaufspreis geringer ist als der Buchwert. Die Differenz zwischen Verkaufspreis und Buchwert ist ein außerordentlicher Aufwand, der nicht der Rechnungsperiode allein angelastet werden kann. Er wird daher bei der Summierung der Gemeinkosten nicht mitaddiert. Die Summe der bereinigten Aufwandsposten, korrigiert um den a. o. Aufwand, muß dann mit den Zusatzkosten angereichert werden = **Zweckaufwand**.

Diese **Zusatzkosten (kalkulatorische Kosten)**, denen kein Aufwand (→ Abschnitt 1.2) gegenübersteht, betreffen ausschließlich betriebsbedingten Kostenverzehr und spielen in der Kostenrechnung eine wichtige Rolle. Da sie in der Buchhaltung in aller Regel nicht erfaßt sind, müssen die Zahlen der Gewinn- und Verlustrechnung in der Geschäftsbuchhaltung entsprechend berichtigt werden. Nicht selten schlägt dabei ein bisher positives Ergebnis in ein negatives um (zu den kalkulatorischen Kosten → S. 110 ff).

Steuerrechtlich ist das Ergebnis der offiziellen Jahresrechnung gemäß Buchhaltung maßgebend.

bereinigter Gewinn — Wenn man gemäß Buchführungsbeispiel (→ S. 85 ff) die Gewinn- und Verlustrechnung des Handwerksbetriebes Fleißigmann zugrundelegt, ergibt sich ein Gewinn von DM 111 847,47. In diesem steuerlichen Gewinn sind DM 3 800,- außerordentliche Erträge, und zwar u. a. aus dem Verkauf einer Maschine (s. Buchung Nr. 19). A. o. Aufwendungen dürfen der Periode nicht angelastet werden, wie auch a. o. Erträge nicht zum betriebswirtschaftlichen Gewinn zählen. Im vorliegenden Beispiel beträgt der bereinigte Gewinn DM 108 047,47 (DM 111 847,47 ./. DM 3 800,-).

Davon sind gemäß Beispiel (s. folgende Seiten) folgende Zusatzkosten (kalkulatorische Kosten) in Abzug zu bringen:

		DM 108 047,47
kalk. Unternehmerlohn	DM 72 000,-	
kalk. Lohn für Ehefrau	DM 6 000,-	
kalk. Zinsen (7 %)	DM 10 742,86	
kalk. Abschreibungen	DM 5 280,-	DM 94 022,86
Betriebswirtschaftl. Gewinn:		DM 14 024,61

betriebswirtschaftlicher Gewinn — Der „richtige" betriebswirtschaftliche Gewinn ist für den Betriebsinhaber von erheblichem Aussagewert.

2.1.2 Erfassung und Besonderheiten einzelner Kostenarten

Fertigungsmaterial geht unmittelbar in das Erzeugnis ein und stellt Einzelkosten dar. Die genaue Erfassung ist grundlegende Voraussetzung für eine exakte Kostenverrechnung. Die Verwendung von Materialentnahmescheinen ist die zuverlässigste Art der laufenden Erfassung. Der Materialentnahmeschein sollte Angaben enthalten über Menge, Art und Kosten des Verbrauchs und Zuordnung zum entsprechenden Auftrag.

Materialentnahmeschein

Kleinmaterial, Hilfs- und Betriebsstoffe sind nur indirekt verrechenbar und stellen Gemeinkosten dar.

Personalkosten

Zu den Personalkosten gehören Löhne für gewerbliche Arbeitnehmer, Gehälter für Angestellte und im weiteren Sinne auch die sogenannten lohngebundenen Kosten (Arbeitgeberanteile zur Sozialversicherung, Beiträge zur Berufsgenossenschaft, freiwillige Leistungen und Beihilfen bei Unfall, Tod, Geburt, Jubiläum usw.).

Gehälter und lohngebundene Kosten gehören zu den Gemeinkosten. Aber nicht alle erfaßten Lohnkosten für gewerbliche Arbeitnehmer können dem Auftrag direkt zugerechnet werden.

Fertigungslohn

Fertigungslohn entsteht unmittelbar bei der Produktions- und Leistungserbringung und läßt sich als Einzelkosten direkt den Aufträgen zurechnen. Betriebswirtschaftlich nicht ganz korrekt, aber in vielen Erläuterungen gebräuchlich, sprechen wir hierbei von „produktiven Löhnen". Produktiv bedeutet in diesem Sinne, daß die Lohnkosten direkt in die Produktion/Leistung eingehen. Unproduktive Personalkosten in diesem Sinne sind die Personalkosten, die nicht direkt zugeordnet werden können. Kein Betrieb kann auf sie verzichten.

produktive und unproduktive Personalkosten

Hilfslohn

Hilfslöhne (z. B. Löhne für Lagerarbeiten, Boten, Reparaturen, Reinigung und Transport, Feiertags- und Urlaubslöhne, Leerlaufstunden, Lohnfortzahlung im Krankheitsfall usw.) sind Gemeinkosten. Um den Anteil der Gemeinkostenlöhne zu ermitteln, sind außerhalb der Buchführung zusätzliche Aufzeichnungen notwendig. Vom Genauigkeitsgrad der Erfassung hängt der Aussagewert der gesamten Kostenrechnung entscheidend ab. Die Verteilung erfolgt zweckmäßigerweise nach Stunden, da in der Regel Stundennachweise vorhanden sind.

kalkulatorische Kosten

Kalkulatorische Kosten sind die Kosten, die in der Geschäftsbuchhaltung nicht zu finden, aber in der Kostenrechnung zu berücksichtigen sind. Hierzu zählen im wesentlichen

kalkulatorischer Unternehmerlohn

– der kalkulatorische Unternehmerlohn, der Entgelt für die Arbeit des im eigenen Betrieb tätigen Unternehmers bzw. der im Betrieb tätigen Gesellschafter einer Personengesellschaft darstellt. Soweit er selbst an einem Auftrag direkt mitarbeitet, sind es Einzelkosten. Der Anteil für Verwaltung, Überwachung und Leistung stellt Gemeinkosten dar, der im Sprachgebrauch mißverständlich als „unproduktiver Lohn" bezeichnet wird. Tatsächlich soll damit ausgedrückt werden, daß dieser Kostenbestandteil nicht direkt produktionsgebunden verrechnet werden kann. Die Höhe des kalkulatorischen Unternehmerentgeltes entspricht in etwa dem Gehalt eines leitenden Angestellten in der jeweiligen Branche, zuzüglich eines Zuschlags für Mehrarbeit für die Verwaltung, Überwachung und Leitung des Betriebes.

Kostenrechnung

Die einzelnen Fachverbände veröffentlichen gelegentlich die vertretbaren Daten für den Ansatz eines kalkulierten Unternehmerentgeltes, gegliedert nach Betriebsgrößen. Auch den Betriebsvergleichen, veröffentlicht z. B. von der Landes-Gewerbeförderungsstelle der Länder Nordrhein-Westfalen bzw. Niedersachsen, sind Durchschnittssätze für kalk. Unternehmerentgelt zu entnehmen.

- kalkulatorische Entgelte für mithelfende Familienangehörige, für die kein Arbeitsvertrag besteht

Ehegatten-Arbeitsverträge
Seitdem die steuerliche Rechtsprechung Arbeitsverträge mit Ehegatten bzw. Kindern grundsätzlich anerkennt, hat dieser Teil der Zusatzkosten erheblich an Bedeutung verloren. Diese Kosten sind, wenn Arbeitsverträge bestehen, in der G u. V-Rechnung enthalten, stellen also in diesen Fällen keine Zusatzkosten dar. In allen anderen Fällen, in denen kein Arbeitsvertrag besteht, muß die Mitarbeit von Familienangehörigen, auch wenn keine effektive Bezahlung erfolgt, kalkulatorisch berücksichtigt werden.

kalkulatorische Eigenkapitalverzinsung
- kalkulatorische Eigenkapitalverzinsung
In der Geschäftsbuchhaltung sind lediglich Zinsen für Fremdkapital aufgeführt. Kostenrechnerisch müssen aber die Zinsen für das gesamte im Betrieb arbeitende Kapital einschließlich Eigenkapital berücksichtigt werden. Daher ist eine zusätzliche Verzinsung des während der Abrechnungsperiode vorhandenen Eigenkapitals anzusetzen.

Der Einfachheit halber wird der Durchschnitt der Summe des Anfangs- und des Endkapitals genommen. Die Höhe der kalk. Zinsen entspricht dem Zinssatz, den das im Betrieb arbeitende Eigenkapital bei anderweitig langfristiger Anlage erwirtschaften würde.

kalkulatorische Miete
- kalkulatorische Miete muß angesetzt werden, wenn der Betrieb ganz oder teilweise auf eigenem Grund und Boden unterhalten wird. Der Ansatz entspricht der orts- oder branchenüblichen Miete für vergleichbare Objekte.

kalkulatorische Abschreibungen
- kalkulatorische Abschreibungen richten sich nach dem tatsächlichen Werteverzehr (= verbrauchsbedingte Abschreibungen). In der Geschäftsbuchhaltung werden Abschreibungen nach handels- und steuerrechtlichen Gesichtspunkten ermittelt, die die tatsächlichen Wertminderungen nicht genügend berücksichtigen. Der kalkulatorische Abschreibungssatz geht von einer Lebensdauer aus, die dem technischen und wirtschaftlichen Verschleiß entspricht. Für die kalkulatorische Abschreibung rechnet nur das betriebsnotwendige Vermögen, während das Handels- und Steuerrecht die Abschreibung aller Wirtschaftsgüter verlangt, also auch z. B. für stillgelegte Anlagegüter.

Ferner sollen Abschreibungen die Wiederbeschaffung (Reinvestition) ermöglichen. Die bilanziellen Abschreibungen müssen immer vom Anschaffungs- oder Herstellungswert ausgehen. Die kalkulatorischen Abschreibungen gehen vom Wiederbeschaffungswert aus.

GWG
Die Aufwendungen für geringwertige Anlagegüter (unter DM 800,-) sind bereits in der G u. V-Rechnung enthalten. Wir lassen sie für unser Beispiel in voller Höhe als Kosten bestehen und brauchen sie deshalb in der kalkulatorischen Abschreibung nicht zu berücksichtigen. Erwähnt sei, daß es in der Praxis durchaus üblich sein kann, daß die GWG bei der Ermittlung der Gemeinkosten zunächst ausgeklammert, dann aber bei den kalkulatorischen Kosten nach dem tatsächlichen Werteverzehr periodengerecht eingesetzt werden. Die kalkulatorischen Abschreibungen ergänzen also die

Kostenrechnung

Position „AfA" aus der G u. V-Rechnung. Für die Berechnung wird meist die lineare Methode angewandt (zu den Methoden der Abschreibung → S. 70 f).

Wagnisse und Risiken
- kalkulatorische Wagnisse
Unternehmerisches Handeln bringt vielfältige Wagnisse mit sich. Soweit es Risiken sind, die durch Versicherungen abgedeckt sind, ist die Prämie kostengleicher Aufwand in der Geschäftsbuchhaltung. Soweit aber nicht versicherte Risiken vom Betrieb getragen werden, erfaßt die Kostenrechnung diese Wagnisse mit einem Erfahrungswert über alle Perioden gleichmäßig.

Zu den Wagnissen zählen insbesondere
- Anlagewagnis: z. B. Schäden an Anlagevermögen durch verschiedene Ursachen
- Beständewagnis: Verlust beim Vorratsvermögen
- Fertigungswagnis: Material-, Arbeits-, Konstruktionsfehler
- Gewährleistungswagnis: Garantiearbeiten
- Vertriebswagnis: Forderungsausfälle.

allgemeines Unternehmerrisiko Diese kalkulatorischen Wagnisse sind nicht zu verwechseln mit dem allgemeinen Unternehmerrisiko, das keinen kalkulatorischen Kostenbestandteil darstellt und durch den Gewinn abgedeckt werden muß.

2.1.3 Aufgliederung und Verrechnung der Einzel- und Gemeinkosten

Einzel- und Gemeinkosten Nach den vorstehenden Darlegungen läßt sich die Kontenklasse 4 ergänzen und nach Einzel- und Gemeinkosten wie folgt aufgliedern:

Kostenart		Einzelkosten	Gemeinkosten
4000	Materialverbrauch	x	
4100	Bruttolöhne und Gehälter	x:	x:
4130	Arbeitgeberbeiträge		x
4200	Hilfs- und Betriebsstoffe		x
4390	Strom, Gas, Wasser		x
4400	Betriebssteuern usw.		x
4500	Miete/Pacht		x
4510	Fremdreparaturen		x
4520	Porti, Fernsprecher		x
4530	Bürokosten		x
4540	Werbung		x
4550	Reisespesen		x
4560	Steuerberatung		x
4570	Kfz-Aufwendungen		x
4790	Handelswareneinsatz	x	
9500	bilanzielle Abschreibungen		
	kalk. Unternehmerentgelt	x:	x:
	kalk. Familienentgelt	x:	x:
	kalk. Zinsen		x
	kalk. Miete		x
	kalk. Abschreibungen		x

Kostenrechnung

Die mit einem Doppelpunkt versehenen Kostenansätze enthalten sowohl Einzel- als auch Gemeinkosten. Sie bedürfen daher, bevor sie in die Kalkulation eingehen, einer besonderen Aufgliederung in Einzelkosten und Gemeinkosten.

In Anlehnung an die Buchführungsaufgabe (→ S. 85 ff) bringen wir ein Beispiel für die Verrechnung von Einzel- und Gemeinkosten. Beispiel: Es wird angenommen, daß 40 % der Bruttolöhne nicht direkt verrechenbare Löhne darstellen. Diese Annahme ist gerechtfertigt, weil Urlaubs- und Feiertagslöhne sowie sonstige Leer- bzw. Fehlzeiten in den Bruttolöhnen enthalten sind. Von 365 Kalendertagen eines Jahres verbleiben unter Abzug von 104 Wochenendtagen 261 lohnpflichtige Tage. Rechnen wir noch Urlaubstage, gesetzliche Feiertage, Ausfall- und Krankheitstage ab, kommen wir auf durchschnittlich 208 Anwesenheitstage. Wenn wir noch das Urlaubs- und Weihnachtsgeld in bezahlte Abwesenheitstage umrechnen ($\varnothing$ 26), erhalten wir insgesamt 79 Tage bezahlte Abwesenheit. Das sind

$$\frac{79 \times 100}{208} = 38 \text{ \%}$$ direkte lohngebundene Kosten, die „unproduktiv" sind.

Hinzu kommen noch die betrieblich bedingten Leerlaufzeiten, so daß die Annahme von 40 % nicht direkt verrechenbarer Löhne nicht zu hoch gegriffen ist. Die Bruttolohnsumme von DM 162 293,34 (→ S. 101) ist zur Ermittlung der Fertigungslöhne als Einzelkosten um 40 % = DM 64 917,34 zu kürzen. Dieser Betrag ist den Gemeinkosten zuzurechnen.

Bei den kalk. Kosten (Zusatzkosten) stellt das Unternehmerentgelt im allgemeinen den größten Posten dar. Wir gehen im Beispiel von einem kalk. Unternehmerentgelt von DM 6 000,-/Monat aus, wovon 60 % direkt verrechenbar und 40 % nicht verrechenbar sein sollen. Die DM 3 600,- müssen also den Einzelkosten und die DM 2 400,- den Gemeinkosten zugerechnet werden. Es wird weiter unterstellt, daß die Ehefrau 40 Stunden = DM 500,- im Monat an Bürotätigkeit leistet, ohne dafür entlohnt zu werden. Ein Ehegatten-Arbeitsvertrag besteht aus familiären Gründen nicht. Auch diese DM 500,- müssen den Gemeinkosten zugerechnet werden. Diese Monatswerte sind im Beispiel in Jahreszahlen umgerechnet.

Eigenkapitalzinsen Die Verzinsung des Eigenkapitals berechnet sich wie folgt:

Anfangseigenkapital lt. Buchführungsaufgabe (→ S. 93)	DM 140 400,-
Endkapital (→ S. 100)	DM 166 534,15
	DM 306 939,15
Durchschnitt (geteilt durch 2)	DM 153 469,62

Es wird ein Zinssatz von 7 % angenommen = DM 10 742,86.

Bei kalk. Abschreibungen sei angenommen, daß ihre Summe im Jahr um DM 5 280,- über den bilanziellen Abschreibungen liegt. Diese DM 5 280,- müssen den Gemeinkosten ebenfalls zugerechnet werden.

Zu diesem Kapitel finden Sie die Aufgaben A 64 – A 93 im Band „Vorbereitung auf die Meisterprüfung – Test- und Übungsaufgaben".

Kostenrechnung

Nach den vorstehenden Zahlen ergibt sich folgende Errechnung der Einzel- und Gemeinkosten:

Bruttolöhne	DM 162 293,34
./. nicht direkt verrechenbarer Anteil	DM 64 917,34
Zwischensumme	DM 97 376,-
+ direkt zurechenbarer Unternehmerlohn (Meisterarbeit)	DM 43 200,-
= direkt zurechenbare Löhne (Fertigungslöhne)	DM 140 576,-

Die Summe der Gemeinkosten errechnet sich wie folgt:

a) Kosten gemäß G u. V-Rechnung

4130 Arbeitgeberanteile Sozialversicherung	DM 34 163,92
4390 Energiekosten	DM 10 107,30
4400 betr. Steuern, Gebühren, Versich.	DM 5 223,72
4530 Bürokosten	DM 5 211,80
4570 Kfz-Kosten	DM 11 801,14
4590 sonstige Kosten	DM 32 972,65
9300 Zinsen und Diskont	DM 21 320,10
9500 Abschreibungen	DM 31 060,-
	DM 151 815,63

b) Gemeinkostenlöhne s. oben   DM 64 917,34

c) Zusatzkosten

kalk. Unternehmerentgelt	DM 28 800,-
kalk. Familienentgelt	DM 6 000,-
kalk. Verzinsung des Eigenkapitals	DM 10 742,86
kalk. Abschreibungen	DM 5 280,-
Summe der Gemeinkosten:	DM 267 555,83

Diese Gemeinkosten werden auf eine Basis Einzelkosten verrechnet. Wir haben in unserem Beispiel Fleißigmann zwei Einzelkostengruppen: Fertigungslöhne und Verbrauchsmaterial.

Gemeinkostenzuschlagssatz   Danach errechnet sich der Gemeinkostenzuschlagssatz auf Basis Fertigungslohn wie folgt:

$$\frac{\text{Gemeinkosten} \times 100}{\text{Fertigungslöhne}} = \frac{267\,555{,}83 \times 100}{140\,576{,}-} = 190{,}3\,\%$$

In manchen Handwerksberufen ist es üblich, den Zuschlagssatz auf Basis Verbrauchsmaterial zu berechnen. Im Beispiel beträgt der Materialverbrauch DM 248 926,48.

Nach der obigen Formel $\dfrac{\text{Gemeinkosten} \times 100}{\text{Verbrauchsmaterial}} = \dfrac{267\,555{,}83 \times 100}{248\,926{,}48}$

ergibt sich ein Zuschlagssatz auf Material in Höhe von 107,5 %.

Kostenrechnung

Buchungsschlüssel für die Ermittlung des Gemeinkostenzuschlagsatzes

Mat.-Warenverbr.	Personal-kosten	Gemein-kosten	Reise-kosten	Kfz.-Kosten	Kunden-Skonti	Sonst. u. a. o. Aufwendungen	Leistungen und Erlöse	Liefer-Skonti	Zinsen und sonst. Erträge
4000 4790	4100 4110	4130, 4200 4300, 4400 4500, 4510 4520, 4530 4540, 4560 4580, 9300 9500	4550	4570 4580	8600 8650	4590 4800 4900 9000	8000 8480	9420	8500 9050 9400

Ermittlung des Gemeinkosten-Zuschlagsatzes

	Mat.-Warenverbr.	Personal-kosten	Gemein-kosten	Reise-kosten	Kfz.-Kosten	Kunden-Skonti	Sonst. u. a. o. Aufwendungen	Leistungen und Erlöse	Liefer-Skonti	Zinsen und sonst. Erträge
1. Zahlen der Buchhaltung	248.926,48	162.293,34	140.014,49		11.801,14	1.243,-		668.783,19	3.428,51	3.914,22
Umbuchung 40 ü. unprod. Löhne auf Gemeinkosten		-64.917,34	64.917,34							
Umbuchung Reisekosten auf Gemeinkosten										
Umbuchung Kfz.-Kosten auf Gemeinkosten			11.801,14		-11.801,14					
2. Zusatzkosten:										
Kalkul. Meisterlohn		43.200,-	28.800,-							
Kalkul. Lohn für mithelfende Familien-Angehörige			6.800,-							
Kalkul. Eigenkapital-verzinsung			10.742,16							
Kalkul. Abschreibungen			5.280,-							
	248.926,48	140.576,-	267.555,13			1.243,-		668.783,19	3.428,51	3.914,22

3. Gemeinkostensatz auf Löhne = $\dfrac{\text{Gemeinkosten} \times 100}{\text{Löhne}}$ = $\dfrac{267.555,83 \times 100}{140.576,-}$ = $190,3\%$

4. Gemeinkostensatz auf Material = $\dfrac{\text{Gemeinkosten} \times 100}{\text{Material}}$ = $107,5\%$

Bestell-Nr. 55 · Verlagsanstalt Handwerk GmbH, Postfach 10 51 62, 40042 Düsseldorf

Das Beispiel kommt zu dem Ergebnis, daß ein Zuschlagssatz in Höhe von 190,3 % auf Fertigungslöhne bzw. von 107,5 % auf Fertigungsmaterial zur Verrechnung der Gemeinkosten notwendig ist, um die anteiligen Selbstkosten zu decken.

Aus Gründen der Zweckmäßigkeit werden die Gemeinkosten in den verschiedenen Handwerksbereichen entweder nur den Fertigungslöhnen oder dem Material oder aber auch beiden Arten von Einzelkosten zugeschlagen.

Bei einem Zuschlagssatz auf Basis Fertigungslohn von 190,3 % entfallen auf jede Mark Fertigungslohn DM 1,903 an Gemeinkosten. Wenn im Betrieb oder in einer Betriebsabteilung ein durchschnittlicher Fertigungslohn von DM 10,- je Stunde bezahlt wird, ergibt sich folgende Rechnung:

Fertigungslohn	DM 10,-
Zuschlagssatz für Gemeinkosten 125,3 %	DM 19,03
Selbstkosten (ohne Materialverbrauch)	DM 29,03

oder einem Vielfachen davon je nach Höhe des bezahlten Fertigungslohnes.

Es gibt auch andere Berechnungsmöglichkeiten, z. B. m^2 Putzfläche, m^2 verlegte Dachziegel und andere. Hier handelt es sich um durchschnittliche Erfahrungswerte, bei denen Fertigungslöhne, Materialverbrauch und Gemeinkosten zusammengefaßt sind.

Dazu kommen bei der Rechnungserstellung der Zuschlag für Unternehmer-Wagnis und Gewinn sowie für die Mehrwertsteuer (→ S. 118).

2.2 Kalkulation – Kostenträgerrechnung

2.2.1 Begriff und Aufgaben der Kalkulation

Kostenträger-rechnung

Die betrieblichen Produkte (Erzeugnisse, Leistungen) sind die Kostenträger. Die Kalkulation (= Kostenträgerrechnung) ermittelt die Selbstkosten je Ausbringungseinheit.

Die Kostenträgerrechnung wird aufgeteilt in
- Kostenträgerstückrechnung, die jeweils die für eine Leistungseinheit verursachten Kosten ermittelt. Für diese Leistungen werden die Selbstkosten errechnet. Im Vergleich mit dem erzielten Verkaufspreis ist zu ermitteln, ob der Erlös die Kosten deckt oder nicht.
- Kostenträgerzeitrechnung ermittelt für eine Zeitperiode (z. B. Jahr), ob die Periodenleistung die gesamten Kosten dieser Zeitspanne deckt. Diese Betriebsergebnisrechnung ermittelt den Gewinn oder Verlust und dient gleichzeitig als Kontrollinstrument der Stückrechnung.

2.2.2 Kalkulationsverfahren

Kalkulations-verfahren

Unter Kalkulationsverfahren verstehen wir die technische Durchführung der Kostenermittlung. Man kann sie auf zwei Grundtypen zurückführen, die sich im wesentlichen in ihrer Anwendung nach der Anzahl und Verschiedenartigkeit der in einem Unternehmen hergestellten Produktarten und Fertigungsverfahren unterscheiden.

Kostenrechnung

Divisionskalkulation

Massenproduktion

Überall dort, wo nur ein einziges Produkt von gleicher Beschaffenheit hergestellt wird, stehen die Kosten in einem eindeutigen Zusammenhang zur erbrachten Leistung. Zur Ermittlung der Selbstkosten pro Einheit werden die gesamten Kosten einer Periode durch die in diesem Zeitraum hergestellte Stückzahl dividiert. Die Divisionskalkulation als einfachstes Kalkulationsverfahren ist in Klein- und Mittelbetrieben wegen der unterschiedlichen Leistungen kaum anwendbar, nur wenn die Gesamtkosten sich eindeutig bei Massenproduktion auf diese abgrenzen lassen.

$$\text{Selbstkosten der Leistungseinheit} = \frac{\text{Gesamtkosten pro Periode}}{\text{Leistungseinheiten pro Periode}}$$

Beispiel: Gesamtkosten für die Herstellung einer Serie von 10 Schränken = DM 29 000,–; Selbstkosten je Schrank = DM 2 900,–.

Betriebe, die verschiedenartige Produkte oder Leistungen erzeugen, würden bei der Anwendung der Divisionskalkulation erhebliche Kalkulationsfehler machen.

Solche Betriebe müssen für die Berechnung der Gemeinkosten auf die Produkte oder Leistungen den in der Kostenstellenrechnung ermittelten Gemeinkostenzuschlag verwenden.

Die Einzelkosten in Form von Material, Lohn und Sondereinzelkosten werden direkt pro Leistung berechnet.

Zuschlags-kalkulation

Die Kalkulationsform, die auf die Einzelkosten einen Zuschlag für Gemeinkosten vornimmt, nennt man Zuschlagskalkulation. Sie ist ein auf den Betriebsabrechnungsbogen aufbauendes Verfahren, dessen Ziel es ist, die Kosten möglichst genau den Produkten bzw. Leistungen zuzurechnen, die sie verursacht haben.

Die Wahl der richtigen Bezugsbasis (Einzelkosten) ist besonders wichtig. In einem lohn- und arbeitsintensiven Betrieb wird der Fertigungslohn die Basis für die Gemeinkostenverrechnung sein.

Kalkulationsschema

Die Kalkulation kann dann nach folgendem vereinfachten Schema erfolgen:

```
  Fertigungsmaterial
+ Fertigungslöhne
+ % Zuschlag für Gemeinkosten
+ Sondereinzelkosten
─────────────────────────────────
= Selbstkosten
+ % Zuschlag für Unternehmer-Wagnis und Gewinn
─────────────────────────────────
= Nettoangebotspreis
+ % Mehrwertsteuer
─────────────────────────────────
= Bruttoangebotspreis
```

Beispiel: Für die Ausführung eines Auftrages fallen an:

Fertigungsmaterial   DM 1 000,–
Fertigungslöhne   DM   800,–

der Betrieb rechnet mit 8 % Zuschlag für Unternehmer-Wagnis und Gewinn.

Kostenrechnung

	Fertigungsmaterial	DM 1 000,-
+	Fertigungslöhne	DM 800,-
+	190,3 % Gemeinkosten	DM 1 522,40
=	Selbstkosten	DM 3 322,40
+	8 % Wagnis und Gewinn	DM 265,79
=	Nettoangebotspreis	DM 3 588,19
+	15 % MwSt	DM 538,23
=	Bruttoangebotspreis	DM 4 126,42

Vorstehendes Schema findet auch Anwendung zur Errechnung des Stundenverrechnungssatzes:

Beispiel: Stundenlohn DM 10,-;
Gemeinkosten auf Fertigungslohn;
Zuschlag für Unternehmerwagnis und Gewinn 8 %.

	Stundenlohn	DM 10,-
+	190,3 % Gemeinkosten	DM 19,03
=	Selbstkosten	DM 29,03
+	8 % Wagnis und Gewinn	DM 2,32
		DM 31,35
+	15 % MwSt	DM 4,70
	Stundenverrechnungssatz	DM 36,05

Stundenverrechnungssatz

Aus Gründen der Zweckmäßigkeit werden in einigen Handwerksbetrieben die gesamten Gemeinkosten durch einen Zuschlag auf Materialkosten verrechnet (z. B. im Nahrungsmittel-Handwerk). Dabei werden die Lohnkosten entweder gesondert angesetzt oder mit den übrigen Gemeinkosten zusammengefaßt.

Beispiel: Einer Gewinn- und Verlustrechnung entnehmen wir in zusammengefaßten Werten:

Materialeinsatz DM 200 000,-
Löhne und Gehälter DM 160 000,-
Gemeinkosten DM 130 000,-
kalkulatorische Kosten DM 90 000,-

Es ergibt sich ein Zuschlag auf Material für Gemeinkosten (inkl. Löhne und Gehälter):

$$\frac{380\,000 \times 100}{200\,000} = 190\,\%$$

Zu diesem Kapitel finden Sie die Aufgaben A 64 – A 93 im Band „Vorbereitung auf die Meisterprüfung – Test- und Übungsaufgaben"

2.2.3 Kalkulationszeitpunkt

Diese Unterscheidung orientiert sich am zeitlichen Ablauf der Leistungserbringung – vor, während und nach Beendigung.

Vorkalkulation — Vorkalkulation wird auch als Angebotskalkulation bezeichnet und ist Grundlage für die Preisfindung. Die besondere Schwierigkeit liegt darin, daß es noch keine effektiven Kosten gibt. Sie müssen geschätzt werden.

Zwischenkalkulation — Zwischenkalkulation ist besonders bei länger dauernden Aufträgen erforderlich. Dabei ist zu prüfen, ob sich die Kosten im Rahmen der Vorkalkulation halten. Sie erfüllt also eine Überwachungsfunktion.

Nachkalkulation — Nachkalkulation
Nach Ausführung des Auftrages werden erzielter Preis und angefallene Kosten miteinander verglichen. Sie übernimmt damit eine Kontrollfunktion.

2.3 Kostenstellenrechnung

2.3.1 Grundlage – Kostenstellen – Kostenstellenarten

Kostenstellen — Die Kostenstellenrechnung beschäftigt sich mit der Kontrolle der Kosten einzelner Bereiche des Unternehmens, den Kostenstellen. Der Unternehmer muß wissen, an welchen Stellen des Betriebes welche Kosten in welcher Höhe entstanden sind.

Die Kostenstellenrechnung erfaßt also die Kosten gemäß den betrieblichen Bereichen, in denen sie entstanden sind. Sie ist eine notwendige Voraussetzung für die genaue Selbstkostenrechnung. Für die Betriebskontrolle sind die Kostenstellen Kontrollbereiche, indem man Kosten und Leistung jeder Kostenstelle vergleicht.

Einteilung der Kostenstellen — Die Einteilung in Kostenstellen kann nach verschiedenen Kriterien erfolgen, wie z. B.
- nach betrieblichen Funktionen
  z. B. Beschaffung, Fertigung, Verwaltung, Vertrieb
- nach Verantwortungsbereichen
  z. B. Abteilung
- nach räumlichen Gesichtspunkten
  z. B. Lager, Werkstatt, Laden, Büro
- nach rechentechnischen Gesichtspunkten.

Die Zahl der Kostenstellen ist abhängig von der jeweiligen Betriebsgröße und Betriebsstruktur. Die Erfordernisse der Kalkulation sind zu berücksichtigen, aber andererseits sollten auch nur so viele Kostenstellen vorgesehen werden, wie man kalkulatorisch gebrauchen und auswerten kann. Im Handwerk kommen normalerweise nur drei oder vier Kostenstellen in Frage: Werkstatt, Lager, Büro und Verkauf (soweit Handel betrieben wird

Die Bezeichnungen ‚Hauptkostenstellen', ‚Nebenkostenstellen' und ‚Hilfskostenstellen' entsprechen der Einteilung nach den erstellten Leistungen (direkt für die Erstellung und Verwertung der Güter/Leistungen oder indirekt).

Hauptkostenstellen — Hauptkostenstellen sind diejenigen Abrechnungsbezirke, die die Leistung überwiegend und unmittelbar erbringen. Sie nehmen alle in einer Periode anfallenden Kosten auf.

Kostenrechnung

Nebenkostenstellen — Nebenkostenstellen sind diejenigen Fertigungskostenstellen, in denen absatzfähige Nebenprodukte anfallen.

Hilfskostenstellen — Hilfskostenstellen erbringen für die Produktion nur mittelbare Leistungen (Verwaltung, Vertrieb).

Das oben angeführte Beispiel für die Gemeinkosten-Zuschlagsrechnung (→ S. 114) unterstellt für den Gesamtbetrieb nur eine Kostenstelle. Das ist bei kleinen Handwerksbetrieben, die nur eine Werkstatt unterhalten, richtig und zweckmäßig.

Der geringe Handelsanteil im Buchführungsbeispiel wurde vernachlässigt. Wenn der Betrieb aber mehrere Kostenstellen hat, ergibt sich die Notwendigkeit, die Kostenarten auf die verschiedenen Kostenstellen zu verteilen.

BAB — Als Hilfsmittel zur Erfassung und Verteilung der Kosten nach dem Verursachungsprinzip dient der Betriebsabrechnungsbogen (BAB).

2.3.2 Verrechnung der Kosten im Betriebsabrechnungsbogen (BAB)

Der Betriebsabrechnungsbogen ist ein organisatorisches Hilfsmittel zur Aufnahme und Verteilung der Kostenarten auf Kostenstellen in tabellarischer Übersicht. Einzelkosten sind darin lediglich als Bezugsgröße zur Errechnung von Zuschlagssätzen enthalten. Die Verteilung von Gemeinkosten auf die einzelnen Kostenstellen erfolgt aufgrund von Belegen (z. B. Lohn- und Gehaltslisten, Entnahmescheine für Hilfsmittel und Betriebsstoffe) oder nach geeigneten Verteilungsschlüsseln.

Der Betriebsabrechnungsbogen wird in der Regel 1mal jährlich aufgestellt und enthält sämtliche Kostenarten (auch kalkulatorische Kosten) in der senkrechten Aufstellung und die Kostenstellen in der waagerechten Zeile. Neben der Kostenerfassung, -verteilung und -verrechnung ist der Betriebsabrechnungsbogen auch ein wertvolles Instrument zum Kostenvergleich und zur Kostenkontrolle.

Beispiel: Hier wird von zwei Hauptkostenstellen (Stahlkonstruktionsbau und Metallgestaltung) sowie von zwei Hilfskostenstellen (Lager und Büro) ausgegangen. Die Zahlen der Buchhaltung des Betriebes Fleißigmann weisen folgende Werte aus:

Verbrauchsmaterial   DM 248 926,48
Bruttolöhne und Gehälter   DM 162 293,34
verschiedene Gemeinkosten   DM 151 815,63

Erläuterungen zu den Kostenarten im BAB:

Materialverbrauch — Materialverbrauch:
Es wird angenommen, daß das Material zu 70 % für den konstruktiven Stahlbau (Hauptkostenstelle I) und zu 30 % für Metallgestaltung und Restaurierungsarbeiten (Hauptkostenstelle II) verbraucht wurde.

Fertigungslöhne — Fertigungslöhne:
Von den DM 162 293,34 Bruttolöhnen sind 40 % = DM 64 917,34 als nicht direkt verrechenbar anzusehen. Diese DM 64 917,34 zählen zu den Gemeinkosten. Es verbleiben vorerst DM 97 376,– an Fertigungslöhnen, die im Verhältnis 80 : 20 auf die beiden Hauptkostenstellen entfallen.

Gemeinkostenlöhne — Gemeinkostenlöhne = DM 64 917,34 (s.o.). Die Verteilung erfolgt nach dem statistisch ermittelten Schlüssel 70:10:10:10 auf die vier Kostenstellen.

Kostenrechnung

Beispiel eines BAB

Vereinfachter Betriebsabrechnungsbogen für 19 ..

Betrieb: Fleißigmann

lfd. Nr.	Kostenstellen/ Kostenarten	Verteilungs- grundlage	Betrag DM	Schlüssel %	HKSt I Stahlkon- struktionen	HKSt II Metall- gestaltung	HiKSt 1 Lager	HiKSt 2 Büro
1	Materialverbrauch	Mat.-Scheine	248 926,48	70/30/-/-	174 248,53	74 677,95		
2	Fertigungslöhne	Lohnlisten	97 376,-	80/20/-/-	77 900,80	19 475,20		
3	kalk. Untern.-Lohn, prod.	Statistik	43 200,-	50/50/-/-	21 600,-	21 600,-		
4	Summe Einzelkosten		389 502,48		273 749,33	115 753,15		
5	Gemeinkostenlöhne	Lohnlisten	64 917,34	70/10/10/10	45 442,15	6 491,73	6 491,73	6 491,73
6	sonst. Gemeinkosten	Buchhaltung	151 815,63	70/10/10/10	106 270,95	15 181,56	15 181,56	15 181,56
7	kalk. Untern.-Lohn	Statistik	28 800,-	-/-/50/50			14 400,-	14 400,-
8	kalk. Familienlohn	Statistik	6 000,-	-/-/-/100				6 000,-
9	kalk. Zinsen	Statistik	107 421,86	60/20/10/10	6 445,71	2 148,57	1 074,29	1 074,29
10	kalk. Abschreibungen	Statistik	5 280,-	70/30/-/-	3 696,-	1 584,-		
11	Summe Gemeinkosten		267 555,83		161 854,81	25 405,86	37 147,58	43 147,58
	Umlage Hilfskostenstelle Büro auf Hauptkostenstellen I u. II im Verhältnis 70 : 30				30 203,31	12 944,27		
	Umlage Hilfskostenstelle Lager auf Hauptkostenstellen I u. II im Verhältnis 30 : 70				11 144,27	26 003,31		
	Summe Gemeinkosten				203 202,39	64 353,44		
	Summe Selbstkosten		657 058,31		476 951,72	180 106,59		

Kostenrechnung

Die Summe der sonstigen Gemeinkosten beträgt DM 151 815,63; Verteilung nach der geschätzten Verursachung 70:10:10:10.

Zusatzkosten Die Zusatzkosten (kalkulatorische Kosten) setzen sich aus folgenden Posten zusammen

- Unternehmerlohn = DM 72 000,-. Davon entfallen je 30 % auf die Hauptkostenstellen I und II als produktive Unternehmerlöhne (→ BAB lfd. Nr. 3) und je 20 % auf die beiden Hilfskostenstellen 1 und 2 (→ BAB lfd. Nr. 7)
- an kalkulatorischen Familienlöhnen kommt lediglich eine jährliche Vergütung von DM 6 000,- an die Ehefrau des Unternehmers in Betracht, die im Büro arbeitet. Verteilung 100 % auf Bürokosten
- das Eigenkapital im Durchschnitt des Wirtschaftsjahres wird mit DM 153 469,62 angenommen. Die Verzinsung beträgt 7 %, das sind DM 10 742,86 pro Jahr. Verteilung nach geschätzter Verursachung 60:20:10:10
- kalk. Abschreibungen: Es wird angenommen, daß die kalk. Abschreibungen um DM 5 280,- über den bilanziellen Abschreibungen liegen. Sie sollen sich zu 70 % auf die Hauptkostenstelle I und zu 30 % auf die Hauptkostenstelle II verteilen.

2.3.3 Auswertung des Betriebsabrechnungsbogens – Ermittlung der Zuschlagssätze

Auswertung des BAB Der Zuschlagssatz der Gemeinkosten auf Fertigungslöhne für den konstruktiven Stahlbau im obigen Beispiel wird wie folgt ermittelt:

Gesamtsumme der Kosten der HKSt I:			DM 476 951,72
./. Fertigungsmaterial	(Einzelkosten)	DM 174 248,53	
./. Fertigungslohn	(Einzelkosten)	DM 77 900,80	
./. Fertigungslohn Unternehmer	(Einzelkosten)	DM 21 600,-	DM 273 749,33
verbleibende Gemeinkostensumme:			DM 203 202,39

Produktive Löhne DM 77 900,80 + DM 21 600,- = DM 99 500,80

$$\text{Gemeinkostenzuschlag} = \frac{\text{Gemeinkosten} \times 100}{\text{Fertigungslöhne}} =$$

$$= \frac{203\,202,39 \times 100}{99\,500,80} = 204,2\,\%$$

Der Zuschlagssatz für Gemeinkosten der Hauptkostenstelle II verrechnet sich analog und beträgt:

$$\frac{64\,353,44 \times 100}{41\,075,20} = 156,7\,\%$$

Verrechnungssätze Wir sehen, daß der BAB nach der Zusammenfassung der Kostenarten und Verteilung auf Kostenstellen die Aufgabe hat, die Verrechnungssätze für die Kalkulation zur Verfügung zu stellen. Würde der Betrieb Fleißigmann in de Abrechnungsperiode bei der Einzelkalkulation eines jeden Auftrags einer

Kostenrechnung

Gemeinkostenzuschlag von 204,2 % bzw. 156,7 % berücksichtigt haben, so wären die Gemeinkosten des Betriebs Fleißigmann in voller Höhe gedeckt.

Wenn durch die Zurechnung der gesamten Gemeinkosten auf eine Zuschlagsbasis (Fertigungslohn oder Material) das Prinzip der Verursachung nur unzureichend berücksichtigt werden kann, erfolgt eine differenzierte Zuschlagskalkulation, die auf der Basis des Betriebsabrechnungsbogens aufgebaut ist. Dabei sind die Gemeinkosten nach dem Verursachungsprinzip als lohnabhängige und materialabhängige Gemeinkosten aufzugliedern und durch eine getrennte Zuschlagsrechnung zu erfassen.

Verursachung

Gehen wir in unserem Beispiel davon aus, daß die der Hilfskostenstelle Lager zugeordneten Gemeinkosten materialabhängig und die der Hilfskostenstelle Büro als Verwaltungs- und Vertriebsgemeinkosten anfallen, dann kann ein differenzierteres Kalkulationsschema wie folgt aufgestellt werden:

Kalkulationsschema

Schema	Erläuterungen	Beispielsbetrieb	
		HKSt I	HKSt II
		174 248,53	74 677,95
Materialeinzelkosten + ... % Material- gemeinkosten	$\dfrac{\text{Mat.-Gemk.} \times 100}{\text{Mat.-Einzelk.}}$ $\dfrac{37\,147,58 \times 30\,\% \times 100}{174\,248,53}$ $= 6,4\,\%$ $\dfrac{37\,147,58 \times 70\,\% \times 100}{74\,677,95}$ $= 34,8\,\%$	11 144,27[1] 99 500,80	26 003,31[1] 41 075,20
Lohneinzelkosten + ... % Lohn- gemeinkosten	$\dfrac{161\,854,81 \times 100}{99\,500,80}$ $= 162,7\,\%$ $\dfrac{25\,405,86 \times 100}{41\,075,20}$ $= 61,9\,\%$	161 854,81[1]	25 405,86[1]
Sondereinzelkosten		–,–	–,–
		446 748,41	167 162,32
= Herstellungskosten + ...% Verwal- tungs- und Vertriebs- gemeinkosten	$\dfrac{43\,147,58 \times 70\,\% \times 100}{446\,748,41}$ $= 6,8\,\%$ $\dfrac{43\,147,58 \times 30\,\% \times 100}{167\,162,32}$ $= 7,7\,\%$	30 203,31[1]	12 944,27[1]
= Selbstkosten + ...% Unterneh- merwagnis und Gewinn	angenommen 8 %	476 951,72 38 156,14	180 106,59 14 408,53
= Nettoangebotspreis + ... % Mehrwert- steuer	z. Z. 15 %	515 107,86 77 266,18	194 515,12 29 177,27
= Bruttoangebotspreis		592 374,04	223 692,39

[1]) Die DM-Beträge der Aufschläge sind geringfügig dem Beispiel angepaßt, da die %-Werte in der Stelle hinter dem Komma gerundet wurden.

Kostenrechnung

Ein konkretes Angebot kann mit den im Beispiel nach Jahreswerten errechneten Zuschlagssätzen kalkuliert werden. Grundlage ist der BAB, der die Kostenarten auf einzelne Kostenstellen aufgliedert.

2.3.4 Maschinenstunden-Verrechnungssätze

Verrechnung von Maschinenstunden

Wenn bei stark mechanisierten Betrieben bzw. Betriebsabteilungen die Zuschlagssätze für Gemeinkosten sehr hoch werden (300 % und mehr), ist u. U. der Übergang auf die Verrechnung durch Maschinenstunden zu empfehlen.

Beispiel:

Anschaffungs- oder Herstellungswert	DM 40 000,-
voraussichtlicher Wiederbeschaffungswert in 10 J.	DM 60 000,-

sonstige Angaben: kalk. Abschreibung 10 % linear vom Wiederbeschaffungswert
kalk. Verzinsung 8 % des durchschnittlich gebundenen Kapitals DM 40 000,- : 2
kalk. Flächenkosten 50 m^2 à DM 30,-
Werkzeugkosten gem. Maschinenliste s. unten
Wartung und Instandhaltung s. unten
Energiekosten 20 kW à DM 0,10 je kW
durchschnittl. Jahreslaufzeit: 800 Stunden

Aufgrund dieser Daten ergibt sich folgende Rechnung:

kalk. Abschreibung	DM 6 000,-
kalk. Zinsen	DM 1 600,-
kalk. Flächenkosten	DM 1 500,-
Werkzeugkosten	DM 1 800,-
Wartung und Instandhaltung	DM 2 300,-
Energiekosten	DM 1 600,-
Summe:	DM 14 800,-

Der Maschinenstunden-Verrechnungssatz beträgt DM 14 800,- : 800 Stunden = DM 18,50 je Stunde (ohne Fertigungslohn).

Diese „zurechenbaren Maschineneinzelkosten" müssen noch ergänzt werden um die anteiligen Gemeinkosten. Das soll beispielhaft dargestellt werden an einer Maschine der Hauptkostenstelle I:

Summe aller Gemeinkosten (→ S. 121)	DM 203 202,39
./. Maschineneinzelkosten	DM 14 800,-
verbleibende Gemeinkosten	DM 188 402,39
Lohneinzelkosten (→ S. 122)	DM 99 500,80
+ Maschineneinzelkosten	DM 14 800,-
	DM 114 300,80

Neuer Zuschlagssatz auf Lohneinzelkosten und Maschineneinzelkosten:

$$= \frac{188\,402{,}39 \times 100}{114\,300{,}80} = 164\,\%$$

(Lohngemeinkosten vorher → S. 122 = 204,2 %)

Der Maschinenstundenverrechnungssatz beträgt:

Maschineneinzelkosten	DM 18,50
+ 164,8 %	DM 30,49
= Maschinenstundenverrechnungssatz	DM 48,99

Neuer Lohnstundenverrechnungssatz (bei DM 10,- Stundenlohn):

Lohneinzelkosten	DM 10,-
+ 164,8 %	DM 16,48
	DM 26,48

Wiederbeschaffungswert — Anmerkungen: Der Wiederbeschaffungswert ist die Grundlage der kalk. Abschreibung. Er wird ermittelt durch Anfrage bei der Lieferfirma, durch Schätzungen von Maschinen-Sachverständigen und/oder durch Hochrechnung mit dem zutreffenden Index der Preisentwicklung.

Für die kalk. Zinsen kann der Einfachheit halber die Hälfte des Anschaffungswerts (= durchschnittlich gebundenes Kapital) angesetzt werden.

Die kalk. Flächenkosten enthalten im wesentlichen die Abschreibung und Verzinsung der anteilig genutzten Flächen.

Die anderen Kosten werden den Maschinenlisten bzw. der Gewinn- und Verlustrechnung entnommen.

2.4 Deckungsbeitragsrechnung

2.4.1 Grenzen der Vollkostenrechnung und Wesen der Teilkostenrechnung

Vollkostenrechnung — Vollkostenrechnung liegt vor, wenn alle Kosten dem Produkt (dem Kostenträger) vollständig zugerechnet werden können. Das ist bei den Einzelkosten wie Fertigungsmaterial und Fertigungslohn verhältnismäßig unproblematisch. Schwierig ist es bei den Gemeinkosten. Sie werden, wie wir gesehen haben, mit Hilfe bestimmter Zuschlagssätze verrechnet. Je differenzierter die Zuschlagssätze für die einzelnen Betriebsabteilungen errechnet werden, desto größer ist die Genauigkeit der Kalkulation.

Mängel der Vollkostenrechnung — Trotzdem bleiben auch bei der Vollkostenrechnung gewisse Mängel bestehen. Die Zuschlagskalkulation beruht auf Zahlen der Vergangenheit. Oft liegen dem handwerklichen Unternehmer die Zahlen für das Vorjahr erst nach Jahresfrist vor, vor allem, wenn die Buchhaltung bei externen Stellen liegt. (Im Zuge der EDV-Verarbeitung der Buchhaltung, die auch bei den Steuerberatungsbüros laufend zunimmt, verkürzen sich die Fristen für die Vorlage der Jahresabschlüsse erheblich). – Die Zuschlagssätze werden ferner bei einem bestimmten Beschäftigungsgrad des Betriebes ermittelt, für den sie zutref-

Kostenrechnung

fen. Sie werden aber auch für Zeiträume verwandt, in denen eine andere Betriebsauslastung vorliegt. – Schließlich werden durch die Zuschlagssätze Zusammenhänge unterstellt, die gar nicht bestehen. So wird z. B. unterstellt, daß gewisse Gemeinkosten, z. B. Mieten, nur anfallen, wenn der jeweils zu kalkulierende Auftrag ausgeführt wird. Tatsächlich fallen diese Kosten aber unabhängig davon an.

Trotz dieser Mängel hat die Vollkostenrechnung in der Form der Zuschlagskalkulation in der handwerklichen Kostenrechnung ihre überragende Stellung behalten. Bei Reparatur- und Stundenlohnaufträgen, bei denen weder Markt- noch Angebotspreise vorliegen, bleibt die Zuschlagskalkulation das gegebene Verfahren.

Teilkostenrechnung Die Teilkostenrechnung versucht, die Mängel der Vollkostenrechnung wie folgt zu vermeiden: Es wird nur ein Teil der Gesamtkosten, nämlich nur die variablen Kosten (Fertigungslohn, F-Material) dem Produkt bzw. dem Auftrag angelastet. Die variablen Kosten ändern sich also mit der Beschäftigungslage; die fixen Kosten (Bereitschaftskosten) bleiben weitgehend konstant. Der verbleibende Fixkostenblock der Bereitschaftskosten muß durch den Unter-

Deckungsbeitrag schied zwischen Erlösen und variablen Kosten = Deckungsbeiträge abgebaut werden.

Die im Abschnitt 1.2 „Grundbegriffe der Kostenrechnung" erwähnte Einteilung in variable und fixe Kosten wird hier vertieft.

variable Kosten – variable Kosten steigen oder sinken mit der Veränderung der Beschäftigung. Dies kann entweder im gleichen Verhältnis (proportional), schneller (progressiv) oder langsamer (degressiv) als die Ausbringungsveränderung geschehen.

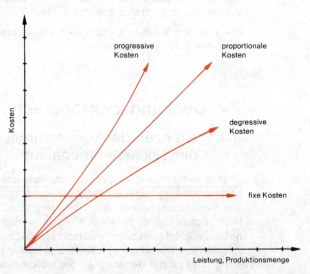

fixe Kosten – fixe Kosten zeigen keine Reaktion auf Veränderungen des Beschäftigungsgrades (z. B. Raumkosten, Zinsen für Anlagekapital, Gehälter, Kosten der Gebäudereinigung). Bei vermehrtem Produktionsausstoß fällt daher auf das einzelne Stück ein immer kleinerer Anteil der Fixkosten. Der Fixkostenanteil je Stück ist dort am geringsten, wo der Betrieb bei gegebener Kapazität seine größtmögliche Menge produziert. Bei Veränderung der Kapazi-

Sprungfixkosten tät ändern sich die fixen Kosten sprunghaft = Sprungfixkosten. Die Höhe der fixen Kosten ist für die Fähigkeit eines Betriebes, sich wechselnden

Konjunkturbewegungen kostenmäßig anzupassen, von entscheidender Bedeutung. Einerseits bringen Spezialisierung und Trend zur Massenproduktion (z. B. Tischlerei mit Türen- und Fensterherstellung) einen Degressionseffekt der fixen Kosten, andererseits liegt in der Spezialisierung und der damit regelmäßig einhergehenden, zunehmenden Mechanisierung auch die Gefahr, daß diese Betriebe bei sinkender Nachfrage unter den Druck von fixen Kosten geraten.

2.4.2 Deckungsbeitragsrechnung

Die Deckungsbeitragsrechnung geht also von der Kosteneinteilung in fixe und variable Kosten aus und will eine Antwort darauf geben, in welcher Höhe bei einem vom Markt her vorgegebenen Preis/Erlös die ohnehin vorhandenen fixen Kosten gedeckt sind. Dazu verwendet sie den Deckungsbeitrag, der nach der folgenden Formel ermittelt wird:

Erlös ./. variable Kosten = Deckungsbeitrag für Fixkosten

Einteilung der Kosten nach Beschäftigungsabhängigkeit

Diese Kostenrechnungsmethode verzichtet auf die Einteilung in Einzel- und Gemeinkosten und gliedert sämtliche Kosten nach der Beschäftigungsabhängigkeit in variabel und fix, wobei alle nicht eindeutig variablen Kosten als fix gelten. Sie geht vom Erlös aus, zieht hiervon die direkten (variablen) Kosten ab, um auf diese Weise zu ermitteln, wieviel der betreffende Auftrag zur Deckung der gesamten fixen Kosten beiträgt.

Wenn mehr Deckungsbeiträge erwirtschaftet werden als die fixen Kosten der Abrechnungsperiode ausmachen, entsteht Gewinn. Beispiel:

Auftragsnummer	Erlöse DM	variable Kosten	Deckungsbeitrag	Fixkosten
1	10 000,-	6 000,-	4 000,-	
2	11 000,-	7 000,-	4 000,-	
3	8 000,-	5 500,-	2 500,-	
4	9 000,-	5 500,-	3 500,-	
5	11 500,-	6 500,-	5 000,-	
6	9 500,-	8 500,-	1 000,-	
	59 000,-	39 000,-	20 000,-	19 000,-

Die Deckungsbeiträge der 6 Aufträge in Höhe von DM 20 000,- haben den Fixkostenblock der Periode in Höhe von DM 19 000,- voll abgedeckt und darüber hinaus noch einen Gewinn von DM 1 000,- erbracht.

Wenn der Auftrag 6 nicht ausgeführt worden wäre, hätte die Betriebsleistung bis dahin nur DM 59 000,- ./. DM 9 500,- = DM 49 500,- betragen. Kosten: DM 58 000,- ./. DM 8 500,- = DM 49 500,-; Gewinn = DM 0,-.

Durch die Hereinnahme des an sich uninteressanten Auftrages 6 ist noch ein kleiner Gewinn verblieben, weil der Auftrag 6 noch einen positiven Deckungsbeitrag aufwies.

Nach der Vollkostenrechnung wäre der Auftrag 6 nicht ausgeführt worden. Er hätte nach der Zuschlagskalkulation Verlust gebracht (Einzelkosten

Kostenrechnung

DM 8 500,- + Gemeinkosten angenommen ca. DM 3 000,- = DM 11 500,-; dagegen nur DM 9 500,- erzielbarer Erlös).

Die Deckungsbeitragsrechnung zeigt die Zusammenhänge zwischen Kosten, Erlösen und Gewinn klar auf. Sie nennt auch die kritische Absatzmenge, also die Produktionskapazität, bei der die fixen Kosten gerade noch durch die Deckungsbeiträge abgedeckt werden. Diesen Punkt nennt man **break even point** (Gewinnschwelle).

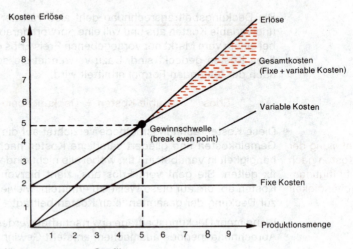

Erläuterungen zur Grafik

Für den Betrieb ist es wichtig zu wissen, wo die Gewinnschwelle liegt. Die vorstehende Grafik zeigt diese Grenze auf. Es ist der Schnittpunkt der Linie der Gesamtkosten mit der Linie der Erlöse (Umsatz). Diesen Punkt bezeichnet man als break even point. Er liegt im Beispielfall der Grafik bei einem Erlös von DM 480 000,- sowie bei einer Ausbringungsmenge von 520 Einheiten. Die senkrechte Skala ist in Werteinheiten von DM 100 000,- eingeteilt, die waagerechte in Ausbringungseinheiten von 100 Stück. Ein Umsatz von mehr als DM 480 000,- bzw. eine Produktion von mehr als 520 Einheiten erbringt also - bei sonst unveränderten Verhältnissen - Gewinn. Diese Fläche ist gestrichelt dargestellt.

Ab dieser Produktionsmenge (oder auch Fertigungsstunden) sind unter der Voraussetzung, daß die variablen Kosten mit zusätzlichen Leistungen gedeckt sind, alle Kosten gedeckt - der Betrieb kommt in die Gewinnzone.

Ein rechnerischer Nachweis soll dies verdeutlichen:

DM 480 000,- Erlöse bei 520 Stück =   DM/Stück 923,08
variable Kosten (DM 280 000,-) bei 520 Stück =   DM/Stück 538,46

Bei einer Ausbringungsmenge von 521 Stück ergibt sich folgender Gewinn:

Erlös:	521 × DM 923,08 =	DM 480 924,68
./. variable Kosten	521 × DM 538,46 =	DM 280 537,66
./. fixe Kosten		DM 200 000,-
Gewinn		DM 387,02

Kostenrechnung

Für den Unternehmer stellen sich zwei wesentliche Fragen:
- Soll ein Auftrag oder welcher Auftrag soll bei mehreren möglichen Aufträgen angenommen werden?
- Bei welcher Produktionsmenge (Fertigungsstunden) sind die Gesamtkosten gedeckt?

positiver Deckungsbeitrag Ein Auftrag ist unter wirtschaftlicher Betrachtungsweise dann als positiv einzuschätzen, wenn der Erlös nach Abzug der variablen Kosten noch einen positiven Deckungsbeitrag erbringt, der zur Deckung der angefallenen Fixkosten dient bzw. darüber hinaus zur Gewinnerzielung.

Der Kostendeckungspunkt ist im Schnittpunkt von Erlöskurve und Gesamtkostenkurve erreicht.

Zu diesem Kapitel finden Sie die Aufgaben A 64 – A 93 im Band „Vorbereitung auf die Meisterprüfung – Test- und Übungsaufgaben".

Betriebswirtschaftliche Auswertung der Buchführung und betriebliche Statistik

1. Einführung

Lernziele:

Der Lernende kann, nachdem er dieses Kapitel durchgearbeitet hat,
- die Unumgänglichkeit der Auswertung der Buchführung als eine Grundlage für die unternehmerische Entscheidungsfindung erkennen und begründen,
- die einzelnen Bereiche der Buchführung, die aufbereitet werden sollen, nennen,
- die Unerläßlichkeit der Bildung von Kennziffern erklären,
- die Notwendigkeit der Einhaltung der Bilanzierungsgrundsätze als wesentliche Voraussetzung einer aussagefähigen betriebswirtschaftlichen Auswertung erkennen.

Die Auswertung
- der Bilanz
- der Gewinn- und Verlustrechnung und
- der laufenden Buchführung

ist notwendig, damit der Betriebsinhaber Daten und Informationen erhält, die ihn in die Lage versetzen, betriebliche Entscheidungen zu fällen. Ein modernes Management kann auf die Aufbereitung der vorgenannten Bereiche der Buchführung bzw. Weiterentwicklung der Zahlen der Buchführung nicht verzichten. Eine solche betriebswirtschaftliche Auswertung der Buchführung, die Erstellung betrieblicher Statistiken und Betriebsvergleiche sollen dem Handwerksunternehmer den Stand, die Entwicklung, die Stärken und Schwächen seines Unternehmens aufzeigen. Fehlentwicklungen und Schwächen des Betriebes können durch eine solche Aufbereitung und Auswertung der Buchführung erkannt werden. Die Auswertung oder auch Analyse basiert auf betriebswirtschaftlichen Grundsätzen bzw. Erkenntnissen. Der Kaufmann bezeichnet die betriebswirtschaftliche Auswertung der Buchführung, die betriebliche Statistik und die Erstellung von Betriebsvergleichen

Bilanzanalyse häufig auch kurz mit dem Begriff „Bilanzanalyse".

Methodisch wird wie folgt vorgegangen:

- aufbereiten (strukturieren/zuordnen und berechnen)
- bewerten (Die aufbereiteten Zahlen werden hinsichtlich Stand, Entwicklung etc. beurteilt, Fehlentwicklungen erkannt und Ursachen festgestellt.)
- Maßnahmen ergreifen (Auf der Grundlage der Bewertung müssen Maßnahmen ergriffen werden.).

Betriebswirtschaftliche Auswertung

Bei der Analyse der Bilanz werden auf zwei Arten Beziehungen zwischen den Bilanzpositionen hergestellt. Einmal werden Beziehungen unter den einzelnen Aktivposten und den einzelnen Passivposten hergestellt. Zum anderen werden Beziehungen zwischen Aktiv- und Passivposten errechnet. Dies geschieht in dem Kapitel "Analyse und Beurteilung der Bilanz".

Analyse der G+V-Rechnung

Bei der Analyse der Gewinn- und Verlustrechnung werden ebenfalls Relationen zwischen einzelnen Aufwands- und Ertragskonten untersucht. Darüber hinaus werden aber auch Aufwands- und Ertragskonten mit einzelnen Bilanzposten in Verbindung gebracht. Dieser Bereich wird in dem Kapitel "Analyse und Beurteilung der Gewinn- und Verlustrechnung" behandelt.

kurzfristige Erfolgsrechnung

Die Bilanzanalyse als Instrument der Unternehmensführung bereitet nicht nur Zahlen vergangener Jahre auf, sondern wertet auch die Zahlen der laufenden Buchführungsperiode aus. Dies muß geschehen, um noch zeitnah bzw. aktuell Fehlentwicklungen erkennen zu können und somit durch geeignete Maßnahmen diesen entgegenwirken zu können. Im Kapitel 4 wird diese Vorgehensweise dargestellt.

Kennziffern aus der Bilanz und der G+V-Rechnung

Aufschlußreich für den Stand und die Entwicklung des Unternehmens ist der Vergleich mit Vergangenheitswerten des eigenen Unternehmens (Zeitvergleich/interner Vergleich) sowie der Vergleich mit Werten der Branche (Betriebsvergleich/externer Vergleich). Es müssen hierzu u. a. Kennziffern aus der Gewinn- und Verlustrechnung und Kennziffern aus der Bilanz ermittelt sowie regelmäßig Beziehungen zwischen Positionen der Bilanz und Positionen der Gewinn- und Verlustrechnung hergestellt werden. Diese Kennziffern stellen wir im Kapitel 5 vor.

Kennziffern

Die Bilanzanalyse arbeitet regelmäßig mit sogenannten Kennziffern. Kennziffern sind Verhältniszahlen. So kann man z. B. das Verhältnis des Eigenkapitals zur Bilanzsumme als Prozentzahl ausdrücken. Wenn z. B. die Bilanzsumme DM 400 000,- beträgt und die Bilanz ein Eigenkapital von DM 160 000,- ausweist, so wird folgende Rechnung erstellt:

$$\frac{\text{Eigenkapital DM } 160\,000,- \times 100}{\text{Bilanzsumme DM } 400\,000,-} = 40\ \%\ \text{EK (prozentual zur Bilanzsumme)}$$

Das Verhältnis kann aber auch einfach als Quotient dargestellt werden:

$$\frac{\text{Eigenkapital DM } 160\,000,-}{\text{Bilanzsumme DM } 400\,000,-} = 0{,}4\ (= \text{Eigenkapitalquote})$$

Zeitvergleich Betriebsvergleich

Wenn z. B. in der Gewinn- und Verlustrechnung der Gewinn mit DM 100 00,- ausgewiesen wird und der Umsatz 1 Mio. hoch ist, dann beträgt die sogenannte Umsatzrentabilität 10 %. Solche Kennziffern werden ermittelt, um im Zeitvergleich (Vergleich verschiedener Perioden eines Betriebes) oder im Betriebsvergleich (Vergleich mit anderen Betrieben der gleichen Branche) bessere Aussagen machen zu können. Würden nur absolute Zahlen (z. B. DM) miteinander verglichen, so könnte dies zu falschen Rückschlüssen führen.

Beispiel:

Betrieb Müller hat im letzten Jahr einen Gewinn von DM 120 000,- erzielt. In diesem Jahr liegt der Gewinn ebenfalls wieder bei DM 120 000,-. Wenn man nur diese absoluten Zahlen vergleicht, dann würde man zu dem Ergebnis kommen, daß sich hinsichtlich des Gewinnes nichts verändert hat. Wenn man aber den Umsatz des letzten Jahres und von diesem Jahr kennt, kann das zu einer ganz anderen Aussage führen. Nehmen wir an, der Umsatz im letzten Jahr betrug DM 500 000,–. Das ergibt eine Umsatzrentabilität von 24 % für das letzte Jahr. In diesem Jahr betrug aber der Umsatz 1,2 Mio. Die Umsatzrentabilität betrug somit in diesem Jahr nur 10 %, was einen deutlichen Abfall bedeutet und somit im Rahmen der Bilanzanalyse hinsichtlich der Ursachen untersucht werden muß.

Bilanzierungsgrundsätze

Der Jahresabschluß spiegelt die Gesamtlage eines Unternehmens zu einem bestimmten Zeitpunkt wider. Voraussetzung dafür, daß dieses Spiegelbild der Gesamtlage des Unternehmens den Tatsachen entspricht, ist jedoch, daß bei der Erstellung der Buchführung die sogenannten Bilanzierungsgrundsätze eingehalten worden sind.

Folgende drei Grundsätze sind einzuhalten:
- Bilanzwahrheit
- Bilanzklarheit
- Bilanzidentität

Bilanzwahrheit

Bilanzklarheit

Bilanzidentität

Der Grundsatz der Bilanzwahrheit verlangt, daß die Bilanz alle betrieblichen Vermögensteile und Schulden enthält und diese ordnungsgemäß bewertet werden. Die Forderung nach Bilanzklarheit bezieht sich auf die Gliederung der Bilanz. Eine Bilanz muß übersichtlich geordnet und gegliedert sein. Es dürfen weder Aktivposten oder Passivposten zusammengefaßt, noch Aktivposten mit Passivposten saldiert werden. Der Grundsatz der Bilanzidentität dürfte selbstverständlich sein, er besagt nämlich, daß jede Bilanz auf der Vorjahresbilanz, also auf den Wertansätzen der vorjährigen Bilanz, aufbaut. Die Eröffnungsbilanz eines Jahres ist zwingend die Schlußbilanz des Vorjahres.

Werden diese Grundsätze nicht gewahrt, betrügt sich der Unternehmer selbst und wird sich nie Klarheit über seinen Betrieb verschaffen können. Es besteht dann die Gefahr, daß der Unternehmer falsche Schlußfolgerungen aus der betriebswirtschaftlichen Auswertung der Buchführung zieht und damit falsche Entscheidungen, die vermeidbare Kosten verursachen, trifft. Da der Jahresabschluß auch über das Finanzierungsgebaren, die Kreditwürdigkeit, den Verschuldungsgrad, die Liquidität, die Ertragskraft usw. Auskunft gibt, ist dieser vielfach auch Voraussetzung dafür, daß der Unternehmer Fremdkapital bekommt. Von Kreditinstituten, die regelmäßig eingehende Bilanzanalysen durchführen, wird ein Verstoß gegen einen Bilanzierungsgrundsatz sehr schnell aufgedeckt und die Kreditwürdigkeit wird in Frage gestellt.

Die weiteren Ausführungen in diesem Kapitel zur betrieblichen Statistik sowie zu den Betriebsvergleichen können nur die grundsätzliche Vorgehensweise bei der betriebswirtschaftlichen Auswertung und Weiterentwicklung der Buchführung behandeln. Je nach Größe eines Betriebes oder nach den spezifischen Gegebenheiten (z. B. Branchenzugehörigkeit; das Handwerk wird durch Handel ergänzt) sind umfangreichere Berechnungen notwendig oder sind bestimmte Positionen besonders wichtig. In kleineren Handwerksbetrieben nimmt die jährliche Bilanzanalyse nur relativ wenig Zeit in Anspruch. Eine laufende Beobachtung der betrieblichen Entwicklung ist selbstverständliche Aufgabe des Handwerksunternehmers.

Wichtig ist, daß die Auswertung der Buchführung regelmäßig erfolgt und erkannte Fehler zügig durch entsprechende Maßnahmen beseitigt werden.

2. Analyse und Beurteilung der Bilanz

Lernziele:

Der Lernende kann, nachdem er dieses Kapitel durchgearbeitet hat,
- eine Bilanz für die betriebswirtschaftliche Auswertung aufbereiten,
- zwei Bilanzen eines Betriebes vergleichen (Zeitvergleich/interner Vergleich) und Entwicklungen beurteilen,
- wichtige Kennziffern der Bilanz berechnen und Entwicklungen bewerten,
- die Entwicklung des Eigenkapitals aufzeigen und beurteilen,
- auf der Grundlage einer Bilanz die Liquidität ermitteln und bewerten,
- einen einfachen Finanzplan erstellen,
- die Anlagedeckungsberechnung durchführen und die Entwicklung der Anlagedeckung einschätzen,
- Maßnahmen zur Beseitigung von Fehlentwicklungen vorschlagen.

2.1 Aufbereitung der Bilanz

zweckmäßige Aufbereitung der Bilanz

Wie geht man bei der Analyse am zweckmäßigsten vor? Die Bilanz ist in der Regel in einer Form aufgebaut, die nicht sofort ein völlig klares Bild ergeben kann. Die einzelnen Positionen der Bilanz werden noch einmal zum Zweck der Bilanzanalyse geordnet und aufgeteilt. Die Aktiv-Seite der Bilanz wird aufgeteilt in Anlagevermögen, Umlaufvermögen und aktive Rechnungsabgrenzungsposten; die Passiv-Seite in Eigenkapital, Fremdkapital und passive Rechnungsabgrenzungsposten. Zusätzlich wird das Umlaufvermögen auf der Aktiv-Seite nochmals in Untergruppen aufgeteilt. An erster Stelle der jeweiligen Gruppe steht die Vermögensposition, die voraussichtlich am längsten im Betrieb bleibt.

Ebenso wird das Fremdkapital auf der Passiv-Seite nochmals in Untergruppen eingeteilt. An erster Stelle dieser Untergruppen steht das Fremdkapital, das am langfristigsten fällig ist, an der letzten Stelle das sofort fällige Fremdkapital.

Weiterhin wird der Prozentwert (mit einer Stelle hinter dem Komma) jeder Vermögens- und Schuldenposition (Basis Bilanzsumme = 100 %) in einer separaten Spalte neben den DM-Betrag geschrieben. Zur Erleichterung der Rechenoperationen werden in der Praxis die aus der Bilanz und Gewinn- und Verlustrechnung zu übernehmenden Zahlen auf volle Zehner bzw. Hunderter auf- oder abgerundet. Bei den weiteren Berechnungen, die sich auf die Zahlen des Betriebes Fleißigmann stützen, wird auf volle Zehner auf- bzw. abgerundet.

Am Beispiel der Schlußbilanz von E. Fleißigmann (→ S. 100) soll dies verdeutlicht werden.

> Zu diesem Kapitel finden Sie die Aufgaben A 94 – A 113 im Band „Vorbereitung auf die Meisterprüfung – Test- und Übungsaufgaben".

Betriebswirtschaftliche Auswertung

Ewald Fleißigmann Schlußbilanz per 31. Dezember 19...

Aktiva	DM	%	DM	%	Passiva	DM	%	DM	%
I. Anlagevermögen					I. Eigenkapital				
Grund und Boden	50 000,–	7,6			Eigenkapital	166 540,–	25,3	166 540,–	25,3
Werkstatt	359 400,–	54,6			Summe Eigenkapital				
Maschinen	26 100,–	4,0			II. Fremdkapital				
Fahrzeuge	53 500,–	8,1			a) langfristig fälliges Fremdkapital (ab 48 Monate)				
Einrichtung	3 100,–	0,5			Darlehen Bank	372 450,–	56,6	372 450,–	56,6
Summe Anlagevermögen			492 100,–	74,8	Summe langfristiges Fremdkapital				
II. Umlaufvermögen					b) mittelfristig fälliges Fremdkapital (ab 4 bis 48 Monate)				
a) mittelfristig verfügbare Mittel (ab 4 bis 48 Monate)					Gewerbesteuerrückstellung	6 000,–	0,9		
Materialbestand	44 000,–	6,7			c) kurzfristig fälliges Fremdkapital (ab 10 Tage bis 3 Monate)				
teilfertige Arbeiten	18 000,–	2,7			sonstige kurzfristige Verbindlichkeiten	15 800,–	2,4		
b) kurzfristig verfügbare Mittel (ab 10 Tage bis 3 Monate)					d) sofort fälliges Fremdkapital (fällig innerhalb von 10 Tagen)				
Kundenforderungen	101 010,–	15,3			Lieferantenverbindlichkeiten	83 680,–	12,7		
sonstige kurzfristige Forderungen	180,–	0,0			Treuhandkonto	12 830,–	1,9		
c) sofort verfügbare Mittel					Mehrwertsteuer	1 160,–	0,2		
Bankguthaben	1 300,–	0,2			Summe mittel-, kurzfristige und sofort fällige Verbindlichkeiten			119 470,–	18,1
Postgiroguthaben	40,–	0,0						658 460,–	100,0
Kassenbestand	730,–	0,1							
Summe Umlaufvermögen			165 260,–	25,0					
III. Rechnungsabgrenzung aktive Posten der Rechnungsabgrenzung	1 100,–		1 100,–	0,2					
			658 460,–	100,0					

Anmerkung zur Bilanz: Die Vermögensposition aktive Posten der Rechnungsabgrenzung in Höhe von DM 1 100,– (Vorauszahlung Kfz-Versicherung) ist kein Vermögenswert, der unter normalen Umständen wieder in Bargeld umgewandelt werden kann. Insofern wird diese Position im Umlaufvermögen nicht bei den verfügbaren Mitteln berücksichtigt. Die Position stellt aber auch kein Anlagevermögen dar. Die Gewerbesteuerrückstellung muß als mittelfristig fällige Verbindlichkeit angesehen werden, da die Gewerbesteuererklärung zum 31. Mai (über Steuerberater 30. September) des Folgejahres abgegeben werden muß und dann nach zirka 8 Wochen der Gewerbesteuerbescheid beim Betrieb eingeht.

2.2 Vergleich zweier Bilanzen

interner Bilanzvergleich (Zeitvergleich)

Für den Handwerksunternehmer ist es wichtig, die Entwicklung der Vermögens- und Schuldenpositionen seines Betriebes zu beobachten und zu beurteilen. Hierzu stellt man mindestens zwei Bilanzen aufeinanderfolgender Jahre gegenüber. Zur Verdeutlichung soll wieder der Betrieb Fleißigmann herangezogen werden (→ S. 136).

Schon diese beiden gegenübergestellten Bilanzen lassen eine erste grobe Beurteilung zu. Hierbei würde man sich vorab auf die Entwicklung der absoluten Zahlen stützen. So kann festgestellt werden, daß das für ein Unternehmen so wichtige Eigenkapital zugenommen hat. Wenn man aber bedenkt, daß der Anteil des Eigenkapitals am Gesamtkapital (also relativ gesehen) von 28,8 % auf 25,3 % abgenommen hat, kann eine Beurteilung nicht mehr ganz so positiv ausfallen. Ebenso sollte in einem ersten Schritt der Beurteilung der Entwicklung der Vermögens- und Schuldenpositionen bei den anderen wichtigen Posten der Bilanz vorgegangen werden.

Beispiel:
- Die Bilanzsumme hat sich deutlich erhöht.
- Die Positionen Werkstatt und Fahrzeuge haben sich deutlich erhöht.
- Der Materialbestand ist erkennbar gewachsen.
- Es ist deutlich, daß die sofort verfügbaren Mittel sehr geschrumpft sind.
- Die langfristigen und kurzfristig fälligen Verbindlichkeiten haben stark zugenommen.

Vergleich der relativen Zahlen

Eine solche Vorgehensweise ist aber immer nur der erste Schritt. Interessanter ist der Vergleich der relativen Zahlen. Da dieser Vergleich mit den eigenen Zahlen erfolgt und einen bestimmten Zeitraum (hier zwei Jahre) umfaßt, wird ein solcher Vergleich auch interner Bilanzvergleich/Zeitvergleich genannt. Im Abschnitt „4. Betriebsvergleich" wird gezeigt, wie die Zahlen der eigenen Bilanz mit Zahlen anderer Betriebe der gleichen Branche verglichen werden (externer Betriebsvergleich). Wenn man seine Bilanzen über viele Jahre hin vergleichen und/oder externe Bilanzzahlen der Branche gegenüberstellen will, wird deutlich, daß nur noch dann eine aussagekräftige Bewertung vorgenommen werden kann, wenn die relativen Zahlen verglichen werden.

2.3 Kennziffern der Bilanz

Wesentlich aussagekräftiger ist die Beurteilung einer Entwicklung, wenn bestimmte Kennziffern ermittelt werden. Es können sehr viele Kennzahlen gebildet werden. Die Praxis zeigt, daß der Handwerksbetrieb durchschnittlicher Größenordnung regelmäßig zirka 8-10 Kennziffern aus seinem Jahresabschluß (Bilanz und Gewinn- und Verlustrechnung) ermitteln und die Entwicklung dieser Kennziffern beurteilen sollte. Daneben gibt es noch einige andere Positionen der Bilanz, die einer laufenden Beobachtung bedürfen.

Verhältnis Anlagevermögen zur Bilanzsumme (Anlagegrad)

Als erste Kennziffer soll das Verhältnis des Anlagevermögens zur Bilanzsumme behandelt werden. Dieses Verhältnis wird Anlagegrad genannt. Grundsätzlich sollte das Anlagevermögen (Grund, Gebäude, Maschinen, Fahrzeuge) möglichst gering sein, da hierdurch Vermögen langfristig gebunden wird. Bei einem zu hohen Anlagevermögen kann ein erhebliches Problem entstehen, wenn die Auftragslage schlechter wird und eine genügende Auslastung der Betriebskapazitäten nicht gegeben ist. Hat man das Anlagever-

Betriebswirtschaftliche Auswertung

Ewald Fleißigmann

Aktiva	1. Jan. 19 .. DM	%	31. Dez. 19 .. DM	%	Passiva	1. Jan. 19 .. DM	%	31. Dez. 19 .. DM	%
I. Anlagevermögen					I. Eigenkapital				
Grund und Boden	50 000,–	10,3	50 000,–	7,6	Eigenkapital	140 400,–	28,8	166 540,–	25,3
Werkstatt	210 300,–	43,1	359 400,–	54,6	II. Fremdkapital				
Maschinen	28 800,–	5,9	26 100,–	4,0	a) langfristig fälliges Fremdkapital				
Fahrzeuge	18 100,–	3,7	53 500,–	8,1	(ab 48 Monate)				
Einrichtung	3 800,–	0,8	3 100,–	0,5	Darlehen Bank	237 700,–	48,7	372 450,–	56,6
II. Umlaufvermögen					b) mittelfristig fälliges Fremdkapital				
a) mittelfristig verfügbare Mittel					(ab 4 bis 48 Monate)				
(ab 4 bis 48 Monate)					Gewerbesteuerrückstellung	–,–	0,0	6 000,–	0,9
Materialbestand	28 100,–	5,8	44 000,–	6,7	c) kurzfristig fälliges Fremdkapital				
teilfertige Arbeiten	5 000,–	1,0	18 000,–	2,7	(ab 10 Tage bis 3 Monate)				
b) kurzfristig verfügbare Mittel					sonstige kurzfristige Verbindlichkeiten	3 720,–	0,8	15 800,–	2,4
(ab 10 Tage bis 3 Monate)					d) sofort fälliges Fremdkapital				
Kundenforderungen	118 700,–	24,3	101 010,–	15,3	(fällig innerhalb von 10 Tagen)				
sonstige kurzfristige Forderungen	–,–	0,0	180,–	0,0	Lieferantenverbindlichkeiten	94 400,–	19,3	83 680,–	12,7
c) sofort verfügbare Mittel					Treuhandkonto	8 980,–	1,8	12 830,–	1,9
Bankguthaben	21 200,–	4,3	1 300,–	0,2	Mehrwertsteuer	2 700,–	0,6	1 160,–	0,2
Postgirogutaben	1 100,–	0,2	40,–	0,0					
Kassenbestand	2 800,–	0,6	730,–	0,1					
III. Rechnungsabgrenzung aktive Posten der Rechnungsabgrenzung	–,–		1 100,–	0,2					
	487 900,–	100,0	658 460,–	100,0		487 900,–	100,0	658 460,–	100,0

mögen mit hohem Fremdkapitaleinsatz angeschafft, dann sind trotz schlechter Auftragslage und somit schlechtem Geldzufluß die Zinsen und die Tilgungen zu erbringen. Andererseits deutet ein zu geringes Anlagevermögen auf eine Überalterung des Betriebes und/oder einen zu geringen technischen Stand/Rationalisierungsgrad hin. Der Handwerksmeister befindet sich in einem Dilemma. Das Anlagevermögen soll möglichst gering sein, um flexibel gegenüber Beschäftigungsschwankungen zu sein. Andererseits soll der Betrieb aber über eine angemessene Betriebsausstattung verfügen, damit er kostengünstig und somit konkurrenzfähig seine Handwerksleistung erbringen kann. Gerade beim Anlagegrad muß neben dem internen Vergleich (Zeitvergleich) auch ein Vergleich mit Branchenzahlen (Betriebsvergleich) vorgenommen werden. <u>Der branchenübliche Anlagegrad kann als Maßstab zur Beurteilung der Angemessenheit des Anlagevermögens dienen. Auch hier ist also ein externer Vergleich (Branchenvergleich) sinnvoll.</u> Weiterhin muß berücksichtigt werden, daß Unternehmen, die erst seit kurzer Zeit tätig sind, tendenziell einen höheren Anlagegrad haben als ältere Unternehmen.

<u>Anlagegrad Betrieb Fleißigmann:</u>

$$\frac{\text{Anlagevermögen 1. 1.}}{\text{Bilanzsumme 1. 1.}} = \frac{\text{DM 311 000,-}}{\text{DM 487 900,-}} = 0{,}63$$

$$\frac{\text{Anlagevermögen 31. 12.}}{\text{Bilanzsumme 31. 12.}} = \frac{\text{DM 492 100,-}}{\text{DM 658 460,-}} = 0{,}75$$

Es ist festzustellen, daß sich der Anlagegrad des Betriebes gegenüber dem Vorjahr erhöht hat. Im vorliegenden Fall kann genau gesagt werden, daß dieser Anstieg auf die Erweiterung der Werkstatt und des Fuhrparkes zurückzuführen ist. Herr Fleißigmann wird diese Investitionen als notwendig angesehen und wohl bewußt vorgenommen haben. Wenn dies unterstellt wird, dann müßten den durch die Investitionen ausgelösten Mehraufwendungen (Zinsen, Abschreibungen, Unterhaltung usw.) eigentlich auch höhere Erträge durch Mehrumsatz, Rationalisierung usw. entgegenstehen. Ob dies im Beispielbetrieb so zutrifft, soll später untersucht werden.

Wenn aber ein ständig wachsender Anlagegrad festzustellen ist und dieser auch noch deutlich über dem Branchenschnitt liegt, dann müssen Gegenmaßnahmen eingeleitet werden:
- Verkauf von nicht betriebsnotwendigen Anlagegütern (zu großer Fuhrpark, kaum genutzte Maschinen und Geräte, nicht genutzte Grundstücke und/oder Gebäudeteile)
- geplante Neuinvestitionen besonders kritisch hinsichtlich der Notwendigkeit überprüfen.

Verhältnis Eigenkapital zur Bilanzsumme

Bei der Betrachtung der Passiv-Seite (Kapitalherkunft) wird sehr gern die Eigenkapitalquote ermittelt. Je höher der Anteil der eigenen Mittel am Gesamtkapital eines Unternehmens ist, um so weniger ist das Unternehmen von fremdem Willen abhängig und beeinflußbar. Je höher das Eigenkapital, desto geringer sind die Fremdkapitalzinsen und der Liquiditätsabfluß durch Tilgungen. Ein hohes Eigenkapital ist besonders in Krisenzeiten (Auftragsmangel, starker Konkurrenzdruck, Preiskampf, hohes Zinsniveau) wichtig. Ein hohes Eigenkapital begünstigt die Stabilität des Unternehmens. Bei einer hohen

Betriebswirtschaftliche Auswertung

Eigenkapitalausstattung sind Banken zu Zugeständnissen bei Zinsverhandlungen bereit und helfen in Situationen, wo Eile geboten ist, auch unbürokratisch.

Eigenkapitalquote Betrieb Fleißigmann:

$$\frac{\text{Eigenkapital 1.1.}}{\text{Bilanzsumme 1.1.}} = \frac{\text{DM 140 400,-}}{\text{DM 487 900,-}} = 0{,}29$$

$$\frac{\text{Eigenkapital 31.12.}}{\text{Bilanzsumme 31.12.}} = \frac{\text{DM 166 540,-}}{\text{DM 658 460,-}} = 0{,}25$$

Schon am 1. 1. war die Eigenkapitalquote des Betriebes nicht sonderlich hoch. Per 31. 12. ist eine weitere Verschlechterung festzustellen. Die Abhängigkeit des Unternehmens von Fremdkapital hat stark zugenommen. Bei einer zu geringen Eigenkapitalquote bzw. bei einem starken Abfall des Eigenkapitals können z. B. folgende Maßnahmen ergriffen werden:

Maßnahmen bei zu geringer Eigenkapitalquote

- Einlagen aus dem Privatvermögen
- Privatentnahmen sollten geringer als der Gewinn sein (Selbstfinanzierung)
- Aufnahme eines Gesellschafters (schafft aber andere Abhängigkeiten)
- Abbau von zu hohen Materialbeständen, zu hohem Anlagevermögen, zu hohen Außenständen (Forderungen) und durch den Geldzufluß Abbau des Fremdkapitals.

Kundenforderungen

Ein besonders wichtiger Posten im Umlaufvermögen sind die Forderungen. In dem obigen Zeitvergleich sind die Kundenforderungen absolut wie relativ gefallen. Dies ist eine erfreuliche Entwicklung, da Kundenforderungen entweder durch die Verringerung der eigenen liquiden Mittel (Kasse, Bankguthaben usw.) oder durch fremde Mittel finanziert werden müssen. Dies wird deutlich, wenn man sich vorstellt, daß der Betrieb bei der Erstellung der Leistung für den Kunden Ausgaben für Material, Personal usw. hatte. Zu hohe Forderungen schmälern also entweder die eigenen Barmittel und/oder vergrößern die Schulden bei den Lieferanten oder den Kreditinstituten. Die Liquidität würde bei zu hohen Kundenforderungen verringert und unsere Abhängigkeit zu Lieferanten und Banken wird vergrößert. Bei hohen Kundenforderungen erhöht sich auch das Ausfallrisiko. In der Regel hat z. B. ein Friseurbetrieb oder eine Bäckerei kaum hohe Forderungen, weil in diesen Handwerkszweigen das Bargeschäft überwiegt. Bauhandwerker müssen allerdings damit rechnen, daß die Forderungen 2-3 Monatsumsätze betragen. Die Höhe der Kundenforderungen sollte dem Branchendurchschnitt entsprechen. In Handwerksbranchen mit geringen Barumsätzen sollte die Entwicklung der Forderungen durch die Kennzahl der Forderungsintensität (Verhältnis Kundenforderung zu Bilanzsumme) beobachtet werden.

Wird eine negative Entwicklung festgestellt oder liegen die Forderungen über dem Branchendurchschnitt, dann können z. B. folgende Maßnahmen ergriffen werden:

- laufende/regelmäßige Rechnungserstellung[1] (korrekte Stundenzettel, Materialscheine)

---

[1] Gerade in kleinen Handwerksbetrieben kommt es vor, daß der Inhaber die Rechnungserstellung „vor sich herschiebt". Oft werden dann erst zum Jahresende oder im Januar des Folgejahres die Rechnungen für die Leistungen der letzten Wochen oder sogar Monate geschrieben. Dann ist es kein Wunder, wenn in der Bilanz ein hoher Forderungsbestand ausgewiesen wird.

- schriftliche Auftragsbestätigungen, Auftragserweiterungen schriftlich bestätigen lassen
- Kundenreklamationen nachgehen
- bei größeren Aufträgen Abschlagszahlungen vereinbaren und anfordern, vorher Bonität des Kunden überprüfen
- Mahnwesen wirksamer gestalten.

Materialbestand Die Verarbeitung/Bearbeitung von Materialien ist im Handwerk grundsätzlich unerläßlich zur Erstellung der Leistung. Deshalb muß der Handwerksbetrieb die zur Leistungserstellung erforderlichen Materialien vorhalten/bevorraten. Ein zu hoher Materialbestand bindet Kapital. Auch geht bei einem zu hohen Bestand häufig die Übersicht verloren. Die Kosten der Lagerhaltung (Personal/Raumkosten) steigen. In der heutigen Zeit ist eine auftragsbezogene Materialbestellung kein Problem mehr, da die Lieferanten Material und Waren häufig innerhalb weniger Tage liefern können. Lediglich Kleinmaterial und Material mit hohem Umschlag sollte bevorratet werden. Handwerksbetriebe, die sehr werthaltige Materialien oder branchenbedingt einen wertmäßig hohen Materialbestand vorhalten, sollten den Stand und die Entwicklung des Materialbestandes über die Ermittlung einer Kennziffer beobachten. Die Kennziffer Materialintensität (durchschnittlicher Waren- bzw. Materialbestand: Bilanzsumme) ist hierfür geeignet. Wenn ein zu hoher Materialbestand festgestellt wird, dann sind folgende Maßnahmen zu ergreifen und Überlegungen anzustellen:

- Wie ordentlich ist die Lagerhaltung des Betriebes?
- Erfolgt ein auftragsbezogener Einkauf?
- Werden regelmäßig Preise von verschiedenen Lieferanten eingeholt?
- Werden zu hohe Mindestbestände vorgehalten?
- Wird bei der Planung der Auftragsdurchführung der Materialbedarf möglichst konkret geplant?

halbfertige Arbeiten Gerade im Bauhandwerk ist es oft unvermeidlich, daß zum Bilanzstichtag nicht alle angefangenen Arbeiten beendet und abgerechnet sind. Wird im Rahmen der Bilanzanalyse festgestellt, daß die halbfertigen Arbeiten zunehmen oder über dem Branchendurchschnitt liegen, kann dies auf eine mangelnde Koordination der Auftragsabwicklung zurückgeführt werden. Die Rechnung bzw. Schlußrechnung kann aber erst erstellt werden, wenn die Arbeit auftragsgemäß abgeschlossen ist. Gerade in der heutigen Zeit halten die Kunden oft mit dem Hinweis auf noch auszuführende Restarbeit die Zahlung zurück oder zahlen vorerst nur einen reduzierten Betrag. Dies kann den Betrieb in schwere Liquiditätsprobleme bringen. Es sollten also angefangene Arbeiten zügig fertiggestellt und die Rechnung bzw. Schlußrechnung zügig geschrieben werden.

Auch beim Betrieb Fleißigmann hat sich der Bestand an halbfertigen Arbeiten von DM 5 000,- auf DM 18 000,- bzw. von 1 % auf 2,8 % (Basis Bilanzsumme) erhöht. Herr Fleißigmann sollte also im Rahmen seiner Bilanzanalyse die Ursachen hierfür suchen.

liquide Mittel Unter liquiden Mitteln versteht man das Vermögen, welches sofort oder ohne besondere Vorkehrungen zu Zahlungszwecken zur Verfügung steht. Dazu zählen insbesondere der Bestand an Bargeld (Kassenbestand) sowie Bankguthaben.

Wegen der außerordentlichen Bedeutung der Zahlungsfähigkeit des Betriebes wird im Abschnitt 2. 5 hierauf noch gesondert eingegangen. Hier soll aber schon festgestellt werden, daß sich die liquiden Mittel des Betriebes Fleißigmann im Betrachtungszeitraum von DM 25 100,- (5,1 %) auf zirka DM 2 100,- (0,3 %) verringert haben. Die Verschlechterung der Liquidität ist zu kritisieren. Folgende Maßnahmen könnten z. B. wieder zu einer Verbesserung führen:

- Barmittelzuführung aus dem privaten Bereich (Privateinlage)
- Abbau der Kundenforderungen, Reduzierung zu hoher teilfertiger Arbeiten, Abbau zu hoher Materialbestände, Verkauf von nicht betriebsnotwendigem Anlagevermögen.

Aber auch ein zu hoher Bestand an liquiden Mitteln, also Überliquidität des Unternehmens, ist nicht ratsam. Ein zu hoher Kassen- und Bankbestand sollte durch eine Privatentnahme auf das betriebsnotwendige Maß herabgesetzt und zinsgünstig im Privatvermögen angelegt werden. Sollten später wieder vom Betrieb liquide Mittel benötigt werden, dann können diese problemlos aus dem Privatvermögen zur Verfügung gestellt werden.

Struktur des Fremdkapitals

Die Zusammensetzung des Fremdkapitals (Bilanzsumme ./. Eigenkapital = Fremdkapital) ist nicht unwichtig für den Betrieb. Es ist nicht gleichgültig, ob es sich etwa um Lieferantenverbindlichkeiten, Kontokorrentkredit, Kundenvorauszahlungen oder Darlehen handelt. Lieferantenverbindlichkeiten und Kontokorrentkredit erfordern die Bereitstellung von flüssigen Mitteln, da diese in der Regel schnell bezahlt bzw. zurückgezahlt werden müssen. Anzahlungen von Kunden werden durch Betriebsleistungen abgegolten. Darlehen verursachen dagegen lediglich Zins- und Tilgungsleistungen zu fest vereinbarten Terminen. Auch können Lieferantenverbindlichkeiten und Kontokorrentkredite als relativ teures Fremdkapital bezeichnet werden. Der Unternehmer sollte somit darauf achten, daß möglichst wenig sofort und kurzfristig fälliges Fremdkapital beansprucht wird. Dies kann dadurch erreicht werden, daß möglichst wenig Kapital im Anlagevermögen und Umlaufvermögen der Aktivseite gebunden wird.

2.4 Eigenkapitalentwicklung

Eigenkapitalentwicklung

Die Eigenkapitalentwicklung zeigt, um wieviel das Eigenkapital zwischen zwei Bilanzstichtagen zu- oder abgenommen hat. Weiterhin soll diese Berechnung zeigen, worauf diese Zu- oder Abnahme zurückzuführen ist. Wie schon ausgeführt, ist es sinnvoll für den Unternehmer, seinen Betrieb mit möglichst viel Eigenkapital auszustatten. Der Unternehmer, der nach einer möglichst hohen Unabhängigkeit von fremden Geldgebern strebt, sollte darauf achten, daß sein Eigenkapital von Jahr zu Jahr wächst. Die Buchführungsaufgabe Fleißigmann (→ S. 85) zeigt folgende Entwicklung des Eigenkapitals zwischen dem 1. 1. und dem 31. 12.:

Eigenkapitalentwicklung:

Eigenkapital am 1. 1. (→ S. 93)	DM 140 400,-
+ steuerlicher Gewinn/./. steuerlicher Verlust (→ S. 96)	DM 111 847,47
= Zwischensumme I	DM 252 247,47
./. Privatentnahmen	DM 93 128,32
= Zwischensumme II	DM 159 119,15
+ Privateinlagen	DM 7 420,-
neues Eigenkapital am 31. 12. (→ S. 100)	DM 166 539,15

Betriebswirtschaftliche Auswertung

Das Eigenkapital hat sich im Laufe des Jahres um DM 26 139,15 erhöht. Zurückzuführen ist dieses auf einen Gewinn von DM 111 847,47 und auf eine im Verhältnis zu dem erzielten Gewinn nicht zu hohe Privatentnahme von DM 93 128,32. Außerdem wurde noch eine Einlage von DM 7 420,- geleistet.

Angemessenheit der Entnahmen

Saldiert man Entnahmen und Einlagen, sind dem Betrieb insgesamt DM 85 708,32 entzogen worden. Bei der Frage, ob die Privatentnahmen in einem gesunden Verhältnis zu dem erwirtschafteten Gewinn stehen, muß der Saldo aus Privatentnahmen/Privateinlagen zum erwirtschafteten Gewinn gesehen werden. Bei der Beurteilung, ob die Privatentnahmen angemessen sind, spielen aber auch noch andere Faktoren eine Rolle, z. B.:
- Sind in absehbarer Zeit große Investitionen vorgesehen?
- Wie groß ist die Abhängigkeit von fremdem Kapital (Verhältnis Eigenkapital zu Fremdkapital)?
- Wie sind die Erwartungen hinsichtlich der konjunkturellen oder branchenbezogenen Entwicklung?

hohe Privatentnahmen

Bei relativ hohen Privatentnahmen ist es ratsam, noch eine Aufgliederung der Privatentnahmen der Eigenkapitalentwicklung beizufügen. Denn die Erläuterung der Privatentnahmen läßt Rückschlüsse auf eine solide oder unsolide Führung des Unternehmens oder auf eine angemessene oder unangemessene Lebensführung des Unternehmers zu. Besonders wenn die Bilanz bei einem Kreditantrag einer Bank vorgelegt werden muß, empfiehlt es sich, die Privatentnahmen aufzugliedern. Hohe Privatentnahmen werden nämlich nicht negativ beurteilt, wenn sie durch Steuerzahlungen, Steuernachzahlungen, Geldanlagen im privaten Sektor, angemessene Zahlungen für Lebensversicherungen und Krankenvorsorge verursacht wurden. Wenn aber ein großer Teil hoher Privatentnahmen im Bereich „Lebensunterhalt und sonstige Privatentnahmen" angefallen ist, dann wird sich das bei einem Gespräch mit der Bank eher negativ auswirken.

Die Privatentnahmen der Übungsaufgabe Dezember setzen sich wie folgt zusammen:

Aufgliederung Privatentnahme

Privatentnahmen Dezember

Einkommensteuer und Kirchensteuer		DM 2 180,-
Privatnutzung Kfz (1/12 v. DM 2 346,-)		DM 195,50
Haushaltsführung		
a) Barentnahme	DM 4 800,-	
b) Eigenverbrauch (1/12 v. DM 2 070,-)	DM 172,50	DM 4 972,50
insgesamt		DM 7 348,-

Gewinne und Privateinlagen vermehren das Eigenkapital. Verluste und Privatentnahmen vermindern das Eigenkapital.

Bei einem Verlust wächst das Eigenkapital nur, wenn die Einlagen größer als die Summe aus Verlust und Entnahmen sind.

Ein betriebswirtschaftlich sinnvolles Anwachsen des Eigenkapitals liegt vor, wenn sich das Eigenkapital vermehrt hat, weil ein Gewinn vorlag und die Entnahmen - nach Abzug der Einlagen - kleiner als der Gewinn waren. Die Höhe der Entnahmen hat sich also in erster Linie an der Höhe des Gewinns auszurichten.

Beispiel für eine nicht sinnvolle Eigenkapitalentwicklung

Eine betriebswirtschaftlich wenig sinnvolle Eigenkapitalentwicklung soll folgendes Beispiel für einen Monat Januar zeigen:

Eigenkapitalentwicklung

Eigenkapital am 1. 1.	DM 100 000,-
./. Verlust	DM 10 000,-
Zwischensumme I	DM 90 000,-
./. Privatentnahme	DM 6 000,-
Zwischensumme II	DM 84 000,-
+ Privateinlage	DM 20 000,-
Eigenkapital am 31. 1.	DM 104 000,-

Privateinlagen lassen also bei einem Verlust und einer Privatentnahme das Eigenkapital noch wachsen, wenn sie die Summe von Verlust und Privatentnahmen übersteigen.

2.5 Liquiditätsberechnung

Liquidität = Zahlungsfähigkeit

Die Liquiditätsberechnung dient der Ermittlung der Zahlungsfähigkeit des Betriebes. Ein Betrieb ist dann liquide, wenn er jederzeit für die fälligen Zahlungsverpflichtungen Zahlungsmittel zur Verfügung hat. Die Schaffung und Erhaltung der Liquidität ist eine der wichtigsten unternehmerischen Aufgaben des selbständigen Handwerkers. Ist die Liquidität nicht gegeben (= Illiquidität), dann ist für den Betrieb damit mindestens ein hoher Verlust des Ansehens verbunden, denn kein Gläubiger (Banken/Lieferanten/Finanzamt/Krankenkassen) wartet gern auf sein Geld. Selbst wenn dann mit Verspätung noch gezahlt wird, leidet das Image des Unternehmens noch lange Zeit.

Lieferanten neigen bei „schlechten Zahlern" dazu, diesen Material nur gegen Barzahlung oder nur zu schlechten Konditionen (Risikoaufschlag) zu verkaufen. Der Verhandlungsspielraum für Rabatte, Boni und sonstige Preiszugeständnisse sowie eine eventuell notwendige bevorzugte Belieferung usw. ist dann häufig nicht mehr gegeben. Noch viel schlimmer ist aber z. B. die Tatsache, daß einige öffentliche Einrichtungen auf Grund von bestehenden Verwaltungsrichtlinien dazu gezwungen sind, Zwangsvollstreckungen durchzuführen, wenn die Schulden eines Unternehmens zu hoch geworden sind. Insbesondere die Krankenkassen, Berufsgenossenschaften und Finanzämter gehen häufig sehr schnell und rigoros (Zwangsvollstreckung) gegen säumige Zahler vor. Illiquidität wird in der Geschäftswelt relativ schnell bekannt. Hierdurch werden dann andere Gläubiger, die bisher Zahlungsaufschub gewährt haben, unruhig und fordern die sofortige Zahlung. Die Spirale bis hin zum Konkurs ist in Gang gesetzt worden. Geschäftsführer von Kapitalgesellschaften sind sogar durch Gesetz verpflichtet, einen Konkursantrag zu stellen, wenn die Zahlungsfähigkeit des Betriebes nicht mehr gegeben ist.

Zu diesem Kapitel finden Sie die Aufgaben A 94 – A 131 im Band „Vorbereitung auf die Meisterprüfung – Test- und Übungsaufgaben".

Betriebswirtschaftliche Auswertung

2.5.1 Statische Liquiditätsberechnung

statische Liquiditätsberechnung

Die statische Liquiditätsberechnung zeigt, wie liquide ein Betrieb an einem bestimmten zurückliegenden Zeitpunkt war. Der Bilanzstichtag (in der Regel der 31. Dezember) ist der Zeitpunkt, für den regelmäßig die statische Liquiditätsberechnung durchgeführt wird. Vorwiegend Außenstehende (z. B. Banken) können durch eine statische Liquiditätsberechnung beurteilen, ob der Betrieb in der Vergangenheit an bestimmten Zeitpunkten liquide war und somit Rückschlüsse auf die unternehmerischen Fähigkeiten des Handwerksunternehmers ziehen. Eine einzige statische Liquiditätsberechnung sagt aber noch nicht viel aus, da nur ein Tag betrachtet wird. Aussagekräftiger wird die statische Liquiditätsberechnung, wenn für mehrere aufeinander folgende Jahre diese Berechnung als Zeitvergleich erstellt wird.

Liquidität 1. Grades

Liquidität 1. Grades

Bei der Ermittlung der Liquidität 1. Grades wird berechnet, ob für die sofort fälligen Verbindlichkeiten genügend sofort verfügbare Mittel zur Verfügung stehen. Am Beispiel des Betriebes Fleißigmann (Stichtag 31. 12.) soll eine solche Berechnung verdeutlicht werden:

Sofort verfügbare Mittel
Bankguthaben   DM 1 300,-
Postgiroguthaben   DM   40,-
Kassenbestand   DM   730,-
Gesamt: DM 2 070,-

Sofort fällige Verbindlichkeiten
Lieferantenverbindlichkeiten   DM 83 680,-
Treuhandkonto   DM 12 830,-
Mehrwertsteuer   DM 1 160,-
Gesamt: ./. DM 97 670,-
= Unterdeckung: DM 95 600,-

Die Berechnung der Liquidität 1. Grades ergibt eine erschreckend hohe Unterdeckung von DM 95 600. Die Ursache hierfür liegt ganz offensichtlich in den hohen Lieferantenverbindlichkeiten. Grundsätzlich sollte die Lieferung und Bezahlung von Materialien „Zug um Zug" erfolgen. In der Praxis wird aber regelmäßig ein Zahlungsziel von 8 Tagen gewährt. Wer ein längeres Zahlungsziel (üblich bis zu 30 Tage) in Anspruch nimmt, kann vom Rechnungsbetrag kein Skonto mehr abziehen. Der Großhändler/Lieferant beobachtet sehr genau, wann seine Kunden die Rechnungen begleichen.

Ein Kunde, der regelmäßig das Zahlungsziel ausnutzt, wird bei Verhandlungen mit dem Lieferanten nicht bevorzugt behandelt. Ein Kunde, der regelmäßig „mit Skonto" zahlt, hat eine wesentlich stärkere Verhandlungsposition, da er als liquide angesehen wird. Außerdem ist die Ausnutzung von Skonto sehr lukrativ. Man könnte natürlich die Lieferantenverbindlichkeiten hinsichtlich der genauen Fälligkeit noch aufteilen. In der Praxis der Bilanzanalyse werden die Lieferantenverbindlichkeiten aber grundsätzlich als sofort fällige Verbindlichkeiten (innerhalb von 10 Tagen) angesehen.

Maßnahmen zur Verbesserung der Liquidität 1. Grades

Folgende Maßnahmen könnten die Illiquidität beseitigen:
- Privateinlage
- Aufnahme eines mindestens kurzfristigen Kredites, mit dem z. B. die Lieferantenschulden reduziert werden könnten

Betriebswirtschaftliche Auswertung

- Umwandlung einer Lieferantenschuld in eine Darlehensschuld/Wechselschuld
- Abbau der Forderungen
- Abbau des Warenbestandes
- Verkauf nicht betriebsnotwendigen Anlagevermögens.

Aufgrund dieses schlechten Ergebnisses entschließt sich Herr Fleißigmann auch noch die Liquidität 2. und 3. Grades zu berechnen. Um die Entwicklung zu erkennen und besser beurteilen zu können, entschließt sich Herr Fleißigmann, die Liquidität 2. und 3. Grades sofort als Zeitvergleich (auch interner Betriebsvergleich genannt) durchzuführen.

Liquidität 2. Grades

Liquidität 2. Grades
Bei der Liquidität 2. Grades werden die sofort und kurzfristig fälligen Verbindlichkeiten den sofort und kurzfristig verfügbaren Mitteln gegenübergestellt.

Beispiel: Liquidität 2. Grades als interner Betriebsvergleich (Zeitvergleich) zwischen dem 1. Januar und dem 31. Dezember

	1. Januar		31. Dezember	
	DM	DM	DM	DM
Kurzfristig verfügbare Mittel (ab 10 Tage bis 3 Monate)				
Kundenforderungen	118 700,-		101 010,-	
sonstige kurzfristige Forderungen	0,-		180,-	
Sofort verfügbare Mittel				
Bankguthaben	21 200,-		1 300,-	
Postgiroguthaben	1 100,-		40,-	
Kassenbestand	2 800,-		730,-	
Summe sofort und kurzfristig verfügbarer Mittel		143 800,-		103 260,-
Kurzfristig fällige Verbindlichkeiten (ab 10 Tage bis 3 Monate)				
sonstige kurzfristige Verbindlichkeiten	3 720,-		15 800,-	
Sofort fällige Verbindlichkeiten (fällig innerhalb von 10 Tagen)				
Lieferantenverbindlichkeiten	94 400,-		83 680,-	
Treuhandkonto	8 980,-		12 830,-	
Mehrwertsteuer	2 700,-		1 160,-	
Summe sofort und kurzfristig fälliger Verbindlichkeiten		–109 800,-		–113 470,-
Überdeckung		34 000,-		
Unterdeckung				10 210,-

Betriebswirtschaftliche Auswertung

Man addiert also alle innerhalb der nächsten 3 Monate fälligen Verbindlichkeiten und stellt diesen die Summe der innerhalb der nächsten 3 Monate ab Bilanzstichtag verfügbaren Mittel gegenüber.

Vergleicht Herr Fleißigmann die Entwicklung der Liquidität 2. Grades vom 1. Januar bis zum 31. Dezember, so muß er feststellen, daß am Anfang des Jahres noch eine zufriedenstellende Überdeckung vorlag, die sich aber bis zum Ende des Jahres zu einer Unterdeckung entwickelt hat. Die Ursache hierfür liegt eindeutig in dem starken Abfall der sofort verfügbaren Mittel, die von DM 25 100,- auf nur noch zirka DM 2 100,- abgenommen haben. Ebenfalls haben die kurzfristig verfügbaren Mittel abgenommen, während die Summe der sofort und kurzfristig fälligen Verbindlichkeiten nahezu gleich geblieben ist. Spätestens jetzt denkt Herr Fleißigmann über geeignete Maßnahmen zur Beseitigung der Unterdeckung nach.

Maßnahmen zur Herstellung der Liquidität 2. Grades

Folgende Maßnahmen könnten helfen:
- Privateinlage
- Aufnahme eines mindestens mittelfristigen Darlehens, mit dem z. B. die Lieferantenschulden reduziert werden könnten
- Umwandlung einer Lieferantenschuld in eine Darlehensschuld
- Reduzierung der Privatentnahmen. Damit kann über einen bestimmten Zeitraum die Liquidität wieder hergestellt werden. Allerdings muß dann auch ein ausreichend hoher Gewinn erzielt werden, denn die Wiederherstellung der Liquidität muß schnell erfolgen.
- Abbau des Warenbestandes
- Verkauf nicht betriebsnotwendigen Anlagevermögens.

Liquidität 3. Grades

Liquidität 3. Grades

Zur Vervollständigung der Liquiditätsberechnung wird regelmäßig noch die Liquidität 3. Grades ermittelt. Hierbei werden zusätzlich noch die mittelfristig fälligen Verbindlichkeiten und die mittelfristig verfügbaren Mittel mit in die Berechnung einbezogen.

Beispiel: Liquidität 3. Grades als interner Betriebsvergleich (Zeitvergleich) zwischen dem 1. Januar und dem 31. Dezember

	1. Januar		31. Dezember	
	DM	DM	DM	DM
Mittelfristig verfügbare Mittel (ab 4 bis 48 Monate)				
Materialbestand	28 100,-		44 000,-	
teilfertige Arbeiten	5 000,-		18 000,-	
Kurzfristig verfügbare Mittel (ab 10 Tage bis 3 Monate)				
Kundenforderungen	118 700,-		101 010,-	
sonstige kurzfristige Forderungen	0,-		180,-	

Betriebswirtschaftliche Auswertung

	1. Januar		31. Dezember	
	DM	DM	DM	DM
Sofort verfügbare Mittel				
Bankguthaben	21 200,-		1 300,-	
Postgiroguthaben	1 100,-		40,-	
Kassenbestand	2 800,-		730,-	
Summe sofort, kurz- und mittelfristig verfügbare Mittel		176 900,-		165 260,-
Mittelfristig fällige Verbindlichkeiten (ab 4 bis 48 Monate)				
Gewerbesteuerrückstellung	0,-		6 000,-	
Kurzfristig fällige Verbindlichkeiten (ab 10 Tage bis 3 Monate)				
sonstige kurzfristige Verbindlichkeiten	3 720,-		15 800,-	
Sofort fällige Verbindlichkeiten (fällig innerhalb von 10 Tagen)				
Lieferantenverbindlichkeiten	94 400,-		83 680,-	
Treuhandkonto	8 980,-		12 830,-	
Mehrwertsteuer	2 700,-		1 160,-	
Summe sofort, kurz- und mittelfristig fällige Verbindlichkeiten		– 109 800,-		– 119 470,-
Überdeckung		67 100,-		45 790,-
Unterdeckung				

Die Liquidität 3. Grades ist gegeben. Maßnahmen sind hier nicht zu ergreifen, denn es ist für den 1. Januar eine Überdeckung von DM 67 100,- und für den 31. Dezember eine Überdeckung von DM 45 790,- festzustellen. Trotzdem bleibt die sehr wichtige Aufgabe für Herrn Fleißigmann, zumindest die Liquidität 2. Grades schnell herzustellen.

Zu diesem Kapitel finden Sie die Aufgaben A 94 – A 131 im Band „Vorbereitung auf die Meisterprüfung – Test- und Übungsaufgaben".

2.5.2 Dynamische Liquiditätsberechnung (Finanzplan)

Schon im vorhergehenden Abschnitt zur statischen Liquiditätsberechnung wurde ausgeführt, wie wichtig die ständige Zahlungsfähigkeit (Liquidität) eines Unternehmens ist. Der Betrieb muß jederzeit in der Lage sein, mit den vorhandenen Zahlungsmitteln (Kassenbestand, Bankguthaben und gegebenenfalls auch Dispositionkredit usw.) seine fälligen Verbindlichkeiten (Warenrechnungen, Lohnzahlungen, Mieten usw.) bezahlen zu können. Ein Mangel der im Abschnitt 2.5.1 vorgestellten statischen Liquiditätsberechnung ist dadurch gegeben, daß diese immer eine Vergangenheitsbetrachtung ist. Selbst wenn der Unternehmer direkt nach Erstellung der Bilanz die Liquidität 1. bis 3. Grades ermittelt, rechnet er mit Zahlen der Vergangenheit. Ein Unternehmer muß aber insbesondere auch vorausschauende Überlegungen anstellen. So ist z. B. immer die Frage zu stellen, ob das Unternehmen in der Zukunft in der Lage ist, den fälligen Zahlungsverpflichtungen nachkommen zu können. Bei der Beantwortung dieser Frage hilft die dynamische Liquiditätsberechnung. In der Umgangssprache des Kaufmanns wird die dynamische Liquiditätsberechnung auch Finanzplan genannt. Der Finanzplan stellt die voraussichtlichen Ausgaben (Geldabflüsse) den voraussichtlichen Einnahmen (Geldzuflüsse) und den zu Beginn des Planungszeitraumes vorhandenen liquiden Mitteln gegenüber.

Mangel der statischen Liquiditätsberechnung

dynamische Liquiditätsberechnung = Finanzplan

Der Finanzplan ist eine Vorausschau/Prognose für einen bestimmten Zeitraum. So sollte in einem Handwerksunternehmen zum Ende eines laufenden Monats für den nächsten Monat ein Finanzplan erstellt werden. Ergänzt werden sollte ein solcher aktueller Finanzplan durch einen kurzfristigen Finanzplan (3 Monate). Ist eine solche Finanzplanung einmal vorhanden, so wird diese regelmäßig angepaßt und ergänzt. Es kann dann von einer rollierenden Finanzplanung gesprochen werden.

Konkret bedeutet dies: Ende Dezember wird der Finanzplan für den Monat Januar aufgestellt. Gleichzeitig wird aber auch eine solche Vorausschau für die Monate Februar und März aufgestellt. Ende Januar wird dann der Finanzplan für Februar bis April aufgestellt. Da ein Finanzplan zukunftsbezogen ist, werden die voraussichtlichen Einnahmen und Ausgaben geschätzt. Je näher der Planungszeitraum beim Zeitpunkt der Erstellung des Planes liegt, desto genauer kann die Schätzung sein. Deshalb sind mittelfristige Finanzplanungen (bis 1 Jahr) und langfristige Finanzplanungen (bis 5 Jahre) in der Regel ungenauer als die kurzfristige Finanzplanung. Es werden nicht immer alle Schätzungen eintreten. Je länger ein Unternehmen aber die Finanzplanung betreibt, um so besser ist es in der Lage, die voraussichtlichen Einnahmen und Ausgaben abzuschätzen.

Aufgabe der Finanzplanung ist es, eine drohende Illiquidität zu erkennen. Droht eine Unterdeckung (Ausgaben höher als Einnahmen), dann ist der Unternehmer noch in der Lage, Gegenmaßnahmen einzuleiten.

Anmerkungen zum nachfolgenden Finanzplan:
Grundsätzlich ist eine Handwerkerrechnung sofort fällig. Dem Kunden wird natürlich zugestanden, die Rechnung zu prüfen. Weiterhin muß ein bestimmter Zeitraum für den Zahlungsweg berücksichtigt werden. Somit könnte man mit dem Eingang der Forderungen innerhalb von 10 – 14 Tagen rechnen. Aus diesem Grund könnte man den gesamten Forderungsbestand per 31. 12. (= DM 101 010,-) als Einnahme in den Finanzplan einbringen. Die Praxis sieht aber leider etwas anders aus, so daß Herr Fleißigmann den Eingang mit nur

Betriebswirtschaftliche Auswertung

DM 80 000,- annimmt. Größere Verzögerungen beim Geldeingang können insbesondere im Bauhandwerk durch die Überprüfung der Rechnungen durch Architekten, Planungsingenieure usw. entstehen.

Beispiel: Finanzplan auf Basis des Jahresabschlusses des Betriebes Fleißigmann

Finanzplan für den Monat Januar

vorhandene liquide Mittel; voraussichtliche Einnahmen und Einlagen		voraussichtliche Ausgaben und Entnahmen	
I. vorhandene liquide Mittel		I. Zahlungen für Anschaffungen AV/ Aufstockung UV	
Kassenbestand (s. Bilanz)	DM 730,-	Anlagevermögen	
Postgiro (s. Bilanz)	DM 40,-	Kauf einer Maschine	DM 46 000,-
Bankguthaben (s. Bilanz)	DM 1 300,-	Umlaufvermögen Aufstockung Materiallager	DM 5 000,-
II. voraussichtliche Einnahmen		II. Zahlung von Verbindlichkeiten	
Eingang Kundenforderungen	DM 80 000,-	Darlehenstilgung	DM 7 125,-
Eingang sonstige Forderungen	DM 180,-	sonstige kurzfristige Verbindlichkeiten	DM 14 000,-
Einnahmen aus Barumsätzen	DM 2 000,-	Lieferantenverbindlichkeiten	DM 83 680,-
....	DM 0,-	Treuhandkonto	DM 12 830,-
		Mehrwertsteuer	DM 1 160,-
III. Kreditaufnahme		III. laufende Betriebsausgaben	
Darlehen	DM 0,-	Löhne und Gehälter (netto)	DM 13 000,-
		Zinsen	DM 0,-
		Strom, Gas, Wasser usw.	DM 900,-
		Steuern/Geb./ Vers./Beitr.	DM 500,-
		Kfz-Kosten	DM 1 000,-
		sonstige Kosten	DM 3 000,-
IV. geplante Einlagen		IV. Privatentnahmen	
Einlage	DM 0,-	Bar für Lebensführung	DM 2 500,-
		Entnahme für Alters- und Krankenvorsorge	DM 1 500,-
		sonstiges	DM 0,-
Summe Einnahmen	DM 84 250,-	Summe Ausgaben	DM 192 195,-
Saldo (Fehlbetrag)	DM 107 945,-	Saldo (Überschuß)	DM 0,-
	DM 192 195,-		DM 192 195,-

Weiterhin sei darauf hingewiesen, daß in der Praxis häufig im Finanzplan nicht die Gesamtsumme der Forderungen (bzw. ein etwas geringerer Teilbetrag) und die Gesamtsumme der Verbindlichkeiten angegeben werden. Die Einnahmen durch die Forderungen werden häufig nur mit dem Betrag angesetzt, um den sich die Forderungen insgesamt voraussichtlich verringern werden. Bei den Ausgaben für die Begleichung der Verbindlichkeiten wird ebenfalls dann nur der Betrag angegeben, um den man eine Gesamtverringerung plant.

Ergebnis:

Es ist eine sehr große Unterdeckung festzustellen. Herr Fleißigmann entschließt sich zu folgenden Maßnahmen, um die Unterdeckung zu beseitigen:

Maßnahmen zur Beseitigung der drohenden Unterdeckung

- Der Kauf der Maschine wird bis auf weiteres verschoben.
- Die Aufstockung des Materiallagers kann unterbleiben.
- Herr Fleißigmann wird mit seiner Hausbank über die Gewährung eines mittelfristigen Krediten verhandeln, da auch der Finanzplan für Februar und März keine deutliche Besserung aufzeigt.
- Für April erwartet Herr Fleißigmann eine deutliche Entspannung. Er will deshalb im Januar eine Lieferantenschuld in Höhe von DM 20 000,- in eine Wechselschuld umwandeln. Diese würde dann im April fällig, weshalb sie dann dort als Ausgabe im Finanzplan berücksichtigt werden muß.
- Ersparnisse in Höhe von DM 8 000,- können als Privateinlage noch eingebracht werden.

Der Finanzplan sieht dann wie folgt aus:

Finanzplan für den Monat Januar

vorhandene liquide Mittel; voraussichtliche Einnahmen und Einlagen	voraussichtliche Ausgaben und Entnahmen
I. **vorhandene liquide Mittel** Kassenbestand (s. Bilanz) DM 730,- Postgiro (s. Bilanz) DM 40,- Bankguthaben (s. Bilanz) DM 1 300,-	I. Zahlungen für Anschaffungen AV/ Aufstockung UV Anlagevermögen Kauf einer Maschine DM 0,- Umlaufvermögen Aufstockung Materiallager DM 0,-
II. **voraussichtliche Einnahmen** Eingang Kundenforderungen DM 80 000,- Eingang sonstiger Forderungen DM 180,- Einnahmen aus Barumsätzen DM 2 000,- .... DM 0,-	II. Zahlung von Verbindlichkeiten Darlehenstilgung DM 7 125,- sonstige kurzfristige Verbindlichkeiten DM 14 000,- Lieferantenverbindlichkeiten DM 63 680,-[1] Treuhandkonto DM 12 830,- Mehrwertsteuer DM 1 160,-

---

[1] Lieferantenverbindlichkeiten DM 83 680,-
  ./. davon umgewandelt in Wechselschuld DM 20 000,-
  = verbleiben zur Zahlung DM 63 680,-

Finanzplan für den Monat Januar (Fortsetzung)

vorhandene liquide Mittel; voraussichtliche Einnahmen und Einlagen			voraussichtliche Ausgaben und Entnahmen		
III. Kreditaufnahme			III. laufende Betriebsausgaben		
Darlehen	DM	30 000,-	Löhne und Gehälter (netto)	DM	13 000,-
			Zinsen	DM	0,-
			Hilfs- und Betriebsstoffe Strom, Gas, Wasser usw.	DM	900,-
			Steuern/Geb./ Vers./Beitr.	DM	500,-
			Kfz-Kosten	DM	1 000,-
			sonstige Kosten	DM	3 000,-
IV. geplante Einlagen			IV. Privatentnahmen		
Einlage	DM	8 000,-	Bar für Lebensführung	DM	2 500,-
			Entnahme für Alters- und Krankenvorsorge	DM	1 500,-
			sonstiges	DM	0,-
Summe Einnahmen	DM	122 250,-	Summe Ausgaben	DM	121 195,-
Saldo (Fehlbetrag)	DM	0,-	Saldo (Überschuß)	DM	1 055,-
	DM	122 250,-		DM	122 250,-

2.6 Anlagedeckungsberechnung

Jedes Handwerksunternehmen benötigt Maschinen, Geräte, Einrichtungsgegenstände usw., um die Betriebsleistung zu erstellen. Fast immer müssen auch ein Grundstück und Gebäude genutzt werden.

Anlagevermögen Im Rahmen der Buchführung bzw. bei der Aufstellung der Bilanz werden diese Gegenstände als Anlagevermögen bezeichnet. Anlagevermögen ist das Vermögen, das langfristig im Betrieb verbleibt und genutzt wird. Das Anlagevermögen ist das Fundament für die betriebliche Leistungserstellung. Ein Finanzierungsgrundsatz besagt, daß Anschaffungen (z. B. Maschinen, Geräte usw.) mit Geldmitteln finanziert werden sollen, die über einen ähnlich langen Zeitraum zurückgezahlt werden, wie diese Anschaffung genutzt werden soll. Wenn man z. B. eine Maschine anschafft, die voraussichtlich zirka 10 Jahre genutzt werden kann, dann sollte man hierfür Finanzierungsmittel einsetzen, die in einem Zeitraum von zirka 8 – 10 Jahren zurückgezahlt werden. Der Kaufmann sagt, daß die Finanzierungsdauer und die Amortisationsdauer übereinstimmen müssen.

Warum wird dieser Grundsatz aufgestellt? Ausgaben für Maschinen und Geräte (Investitionen) werden über die Berücksichtigung der Abschreibungen im Rahmen der Kalkulation nach und nach wieder in den Betrieb hereingeholt. Ebenso werden auch die für den Kapitaleinsatz zu berücksichtigende

Folgen nicht ausreichender langfristiger Finanzierung

Zinsen in den Preis einkalkuliert. Wenn aber das Anlagevermögen mit kurz- oder mittelfristigem Fremdkapital finanziert wird (z. B. Kontokorrentkredit) und der Kredit gekündigt oder fällig wird, dann steht das Geld hierfür unter Umständen nicht zur Verfügung. Im Extremfall müßte dann der Unternehmer Gegenstände (Maschinen, Geräte, Waren usw.) verkaufen, um die gekündigten oder fälligen Kredite bezahlen zu können. Wenn in einem solchen Fall sogar ein Teil des Anlagevermögens (Maschinen, Einrichtung usw.) veräußert werden müßte, wird der betriebliche Produktionsapparat amputiert. Dies kann dann wieder bedeuten, daß der Umfang der betrieblichen Leistungserstellung eingeschränkt, unter Umständen sogar ganz eingestellt werden muß. Je besser der Betrieb mit langfristigem Kapital ausgestattet ist, desto stabiler ist er gegenüber Marktschwankungen, Konkurrenzdruck usw. (→ Kapitel „Finanzwirtschaftliche Aufgaben").

Die Anlagedeckungsrechnung überprüft, ob das Anlagevermögen mit Eigenkapital und/oder langfristigem Fremdkapital finanziert wurde. Das Ergebnis ist dann zufriedenstellend, wenn das dem Betrieb langfristig zur Verfügung stehende Kapital gleich bzw. größer ist als das Anlagevermögen.

2.6.1 Anlagedeckung I

Goldene Finanzierungsregel

Anlagedeckung I

Auch langfristiges Fremdkapital muß zurückgezahlt werden. Weiterhin müssen Zinsen gezahlt werden und es kann sogar vorkommen, daß Darlehensgeber bei der Unternehmensführung mitreden wollen. Deshalb spricht der Kaufmann von einer idealen Finanzierung, wenn das gesamte Anlagevermögen und noch ein Teil des Umlaufvermögens mit Eigenkapital finanziert sind. Wenn das Eigenkapital gleich oder größer als das Anlagevermögen ist, dann ist die Anlagedeckung I erreicht.

Am Beispiel des Betriebes Fleißigmann soll festgestellt werden, ob die Anlagedeckung I am 1. Januar und am 31. Dezember erreicht wurde:

Berechnungsmethoden

Subtraktionsmethode:

	Eigenkapital	am 1. 1.	DM 140 400,–
./.	Anlagevermögen	am 1. 1.	DM 311 000,–
	Anlagedeckung I	am 1. 1.	– DM 170 600,–
	Eigenkapital	am 31. 12.	DM 166 540,–
./.	Anlagevermögen	am 31. 12.	DM 492 100,–
	Anlagedeckung I	am 31. 12.	– DM 325 560,–

Weder am 1. Januar noch 31. Dezember war die Anlagedeckung I gegeben. Im Verlauf des Jahres ist das Anlagevermögen sogar noch stärker angestiegen als das Eigenkapital. Die Unterdeckung betrug am 1. Januar DM 170 600,– und am 31. Dezember sogar DM 325 560,–.

Divisionsmethode:

Wie bereits zu Einführung dieses Kapitels gesagt wurde, können relative Zahlen gerade im Zeitvergleich oder Branchenvergleich wesentlich brauchbarer sein, als absolute Zahlen. Deshalb wird die Anlagedeckung auch noch anders berechnet:

Betriebswirtschaftliche Auswertung

1. 1.
$$\frac{\text{Eigenkapital} \times 100}{\text{Anlagevermögen}} = \frac{\text{DM } 140\,400{,}- \times 100}{\text{DM } 311\,000{,}-} = 45{,}1\,\%$$

31. 12.
$$\frac{\text{Eigenkapital}}{\text{Anlagevermögen}} = \frac{\text{DM } 166\,540{,}- \times 100}{\text{DM } 492\,100{,}-} = 33{,}8\,\%$$

Die Anlagedeckung I wäre gegeben, wenn das Eigenkapital dem Anlagevermögen entsprechen würde – sich also ein Wert von 100 % ergeben würde.

Maßnahmen zur Erreichung der Anlagedeckung I

Empfehlungen:
- Erhöhung des Eigenkapitals durch Privateinlage; geringere Entnahmen, so daß Gewinn im Betrieb verbleibt (wirkt allerdings nicht sofort)
- Aufnahme eines Gesellschafters, der die Eigenkapitalbasis stärkt (schafft aber Abhängigkeiten)
- Überprüfen, ob nicht betriebsnotwendiges Anlagevermögen vorhanden ist; wenn das der Fall ist, sollte dieses Anlagevermögen verkauft werden
- Zukünftig Investitionen eventuell über Leasing tätigen.

2.6.2 Anlagedeckung II

In der Praxis ist es selten der Fall, daß die Anlagedeckung I erreicht wird. Wenn auch die Erreichung der Anlagedeckung I wünschenswert und ein Unternehmensziel sein sollte, so reicht es doch unter betriebswirtschaftlichen Gesichtspunkten aus, wenn die Anlagedeckung II gegeben ist. Die **Silberne Finanzierungsregel** Anlagedeckung II ist erreicht, wenn die Summe von Eigenkapital und langfristigem Fremdkapital mindestens genau so hoch ist, wie die Summe des Anlagevermögens. Dies soll wiederum für die Zeitpunkte 1. 1. und 31. 12. mit der Subtraktionsmethode und der Divisionsmethode überprüft werden.

Berechnungsmethoden

Subtraktionsmethode:

Eigenkapital am 1. 1.	DM 140 400,-	
+ langfristiges Fremdkapital (Darlehen) am 1. 1.	DM 237 700,-	DM 378 100,-
./. Anlagevermögen		DM 311 000,-
Anlagedeckung		DM 67 100,-
Eigenkapital am 31. 12.	DM 166 540,-	
+ langfristiges Fremdkapital (Darlehen) am 31. 12.	DM 372 450,-	DM 538 990,-
./. Anlagevermögen		DM 492 100,-
Anlagedeckung		DM 46 890,-

> Zu diesem Kapitel finden Sie die Aufgaben A 94 – A 131 im Band „Vorbereitung auf die Meisterprüfung – Test- und Übungsaufgaben"

Divisionsmethode:

$$\frac{(\text{Eigenkapital} + \text{langfristiges Fremdkapital}) \times 100}{\text{Anlagevermögen}}$$

1. 1.

$$\frac{(\text{DM } 140\,400,- + \text{DM } 237\,700,-) \times 100}{\text{DM } 311\,000,-} = 121{,}6\,\%$$

31. 12.

$$\frac{(\text{DM } 166\,540,- + \text{DM } 372\,450,-) \times 100}{\text{DM } 492\,100,-} = 109{,}5\,\%$$

Sowohl im Januar wie auch im Dezember ist eine Deckung gegeben. Die Anlagedeckung II hat aber abgenommen, da das Anlagevermögen von Januar bis Dezember stärker angestiegen ist als das Eigenkapital und das langfristige Fremdkapital. Herr Fleißigmann muß die Entwicklung weiter beobachten.

Sollte die Erreichung der Anlagedeckung II bedroht sein, können u. a. folgende Maßnahmen getroffen werden:

Maßnahmen zur Erreichung der Anlagedeckung II

- Erhöhung des Eigenkapitals durch Privateinlage
- Aufnahme eines Gesellschafters, der die Eigenkapitalbasis stärkt (schafft aber Abhängigkeiten)
- überprüfen, ob nicht betriebsnotwendiges Anlagevermögen vorhanden ist; wenn das der Fall ist, sollte dieses Anlagevermögen verkauft werden
- zukünftig Investitionen eventuell über Leasing tätigen
- weiteres langfristiges Fremdkapital (Umschuldung) aufnehmen.

Erweiterung der Anlagedeckung

Sehr häufig wird bei der Anlagedeckungsrechnung nicht nur die Deckung des Anlagevermögens überprüft. Es wird auch überprüft, ob zusätzlich noch ein Teil des Umlaufvermögens durch Eigenkapital und/oder langfristiges Fremdkapital abgedeckt ist. Denn auch das Umlaufvermögen enthält Teile, die als Mindestbestand anzusehen sind. So ist immer ein eiserner Bestand an Materialien erforderlich. Genauso lassen sich die Forderungen, die halbfertigen Arbeiten usw. nicht ganz auf Null bringen.

Dies soll wieder am Betrieb Fleißigmann für den 31. 12. verdeutlicht werden:

Höhe des Anlagevermögens		DM 492 100,-
Mindestbestand Umlaufvermögen		
Material	DM 30 000,-	
teilfertige Arbeiten	DM 5 000,-	
Kundenforderungen	DM 25 000,-	DM 60 000,-
abzudeckendes Anlagevermögen		
+ Mindestbestand Umlaufvermögen		DM 552 100,-

Betriebswirtschaftliche Auswertung

Subtraktionsmethode:

Eigenkapital 31. 12.	DM 166 540,-	
+ langfristiges Fremdkapital (Darlehen) 31. 12.	DM 372 450,-	DM 538 990,-
Anlagevermögen	DM 492 100,-	
+ Mindestbestand Umlaufvermögen	DM 60 000,-	– DM 552 100,-
Unterdeckung		– DM 13 110,-

Es ist eine Unterdeckung in Höhe von DM 13 110,- festzustellen. Auch diese Entwicklung sollte Herr Fleißigmann beobachten, um geeignete Maßnahmen einzuleiten, wenn sich die Unterdeckung deutlich vergößert.

Wollte Herr Fleißigmann auch hierbei eine Deckung erreichen, müssen Maßnahmen ergriffen werden. Es könnte z. B. eine entsprechend hohe Privateinlage (DM 13 110,-) die Unterdeckung ausgleichen.

> Zu diesem Kapitel finden Sie die Aufgaben A 94 – A 131 im Band „Vorbereitung auf die Meisterprüfung – Test- und Übungsaufgaben".

3. Analyse und Beurteilung der Gewinn- und Verlustrechnung

Lernziele:

Der Lernende kann, nachdem er dieses Kapitel durchgearbeitet hat,
- eine auf die Zwecke der Analyse und Beurteilung der Gewinn- und Verlustrechnung ausgerichtete Gliederung einer aus einem Jahresabschluß entnommenen Gewinn- und Verlustrechnung vornehmen,
- die betrieblichen Erträge und Aufwendungen von den außerordentlichen Erträgen und außerordentlichen Aufwendungen trennen,
- die Begriffe Betriebsleistung, Rohertrag I (Wertschöpfung), Rohertrag II, Betriebsgewinn und steuerlicher Gewinn definieren und unterscheiden,
- durch Vergleich zweier Gewinn- und Verlustrechnungen Veränderungen der Kostenstruktur erkennen und Ansatzpunkte für Verbesserungsmaßnahmen nennen.

G + V-Rechnung als Spiegelbild der Ertragskraft

Die Zahlen einer Bilanz geben nur den Status eines Unternehmens zu einem bestimmten Zeitpunkt an. Die Gewinn- und Verlustrechnung zeigt die Dynamik bzw. Ertragskraft des Unternehmens über einen bestimmten Zeitraum. Ein Unternehmen muß einen angemessenen Gewinn erzielen, um hieraus die notwendigen Beiträge für die Privatentnahmen (Lebensunterhalt, Alters- und Krankenvorsorge und private Steuern) sowie die Beiträge für eine möglichst kontinuierliche Steigerung des Eigenkapitals zur Verfügung zu stellen. Insofern ist die Analyse und Beurteilung der Gewinn- und Verlustrechnung von großer Bedeutung für den Unternehmer.

3.1 Aufbereitung der Gewinn- und Verlustrechnung

Die Gewinn- und Verlustrechnung liegt entweder in Kontenform (→ S. 101) oder in Staffelform (→ S. 102) vor. Für die Analyse ist es vorteilhaft, die Gewinn- und Verlustrechnung der Finanzbuchhaltung in der Form etwas zu verändern. Die Gewinn- und Verlustrechnung wird in Staffelform dargestellt, folgt hierbei aber nicht streng dem Gliederungsschema des BiRiLiG, sondern der Zweckmäßigkeit der betriebswirtschaftlichen Analyse.

Abgrenzung der außerordentlichen Erträge und Aufwendungen

Um eine aussagefähige Analyse der Gewinn- und Verlustrechnung zu erhalten, müssen die Erträge und Aufwendungen, die nicht aus einem normalen und ungestörten Produktionsablauf stammen, abgegrenzt werden.

Es handelt sich hierbei um die außerordentlichen Erträge und die außerordentlichen Aufwendungen. Im Rahmen einer betriebswirtschaftlichen Analyse der Gewinn- und Verlustrechnung muß hinsichtlich der Erträge und Aufwendungen die Frage gestellt werden, inwieweit sind diese Erträge bzw. Aufwendungen der „betriebsgewöhnlichen Tätigkeit" zuzuordnen bzw.

durch sie entstanden. Grundsätzlich kann davon ausgegangen werden, daß die in der Finanzbuchhaltung als außerordentlich erfaßten Erträge bzw. als außerordentlich erfaßten Aufwendungen auch im Rahmen der Analyse der Gewinn- und Verlustrechnung als solche angesehen werden. Fallweise wird aber in der Praxis der Analyse der Gewinn- und Verlustrechnung dieser Begriff weiter gefaßt, als dies im Rahmen der Finanzbuchhaltung erfolgt.

Einige Beispiele für solche außerordentlichen Erträge bzw. außerordentlichen Aufwendungen aus der Sicht der betriebswirtschaftlichen Analyse der Gewinn- und Verlustrechnung sind:

- Ertrag/Aufwand beim Verkauf von Anlagevermögen (Buchwert geringer bzw. höher als Verkaufspreis)
- Ertrag/Verlust aus Handel mit Aktien oder sonstigen Wertpapieren, da es für einen Handwerksbetrieb nicht typisch ist, mit Wertpapieren zu handeln/zu spekulieren
- hohe Zinserträge, da es für einen Handwerksbetrieb nicht typisch ist, betrieblich Geld anzulegen
- Mieterträge durch Vermietung von Wohnungen
- Steuernachzahlungen bzw. Steuererstattung für zurückliegende Jahre aufgrund einer Betriebsprüfung.

Ebenso wie bei der Analyse der Bilanz werden die absoluten Zahlen in Prozentzahlen umgerechnet. Nur so ist es möglich, die Aufwendungen und Erträge über mehrere Monate, Vierteljahre und/oder Jahre des eigenen Betriebes (interner Vergleich) und auch fremder Betriebe (externer Vergleich) miteinander zu vergleichen. Bei der Bilanzanalyse wurde die Bilanzsumme, bei der Analyse der Gewinn- und Verlustrechnung wird aber die Betriebsleistung gleich 100 % gesetzt. Zur Betriebsleistung gehören die Erlöse der Kontenklasse 8.

Nunmehr soll die Gewinn- und Verlustrechnung des Betriebes Fleißigmann analysiert werden. Als Bezugszahl für sämtliche Aufwandspositionen wird die Betriebsleistung des Betriebes genommen. In der Gewinn- und Verlustrechnung des Betriebes Fleißigmann stellen die drei Erlöskonten, „Erlöse" „sonstige Erlöse" und „Eigenverbrauch" die betrieblichen Erlöse dar. Von den betrieblichen Erlösen werden die an die Kunden gewährten Skonti abgezogen. Dieser Betrag ist dann die Betriebsleistung. Vom Materialverbrauch werden die von den Lieferanten gewährten Skontibeträge ebenfalls abgezogen. So erhält man die tatsächlich für den Materialeinsatz aufgewandten Kosten.

3.2 Kostenanalyse

Nach der Aufbereitung der Gewinn- und Verlustrechnung, die eine für die Analyse wichtige Untergliederung und Berechnung der relativen Zahlen vorgenommen hat, folgt jetzt die genauere Betrachtung und eine erste Beurteilung der Zahlen. So fällt der erste Blick bei der Beurteilung der Gewinn- und Verlustrechnung immer auf den Gewinn und die Relation des Gewinnes zur Betriebsleistung. Im Fall des Betriebes Fleißigmann betrug der Betriebsgewinn absolut ausgedrückt DM 107 930,- und als Relation zur Betriebsleistung gesehen 16,2 %. Der Gesamtgewinn belief sich auf DM 111 850,- bzw. 16,8 %. Das Verhältnis Betriebsgewinn zu Betriebsleistung wird Umsatzrentabilität genannt.

Umsatzrentabilität

Betriebswirtschaftliche Auswertung

$$\text{Umsatzrentabilität} = \frac{\text{Betriebsgewinn} \times 100}{\text{Betriebsleistung}}$$

Die Kennzahl Umsatzrentabilität – in unserem Fall 16,2 % – ist die wichtigste Kennzahl der Gewinn- und Verlustrechnung. Danach wird die Relation der einzelnen Kostenarten zur Betriebsleistung betrachtet. Auch die Höhe des Rohertrages I (= Wertschöpfung) und des Rohertrages II ist von Bedeutung.

			DM	v. H.
	Erlöse		659 560,-	
+	sonstige Erlöse		7 420,-	
+	Eigenverbrauch		1 800,-	
./.	Kundenskonti		1 240,-	
=	Betriebsleistung		667 540,-	100,0
	Materialverbrauch	248 930,-		
./.	Lieferantenskonti	3 430,-		
./.	Materialaufwand		245 500,-	36,8
=	Rohertrag I		422 040,-	63,2
./.	Lohnaufwand		196 460,-	29,4
=	Rohertrag II		225 580,-	33,8
	sonstige betriebliche Aufwendungen			
./.	Strom, Gas, Wasser		10 110,-	1,5
./.	Steuern, Geb., Beitr., Versicherungen		5 220,-	0,8
./.	Bürokosten		5 210,-	0,8
./.	Kfz-Kosten		11 800,-	1,8
./.	sonstige Kosten		32 930,-	4,9
./.	Zinsaufwand		21 320,-	3,2
./.	Abschreibungen		31 060,-	4,7
	Betriebsgewinn (Gewinn der gewöhnlichen Geschäftstätigkeit)		107 930,-	16,2
	außerordentliche Erträge			
+	Ertrag aus Anlageverkauf	3 800,-		
+	Zinserträge	120,- [1]		
	außerordentliche Aufwendungen			
./.	a. O. Aufwand	0,-		
	außerordentliches Ergebnis	3 920,-	3 920,-	0,6
	Gesamtgewinn (steuerliches Ergebnis)		111 850,-	16,8

---

[1] Es kann im vorliegenden Fall zwar davon ausgegangen werden, daß diese Zinserträge durch Guthaben, die über das Jahr auf dem Geschäftskonto vorhanden waren, entstanden sind und insofern aus der üblichen/laufenden Geschäftstätigkeit stammen. Durch die Einordnung als „außerordentlicher Ertrag" soll aber deutlich werden, daß Zinserträge vom Grundsatz her in der Betriebswirtschaftslehre als außerordentliche Erträge angesehen werden.

Insbesondere im Handwerk kommt dem Rohertrag II eine besondere Bedeutung zu, da üblicherweise im Handwerk die Kostenpositionen Personal und Material die größte Bedeutung haben.

Auf der Grundlage einer aufbereiteten Gewinn- und Verlustrechnung kann eine erste grundsätzliche Aussage zur Ertragskraft und zur Kostenstruktur des Betriebes gemacht werden. Ob Einsparmöglichkeiten und Einsparungsnotwendigkeiten gegeben bzw. erforderlich sind, ist aber auf Grundlage lediglich einer einzelnen aufbereiteten Gewinn- und Verlustrechnung nur bedingt möglich.

Vergleich zweier Gewinn- und Verlustrechnungen

Erst ein Vergleich mit Zahlen anderer Abrechnungsperioden des eigenen Betriebes (interner Vergleich) und fremder Betriebe des gleichen Handwerkszweiges (externer Vergleich) kann eine Basis für eine konkrete Kostenüberprüfung bilden. Zeigen die Verhältniszahlen im Vergleich zu früheren Zeiträumen eine steigende Tendenz oder liegen die Betriebszahlen weit über den Zahlen des Betriebsvergleiches, so müssen alle Möglichkeiten einer Kostensenkung untersucht werden.

Überhöhte Kosten können allerdings auch ein Anzeichen dafür sein, daß am Markt keine ausreichenden Preise durchgesetzt werden. Wenn nämlich eine handwerkliche Leistung zu billig verkauft wird, dann sind fast zwangsläufig die Materialkosten, die Personalkosten usw. zu hoch. Abgesehen davon, daß die Gewinn- und Verlustrechnung eine der wesentlichen Grundlagen für die Kostenrechnung ist, muß bei deutlichen Abweichungen auch immer die Frage gestellt werden, ob eine vollständige und systematisch richtige Kostenrechnung und Kalkulation durchgeführt wird.

3.3 Vergleich zweier Gewinn- und Verlustrechnungen

interner G+V-Vergleich

Herr Fleißigmann hat sich mit Hilfe der aufbereiteten Gewinn- und Verlustrechnung Gedanken über die Kostenstruktur und das Ergebnis gemacht. Bei einem Blick in den Jahresabschluß des Vorjahres stellt er fest, daß der Gewinn des Vorjahres höher war als der Gewinn des laufendes Jahres. Um den Ursachen auf den Grund gehen zu können, möchte er einen Vergleich der Gewinn- und Verlustrechnungen des Vorjahres und des laufenden Jahres erstellen.

Feststellung von Abweichungen

Vor allem fällt auf, daß im Vorjahr bei einer um zirka DM 180 000,- geringeren Betriebsleistung ein um DM 13 610,- höherer Betriebsgewinn erzielt wurde. Herrn Fleißigmann ist klar, daß die einzelnen Betriebsaufwandspositionen im Vorjahr bei einem niedrigeren Umsatz auch wertmäßig niedriger liegen müssen. Daher sagt der Vergleich der DM-Zahlen nicht viel aus. Erst wenn die Prozentzahlen miteinander verglichen werden, fällt auf, daß vor allem Abweichungen in den Positionen Materialaufwand und Lohnaufwand zu dem geringeren Betriebsgewinn bzw. der geringeren Umsatzrentabilität geführt haben. Im Vorjahr wurde für DM 100,- Betriebsleistung Material in Höhe von DM 34,10 aufgewandt. In diesem Jahr wurde aber für DM 100,- Betriebsleistung Material in Höhe von DM 36,80 verbraucht. Weiterhin muß festgestellt werden, daß im Vorjahr für DM 100,- Betriebsleistung DM 24,20 Personalkosten entstanden sind. Im laufenden Jahr sind die Personalkosten auf DM 29,40 je DM 100,- Umsatz angestiegen.

Betriebswirtschaftliche Auswertung

	DM Vorjahr[1]		v. H.	DM lfd. Jahr		v. H.
Erlöse		483 500,-			659 560,-	
+ sonstige Erlöse		3 210,-			7 420,-	
+ Eigenverbrauch		1 800,-			1 800,-	
./. Kundenskonti		560,-			1 240,-	
= Betriebsleistung		487 950,-	100,0		667 540,-	100,0
Materialverbrauch	168 540,-			248 930,-		
./. Lieferantenskonti	2 320,-			3 430,-		
./. Materialaufwand		166 220,-	34,1		245 500,-	36,8
= Rohertrag I		321 730,-	65,9		422 040,-	63,2
./. Lohnaufwand		118 300,-	24,2		196 460,-	29,4
= Rohertrag II		203 430,-	41,7		225 580,-	33,8
sonstige betriebliche Aufwendungen						
./. Strom, Gas, Wasser		8 320,-	1,7		10 110,-	1,5
./. Steuern, Geb., Beitr., Versicherungen		3 500,-	0,7		5 220,-	0,8
./. Bürokosten		4 240,-	0,9		5 210,-	0,8
./. Kfz-Kosten		9 200,-	1,9		11 800,-	1,8
./. sonstige Kosten		26 230,-	5,4		32 930,-	4,9
./. Zinsaufwand		13 200,-	2,7		21 320,-	3,2
./. Abschreibungen		17 200,-	3,5		31 060,-	4,7
Betriebsgewinn (Gewinn der gewöhnlichen Geschäftstätigkeit)		121 540,-	24,9		107 930,-	16,2
außerordentliche Erträge						
+ Ertrag aus Anlageverkauf	0,-			3 800,-		
+ Zinserträge	230,-			120,-		
außerordentliche Aufwendungen						
./. außerordentlicher Aufwand	3 220,-			0,-		
außerordentliches Ergebnis		- 2 990,-	- 0,6		3 920,-	0,6
Gesamtgewinn (steuerliches Ergebnis)		118 550,-	24,3		111 850,-	16,8

[1]) Bei den Zahlen des Vorjahres handelt es sich um fiktive Werte, die in diesem Lehrbuch an anderer Stelle nicht zu finden sind.

Die Kostenpositionen, die zu den sonstigen betrieblichen Aufwendungen zählen, haben sich bis auf die Zinsaufwendungen und Abschreibungen, relativ gesehen, insgesamt leicht verringert. Hierfür könnte der Effekt der sogenannten Fixkostendegression (→ S. 126) verantwortlich sein. Der Anstieg der Abschreibungen und der Zinsaufwendungen ist schnell erklärt, da das Anlagevermögen im laufenden Jahr stark zugenommen hat (= höhere Abschreibungen) und diese Zunahme über eine deutliche Erhöhung des Fremdkapitals (= höhere Zinsen) finanziert wurde.

Herr Fleißigmann muß sich somit insbesondere Gedanken zum Materialaufwand und zu den Personalkosten des abgelaufenen Jahres machen, da diese hauptsächlich für den Abfall der Umsatzrentabilität von 24,9 % auf 16,2 % verantwortlich sind.

3.4 Möglichkeiten der Kostensenkungen

Mögliche Kostensenkungen im Materialbereich können sein:

Einsparungen im Materialbereich
- Einkauf von qualitativ besseren und geeigneteren Werkstoffen, so daß Verschnitt und Ausschuß gering gehalten werden können
- günstige Einkaufsgelegenheiten und Preissituationen ausnutzen
- Skonti, Boni und Rabatte in Anspruch nehmen
- pflegliche Lagerung des Materials, wobei Verlust und Diebstahl vermieden werden müssen
- Verwertung von Ausschuß und Abfall
- Lagerhaltung hinsichtlich Ordnung und Systematik überprüfen.

Lohnkosten können durch folgende Maßnahmen gesenkt werden:

Einsparungen im Personalbereich
- Änderung der Entlohnung durch Einführung von Akkord-, Leistungs- oder Prämienlohnsystem
- Kontrolle der Arbeitszeit
- Verbesserung der Arbeitsvorbereitung/-planung
- Verbesserung des Arbeitsablaufes
- Verbesserung der technischen Ausrüstung, indem Handarbeit durch Maschinenarbeit ersetzt wird
- Senkung der „unproduktiven" Lohnkosten.

Neben diesen Hauptkostenfaktoren sind auch die anderen Kosten zu untersuchen:

Einsparungen in den übrigen Bereichen
- Kraftfahrzeugkosten können eventuell gesenkt werden, wenn der eigene Fuhrpark verkleinert und dafür mehr Fahrten an Transportunternehmer vergeben werden. Sehr reparaturanfällige Fahrzeuge müssen durch neue Fahrzeuge oder zu große Fahrzeuge durch kleinere, kostengünstigere ersetzt werden.
- Die Verwaltungs- und Vertriebskosten können meist durch eine zweckmäßige Bürogestaltung gesenkt werden.
  Eventuell können überhöhte Porto- und Telefonkosten und zu hoher Büromaterialaufwand vermieden werden.
- Bei Reisekosten ist zu prüfen, ob wirklich alle Ausgaben unbedingt notwendig waren.

- Nicht zuletzt sollte man sich überlegen, ob auch alle steuerlichen Möglichkeiten ausgenutzt sind. Ein guter Steuerberater macht sich in der Regel bezahlt.
- Zu hohe Zinsaufwendungen lassen sich oft durch die Aufnahme langfristiger Darlehen senken, da die Zinssätze für längerfristige Darlehen niedriger sind.
  Überziehungszinsen lassen sich durch die Einräumung eines ausreichend hohen Limits (Kreditlinie) vermeiden.

Dieses soll nur eine Aufzählung einiger Beispiele sein, wie Kosten gesenkt werden können.

> Zu diesem Kapitel finden Sie die Aufgaben A 94 – A 131 im Band „Vorbereitung auf die Meisterprüfung – Test- und Übungsaufgaben".

Betriebswirtschaftliche Auswertung

4. Erfolgs- und Kostenkontrolle

Lernziele:

Der Lernende kann, nachdem er dieses Kapitel durchgearbeitet hat,
- die Möglichkeiten und die Zweckmäßigkeit von Zwischenabschlüssen – insbesondere von kurzfristigen Erfolgsrechnungen – erkennen,
- die Daten aus einer Buchhaltung für die Aufstellung einer kurzfristigen Erfolgsrechnung entnehmen,
- die Entwicklung der Kostenstruktur und gegebenenfalls auftretende Schwachstellen durch einen Vergleich der kurzfristigen Erfolgsrechnungen erkennen,
- die Gründe für den begrenzten Aussagewert der kurzfristigen Erfolgsrechnung nennen.

Der Unternehmer muß Fehlentwicklungen noch innerhalb einer Periode erkennen und diesen zeitnah entgegenwirken. Er darf nicht erst auf die Erstellung des Jahresabschlusses warten, um Fehlentwicklungen feststellen zu können. Es sollten monatlich die Umsatzzahlen und Kosten kontrolliert werden. Bei mittleren und großen Betrieben werden mindestens quartalsweise auch die Aktiva und Passiva in Form einer Zwischenbilanz zusammengestellt. Da eine solche Zwischenbilanz in der Regel nicht den durch das Handels- und Steuerrecht geforderten Ansprüchen genügt, wird diese Aufstellung auch Status genannt. Bei diesen Aufstellungen kommt es nicht auf absolute Genauigkeit an, vielmehr soll der Trend deutlich gemacht werden. Dies ist aber kein Argument gegen die Erstellung solcher Übersichten.

Status

Durch den Vergleich der Monatszahlen bzw. Quartalszahlen mit den Jahresdurchschnittszahlen und den Zahlen des Vorjahres können noch zeitnah Fehlentwicklungen erkannt und die Ursachen beseitigt werden. Für den normalen Handwerksbetrieb ist insbesondere die Kontrolle von Umsatz- (Leistungs-) und Kostenentwicklung wichtig.

4.1 Kurzfristige Erfolgsrechnung

Herr Fleißigmann weiß, daß sich Kostensteigerungen nicht sprunghaft ergeben, sondern sich allmählich im Laufe eines Jahres einschleichen. Er beschließt deshalb, nicht nur zukünftig die Gewinn- und Verlustrechnung einzelner Jahre, sondern monatlich den Gewinn und die Kosten zu kontrollieren. Hierfür bietet sich die kurzfristige Erfolgsrechnung an. Bei der kurzfristigen Erfolgsrechnung werden von den Erlösen eines Monats die Aufwendungen eines Monats abgezogen. So erhält man ein vorläufiges Ergebnis. Da bei der Erstellung der kurzfristigen Erfolgsrechnung die Zahlen der laufenden Buchhaltung herangezogen werden, sind keine Bestandsveränderungen des Materials, der halbfertigen Arbeiten u. ä. Positionen berücksichtigt. Dies hat zur Folge, daß das vorläufige Ergebnis nur eine Tendenz der Gewinnentwicklung zeigt. Bei kurzfristigen Erfolgsrechnungen werden diese Bestandsveränderungen nicht berücksichtigt. In allen kurzfristigen Erfolgsrechnungen ist dann

kurzfristige Erfolgsrechnung

der gleiche Fehler enthalten. Wenn man dies weiß und berücksichtigt, so ist diese kurzfristige Erfolgsrechnung ein wertvolles Instrument der Unternehmensführung.

Anhand des Journals der Buchführungsaufgabe Dezember (→ S. 67 f.) erstellt Herr Fleißigmann in Staffelform folgende kurzfristige Erfolgsrechnung:

kurzfristige Erfolgsrechnung für Dezember 19..
(Basis-Zahlen des Journals)

		DM	v. H.
	Erlöse (Rechnungsausgang)	51 600,-	
+	sonstige Erlöse	1 700,-	
+	Eigenverbrauch	0,-	
./.	Kundenskonti	76,-	
	__gebuchte Erlöse__	53 224,-	100,0
	Materialeinkauf	23 300,-	
./.	Lieferantenskonti	305,87	
./.	Materialeinkauf (./. Lieferantenskonti)	22 994,13	43,2
=	__Rohertrag I__	30 229,87	56,8
./.	Lohnaufwand	25 230,-	47,4
	__Rohertrag II__	4 999,87	9,4
	sonstige betriebliche Aufwendungen		
./.	Strom, Gas, Wasser	420,-	0,8
./.	Steuern, Geb., Beitr., Versicherungen	130,00	0,2
./.	Bürokosten	285,-	0,5
./.	Kfz-Kosten	1 200,-	2,3
./.	sonstige Kosten	2 800,-	5,3
./.	Zinsaufwand	5 240,-	9,8
./.	Abschreibungen	0,-	0,0
	__vorläufiger Betriebsgewinn__	− 5 075,13	− 9,5
	neutrale Erträge		
+	außerordentlicher Ertrag	1 800,-	
+	Zinserträge	0,-	
	neutrale Aufwendungen		
./.	außerordentlicher Aufwand	0,-	
	neutrales Ergebnis 1 800,-	1 800,-	3,4
	__Monatsergebnis__	− 3 275,13	− 6,1

Die kurzfristige Erfolgsrechnung zeigt, daß der Materialeinkauf mit 43,2 % deutlich über dem Jahresdurchschnitt von 36,8 %, die Personalkosten mit 47,4 % klar über dem Jahresdurchschnitt gelegen haben. Die ist aber relativ schnell erklärt, denn es wurden im Dezember die Weihnachtsgelder gezahlt.

Auch die über dem Jahresdurchschnitt liegenden Zinszahlungen können dadurch erklärt werden, daß die Banken üblicherweise die Zinsen quartalsweise belasten. Bei der Beurteilung einer kurzfristigen Erfolgsrechnung muß berücksichtigt werden, daß nur eine Periode (in der Regel ein Monat) aus einem Geschäftsjahr betrachtet wird. Sehr oft werden z. B. Versicherungsbeiträge für ein halbes oder ganzes Jahr vorausbezahlt. Hierdurch wird dann natürlich der Monat, in dem diese Zahlung erfolgt, zu hoch belastet. Insbesondere muß beachtet werden, daß bei den Erlösen (= Rechnungsausgang) nicht die Veränderungen der halbfertigen Arbeiten berücksichtigt sind, wie dies bei einem normalen Jahresabschluß der Fall ist. Wäre im vorliegenden Beispiel eine deutliche Erhöhung der halbfertigen Arbeiten gegenüber dem Stand zu Beginn des Monats festzustellen, dann müßte das Ergebnis anders interpretiert werden. Auch wird bei dieser kurzfristigen Erfolgsrechnung nur der Materialeinkauf und nicht der tatsächliche Materialverbrauch berücksichtigt. Wichtig sind die Abweichungen, die nicht erklärbar sind. So sollte sich in diesem Fall Herr Fleißigmann über den relativ hohen Materialeinkauf im Dezember Gedanken machen und hierfür die Ursachen suchen.

4.2 Kurzfristige Erfolgsrechnung als Monatsvergleich

Monatsvergleiche Erstellt man aus den monatlichen kurzfristigen Erfolgsrechnungen interne Betriebsvergleiche, so ergeben sich wertvolle Zahlenreihen. Insbesondere können jetzt die Kosten und Erlöse über Monate verfolgt und überwacht werden.

Bei der Buchführung, die über EDV erstellt wird, kann eine solche kurzfristige Erfolgsrechnung als „Nebenprodukt" von der Datenverarbeitungsanlage ausgedruckt werden. Auf → S. 166 f. können Sie sehen, wie anschaulich eine solche Übersicht sein kann.

Um die Ergebnisse noch ausdrucksvoller zu machen, können zusätzlich die wesentlichen Positionen in ein Stabdiagramm übertragen werden. Hierbei werden allerdings nur die wichtigsten Positionen der Gewinn- und Verlustrechnung übernommen. Dieses Beispiel finden Sie auf → S. 165.

> Zu diesem Kapitel finden Sie die Aufgaben A 94 – A 131 im Band „Vorbereitung auf die Meisterprüfung – Test- und Übungsaufgaben".

Betriebswirtschaftliche Auswertung

28094/ 117 Mustertischler Betriebswirtschaftliche Auswertung zum 31.03.1995 -Abr.-Nr. 8/95- BWA-Nr. 02

Verbleich mit dem Vorjahr - aufgelaufene Werte Januar bis März

Werte in DM

1994 1995

	Betriebserlöse	Mat./Wareneinkauf	Rohertrag	Gemeinkosten	Produktive Löhne	Vorläufiges Ergebnis
1994	340766	201033	139733	91597	59189	-7041
1995	361366	206834	154532	84298	60387	15850
1994 %	100 %	59 %	41 %	27 %	17 %	-2 %
1995 %	100 %	57 %	43 %	23 %	17 %	4 %

DATEV

Betriebswirtschaftliche Auswertung

28094/ 117
Mustertischler

Betriebswirtschaftliche Auswertung zum 31.03.1995 —Abr.-Nr. 8/95—
SKR 20   BMA-Nr. 02   BMA-Form 20   Wareneinsatz KG3

100	Kfr. Erfolgsrechnung	Auswertungsmonat März DM	% vom Umsatz	% Ges.-Kosten	% Lohn-Kosten	kumuliert Jan - Mrz DM	% vom Umsatz	% Ges.-Kosten	% Lohn-Kosten
	Betriebserlöse	132745,69	100,00	468,88	647,54	361356,10	100,00	428,68	598,41
	davon Handwerkserl.	104598,47	78,80	369,46	510,24	282260,63	78,11	334,84	467,42
	davon Handelserlöse	28147,22	21,20	99,42	137,30	79105,47	21,89	93,84	131,00
	Mat./Wareneinkauf	64295,57	48,44	227,10	313,64	206834,27	57,24	245,36	342,51
	davon Mat. u. Stoffe	48037,11	36,19	169,68	234,33	158950,80	43,99	188,56	263,22
	Handelswaren	16258,46	12,25	57,43	79,31	47883,47	13,25	56,80	79,29
	Rohertrag	68450,12	51,56	241,78	333,90	154531,83	42,76	183,32	255,90
	aus Handwerksleistg.	56561,36	42,61	199,79	275,91	123309,83	34,12	146,28	204,20
	Handelswaren	11888,76	8,96	41,99	57,99	31222,00	8,64	37,04	51,70
	Kalkulat. Aufschlag insgesamt	106,46				74,71			
	auf Handwerksleistg.	117,75				77,58			
	Handelswaren	73,12				65,20			
	Erlösschmälerungen	1950,26	1,47	6,89	9,51	6402,05	1,77	7,59	10,60
	Sondereinzelkosten	2584,36	1,95	9,13	12,61	7868,96	2,18	9,33	13,03
	Produktive Löhne	20500,00	15,44	72,41	100,00	60387,48	16,71	71,64	100,00
	Gemeinkosten								
	Sonst. Löhne u. Geh.	7420,50	5,59	26,21	36,20	22570,54	6,25	26,77	37,38
	Personalnebenkosten	2965,12	2,23	10,47	14,46	8432,87	2,33	10,00	13,96
	Ges.Sozialleistungen	2350,60	1,77	8,30	11,47	6757,83	1,87	8,02	11,19
	Freiw. Sozialleistg.	1560,32	1,18	5,51	7,61	4073,53	1,13	4,83	6,75
	Kleinmat. und Stoffe	1681,26	1,27	5,94	8,20	4249,77	1,18	5,04	7,04
	Strom/Gas/Wasser	1168,92	0,88	4,13	5,70	3281,15	0,91	3,89	5,43
	Steuern/Vers./Beitr.	1651,03	1,24	5,84	8,06	6079,50	1,68	7,21	10,07
	Miete/Pacht	2250,00	1,69	7,95	10,98	6750,00	1,87	8,01	11,18
	Reparaturen	598,42	0,45	2,11	2,92	2387,54	0,66	2,83	3,95
	Porto/Telefon/Fax	452,36	0,34	1,60	2,21	1391,17	0,38	1,65	2,30
	Büro/Zeitungen	426,97	0,32	1,51	2,08	1211,52	0,34	1,44	2,01
	EDV/Steuerberatung	647,28	0,49	2,29	3,16	2077,69	0,57	2,46	3,44
	Werbe-/Reisekosten	125,89	0,09	0,44	0,61	277,38	0,08	0,33	0,46
	Kfz-Kosten	1259,12	0,95	4,45	6,14	3872,93	1,07	4,59	6,41
	Sonst. Gemeinkosten	65,18	0,05	0,23	0,32	216,88	0,06	0,26	0,36
	Kalkulat. Kosten	3687,12	2,78	13,02	17,99	10667,46	2,95	12,65	17,67
	Gemeinkosten Summe	28311,09	21,33	100,00	138,10	84297,76	23,33	100,00	139,59
	Gesamtkosten	115691,02	87,15	408,64	564,35	359388,47	99,45	426,33	595,14

Das vorläufige Ergebnis entspricht dem derzeitigen Stand der Buchhaltung. Abschluß-/Abgrenzungsbuchungen können es noch verändern.

DATEV

Betriebswirtschaftliche Auswertung

28094/ 117
Mustertischler

Betriebswirtschaftliche Auswertung zum 31.03.1995 -Abr.-Nr. 8/95-
SKR 20 BWA-Nr. 02 BWA-Form 20 Wareneinsatz KG3

		Auswertungsmonat März DM	% vom Umsatz	% Ges.-Kosten	% Lohn-Kosten		Kumuliert Jan - Mrz DM	% vom Umsatz	% Ges.-Kosten	% Lohn-Kosten
100	Kfr. Erfolgsrechnung Erlöse Kl. 8 ohne 85	134695,95	101,47	475,77	657,05		367768,15	101,77	436,27	609,01
	Betriebsergebnis	19004,93	14,32	67,13	92,71		8379,68	2,32	9,94	13,88
	Neutraler Aufwand	726,98	0,55	2,57	3,55		2416,73	0,67	2,87	4,00
	Neutraler Ertrag	1258,45	0,95	4,45	6,14		4742,04	1,31	5,63	7,85
	Sonstige Erlöse	2015,46	1,52	7,12	9,83		5145,28	1,42	6,10	8,52
	Vorläufiges Ergebnis	21551,86	16,24	76,13	105,13		15850,27	4,39	18,80	26,25
300	Statische Liquidität	zum Abrechnungszeitpunkt Mittel Verbindlk. Über/Unterdeck.				D.Grad	zum vorigen Abrechnungszeitpunkt Mittel Verbindlk. Über/Unterdeck.			D.Grad
	Liquidität 1. Grades	52629,19	53000,00	370,81-		0,99	52809,81	0,00	52809,81	0,00
	Liquidität 2. Grades	80750,18	53000,00	27750,18		1,52	80987,88	0,00	80987,88	0,00

Das vorläufige Ergebnis entspricht dem derzeitigen Stand der Buchhaltung. Abschluß-/Abgrenzungsbuchungen können es noch verändern.

DATEV

Hier finden Sie wichtige Teile aus Auswertungen der DATEV beispielhaft dargestellt. Aus Platzgründen mußte eine sehr begrenzte Auswahl getroffen werden.

5. Kennziffern aus Bilanz und Gewinn- und Verlustrechnung

Lernziele:

Der Lernende kann, nachdem er dieses Kapitel durchgearbeitet hat,
- die Bedeutung von Kennzahlen, die aus der Bilanz und der Gewinn- und Verlustrechnung ermittelt wurden, für den innerbetrieblichen Zeitvergleich sowie für den Betriebsvergleich erkennen,
- wichtige Kennzahlen aus der Bilanz und Gewinn- und Verlustrechnung ermitteln,
- eine einfache Cash-flow-Berechnung durchführen.

Sehr aufschlußreich im Rahmen der Auswertung der Bilanz und der Gewinn- und Verlustrechnung sind auch Relationen zwischen Zahlen der Bilanz und der Gewinn- und Verlustrechnung.

Eigenkapitalrentabilität

So sollte es für den Unternehmer interessant sein, welchen Gewinn er mit seinem eingesetzten Kapital erzielt hat. Diese Kennzahl wird Eigenkapitalrentabilität genannt.

$$\text{Eigenkapitalrentabilität} = \frac{\text{Betriebsgewinn} \times 100}{\text{Eigenkapital}}$$

$$\text{Betrieb Fleißigmann laufendes Jahr} = \frac{\text{DM } 107\,730,- \times 100}{\text{DM } 166\,540,-} = 64,8\,\%$$

$$\text{Betrieb Fleißigmann Vorjahr} = \frac{\text{DM } 121\,540,- \times 100}{\text{DM } 140\,400,-} = 86,6\,\%$$

Die Eigenkapitalrentabilität hat von 86,6 % auf 64,8 % abgenommen.

Unternehmensrentabilität

Wenn man sich vor Augen hält, daß das Unternehmen nicht nur mit dem Eigenkapital arbeitet, sondern auch mit dem Fremdkapital, dann ist der Ertrag, den das gesamte eingesetzte Kapital erzielt hat, ebenfalls eine interessante Größe. Die Passivseite zeigt zu einem bestimmten Stichtag das im Unternehmen gebundene Kapital. Die Passivseite besteht aus Eigen- und Fremdkapital. Die Unternehmensrentabilität (Rentabilität des Gesamtkapitals) zeigt, wieviel Ertrag mit dem Gesamtkapital erzielt wurde. Zum Betriebsergebnis werden zu diesem Zweck noch die Fremdkapitalzinsen hinzugezählt, um den Gesamtertrag zu erhalten. Man muß sich vorstellen, daß die Zinsen der Ertrag des geliehenen Kapitals sind. Diese Kennzahl ist insbesondere bei Branchenvergleichen interessant, da bei dieser Berechnung die unterschiedliche Kapitalstruktur der Betriebe neutralisiert wird.

Betriebswirtschaftliche Auswertung

$$\text{Unternehmensrentabilität} = \frac{(\text{Betriebsgewinn} + \text{Fremdkapitalzinsen}) \times 100}{\text{Eigenkapital} + \text{Fremdkapital} = \text{Bilanzsumme}}$$

Betrieb Fleißigmann
laufendes Jahr
$$\frac{(\text{DM } 107\,930,- + \text{DM } 21\,320,-) \times 100}{\text{DM } 658\,460,-} = 19{,}6\,\%$$

Betrieb Fleißigmann
Vorjahr
$$\frac{(\text{DM } 121\,540,- + \text{DM } 13\,200,-) \times 100}{\text{DM } 487\,900,-} = 27{,}6\,\%$$

Die Unternehmensrentabilität (auch Gesamtkapitalrentabilität) ist im Betrachtungszeitraum von 27,6 % auf 19,6% abgefallen.

Cash-flow

Gerade bei Gesprächen mit Banken wird bei der Beurteilung der Ertragskraft, Selbstfinanzierungskraft und Schuldentilgungskraft neben den Kennziffern Umsatzrentabilität und Unternehmensrentabilität der Cash-flow (Kassenzufluß) festgestellt.

Hierbei muß man sich folgendes vorstellen:

Durch den Umsatz fließt dem Unternehmen Geld zu. Auf der anderen Seite muß der Betrieb für das Personal, die Materialien, Mieten usw. wieder Geld ausgeben. Die Abschreibungen sind ebenfalls Aufwendungen, die in der Gewinn- und Verlustrechnung berücksichtigt werden. Abschreibungen mindern also den Gewinn. Für die Abschreibungen fließen aber keine Geldmittel aus dem Unternehmen ab. Somit können der Gewinn und die Abschreibungen auf Sachanlagen für Ausgaben zur Verfügung gestellt werden.

Die Cash-flow-Berechnung sieht dann für den Betrieb Fleißigmann wie folgt aus:

Gesamtgewinn	DM 111 850,-[1]
+ Abschreibungen	DM 31 060,-
= Cash-flow (Brutto)	DM 142 910,-

Vom Umsatz des abgelaufenen Jahres sind nach Abzug aller ausgabewirksamen Aufwendungen DM 142 910,- übrig geblieben (= Cash-flow). Diesen Zufluß kann der Betriebsinhaber für Privatentnahmen, die Tilgung von Schulden, Investitionen usw. verwenden. Jetzt wird klar, warum gerade der Cash-flow bei der Beurteilung der Ertragskraft, Selbstfinanzierungskraft und der Fähigkeit, aufgenommene Schulden zu tilgen, so wichtig ist.

dynamischer Verschuldungsgrad

Bei Bilanzanalysen durch Kreditinstitute wird regelmäßig der dynamische Verschuldungsgrad ermittelt. Er zeigt, in welchem Zeitraum das Unternehmen die bestehenden Verbindlichkeiten abbauen könnte, wenn der gesamte Cash-flow nur zur Schuldentilgung eingesetzt würde.

Für den Betrieb Fleißigmann ergibt sich für den 31. 12. folgendes Ergebnis:

$$\frac{\text{Fremdkapital}}{\text{Cash-flow}} = \frac{\text{DM } 491\,920,-}{\text{DM } 142\,910,-} = 3{,}4$$

---

[1] Hier wird im Gegensatz zu Berechnungen bei anderen Kennziffern vom Gesamtgewinn ausgegangen.

Wenn der Cash-flow in den nächsten Jahren die gleiche Höhe wie dieses Jahr erreichen würde, die Verschuldung nicht zunehmen würde und der gesamte Cash-flow zur Reduzierung der Schulden verwandt würde, dann wäre der Betrieb in 3,4 Jahren schuldenfrei. Natürlich ist diese Kennziffer eher als theoretischer Wert anzusehen, da regelmäßig Privatentnahmen notwendig sind. Wenn man aber den Cash-flow um diese Privatentnahmen reduziert, entsteht ein Betrag, der für die Entschuldung und z. B. zur Selbstfinanzierung von Investitionen zur Verfügung steht. Es ist deshalb für solche Berechnungen sinnvoll, den Netto-Cash-flow zu ermitteln.

Gesamtgewinn	DM 111 850,-
+ Abschreibungen	DM 31 060,-
= Cash-flow (Brutto)	DM 142 910,-
./. Privatentnahme	DM 93 130,-
= Netto-Cash-flow	DM 49 780,-

Wenn man jetzt die Entschuldungsdauer ermittelt, ergibt sich folgender Wert:

$$\frac{\text{Fremdkapital}}{\text{Netto-Cash-flow}} = \frac{\text{DM } 491\,920,-}{\text{DM } 49\,780,-} = 9{,}9$$

Bei gleichbleibenden Gewinn und Privatentnahmen könnte also das Fremdkapital in knapp 10 Jahren abgebaut werden. Allerdings dürften dann auch keine Investitionen mehr vorgenommen werden.

Trotz des etwas abstrakten Charakters der Cash-flow-Berechnung hat sich diese z. B. bei Banken und bei der Beurteilung der Ertragskraft sowie Selbstfinanzierungskraft eines Unternehmens durchgesetzt. In der Praxis wird der Cash-flow auch noch zu anderen Werten der Bilanz und Gewinn- und Verlustrechnung in Beziehung gesetzt.

Lagerumschlags-
häufigkeit

Gerade in Handwerksbetrieben mit einem hohen Materialbestand bzw. mit einem nennenswerten Handelsanteil sollte auch die Kennziffer der <u>Lagerumschlagshäufigkeit</u> ermittelt werden. Unter der Umschlagshäufigkeit des Lagers versteht man die Häufigkeit, mit der das Lager verkauft und erneuert wird. Hierfür wird eine Beziehung zwischen dem Materialeinsatz und dem durchschnittlichen Materialbestand hergestellt. Vorab muß aber der durchschnittliche Materialbestand des Betriebes ermittelt werden. Wenn keine exakte Lagerbuchhaltung geführt wird, werden hilfsweise der Anfangsbestand und der Endbestand des Materials bzw. der Waren eines Jahres hierzu herangezogen. Für den Betrieb Fleißigmann würde sich nach dieser Vorgehensweise folgender durchschnittlicher Materialbestand ergeben:

Materialbestand	am 1. 1.	DM 28 100,-
+ Materialbestand	am 31. 12.	DM 44 000,-
		DM 72 100,- : 2 = DM 36 050,-

Der durchschnittliche Materialbestand beträgt somit DM 36 050,-.

$$\text{Lagerumschlagshäufigkeit} = \frac{\text{Materialeinsatz}}{\text{durchschnittlicher Materialbestand}}$$

$$= \frac{\text{DM } 248\,930,-}{\text{DM } 36\,050,-} = 6,9$$

Es ergibt sich somit eine Umschlagshäufigkeit von 6,9 mal jährlich.

Das bedeutet, daß sich das Lager von Herrn Fleißigmann im abgelaufenen Jahr zirka 7mal umgeschlagen hat. Anders ausgedrückt bedeutet dies, daß die Gegenstände des Materiallagers durchschnittlich „nur" 7-8 Wochen auf Lager lagen, bis sie verbraucht wurden (52 : 6,9 = zirka 7-8 Wochen Lagerdauer).

Zu diesem Kapitel finden Sie die Aufgaben A 94 - A 131 im Band „Vorbereitung auf die Meisterprüfung - Test- und Übungsaufgaben".

6. Betriebliche Statistik als Teil des innerbetrieblichen Rechnungswesens

Lernziele:

Der Lernende kann, nachdem er dieses Kapitel durchgearbeitet hat,
- Begriffe und Aufgaben der betrieblichen Statistik erläutern,
- Anwendungsbereiche der betrieblichen Statistik nennen und mindestens drei verschiedene statistische Darstellungsweisen anwenden,
- die wesentlichen graphischen Darstellungsformen der Betriebsstatistik nennen und erläutern.

6.1 Begriff und Aufgaben der betrieblichen Statistik

Marktforschung Kontrolle

Statistik ist Teil des innerbetrieblichen Rechnungswesens. Wir haben einen Hinweis im Betriebsabrechnungsbogen erhalten, wo wir die Werte der kalkulatorischen Kosten aus der Statistik entnommen haben. Die wesentlichen Aufgaben sind, das angefallene Zahlenmaterial zu analysieren und zu erläutern für Aufgaben der Marktforschung, für Verbesserung und Überwachung der Fertigungsmethoden, für Liquiditäts- und Kostenkontrolle. Damit soll die Leitung eines Unternehmens verbessert und objektiviert werden.

Betriebsentscheidungen

Für die Entscheidungen des Betriebsinhabers sind sinnfällige grafische Darstellungen der Umsätze und Kosten der einzelnen Betriebsabteilungen von großer Wichtigkeit. Das gilt auch für Daten, die der Buchhaltung nicht oder nur bedingt entnommen werden können, wie z. B. die Zahl der gefahrenen Arbeitsstunden, der Energieverbrauch, aber auch die Zahlungsbereitschaft. Obwohl die statistischen Arbeiten im Handwerksbetrieb durchweg nur sporadisch und nicht systematisch erfolgen, stellen sie einen besonderen Zweig des Rechnungswesens dar.

6.2 Anwendungsbereiche der betrieblichen Statistik

Die Bereiche, in denen Statistik gefordert und betrieben wird, sind vielfältig und von Betrieb zu Betrieb verschieden. Je größer ein Betrieb, desto höher sind die Anforderungen an die Statistik.

Anwendungsbereiche der Statistik

Einige wichtige Anwendungsbereiche sind:
- Personalwesen mit unterschiedlichen Erhebungsdaten (Betriebszugehörigkeit, Alter, Fluktuation, Krankheit, Urlaub, Unfall usw.)
- Beschaffungswesen
- Lagerbestände, Lagerumschlag
- Umsatz- und Absatzstatistik (nach Fertigungs- bzw. Warengruppen, Kundenumsatz, saisonale Schwankungen)

- Kennzahlenrechnung
- Branchenstatistiken
- Statistiken für Wirtschaftsberichterstattungen.

Für die Statistik ist EDV-Einsatz zu empfehlen.

Darstellungsarten

Die Beschaffung von statistischen Daten kann durch methodisch abgesicherte Erhebungsverfahren erfolgen. Soweit für den Betriebsinhaber Daten seines Unternehmens in Betracht kommen, werden diese zunächst in Tabellen oder ähnlichen Übersichten gesammelt. Die anschauliche Darstellung kann erfolgen

- durch Verhältniszahlen. Durch Umrechnung von Einzelzahlen in Verhältniszahlen wird die Struktur deutlicher
- durch graphische Darstellungen. Aus einer Vielzahl graphischer Darstellungsmöglichkeiten sind insbesondere zu nennen
- Stab-, Säulen- und Kreisdiagramme zum Vergleich unterschiedlicher Größenordnungen zu einem bestimmten Zeitpunkt. Bei Stab- und Säulendiagrammen kann die Wertangabe in Verhältniszahlen oder auch in absoluten Zahlen gewählt werden; bei Kreisdiagrammen sind die Werte auf insgesamt 360° aufzuteilen.

Beispiele: Zusammensetzung Vermögen und Kapital des Betriebes Fleißigmann (→ S. 134) sowohl zu jeweiligen Stichtagen als auch in der Veränderung.

Stab- und Säulendiagramm

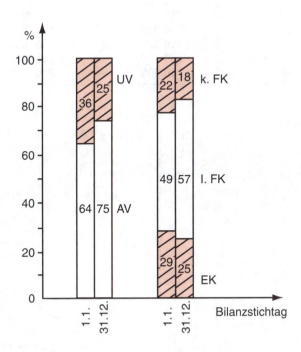

Zu diesem Kapitel finden Sie die Aufgaben A 94 – A 131 im Band „Vorbereitung auf die Meisterprüfung – Test- und Übungsaufgaben".

Betriebswirtschaftliche Auswertung

Kreisdiagramm

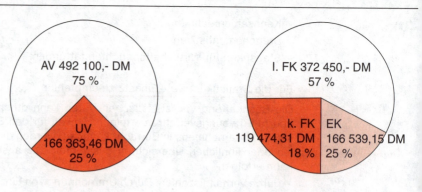

- Kurvendiagramme. Hierbei werden Mengen und Wertgrößen für verschiedene Zeitpunkte dargestellt, z. B. Entwicklung von Umsatzzahlen, Kosten usw.

Beispiel: angenommene Umsatz- und Kostenentwicklung im Betrieb Fleißigmann in den vergangenen Jahren:

Umsatz DM	Materialeinsatz DM	Personalkosten DM
270 000,-	150 000,-	55 000,-
280 000,-	140 000,-	60 000,-
250 000,-	140 000,-	70 000,-
360 000,-	185 000,-	90 000,-
380 000,-	200 000,-	90 000,-

Kurvendiagramm

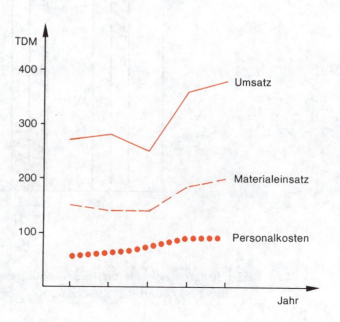

Interessant kann auch die relative Entwicklung der einzelnen Werte für sich und zueinander sein, die beim gewählten Beispiel wie folgt verläuft:

Umsatz DM	Materialeinsatz DM	Personalkosten DM
100	100	100
103,7	93,3	109,1
92,6	93,3	127,3
133,3	123,3	163,6
140,7	133,3	163,6

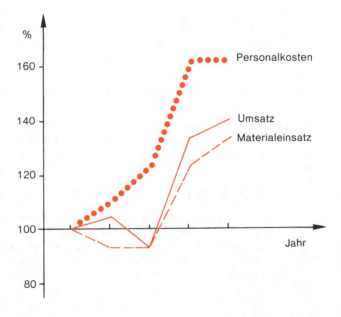

dreidimensionale Darstellung — Dreidimensionale Körperdiagramme z. B. Würfel, Kugeln, Figuren. Diese Diagramme verdeutlichen neben den Größenverhältnissen auch noch den sachlichen Inhalt. Die Maßstäblichkeit führt jedoch häufig zu optischen Täuschungen.

Farbe — Farbnuancierungen zur Darstellung unterschiedlicher Dichteverhältnisse.

Statistik hat die Aufgabe, Informationen zu geben und anschaulich darzustellen. Die Anforderungen an eine systematische Statistik wachsen mit zunehmender Betriebsgröße. Statistische Auswertungen können im Handwerksbetrieb über EDV vorgenommen werden.

> Zu diesem Kapitel finden Sie die Aufgaben A 94 – A 131 im Band „Vorbereitung auf die Meisterprüfung – Test- und Übungsaufgaben".

7. Betriebsvergleich

Lernziele:
Der Lernende kann, nachdem er dieses Kapitel durchgearbeitet hat,
- zwei Arten von Betriebsvergleichen unterscheiden,
- die Aufgaben des Betriebsvergleichs kennzeichnen.

7.1 Begriff und Inhalt des Betriebsvergleichs

Aufgabe — Der Betriebsvergleich will wirtschaftliche Tatbestände eines Unternehmens oder von Unternehmensteilen systematisch vergleichen und beurteilen. Sein Zweck liegt in der Kontrolle und in der Hilfe für dispositive Entscheidungen. Die Vergleiche können sowohl innerbetrieblich als auch zwischenbetrieblich sein.

Vergleichszeiträume — Vergleichszeiträume sollen möglichst miteinander korrespondieren, um Zufälligkeiten auszuschließen.

Kennzahlen — Betriebsvergleiche werden häufig durchgeführt mit Hilfe von Kennzahlen, die betriebswirtschaftliche Daten zu einer Bezugsgröße ins Verhältnis setzen, z. B. Kosten zum Umsatz, Gewinn zum Umsatz, Kapitalrendite usw.

7.2 Innerbetrieblicher Vergleich

Das Vergleichsmaterial stammt aus dem eigenen Betrieb. Er wird durchgeführt als Zeitvergleich oder als Soll-Ist-Vergleich. Beim Zeitvergleich werden Zahlen gleicher Art, aber aus verschiedenen Perioden oder Stichtagen, miteinander verglichen. Der Soll-Ist-Vergleich setzt geplante und tatsächlich erreichte Zahlen zueinander ins Verhältnis. Der innerbetriebliche Vergleich will die Entwicklung im eigenen Unternehmen beobachten, um daraus entsprechende Entscheidungen für die Unternehmensführung zu ziehen.

Soll – Ist

7.3 Zwischenbetrieblicher Vergleich

Vergleichszahlen — Hierbei werden die eigenen Betriebszahlen mit denen vergleichbarer anderer Unternehmen gemessen. Vergleichszahlen sind Werte konkreter Betriebe aus verschiedensten Bereichen des Rechnungswesens. Im Handwerk sind die Betriebsvergleiche des Instituts für Handwerkswirtschaft und der Landesgewerbeförderungsstelle des Nordrhein-Westfälischen Handwerks e. V. bekannt, die, nach Handwerken unterteilt, wichtige Führungshilfen für den Unternehmer darstellen. Vergleichszahlen sind differenzierte Daten der Bilanz (Vermögensstruktur, Kapitalstruktur, Investitionen und ihre Finanzierung), der Gewinn- und Verlustrechnung mit einzelnen Aufwands- und Ertragsgrößen, der Kostenarten-, Kostenstellen- und Kostenträgerrechnungen sowie Vergleiche sonstiger wichtiger Daten (Produktivität, Rentabilität, Umschlagskennziffern usw.).

Als Anwendungsbeispiel möge ein Auszug aus dem Betriebsvergleich des Tischler-Handwerks in Nordrhein-Westfalen für das Jahr 1992 dienen (Quelle: Landesgewerbeförderungsstelle des Nordrhein-Westfälischen Handwerks e. V., Düsseldorf).

Betriebswirtschaftliche Auswertung

So arbeiten die Vergleichsbetriebe

Beschäftigtenstruktur

Tabelle 1 (Gesamtbeschäftigte = 100%)

Größenklasse	I		II		III		Gesamtauswertung		Ihr Betrieb	
Größenklasseneinteilung	1—4,9 Beschäftigte		5—9,9 Beschäftigte		über 10 Beschäftigte					
	Anzahl	%	Anzahl	%	Anzahl	%	Anzahl	%	Anzahl	%
Zahl der untersuchten Betriebe	13		22		24		59			
1.01 Produktiv Beschäftigte*)	2,7	79,4	5,7	80,3	14,8	80,4	8,9	80,2		
1.02 Übrige Beschäftigte	0,7	20,6	1,4	19,7	3,6	19,6	2,2	19,8		
1.03 Insgesamt Beschäftigte	3,4	100,0	7,1	100,0	18,4	100,0	11,1	100,0		
1.04 Davon tätige Inhaber**)	1,4	41,2	1,4	19,8	1,6	8,7	1,4	12,6		

*) Durchschnittliche Beschäftigungszahl einschließlich Betriebsinhaber und mithelfenden Familienangehörigen. Alle Beschäftigten sind nach der effektiven Mitarbeit bewertet (12 Monate = 1,0 Beschäftigte, 1 Monat = 1/12 Beschäftigte usw.)

**) Gerade in kleineren Betrieben werden die Inhaber genau wie Meister oder Gesellen im Fertigungsbereich gefordert. Darüber hinaus hat er organisatorische Aufgaben zu bewältigen, so daß die erbrachte Leistung über die normale Arbeitszeit hinausgeht. Aus diesem Grunde wurde der Inhaber höher bewertet.

Betriebswirtschaftliche Erfolgsrechnung

Tabelle 2 (Betriebsleistung = 100%)

Größenklasse	I		II		III		Gesamtauswertung		Ihr Betrieb	
Daten aus der Buchhaltung	DM	%	DM	%	DM	%	DM	%	DM	%
2.01 Betriebsleistung Handwerk	363.210,—	100,0	928.840,—	98,6	2.378.552,—	99,0	1.420.165,—	98,9		
2.02 + Betriebsleistung Handel und Bestattung	0,—	0,0	13.272,—	1,4	24.371,—	1,0	15.151,—	1,1		
2.03 = Betriebsleistung insgesamt	363.210,—	100,0	942.112,—	100,0	2.402.923,—	100,0	1.435.316,—	100,0		
2.04 ./. Fremdleistung	1.782,—	0,5	22.742,—	2,4	77.051,—	3,2	41.196,—	2,9		
2.05 = Eigene Betriebsleistung	361.428,—	99,5	919.370,—	97,6	2.325.872,—	96,8	1.394.120,—	97,1		
2.06 ./. Materialeinsatz	107.893,—	29,7	300.040,—	31,8	763.655,—	31,8	454.794,—	31,7		
2.07 ./. Handelswareneinsatz	0,—	0,0	8.331,—	0,9	17.038,—	0,7	10.243,—	0,7		
2.08 = Rohgewinn (Wertschöpfung)	253.535,—	69,8	610.999,—	64,9	1.545.179,—	64,3	929.083,—	64,7		
2.09 ./. Gesamte Personalkosten*)	104.445,—	28,8	328.356,—	34,9	963.768,—	40,1	548.759,—	38,2		
2.10 ./. Abschreibungen	30.476,—	8,4	47.883,—	5,1	108.574,—	4,5	69.773,—	4,9		
2.11 ./. Sonstiger Aufwand	61.100,—	16,8	134.886,—	14,3	320.635,—	13,4	197.562,—	13,8		
2.12 ./. Sondereinzelkosten	221,—	0,1	7.133,—	0,8	886,—	0,0	3.048,—	0,2		
2.13 ./. Erlösschmälerungen	1.305,—	0,3	5.765,—	0,6	12.584,—	0,5	7.697,—	0,5		
2.14 = Zwischensumme	55.988,—	15,4	86.976,—	9,2	138.732,—	5,8	102.244,—	7,1		
2.15 + Sonstige Erlöse	1.866,—	0,5	8.433,—	0,9	18.771,—	0,8	11.404,—	0,8		
2.16 = Reingewinn	57.854,—	15,9	95.409,—	10,1	157.503,—	6,6	113.648,—	7,9		
2.17 ./. Kalkulatorische Kosten	77.888,—	21,4	106.271,—	11,3	155.654,—	6,5	122.379,—	8,5		
2.18 = Betriebsergebnis	./. 20.034,—	./. 5,5	./. 10.862,—	./. 1,2	1.849,—	0,1	./. 8.731,—	./. 0,6		

*) Um eine Vergleichbarkeit zwischen GmbH und Personenunternehmen zu gewährleisten, sind die Gehälter für Gesellschafter-Geschäftsführer nicht im Personalaufwand enthalten. Sie sind bei den kalkulatorischen Kosten berücksichtigt.

Leistungskennzahlen

Tabelle 3

Größenklasse	I	II	III	Gesamtauswertung	Ihr Betrieb
	DM	DM	DM	DM	DM
3.01 Eigene Betriebsleistung je Beschäftigten	106.302,—	129.489,—	126.406,—	125.596,—	
3.02 Betriebsleistung Handwerk je produktiv Beschäftigten	134.522,—	162.954,—	160.713,—	159.569,—	
3.03 Betriebsleistung Handwerk je Produktivstunde	90,96	107,78	106,29	105,96	
3.04 Handwerkliche Wertschöpfung je produktiv Beschäftigten	93.902,—	106.326,—	103.909,—	103.840,—	
3.05 Handwerkliche Wertschöpfung je Produktivstunde	63,49	70,32	68,72	68,95	
3.06 Handwerkliche Wertschöpfung je Produktivstunde (Spanne)	44,84 bis 80,39	47,09 bis 100,79	52,68 bis 104,18	44,84 bis 104,18	
3.07 Rohgewinn Handel	0,—	4.941,—	7.333,—	4.908,—	
3.08 Handelsspanne	0,00	59,30	43,00	47,90	

Handwerkliche Wertschöpfung = Betriebsleistung Handwerk — Fremdleistungen — Materialeinsatz

Betriebswirtschaftliche Auswertung

Kalkulatorischer Unternehmerlohn

Der kalkulatorische (produktive) Meisterlohn steht dem Betriebsinhaber für die Stunden zu, in denen er selbst handwerklich mitarbeitet. Die Kosten hierfür sollten mindestens dem Gehalt angeglichen werden, das für einen angestellten Meister mit vergleichbarer Tätigkeit aufgebracht werden müßte.

Das kalkulatorische Unternehmerentgelt (unproduktiver Meisterlohn) ist die Entschädigung für die Verwaltung, Überwachung und Leitung des Betriebes.

Tabelle 7 (Betriebsleistung = 100%)

Größenklasse		I		II		III		Gesamtauswertung		Ihr Betrieb	
		DM	%	DM	%	DM	%	DM	%	DM	%
7.01	Kalkulatorischer produktiver Meisterlohn	43.369,—	11,9	34.924,—	3,7	10.629,—	0,4	28.899,—	2,0		
7.02	Kalkulatorisches Unternehmerentgelt für verwaltende Tätigkeit	24.079,—	6,6	51.096,—	5,4	83.429,—	3,5	57.886,—	4,0		
7.03	**Kalkulatorischer Unternehmerlohn**	67.448,—	18,5	86.020,—	9,1	94.058,—	3,9	86.785,—	6,0		

Summe der kalkulatorischen Kosten

Tabelle 10 (Betriebsleistung = 100%)

Größenklasse		I		II		III		Gesamtauswertung		Ihr Betrieb	
		DM	%	DM	%	DM	%	DM	%	DM	%
10.01	Kalkulatorischer Unternehmerlohn	67.448,—	18,5	86.020,—	9,1	94.058,—	3,9	86.785,—	6,0		
10.02	Kalkulatorische Zinsen	4.256,—	1,2	7.477,—	0,8	21.653,—	0,9	12.768,—	0,9		
10.03	Kalkulatorische Miete	6.184,—	1,7	12.774,—	1,4	39.943,—	1,7	22.826,—	1,6		
10.04	**Kalkulatorische Kosten insgesamt**	77.888,—	21,4	106.271,—	11,3	155.654,—	6,5	122.379,—	8,5		

Gemeinkostenzuschlag

Tabelle 20 (Fertigungslohn = 100%)

Größenklasse		I		II		III		Gesamtauswertung		Ihr Betrieb	
		DM	%	DM	%	DM	%	DM	%	DM	%
20.01	Lohnzusatzkosten (Tabelle 19.06)	59.839,—	77,1	151.367,—	85,3	362.202,—	76,5	228.851,—	82,9		
20.02 +	Gehälter (Tabelle 13.03)	10.351,—	13,3	34.555,—	19,5	138.453,—	29,2	72.839,—	26,4		
20.03 +	Abschreibungen (Tabelle 2.10)	30.476,—	39,3	47.883,—	27,0	108.574,—	22,9	69.773,—	25,3		
20.04 +	Sonstiger Aufwand (Tabelle 2.11)	61.100,—	78,7	134.886,—	76,1	320.635,—	67,7	197.562,—	71,6		
20.05 =	Zwischensumme + kalkulatorische Kosten	161.766,—	208,4	368.691,—	207,9	929.864,—	196,3	569.025,—	206,2		
20.06	Kalkulatorisches Unternehmerentgelt (Tabelle 7.02)	24.079,—	31,0	51.096,—	28,8	83.429,—	17,6	57.886,—	21,0		
20.07	Kalkulatorische Zinsen (Tabelle 8.02)	4.256,—	5,5	7.477,—	4,2	21.653,—	4,6	12.768,—	4,6		
20.08	Kalkulatorische Miete (Tabelle 9.01)	6.184,—	8,0	12.774,—	7,2	39.943,—	8,4	22.826,—	8,3		
20.09 =	Gemeinkosten insgesamt	196.285,—	252,9	440.038,—	248,1	1.074.889,—	226,9	662.505,—	240,1		
20.10 ./.	Gemeinkosten, die über Material verrechnet werden (Tabelle 14.03)	16.184,—	20,9	45.006,—	25,4	114.548,—	24,2	68.219,—	24,7		
20.11 ./.	Gemeinkosten, die über Fremdleistungen verrechnet werden	267,—	0,3	3.411,—	1,9	11.558,—	2,4	6.179,—	2,2		
20.12 ./.	Gemeinkosten, die über Handelsware verrechnet werden (Tabelle 14.09)	0,—	0,0	4.941,—	2,8	7.333,—	1,5	4.908,—	1,8		
20.13 =	Fertigungsgemeinkosten	179.834,—	231,7	386.680,—	218,0	941.450,—	198,8	583.199,—	211,4		
20.14	**Zuschlag auf Fertigungslohn**		231,7		218,0		198,8		211,4		

Beachten Sie bitte, daß Sie durch Ermittlung von Fertigungslohn und Gemeinkosten bis hierher nur die Kosten erfaßt haben. Diese sind um einen Zuschlag für Wagnis und Gewinn, der individuell vom Unternehmer festgelegt werden muß, zu erhöhen, so daß sich der Nettoangebotspreis der Kalkulation ergibt.

Betriebswirtschaftliche Auswertung

Bilanzstruktur

Tabelle 21 (Bilanzsumme = 100%)

Größenklasse	I DM	I %	II DM	II %	III DM	III %	Gesamtauswertung DM	Gesamtauswertung %	Ihr Betrieb DM	Ihr Betrieb %
Anlagevermögen:										
21.01 Grundstücke und Gebäude	74.001,—	28,5	83.314,—	17,2	285.092,—	25,0	166.313,—	23,3		
21.02 Maschinen und Einrichtungen	41.490,—	16,0	91.852,—	19,0	201.062,—	17,7	127.233,—	17,9		
21.03 Fuhrpark	16.100,—	6,2	32.275,—	6,7	45.381,—	4,0	34.388,—	4,8		
21.04 Langfristige Forderungen	751,—	0,3	2.103,—	0,4	1.508,—	0,1	1.568,—	0,2		
21.05 Zwischensumme Anlagevermögen	132.342,—	51,0	209.544,—	43,3	533.043,—	46,8	329.502,—	46,2		
Umlaufvermögen:										
21.06 Material- und Handelswarenbestand	14.299,—	5,5	47.149,—	9,7	165.801,—	14,6	90.192,—	12,7		
21.07 Teilfertige Arbeiten	1.335,—	0,5	36.622,—	7,6	63.613,—	5,6	40.558,—	5,7		
21.08 Forderungen aus Lieferung und Leistung	37.203,—	14,4	110.653,—	22,9	270.969,—	23,8	162.691,—	22,8		
21.09 Sonstige Forderungen	788,—	0,3	9.585,—	2,0	35.884,—	3,1	18.806,—	2,6		
21.10 Kasse, Bank, Postgiro	71.674,—	27,6	63.721,—	13,1	58.207,—	5,1	63.074,—	8,9		
21.11 Posten der aktiven Rechnungsabgrenzung	1.039,—	0,4	4.968,—	1,0	10.182,—	0,9	6.336,—	0,9		
21.12 Durchlaufende Posten	644,—	0,3	1.786,—	0,4	1.148,—	0,1	1.277,—	0,2		
21.13 Summe Aktiva	**259.324,—**	**100,0**	**484.028,—**	**100,0**	**1.138.847,—**	**100,0**	**712.436,—**	**100,0**		
21.14 Eigenkapital am 31. Dezember (inkl. Gewinn)	42.556,—	16,4	74.769,—	15,5	216.527,—	19,0	127.675,—	17,9		
21.15 Langfristige Rückstellungen	185,—	0,1	2.657,—	0,5	31.332,—	2,8	14.210,—	2,0		
21.16 Kurzfristige Rückstellungen	3.507,—	1,3	18.406,—	3,8	24.258,—	2,1	17.733,—	2,5		
Verbindlichkeiten:										
21.17 Langfristiges Fremdkapital	90.202,—	34,8	162.219,—	33,5	415.661,—	36,5	253.770,—	35,6		
21.18 Kurzfristige Bankverbindlichkeiten	87.362,—	33,7	56.519,—	11,7	95.280,—	8,4	79.332,—	11,1		
21.19 Erhaltene Anzahlungen	731,—	—	34.968,—	7,2	35.876,—	3,2	28.142,—	4,0		
21.20 Verbindlichkeiten aus Lieferung und Leistung	14.833,—	5,7	80.361,—	16,6	176.031,—	15,5	106.848,—	15,0		
21.21 Sonstige Verbindlichkeiten	15.996,—	6,2	49.532,—	10,2	138.326,—	12,1	79.659,—	11,2		
21.22 Posten der passiven Rechnungsabgrenzung	2.228,—	0,9	3.330,—	0,7	1.507,—	0,1	2.330,—	0,3		
21.23 Durchlaufende Posten	1.724,—	0,7	1.267,—	0,3	4.049,—	0,3	2.537,—	0,4		
21.24 Summe Passiva	**259.324,—**	**100,0**	**484.028,—**	**100,0**	**1.138.847,—**	**100,0**	**712.436,—**	**100,0**		

Finanzielle Stabilität

Hier geht es um die Finanzierung langfristig im Betrieb gebundener Vermögensgrößen. In der Praxis gilt die Regel, daß das Anlagevermögen durch Eigenkapital und langfristigem Fremdkapital (Anlagedeckung II) gedeckt sein soll. Diese Finanzierungsregel ist insbesondere in Zeiten der Kreditrestriktionen, also in Zeiten des teuren Geldes, von Bedeutung. Die hier ausgewiesenen Werte können nur beispielhaft gelten, da diese Kennzahlen aus Steuerbilanzen abgeleitet wurden, d.h. für die Vermögenswerte sind Buchwerte und nicht die Verkehrswerte berücksichtigt.

Achten Sie darauf, daß die Kennzahl möglichst über 100 liegt.

Tabelle 22

Größenklasse	I %	II %	III %	Gesamtauswertung %	Ihr Betrieb %
Anlagedeckung I					
22.01 Verhältnis von Eigenkapital zu Anlagevermögen	32,2	35,7	40,6	38,7	
Anlagedeckung II					
22.02 Verhältnis von Eigenkapital und langfristigem Fremdkapital zu Anlagevermögen	100,5	114,4	124,5	120,1	

Anlagedeckung I = Position 21.14/Position 21.05
Ablagedeckung II = Position 21.14 und 21.17/Position 21.05

Zu diesem Kapitel finden Sie die Aufgaben A 94 – A 131 im Band „Vorbereitung auf die Meisterprüfung – Test- und Übungsaufgaben".

B Wirtschaftslehre

Wirtschaftliche Grundfragen bei der Gründung eines Handwerksbetriebes

1. Motivation zur Selbständigkeit und Unternehmensziele

Lernziele:
Der Lernende kann, nachdem er dieses Kapitel durchgearbeitet hat,
- die verschiedenen Motive, die zur Betriebsgründung führen können, aufzeigen,
- grundlegende Ziele eines zu gründenden Unternehmens beurteilen und darstellen.

Jeder Mensch macht bewußt oder unbewußt eine Lebensplanung. Meist erfolgt dies gemeinsam mit dem Partner, mit dem man das Leben zusammen verbringen möchte. Diese Lebensplanung setzt Wunschvorstellungen an das Leben und Selbsteinschätzung voraus. Sie geht aber auch von festen Daten aus. Eines dieser Daten ist beispielsweise die Ablegung der Meisterprüfung. So wird ein Handwerksmeister aufgrund seiner Ausbildung und seiner beruflichen Qualifikation eine ganz andere Lebensplanung machen und machen müssen, als beispielsweise ein Musiker mit seiner spezifischen Ausbildung und Kenntniswelt.

Wunschvorstellungen, Selbsteinschätzung und Qualifikationen führen gegebenenfalls zur Motivation für die Selbständigkeit. Motive gibt es viele. Hauptmotive im Handwerk sind

Hauptmotive
- Streben nach Unabhängigkeit
- Erlangung eines höheren Einkommens
- Beseitigung der Unterordnung durch Vorgesetzte
- Befriedigung durch Ausübung handwerklicher Tätigkeit.

Nebenmotive können darüber hinaus sein
- Verwirklichung eigener Kreativität
- Erlangung von Prestige und Ansehen
- Weiterführung der Familientradition
- Ausstieg aus der Arbeitslosigkeit.

Wirtschaftliche Grundfragen

Aus der Motivation zur Selbständigkeit ergeben sich auch die Ziele des Unternehmens, auf die alle betrieblichen Maßnahmen abzustellen sind. Dabei unterscheidet man monetäre und nichtmonetäre Zielvorstellungen.

Zu den monetären Zielen gehören

monetäre Ziele
- eine bestimmte Mindesthöhe des Gewinnes
- eine bestimmte Höhe des Umsatzes
- die Zahl der Mitarbeiter
- Umfang des Maschinenparks
- stete Wahrung des finanziellen Gleichgewichtes (Zahlungsfähigkeit und Kapitalerhaltung)
- Finanzierungsmöglichkeit notwendiger Investitionen
- Höhe des Exportanteils.

Zu den nichtmonetären Zielen, die sowohl ökonomischer als auch außerökonomischer Art sein können, zählen

nichtmonetäre Ziele
- Sicherung der Arbeitsplätze
- Gewinnung politischen Einflusses
- Verminderung von Umweltbelastungen
- Versorgung der Bevölkerung mit bestimmten Leistungen
- Angebot bester Produkte und bester Dienstleistungen
- höchstmögliche Befriedigung des Kundennutzens
- Streben nach Marktführung.

Zu diesem Kapitel finden Sie die Aufgaben B 1 – B 36 im Band „Vorbereitung auf die Meisterprüfung – Test- und Übungsaufgaben".

2. Standortwahl

Lernziele:
Der Lernende kann, nachdem er dieses Kapitel durchgearbeitet hat,
- die Kriterien für die Auswahl eines Standortes nennen,
- die Auswirkungen des Bau- und Immissionsschutzrechts auf Handwerksbetriebe und Gewerbebauten erläutern,
- einen Standort für den Betrieb als geeignet beurteilen.

Vor der Gründung oder Übernahme eines Betriebes sind eine Reihe wichtiger unternehmerischer Entscheidungen zu treffen, die für den zukünftigen Verlauf eines Betriebes von lebenswichtiger Bedeutung sind. Dazu gehören die Entscheidungen über Standort, Rechtsform und Größe des Betriebes sowie über die Gründungsart und Gründungsfinanzierung.

Grundfragen

2.1 Begriff des Standortes

Jeder Betrieb muß einen Standort haben. Darunter wird die örtliche Lage verstanden. Der maßgebliche Standort kann je nach Art und Größe des Betriebes die gesamte politische Gemeinde sein, der Bereich mehrerer Gemeinden oder auch nur ein Teil der Gemeinde. Für den entscheidenden Standortbezirk muß eine Standortuntersuchung vorgenommen werden. Man unterscheidet freie und gebundene Standorte. Eine Standortwahl ist grundsätzlich nur bei freien Standorten möglich. Bei gebundenen Standorten (z. B. Kiesgrube) ist der Standort nur unter gewissen Voraussetzungen beeinflußbar.

freier/gebundener Standort

2.2 Bestimmungsfaktoren der Standortwahl

Ein handwerklicher Unternehmer wird geneigt sein, für das Unternehmen einen Standort zu wählen, der seinen Zielen am meisten Vorschub leistet. Ist das Ziel des Unternehmens die Maximierung des Gewinns, dann ist zweifellos dort der Standort zu wählen, an dem im Vergleich zu anderen Standorten bei gegebenen Produktionsverfahren und gegebener Größe der höchste Gewinn zu erzielen ist (oder gegebenenfalls andere Zielsetzungen des Unternehmens am wirtschaftlichsten zu erreichen sind).

optimaler Standort

Da der Gewinn eines Betriebes die Differenz zwischen Kosten einerseits und Erlösen andererseits ist, ist der Standort der beste, bei dem die Kosten vergleichsweise am niedrigsten und die Erlöse vergleichsweise am höchsten sind. Bei der Untersuchung des Standortes sind daher alle Einflüsse auf die Kosten einerseits und die Erlöse andererseits zu untersuchen.

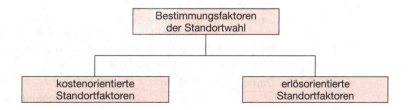

Wirtschaftliche Grundfragen

Kostenorientierte Standortfaktoren sind:

kostenorientierte Standortfaktoren

- Nähe zu Lieferanten
Ist die Nähe zu den Lieferanten wichtig? Kann man möglicherweise Abfallprodukte eines Nachbarbetriebes ausnutzen? Sind teure, seltene und schwere Rohstoffe oder Lieferungen erforderlich, deren Nähe wichtig ist?

- Arbeitsmarkt
Wie ist das Lohnniveau? Besteht ein Angebot an weiblichen Arbeitskräften? Besteht ein Überschuß an Teilzeitarbeitern?

Können Auspendler für den eigenen Betrieb angeworben werden? Ist ein Arbeitskräftepotential vorhanden durch Werkschließungen infolge von Strukturkrisen? Kann mit Umschülern aus der Landwirtschaft gerechnet werden? Sind bestimmte Berufe in der Gegend des in Aussicht genommenen Standortes ansässig oder bodenständig? Sind Wohnungen für heranzubringende Arbeitskräfte beschaffbar? Ist eine große Zahl von Schulabgängern, die ggf. eine Lehre beginnen können, zu erwarten? Sind ausländische Arbeitnehmer verfügbar?

- Energieversorgung
Ist die Nähe zur Versorgung mit Elektrizität, Gas, Wasser, Treibstoff, Brennstoff wichtig für den Betrieb? Sind Anschlüsse vorhanden? Sind Anschlüsse nur schwer und teuer herstellbar? Wie sind die Tarifunterschiede, insbesondere bei Elektrizität bei verschiedenen zur Diskussion stehenden Standorten? Sind die Energiekosten des Betriebes hoch? Sind Unterschiede in der Beschaffenheit von Energie (Wasser, Kohle) vorhanden? Kann die Wärmeabgabe anderer Betriebe nutzbringend verwandt werden? Können die Tarife beeinflußt werden? Ist der Bedarf mengenmäßig gesichert?

- Abwasserableitung, Abfall, Abfuhr und Ablagerung
Kann die Kanalisation benutzt werden? Ist eine eigene Kläranlage zu errichten? Sind Öl- und Speckabscheider zu errichten? Besteht die Möglichkeit, den Abfall abzulagern, ggf. ihn sogar zu verkaufen? Kann ggf. gemeinsam mit anderen Betrieben das Abfallproblem gelöst werden?

- Grundstücks- und Mietraumsituation
Sind gewerbliche Räume zu kaufen oder zu mieten? Wie sind die Kauf- bzw. Mietbedingungen? Sind Bauplätze knapp und teuer? Wie hoch sind die ortsüblichen Baukosten? Ist eine Wohnraumbeschaffung für den Betriebsinhaber möglich? Ist ausreichender Wohnraum für Gesellen und sonstige Arbeitnehmer vorhanden? Sind neue Gewerbegebiete eingeplant? Werden neue Siedlungen errichtet und eingeplant?

- Ist der Standort Gefährdungen ausgesetzt?
Gefährdungen können sein: Hochwasser, Kältenester, Hitzeansammlungen, Bergschädengebiete. Sind solche Gefährdungen von Bedeutung für den Betrieb? Was kosten Schutzvorkehrungen?

- Behördliche Beschränkungen
Liegt der Standort nahe bei Kur-, Wohn- und Krankenhausgebieten? Liegen Verkehrsbeschränkungen vor? Kann der Betrieb später vergrößert werden? Muß mit Beschränkungen auf Grund des Baurechts und des Immissionsschutzrechtes gerechnet werden? (→ S. 187 ff)

- Transportverhältnisse
Ist die Möglichkeit der Anfahrt für Arbeitnehmer und für Güter gegeben?

Haben die Gesellen und Vertreter Parkmöglichkeiten? Wie ist die Anbindung zu den wichtigen Straßen? Ist der Betrieb mit öffentlichen Verkehrsmitteln zu erreichen? Wie werden sich die zukünftigen Straßenzüge gestalten? Was sehen die öffentlichen Planungen vor? Ist eine Schienenanbindung erforderlich und möglich? Ist eine Wasserstraße wichtig? Wo ist der nächste Güterbahnhof? Wo ist die nächste Paketpost?

- Steuerliche Situation
  Wie hoch ist die Gewerbesteuer am betreffenden Ort? Wie hoch sind die Unterschiede bei den kommunalen Abgaben?

- Nachrichtenverbindungen
  Sind Telefonanschlüsse kurzfristig herstellbar?

- Emissionen von Nachbarn
  Ist mit schädlichen Einwirkungen durch Erschütterungen, Verunreinigungen und Lärm von Seiten der Nachbarn zu rechnen? Wie können solche Einwirkungen verhindert werden?

Erlösorientierte Standortfaktoren sind:

erlösorientierte Standortfaktoren

- Nähe zum Kunden
  Ist für den Betrieb die Nähe des Kunden wichtig? Sind Betriebe in der Nähe, für die Zuliefertätigkeiten ausgeführt werden könnten? Wer kommt überhaupt als Kunde für den Betrieb in Betracht? Gibt es im Einzugsbereich genügend Kunden? Wie weit sind die Kunden entfernt? Wie lange müssen sie gehen oder fahren? Ist der Weg mit Unannehmlichkeiten verbunden (z. B. Überqueren einer stark befahrenen Straße)? Sind die Kunden Männer oder Frauen? Sind es Hausfrauen oder Angestellte anderer Betriebe? Sind die Kunden bereit, Unannehmlichkeiten des Weges in Kauf zu nehmen, wenn sie am Ziel gut bedient werden?

- Verkehrsmöglichkeiten
  Liegt der Betrieb günstig zur Straße? Sind Kundenparkplätze vorhanden oder schaffbar? Ist der Betrieb mit öffentlichen Verkehrsmitteln erreichbar? Wie weit ist die nächste Straßenbahn- und Schnellbahnhaltestelle entfernt? Wird der Betrieb über Fußgänger- oder fahrkundschaft verfügen? Oder besucht der Kunde den Betrieb überhaupt nicht? Wie ist die Richtung des Fußgängerstroms (zuführend zum Betrieb, ablenkend vom Betrieb, andere Straßenseite)? Ist der Verkehrsstrom gefährlich, dicht, locker? Liegt der Betrieb isoliert oder im Zusammenhang mit anderen Betrieben? Kann der Kunde ausschließlich nur den Betrieb besuchen oder passiert er auf dem Weg auch andere Betriebe? Ist der Weg zum Betrieb und die Gegend um den Betrieb für einen Kunden interessant (Einkaufserlebnis, Bummelgefühl u. ä.)? Liegt der Betrieb uneinsehbar in einem toten Winkel oder ist er gut erkennbar?

- Nähe zur Konkurrenz
  Hat der Betrieb eine örtliche Monopolstellung (Standortmonopol)? Ist Konkurrenz zwar nicht vorhanden, aber zu erwarten im Laufe der Zeit? Ist Konkurrenz vorhanden, aber ungefährlich, gefährlich, überlegen? Hat die Konkurrenz bessere Beziehungen zur Bevölkerung (familiäre, religiöse, politische)? Ist eine Zusammenarbeit mit der Konkurrenz möglich? Wie weit ist die Konkurrenz entfernt?

- Nachteilige Nachbarschaft
  Sind in der Nähe der Betriebe vernachlässigte Ortsteile, Friedhöfe, Abdeckereien, Heilstätten, Asozialenquartiere, Gefängnisse, Rummelplätze,

Wirtschaftliche Grundfragen

erlösorientierte Standortfaktoren (Forts.)

Mülldeponien, stillgelegte Werksanlagen, Ruinen, Dirnenquartiere usw.? Ist solche Nachbarschaft für den Betrieb von Nachteil?

- Entwicklungstendenz des Ortes
Nimmt die Bevölkerung zu oder ab oder stagniert sie? Werden neue Siedlungen errichtet? Werden Stadt- oder Gemeindeteile saniert? Wird die Gewerbeansiedlung von der Gemeinde forciert? Nimmt die Gewerbeansiedlung zu oder ab? Werden Fabriken eröffnet, vergrößert oder geschlossen? Werden Bodenschätze neu erschlossen oder aufgegeben? Hat die Gemeinde Zuzug von neuen Behörden? Werden größere Verwaltungseinheiten im Zuge der Verwaltungsreform geschaffen? Entwickelt sich ein Fremdenverkehr? Ist die Übernachtungszahl steigend? Ist das Steueraufkommen fallend, stagnierend oder steigend? Nehmen die Baugenehmigungen zu? Sind neue Straßenführungen geplant? Sind die Zulassungszahlen von Kraftfahrzeugen steigend? Sind Sportanlagen im Bau oder geplant? Wie ist die Stimmung der örtlichen Gewerbetreibenden (rückständig, verzweifelt, bequem oder fortschrittlich aufgeschlossen, optimistisch)?

- Tendenz der örtlichen Kaufkraft
Ist die Kaufkraft steigend, oder fallend? Ist die Bevölkerung überaltert, normal, stark verjüngt? Ist die Kraftfahrzeughaltung normal oder überdurchschnittlich? Ist das Lohnniveau durchschnittlich, hoch oder niedrig? Wie ist die Entwicklung der Arbeitslosen und der offenen Arbeitsstellen? Sind die Haupterwerbszweige strukturgefährdet oder zukunftsorientiert?

- Situation der Verbrauchergewohnheiten
Ist die Bevölkerung sparsam oder genußfreudig? Ist die Bevölkerung kultiviert oder einfach? Ist die Bevölkerung gebildet oder ungebildet? Ist die Bevölkerung modisch oder konservativ gekleidet? Wohnt die Bevölkerung viel in neuen Wohnbauten? Handelt es sich bei der Gemeinde um einen ausgesprochenen Ruhesitz für Pensionäre oder Rentner? Wie viele Schulen, Fachhochschulen, Akademien, Universitäten mit wievielen Studenten und Schülern hat die Gemeinde? Ist die Bevölkerung konservativ oder modern? Sind viele Fremde vorhanden? Verfügt die Gemeinde oder der Ortsteil über wiederkehrende feste Märkte, Festtage, Veranstaltungen usw.? Ist die Bevölkerung häuslich oder mehr nach außen gewandt? Läßt die Bevölkerung Kaufkraft zu Versandhäusern abfließen? Wie ist die Entwicklung der Pro-Kopf-Spareinlagen in der Gemeinde? Welche Berufsstände sind überwiegend vertreten (Verwaltungsgemeinde, Schulgemeinde, Handelsgemeinde, Arbeitergemeinde usw.)? Sind große Teile der Bevölkerung nur saisonal tätig? Liegen große Bedarfsschwierigkeiten vor?

- Wettbewerbsverhältnisse
Ist die Konkurrenz gut beschäftigt oder notleidend? Ist ein Preisverfall zu konstatieren? Ist die Preisentwicklung günstig? Üben die großen Wettbewerber einen großen Sog auf die Arbeitskräfte aus? Sind wenige oder viele öffentliche Ausschreibungen feststellbar? Wie ist das Niveau der Angebotspreise bei den Ausschreibungen? Haben Warenhäuser und Konsumvereine mächtige Marktstellungen? Welchen Einfluß haben Großversandhäuser?

Die genannten Fragen sind in ihrer Bedeutung von Fall zu Fall naturgemäß unterschiedlich. Die Wahl des besten Standortes wird erleichtert, wenn die Auswahlkriterien nach einem für das betreffende Einzelunternehmen geschaffenen Punktsystem bewertet werden. Der Standort, der die meisten Punkte erhält, ist dann der vorteilhafteste.

unterschiedliche Bedeutung der Standortfaktoren

Die Tatsache, daß die Standortfaktoren für den einzelnen Betrieb unterschiedliche Bedeutung haben, wird ersichtlich aus der Orientierung der Betriebe nach bestimmten Kriterien. So unterscheidet man beispielsweise

- absatzorientierte Betriebe: Die Nähe zum Kunden ist bedeutsamstes Kriterium (z. B. Bäcker in einer Wohnsiedlung)
- materialorientierte Betriebe: Die Nähe zum Rohstoff ist bedeutsamstes Kriterium (z. B. Sägewerk am Wald)
- verkehrsorientierte Betriebe: Die Nähe zum Verkehr ist bedeutsamstes Kriterium (Kraftfahrzeugbetriebe an Ausfallstraßen)
- energieorientierte Betriebe: Die Nähe zur Energieerzeugung ist bedeutsamstes Kriterium (z. B. Wassermühle am Fluß)
- arbeitskraftorientierte Betriebe: Die Lage zu den Arbeitskräften ist bedeutsamstes Kriterium (z. B. Verlagerung eines Baubetriebes in einen Zechenvorort, wenn die Zeche geschlossen worden ist und nunmehr ein Arbeitskräftepotential ehemaliger Bergleute zur Verfügung steht).

2.3 Auswirkungen des Bau- und Immissionsschutzrechts auf Handwerksbetriebe und Gewerbebauten

Baugenehmigung

Die Errichtung, Änderung, Nutzungsänderung und der Abbruch baulicher Anlagen sind genehmigungspflichtig. Dabei ist unter Errichtung der Neubau und unter Änderung ein Umbau und unter Nutzungsänderung die Änderung der ursprünglich mit der Baugenehmigung festgelegten Nutzung zu verstehen.

Änderungen der äußeren Gestaltung (z. B. Anstrich) und Instandsetzungsarbeiten sind weder anzeige- noch genehmigungspflichtig.

Die Einrichtung und Nutzungsänderung von Lagerplätzen ist nur bis zu einer Größe von 300 m² genehmigungsfrei, aber nur dann, wenn sie nicht in Wohngebieten oder Außenbereichen liegen.

Genehmigungspflichtige Vorhaben werden von der Bauaufsichtsbehörde (in NRW jetzt Staatliches Umweltamt) nach bauplanungsrechtlichen und bauordnungsrechtlichen Gesichtspunkten überprüft. Gewerbliche Vorhaben werden überdies noch durch Einschaltung der staatlichen Ämter für Umweltschutz und Arbeitsschutz nach immissionsschutzrechtlichen Gesichtspunkten und Arbeitnehmerschutzbelangen (z. B. Arbeitsstätten-VO) geprüft.

Bauplanungsrecht

Im Baugesetzbuch und in der Baunutzungsverordnung finden sich die bauplanungsrechtlichen Bestimmungen. Nach diesen Bestimmungen sind für die Ordnung der städtebaulichen Entwicklung Bauleitpläne aufzustellen. Dabei unterscheidet das Baugesetzbuch zwischen dem für das gesamte Gemeindegebiet aufzustellenden Flächennutzungsplan und den aus dem Flächennutzungsplan zu entwickelnden Bebauungsplänen.

Flächennutzungsplan
Bebauungsplan

Während der Flächennutzungsplan nur beschränkt verbindlich ist und als vorbereitender Bauleitplan das Gemeindegebiet in unterschiedliche Nutzungsbereiche (Wohnen, Gewerbe, Verkehr usw.) aufteilt, werden in dem darauf aufbauenden Bebauungsplan für einzelne Bereiche des Flächennutzungsplanes Art und Maß der baulichen Nutzung sowie die bebaubaren Grundstücks- und örtlichen Verkehrsflächen planerisch festgestellt. Enthalten die Bebauungspläne diese vier Merkmale, dann sind es qualifizierte Bebauungspläne. Weisen die Bebauungspläne nur teilweise bauliche Festlegungen aus, dann sind es einfache Bebauungspläne.

Für die qualifizierten und einfachen Bebauungspläne gelten die Vorschriften der Baunutzungsverordnung. Die wichtigsten Arten der baulichen Nutzung sind

- reine Wohngebiete (WR – dienen dem Wohnen)
- allgemeine Wohngebiete (WA – dienen überwiegend dem Wohnen)
- besondere Wohngebiete (WB – dienen dem Wohnen, Läden und sonstigen Gewerbebetrieben, die mit der Wohnnutzung vereinbar sind)
- Dorfgebiete (MD – dienen der Unterbringung von land- und forstwirtschaftlichen Betrieben sowie den Handwerksbetrieben, die der Versorgung des Gebietes dienen)
- Mischgebiete (MI – dienen dem Wohnen und der Unterbringung nicht wesentlich störender Gewerbebetriebe)
- Kerngebiete (MK – dienen dem Einzelhandel und nicht wesentlich störenden Gewerbebetrieben)
- Gewerbegebiete (GE – dienen der Unterbringung von Gewerbebetrieben aller Art – in der Regel alle Betriebe des Handwerks)
- Industriegebiete (GI – dienen der Unterbringung von Gewerbebetrieben aller Art, die in anderen Baugebieten unzulässig sind).

Auch wenn Betriebe nach der Baunutzungsverordnung in bestimmten Baugebieten zulässig sind, kann trotzdem im Einzelfall die Genehmigung versagt werden, wenn das Bauvorhaben nach Anzahl, Lage, Umfang oder Zweckbestimmung der Eigenheit des Baugebietes widerspricht. Bei Errichtung, Änderung oder Nutzungsänderung eines Gewerbebetriebes geben die staatlichen Ämter für Umweltschutz und Arbeitsschutz eine Stellungnahme für die Baugenehmigungsbehörde ab. Dabei entstehen oft Schwierigkeiten bei der Beurteilung darüber, ob ein Handwerksbetrieb nicht stört oder nicht wesentlich stört oder ob er nicht erheblich belästigt (Begriffe, die die Baunutzungsverordnung verwendet).

Die Lärmimmissionen werden anhand des Schalldruckes gemessen. Die Maßeinheit ist das Dezibel – dB (A).

Die Schallpegel folgender Lärmquellen geben eine Anschauung über die Schallgrößen

– Ticken eines Weckers etwa	30 dB (A)
– normale Unterhaltung	50-60 dB (A)
– Personenauto	80-85 dB (A)
– Preßlufthammer	90-100 dB (A)
– Düsenflugzeug (in 6 m Entfernung)	120-130 dB (A)

Antragsverfahren bei Bauanträgen Der Bauantrag ist schriftlich bei der Gemeinde einzureichen, in deren Gebiet das Bauvorhaben liegt. Die Gemeinde reicht den Bauantrag weiter an die Bauaufsichtsbehörde. Bauaufsichtsbehörden sind die kreisfreien Städte, die amtsfreien Gemeinden und Ämter mit mindestens 20 000 Einwohnern und die Landkreise.

Dem Antrag sind beizufügen: Baubeschreibung, Lageplan, Bauzeichnungen, Nachweis über Standsicherheit, Nachweis über den Wärme-, Schall- und Brandschutz, Darstellung der Grundstücksentwässerung und bei Gewerbebetrieben eine Betriebsbeschreibung (Vordrucke beim Bauamt oder den staatlichen Ämtern für Umweltschutz und Arbeitsschutz erhältlich).

Immissionsschutz Immissionen sind auf Menschen, Tiere, Pflanzen und andere Sachen einwirkende Luftverunreinigungen, Geräusche, Erschütterungen, Licht, Wärme, Strahlen und ähnliche Umwelteinwirkungen.

Zweck des am 1. 4. 1974 in Kraft getretenen Bundes-Immissionsschutzgesetzes ist es, einen Schutz vor schädlichen Umwelteinwirkungen herbeizuführen und dem Entstehen schädlicher Umwelteinwirkungen vorzubeugen.

Zu diesem Zweck bedarf die, so heißt es im schönsten Amtsdeutsch, „Errichtung und der Betrieb von bestimmten Anlagen, die auf Grund ihrer Beschaffenheit oder ihres Betriebes geeignet sind, schädliche Umwelteinwirkungen hervorzurufen oder in anderer Weise die Allgemeinheit oder die Nachbarschaft gefährden, erheblich benachteiligen oder erheblich belästigen, einer Genehmigung." Die genehmigungsbedürftigen Anlagen sind in einer besonderen Verordnung zum Immissionsschutzgesetz aufgeführt. Die handwerklichen Berufe sind nur in Ausnahmefällen davon betroffen.

Genehmigung von Anlagen Anlagen werden dann genehmigt, wenn
- sie bestimmten technischen Anforderungen entsprechen
- die von Anlagen ausgehenden Luftverunreinigungen, Geräusche, Erschütterungen, Licht, Wärme, Strahlen und ähnlichen Einwirkungen (Emissionen) bestimmte Grenzwerte nicht überschreiten
- die Betreiber von Anlagen Messungen von Emissionen und Immissionen vornehmen oder vornehmen lassen.

Auch nichtgenehmigungsbedürftige Anlagen haben bestimmte Voraussetzungen zu erfüllen. Sie sind so zu errichten und zu betreiben, daß
- schädliche Umwelteinwirkungen vermindert werden, die nach dem Stand der Technik vermeidbar sind; dabei wird unter Stand der Technik der Entwicklungsstand fortschrittlicher Verfahren, Einrichtungen oder Betriebsweisen, der die praktische Eignung einer Maßnahme zur Begrenzung von Immissionen gesichert erscheinen läßt, verstanden
- nach dem Stand der Technik unvermeidbare schädliche Umwelteinwirkungen auf ein Mindestmaß beschränkt werden
- die beim Betrieb der Anlagen entstehenden Abfälle ordnungsgemäß beseitigt werden können.

Anordnung der Gewerbeaufsicht Diese Bestimmungen sind für sämtliche Handwerksbetriebe und handwerksähnliche Betriebe zu beachten. Die staatlichen Ämter für Umweltschutz und Arbeitsschutz können im Einzelfall zur Erreichung der genannten Ziele Anordnungen treffen. Kommt der Inhaber einer Anlage einer behördlichen Anordnung nicht nach, so kann der Betrieb der Anlage ganz oder teilweise bis zur Erfüllung der Anordnung untersagt werden. Wenn die von einer Anlage hervorgerufenen schädlichen Umwelteinwirkungen das Leben oder die Gesundheit von Menschen oder bedeutende Sachwerte gefährden, so soll die zuständige Behörde die Errichtung oder den Betrieb der Anlage ganz oder teilweise untersagen, soweit die Allgemeinheit oder die Nachbarschaft nicht auf andere Weise ausreichend geschützt werden kann.

Immissionsschutzbeauftragter Bei einer Reihe genehmigungsbedürftiger Anlagen – oder auch bei anderen Anlagen auf Anordnung des Gewerbeaufsichtsamtes (in NRW jetzt Staatliches Umweltamt) – müssen die Betriebe einen sogenannten Immissionsschutzbeauftragten stellen. Der Immissionsschutzbeauftragte hat in erster Linie folgende Aufgaben wahrzunehmen

- Hinwirkung auf umweltfreundliche Verfahren einschließlich Verfahren zur ordnungsgemäßen Verwertung der beim Betrieb entstehenden Rohstoffe
- Aufklärung der Betriebsangehörigen über die von der Anlage verursachten schädlichen Umwelteinwirkungen
- Mitwirkung bei der Entwicklung und Einführung umweltfreundlicher Verfahren und Erzeugnisse
- Überwachung der Einhaltung der Vorschriften des Bundes-Immissionsschutzgesetzes und der auf Grund dieses Gesetzes erlassenen Rechtsverordnungen und die Erfüllung erteilter Bedingungen und Auflagen.

2.4 Standortwechsel

Ursache eines Standortwechsels

Die Standortwahl trifft ein Betriebsgründer normalerweise langfristig. Dennoch kann sich die Situation eines Standortes so ändern, daß wichtige Argumente für einen Standortwechsel sprechen. Ursachen für einen Standortwechsel können sein

- Verkehrsplanung der Gemeinde
- Sanierungsvorhaben der Gemeinde
- Änderung der Käuferstruktur
- Vorschriften des Immissionsschutzgesetzes
- Nachbarschaftsbeschwerden über Immissionen
- keine Veränderungsmöglichkeit am jetzigen Standort
- keine Erweiterungsmöglichkeit am jetzigen Standort
- nachträglich entdeckte Bodenvorbelastungen (Altlasten)
- Ablauf eines Miet- oder Pachtverhältnisses
- bei gemieteten oder gepachteten Objekten keine Verlängerung des Pacht- bzw. Mietvertrages möglich
- Veränderung der Konkurrenzstruktur.

Bestandsschutz

Standortuntersuchungen von Handwerkskammern haben ergeben, daß in einer Vielzahl von Gemeinden eine Fülle von Handwerksbetrieben auf Dauer den Standort verlagern müssen, da sie sich an einem baurechtlich falschen Standort befinden. Sie genießen zwar Bestandsschutz, da die Betriebe vor langer Zeit mit gültiger Baugenehmigung vor Gültigkeit der heutigen Bau- und Immissionsschutzgesetzgebung errichtet worden sind. Vielfach sind jedoch notwendige Veränderungen und Erweiterungen am Standort nicht mehr genehmigungsfähig. Darüber hinaus kommen Beschwerden der Nachbarn hinzu, so daß vielfach eine Verlagerung notwendig wird.

2.5 Standortspaltung

Betrieb mit mehreren Standorten

Eine Standortspaltung liegt dann vor, wenn ein Betrieb sich an mehreren Standorten befindet. Im handwerklichen Bereich ist dies insbesondere dann der Fall, wenn Verkaufsgeschäft und Produktionsbetrieb auseinander liegen (z. B. Bäckerei, Metzgerei), wenn Filialen errichtet werden oder wenn Betrieb und Büro voneinander getrennt sind. Eine Standortspaltung kann notwendig sein, wenn der eine Betriebsteil aus Gründen der Kundennähe möglicherweise hohe Mietaufwendungen im City-Bereich verursacht (z. B. Ladenlokal) und der Produktionsteil nicht beim Laden zu liegen braucht und aus Kosten- und Immissionsschutzgründen einen anderen Standort haben muß.

2.6 Standortkalkulation

Bei der Wahl eines Standortes kann die Entscheidung durch eine sogenannte Standortkalkulation vorbereitet werden. Dabei gibt es grundsätzlich zwei verschiedene Möglichkeiten

Entscheidung aufgrund von Planungsrechnung

- Standortkalkulation durch Rentabilitätsvorschau
Hierbei werden die Kosten und Erlöse für die alternativen Standorte durch eine Planungsrechnung festgelegt, um den möglichen Gewinn des Betriebes bei den alternativen Standorten zu erkennen. Der Standort mit dem größten Gewinn ist dann der optimale.

Entscheidung nach Punktbewertung

- Standortkalkulation durch Standortgewichtung
Die Kalkulation kann auch in der Weise erfolgen, daß Faktoren, die den Standort beeinflussen, nach ihrer Bedeutung für den Betrieb in Punkten gewertet werden. Der Standort mit der höchsten Punktzahl ist der optimale.

Zu diesem Kapitel finden Sie die Aufgaben B 1 – B 36 im Band „Vorbereitung auf die Meisterprüfung – Test- und Übungsaufgaben".

Wirtschaftliche Grundfragen

3. Wahl der Rechtsform

Lernziele:
Der Lernende kann, nachdem er dieses Kapitel durchgearbeitet hat,
- die verschiedenen Rechtsformen für die Gründung eines Betriebes nennen,
- die Haftungsfragen zwischen Personengesellschaften und Kapitalgesellschaften unterscheiden.

Bei der Gründung eines Betriebes muß die Entscheidung über die richtige Rechtsform (auch Unternehmensform genannt) getroffen werden.

Rechtsform eines Unternehmens

Rechtsform ist die rechtliche Konstruktion des Betriebes. Man unterscheidet: Einzelunternehmen, Personengesellschaften, Kapitalgesellschaften und Genossenschaften.

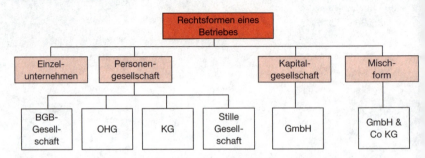

Im folgenden werden die Vor- und Nachteile der Rechtsformen – soweit sie für das Handwerk von Bedeutung sind – dargestellt, um damit eine Entscheidungshilfe bei der Gründung des Betriebes zu geben.

3.1 Einzelunternehmen

typische Form im Handwerk

Das Einzelunternehmen ist nach wie vor im Handwerk am weitesten verbreitet.

Vorteile: Alleinige Verfügungsgewalt und Entscheidungsfreiheit des Inhabers. Voller Gewinnzufluß an den Inhaber.

Nachteile: Haftung des Inhabers mit dem gesamten Privatvermögen für die betrieblichen Schulden. Keine Aufteilung der unternehmerischen Tätigkeit möglich (Folge: seelische und körperliche Überlastung). Eigenfinanzierung nur von seiten einer Person möglich (Kapitalmangel). Keine Möglichkeiten der Arbeitsteilung und Spezialisierung gegeben.

3.2 Personengesellschaften (→ S. 476 f)

Vorteile: Last der Unternehmensleitung ruht auf mehreren Schultern (gegenseitige Aufteilung der Vertretungs-, Verantwortungsbereiche). Nur einer der Inhaber benötigt die gewerberechtlichen Voraussetzungen zur selbständigen Führung eines Handwerksbetriebes (Meisterprüfung). Mehrere Personen unterschiedlicher Interessen und Ausbildung erbringen eine höhere Effizienz (z. B. Kaufmann und Handwerker). Kapitalbeschaffung durch mehrere Personen ergibt höheres Kapital. Unternehmensnachfolge kann durch Aufnahme der Kinder als Gesellschafter eingeleitet werden. Steuerprogression bei der Einkommensteuer kann vermindert werden durch Aufteilung des Gewinns auf verschiedene Gesellschafter gleicher Familie.

Nachteile: Erreichen der Einigkeit bei manchen Entscheidungen ist schwierig und setzt grundsätzlich das gleiche Interesse für das gemeinsame Unternehmen voraus. Gefahr des Auseinanderbrechens besteht, wenn Arbeitseinsatz und Arbeitsfähigkeit der Gesellschafter unterschiedlich ist sowie im menschlichen Bereich das Verstehen gestört ist. Schwierigkeiten können auch entstehen bei der Erbnachfolge eines verstorbenen Gesellschafters, wenn nicht vertraglich eine genaue Regelung erfolgt ist.

Spezielle Besonderheiten bei den einzelnen Personengesellschaften:

BGB-Gesellschaft

BGB-Gesellschaft (→ GBR S. 476)
Vorteile: Gründbar ohne große Formalitäten (kein Gericht, kein Notar, nicht schriftlich, jedoch Schriftlichkeit empfohlen). Gut geeignet und üblich als Familiengesellschaft kleinerer Betriebe. Keine steuerlichen Nachteile im Vergleich zum Einzelunternehmen.

Nachteile: Umständliche Gesellschaftsbezeichnung durch auszuschreibenden Vor- und Zunamen aller Gesellschafter. Nur für Kleinbetriebe möglich, die nicht ins Handelsregister eingetragen werden können und müssen. Haftung aller Gesellschafter mit dem Privatvermögen.

OHG

Offene Handelsgesellschaft (OHG) (→ S. 477)
Vorteile: Keine steuerlichen Nachteile und Besonderheiten im Vergleich zum Einzelunternehmen. Geeignet als Familiengesellschaft. Werbewirksamere Firmenbezeichnung möglich als bei der Bürgerlich-Rechtlichen Gesellschaft (nur der Name eines Gesellschafters mit Gesellschafterzusatz ist erforderlich). Gutes Ansehen im Wirtschaftsleben.

Nachteile: Volle persönliche Haftung aller Gesellschafter. Möglichkeit der Schwierigkeit vor allem, wenn, wie im Gesetz geregelt, die Geschäftsführungs- und Vertretungsbefugnis allen Gesellschaftern obliegt und keine genauen Kompetenzaufteilungen vorgesehen sind.

KG

Kommanditgesellschaft (KG) (→ S. 477)
Vorteile: Zwei Gesellschafterformen sind möglich: Komplementär (Namensgeber, Vollhafter, Geschäftsführer) und Kommanditist (tritt nach außen nicht in Erscheinung, haftet nur mit der Einlage, kann das Unternehmen weder vertreten noch hat die Geschäftsführung). Daher gut geeignet, wenn Gesellschafter unterschiedlicher Stellung zusammenfinden sollen (z. B. Vater und Sohn).

Vorstufe für die evtl. Gründung einer späteren GmbH & Co KG. Keine steuerlichen Nachteile und Besonderheiten im Vergleich zum Einzelunternehmen. Geeignet, um Nachfolger an die Betriebsübernahme heranzuführen, wenn Nachfolger zuerst Kommanditist ist und der Erblasser Komplementär, wobei das Verhältnis später umgedreht wird, wenn der Erblasser (z. B. Vater) sich aus der Verantwortung zurückziehen will.

Nachteile: Wenige Rechte des Kommanditisten. Volle Haftung des Komplementärs.

Unternehmungsformen im Vergleich

	Einzel-unternehmung	Personengesellschaften			Kapitalgesellschaften			
		BGB-Gesellschaft	OHG	KG	AG	KGaA	GmbH
gesetzliche Regelung im	HGB	BGB	HGB	HGB	AktG	AktG	GmbHG
Mindestkapital	–	–	–	–	Grundkapital DM 100 000,–	Grundkapital DM 100 000,–	Stammkapital DM 50 000,–
Mindestanteil	–	–	–	–	DM 50,–	DM 50,–	DM 500,–
Haftung	unbeschränkt	unbeschränkt	unbeschränkt	mindestens 1 Gesellschafter unbeschränkt, mindestens 1 Gesellschafter beschränkt	beschränkt	mindestens 1 Gesellschafter unbeschränkt, mindestens 1 Gesellschafter beschränkt	beschränkt
Bezeichnung der Gesellschafter	–	BGB-Gesellschafter	OHG-Gesellschafter	Vollhafter: Komplementär Teilhafter: Kommanditist	Aktionär	Vollhafter: pers. haftender Gesellschafter Teilhafter: Kommanditaktionär	GmbH-Gesellschafter
Mindestanzahl der Gesellschafter	–	2	2	1 Vollhafter 1 Teilhafter	1	1 Vollhafter 1 Teilhafter	1
Mindestzahl der Gründer	–	2	2	2	5	5	1
Organe	–	–	–	–	Hauptversammlung Aufsichtsrat Vorstand	Hauptversammlung Aufsichtsrat Pers. haftende Gesellschafter	Gesellschafterversammlung Aufsichtsrat (teilweise), Geschäftsführer
Gesetzliche Vertretung	–	sämtliche Gesellschafter gemeinsam	jeder Gesellschafter allein	jeder Komplementär allein	sämtliche Vorstandsmitglieder gemeinsam	jeder pers. haftende Gesellschafter allein	sämtliche Geschäftsführer gemeinsam

stille Gesellschaft

Stille Gesellschaft (→ GBR S. 477)

Vorteile: Möglichkeit des Betriebsinhabers, Kapitalgeber zu finden, ohne daß diese nach außen hin in Erscheinung treten. Stiller Gesellschafter ist im Konkursfall Gläubiger des Inhabers mit Anspruch. Stille Beteiligung braucht nicht angemeldet zu werden. Stiller Gesellschafter haftet nicht für die Schulden des Betriebes.

Nachteile: Stiller Gesellschafter ist von der Geschäftsführung ausgeschlossen. Gewinn des stillen Gesellschafters unterliegt der Kapitalertragsteuer, die allerdings bei der Einkommensteuer des Stillen berücksichtigt wird. Für den Unternehmer, der mit dem Stillen den Vertrag geschlossen hat, sind die Gewinnanteile des stillen Gesellschafters Betriebsausgaben. Die Einlage des Stillen erhöht für die Gewerbesteuer das Gewerbekapital; die Gewinnanteile des Stillen werden dem Gewerbeertrag zugerechnet.

3.3 Kapitalgesellschaften (→ S. 477 f)

GmbH

Für den handwerklichen Betriebsinhaber kann als Kapitalgesellschaft ggf. nur die GmbH (→ S. 477) interessant sein.

Vorteile: Firmenbezeichnung kann auch aus dem Gegenstand des Unternehmens entlehnt sein. Die Namen der Gesellschafter brauchen nicht zu erscheinen. Die Gesellschafter haften nur mit der im Gesellschaftsvertrag bestimmten Stammeinlage (insgesamt mindestens DM 50 000,-). Die Betriebsgründer brauchen die gewerberechtlichen Voraussetzungen (Meisterprüfung) nicht zu erfüllen. Die Einstellung eines Betriebsleiters mit der Meisterprüfung genügt.

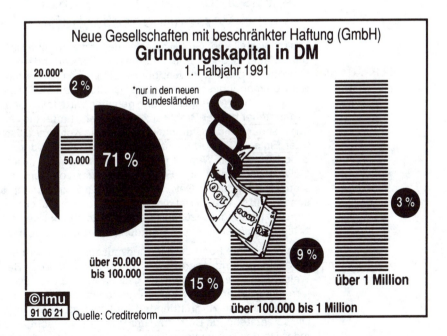

Nachteile: Wegen Beschränkung der Haftung nicht sehr kreditwürdig. Bei Überschuldung (Minuskapital) muß Konkurs angemeldet werden. Der Gewinn der GmbH unterliegt der Körperschaftsteuer. Der Gewinn abzüglich der

Körperschaftsteuer wird an die Gesellschafter verteilt und unterliegt dort der Einkommensteuer. Die Körperschaftsteuer auf ausgeschüttete Gewinnanteile wird allerdings mit der Einkommensteuer der Gesellschafter verrechnet.

Um die Körperschaftsteuerlast bei im Betrieb verbleibenden Gewinnen zu vermeiden, soll möglichst der Gewinn vollständig ausgeschüttet werden. Bei Bedarf kann der Gewinn oder ein Teil des Gewinnes dem Betrieb wieder als Darlehen zurückgeführt werden („Schütt-Aus-Hol-Zurück-Prinzip").

Die Gewinnausschüttung an die Gesellschafter unterliegt der Kapitalertragsteuer, die allerdings mit der Körperschaftsteuer bei der Einkommensteuer der Gesellschafter wieder abgezogen werden kann.

GmbHs unterliegen der Offenlegungspflicht. Das bedeutet, daß auch Handwerksbetriebe mit einem Umsatzerlös bis zu 8 Mio. DM, einer Bilanzsumme bis zu 3,9 Mio. DM und bis zu 50 Arbeitnehmern eine Verlautbarung über Betriebszahlen vorzunehmen haben.

Beim Handelsregister sind einzureichen eine verkürzte Bilanz, die Haftungsverhältnisse, die Anteile, die Gewinnverwendung, die Jahresergebnisse und Forderungen und Kredite gegen bzw. an die Gesellschafter.

Bei großen Kapitalgesellschaften sind die zu veröffentlichenden Angaben umfangreicher. Auch die GmbH & Co. KG unterliegt der Offenlegungspflicht.

3.4 Mischformen zwischen Kapital- und Personengesellschaft

GmbH & Co KG

Um die Vorteile der GmbH zu erreichen (beschränkte Haftung) und die Nachteile (Zahlung der Körperschaftsteuer) zu verhindern, kombiniert man die GmbH und die KG, in dem die GmbH persönlich haftende Gesellschafterin der Kommanditgesellschaft wird. Dadurch, daß die Gewinnverteilung an den Komplementär (= GmbH) niedrig gehalten wird, fällt keine oder wenig Körperschaftsteuer bei der GmbH an; andererseits haftet die GmbH (= Komplementär) hier nur mit der Stammeinlage und die Kommanditisten ebenfalls nur mit ihrer Einlage. Diese Mischform ist bekannt unter der Bezeichnung „GmbH & Co KG". Durch Wegfall der Doppelbesteuerung (Körperschaftsteuer vom Gewinn der GmbH und Einkommensteuer von dem um die Körperschaftsteuer verminderten Gewinn nach der Gewinnausschüttung an die Gesellschafter ab 1. 1. 1977) ist die Bedeutung dieser Gesellschaftsform gesunken. Um die Haftung auszuschließen und gleichwohl keine Körperschaftsteuer zahlen zu müssen, ist die Gründung einer GmbH ausreichend.

Betriebsaufspaltung

Eine besondere Form des Haftungsausschlusses wird erreicht durch die Betriebsaufspaltung. Hierbei wird der Betrieb und der Besitz getrennt in der Weise, daß zwei Unternehmen geschaffen werden. Das bisherige Einzelunternehmen oder die bisherige Personengesellschaft verpachtet das Unternehmen an eine zu gründende GmbH mit gleichem Inhaber oder Inhabern. Die so entstehende Betriebs-GmbH zahlt eine Pacht an das Besitzunternehmen. Da das betriebliche Risiko in der Regel bei der Betriebs-GmbH liegt, geht zwar im Falle eines Konkurses die GmbH für den oder die Inhaber verloren, das für den Betrieb notwendige Anlagevermögen verbleibt jedoch im Eigentum des oder der Besitzunternehmer.

4. Größe des Betriebes

Lernziele:
Der Lernende kann, nachdem er dieses Kapitel durchgearbeitet hat,
- den repräsentativen und den optimalen Betrieb unterscheiden,
- Ansatzpunkte für die anzustrebende Betriebsgröße angeben.

Nach der Entscheidung über den Standort, der Überprüfung der bau- und immissionsrechtlichen Erfordernisse an den Betrieb und der Wahl der Unternehmensform ist die Entscheidung über die Größe des Betriebes zu treffen. Bestimmungsdaten für die Größe können Umsatz, Beschäftigtenzahl, Bilanzsumme, Eigenkapitalsumme, Zahl der Maschinen u. ä. m. sein. In der Regel wird die Beschäftigtenzahl und in zweiter Linie die Höhe des Umsatzes als Merkmal der Betriebsgröße angesehen.

repräsentativer Betrieb

Man unterscheidet den repräsentativen Betrieb und den optimalen Betrieb. Der repräsentative Betrieb (auch mittelgroßer Betrieb genannt) ist die am häufigsten vorkommende Betriebsgröße eines Handwerkszweiges. Diese wird festgestellt durch Branchenuntersuchungen und Betriebsvergleiche. Meist handelt es sich hierbei um Betriebe guter Bewährung und Eignung, wenn man einmal von den Ausnahmefällen der Handwerkszweige absieht, die sich in der Strukturumstellung befinden. Der repräsentative Betrieb ist in allen Handwerkssparten vom Umsatz wie von der Beschäftigtenzahl her gesehen größer geworden. Der repräsentative Betrieb ist mit dem optimalen Betrieb nicht zu verwechseln, wenn er ihm auch ziemlich nahe kommen mag.

optimaler Betrieb

Der optimale Betrieb – die bestmögliche Betriebsgröße – ist auf jeden Fall anzustreben. Da die optimale Betriebsgröße jedoch sehr schwer bestimmbar ist, legt man den repräsentativen Betrieb aus dem Betriebsvergleich der Betriebsgrößenwahl zugrunde.

Die optimale Betriebsgröße ist das erstrebenswerte Ziel. Es wird jedoch praktisch nicht erreicht, weil trotz genauester Planung und bester Betriebsführung außerbetriebliche Einflüsse und die unterschiedliche Leistungsfähigkeit der im Betrieb arbeitenden Menschen Einfluß nehmen. Eine Änderung der Marktpreise, der Marktbedingungen oder der Produktionsmethoden bedingen eine Verschiebung der optimalen Betriebsgröße, so daß die ursprünglich rational gewählte Betriebsgröße schon bald überholt sein kann.

Optimal nennt man die Betriebsgröße, wenn das günstigste Verhältnis zwischen Aufwand und Leistung bei voller Ausnutzung der Betriebskapazität erreicht wird.

Kostendegression

Optimal ist die Betriebsgröße auch dann, wenn die Kostendegression ausgenutzt wird. Die Kostendegression ist die betriebliche Gesetzmäßigkeit, wonach mit zunehmender Leistungserstellung im Betrieb (und/oder beispielsweise je Maschine) die Kosten pro Leistungseinheit absinken. Ein Erzeugnis kann mit zunehmender Größe des Betriebes (und/oder der Maschinen) bis zu einem gewissen Ausmaß billiger hergestellt werden. Die Betriebsgröße, die den Punkt der niedrigsten Kosten pro Einheit (Stückkosten) reali-

Wirtschaftliche Grundfragen

siert, ist die optimale Betriebsgröße, wobei unterstellt wird, daß bei dieser Betrachtung der Markt die Produkte zu den gegebenen Preisen aufnehmen kann.

Beeinflussungsfaktoren der Kostendegression

Die Kostendegression wird verursacht durch die technische Entwicklung, wie Motorisierung, Mechanisierung und Automatisierung einerseits, durch das Ansteigen der für die Betriebe notwendigen Verwaltungsarbeit und durch eine Vielzahl gesetzlicher Vorschriften, die Investitionen und Verwaltungsarbeiten nach sich ziehen, andererseits.

Die technische Entwicklung führt zu Investitionen; diese wiederum führen zu Zins- und Abschreibungskosten. Diese Zins- und Abschreibungskosten sind fixe Kosten, die unabhängig vom Beschäftigungsgrad des Betriebes anfallen. Durch die ausufernde Steuer- und Sozialgesetzgebung nimmt die verwaltende Tätigkeit im weitesten Sinn im Betrieb zu. Diese verwaltende Tätigkeit ist unabhängig vom Beschäftigungsgrad. Es handelt sich hierbei um fixe Kosten. Zu erwähnen sind auch die aufwendigen, wenn auch notwendigen Investitionen, die zunehmend durchgeführt werden müssen, wie z. B. Sozialräume, Parkplätze usw. Die dadurch anfallenden Zins- und Abschreibungskosten und ggf. Mietaufwendungen fallen unabhängig vom Beschäftigungsgrad an.

Alle diese genannten Kosten sind feste, also fixe Kosten, die in der Kalkulation ihren Niederschlag finden. Je mehr Leistung – innerhalb einer bestimmten Grenze – in einem Betrieb erstellt wird, desto niedriger sind die fixen Kosten je Leistungseinheit und desto höher wird bei gleichbleibendem Marktpreis der Gewinn des Betriebes sein. Das bedeutet, daß durch die notwendigen Investitionen eines Betriebes dieser zu einer bestimmten Betriebsgröße gezwungen wird. Der Zwang besteht auch dadurch, daß größere und modernere Maschinen vielfach erst bei voller Auslastung eine kostengünstige Produktion ermöglichen (z. B. geringerer Energieaufwand).

Wir können demgemäß tatsächlich im Handwerk eine ständige Vergrößerung der Betriebe konstatieren. Der Gründer eines Betriebes muß – wenn er betriebswirtschaftlich richtig handeln will – versuchen, die optimale Betriebsgröße anzustreben. Eine Hilfsgröße hierzu ist der repräsentative Betrieb.

Nur ein Herantasten an die optimale Betriebsgröße führt letztlich zu einem über die kalkulatorischen Kosten hinausgehenden Betriebsgewinn als Äquivalent für Risiko, unternehmerischen Einsatz und unternehmerische Ideen.

Zu diesem Kapitel finden Sie die Aufgaben B 1 – B 36 im Band „Vorbereitung auf die Meisterprüfung – Test- und Übungsaufgaben".

5. Arten der Gründung und Gründungsfinanzierung

Lernziele:
Der Lernende kann, nachdem er dieses Kapitel durchgearbeitet hat,
- alternative Möglichkeiten der Betriebsgründung durch Kauf, Pacht, Beteiligung oder Neuerrichtung aufzeigen,
- geeignete Überlegungen über Investition und Finanzierung der Betriebsgründung anstellen.

5.1 Arten der Gründung

Bei der Gründung eines Handwerksbetriebs unterscheiden wir je nach der Art der Einbringungsgegenstände zwischen Bar- und Sachgründung.

Bargründung — Bei der Bargründung besteht das von den Gründern zur Verfügung gestellte Unternehmungskapital aus Barmitteln.

Sachgründung — Bei der Sachgründung werden Sacheinlagen eingebracht. Dabei lassen sich wiederum zwei Arten unterscheiden, und zwar

- die einfache Sachgründung: Neben dem Barkapital werden einzelne Sacheinlagen eingebracht, wie bewegliche oder unbewegliche Sachen (Grundstücke, Gebäude, Waren), ferner Rechte wie Patente oder Forderungen aus Schuldverhältnissen
- die Umgründung oder Umwandlung: Bei ihr wird ein bestehendes Unternehmen in eine andere Unternehmungsform umgewandelt („unechte" Gründung).

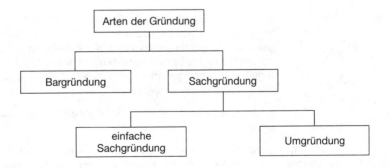

Die Selbständigmachung kann erfolgen durch Neuerrichtung eines Betriebes, aber auch durch Übernahme eines bestehenden Betriebes oder durch eine Beteiligung. Die Betriebsvermittlungsdienste der Handwerkskammern sind bereit, geeignete Betriebe nachzuweisen. Im Betriebsvermittlungsdienst werden Angebote von Betriebsinhabern, die ihren Betrieb verkaufen oder verpachten wollen, sowie Nachfragen von jungen Meistern, die beabsichtigen, einen Betrieb zu übernehmen, gesammelt.

Betriebsvermittlungsdienst der Handwerkskammer

Wirtschaftliche Grundfragen

Gründung durch Betriebskauf

Ein Betriebskauf mit dem Zweck des Weiterbetriebes ist nur sinnvoll, wenn damit nach menschlichem Ermessen eine dauerhafte, sichere und angemessene Existenzgrundlage für den Erwerber gegeben und der Kaufpreis angemessen ist. Das bedeutet, daß die Bilanzen und die Gewinn- und Verlustrechnungen mindestens der letzten 3 Jahre vorgelegt und geprüft werden sollten. Außerdem sollte die voraussichtliche künftige Entwicklung abgeschätzt werden. Der erzielbare Gewinn muß eine solche Dimension haben, daß davon die persönlichen Steuern, die Ausgaben für die persönliche Lebensvorsorge, Privatentnahmen sowie Zinsen und Tilgungen für die Gründungskredite aufgebracht werden können und darüber hinaus noch Gewinnanteile zur Eigenkapitalerhöhung verbleiben.

Preisermittlung für den Betriebskauf

Bei der Preisermittlung für den Betriebskauf ist auf eine richtige Bewertung des zu übernehmenden Anlagevermögens, Material- und Warenbestandes sowie des Geschäftswertes zu achten. Der Geschäftswert ist das Entgelt für eine Fülle von Vorteilen, die durch Name, Alter, Kundenstamm, Standort, Stammpersonal, Organisation und vieles andere mehr bestimmt ist. Diese Vorteile schlagen sich im Gewinn des Betriebes nieder. Daher wird der Geschäftswert vom Gewinn abgeleitet. Maßstab ist der zukünftig zu erwartende Gewinn. Da dieser nicht feststeht, geht man vom Durchschnittsgewinn der letzten 3 bis 5 Jahre aus. Davon werden die kalkulatorischen Kosten abgezogen, um so den Betriebsgewinn zu erhalten; dies ist der Gewinn, der auf die eigentliche Selbständigkeit zurückgeht. Je nach Betrieb kann man im Handwerk eine Nachhaltigkeit des Betriebsgewinns von 1 bis 5 Jahren nach Betriebsübernahme feststellen. Nachhaltigkeit bedeutet, daß der Betriebsgewinn im wesentlichen von den oben erwähnten übernommenen Vorteilen bestimmt ist.

Der Geschäftswert ist nichts anderes als der Betriebsgewinn multipliziert mit der Nachhaltigkeit in Jahren.

Art der Kaufpreiszahlung

Die Kaufpreiszahlung kann in einer Summe, in Raten oder auch auf Rentenbasis geleistet werden. Die Rentenbeiträge, die in der Regel bis zum Lebensende des Veräußerers oder dessen Ehefrau gezahlt werden müssen, sind versicherungsmathematisch zu ermitteln.

Haftungsausschluß für Verbindlichkeiten des Verkäufers

Bei der Betriebsübernahme ist darauf zu achten, daß die Haftung der Verbindlichkeiten des Verkäufers ausgeschlossen bleiben (§ 419 BGB: Wer das gesamte Vermögen eines Verkäufers übernimmt, haftet für dessen Schulden bis zur Höhe des übernommenen Vermögens. § 25 HGB: Wer ein im Handelsregister eingetragenes Unternehmen mit Firma übernimmt, haftet für die Schulden des Unternehmens).

In der Praxis sollte der Rat der Betriebsberater der Handwerksorganisation gesucht werden.

Gründung durch Betriebspacht

Durch ein Pachtverhältnis wird dem Betriebsgründer ein maschinell eingerichteter Betrieb überlassen, mit dem Recht, unter Nutzung der Einrichtung ein Gewerbe zu betreiben. Die Gründung durch Pacht bietet sich insbesondere dort an, wo die finanziellen Mittel für den Kauf der Einrichtung fehlen oder nicht erlangbar sind. Das dürfte überwiegend bei kapitalintensiven Betrieben der Fall sein, bei denen der Maschinen- und Geräteeinsatz überdurchschnittlich hoch ist.

notwendige Regelungen im Pachtvertrag

Beim Abschluß eines Pachtvertrages ist vornehmlich auf folgende Punkte zu achten

- Laufzeit des Vertrages; da eine Selbständigkeit nicht nur für einige wenige Jahre geplant ist, sollte die Laufzeit langfristig sein

- Vorkaufsrecht; dies sollte nach Möglichkeit vereinbart werden, um den Betrieb erwerben zu können, falls der Eigentümer diesen einem dritten Interessenten gegenüber zum Verkauf anbietet
- Reparaturen; es muß klar umschrieben werden, welche Reparaturen der Verpächter und welche der Pächter zu tragen hat
- Grundbesitzabgaben und Versicherungen; genaue Regelungen müssen die Aussage darüber treffen, wer die Aufwendungen zu tragen hat
- Pachtzins; der Pachtzins besteht aus 2 Teilen: einem Mietanteil für die Überlassung der Räume und einem Nutzungsanteil für die Überlassung der Einrichtung.

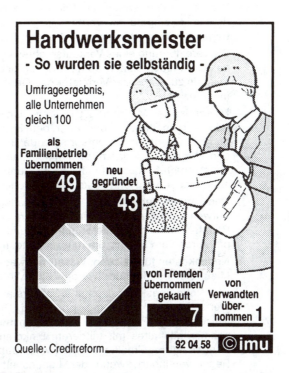

Höhe des Pachtzinses	Angesetzt für den Mietteil wird in der Regel die ortsübliche Miete und für das Nutzungsentgelt für die Einrichtung die Abschreibung für diese und eine Durchschnittsverzinsung für das darin zum Ausdruck kommende Kapital des Verpächters. Zu achten ist darauf, daß nach völliger Abschreibung der Einrichtung, die ja durch ein entsprechendes Nutzungsentgelt berücksichtigt wird, der Pachtzins sich auf den Mietanteil reduziert.

Wie beim Kauf ist auch beim Pachten eines Betriebes zunächst anhand der Bilanzen und Gewinn- und Verlustrechnungen des Verpächters zu prüfen, ob eine Pacht sinnvoll erscheint. Der Pachtzins muß vom Betriebspächter zu erwirtschaften sein, wobei wie beim Kauf nach Berücksichtigung von persönlichen Steuern, Aufwendungen für die Lebensvorsorge, Privatentnahmen sowie eventuell Verzinsung und Tilgung aufzunehmender Kredite ein Gewinnanteil zur Eigenkapitalbildung im Betrieb verbleiben soll.

Wirtschaftliche Grundfragen

Errichtung eines neuen Betriebes

Eine Betriebsgründung kann naturgemäß auch so vor sich gehen, daß geeignete Räume gemietet oder gekauft werden, in die dann die betrieblichen Vorrichtungen eingebaut werden. Ein Friseur etwa sucht ein leeres Ladenlokal und baut seinen Betrieb dort ein. Die Einrichtung ist sein Eigentum. Vorauszugehen hat die Überprüfung des Standortes.

Beim Mietvertrag ist auf folgende Punkte zu achten:

notwendige Regelungen im Mietvertrag

- Mietdauer; die Mietdauer sollte mindestens genau so lang sein wie die Lebensdauer der vom Betriebsgründer installierten Einrichtung und die Laufzeit der dafür aufgenommenen Kredite. In der überwiegenden Zahl werden Verträge mit einer Dauer von 10 Jahren abgeschlossen.

- Vormiete/Vorkaufsrecht; ein Vormieterrecht zugunsten des Betriebsgründers sollte eingeräumt werden für den Fall, daß nach Ablauf des Mietvertrages der Vermieter einem Dritten die Räume vermieten will.

  Die Vereinbarung eines Vorkaufsrechtes und Eintragung dieses Rechtes in das Grundbuch sichert dem Betriebsgründer die Möglichkeit des Gebäudekaufs zu, wenn der Vermieter das Gebäude an einen Dritten veräußern möchte.

- Mietpreis; der Mietpreis ist in erster Linie abhängig von der Größe der Räume, dem Standort, dem Alter, dem Erhaltungszustand und der Verwendungsfähigkeit für die entsprechende Branche. Bei Verhandlungen über den Mietpreis ist daran zu denken, daß er als Aufwand des Betriebes erwirtschaftet werden muß und im Rahmen der Betriebsvergleiche des entsprechenden Handwerkszweiges liegen sollte.

- Reparaturen/Nebenkosten; genaue Festlegungen sind zu treffen, wer die Aufwendungen zu tragen hat. Üblicherweise werden die werterhaltenden Reparaturen vom Vermieter getragen und die sogenannten Schönheitsreparaturen vom Mieter. Sie müssen jedoch genau umschrieben sein.

  Nebenkosten für Heizung, Wasser, Abwasser sind normalerweise nicht im Mietpreis enthalten und werden vom Mieter getragen.

- Wertsicherungsklausel; es ist meist verständlich, daß der Mietpreis an eine Wertsicherungsklausel gekoppelt wird. Die Koppelung erfolgt normalerweise an einen Preisindex für die Lebenshaltung eines 4-Personen-Arbeitnehmerhaushaltes mit mittlerem Einkommen, wie er vom Statistischen Bundesamt regelmäßig ermittelt wird. Dabei wird eine Anpassung in der Regel vereinbart, wenn der Lebenshaltungskostenindex sich um 10 Punkte erhöht hat. Die Klausel bedarf der Genehmigung durch die Landeszentralbank. Normalerweise ist hierfür eine 10jährige Laufzeit des Vertrages Voraussetzung.

In wenigen Fällen wird auch die Betriebsgründung durchgeführt durch Kauf oder Bau eines Gebäudes. In diesen Fällen sind Fragen des Standortes, des Kaufpreises oder der Baukosten und die Tragbarkeit der entsprechenden Finanzierung durch den zu schaffenden Betrieb zu prüfen.

Unternehmensbeteiligung

Vielfach ist die Beteiligung an einem bestehenden Betrieb die Vorstufe zur späteren Gesamtübernahme. Für den Junghandwerker ist eine Einarbeitung möglich, und die Verantwortung für das Unternehmen liegt nicht auf den jungen Schultern allein. Der den Mitgesellschafter aufnehmende Betriebsinhaber verteilt die Verantwortung auf mehrere Schultern, entlastet sich somit und hat einen weiteren Kapitalgeber gewonnen. Er kann prüfen, ob später sein Anteil an den jungen Handwerker übergeben werden soll.

Wirtschaftliche Grundfragen

Bei der Beteiligung an einem bestehenden Betrieb ist vornehmlich zu prüfen

Prüfkriterien
- Wie ist die wirtschaftliche Situation des Unternehmens? Kann das Unternehmen statt bisher eine nunmehr zwei Familien ernähren?
- Wird ein einverständiges Handeln des aufnehmenden Gesellschafters mit dem neuen Gesellschafter möglich sein?
- Welche Rechtsform ist die günstigste?
- Welche Laufzeit des Vertrages ist angemessen?
- Wie ist der Arbeitseinsatz und die Gewinnverteilung?
- Ist der geforderte Preis für die Teilhaberschaft (Einlage/Stammkapital) berechtigt?
- Wie kann die Einlage finanziert werden?

Errichtung einer Gesellschaft mit neuer Betriebsstätte
Es kann durchaus sinnvoll sein, mit einem Kollegen eine Gesellschaft zu gründen, um einen gemeinsamen Betrieb zu führen. Es kann hierbei die Neuerrichtung eines Betriebes geplant sein. Es besteht aber auch die Möglichkeit, eine Gesellschaft zu errichten, um dann einen Betrieb zu kaufen oder zu pachten.

In jedem Fall ist zu prüfen:
- Haben die zukünftigen Gesellschafter die gleichen beruflichen Interessen?
- Haben die zukünftigen Gesellschafter den gleichen beruflichen Elan und die gleiche Motivation?
- Verfügen die zukünftigen Gesellschafter über vergleichbare Arbeitskraft und Energie?
- Verfügen die Gesellschafter über vergleichbare berufliche Kenntnisse und Fertigkeiten?
- Ist ausreichend Kompromißfähigkeit vorhanden?
- Ist den Gesellschaftern klar, daß über die normale Arbeitszeit hinaus gearbeitet werden muß?
- Ist den Gesellschaftern klar, daß Sparsamkeit in der privaten Lebensführung sicherlich für einige Jahre erwartet wird?
- Sind die Ehefrauen einverstanden insbesondere mit den letzten Punkten?

5.2 Gründungsfinanzierung (→ S. 229 ff)

Investitionsüberlegungen
Eine Betriebsgründung verursacht stets Investitionen, und dies bedeutet stets eine langfristige Anlage von Kapital. Kurzfristige Änderungen sind nur schwer möglich. Da Investitionsentscheidungen langfristig wirksam und für die Entwicklungsmöglichkeit des Betriebes von erheblicher Bedeutung sind, hat der Betriebsgründer genaue Überlegungen anzustellen. Folgende Grundsätze gelten für die Gründungsfinanzierung:

Nur aus wirtschaftlichen Gründen sollten Investitionen durchgeführt werden; der Spaß an der Konstruktion, am Aussehen und an der Arbeitsweise einer Maschine allein genügt nicht.

Vorbereitung der Investitionsentscheidung
Die Investition ist stets im Zusammenhang mit dem Betriebsablauf zu sehen. Folgende Fragen müssen u. a. beantwortet werden:
- Mit welcher Auslastung der Maschinen ist zu rechnen?

Wirtschaftliche Grundfragen

- Können die möglichen Produkte oder Dienstleistungen gewinnbringend abgesetzt werden?
- Ist Platz für die Investition vorhanden?
- Ist für die Bedienung Personal vorhanden?
- Wie verhält sich die geplante Investition zu bereits durchgeführten Investitionen; entstehen in der Weiterverarbeitung Engpässe?

Die langfristige Bindung der einmal getroffenen Entscheidung kann nicht ohne Verlust für den Betrieb korrigiert werden.

Die Investitionen verursachen Kosten, die in die Kalkulation eingehen müssen. Insbesondere die fixen Kosten wie Abschreibung und Zinsen setzen eine Mindestkapazitätsauslastung voraus, wenn sie über die Leistungspreise als Entgelt wieder in das Unternehmen fließen sollen.

Jede Investition hat der Sicherheit des Betriebes und der Verbesserung und der Erhaltung der Wettbewerbsfähigkeit zu dienen.

Kapitalbedarf Je nach Handwerkszweig und angestrebter Betriebsgröße wird der Kapitalbedarf einer Betriebsgründung recht unterschiedlich sein. Jedes Unternehmen benötigt eine ausreichende Ausstattung mit Wirtschaftsgütern des Anlagevermögens (Betriebs- und Geschäftsausstattung) und Wirtschaftsgütern des Umlaufvermögens (Zahlungsmittel, Material und Handelswaren). Das Anlagevermögen umfaßt die Einrichtungen der Betriebstechnik, mit der die Leistung erstellt wird; das Umlaufvermögen dient der Abwicklung des späteren Umsatzes. Aus beiden Bereichen ergibt sich der Investitionsplan und damit auch der Kapitalbedarf für die Betriebsgründung und für das Anlaufen des Unternehmens.

Investitionsplan Der Investitionsplan, der bei jeder Betriebsgründung aufgestellt werden sollte, setzt sich aus folgenden Positionen zusammen, wobei in den meisten Fällen der Betriebsgründung nicht alle genannten Positionen in Frage kommen:

- Grundstücke
  mit Nebenkosten und Außenanlagen
- Gebäude
  Kauf
  Errichtung
  Renovierung
  Umbau
  Installation
  Einbauten
- Maschinen
- Werkzeuge
- Kraftfahrzeuge
- Geschäftswert (bei übernommenem Betrieb)
- Betriebs- und Geschäftsausstattung
  Büromöbel
  Büromaschinen einschließlich elektronischer Datenverarbeitungsanlage und Btx-Einrichtung
  Geschäftspapiere
- Erstausstattung mit Material
- Erstausstattung mit Handelswaren
- Mietkaution/Mietvorauszahlung

Wirtschaftliche Grundfragen

- Werbung
  Außenwerbung
  Eröffnungswerbung
  laufende Werbung
- Betriebsmittel zur Anlauffinanzierung

Ist die gesamte erforderliche Investition möglichst zutreffend ermittelt, wobei Kostenvoranschläge und Angebote hereingeholt werden sollten, kann die Finanzierung des Vorhabens aufgebaut werden (→ S. 207 ff).

Finanzierungs-überlegungen

Die bei einer Betriebsgründung eingesetzten Fremdmittel verursachen Zinskosten, Ausgaben für Tilgung und u. U. noch andere Aufwendungen. Insgesamt muß der Kapitaldienst für die Kredite vom Betrieb erwirtschaftet werden.

Ist bei einer vorgesehenen Investition und der darauf zwangsläufig aufbauenden Finanzierung die Belastung nicht zu erwirtschaften, dann muß eine Veränderung der Investition geplant werden mit dem Ziel einer Verminderung der Gesamtinvestition und einer tragbaren Finanzierung.

Beim Einsatz günstiger öffentlicher Finanzierungshilfen sind vorgeschriebene Beantragungswege und Spielregeln einzuhalten, um die Anträge einer zeitsparenden Bewilligung zuzuführen. Bereits im Stadium der Existenzgründungsüberlegungen ist es daher zweckmäßig, den Unternehmensberater der Handwerkskammer einzuschalten, der – rechtzeitig beauftragt – beratend tätig sein kann und in einem späteren Stadium ohnehin für die kreditbewilligenden Stellen ein Gutachten über das Vorhaben abzugeben hat.

Unternehmensberater der Handwerkskammer

Die für einen Antrag notwendigen Unterlagen sind frühzeitig zusammenzustellen, um sie rechtzeitig mit dem Antrag einreichen zu können. Das Nachreichen von Unterlagen verlängert die Bearbeitungszeit.

Bei Beantragung öffentlicher Mittel darf vor Antragstellung mit den Investitionen nicht begonnen sein.

Da auch der öffentliche Kreditgeber seine Mittel abgesichert haben möchte, ist die Frage nach der Sicherheit rechtzeitig zu klären. Gegebenenfalls kommt eine Bürgschaft der Landesbürgschaftsbanken in Frage (→ S. 236).

Der Betriebsgründer muß sich darüber klar werden, welches Kreditinstitut seine Hausbank werden soll. Dabei hat er zu prüfen, welche Bank für sein Vorhaben am aufgeschlossensten ist und wie sich die zukünftige Zusammenarbeit voraussichtlich gestalten kann.

Finanzierungsmöglichkeiten

Für die Finanzierung einer Betriebsgründung bieten sich in der Regel eine Fülle von verschiedenen Möglichkeiten an, aus der dann die optimale Finanzierung herausgesucht werden muß. In jedem Fall sind auch eigene Mittel des Existenzgründers in einer Mindesthöhe einzusetzen, soll die Fremdfinanzierung erfolgreich und die Selbständigkeit für den Gründer existenzerhaltend sein.

Folgende Mittel sind denkbar:

Eigenkapital

Eigenkapital

- Ersparnisse
- Eigenleistungen (etwa bei Bauvorhaben)
- vorhandene, bereits im Eigentum des Betriebsgründers stehende Werkzeuge, Maschinen, Geräte, Einrichtungsgegenstände und Fahrzeuge.

Wirtschaftliche Grundfragen

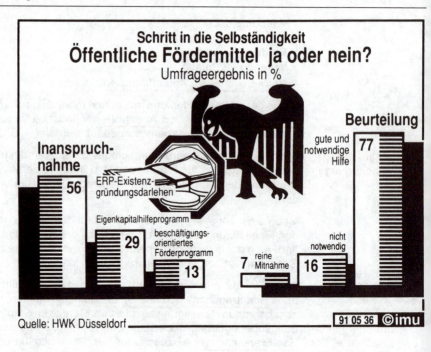

Darlehen zur Existenzgründung

konditionsgünstige Mittel des Bundes

Bundesmittel:

- ERP-Existenzgründungsprogramm
- Existenzgründungsprogramm der Deutschen Ausgleichsbank, das zusätzlich zu dem ERP-Kredit beantragt werden kann
- Eigenkapitalhilfeprogramm (EKH) des Bundes
- Landesmittel der verschiedenen Bundesländer. Jedes Land verfügt über ein Förderprogramm zur Hilfe bei der Existenzgründung im Mittelstand. In der Regel handelt es sich um zinsgünstige Kredite. Mitunter werden auch Zinszuschüsse für die Gründung einer ersten selbständigen Existenz gewährt.

Allen Kredithilfen ist gemeinsam:

- Sie werden nur bis zu einem bestimmten Prozentsatz vom benötigten Kapitalbedarf gewährt.
- Daher müssen sie mit anderen Fördermitteln kombiniert werden, was in der Regel auch statthaft ist.
- Der Zinssatz liegt in der Regel 2 % bis 3 % unter den Kapitalmarktzinsen. In einigen EU-Fördergebieten liegt der Zinssatz noch niedriger. Beim Eigenkapitalhilfeprogramm ist sogar der Zins in den beiden ersten Jahren 0 % und steigt dann erst langsam auf den Kapitalmarktzins an. Manche Landesförderungen bestehen in einem zu beantragenden Zinszuschuß für einen Normalkredit, was letztendlich auf einen zinsgünstigen Kredit hinausläuft.
- Es wird in der Regel überall der Einsatz von Eigenmitteln verlangt. Normalerweise geht man von einem Eigenmittelanteil von 15 % vom Kapitalbedarf aus.

- Die Laufzeit liegt allgemein zwischen 10 und 12 Jahren. Bei Bauvorhaben ist sie vielfach auf 15 Jahre verlängert. Beim Eigenkapitalhilfeprogramm beträgt die Laufzeit sogar 20 Jahre.
- Normalerweise sind die ersten 2 Jahre tilgungsfrei. Bei Bauvorhaben ist die Tilgungsfreiheit in der Regel länger. Beim Eigenkapitalhilfeprogramm ist das Darlehen 10 Jahre tilgungsfrei.

Darüber hinaus sind zu erwähnen:
- Existenzgründungsprämien einzelner Bundesländer als verlorenen Zuschuß bis zu einer Höhe von DM 20 000,-, die dann auch als Eigenmittel eingesetzt werden können.
- Verwandtendarlehen: Hier ist die schriftliche Vereinbarung der Tilgung und des Zinssatzes dringend zu empfehlen.

Kredite von Sparkassen und Banken

- Kredite von Sparkassen und Banken
Langfristige Darlehen können erforderlich werden, insbesondere dann, wenn aus Gründen der Knappheit öffentlicher Kredite und deren Bestimmungen Mittel des Kapitalmarktes ebenfalls anteilmäßig in Anspruch genommen werden müssen.

Die Vereinbarung von Kontokorrentkrediten ist in den Handwerkszweigen erforderlich, bei denen einerseits der Betrieb für die Auftragsdurchführung Vorleistungen erbringen muß, andererseits aber die Zahlungseingänge der Kunden erst zu einem späteren Zeitpunkt erfolgen.

Sicherheiten

Als Sicherheiten für die Existenzgründungskredite kommen in Frage: Lebensversicherungen/Bürgschaften von Verwandten/Grundpfandrechte (soweit Grundeigentum vorhanden ist)/Sicherungsübereignung der anzuschaffenden Maschinen und Geräte/Bürgschaften der Kreditgarantiegemeinschaften und der Bürgschaftsbanken des Handwerks.

Beispiel: Finanzierungsplan bei einer Investitionssumme von DM 100 000,-

Beispiel für einen Finanzierungsplan in NRW

	Eigen-kapital DM	Kredit-betrag DM	Zins-satz %	Aus-zah-lung %	Tilgung pro Jahr DM	Tilgung ab Jahr	til-gungs-freie Jahre
Eigen-mittel	15 000,-						
Eigen-leistung	2 000,-						
GUW Gründung und Wachstum		25 000,-	ist Veränderungen unterworfen	99 %	2 500,-	3.	2
EKH Eigen-kapitalhilfe-programm		25 000,-		100 %	2 500,-	11.	10
ERP		33 000,-		100 %	4 715,-	4.	3

Wirtschaftliche Grundfragen

Finanzierungsplan   Durch den Finanzierungsplan wird die Finanzierung der Existenzgründung festgelegt. Hierbei wird man selbstverständlich die günstigsten Mittel einplanen. Voraussetzung ist die Aufstellung des Investitionsplanes. Ergibt dieser einen Kapitalbedarf von beispielsweise DM 100 000,-, so kann der Finanzierungsplan wie folgt aufgestellt werden:

Da die Konditionen der öffentlichen Kreditmittel – insbesondere die Zinssätze – einem Wechsel unterworfen sind, die Bewilligungspraxis sich von Zeit zu Zeit ändert und neue Förderprogramme geschaffen werden, ist es dringend erforderlich, daß sich der Existenzgründer vor einer Gründung bei dem Betriebsberater seiner Handwerkskammer beraten läßt. Dieser wird nicht nur den Kapitalbedarf richtig beurteilen können, sondern wird auch den Einsatz der optimalen Existenzgründungsmittel vorsehen.

Kapitaldienstbelastungsplan   Aus den Finanzierungsplänen ergeben sich die Kapitaldienstbelastungspläne. Dabei werden die jährlichen Belastungen für Zinsen und Tilgungen ermittelt, um bei den Überlegungen für die Betriebsgründung zu ermessen, ob diese Belastungen vom zukünftigen Betrieb erwirtschaftet werden können.

Zu diesem Kapitel finden Sie die Aufgaben B 1 – B 36 im Band „Vorbereitung auf die Meisterprüfung – Test- und Übungsaufgaben".

Betriebliche Grundaufgaben

1. Beschaffung von Material, Maschinen, Werkzeugen

Lernziele:

Der Lernende kann, nachdem er dieses Kapitel durchgearbeitet hat,
- vier betriebliche Grundaufgaben benennen,
- die betrieblichen Grundfunktionen Beschaffung, Produktion und Absatz beschreiben,
- mindestens drei Beschaffungsdispositionen erklären,
- Hilfsmittel der Beschaffungsdispositionen angeben,
- die Bedeutung der Lagerhaltung erläutern,
- den durchschnittlichen Lagerbestand, die Umschlagshäufigkeit und die Lagerdauer berechnen,
- die Lagerkosten differenzieren.

1.1 Allgemeines

Die Tätigkeit jedes Betriebs ist darauf gerichtet, Waren und Dienstleistungen zu erbringen. Dies gilt sowohl für den Handwerksbetrieb wie für den Handelsbetrieb, für den Industriebetrieb wie für den Verkehrsbetrieb.

Zwar vollzieht sich die „Herstellung der Waren oder Dienstleistungen" in den einzelnen Branchen und ihren Betrieben recht unterschiedlich, aber dennoch fallen hierbei betriebswirtschaftliche Aufgaben an, die von jedem Betrieb, gleich welcher Art und Größe und Branche – also auch vom Handwerksbetrieb – erledigt werden müssen. Diese Aufgaben lassen sich zu folgenden betrieblichen Grundaufgaben oder Grundfunktionen zusammenfassen

betriebliche Grundaufgaben
- Beschaffung (z. B. des erforderlichen Materials, der Maschinen, der Werkzeuge)
- Produktion oder Leistungserstellung (z. B. Herstellung von Erzeugnissen, Erbringung von Dienstleistungen)
- Absatz (z. B. Verkauf der Erzeugnisse)
- Finanzierung (z. B. Kapitalbeschaffung).

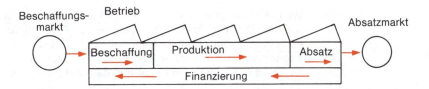

In einer marktwirtschaftlichen Ordnung wie in der Bundesrepublik Deutschland ist der einzelne Betrieb bei der Wahrnehmung der betrieblichen Grundfunktionen gleichsam eingebettet zwischen seine Beschaffungsmärkte und Absatzmärkte.

1.2 Beschaffungsdispositionen

Bevor der Handwerksbetrieb die eigentliche Leistungserstellung aufnehmen kann, muß er sich auf den verschiedenen Märkten (von anderen Betrieben) die für seine Produktion notwendigen Güter beschaffen. Dies können Sachgüter, Dienstleistungen oder Rechte sein.

Betriebsmittel Werkstoffe
Sachgüter werden unterschieden in Betriebsmittel und Werkstoffe. Zu den Betriebsmitteln gehören Grundstücke, Gebäude und die gesamte maschinelle Ausrüstung, die ein Betrieb benötigt. Werkstoffe sind

- Rohstoffe; sie gehen als Hauptbestandteil in das Erzeugnis ein, z. B. Holz bei Möbeln
- Hilfsstoffe; sie sind auch Bestandteil des Erzeugnisses, wertmäßig aber von geringer Bedeutung, z. B. Spezialkleber für Kunststoff
- Betriebsstoffe; sie werden nicht Bestandteil des Erzeugnisses, sondern werden bei der Produktion verbraucht, z. B. Strom, Schmieröl usw.

Patente und Lizenzen
Zu den Rechten, die für den Betrieb wichtig sein können und beschafft werden müssen, zählen vornehmlich Patente und Lizenzen (= das Recht, etwas herstellen zu können, wofür ein Dritter Patente besitzt).

Nun kann der Beschaffungsbegriff auf alle diese Güter bezogen werden. Wir wollen ihn jedoch nur in einem engeren Sinne verwenden und auf den Bereich des „Einkaufs von Vorräten" beschränken.

Beschaffung ist dann die Gesamtheit aller Aktivitäten zur Erlangung der Verfügungsmacht über Werkstoffe, Werkzeuge, Produktfertigteile und Handelswaren.

Um diese für die handwerkliche Leistungserstellung notwendigen Güter in der erforderlichen Menge und Güte termingerecht zur Verfügung zu haben, muß jeder Handwerksbetrieb die folgenden Beschaffungsüberlegungen anstellen und Beschaffungsdispositionen treffen:

Güterdisposition
Was soll beschafft werden? Art und Zusammensetzung der einzukaufenden Werkstoffe, Handelswaren und sonstigen Güter richten sich nach dem Produktionsprogramm und den Absatzmöglichkeiten des jeweiligen Handwerksbetriebs.

Mengen- und Qualitätsdisposition
Wieviel und in welcher Qualität soll beschafft werden? Diese Fragen beantworten sich nach dem voraussichtlichen Absatz einerseits und der Zahlungsfähigkeit und dem verfügbaren Lagerraum des Handwerksbetriebs andererseits. Nicht selten werden auch in Handwerksbetrieben auf Grund von Erfahrungssätzen eine Einkaufshöchstmenge und eine Einkaufsmindestmenge festgesetzt.

Zeitdisposition
Wann soll beschafft werden? Der Einkaufs- oder Beschaffungszeitpunkt für die o. a. Güter ergibt sich bei gegebenem Produktionsumfang aus der Beschaffungsdauer und ihrer Lagerfähigkeit, aus der Größe und Eignung des Lagerraums des Handwerksbetriebs sowie aus der (vermuteten) Preisentwicklung der benötigten Güter und dem Zeitpunkt des Lieferangebots.

Preisdisposition
Zu welchem Preis soll gekauft werden? Die erzielbaren Verkaufspreise bestimmen die maximal vertretbaren Einkaufspreise; und die alte Kaufmannsregel „Im Einkauf steckt der halbe Gewinn" bringt die Bedeutung eines günstigen Einkaufspreises auch für jeden Handwerksbetrieb in etwa zum Ausdruck. Um die Angebotspreise verschiedener Lieferanten vergleichbar zu machen, müssen häufig unterschiedliche Preisabschläge und Preiszu-

Betriebliche Grundaufgaben

schläge berücksichtigt werden. Das nachstehende Schema verdeutlicht die vielfältigen Einkaufspreiselemente. Man spricht auch von „monetären Beschaffungskonditionen".

Einkaufspreiselemente

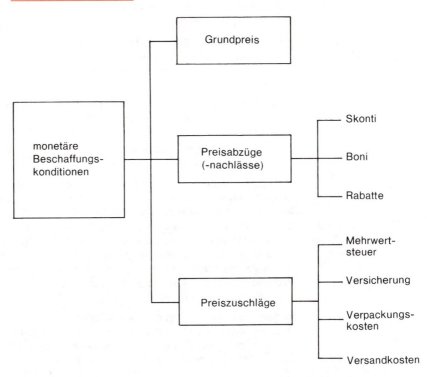

Bezugsquellendisposition

Wo soll gekauft werden? Meistens sind dem einzelnen Handwerksbetrieb aus den bisherigen Geschäftsverbindungen die Bezugsquellen für die Werkstoffe, Handelswaren und sonstigen Güter bekannt. Außerdem können neue Bezugsquellen aus Branchenverzeichnissen, aus Anzeigen in Fachzeitschriften und Tageszeitungen, auf Messen, Märkten und Ausstellungen, aus Mitteilungen von Berufsverbänden und Geschäftsfreunden sowie aus den von Lieferanten übersandten Angeboten, Prospekten und Unterlagen erschlossen werden.

Hilfsmittel für Beschaffungsdisposition

Als Hilfsmittel für die vorstehenden Beschaffungsdispositionen gelten

- Bestellkartei, die Art und Menge der bestellten Ware ausweist
- Bezugsquellenkartei in der Form der Lieferantenkartei (für jeden Lieferanten sind alle von ihm angebotenen Güter verzeichnet), der Warenkartei (hier sind für jedes Gut alle Lieferanten vermerkt) oder als kombinierte Lieferanten- und Warenkartei
- Bedarfsmeldekarte, durch die von der Werkstatt, vom Laden oder vom Lager die benötigten Güter dem „Einkäufer" gemeldet werden
- Lagerkartei, die für alle einzulagernden Güter die Zu- und Abgänge und den Bestand enthält. Letzterer wird mindestens jährlich durch die Inventur ermittelt.

Zu diesem Kapitel finden Sie die Aufgaben B 37 – B 48 im Band „Vorbereitung auf die Meisterprüfung – Test- und Übungsaufgaben".

1.3 Lagerhaltung und Materialkontrolle

Lagerhaltung ist notwendig, weil sich Güterbeschaffung, handwerkliche Leistungserstellung und Güterabsatz zeitlich und mengenmäßig nicht aufeinander abstimmen lassen.

Gründe für Lagerhaltung

Im einzelnen dient die Lagerhaltung daher

- der Überbrückung von Unregelmäßigkeiten auf den Beschaffungsmärkten (Lieferantenschwierigkeiten, Verkehrsstörungen, Preisschwankungen der Beschaffungsgüter)
- der Ausnutzung von Vorteilen des Großeinkaufs (Mengenrabatte, Einsparung von Verpackungskosten durch Großverpackung, Transportverbilligung infolge stärkerer Ausnutzung des Laderaums)
- einer notwendigen Ausreifung der Beschaffungsgüter während der Lagerzeit (z. B. bestimmte Holzarten).

Die Lagervorräte müssen so groß sein, daß der Handwerksbetrieb jederzeit produzieren und liefern kann. Vor diesem Hintergrund sind aber bei der Festlegung der Lagervorräte verschiedene Wirtschaftlichkeitsüberlegungen zu berücksichtigen. Zu große Lagerbestände entziehen dem Betrieb flüssige Mittel, erhöhen Zinsen, Lagerkosten und das Risiko des Untergangs der Güter durch Brand, Diebstahl, Verderb und Schwund oder des Wertverlusts durch Veralten oder Preisrückgang. Zu kleine Lagerbestände gefährden die Produktions- oder Absatzbereitschaft und machen u. U. preisgünstige, eilige Bestellungen nötig.

Folgen zu großer oder zu kleiner Lagerbestände

In dem Zusammenhang sind vor allem der durchschnittliche Lagerbestand und der eiserne Bestand erwähnenswert. Der durchschnittliche Lagerbestand ist der Durchschnitt der im Laufe einer Geschäftsperiode vorhandenen tatsächlichen Lagerbestände. Er errechnet sich aus

durchschnittlicher Lagerbestand

der Jahresinventur
$$= \frac{\text{Jahresanfangs- + Jahresendbestand}}{2}$$

oder

den Monatsinventuren
$$= \frac{\text{Jahresanfangsbestand + 12 Monatsendbestände}}{13}$$

Der eiserne Bestand ist der Bestand, der dauernd im Lager sein muß, um auch bei unvorhergesehenen Ereignissen eine ungestörte Betriebstätigkeit zu ermöglichen.

Wichtige Kennziffern der Lagerwirtschaft sind

- Umschlagshäufigkeit. Sie gibt an, wie oft die Menge oder der Wert des durchschnittlichen Lagerbestandes in einem Jahr umgesetzt werden. Umschlagshäufigkeit

Umschlagshäufigkeit

$$\text{wertmäßig} = \frac{\text{Materialeinsatz (DM)}}{\text{durchschnittl. Lagerbestand (DM)}}$$

$$= \text{z.B.} \quad \frac{\text{DM 150 000,-}}{\text{DM 30 000,-}} = 5$$

Betriebliche Grundaufgaben

$$\text{mengenmäßig} = \frac{\text{Materialeinsatz (Stck.)}}{\text{durchschnittl. Lagerbestand (Stck.)}}$$

$$= \text{z.B.} \quad \frac{1000 \text{ Stck.}}{200 \text{ Stck.}} = 5$$

- <u>Lagerdauer</u>. Das ist die Zeit, die zwischen Eingang und Ausgang der Güter liegt.

Lagerdauer

$$\text{Lagerdauer} = \frac{360 \text{ (Tage)}}{\text{Umschlagshäufigkeit}}$$

$$= \text{z.B.} \quad \frac{360}{6} = 60 \text{ Tage}$$

Leitgedanken und Handlungsanweisungen für eine <u>wirtschaftliche Lagerhaltung</u> beinhaltet die Überlegung:

Je höher der Wareneinsatz und je niedriger der durchschnittliche Lagerbestand, desto größer ist die Umschlagshäufigkeit und desto kürzer die Lagerdauer. Lagerumschlag und Lagerdauer wirken sich auf Kapitaleinsatz, Lagerkosten und Gewinn aus.

Denn
- der Kapitaleinsatz ist umso niedriger, je höher die Umschlagshäufigkeit ist

Lagerkosten
- die <u>Lagerkosten</u> errechnen sich aus den Kosten des in <u>Lagerbeständen</u> gebundenen Kapitals, aus den Kosten der <u>Lagereinrichtung</u> (Instandhaltungskosten, Abschreibung, Kosten für Heizung, Beleuchtung und Reinigung, Verzinsung des in den Lagereinrichtungen investierten Kapitals), aus den Kosten der <u>Lagerverwaltung</u> und aus den Kosten des <u>Lagerrisikos</u> (z. B. Verlust aus Beschädigungen, Wirtschaft u. a.).

Materialkontrolle
Sobald die beschafften Werkstoffe, Werkzeuge, Produktfertigteile und Handelswaren im Betrieb eingehen, muß eine <u>Materialkontrolle</u> durchgeführt werden. Sie bezieht sich vorrangig auf <u>Menge, Zahl und Qualität</u>. Mit der Materialkontrolle wird in der Regel auch eine zahlenmäßige Rechnungskontrolle verbunden. Solche Kontrollen und ggf. daraus erwachsende fristgemäße Mängelrügen an die Lieferanten bewahren den (Handwerks-)Betrieb vor dem Verlust eventueller Rechtsansprüche.

Zu diesem Kapitel finden Sie die Aufgaben B 37 – B 48 im Band „Vorbereitung auf die Meisterprüfung – Test- und Übungsaufgaben".

2. Handwerkliche Leistungserstellung

Lernziele:
Der Lernende kann, nachdem er dieses Kapitel durchgearbeitet hat,
- die „drei Produktionsfaktoren" gegeneinander abgrenzen,
- die zwei Aussagen des ökonomischen Prinzips würdigen,
- zwischen Spezialisierung, Normung und Typung unterscheiden.

2.1 Allgemeine Kennzeichnung

Produktion

Die zweite betriebliche Grundfunktion ist die der Produktion im engeren Sinne. Die im Zuge der Beschaffung bereitgestellten Sachgüter werden durch den Vorgang der Produktion in ein für den Betrieb typisches Erzeugnis umgewandelt. Begriffe gleichen Inhalts sind „Erzeugung" und „Fertigung". Damit ist jene betriebliche Funktion gemeint, die die Erzeugung der Sachgüter vollzieht. So gesehen ist die Betriebsfunktion „Produktion" auf den ersten Blick vornehmlich eine wesentliche Teilaufgabe des Sachleistungsbetriebs. Jedoch wird in zunehmendem Maße auch von einem Erzeugungsprozeß im Reparatur- und Dienstleistungsbetrieb gesprochen, zumal viele Aussagen der betriebswirtschaftlichen Produktionslehre auch auf Reparatur- und Dienstleistungsbetriebe anwendbar sind. Somit beinhaltet die betriebliche Grundfunktion „Produktion" in Bezug auf den Handwerksbetrieb sowohl die Herstellung handwerklicher Güter als auch die Erbringung handwerklicher Reparatur- und Dienstleistungen.

2.2 Faktoren der handwerklichen Leistungserstellung

Die Produktion in den (Handwerks-)Betrieben ist technisch gesehen eine Vermischung und Umformung von Gütern, damit neue Güter entstehen. Menschliche Arbeit, Stoffe und Kräfte der Natur sowie das Sachkapital in Form von Maschinen, Geräten und Rohstoffen, Hilfsstoffen und Betriebsstoffen werden auf technisch unterschiedliche Weisen miteinander kombiniert. Insgesamt lassen sich die unterschiedlichen Produktionsmittel auf drei sogenannte Produktionsfaktoren zurückführen:

Produktionsfaktoren

- Arbeit
- Boden
- Kapital.

Produktionsfaktoren sind Güter, die bei der Güterproduktion eingesetzt werden können und die die Fähigkeit besitzen, neue Güter zu schaffen.

Produktionsfaktor Arbeit

Arbeit als produktiver Faktor ist jede menschliche Tätigkeit, die auf ein wirtschaftliches Ziel gerichtet ist. Die Arbeit ist das verbindende Element zwischen den beiden anderen Produktionsfaktoren. Denn ohne Arbeit ist keine Produktion möglich. Von den (Einzel-)Fällen der Substitution (z. B. menschliche Arbeit wird durch Maschinen ersetzt) abgesehen, sind Boden und Kapital für die Arbeit komplementäre (= ergänzende) Güter. Man unterscheidet

- ausführende Arbeit. Sie wird von einer leitenden Stelle aus angeordnet und kann als geistige und körperliche Arbeit gelernte, ungelernte und angelernte ausführende Arbeit sein.
- leitende Arbeit. Ihre Aufgabe ist die Überwachung der Kombination der Produktionsfaktoren.
- schöpferische Arbeit. Sie ist auf die Art und Verbesserung der Produktionsfaktorenkombination gerichtet. Durch die Umsetzung in leitende und ausführende Arbeit wird sie erst produktiv.

Der Produktionsfaktor „Arbeit" ist der wichtigste für die meisten Handwerksbetriebe. Von seiner Qualität, das heißt von der Güte der Ausbildung und von der Arbeitsmoral hängt das Ergebnis der Arbeit ganz wesentlich ab, ganz gleich, ob es sich um Produktion und Gestaltung handwerklicher Erzeugnisse handelt (z. B. Pelze, Schmuck, Maschinen), um Reparaturen (z. B. an Kraftfahrzeugen und Fernsehgeräten) oder um Dienstleistungen (z. B. Friseure, Gebäudereiniger).

Bezeichnend auch für den Produktionsfaktor „Arbeit" ist eine ständige Verteuerung, besonders im gewerblichen Bereich. Die Ursachen dafür sind zu sehen in den ständig steigenden Kosten für Ausbildung und notwendige soziale Sicherung. Diese hohen Kosten des Produktionsfaktors Arbeit bringen gerade für den Handwerksbetrieb erhebliche Schwierigkeiten mit sich, da bei seinen Produkten, Reparaturen und Dienstleistungen die Lohnkosten einen sehr hohen Anteil haben. Handwerkliche Arbeit läßt sich nur in beschränktem Umfange durch Maschinen und Automaten ersetzen.

Produktionsfaktor Boden

Mit der Bezeichnung „Boden" werden alle wirtschaftlich relevanten produktiven Eigenschaften der Natur angesprochen. Der „Boden" ist Träger von ersetzbaren Stoffen (= Anbauboden) und unersetzbaren Stoffen (= Abbauboden), ist Energiequelle und als Standort in der Landwirtschaft und im Handwerk wirtschaftlich bedeutungsvoll. Er hat daher die o. a. Eigenschaft eines Produktionsfaktors. Arbeit und Boden werden als ursprüngliche Produktionsfaktoren bezeichnet, da sie sich nicht auf andere Produktionsgüter zurückführen lassen.

Der Produktionsfaktor „Boden" bereitet auch für den Handwerksbetrieb zunehmende Schwierigkeiten. Er ist der Raum, der Platz, der überhaupt vorhanden sein muß, um eine Werkstatt, einen Salon, ein Atelier eröffnen zu können. Das Ansteigen der Grundstückspreise hat diesen Produktionsfaktor ständig verteuert. Hinzu kommt, daß durch die immer dichter werdende Besiedlung die gesetzlichen Bestimmungen über den Umweltschutz verschärft werden und damit die Nutzung des Faktors Boden für die Produktion einschränken (z. B. Probleme der Abwässer- und Abfallbeseitigung, der Belästigungen durch Geräusche, Abgase und Gerüche).

Produktionsfaktor Kapital

Unter Kapital versteht man Geldbeträge und Sachwerte, die ertragbringend eingesetzt werden. Demnach sind zu unterscheiden

- Geldkapital
- Sach- oder Realkapital.

Während zinsbringende Guthaben oder Kredite und Darlehen als Geldkapital bezeichnet werden, gelten Maschinen, Werkzeuge und Güter, technische Einrichtungen sowie Roh-, Hilfs- und Betriebsstoffe als Sachkapital. Man spricht auch von produzierten Produktionsmitteln, da sie auf Arbeit, Boden und häufig auf Produktionsmittel aus vorangegangenen Produktionsstufen zurückführbar sind. In diesem Sinne wird der Produktionsfaktor Kapital auch als abgeleiteter Produktionsfaktor bezeichnet. Es ist unmittelbar einsichtig, daß der Produktionsfaktor (Sach-)Kapital neben Boden und Arbeit auch für den Handwerksbetrieb und seine Produktion unerläßlich ist.

Gütererzeugung als Kombination der Produktionsfaktoren

Für einen Hausbau benötigt man

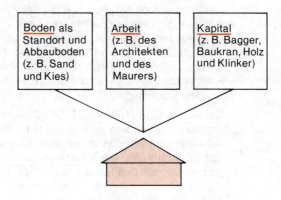

2.3 Vorbereitung und Durchführung der handwerklichen Leistung

Steht das Leistungsprogramm des Handwerksbetriebs fest – es wird normalerweise durch das Berufsbild des jeweils auszuübenden Handwerksberufes grob umschrieben, der einzelne Handwerksunternehmer kann sich innerhalb dieses Rahmens z. B. auf die Herstellung oder Reparatur festlegen – so muß die Durchführung der Produktion festgelegt werden, bevor die eigentliche handwerkliche Leistungserstellung beginnen soll. Dazu gehört die Planung der Bereitstellung der zur Produktion notwendigen Betriebsmittel, Werkstoffe und Arbeitskraft wie auch die Planung des Produktionsablaufs.

Planung

Da Handwerksbetriebe vielfach eine individuell geprägte Leistung oder Fertigung zu erbringen haben, kommt dem Fertigungsplan die größte Bedeutung zu (→ S. 274). Arbeitsbegleitpapiere, aussagefähige Materiallisten, eine zweckmäßige Arbeitsverteilung und eine sinnvolle Werkstattorganisation (d. h. „richtige" Maschinen, zweckmäßige Maschinenanordnung, zweckentsprechende Betriebsräume und zweckmäßige Werkzeugablagen) begünstigen eine rationelle Abwicklung der handwerklichen Leistungen.

ökonomisches Prinzip

Die Aufgabe des Handwerksunternehmers ist es, die Kombination der Produktionsfaktoren nach dem ökonomischen Prinzip (= rational) zu gestalten, um kostengünstige Produktionsergebnisse zu erzielen und so die Konkurrenzfähigkeit seiner Produkte zu sichern. Das ökonomische Prinzip besagt
– mit gegebenen Mitteln ist die größtmögliche Leistung zu erzielen (= Optimumprinzip)

- eine angestrebte Leistung ist mit möglichst geringen Mitteln zu erreichen (= Sparprinzip oder Prinzip des kleinsten Mittels).

(Natürlich gilt das ökonomische Prinzip nicht nur für die Produktion im engeren Sinne, sondern für das gesamte betriebliche Handeln.)

Als Konkretisierungen des ökonomischen Prinzips (im Produktionsbereich) können verstanden werden

Spezialisierung – die Spezialisierung, d. h. die bewußte Beschränkung des Produktions- und Leistungsangebots. Sie ermöglicht niedrige Kosten infolge eines geringeren Bedarfs an Werkzeugen und Maschinen und infolge höherer Leistungsfähigkeit der Mitarbeiter

Normung – die Normung. Darunter versteht man eine einheitliche Festlegung der Größen, Abmessungen, Formen, Farben, Qualitäten von Materialien, Ersatzteilen, Maschinen und/oder Werkzeugen – also von Einzelteilen. Vorteile sind die Vereinfachung und Verbilligung der Lagerhaltung, schneller Ersatzteilaustausch, Qualitätsverbesserung durch Mindestgütevorschriften. Für viele Produkte und Leistungen gibt es Normen (z. B. DIN = Deutsche Industrie-Norm). DIN-Normen werden vom Normenausschuß der Deutschen Wirtschaft beschlossen, und sie sind im Geschäftsverkehr verbindlich

Typung – die Typung. Sie bezieht sich nicht auf Einzelteile, sondern zielt auf die „Vereinheitlichung der Endergebnisse" nach Art und Güte und ist eine vorwiegend innerbetriebliche Angelegenheit. Man sucht die Herstellungskosten durch Reduzierung der im Betrieb hergestellten Typen zu verringern.

Zu diesem Kapitel finden Sie die Aufgaben B 37 – B 48 im Band „Vorbereitung auf die Meisterprüfung – Test- und Übungsaufgaben".

3. Absatz

Lernziele:
Der Lernende kann, nachdem er dieses Kapitel durchgearbeitet hat,

- Begriff und Grundzüge der Konzeption des Marketings erklären,
- den Begriff Marktuntersuchung analysieren,
- die Bedeutung der Markterkundung für den Handwerksbetrieb beurteilen,
- verschiedene absatzpolitische Instrumente des Handwerksbetriebs kennzeichnen,
- mindestens 5 verschiedene Werbemittel aufzählen.

3.1 Allgemeines

Absatz — Die betriebliche Grundfunktion „Absatz" umfaßt alle Tätigkeiten, die auf den Verkauf der erzeugten Produkte und Dienstleistungen abzielen. Der Begriff „Absatz" beinhaltet also nicht nur die Verkaufstätigkeit, sondern auch die Vorbereitung, Anbahnung, Durchführung und Abwicklung des Verkaufs der betrieblichen Leistungsergebnisse.

In Zeiten zunehmender Konkurrenz durch andere Handwerksbetriebe und bei steigender Marktsättigung werden die Absatzbemühungen für das Erreichen der Betriebsziele (z. B. angemessener Gewinn, Wachstum) oder sogar für das Überleben der Betriebe immer bedeutungsvoller. Von daher erklärt sich die Tendenz, alle betrieblichen Entscheidungen auf das Erfordernis der Absatzförderung auszurichten, d. h., den gesamten Betrieb unter dem Gesichtspunkt der Stabilisierung und Steigerung des Absatzes zu führen. Das *Marketing* — wird auch als Marketing bezeichnet. Es bedeutet eine Abkehr von der früheren Auffassung, daß man über den Absatz von Produkten erst nachdenken müsse, wenn sie erstellt seien.

3.2 Marketing

Marketing verlangt eine „auf den Markt gerichtete" Produktion, die die Wünsche der möglichen künftigen Kunden, ihre Kaufkraft, ihre Zahl, ihren Geschmack und viele andere den Absatz beeinflussende Faktoren schon von Anfang an berücksichtigt. Aus der Sicht des Marketings müssen für die *Marketing-* Festlegung des Unternehmenszieles die folgenden Einzelfragen geklärt werden: *überlegungen*

- Es muß feststehen, ob man Produzent, Händler oder Dienstleistungsunternehmer sein will oder gegebenenfalls in welchem Mischungsverhältnis diese Aufgaben im Betrieb vereinigt werden sollen.

  Hier ist wichtig zu wissen, ob man beispielsweise als Zulieferer der Industrie für einige oder mehrere Großabnehmer produzieren will, ob man Leistungen nur für Wiederverkäufer oder nur für Endverbraucher oder für beide erbringen möchte.

- Es muß erforscht und festgelegt werden, welchen Bedarf das Unternehmen durch seine Marktleistungen befriedigen will und mit welchen Produkten und Leistungen dieses geschehen soll.

Geht es um Gegenstände des täglichen Gebrauchs wie Nahrung, Konsumgüter, Kleidung, oder sollen mit einem Angebot von Qualitätswaren und Spitzenleistungen Wünsche des gehobenen Bedarfs befriedigt werden? Kommt es eher auf die Gebrauchstüchtigkeit der Waren an oder auf ihr Aussehen, auf ihre Form und Gestalt? Werden die möglichen künftigen Kunden eher Spitzenqualitäten bevorzugen, oder werden sie nach Einkommen und Ansprüchen eher mittlere und untere Qualität wählen?

- Es muß erforscht und festgelegt werden, an welche Bevölkerungsgruppen und in welchen Gebieten die Waren und Leistungen verkauft werden sollen.

Kommen als Kunden nur bestimmte, nach Alter, Geschlecht, Berufs- und Schulbildung oder Einkommen ausgewählte Bevölkerungsgruppen in Frage? Kann nur mit Fußgängern als Kunden gerechnet werden oder auch mit solchen, die ein öffentliches Verkehrsmittel oder einen Pkw benutzen? Ist die Lieferung nur für einen eng begrenzten Raum mit Boten, Fahrrad oder mit kleinem Lieferwagen möglich, oder kann auch die Belieferung entfernter Kunden mittels Post oder Bahn, eigenen Fahrzeugen oder Spedition in Betracht kommen? Beispiele: Nahrungsmittelhandwerker müssen entscheiden, ob sie mit ihrem Sortiment, durch die Art und Qualität von Brot, Backwaren, Fleisch und Wurst die nach diesen Dingen immer vorhandene Nachfrage einer breiten Bevölkerungsschicht befriedigen möchten oder ob sie sich auf hohe Qualität und bestimmte Spezialitäten festlegen wollen. Zu denken wäre bei letzteren insbesondere an den Trend zu kalorienarmer Kost, dem man durch entsprechende Angebote Rechnung tragen kann. Zu berücksichtigen ist aber auch der mit steigendem Einkommen verbundene Wunsch der Konsumenten, auch gerade bei den Grundnahrungsmitteln zu verfeinerten Erzeugnissen überzugehen, zu ausländischen Spezialitäten oder zu bereits weitgehend für den Verkehr vorbereiteten Nahrungsmitteln.

Auch der Friseur muß wissen, wen er bedienen will: Damen, Herren oder beide; alte oder junge Kundschaft; Anspruchsvolle oder Anspruchslose; Zahlungskräftige oder weniger Zahlungskräftige. Wenn sich ein Konkurrent auf jugendliche Mode spezialisiert hat, so wird er ein wohlüberlegtes Angebot für ältere Kunden dagegen setzen; wenn ein Konkurrent in seiner Nähe mit Billigpreisen wirbt, so wird er, eine entsprechend zahlungsfähige Kundschaft in seinem Einzugsbereich vorausgesetzt, mit dem Angebot modischer Spezialhaarschnitte diese Kundschaft anzuziehen trachten.

Bei all diesen Fragen, die bei der Erarbeitung einer betrieblichen Konzeption aus der Sicht des Marketings geklärt werden sollten, sind natürlich auch die anderen betrieblichen Gegebenheiten zu berücksichtigen: Die personalmäßige Ausstattung und die Finanzierung, die Liquidität und die Produktions- und Leistungskapazität des Betriebes müssen in die Marketingzielsetzung eingeordnet werden.

3.3 Bedeutung der Marktforschung und der Markterkundung

Informationssammlung

Um seine zukünftigen Handlungsmöglichkeiten im Absatzbereich besser einschätzen zu können, benötigt der Handwerksunternehmer (wie jeder Unternehmer) vielfältige Informationen – z. B. darüber, wie groß die voraussicht-

Betriebliche Grundaufgaben

liche Nachfrage nach seinen Leistungen sein wird, wie ein erfolgreiches Handwerkserzeugnis aussehen soll oder welche „Eigenschaften" ein erfolgreiches Handwerkserzeugnis haben soll. Ferner müssen Informationen über die Erzeugnisse konkurrierender Betriebe eingeholt werden. Alle diese und noch andere Fragen können durch Marktuntersuchungen beantwortet werden.

Marktuntersuchung

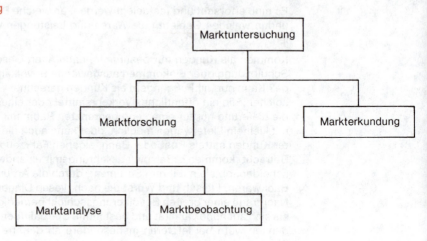

Die Marktuntersuchung ist der neutrale Oberbegriff für Aktivitäten zur Marktforschung und Markterkundung.

Markterkundung Unter Markterkundung wird das mehr oder minder willkürliche, zufällige und planlose Erfassen von Marktdaten verstanden. Beispiel: Schreinermeister Holz bittet seine Gesellen, gelegentlich von Verwandten- oder Bekanntenbesuchen nachzufragen, wie eine von ihm neu entwickelte Kassettenhaustür beurteilt wird.

Marktforschung Als Marktforschung wird das systematische, wissenschaftlich begründete und planvolle Vorgehen bei der Ermittlung von Marktdaten bezeichnet.

Marktanalyse Marktanalyse wird als einmalige Untersuchung des Marktes verstanden.

Marktbeobachtung Bei der Marktbeobachtung handelt es sich um die Feststellung der Entwicklungen und Änderungen der Marktdaten im Zeitablauf. Von einzelnen Fachverbänden wird eine systematische Marktforschung (durch Beauftragung von Fachinstituten) betrieben. Die oft sehr aufschlußreichen Ergebnisse dieser Marktforschungen stehen den Innungsmitgliedern zur Verfügung.

Welche Instrumente der Marktforschung von Handwerksunternehmen (direkt oder über Dritte) genutzt werden, hängt vor allem von den damit verbundenen Kosten und der Bedeutung der zu erwartenden Marktuntersuchungsergebnisse für den Betrieb ab. Die Erkundung des Absatzmarktes muß jedoch fortlaufend wahrgenommen werden. Dadurch werden Wandlungen in den Käufer- und Verbrauchergewohnheiten, Mode- und Geschmackswandel, technische Neuerungen, veränderte Qualitätsansprüche, Veränderungen in der Aufmachung, neue Werbemethoden, Preisveränderungen und andere Entwicklungen für den erkundenden Betrieb erkennbar und kalkulierbar. Der Betrieb muß sich nämlich ständig an die Entwicklungen des Absatzmarktes anpassen, wenn er im Markt bleiben will.

3.4 Absatzfördernde Maßnahmen

Die Maßnahmen, die den Absatz eines Betriebes und seine Position auf dem Absatzmarkt beeinflussen, werden auch als absatzpolitische Instrumente bezeichnet.

absatzpolitische Instrumente

Auf welche Weise kann nun ein Handwerksbetrieb trotz vieler Marktwiderstände (Marktsättigung, Nachfrageänderungen, konkurrierende Produkte usw.) seinen eigenen Absatz sichern oder gar ausweiten? Durch
- Preispolitik und Zahlungsbedingungen
- Kundendienst und Produktgestaltung
- Werbung.

Preispolitik

Der geforderte Preis soll nicht nur die entstandenen Kosten abdecken, sondern darüber hinaus auch dem Betrieb Gewinn bringen. Der Betrieb muß deshalb genaue Informationen über die eigenen Kosten besitzen (Selbstkostenrechnung). Er muß aber auch wissen, welcher Preis am Markt überhaupt zu erzielen ist. Auf die Absicht, den Absatz der eigenen Produkte zu steigern, hat der geforderte Preis einen nicht unerheblichen Einfluß. Welcher Preis schließlich gefordert und durchgesetzt werden kann, hängt von den Marktverhältnissen ab. Wird ein ähnliches Erzeugnis von mehreren Betrieben angeboten, wird es schwieriger sein, den Preis heraufzusetzen, als wenn nur ein Betrieb Anbieter ist.

Niedrigpreispolitik

Hochpreispolitik

Für die preispolitische Entscheidung des Betriebs sind aber auch noch andere Überlegungen maßgebend. So kann entweder mit Hilfe einer Niedrigpreispolitik ein hoher Umschlag an Waren und Leistungen bei relativ niedriger Gewinnspanne angestrebt werden oder aber eine bewußte Hoch- und Prestigepreispolitik betrieben werden. In diesem Fall ist man bestrebt, den Betrieb als „Fachgeschäft" für sehr gute Qualitäten zu profilieren. Wird doch häufig vom Preis auf die Qualität geschlossen, so daß man Qualitätsvergleiche durch Preisvergleiche vornimmt. Gerade das letztere dürfte für Handwerksbetriebe in vielen Fällen der Weg sein, der mit Massenumsatz zu Niedrigstpreisen operierenden Konkurrenz der kapitalintensiven Großunternehmen zu begegnen.

Elemente der Preispolitik

Weitere Elemente der Preispolitik sind Mengen- und Wiederverkaufsrabatte, Jahresabschlußvergütungen und ein gewisses Maß an Preispsychologie. Hierzu gehören alle Maßnahmen, die dem Abnehmer gegenüber einen bestimmten Preis als besonders günstig erscheinen lassen.

Da sind zunächst die „gebrochenen Preise" zu nennen (z. B. DM 99,90), also Preise knapp unterhalb einer „runden Zahl". Gründe für ihre weite Verbreitung sind, daß runde Preise „Reizschwellen" darstellen, während gebrochene Preise ein Ersparnisimage und das Image scharfer Kalkulation aufweisen. Andererseits stellen die gebrochenen Preise eine schlechte Ausgangsbasis für Preiserhöhungen dar.

Auch die häufig anzutreffende Differenz zwischen empfohlenem und tatsächlichem Preis läßt sich als psychologische Preissetzung deuten.

Damit eine Preisänderung zu einer Nachfrageänderung führt, muß sie den „Schwellenwert der Fühlbarkeit" überschreiten. Bei dauerhaften Konsumgütern z. B. liegt er – empirisch belegt – bei etwa 10 %.

Zahlungsbedingungen

Neben diesen preispolitischen Maßnahmen im engeren Sinne kann man auch die Gestaltung der Zahlungsbedingungen zur Preispolitik rechnen. Die Zahlungsbedingungen können vorsehen, daß der Kunde des Handwerksunternehmers Vorauszahlung leistet, daß er die Ware/Leistung bei Lieferung bezahlt oder daß ein Zahlungsziel eingeräumt wird, d. h., daß bis zu einem bestimmten späteren Zeitpunkt die Zahlung geleistet wird. Bei früherer Zahlung als dem vereinbarten Zahlungszeitpunkt kann Skonto (= Preisvergünstigung für vorzeitige Zahlung) eingeräumt werden.

Zu den Zahlungsbedingungen rechnen auch Vereinbarungen über Verzugszinsen im Falle des Zahlungsverzugs und über Konventionalstrafen bei nicht fristgerechter Lieferung/Leistung.

So bedeutsam der Preis und die Zahlungsbedingungen als absatzfördernde Maßnahmen auch sind, so gilt doch gerade für den Handwerksbetrieb, daß nichtpreisliche Faktoren im modernen Marketing eine zunehmend wichtige Rolle spielen. Bedienungs- und Gebrauchsunterweisung, Beratung und Montage, Wartung und Pflege, Reparatur und Ersatzteildienst sind einige der Leistungen, die man als Serviceleistungen oder Kundendienst bezeichnet.

Kundendienst

Man unterscheidet Kundendienstleistungen, die in einem unmittelbaren Zusammenhang zu einer bestimmten Absatzleistung stehen (= leistungsgebundener Kundendienst), und Serviceleistungen, die nicht mit einer bestimmten Absatzleistung verbunden sind.

Kundendienst ist die freiwillige Zusatzleistung eines Handwerksbetriebs für seine Abnehmer zur Erhöhung der Attraktivität einer Absatzleistung.

Kundendienstleistungen

Inwieweit die einzelnen Kundendienstleistungen entgeltlich oder unentgeltlich erbracht werden (z. B. aus Kulanz oder während der Garantiefrist) ist eine Frage der Konkurrenzsituation und der Marktstellung des jeweiligen Handwerksbetriebs. Letztere bestimmen auch, ob die Kundendienste nach Vollkostenrechnung oder kostenanteilig den Kunden berechnet werden. Aus Gründen der Kosten- und Leistungskontrolle ist es richtig, leistungsgebundene Kundendienste außerhalb Kulanz und Garantie in Rechnung zu stellen – und zwar gesondert von der Hauptleistung. Auf diese Weise erhält der Kunde Preis- und Kostentransparenz (= zusätzliche Serviceleistung), und es wird die wirtschaftlich-technische Leistungsfähigkeit des Handwerksbetriebs bezüglich der Hauptleistung und der Nebenleistung vergleichbar.

Zahlreiche Handwerksbetriebe bestehen gerade durch die Vielfalt ihrer angebotenen Serviceleistungen den Wettbewerb gegen Großunternehmen. Durch die verschiedenen Kundendienstleistungen, die einzeln oder kombiniert eingesetzt werden, versucht der Handwerksunternehmer bei bisherigen und/oder potentiellen Kunden sachliche, persönliche, zeitliche und psychologische Wettbewerbsvorteile zu schaffen. Da Kundendienstleistungen wesentlich zur Gewinnung von Dauerkunden beitragen, müssen diese Leistungen langfristig angelegt und beurteilt werden. Eine kurzfristige Kosten-Nutzen-Betrachtung ist nicht angebracht und würde fast zwangsläufig zu Fehlentscheidungen führen.

Zu diesem Kapitel finden Sie die Aufgaben B 37 – B 48 im Band „Vorbereitung auf die Meisterprüfung – Test- und Übungsaufgaben".

Betriebliche Grundaufgaben

Kundendienst

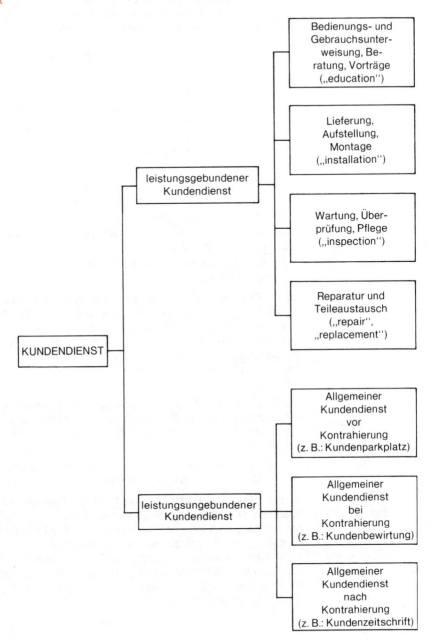

Die folgende Übersicht läßt beispielhaft erkennen, wie hoch Kunden und Interessenten im allgemeinen Kundendienstleistungen im Vergleich zu anderen kaufbeeinflussenden Bestimmungsgrößen einschätzen:

Kaufentscheidende Faktoren

1. Verkäufer 46 %
2. Kundendienstleistungen 30 %
3. Qualität 12 %
4. Werbung 7 %
5. Image 5 %

Produktgestaltung Ein anderes nichtpreisliches Absatzinstrument ist die Produktgestaltung. Sie beinhaltet zwei Maßnahmenbereiche

- die Änderung vorhandener handwerklicher Produkte und Leistungen (= Produktvariation) und

Produktinnovation - die Entwicklung neuer handwerklicher Produkte und Leistungen (= Produktinnovation).

Produktvariation Durch Produktvariation wird ein handwerkliches Produkt oder eine handwerkliche Leistung so geändert, daß die Käufer den Nutzen des Produkts bzw. der Leistung anders beurteilen als zuvor. Dies kann auf vielfältige Weise geschehen. Die Produktvariation kann einmal in Form von Änderungen der Produktausstattung und zum anderen in Form von Änderungen des Produkts selber vorgenommen werden – wie die Übersicht auf Seite 225 erkennen läßt.

Außerdem können gerade im Handwerksbereich etliche der vorher erörterten leistungsgebundenen Kundendienste als zusätzliche nutzenstiftende Produkteigenschaften und somit als Möglichkeiten der Produktgestaltung angesehen werden.

Handelt es sich bei den technischen Veränderungen um grundlegende technische Neuerungen, so geht Produktvariation in Innovation über.

Produkt- Von der Produktvariation ist die Produktdifferenzierung zu unterscheiden.
differenzierung Während bei letzterer mehrere Varianten des Produkts gleichzeitig angeboten werden, wird bei der Produktvariation das Produkt im Zeitablauf verändert, d. h., die verschiedenen Typen werden nacheinander angeboten. Beispiel: Eine Buchdruckerei liefert Visitenkarten im traditionellen Schwarzweißdruck und im Zweifarbendruck (= Produktdifferenzierung). Dieselbe Druckerei entschließt sich, Visitenkarten nur noch im Zweifarbendruck herzustellen (= Produktvariation).

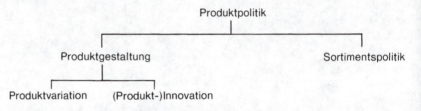

Zuweilen wird als ein weiteres Element der Produktgestaltung die Sortimentspolitik genannt. Dies ist – systematisch gesehen – problematisch. Ver-

Betriebliche Grundaufgaben

Übersicht über Produktvariationen

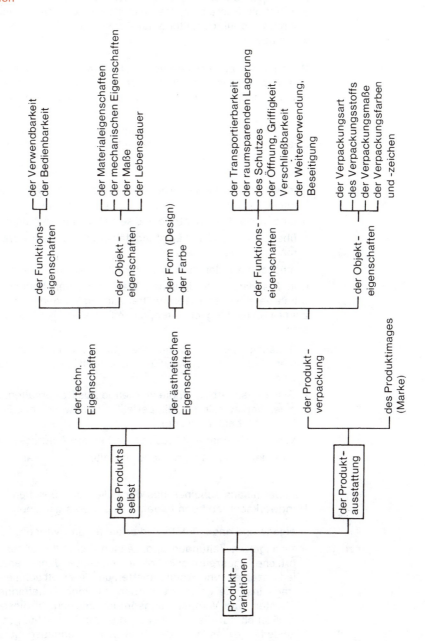

Sortiment — steht man doch unter einem Sortiment die Gesamtheit der Produkte (oder Leistungen), die ein Betrieb am Absatzmarkt anbietet. Sortimentspolitik zielt also auf die Gestaltung des gesamten Produktprogramms eines Betriebes, während Produktgestaltung auf das einzelne Produkt bzw. die einzelne Leistung abzielt.

Werbung als absatzfördernde Maßnahme hat das Ziel, einzelne Personen oder ganze Konsumentengruppen zum Kauf der Produkte bzw. Leistungen der werbenden Unternehmung zu veranlassen (= Absatzwerbung).

Werbung — Werbung ist die auf den Kauf eines Produkts zielende, absichtliche und zwangsfreie Einwirkung auf Menschen mit Hilfe spezieller Kommunikationsmittel (= Werbemittel).

Handwerkliche Absatzwerbung zielt also – wie jede Absatzwerbung – auf den Kaufakt, indem sie
- für den Handwerksbetrieb und seine Leistungen Aufmerksamkeit erzielen
- über Leistungen und Leistungsfähigkeit des Handwerksbetriebs informieren
- mögliche Kunden zum Kauf der handwerklichen Leistungen anregen

will. Die dafür erforderlichen Werbeaussagen können den Umworbenen durch verschiedene Werbemittel zugänglich gemacht werden. Da gibt es zum einen die Möglichkeiten, die in fast allen Handwerksbetrieben gegeben sind

Werbemittel
- firmeneigener Lieferwagen, der mit dem Firmenzeichen mit werbewirksamen Aufschriften, der Firmenanschrift und -telefonnummer versehen wird
- Geschäftsbriefbögen, die werbende Zusätze erhalten, z. B. einen eingängigen Verkaufsslogan, ein perfektes handwerkliches Erzeugnis (Schmuck, Frisur, Möbeldarstellung)
- Verpackungsmaterial, das mit werbenden Aufdrucken versehen wird
- informative und ansprechend gestaltete Visitenkarte.

Darüber hinaus scheinen aus der Fülle der möglichen Werbemittel für den Handwerksbetrieb noch folgende besonders geeignet

- eigene und angemietete Schaufenster und Vitrinen

Anzeigen
- Anzeigen in Zeitungen und Zeitschriften. Hier bieten sich vor allem die örtliche Tageszeitung und die in den letzten Jahren entstandenen regionalen Anzeigen- und Wochenblätter, um deren oft schmale redaktionelle Beiträge Inserate gruppiert werden, für modeschaffende Handwerke auch Theater- und Veranstaltungsprogramme, an. In diesem Zusammenhang muß auch auf die Wichtigkeit des Veröffentlichungszeitpunktes der Anzeige hingewiesen werden (z. B. Wochenendausgabe). Eine „treffsichere" Anzeige muß in klarer Sprache die Vorzüge einer Ware oder Leistung herausstellen. Neben dem Anzeigentext hängen die Aussagewirkung von der bildhaften Gestaltung und der Werbewert von der Größe und Plazierung der Anzeige auf der Anzeigenseite ab
- Beilagen, die Zeitungen oder Zeitschriften beigegeben werden. Sie haben den Vorzug, daß sie herausgenommen, aufbewahrt und zudem mit einer Bestellkarte bestückt werden können

- Prospekte, die den Betrieb und seine Produkte bzw. Leistungen beschreiben
- Werbebriefe als Massendrucksache, Briefdrucksache, Postwurfsendung oder als persönlicher, verschlossener Brief
- Handzettel oder Flugblätter, die gezielt bei Veranstaltungen, in bestimmten Stadtteilen oder im Ladengeschäft verteilt werden
- Kundenzeitschriften, die den Namen und die Anschrift des Betriebsinhabers tragen
- Plakate und Schilder an Plakatwänden, Anschlagsäulen oder öffentlichen Nahverkehrsmitteln
- Film- und Diapositiv-Werbung in Kinos der näheren Umgebung
- Werbegeschenke wie Luftballons, Streichhölzer, Plastikartikel, Aschenbecher, Notizblöcke, Kalender, Schreibgeräte und Scherzartikel, die jeweils mit Firmenaufdruck versehen sind. ‚Proben' aus eigener Herstellung gelten häufig als besonders gelungene Werbeaktivität.

Die drei wichtigsten Anforderungen, die an die Werbung zu stellen sind, heißen Wirksamkeit, Wahrheit und Wirtschaftlichkeit.

Grundsatz der Werbewirksamkeit

Die Wirksamkeit der Werbung ist abhängig von der Wahl und bestmöglichen Kombination der geeigneten Werbemittel, von ihrer Originalität und Treffsicherheit sowie von ihrer steten Wiederholung. Der Werbeerfolg wird begünstigt, wenn sich die eigene Werbung von anderen Werbemaßnahmen für ähnliche Produkte und Leistungen deutlich unterscheidet. Dabei muß der Inhalt der Werbung auf die Art des Gutes und die Zielgruppe abgestimmt werden. Besteht die Zielgruppe der Werbung vornehmlich aus Jugendlichen unter 20 Jahren, ist die Werbeaussage anders zu formulieren als bei einer Zielgruppe von älteren Damen.

Eine Zielgruppe wird nach bestimmten Merkmalen bestimmt, z. B. nach

- Einkommen
- Alter
- Geschlecht
- Konsumgewohnheiten.

Art und Verwendungszweck der Güter bzw. Leistungen, für die geworben werden soll, bestimmen die Wahl der Zielgruppe (Werbung für moderne Frisuren z. B. muß wesentlich jüngere Bedarfsträger ansprechen als Werbung für Perücken).

Grundsatz der Wahrheit der Werbung

Die Forderung nach Wahrheit der Werbeaussage verlangt, die Werbung soll der sachlichen Unterrichtung des Umworbenen dienen und soll nicht versuchen, durch Übertreibungen in Text und Bild und durch Falschaussagen zu täuschen und irrezuführen. Der Werbende soll nicht mehr versprechen, als er halten kann. Übertreibungen und Tricks begründen kein Vertrauen, sondern schaden auf Dauer nur und sind daher letztlich unwirtschaftlich.

Grundsatz der Wirtschaftlichkeit der Werbung

Wirtschaftlichkeit der Werbung meint nämlich, daß die Werbeaufwendungen in einem angemessenen Verhältnis zum möglichen Erfolg stehen müssen. Ein Umworbener, der durch irreführende Werbeparolen getäuscht worden ist, ist als Kunde verloren und zieht andere mögliche Kunden durch Weitergabe seiner negativen Erfahrungen mit sich.

Der Grundsatz der Wirtschaftlichkeit der Werbung verlangt die Werbeerfolgskontrolle (Feststellung der Umsatzentwicklung nach Abschluß der Werbemaßnahmen), obgleich dies mit erheblichen Schwierigkeiten verbunden und kaum exakt durchführbar ist. Aber nur dann kann man die im Anschluß an jede Werbeaktion zu stellende Frage in etwa beantworten, ob der erreichte Erfolg in einem wirtschaftlich vertretbaren Verhältnis zum Werbeaufwand steht. Mögliche Mittel zur Kontrolle des Werbeerfolgs sind u. a.:

Kontrollmittel des Werbeerfolgs

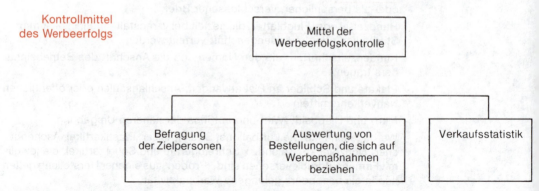

> Zu diesem Kapitel finden Sie die Aufgaben B 37 – B 48 im Band „Vorbereitung auf die Meisterprüfung – Test- und Übungsaufgaben".

Finanzwirtschaftliche Aufgaben

1. Finanzierung eines Unternehmens

Lernziele:

Der Lernende kann, nachdem er dieses Kapitel durchgearbeitet hat,
- Inhalt und Aufgaben der betrieblichen Finanzwirtschaft erläutern,
- die Grundsätze ordnungsgemäßer Unternehmensfinanzierung aufzeigen,
- verschiedene Finanzierungsarten nennen und erklären,
- die wichtigsten Kreditabsicherungen erläutern,
- Merkmale einer sorgfältigen Investitions- und Finanzierungsplanung angeben.

1.1 Finanzwirtschaftliche Grundsätze der Unternehmensführung

Um wirtschaften zu können, benötigt jedes handwerkliche Unternehmen eine ausreichende Ausstattung mit Gegenständen des Anlage- und des Umlaufvermögens (betriebsnotwendiges Vermögen). Die betriebliche Finanzwirtschaft befaßt sich mit der Bereitstellung der notwendigen Finanzierungsmittel zur Aufbringung, Erhaltung und der evtl. Erweiterung des betriebsnotwendigen Vermögens. Die Fragen der Herkunft und der Verwendung der Finanzierungsmittel stehen daher im Mittelpunkt der betrieblichen Finanzierung.

Bei der Erforschung der Mittelherkunft lassen sich zwei Quellen feststellen

- Eigenmittel werden vom Unternehmen selbst erwirtschaftet oder vom Betriebsinhaber (bzw. den Betriebsinhabern bei Gesellschaften) aus privaten Mitteln aufgebracht. Im ersteren Falle spricht man von Selbstfinanzierung oder Innenfinanzierung, im letzteren handelt es sich um Privateinlagen oder Beteiligungskapital von Gesellschaftern.

- Fremdmittel werden dem Unternehmen von Unternehmensfremden (z. B. Banken, Lieferanten) zur Verfügung gestellt.

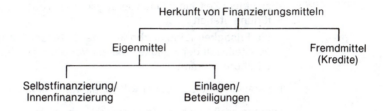

Die Mittelverwendung zeigt sich in der Zusammensetzung des betrieblichen Anlage- und Umlaufvermögens.

Das Betriebsvermögen kann für finanzwirtschaftliche Zwecke nach dem Grad seiner Liquidierbarkeit unterteilt werden.

Finanzwirtschaftliche Aufgaben

Liquidierbarkeit ist der Maßstab für den Zeitraum innerhalb dessen die einzelnen Gegenstände des betrieblichen Vermögens, z. B. Grundtücke mit oder ohne Gebäude, Maschinen, Vorräte wieder in Zahlungsmittel (Bargeld oder Bankguthaben) umgewandelt werden können. Diese Zeiträume sind je nach Wirtschaftsgut meist sehr unterschiedlich.

Liquiditätsgrad Zur besseren Übersicht und Kontrolle kann man die einzelnen Vermögenspositionen der Bilanz nach dem Grad ihrer Liquidierbarkeit einteilen, z. B. in

- sofort verfügbare (liquidierbare) Mittel = liquide Mittel 1. Grades
 (z. B. Zahlungsmittel, Bankguthaben, Besitzwechsel)
- kurzfristig verfügbare (liquidierbare) Mittel = liquide Mittel 2. Grades
 (z. B. betriebliche Forderungen)
- mittelfristig verfügbare (liquidierbare) Mittel = liquide Mittel 3. Grades
 (z. B. länger gestundete Forderungen, Material- und Lagerbestände)
- langfristig verfügbare (liquidierbare) Mittel
 (z. B. Betriebsgrundstücke, -gebäude, Maschinen, Betriebs- und Geschäftseinrichtungen)

Fälligkeitsgrad Analog zur Einteilung der Vermögenspositionen nach dem Grad ihrer Liquidierbarkeit lassen sich auch die Finanzierungsmittel nach ihrer Fälligkeit einteilen z. B. in

- sofort fällige Mittel (z. B. sofort fällige Schuldwechsel, sofort fällige Lieferanten- oder sonstige Verbindlichkeiten)
- kurzfristig fällige Mittel (z. B. nicht sofort fällige Wechsel- und Lieferantenschulden, Kontokorrentkredite bei Banken)
- mittelfristig fällige Mittel (z. B. Auto- oder Einrichtungsfinanzierungsdarlehen)
- langfristig fällige Mittel (z. B. Darlehen)

Die langfristigsten Finanzierungsmittel stellen danach die Eigenmittel dar.

Kurzfristigkeit
Mittelfristigkeit
Langfristigkeit Als kurzfristig im Sinne der obigen Einteilung kann man die Finanzierungsmittel bezeichnen, die innerhalb von drei Monaten zurückgezahlt werden müssen; als mittelfristig solche mit einer Fälligkeit bzw. Kreditlaufzeit bis zu 4 Jahren. Langfristige Finanzierungsmittel haben eine Fälligkeit bzw. Laufzeit von mehr als 4 Jahren. Die Frage der Fristigkeit spielt insbesondere bei der Einteilung der Fremdmittel eine besondere Rolle (Finanzierungsarten → S. 232 ff; Gründungsfinanzierung → S. 203 ff).

Ziel der Unternehmensfinanzierung Ziel einer betriebswirtschaftlich ausgewogenen Unternehmensfinanzierung muß es sein, die Voraussetzungen dafür zu schaffen, daß

- zu jedem Zeitpunkt Finanzierungsmittel in ausreichendem Umfang zur Verfügung stehen
- die Fristigkeit (Liquidierbarkeit) der in einem Betrieb gebundenen Vermögensteile mit der Fälligkeit der zur Verfügung stehenden Finanzierungsmittel übereinstimmt.

Kapitalverwendungsdauer = Kapitalbindungsdauer

Hieraus ergibt sich die folgende betriebswirtschaftliche Konsequenz:

Je höher der Anteil der schwer liquidierbaren Vermögensteile am gesamten Betriebsvermögen ist, um so umfangreicher muß die Ausstattung des Betriebes mit langfristigen Finanzierungsmitteln (Eigenmitteln und langfristigen Fremdmitteln) sein.

Finanzwirtschaftliche Aufgaben

Finanzierungs-
grundsätze

Aus der Zielsetzung der ordnungsgemäßen Unternehmensfinanzierung lassen sich bestimmte Finanzierungsgrundsätze ableiten

- das Anlagevermögen eines Betriebes soll durch Eigenkapital, mindestens aber durch Eigenkapital und langfristige Fremdmittel, gedeckt sein
- die kurzfristigen Verbindlichkeiten eines Betriebes sollen nicht höher sein als die Summe der sofort und kurzfristig liquidierbaren Vermögensteile.

Es handelt sich bei diesen Grundsätzen jedoch nur um grobe Faustregeln. Im Einzelfalle müssen zum Teil noch erhebliche Differenzierungen vorgenommen werden.

Werden die Grundsätze ordnungsgemäßer Unternehmensfinanzierung eingehalten, so kann u. a. damit gerechnet werden, daß die vorhandenen flüssigen Mittel den benötigten flüssigen Mitteln zu jedem Zeitpunkt entsprechen. Liegen die vorhandenen Mittel weit über den benötigten, dann besteht Überliquidität. Die im Betrieb vorhandenen überflüssigen Finanzierungsmittel wären in einem solchen Falle außerhalb des Betriebes ertragreicher angelegt. Sind die vorhandenen Mittel jedoch geringer als die benötigten – ein Fall, der in der Praxis leider weit häufiger anzutreffen ist – kommt es zu Finanzierungsproblemen.

Illiquidität

Das Unternehmen wird illiquide. Äußeres Kennzeichen akuter Illiquidität ist die Zahlungsunfähigkeit eines Unternehmens.

1.2 Kontrolle und Planung der betrieblichen Finanzierung

Die Erhaltung einer ausreichenden betrieblichen Liquidität verlangt nach einer laufenden Kontrolle und vorausschauenden Planung der gesamten Unternehmensfinanzierung.

statische Liquidi-
tätsberechnungen
Anlagedeckung/
Liquiditätsgrade

Mit Hilfe statischer Liquiditätsberechnungen ist es möglich, die jeweilige Liquiditätslage eines Unternehmens zu einem bestimmten Zeitpunkt zu überprüfen. Die verschiedenen Formen der Anlagedeckungsrechnung sowie die unterschiedlichen Liquiditätsgrade (z. B. Liquidität I, II oder III) vermitteln uns hierzu wertvolle Kennziffern (→ S. 143 ff). Durch die Gegenüberstellung dieser Kennziffern zu verschiedenen Zeitpunkten läßt sich die Entwicklung der betrieblichen Liquidität ableiten, analysieren, und es können entsprechende Maßnahmen ergriffen werden. Diese Berechnungen zeigen jedoch nur immer die Liquiditätssituation eines Betriebes zu einem einzigen, in der Vergangenheit liegenden Stichtag. Die statischen Liquiditätsberechnungen haben den Nachteil, daß hierdurch nur immer Momentaufnahmen der finanziellen Lage des Betriebes gewonnen werden und die betriebliche Liquiditätsentwicklung nur rückschauend verfolgt und rekonstruiert werden kann. Durch zeitraumbezogene Liquiditätsberechnungen, wie z. B. eine Bewegungsbilanz, läßt sich die Übersicht über die betriebliche Finanzentwicklung verbessern. Es sind aber auch hier immer nur Zahlen der Vergangenheit, die zur Analyse herangezogen werden können.

zeitraumbezogene
Liquiditäts-
berechnungen

Finanzplan

Genauso wichtig für die unternehmerischen Entscheidungen ist jedoch die möglichst umfassende Übersicht über die zukünftige Liquiditätsentwicklung des Betriebes. Um sich hierüber ein möglichst genaues Bild zu machen, muß das Unternehmen versuchen, einen Finanzplan aufzustellen (Schema eines einfachen Finanzplanes → S. 148).

1.3 Finanzierungsarten

Eigenfinanzierung			Fremdfinanzierung
Finanzierung aus Abschreibung	Finanzierung aus nicht entnommenen Gewinnen (Selbstfinanzierung)	Einlagenfinanzierung/ Beteiligungsfinanzierung – Einlagen der Inhaber oder Teilhaber der Personengesellschaften (Privateinlagen) – Kapitalbeteiligungen bei Kapitalgesellschaften	Kreditfinanzierung – kurzfristig (Laufzeit bis 3 Mon.) – mittelfristig (Laufzeit bis 4 Jahre) – langfristig (Laufzeit über 4 Jahre)
Innenfinanzierung		Außenfinanzierung	

1.3.1. Möglichkeiten der Innenfinanzierung

Finanzierung aus Abschreibungen

Die Wertminderung durch technischen und wirtschaftlichen Verschleiß von langlebigen Wirtschaftsgütern (Betriebsgebäude, Maschinen, Einrichtungen) wird durch die jährliche Abschreibung (AfA) auf diese Wirtschaftsgüter innerhalb der betrieblichen Erfolgsrechnung ausgedrückt. Die jährlichen Abschreibungsbeträge fließen dann als Bestandteil der betrieblichen Kosten bei kostengerechter Kalkulation wieder über die betrieblichen Erlöse in den Betrieb zurück. Die über die Abschreibungen erübrigten Beträge können entweder zur Finanzierung neuer Anschaffungen (Ersatzinvestitionen) Verwendung finden oder zur Tilgung aufgenommener Fremdmittel eingesetzt werden.

Selbstfinanzierung/ nicht entnommene Gewinne

Während bei der Finanzierung aus Abschreibungen lediglich eine Umschichtung von Sachkapital in Barkapital vorliegt, also keine zusätzlichen Finanzierungsmittel dem Betrieb zugeführt werden, entsteht durch die Einbehaltung nicht entnommener Gewinne eine echte Erweiterung des betrieblichen Finanzierungsspielraumes. Die aus nicht entnommenen Gewinnen entstehenden zusätzlichen Finanzierungsmittel können vornehmlich zur Finanzierung von Erweiterungsinvestitionen eingesetzt werden.

Die Höhe der Finanzierungsmittel, die einem Unternehmen innerhalb einer bestimmten Abrechnungsperiode aus Abschreibungen und nicht entnommenem Gewinn zufließen, läßt sich mit Hilfe des sogenannten cash-flow zahlenmäßig darstellen. Vereinfacht läßt sich diese Finanzierungskennziffer wie folgt errechnen:

cash-flow

cash-flow = Gewinn
+ Abschreibungen auf Anlagevermögen
./. Privatentnahmen.

> Zu diesem Kapitel finden Sie die Aufgaben B 49 – B 73 im Band „Vorbereitung auf die Meisterprüfung – Test- und Übungsaufgaben".

Das Verhältnis zwischen cash-flow und Investitionssumme innerhalb einer Abrechnungsperiode ergibt den sogenannten Selbstfinanzierungsgrad. Je höher der Selbstfinanzierungsgrad ist, desto leichter fällt es dem Unternehmen im allgemeinen, Ersatz- und Erweiterungsinvestitionen durchzuführen.

1.3.2 Möglichkeiten der Außenfinanzierung

Privateinlagen/ Beteiligungen
In der Praxis wird es unverzichtbar sein, einen Teil der benötigten Finanzierungsmittel über private Mittel des oder der Betriebsinhaber in Form von Privateinlagen oder über Beteiligungen zu erbringen. Bei den Beteiligungen bieten sich die verschiedensten Möglichkeiten im Rahmen der unterschiedlichen Rechtsformen an (Rechtsformen der Unternehmen → S. 192 ff und 476 ff).

Fremdfinanzierung
Bei der Fremdfinanzierung werden die benötigten Mittel als Kredit gewährt. Man unterscheidet bei den Fremdmitteln je nach ihrer Laufzeit grundsätzlich zwischen kurzfristigen und langfristigen Krediten; eine Zwischenform bilden die mittelfristigen Kredite.

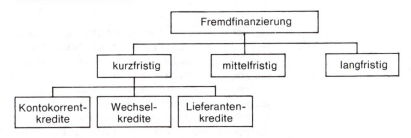

– Kurzfristige Kredite

kurzfristige Fremdmittel
Kurzfristige Kredite sollen der Finanzierung des betrieblichen Umlaufvermögens und der laufenden betrieblichen Ausgaben, die zur Durchführung der Betriebsleistungen benötigt werden, dienen. Hier sind in der Praxis der handwerklichen Betriebe hauptsächlich die folgenden Kreditarten anzutreffen:

Kontokorrentkredit
Der Kontokorrentkredit ist die typische Form des kurzfristigen Bankkredites. Er wird aufgrund jeweils gesonderter Vereinbarungen von der Bank bis zu einer bestimmten Höhe (Kreditgrenze oder -linie) eingeräumt. Innerhalb dieser Kreditgrenze kann der Unternehmer je nach Belieben den Kredit der Bank in Anspruch nehmen. Überschreitungen der eingeräumten Kontokorrentkreditgrenze sind nur von Fall zu Fall in Abstimmung mit der Bank

Kreditkosten
möglich. Zu den Kreditkosten zählen beim Kontokorrentkredit neben den täglich neu zu berechnenden Zinsen vom jeweils in Anspruch genommenen Kreditbetrag noch weitere Provisionen für Kontenumsätze sowie Kontoführungsgebühren. Die Zinsen für Kontokorrentkredite liegen fast immer um einige Prozentpunkte höher als für langfristige Darlehen. Bei einer Überschreitung der eingeräumten Kreditgrenze, der sogenannten Überziehung, sind zu den obigen Kreditkosten noch zusätzliche Überzie-

Überziehungskosten
hungszinsen zu zahlen. Eine Kündigung des Kontokorrentkredites ist vertraglich meist mit äußerst kurzen Fristen möglich.

Wechselkredit
Der Wechselkredit hat normalerweise nur eine Laufzeit von wenigen Monaten, längstens 12 Monaten bei Sichtwechseln (Kapitel „Zahlungsverkehr").

Die Inanspruchnahme der Wechselfinanzierung sollte wegen der strengen gesetzlichen Vorschriften bei Nichtbeachtung der erforderlichen Bestimmungen nur in Anspruch genommen werden, wenn die Wechseleinlösung absolut sicher ist. Die Wechselkosten (Wechselspesen, Diskont) liegen häufig höher als die Kosten des kurzfristigen Bankkredites. In der Praxis werden Wechselkredite jedoch oft auch von den Wechselausstellern „spesenfrei" gewährt; d. h., die Wechsel werden entweder vom Wechselgläubiger nicht zur Diskontierung vorgelegt oder es werden die bei einer evtl. Diskontierung bankseitig berechneten Wechselspesen dem Wechselschuldner nicht weiterberechnet.

Lieferantenkredit

Der Lieferantenkredit ist die typische Finanzierungsart für den betrieblichen Material- und Wareneinkauf. Er wird in der Regel für 6 bis 8 Wochen eingeräumt. Durch die Nichtausschöpfung von Skontierungsmöglichkeiten ist der Lieferantenkredit relativ teuer und kann zu Zinsverlusten von 35 % bis 40 % des skontierten Rechnungsbetrages führen. Es empfiehlt sich daher in vielen Fällen die vermehrte Inanspruchnahme von Kontokorrentkrediten bei der Bank, da die dort anfallenden Kreditkosten geringer sind als die entgangenen Skontierträge.

– Mittelfristige Kredite

mittelfristige Darlehen

Typisch für mittelfristige Darlehen sind sogenannte „Anschaffungsdarlehen" für die Finanzierung eines Fahrzeuges oder einer Geschäftseinrichtung. Zu den Kreditkosten zählen hier neben den Zinsen in der Regel noch die sogenannten Kreditprovisionen und evtl. gesondert berechnete Bearbeitungsgebühren. Die Zinsen werden bei diesen Darlehen fast immer vom ursprünglich gewährten Darlehensbetrag berechnet. Sie ändern sich also trotz Darlehenstilgung in ihrer absoluten Höhe nicht. Praktisch ergibt sich hierdurch eine relativ hohe Zinsbelastung. Der Effektivzinssatz für diese Darlehen ist dadurch nicht selten zweistellig.

– Langfristige Kredite

langfristige Kredite

Langfristige Darlehen sollen vornehmlich der Finanzierung des betrieblichen Anlagevermögens dienen, d. h. also der Anschaffung oder Herstellung langlebiger Wirtschaftsgüter. Die Zinsen für langfristige Bankdarlehen sind meist niedriger als die für kurz- oder mittelfristige Bankdarlehen. Die Zinsen sind dabei in der Regel immer nur von dem jeweils verbleibenden Darlehensrest zu zahlen. Sie verringern sich daher laufend in ihrer absoluten Höhe entsprechend der jeweiligen Darlehenstilgung. Kennzeichnend für langfristige Darlehen sind weiterhin feste Tilgungsbedingungen für die gesamte Darlehenslaufzeit. Die Laufzeiten selbst hängen wesentlich vom Umfang und Wert der bereitgestellten Sicherheiten (s. u.) ab. Langfristige Darlehen werden meistens nicht in voller Höhe dem Darlehensnehmer ausgezahlt, sondern unter Einhaltung eines sogenannten Disagios oder Dam-

Disagio/Damnum

nums von einigen Prozent der ursprünglichen Darlehenssumme. Rückzahlbar ist jedoch auch bei Einbehaltung eines Disagios oder Damnums immer die gesamte bewilligte Darlehenssumme. Die im Handwerksbetrieb am häufigsten vorkommenden langfristigen Kreditarten sind Hypotheken und Grundschulddarlehen sowie durch Bürgschaften abgesicherte Darlehen.

– Sonderformen

öffentliche Darlehensmittel

Langfristige Darlehen aus öffentlichen Mitteln: Neben den normal verzinslichen Krediten der Banken werden seit Jahren auch von staatlicher Seite (Land, Bund) langfristige Darlehen für ganz bestimmte Investitionsvorhaben gewerblicher Betriebe bereitgestellt. Diese Kredite gibt es aber nicht für jegliche Investitionsvorhaben im Bereich des Mittelstandes, sondern nur für Ausnahmen, die genau bestimmten Förderungsrichtlinien entsprechen. Die Zins- und Tilgungsbedingungen für diese Darlehen liegen im allgemeinen etwas günstiger als für entsprechende Bankkredite. Teilweise werden auch Zinszuschüsse aus öffentlichen Kassen zur Verbilligung normal verzinslicher Bankdarlehen, teilweise auch verlorene Investitionszuschüsse gewährt.

finanzielle Förderung der Existenzgründung

Die Vielzahl der öffentlichen Finanzierungsmöglichkeiten läßt sich hier im einzelnen nicht darstellen. Besonders erwähnt werden soll hier nur die Förderung der Existenzgründung im Bereich des gewerblichen Mittelstandes. Neben Darlehensmitteln bzw. Zinszuschüssen der Länder können für die Begründung einer selbständigen Existenz oder die Beteiligung an einem mittelständischen Unternehmen unter bestimmten Voraussetzungen langfristige Kredite aus dem ERP-Sondervermögen (dem ehemaligen „Marshall-Plan") gewährt werden.

Die öffentlichen Darlehen oder Zuschüsse sind in ihrer Höhe allgemein anteilmäßig nach dem Umfang des gesamten Investitionsvorhabens bemessen. Auf jeden Fall ist eine gewisse Eigenbeteiligung des Kreditnehmers an der Finanzierung der jeweiligen Maßnahme erforderlich. Die Darlehnsmittel sind in der Regel bankmäßig abzusichern.

stille Beteiligung

Als langfristige Fremdfinanzierung kann auch eine stille Beteiligung an einem Unternehmen angesehen werden. Als Verzinsung für seine Kapitaleinlage wird der Stille am Gewinn des Unternehmens beteiligt, nicht jedoch unbedingt am Verlust (vertraglich ausschließbar).

Leasing

Als Sonderform der Fremdfinanzierung hat sich in den letzten Jahren immer stärker die Finanzierung mittels Leasing entwickelt.

Beim Leasing hat der Unternehmer die Möglichkeit, zunächst einen Gegenstand des Betriebsvermögens für eine gewisse Zeit zu mieten und nach Ablauf der Grundmietzeit sich für den Kauf des Gegenstandes zu entscheiden (Option). Die am häufigsten vorkommende Art des Leasing ist das Mobilien-Leasing (Leasing von Maschinen und Fahrzeugen). Das Immobilien-Leasing (Leasing von Grundstücken und Gebäuden) ist demgegenüber im Bundesgebiet noch weit weniger bekannt und spielt im handwerklichen Bereich noch keine große Rolle.

Die steuerlichen Möglichkeiten des Leasing werden häufig überschätzt. Trotzdem kann die Finanzierung mittels Leasing auch im Handwerksbetrieb oft auch aus anderen als steuerlichen Gründen vorteilhaft sein.

Factoring

Das Factoring dient der Vorfinanzierung betrieblicher Forderungen. Der Unternehmer erhält durch Abtretung seiner Forderung an das Factoring-Büro seine Forderungen unter Einhaltung eines Bearbeitungs- und Risikoabschlages sofort in bar ausgezahlt. Im Gegensatz zum Mobilien-Leasing ist Factoring im handwerklichen Bereich noch nicht sehr verbreitet. Dies dürfte u. a. dadurch bedingt sein, daß die im Bundesgebiet tätigen Factoring-Gesellschaften grundsätzlich keine Forderungen aus Werklieferungs- und Werkleistungsverträgen übernehmen.

Die Factoring- und Leasingverträge werden in der Praxis in einer großen Vielfalt mit den unterschiedlichsten Bedingungen angeboten. Ihre bilanzielle Zuordnung und steuerliche Behandlung ist teilweise nicht ganz einfach. Vor Abschluß entsprechender Verträge empfiehlt es sich auch hier, vorher den sachkundigen Rat des Steuerberaters oder der Berufsorganisation (Handwerkskammern oder Betriebsberatungsstellen) einzuholen.

1.4 Kreditabsicherung

Kreditsicherheiten Bei der Aufnahme von Krediten, insbesondere Bankkrediten, müssen üblicherweise Kreditsicherheiten seitens der Kreditnehmer gestellt werden. Die Sicherheiten müssen so beschaffen sein, daß aus ihrer Verwertung jederzeit eine volle Ablösung der bestehenden Darlehensverpflichtungen erfolgen kann. Aus diesem Grunde müssen seitens der Kreditgeber strenge Maßstäbe an den Wert der angebotenen Sicherheiten angelegt werden.

Grundpfandrechte Bei langfristigen Darlehen werden seitens der Banken zur Absicherung im allgemeinen Grundpfandrechte (→ S. 436 ff.) in der Form von Hypotheken oder Grundschulden gefordert.

Bürgschaft Zur Darlehensabsicherung kann auch die Bürgschaft eines Dritten gestellt werden (→ S. 431). Private Bürgschaften sind jedoch bei langfristigen Krediten äußerst selten. Um so größere Bedeutung für Handwerksbetriebe haben **Landesbürgschafts-** daher Ausfallbürgschaften der Landesbürgschaftsbanken (LBB). Diese Institute zählen heute mit zu den wirksamsten Selbsthilfeeinrichtungen der mittelständischen Wirtschaft. Sie werden in der Rechtsform der GmbH geführt. An ihnen sind neben handwerklichen Berufsorganisationen (Handwerkskammern, Innungsverbände) die Industrie- und Handelskammern sowie die Zentralinstitute verschiedener Banken und berufsständisch orientierte Versicherungsgesellschaften beteiligt.

Bürgschaften der LBB werden meist bis zu 80 % des jeweiligen Darlehensbetrages gewährt. Für die restlichen 20 % muß die Hausbank selbst das Besicherungsrisiko tragen. Bei den durch die LBB übernommenen Bürgschaften handelt es sich im übrigen nicht um selbstschuldnerische Bürgschaften, sondern um Ausfallbürgschaften. Die LBB als Bürgschaftsgeberin tritt daher erst dann ein, wenn sämtliche vom Bürgschaftsnehmer gestellten sogenannten „Nebensicherheiten", z. B. zur Sicherheit übereignete Fahrzeuge oder Einrichtungsgegenstände, verwertet sind. Für die Inanspruchnahme der LBB-Bürgschaft ist eine Bürgschaftsprovision (ca. 1 % des jeweiligen verbürgten Kreditteilbetrages) zu entrichten.

Auch bei der Bürgschaftsbeantragung empfiehlt es sich, vorher eine Bank oder die Berufsorganisation zur Beratung heranzuziehen.

Als weitere im Handwerk vorkommende Möglichkeiten der Kreditbesicherung können genannt werden:

Sicherungs- Bei der Sicherungsübereignung wird dem Darlehensgeber das Eigentum an **übereignung** bestimmten, vom Gläubiger leicht zu kontrollierenden (übereignungsfähigen) Gegenständen übertragen.

Eigentumsvorbehalt Der Eigentumsvorbehalt (→ S. 414) ist die typische Besicherung für Lieferantenkredite. Der Gläubiger bleibt hierbei laut ausdrücklicher Vereinbarung Eigentümer der gelieferten Gegenstände bis zu deren völliger Bezahlung. Diese Form der Sicherstellung kann für den Lieferanten jedoch dann ziemlich wertlos werden, wenn der Abnehmer den Gegenstand weiterveräußert und der neue Käufer den darauf ruhenden Eigentumsvorbehalt des Gläubigers nicht kennt (gutgläubiger Erwerb).

1.5 Finanzierungsplan

Für jedes Finanzierungsvorhaben sollte neben einem sorgfältigen Investitionsplan (→ S. 204) auch ein genauso sorgfältiger Finanzierungsplan (nicht Finanzplan → S. 148 ff) aufgestellt werden. Die Ermittlung des notwendigen Kapitalbedarfs zur Durchführung einer Investitionsmaßnahme erfordert jedoch nicht nur die Ermittlung der notwendigen Finanzierungsmittel zur Anschaffung bzw. Herstellung der Gegenstände des Anlagevermögens (z. B. Anschaffung bzw. Herstellung von Gebäuden, Maschinen und Einrichtungsgegenständen), sondern auch des notwendigen Kapitals zur Finanzierung des benötigten Umlaufvermögens (z. B. zur Anlage bzw. Aufstockung des dauernd erforderlichen Materialbestandes, zur Vorfinanzierung der Außenstände und der laufenden Auftragsdurchführung). Es ist somit neben einem genauen Kapitalbedarfsplan auch ein Kapitaldeckungsplan zu erstellen.

Investitionsplan

Kapitalbedarfsplan — Im Kapitalbedarfsplan zeigt sich die Verwendung der benötigten Finanzierungsmittel (z. B. Maschinen, Geräte, Materialbestand).

Kapitaldeckungsplan — Im Kapitaldeckungsplan wird die Herkunft der Finanzierungsmittel (z. B. Eigenmittel, Fremdmittel) festgehalten.

Finanzierungsplan — Bei der Aufstellung eines Finanzierungsplanes sind insbesondere die folgenden Fragen zu klären

- Anteil der Eigen- und Fremdmittel an der Summe der Kapitaldeckungsmittel
- Kreditarten
  (langfristige oder kurzfristige Kredite)
- Kreditgeber
  (Banken, Lieferanten, öffentliche Darlehensgeber)
- Kreditbedingungen
  (Zinsen, Tilgung, Disagio, evtl. Zinszuschüsse)
- Kreditsicherheiten
  (Grundpfandrechte, Bürgschaften, Nebensicherheiten)

(Beispiel eines Finanzierungsplanes im Zusammenhang mit einer Existenzgründung → S. 207 ff)

Zu diesem Kapitel finden Sie die Aufgaben B 49 – B 73 im Band „Vorbereitung auf die Meisterprüfung – Test- und Übungsaufgaben".

Zahlungsverkehr

1. Grundbegriffe der Geldwirtschaft

Lernziele:

Der Lernende kann, nachdem er dieses Kapitel durchgearbeitet hat,
- Geld als allgemeines Tauschmittel erklären,
- verschiedene Arten des Geldes nennen,
- mindestens drei Funktionen des Geldes nennen,
- mindestens drei geldpolitische Instrumente der Deutschen Bundesbank erläutern.

1.1 Geld und Währung

Täglich haben wir heute mit Geld, also mit Münzen und Banknoten zu tun. Geld erhalten wir für geleistete Arbeit. Mit Geld erledigen wir Einkäufe, zahlen Steuern, begleichen Schulden oder sparen. Geld ist die Lebensader unserer arbeitsteiligen Wirtschaft, in der Produktion und Verteilung der Güter in sehr vielen verschiedenen Händen liegen.

Geld ist eine „Anweisung auf Güter oder Dienstleistungen", also auf das Sozialprodukt.

Geldfunktionen — Hauptfunktion des Geldes ist die Garantie eines reibungslosen Zahlungsverkehrs. Geld ist also Zahlungsmittel. Daneben erfüllt Geld die Funktion als

- Wertausdrucksmittel (für die Bewertung von Gütern und Dienstleistungen)
- Wertaufbewahrungsmittel (für Sparer)
- Schuldentilgungsmittel (für Schuldner).

Währung — In einer modernen Wirtschaft muß der Staat den Umgang mit Geld regeln. Er erläßt die Währung oder Geldordnung. Seit dem Währungsgesetz vom 20. 6. 1948 ist unsere Währung die D-Mark. Sie ist gesetzliches Zahlungsmittel in der Bundesrepublik, d. h., jedermann kann damit seine privaten und öffentlichen Schulden bezahlen, ohne daß die Gläubiger dieses Geld als Schuldenausgleich zurückweisen können.

Die Währung kann ihre Aufgaben nur dann erfüllen, wenn der Geldwert stabil bleibt. Dafür sorgen in allen modernen Staaten die Zentralbanken. Bei uns ist dies die Bundesbank mit Sitz in Frankfurt/Main. Ihr Entscheidungsgremium ist der Zentralbankrat.

1.2 Deutsche Bundesbank

Eine unausgewogene Versorgung einer Volkswirtschaft mit Geld führt zu erheblichen Störungen der Wirtschaftsabläufe. So führt z. B. eine Überversorgung der Volkswirtschaft mit Geld zur Inflation. Dies soll die Deutsche Bundesbank verhindern. Deshalb ist sie auf das wirtschaftspolitische Ziel „Stabilität des Preisniveaus" besonders verpflichtet. Dabei muß sie von der Regierung und den Tarifpartnern unterstützt werden.

Zahlungsverkehr

Preisstabilität

Unter Stabilität des Preisniveaus – auch Preisstabilität genannt – versteht man, daß das gesamte Preisniveau bei schwankenden Einzelpreisen unverändert bleibt. So können z. B. die Preise für Eier, Butter, Käse steigen und die Preise für Brot und Aufschnitt im gleichen Maße sinken, so daß das gesamte Preisniveau unverändert ist.

Bundesbankpolitik

Die Deutsche Bundesbank versucht dieses Ziel zu erreichen, indem sie ein Gleichgewicht zwischen Geldmenge einerseits und Gütern und Dienstleistungen andererseits anstrebt. Sie selbst kann aber nur die umlaufende Geldmenge und die Kosten des Geldes beeinflussen. Dafür stehen ihr folgende Mittel zur Verfügung

- Diskontpolitik

Diskontsatz

Die Bundesbank setzt den Diskontsatz – das ist der Zins für Handelswechsel – (→ auch Wechsel) fest. Damit verbilligt oder verteuert sie den Wechselkredit und beeinflußt damit indirekt die Nachfrage.

- Lombardpolitik

Lombardsatz

Die Bundesbank setzt den Lombardsatz fest. Das ist der Zins, den Banken und Kreditinstitute an die Bundesbank zahlen müssen, wenn sie sich gegen Verpfändung von Wertpapieren kurzfristig bei der Bundesbank verschulden. Die Höhe des Lombardsatzes beeinflußt den Zinssatz für kurzfristige Kredite, die Kunden bei Banken aufnehmen, z. B. Kontokorrentkredit (→ S. 233). Je nach Höhe des Lombardsatzes werden die Zinsen höher oder niedriger.

- Offenmarktpolitik

Die Bundesbank kauft oder verkauft Wertpapiere (z. B. Wechsel, Schuldverschreibungen, Anleihen usw.) und verringert oder vermehrt damit die Geldmenge. Verkauf von Wertpapieren – dem Geldmarkt wird Geld entzogen. Geld wird knapp und teuer.

Die Bundesbank kauft Wertpapiere. Sie pumpt Geld in die Wirtschaft. Banken sind liquider, sie können mehr Kredit geben, der Zins sinkt.

- Mindestreservepolitik

Alle Kreditinstitute müssen einen bestimmten Prozentsatz ihrer Spareinlagen bei der Bundesbank als Mindestreserve zinslos hinterlegen. Die Höhe dieses Prozentsatzes bestimmt die Bundesbank. Je höher die Mindestreserven, um so weniger Kredit können die Banken gewähren. Geld wird knapp und teuer. Sind die Mindestreservesätze niedrig, sind die Banken liquide, Geld ist ausreichend vorhanden, der Zins sinkt.

- Rediskontkontingente

Die Kreditwirtschaft kann sich bei der Bundesbank Geld leihen. Die Menge dieser Refinanzierungsmittel wird von der Bundesbank festgelegt. Sie stellt also den Banken viel oder wenig Geld zur Verfügung. Damit kann die Menge der Kredite an die Wirtschaft und deren Zins beeinflußt werden.

Alle diese Mittel setzt die Bundesbank ein, um ihre Aufgabe, die D-Mark stabil zu halten, zu erfüllen und um Inflation zu vermeiden.

Zu diesem Kapitel finden Sie die Aufgaben B 74 – B 88 im Band „Vorbereitung auf die Meisterprüfung – Test- und Übungsaufgaben".

Zahlungsverkehr

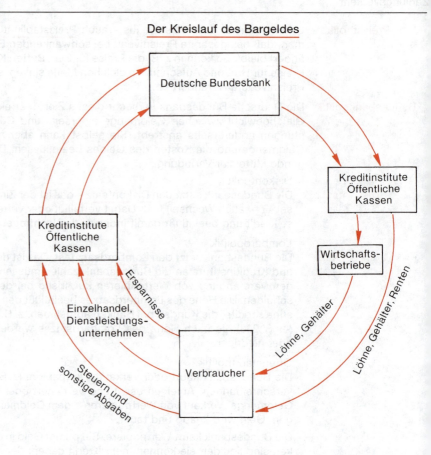

1.3 Zahlungsverkehr

Der nationale Zahlungsverkehr umfaßt alle Zahlungsvorgänge zwischen den Wirtschaftssubjekten einer Volkswirtschaft, also zwischen privaten Haushalten – Unternehmungen – und dem Staat.

Die Zahlungsmittel sind

- Bargeld (Münzen und Banknoten)
- Buchgeld bzw. Giralgeld (Guthaben oder eingeräumte Kredite bei Kreditinstituten)
- Geldersatzmittel (Scheck und Wechsel).

Zahlungsverkehr   Im gesamten Zahlungsverkehr spielen die Kreditinstitute und die Bundespost heute eine entscheidende Rolle. Wir unterscheiden

- das Spargironetz der Sparkassen
- das Gironetz der Kreditgenossenschaften
- das Netz der Postgiroämter
- das Gironetz der Großbanken.

2. Zahlungsweisen

Lernziele:
Der Lernende kann, nachdem er dieses Kapitel durchgearbeitet hat,
- drei Zahlungsweisen des nationalen Zahlungsverkehrs erklären und ihnen verschiedene Durchführungsformen zuordnen,
- mindestens vier verschiedene Formen des bargeldlosen Zahlungsverkehrs aufzählen,
- den Unterschied zwischen Dauerauftrag und Bankeinzug (Lastschrift) erklären.

Man unterscheidet drei grundlegende Zahlungsweisen
- die Barzahlung
  Der Kunde zahlt die Rechnung mit Münzen oder Banknoten
- die bargeldsparende Zahlung
  Man zahlt Bargeld bei der Bank oder Post ein. Dem Empfänger wird der Betrag auf seinem Konto gutgeschrieben
- die bargeldlose Zahlung
  Die Zahlung wird von einem Girokonto auf das andere übertragen. Bargeld tritt nicht mehr in Erscheinung.

Der bargeldlose Zahlungsverkehr setzt voraus, daß der Auftraggeber und der Empfänger über ein Konto bei einem Kreditinstitut oder der Post verfügen. Da heute mehr als 90 % aller Haushalte und Unternehmen über Konten verfügen, spielt der bargeldlose Zahlungsverkehr eine entscheidende Rolle.

Vorteile für den Unternehmer (Haushalt) sind
- es wird weniger Bargeld benötigt
- Kosten- und Zeitersparnis durch Inanspruchnahme der Dienstleistungen der Banken
- Verringerung des Risikos durch Verlust von Bargeld.

2.1 Giroverkehr

Girokonto — Bei der Eröffnung eines Girokontos gelten die Bedingungen der Kreditinstitute oder der Post. Es ist z. B. anzugeben, wer Kontoinhaber ist und wer über das Konto verfügen darf. Die Unterschrift ist zu hinterlegen. Das Girokonto muß bei Ausführung einer Zahlung ein Guthaben ausweisen, oder es muß ein ausreichender Kredit zur Verfügung stehen (Kontokorrent- oder Dispositionskredit).

Mittels Zahlschein sind Bareinzahlungen auf eigene und fremde Konten möglich. Der Zahlschein entspricht einem Überweisungsformular, es fehlt aber das Konto des Absenders. Durch Eintragung dieses Kontos kann aus dem Zahlschein das Überweisungsformular werden.

Überweisung — Mittels Überweisungsauftrag (3teiliges Durchschreibeformular) wird das kontoführende Institut angewiesen, einen bestimmten Geldbetrag dem Konto des Empfängers gutzuschreiben und das Konto des Auftraggebers zu belasten. Sammelüberweisungen bei mehreren Überweisungsaufträgen sind möglich.

Dauerauftrag — Beim Dauerauftrag wird das Kreditinstitut beauftragt, jeweils zu einem festen Zeitpunkt festgelegte Geldsummen an einen Dritten zu überweisen (z. B. Miete, Versicherungen, Beiträge usw.).

Lastschrift — Der Kontoinhaber gestattet einem Gläubiger (z. B. Post für Telefon, Finanzamt für Kfz-Steuer, seinem Lieferanten), durch Lastschrift die Beträge von seinem Konto abzubuchen. Eine schriftliche Einverständniserklärung des Kontoinhabers ist nötig.

Dieses Verfahren kann für den Kontoinhaber Risiken mit sich bringen, da er die Übersicht über sein Konto verlieren kann.

Zahlung durch Scheck — Auch mit Hilfe des Schecks können Übertragungen von Geld vorgenommen werden.

2.2 Postgiroverkehr

Postgiroverkehr — Mehr als 4 Millionen Kunden nutzen das Postgironetz der Deutschen Bundespost. Dem Postbankkontoinhaber öffnen sich auch die Gironetze der Banken und Sparkassen. Die Bundespost ist ebenfalls dem „eurocheque-System" angeschlossen, so daß unter bestimmten Voraussetzungen der Postbankkunde dessen Vorteile nutzen kann, so z. B. Barabhebungen nicht nur bei allen Postämtern und Banken, sondern auch an allen Geldautomaten mit dem ec-Zeichen.

Im Gegensatz zu Banken und Sparkassen wird beim Postgirokonto dem Kontoinhaber kein Dispositionskredit eingeräumt. Es wird lediglich eine Überziehung in einem von den regelmäßigen monatlichen Kontozugängen abhängigen Umfang zugelassen. Der Kontoinhaber muß ein überzogenes Girokonto innerhalb der nächsten 90 Tage mindestens einmal ausgleichen.

Die Möglichkeiten der Nutzung des Postbankverkehrs sind vielfältig. Sie entsprechen im wesentlichen dem Zahlungsverkehr mittels Girokonto bei Banken und Sparkassen.

So gibt es u. a. den Überweisungsauftrag, mit dem ein Geldbetrag von einem Postbankkonto auf ein anderes laufendes Konto beim Postgiroamt oder bei einer Bank oder Sparkasse übertragen wird. Auch auf ein eigenes oder fremdes Postsparkonto können Beträge vom Postbankkonto überwiesen werden.

Postsparbuch — Das Postsparbuch dient aber weniger dem Zahlungsverkehr als der Bargeldbeschaffung auf Reisen.

Lastschriften sind in Form des Einzugsermächtigungs- und des Abbuchungsauftragsverfahrens über das Postgiroamt möglich. Auch hier gelten die zum Bankeinzug gemachten Anmerkungen.

Der Auszahlungsschein dient in Verbindung mit der ec- oder Postbank-Karte der Abhebung vom Postbankkonto bei einem vom Kontoinhaber festgelegten Postamt. Ausgezahlt wird an jeden, der einen Postbarscheck und eine dazugehörige besondere Ausweiskarte vorlegt (Formulare und Ausweiskarte deshalb getrennt aufbewahren!).

Postscheck und Euroscheck der Post können ebenso wie bei Banken und Sparkassen verwendet werden (→ S. 245).

Zahlungsanweisung — Als bargeldersparende Zahlungsmittel kommen die Zahlungsanweisung, bei der der Betrag dem Empfänger vom Zusteller ausgezahlt wird, und der

Zahlschein in Betracht. Hier wird das Geld am Postschalter eingezahlt und auf dem Postbankkonto des Empfängers gutgeschrieben.

Daueraufträge und Sammelaufträge sind ebenso wie bei Banken und Sparkassen auch beim Postgiro möglich.

Gegenüber dem Zahlungsverkehr durch andere Kreditinstitute hat der Postbankverkehr den Vorteil niedriger Kosten der Kontoführung und z. T. der Abwicklung.

2.3 Electronic Banking

Electronic Banking

Die automatisierte Datenverarbeitung und moderne Kommunikationstechniken machen heute einen nicht nur bargeld-, sondern auch beleglosen Zahlungsverkehr möglich. Eine praktisch verzögerungsfreie Abwicklung ist somit technisch durchaus machbar. Die elektronische Zahlungsüberweisung findet zunehmend Verbreitung. Immer mehr Geldinstitute bieten Electronic Banking an, bei dem der Kunde, z. B. ein Handwerksunternehmen, Verfügungen über sein Girokonto von seinem Schreibtisch per Datenträgeraustausch oder Datenfernübertragung, z. B. Btx, treffen kann. Die Vorteile des elektronischen Bankgeschäfts sind jederzeit aktuelle Finanzinformationen und eine Entlastung durch das Entfallen von Routinearbeiten von Hand.

2.4 Scheck-Wechsel-Verfahren

Umkehrwechsel

Eine weitere praktizierte Zahlungsweise ist das Scheck-Wechsel-Verfahren (Umkehrwechsel). Es bietet Kosten- und Liquiditätsvorteile. **Beispiel:** Zur Bezahlung einer Warenlieferung gibt Tischlermeister Holz seinem Lieferanten unter Ausnutzung des Skontos einen Scheck. Dieser stellt einen Wechsel in Höhe der Rechnungssumme auf den Namen Holz aus, Laufzeit in der Regel 90 Tage. Holz akzeptiert und gibt den Wechsel, da der Aussteller (Lieferant) ihn indossiert hat, Holz also Wechselinhaber ist, seiner Bank zum Diskont. Dadurch wird das durch den Scheck belastete Konto ausgeglichen, der Wechsel indes erst nach drei Monaten fällig. Also wird die Liquidität verbessert. Die Zinsen (Diskont) und Spesen liegen unter den Zinsen des Kontokorrentkredits (→ S. 233).

Der Aussteller haftet neben dem Bezogenen gegenüber der Hausbank für die Einlösung des Wechsels. Deshalb genaue Prüfung der Kreditwürdigkeit! Beherrschung der Wechselformularien erforderlich! Verfahren sollte mit Hausbank abgestimmt werden!

Zu diesem Kapitel finden Sie die Aufgaben B 74 – B 88 im Band „Vorbereitung auf die Meisterprüfung – Test- und Übungsaufgaben".

Zahlungsverkehr

3. Scheck

Lernziele:
Der Lernende kann, nachdem er dieses Kapitel durchgearbeitet hat,
- den Scheck in rechtlicher und wirtschaftlicher Hinsicht kennzeichnen,
- die gesetzlichen Erfordernisse des Schecks erläutern,
- verschiedene Scheckarten abgrenzen.

Der Scheck ist eine Urkunde, in welcher der Aussteller den Bezogenen, ein Kreditinstitut (oder ein Postgiroamt), unbedingt anweist, bei Sicht aus seinem Guthaben eine bestimmte Geldsumme zu zahlen.

Wer mit Schecks arbeitet, braucht also ein Konto bei einem Kreditinstitut oder der Post.

Rechtliche Grundlagen sind das Scheckgesetz vom 14. 8. 1933 sowie die von der Kreditwirtschaft geschaffenen „Allgemeinen Geschäftsbedingungen" und die „Bedingungen für den Scheckverkehr".

Der Scheck erfüllt eine reine Zahlungsmittelfunktion. Rechtlich ist der Scheck ein Wertpapier, das kraft Gesetz als Orderpapier gilt.

Die „Bedingungen für den Scheckverkehr" der Banken und der Post müssen bekannt sein.

Es sind die Scheckvordrucke der Kreditinstitute oder der Post zu verwenden.

Scheckbestandteile Der Scheck muß folgende gesetzliche Bestandteile enthalten
- Bezeichnung „Scheck" im Text der Urkunde
- unbedingte Anweisung, eine bestimmte Geldsumme zu zahlen
- Namen dessen, der zahlen soll (bezogenes Institut)
- Zahlungsort
- Tag und Ort der Ausstellung
- Unterschrift des Ausstellers (Kontoinhabers).

Neben den gesetzlichen Bestandteilen enthält der Scheck als kaufmännische Bestandteile die Kontonummer, die Schecknummer, die Bankleitzahl, die Guthabenklausel, Angabe des Zahlungsempfängers, den Überbringervermerk, Währungsangabe und die Kodierzeile.

Folgende Arten von Schecks sind gebräuchlich:

Inhaberscheck
- Inhaberscheck
Dies ist die in Deutschland häufigste Form. Das Kreditinstitut zahlt an denjenigen, der den Scheck zur Einlösung vorlegt. Ein Indossament (Übertragungsvermerk) ist nicht erforderlich.
Beachte: Der vorgedruckte Schecktext darf nicht geändert werden, z. B. Streichung der Überbringerklausel.

Barscheck
- Barscheck
Der Barscheck dient zur Barauszahlung an Kontoinhaber oder Dritte. Das Kreditinstitut zahlt ohne Legitimation an den Inhaber, daher bei Verlust der Scheckformulare Gefahr für Kontoinhaber.

Zahlungsverkehr

Verrechnungsscheck

- Verrechnungsscheck
  Der Vermerk quer auf der Vorderseite des Schecks „Nur zur Verrechnung" untersagt es dem Kreditinstitut, den Betrag bar auszuzahlen. Nur Gutschrift auf einem Konto.

Schecks sind grundsätzlich bei Sicht zahlbar, d. h. im Zeitpunkt der Vorlegung bei der Bank. Achtung: Vordatierte Schecks werden bei Vorlage zahlbar!

Ein Scheck, der in Deutschland zahlbar ist, muß

Vorlegungsfristen

- innerhalb acht Tagen vorgelegt werden, wenn er im Inland ausgestellt wurde
- innerhalb 20 Tagen, wenn er in einem anderen europäischen oder in einem an das Mittelmeer angrenzenden Land ausgestellt wurde
- innerhalb 70 Tagen, wenn er in einem anderen Erdteil ausgestellt wurde.

Die Fristen beginnen am Ausstellungstag zu laufen; dieser wird jedoch bei der Fristberechnung nicht mitgezählt. Sie verlängern sich bis zum folgenden Werktag, wenn der letzte Tag ein Samstag oder ein gesetzlicher Feiertag – dazu zählen auch Sonntage – ist. Die gesetzlichen Vorlegungsfristen haben den Zweck, den Inhaber zur schnellen Vorlegung zu veranlassen. Zwar lösen die bezogenen Kreditinstitute Schecks üblicherweise auch nach Ablauf der Vorlegungsfrist noch ein, doch kann die Nichtbeachtung dieser Frist für den Scheckberechtigten nachteilige Folgen haben

- er verliert im Falle der Nichteinlösung das Rückgriffsrecht
- nach Ablauf der Vorlegungsfrist kann das bezogene Institut den Scheck noch einlösen, braucht es aber nicht.

notleidender Scheck

Schecks müssen grundsätzlich durch Guthaben oder einen eingeräumten Kredit gedeckt sein, anderenfalls wird die Bank den Scheck nicht einlösen. Der Scheck wird protestiert und geht an den Einreicher zurück. Er erhält dann z. B. den Vermerk (Stempel): Am 13. 3. 92 vorgelegt und nicht bezahlt.

Dresdner Bank Köln

Es bestehen dann Rückgriffsrechte wie beim Wechsel (→ S. 254 ff). Ungedeckte Schecks oder Rückschecks wirken sich negativ auf die Kreditwürdigkeit aus.

Scheckverlust Abhandengekommene oder gestohlene Schecks bedeuten für den Kontoinhaber eine Gefahr. Er muß sein Konto sofort sperren lassen und den Scheck widerrufen.

Scheckkarte Zur Förderung des Scheckverkehrs werden seit 1968 von den Kreditinstituten Scheckkarten herausgegeben. Sie sollen den Scheck für den Schecknehmer sicherer machen.

Bei richtiger Verwendung der Scheckkarte und des Euroschecks verpflichten sich die Kreditinstitute, alle Schecks bis zu einer Geldsumme von DM 400,- einzulösen, unabhängig davon, ob das Konto gedeckt ist oder nicht.

Einlösungsbedingungen
- Kontonummer und Unterschrift auf Scheck und Scheckkarte müssen übereinstimmen
- Scheckkartennummer muß auf Rückseite des Schecks vermerkt sein
- Ausstellungsdatum des Schecks muß innerhalb der Gültigkeit der Scheckkarte liegen (2 Jahre).

Euroscheck Die Scheckkarten gelten heute für den sog. Euroscheck. Er gilt in allen Ländern Europas und den Mittelmeeranrainerstaaten. Für den Euroscheck gelten die gleichen rechtlichen Voraussetzungen wie für den „normalen" Scheck.

Achtung: Wegen der Gefahr des Mißbrauchs bei Verlust oder Diebstahl Schecks und EC-Karte immer getrennt aufbewahren. Im Verlustfall sofort den EC-Sperrdienst anrufen: Tel. (0 69) 74 09 87.

Durch Diebstahl oder Verlust eingetretene Schäden werden weitestgehend durch eine Versicherung abgedeckt. Der Eigenanteil beträgt 10 %, maximal DM 400,- je Scheckkarte. Die Versicherungssumme ist allerdings begrenzt auf DM 20 000,- je Scheckkarte und umfaßt auch Schäden durch mißbräuchliche Verwendung an EC-Geldautomaten.

Zu diesem Kapitel finden Sie die Aufgaben B 74 – B 88 im Band „Vorbereitung auf die Meisterprüfung – Test- und Übungsaufgaben".

4. Kreditkarten

Lernziele:
Der Lernende kann, nachdem er dieses Kapitel durchgearbeitet hat,
- die Vorteile der Benutzung von Kreditkarten nennen,
- aufzeigen, wie die Kreditkarten-Unternehmen ihre Leistungen finanzieren.

Kreditkartensysteme wie z.B. Diners, American Express, Eurocard, Visacard finden besonders bei Vielreisenden mit verhältnismäßig hohen Ausgaben zunehmend Verbreitung. Sie bieten dem Karteninhaber den Vorteil, kein Bargeld mit sich führen zu müssen. Die Bezahlung von Rechnungen in dem System angeschlossenen Geschäften, Hotels, Banken usw. geschieht durch Unterschriftleistung bei Vorlage der Kreditkarte. Die Abbuchung der so verausgabten Beträge vom Konto des Karteninhabers erfolgt einmal monatlich durch die Kreditkartenzentrale.

Finanzierung des Kreditkartensystems — Die Kreditkarten-Unternehmen finanzieren sich durch den Einbehalt einer bestimmten Prozentsumme des Rechnungsbetrages. Die Prozentsumme wird den Unternehmen belastet, die Waren oder Leistungen über Kreditkarten verkauft haben.

Der Inhaber einer Kreditkarte muß in der Regel ein bestimmtes Mindesteinkommen nachweisen. Dem Zinsvorteil durch die erst mit zeitlichem Abstand erfolgende Kontobelastung stehen die jährlichen Kosten für die Karte ab DM 40,- gegenüber.

Heute bieten aufgrund der starken Konkurrenz verschiedene Kreditkarten-Unternehmen dem Karteninhaber neben den oben beschriebenen Möglichkeiten auch die Abhebung von Bargeld bei Reisen und Auslandsaufenthalten an.

Auch an Geldautomaten ist dies unter Verwendung einer persönlichen Identifikationsnummer (PIN-Code) möglich. Bei sofortiger Sperrung der Kreditkarte im Falle des Verlustes ist die Haftung des Karteninhabers in der Regel auf DM 100,- begrenzt.

5. Wechsel

Lernziele:

Der Lernende kann, nachdem er dieses Kapitel durchgearbeitet hat,
- einen Wechsel ordnungsgemäß ausfüllen,
- die gesetzlichen und kaufmännischen Bestandteile des Wechsels erklären,
- drei wirtschaftliche Verwendungsmöglichkeiten des Wechsels aufzeigen,
- mindestens fünf Wechselakzepte und drei Indossamente formulieren,
- das Vorgehen beim Wechselrückgriff darlegen,
- eine Wechselrückrechnung durchführen.

5.1 Wirtschaftliche Bedeutung des Wechsels

Der Wechsel dient der Wirtschaft überwiegend als Finanzierungsmittel. Beispiel: Handwerksmeister A bestellt bei seinem Lieferanten B Material für DM 10 000,-. Barzahlung bei Fälligkeit der Rechnung oder Aufnahme eines Bankkredits sind Handwerksmeister A zur Zeit nicht möglich. Er vereinbart mit Lieferant B die Finanzierung per Wechsel. Die Wechselfinanzierung ist also Bestandteil des Kaufvertrages:

Der Wechselgläubiger (Aussteller) erlangt in der Regel durch Verkauf des Wechsels an seine Bank Bargeld – er verbessert seine Liquidität. Wegen der Wechselstrenge hat er eine größere Sicherheit als z. B. beim Lieferantenkredit.

Für den Wechselgläubiger ist der Wechsel also Zahlungsmittel und Sicherungsmittel. Für den Wechselschuldner (Bezogener) bedeutet der Wechsel die Gewährung eines Kredites. Für ihn ist der Wechsel also ein Kreditmittel.

Kreditfunktion

Die Kreditfunktion ist heute die wichtigste Funktion des Wechsels. Die Zahlung des Bezogenen wird um die Laufzeit des Wechsels hinausgeschoben. Häufig kann der Bezogene den Wechsel bei Fälligkeit bereits mit dem Erlös aus dem Verkauf der Waren, für deren Lieferung er den Wechsel akzeptiert hat, einlösen.

Auch für den Wechselnehmer ergibt sich vor allem dann eine Kreditmittelfunktion des Wechsels, wenn er ihn der Bank zum Diskont einreicht (Diskontkredit).

Zahlungs- und Sicherungsmittelfunktion

Neben der Funktion als Kreditmittel erfüllt der Wechsel eine Zahlungs- und Sicherungsmittelfunktion. Letztere ergibt sich aus der sog. Wechselstrenge, der Bindung an feste Formen, Regeln und Fristen und insbesondere der Loslösung vom zugrundeliegenden Rechtsgeschäft.

Zweifellos ist der Wechsel aufgrund der relativ niedrigen Kosten (Diskont, Spesen) ein günstiges Kredit- und Zahlungsmittel. Ein Abwägen von Gefahren und Vorteilen ist jedoch erforderlich.

Der Wechsel spielt heute im Zahlungsverkehr eine wichtige Rolle. Jedes Kreditinstitut verfügt über eine Wechselabteilung. Milliarden-Umsätze werden heute per Wechsel finanziert (→ auch Diskontpolitik der Bundesbank).

Wechselstrenge — Das am 1. 4. 1934 in Kraft getretene Wechselgesetz legt strenge Vorschriften für den Umgang mit Wechseln fest (Wechselstrenge). Danach ist der Wechsel Urkunde und Wertpapier. Der Gläubiger – also unser Lieferant B – fordert Meister A auf, zu einer bestimmten Zeit eine bestimmte Summe Geldes an eine bestimmte Person zu zahlen.

5.2 Arten des Wechsels

Arten des Wechsels — Das Wechselgesetz kennt zwei Grundformen des Wechsels
- den gezogenen Wechsel oder Tratte
- den Eigen- oder Solawechsel. (Der Solawechsel hat im wirtschaftlichen Alltag keine besondere Bedeutung. Er ist ein Zahlungsversprechen des Ausstellers.)

Tratte — Die häufigste Form ist der gezogene Wechsel (Tratte). Auf der Vorderseite des Wechsels finden wir drei Personen
- den Aussteller als Wechselgläubiger
- den Bezogenen als Wechselschuldner
- den Wechselnehmer (Remittent) als Wechselgläubiger.

Das Wechselgesetz schreibt eine bestimmte Form des Wechselformulars nicht vor. Es werden aber heute fast nur noch genormte Wechselformulare verwandt, um Formfehler zu vermeiden und den Kreditinstituten die Bearbeitung der vielen Wechsel zu erleichtern.

5.3 Gesetzliche Bestandteile des Wechsels

Die 8 gesetzlichen Bestandteile (Art. 1 Wechselgesetz) sind:

Ausstellungsort/Datum — ① Ausstellungsdatum darf nicht fehlen. Es muß ein mögliches Datum sein (nicht 31. April). Fehlt der Ausstellungsort, so gilt der Wohnort des Ausstellers als Ausstellungsort.

Bezeichnung „Wechsel" — ② Das Wort „Wechsel" muß im Text der Urkunde stehen, und zwar in der Sprache, in der die Urkunde ausgestellt ist.

Fälligkeitstag — ③ Nach der Fälligkeit sind folgende Wechsel zu unterscheiden
- Tagwechsel: Fälligkeit an einem bestimmten Tag, z. B. 4. Mai
- Datowechsel: Fälligkeit, z. B. 3 Monate nach Ausstellung
- Sichtwechsel: genaues Datum fehlt, Wechsel ist bei Vorlage fällig. Er ist binnen eines Jahres vorzulegen (Gefahr!!!)
- Nachsichtwechsel: fällig z. B. 20 Tage nach Sicht, das Akzept ist daher zu datieren.

Ist der Verfalltag ein Sonnabend, Sonntag oder gesetzlicher Feiertag, gilt als Zahltag der nächste Werktag. In der Praxis ist der Tagwechsel üblich.

Wechselsumme (Art. 6) ④ Die Wechselsumme ist in Ziffern und Buchstaben anzugeben, bei Abweichungen gilt die in Buchstaben geschriebene. Die Wechselsumme kann natürlich auch auf fremde Währungen lauten (z. B. US-Dollar).

Wechselnehmer ⑤ Im Regelfall wird heute der Wechselnehmer mit dem Aussteller identisch sein. „Zahlen Sie an meine/eigene Order." - sogenannter Wechsel an eigene Order. Der Aussteller kann aber auch eine andere Person, z. B. eine Bank oder einen seiner Gläubiger als Wechselnehmer bestimmen (dies aber sicherlich nur mit dessen Zustimmung).

Bezogener ⑥ Der Bezogene ist namentlich genau zu benennen, die Berufsbezeichnung ist wünschenswert. Hat der Bezogene den Wechsel akzeptiert, ist er Akzeptant.

⑦ Die Wechselschuld ist im Gegensatz zu allen anderen Schulden eine Holschuld, d. h., die Wechselsumme muß am Fälligkeitstag beim Bezogenen eingezogen werden. Dies kann in der Praxis sehr umständlich, zeit- und **Zahlungsort** kostenaufwendig sein. Deshalb kann der Zahlungsort ein Kreditinstitut sein (→ ⑦a Formwechsel).

Hier unterscheidet man Zahlstellenwechsel und Domizilwechsel. Der Zahlstellenwechsel liegt vor, wenn Zahlungsort und Wohnort des Bezogenen gleich sind.

Beispiel: Wohnort des Bezogenen Köln
 Zahlungsort Stadtsparkasse zu Köln.

Der Domizilwechsel liegt vor, wenn der Zahlungsort und der Wohnort des Bezogenen nicht gleich sind.

Beispiel: Wohnort des Bezogenen Uerdingen
 Zahlungsort Dresdner Bank Düsseldorf

Unterschrift des Ausstellers ⑧ Mit der Unterschrift haftet der Aussteller für den Wechsel. Der genaue Name und die genaue Anschrift sind daher wichtig. Unterschrift nicht in den Stempel schreiben, sie muß lesbar sein.

Das Wechselformular kann zusätzliche kaufmännische Bestandteile enthalten, z. B. Wiederholung der Verfallzeiten in der rechten oberen Ecke, Postleitzahl, Zweitausfertigung, Domizil und Zahlstellenvermerk.

Fehlt einer dieser Bestandteile, ist der Wechsel ungültig. Ausnahme: ③ Fälligkeitsdatum - fehlt dieses, haben wir einen Sichtwechsel.

5.4 Akzept

Im gezogenen Wechsel ist der Bezogene nur dann zur Zahlung verpflichtet, **Wechselakzept/** wenn er den Wechsel akzeptiert, also angenommen hat. Eine Pflicht zur **Wechselannahme** Annahme (Akzept) besteht nicht. Ein Anspruch kann sich aber aus dem Grundgeschäft ergeben (z. B. Kaufvertrag → S. 411 ff).
Wichtig: Gläubiger kann Schuldner nicht zur Annahme zwingen.

Formen des Akzepts Auf die linke Querseite des Wechsels setzt der Bezogene seine eigenhändige Unterschrift (querschreiben).

Zahlungsverkehr

Beispiel eines gezogenen Wechsels

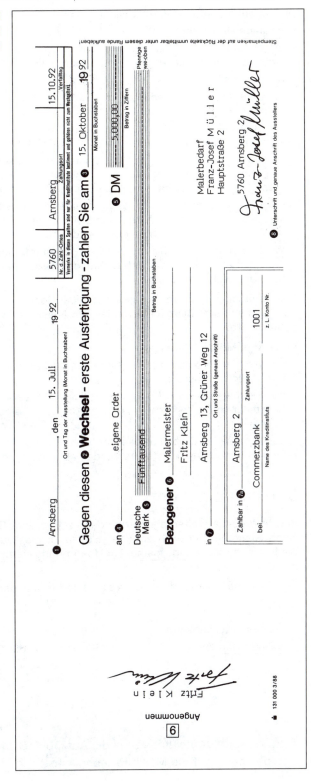

Beispiel eines gezogenen Wechsels entspricht im Aufbau dem Einheitswechsel; die 8 gesetzlichen Bestandteile sind durch Numerierung gekennzeichnet (① bis ⑧).

Damit die Ausstellung eines Wechsels vereinfacht und ohne Fehler vollzogen wird, hat man für den Wechselvordruck den sogenannten Einheitswechsel geschaffen. Das auf dieser Seite gezeigte

Es bestehen die folgenden Möglichkeiten
- alleinige Unterschrift
- angenommen mit Unterschrift. Das Wort „angenommen" ist bei den Einheitswechselformularen stets vorgedruckt, daher häufigste Form.
- angenommen mit Datum und Unterschrift
- Vollakzept (vollständiges Akzept). Beispiel: Angenommen für DM 10 000,-, Köln, den 4. Mai 1992, Franz Anton
- Teilakzept. Beispiel: Der Wechsel lautet über DM 10 000,-, der Bezogene akzeptiert aber nur einen Teilbetrag, z. B. DM 8 000,-.
- Blankoakzept. Der Bezogene akzeptiert den Wechsel, obwohl das Formular noch nicht oder unvollständig ausgefüllt ist.
  Vorsicht: Bezogener haftet für später eingesetzte Summe.
- Gefälligkeitsakzept. Obwohl gegenüber dem Aussteller keine Verbindlichkeit besteht, wird der Wechsel aus Gefälligkeit akzeptiert.
  Vorsicht: Durch Akzept haftet der Bezogene.
- Wechselbürge: Zur Stützung des Bezogenen tritt eine Person „als Bürge" oder „per Aval" neben der Unterschrift des Bezogenen auf. Er haftet selbstschuldnerisch (Vorsicht!!).

Das Vorlegen zur Annahme geschieht in der Regel durch den Aussteller. Ist der Wechsel akzeptiert, entscheidet der Aussteller, wie der Wechsel nun genutzt wird.

Er hat drei Möglichkeiten
- der Wechsel wird bis zur Fälligkeit liegengelassen. Hier ist der Wechsel reines Sicherungsmittel
- der Wechsel wird vor Fälligkeit an eine Bank verkauft (diskontiert). Der Aussteller verbessert seine Liquidität. Die Bank berechnet ihm Zinsen und Spesen
- der Wechsel wird vor Fälligkeit an einen Gläubiger weitergegeben. Verbindlichkeiten des Ausstellers werden abgebaut (indossieren).

5.5 Indossament

Soll der Wechsel weitergegeben werden – z. B. an eine Bank verkauft oder an einen Gläubiger gegeben werden –, dann ist dies auf der Rückseite des Wechsels durch ein Indossament (= Übertragungsvermerk) kenntlich zu machen.

Indossament

Der bisherige Inhaber des Wechsels heißt Indossant, der neue Inhaber Indossatar.

Arten des Indossaments:

Arten des Indossaments
- Vollindossament

Für mich an die Order der Volksbank Köln
Köln, den 4. 5. 1992

Unterschrift

Zu diesem Kapitel finden Sie die Aufgaben B 74 – B 88 im Band „Vorbereitung auf die Meisterprüfung – Test- und Übungsaufgaben".

Zahlungsverkehr

Beispiel einer Wechselrückseite

Für mich an die Order der
Firma
Autohaus Schmidt KG
Arnsberg, den 16. Juli 1992
Franz-Josef Müller

[Unterschrift: Franz-Josef Müller]

Autohaus Schmidt KG

[Unterschrift: Rolf Schmidt]

Für uns an die Order der
Firma
FERTIGHAUS GMBH
Winterberg
Meschede, den 21. August 1992
Firma Karl Zimmer oHG

[Unterschrift: Karl Zimmer]

An die
Stadtsparkasse Winterberg
zum Einzug
Winterberg, den 01. Oktober 1992
FERTIGHAUS GMBH
ppa.

[Unterschrift]

Zahlungsverkehr

- Blankoindossament
  Es trägt nur die Unterschrift der weitergebenden Person, z. B. Karl Meyer. Diese Form kann gefährlich sein, da nicht feststellbar ist, ob der neue Inhaber ihn zu Recht bekommen hat.

- Inkassoindossament

  Für mich zum Inkasso an die
  Volksbank Dortmund
  Köln, den 4. 5. 1992

  Unterschrift

  Die Bank wird beauftragt, die Wechselsumme einzuziehen.

- Rektaindossament

  An die Firma Otto Müller,
  aber nicht an deren Order.
  Köln, den 4. 5. 1992

  Unterschrift

  Diese Klausel verhindert in der Praxis eine Weitergabe, da der Aussteller oder Indossant seine Haftung einschränkt.

Funktionen des Indossaments:

Funktionen des Indossaments

- Übertragung und Transportfunktion
  Sämtliche Rechte und Pflichten aus dem Wechsel werden vom bisherigen Inhaber (Indossant) an einen Dritten (Indossatar) übertragen.

- Ausweis und Legitimationsfunktion
  Wer einen Wechsel in Händen hat, gilt als rechtmäßiger Inhaber, sofern er sein Recht aus der ununterbrochenen Kette der Indossanten ableiten kann.

- Haftung und Garantiefunktion
  Jeder Indossant haftet für Annahme und Einlösung des Wechsels.
  Merke: Sichere und richtige Wechselübertragung ist wichtig, daher möglichst nur Vollindossament benutzen.

5.6 Zahlung, Protest und Rückgriff

Diskontierung

Der Wechsel wird durch Indossament an die Bank übertragen, d. h. verkauft. Die Bank diskontiert den Wechsel, d. h., sie berechnet Diskontzinsen und Spesen. Beispiel: Ein Wechsel über DM 10 000,- am 4. 2. ausgestellt und am 4. 5. fällig, wird am 10. 2. an die Bank verkauft. Diskontsatz 9 %, Spesen z. B. DM 10,-.

Die Bank gewährt dem Verkäufer einen Kredit mit einer Laufzeit von 84 Tagen (10. 2. bis 4. 5. – jeder Monat wird mit 30 Tagen gerechnet).

Zinsformel:

$$\text{Diskont} = \frac{k \cdot p \cdot t}{100 \cdot 360} = \frac{10\,000 \cdot 9 \cdot 84}{100 \cdot 360} = 210$$

Barwert des Wechsels am 10. 2.:

	DM 10 000,-	
./.	DM 210,-	Diskontzinsen
./.	DM 10,-	Spesen
	DM 9 780,-	

Diese Wechselkosten werden in der Regel dem Bezogenen in Rechnung gestellt. Der Aussteller kann aber auch die Kosten übernehmen.

Wechseleinlösung Da der Wechsel eine Holschuld ist, muß er dem Bezogenen am Fälligkeitstage vom Wechselinhaber zur Zahlung vorgelegt werden.

Der Wechselinhaber kann dem Bezogenen 2 Tage Zahlungsaufschub gewähren, muß dies aber nicht. Wird der Wechsel eingelöst, erhält der Bezogene den Wechsel mit einer Quittung versehen zurück. Mit dem Einzug des Wechsels wird heute in der Regel eine Bank oder die Post (nur bis DM 3 000,- Wechselsumme) beauftragt.

Wird die Vorlegungsfrist versäumt, verliert der Inhaber des Wechsels seine Rückgriffsansprüche gegen Aussteller und Indossanten – mit Ausnahme des Bezogenen.

Wechselprotest Angenommen, der Bezogene kann den Wechsel nicht einlösen, d. h. bezahlen. Zur Sicherung der Ansprüche muß jetzt Protest erhoben werden. Dies muß am 1. oder 2. Werktag nach Fälligkeit bei Gericht, der Post oder einem Notar geschehen.

Wer einen Wechsel protestieren läßt, ist verpflichtet, seinen unmittelbaren Vormann und den Aussteller davon zu benachrichtigen, und zwar innerhalb von vier Werktagen ab Protesterhebung (beim „ohne-Kosten-Vermerk" ab Vorlegungstag). Jeder Indossant muß innerhalb zweier Werktage nach Empfang der Nachricht seinen unmittelbaren Vormann benachrichtigen und dabei die Namen und Adressen derjenigen mitteilen, die vorher Nachricht gegeben haben. Der Aussteller erhält also, falls zwischen ihm und dem Inhaber noch mindestens ein Indossant vorhanden ist, zweimal die Nachricht vom erfolgten Protest Notifikation).

Notifikation

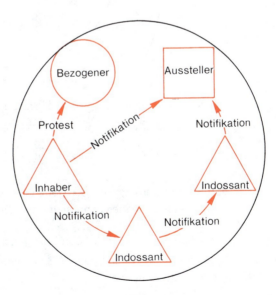

Die Notifikation kann in jeder Form geschehen, auch durch bloße Rücksendung des Wechsels. Meist erfolgt sie in einem eingeschriebenen Brief, um die Einhaltung der Frist beweisen zu können.

Zahlungsverkehr

Wer die rechtzeitige Benachrichtigung versäumt, verliert nicht das Rückgriffsrecht; er haftet jedoch bis zur Höhe der Wechselsumme für den Schaden, der durch seine Nachlässigkeit entsteht.

Der Inhaber des Wechsels kann nach Protesterhebung auf seine Vormänner als Regreßschuldner zurückgreifen.

Die Voraussetzung des Rückgriffs ist der Protest:

Ohne Protest kein Regreß!

Sprung- und Reihenregreß

Alle Regreßschuldner haften gesamtschuldnerisch, d. h., wie man sagt, „einer für alle und alle für einen". Deshalb ist der Inhaber beim Rückgriff an keine Reihenfolge gebunden. Erfolgt der Regreß (in umgekehrter Richtung) auf dem gleichen Wege, den der Wechsel vorher nahm, so spricht man vom Reihenregreß. Wendet sich der Inhaber nicht an seinen unmittelbaren Vormann, sondern überspringt er einen oder mehrere Rückgriffsverpflichtete, indem er sich z. B. direkt an den Aussteller des Wechsels hält, so nennt man dies Sprungregreß.

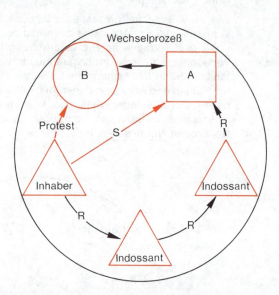

Vorteile des Sprungregresses gegenüber dem Reihenregreß
- der Wechselinhaber kann sich den zahlungskräftigsten Vormann aussuchen
- der Sprungregreß ist für den Bezogenen billiger (vgl. das folgende).

Wechselrückrechnung

Der letzte Inhaber kann gem. WG von jedem beliebigen Vormann fordern
- die Wechselsumme
- die Protestkosten
- 1/3 % Provision aus der Wechselsumme
- Zinsen in Höhe von 2 % über dem DBB-Diskontsatz, mindestens aber 6 % aus der Wechselsumme für die Zeit vom Verfalltag bis zum Rückgriffstag
- Porti und Auslagen.

Jeder, der im Wege des Rückgriffs in Anspruch genommen wurde, kann gem. WG seinerseits von irgendeinem seiner Vormänner verlangen
- die Wechselsumme
- die Protestkosten
- alle ihm in Rechnung gestellten fremden Kosten
- 1/3 % Provision aus der Wechselsumme
- Zinsen in der genannten Höhe aus der Rückgriffsverbindlichkeit für die Zeit vom Tag seiner Inanspruchnahme bis zu dem Tag, an dem er selbst den Betrag von seinem Vormann erhält
- Porti und Auslagen.

Der letzte im Wege des Rückgriffs in Anspruch genommene Wechselverpflichtete – das ist im allgemeinen der Aussteller – wird dann neben der Wechselsumme alle ihm in Rechnung gestellten fremden Kosten und seine eigenen Kosten vom Bezogenen im Wege des Wechselzahlungsbefehls oder der Wechselklage beizutreiben versuchen.

Ausnahme: Auf den Wechselprotest kann verzichtet werden, wenn der Aussteller oder ein Indossant seine Unterschrift mit dem Vermerk „ohne Kosten" oder „ohne Protest" (Art. 46) versehen hat, oder wenn über das Vermögen des Bezogenen das Vergleichs- oder Konkursverfahren eröffnet worden ist. Benachrichtigungspflicht bleibt bestehen.

Wechselklage   Jeder Wechselgläubiger kann seine Ansprüche in einem besonderen Verfahren – der Wechselklage – geltend machen. Für die Wechselklage gelten die Vorschriften der Zivilprozeßordnung über den Urkundsprozeß.

Die Wechselklage wird in einem beschleunigten Verfahren durchgeführt, d. h. kurze Fristen, beschränkte Einwendungen und Beweismittel. Sofortige Vollstreckbarkeit des rechtskräftigen Urteils.

5.7 Weitere Hinweise zum Wechsel

Verjährung   Nach Art. 70 WG verjähren
- Ansprüche gegen den Bezogenen in 3 Jahren vom Verfalltag an gerechnet
- Ansprüche des letzten Inhabers gegen Indossanten und Aussteller in 1 Jahr vom Protesttage an gerechnet
- Ansprüche der Indossanten untereinander und gegen Aussteller in 6 Monaten vom Tage der Inanspruchnahme an gerechnet.

Prolongation   Die Wechselverlängerung hat zum Ziel, den Wechselprotest zu vermeiden. Der Aussteller kann daher die Zahlungsfrist verlängern – aber er muß es nicht! Wird prolongiert, dann muß ein neuer Wechsel ausgestellt werden. Alle in der Zwischenzeit angefallenen Kosten gehen zu Lasten des Bezogenen, also wird die neue Wechselsumme höher ausfallen.

Auch ein Indossant kann prolongieren. Er wird es aber in der Regel ablehnen, da er jetzt volle Haftung übernimmt.

Wechselverlust   Ein verlorengegangener Wechsel kann im Wege des Aufgebotsverfahrens (§§ 946 und 1003 ZPO) für kraftlos erklärt werden.

Zu diesem Kapitel finden Sie die Aufgaben B 74 – B 88 im Band „Vorbereitung auf die Meisterprüfung – Test- und Übungsaufgaben".

Betriebsorganisation

1. Begriff der betrieblichen Organisation

Lernziele:

Der Lernende kann, nachdem er dieses Kapitel durchgearbeitet hat,
- Merkmale und Aufgabenfelder der Betriebsorganisation angeben,
- mindestens fünf Organisationsprinzipien erläutern,
- Überorganisation und Unterorganisation als Verletzung bestimmter Organisationsprinzipien kennzeichnen,
- Organisationsarten im technischen Betriebsbereich benennen.

Wirtschaftlichkeitsprinzip

Die Organisation stellt eines der wesentlichen Elemente der Betriebsführung dar, da das gesamte unternehmerische bzw. betriebliche[1] Geschehen sich in einer bestimmten Ordnung, d. h. nach bestimmten Regelungen, vollzieht. Diese Ordnung muß zunächst geplant und dann mit Hilfe von organisatorischen Maßnahmen zielorientiert verwirklicht werden.

Ergänzt werden diese beiden Kriterien durch das sogenannte Wirtschaftlichkeitsprinzip, das beinhaltet, daß mit den vorhandenen betrieblichen Mitteln ein größtmöglicher Unternehmenserfolg oder ein angestrebter Erfolg mit möglichst geringem Mitteleinsatz erreicht wird.

Produktionsfaktoren

Die betriebliche Leistungserstellung – Produktion und/oder Dienstleistung – beinhaltet das Zusammenwirken der Produktionsfaktoren Arbeitsleistung, Betriebsmittel und Werkstoffe. Diese Elementarfaktoren werden um den dispositiven Faktor (= Betriebsführung) ergänzt.

Im Rahmen der Organisation erfüllt die Betriebsleitung eine ihrer Hauptaufgaben, wobei sowohl die außer- als auch die innerbetrieblichen Informationen als weitere ergänzende Produktionsfaktoren mit einbezogen werden müssen.

Begriff der Organisation

Unter Organisation versteht man die Gesamtheit aller Regelungen, deren sich die Betriebsleitung und die ihr untergeordneten Organe bedienen, um die durch Planung vorgegebene Ordnung aller betrieblichen Prozesse und Strukturen zu realisieren.

In der betrieblichen Praxis wird der Begriff der Organisation in dreistufiger Bedeutung verwandt

- Organisation als „Tätigkeit" bedeutet in der 1. Stufe die Feststellung der Beziehungen und betrieblichen Abhängigkeiten der Mitarbeiter im Rahmen des Arbeitsprozesses untereinander; der Betrieb wird durchorganisiert.
- Organisation als „Zustand" ergibt sich in der 2. Stufe (als Folge der 1. Stufe), wobei der Betrieb für eine bestimmte Zeitdauer die auf wirtschaftliche Tätigkeit ausgerichtete Organisation hat und nutzen kann.

---

[1] Es folgt eine synonyme Verwendung der Begriffe „Unternehmung" und „Betrieb".

- In der 3. Stufe wird der Betrieb als einheitliche Organisation betrachtet, in der durch Zusammenwirken von menschlicher Arbeitskraft und maschinellen Anlagen das wirtschaftliche Optimum erreicht werden soll.

1.1 Gegenstand und Aufgabe der Betriebsorganisation

Gegenstand der Betriebsorganisation ist die gesamte betriebliche Tätigkeit; im einzelnen:

Organisationsbereiche

Organisation der/des
- Planung
- Materialwirtschaft
- Einkaufsbereichs
- Personalstruktur
- Investitionen und Finanzierungen
- Fertigung
- Dienstleistungen
- Rechnungswesens
- Absatzbereichs (Werbung und Marketing)
- Kontrolle
- Umweltschutzmaßnahmen/Entsorgung
- Forschung (im Einzelfall).

Aufgabe der betrieblichen Organisation ist die Optimierung der Kombination der Produktionsfaktoren

Aufgabe der Organisation

- Roh-, Hilfs- und Betriebsstoffe (Werkstoffe)
- Betriebsausstattung bzw. Betriebsmittel (Maschinen, Geräte, Werkzeuge, Einrichtungen, Gebäude)
- weisungsgebundene menschliche Arbeitskraft im technischen und kaufmännischen Bereich
- Betriebsführung in den dispositiven Komponenten Planung, Leitung, Entscheidung, Kontrolle und Organisation.

„Regelungen" schaffen Ordnung

Als Konsequenz hieraus ergibt sich, daß in jedem organisierten Betrieb alle betrieblichen Tatbestände geregelt werden müssen. „Regelungen" bilden den Inhalt der Betriebsorganisation; sie gewährleisten, daß eine bestimmte Ordnung im betrieblichen Ablauf herrscht.

Regelungen stellen Anweisungen der Betriebsführung (dispositiver Faktor) dar; sie können bestimmte Tatbestände ein für allemal ordnen. Das ist dann der Fall, wenn sich bestimmte Vorgänge immer wieder in gleicher oder ähnlicher Weise wiederholen, so daß sich eine Regelung im Einzelfall erübrigt.

Man unterscheidet generelle und fallweise Regelungen als Organisationsform, wobei erstere entscheidenden Einfluß auf die feste Organisationsstruktur des Unternehmens haben.

Improvisation

Im Gegensatz hierzu beinhaltet die Improvisation (Regelung für eine begrenzte Zeit) die Möglichkeit, sich kurzfristig auf unerwartete Betriebsgegebenheiten einzustellen.

1.2 Organisationsprinzipien

Die Organisation eines Unternehmens soll
- auf die Struktur des Unternehmens und dessen Ziele abgestellt sein
- umfangreiche Arbeiten so zerlegen und aufteilen, daß alle Mitarbeiter und alle Betriebsmittel gleichmäßig ausgelastet sind; dabei müssen sowohl Leerläufe als auch Doppelarbeit vermieden werden
- die Zuständigkeitsbereiche der einzelnen Mitarbeiter klar festlegen. Unklarheiten und Überschneidungen führen zu Störungen des Betriebsklimas, zu Reibungsverlusten und zu Doppelarbeiten
- alle organisatorischen Regelungen (z. B. Arbeitsanweisungen) verständlich und eindeutig formulieren; gleichzeitig muß ihre Einhaltung sichergestellt werden
- flexibel sein, d. h., sie muß sich den veränderten Betriebsbedingungen ständig anpassen
- sicherstellen, daß verantwortungsvolle Tätigkeiten kontrolliert werden
- wirtschaftlich sein; sie soll durch Vereinfachung und Beschleunigung des Arbeitsablaufes die Kosten senken (Wirtschaftlichkeitsprinzip)
- nicht so aufgebläht sein, daß sie den Arbeitsablauf mehr hemmt als fördert.

Überorganisation Die gesamte Organisation darf stets nur Mittel zum Zweck sein. Das Organisationsziel (Verbesserung der Wirtschaftlichkeit und Rentabilität des Unternehmens) kann nur erreicht werden, wenn die organisatorischen Maßnahmen zu dem zu regelnden Problemkreis passen. Erfolgt eine zu weit gehende Regelung, so liegt eine „Überorganisation" vor. **Beispiel:** Der Inhaber eines radio- und fernsehtechnischen Betriebes mit Einzelhandel stellt fest, daß Kunden hin und wieder angezahlte Artikel und reparierte Altgeräte nicht abholen. Daraufhin läßt er entsprechende Formbriefe für die Benachrichtigung der Kunden drucken. Diese Maßnahme kann sich als überflüssig und unwirtschaftlich erweisen.

Unterorganisation Auch „Unterorganisation" schadet dem Betrieb. Dies ist dann der Fall, wenn wichtige betriebliche Bereiche und Maßnahmen zu wenig geregelt werden. **Beispiel:** Der zuständige Material- und Ersatzteillagerverwalter eines Kfz-Betriebes, der nach Arbeitsende jeweils den Schlüssel zum abgeschlossenen Lagerbereich mitnimmt, ist erkrankt. Nach Arbeitsbeginn in der Werkstatt werden dringend Ersatzteile benötigt. Es wurde vergessen, einen Stellvertreter zu bestimmen. Da der Betriebsinhaber außerdem auf Kundenbesuch ist, gibt es erhebliche Arbeitsverzögerungen in der Werkstatt, da die Mitarbeiter keinen Zugriff auf Ersatzteile haben.

1.3 Arten der Betriebsorganisation

Man unterscheidet zwei Arten von Betriebsorganisation, und zwar die Aufbau- und die Ablauforganisation. Ferner erfolgt hier die Konzipierung von funktionsgerechten Abteilungen und Bereichen sowie die Festlegung und Übertragung von Aufgaben, Verantwortung und Kompetenzen an die jeweiligen Mitarbeiter.

Die Aufbauorganisation befaßt sich darüber hinaus mit der Informationsstruktur (bzw. den Informationswegen) in den Handwerksunternehmen.

Betriebsorganisation

1.3.1 Aufbauorganisation

Aufbauorganisation   Hier werden die Aufgaben eines Handwerksunternehmens auf die verschiedenen Bereiche aufgeteilt und deren Zusammenarbeit geregelt.
Die Aufbauorganisation wird meistens durch ein Organigramm dargestellt.
Beispiel: Installationsbetrieb/Sanitärtechnik sowie Zentralheizungs- und Lüftungsbau

Beispiel eines Organigramms

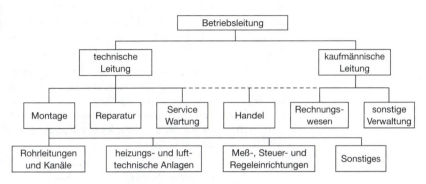

1.3.2 Stellenbeschreibung

Ein zusätzliches Hilfsmittel bilden Stellenbeschreibungen.

Definition   Durch die Zusammenfassung von Aufgaben und Kompetenzen im Aufgabenbereich eines jeden Mitarbeiters erhält man eine „Stelle", die auch als kleinste betriebliche Organisationseinheit definiert wird.

Jeder Stelleninhaber hat grundsätzlich Sachaufgaben zu erfüllen; je nach Mitarbeiterhierarchie werden ihm darüber hinaus Führungsaufgaben zugeordnet. Beispiel: In einem Elektroinstallationsbetrieb, der stark expandiert, müssen nach Zukauf einer weiteren Betriebsstätte zwei Abteilungen gebildet werden, für die jeweils ein Betriebsbereichsleiter ernannt wird; jedem werden drei Gesellen und zwei Auszubildende zugeordnet, so daß neben dem bisherigen Verantwortungsbereich Produktion bzw. Dienstleistung Führungskompetenz neu geschaffen wird.

Nach Realisierung der Maßnahme hat sich auch inhaltlich die „Stelle" geändert, so daß eine neue Stellenbeschreibung erfolgen muß.

Generell werden in der Stellenbeschreibung alle Aufgaben und Verantwortungsbereiche sowie Führungskompetenzen schriftlich festgelegt. Die Inhalte sind sowohl mit dem/den Betriebsinhaber/n als auch den Fachabteilungen abzustimmen und – soweit vorhanden – von der Personalabteilung endgültig zu formulieren. Auf folgende Mindestinhalte ist zu achten

- Stellenbezeichnung
- Zielsetzung
- funktionale Einordnung
- Stellvertretungsregelung
- persönliche und fachliche Anforderungen an den Stelleninhaber
- Aufgaben, Verantwortungsbereiche und Kompetenzen
- besondere Befugnisse.

Betriebsorganisation

1.3.3 Ablauforganisation

Ablauforganisation Sie umfaßt die Planung, Gestaltung und Steuerung von Arbeitsabläufen und befaßt sich mit dem räumlichen und zeitlichen Ablauf des Zusammenwirkens von Menschen, Betriebsmitteln und Arbeitsgegenständen und/oder Informationen bei der Lösung von betrieblichen Abläufen.

Da sich der Gesamtablauf der Betriebstätigkeit immer wiederholt, ist die Aufgabe der Ablauforganisation

- die Planung der optimalen Folge der Arbeitsgänge, um möglichst kurze Durchlaufzeiten der Produkte bei der Bearbeitung zu erreichen und
- für die Auslastung von Mitarbeitern (im technischen und kaufmännischen Bereich) sowie aller Arbeits- und Betriebsmittel zu sorgen.

Diese Ziele sind nur zu erreichen, wenn Engpässe im zeitlichen Ablauf vermieden werden (z. B. dürfen keine Materiallagerungen in der Werkstatt die Arbeitsgänge behindern) und die Anordnung der Räume bzw. Arbeitsbereiche kurze Arbeitswege garantiert. Es sollten vor allem in mittleren und größeren Betrieben die auf der „Vortätigkeit" aufbauenden „Folgetätigkeiten" auch räumlich beieinander liegen.

Beispiel: Kraftfahrzeug-Betrieb

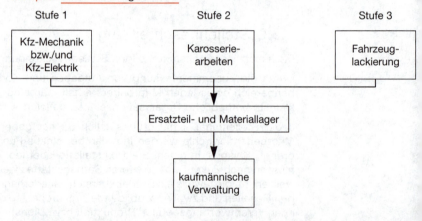

Die Bearbeitung bzw. Reparatur eines Unfallfahrzeugs muß hinsichtlich des Arbeitsablaufs sowohl funktional als auch zeitlich und räumlich organisiert werden. Dadurch werden unproduktive bzw. Leerzeiten sowohl im Produktions-, Dienstleistungs- als auch im Büro- oder Verwaltungsbereich vermieden.

Wie bereits dargestellt, erfaßt die Organisation den gesamten Betrieb, d. h. sowohl den technischen als auch den kaufmännischen Bereich.

technische Organisationsbereiche Im technischen Sektor (technisches Büro und Werkstatt) stehen

- Arbeitsvorbereitung
- Terminplanung
- Material- und Lagerwesen
- Auftragsabwicklung
- Baustellenüberwachung
- Fertigungsplanung und Fertigungssteuerung

- Arbeitsplatzgestaltung
- Betriebsdatenerfassung

im Vordergrund.

funktionsorientierte Ablauforganisation

Besonders im technischen Bereich hat die funktionsorientierte Ablauforganisation ihre Bedeutung, da bei den einzelnen Arbeitsgängen eine funktional optimierte Reihenfolge erforderlich ist; hierzu müssen die Arbeitsgänge in einzelne Arbeitsschritte aufgeteilt werden.

Im Verlaufe vieler Arbeitsprozesse stellt sich heraus, daß zukünftig die Arbeitsabläufe reorganisiert werden müssen, da eine Fluktuation bei den Arbeitskräften erfolgt, technisch verbesserte Aggregate eingesetzt werden können oder insgesamt eine Betriebsstättenerweiterung notwendig wird.

Eine solche Neu- bzw. Reorganisation sollte in mehreren Arbeitsschritten vorgenommen werden.

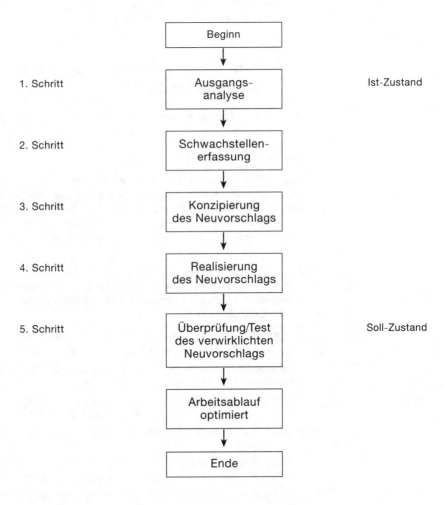

Wurde nach dem 5. Schritt der Arbeitsablauf noch nicht optimiert, beginnt das Verfahren von neuem.

kaufmännische Organisationsbereiche

Die wichtigsten Organisationsbereiche im kaufmännischen Sektor sind
- betriebliches Rechnungswesen (Buchführung und Bilanz, Kostenrechnung und Kalkulation, Statistik)
- Büroorganisation (einschließlich EDV und Telekommunikationstechniken)
- Personalorganisation.

zeitorientierte Ablauforganisation

Diese zeitorientierte Ablauforganisation dient der Koordinierung aufeinanderfolgender Arbeitsgänge. Hierzu bieten sich als Planungsinstrumente das Balkendiagramm und die Netzplantechnik an. (→ Kapitel 2.1.1 „Arbeitsplanung" und 2.1.2 „Planungstechniken").

Sowohl der kaufmännische als auch der technische Organisationsbereich ist ohne Einsatz der EDV und Informationstechniken bzw. -systeme (Telekommunikation) nicht mehr denkbar, da die konjunkturellen Schwankungen, die sich in immer kürzeren Intervallen abwechseln, ein schnelleres Handeln des Handwerksmeisters erfordern. Außerdem vollzieht sich in vielen Branchen ein gravierender Strukturwandel, der ebenfalls zu kurzfristigem, aber überlegtem Reagieren des Betriebsinhabers zwingt.

1.4 Planung der Betriebsstätte und Betriebsausstattung

Bei der Planung der Gesamtstruktur eines Handwerksunternehmens nehmen die Bereiche Betriebsstätte (Werkstatt, Lager, Sozialbereich, Büro- und Verwaltungstrakt) und Betriebsausstattung (Maschinen, Geräte, Werkzeuge etc.) einen vorrangigen Platz ein.

Die Betriebsstättengröße und -ausstattung, die von Anfang an festgelegt werden, bestimmen zumindest für eine absehbare Zeitperiode das Produktions- und/oder Dienstleistungsprogramm eines Betriebes. Daher muß diese Planung zukunftsorientiert, auf Erweiterung ausgerichtet und somit bereits auch auf wirtschaftliche Veränderungen eingestellt sein.

Neben kosten- und erlösorientierten sowie bau- und immissionsschutzrechtlichen Faktoren sind sowohl die technischen als auch die Arbeitsplätze im Büro- und Verwaltungsbereich betriebs- und kostengerecht zu optimieren; ferner ist die Auswahl der Betriebsausstattung bzw. -mittel auf die technischen Erfordernisse abzustimmen.

Insgesamt sind u. a. folgende Kriterien zu beachten:
- bauliche Gestaltung der Betriebsstätte einschließlich der Außenanlagen
- funktionale Eignung der Betriebsausstattung (Maschinenauswahl, Maschinenstellpläne, Störanfälligkeit der Aggregate)
- Qualitätsstandard der Produkte und Dienstleistungen, auch im Hinblick auf Energiebedarf und Ausschuß- und Abfallmengen
- generelle Arbeitsbedingungen, wie Beleuchtung, Klimatisierung, Be- und Entlüftung
- Zustand und Umfang von außer- und innerbetrieblichen Kommunikationsanlagen (Telefon, Telefax, Alarmanlagen, Zeiterfassungsmöglichkeiten)
- Erweiterungsmöglichkeiten zur Sicherung vorhandener und Schaffung neuer Arbeitsplätze
- Durchführung von Rationalisierungsmaßnahmen zur Steigerung der Produktivität und Erhöhung der Rentabilität.

1.4.1 Technischer Arbeitsplatz

Die technischen Mitarbeiter des Handwerksunternehmers können ihre maximale Arbeitsleistung nur dann erbringen, wenn nicht nur geeignete Maschinen, Geräte und Werkzeuge zur Verfügung stehen, sondern auch die technische Ausstattung des Arbeitsplatzes in der Werkstatt bzw. im Dienstleistungsbereich zweckmäßig und funktionsgerecht erfolgt.

Ausgestaltung des Arbeitsplatzes

Hierbei sind Kriterien wie Arbeitshöhe, geeignete Sitzgelegenheit, Übersichtlichkeit, Vorhandensein eines Ablegeplatzes ebenso wichtig wie die An- und Zuordnung von Werkstoffen, technischen Betriebsmitteln und auch von Mitarbeitern.

Beachtung gesetzlicher Vorschriften

Außerdem muß der Arbeitsplatz den Unfallverhütungsvorschriften genauso entsprechen wie denen im Bereich Immissionsschutz. Ferner sind die hygienischen Vorschriften für die Sanitär- und Sozialräume zu beachten. Im Nahrungsmittelhandwerk (Fleischer, Bäcker, Konditoren etc.) sind die Vorschriften für die gesamte Betriebsstätte besonders streng.

Die Anordnung und Beschaffenheit der Betriebsräume haben einen erheblichen Einfluß auf die Leistungsfähigkeit der Mitarbeiter (erhöhte Motivationsbereitschaft) und damit des gesamten Handwerksunternehmens.

Folgende Einflußfaktoren können die Leistungsfähigkeit je nach Einflußgrad bis zur Erkrankung herabsetzen

- Lärm (z. B. Tischlerei)
- Klimatisierung (z. B. Nahrungsmittelhandwerk)
- Beleuchtung (z. B. Druckerei, Goldschmiedewerkstatt)
- Erschütterung (z. B. Baugewerbe)
- Gase, Dämpfe, Stäube, Flüssigkeiten (z. B. Fahrzeuglackiererei).

Die Anforderungen an die Arbeitsstätten und deren Ausstattung sind u. a. in folgenden Gesetzen, Richtlinien und Verordnungen geregelt

- Arbeitsstättenverordnung
- Arbeitsstättenrichtlinien
- Baugesetzbuch
- Baunutzungsverordnung
- Gewerbeordnung
- Technische Anleitung zum Schutz gegen Lärm
- Technische Anleitung „Luft"
- Technische Anleitung „Abfall"
- Bundesimmissionsschutzgesetz
- Gefahrstoffverordnung
- Abfallgesetz
- Wasserhaushaltsgesetz
- DIN- bzw. Normungsvorschriften.

Darüber hinaus gelten die Unfallverhütungsvorschriften der Berufsgenossenschaften.

> Zu diesem Kapitel finden Sie die Aufgaben B 89 – B 108 im Band „Vorbereitung auf die Meisterprüfung – Test- und Übungsaufgaben".

2. Arbeitsorganisation

Lernziele:

Der Lernende kann, nachdem er dieses Kapitel durchgearbeitet hat,
- Teilaufgaben und Ziele der Arbeitsorganisation aufzeigen,
- die vier Stufen der Auftragsabwicklung angeben,
- die Terminplanung als Verfahren der Arbeitssteuerung erläutern und begründen,
- die Aufgaben der Auftragsvorbereitung aufzeigen,
- die Funktion von Formularen in der Arbeitsorganisation erklären,
- mindestens vier „Richtlinien" für ein wirtschaftliches Material- und Lagerwesen formulieren,
- Anforderungen an einen zweckmäßig und funktionsgerecht ausgestatteten technischen Arbeitsplatz begründen,
- Teilfunktionen der Arbeitsverteilung aufzeigen,
- die Bedeutung der Arbeitsüberwachung beschreiben.

Definition Die Arbeitsorganisation umfaßt alle betrieblichen Gestaltungsmaßnahmen, die geeignet sind, die Arbeitsproduktivität zu verbessern und gleichzeitig den Arbeitsablauf, die Arbeitsplätze und die Betriebsstätte menschengerecht zu gestalten sowie die Arbeitssicherheit zu garantieren.

Aufgabenbereiche Die Arbeitsorganisation ist in folgende Teilaufgaben zu untergliedern
- Auftragsabwicklung
- Terminplanung (Grob- und Feinplanung)
- Auftragsvorbereitung
- Formularwesen
- Materialdisposition (Materialplanung, -bestellung, -verwaltung)
- Arbeitsplanung und -überwachung
- Arbeitsplatzgestaltung
- Datenerfassung und -auswertung.

Ziele der Arbeitsorganisation Ziele einer gut organisierten Arbeitsorganisation sind
- Schaffung eines reibungslosen Fertigungs- und/oder Dienstleistungsablaufs
- Erreichung einer optimalen Kapazitätsausnutzung, was zu wettbewerbsfähigen Maschinenstunden- und Stundenverrechnungssätzen führt
- Minimierung der Lagerkosten durch zielgerechte Materialwirtschaft
- lückenlose und verursachungsgerechte Erfassung der Lohn-, Material- und sonstigen Kosten,
- Schaffung von Arbeitszufriedenheit.

2.1 Arbeitsvorbereitung

Die Arbeitsvorbereitung erstreckt sich auf alle betriebstechnischen Maßnahmen, die mit der Organisation des Produktions- und Dienstleistungsprozesses zusammenhängen. Hierbei unterscheidet man

Betriebsorganisation

- Arbeitsplanung
- Arbeitsdurchführung
- Arbeitskontrolle.

Arbeitsvorbereitung Die Arbeitsvorbereitung bezieht sowohl die Mitarbeiter als auch den Auftrag und/oder das Produkt sowie die Betriebsausstattung (Maschinen, Geräte, Werkzeuge etc.) organisatorisch mit ein.

Eine optimierte Arbeitsvorbereitung führt zu(r)
- Einhaltung zugesagter Termine
- Verkürzung der Durchlaufzeiten
- Vermeidung von unproduktiven Leer- und Stillstandszeiten
- auftragsbezogenem Materialdurchfluß
- ausgewogener Kapazitätsbelegung
- Reduzierung der Betriebskosten.

2.1.1 Arbeitsplanung

Arbeitsplan Grundlage der Arbeitsvorbereitung ist der Arbeitsplan. Er gibt vor, wie die Fertigung der Produkte und das Zusammenwirken der Tätigkeiten erfolgen sollen und welche Arbeitszeiten für die einzelnen Arbeitsgänge zur Verfügung stehen.

Die Verfahrensweise ist wiederum abhängig von der Häufigkeit der Wiederholung der einzelnen Arbeitsgänge und davon, ob es sich um Einzel- oder Serienfertigung handelt, wobei erstere im Handwerk dominiert.

Die in der vorbereitenden Arbeitsplanung erstellten Stücklisten und Arbeitsablaufpläne sind für sämtliche Teilbereiche der Auftragsabwicklung zur Verfügung zu halten.

Sie enthalten die auftragsunabhängigen Daten wie Bezeichnung des Teiles, Material, Arbeitsfolgen, Vorgabe- und Durchlaufzeiten und werden bei Auftragsabruf mit den einzelnen und konkretisierten Auftragsdaten wie Auftragsnummer, Menge und Termin ergänzt.

einheitliche Gestaltung der Datenträger und Formulare Diese betrieblichen Datenträger sollten unbedingt einheitlich gestaltet sein und alles enthalten, was zur Terminplanung, Arbeitsverteilung, Arbeitsanweisung, Arbeitsüberwachung sowie Datenerfassung und -auswertung erforderlich ist. Schließlich kann der Verwaltungs- und der Betriebsablauf durch die betriebsgerechte Gestaltung der Formulare und eine günstige Auswahl der angemessenen Datenverarbeitungsmethode beeinflußt werden.

2.1.2 Planungstechniken

Terminabstimmung Der Handwerksunternehmer ist generell an die Einhaltung vielfältiger Termine gebunden
- Beteiligung an Ausschreibungen
- Einhaltung von Lieferterminen
- Durchführung von Werbemaßnahmen
- Fertigstellung des Jahresabschlusses, mit Abgabe der Steuererklärung
- Suche nach qualifizierten Mitarbeitern.

Ein solcher Terminzwang existiert auch bei den intern ablaufenden Produktions- und Dienstleistungsprozessen.

Betriebsorganisation

Aus diesem Grunde ist es unerläßlich, nicht nur die Teiltermine einzuhalten, sondern diese auch, um den Endtermin einhalten zu können, aufeinander abzustimmen (→ Kapitel 2.1.3).

Planungsinstrumente

Für die Arbeitsvorbereitung bieten sich unterschiedliche Planungs-, Steuerungs- und Kontrollinstrumente an, von denen zwei im folgenden dargestellt werden sollen: Balkendiagramm und Netzplantechnik. Deren Anwendung erfordert allerdings die Erledigung von Vorarbeiten

- Zerlegung der Gesamtaufgabe in Teilaufgaben (Vorgänge)
- Festlegung von Zeitvorgaben für die Dauer der einzelnen Vorgänge auf der Basis von Erfahrungswerten
- Bestimmung der Reihenfolge der Teilarbeiten; hierbei muß allerdings bedacht werden, welche Abhängigkeiten bei den Teilarbeiten bestehen und ob nicht einzelne Teilarbeiten im Rahmen von parallelen Arbeitsgängen gleichzeitig ablaufen können.

Aus den Daten des geplanten Vorganges wird eine Vorgangsliste erstellt, die Grundlage der darauf aufbauenden Planungsinstrumente – Balkendiagramm/Netzplan – ist.

Vorgangsliste für den Neubau einer Kfz-Werkstatt

Nr.	Vorgang	Dauer in Wochen	unmittelbarer Vorgänger
1	Erdarbeiten – Fundamentierung	1	–
2	Aufstellung der Fertighalle und Rohbau	9	1
3	Ausmauerung	2	1,2
4	Dachdeckerarbeiten	2	2
5	Elektro-, Sanitär- und Heizungsinstallation	8	2,3
6	Fenster und Türen	1	4,5
7	Innen- und Außenputz	1	6
8	Malerarbeiten	2	6,7
9	Innenausbau, Verkaufs- und Bürobereich	4	6,7,8
10	Einbau der teilerneuerten Werkstatteinrichtung	3	5,6,7
11	Gestaltung des Ersatzteillagers	1	10
12	Außenarbeiten einschließlich Zaun- und Toranlage	3	1,2,11
13	Umzug	2	9,10,11

Beispiel: Ein Kfz-Betrieb, dessen Betriebskapazitäten erweitert werden sollen, muß in ein Gewerbegebiet verlagert werden, da aus bau- und immissionsschutzrechtlichen Gründen einer Betriebserweiterung im Ortskern einer Gemeinde von der Staatlichen Gewerbeaufsicht keine Genehmigung erteilt wird.

Abstimmung der Arbeitsgänge

Nach erteilter Baugenehmigung für den neuen Standort kann mit den Baumaßnahmen begonnen werden. Im einzelnen müssen folgende Arbeitsgänge berücksichtigt werden; die voraussichtliche (geschätzte) Dauer der einzelnen Arbeiten ist in Wocheneinheiten (in Klammern) angegeben: Erdarbeiten und Fundamentierung (1), Aufstellung der Fertighalle – Rohbau – (9), Ausmauerung (2), Dachdeckerarbeiten (2), Elektro-, Sanitär- und Heizungsinstallation (8), Fenster und Türen einsetzen (1), Innen- und Außenputz (1), Malerarbeiten (2), Innenausbau – Verkaufs- und Bürobereich – (4), Einbau der teilerneuerten Werkstatteinrichtung (3), Gestaltung des Ersatzteillagers (1), Außenarbeiten einschließlich Zaun- und Toranlage (3), Umzug (2).

Die in der Vorgangsliste gesammelten und geordneten Daten können dann entweder zu einem Balkendiagramm oder zu einem Netzplan verarbeitet werden.

Balkendiagramm

Eines der gebräuchlichsten Planungsinstrumente ist das von H. L. Gantt entwickelte Balkendiagramm. Dieses besteht aus

- einer Liste der Vorgänge
- einer horizontalen Zeitachse, auf der die Zeiteinheiten (Monate, Wochen, Tage, Stunden) aufgetragen sind
- einem Balken für jeden Vorgang, der in seiner „Länge" die Vorgangsdauer und in seiner „Lage zur Zeitachse" die Vorgangslage im Gesamtablauf bestimmt.

Balkendiagramm von „Gantt"

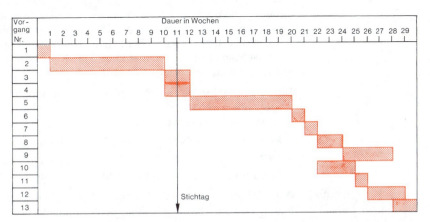

Das Gantt-Diagramm kann zum Steuer- und Kontrollinstrument erweitert werden, indem man den eigentlichen „Balken" in seinen Umrissen zeichnet und ihn dann entsprechend dem Arbeitsfortschritt mit sich deutlich abhebender Farbe markiert.

Vorteile:
Folgende Informationen sind dem Balkendiagramm zu entnehmen

Beurteilungskriterien
- Dauer des Gesamtprojekts und geplanter Fertigstellungstermin
- Anfangs- und Endtermin aller Teilvorgänge
- Durchführung eines Soll-Ist-Vergleichs zu jedem beliebigen Stichtag.

Parallelverlaufende Balken beweisen, daß eine gleichzeitige Verrichtung von Teilarbeiten möglich ist.

Nachteile:
- keine Ausweisung der Abhängigkeit einzelner Teilvorgänge voneinander
- eine Auswertung des Balkendiagramms ohne Vorgangsliste ist nicht möglich.

Zu diesem Kapitel finden Sie die Aufgaben B 89 – B 108 im Band „Vorbereitung auf die Meisterprüfung – Test- und Übungsaufgaben".

Betriebsorganisation

Netzplantechnik

Die Netzplantechnik befaßt sich mit und umfaßt <u>Verfahren zur Planung, Steuerung und Ablaufkontrolle komplexer Projekte</u> mit zahlreichen Teilaufgaben und Arbeitsabläufen, <u>die unter Terminzwängen stehen</u>. <u>Beispiel:</u> Die Verträge mit Käufern und Mietern eines Gewerbehofes mit zweijähriger Bauzeit werden bei Baubeginn fest abgeschlossen. Der Bauherr garantiert feste Einzugstermine.

Werkstattplanung

Zur Durchführung eines solchen Projektes benötigt man ein Planungsverfahren, das die einzelnen Arbeitsgänge und die Zeitpunkte, an denen diese Tätigkeiten beginnen bzw. enden, in ihrer logischen Aufeinanderfolge übersichtlich und eindeutig darstellt. Ferner muß das Verfahren eventuell auftretende Verzögerungen und Engpässe rechtzeitig erkennen lassen. Die Netzplantechnik, die ursprünglich zur Durchführung und Entwicklung von Waffen- und Nachrichtensystemen, zur Planung von Bauvorhaben (Autobahnen, Hotels, Universitäten, Kraftwerken), zur Installation und Programmierung von EDV-Anlagen, zur Wartungs- und Reparaturplanung von Großanlagen (Flughäfen, Raffinerien) und zur Erprobung und Markteinführung neuer Produkte entwickelt wurde, kann auch bei kleineren, aber komplexen Vorhaben im Bereich des Handwerks (z. B. bei der Planung einer neuen Werkstatt) eingesetzt werden. Hierbei existieren einige Softwarepakete, welche auch auf Personalcomputern erfolgreich laufen.

<u>Die bekanntesten Netzplantechniken</u>, auf die jedoch bis auf CPM nicht näher eingegangen werden soll, sind

- CPM (Critical Path Method)
- Pert (Programm Evaluation and Review Technique)
- MPM (Metra Potential Method)
- LESS (Least Cost Estimating and Scheduling).

Planung einer Tischlerei

Die Netzplantechnik sei hier am Beispiel „Bau einer Tischlerei" nach der <u>häufig verwendeten CPM-Methode</u> dargestellt.

Sie vollzieht sich in folgenden Schritten:

1. Schritt: Ermittlung

- aller Teilarbeiten (Vorgänge), die zur Durchführung des Projektes erforderlich sind
- der Reihenfolge, in der die Vorgänge ausgeführt werden müssen
- der Zeit, die für jeden Vorgang benötigt wird
- der Vorgänge, die zeitgleich (parallel) ausgeführt werden können.

2. Schritt: Er umfaßt die <u>grafische Darstellung</u> aller Vorgänge, z. B.

26	31	Der Vorgang beginnt am 26. Tag und endet am 31. Tag.
Dachdeckerarbeiten		Der Vorgang heißt „Dachdeckerarbeiten".
Nr. 5	5 Tage	Der Vorgang hat die Nummer 5 und dauert 5 Tage.

Die Gesamtbauzeit – von Beginn der Erdarbeiten bis zum abgeschlossenen Umzug – dauert 71 Tage. Es ist also möglich, den Einzugstermin zu errechnen, wenn der Tag des Beginns der Baumaßnahme feststeht und wann mit dem Bau begonnen werden muß, damit man an einem feststehenden Termin einziehen kann.

Anwendungskriterien

Die Netzplantechnik ist ein Instrument zur Planung, Überwachung und Steuerung von komplexen Aufgaben und verzweigten Arbeitsabläufen.

Betriebsorganisation

Netzplan zum Bau einer „Tischlerwerkstatt"

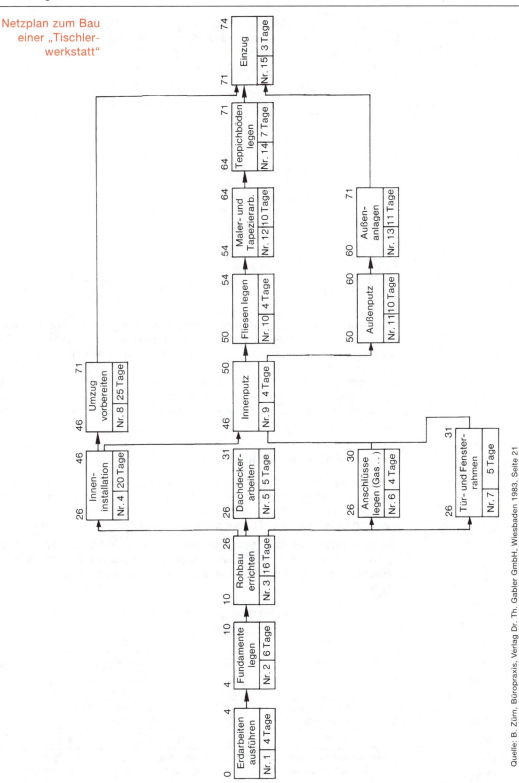

Quelle: B. Zürn, Büropraxis, Verlag Dr. Th. Gabler GmbH, Wiesbaden 1983, Seite 21

Netzplan-Vorgangsliste zum Neubau einer Tischlerei

Nr.	Vorgang	Benötigte Tage
1	Erdarbeiten ausführen	4
2	Fundamente legen	6
3	Rohbau errichten	16
4	Inneninstallation durchführen	20
5	Dachdeckerarbeiten ausführen	5
6	Anschlüsse verlegen	4
7	Fenster- und Türrahmen einbauen	5
8	Umzug vorbereiten	25
9	Innenputz anbringen	4
10	Fliesen legen	4
11	Außenputz anbringen	6
12	Maler- und Tapezierarbeiten durchführen	10
13	Außenanlagen installieren	11
14	Teppichböden legen	7
15	Einzug realisieren	3

Quelle: B. Zürn, Büropraxis, Verlag Dr. Th. Gabler GmbH, Wiesbaden 1983, Seite 20

Grundlagen der Netzplantechnik sind die Gliederung der Gesamtaufgabe in Einzelvorgänge und die logische Verknüpfung dieser Teilaufgaben. Die Darstellung von Abhängigkeiten, Dauer und Terminen der einzelnen Arbeitsgänge ermöglicht eine relativ genaue Vorhersage wichtiger Zwischen- und Endtermine. Zeitliche Engpässe (kritischer Weg) und Pufferzeiten (Spielräume) werden durch die Netzplantechnik aufgezeigt. Dadurch ergeben sich Möglichkeiten, durch Beschleunigung einzelner Teilaufgaben, die Projektdauer zu verkürzen.

2.1.3 Terminplanung

Arbeitssteuerung durch Terminplanung

Die Terminplanung ist ein <u>Verfahren der Arbeitssteuerung</u>. Sie hilft, Durchlauf- und Abstimmungsprobleme zu bewältigen, wobei sich immer wieder Schwierigkeiten ergeben können, da die Grundplanung infolge von Störungen und Umstellungen häufiger geändert und angepaßt werden muß.

Da es fertigungswirtschaftlich von Interesse ist, eine kurze Auftragsdurchlaufzeit zu erreichen, muß der Durchlaufprozeß, beginnend mit dem Auftragseingang und endend mit dem Zahlungseingang, analysiert werden:

Analyse der Durchlaufzeiten

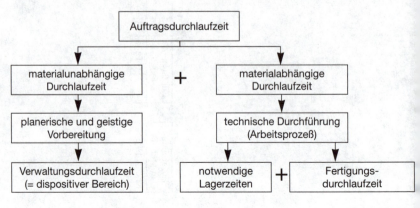

Nach der Analyse der Durchlaufzeiten der einzelnen Aufträge kann mit der eigentlichen Terminplanung begonnen werden. Hierbei werden Grob- und Feinplanung unterschieden.

Grobplanung — Die Grobplanung gibt eine Übersicht über die gesamte Auslastung des Betriebes und erlaubt eine schnelle Ermittlung verbindlicher Lieferzeiten für Angebote bzw. Auftragsbestätigungen unter Berücksichtigung der Kapazitätsauslastung und der Materialsituation. Außerdem erfaßt sie die Durchlaufzeiten aller einzelnen Aufträge und deren einzelne Teilfristen.

Feinplanung — Die Feinplanung ermöglicht die Disposition der Materialien und die Überprüfung von Werkzeugen, Maschinen, Vorrichtungen und letztlich der Mitarbeiter auf ihre Bereitstellung. Unter Berücksichtigung der kürzesten Durchlaufzeiten wird der günstigste zeitliche Ablauf der Aufträge festgelegt; gleiches gilt für die Maschinen- und Arbeitsplatzbelegung. Schließlich erfolgt die Festlegung des Starttermins.

2.1.4 Materialdisposition und Lagerplanung

In Handwerksunternehmen ist die Einzelfertigung vorherrschend. Daher wirken sich die Zeiten für Konstruktion, Auftragsvorbereitung, insbesondere aber für Materialbeschaffung wesentlich auf die Gesamtterminplanung aus.

Während in Betrieben mit Serienfertigung üblicherweise auf Lager produziert wird, muß die auftragsbezogene Einzelfertigung immer im direkten Abstimmungskontakt mit dem Einkauf stehen.

Produktionskostenreduzierung durch optimale Materialwirtschaft — Eine kostengünstige Produktion kann nur dann erreicht werden, wenn das Lagerwesen so ausgestaltet ist, daß trotz relativ geringer Materialbestände eine günstige Lieferbereitschaft erreicht wird. Hierbei spielt ein übersichtlicher Lageraufbau, der einen schnellen Zugriff zu den einzelnen Artikeln ermöglicht, eine dominierende Rolle.

Die Größe des Lagers und die Materialdispositionen hängen ab von
- der Produktions- und Dienstleistungspalette
- der Kundenzahl bzw. den erteilten Betriebsaufträgen
- der laufenden Bestellmenge über den Einkauf bzw. einer denkbaren Eigenproduktion
- dem effektiven Lagerbestand, der sich aus der Differenz von Lagereingang und Lagerabgang ergibt.

laufende Kontrolle des Material- und Lagerbestandes — Über die Einführung von sogenannten „Lager-Dispositionskarten" können jederzeit der verfügbare Bestand, der Mindestbestand und die optimale Bestellmenge als Kriterium für die Nachbestellung abgelesen werden.

eiserner Bestand — In vielen Produktionsbetrieben wird der Arbeitsablauf durch einen sogenannten eisernen Bestand gesichert (→ S. 212).

Belieferungssicherheit durch Lieferantenauswahl — Relativ häufig muß der Handwerksmeister mit wechselnden Lieferzeiten bei den Lieferterminen fertig werden. Er sollte daher bemüht sein, seine Materialien und Waren über zuverlässige und wenn möglich über mehrere Lieferanten zu beziehen, um Korrekturen und Verzögerungen bei der Beschaffung weitgehend zu vermeiden. Je besser die Lieferzeiten abgesichert werden, um so knapper kann der Durchschnittslagerbestand gehalten werden. Alle Materialien und Waren sollten möglichst zentral bestellt werden. Die jeweils notwendigen Material- und Warenbestände sollten ermittelt und konsequent kontrolliert werden.

Betriebsorganisation

Die Mehrfachlagerung von Fertigprodukten, Materialien und Ersatzteilen sollte vermieden werden. Unnötige Lagerstufen führen zu Lagerkostenerhöhungen. Technisch überholte Fertigprodukte und nicht mehr verwertbare Ersatzteile und Materialien sollten regelmäßig ausgesondert bzw. verschrottet werden.

Die Lagerhaltung erreicht ihren maximierten Rationalisierungseffekt, wenn neben den bereits genannten auch die folgenden, meist technischen, Kriterien zusätzlich beachtet werden:

- Nutzung der kompletten Fläche unter Beachtung der Raumhöhe
- Einbau einer zweck- und branchenorientierten Lagereinrichtung
- Schaffung störungsfreier Zugangswege und Durchgänge
- Bereinigung und Reduzierung der Sortimente unter Berücksichtigung von Lagerbestandserfahrungswerten
- Ausrichtung der Lagerbestände nach der A-B-C-Analyse:
  A = große   B = mittlere   C = geringe Umschlagshäufigkeit

Je nach Organisationsgrad und Größe des Betriebes erfolgt die Material- und Lagerkontrolle über EDV. Hierdurch stehen dem Betriebsinhaber und den Mitarbeitern die in der Materialwirtschaft benötigten Daten wesentlich zeitnäher zur Verfügung; ferner erfolgt bei ihnen eine Entlastung von Routinearbeiten, wodurch Zeitreserven aktiviert werden können.

Das EDV-System sollte technisch so ausgestaltet sein, daß von der Materialwirtschaft Schnittstellen nicht nur zur Arbeitsvorbereitung, sondern auch zu den Bereichen Auftragsabwicklung, Fakturierung und Rechnungswesen (einschließlich Finanzbuchhaltung) bestehen.

2.2 Auftragsabwicklung

Nach der schriftlichen oder mündlichen Zusage von Aufträgen (= Auftragsbestätigung) muß die Auftragsabwicklung organisiert werden:
- In welcher Form erfolgt die Auftragsabwicklung?
- Welche Zielsetzungen haben bei der Auftragsabwicklung Vorrang?
- In welchem Umfang ist der Einsatz technischer Hilfsmittel erforderlich?
- Welche Materialdispositionen müssen getroffen werden?
- Welche Kostenvorteile bringt eine gezielte Einkaufspolitik?
- Welche Faktoren beeinflussen die Angebotskalkulation?

Der Auftragsablauf kann durch eine geschickte Aufteilung der Verantwortlichkeitsbereiche auf den Betriebsinhaber, seine Familienangehörigen (oder andere Mitarbeiter) und die Beschäftigten im Dienstleistungs- und/oder Produktionsbereich so organisiert werden, daß die festgelegten Einzelaufgaben bei den einzelnen Auftragsablaufvorgängen erfolgen können.

Stufen der Auftragsabwicklung

Die Auftragsabwicklung erfolgt dann in drei Stufen
- Arbeitsplanung
- Arbeitssteuerung
- Auftragsabrechnung.

Diese drei Bereiche werden in Einzelaufgaben untergliedert, diese wiederum den dafür zuständigen „Personen" im Betrieb als Verantwortlichkeitsbereiche zugeordnet.

2.2.1 Auftragssteuerung

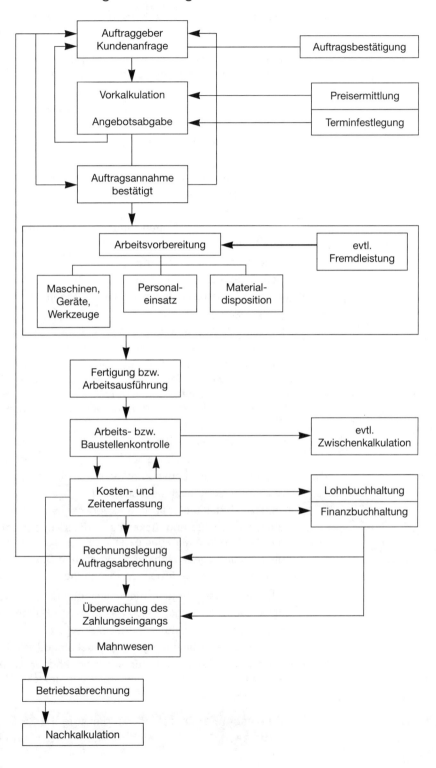

2.2.2 Arbeitsüberwachung und Auftragskontrolle

Kontrolle der Arbeitsabläufe

Erfolg und Effektivität der Arbeitsvorbereitung und der Arbeitssteuerung hängen nicht zuletzt davon ab, wie intensiv und regelmäßig eine Überwachung der einzelnen Produktions- und Dienstleistungsstufen erfolgt. Dies kann mit Formularen geschehen, die als unentbehrliche Organisationshilfsmittel in jedem Handwerksbetrieb branchenspezifisch eingesetzt werden müssen.

Formularumfang

Die Formularmindestausstattung eines Unternehmens sollte in der Arbeitsorganisation folgende Informationsträger umfassen

- Kundenkartei
- Lagerdispositions- und -bereitstellungskarte
- Lieferantenkartei
- Auftragsunterlagen (Angebot, Aufmaßkarte, Leistungsverzeichnis)
- Personaleinsatzplan
- Bestellschein
- Zeitkarte (Tages-, Wochen- und/oder Monatsarbeitszettel)
- Terminplan (-tafel)
- Materialentnahme- und -rückgabeschein
- Betriebsabrechnungsbogen
- Vor-, Zwischen- und Nachkalkulationsformulare.

Diese Formulare übernehmen in der Arbeitsorganisation die Funktion einer Arbeitseinweisung, da durch den Formularaufbau (Reihenfolge der Informationsfelder) die Vorgehensweise bei der Datenerfassung festgelegt ist.

Arbeitsüberwachung

Die erfaßten und kontrollierten Daten werden jedoch nicht nur sachlich geprüft und für die Rechnungslegung erfaßt und vorbereitet, sondern im Rahmen der Arbeitsüberwachung findet ein sogenannter „Soll-Ist-Vergleich" statt. Bei Abweichungen und Störungen kann in den Fertigungsablauf eingegriffen werden.

Eine gut ausgestaltete Arbeitsorganisation ermöglicht

- im technischen Bereich einen reibungslosen Fertigungsablauf
- Arbeits- und Leistungskontrollen durch Standards
- eine optimale Kapazitätsausnutzung
- im Bereich des Material- und Lagerwesens minimierte Lagerkosten
- ordnungsgemäße und lückenlose Erfassung der Lohn-, technischen Betriebsmittel- und Materialkosten
- die Senkung von Maschinenstunden- und Stundenverrechnungssätzen
- eine kontinuierliche Arbeitsüberwachung.

Die beschriebenen Organisationshilfsmittel lassen jederzeit erkennen,

- in welchem Arbeitsgang sich das jeweilige Halbfertigerzeugnis befindet,
- wie weit die Bearbeitung fortgeschritten ist,
- ob sich ein Bearbeitungsgang im Rückstand befindet,
- inwieweit das einzelne Fertigungsprodukt oder die Dienstleistungseinheit von anderen Aufträgen abhängig ist und umgekehrt.

> Zu diesem Kapitel finden Sie die Aufgaben B 89 – B 108 im Band „Vorbereitung auf die Meisterprüfung – Test- und Übungsaufgaben".

3. Büroorganisation

Lernziele:

Der Lernende kann, nachdem er dieses Kapitel durchgearbeitet hat,
- Bestandteile der Büroorganisation benennen,
- die Büroarbeit gliedern,
- Grundzüge der Postbearbeitung aufzeigen,
- Elemente der Textverarbeitung erläutern,
- die Notwendigkeit der Registratur begründen,
- Bestandteile einer betriebsgerechten Registratur angeben.

Bedeutung der Büroorganisation

In vielen Klein- und Mittelbetrieben, zum Teil auch in Großbetrieben des Handwerks wurde bisher der Büroorganisation zu wenig Aufmerksamkeit geschenkt. Der Handwerksmeister ging davon aus, daß die Erträge nicht im Verwaltungsbereich, sondern ausschließlich in der Werkstatt verdient werden können.

Das unternehmerische Bewußtsein ist zwar ausgeprägt, im Dienstleistungs- und Produktionsbereich, soweit realisierbar, alle Rationalisierungsmaßnahmen auszuschöpfen, im kaufmännischen Sektor gibt es dagegen noch große Organisationsdefizite, um die immer mehr steigende Datenflut zu bewältigen.

Die eigentliche Büroarbeit weist als wichtigstes Merkmal die „Bearbeitung von Informationen" auf. Diese erfolgt in Form von

Informations-Aufnahme
- Speicherung
- Verarbeitung
- Weiterleitung.

Durch Verbesserung der Arbeitsabläufe im Verwaltungs- und Bürobereich kommt es zu erheblichen Kostenersparnissen.

Durch die ständig weiter verbesserten Möglichkeiten der automatisierten und elektronischen Datenverarbeitung sowie der Kommunikationstechniken erkennt man jedoch immer mehr, daß der Büro- und Verwaltungsbereich des Handwerksunternehmens kostensparend und effektiver gestaltet werden kann und muß.

Das Büro gilt als der Teil der Betriebsstätte, in dem inner- und außerbetriebliche Informationen zusammenkommen und von den Mitarbeitern im Büro be- und verarbeitet werden müssen.

Kostendruck zwingt zur Rationalisierung

Hierbei helfen zahlreiche technische und organisatorische Hilfsmittel, die Büroarbeit zu erleichtern und rationell zu gestalten. Dies ist besonders wichtig, da von den Büro- und Verwaltungskosten im Handwerksunternehmen ca. 80 % bis 90 % auf Personalkosten entfallen.

3.1 Gliederung der Büroarbeit

Die gesamten Tätigkeiten im Büro können in einzelne Teilarbeiten aufgegliedert werden.

Betriebsorganisation

Büroarbeiten
- Eingangs- und Ausgangspost sowie Mitteilungen lesen
- Bestellungen und Rechnungen schreiben
- den Angebots- und Verkaufspreis errechnen
- der Sekretärin/Stenotypistin direkt oder mit Hilfe eines Diktiergerätes diktieren
- im Rahmen von Telefonaten mit Kunden oder Mitarbeitern anderer Abteilungen sprechen
- Belege und sonstige Schriftstücke ordnen
- mehrfach benötigtes Schriftgut vervielfältigen bzw. kopieren (reproduzieren).

3.2 Technische Hilfsmittel

Einen wesentlichen Bestandteil der Büroorganisation bildet die Ausstattung des Verwaltungsbereichs mit Büromaschinen und Arbeitsmitteln; hierzu gehören

Ausstattung
- Schreibtisch mit ausreichender Arbeitsfläche
- Personalcomputer mit Computermöbeln
- eventuell Schreibmaschinentisch mit elektronischer Schreibmaschine
- (Taschen-)Diktier- und Wiedergabegeräte
- Büroschränke mit Ergänzungsmobiliar
- Tisch- und/oder Taschenrechner.

3.2.1 Postbearbeitung

Der Informationsaustausch mit anderen Unternehmen, Lieferanten, Privatkunden, Kreditinstituten, Behörden und sonstigen Institutionen erfolgt in breitem Umfang auf dem Postweg. Mit Ausnahme von Kleinstunternehmen im Handwerk, in denen die Kommunikation „nebenbei" durch den Inhaber selbst oder seine Ehefrau erledigt wird, existieren in fast allen Handwerksunternehmen ein oder zwei Büroräume (Sekretariat), in denen kaufmännische Mitarbeiter (darunter oft die Ehefrau des Betriebsinhabers) die Büroarbeiten erledigen; dies gilt insbesondere auch für die anfallenden Postarbeiten. Hierzu gehören vorrangig alle Briefsendungen (Briefe, Postkarten, Infopost, Bücher- und Warensendungen sowie Postwurfsendungen).

Posteingang
Die Eingangspost wird – mit Ausnahme von Sonn- und Feiertagen – direkt durch die Postverwaltung zugestellt oder in einem Postfach gelagert; letzteres hat den Vorteil, daß die Eingangspost jederzeit durch den Betriebsinhaber selbst oder einen Mitarbeiter abgeholt werden kann (Postabholung).

Zugestellt werden jedoch in jedem Fall
- Eilzustellungen
- Postzustellungsaufträge
- Postsendungen mit dem Vermerk „eigenhändig"
- telegrafische Post- und Zahlungsanweisungen.

Die Bearbeitung der Eingangspost erfolgt in folgenden Stufen
- Aussortieren von Privatpost, die ungeöffnet dem Mitarbeiter zu übergeben ist, und Irrläufern, die der Postverwaltung zurückgegeben werden müssen,

- Öffnen der Postsendungen
- Prüfen des Inhalts auf Vollständigkeit und Leerkontrolle
- Markieren mit dem Eingangsstempel
- Sortieren des Schriftgutes nach Zuständigkeiten
- Verteilen des Schriftgutes an die betreffenden Abteilungen und/oder die zuständigen Personen.

Schriftgutumlauf

Die Schriftgutverwaltung kann nur wirtschaftlich gestaltet werden, wenn der Schriftgutumlauf reibungslos und rationell erfolgt. Ziel muß es sein, das Schriftgut ohne Zeitverlust an den richtigen Empfänger zu bringen. Dadurch werden die Sach- und Personalkosten reduziert.

Als vorteilhafteste Organisationsform bei Mittel- und Großunternehmen des Handwerks hat sich die Erarbeitung eines „systematischen" Verteilerplanes erwiesen.

Dabei sind folgende Kriterien von Bedeutung
- Menge bzw. Umfang des Schriftgutes
- kurze und störungsfreie Transportwege
- Einhaltung der Raumordnung bzw. Stationen
- arbeitsablauforientierter Personaleinsatz.

Danach kann das gesamte Schriftgut bearbeitet und als Ausgangspost vorbereitet werden. Je nach Zuständigkeiten wird der Inhalt selbst oder über Diktat erstellt, kontrolliert, unterschrieben, gesammelt und als Ausgangspost von der Poststelle (= oft Sekretariat) absendebereit gemacht.

Als technische Arbeitsmittel kommen u. a. Verschließ- und Frankiermaschinen sowie die Porto-Computer-Waage zum Einsatz, die auch als Poststraße kombiniert werden können.

3.2.2 Kommunikationsmittel

Die inner- und außerbetriebliche Kommunikation (→ Kapitel 3.4.1) erfolgt entweder durch persönliche, schriftliche oder fernmündliche Kontaktaufnahme. Da die Tätigkeiten im Büro- oder Verwaltungsbereich dadurch charakterisiert sind, daß Informationen in Form von Zahlen, Texten, Grafiken und anderen Abbildungen registriert, bearbeitet und weitergegeben werden müssen, kommt der technischen Ausgestaltung der Informationswege eine große Bedeutung zu. Der Informationstransport erfolgt mittels Sprach-, Bild-(Grafik-), Text- und Datenübertragung:

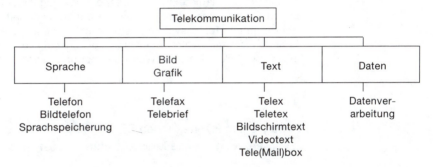

Grundlage dieser Kommunikationsdienste bilden die öffentlichen und privaten Kommunikationsnetze:
- Fernsprechnetz
- Datennetz
- Telexnetz
- Datex-Netze L und P
- ISDN (Integrated Services Digital Network = dienstintegriertes digitales Netz).

Für den Handwerksunternehmer sind jedoch die Bürokommunikationsdienste wichtiger als die „Basis-Netze".

Telefon Das Telefon ist immer noch das verbreitetste Kommunikationsmittel, ohne das kein Betrieb auskommen kann. Die Anwendungspalette reicht von der Anrufbeantwortung über Nebenstellenanlagen – dies bedeutet, daß an eine Telefonzentrale mehrere Telefonapparate (Nebenstellen) angeschlossen werden, wobei die Zentrale selbst mit dem öffentlichen Telefonnetz verbunden ist – bis hin zu Sprechanlagen, bei denen ein unabhängiges Informationssystem innerbetriebliche Rückfragen während eines externen Telefonats zuläßt, dies geht über Einzel- oder auch Sammelruf.

Eine weitere Möglichkeit ergibt sich in Form von Telefonkonferenzen, bei denen maximal zehn Geschäftspartner zusammen geschaltet werden und gleichzeitig miteinander telefonieren können. Die Weiterentwicklung zum Bildtelefon ist zwischenzeitlich technisch grundsätzlich gelöst, wobei dieser Kommunikationsdienst über das ISDN-Netz angeboten wird, hat jedoch im Handwerksbereich, nicht zuletzt wegen noch zu hoher Investitionskosten, noch keine Bedeutung.

Da besonders bei Klein- und Mittelbetrieben des Handwerks der Betriebsinhaber oft durch Kunden- bzw. Baustellenbesuche abwesend ist und er für die Geschäftspartner dennoch erreichbar sein muß, bietet sich ihm als technisches Hilfsmittel der Anrufbeantworter an.

Anrufbeantworter

Dieses Zusatzgerät ermöglicht die Entgegennahme von Nachrichten und damit eine umgehende Reaktion auf Kundenwünsche nach Rückkehr des Betriebsinhabers. Das Einschalten des Anrufbeantworters, der technisch unterschiedlich ausgestattet werden und mehrere Zeitfunktionen beinhalten kann (auch Fernabfrage ist möglich), sollte nur bei Betriebsabwesenheit erfolgen, da die Geschäftsbeziehungen durch direkte Telefonkontakte besser gefestigt werden.

Telex/Teletex Neben dem Telefonnetz bietet die Telekom auch den Fernschreib- (Telex-) und den Teletex-Dienst an. Während der Telex-Bereich aufgrund technischer Weiterentwicklungen (u. a. Telefax) weitgehend rückläufig ist, hat das „Bürofernschreiben" (Teletex) als Korrespondenzmöglichkeit zwischen elektronischen Textsystemen durchaus seine Bedeutung behalten. Hierbei werden zu übertragende Texte systemgerecht erstellt, gespeichert und anschließend über das öffentliche Netz übertragen; gleichzeitig können auch ankommende Texte auf Diskette bis zur Weiterbearbeitung gespeichert werden. Die Tele-

---

Zu diesem Kapitel finden Sie die Aufgaben B 89 – B 108 im Band „Vorbereitung auf die Meisterprüfung – Test- und Übungsaufgaben".

tex-Nutzung bietet sich vor allem dann an, wenn als Endgeräte EDV-Anlagen mit entsprechenden modernen Textprogrammen installiert werden. Teletex ist normalerweise auch kompatibel zu Telex und Btx.

Telefax Als wichtigste kommunikative Neuerung zum Telefonieren hat sich jedoch nicht das Fernschreiben, sondern das „Fernkopieren" = Telefax entwickelt. Hierbei werden Briefe, sonstige Schriftstücke, Dokumente, Konstruktionszeichnungen, Grafiken, Baupläne, Verträge und vieles mehr originalgetreu übertragen. Dies geht bis zur Rechtsverbindlichkeit von Unterschriften.

Technisch erfolgt zunächst eine elektronische Abtastung des Dokuments mittels Photozelle, danach eine Umwandlung der Information in elektrische Signale, schließlich eine Übertragung über das öffentliche Netz der Telekom an das Telefax-Gerät des Empfängers, wo die Informationen in exakten Kopien wieder sichtbar werden.

Moderne Telefax-Geräte können mit kompatibler Fax-Software an Personalcomputer angeschlossen werden, die wiederum als Sende- und Empfangsstationen fungieren. Somit können Fax-Informationen direkt zwischen PCs und Mehrplatzanlagen ausgetauscht werden, wobei Vernetzungen erfolgen.

Durch die Erfindung des Fernkopierens hat im geschäftlichen Bereich das Telegramm seine Bedeutung für die Übermittlung von Informationen weitgehend eingebüßt.

Mailbox/Telebox Unter Tele- oder Mailbox ist ein elektronischer „Briefkasten" zu verstehen, bei dem die gebündelten Nachrichten in einem elektronischen Briefkasten hinterlegt werden. Die zugriffsberechtigten Nutzer können diese Informationen abrufen, wobei der Schutz durch ein Paßwort oder eine Kennummer gewährleistet ist. Teleboxdienste werden sowohl von der Telekom als auch von sonstigen privaten Anbietern bereitgestellt.

Die eigentliche Datenübertragung erfolgt entweder über Telefonnetz mittels eines sogenannten Akustikkopplers oder über das Datex-P-Netz in Verbindung eines Personalcomputers.

Bildschirmtext (Btx) Beim Bildschirmtext handelt es sich um einen Kommunikations- und Informationsdienst, bei dem die Nutzer elektronisch gespeicherte, gleichzeitig textorientierte Informationen abrufen können; außerdem können Mitteilungen an bestimmte Teilnehmer übermittelt werden. Die gesamte Kommunikation erfolgt über das Telefon, ein Btx-fähiges Fernsehgerät oder einen Personalcomputer, die mit einer Btx-Anschlußbox ausgestattet werden.

Obwohl Btx über eine Vielzahl von Schnittstellen zu Telefax, Teletex, Telex oder auch mittels Btx-Karte zum PC verfügt, hat sich dieser Kommunikationsdienst im Bereich des Handwerks – entgegen ursprünglichen Prognosen – kaum durchgesetzt.

City-Ruf City-Ruf ist der regionale Funkrufdienst der Telekom, mit dem neben Funk- bzw. Tonsignalen auch Ziffern und kurze Textpassagen drahtlos auf dem Funkwege weitergegeben werden können. Die Empfänger dieser Nachrichten sind mit Geräten ausgerüstet, die per Rufnummer anwählbar sind. Der City-Ruf ist in Handwerksbetrieben gut einsetzbar. Beispiel: Sollten in einem Betrieb für Versorgungstechnik alle Monteure auf Baustellen im Einsatz sein, so kann bei Eintreffen von einer oder mehreren „Notfall-Meldungen" über City-Ruf die Monteureinteilung und deren Auslastung auf den jeweiligen Baustellen abgefragt und „freie" Monteure auf die Notfall-Einsätze um dirigiert werden.

Der City-Ruf ermöglicht eine integrierte Kommunikation durch Anbindung des Systems z. B. an Telefon, Telefax und die PC-Software. Er bildet ferner eine Ergänzung zu den nationalen „Euromessage"-Diensten (auch „Eurosignal" genannt).

Mobilfunk Im Bereich der mobilen Telefondienste erfolgte eine mehr als dynamische technische Entwicklung, die sich weit in das nächste Jahrtausend erstrecken wird.

Neben dem C-Netz können zwischenzeitlich nicht nur das D-, sondern auch bereits das E-Netz genutzt werden, dessen Netzaufbau Ende 1997 abgeschlossen sein soll. Bei der Auswahl der mobilen Telefone („Handys") und des Netzes sind für den Nutzer folgende Kriterien wichtig:
- häufiger Aufenthalt in ländlichen oder städtischen Bereichen
- Telefonate im In- und Ausland
- häufiger Aufenthalt in den gleichen Regionen
- Telefaxen und Datenübertragung von unterwegs
- Gebühren- und Tarifgestaltung.

Daneben unterscheiden sich je nach C-, D- oder E-Netz die Leistungspaletten noch erheblich, werden jedoch immer weiterentwickelt.

Autotelefon Die häufigste Nutzung des mobilen Funkdienstes erfolgt im Bereich des Autotelefons, das von den Herstellern in vielen, kostenmäßig stark variierenden Ausführungen angeboten wird und vom Handwerksunternehmer sowohl nach Kosten- als auch nach Anwendungsaspekten ausgewählt werden sollte.

Electronic Banking Die Nutzung des elektronischen Bankdienstes gewinnt nicht nur im privaten, sondern zwischenzeitlich auch im gewerblichen Bereich immer mehr Anwender. Der Handwerksunternehmer hat bei allen Einrichtungen der Kreditwirtschaft die Möglichkeit, „Electronic Banking" anzuwenden.

Das neue „Datex-J-Netz", eine Weiterentwicklung des Btx ermöglicht den „Bankdienst rund um die Uhr". Erforderlich hierfür ist der PC mit geeigneter Standard-Software, ein Modem sowie der Datex-J-Anschluß bei der Telekom. Bedingt durch die weiterhin sehr innovative Entwicklung und Schnelligkeit der Produkte wird hier auf weitere Details nicht eingegangen.

3.2.3 EDV im Büro

Die Verarbeitung von Schriftgutinhalten und/bzw. Texten, z. B. von
- Informationsschreiben
- Aktennotizen
- Angeboten
- Auftragsbestätigungen
- Rechnungen und Mahnungen
- Lohn- und Materiallisten
- Lieferscheinen
- Rückfragen
- Bankauszügen
- Gesetzen, Richtlinien, Verordnungen

Betriebsorganisation

nimmt einen immer größer werdenden Arbeitsaufwand an und muß deshalb rationalisiert werden. Im Rahmen der Organisation der Büroarbeit wird dies als Textverarbeitung bezeichnet.

Definition Textverarbeitung

Hierunter versteht man neben dem Entwerfen, Diktieren und Schreiben von Texten auch die Auswahl und Bereitstellung geeigneter technischer Hilfsmittel sowie alle vor- und nachgelagerten Tätigkeiten im Rahmen ihres Einsatzes. Grundlage der Textverarbeitung bilden interne und externe, überwiegend schriftliche Informationen.

Wie die übrigen Bürotätigkeiten sollten auch das Texterstellen, Diktieren und Schreiben wirtschaftlich erfolgen, d. h., die Bearbeitung von Schriftgut sollte nicht von ein und derselben Person erfolgen.

Wirtschaftliche Textverarbeitung

„Selbstschreiben" oder Vorschreiben ist arbeitsaufwendig und daher unwirtschaftlich und sollte vermieden werden.

In Handwerksunternehmen bedient man sich zwar immer noch unterschiedlicher Diktatformen, jedoch hat sich auch hier das Diktat in das (zumeist handliche Taschen-)Diktiergerät durchgesetzt.

Als Tonträger ist überwiegend die Magnetband-Kassette im Einsatz, die vom Verfasser der Sekretärin übergeben und von ihr in das Wiedergabegerät zum Abhören über Kopfhörer eingelegt wird.

Die Vielzahl und die unterschiedlichen Arten von Schriftgut machen es erforderlich, die Textverarbeitung zu rationalisieren; hier muß besonderer Wert auf die Reduzierung der Schreibarbeit gelegt werden. Dies erfolgt durch den immer umfangreicheren und gezielten Einsatz von ausgereiften und vielseitigen Textverarbeitungsprogrammen (Software) über den Personalcomputer.

Bei den zukunftsorientierten Textverarbeitungsprogrammen werden zwar, wie bisher bei Schreibmaschinen, die Texte per Tastatur eingegeben; dieser erscheint aber auf dem Monitor und kann, je nach Bedarf, korrigiert, geändert und formatiert werden. Der Text wird gespeichert und ausgedruckt, dem Verfasser zur Korrektur oder bereits zur Unterschrift vorgelegt. Zu überarbeitende Texte werden zur Korrektur wieder auf dem Monitor angezeigt und geändert, ohne den Gesamttext nochmals schreiben zu müssen.

Ein weiterer Vorteil ergibt sich bei Serien bzw. Schemabriefen. Derselbe Text kann beliebig oft mit gleichem Inhalt verschickt werden, und der Empfänger empfindet ihn als individuelles Schriftgut.

Die Arbeitsersparnis bzw. der Rationalisierungseffekt wird deutlich an folgendem Organigramm:

Zu diesem Kapitel finden Sie die Aufgaben B 89 – B 108 im Band „Vorbereitung auf die Meisterprüfung – Test- und Übungsaufgaben".

Betriebsorganisation

Organigramm für ein starres und ein variables Textsystem

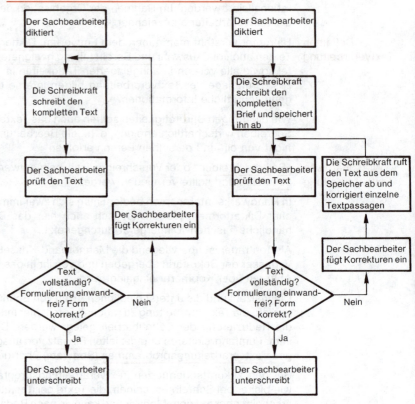

Quelle: O. Bischoff u. E. Zehnpfenning, Betriebsorganisation, Verlag Dr. Max Gehlen, Bad Homburg 1985, Seite 127

3.3 Schriftverkehr und Formulare

Trotz einer Vielzahl technischer Kommunikationsmittel (z. B. Telefon, Telefax, Mailbox etc.) bildet der geschriebene Text (Handnotiz, Vermerk oder Brief) auch zukünftig einen wesentlichen Informationsaustausch.

Viele Schriftgutformen könnten und sollten standardisiert werden, um die Informationsbearbeitung zu verkürzen. Vielfach bieten Vordrucke die Möglichkeit, den Schriftverkehr zu vereinfachen.

Vordrucke als Informationsträger
Unter Vordrucken (Formularen) versteht man nach organisatorischen Gesichtspunkten gestaltete Informationsträger. Beispiele hierfür sind Lieferscheine, Rechnungen, Schecks, Reisekostenabrechnungen, Quittungen, Lagerkarten, Kurzbriefe.

Die Schaffung bzw. Erstellung eines Vordruckes ist immer dann sinnvoll, wenn sich Informationen öfter in gleicher Form wiederholen.

Vorteile von Vordrucksätzen
Werden Informationen in mehreren Betriebsabteilungen benötigt, besteht die Möglichkeit, Vordrucksätze zu entwickeln, die geheftet oder geleimt werden, um zu garantieren, daß die Blätter genau übereinanderliegen und nicht ver-

rutschen können. Statt des früher verwendeten Kohlepapiers wird heute selbstdurchschreibendes Papier verwendet bzw. kann das im Textprogramm gespeicherte Vordruck-Formular beliebig oft ausgedruckt werden.

3.3.1 Geschäftsbriefe

Inhaltliche und formale Ausgestaltung der Geschäftskorrespondenz haben entscheidenden Einfluß auf das entstehende und/oder vorhandene bzw. dauerhafte Erscheinungsbild („Image") des Handwerksunternehmens. Zweckorientiert und optisch vorteilhaft gestaltet, entwickelt sich der Geschäftsbrief im weitesten Sinne zum Werbeträger, stellt also eine Art „Visitenkarte des Betriebes" dar.

Bei der Geschäftskorrespondenz unterscheidet man unter anderem
- allgemeiner Geschäftsbrief
- Kurzmitteilung bzw. -brief
- Antwort- oder Pendelbrief
- Schnellantwort mit Textauswahl
- Schemabrief
- Vordrucke und Formulare.

Beim gesamten Schriftverkehr, ob ausführliche oder kurze Korrespondenz, sollten alle Formulierungen klar, informativ und konkret erfolgen, um dem Empfänger eine kurzzeitige Informationsaufnahme zu ermöglichen.

3.3.2 Formulare

Ein wichtiges Hilfsmittel, organisatorische Schwachstellen im Handwerksbetrieb zu vermeiden, bilden betriebsgerechte standardisierte Informationsträger, in der Praxis „Formulare" genannt. Ein Formular ist ein nach organisatorischen Gesichtspunkten aufbereitetes und gestaltetes Hilfsmittel zur Erfassung von Informationen. Die Güte und Brauchbarkeit eines Formulares ist abhängig von der
- Übersichtlichkeit
- Format bzw. Normgröße
- Papierqualität
- Papierfarbe
- Gebrauchsform.

Anwendung und Einsatz Der Aufbau eines Formulares muß so gestaltet sein, daß möglichst viele Daten aus wenigen Einzelbelegen mit geringem Zeit- und Arbeitsaufwand übernommen werden können. Hierdurch werden Kontrollen auf ein Minimum beschränkt und Fehlerquellen weitgehend ausgeschlossen.

Aus Kostengründen empfiehlt es sich, Formulare bzw. Vordrucke nicht mehr extern drucken zu lassen, da fast alle Textverarbeitungsprogramme die vielfältige Gestaltung von Formularen ermöglichen, die dann beliebig oft ausgedruckt und gegebenenfalls kopiert werden können.

Formulare
- sind dann wirtschaftlich einzusetzen, wenn sich Arbeits- und Schreibvorgänge in gleicher Art häufig wiederholen

- dienen der Vereinheitlichung von Datenaufzeichnungen
- garantieren die vollständige Datenerfassung
- legen über die Anordnung einzelner Datenfelder den Arbeitsablauf fest
- reduzieren die Schreibarbeit auf ein Mindestmaß.

3.4 Informationswesen und Ablage

Bedeutung von Informationen

In jedem Handwerksunternehmen werden tagtäglich auf der Grundlage von Informationen oder intuitiv Entscheidungen gefällt. Um den Unsicherheitsgrad bei diesen für den dauerhaften Bestand des Betriebes wichtigen Entscheidungen möglichst gering zu halten, ist es erforderlich, möglichst viele und umfassende Informationen zu sammeln, auszuwerten und für die betriebliche Praxis umzusetzen. Diese Informationen können schließlich so aufbereitet werden, daß sie in EDV-Anlagen per Tastatur eingegeben, dort gespeichert, verarbeitet und wieder ausgedruckt werden können. Die hieraus entstehenden Daten werden dann mittels persönlicher oder technischer Weitergabe als Entscheidungshilfen eingesetzt.

Neben den elektronischen Speichermöglichkeiten von Daten können Informationen auch manuell abgelagert werden. Dies geschieht abteilungsbezogen im Betrieb durch die Ablage oder gesamtbetriebsbezogen in der Registratur.

3.4.1 Kommunikation im Betrieb

Die Weitergabe von sprachlichen, textlichen, bildlichen und grafischen Informationen im außer- und innerbetrieblichen Bereich nennt man Kommunikation (→ auch Kapitel 3.2.2).

Weitergabe von Informationen

Die Weitergabemengen an Informationen sollen richtig dosiert sein, das heißt

- zu wenig Information führt zu Defiziten
- zuviel Information führt zur Unübersichtlichkeit und
- falsche oder ungenaue Information führt zu Fehlentscheidungen.

Zwar sollte der betriebliche Informationsaustausch, soweit das sinnvoll ist per EDV erfolgen, dennoch kann auf folgende Austauschformen im Handwerk nicht verzichtet werden:

- Mitarbeiterbesprechungen, in denen Betriebsabläufe und/oder -strategien besprochen und beispielsweise Mitarbeiterkonflikte gelöst werden. Hierdurch können auch „Gerüchte", wenn auch nicht ganz vermieden, so doch reduziert werden.

- Rundläufe an Fachliteratur oder sonstigen Fachinformationen, auch allgemeine Hausmitteilungen sind möglich. Die Fachliteratur sollte abteilungsorientiert und fachlich vorselektiert umlaufen.

- Postrundläufe sind besonders gut vorzubereiten, damit längere „Liege-" bzw. Leerzeiten möglichst gar nicht erst entstehen.

3.4.2 Registratur

Die Registratur wird oft als das „Gedächtnis" des Handwerksunternehmens bezeichnet. Daher ist das Einrichten und Anlegen einer betriebsgerechten

Betriebsorganisation

Ordnungsfunktionen der Registratur

Registratur (= Aufbewahrung von Schriftgut) unerläßlich, da sie für drei Bereiche „Ordnungsfunktion" übernimmt
- für den Betrieb
- für den Gesetzgeber
- für das Finanzamt.

Notwendigkeit einer übersichtlichen und geordneten Registratur

Der Ablauf eines „Büro-Arbeitstages" (zum Teil auch in der Werkstatt) in einem Handwerksunternehmen ist gekennzeichnet vom Entstehen zahlreichen Schriftgutes (Briefe, Aktenvermerke, Notizen aller Art, Verträge, Protokolle etc.), das kurzfristig oder für längere Zeit aufbewahrt werden muß. Damit im Betrieb jederzeit ein Rückgriff auf die „gespeicherten" Informationen möglich ist, ist die Einrichtung von Registraturen unverzichtbar.

Darüber hinaus fordert der Gesetzgeber im Handelsgesetzbuch (vgl. § 38 HGB; § 44 HGB) ebenfalls eine übersichtliche und geordnete Verwaltung des Schriftgutes.

Schließlich legt die Finanzverwaltung im Rahmen der Abgabenordnung (vgl. § 162 Abs. 8 AO) gleichfalls Aufbewahrungspflichten für das Schriftgut fest.

Im Büro- und Verwaltungsbereich eines Handwerksunternehmens sollte man sich hinsichtlich des Umfanges des Schriftgutes, das unkontrolliert nur noch „zentnerweise gewogen" werden könnte, nach folgenden Regeln richten

Ablageregeln
- nicht zuviel ablegen
- Doppelablage vermeiden
- auf unnötigen Schriftgutanfall verzichten.

Beherzt man diese „Grundregeln", dann sollte das Schriftgut nach seiner informellen Bedeutung für das Unternehmen selektiert und hinsichtlich der Wertigkeit unter Berücksichtigung folgender Aufbewahrungsfristen abgelegt werden

Wertigkeit	Aufbewahrungsfrist	Ablageform	gesetzliche Vorschrift
„Tageswert" - Prospekte - Wurfsendungen - Einladungen - nicht angeforderte Angebote - Rundschreiben	1–7 Tage; maximal 1 Monat	baldmöglichst vernichten	keine
„Prüfwert" - Angebote - Mahnungen - allgemeiner Schriftwechsel - Preislisten - Bewerbungen	6–12 Monate; z. T. auch kürzer	Loseblatt-Ablage direkt in der Werkstatt oder im Büro	keine
„Gesetzeswert" - Buchungsbelege - Bilanzen mit GuV-Rechnung - Geschäftsbücher - Handelsbriefe - Verträge mit Geschäftspartnern	6–10 Jahre	geheftete Ablage mit gelochten Blättern in Ordnern oder Heftern in geordneter Reihenfolge	§ 38 HGB § 44 HGB § 275 HGB § 162 AO

Betriebsorganisation

Wertigkeit	Aufbewahrungsfrist	Ablageform	gesetzliche Vorschrift
„Dauerwert" - interne Gesellschafterverträge - Patente - Lizenzen - Prozeßunterlagen - Grundstücksdokumente - Bauunterlagen - Betriebs- oder Firmenentwicklung	unbegrenzt und freiwillig	gebundene Ablage, Mikrofilm, Magnetbänder und -platten, Tresorverwahrung	keine freiwillige Aufbewahrung, z. T. über mehrere Generationen bis zur Betriebsaufgabe und darüber hinaus

Die Ablage des Schriftgutes erfolgt üblicherweise in Einzel- oder Sammelakten.
- Einzelakten sind Akten, bei denen die angefallenen Schriftstücke zusammen einen einzigen Vorgang bilden (z. B. Personalakte, Kreditakte) und in einem Schriftgutbehälter aufbewahrt werden.
- Unter Sammelakten versteht man Akten, in denen Schriftstücke gesammelt werden, die mehrere verschiedene Vorgänge umfassen (z. B. Bestellungen, Angebote, Eingangs- und Ausgangsrechnungen). Bei der Bearbeitung wird meistens nicht die gesamte Sammelakte benötigt, sondern lediglich sogenannte „Ordnerauszüge".

Außerdem wird in der täglichen Betriebspraxis die Loseblatt- und die geheftete Ablage unterschieden.

Loseblatt-Ablage   Bei der Loseblatt-Ablage werden Schriftstücke ungelocht lose in einzelne Mappen gelegt unter Verzicht auf ein Ordnungssystem.

geheftete Ablage   Bei der gehefteten Ablage werden gelochte Blätter (Schriftgut) in Ordnern oder Heftern abgelegt, und zwar in geordneter Reihenfolge.

Registraturarten   Je nach Art der Schriftgutbehälter können bei einer betriebsgerechten Registratur folgende Arten unterschieden werden:
- die liegende Registratur (in Heftern oder Mannen bzw. Behältern)
- die stehende Registratur (in Ordnern)
- die vertikal hintereinander hängende Registratur (Hängeregistratur)
- die lateral nebeneinander hängende Registratur (Pendelregistratur)
- Sammlerregistraturen (Hänge- und Pendelsammler).

Registraturkosten   Erwähnt werden müssen auch die Registraturkosten, die im Einzelfall bei den Büro-Verwaltungskosten einen erheblichen Anteil ausmachen. Man unterscheidet
- Raumkosten
- Bearbeitungskosten
- Einrichtungskosten, wie Möbelkosten und Kosten für Registraturbehälter
- Personalkosten, die sich nach der Qualifikation der eingesetzten Mitarbeiter richten (Registraturkraft; Auszubildender).

Betriebsorganisation

Altablage — Der Handwerksunternehmer stellt sich bei der Sichtung von nicht mehr benötigtem Schriftgut oft die Frage: Was geschieht mit den „Altakten", die nicht mehr benötigt werden?

Aussonderung oder Vernichtung? — Bei der Beantwortung bilden hier die Aufbewahrungsfristen und der Datenschutz vorrangige Kriterien. Danach wird entschieden, ob die Altablage

- archiviert (eventuell mit Archivbehältern)
- mikroverfilmt
- vernichtet wird.

Im Falle der Vernichtung kann dies durch betriebsfremde Spezialunternehmen oder durch den Einsatz von betriebseigenen technischen Aktenvernichtern („Reißwolf") geschehen.

Ablage als Informationsfundus — Die Wahl der besonders geeigneten Registraturart wird entscheidend beeinflußt von den Anforderungen, die an die Registratur gestellt werden.

Gut leserliche Schriften und Kennzeichen (Signale) sollten bei der Registratur verwendet werden, um sie nicht nur aussagefähig, sondern auch übersichtlich zu gestalten.

Bei der Aufbewahrung von Schriftgut sind vorrangig die gesetzlichen Aufbewahrungsfristen und der Datenschutz zu beachten.

3.4.3 Karteien

Karteien — Unter einer Kartei versteht man einen Informationsspeicher für den Betrieb. Auf die eingetragenen und gespeicherten Informationen kann jederzeit zurückgegriffen werden, da die Karteikarten systematisch geordnet abgelegt und abgestellt werden.

Je nach Art der gespeicherten Daten unterscheidet man

- Personenkarteien: Kundenkartei, Lieferantenkartei, Mitarbeiterkartei
- Sachkarteien: Waren- und Materialkartei, Anlagenkartei, Rohstoffkartei
- Terminkarteien: Zahlungsterminkartei, Mahnkartei, Lieferterminkartei, Wechselterminkartei, Reparatur- und/oder Wartungsterminkartei.

Die Kartei besteht aus Grundkarten, Leitmitteln und Behälter(n).

Karteikomponenten — Die Grundkarten bestehen aus Kartenleiste, Kartenkopf, Kartenrumpf und Kartenfuß.

Leitmittel dienen zur Unterteilung der Grundkarten in Haupt- und Untergruppen; dadurch wird eine gute Übersichtlichkeit erreicht.

Karteibehälter, die zumeist aus Holz, Metall oder Kunststoff bestehen, erleichtern das Transportieren und Lagern von Karteien und geben den Grund- und Leitkarten einen festen Halt.

In der Praxis unterscheidet man überwiegend Blockkarteien, bei denen die Grundkarten und Leitmittel genau hintereinander hängen oder stehen, wobei die vorderste Karte alle nachfolgenden vollständig verdeckt, und Staffelkarteien, bei denen die Grundkarten und Leitmittel gestaffelt stehen, hängen oder liegen. Hierbei bleibt bei der nachfolgenden Grund- oder Leitkarte jeweils ein Streifen frei.

Kriterien einer aussagefähigen Kartei — Karteien müssen übersichtlich geordnet sein und ständig dem neuesten Stand entsprechen.

Plazierung der Kartei Karteien sollten direkt am Arbeitsplatz untergebracht sein, um unnötige Arbeitswege zu ersparen.

Karteien sollten wenig Platz beanspruchen und in Arbeitshöhe angebracht sein.

Der Platzbedarf einer Kartei ist abhängig vom Format und der Papierstärke der Karteikarten sowie der Art der Kartei.

Die Steilkartei ordnet die Karten als geschlossenen Block hintereinander.

Die Staffelkartei ordnet schuppenförmig die Karten hintereinander, wobei ein Sichtrand einzusehen ist, der mit Ordnungsmerkmalen versehen ist und wichtige Informationen freigibt.

Block- und Breitstaffelkarteien sind in der Praxis am häufigsten vorzufinden.

3.5 Organisationshilfsmittel

Planungshilfen Dem Handwerksunternehmer stehen zur Durchführung und Unterstützung der Organisation eine Vielzahl von Hilfsmitteln zur Verfügung:
- Terminkalender bzw. -planer
- Tage- bzw. Notizbuch
- Planungsbögen bzw. -tafeln
- Checklisten
- Urlaubsübersichten/Ferientermine
- Telefonregister
- Adresskarteien
- Messetermine
- Datenbanken
- Taschenrechner
- Notebooks
- Laptops.

Die meisten dieser (Zeit-)Planungshilfen sind computerunterstützt erhältlich und führen den Betriebsinhaber zum „mobilen Büro".

3.6 Rationalisierung, Mechanisierung und Automatisierung

Rationalisierung Ziel der Betriebsführung des Unternehmens ist die Erreichung einer hohen Mechanisierungs- und Automatisierungsstufe, die zu einer optimalen, kostengünstigen Rationalisierung führen kann. Diese kann entweder erreicht werden, indem mit bestimmten Mitteln (Maschinen, Personal, Werk- und Betriebsstoffen) der größte Nutzen (Gewinn) = „Maximalprinzip" oder mit dem geringsten Mitteleinsatz ein bestimmter Nutzen (Gewinn) = „Minimalprinzip" erreicht wird.

Rationalisierungseffekte sind mit unterschiedlicher Gradität und Intensität in allen betrieblichen Bereichen (Produktion, Dienstleistung, Verwaltung, Vertrieb u. a.) unter der Voraussetzung sorgfältiger Planung und Organisation zu erzielen. Hierbei helfen u. a. die Verbände zur Erzielung von Rationalisierungserfolgen.

Betriebsorganisation

3.6.1 REFA und RKW

REFA (Verband für Arbeitsstudien und Betriebsorganisation e. V.)

Er wurde in den 20er Jahren als „Reichsausschuß für Arbeitsstudien" gegründet und befaßte sich primär mit der Zeitwirtschaft (Vorgabezeiten). REFA-Fachleute wurden deshalb häufig mit der Stoppuhr in Betrieben gesehen und führten Arbeitszeitstudien durch.

Diese Arbeiten erfolgen auch heute noch, aber REFA befaßt sich außerdem mit folgenden Themen:
- Ergonomie (Arbeitsplatzgestaltung)
- Aufbau-/Ablauforganisation
- Motivationslehre
- Arbeitsrecht
- Kostenrechnung
- Wertanalyse.

RKW (Rationalisierungskuratorium der Deutschen Wirtschaft e. V.)

Das RKW hat seinen Sitz in Eschborn bei Frankfurt (Main) mit Zweigstellen in den jeweiligen Bundesländern.

Es beschäftigt sich mit Rationalisierungsaufgaben, nimmt aber auch Beratungsaufgaben in der gewerblichen Wirtschaft wahr.

3.6.2 Technologien

Neue Technologien (Innovationen) und ihre sinnvolle Anwendung im gewerblichen Bereich des Handwerks und der Industrie garantieren deren dauerhafte Wettbewerbsfähigkeit. Grundvoraussetzung ist jedoch, daß im lohnintensiven Handwerk die Betriebsabläufe besonders gut rationalisiert werden können, speziell auch durch neue technologische Verfahren. Hierbei werden Betriebsabläufe durch verbesserte Maschinen, Vorrichtungen, Werkzeuge etc. „optimiert" und die Produkt- und Dienstleistungspalette erweitert.

3.6.3 Technologie-Transfer-Ring

TTH Der Technologie-Transfer-Ring Handwerk NRW (TTH) ist eine Arbeitsgemeinschaft von Technologieberatern aus nordrhein-westfälischen Handwerksorganisationen und ihnen nahestehenden Einrichtungen. Er verfolgt das Ziel, das technologische Niveau der Handwerksunternehmen Nordrhein-Westfalens durch Information, Betreuung und Weiterbildung fortwährend anzuheben. Die dreizehn zum Transfer-Ring gehörenden Transferstellen sind über ganz Nordrhein-Westfalen verteilt. Das erleichtert den Kontakt zu den Handwerksbetrieben. Die Leitung liegt bei der Landes-Gewerbeförderungsstelle des nordrheinwestfälischen Handwerks e. V., Düsseldorf.

Zu diesem Kapitel finden Sie die Aufgaben B 89 – B 108 im Band „Vorbereitung auf die Meisterprüfung – Test- und Übungsaufgaben".

Betriebsorganisation

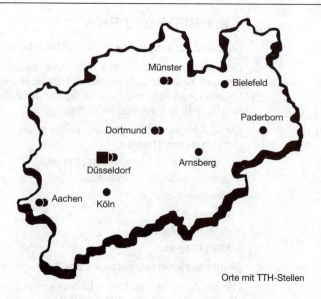

Orte mit TTH-Stellen

vielfältige Leistungen Im einzelnen erstreckt sich die Arbeits- und Leistungspalette des TTH-Ringes auf

- Recherchen (Literatur, Patente, Normen und Richtlinien)
- Beantragung von Finanzierungshilfen (NRW-, Bundes- und EU-Programme im Bereich der Innovation)
- Vermarktung der Neuentwicklungen (Messen, Preisausschreiben, Medien)
- Herstellung von Hochschulkontakten
- Durchführung von Laborprüfungen (bei Schadensuntersuchungen und Qualitätskontrollen)
- Veranstaltung von Seminaren und Lehrgängen (Roboter-, Laser- und Klebstofftechnik, computergestützte Fertigungsverfahren → Kapitel 3.6.4).

3.6.4 C-Technologien

Nachfolgend aufgeführte computergestützte Technologien haben vorwiegend in metall- und holzverarbeitenden Betrieben des Handwerks den „Durchbruch" geschafft und ermöglichen qualitativ hochwertigste Produkte. Im einzelnen sind das

CNC CNC – Computer Numeric Control
Bei dieser programmgesteuerten Maschine bzw. Anlage wird das Programm in den „Rechner" der Maschine/Anlage eingelesen und bearbeitet. Die zentrale Steuerung der Maschine von einem Leitstand aus nennt man DNC (Direct Numeric Control).

CAD CAD – Computer Aided Design
Hier wird eine Zeichnung oder ein Schaltplan am PC erstellt. Hierbei ergeben sich in der Bearbeitung folgende Vorteile:

- Zeichnungen und Pläne lassen sich schnell und sauber ändern.
- Zeichnungen und Pläne werden schnell „aufgefunden" und können wieder abgelegt werden.

- Es erfolgt eine papierlose Bearbeitung.
- Die Archivierung (Ablage) wird kompakter.

CAM – Computer Aided Manufacturing

Hier wird eine über CAD gestaltete Neuentwicklung auf einen maschinenlesbaren Datenträger abgespeichert und danach als Programm in den Rechner einer CNC-Maschine „eingespeist". Auf dieser Basis erfolgt der Ablauf der Arbeitsschritte in der geplanten Produktpalette.

CAQ – Computer Aided Quality Assurance

Hierbei handelt es sich um die Installation eines computerunterstützten Qualitätsmanagementsystems.

CIM – Computer Integrated Manufacturing

CIM stellt den Ablauf eines Fertigungsprozesses von der Materialplanung und -beschaffung über die Fertigung oder Montage bis hin zum Versand (bzw. Schlußlagerung) über einen zentralen Leitstand dar. Hierbei ist die PPS (= Produktions-, Planungs- und Steuerungssystem) für Material und Personal integriert. CIM bedeutet eine Ergänzung von CAD und CAM durch CAQ.

Bereits in weniger als fünf Jahren wird ab dem Jahr 2000 der Wettbewerbsdruck für die mittelständischen Handwerksunternehmen (z. T. Zulieferbetriebe) noch mehr zunehmen, als dies bereits nach der Öffnung der EU-Grenzen und der EU-Erweiterung seit 1992 bzw. 1995 der Fall ist. Daher wird in vielen Handwerksbranchen (u. a. Maschinen- und Werkzeugbau, Holzverarbeitung, Kfz-Bereich, Elektrotechnik und Elektronik) das Fortbestehen weitgehend von der innovativen Bereitschaft des Unternehmers abhängen, sich den technologischen Entwicklungen anzupassen und seinen technisch-fachlichen Horizont ebenso zu erweitern wie den kaufmännisch-unternehmerischen.

Zu diesem Kapitel finden Sie die Aufgaben B 89 – B 108 im Band „Vorbereitung auf die Meisterprüfung – Test- und Übungsaufgaben".

Elektronische Datenverarbeitung

1. Einleitung

Lernziele:

Der Lernende kann, nachdem er dieses Kapitel durchgearbeitet hat,
- die Vorteile der Verarbeitung routinemäßiger Aufgaben durch den Computer aufzeigen,
- die Einsatzgebiete der EDV nennen.

1.1 Vorteile der EDV

Der Einsatz der EDV (Elektronische Datenverarbeitung) ist für viele Handwerksbetriebe bereits eine Selbstverständlichkeit.

Zahlreiche Vorteile sind damit verbunden:

Vorteile der EDV-Anwendung

- Größere Datenmengen können in einer kurzen Zeit bearbeitet werden (z. B. Aktualisierung von Materialpreisen).

- Durch die Übertragung monotoner Routinearbeiten an das EDV-System können Fehler ausgeschaltet werden (z. B. Schreiben immer wiederkehrender Texte).

- Arbeitsvorgänge, wie z. B. die Auftragsbearbeitung, können straffer und rationeller abgewickelt werden.

- Qualifizierte Daten für die unternehmerischen Entscheidungen bei der Arbeitsvorbereitung, Vor- und Nachkalkulation können rasch beschafft und verarbeitet werden.

In Handwerksbetrieben kann die EDV für folgende arbeitsaufwendige Aufgaben sinnvoll eingesetzt werden:

Einsatzgebiete im Handwerk

Allgemeine Aufgaben
- Textverarbeitung
- Adreßverwaltung der Kunden und Lieferanten

Kaufmännische Aufgaben
- FIBU (Finanzbuchhaltung)
- Lohn- und Gehaltsabrechnung
- BEBU (Betriebsbuchhaltung)

Auftragswesen
- Kalkulation
- Angebotserstellung
- Auftragsbestätigung
- Arbeitsvorbereitung
- Aufmaßerfassung
- Fakturierung
- Soll-Ist-Vergleich

- Nachkalkulation
- Lagerverwaltung und Materialwirtschaft.

Technische Aufgaben
- Dokumentation (Schaltpläne, technische Beschreibung)
- Wärmebedarfsberechnung
- Energieverbrauchsoptimierung.

Im Bereich der Leistungserstellung werden EDV-Systeme zur Zeit nur in der Konstruktion (CAD = Computer Aided Design) und bei Bearbeitungsvorgängen wie Drehen, Bohren und Fräsen (CNC = Computer Numeric Control) wirtschaftlich eingesetzt.

Trotz der oben genannten Vorteile sind Handwerksunternehmer beim Einsatz von EDV-Systemen noch sehr zurückhaltend, da in der Vergangenheit auch schlechte Erfahrungen mit dem Einsatz der EDV gemacht wurden. Die Ursachen können zum einen in übertriebenen Versprechungen der Computeranbieter liegen, zum anderen aber auch häufig in einer Fehleinschätzung der Möglichkeiten für die eigene Anwendung und vor allem in der unzureichenden Vorbereitung der EDV-Einführung seitens des Betriebes.

1.2 Einführung der EDV

Die EDV-Einführung ist keinesfalls ein Buch mit sieben Siegeln. Sie muß nur planvoll und systematisch durchgeführt werden (→ Abb. 1).

Einführung der EDV schrittweise planen

Zu einer optimalen Einführung eines EDV-Systems muß der Handwerksmeister folgende Schritte einhalten:

- Informationsbeschaffung über Arbeitsweise und Möglichkeiten heutiger EDV-Systeme
  Grundwissen über Daten und ihre Verarbeitung durch die EDV erarbeiten.

- Betriebsanalyse
  Beurteilen, welche Aufgaben sich mit dem Computer sinnvoll lösen lassen.

- Erstellen eines Pflichtenheftes
  Darin sind die Anforderungen an das EDV-System zu formulieren, damit die EDV-Anbieter erkennen können, welche Komponenten sie anbieten sollen.

- Auswahl eines EDV-Systems
  Die Leistungsfähigkeit der verschiedenen Lösungen (bis zu 40 Lösungen für eine Branche) beurteilen und das für den eigenen Betrieb geeignete System auswählen. In dieser Phase werden die im Pflichtenheft festgelegten Anforderungen mit den angebotenen Lösungen verglichen.

- Inbetriebnahme
  Die vorhandene Betriebsorganisation wird in die EDV-Organisation überführt.

Zu diesem Kapitel finden Sie die Aufgaben B 109 – B 118 im Band „Vorbereitung auf die Meisterprüfung – Test- und Übungsaufgaben".

Elektronische Datenverarbeitung

Ablaufschema

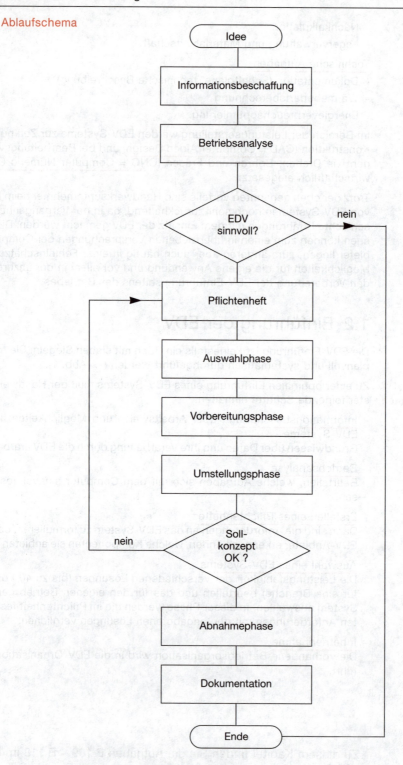

Abb. 1: Ablaufschema der EDV-Einführung

Elektronische Datenverarbeitung

Informationsbeschaffung und Auswertung

Für die Informationsbeschaffung stehen je nach Bedarf die verschiedensten Quellen zur Verfügung:

Informationsbedarf	Informationsquelle
EDV-Grundlagenwissen	Fachbücher Kurse der Handwerksorganisation
Branchenlösungen	Messen und Ausstellungen Unternehmensberatung der Handwerkskammern und Fachverbände
Lösungen bestimmter Fragen	Anbieterangebote, Anzeigen Unternehmensberatung der Handwerkskammern und Fachverbände
Marktneuheiten	Fachzeitschriften, EDV-Fachmessen

Damit die Informationsgewinnung bei einer Messe optimal ist, muß der Messebesucher sich gut vorbereiten. Eine Liste mit den Systemen, die man sehen will, den Personen, die man sprechen möchte, und den Fragen, die man stellen will, ist hilfreich. EDV-Fachmessen sind nur für EDV-Spezialisten. Wer sich als solcher fühlt, kann eine solche Messe besuchen.

Zu diesem Kapitel finden Sie die Aufgaben B 109 – B 118 im Band „Vorbereitung auf die Meisterprüfung – Test- und Übungsaufgaben".

Elektronische Datenverarbeitung

2. Datenverarbeitung

Lernziele:
Der Lernende kann, nachdem er dieses Kapitel durchgearbeitet hat,
- die Begriffe Hard- und Software erläutern,
- die wichtigsten Bestandteile eines PC angeben,
- die wichtigsten Kenngrößen der Zentraleinheit nennen,
- Systemsoftware und Anwendersoftware unterscheiden.

Hardware/Software

Zur Verarbeitung der betrieblichen Daten werden Geräte und Programme (Verarbeitungsvorschriften) benötigt. Die Gesamtheit aller Geräte, die zur Verarbeitung der Daten benötigt werden, bezeichnet man als Hardware. Die Gesamtheit aller Programme, die benötigt werden, damit die Geräte die Daten verarbeiten können, bezeichnet man als Software.

2.1 Hardware

Bestandteile des Computersystems

Folgende Geräte werden im allgemeinen für die Verarbeitung von Daten in einem Handwerksbetrieb benötigt:

- Dateneingabegeräte wie z. B. Tastatur, Maus, Joystick, Uhr (in Verbindung mit der Betriebsdatenerfassung BDE), Magnetkartenleser, Telefon
- Datenverarbeitungsgeräte, bestehend aus dem Hauptspeicher und aus dem Zentralprozessor (Rechenwerk und Steuerwerk)
- Ausgabegeräte wie z. B. Bildschirm, Drucker, Zeichengerät (Plotter), Telefon
- externe Speicher wie z. B. Festplatten- und Diskettenlaufwerke, Streamer
- Geräte für die Datenübertragung und die Datenfernverarbeitung (Modem)
- Netzwerke; Geräte zur Verbindung von mehreren EDV-Systemen miteinander.

Zentraleinheit und Hauptspeicher

Bei der Verarbeitung der Daten spielt die Zentraleinheit (wird auch CPU – Central Processing Unit – genannt) eine wichtige Rolle (→ Abb. 2). Daten und Programme gelangen durch die Eingabe, z. B. über die Tastatur, in den Hauptspeicher. Das Steuerwerk (in der CPU) liest die Programmbefehle aus dem Speicher und veranlaßt das Rechenwerk (in der CPU), die Daten aus dem Hauptspeicher zu holen und zu verarbeiten (Addieren, Subtrahieren, Multiplizieren, Dividieren). Die Ergebnisse der Rechenoperationen schreibt das Rechenwerk auf Veranlassung des Steuerwerkes wieder in den Speicher. Von dort können die Ergebnisse, z. B. auf dem Bildschirm, ausgegeben werden.

Die wichtigsten Kenngrößen der Zentraleinheit sind:

Kenngrößen der Zentraleinheit

- Kapazität des Hauptspeichers
  Die Kapazität drückt die Menge der Daten aus, die in den Hauptspeicher aufgenommen und dort unmittelbar verarbeitet werden können. Daten bestehen aus Zeichen (Buchstaben, Ziffern und Sonderzeichen), die nach

einer vorgegebenen Ordnung zusammengesetzt sind. Ein Zeichen wird in der EDV „Byte" genannt. Die Speicherkapazität wird mit Kilobyte (KB) oder Megabyte angegeben.

- Geschwindigkeit, mit der die Daten in der Zentraleinheit (CPU) verarbeitet werden
  Die Verarbeitungsgeschwindigkeit hängt von sehr vielen Faktoren ab. Entscheidend ist die Anzahl der Rechenoperationen, die in einer Sekunde durchgeführt werden. Häufig wird die Verarbeitungsgeschwindigkeit mit MIPS (Millionen Instruktionen pro Sekunde) angegeben.

Die in einem Handwerksbetrieb benötigten EDV-Systeme müssen bezüglich ihrer Geschwindigkeit und Speicherkapazität bestimmte Anforderungen erfüllen. Diese sind in der Regel durch die Personalcomputer (PC) ausreichend gegeben.

Konfigurationsbeispiel

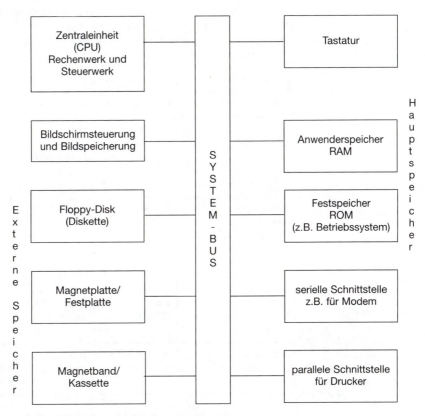

Abb. 2: Konfigurationsbeispiel eines Personalcomputers

Über den System-Bus werden Daten und Signale zwischen den einzelnen Komponenten des PC transportiert. Seine Verarbeitungsgeschwindigkeit (Anzahl der Bytes pro Sekunde) ist maßgebend für die Geschwindigkeit des Gesamtsystems.

Elektronische Datenverarbeitung

einplatz-/mehrplatzfähige PC

Ein Personalcomputer ist ein Einplatz-Computer. Er eignet sich also nicht dazu, daß z. B. im Lager Materialzugang und -abgang in der Artikelstammdatei gebucht werden, während im Büro die Preise derselben Artikel in derselben Artikelstammdatei verändert werden sollen. Die Zentraleinheit des PC kann nicht Daten von mehreren Tastaturen entgegennehmen. Ebensowenig kann sie Daten an mehrere Bildschirme ausgeben. Wünscht man eine solche Konfiguration, so sind hierfür zur Zeit zwei Lösungen möglich:

Die erste Möglichkeit besteht darin, daß man mehrere Rechner über ein Rechnernetz miteinander verbindet. Dieses besteht aus Netzwerkkarten, einem zentralen Rechner (Server) für die Verwaltung der Daten und Geräte und einer Netzwerksoftware.

Die zweite Lösung besteht im Einsatz eines Mehrplatz-Rechners, der zu der Klasse der Minirechner gehört (→ Abb. 3). Bei einem Minirechner können bis zu 32 Bildschirme an eine Zentraleinheit angeschlossen werden. Außerdem steigen bei bestimmten Anwendungen im Handwerk die Anforderungen an das EDV-System bezüglich Rechengeschwindigkeit, Speicherkapazität und Geschwindigkeit der Datentransporte über den Bus, so daß Personalcomputer sich für die Verarbeitung der Daten nicht eignen. Ein Rechner aus der Klasse der Minirechner erfüllt dann in der Regel diese Anforderungen.

Klasse	Eigenschaften		
	Hauptspeicher	Anschlußmöglichkeit für Eingabe-/Ausgabegeräte	Anwendungsbereiche
Universalrechner	bis zu 256 MB	unbegrenzt vielfältig	kaufmännischer, technisch-wissenschaftlicher Bereich größere Anwendungen
Minirechner	bis 32 MB	relativ vielfältig	mittlere Unternehmen, Prozeßautomation
Personalcomputer	4 – 64 KB	relativ begrenzt	mittlere und kleine Unternehmen, Privatbereich

Abb. 3: Kenngrößen und Klassen von Computern
(Die angegebenen technischen Daten sind aktuell zum Zeitpunkt der Drucklegung.)

Zu diesem Kapitel finden Sie die Aufgaben B 109 – B 118 im Band „Vorbereitung auf die Meisterprüfung – Test- und Übungsaufgaben".

2.2 Software

Die Hardware ist nur arbeitsfähig in Verbindung mit einem Programm – Software –. Ein EDV-System ist z. B. für die Auftragsbearbeitung geeignet, wenn zu der PC-Hardware die Software für die Auftragsbearbeitung installiert ist. Will man den gleichen PC für die Finanzbuchhaltung einsetzen, so muß auch dafür die entsprechende Software installiert werden.

Die Software eines EDV-Systems läßt sich in zwei Bereiche gliedern: die System- und die Anwendersoftware.

2.2.1 Systemsoftware

Betriebssystem

Die Programme des Betriebssystems haben die Aufgabe, insbesondere den inneren Ablauf und die Zusammenarbeit aller Geräte der EDV zu steuern und zu überwachen. Von den Fähigkeiten des Betriebssystems hängt die Qualität der EDV-Anlage ab.

Als fester Bestandteil wird das Betriebssystem vom Hersteller auf Disketten mitgeliefert, oder es ist auf der Magnetplatte installiert. Das Betriebssystem in der Klasse der PC ist weitgehend standardisiert. Es kann also auf die Hardware verschiedener Hersteller installiert werden. Die Austauschbarkeit der Hard- und Software verschiedener Hersteller untereinander bezeichnet man mit Kompatibilität (Industriestandard = IBM-kompatibel).

Zur Zeit wird das Betriebssystem MS-DOS (eingetragenes Warenzeichen) als Standard akzeptiert. Die Abkürzung MS steht für Microsoft als Hersteller. Die Abkürzung DOS (Disc Operating System) besagt, daß sich während der Betriebszeit des Computers das Betriebssystem auf einem externen Speicher befindet.

Nur die benötigten Komponenten werden in den Hauptspeicher gebracht. Der Entwicklungsstand des Betriebssystems ist durch die Angabe der Versionsnummer gekennzeichnet, z. B. MS-DOS 6.0. Weitere Standardbetriebssysteme sind OS 2 und UNIX.

Dienst- und Hilfsprogramme

Dienst- und Hilfsprogramme sind Programme, die die Leistungsfähigkeit des Betriebssystems ergänzen und verbessern, z. B. zur Datensicherung und zum Kopieren von Dateien.

Programmiersprachen

Programmiersprachen erlauben die Formulierung der Verarbeitungsvorschriften in einer für den Menschen verständlichen Form. Mit Hilfe von Übersetzungsprogrammen (compiler) werden die Verarbeitungsvorschriften für die Hardware umgesetzt. Übliche Sprachen für Anwenderprogramme sind COBOL, Pascal, BASIC und die Sprache C. Der Benutzer eines EDV-Systems muß keine Programmiersprache beherrschen.

Netzwerksoftware

Bei der lokalen Vernetzung von mehreren Rechnern wird eine Netzwerksoftware benötigt, die mehreren Benutzern ermöglicht, mit einem Programm zu arbeiten und unabhängig voneinander auf die Stammdatenbanken zuzugreifen.

Software für Datenfernverarbeitung

Software für die Datenfernverarbeitung ermöglicht dem Benutzer eines EDV-Systems, seine Daten über die Telefon- oder Datenleitung in einem fernen Rechner zu verarbeiten.

2.2.2 Anwendersoftware

Standardsoftware Programme, die von vielen Benutzern in gleicher Weise und in verschiedenen Wirtschaftssektoren eingesetzt werden, bezeichnet man als Standardsoftware, z. B. Programme für die Finanzbuchhaltung, Lohnbuchhaltung und Textverarbeitung.

Branchenprogramme Branchenprogramme sind speziell für eine bestimmte Branche, z. B. für das Baugewerbe oder den Elektroinstallationsbetrieb, geschrieben. Sie berücksichtigen die besonderen Datenverarbeitungsaufgaben der Branche (z. B. Aufmaßerfassung).

Branchenprogramme bestehen in der Regel aus mehreren Modulen, so daß man zunächst die benötigten Teile erwerben und später das Programm schrittweise erweitern kann.

individuelle Anwenderprogramme Individuelle Anwenderprogramme: Für bestimmte Anwendungen ist es gelegentlich erforderlich, individuelle Anpassungen an der Branchensoftware vorzunehmen. Wenn dieser Schritt nicht ausreicht, so ist die Entwicklung einer individuellen Software nötig. Die Programmentwicklung sollte auf jeden Fall von einem Programmierer und nicht vom Anwender in Angriff genommen werden.

2.3 Zusammenwirken von Hard- und Software

Für den Benutzer erscheint das EDV-System als eine Einheit, das seine betrieblichen Daten so verarbeitet, daß der gewünschte Effekt an Arbeitserleichterung, Verbesserung der Arbeitsqualität und Steigerung der Transparenz eintritt. In Wirklichkeit besteht das EDV-System aus mehreren Schalen (→ Abb. 4), von denen der Benutzer nur die oberste Schale, nämlich seine individuelle Anwendung, sieht. Zur Erledigung einer Benutzeraufgabe, wie z. B. der Anzeige des Preises eines bestimmten Artikels, müssen alle Schalen, von der individuellen Anwendung bis zur Hardware und zurück, mehrmals durchlaufen werden.

Daß das EDV-System aus Hard- und Software besteht und diese wiederum in zahlreiche Komponenten zerfallen, mag den Benutzer auf Anhieb nicht interessieren. Wenn er aber im Fehlerfall die Ursachen angeben will, ist eine genauere Kenntnis der installierten Hard- und Softwarekomponenten und deren Beschaffenheit von Nutzen. Dieses Wissen ist darüber hinaus notwendig, wenn es um die Erweiterung des EDV-Systems durch andere Hard- und Softwarekomponenten geht.

Fehler der Hard- und Software Die Lokalisierung von Fehlern ist für einen nicht EDV-Geübten schwierig. Fehler in der Hardware sind relativ selten, wenn man bei Erwerb der Hardware auch auf die Qualität und weniger auf den Preis achtet. Fehler in der Software sind relativ häufig, wenn das Programm nicht ausreichend getestet ist bzw. nicht oft genug verkauft wurde. Diese Fehler können nur vom Programmentwickler behoben werden. Ihre Anzahl nimmt im Laufe der Benutzung des Programmes ab. Am häufigsten treten Fehler auf, wenn die Hard- und Softwarekomponenten nicht aufeinander abgestimmt sind. Diese Fehlerart kann zu Verlusten an Daten führen. Es treten schließlich Fehler durch falsches Bedienen der Software auf. Diese kann man vermeiden, wenn man sich ausreichend mit der Bedienung vertraut macht.

Elektronische Datenverarbeitung

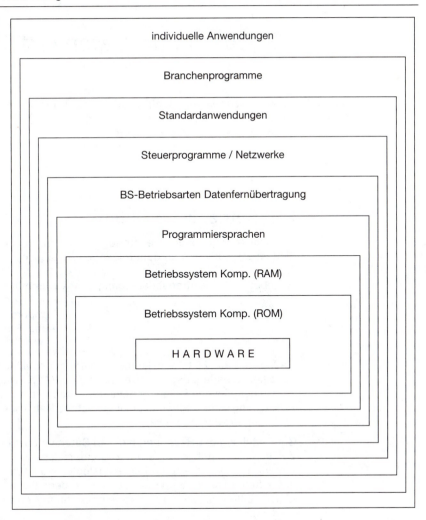

Abb. 4: Zusammenwirken von Hard- und Software

Zu diesem Kapitel finden Sie die Aufgaben B 109 – B 118 im Band „Vorbereitung auf die Meisterprüfung – Test- und Übungsaufgaben".

3. Daten und Datenverarbeitung

Lernziele:

Der Lernende kann, nachdem er dieses Kapitel durchgearbeitet hat,
- Daten und Datenklassen differenzieren,
- die Datenorganisation erläutern.

3.1 Betriebliche Daten

Die Bearbeitung von Kundenaufträgen in einem Handwerksbetrieb orientiert sich im wesentlichen an dem folgenden Ablaufschema:

Angebot → Auftragsbestätigung → Durchführung → Rechnung
                                     ↓
                                Rapport/
                                Aufmaß

Häufig wird aus Zeitmangel auf eine Auftragsbestätigung verzichtet, obwohl sie eine wichtige juristische Bedeutung hat. Auch eine Angebotserstellung wird in den meisten Fällen für nicht nötig erachtet. Mit Sicherheit wird auf die Ausstellung einer Rechnung nicht verzichtet. Daher wird sie für die folgenden Erklärungen zugrunde gelegt:

Daten   Zur Erstellung der Rechnung müssen Daten verarbeitet werden. Daten sind Zeichen (Buchstaben, Ziffern und Sonderzeichen), die einen vorher festgelegten Aufbau und eine vorher festgelegte Bedeutung haben. Eine vierstellige Ziffernfolge vor der Ortsbezeichnung bedeutet „Postleitzahl". Steht die gleiche Ziffernfolge vor einer Artikelbezeichnung, so gibt sie die „Artikelnummer" an.

3.1.1 Datenklassen

Betriebliche Daten lassen sich in mehrere Klassen aufteilen:

- nach ihrer Aufgabe im Datenverarbeitungsprozeß
  Verwaltungsdaten bzw. Ordnungsdaten
  z. B. Kundennummer, Artikelnummer
  Mengen- bzw. Wertdaten
  z. B. Lagerbestand

- nach ihrer Variabilität
  Stammdaten
  Daten, die sich selten verändern, wie Kunden- und Lieferantenadressen; Artikeldaten
  Änderungsdaten
  Daten, die zur Änderung der Stammdaten benötigt werden
  Bestandsdaten
  Der Lagerbestand ist einer ständigen Veränderung unterworfen

Bewegungsdaten	**Bewegungsdaten** Daten, die aus den Stammdaten zusammengesetzt werden können, wie Angebot und Rechnung
	– nach dem Ort der Datenentstehung **externe Daten** Daten, die über Datenträger (Diskette) mit dem Lieferanten ausgetauscht werden **interne Daten**
Eingabe-/ Ausgabedaten	– nach ihrer Stellung im Datenverarbeitungsprozeß **Eingabedaten** Daten, die bei der Anwendung eingegeben werden können Referenzdaten wie Stundenlohn, Mehrwertsteuer **Ausgabedaten**
	– nach ihrer Darstellung alphabetische Daten ⎫ numerische Daten ⎬ **alphanumerische Daten** Sonderzeichen ⎭
	– nach ihrem Aufbau **formatierte Daten** Daten, die nur in einer bestimmten Form eingegeben werden können **unformatierte Daten** wie Texte
	Anhand der in Abb. 5 dargestellten Rechnung kann man verschiedene **Klassen von Daten** erkennen.
Bedeutung der Stammdaten	Die Bedeutung der Stammdaten für den Betrieb ist leicht erkennbar, denn **mit Hilfe der Stammdaten und der Eingabedaten werden die Bewegungsdaten** (Angebote, Auftragsbestätigungen und Rechnungen) **erstellt** (→ Abb. 6), die letztlich für den Betrieb wichtig sind. Ein gut organisierter Betrieb verfügt über gut aufgebaute und optimal gepflegte Stammdaten (Kunden, Artikel, Preisliste und Standardleistungen).
	Stammdaten haben einen festen Aufbau; in der Fachsprache heißt das: sie sind formatiert. Der Aufbau einer Stammdatei darf nicht verändert werden. Die Reihenfolge der Felder und die maximale Anzahl der Zeichen, die in einem Feld eingegeben werden kann, ist vorgegeben. Die Zeichen, die in einem Feld eingegeben werden können, müssen bestimmte Eigenschaften haben. Ein Beispiel soll das verdeutlichen: Wenn die Postleitzahl als ein numerisches Feld definiert ist, dann ist die Eingabe von Buchstaben nicht zulässig. Es dürfen nur Ziffern eingegeben werden. Dies ist für die Fehlererkennung von Bedeutung.
Referenzdaten	**Referenzdaten sind einzelne Felder, die für alle Stamm- und Bewegungsdaten als Bezugsgröße dienen.** Wird bei der Preisermittlung der Standardleistungen mit einem Minutenlohn kalkuliert, so müssen bei einer Lohnerhöhung sämtliche Preise der Standardleistungen verändert werden. Ist aber der Minutenlohn als Referenzdatum vorgesehen, dann reicht bei einer Lohnerhöhung die Änderung dieses Feldes aus, um alle Preise der Standardleistungen zu aktualisieren. Neben dem Minutenlohn ist der aktuelle Mehrwertsteuersatz als Referenzdatum von Bedeutung.

> Zu diesem Kapitel finden Sie die Aufgaben B 109 – B 118 im Band „Vorbereitung auf die Meisterprüfung – Test- und Übungsaufgaben".

Elektronische Datenverarbeitung

betriebliche Daten in einem Rechnungsbeispiel

Herrn ❶
Dr. Hans Müller
Waldweg 13
50123 Köln 80

RECHNUNG Nr.: 100691 ❷

Für die Durchführung von Malerarbeiten an Ihrem Haus stelle ich Ihnen folgende Leistungspositionen in Rechnung: ❸

Pos.	Menge E	Bezeichnung	EP	GP
1	157 m²	Stellung eines zweideiligen Leitergerüstes ❹	DM 5,60	DM 879,20
⋮				
9	209 m²	Schlußanstrich mit ❺ Acryl-Color-Fassadenfarbe 100. Reinacrylat, max 15 % verdünnt. Material satt auftragen und mit einem Farbroller nachrollen	DM 7,57	DM 1 582,13
GESAMTSUMME:		Netto		DM 3 456,78
		Mehrwertsteuer 15 % ❻		DM 518,52
		Brutto		DM 3 975,30 ❼

Abb. 5: Betriebliche Daten

Nr.	Datenklasse	Bezeichnung
❶	Stammdaten	Kundendatei (Datei = Daten Kartei)
❷	Bewegungsdaten	Projektdatei (Kommissionsbuch)
❸	Stammdaten	Textbausteindatei
❹	Eingabedaten Stammdaten	Positionsmenge/Aufmaß Standardleistungsdatei enthält Standardtexte und aus den Zeit- und Materialansätzen vorkalkulierte Preise
❺	Stammdaten Stammdaten	Artikelstammdatei Preislisten
❺	Änderungsdaten (DATANORM) Referenzdaten	Preispflegedatei Zu- und Abschläge
❻	Referenzdaten	Mehrwertsteuer
❼	Bewegungsdaten	offene Postendatei

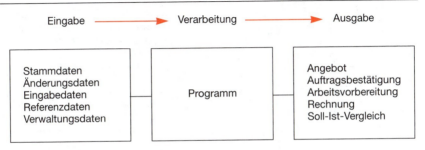

Abb. 6: Allgemeiner Datenfluß

3.1.2 Datenorganisation

Die Gesamtheit aller betrieblichen Daten läßt sich nun wie folgt aufteilen (→ Abb. 8):

Byte 1 Zeichen = Byte (ein Buchstabe, eine Ziffer oder ein Sonderzeichen)
Die kleinste Datenmenge, die von einem EDV-System verarbeitet wird, z. B., wenn vor dem Kontostand ein einziges Zeichen, nämlich − oder + steht, so ist das Konto im Soll oder Haben.

Feld 1 Feld = mehrere Zeichen
Jedes Feld hat einen Namen und bestimmte Eigenschaften (→ Abb. 7).

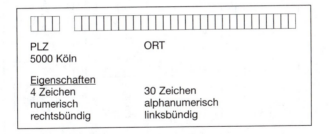

Abb. 7: Datenfeld

Satz 1 Satz = mehrere Felder
Jeder Satz hat eine Nummer und eine bestimmte Anzahl von Feldern mit einer festgelegten Reihenfolge (→ Abb. 8).

```
01 Kunden Nr.: 1234                             02 Suchbegr.: Mühakö
03 Anrede:     Herrn       04 Titel:   Dr.      10 Brf.-Anrd.: Herr
05 Name 1:     Hans Müller                      11 Telefon:   0221/131412
06 Name 2:                                      12 FAX:
07 Straße:     Waldweg 13
08 PLZ:        50123       09 Ort:    Köln      14 Kund.Klas: 1
13 Datum:      11.11.80
15 Auftrag:    23.123 DM   16 Datum:  01.04.88  17 Art:      Fassadenanstrich
18 Auftrag:    5.678 DM    19 Datum:  08.08.90  20 Art:      Treppenhaus
```

Abb. 8: Kundenstammsatz

Datei 1 Datei = mehrere Sätze
Jede Datei hat einen Namen (→ Abb. 9).

Elektronische Datenverarbeitung

Beispiel einer Datenbank

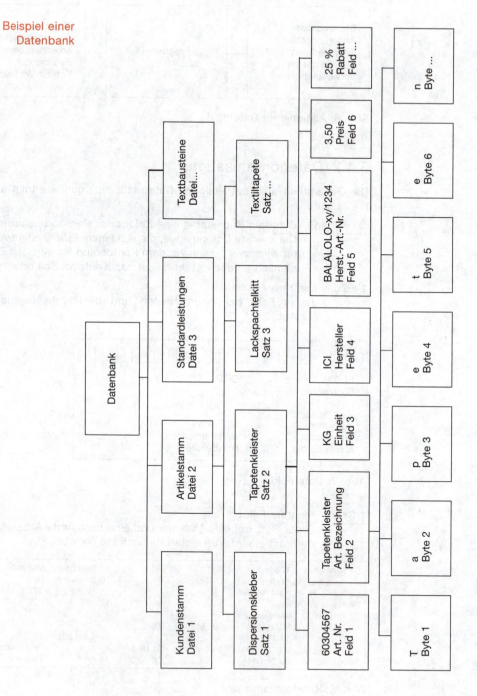

Abb. 9: Datenroganisation

Datenbank   1 Datenbank = mehrere Dateien, die miteinander verknüpft sind
(→ Abb. 9)
(z. B. Verknüpfung zwischen Kundendatei, offene Postendatei und Rechnungsdatei).

Speichermengen   Die durch das EDV-System zu verarbeitenden Daten müssen im EDV-System gespeichert werden. Zur Ermittlung des Speicherbedarfs werden in der EDV folgende Mengenangaben verwendet:

1 Kilobyte (KB) = 1 024 Zeichen, ca. 1 000 Zeichen
1 Megabyte (MB) = 1 048 576 Zeichen, ca. 1 Million Zeichen

Beispiele:

– 1 DIN A4 Seite mit ca. 40 Zeilen beschrieben enthält ca. 2 KB

– 1 Kundenstammsatz braucht ca. 200 Byte
(Kundenkartei mit 1 000 Kundenadressen benötigt 200 KB)

– 1 Artikelstammsatz braucht ca. 500 Byte
(Artikeldatei mit 10 000 Artikeln benötigt 5 MB)

3.2 Datenspeicherung

Bei der Datenspeicherung unterscheidet man zwischen drei Arten von Daten (→ Abb. 10).

3.2.1 Aktuelle Daten

Es handelt sich um Daten, die gerade eingegeben, verarbeitet (rechnen, sortieren, vergleichen) oder verändert wurden. Auch Daten, die für eine Druckausgabe vorbereitet werden müssen, zählen zu den aktuellen Daten; ebenso gehören die zur Verarbeitung benötigten Programme (Verarbeitungsvorschriften) dazu.

Haupt-/Arbeitsspeicher   Die aktuellen Daten werden in einem zentralen Speicher – auch Hauptspeicher oder Arbeitsspeicher genannt – aufbewahrt (→ Abb. 2). Der Hauptspeicher besteht aus elektronischen Bauteilen – Chips – und kann ein Fassungsvermögen von mehreren Millionen Bytes haben. Er ist in der Lage, ein Byte in Bruchteilen einer Sekunde zu finden. Wenn die Verarbeitung der Daten abgeschlossen ist, werden sie aus dem Hauptspeicher in einen externen Speicher übertragen, damit Platz für neue aktuelle Daten geschaffen wird. Die Daten im Hauptspeicher werden gelöscht, wenn das EDV-System ausgeschaltet wird.

RAM   Der Hauptspeicher wird auch Schreib-/Lesespeicher (RAM = Random Access Memory) genannt, weil in ihm ständig aktuelle Daten geschrieben und gelesen werden. Ein anderer Teil des Hauptspeichers enthält Daten, die für den Betrieb des EDV-Systems ständig benötigt werden. Diese Daten können nur gelesen werden, sie lassen sich nicht verändern oder überschreiben. Dieser
ROM   Teil des Hauptspeichers wird „Nur-Lesespeicher" (ROM = Read Only Memory) genannt.

> Zu diesem Kapitel finden Sie die Aufgaben B 109 – B 118 im Band „Vorbereitung auf die Meisterprüfung – Test- und Übungsaufgaben".

Elektronische Datenverarbeitung

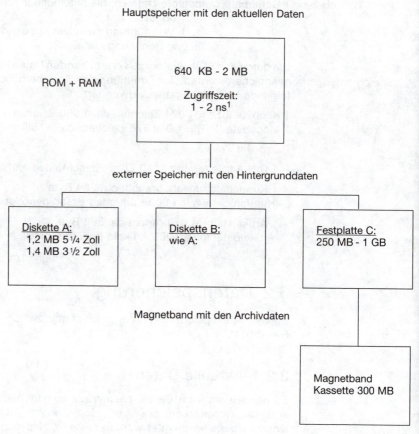

Abb. 10: Speicherorganisation

3.2.2 Hintergrunddaten

Hintergrunddaten
Es handelt sich um Daten, die für die Verarbeitung der aktuellen Daten benötigt werden. Dazu zählen alle Stammdaten und Programme, die im Betrieb möglicherweise benutzt werden.

Die Hintergrunddaten werden in einem externen Speicher – Hintergrundspeicher – aufbewahrt. Wenn z. B. eine Kundenadresse verändert werden muß, so wird der entsprechende Datensatz im externen Speicher gesucht. Eine Kopie davon verläßt den externen Speicher und wird in den Hauptspeicher geschrieben, damit mit Hilfe eines Programmes die entsprechenden Felder verändert werden. Anschließend wird der Kundenstammsatz in den externen Speicher zurückgeschrieben. Die Speicherung im Hintergrundspeicher ist dauerhaft, d. h., die Daten werden nicht gelöscht, wenn das EDV-System ausgeschaltet wird.

externer Speicher
Der externe Speicher besteht aus einer Magnetplatte (Festplatte) oder Diskette (Floppy Disk). Die Magnetplatte ist eine Aluminiumscheibe, die mit einem magnetischen Material beschichtet ist. Sie dreht sich mit einer Ge-

---
[1] 1 ns = 1/1 000 000 000 Sekunde

schwindigkeit von 3 000 U/min. Auf der Magnetplatte können zwischen 20 und 300 MB gespeichert werden. Die dort gespeicherten Daten können innerhalb von mehreren Millisekunden gefunden werden.

Diskette Die Diskette ist eine mit magnetischem Material beschichtete Kunststoffscheibe. Sie dreht sich wesentlich langsamer als die Magnetplatte. Auf der Diskette können bis 1,44 Mio. Bytes gespeichert werden. Daten können innerhalb einiger Sekunden gefunden werden. Wegen ihrer kleinen Abmessungen und ihrem geringen Gewicht eignet sich die Diskette als Datenträger beim Datenaustausch.

3.2.3 Archivdaten

Es handelt sich um abgeschlossene Projekte und um Sicherungskopien von Stammdaten und Programmen.

Archivdaten werden auf Disketten oder Magnetbändern aufbewahrt.

Zu diesem Kapitel finden Sie die Aufgaben B 109 – B 118 im Band „Vorbereitung auf die Meisterprüfung – Test- und Übungsaufgaben".

4. Betriebsanalyse

Lernziele:
Der Lernende kann, nachdem er dieses Kapitel durchgearbeitet hat,
- die Anforderungen an ein Textverarbeitungssystem nennen,
- die Kriterien für die Anschaffung eines EDV-Systems aufzeigen,
- eine Wirtschaftlichkeitsbetrachtung zur Einführung eines EDV-Systems durchführen.

4.1 Aufgabenanalyse

Nach Abschluß der Betriebsanalyse kann der Handwerksunternehmer angeben, bei welchen betrieblichen Aufgaben der EDV-Einsatz sinnvoll ist (→ Abb. 1).

Das EDV-System als Organisationswerkzeug im Betrieb wirkt wie ein Verstärker. In schlecht organisierten Betrieben führt die Anwendung der EDV zu einem Chaos. In gut organisierten Betrieben dagegen führt sie zur Steigerung der Wirtschaftlichkeit, zur Arbeitserleichterung, zur Erhöhung der Entscheidungsfähigkeit und zur Verbesserung der Dispositionsfähigkeit. In einem gut organisierten Betrieb sind viele Abläufe systematisiert, und ihre Durchführung ist weitgehend über Formulare geregelt. Nur formalisierbare Leistungen können von der EDV unterstützt bzw. durch die EDV übernommen werden.

EDV-Systeme können in Handwerksbetrieben hauptsächlich im Verwaltungsbereich eingesetzt werden, so z. B. in der Buchhaltung, der Adreßverwaltung und der Textverarbeitung (→ S. 294).

EDV-System für die Buchhaltung Die Entscheidung zur Einführung eines EDV-Systems für die Finanz-, Lohn- und Betriebsbuchhaltung hängt von der Betriebsgröße und der Art des Betriebes ab. In der Regel sollten Betriebe mit weniger als 20 Mitarbeitern ihre Finanz- und Lohnbuchhaltung außer Haus (z. B. durch einen Steuerberater) durchführen lassen. Eine Betriebsbuchhaltung ist nur bei Betrieben, die mit zahlreichen und kostenintensiven Geräten und Maschinen arbeiten, sinnvoll. In vielen Fällen reicht es auch hier aus, die Buchungen außer Haus vornehmen zu lassen.

Während die technischen Aufgaben gewerkspezifisch sind, fallen die allgemeinen Aufgaben und die Aufgaben im Bereich des Auftragswesens in jedem Betrieb, unabhängig von seiner Größe, seiner Art und seines Gewerks, an. Daher werden in diesem Kapitel diese Aufgaben bei der Betriebsanalyse und bei der Erstellung des Pflichtenheftes zugrundegelegt.

Software, die nur die Adreßverwaltung ermöglicht, ist für einen Handwerksbetrieb ungeeignet, da die Anzahl der Adressen gering ist und eine Selektion der Adressen zwecks Werbung oder Angebotserstellung nur in Verbindung mit der Textverarbeitung sinnvoll ist.

Bei der Analyse der betrieblichen Daten kann man feststellen, daß in den Angeboten und Rechnungen häufig gleichlautende Texte wiederkehren. Wenn 50 % aller Texte in einem Betrieb standardisiert werden können, so

Elektronische Datenverarbeitung

Textverarbeitung sollte die Entscheidung zugunsten der Einführung eines EDV-Systems für die Textverarbeitung nicht schwerfallen, da der Preis für die Hardware und die Textverarbeitungs-Software nur geringfügig über dem einer Speicherschreibmaschine liegt. Wenn darüber hinaus in dem Betrieb die Preise pauschal kalkuliert werden, d. h., daß keine Aufsplittung der für die Angebotspositionen angegebenen Einheitspreise nach Lohn- bzw. Materialanteilen möglich ist, so reicht für diesen Fall eine Textverarbeitung mit einer Textbausteindatei für die Auftragsabwicklung aus. In der Textbausteindatei werden die standardisierten Texte mit den dazugehörigen Einheitspreisen gespeichert, um sie dann in ein Angebot bzw. in eine Rechnung einzubinden.

Anforderungen an ein Textverarbeitungssystem Folgende Anforderungen sollte ein Textverarbeitungssystem mindestens erfüllen:

- unkomplizierte Textkorrektur
- Möglichkeit der Textgestaltung in Anlehnung an die der Schreibmaschine
- Zeilen- und Seitenumbruch einfach durchführbar
- Trennhilfe
- Textformatierung (Blocksatz, unterstreichen, Fettschrift usw.)
- Wortkorrektur über ein Lexikon
- Möglichkeit, Textblöcke zu kopieren und zu verschieben
- Funktion „Suchen" und „Ersetzen"
- Rechnen im Text
- einfache graphische Darstellungen möglich
- Drucken von Listen, Tabellen und Etiketten
- Erstellung von Textbausteinen einfach durchführbar
- übersichtliche Verwaltung von Textbausteindateien und Textbausteinen
- Abrufen der Textbausteine über nur wenige Schritte
- Abrufen von mehreren Textbausteinen mittels selbst programmierbarer Befehlsfolgen „Makro" oder mittels einer Funktionstaste
- Anbindung an eine Adreßverwaltung
- Erstellung von Serienbriefen einfach durchführbar
- Textdateien sollen auch in andere Systeme eingelesen werden können (ASCII-Format)
- Druckertreiber für möglichst viele Drucker.

Möglichkeiten und Grenzen Mit Hilfe der Textverarbeitung ist man nun in der Lage, aus einem Angebot sehr leicht eine Auftragsbestätigung bzw. eine Rechnung zu erstellen. Allerdings ist die Ableitung der benötigten Materialien und Arbeitszeiten für die Arbeitsvorbereitung aus dem Angebot nicht möglich, weil in den Angebotspositionen nur Texte und nicht vorkalkulierte Standardleistungen mit den dazugehörigen Materialien und Arbeitszeiten zu finden sind. Eine Nachkalkulation ist ebenfalls nicht möglich, da diese auf dem Vergleich der verbrauchten Materialien und Zeiten mit den vorkalkulierten Materialien und Zeiten basiert.

Werden dagegen in dem Betrieb die Preise der einzelnen Angebots- bzw. Rechnungspositionen auf der Basis einer Vorkalkulation errechnet – diese setzt einen umfangreichen Artikelkatalog sowie Leistungstexte voraus –, so ist in der Regel die Einführung einer Branchensoftware erforderlich, die häufig bereits eine Textverarbeitung und Adreßverwaltung enthält. Um die Anforderungen des Betriebes an die Branchensoftware festlegen zu können, ist die organisatorische Analyse der betrieblichen Daten unbedingt erforderlich.

4.2 Analyse der betrieblichen Daten

Die Auftragsbearbeitung in einem Handwerksbetrieb orientiert sich an dem folgenden Ablauf:

Angebot → Auftragsbestätigung → Durchführung → Aufmaß → Nachkalkulation → Rechnung
↳ Arbeitsvorbereitung ↳ Bericht

Ob der Einsatz eines EDV-Systems in einem Handwerksbetrieb sinnvoll ist und für welche Teilaufgaben es benutzt werden kann, hängt davon ab, wie häufig die Teilaufgaben im Laufe eines Jahres anfallen. Wenn beispielsweise der Jahresumsatz mit einem einzigen Auftrag erreicht wird, so ist eine EDV-unterstützte Auftragsabwicklung sicherlich nicht nötig. Fallen dagegen die Teilaufgaben wöchentlich oder sogar täglich an, so ist die Menge der zu speichernden und zu verarbeitenden Daten für die Bestimmung der Klasse und der Größe des einzuführenden EDV-Systems von Bedeutung.

4.2.1 Mengengerüst der betrieblichen Daten

Für die folgenden Datenklassen soll die im externen Speicher aufzubewahrende Datenmenge festgelegt werden:

Ermittlung der Datenmenge

Stammdatenmenge
- Adressen (Kunden- und Lieferantenadressen aus den letzten drei Jahren)
- Texte (standardisierte Texte)
- Artikel (die Menge ist gewerkspezifisch)
- Standardleistung (die Menge ist gewerkspezifisch)

Bewegungsdatenmenge
- Angebote (Anzahl der Angebote im Jahr)
- Auftragsbestätigungen
- Arbeitsvorbereitung
- Aufmaß
- Rechnungen
- Teilrechnungen
- Abschlagsrechnungen.

4.2.2 Aufbau und Verwaltung der betrieblichen Daten

Aufbau der Daten

Die wichtigste Voraussetzung für die Einführung eines EDV-Systems ist, ob die betrieblichen Daten im weitesten Sinne standardisiert oder standardisierbar sind. Daher ist die Festlegung des Aufbaus der Stammdaten und Bewegungsdaten von größter Bedeutung für den erfolgreichen Einsatz eines EDV-Systems im Betrieb. Es ist zu empfehlen, bei der Bearbeitung der Kundenadressen, der Artikeldaten und der Leistungsbeschreibungen über einen längeren Zeitraum hinweg zu beobachten, mit welchen Daten man arbeitet, um dies für den Aufbau der Stammdatenfelder (Größe, Eigenschaften) berücksichtigen zu können. Bei den Bewegungsdaten muß neben der Beschaffenheit der verwendeten Formulare, Listen, Angebote und Rechnungen auch die Druckgestaltung überprüft und festgelegt werden.

Handelt es sich um einen gut durchorganisierten Betrieb, so verfügt er über ein durchsichtiges Ablagesystem, in dem Angebote, Rechnungen und Kundenadressen rasch gefunden werden können. Bei der Einführung eines EDV-

Elektronische Datenverarbeitung

Ordnungsmerkmale der Daten

Systems werden die Ordnungsmerkmale der Ablage überprüft und gegebenenfalls neu festgelegt, um die benötigten betrieblichen Daten im EDV-System speichern und verwalten zu können. Im folgenden sind einige Ordnungsmerkmale für die Verwaltung der Stamm- und Bewegungsdaten genannt:

Ordnungsmerkmale der Stammdaten
- numerisch (z. B. Kundennummer)
- alphabetisch (z. B. Kundenname)

Ordnungsmerkmale der Bewegungsdaten
- numerisch (z. B. Kommissionsnummer)
- projektbezogen (z. B. Straße)
- kundenbezogen.

Selektionsmerkmale

Während die Ordnungsmerkmale die Ablage der Daten festlegen, müssen weitere Merkmale die Selektion der Stamm- und Bewegungsdaten ermöglichen. In einem herkömmlichen Ablagesystem geschieht dies z. B. durch die farbige Gestaltung.

Selektion der Stammdaten
- Feldinhalt (Datum, Postleitzahl)
- Gruppen (Artikelgruppe)

Selektion der Bewegungsdaten
- Datum
- Projekt
- Kunden
- technische Leistung
- Auftragsgröße
- Auftragsstatus (Angebot, Rechnung, offene Posten, Mahnung)
- Auftragsart (Neubau, Sanierung, Wartung).

4.3 Analyse der Datenverarbeitung

In jedem Betrieb haben sich im Laufe der Jahre die geeigneten organisatorischen Abläufe zur Angebots- und Rechnungserstellung herausgebildet. Diese Abläufe sollten auch auf das EDV-System übertragen werden können. In der Praxis sind folgende Verfahren, mit denen man Angebote und Rechnungen, also Bewegungsdaten, erzeugen kann, üblich:

Verfahren zur Angebots- und Rechnungserstellung

- Angebote sollen nur aus Stammdaten erzeugt werden, in denen für die einzelnen Angebotspositionen Vorkalkulationswerte mit Material- und Zeitanbindung hinterlegt sind.
- Angebote sollen nur teilweise aus Stammdaten erzeugt werden; die weiteren Angebotspositionen sind pauschal kalkuliert.
- Angebote und Rechnungen sollen aus alten Angeboten bzw. Rechnungen erzeugt werden.
  In Musterangeboten werden Mengen und Texte verändert. Zu- und Abschläge werden auf die vorher kalkulierten Preise gerechnet.
- Angebote und Rechnungen sollen aus alten Angeboten bzw. Rechnungen und aus den Stammdaten erzeugt werden.
  Aus Musterangeboten werden Angebotsvariationen erstellt.

- Kalkulationsdaten sollen nur aus Stammdaten übernommen werden.
- Kalkulation erfolgt auf der Basis von Zu- und Abschlägen auf die Stammdaten.
- Angebotsmenge erfolgt auf der Basis des Aufmaßes.
- Arbeitsvorbereitung soll aus dem Angebot erzeugt werden.
- Arbeitsvorbereitung soll aus Erfahrungswerten erzeugt werden.
- Rechnung wird auf der Basis des Aufmaßes ausgestellt.
- Rechnung ist mit dem Angebot identisch.
- Rechnung enthält Änderungen gegenüber dem Angebot.
- Rechnung basiert auf keinem Angebot.
- Taglohn-Rechnung/Kleinteile-Rechnung wird ausgestellt.
- Nachkalkulation wird auf der Basis des Aufmaßes ermittelt.
- Nachkalkulation wird auf der Basis des Material- und Zeitverbrauchs ermittelt.

In Verbindung mit der Betriebsanalyse und der geplanten Einführung eines EDV-Systems sollte man die Sicherung und den Schutz vor Mißbrauch der betrieblichen Daten überprüfen.

Datensicherung Datensicherung ist die Sicherung des Betriebes. Je nachdem, wie häufig sich die Bewegungsdaten, die Stammdaten und die Programme ändern, wird man sich für eine bestimmte Sicherungsmethode und einen bestimmten Datenträger entscheiden. Eine Kopie der Bewegungsdaten sollte aus Sicherheitsgründen täglich auf Disketten gespeichert werden, wenn es sich um geringe Mengen von Bewegungsdaten handelt. Bei größeren Mengen ist ein Magnetband als Datenträger zu empfehlen.

Exkurs über Datenschutz

Datenschutz Datenschutz ist der Ausfluß von Rechten natürlicher Personen bei der Speicherung von persönlichen und schutzwürdigen Daten. Datenschutz soll – so beschreibt es das Bundesdatenschutzgesetz BDSG in seiner Eingangsformel – durch den Schutz personenbezogener Daten dem Mißbrauch der Beeinträchtigung schutzwürdiger Belange der Betroffenen entgegenwirken. Hierzu ist zweierlei klarzustellen: Der Ausdruck „Datenschutz" ist mißverständlich; nicht die Daten sollen geschützt werden, sondern der Bürger soll vor nachteiligen Folgen der Datenverarbeitung bewahrt werden. Zum anderen könnte die Betonung des Mißbrauchs leicht den Eindruck erwecken, als ginge es lediglich darum, kriminelle Handlungen unter Verwendung von Wissen über andere, böswillige oder eigennützige Manipulation von Daten oder beabsichtigte Benachteiligung Dritter zu verhindern. Das Gesetz gibt Anweisungen an die datenverarbeitenden Stellen, in denen es regelt, unter welchen Voraussetzungen die Verarbeitung von Daten zulässig ist. Es räumt dem Betroffenen Rechte ein, die er gegenüber den datenverarbeitenden Stellen geltend machen kann, um selbst den Schutz seiner Daten durchzusetzen. Besondere Bedeutung hat das Recht auf Auskunft über die gespeicherten Daten.

4.4 Wirtschaftlichkeitsbetrachtung

Ein wichtiger Grund für die Einführung eines EDV-Systems in einem Handwerksbetrieb ist die mögliche Zeitersparnis durch die Nutzung der EDV bei der täglichen Arbeit. Grundlage der Wirtschaftlichkeitsbetrachtung sollte deshalb eine Zeitanalyse sein. Bei der Durchführung einer Zeitanalyse im Betrieb sind folgende Schritte zu beachten:

Schritte der Zeitanalyse

- Mengengerüst der Stammdaten ermitteln
- Anzahl der Bewegungsdaten pro Jahr errechnen
- Teilaufgaben, die durch die EDV gelöst werden sollen, festlegen
- Zeitaufwand je Teilaufgabe ohne EDV feststellen
- Zeitaufwand pro Jahr berechnen.

Der hier ermittelte Zeitaufwand muß dem Aufwand bei der Lösung der Teilaufgaben per EDV gegenübergestellt werden. Dieser läßt sich wie folgt errechnen:

- Zeitaufwand je Teilaufgabe mit EDV ermitteln (Erfahrungswerte anderer EDV-Anwender einbeziehen)
- Umfang der organisatorischen Vorbereitungen zur EDV-Einführung kalkulieren (bei mittleren Betrieben ca. 4 Stunden täglich über eine Zeit von 3 Monaten)
- Umfang der organisatorischen Umstellungen bei einer EDV-Einführung berücksichtigen (bei mittleren Betrieben ca. 4 Stunden täglich über eine Zeit von 3 Monaten).

Ist der Zeitaufwand ohne EDV mindestens zweimal so groß wie der mit EDV-Lösung, so ist es rationeller, mit einem EDV-System zu arbeiten. Bei einer Zeitersparnis von lediglich einigen Stunden pro Tag wird der EDV-Einsatz nicht zu einem Personalabbau führen. Das Büropersonal wird vielmehr andere Aufgaben übernehmen können, so daß letztlich die Wirtschaftlichkeit der EDV über den Faktor Zeitersparnis nicht genau meßbar ist. Die größere Wirtschaftlichkeit aufgrund des EDV-Einsatzes wird sich dagegen eher an folgenden betriebswirtschaftlichen Ergebnissen zeigen:

weitere Kriterien zur Wirtschaftlichkeit

- Es werden mehr Angebote geschrieben, und somit können mehr Aufträge hereingeholt werden.
- Rechnungen werden rascher geschrieben, und es können offene Rechnungen in regelmäßigen Abständen gemahnt werden.
- Baustellen werden vor Baubeginn besser vorbereitet; dadurch werden die Aufträge in der vorher kalkulierten Zeit fertiggestellt. Verluste werden seltener.

4.5 Weitere Gründe für die Einführung eines EDV-Systems

Neben den Wirtschaftlichkeitsbetrachtungen sprechen auch die folgenden Gründe für den Einsatz eines EDV-Systems in einem Handwerksbetrieb:

Gründe für die EDV

- Verbesserung der Arbeitsqualität
  Vorteile bieten die vom EDV-System geforderte straffe Arbeitsweise, die Erstellung von Auftragsbestätigungen ohne zusätzlichen Zeitbedarf, der Zugriff auf immer aktuelle Materialpreise in der Artikelstammdatei und auf die gleichen Stammdaten für alle Mitarbeiter.

- Erhöhung der Entscheidungsfähigkeit
  Durch die Nachkalkulation gewinnt man zusätzliche Sicherheit, um bei der Angebotsvorkalkulation den möglichen wirtschaftlichen Rahmen ausnutzen zu können.

weitere Gründe für die EDV

- Konkurrenzdruck
  Man kann schneller sein als die Konkurrenz bei der Angebotseinreichung und durch gezielte Werbung mit Hilfe des EDV-Systems neue Kundenmärkte eröffnen.

- Erfahrung im Umgang mit DV-Systemen

- Erfahrung anderer im Umgang mit DV-Systemen

- Bindung an eine vorhandene DV-Organisation
  In einigen Handwerksbranchen sind die Betriebe gezwungen, ein EDV-System einzuführen, da sie mit den Lieferanten über Datenträger oder per Telefon Daten austauschen müssen. Dies trifft für die Kfz-Branche besonders zu.

Am Ende der Betriebsanalyse wird der Entscheidungsrahmen festgelegt. Darin sind die Teilaufgaben, die durch ein EDV-System unterstützt werden sollen, zu definieren. Ferner müssen die Kosten und die Zeit für die EDV-Einführung geplant werden. Handwerksorganisationen bieten dabei hilfreiche Unterstützung.

Zu diesem Kapitel finden Sie die Aufgaben B 109 – B 118 im Band „Vorbereitung auf die Meisterprüfung – Test- und Übungsaufgaben".

5. Pflichtenheft

Lernziele:
Der Lernende kann, nachdem er dieses Kapitel durchgearbeitet hat,
- ein Pflichtenheft erarbeiten,
- in Anlehnung an die Betriebsanalyse die betrieblichen Aufgaben beschreiben,
- verschiedene Möglichkeiten nennen, bei denen ein Datenaustausch sinnvoll sein kann.

Pflichtenheft Das Pflichtenheft enthält die Anforderungen des Betriebes an das einzuführende EDV-System. Diese Erfordernisse müssen in einer für den Anbieter verständlichen Sprache detailliert und nicht pauschal formuliert sein. Ein Beispiel dafür zeigt der in Abb. 11 dargestellte Auszug aus einem Pflichtenheft des Zentralverbands der Elektrohandwerke. Das Pflichtenheft wird dann möglichen Anbietern vorgelegt, und diese werden aufgefordert, zu den einzelnen Anforderungen des Pflichtenheftes schriftlich Stellung zu nehmen.

5.1 Aufgabenstellung

In der Aufgabenstellung werden die betrieblichen Aufgaben in Anlehnung an die Betriebsanalyse in allgemeiner Form beschrieben. Folgende Stichpunkte sollten darin enthalten sein (→ Abb. 11):

Stichpunkte zur Aufgabenstellung
- Branche, Sitz und Unternehmensgröße (Mitarbeiter)
- Aufgabenschwerpunkte des Unternehmens
- Mengengerüst der Stamm- und Bewegungsdaten
- Teilaufgaben, die mit der EDV gelöst werden sollen (→ Betriebsanalyse)
- geplante Anzahl der Arbeitsplätze
- geplante Erweiterungen
- Zeitplan der Einführung.

5.2 Programmfunktionen

Die Detaillierung der Anforderungen an die Programmfunktionen kann mit Hilfe eines Fachmanns oder durch Nutzung von Vorlagen des Fachverbandes vorgenommen werden. Die folgenden Stichpunkte sollten auf jeden Fall in der Anforderung an die Programmfunktionen berücksichtigt werden:

Anforderungen an Programmfunktionen
- Stammdatenaufbau
  Datenfelder, ihre Größe und Eigenschaften
- Stammdatenverwaltung
  Ordnungsmerkmale zur Ablage und zum Wiederfinden von Kundenadressen, Artikeln und Texten

Elektronische Datenverarbeitung

Beispiel aus dem Pflichtenheft

Anforderungen an die Hardware des EDV-Systems:

- Drei-Platz-Anlage, wobei ein Platz als IBM-kompatibler PC schon vorhanden ist
- Vernetzung oder Mehrplatzsystem mit der Möglichkeit für PC-Anschlüsse
- Schnittstelle zur vorhandenen DATEV-FIBU
- Speicherbedarf für ca. 1 000 Angebote, 300 Aufträge und 400 Rechnungen

Anforderungen an die Software des EDV-Systems:

I. Stammdaten

1. Adressen
   ⋮
2. Leistungsverzeichnisse
- Speicherung von Muster-Leistungsverzeichnissen
- Speicherung von Leistungsverzeichnispositionen
- Speicherung von Positionstexten als Kurztext (2 × 35 Zeichen als Langtext 20 × 35 Zeichen
- maximale Größe der Positionsnummer 9
- Anzahl der speicherbaren Positionen bis 3 000
- Auswahl der Positionen über: numerisch und alphanumerisch oder Kurztext
- Kalkulation der LV-Position für drei verschiedene Einheitspreise mit:
  Zeitaufwandswert
  Materialien
  Geräte und
  Fremdleistung
- automatische Korrektur der hier enthaltenen Materialien und Geräte bei Änderung im Material- und Gerätestamm

II. Angebotskalkulation
⋮

V. Fakturierung

- Fakturierung direkt aus Massenberechnung
- frei erstellbare Fakturierung aus dem Angebot der Kalkulation der Stammposition
- Übernahme von drei verschiedenen Preisen
- Möglichkeit von Taglohnrechnungen.
- Abruf von Material- und Geräteverrechnungssätzen
- Abruf von Personalverrechnungssätzen
- Erfassung von Positionszwischentexten
- Erfassung von freien Einleitungstexten
- Rechnungsausgangsbuch
- Buchungsliste für Steuerberater angepaßt an DATEV
- Rechnungsabzug:
  in % oder DM
  Sicherheitseinbehalt
  Abschlagszahlungen
- Titelzusammenstellung
- Titelzusammenstellung mit MwSt.
- Rechnungen können geschrieben werden als:
  Einzelrechnung
  Teilrechnung
- Druck auf Blankoformular
- Druck auf Firmenkopfpapier
- wahlweise automatische Übergabe an die Finanzbuchhaltung, Debitoren-Soll-Stellung angepaßt an DATEV
- verschiedene Mehrwertsteuersätze sind möglich
- Rechnungsdoppel auch nachträglich möglich
- Storno falscher Rechnungen ohne erneutes Eintippen möglich
⋮

Abb. 11: Auszüge aus einem Pflichtenheft

- Stammdatenauswahl
  Ordnungsmerkmale zur Selektion von Adressen, Artikeln und Texten
- Verwaltung der Bewegungsdaten
  Ordnungsmerkmale zur Ablage und zum Wiederfinden von Angeboten und Rechnungen
- Auswahl der Bewegungsdaten
  Ordnungsmerkmale zur Selektion von Angeboten und Rechnungen
- Programmfunktionen (→ Abb. 11 und 12)
  Benötigte Funktionen wie z. B. Angebotskalkulation, Zu- und Abschläge, Kleinteile-Rechnung, Wartung und Fakturierung
- Anforderungen an die einzelnen Module einer Programmfunktion
  Auswirkung der Programmfunktionen „Erfassen", „Ändern", „Drucken", „Listen", „Ausgabe" und „Löschen" bei der Bearbeitung der Stamm- und Bewegungsdaten
- Muster für die Anforderungen bei der Angebotskalkulation
- Schnittstellen zwischen den Programmfunktionen
  Verbindung zwischen Textverarbeitung, Adreßverwaltung und Stammdaten zur Angebotskalkulation.

Bildschirmmaske

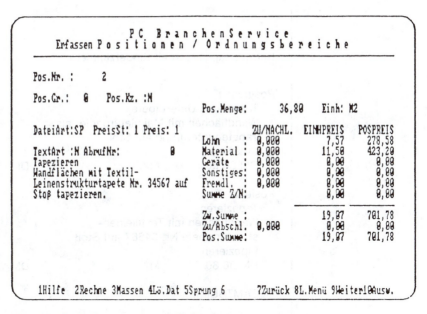

Abb. 12: Bildschirmmaske zur Fakturierung

5.3 Ausdrucke, Formulare und Listen

Mit der EDV-Einführung ist häufig eine Umgestaltung der Firmenformulare verbunden (→ Abb. 13). Daher muß man rechtzeitig wissen, welche Möglichkeiten der Druckgestaltung das einzuführende EDV-System bietet. Es muß außerdem sichergestellt sein, daß die für den Betrieb relevanten Da-

Elektronische Datenverarbeitung

Rechnungsausdruck

Herrn
Dr. Hans Müller
Waldweg 13

50123 Köln

Rechnung 8012

Kostenst.	KundenNr.	Projekt	Unterprojekt	Vorgangs-Nr.	Datum	Blatt
80123	11			1	22.01.93	

bitte bei Zahlung angeben

Betreff: Tapezierarbeit Kinderzimmer

Position: 1
    Tapezieren Untertapete
    Wandflächen mit Makulaturpapier als
    Tapetenuntergrund auf Stoß
    tapezieren
    DM 36,80   M2   DM 3,60   DM 132,48

Position: 2
    Tapezieren
    Wandflächen mit Textilleinen-
    strukturtapete Nr. 34567 auf Stoß
    tapezieren
    DM 36,80   M2   DM 19,07   DM 701,78

GESAMTSUMME

    Netto-Summe   DM 834,26
    Mehrwertsteuer 15 %   DM 125,14

    Brutto-Gesamtsumme   DM 959,40

Abb. 13: Ausdruck einer Rechnung

Musterausdrucke ten ausgedruckt werden können. Daher werden dem Pflichtenheft Musterausdrucke der wichtigsten Vorgänge beigefügt. Dieses sind:

- Druck von Angeboten, Rechnungen usw.
- Einzelblatt-/Endlosdruck
- Anzahl der Durchschläge
- Etikettendruck
- Listen der Stammdaten gesamt und selektiert
- Listen der Bewegungsdaten gesamt und selektiert
- Listen von gesonderten Feldern der Stammdaten.

5.4 Datenaustausch

Das einzuführende EDV-System wird zwar zur Unterstützung bei der Erledigung der innerbetrieblichen Aufgaben angeschafft, muß aber gleichzeitig mit der wirtschaftlichen Außenwelt des Betriebes in Verbindung stehen können. Daher gewinnen die Möglichkeiten des Datenaustausches immer mehr an Bedeutung. Die Anforderungen bezüglich des Datenaustausches müssen rechtzeitig mit den folgenden möglichen Partnern festgelegt werden, z. B.

Möglichkeiten des Datenaustauschs
- Datenträgeraustausch mit Lieferanten
  Mit Hilfe eines genormten Satzaufbaus (DATANORM) können Artikel von Lieferanten über eine Diskette in das betriebseigene EDV-System eingespielt werden. Die langwierige Datenerfassung wird dadurch verkürzt. Die Preise können zu jeder Zeit aktualisiert werden.

- Datenträgeraustausch mit Architekten
  Bei standardisierten Leistungsbeschreibungen (STLB) können Ausschreibungen des Architekten über eine Diskette ausgetauscht werden. Man braucht die Ausschreibungstexte dann nicht mehr im eigenen EDV-System zu erfassen und kann dadurch schneller auf Ausschreibungen reagieren.

- Datenträgeraustausch mit Steuerberater
  Sofern die Finanzbuchhaltung nicht im Betrieb abgewickelt wird, müssen einige vorbereitende Arbeiten für den Steuerberater durchgeführt werden, z. B. die Erfassung der Daten für den Steuerberater.

- Datenträgeraustausch mit Kreditinstituten (Electronic Banking)
  Überweisungen und Daueraufträge können sehr bequem mittels Diskette erledigt werden (→ S. 243).

5.5 Besondere Anforderungen

Weitere betriebsspezifische Anforderungen können hinzukommen, wie zum Beispiel:

betriebsspezifische Anforderungen
- Bedienerführung
  Möglichkeiten der Hilfefunktionen, Nutzung der Funktionstasten, Erstellung eigener Hilfetexte

- Betriebssystem
  Falls ein EDV-System bereits installiert ist, muß das neu einzuführende System an das bereits vorhandene Betriebssystem angepaßt werden können.

Elektronische Datenverarbeitung

- Hardware
Angaben zum Bildschirm (Farbe, Auflösung) und Drucker (Geschwindigkeit, Anzahl der Nadeln), Angaben zur Größe des externen Speichers und zur Kapazität des Hauptspeichers, Angaben zur Rechengeschwindigkeit der Zentraleinheit.

5.6 Geplante Erweiterungen

Erweiterungen planen

Es ist sinnvoll, das EDV-System stufenweise einzuführen. Daraus ergibt sich aber die Notwendigkeit, die geplanten Erweiterungen bei der Aufstellung der Anforderungen zu berücksichtigen. Die Erweiterungen können sich auf folgende Aufgaben und Funktionen beziehen:

- Programmfunktionen
- externer Speicher
- Hardware-Komponenten
- mehrere Arbeitsplätze
- Datenaustausch.

Zu diesem Kapitel finden Sie die Aufgaben B 109 – B 118 im Band „Vorbereitung auf die Meisterprüfung – Test- und Übungsaufgaben".

6. Systemauswahl

Lernziele:

Der Lernende kann, nachdem er dieses Kapitel durchgearbeitet hat,
- die Auswahlkriterien für ein EDV-System benennen,
- einen Demonstrationsplan festlegen.

6.1 Einholen von Angeboten

Die Adressen der Anbieter von Branchenlösungen erhält man aus Anzeigen, von Beratern der Handwerksorganisationen und bei Messebesuchen. Der erarbeitete Anforderungskatalog wird an den Anbieter gesandt, der innerhalb von spätestens vier Wochen eine schriftliche Stellungnahme abgeben sollte.

6.2 Entscheidungshilfen für die Auswahl eines EDV-Systems

Die Hard- und Software sollte man möglichst beim gleichen Anbieter kaufen. Für die Auswertung der Angebote sind folgende Merkmale von Bedeutung:

objektive und prüfbare Beurteilungsmerkmale

Beurteilungsmerkmale für Hardware und Systemsoftware
- technischer Entwicklungsstand
- Ausbaufähigkeit
- Austauschbarkeit
- Preis-Leistungs-Verhältnis
- Verträglichkeit mit anderer Hard- und Software
- Möglichkeit der Vernetzung bzw. Integration

Beurteilungsmerkmale für Branchensoftware
- Erfüllungsgrad der Anforderungen des Pflichtenheftes
- Bedienerfreundlichkeit
- Sicherheit und Zuverlässigkeit

Beurteilungsmerkmale für den Anbieter
- Hardware- und Software-Angebot
- Kundendienst und sonstige Betreuung, wie z. B. Einweisung und laufende Anwenderunterstützung
- fachliche Kompetenz des Anbieters in der Handwerksbranche, in der das EDV-System eingesetzt werden soll
- Inhalt der Verträge
- Referenzen.

6.3 Systemdemonstration bei EDV-Anwendern

Ein EDV-System (Hard- und Branchensoftware) kauft man nicht beim Versandhaus und nicht über den Ladentisch. Man sollte sich von seiner Funktionsfähigkeit überzeugen lassen, wenn nötig, auch durch mehrere Demonstrationen. Demonstrationen anläßlich einer Messe sind selten geeignet, um eine Überprüfung des Systems zu ermöglichen. Demonstrationen beim Anbieter geben einen Eindruck von der Infrastruktur des Anbieters (Werkstatt, Schulungsräume, Hotline). Sie haben den Nachteil, daß sie unter Umständen nicht die Realität des Programmes im Betrieb wiederspiegeln. Demonstrationen im eigenen Betrieb können sinnvoll sein, vorausgesetzt, sie sind gut geplant. Demonstrationen bei Anwendern der zu erwerbenden Software geben den besten Eindruck von der Software unter Betriebsbedingungen, die eventuell auch im eigenen Betrieb zu finden sind. Man sollte davon ausgehen, daß Demonstrationen keine Härtetests für das EDV-System sind. Daher dürfen sich bei einer Demonstration keine Fehler zeigen. Um die Leistungsfähigkeit des demonstrierten EDV-Systems beurteilen zu können, ist es sinnvoll, vorher mit dem Anbieter einen Demonstrationsplan festzulegen. Dieser Plan sollte vor allem folgende Punkte enthalten:

Systemdemonstrationen

Demonstrationsplan
- Stammdaten erfassen und ändern
- Stammdaten suchen und selektieren
- Bewegungsdaten erfassen, ändern, am Bildschirm listen und drucken
- Bewegungsdaten suchen und selektieren
- Angebotskalkulation
- Angebotskalkulation mit Zu- und Abschlägen
- Aufmaßerfassung
- Arbeitsvorbereitung (Material- und Zeitauszug)
- Erstellung einer Rechnung aus einem Angebot.

6.4 Kaufbedingungen und Kaufverträge

Seit kurzem haben die Anbieter von EDV-Systemen in der Regel standardisierte Kaufverträge, die sowohl von den meisten Anbietern als auch von den Fachverbänden geprüft und angenommen sind. Auf Anfrage teilt der Fachverband mit, ob er einen „Muster-Kaufvertrag" empfiehlt. Bei der Vertragsverhandlung sollte man nicht nur darauf achten, den niedrigsten Preis für das EDV-System auszuhandeln, sondern daß im Kaufvertrag u. a. folgende Punkte Berücksichtigung finden:

wichtige Punkte des Kaufvertrags
- Spezifizierung der gekauften Hard- und Software
- Angabe der Versionsnummer für System- und Branchensoftware
- Umtauschrecht für neue Programmversionen
- Garantiezeit für Hard- und Software
- Regelungen beim Auftreten von Software-Fehlern
- Kosten für die Beseitigung von Software-Fehlern
- Umfang und Form der Einweisung
- Einräumung einer Zeit für die Abnahme des EDV-Systems
- Zahlungsbedingungen und Rücktrittsrecht.

Wartungsverträge Ob Wartungsverträge für die Hardware abgeschlossen werden oder nicht, muß kritisch geprüft werden und empfiehlt sich nur bei großen Anlagen. Software-Wartungsverträge sind nur dann abzuschließen, wenn das Programm ständig aktualisiert werden muß, wie z. B. ein Programm für die Lohn- und Gehaltsabrechnung. Bei Branchensoftware ist in der Regel der Erwerb einer neuen Programmversion günstiger als der Abschluß eines Wartungsvertrages, denn Wartungsverträge haben häufig lange Laufzeiten.

7. Inbetriebnahme des EDV-Systems

Lernziele:
Der Lernende kann, nachdem er dieses Kapitel durchgearbeitet hat,
- die Phasen der Einführung eines EDV-Systems beschreiben,
- Probleme bei der Umstellung auf Datenverarbeitung nennen.

Die Inbetriebnahme des EDV-Systems ist ein größerer Einschnitt in die betriebliche Organisation. Je besser man darauf vorbereitet ist, um so effektiver kann das EDV-System im Betrieb eingesetzt werden.

7.1 Organisatorische Vorbereitungen

Eine genaue Beschreibung der Vorgehensweise bei den organisatorischen Vorbereitungen würde den Rahmen dieses Buches sprengen, daher hier nur einige Stichpunkte:

Planung der Inbetriebnahme

- Festlegung der Funktionsbereiche, die mit Hilfe eines EDV-Systems unterstützt werden sollen
- Festlegung des Umstellungsverfahrens
- Festlegung eines Terminplanes für die Umstellung und Abnahme
- Raumplanung
- Planung der Schulung und Einweisung der Mitarbeiter
- organisatorische Vorbereitung der einzelnen Funktionsbereiche
- Stammdatenerfassung
- Test der wichtigsten Programmfunktionen
- Inbetriebnahme einzelner Funktionsbereiche
- System-, Programm- und Bedienungsdokumentation
- Festlegung der Abnahmekriterien
- Durchführung der Abnahme.

7.2 Umstellung

Vorbereitung auf den EDV-Einsatz

Bei der Umstellung des Betriebes auf die EDV-Organisation sind folgende Verfahren möglich:

- Totale oder schrittweise Umstellung
  Bei der totalen Umstellung werden alle Teilbereiche zu einem Zeitpunkt auf die EDV-Organisation umgestellt. Dieses Verfahren ist sinnvoll, wenn keine abtrennbaren Teilaufgaben existieren und wenn viele Benutzer auf die gleichen Daten zugreifen müssen. Für einen Handwerksbetrieb ist in der Regel eine schrittweise Umstellung geeigneter.

Elektronische Datenverarbeitung

- Direkte oder parallele Umstellung
Bei der direkten Umstellung werden ab einem Zeitpunkt alle Abläufe in einem Teilbereich mit Hilfe des EDV-Systems durchgeführt. Bei der parallelen Umstellung wird neben der EDV-Organisation für eine bestimmte Zeit eine manuelle Organisation durchgeführt. Dies kann aus Sicherheitsgründen erforderlich sein, wie z. B. bei der Umstellung in der Finanzbuchhaltung. Bei der Umstellung in der Auftragsabwicklung dagegen ist dieses Verfahren nicht sinnvoll.

7.3 Abnahme

Zweck der Abnahme ist der Vergleich der Fähigkeiten und Möglichkeiten des installierten EDV-Systems mit den im Pflichtenheft festgelegten Anforderungen. Bei der Abnahme sind folgende Punkte zu beachten:

Abnahmekriterien
- Sind die sachlichen Erwartungen erfüllt, die Ziele des Anforderungskatalogs erreicht?
- Sind möglicherweise die ursprünglich gesetzten Ziele ganz oder teilweise nicht realisierbar und müssen revidiert werden?
- Welche Abweichungen sind eingetreten, und was sind ihre Ursachen?
- Ist die angestrebte Wirtschaftlichkeit erreicht?

Zu diesem Kapitel finden Sie die Aufgaben B 109 – B 118 im Band „Vorbereitung auf die Meisterprüfung – Test- und Übungsaufgaben".

Personalorganisation und Personalführung

1. Personalorganisation

Lernziele:

Der Lernende kann, nachdem er dieses Kapitel durchgearbeitet hat,
- Aufgabenanalyse, Aufgabensynthese, Stellenbeschreibung und Stellenbewertung erklären,
- Leitungssysteme der Aufbauorganisation erläutern,
- personalorganisatorische Maßnahmen benennen und unterscheiden.

1.1 Methoden der Personalorganisation

Aufgabenanalyse — Die Aufgabenanalyse ergibt ergibt sich aus der Zerlegung einer Gesamtaufgabe eines Unternehmens in Teilaufgaben. Ausgangspunkt ist die unternehmerische Zielsetzung, d. h. eine Entscheidung, mit welchen Produkten oder Leistungen sich das Unternehmen am Markt beteiligen will.

Aufgabensynthese — Die Aufgabensynthese ist die Zusammenfassung von Teilaufgaben nach sachlogischen Gesichtspunkten zu Stellen und Abteilungen.

Stellenbeschreibung — Die Stellenbeschreibung ist die Festlegung von Aufgaben einzelner Stellen und ihre Einordnung in die Betriebsorganisation. Selbst kleine und mittlere Unternehmen sollten Stellenbeschreibungen anfertigen, um z. B. bei Neueinstellungen klare Vorstellungen vom neuen Mitarbeiter zu haben.

Die Stellenbeschreibung umfaßt:
- Stellenbezeichnung
- Dienstrang
- Unterstellung
- Überstellung
- Stellvertretung aktiv: (vertritt)
  passiv: (wird vertreten durch)
- Ziel der Stelle
- Aufgaben im einzelnen
- sonstige Aufgaben
- besondere Befugnisse
- Anforderungen an den Stelleninhaber
- Einzelaufträge

Nur wenn eine genaue Stellenbeschreibung vorliegt, weiß man, welcher Mitarbeiter gesucht wird, und kann die Stellenbewertung vornehmen.

Stellenbewertung — Die Stellenbewertung ist die Einordnung der Stelle in das betriebliche Lohn- und Gehaltsgefüge. Die Bewertung kann nach verschiedenen Verfahren erfolgen.

Personalorganisation

Rangfolgeverfahren

Eine Möglichkeit ist das Rangfolgeverfahren. Bei diesem Verfahren werden alle Stellen aufgelistet und dann paarweise miteinander verglichen. Aus dieser direkten Gegenüberstellung ergibt sich eine Bewertung. (Stellenüberordnung +, Stellenunterordnung −)

Beispiel:

Stelle	Hilfsarbeiter	Meister	Geselle	angelernter Arbeiter	Vorarbeiter	Summe
Hilfsarbeiter	X	−	−	−	−	0
Meister	+	X	+	+	+	4
Geselle	+	−	X	+	−	2
angelernter Arbeiter	+	−	−	X	−	1
Vorarbeiter	+	−	+	+	X	3

Die Rangfolge lautet demnach: Meister, Vorarbeiter, Geselle, angelernter Arbeiter, Hilfsarbeiter.

Diese Rangfolge ist nunmehr die Grundlage für die Entlohnung, wobei durch dieses Verfahren der Lohnabstand nicht festgelegt wird, sondern frei erfolgen muß.

Lohngruppenverfahren

Ein weiteres Verfahren ist das Lohngruppenverfahren. Hierbei wird aufgrund der Stellenbeschreibung die Eingliederung in eine Lohngruppe vorgenommen. Diese Lohngruppen sind z. B. in den Tarifverträgen festgelegt.

Darüber hinaus gibt es analytische Verfahren, die die einzelnen Tätigkeiten messen und bewerten.

Hierzu sind jedoch umfangreiche Erhebungen z. B. nach REFA erforderlich, so daß diese Verfahren für kleinere und mittlere Unternehmen im Regelfall ausscheiden.

Zu diesem Kapitel finden Sie die Aufgaben B 119 − B 136 im Band „Vorbereitung auf die Meisterprüfung − Test- und Übungsaufgaben".

Personalorganisation

1.2 Verschiedene Systeme der Aufbauorganisation

Die einzelnen Stellen und ihre Verbindungen (Dienstwege) sind das Leitungssystem eines Unternehmens, wobei verschiedene Leitungssysteme in Betracht kommen können. Grundsätzlich können Ein- und Mehrliniensysteme unterschieden werden. Die graphische Darstellung dieser Aufbauorganisation wird als Organigramm bezeichnet.

Organigramm

Einliniensystem

Einliniensystem (klassisches Einliniensystem)

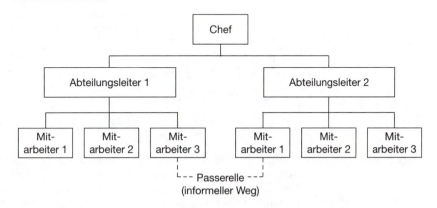

Vor- und Nachteile

Kennzeichen des Einliniensystems ist der der klare Dienstweg, der nur direkt vom jeweiligen Vorgesetzten zum Mitarbeiter führt und auch nur so zurück. Der Vorteil liegt in einer klaren Hierarchie und Kompetenz, der Nachteil in einem langen Dienstweg und der damit verbundenen Schwerfälligkeit sowie der Gefahr von Informationsverlusten. Gerade bei großen Unternehmen oder Behörden, bei denen etliche Hierarchiestufen vorhanden sind, entwickeln sich daher meistens informelle Wege (Passerellen).

Stabliniensystem

Weiterentwicklung des Einliniensystem zum Stabliniensystem

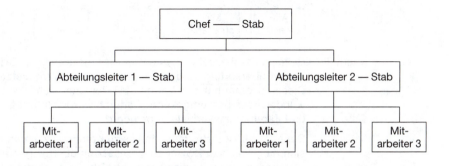

Vor- und Nachteile

Kennzeichen des Stabliniensystems ist die Zuordnung von Stabsstellen zu den jeweiligen leitenden Stellen (Instanzen). Die Stabsstelle hat die Aufgabe,

Personalorganisation

die jeweilige Instanz zu beraten und ihr zuzuarbeiten. Der Vorteil dieser Organisation liegt darin, daß die Instanz sich der fachlichen Kompetenz und der Hilfe der Stabsstelle bedienen kann. In kleinen Betrieben werden häufig diese Stabsaufgaben von externen Beratern übernommen (z. B. Steuerberater, Rechtsanwalt), ohne daß es sich dabei um Stabsstellen handelt.

Das Risiko dieser Stabslinienorganisation liegt u. a. darin, daß die Stabsstelle zur „grauen Eminenz" werden kann und damit die Instanz aushebelt.

Mehrliniensystem 1 Mehrliniensystem 1 (hier: funktionales System)

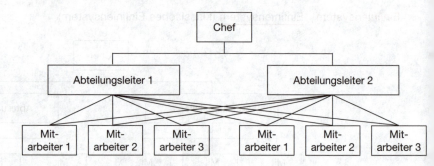

Vor- und Nachteile Kennzeichen des Mehrliniensystems ist das übergreifende Informations- und Auftragsverfahren. Hier soll der Mitarbeiter im Rahmen seiner Fachkompetenz selbst Entscheidungen treffen. Das Risiko von Kompetenzüberschneidungen, verbunden mit den daraus resultierenden Schwierigkeiten, ist in diesem System besonders groß.

Mehrliniensystem 2 Mehrliniensystem 2 (hier: patriarchalisches System)

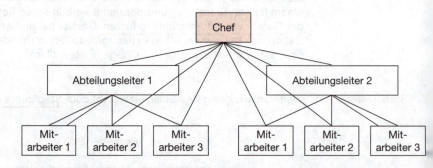

Vor- und Nachteile Beim patriarchalischen System werden die jeweiligen Zwischeninstanzen bei Bedarf übersprungen, d. h., der unmittelbare Vorgesetzte wird übergangen. Dieses System hat den Vorteil, daß der Chef sich direkt an den Mitarbeiter wenden kann und umgekehrt. Dadurch werden Informationswege abgekürzt und Informationsverluste vermieden.

Der Nachteil besteht darin, daß es zu Kompetenzwirrwarr kommen kann und sich die jeweiligen Zwischenvorgesetzten übergangen fühlen; bei mehreren Leitungsebenen wird dies noch verstärkt. Trotz dieser erheblichen Nachteile ist dieses System bei etlichen Betrieben sehr beliebt, besonders handelt es sich dabei um Betriebe, die sich aus kleinen Anfängen entwickelt haben und deren Organisationsstruktur sich nicht mitentwickelt hat.

Personalorganisation

Matrixorganisation   Eine Weiterentwicklung des Mehrliniensystems ist die Matrixorganisation.

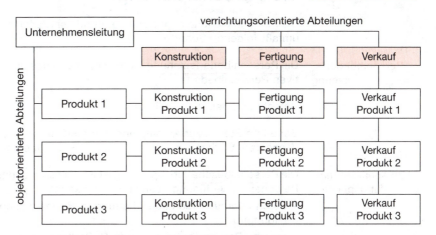

Vor- und Nachteile   Der Grundgedanke der Matrixorganisation besteht darin, daß zwei Fachabteilungen mit unterschiedlichen Denkansätzen sich um die Lösung einer bestimmten Aufgabe bemühen sollen. Die eine Ebene bezieht sich auf Funktionen (z. B. Beschaffung, Fertigung, Absatz), die zweite auf Produkte (z. B. PKW, LKW, Motorräder).

Der Vorteil dieser Organisationsform liegt in den zwei unterschiedlichen Ansatzpunkten für eine Aufgabe, einseitige Ansatzpunkte der Lösung von Schwierigkeiten sollen dabei entfallen. Der Nachteil liegt in der evtl. schwierigen und aufwendigen Abstimmung und der damit verbundenen Verantwortung für die Entscheidungen.

Spartenorganisation   Einen anderen Weg geht dagegen die Spartenorganisation.

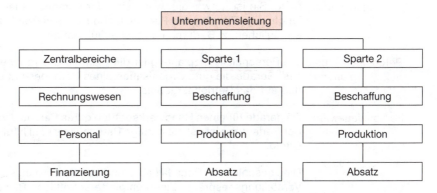

Vor- und Nachteile   Bei der Spartenorganisation wird die jeweilige Sparte wie ein extra Unternehmen geführt, das nur durch die jeweiligen Zentralabteilungen unterstützt wird. Der Vorteil liegt in einer klaren Zuständigkeit. Damit können und müssen die Sparten getrennt abgerechnet werden (Profit-Center-System), Voraussetzung ist ein entsprechend getrenntes Rechnungswesen.

Der Nachteil besteht darin, daß evtl. einzelne Sparten gegeneinander arbeiten und insbesondere bei der Verteilung der Kosten der Zentralabteilungen Schwierigkeiten auftreten können.

1.3 Personalplanung

Die Personalplanung ergibt sich aufgrund der Stellen im Leitungssystem und umfaßt folgende Schritte:

Personalbedarfsplanung
Die Personalbedarfsplanung ist die Ermittlung des quantitativen und qualitativen Personalbedarfs.

Berechnung des Personalbedarfs:

Benötigte Stellen zur Aufgabenerfüllung = Bruttopersonalbedarf
./. besetzte Stellen = Nettopersonalbedarf

Personalbeschaffungsplanung
Die Personalbeschaffungsplanung ist ist die Festlegung, wie das notwendige Personal zur Verfügung gestellt werden kann:
- durch interne Personalbeschaffung (z. B. Versetzung, Beförderung, Fortbildung) oder
- externe Personalbeschaffung (z. B. Stellenanzeige, Arbeitsamt).

Personalentwicklungsplanung
Die Personalentwicklungsplanung ist die gezielte Förderung von Mitarbeitern mit der Absicht, dem Unternehmen ausreichend qualifizierte Kräfte aus der eigenen Reihen zur Verfügung zu stellen, bei gleichzeitiger Motivation der Mitarbeiter.

Personalkostenplanung
Die Personalkostenplanung dient der Ermittlung der Personalkosten, wobei dies von der Anzahl der Stellen im Leitungssystem stark beeinflußt wird.

Durch die Verringerung der Leitungsebenen bei entsprechender Organisation können Kosten gesenkt werden. Hierfür wurde der Begriff „Lean Management" (schlanke Unternehmensführung) entwickelt.

Personalfreisetzungsplanung
Die Personalfreisetzungsplanung ist die negative Personalbeschaffungsplanung. Sie ist notwendig, wenn sich der Personalbedarf verringert. Hier soll langfristige Planung den Personalabbau sozialverträglich und kostengünstig ermöglichen, z. B. durch natürliche Fluktuation.

Personaleinsatzplanung
Die Personaleinsatzplanung ist die Planung des rationellen Personaleinsatzes. Gerade die gute Organisation eines Betriebes hat entscheidenden Einfluß auf das Betriebsergebnis.

Personalauswahl
Da gerade für einen Handwerksbetrieb gutes Personal von ausschlaggebender Bedeutung ist, ist die richtige Personalauswahl häufig der Schlüssel zum Erfolg.

Dies geschieht im Regelfall aufgrund von Bewerbungsunterlagen und einem Vorstellungsgespräch. Eine komplette schriftliche Bewerbung besteht aus Anschreiben, Lebenslauf, Lichtbild und Zeugniskopien. Da in vielen Fällen schriftliche Bewerbungsunterlagen unüblich oder aufgrund des Bewerberkreises unangemessen sind, haben sich in der Praxis auch Personalfragebögen bewährt.

Abschluß eines Arbeitsvertrages
Die Personalauswahl endet mit dem Abschluß eine Arbeitsvertrages. Auch wenn im Regelfall die Schriftform weder gesetzlich noch tariflich vorgeschrieben ist, ist diese dennoch sinnvoll. Musterverträge finden Sie im Kapitel Arbeitsrecht (→ S. 491).

2. Personalführung

Lernziele:

Der Lernende kann, nachdem er dieses Kapitel durchgearbeitet hat,
- Motivationsarten unterscheiden,
- Bedürfnisse und Möglichkeiten ihrer Befriedigung kennzeichnen,
- unterschiedliche Führungsstile und Führungsmittel erläutern,
- Management by Delegation, Management by Objectives, Management by Results und deren Prinzipien erklären.

2.1 Führung und Motivation

Führen — Führen bedeutet, einen anderen zu einem bestimmten Verhalten zu veranlassen. Dieses Verhalten kann in einem aktiven Verhalten (etwas unternehmen) oder in einem passiven Verhalten (etwas unterlassen) bestehen. Dazu muß bei dem zu Führenden ein Beweggrund (Motivation) vorliegen.

Motivation — Das Entscheidende an der Führung ist also die Motivation. Hierbei müssen wir zwischen der intrinsischen Motivation und extrinsischen Motivation unterscheiden.

Bei der intrinsischen Motivation ist das Ziel die unmittelbare Bedürfnisbefriedigung (etwas aus Spaß an der Sache selbst tun, z. B. Hobby).

Bei der extrinsischen Motivation dient das Verhalten einem anderen Zweck. Hier ist demnach die Bedürfnisbefriedigung mittelbar, d. h., die Anstrengung wird unternommen, um damit ein anderes Bedürfnis befriedigen zu können (z. B. wird nur gearbeitet, um Geld zu verdienen, damit dann ein anderes Bedürfnis befriedigt werden kann).

In der Praxis können die beiden Motivationsarten natürlich zusammenkommen und sich ergänzen, wobei der Grundsatz gilt: Die Motivation muß immer stärker sein als die Energie, die notwendig ist, um das Handeln oder Unterlassen durchzuführen.

Daher gilt:
Je größer die intrinsische Motivation, desto kleiner kann die extrinsische sein und umgekehrt.

Grundlage der Motivation ist der Wunsch nach Bedürfnisbefriedigung.

Bedürfnisbefriedigung — Nach der Theorie A. Maslows gibt es verschiedene Stufen in der Hierarchie der Bedürfnisse. Nach seiner Theorie müssen die Bedürfnisse der unteren Stufe zuerst befriedigt werden. Erst danach strebt man die Befriedigung der nächst höheren Ebene in der Bedürfnispyramide an.

Zu diesem Kapitel finden Sie die Aufgaben B 119 – B 136 im Band „Vorbereitung auf die Meisterprüfung – Test- und Übungsaufgaben".

Personalorganisation

Bedürfnispyramide (nach A. Maslow)

```
                    Bedürf-
                    nis nach
                    Selbst-
                  verwirklichung
                (z. B. Bedürfnis nach
                    Selbständigkeit,
                 Verwirklichung eigener
                  Ideen und Vorstellungen,
                    Selbstbestimmung)
            ─────────────────────────────
               Differenzierungsbedürfnisse
            (z. B. Bedürfnis nach Anerkennung,
                Status und Statussymbolen)
         ───────────────────────────────────────
                   soziale Bedürfnisse
           (z. B. Bedürfnis nach Kontakten zu anderen,
                      Kommunikation)
      ─────────────────────────────────────────────────
                  Sicherheitsbedürfnisse
              (z. B. Bedürfnis nach Mindesteinkommen,
                   Sicherheit des Arbeitsplatzes)
   ───────────────────────────────────────────────────────
              physiologische Grundbedürfnisse
        (z. B. Bedürfnis nach Befriedigung von Hunger und Durst,
                     Kleidung und Wohnung)
```

zwei Faktoren bei Bedürfnisbefriedigung

Nach Herzberg ist diese Bedürfnistheorie für die betriebliche Praxis in zwei Faktoren zu zerlegen. Herzberg unterscheidet zwischen „Motivatoren" und „Hygienefaktoren".

Motivatoren führen zur Arbeitszufriedenheit (intrinsische Motivation). Dazu zählen z. B. Leistungserfolg, Selbstverwirklichung durch die Arbeit, Entfaltungsmöglichkeiten.

Hygienefaktoren führen bei Nichterfüllung zur Arbeitsunzufriedenheit (extrinsische Motivation). Hierzu zählen z. B. Arbeitsbedingungen, angemessene Vergütung, Arbeitsplatzsicherheit.

Die Befriedigung der Hygienefaktoren führt also nicht von der Unzufriedenheit zur Zufriedenheit, sondern nur zur Nichtunzufriedenheit. Erst die Motivatoren führen von der Nichtunzufriedenheit zur Zufriedenheit, wie die nachstehende Skala verdeutlicht.

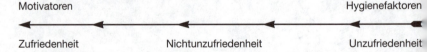

Motivatoren		Hygienefaktoren
Zufriedenheit	Nichtunzufriedenheit	Unzufriedenheit

Die richtige Anwendung der vorgenannten Erkenntnisse führt demnach nicht nur zu einer Verbesserung des Betriebsklimas, sondern auch zu einer Erhöhung des Leistungswillens und damit zur Leistungssteigerung.

2.2 Führungsstile

Führungsstil Das grundsätzliche Führungsverhalten ist der Führungsstil.

Das nachfolgende Schema zeigt die grundsätzlichen Führungsstile.

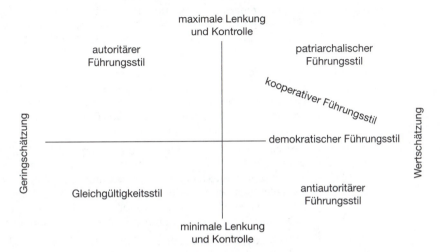

autoritärer Führungsstil Der autoritäre Führungsstil geht von dem Prinzip der maximalen Lenkung und Kontrolle bei persönlicher Geringschätzung des Untergebenen aus. Voraussetzung für diesen Führungsstil ist ein hohes Maß an Abhängigkeit des zu Führenden. Hier erfolgt die Führung auf der Basis der niedrigsten Bedürfnisbefriedigung (nach Maslow), d. h., die Motivation ist ausschließlich extrinsisch.

Es wird zwischen äußerer und innerer Abhängigkeit unterschieden. Die äußere Abhängigkeit wird durch die Bedrohung der Existenz bedingt. Sie ist allerdings nur möglich, wenn sie nicht durch eine innere Unabhängigkeit aufgehoben wird. Die Arbeitsleistung beim autoritären Führungsstil ist hoch einzustufen, setzt aber eine sehr intensive Kontrolle voraus. Das „Betriebsklima" ist verständlicherweise extrem schlecht. Desweiteren ist festzustellen, daß in dem Augenblick, in dem die Abhängigkeit nicht aufrechterhalten werden kann, nicht nur das Führungssystem zusammenbricht, sondern die Haltung der Geführten in Feindseligkeit umschlägt.

patriarchalischer Führungsstil Der patriarchalische Führungsstil ist die abgemilderte Variante der autoritären Führung. Dieser „väterliche" Führungsstil behandelt die Untergebenen wie unmündige Kinder.

antiautoritärer Führungsstil Der antiautoritäre Führungsstil verzichtet auf Lenkung und Kontrolle und läßt dem Mitarbeiter absolute Freiheit. Hier herrscht das Prinzip der Nichtführung. Ein solcher „Führungsstil" hebt sich selbst auf und scheidet damit für die Praxis aus.

Gleichgültigkeitsstil Der Gleichgültigkeitsstil ist die Steigerung der antiautoritären Variante der Führung, hier sind Lenkung und Kontrolle sowie persönliche Wertschätzung der Mitarbeiter aufgehoben.

Laissez-faire-Stil Sehr häufig wird allerdings der Gleichgültigkeitsstil unkorrekterweise mit dem Laissez-faire-Stil gleichgesetzt. Dieser Führungsstil ist jedoch anders zu sehen. Er geht nach dem Prinzip des kreativen „Gewährenlassens" vor.

Personalorganisation

Hier ist die Absicht, die Mitarbeiter durch größtmögliche Freiheit eigenverantwortlich und selbständig arbeiten zu lassen. Ein solcher Führungsstil ist allerdings auf bestimmte Situationen und Gegebenheiten beschränkt, z. B., wenn es primär darum geht, Kreativität zu erreichen, etwa in Qualitätszirkeln.

demokratischer Führungsstil

Der demokratische Führungsstil geht vom Prinzip der absolut gleichen Mitunternehmerschaft aus und setzt voraus, daß alle Beteiligten als Mitunternehmer denken und handeln. Die Entscheidungen werden nach dem Prinzip der paritätischen Abstimmung getroffen. Solche Strukturen dürften allerdings nur in Sonderfällen vorhanden sein.

kooperativer Führungsstil

Der kooperative Führungsstil ist der Mitarbeiter-bezogene Führungsstil. Er geht vom Grundgedanken eines gemeinsamen Ziels aus und macht aus dem Arbeiter den Mitarbeiter. Er setzt beim Mitarbeiter ein hohes Maß an „Reife" (vgl. Hersey & Blanchard) voraus. Das Prinzip ist: eigene Entfaltung und Freiheit so viel wie möglich, Führung soviel wie nötig.

situativer Führungsstil

Seit einiger Zeit wird häufig von der sogenannten situativen Führung gesprochen. Der situative Führungsstil ist nichts anderes als eine Anpassung der Führung an die aktuelle Führungssituation, bedingt durch die betrieblichen aktuellen Notwendigkeiten und den vorhandenen Reifegrad der Mitarbeiter. Selbst bei einem ansonsten kooperativen Führungsstil können demnach in extremen Situationen autoritäre Elemente erforderlich sein (z. B. Notfälle).

Entscheidend für das aktuelle Führungsverhalten ist die Wechselbeziehung zwischen dem Führenden und den Geführten. Blake und Mouton haben dies in ihrem Verhaltensgitter aufgezeigt. Mitarbeiter- und Aufgabenorientierung sind demnach keine Gegenpole, sondern voneinander abhängig. Die 81 Felder sind als mögliche Kombinationen denkbar, im Normalfall werden jedoch nur die gekennzeichneten Felder verwandt, wobei 9.9 den Idealfall darstellt.

Mitarbeiter- und Aufgabenorientierung

Verhaltensgitter nach Blake & Mouton

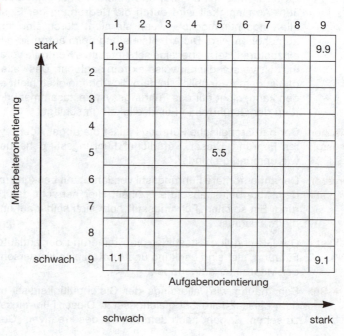

338

Reifegrad von Mitarbeitern — Hersey & Blanchard erweiterten das Verhaltensgitter um den Reifegrad von Mitarbeitern. Daraus ergibt sich folgende Tabelle:

Reifegrad	Fähigkeit	Motivation	Führungsstil
niedrig	unfähig	nicht motiviert	anweisen
niedrig bis mäßig	mäßig	wenig motiviert	überzeugen
mäßig bis hoch	fähig	mäßig motiviert	teilnehmen lassen
hoch	fähig	stark motiviert	delegieren

2.3 Führungsmittel und Managementtechniken

Führungsmittel — Um zu führen, müssen Führungsmittel eingesetzt werden. Nachfolgend einige Führungsmittel in alphabetischer Reihenfolge.

Anerkennung: wenn eine Leistung den Erwartungen entsprechend positiv ausfällt

Anweisung: engt den Durchführungsspielraum ein

Auftrag: läßt einen großen Durchführungsspielraum (regelt Wer, Was, Wann, aber nicht Wie)

Beanstandung: wenn eine Leistung negativ ausfällt, immer sachbezogen

Befehl: ist die schärfste Form der Anweisung, nur in Notsituationen zu vertreten

Gebot: regelt Verhaltensweisen, hierbei gibt es Toleranzgrenzen, fordert im Regelfall ein aktives Verhalten.

Kommando: knappste Form des Befehls

Kontrolle: dient der Feststellung eines Ergebnisses, das im Regelfall positiv sein muß (Sachkontrolle)

Lob: besondere Form der Anerkennung, wenn eine Leistung besonders gut ausgefallen ist

Tadel: wenn eine Leistung besonders negativ ausgefallen ist

Unterricht: dient der Vermittlung von Kenntnissen

Unterweisung: dient der Vermittlung von Fertigkeiten

Verbot: ist etwas Absolutes, Überschreitungen haben negative Sanktionen (z. B. Strafen) zur Folge

Bei der Anwendung der Führungsmittel sollte folgende Reihenfolge die Regel sein:

Auftrag Kontrolle Anerkennung

Managementtechniken — In der Unternehmensführung wurden darüber hinaus Managementtechniken entwickelt. Folgende wesentliche Prinzipien können zusammengefaßt werden:

Delegieren — Management by Delegation

- **Methode:** Delegieren von Verantwortung; Mitarbeiter dürfen selbst Entscheidungen treffen.
- **Ziel:** Mitarbeiter sollen Verantwortungsbewußtsein entwickeln und selbständig arbeiten.
- **Voraussetzung:** Genaue Abgrenzungen der Tätigkeiten und Kompetenzen, Stellenbeschreibungen.
- **Hinweis:** Relativ starres System, das klare Abgrenzungen voraussetzt und keine neuen Aktivitäten beim Mitarbeiter verlangt; Verwaltungsprinzip.

Zielvereinbarung — Management by Objectives

- **Methode:** Zielvereinbarung mit dem Mitarbeiter
- **Ziel:** Der Mitarbeiter soll die Firmenziele zu seinen eigenen machen und dadurch hoch motiviert die Erfüllung der Ziele anstreben.
- **Voraussetzung:** Die Ziele müssen klar feststehen, der Mitarbeiter muß einen entsprechenden Kompetenzspielraum haben.
- **Hinweis:** Aktives System, das einen klaren Zielaufbau von der Firmenspitze bis zum Mitarbeiter voraussetzt und dem Mitarbeiter Handlungsspielräume läßt. Zielkontrollen sind unentbehrlich. Der Mitarbeiter muß am Erfolg teilhaben.

Zielverpflichtung — Management by Results

- **Methode:** Zielverpflichtung des Mitarbeiters
- **Ziel:** Bestimmte Ergebnisse sollen erreicht werden, z. B. ein bestimmter Mindestgewinn.
- **Voraussetzung:** Unternehmensziele müssen erreichbar sein. Große Entscheidungsbefugnisse der Mitarbeiter; Kontrollsysteme.
- **Hinweis:** Management by Objectives in stark ausgeprägter Form. Mitarbeiter müssen am Erfolg beteiligt sein. Knallhartes Führungssystem für Manager.

Zu diesem Kapitel finden Sie die Aufgaben B 119 – B 136 im Band „Vorbereitung auf die Meisterprüfung – Test- und Übungsaufgaben".

# Gewerbeförderung für das Handwerk

1. Überblick

Lernziele:
Der Lernende kann, nachdem er dieses Kapitel durchgearbeitet hat,
- den Inhalt, die Träger und den Zweck der Gewerbeförderung beschreiben.

1.1 Inhalt

Gewerbeförderung

Gewerbeförderung dient der Erhaltung und der Steigerung der Leistungsfähigkeit der Handwerkswirtschaft. Sie will größenbedingte Nachteile der Handwerksunternehmen mildern und deren Möglichkeiten zur Bedienung der Marktnachfrage noch weiter verbessern.

Instrumente

Ihr Instrumentarium besteht im wesentlichen aus
- Beratung und Bildung
- Gewährung finanzieller Anreize und Hilfen
- Verbreitung von Informationen
- Organisation von Gemeinschaftsständen auf Messen und Ausstellungen.

Gewerbeförderung nimmt dem Unternehmer in keinem Fall die Entscheidung ab. Sie will von ihrem Konzept her nur punktuell unterstützend wirken. Der elementare Grundsatz für die Planung und Durchführung der Gewerbeförderung lautet: „Hilfe zur Selbsthilfe".

1.2 Träger

Handwerksorganisation als Träger

Gewerbeförderung wird traditionell von der Handwerksorganisation als Selbstverwaltungseinrichtung der Wirtschaft und von staatlichen Stellen betrieben. Zunehmend beteiligen sich auch freiberufliche und gewerbliche Institutionen.

In der Gewerbeförderung durch die Handwerksorganisation sind überwiegend die Handwerkskammern, Fachverbände und Kreishandwerkerschaften mit ihren Innungen aktiv. Im Hintergrund arbeiten zentrale Einrichtungen. So finden sich auf der Landesebene Kammertage und Vereinigungen der Fachverbände, in Niedersachsen und Nordrhein-Westfalen zudem spezielle Landes-Gewerbeförderungsstellen des Handwerks und in einigen Ländern überdies Schwerpunkt-Zentren, wie zum Beispiel für den Umweltschutz (z. B. in Oberhausen, Münster, Koblenz, Hannover, Hamburg) oder für die Restauratorenausbildung (Raesfeld, Fulda). In der Spitze arbeitet der Zentralverband des Deutschen Handwerks (ZDH) (→ S. 629) in Bonn mit seiner Gewerbeförderungsabteilung. Seine Außenstelle in Brüssel hält den Kontakt zur Kommission der Europäischen Union und zum Europäischen Parlament.

Staat als Träger

Auf der staatlichen Seite wurden in den Kommunen und Kreisen Wirtschaftsförderungsämter und -gesellschaften eingerichtet. Teilweise arbeiten sie auch als räumlich größere Zusammenschlüsse für gesamte Regionen oder Länder. In den Ländern und beim Bund obliegt die Gewerbeförderung in erster Linie dem jeweiligen Wirtschaftsministerium.

sonstige Träger — Aktionen von Freiberuflern und Gewerbebetrieben können nur dann als Gewerbeförderung verstanden werden, wenn sie in sich selbst nicht gewinnorientiert sind und einen Nutzen für die Adressaten mit sich bringen. Der Verkauf einer guten Beratungsleistung ist zwar in der Regel nützlich, aber er beinhaltet ein normales Geschäft mit einer erwerbswirtschaftlichen Absicht. Das Entscheidende an einer Gewerbeförderungsmaßnahme ist es jedoch, daß sie für den Betrieb unentgeltlich ist, höchstens aber die Selbstkosten des Anbieters deckt. Unter diesem Vorzeichen rechnet zum Beispiel eine Broschüre einer berufsständischen Versicherung, die keine unternehmensbezogene Werbung, sondern fachliche Informationen zum Versicherungsbedarf eines Handwerksbetriebs enthält, zur Gewerbeförderung. Auch hinzuzählen würde man zum Beispiel die kostenlose Einladung zu einer Vortragsveranstaltung eines Kreditinstituts zum Thema „Marketing im Handwerk".

1.3 Zweck

Der Staat engagiert sich in der Gewerbeförderung aus gesellschafts- und wirtschaftspolitischen Gründen.

gesellschaftspolitische Gründe — Die guten Möglichkeiten zum beruflichen Aufstieg im Handwerk sowie die oftmals anzutreffende starke emotionale Betriebsbindung der Arbeitnehmer bilden gute Voraussetzungen für sozialen Frieden. Der Besitzstand und das soziale Ansehen des selbständigen Handwerksmeisters wirken in die gleiche Richtung. Die Zufriedenheit der Bürger mit der guten Versorgungssituation komplettiert diesen gesellschaftspolitischen Aspekt.

wirtschaftspolitische Gründe — Im Handwerk findet der Staat auch ideale Bedingungen für die Verwirklichung seiner wirtschaftspolitischen Ziele. Das Handwerk erbringt ein preisgünstiges, reichhaltiges und qualitativ hochwertiges Angebot an Gütern und Dienstleistungen. Es bietet attraktive Ausbildungs- und Arbeitsplätze, deren Zahl auch in Konjunkturflauten weitgehend stabil gehalten wird. Und es leistet mit seinem Steueraufkommen einen erheblichen und beständig fließenden Beitrag zu den staatlichen Einnahmen.

organisationspolitische Gründe — Das Interesse der Handwerksorganisation an Maßnahmen der Gewerbeförderung läßt sich kürzer beschreiben. Sie lebt als Selbstverwaltungseinrichtung von ihren Betrieben und für ihre Betriebe. Geht es der Handwerkswirtschaft gut, kann sich in der Regel auch ihre Organisation freuen. Natürlich findet man die Gewerbeförderung auch als Aufgabe der Organisation im Gesetz zur Ordnung des Handwerks. Aber selbst wenn es dort nicht ausdrücklich stünde, könnten sich die Innungen, Fachverbände und Kammern bei vernünftiger Einschätzung der Zweckmäßigkeit dieser Aufgabe wohl kaum entziehen.

geschäftspolitische Gründe — Die Entscheidung für Gewerbeförderungsmaßnahmen ist bei privaten Anbietern weniger grundsätzlicher Natur. Sie wollen sich für spätere Geschäftskontakte bekanntmachen. Hierfür treten sie in Vorleistung und erbringen einen Nutzen, ohne sich dies vom Beteiligten unmittelbar bezahlen zu lassen. Mit ihren Fachbroschüren, Vortragsabenden und Seminarveranstaltungen wollen sie aber häufig auch das Handwerk in ihrem eigenen Einzugsgebiet stärken. Davon versprechen sie sich aufgrund der Vernetzung der wirtschaft-

Gewerbeförderung

lichen Kräfte positive Wirkungen auf das gesamte Wirtschaftsklima in ihrer Region beziehungsweise in ihrer Branche. Und das ist langfristig gedacht auch wieder gut für die eigenen Geschäfte.

gemeinsame Zielrichtung

Obwohl alle drei, also Staat, Handwerksorganisation und die sonstigen Anbieter von Gewerbeförderungsmaßnahmen, unterschiedliche Motive für ihr Wirken haben, finden sie sich doch in ihrer Zielrichtung wieder zusammen: Die Handwerkswirtschaft gilt es zu erhalten und in ihrer Leistungs- und Wettbewerbsfähigkeit zu stärken.

Ausschöpfung der Leistungsfähigkeit

Mit der ordnungspolitischen Entscheidung in der Bundesrepublik für eine soziale Marktwirtschaft ist eine gute Basis für eine dynamische und leistungsstarke Wirtschaft dem Grunde nach gegeben. Die Ergebnisse lassen sich jedoch noch verbessern, wenn für eine qualifizierte Ausbildung gesorgt wird und ein schneller Informationsfluß zum Beispiel über technische Neuerungen gefördert wird. Damit können die Leistungspotentiale, die in der Handwerkswirtschaft liegen, noch besser ausgeschöpft werden.

Andererseits darf man nicht zulassen, daß ein fairer Wettbewerb am Markt durch ungleiche Chancen zerstört wird. Gefahren liegen hierbei insbesondere in der Konkurrenz mit großen, marktmächtigen Unternehmen. Ihre besseren Finanzierungsquellen mit günstigeren Konditionen sowie ihre besseren Möglichkeiten zur Informationssammlung und Entscheidungsvorbereitung durch Stabsabteilungen sind wohl zwei der wichtigsten Faktoren. Die Gewerbeförderung muß sie tendenziell ausgleichen und die Wettbewerbsfähigkeit der kleinen und mittleren Unternehmen, wie sie im Handwerk überwiegen, verbessern. Damit ist sicher noch keine Chancengleichheit erzielt, aber die Differenz wird geringer. Und in ihrer größeren Kundennähe und Beweglichkeit haben Handwerksbetriebe ein paar Vorteile schließlich auch auf ihrer Seite, die es konsequent einzusetzen gilt.

Zu diesem Kapitel finden Sie die Aufgaben B 137 – B 145 im Band „Vorbereitung auf die Meisterprüfung – Test- und Übungsaufgaben".

2. Maßnahmen im einzelnen

Lernziele:
Der Lernende kann, nachdem er dieses Kapitel durchgearbeitet hat,
- die einzelnen Angebote der Gewerbeförderung benennen,
- einige knappe inhaltliche Erläuterungen abgeben,
- insbesondere den Weg zur Inanspruchnahme aufzeigen.

2.1 Beratung

2.1.1 Allgemeines

Wer kann schon alles selber wissen? Es gibt immer mal Probleme, bei denen man die Mitwirkung von externen Fachleuten gut gebrauchen kann.

Diese Erkenntnis ist für kleinere Unternehmen von besonderer Bedeutung. Denn wo der Großbetrieb auf eigene, gutausgebaute Stabsabteilungen zurückgreifen kann, ist in einem kleineren Unternehmen der Chef auf sich alleine angewiesen.

Die Entscheidung kann ihm zwar auch der beste Berater nicht abnehmen – der trägt schließlich auch nicht die betrieblichen Konsequenzen, weder im positiven noch im negativen Sinne –, aber beraten lassen sollte man sich unbedingt, wenn es um gravierende Entscheidungen (zum Beispiel eine größere Betriebserweiterung) oder um wichtige Fragen mit dauerhafter Wirkung (zum Beispiel die Suche nach betrieblichen Schwachstellen) geht.

Beratungsnetz der Handwerksorganisationen

Die Handwerksorganisation verfügt über ein gut ausgebautes Beraternetz. Bei Kammern und Fachverbänden arbeiten rund 700 Unternehmensberater und über 70 Informationsstellen ausschließlich für das Handwerk. An der Spitze der Beratungsthemen stehen Fragen der Unternehmensführung und der Finanzierung. Großen Umfang haben aber auch Beratungen zum Rechnungswesen, zu Absatz und Vertrieb sowie zur Betriebsstätte. Allein zu betriebswirtschaftlichen Themen werden jährlich über 60 000 Beratungen durchgeführt.

Finanziert wird das Beratungsnetz durch Mitgliedsbeiträge zur Kammerorganisation sowie durch Zuschüsse von Bund und Land. Die Beratung der Betriebe erfolgt unentgeltlich.

freiberufliche Beratung

Neben der organisationseigenen Beratung besteht das Angebot der freiberuflichen Berater. Es handelt sich dabei um eine erwerbswirtschaftlich orientierte, entgeltliche Dienstleistung und ist daher hier nicht unter dem Aspekt der Gewerbeförderung zu behandeln. Möglichkeiten zur Zuschußbeantragung werden im Abschnitt 2.3 „Finanzierungshilfen" und Hinweise zur Suche eines geeigneten Beraters im Abschnitt 2.5.2 „Expertenvermittlung" aufgezeigt.

In einer Befragung, die die Landes-Gewerbeförderungsstelle des nordrhein-westfälischen Handwerks (LGH) durchgeführt hat, waren 86 % aller Beratenen mit der Leistung der organisationseigenen Berater gut bis sehr gut zufrieden. Diese hohe Zahl steht für die Seriosität und Leistungsfähigkeit des handwerkseigenen Beratungsnetzes.

2.1.2 Betriebswirtschaftliche Beratung

Betriebswirtschaftliche Berater arbeiten bei Handwerkskammern und Fachverbänden. Von der Ausbildung her sind es Betriebs- und Volkswirte. Auf ihre eigenständige Beratungsarbeit in Handwerksbetrieben werden sie in einer zweijährigen Assistentenzeit gründlich vorbereitet. Mindestens sechs Tage im Jahr müssen sie sich fachlich weiterbilden, um stets auf dem neuesten Wissensstand zu sein.

Die betriebswirtschaftlichen Berater der Handwerksorganisation bilden das Grundgerüst des Beratungsnetzes und sind daher Mittler zu allen Angeboten der Gewerbeförderung.

In der betriebswirtschaftlichen Beratung sind sie, aus ihrer täglichen Arbeitspraxis heraus, Spezialisten für kaufmännische Problemstellungen im Handwerksbetrieb. Viele Betriebe betreuen sie von der Gründung bis hin zur altersbedingten Schließung oder Übergabe.

Schon vor der Existenzgründung sollte man den Handwerksberater ansprechen, mit ihm das gesamte Vorhaben erörtern und es von ihm als neutralem Partner fachkundig prüfen lassen. Er wird unter anderem den Investitions- und Finanzierungsplan (→ S. 207 ff und 237) durchsprechen. Er fertigt gerne eine Rentabilitätsanalyse an. Dabei setzt er für die Berechnungen unter Umständen modernste Computertechnik mit einer speziellen Beratungssoftware ein.

So gibt es zum Beispiel für die Beratung in Nordrhein-Westfalen das Softwareprogramm CUBIS. CUBIS steht für „Computerunterstützter Beratungs- und Informations-Service" und ist eine hochleistungsfähige Gemeinschaftsentwicklung aller Handwerkskammern und Fachverbände in NRW.

Umfang der betriebswirtschaftlichen Beratung

Das Beratungsangebot für Handwerksunternehmer umfaßt alle betriebswirtschaftlichen Fragen, insbesondere auch die Themen

- Finanzierung
- Kostenrechnung und Kalkulation
- Schwachstellenanalyse
- Marketing
- EDV
- Rechtsformänderung
- Betriebsnachfolge.

Dies sind nur einige der Themen, die zum fachlichen Repertoire gehören.

2.1.3 Technische Beratung

Für technische Fragestellungen kann man Unterstützung bei den technischen Beratern der Handwerkskammern und Fachverbände erhalten. Das sind Diplom-Ingenieure mit Fachhochschul- oder Hochschulausbildung.

Schwerpunkte der technischen Beratung

Schwerpunkte der technischen Beratung liegen in Angelegenheiten des Werkstattbaus und der -einrichtung sowie der Maschinen- und Werkzeugausstattung. Zum Beratungsfeld gehören auch die Planung des Fertigungsablaufs, des Materialflusses und des Personaleinsatzes. Häufig nachgefragt wird der Rat zu Fragen der Arbeitsstättensicherheit.

Die klassischen technischen Beratungsthemen der Heizung, Beleuchtung und Lüftung gehören nach wie vor zum Angebot. Sie haben sich aufgrund neuer Anforderungen zu Beratungen unter dem Aspekt der Energieeinsparung weiterentwickelt. Hiervon ausgehend wird der technische Berater inzwischen auch vielfach zu Umweltschutzfragen in Anspruch genommen.

2.1.4 Technologie-Transfer-Beratung

Technologie-Transfer-Beratung

Braucht man neue Techniken für den Betrieb oder wird ein neues, technisch besonders anspruchsvolles Produkt entwickelt? In beiden Fällen hilft ein Berater der Handwerksorganisation. In den meisten Bundesländern heißt er Technologie-Transfer-Berater. Diese Experten beraten bei kniffligen technologischen Problemen oder gehen gemeinsam mit dem Handwerksunternehmer zur Hochschule, wo sie insbesondere in ihrer Region die einschlägigen Professoren gut kennen. So wird auch das schwierigste technische Problem gelöst.

Diese Berater sind in Nordrhein-Westfalen im Technologie-Transfer-Ring Handwerk NRW zusammengeschlossen. Jede Handwerkskammer in Nordrhein-Westfalen verfügt über mindestens einen dieser Spezialisten. Hinzu kommt ein Verbindungsberater an der Rheinisch-Westfälischen Technischen Hochschule in Aachen (RWTH). Die Leitung des Rings, der sich regelmäßig zur Weiterbildung in den neuesten Techniken und zum Erfahrungsaustausch trifft, liegt bei der Landes-Gewerbeförderungsstelle (LGH).

2.1.5 Standortrechtsberatung

standortrechtliche/raumplanerische Beratung

Aus der Sicht der Betriebe eher unauffällig arbeitend ist der Standortrechtsberater bei der Handwerkskammer, oft auch als Planungsbeauftragter bezeichnet. Unspektakulär ist die Arbeit deswegen, weil die Betriebe es nicht sehen, wenn der Kammermitarbeiter in ihrem Interesse sehr viele Behördentermine wahrnehmen muß und bei standortrechtlichen wie raumplanerischen Fragen komplizierte Gutachten und Stellungnahmen verfaßt. Dieser Berater ist der Partner, wenn man neu bauen, verlagern, umbauen, die Nutzung ändern oder verkaufen will. Denn er weiß, was man aufgrund des Bauplanungsrechts auf dem Grundstück machen darf und was nicht. Wer ihn rechtzeitig einschaltet, kann sich selbst viel Behördenärger ersparen. Aber auch dann, wenn man den Ärger schon hat, weiß er oft noch einen guten Weg.

2.1.6 Arbeitsrechtliche Beratung

Arbeitsrechtsberatung

Das Arbeitsrecht in der Bundesrepublik ist in eine große, selbst vom Fachmann schwer zu überschauende Zahl gesetzlicher Sonderregelungen zersplittert. Sich darin auszukennen, erfordert ein hohes Maß an zeitlichem Aufwand, das ein Einzelunternehmer dafür niemals aufbringen kann.

Hilfen in arbeitsrechtlichen Fragen erhält er daher bei der Kreishandwerkerschaft. Bei größeren Kreishandwerkerschaften gibt es manchmal überdies einen zusätzlichen juristischen Experten insbesondere für das Arbeitsrecht. Die Kreishandwerkerschaft ist im übrigen befugt, ihre Mitglieder in arbeitsrechtlichen Verfahren zu vertreten.

2.1.7 Steuerberatung

Die Steuerberatung ist Aufgabe von selbständigen, freiberuflich tätigen Steuerberatern. Die Berufsbezeichnung des Steuerberaters ist, anders als die Bezeichnung Unternehmensberater, geschützt und setzt eine bestimmte Ausbildung und eine spezielle Prüfung voraus.

Steuerberatungsstellen

Aus der alten Tradition der handwerklichen Buchstellen bei Kreishandwerkerschaften heraus hat sich ein Verband der Wirtschafts- und Steuerberatungsstellen im Handwerk entwickelt. Es gibt ihn in den meisten Bundesländern. Die Mitglieder sind nicht mehr wie früher Angestellte der Handwerksorganisation, sondern selbständige Steuerberater mit eigenen Praxen. Sie arbeiten jedoch nach wie vor sehr eng mit der Handwerksorganisation zusammen und haben besonders viele handwerkliche Mandanten.

2.1.8 Sonstige Beratungsangebote

weitere Beratungsmöglichkeiten

Bei einigen, aber nicht allen Kammern, gibt es spezielle Berater für Fragen
- der Formgebung und Gestaltung
- der Außenwirtschaft
- des Europäischen Binnenmarktes
- des Umweltschutzes
- der Qualitätssicherung.

Falls in diesen Bereichen Beratungsbedarf besteht, sollte man sich erkundigen, ob ein Spezialist vorhanden ist oder wer ansonsten weiterhelfen kann.

2.2 Bildung

Der gute Ruf der Produkte und Leistungen basiert wesentlich auf dem hohen fachlichen Niveau der engagierten Arbeitnehmer und den Fähigkeiten der tüchtigen mittelständischen Unternehmer in Deutschland. Diese Qualität wird im In- und Ausland hoch geschätzt. Besonders gefordert sind hierbei die Handwerksbetriebe, da ihre Leistungen sehr stark vom persönlichen Können des Chefs und seiner Mitarbeiter abhängen. Voraussetzungen dafür sind eine erstklassige Ausbildung und eine ständige Fort- und Weiterbildung. Wer dies vernachlässigt, bleibt im Mittelmaß hängen. Der betriebliche Erfolg ist dann geringer als möglich, die Gefahr betrieblichen Mißerfolgs dagegen eindeutig höher. Schauen wir uns die Gewerbeförderungsangebote im Bildungsbereich für das Handwerk an:

Überbetriebliche Lehrwerkstätten

Zusatzqualifikation für den Lehrling

In ihnen erhält der Lehrling eine Zusatzqualifikation, die einerseits die Breite des Tätigkeitsfelds seines Berufs ausschöpft und andererseits neue technische Erkenntnisse vermittelt.

Bildungszentren
Fast alle Handwerkskammern in der Bundesrepublik sowie manche Fachverbände und Kreishandwerkerschaften verfügen über eigene Bildungszentren. Das Angebot umfaßt neben den Meistervorbereitungskursen in der Regel eine umfangreiche Palette an technischen und kaufmännischen Weiterbildungsseminaren.

Meistervorbereitungskurse

Akademien des Handwerks

Betriebswirt des Handwerks

In Akademien des Handwerks können zusätzliche unternehmerische Qualifikationen im Rahmen des Studiums zum „Betriebswirt des Handwerks" erworben werden. Der Studiengang wird nach einem durch den Zentralverband des Deutschen Handwerks (ZDH) bundesweit anerkannten Rahmenlehrplan durchgeführt. Die Gesamtdauer des Lehrgangs beträgt 48 Lehrgangstage bzw. 500 Unterrichtsstunden. In Vollzeitform benötigt das Studium fünf Monate, berufsbegleitend kann die Abschlußprüfung zumeist nach rund zwei Jahren abgelegt werden. Inhalte des Studiums sind Betriebswirtschaft 50 %, Wirtschaftsrecht 20 %, Personalführung 20 % und Volkswirtschaft 10 %.

Manche regionalen Bildungszentren bei Kammern und Fachverbänden haben inzwischen das Recht zur Durchführung des Akademie-Lehrgangs erworben. Ansonsten bestehen auf Landesebene Akademien, zum Beispiel in

- Stuttgart für Baden-Württemberg
- Frankfurt für Hessen
- Raesfeld für Nordrhein-Westfalen.

Aus- und Weiterbildung in der Gestaltung

Gestalter im Handwerk

Eine spezielle „Akademie für Gestaltung" besteht inzwischen an rund 10 Handwerkskammern (z. B. Aachen, Münster, Kassel, Hannover). Sie bieten ein sechssemestriges Studium mit dem Abschluß „Gestalter im Handwerk" an. Kreative Individualität und handwerkliche Qualität werden miteinander verbunden und eröffnen dem Handwerk einen finanzstarken Nachfragebereich.

Restauratorenfortbildung

Restaurator im Handwerk

Die Fortbildungsakademie Schloß Raesfeld in Nordrhein-Westfalen und das Fortbildungszentrum für Handwerk und Denkmalpflege in Fulda bieten für mehrere Handwerksberufe eine Fortbildung zum „Restaurator im Handwerk" an. Dabei ist es wünschenswert, daß der Teilnehmer schon einige Jahre als Meister gearbeitet hat. Das Fortbildungsprogramm umfaßt die Elemente

- Kunst- und Kulturgeschichte
- Werkstoffe und Rechtskunde
- Bestandsaufnahme und Dokumentation
- historische Materialkunde und Anwendungstechniken
- Restaurierungs- und Konstruktionstechniken.

Das deutsche Handwerk entsendet auch einige ausgewählte Stipendiaten zum europäischen Ausbildungszentrum für Denkmalschutz in Venedig.

Umweltschutzlehrgang

Umweltschutzberater im Handwerk

Ganz neu im Gewerbeförderungsangebot ist der Lehrgang zum „Umweltschutzberater im Handwerk". Er umfaßt 450 – 500 Stunden und wird durchgeführt vom Zentrum für Energie-, Wasser- und Umwelttechnik (ZEWU) in Hamburg und vom Zentrum für Umweltschutz und Energieeinsparung der Handwerkskammer Düsseldorf (UZH) in Oberhausen.

Diese Gewerbeförderungsmaßnahmen im Bildungsbereich kosten Geld. Der selbständige Handwerksmeister, der seinen Lehrling zur überbetrieblichen Weiterbildung sendet, bezahlt dafür. Der Existenzgründer, der ein Existenzgründungsseminar besucht, zahlt eine Seminargebühr. Gleiches gilt zum Beispiel für den Handwerker, der ein technisches Spezialseminar nutzt.

Finanzierung der Bildungsangebote

Was man in der Regel nicht sieht, sind die zum Teil beachtlichen Zuschüsse aus öffentlichen Kassen. So sind die Bildungszentren und Werkstätten vielfach mit Mitteln von Bund und Land gefördert. Maschinenausstattung, Erweiterung und Modernisierung werden bezuschußt. Und nicht zuletzt werden manche Seminare auch noch speziell unterstützt. Dies alles führt dazu, daß die Bildung im Handwerk zu sehr günstigen Preisen angeboten werden kann.

Die Gewerbeförderung im Bildungsbereich hat somit zwei Aspekte. Zum einen liegt sie in dem Angebot selbst. Es ist eine Leistung der Handwerksorganisation, ein qualifiziertes Bildungsangebot entwickelt zu haben und ständig zu aktualisieren. Zum anderen ist zu sehen, daß bei der Finanzierung der Staat hilft.

Man sollte diese Möglichkeiten zur Fort- und Weiterbildung verstärkt nutzen, denn man verdient daran zweifach. Man bekommt mehr für sein Geld, als es einen selbst kostet. Und man hat den Nutzen im Betrieb, der sich im Betriebsergebnis bezahlt macht.

2.3 Finanzierungshilfen

„Geldmangel ist die Wurzel allen Übels", sagt Mark Twain. Wer will ihm da widersprechen? Viele nützliche Vorhaben und Aktionen müssen unterbleiben, weil sie zu teuer sind. Hier springt vielfach der Staat ein, weil er am Wohlergehen des Handwerks ein gesellschafts- wie wirtschaftspolitisches Interesse hat.

2.3.1 Förderung betrieblicher Vorhaben

staatliche Förderprogramme

Schauen wir uns zuerst die direkten Finanzierungshilfen an die Betriebe an. Bund und Land helfen mit verbilligten Krediten oder sogar verlorenen Zuschüssen. Wann kann man diese Mittel bekommen? Es gibt Förderprogramme für die Existenzgründung (→ S. 206 ff), die Betriebsverlagerung, die Betriebserweiterung und die Durchführung von Umweltschutzmaßnahmen im Betrieb.

Arbeitsplatzsicherungsprogramm

Ein „Feuerwehrprogramm" sei besonders hervorgehoben. Es hilft in Nordrhein-Westfalen Betrieben, die durch Umstände, die der Inhaber nicht zu vertreten hat, in eine brenzlige Schieflage gekommen sind. Dieses Arbeitsplatzsicherungsprogramm, so die korrekte Bezeichnung, muß zeitnah zu dem auslösenden Ereignis, wie zum Beispiel einem größeren Ertragsausfall wegen Konkurses des Schuldners, beantragt werden. Es dient nicht der Sanierung eines siechenden Unternehmens, sondern soll nur die belastenden Konsequenzen des unverschuldet von außen einwirkenden Ereignisses auffangen.

Maßnahmebeginn nicht vor Antragstellung

Wichtig zu wissen ist, daß bei fast allen öffentlichen Programmen die Mittel nur gewährt werden, wenn die Maßnahme nicht vor Antragstellung in Angriff genommen wurde. Besonders diese Regel führt in der Praxis immer wieder zu Ablehnungen wegen vorzeitigen Maßnahmebeginns. Der Antrag wird bei einem Kreditinstitut eigener Wahl gestellt. Diese sogenannte Hausbank wickelt dann das weitere Verfahren ab. Es gelten die Kreditkonditionen, die am Tag der Bewilligung in Kraft sind.

kein Rechtsanspruch auf öffentliche Mittel

Es besteht kein rechtlicher Anspruch auf die Gewährung öffentlicher Mittel. Bis man Gewißheit über die Auszahlung erhalten hat, vergehen in der Regel mindestens zwei Monate. Bei Rückfragen, zum Beispiel wegen unvollständiger Unterlagen, kann es auch länger dauern.

Gewerbeförderung

Also sollte man die Mittel möglichst frühzeitig, unter Berücksichtigung der Zeitabläufe, beantragen. Zu früh sollte man es andererseits auch nicht machen, da ansonsten Bereitstellungszinsen anfallen. Im übrigen sollten die Möglichkeiten einer Zwischenfinanzierung geprüft und auch mit der Bank Alternativen abgesprochen werden, sofern die öffentlichen Mittel nicht oder – was bei einigen Programmen schon mal häufiger vorkommt – nicht im beantragten Umfang gewährt werden.

Zwischenfinanzierung

Bei vielen öffentlichen Programmen sind die Berater der Handwerkskammern mit eingeschaltet. Man sollte sich daher nicht wundern, wenn sich ein Kammerberater anmeldet. Er muß dann eine fachliche Stellungnahme abgeben, ob das Vorhaben wirtschaftlich sinnvoll ist.

fachliche Stellungnahme

Die Handwerksorganisation begleitet die Anträge im übrigen auch weiter durch die Instanzen. Schwierige Fälle im Landesprogramm werden in den Kreditausschüssen des Landes erörtert. In diesen Gremien arbeitet jeweils ein Vertreter der Handwerkskammern mit. Auf begründeten Wunsch der Handwerkskammer kann auch jeder andere Fall, der über diese Programme abgewickelt wird, dort Gegenstand der besonderen Beratung werden.

Über weitere Einzelheiten, wie zum Beispiel die jeweils aktuellen Konditionen, informiert neutral und unverbindlich der Unternehmensberater bei der Handwerkskammer. Zu empfehlen ist, seinen Rat bereits vorab einzuholen und das gesamte Vorhaben mit ihm zu besprechen.

2.3.2 Zuschüsse zu freiberuflichen Beratungen

Bundesprogramm

Öffentliche Finanzierungshilfen gibt es auch für die Inanspruchnahme externer Berater. Ein Bundesprogramm bezuschußt die Kosten für die Verpflichtung freiberuflicher Unternehmensberater in folgenden Beratungsfällen:

Beratungszuschüsse des Bundes

- Existenzgründungsberatung
  Beratungen vor der Gründung einer selbständigen gewerblichen Existenz

- Existenzaufbauberatung
  Beratung innerhalb von zwei Jahren nach der Existenzgründung

- allgemeine Beratung
  Beratungen über alle wirtschaftlichen, technischen, finanziellen und organisatorischen Probleme der Unternehmensführung sowie Beratungen zur unternehmerischen Anpassung an den EU-Binnenmarkt

- Umweltschutzberatung
  Beratungen zur Bewältigung der für die Betriebe aus dem Schutz der Umwelt resultierenden Probleme

- Energieeinsparberatung
  Beratungen über wirtschaftliche, technische und organisatorische Fragen im Zusammenhang mit einer sparsamen und rationellen Energieverwendung.

Höhe der Zuschüsse

Die Zuschüsse liegen je nach Beratungsart zwischen 50 % und 60 % der förderfähigen Kosten. Zudem gibt es Höchstbeträge, die zuletzt zwischen DM 3 000,- und DM 4 000,- lagen. Der Kammerberater, der für die Handwerksbetriebe unentgeltlich arbeitet, kennt sich auch bei den aktuellen Zuschußkonditionen seiner freiberuflichen Kollegen aus und informiert auf Nachfrage gern darüber.

Der Beratungszuschuß wird auf einem Formblatt bei der Zuwendungsleitstelle beantragt. Dies muß spätestens bis zum 31. Mai des Folgejahres geschehen. Seriöse Berater kennen sich in dem Verfahren aus und helfen gern dabei.

Beratungsvertrag prüfen

Beratungen können außerordentlich wertvoll sein, wenn man den richtigen Berater hat. Man sollte daher nie einen Beratungsvertrag unterschreiben, ohne eine Nacht darüber zu schlafen und ohne Referenzen eingeholt und geprüft zu haben. Wer unsicher ist, sollte den Kammerberater fragen. Er kennt schon etliche der schwarzen Schafe am Markt. Auf Wunsch ist er bei der Auswahl eines seriösen Fachmanns behilflich.

Die Beratungsleistung muß bestimmte Bedingungen erfüllen, um zuschußfähig zu sein. So genügt zum Beispiel nicht eine reine Beschreibung der Ist-Situation des Betriebes, sondern der Beratungsbericht muß ausführlich die erarbeiteten Verbesserungsvorschläge enthalten. Dieser Fehler findet sich relativ häufig.

Sind die Bedingungen nicht erfüllt, wird der Zuschuß versagt. Dies trifft nicht den Berater, sondern den Betrieb. Bei einem Vertrag mit dem Berater muß man an ihn in voller Höhe zahlen, auch wenn der Zuschußantrag wegen Beratungsmängel abgelehnt wird. Dies sollte man sich unbedingt merken, da manche freiberuflichen Berater gern im Einführungsgespräch den Preis verbal um die Zuschüsse verkleinern. Im Vertrag vereinbart man jedoch die Gesamtzahlung, wie es in den Richtlinien auch vorgeschrieben ist. Man muß also selbst sehr darauf achten, daß man einen erfahrenen und seriösen Berater beauftragt. Sonst verliert man zweimal: die Beratung bringt nichts und der Zuschuß entfällt. Ärgerlich!

Landesprogramme

Außenwirtschaftsberatungsprogramm

Falls eine Exportberatung nötig ist, hilft in Nordrhein-Westfalen das Außenwirtschaftsberatungsprogramm des Landes durch die Gewährung von Zuschüssen. Es wird abgewickelt über die Außenhandelsstelle für die mittelständische Wirtschaft Nordrhein-Westfalens (AHS). Dies ist eine Gemeinschaftseinrichtung der Industrie- und Handelskammern (IHK), der Handwerkskammern (HWK) und der Landes-Gewerbeförderungsstelle des nordrhein-westfälischen Handwerks (LGH) in Nordrhein-Westfalen. Qualifizierte Exportberater kennen das Verfahren und werden von sich aus die Anträge vorbereiten. Bei Fragen ruft man einfach bei der LGH an und läßt sich mit dem Exportreferenten verbinden.

Technologie-Beratungs-Programm

Sofern Fragen im Zusammenhang mit einer technischen Neuentwicklung bestehen, kann man das Technologie-Beratungs-Programm Nordrhein-Westfalens (TBNW) nutzen. Ein Beratungstag, zum Beispiel durch einen Fachhochschulprofessor, ist kostenlos. Das Land übernimmt dafür die volle Rechnung. Weitere Beratungen durch Experten werden durch Zuschüsse stark ermäßigt. Den Kontakt zu diesem Programm bekommt man über den Technologie-Transfer-Berater (TTH) der Handwerkskammer.

2.3.3 Bürgschaft

Die Handwerksorganisation stellt, gemeinsam mit weiteren Partnern, Ausfallbürgschaften zu Krediten an Handwerksbetriebe. Hierzu wurden Landesbürgschaftsbanken eingerichtet (→ S. 236 f). Die Antragstellung läuft über die Hausbank. Informationen erhält man beim betriebswirtschaftlichen Berater der Kammer.

2.4 Informationsbroschüren

2.4.1 Tips zur Unternehmensführung

Wenn man eine Frage hat, will man nicht immer gleich ein dickes Buch wälzen müssen. Und seinen Kammerberater will man vielleicht auch nicht immer sofort beschäftigen. In dieser Situation können Broschüren nützlich sein, besonders wenn sie knapp und verständlich geschrieben sind.

Broschüren zur Unternehmensführung

Über 50 verschiedene Themen zählt inzwischen die Broschürenreihe der Handwerkskammern und Fachverbände in Nordrhein-Westfalen. Die Reihe heißt „Tips zur Unternehmensführung" und wird von der Landes-Gewerbeförderungsstelle (LGH) herausgegeben. Die Broschüren sind meist nur vier bis acht Blatt stark und enthalten alles Wesentliche. Geschrieben wurden sie fast ausschließlich von den Unternehmensberatern der Handwerksorganisation aus der täglichen Beratungspraxis heraus.

2.4.2 Betriebswirtschaftliche Vergleichszahlen

Die meisten Handwerker kennen und nutzen sie, aber eigentlich machen viel zu wenige aktiv bei der Erstellung mit. Die Rede ist von den betriebswirtschaftlichen Vergleichszahlen der Fachverbände. Meist werden sie nur mit dem Fachwort „Betriebsvergleiche" bezeichnet.

Betriebsvergleiche

Diese Betriebsvergleiche (→ S. 176 ff) beinhalten die Durchschnittszahlen einer Branche. Sie sind ideal, um die eigene wirtschaftliche Situation festzustellen und zu vergleichen. Mit den Betriebsvergleichen kann man insbesondere den „echten" Gewinn berechnen, d. h. den Gewinn nach Abzug der kalkulatorischen Kosten. Dabei wird man sich möglicherweise über das Ergebnis wundern. Mit den Betriebsvergleichen kann man die Kalkulation verbessern. Wechselt man bei den Verrechnungssätzen nur Geld oder bleibt etwas übrig? Bei der Beantwortung dieser Frage hilft der Betriebsvergleich.

betriebliche Schwachstellen finden

Er hilft auch bei der gezielten Schwachstellensuche. Wenn man zum Beispiel im Vergleich sieht, daß die Lagerhaltungskosten wesentlich höher sind als die Durchschnittswerte, so kann das einen guten Grund haben. Aber die Abweichung kann auch ein betriebliches Problem signalisieren. Die Abweichung allein gibt keine Aussage über die Ursache. Aber sie setzt ein Zeichen an die Stelle, wo man vorrangig suchen sollte. Darüber muß man sich selbst den Kopf zerbrechen, eventuell mit Unterstützung eines externen Beraters.

mitmachen zahlt sich aus

Betriebsvergleiche kann man, wenn sie als gedruckte Broschüre vorliegen, mit großem Nutzen für seinen Betrieb einsetzen. Noch wirkungsvoller ist es, bei der Erstellung mitzumachen. Die Berater der Kammern und Fachverbände helfen gern beim Ausfüllen der Erhebungsbogen. Damit erhält man schon frühzeitig im Wirtschaftsjahr geldwerte Informationen in Form einer kostenlosen Einzelauswertung. Früher als alle anderen kann man Überlegungen und Entscheidungen treffen, die für ein möglichst gutes Betriebsergebnis wichtig sind. Die Voraussetzungen sind da! Es liegt an jedem Betriebsinhaber selbst, sie zu nutzen.

Zu diesem Kapitel finden Sie die Aufgaben B 137 – B 145 im Band „Vorbereitung auf die Meisterprüfung – Test- und Übungsaufgaben".

2.5 Vermittlungsdienste

2.5.1 Betriebsvermittlung

In jedem gesunden Betrieb steckt ein Vermögen. Damit sind nicht nur die materiellen Werte gemeint. Von großem Wert sind darüber hinaus die erfahrenen und eingespielten Mitarbeiter sowie die erprobten Einkaufsbeziehungen. Noch wichtiger ist der alte Kundenstamm.

Betriebsbörse

Wenn der Chef sich zur Ruhe setzen will, muß dies nicht alles zwangsläufig auseinanderbrechen. Der Betriebsvermittlungsdienst der Handwerkskammern, genannt „Betriebsbörse", hilft, einen Nachfolger zu finden. Beide profitieren davon: Der alte Meister erzielt einen reellen Verkaufserlös; der Existenzgründer braucht nicht ins kalte Wasser zu springen, sondern erhält einen funktionstüchtigen Betrieb.

2.5.2 Expertenvermittlung

Hat man ein Problem, das man nicht selbst lösen kann, dann ist guter Rat oft schwer zu finden. Sofern man selbst keinen passenden Fachmann kennt, kann man immer den Betriebsberater der Kammer als Mittler ansprechen.

Expertendatenbank

In Nordrhein-Westfalen sind zur Zeit mehrere Datenbanken der Handwerksorganisation im Aufbau. Dazu gehören u. a. die Expertendatenbank, die Ansprechpartner und Spezialisten in den verschiedenen Bereichen systematisch sammeln wird.

Aber auch schon heute kann der Kammer- oder Fachverbandsberater weiterhelfen, wenn man zum Beispiel einen technischen Fachmann in der Kunststoffbearbeitung oder einen freiberuflichen Exportberater für die Niederlande sucht.

2.6 Messen, Ausstellungen, Sonderschauen

2.6.1 Handwerksmessen

Wirkungsvolle Instrumente der Handwerksförderung sind Messen, Ausstellungen und Sonderschauen. Das Handwerk organisiert regelmäßig eigene große Handwerksmessen. Die Internationale Handwerksmesse München (IHM) ist die größte Messe des Handwerks und der Zulieferindustrie für das Handwerk weltweit. Sie findet jährlich im März statt. Die Messe Koblenz gibt es seit 1987. Sie wird alle zwei Jahre durchgeführt. 1992 fand erstmalig die Handwerksmesse NRW in Köln sowie die Nordeuropäische Handwerksmesse in Hamburg statt. Sie werden jährlich wiederholt.

2.6.2 Gemeinschaftsstände

Zuschuß zu Ausstellungskosten

Eine klassische Maßnahme zur Absatzförderung ist die Einrichtung von Gemeinschaftsständen auf Messen und Ausstellungen. Von seiten der Handwerksorganisation wird ein Großteil der technischen Vorbereitung übernommen. Der Aufwand des Ausstellers wird so deutlich geringer. Dies und eine auf drei Teilnahmen begrenzte Bezuschussung der Ausstellungskosten sollen den Einstieg in selbständige Messeaktivitäten ebnen. Gemeinschaftsstände des Handwerks gibt es zum Beispiel auf der Hannover-Messe Industrie für handwerkliche Zulieferbetriebe und auf der Kunststoffmesse K in Düsseldorf. Die Teilnahme wird über den technischen Berater der Kammer vermittelt.

C Grundzüge des Rechts- und Sozialwesens

Grundzüge der politischen Bildung

1. Begriff und Aufgaben des Staates

Lernziele:

Der Lernende kann, nachdem er dieses Kapitel durchgearbeitet hat,
- die Merkmale eines Staates nennen,
- einen demokratischen Staat kennzeichnen,
- das Prinzip der Gewaltenteilung erklären,
- Diktaturen kennzeichnen,
- mindestens zehn Aufgaben eines Staates unterscheiden.

1.1 Was ist ein Staat?

Auf unserer Erde gibt es heute mehr als 140 selbständige Staaten, die in ihrer Gesellschafts- und Wirtschaftsform unterschiedlich sind. Allen gemeinsam sind die drei Merkmale, die jeden Staat charakterisieren

Merkmale des Staates

- ein Staat braucht ein Land (das Staatsgebiet). Eine Exilregierung ohne Land ist kein Staat.
- ein Staat braucht Menschen (das Staatsvolk). Dieses Staatsvolk kann eine durch gemeinsame Sprache, gemeinsame Kultur und gemeinsame Geschichte gewachsene Nation sein. Ein Staat kann aber auch viele Völker mit unterschiedlicher Sprache und Kultur in sich vereinigen.
- ein Staat braucht die Staatsmacht (Staatsgewalt). Für das Leben in der Gemeinschaft ist die Staatsgewalt oder die politische Macht unentbehrlich, da sich ohne sie eine allgemein gültige Ordnung nicht herstellen läßt. Der Staat braucht zur Herstellung dieser Ordnung das Recht, seinen Bürgern Pflichten aufzuerlegen und das Funktionieren des Gemeinwesens durch Gesetze zu regeln. In demokratischen Staaten wird diese Staatsgewalt im Namen des Volkes ausgeübt, denn dem Volk in seiner Gesamtheit steht nach heutiger Auffassung allein das Recht zu, sich Gesetze zu geben und die Herrschaftsgewalt durch gewählte Vertreter ausüben zu lassen.

> Zu diesem Kapitel finden Sie die Aufgaben C 1 – C 29 im Band „Vorbereitung auf die Meisterprüfung – Test- und Übungsaufgaben".

Ausgehend von diesem Grundsatz muß in einem Staat in der Verfassung – unsere Verfassung heißt Grundgesetz – festgelegt werden, wie die Staatsmacht im einzelnen gehandhabt wird. Denn diese Staatsmacht ist zwar zur Gewährung der öffentlichen Ordnung und Rechtssicherheit notwendig, sie kann aber leicht mißbraucht werden. Deshalb muß sie kontrolliert und auf verschiedene Gewalten verteilt werden.

Zu einem Staat gehören das Staatsgebiet, das Staatsvolk und die Staatsmacht.

1.2 Demokratischer Staat

Ein demokratischer Staat weist folgende charakteristische Merkmale auf:

Freie, gleiche und geheime Wahlen
Das Volk wählt die Regierenden über mehrere zugelassene Parteien durch freie, gleiche und geheime Wahlen für einen bestimmten Zeitraum.

freie Wahlen: Dem Wähler steht es frei, ob er wählt oder nicht, ob er diesen oder jenen Kandidaten wählt, ob er gültig oder ungültig wählt. Der Wähler darf nicht zur Ausübung seines Wahlrechts gezwungen oder an der Ausübung gehindert werden.

gleiche Wahlen: Jede abgegebene gültige Stimme hat den gleichen Wert. Die Stimme eines Handwerkskammerpräsidenten zählt genausoviel oder genausowenig wie die Stimme seines Fahrers.

geheime Wahlen: Bei der Ausübung des Wahlrechts muß die Anonymität des Wahlvorganges gewährleistet sein. Niemand kann verpflichtet werden, seine Wahlentscheidung offenzulegen.

Verfassung und Gesetze
Die politische Macht der Regierenden ist durch die Verfassung und durch Gesetze begrenzt und festgelegt. Insbesondere bestimmte, in der Verfassung aufgezählte Grundrechte sind unverzichtbar; sie können lediglich durch Gesetze in vorher festgelegtem Umfang eingeschränkt werden. Beispiel: Das im Grundgesetz festgelegte Grundrecht der persönlichen Freiheit ist durch die Einführung des Wehrpflichtgesetzes eingeschränkt worden.

Grundrechte

Alle Gesetze müssen in Übereinstimmung mit der Verfassung (= Grundgesetz) stehen. Widerspricht ein einzelnes Gesetz aus irgendeinem Grund der Verfassung, so kann es vom Verfassungsgericht für nichtig erklärt werden.

Teilung der Gewalten
Die Staatsgewalt ist in einem demokratischen Staat organisatorisch und personell auf verschiedene Organe aufgeteilt. Man unterscheidet

Gewaltenteilung

- die gesetzgebende Gewalt (Legislative)
- die vollziehende Gewalt (Exekutive)
- die rechtsprechende Gewalt (Judikative).

Diese drei Gewalten müssen in verschiedenen Händen liegen. Es gibt nämlich keine Freiheit, wenn derselbe Mann oder dieselbe Körperschaft des Volkes

- Gesetze gibt
- die vom Volke gefaßten Beschlüsse ausführt
- die Verbrechen oder Zwistigkeiten der Bürger richtet.

Auch die Verfassung der Bundesrepublik Deutschland bejaht den Grundsatz der Gewaltenteilung. Artikel 20,2 GG (Grundgesetz) lautet: „Alle Staatsge-

Grundzüge der politischen Bildung

walt geht vom Volke aus. Sie wird vom Volke in Wahlen und Abstimmungen und durch besondere Organe der Gesetzgebung, der vollziehenden Gewalt und der Rechtsprechung ausgeübt."

So werden

Legislative — Gesetze beschlossen von den Parlamenten des Bundes (= Bundestag) und der Länder (= Landtage)

Exekutive — Gesetze ausgeführt, d. h. in konkrete Maßnahmen überführt, von der Bundesregierung und den Bundesbehörden sowie von den Regierungen der Länder und den Landesbehörden

Judikative — Verbrechen abgeurteilt sowie bei Streitigkeiten Recht gesprochen von unabhängigen Richtern, d. h. von Richtern, die auf Lebenszeit ernannt sind und von keiner Regierung und von keinem Parlament bei ihrer Urteilsfindung beeinflußt werden, sondern nur dem Gesetz verpflichtet sind.

Die Einrichtungen der drei Teilgewalten kontrollieren sich gegenseitig. Auch innerhalb der Organe bestehen Kontrollmöglichkeiten. Der Bundestag kann Untersuchungsausschüsse einsetzen. Die Regierung wird von der Opposition kontrolliert. Die Verwaltung steht unter der Kontrolle des Rechnungshofes. Der Bürger kann gegen ihn belastende Verwaltungsakte vor dem Verwaltungsgericht klagen (z. B. gegen die Entziehung der Fahrerlaubnis). Die Richter sind unabhängig und nur dem Gesetz unterworfen.

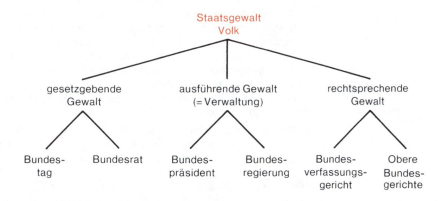

Bindung der Staatsorgane an die Gesetze

Alle Staatsorgane dürfen nur handeln und in dem Rahmen tätig werden, in dem sie durch ordnungsgemäß zustande gekommene Gesetze dazu ermächtigt worden sind. Alle hoheitlichen Handlungen können auf dem Prozeßwege angefochten werden. Den Bürger belastende Gesetze dürfen nicht mit rückwirkender Kraft versehen werden. Beispiel: Die Enteignung eines Grundstückes darf nach dem Enteignungsrecht nur mit voller Entschädigung und bei zwingendem öffentlichen Interesse – z. B. beim Straßenbau – vollzogen werden. Der Betroffene kann die Enteignungsverfügung vor Gericht anfechten.

Ein demokratischer Staat hat freie, gleiche und geheime Wahlen, unverzichtbare Grundrechte, dreigeteilte Gewalten und die Bindung der Staatsorgane an Gesetze.

1.3 Diktatur

Im Gegensatz zum demokratischen Staat weist ein totalitär regierter Staat (Diktatur) folgende Merkmale auf, die allerdings in verschiedensten Schattierungen auftreten

Merkmale einer Diktatur

- die Regierung wird normalerweise nicht vom Volk bestimmt
- es gibt keine freien Wahlen
- die Regierung kann nicht vom Volk oder den Volksvertretern kontrolliert oder gar abgesetzt werden
- es ist nur eine einzige Partei zugelassen, die alle Macht für sich beansprucht und eine Kontrolle von dritter Seite nicht zuläßt. In Militärdiktaturen sind häufig alle Parteien verboten
- der absolute Herrschaftsanspruch und die uneingeschränkte Verfügungsgewalt werden meist durch eine bestimmte Ideologie (z. B. durch die marxistisch-leninistische Lehre) gerechtfertigt. Das Privateigentum, insbesondere das Eigentum an Produktionsgütern, ist stark eingeschränkt oder generell in Gemeineigentum überführt. Der Spielraum für die persönliche Freiheit ist begrenzt
- der Staatsapparat verfügt über eine zentral gelenkte Macht; auch untere Organe sind ihm direkt unterstellt. Föderalistische Ideen (Aufteilung des Staatsgebietes in mehr selbstverwaltlich regierte Landesteile) haben im totalitär regierten Staat keine Chance
- die Wirtschaftsverfassung des totalitären Staates ist die Zentralverwaltungswirtschaft, bei der der Wirtschaftsablauf vom Staat gelenkt und kontrolliert wird – im Extremfall bis zur Preisfestsetzung und der Entscheidung darüber, welche Produkte in welcher Stückzahl produziert werden. In der Zentralverwaltungswirtschaft kommunistischer Prägung befinden sich fast alle Betriebe in Staatsbesitz. Wenn es Gewerkschaften gibt, haben sie keine Möglichkeit, in freier Entscheidung Tarifverträge auszuhandeln. Streik ist verboten.

Demgegenüber steht in der Marktwirtschaft demokratischer Staaten der selbständige Unternehmer im Mittelpunkt. Das Wirtschaftsgeschehen wird durch den freien Wettbewerb, durch Angebot und Nachfrage, geregelt.

Ein totalitär regierter Staat hat keine oder nur eine Staatspartei, dafür aber eine uneingeschränkte, zentralgelenkte Macht, die sich auf eine Ideologie stützt, das Eigentum einschränkt und das Wirtschaftsgeschehen durch Planwirtschaft lenkt.

1.4 Aufgaben des Staates

Pflichtaufgaben des Staates sind

Aufgaben des Staates

- Herstellung und Wahrung des inneren Friedens und des Rechts durch Unterhaltung von Ordnungsbehörden und Ordnungseinrichtungen und einer unabhängigen Justiz
- Schutz von Leben, Freiheit und Eigentum durch vorausschauende Maßnahmen und Gesetze (z. B. Einrichtungen für den Umweltschutz)
- Selbstbehauptung nach außen durch Teilnahme an Vorkehrungen zur Friedenssicherung und durch Teilnahme an Verteidigungsbündnissen (NATO)

- Förderung der materiellen Wohlfahrt in Wirtschaft, Verkehr und Sozialleben (z. B. durch Abbau der Staatsverschuldung, Abbau der Arbeitslosigkeit, Verbesserung der Infrastruktur in wirtschaftsschwachen Gebieten, durch eine ordnende Wettbewerbsgesetzgebung und durch Verbesserung der sozialen Einrichtungen)
- Förderung der Wissenschaft und Kunst, der Bildung, der Erziehung und des Schutzes der Jugend (z. B. durch Unterhaltung wissenschaftlicher Forschungsinstitute und durch Ausbau des Schulwesens).

1.5 Europäische Union

Staatsverträge

Selbständige Staaten haben zu allen Zeiten versucht, ihre Interessen und ihren Einflußbereich durch den Abschluß von Verträgen mit anderen Staaten abzusichern. Aus der Geschichte kennen wir zahlreiche Beispiele solcher Verträge oder Zusammenschlüsse, die je nach Interessenlage wirtschaftspolitisch oder sicherheitspolitisch geprägt sind.

Handelsbeziehungen mehrerer Staaten werden z. B. durch Zollabkommen geregelt, um den Warenaustausch untereinander zu vereinfachen. Es gibt aber auch zwischenstaatliche Verträge zur Regelung der gegenseitigen kulturellen Entwicklung (Kulturabkommen über Theater, Musikaufführungen und Ausstellungen) und zur Förderung von Wirtschaft und Technik in Entwicklungsländern. Eine große Rolle in der Geschichte spielten und spielen die zwischenstaatlichen militärischen Abkommen (Allianzen, Verteidigungspakte, Nichtangriffsabkommen).

Staatenbund

Erstrecken sich z. B. die Vereinbarungen der Staaten untereinander über zahlreiche Bereiche der außenpolitischen Beziehungen, so spricht man von einem Staatenbund. Die Kontakte untereinander müssen dann in gemeinsamen Einrichtungen geregelt werden.

Europäische Union

Der Zusammenschluß von z. Z. fünfzehn europäischen Staaten ist die Europäische Union, die bei ihrer Gründung als Zwischenstufe zu einem vereinigten Europa gedacht war, die aber auf dem Wege zur politischen Einigung eine Unzahl von geschichtlichen, kulturellen, sprachlichen, rechtlichen und wirtschaftspolitischen Hindernissen zu überwinden hat. Gerade die europäischen Staaten mit ihrer reichen und vielfältigen Geschichte, ihren nationalen Eigenheiten und ihrer sehr unterschiedlichen Wirtschaftsentwicklung tun sich verständlicherweise sehr schwer, von ihrer Souveränität und ihrem Selbstbestimmungsrecht wesentliche Bereiche an ein geeintes Europa abzugeben und damit auf eigene charakteristische Besonderheiten zu verzichten. So ist es bis heute nicht gelungen, z. B. das Gewerberecht in den EU-Ländern zu vereinfachen. Dennoch gibt es für die Länder der europäischen Union keine Alternative zu dem einmal beschrittenen Weg. Jeder Rückfall in nationale Interessenpolitik und jeder Versuch, sich auf Kosten europäischer Nachbarn finanzielle oder sonstige Vorteile zu verschaffen, wäre auf lange Sicht engstirnig und nachteilig.

Organisation der EU

Zur EU gehören z. Z. fünfzehn Mitgliedsstaaten: Belgien, Bundesrepublik Deutschland, Dänemark, Finnland, Frankreich, Griechenland, Großbritannien, Irland, Italien, Luxemburg, Niederlande, Österreich, Portugal, Schweden und Spanien.

Die wichtigsten Organe der EU sind
- die Europäische Kommission (Sitz Brüssel). Sie hat 20 Mitglieder und überwacht die Ausführung der Gemeinschaftsbeschlüsse der Mitgliedsstaaten und legt dem Ministerrat Entwürfe für Neuregelungen vor
- der Ministerrat (Tagungsorte Brüssel und Luxemburg) ist das „gesetzgebende" Organ der Gemeinschaft. Jedes Mitgliedsland entsendet einen Minister in den Rat
- das Europäische Parlament (Sitz Straßburg) besteht aus 626 Abgeordneten (99 aus der Bundesrepublik), die inzwischen in direkter Wahl in das Parlament berufen werden. Seine Hauptaufgabe ist die Beratung und die Kontrolle von Kommission und Ministerrat
- der Europäische Gerichtshof (Sitz Luxemburg) hat 13 Richter und 6 Generalanwälte. Er sorgt für die Einhaltung und Durchsetzung des Gemeinschaftsrechtes.

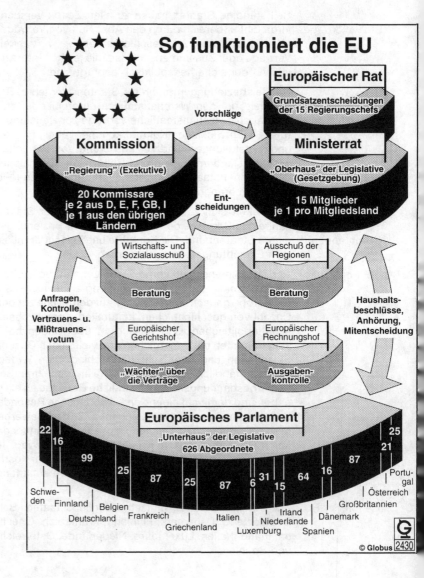

Grundzüge der politischen Bildung

Im Vergleich mit den Parlamenten der Mitgliedsstaaten fällt auf, daß das Europäische Parlament mit sehr geringen Befugnissen ausgestattet ist. Die Zukunft der EU wird aber nicht zuletzt davon abhängen, in welchem Umfang die Mitgliedsstaaten bereit sind, zugunsten der EU auf eigene staatliche Regelungsbefugnisse zu verzichten. Das zweite große Problem ist die beabsichtigte Reform der gemeinsamen Agrarpolitik.

EU-Binnenmarkt

Die Mitgliedsstaaten der EU haben zum 1. 1. 1993 einen einheitlichen Binnenmarkt realisiert. Zu diesem Zeitpunkt wurden innerhalb der EU alle Zollschranken und Handelshemmnisse und vor allem die Grenzkontrollen beseitigt.

Handwerksrecht und EU

Eine besondere Bedeutung hat für das Handwerk die berufliche und fachliche Qualifikation, weil die Besonderheiten der Handwerksordnung in anderen EU-Staaten nicht vorhanden sind. Hier gibt es die grundsätzliche Auffassung, daß Personen, die in einem Mitgliedsstaat der EU die Befähigung zur Ausübung eines bestimmten Berufes besitzen, diesen Beruf auch in den anderen Mitgliedsstaaten praktizieren können. Die einschlägige Verordnung für das Handwerk stammt bereits aus dem Jahre 1966; sie gestattet Handwerkern aus anderen EU-Ländern die Eintragung in die Handwerksrolle, wenn sie in ihrem Heimatland mindestens sechs Jahre ununterbrochen als Selbständiger oder als Betriebsleiter tätig gewesen sind. Die Frist verkürzt sich auf drei Jahre, wenn sie in dem betreffenden Beruf eine mindestens dreijährige Ausbildung erhalten haben. Zur Zeit werden die dafür einschlägigen Anerkennungsrichtlinien überarbeitet.

Bei der Beseitigung der fiskalischen Schranken geht es in erster Linie um eine Harmonisierung der Steuersysteme und der Steuersätze. Hier muß nicht ganz von vorn angefangen werden, weil alle EU-Staaten bei der Umsatzsteuer inzwischen zum Mehrwertsteuersystem übergegangen sind. Dabei können die Mitgliedsstaaten jeweils den Normalsatz in einer Bandbreite zwischen 14 und 20 % und den ermäßigten Steuersatz zwischen 4 und 9 % frei festlegen. Für die wichtigsten Verbrauchssteuern wird angestrebt, daß der Steueranteil am Warenpreis nur geringe Unterschiede aufweist, damit Wettbewerbsverzerrungen vermieden werden.

Zu diesem Kapitel finden Sie die Aufgaben C 1 - C 29 im Band „Vorbereitung auf die Meisterprüfung – Test- und Übungsaufgaben".

2. Grundgesetz und Staatsverfassung für die Bundesrepublik Deutschland

Lernziele:

Der Lernende kann, nachdem er dieses Kapitel durchgearbeitet hat,
- Merkmale der Bundesrepublik Deutschland angeben,
- die staatsrechtliche Grundlage der Bundesrepublik Deutschland nennen,
- mindestens sechs Grundrechte des GG inhaltlich bestimmen,
- die Grundrechte des GG nach vier Kategorien ordnen,
- für jede der vier Kategorien von Grundrechten mindestens ein Beispiel nennen,
- Organe der Bundesrepublik Deutschland und ihre Funktionen beschreiben.

2.1 Charakterisierung der Bundesrepublik

Deutschland besaß nach dem Ende des zweiten Weltkrieges keine politische Macht und keine Einheit mehr. Es wurde von den alliierten Siegermächten in sogenannten Besatzungszonen verwaltet, als die Bundesrepublik Deutschland für die amerikanische, französische und englische Besatzungszone im Jahre 1949 gegründet wurde. Diese Staatsbildung auf einem Teil des früheren Reichsgebietes (ohne die russisch besetzte Zone) war eine Folge des verlorenen zweiten Weltkrieges und der anschließend eingetretenen Trennung der Welt in einen westlichen und einen östlichen Machtblock.

Verfassung   Die Verfassung der Bundesrepublik Deutschland – das Grundgesetz – ist am 23. 5. 1949 in Kraft getreten. Damit hat die Bundesrepublik Staatscharakter mit eigener Staatsgewalt (→ S. 355 f) erhalten. Man nennt diese eigene Staatsmacht auch Souveränität.

Bis zum 3. 10. 1990 bestanden auf dem Gebiet des früheren deutschen Reiches zwei Staaten

- die Bundesrepublik Deutschland und
- die Deutsche Demokratische Republik (DDR),

die erstere verankert in den Machtblock der westlichen Allianz, vornehmlich EG und NATO, die letztere eingebunden in den östlichen Staatenbund kommunistischer Prägung und in den Warschauer Verteidigungspakt.

Mit dem Beitritt der DDR zur Bundesrepublik Deutschland gemäß Artikel 23 des Grundgesetzes am 3. 10. 1990 endete die Existenz der Deutschen Demokratischen Republik, und die neu gebildeten Länder Brandenburg, Mecklenburg-Vorpommern, Sachsen, Sachsen-Anhalt und Thüringen wurden Territorium der Bundesrepublik. Damit ist die langersehnte Einheit Deutschlands hergestellt. Der am 20. 9. 1990 vom Deutschen Bundestag und von der DDR-Volkskammer verabschiedete Einigungsvertrag bildete die Grundlage für die Schaffung eines einheitlichen Rechtsraumes und die Herstellung einheitlicher Lebensverhältnisse im vereinten Deutschland. Alle Kräfte in den alten und neuen Bundesländern sind aufgerufen, an dieser schwierigen und langwierigen Aufgabe mit Nachdruck mitzuarbeiten.

Abgesehen von wenigen Übergangs- und Anpassungsvorschriften gilt die Handwerksordnung der Bundesrepublik jetzt uneingeschränkt auch in den fünf neuen Bundesländern.

Die Verfassung unserer Bundesrepublik ist das Grundgesetz. Dieses Grundgesetz ist am 23. 5. 1949 in Kraft getreten.

Bundesstaat Die Bundesrepublik ist ein Bundesstaat. Das heißt, sie hat als Bund eigenständige Untergliederungen mit mehr oder weniger großer Autonomie (eigener Selbständigkeit). Das sind die Länder Baden-Württemberg, Bayern, Bremen, Hamburg, Hessen, Niedersachsen, Nordrhein-Westfalen, Rheinland-Pfalz, Saarland, Schleswig-Holstein sowie Berlin und seit dem 3. 10. 1990 die fünf neuen Bundesländer Brandenburg, Mecklenburg-Vorpommern, Sachsen, Sachsen-Anhalt und Thüringen.

Das Verhältnis zwischen der Bundesrepublik - als dem Bundesstaat - und den Ländern ist im Grundgesetz geregelt. Dort gibt es Bestimmungen über die Verteilung der Kompetenzen (Zuständigkeiten) in gesetzgeberischer und verwaltungsmäßiger Hinsicht.

Gesetzgebungskompetenz Bund und Länder sind politische Partner. Bundesgesetze werden vom Bundestag und Bundesrat erlassen, die Landesgesetze vom jeweiligen Landtag. Gewisse Kompetenzen, wie z. B. der Bereich der Verteidigung oder der Außenpolitik, sind dem Bund vorbehalten. Auf anderen Gebieten, insbesondere im innenpolitischen Bereich, können Bund und Länder in der Gesetzgebung konkurrieren.

Die Unterteilung eines Bundesstaates in teilselbständige Länder nennt man Föderalismus. Der Gegensatz zu diesem Staatenprinzip ist der Einheitsstaat mit einer zentralen, allzuständigen Regierungs- und Verwaltungsspitze wie z. B. in Frankreich. Dort gibt es keine selbständigen Länder, sondern nur untergeordnete Verwaltungsbezirke (Departements), die von Paris aus gesteuert werden. Allerdings sollen die Departements jetzt mehr Selbstverwaltungsbefugnisse erhalten.

Sozialstaat Die Bundesrepublik ist ein sozialer Staat, der nach den Grundsätzen der sozialen Gerechtigkeit aufgebaut sein soll. Durch ein geeignetes Steuersystem soll jeder Bürger angemessen belastet werden, und durch ein gerechtes Sozialversicherungssystem und ausreichende Fürsorgemaßnahmen sollen diejenigen ausreichend versorgt werden, die z. B. im Alter, bei Krankheit oder in Armut Hilfe benötigen. Um Einzelheiten insbesondere im Bereich der Sozialversicherung wird in zunehmendem Maße gerungen.

2.2 Grundrechte

2.2.1 Grundlegung der Menschenrechte

Die Grundlage des Grundgesetzes der Bundesrepublik Deutschland sind die Menschenrechte, die erstmals 1776 in der nordamerikanischen Unabhängigkeitserklärung als „unveräußerliche Rechte" deklariert und in der Französischen Revolution 1791 erstmals einzeln aufgezählt wurden. Die Gültigkeit

Grundzüge der politischen Bildung

Menschenrechte der Menschenrechte gibt jedem Bürger die Freiheit und Sicherheit, deren der Mensch zu einem freien, glücklichen und würdigen Leben bedarf.

Die Menschenrechte werden nicht erst durch Verfassungen geschaffen; sie sind vielmehr natürliche Rechte der Menschen.

Sie können daher auch nicht durch Verfassungsänderungen wieder genommen werden. An den Menschenrechten hat die Macht des Staates ihre Grenze. Die Menschenrechte sind daher Grundlage aller „gerechten" Verfassungen. Aufgrund dieser Einsicht wurden die Menschenrechte nach der Französischen Revolution Teil und Grundlage fast aller europäischen Verfassungen. Zum letzten Mal sind die Menschenrechte in der „Europäischen Konvention zum Schutze der Menschenrechte und Grundfreiheiten" von den Ländern des Europarats unterzeichnet worden, der im August 1949 gegründet wurde. Gemäß dieser Konvention kann man die Menschenrechte wie folgt unterteilen:

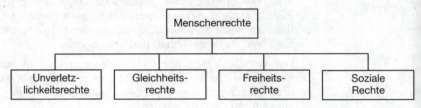

2.2.2 Menschenrechte im einzelnen

Unverletzlichkeits- Als Unverletzlichkeitsrechte gelten
rechte
- das Recht auf Leben
- das Recht auf körperliche Unversehrtheit
- die Unverletzlichkeit der Wohnung
- die Wahrung des Brief- und Fernmeldegeheimnisses
- der Schutz des Eigentums.

Beispiel: Enteignungen und enteignungsgleiche Eingriffe in das private Eigentum waren schon immer zum Wohle der Allgemeinheit zulässig, wenn das Enteignungsverfahren die Voraussetzungen der Enteignung durch ein Gesetz regelte und das Ausmaß der Entschädigung festgelegt war. Neuerdings sind weitere Maßnahmen der Eigentumsbeschränkung im Gespräch, z. B. um eine verbesserte Möglichkeit des Umweltschutzes zu schaffen. Zu prüfen wäre auch, ob Maßnahmen zur Ausschaltung von Spekulationsgewinnen oder andere beabsichtigte Maßnahmen im Bau- und Bodenrecht eingeführt werden müssen und ob sie enteignungsgleichen Charakter tragen. Heftig umstritten sind die Eigentumsregelungen bei der Geltendmachung alter Ansprüche in den neuen Bundesländern.

Als Grundsatz muß jedoch ganz klar herausgestellt werden, daß das persönliche Eigentum als wesentliche Grundlage unserer Gesellschafts- und Wirtschaftsordnung angesehen wird. Man muß „mein" sagen können, um frei zu sein.

Gleichheitsrechte Die Gleichheitsrechte umfassen
- die Gleichheit vor dem Gesetz
- die Gleichberechtigung von Mann und Frau
- die Gleichheit aller Rassen, Hautfarben, Sprachen und Religionen.

Freiheitsrechte Als Freiheitsrechte gelten
- die Gedanken- und Gewissensfreiheit
- die Bekenntnisfreiheit und freie Religionsausübung
- die freie Meinungsäußerung
- die Pressefreiheit
- die Versammlungsfreiheit
- die Vereinigungsfreiheit
- die Freiheit der politischen Betätigung
- das Eheschließungsrecht
- die Freizügigkeit
- die freie Berufswahl
- die Abschaffung der Sklaverei und Leibeigenschaft
- die Ungesetzlichkeit der Zwangsarbeit
- das Recht auf Verweigerung des Militärdienstes.

Beispiel: Alle Deutschen haben das Recht, Beruf, Arbeitsplatz und Ausbildungsstätte frei zu wählen (Art. 12 GG). Das bedeutet: Niemand kann gezwungen werden, einen bestimmten Beruf zu ergreifen (z. B. weil in den Sozialberufen ein akuter Mangel aufgetreten ist). Es bedeutet nicht, daß z. B. für Arbeitgeber und Ausbilder ein Beschäftigungszwang besteht oder daß der Gesetzgeber gehindert wäre, Berufszulassungsbeschränkungen einzuführen. So stellt z. B. die Handwerksordnung in Übereinstimmung mit dem Grundgesetz fest, daß sich im Handwerk nur selbständig machen kann, wer eine entsprechende Meisterprüfung abgelegt hat oder eine der anderen Voraussetzungen für die Eintragung in die Handwerksrolle erfüllt.

soziale Rechte Die sozialen Rechte umfassen
- das Recht auf Bildung
- das Erziehungsrecht der Eltern
- das Beschwerde- und Petitionsrecht
- das Wahlrecht.

Beispiel: Die Pflege und Erziehung der Kinder sind das natürliche Recht der Eltern. Damit soll verhindert werden, daß der Staat zur Verfolgung politischer Ziele in das Sozialgefüge der Familie einbricht.

Jeder Bürger der Bundesrepublik Deutschland kann sich auf diese Menschenrechte berufen. Denn sie sind deckungsgleich mit den Grundrechten des Grundgesetzes und somit geltendes Recht.

2.3 Auftrag und Befugnisse der Organe der Bundesrepublik Deutschland

2.3.1 Bundestag

Zusammensetzung und Amtszeit Der Bundestag ist eines der wichtigsten Organe der Bundesrepublik. Er besteht aus 662 Abgeordneten, die in allgemeiner, unmittelbarer, freier, gleicher und geheimer Wahl alle vier Jahre gewählt werden, wobei die Parteien als tragende Vereinigungen die politische Willensbildung ermöglichen. In der Bundesrepublik Deutschland kann nur derjenige seine politischen Vorstellungen verwirklichen, der in einer der demokratischen Parteien seine Ziele verficht.

Erringt eine einzelne Partei bei einer Wahl nicht eine arbeitsfähige Mehrheit, so muß durch Zusammenarbeit zweier oder mehrerer Parteien eine sogenannte Koalition gebildet werden, die sich über den Inhalt des Regierungsprogramms und über die Personen der zu bildenden Regierung verständigen muß. Der Regierungspartei bzw. der Regierungskoalition steht die Opposition gegenüber, die in vielen Fragen der politischen Tagesarbeit eine gegenteilige Auffassung vertritt.

Regierung/Opposition

Die innere Ordnung der Parteien muß demokratischen Grundsätzen entsprechen, da die Parteien die verantwortungsvolle Aufgabe haben, dem politischen Willen ihrer Wähler zum Ziele zu verhelfen und das Funktionieren der Demokratie zu gewährleisten. Parteien, die nach ihren Zielen oder nach dem Verhalten ihrer Anhänger darauf ausgehen, die freiheitliche demokratische Grundordnung zu beeinträchtigen oder zu beseitigen, können durch das Bundesverfassungsgericht für verfassungswidrig erklärt und damit verboten werden.

Aufgaben des Bundestages

Der Bundestag hat die Aufgabe
- den Bundeskanzler zu wählen und damit die Bundesregierung einzusetzen
- neue Gesetze zu beschließen
- den Bundeshaushalt und damit die Verteilung der Steuermittel festzusetzen
- die Tätigkeit der Bundesregierung und der Bundesverwaltung zu kontrollieren.

Abgeordnete

Die Abgeordneten, die üblicherweise, aber nicht notwendig, über eine Partei in den Bundestag gewählt werden, sind Vertreter des ganzen Volkes und an Aufträge und Weisungen nicht gebunden, sondern nur ihrem Gewissen unterworfen. Ihre Partei kann sie also nicht zwingen, bei einer Gesetzesvorlage in bestimmter Weise abzustimmen. Allerdings ist es üblich, daß bei wichtigen Abstimmungen innerhalb der Partei oder Fraktion sogenannte Fraktionsabsprachen mit dem Ziel der einheitlichen Stimmabgabe vorgenommen werden.

Auch wenn sie während der Wahlperiode aus ihrer Partei austreten, müssen sie ihr Bundestagsmandat nicht niederlegen. Um die Handlungsfähigkeit des Parlaments zu gewährleisten, darf ein Abgeordneter wegen einer mit Strafe bedrohten Handlung nur mit Genehmigung des Bundestages zur Verantwortung gezogen oder verhaftet werden (Immunität).

Arbeit des Bundestages

Der Bundestag erfüllt seine Aufgabe mit Grundsatzdebatten und Auseinandersetzungen über die Ziele der Politik, wobei ein Großteil der sachlichen Arbeit in vorbereitenden Ausschüssen und Arbeitsgruppen geleistet wird. Es besteht eine ganze Reihe von Ausschüssen, z. B. für die Wirtschaft, für die Außenpolitik usw., in denen sich die parteiliche Zusammensetzung des Bundestages widerspiegelt. Wenn die Gesetzesvorlagen im Bundestag beraten werden, sind in den meisten Fällen die endgültigen Formulierungen schon in den Ausschüssen gefunden worden.

Zu diesem Kapitel finden Sie die Aufgaben C 1 – C 29 im Band „Vorbereitung auf die Meisterprüfung – Test- und Übungsaufgaben".

2.3.2 Bundesrat

Nach dem Grundgesetz ist die Ausübung der staatlichen Befugnisse und die Erfüllung vieler staatlicher Aufgaben Sache der Länder. Aus diesem Grunde benötigen die Länder ein Bundesorgan – nämlich den Bundesrat –, durch das sie bei der Gesetzgebung des Bundes mitwirken und z. B. die Interessen aller Städte und Gemeinden vertreten.

Zusammensetzung

Der Bundesrat verkörpert also das föderative Element in der Bundesrepublik. Er besteht nicht aus gewählten Abgeordneten, sondern aus 68 Mitgliedern, die von den Länderregierungen ernannt werden. Diese 68 Mitglieder wählen jährlich neu den Bundesratspräsidenten. In der Praxis ist das jeweils ein Ministerpräsident eines Landes. Die Anzahl der Mitglieder aus den einzelnen Ländern schwankt je nach der Bevölkerungszahl der Länder (drei bis sechs Mitglieder je Land).

Aufgaben

Im Gesetzgebungsverfahren ist der Bundesrat ein Gegengewicht der Länder gegen die Interessen des Bundes. Der Bundesrat kann eine Gesetzesvorlage, die im Bundestag beschlossen wurde, ablehnen oder einen sogenannten Vermittlungsausschuß anrufen, der sich aus Vertretern beider Gremien zusammensetzt.

2.3.3 Bundesversammlung

Die einzige Aufgabe der Bundesversammlung ist die Wahl des Bundespräsidenten.

Zusammensetzung

Die Bundesversammlung besteht aus den Mitgliedern des Bundestages und einer gleichen Anzahl von Mitgliedern, die von den Volksvertretungen der Länder gewählt werden.

2.3.4 Bundespräsident

Der Bundespräsident ist das Staatsoberhaupt der Bundesrepublik Deutschland. Er wird auf fünf Jahre gewählt. Anschließende Wiederwahl ist nur einmal möglich.

Der Bundespräsident steht als neutrale Kraft über den Parteien. Er

Aufgaben

- schließt im Namen des Bundes Verträge mit auswärtigen Staaten ab
- ernennt den Bundeskanzler nach dessen Wahl durch den Bundestag
- ernennt die Bundesminister auf Vorschlag des Kanzlers
- fertigt Bundesgesetze aus und verkündet sie
- ernennt Bundesbeamte und Bundesrichter.

Abgesehen von diesen konkreten Aufgaben soll er in jedem Falle Hüter der Verfassung sein, im Streit der Parteien schlichten und beraten und den Staat nach außen vertreten.

2.3.5 Bundesregierung

Aufgaben

Während es Aufgabe des Bundespräsidenten ist zu repräsentieren und Aufgabe des Parlamentes, Gesetze zu erlassen, ist es Sache der Bundesregierung, die Staatsgeschäfte zu führen.

Die Bundesregierung entscheidet, welchen politischen Zielen der Vorrang zu geben ist, wofür die Steuergelder ausgegeben werden und wie dabei zweckmäßigerweise verfahren wird. Die Bundesregierung verwaltet auch den Staat, indem sie Behörden anweist und beaufsichtigt; sie ist unter den drei Gewalten im Staat die vollziehende Gewalt. Genießt die Bundesregierung nicht mehr das Vertrauen des Parlamentes, kann sie auch während einer Wahlperiode dadurch abgesetzt werden, daß mit absoluter Mehrheit ein neuer Bundeskanzler gewählt wird (das Verfahren nennt man konstruktives Mißtrauensvotum). Dagegen ist es nicht möglich, durch eine Mißtrauensentscheidung einen einzelnen Bundesminister aus der Regierung herauszubrechen. Die geschilderte Regelung stellt sicher, daß immer eine handlungsfähige Regierung existiert.

Zusammensetzung Die Bundesregierung ist ein Kollegium, das sich aus dem Bundeskanzler und einer Anzahl von Bundesministern zusammensetzt. Die Anzahl der Bundesminister ist vom Regierungsprogramm und von der Zusammensetzung der Koalition abhängig.

Bundeskanzler Der Bundeskanzler ist die wichtigste Person innerhalb der Bundesregierung, denn er bestimmt die Richtlinien der Politik und trägt dafür die Verantwortung. Die Bundesminister werden auf seinen Vorschlag hin vom Bundespräsidenten ernannt und entlassen. Die Minister leiten dann innerhalb dieser Richtlinienkompetenz des Kanzlers ihren Geschäftsbereich selbständig und eigenverantwortlich. Der Kanzler wird auf Vorschlag des Bundespräsidenten vom Bundestag ohne Aussprache gewählt, wobei sich die Mehrheitsverhältnisse der Parteien durchsetzen.

2.4 Gesetzgebungsverfahren und Verwaltung

2.4.1 Wer kann Gesetze einbringen?

Bundestag, Bundesrat und Bundesregierung sind mit gewissen Unterschieden im Verfahren befugt, Gesetzesvorlagen einzubringen, wobei im Bundestag die Abgeordneten die Gesetzgebungswünsche aus ihren Wahlkreisen

Einbringen von Gesetzen und ihren Parteien verarbeiten, während der Bundesrat die Vorschläge der Länder präsentiert und die Bundesregierung sogenannte Referentenentwürfe aus den Bundesministerien und aus der Verwaltung verarbeitet.

2.4.2 Zustandekommen der Gesetze

Die Bundesgesetze werden vom Bundestag beschlossen. Die Beschlußfassung erfolgt mit einfacher Stimmenmehrheit, verfassungsändernde Gesetze bedürfen einer 2/3-Mehrheit.

Vor der Beschlußfassung werden die Gesetze im Bundestag in drei Lesungen behandelt. Nach der ersten, meist kurzen Lesung im Bundestag erfolgt die

Beratung in Ausschüssen Verweisung an die zuständigen Ausschüsse, in denen die sachlichen Beratungen in aller Einzelheit erfolgen und in denen beschlußfähige Formulierungen gefunden werden. In der zweiten Lesung werden die Ergebnisse der Ausschüsse vorgetragen. Sodann wird über die Änderungen beraten und beschlossen. In der dritten Lesung und Beratung erfolgt die endgültige Abstimmung, nachdem die Fraktionssprecher die endgültige Meinung ihrer Parteien vorgetragen haben.

Zustandekommen von Gesetzen

Ein vom Bundestag beschlossenes Gesetz kommt zustande, wenn der Bundesrat zustimmt. Geschieht dies nicht, wird der Gesetzentwurf an einen Vermittlungsausschuß verwiesen. Erfolgt keine Einigung in diesem Ausschuß oder werden Änderungen vorgenommen, so hat der Bundestag erneut zu beschließen.

Der Bundespräsident hat die nach den Vorschriften des Grundgesetzes zustandegekommenen Gesetze zu unterschreiben und im Bundesgesetzblatt zu verkünden. Nicht eindeutig geklärt ist, was geschieht, wenn der Bundespräsident seine Unterschrift verweigert.

2.4.3 Ausführung der Bundesgesetze und Bundesverwaltung

Ausführung von Gesetzen

Wie bereits erwähnt, führen die Bundesländer die Bundesgesetze als eigene Angelegenheiten aus und regeln die Einrichtung der Behörden und das Verwaltungsverfahren selbst. Auf einigen Gebieten hat der Bund sich jedoch auch bis in die unterste Behörde hinein die bundeseigene Verwaltung vorbehalten.

Das Vorgehen der Verwaltungsbehörden ist durch Gesetze, Rechtsverordnungen und Verwaltungsanordnungen geregelt. Beispiel: Der Bürger meldet seinen Anspruch bei der zuständigen Verwaltungsbehörde an und begehrt z. B. eine Baugenehmigung, einen Führerschein, einen Landeskredit oder das Eingreifen der Ordnungsbehörde zur Beseitigung eines ordnungswidrigen Zustandes. Der Antrag wird unter Darstellung des Sachverhaltes mündlich oder schriftlich begründet. Die Behörde prüft den Antrag, stellt anhand der einschlägigen Gesetze und Bestimmungen fest, ob das Begehren zulässig und gerechtfertigt ist und trifft nach pflichtgemäßem Ermessen ihre Entscheidung und genehmigt den Antrag, versieht ihn eventuell mit Auflagen oder lehnt ihn ab. Diese Entscheidung nennt man Verwaltungsakt. Der ablehnende Verwaltungsakt ist mit einer Begründung und einer Rechtsmittelbelehrung zu versehen.

2.4.4 Verwaltungsgerichtsbarkeit

Um die vorgenannten, in allen Bereichen der Verwaltung zahllos auftretenden Verwaltungsakte gerichtlich nachprüfen zu können, sind die Verwaltungsgerichte geschaffen worden. Jedermann kann mit einer Klage gegen die Behörde das Verwaltungsgericht anrufen, wenn er sich durch einen belastenden Verwaltungsakt beschwert fühlt oder um einen Anspruch auf eine Leistung oder eine ihm verwehrte Verwaltungshandlung durchzusetzen.

In zweiter Instanz entscheiden Oberverwaltungsgerichte, in dritter Instanz das Bundesverwaltungsgericht in Berlin.

Zu diesem Kapitel finden Sie die Aufgaben C 1 – C 29 im Band „Vorbereitung auf die Meisterprüfung – Test- und Übungsaufgaben".

3. Länder und Gemeinden

Lernziele:
Der Lernende kann, nachdem er dieses Kapitel durchgearbeitet hat,
- die Länder in ihrem Verhältnis zum Bund kennzeichnen,
- verfassungsrechtliche Organe der Länder und ihre Funktionen bezeichnen,
- Gemeinden und ihre Aufgaben erklären und systematisieren.

3.1 Länder und ihre Verfassungen

Die im Kapitel über das Grundgesetz bereits aufgezählten Länder der Bundesrepublik Deutschland haben, genauso wie der Bund, eigene Verfassungsgesetze, die sich von Land zu Land voneinander inhaltlich unterscheiden.

Alle Länderverfassungen ähneln jedoch im Grundschema dem Grundgesetz, legen noch einmal bestimmte Grundrechte fest, charakterisieren die Organe des Landes und regeln das Gesetzgebungsverfahren für den eigenen Landtag.

Rechte der Länder Die Landtage der Länder haben das ausschließliche Recht der Gesetzgebung für verschiedene Bereiche, u. a. für das Erziehungs- und Unterrichtswesen (Kultur ist Ländersache!), das Gemeinderecht und das Polizeirecht.

Auf anderen Gebieten – wie z. B. denen
- der Justiz
- des Vereins- und des Versammlungsrechts
- der öffentlichen Fürsorge
- des Rechts der Wirtschaft
- der Enteignung und der Überführung von Naturschätzen, Produktionsmitteln und Grund und Boden in Gemeineigentum sowie
- des Straßenverkehrs –

haben gemäß Art. 74 GG die Länder die Gesetzgebungsbefugnis, soweit der Bund dazu keine Gesetze erläßt. Es gibt also Bereiche, die sowohl von den Ländern als auch vom Bund gesetzlich geregelt werden können. Das Grundgesetz spricht in diesen Fällen von „konkurrierender Gesetzgebung". Dabei gilt der Grundsatz:

„Bundesrecht bricht Landesrecht".

Dies bedeutet, daß ein bestehendes Landesgesetz seine Rechtskraft verliert, wenn ein Bundesgesetz eine vom Landesgesetz abweichende Regelung vorsieht.

Organe der Länder Organe der Länder sind
- der Landtag, der aus den vom Volke gewählten Abgeordneten besteht
- die Landesregierung, die aus dem Ministerpräsidenten und weiteren Landesministern besteht. Der Ministerpräsident ist gleichzeitig Chef der Landesregierung und erster Repräsentant seines Landes.

Die Länder sind in Regierungsbezirke aufgeteilt, die jeweils von einem Regierungspräsidenten geleitet werden. Der Verwaltungsapparat des Regierungspräsidenten dient als Vermittler und Koordinierungsinstanz zwischen der Landesregierung und den Kreisen, den kreisfreien Städten und den Gemeinden. Nur in Nordrhein-Westfalen gibt es noch sogenannte Landschaftsverbände (für Westfalen und Rheinland), die unter anderem Aufgaben der Kranken- und Behindertenfürsorge, des Straßenbaus u.a. wahrnehmen.

Die Übergangsregelungen und die Besonderheiten in den neuen Bundesländern sollen hier nicht behandelt werden.

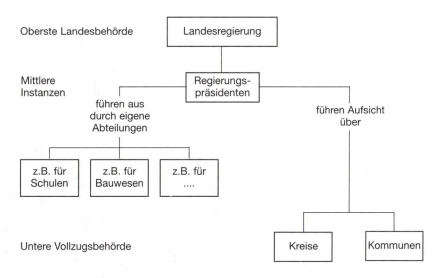

3.2 Gemeinden

3.2.1 Rechtsnatur und Gemeindeverfassung

Gemeinde Die Gemeinde ist der unterste Träger der öffentlichen Verwaltung, errichtet zur Erfüllung öffentlicher Aufgaben und zur Pflege der Gemeinschaftsbeziehungen. Die Gemeinde ist daher eine wichtige Grundlage des demokratischen Staatsaufbaues.

Gemeindeordnung Je nach ihrer Größe sind die Gemeinden zu Kreisen zusammengefaßt oder haben den Status von kreisfreien Städten. Die Verfassung der Gemeinden (Gemeindeordnung) ist in den Bundesländern unterschiedlich. Es gibt Verfassungen mit strenger Aufgabenteilung, bei denen die Gemeindevertretung (der Rat) ausschließlich Beschlußorgan und der Gemeindevorstand ausschließlich Vollzugsorgan ist. Besteht der Gemeindevorstand nur aus einem Bürgermeister, so spricht man von einer Bürgermeisterverfassung (Rheinland-Pfalz, Hessen in kleinen Gemeinden). Besteht der Gemeindevorstand aus einem Kollegium, so spricht man von einer Magistratsverfassung (in Schleswig-Holstein in den Städten und in Hessen in größeren Gemeinden).

Bei den Verfassungen mit Funktionsverbindung ist grundsätzlich nur die Gemeindevertretung Organ der Gemeinde und zur Beschlußfassung, aber auch zu jeder Art von Verwaltungshandeln, berufen. Zu diesem Typ gehört die

Grundzüge der politischen Bildung

bayrische Gemeinderatverfassung und die Ratsverfassung mit doppelter Verwaltungsspitze (Niedersachsen, Nordrhein-Westfalen), bei der neben den Gemeinderat als Beschluß- und Ausführungsorgan getrennt der Bürgermeister und der Hauptgemeindebeamte (Stadtdirektor, Oberstadtdirektor) treten, zwischen denen die Verwaltungsgeschäfte aufgeteilt sind.

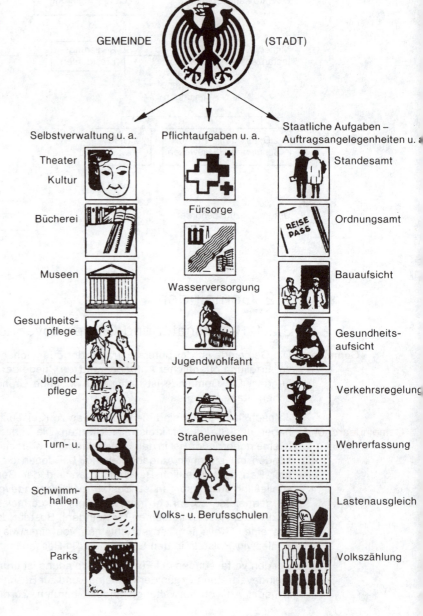

Übersicht über Gemeinde-/Stadtverwaltung

3.2.2 Welche Aufgaben müssen oder können die Gemeinden erfüllen?

In den Gemeindeordnungen ist das Prinzip der Selbstverwaltung verankert. Es bedeutet, daß die Gemeinden das Recht haben, alle öffentlichen Aufgaben unter eigener Verantwortung zu verwalten, soweit sie nicht ausdrücklich anderen Stellen gesetzlich zugewiesen sind.

Aufgaben der Gemeinden

Die Selbstverwaltungsaufgaben der Gemeinden scheiden sich in Pflichtaufgaben und freiwillige Aufgaben.

Pflichtaufgaben sind gesetzlich übertragene Aufgaben, d. h. solche Aufgaben, deren Erfüllung der Gemeinde kraft Gesetzes obliegt, z. B. Feuerschutz, Einrichtung und Unterhaltung von Volksschulen, Bau und Unterhaltung von öffentlichen Wegen usw.

Freiwillige Aufgaben sind solche Aufgaben, zu deren Erfüllung die Gemeinde nicht unbedingt verpflichtet ist. Es muß sich um Angelegenheiten handeln, die einen öffentlichen, d. h. einen Gemeinschaftszweck, haben. Dazu gehören gemeinnützige Einrichtungen, u. a. für das Bildungswesen, für die körperliche Ertüchtigung, für das Gesundheitswesen, für die allgemeine Wohlfahrtspflege und für das Bauwesen; weiterhin auch wirtschaftliche Einrichtungen, und zwar Versorgungsbetriebe wie z. B. Gas-, Wasser- und Elektrizitätswerke.

Außerdem müssen die Gemeinden sogenannte Auftragsangelegenheiten erledigen. Hierbei handelt es sich nicht um Aufgaben der Selbstverwaltung, sondern um Aufgaben, die den Gemeinden durch den Staat übertragen sind. Hierzu zählen z. B. die Standesämter, das Flüchtlingswesen sowie Wahlangelegenheiten.

Bei ihrer wirtschaftlichen Betätigung sollen die Gemeinden der Privatwirtschaft nicht Konkurrenz machen und die Unterhaltung wirtschaftlicher Einrichtungen immer dann der privaten Initiative überlassen, wenn diese in der Lage ist, die Nachfrage ordnungsgemäß zu erfüllen. In diesem Rahmen werden von den Gemeinden häufig Verkehrsbetriebe, Schlachthöfe, Bauhöfe usw. unterhalten.

Zu diesem Kapitel finden Sie die Aufgaben C 1 – C 29 im Band „Vorbereitung auf die Meisterprüfung – Test- und Übungsaufgaben".

Bürgerliches Recht und seine Nebenbestimmungen

1. Begriff und Einteilung des Rechts

Lernziele:

Der Lernende kann, nachdem er dieses Kapitel durchgearbeitet hat,
- die einzelnen Rechtsquellen nennen,
- die Unterscheidung zwischen Privatrecht und öffentlichem Recht darstellen,
- die Einteilung des BGB nennen.

1.1 Rechtsordnung und Rechtsnormen

Definition Recht

Recht sind im wesentlichen die dem Bürger gegenüber seinen Mitbürgern und dem Staat zustehenden Befugnisse, Möglichkeiten und Ansprüche. Ausmaß und Umfang dieses persönlichen und „subjektiven" Rechts werden von unserer Rechtsordnung bestimmt.

Die Rechtsordnung ist die Summe aller Rechtsnormen, die das Zusammenleben der Bürger ordnet.

Sie verwirklicht die Grundidee der Gerechtigkeit und der Gleichheit aller vor dem Gesetz und steht unter dem Ideal, jedem den gleichen Anteil an Rechten und Pflichten zukommen zu lassen. Diese Gesetze oder auch Rechtsnormen enthalten somit die Regeln, die Konflikte im menschlichen Zusammenleben beheben helfen oder überhaupt zu verhindern suchen, daß es zu Störungen im menschlichen Zusammenleben kommt.

Das deutsche Rechtssystem geht davon aus, daß Rechtssätze im wesentlichen in schriftlichen Rechtsquellen festgelegt sind. Es muß also beispielsweise irgendwo nachlesbar sein, ob hinsichtlich der Bezahlung des gelieferten Schreibtisches Verjährung eingetreten ist. Rechtsquelle ist somit z. B. das Bürgerliche Gesetzbuch.

Grundgesetz

Höchste und wichtigste schriftliche Rechtsgrundlage ist das Grundgesetz für die Bundesrepublik Deutschland vom 23. Mai 1949. Das Grundgesetz enthält die wichtigsten Regeln über den organisatorischen Aufbau des Staates wie z. B. Bestimmungen über die Verteilung der Zuständigkeiten zwischen Bund und Ländern, über die Abgrenzung der Kompetenzen zwischen Parlament und anderen Bundesorganen und das Gesetzgebungsverfahren (→ S. 365 ff).

Verordnungen/ Satzungen

Weitere Rechtsquellen sind Rechtsverordnungen und Rechtssatzungen, die von Verwaltungsbehörden und den mit Selbstverwaltungsbefugnissen ausgestatteten Körperschaften und Anstalten des öffentlichen Rechts aufgrund besonderer Ermächtigung durch ein förmliches Gesetz erlassen werden können. **Beispiel:** Die Handwerkskammer als Körperschaft des öffentlicher

Rechts ist befugt, Satzungen zu erlassen. Gesetzliche Grundlage sind die Bestimmungen des Gesetzes zur Ordnung des Handwerks (Handwerksordnung).

Gewohnheitsrecht — Neben die schriftlich festgelegten Rechtsquellen tritt als ungeschriebenes Recht das Gewohnheitsrecht. Es sind überlieferte Regeln, die bereits eine gewisse Zeit in der Überzeugung angewendet werden, durch die Einhaltung der Übung bestehendes Recht zu befolgen. Auch im Rahmen der bürgerlichen Rechte gibt es ein Gewohnheitsrecht, das durch Rechtslücken des BGB entstanden ist. So kann sich z. B. die Haftung für sogenannte Mangelfolgeschäden aus dem gewohnheitsrechtlich entwickelten Rechtsinstitut der positiven Vertragsverletzung ergeben.

Rechtsprechung — Die Auslegung des schriftlich festgelegten Rechts erfolgt durch die Gerichte. Zwar ist jeder Richter in seiner Entscheidung eines Rechtsfalles frei und nicht an Weisungen gebunden, so daß er auch in eigener Verantwortung über die Auslegung befinden kann, dennoch bildet sich durch die Folge von Gerichtsurteilen das Instrument der „ständigen Rechtsprechung" heraus.

Moral und Religion — Unsere Rechtsordnung, die die zwischenmenschlichen Beziehungen verknüpft, unterscheidet sich von den Naturgesetzen, die durch den Lebenszyklus und die Gewalt der Natur bestimmt werden. Diesen Naturgesetzen ist der Mensch in der Regel – ohne die Möglichkeit einer Einflußnahme – unterworfen. Von der Rechtsordnung sind auch Begriffe wie Moral und Religion zu trennen. Sie können aber in der Rechtsordnung Berücksichtigung finden, wie z. B. bei der Behandlung von Ehescheidungen oder im Adoptionsrecht oder bei der Frage der Stellung von nichtehelichen Kindern. Moral und Religion üben auf den einzelnen einen subjektiven Druck aus, der von der Ausprägung seines Gewissens abhängt und ihn nur persönlich bindet. Das Recht orientiert sich an einem Durchschnittsgewissen, das viel bescheidener und genügsamer geprägt ist als die Moral.

1.2 Öffentliches Recht – Privates Recht

Das öffentliche Recht umfaßt alle Rechtssätze, die das Verhältnis staatlicher Organisationen zu den Bürgern regeln. Hierzu gehören in erster Linie das Staats- und Verfassungsrecht.

Verwaltungsrecht — Im täglichen Leben ist von größerer Bedeutung das Verwaltungsrecht. Es ist Bestandteil des öffentlichen Rechts und regelt die engeren Beziehungen des Bürgers zum Staat sowie die Organisation der einzelnen staatlichen Behörden.

Zweige des Verwaltungsrechts sind beispielsweise das Abgabenrecht, das Kommunalrecht, aber auch das Beamtenrecht oder das Polizeirecht, das Baurecht, das Gewerberecht und das Verkehrsrecht. Beispiel: Die Frage, wie eine Handwerkskammer einen Handwerksmeister, der sich nicht in die Handwerksrolle eintragen lassen will, doch (wenn alle Überzeugungsversuche nicht fruchten) in die Handwerksrolle eintragen kann, bemißt sich nach den Grundsätzen des Verwaltungsrechts.

Strafrecht — Ein bekanntes Teilgebiet des öffentlichen Rechts ist das Strafrecht. Hier werden gemeinschaftsschädliche Verhaltensweisen mit staatlichen Sanktionen geahndet. Die Rechtsfolgen einer Straftat reichen vom Freiheitsentzug und der Geldstrafe bis zu den Maßregeln der Besserung und Sicherung wie beispielsweise der Entziehung der Fahrerlaubnis oder der Anstaltsunterbringung.

Prozeßrecht — Teil des öffentlichen Rechts ist auch das Prozeßrecht. Es regelt den Aufbau und die Zuständigkeit der Gerichte, vor denen ein Prozeß über die Durchsetzung persönlicher Ansprüche durchgeführt werden kann oder muß. Ein Teilgebiet des Prozeßrechts ist das Zwangsvollstreckungsrecht, das sich mit der Durchsetzung des in einem Gerichtsurteil oder des in einem anderen Vollstreckungstitel ausgesprochenen Leistungsbefehls durch die Unterstützung staatlicher Institutionen, so des Gerichtsvollziehers und der Vollstreckungsgerichte, befaßt.

Privatrecht — Gegenstand des Privatrechts sind die Rechtsbeziehungen der einzelnen Staatsbürger untereinander. Innerhalb des Privatrechts unterscheidet man zwischen dem Bürgerlichen Recht, das Gesetze für jeden Privatmann ohne Rücksicht auf seine Zugehörigkeit zu einem bestimmten Berufsstand formuliert, dem Handelsrecht als dem Sonderrecht für Kaufleute, die Handelsgeschäfte für ihre Unternehmen tätigen, und schließlich dem Arbeitsrecht. Das Arbeitsrecht bündelt die Rechtssätze, die ein Arbeitsverhältnis betreffen. Hierbei handelt es sich um Dienstverhältnisse von Arbeitnehmern, die an Weisungen von Arbeitgebern gebunden sind, mit Ausnahme der Beamtenverhältnisse (→ S. 484 ff).

Eine Grobunterscheidung zwischen öffentlichem und privatem Recht kann durch die Prüfung erfolgen, ob ein Verhältnis der Über- und Unterordnung oder eine Rechtsauseinandersetzung auf der Grundlage der Gleichordnung der Rechtsgenossen gegeben ist. Eine Schwierigkeit bei der Abgrenzung zwischen öffentlichem und privatem Recht liegt darin, daß die Behörden bei der Wahrnehmung ihrer Aufgaben gelegentlich auch wie ein Privatmann Geschäfte abschließen, die man dann dem Privatrecht zurechnet. Beispiel: Die Gemeinde mietet ein Privathaus, um ihr Gewerbereferat dort unterzubringen.

1.3 Einteilung des Bürgerlichen Gesetzbuches, seiner Nebengesetze und seiner Nebenbestimmungen

1.3.1 Das Bürgerliche Gesetzbuch

Die wichtigste Rechtsquelle des bürgerlichen Rechts ist das Bürgerliche Gesetzbuch (BGB), das am 1. Januar 1900 in Kraft getreten ist. Das BGB war von seinen Verfassern als Sammlung aller wichtigen gesetzlichen Bestimmungen des bürgerlichen Rechts vorgesehen. Dieser Gedanke ist zu keiner Zeit voll verwirklicht worden. Bereits 1900 sind eine Reihe von einzelnen Materien aus dem BGB herausgenommen worden und in „Nebengesetzen zum BGB" geregelt worden.

Das BGB selbst gliedert sich in fünf Bücher und umfaßt alle privaten Rechtsverhältnisse des Menschen. Die Einteilung der Bücher erfolgt nach Lebensbereichen oder Lebensgebieten.

allgemeiner Teil — Das erste Buch des BGB behandelt allgemeine, für das ganze Gesetzeswerk des BGB geltende Rechtsgrundsätze, die den folgenden vier Büchern als Grundlage vorangestellt werden.

Schuldrecht — Das zweite Buch des BGB enthält alle Schuldverhältnisse, die aufgrund eines Vertrages und damit einer Vereinbarung zwischen Partnern („Parteien"), aber auch – ohne Vorliegen eines Vertrages – zwischen Personen entstehen, die in der Weise miteinander in Berührung kommen, daß kraft gesetzlicher Anordnung Rechtsfolgen ausgelöst werden.

Sachenrecht – Das dritte Buch des BGB enthält Regelungen über die Rechtsbeziehungen zwischen einer Person und einer Sache, die entweder ihr oder einem anderen gehört. Es sind also beispielsweise die Voraussetzungen und Rechtsfolgen von Besitz und Eigentum aufgezeigt.

Familienrecht – Im vierten Buch des BGB werden die Rechtsbeziehungen der Familienmitglieder und der Verwandten untereinander geregelt. Zum Familienrecht gehören auch die Regelungen über die Eingehung der Ehe. Sie sind im Ehegesetz und damit außerhalb des bürgerlichen Gesetzbuchs geregelt.

Erbrecht – Schließlich wird im fünften Buch des BGB die Rechtsnachfolge in das Vermögen eines Menschen nach seinem Tode bestimmt. Gegenstand dieses Abschnittes sind auch die einzelnen Testamentsformen, Erbverträge oder Pflichtteilsansprüche.

Zu den wichtigsten Nebengesetzen zählen das Verbraucherkreditschutzgesetz, das Gesetz über die Zulässigkeit einer Gerichtsstandsvereinbarung und das Gesetz zur Regelung des Rechts der Allgemeinen Geschäftsbedingungen.

Das Bürgerliche Gesetzbuch ist für den mittelständischen Unternehmer von besonderer Bedeutung. Vielfach finden auf seine Rechtsbeziehungen zu den Kunden das Kaufrecht, aber noch häufiger das Werkvertragsrecht Anwendung. Schließlich bemißt sich die Sicherung seines Vermögens nach dem Sachenrecht. Auch Fragen des Güterstandes und der Erbnachfolge sind für ihn von herausgehobener Bedeutung. Es ist daher folgerichtig, den grundsätzlichen Bestimmungen des Bürgerlichen Gesetzbuches eine erhöhte Aufmerksamkeit zu schenken.

Zu diesem Kapitel finden Sie die Aufgaben C 30 – C 73 im Band „Vorbereitung auf die Meisterprüfung – Test- und Übungsaufgaben".

2. Bewertung der verschiedenen Altersstufen im BGB

Lernziele:

Der Lernende kann, nachdem er dieses Kapitel durchgearbeitet hat,
- den Unterschied zwischen Rechtsfähigkeit und Geschäftsfähigkeit nennen,
- angeben, wer rechtsfähig sein kann,
- die einzelnen Altersstufen für Rechtsfähigkeit, Geschäftsfähigkeit, Deliktsfähigkeit, Testierfähigkeit und Ehefähigkeit nennen,
- die Rechtswirkungen beschränkter Geschäftsfähigkeit darstellen.

2.1 Rechtsfähigkeit

Rechtsfähig sind
- der Mensch als natürliche Person
- die juristische Person des Privatrechts und des öffentlichen Rechts.

Rechtsfähigkeit ist die Fähigkeit, Träger von Rechten und Pflichten zu sein. Die Pflichten ergeben sich aus den Rechten der anderen.

2.1.1 Rechtsfähigkeit der natürlichen Personen

Zeitraum der Rechtsfähigkeit

Die natürliche Person, also der Mensch, ist rechtsfähig ab Vollendung der Geburt bis zu seinem Tode. Daß der Mensch rechtsfähig ist, setzt das BGB als selbstverständlich voraus, denn es regelt die Frage, ab wann die Rechtsfähigkeit beginnt – nämlich mit der Vollendung der Geburt. Darunter versteht man den vollständigen Austritt der Leibesfrucht aus dem Mutterleib. Dabei muß das Kind leben. Nach der Trennung vom Mutterleib muß – wenn auch lediglich kurzfristig – entweder das Herz geschlagen, die Nabelschnur pulsiert oder die natürliche Lungenatmung eingesetzt haben. Auf die Lebensfähigkeit kommt es nicht an, ebensowenig auf Geschlecht, Hautfarbe oder körperliche Mißbildungen. Die Rechtsfähigkeit ist im Prozeß bedeutsam, denn nur rechtsfähige Personen können klagen oder verklagt werden. Auch für das Erbrecht ist sie von Wichtigkeit: Da die Leibesfrucht noch nicht rechtsfähig ist, könnte ein gezeugtes, aber noch nicht geborenes Kind seinen Vater nicht beerben, falls dieser vor der Geburt sterben würde. Hier sind besondere Vorschriften erforderlich, um gerechte Ergebnisse zu erzielen. So gilt der z. Z. des Erbfalles bereits Gezeugte als vor dem Erbfall geboren.

Innerhalb des Zeitraumes zwischen Geburt und Tod spielt es keine Rolle, ob der Mensch jung oder alt, intelligent oder geisteskrank ist. Auf die Rechtsfähigkeit hat dies keinen Einfluß.

2.1.2 Rechtsfähigkeit juristischer Personen

juristische Person

Die juristische Person ist kein Mensch, sondern eine Vereinigung oder ein Zusammenschluß von natürlichen Personen oder von Vermögensmassen mit einer eigenen Rechtspersönlichkeit. Man unterscheidet juristische Personen des Privatrechts und des öffentlichen Rechts.

juristische Personen des Privatrechts

Das BGB regelt im Bereich der juristischen Personen des Privatrechts nur den Verein. Er ist aber gewissermaßen das Modell für die anderen juristischen Personen des Privatrechts, z. B. für die Aktiengesellschaft, die Gesellschaft mit beschränkter Haftung oder die Genossenschaft.

rechtsfähiger Verein

Der rechtsfähige Verein ist eine auf Dauer angelegte freiwillige Personenvereinigung, die unabhängig von ihrem Mitgliederbestand ist, einen Gesamtnamen hat und von ihren Mitgliedern selbst verwaltet wird. Man unterscheidet Idealvereine und wirtschaftliche Vereine. Während die Idealvereine nicht auf eine wirtschaftliche Betätigung ausgerichtet sind, z. B. Konsumvereine, Sportvereine, Verschönerungsvereine, unterhalten wirtschaftliche Vereine einen Geschäftsbetrieb, der auf die Verschaffung wirtschaftlicher Vorteile abzielt, z. B. Einkaufszentralen, Funk-Taxi-Stellen oder Sterbekassenvereine. Es kommt auf den Hauptzweck des Vereins an. Eine Nebentätigkeit mit wirtschaftlichem Einschlag ändert nichts am Charakter eines Idealvereins, z. B. ein Wanderverein unterhält eine Almhütte.

Idealvereine

wirtschaftliche Vereine

Idealvereine entstehen durch die Eintragung in das beim Amtsgericht geführte Vereinsregister, wirtschaftliche Vereine durch staatliche Konzessionen. Als juristische Konstruktion kann der Verein selbst nicht im Rechtsleben handeln. Er braucht ein Organ, das für ihn tätig wird. Dieses Organ ist der Vorstand, der aus einer oder mehreren Personen besteht. Bestellt wird der Vorstand durch den Beschluß der Mitgliederversammlung. Dieses Verfahren entspricht der Wahl des Vorstandes einer Handwerksinnung durch die Innungsversammlung. Die Satzung ist die Verfassung des Vereins und enthält über die Regelungen des Bürgerlichen Gesetzbuches hinausgehende Einzelheiten.

Vorstand

Der Vorstand vertritt – gleichgültig, ob andere Vertreter durch die Satzung berufen sind – den Verein uneingeschränkt. Der Verein haftet auch für den Schaden, den der Vorstand, ein Mitglied des Vorstandes oder ein anderer, satzungsgemäß berufener Vertreter einem Dritten zufügt, sofern er in Ausführung der ihm zustehenden Verrichtungen handelt. Soweit es sich nicht um Organe (Vorstand) des Vereins handelt, haftet dieser für die Tätigkeit seiner Hilfspersonen und Aushilfskräfte, allerdings mit der Möglichkeit, sich zu entlasten und den sog. Entlastungsbeweis zu führen, wenn der Vorstand seiner Aufsichtspflicht genügt hat. Er kann damit Schadenersatzansprüche auf den unmittelbaren Schadensverursacher abwälzen.

Der Verein endet zwangsläufig mit der Auflösung. Dies kann die Mitgliederversammlung beschließen, die Auflösung kann aber auch satzungsgemäß bei Eintritt bestimmter Voraussetzungen erfolgen.

nichtrechtsfähiger Verein

Der nichtrechtsfähige Verein hat keine eigene Rechtspersönlichkeit und beschränkt sich auf nicht eingetragene Kegelclubs oder Sportvereine. Grundsätzlich haben bei einem entstandenen Schaden alle Vereinsmitglieder für den Schaden aufzukommen. Die Rechtsprechung hat diese Haftung jedoch auf das gesamte, dem Verein von den einzelnen Mitgliedern zur Verfügung gestellte Vermögen begrenzt. Die unbeschränkte Eigenhaftung des Schädigers bleibt davon unberührt.

Bürgerliches Recht

Stiftung — Zu den juristischen Personen des Privatrechts gehören auch die Stiftungen. Dabei handelt es sich um Vermögenszusammenfassungen, die nach dem Willen des Stifters zu einem bestimmten Zweck verwaltet werden, z. B. Familienstiftungen, kirchliche Stiftungen oder örtliche Stiftungen sollen einen Kindergarten oder ein Handwerkerpflegeheim unterhalten.

juristische Personen des öffentlichen Rechts — Neben den juristischen Personen des Privatrechts gibt es juristische Personen des öffentlichen Rechts. Dazu zählen der Bund, die Länder und Gemeinden sowie Anstalten wie Universitäten oder der Rundfunk, aber auch die Kammern, Kreishandwerkerschaften und Innungen. Eine juristische Person des öffentlichen Rechts entsteht entweder durch die Eintragung in das entsprechende öffentliche Register oder durch eine staatliche Verleihung der Rechtsfähigkeit. Sie wird aufgelöst durch eine Löschung im Register oder durch einen Entzug der Rechtsfähigkeit. Als Organe der juristischen Person dienen diejenigen Personen, die durch Gesetz oder Satzung zur Geschäftsführung berufen sind. Beispiel: Der Rektor einer Universität, der Bürgermeister einer Gemeinde, der Intendant einer Rundfunkanstalt oder – und diese vertreten gemeinsam – der Präsident und der Hauptgeschäftsführer einer Handwerkskammer.

2.2 Parteifähigkeit

Der Begriff der Parteifähigkeit ist nicht im BGB, sondern in der Zivilprozeßordnung (**ZPO**) geregelt. Er betrifft die Fähigkeit zur aktiven oder passiven Teilnahme an einem Zivilprozeß, zu klagen oder verklagt zu werden. Die Parteifähigkeit hat Parallelen zur Rechtsfähigkeit.

Es gilt der Grundsatz, wer rechtsfähig ist, ist auch parteifähig.

Der Begriff Parteifähigkeit ist also die Fähigkeit, in einem gerichtlichen Streitverfahren Kläger oder Beklagter zu sein (aktive oder passive Parteifähigkeit).

Umfang der Parteifähigkeit — Parteifähig ist somit die natürliche und die juristische Person. Bei spiel: Wenn eine juristische Person, z. B. eine GmbH, einen Prozeß führt, ist immer nur sie selbst Prozeßpartei und nicht auch die Gesellschafter oder Mitglieder. Den Prozeß führen die Gesellschafter, vertreten durch den Geschäftsführer. Parteifähig sind auch Gewerkschaften, Arbeitgeberverbände oder Handwerkskammern. Von der Parteifähigkeit ist die Prozeßfähigkeit (→ S. 382) zu trennen, die eine Aussage darüber trifft, wer einen Prozeß in der Weise führen kann, daß er selbst oder ein von ihm gewählter Vertreter wirksam Prozeßhandlungen vornehmen kann.

2.3 Geschäftsfähigkeit

Rechtsfähigkeit und Geschäftsfähigkeit müssen sich nicht decken. Die Fähigkeit, im Rechtsverkehr handelnd aufzutreten und sich durch den Abschluß von Rechtsgeschäften zu verpflichten oder Rechte zu erwerben, kann nicht einem Säugling oder einem beschränkt Geschäftsfähigen verliehen sein.

Unter Geschäftsfähigkeit ist die Fähigkeit zu verstehen, im Rechtsverkehr handelnd aufzutreten und selbständig durch den Abschluß von Rechtsgeschäften für sich Rechte zu erwerben oder Verpflichtungen zu begründen.

Bürgerliches Recht

Das BGB kennt zwei Grade des Fehlens bzw. der Einschränkung der Geschäftsfähigkeit
- die völlige Geschäftsunfähigkeit
- die beschränkte Geschäftsfähigkeit.

Geschäftsunfähigkeit

Geschäftsunfähig sind Kinder bis zur Vollendung des 7. Lebensjahres und solche Personen, die sich in einem die freie Willensbestimmung ausschließenden Zustand krankhafter Störung der Geistesfähigkeit befinden. Diese Personengruppen können keinerlei Rechtshandlungen vornehmen, es muß für sie der gesetzliche Vertreter handeln. Gesetzliche Vertreter sind entweder die Eltern oder der amtlich bestellte Vormund.

beschränkte Geschäftsfähigkeit

Beschränkt geschäftsfähig sind Minderjährige vom 7. bis zum 18. Lebensjahr. Sie dürfen Rechtshandlungen nur mit Zustimmung ihres gesetzlichen Vertreters vornehmen. Die Zustimmung sollte als Einwilligung vor dem Abschluß eines Rechtsgeschäftes vorliegen, sie kann aber auch heilend nach Abschluß eines Rechtsgeschäftes erteilt werden. Die nachträglich erteilte Zustimmung nennt man Genehmigung. Sie wirkt auf den Zeitpunkt des Vertragsabschlusses zurück. Einseitig verpflichtende Rechtsgeschäfte zu Lasten des Minderjährigen bedürfen der vorherigen Einwilligung. Beispiel: Der Kaufvertrag über ein Moped, der von einem 17jährigen ohne Einwilligung der Eltern abgeschlossen wird, ist schwebend unwirksam. Schwebend deswegen, weil der Vertrag gültig wird, wenn die Eltern ihn – nachträglich – genehmigen. Er wird aber ungültig, wenn die Eltern als gesetzliche Vertreter die Genehmigung versagen. Ggf. ist das Rechtsgeschäft nach bereicherungsrechtlichen Vorschriften rückabzuwickeln. Der 17jährige schuldet die Rückübereignung des übereigneten Mopeds. Wichtig ist in diesem Zusammenhang, daß es keinen Schutz des guten Glaubens an die Volljährigkeit oder an die Geschäftsfähigkeit des Vertragspartners gibt. Der Handwerker oder Verkäufer handelt insofern stets auf eigenes Risiko.

kein Gutglaubensschutz

Hat in dem genannten Fall der Verkäufer bereits das Moped verkauft und übergeben und versagen die Eltern die Genehmigung, so können sie vom Verkäufer die Rücknahme des Mopeds und die Zurückzahlung des vollen Verkaufspreises verlangen, auch wenn das Moped infolge der Benutzung schon an Wert verloren oder sogar einen Unfall erlitten hat.

Von der Regel, daß Geschäfte nur mit Zustimmung der gesetzlichen Vertreter gültig sind, gibt es auch insbesondere für den Umgang des Handwerkers mit beschränkt geschäftsfähigen Minderjährigen einige Ausnahmen.

Ausnahmen

- Die Willenserklärung eines Minderjährigen ist voll wirksam, wenn ihm das Rechtsgeschäft lediglich einen rechtlichen Vorteil bringt, ohne daß dadurch Rechtsverpflichtungen eingegangen werden, z. B. die Annahme eines Geschenks.
- Das Rechtsgeschäft mit Minderjährigen ist ohne Zustimmung gültig, wenn es mit finanziellen Mitteln und in bar bewirkt wird, die ihm zu diesem Zweck oder zur freien Verfügung von den gesetzlichen Vertretern oder mit deren Zustimmung von Dritten überlassen wurden. Damit ist in der Regel das Taschengeld gemeint, man geht aber nach heutiger Begriffsvorstellung über den engen Rahmen des Taschengeldes hinaus. Bei dem Arbeitslohn eines Minderjährigen kommt es darauf an, was die Eltern ihm davon zur freien Verfügung eingeräumt haben, z. B. für die Anschaffung von Büchern oder Kleidern.
- Wenn die gesetzlichen Vertreter einem Minderjährigen mit Genehmigung des Vormundschaftsgerichtes den Betrieb eines Erwerbsgeschäftes (beispielsweise einer Flickschneiderei, einer Schnellreinigung oder eines Com-

puterladens) gestattet haben, ist der Minderjährige voll geschäftsfähig für alle Rechtshandlungen, die dieser Geschäftsbetrieb mit sich bringt. Der minderjährige Geschäftsinhaber darf in diesem Fall wie ein Erwachsener Personal einstellen, Waren kaufen oder verkaufen.

- Wenn die gesetzlichen Vertreter den Minderjährigen ermächtigt haben, ein spezielles oder grundsätzliches Dienst- oder Arbeitsverhältnis einzugehen, beispielsweise als Geselle oder als Arbeiter, so ist dieser für alle Rechtsgeschäfte voll geschäftsfähig, die mit dem Eingehen oder der Aufhebung oder Erfüllung dieses Vertrages zusammenhängen.

2.4 Prozeßfähigkeit

Dies ist nicht ein Begriff des BGB, sondern – wie die Parteifähigkeit – des Prozeßrechts. Unter Prozeßfähigkeit versteht man die Fähigkeit, vor dem Gericht selbst zu handeln oder als Vertreter einer Partei für diese vor Gericht auftreten zu dürfen. Die Prozeßfähigkeit ist eng mit der Geschäftsfähigkeit verbunden.

Prozeßfähig ist jede geschäftsfähige Person, nicht aber die juristische Person.

Zu beachten ist, daß die prozeßfähige Person den Rechtsstreit nicht in allen Fällen persönlich führen kann. Durch den Anwaltszwang gibt es hinsichtlich der Gerichte Einschränkungen, beispielsweise bei Landgerichten. Beispiel: Ein 17jähriger, der mit Zustimmung der gesetzlichen Vertreter in ein Dienstverhältnis eingetreten ist, ist in diesem Rahmen auch prozeßfähig.

Umfang der Prozeßfähigkeit — Grundsätzlich sind minderjährige und juristische Personen nicht selbst prozeßfähig. Sie müssen durch ihre gesetzlichen Vertreter vertreten werden.

2.5 Deliktsfähigkeit

Rechtliche Verpflichtungen können nicht nur durch rechtsgeschäftliche Handlungen begründet werden, wie durch einen Kauf- oder Werkvertrag, *Verletzung fremder Rechtsgüter* — sondern sie erwachsen auch aus vorwerfbaren Verletzungen fremder Rechtsgüter. Hierbei handelt es sich um sogenannte unerlaubte Handlungen. Beispiel: Der 17jährige Schreinergeselle Hans Meier hat bei Anlieferung eines Schreibtisches durch grobe Unachtsamkeit die Wohnungstür eines fremden Mitbewohners des Hauses beschädigt.

Bei der Rechtsverletzung durch nicht rechtsgeschäftliche Handlungen, also nicht im Rahmen eines Vertrages, spricht man von der Deliktsfähigkeit.

Welche Personen sind für ihre unerlaubten Handlungen voll verantwortlich?

Das BGB geht im Prinzip davon aus, daß alle Personen über 18 Jahren uneingeschränkt deliktsfähig sind, während Kinder unter 7 Jahren und Personen, die sich zur Zeit der Tat unverschuldet im Zustand der Zurechnungsunfähigkeit befunden haben, normalerweise für den von ihnen verursachten *beschränkte Deliktsfähigkeit* — Schaden nicht aufzukommen brauchen. Minderjährige im Alter zwischen 7 und 18 Jahren (beschränkt Geschäftsfähige) sowie Taubstumme haften dann, wenn sie nach ihrer geistigen Entwicklung an sich die Einsicht hätten haben müssen, daß ihr Verhalten anderen Personen Schaden zufügt. Der 17jährige Hans Meier haftet also grundsätzlich für den von ihm angerichteten Schaden.

2.6 Ehefähigkeit

Zur Sammlung der Begriffe, die unser Alltagsgeschäft ausmachen und die das Leben der Bürger untereinander begleiten, gehört auch die Ehefähigkeit, mit anderen Worten die Frage, wann geheiratet werden kann.

Heirat — Unter Ehefähigkeit (Ehemündigkeit) wird die Möglichkeit verstanden, daß Partner, die volljährig, also 18 Jahre alt, und geschäftsfähig sind, durch Erklärung die Ehe vor dem zuständigen Standesbeamten schließen können.

Liegt Volljährigkeit noch nicht vor, so kann das Vormundschaftsgericht sie ersetzen, wenn der eine Ehepartner das 16. Lebensjahr vollendet hat und der andere künftige Partner bereits volljährig ist. Der Eheschließung geht normalerweise ein Aufgebot voraus. Ehehindernisse sind z. B. eine nahe Verwandtschaft unter Geschwistern oder eine bestehende Ehe. Bei einer Schwägerschaft in gerader Linie kann eine Befreiung erteilt werden.

2.7 Testierfähigkeit

Ein grundlegender Begriff des privaten Rechts ist ferner die Testierfähigkeit.

Testament — Man versteht unter Testierfähigkeit die Fähigkeit, ein Testament zu errichten. Dies setzt voraus, daß derjenige, der das Testament errichtet, mindestens 16 Jahre alt ist.

Bis zu seiner Volljährigkeit darf er nur ein öffentliches Testament erstellen, das die Mitwirkung eines Notars erfordert. Nach Eintritt der Volljährigkeit mit 18 Jahren kann ein Testament auch durch eigenhändig geschriebene Erklärung errichtet werden.

Zu diesem Kapitel finden Sie die Aufgaben C 30 – C 73 im Band „Vorbereitung auf die Meisterprüfung – Test- und Übungsaufgaben".

3. Rechtsgeschäfte

Lernziele:

Der Lernende kann, nachdem er dieses Kapitel durchgearbeitet hat,
- den Begriff der Vertragsfreiheit und ihre Begrenzung erläutern,
- die rechtliche Bedeutung der Willenserklärung aufzeigen,
- die Anfechtung von Willenserklärungen und ihre rechtlichen Wirkungen nennen,
- darstellen, in welchen Fällen Schadenersatz zu leisten ist,
- die unterschiedlichen Vertragsfristen aufzeigen,
- die rechtlichen Unterscheidungen von Vertretung und Vollmacht nennen,
- die rechtlichen Wirkungen von Aufrechnung und Abtretung darstellen.

3.1 Vertragsfreiheit

Ordnungsprinzip

Die bürgerliche Rechtsordnung geht davon aus, daß der einzelne im Verhältnis zum anderen nicht nur gleichberechtigt, sondern auch frei ist. Daraus folgt, daß Verträge nur bestehen, weil jeder an einem Rechtsverhältnis Beteiligte dies so will. Der Grundsatz der Vertragsfreiheit ist ein wichtiges Ordnungsprinzip des Bürgerlichen Gesetzbuches. Der Handwerker entscheidet selbst, mit wem er einen Vertrag abschließen will. Der Eigentümer einer Sache hat darüber zu entscheiden, ob und wann er das Eigentum einer Sache übertragen will. Wenn ein Rechtsgeschäft abgeschlossen wird, weil es die beteiligten Personen so wollen, muß deren Wille auch zwangsläufig wesentlicher Bestandteil des Rechtsgeschäftes sein. Dieser Wille muß nach außen in Erscheinung getreten sein, er muß erklärt sein. Wesentliche Bestandteile eines Rechtsgeschäftes sind daher eine oder mehrere Willenserklärungen, die grundsätzlich formfrei sind. Dies schließt nicht aus, daß das Gesetz in bestimmten Fällen auch verschärfende Anforderungen stellt. So muß z. B. für den Kauf eines Grundstücks die notarielle Beurkundung hinzukommen.

Bestandteile eines Rechtsgeschäfts

Die Vertragsfreiheit hat jedoch Grenzen, z. B. Mißbrauch dieser Vertragsfreiheit zu Lasten wirtschaftlich schwacher Vertragspartner. Daraus folgt, daß nicht alles, was die Vertragsparteien zwischen sich als Recht gesetzt haben, von der Rechtsordnung auch tatsächlich als Rechtens anerkannt wird.

3.1.1 Monopolstellung

gesetzlicher Zwang

Zwar sind Beschränkungen bezüglich der Eingehung von Verträgen verhältnismäßig selten, doch sie tauchen beispielsweise bei Anbietern, die eine Monopolstellung haben, auf. Dies gilt bei Energie- oder Wasserversorgungsunternehmen, bei der Post oder bei einem Verkehrsunternehmen. Hier ist der gesetzliche Zwang, jeden Kunden, der die Leistung verlangt, als Vertragspartner anzunehmen, der Ausgleich dafür, daß der Gesetzgeber die Konkurrenz ausschaltet.

3.1.2 Vertrag zu Lasten Dritter

Die Vertragsfreiheit ist auch eingeschränkt bei Verträgen, die eine Wirkung zu Lasten eines Dritten ausüben sollen. „Volksmund: Kein Vertrag zu Lasten Dritter". Ein Mitbürger ist nur dann Rechtsbindungen unterworfen, wenn er durch sein eigenes, freies, rechtsgeschäftliches Handeln eine derartige Verpflichtung auf sich genommen hat.

Dagegen sind erlaubt die Verträge zugunsten Dritter. Man unterscheidet zwischen echten und unechten Verträgen zugunsten Dritter.

echter Vertrag zugunsten Dritter

Von einem berechtigenden oder echten Vertrag zugunsten eines Dritten spricht man dann, wenn der Dritte unmittelbar das Recht erwirbt, von dem Schuldner die Leistung zu erlangen. Ist der Vertrag erst einmal geschlossen, kann er regelmäßig nicht mehr ohne Zustimmung des Begünstigten zu dessen Nachteil aufgehoben oder geändert werden. Beispiel: Errichtung eines Sparbuchs auf den Namen eines Dritten. Wenn dem Begünstigten auch das Sparbuch ausgehändigt worden ist, ist nur noch der durch das Sparbuch Bedachte verfügungsberechtigt.

unechter Vertrag zugunsten Dritter

Ein unechter Vertrag zugunsten Dritter liegt vor, wenn eine Abrede getroffen ist, aufgrund der der Schuldner die geschuldete Leistung nicht an den Gläubiger selbst, sondern an eine andere, vom Gläubiger benannte Person erbringen soll. Beispiel: Der Goldschmiedemeister Kerner soll am Geburtstag der Ehefrau des Bestellers dieser ein Armband überbringen.

3.1.3 Mißbräuche der Vertragsfreiheit

Offensichtliche Mißbräuche der Vertragsfreiheit sollen vermieden werden. Dies gilt dann, wenn Verträge gegen die guten Sitten verstoßen. Dies ist dann der Fall, wenn das Anstands- und Gerechtigkeitsgefühl verletzt wird.

Wucher

So sind z. B. wucherische Rechtsgeschäfte nichtig. Unter Wucher versteht man die Ausnutzung der Notlage, des Leichtsinns oder der Unerfahrenheit von Mitmenschen. Leistung und Gegenleistung müssen aber in einem auffälligen Mißverhältnis stehen, z. B. der vertraglich festgesetzte Zinssatz übersteigt den Durchschnittszins um mehr als 100 %.

Verträge, die gegen ein gesetzliches Verbot verstoßen, sind ebenfalls nichtig, z. B. Rauschgiftgeschäfte oder Schwarzhandelsabkommen. Aber auch Verträge, die gegen ein gesetzliches Gebot verstoßen, z. B. wenn die notarielle Beurkundung bei einem Grundstücksvertrag nicht eingehalten wird, sind nichtig. Dazu zählt auch der Schwarzarbeitervertrag. Schließlich sind Verträge, die nur zum Schein oder Scherz abgeschlossen werden, ebenfalls nichtig, wenn beide Partner sich darüber im klaren sind, daß es sich um ein Schein- oder Scherzgeschäft handelt.

3.1.4 Auslegung von Verträgen

Grundsätzlich sind Verträge so auszulegen, wie Treu und Glauben es mit Rücksicht auf die Verkehrssitte erfordern. Dies ist ein Appell an die Ehrlichkeit, Rechenschaft, Fairneß und das Verständnis der Vertragspartner untereinander. Unter Verkehrssitte versteht man die übliche Anwendung oder Gepflogenheit von Gesetzen. Bei der Auslegung unklarer Willenserklärungen muß der wirkliche Wille erforscht werden. Es kommt grundsätzlich nicht auf die Überschrift oder den Titel einer Urkunde, sondern auf ihren Inhalt an, also darauf, was die Parteien wirklich gewollt haben.

Verkehrssitte

Wenn nur ein Teil des Geschäftes nichtig ist, ist grundsätzlich das ganze Geschäft nichtig, wenn nicht anzunehmen ist, daß die Parteien den Fortbestand trotz der Teilnichtigkeit gewünscht haben. Einen solchen Fortbestand kann man auch in den Allgemeinen Geschäftsbedingungen vereinbaren. Im Arbeitsrecht gelten nicht die Bestimmungen über die Teilnichtigkeit.

Beschränkungen in der Vertragsgestaltungsfreiheit gelten auch im Familien- und Erbrecht, aber auch im Sachenrecht, beispielsweise bei der Veräußerung von Grundstücken.

Es bleibt jedoch dabei, daß im Vertragsrecht nur Vertragsmodelle durch den Gesetzgeber vorgestellt sind, die die Vertragspartner nach Belieben übernehmen oder verändern können.

3.2 Willenserklärungen

Durch eine Willenserklärung nimmt eine geschäftsfähige Person am Rechtsleben teil, indem sie einen juristischen Willen oder Entschluß faßt.

3.2.1 Form der Willenserklärung

formlose Abgabe möglich

Willenserklärungen können auf vielfältige Weise abgegeben werden. Sie können ausdrücklich formuliert, somit mündlich, schriftlich oder schließlich durch sogenanntes schlüssiges Verhalten zum Ausdruck gebracht werden. Hierunter versteht man das Verhalten einer einzelnen Person, das auf einen bestimmten rechtsgeschäftlichen Willen schließen läßt. Es spielt in der Regel also keine Rolle, wie der vorhandene Wille zum Ausdruck gebracht wird. Entscheidend ist, daß der Wille, rechtsgeschäftlich zu handeln, deutlich wird. Insbesondere können Willenserklärungen daher in der Regel formlos abgegeben werden.

Es ist jedoch im Geschäftsverkehr grundsätzlich immer zu empfehlen, die Schriftform zu wählen. Dies erleichtert die Beantwortung von Auslegungs- und Beweisfragen. In einzelnen Fällen verlangt das Gesetz die Schriftform. Dann ist über den Inhalt des Rechtsgeschäftes ein Schriftstück in Hand-, Maschinen- oder Druckschrift anzufertigen und auch persönlich zu unterzeichnen, z. B. bei Bürgschaftserklärungen unter Nichtvollkaufleuten oder bei Mietverträgen, die länger als ein Jahr Laufzeit haben. Verlangt das Gesetz die öffentliche Beglaubigung, muß die Echtheit der Unterschrift unter einem Schriftstück von einem Notar bestätigt werden. Damit wird die Richtigkeit des Schriftstücks nicht bestätigt. Hingegen, wenn das Gesetz die notarielle Beurkundung, z. B. bei einem Grundstücksvertrag, verlangt, wird sowohl die Richtigkeit des Inhaltes als auch die Echtheit der Unterschrift durch den Notar bestätigt.

Eintritt der Rechtswirkung

Eine einmal erklärte Willenserklärung kann nicht ohne weiteres zurückgenommen werden, denn die Rechtswirkung tritt mit ihrer Äußerung und dem Zugang beim anderen ein. Dies gilt sowohl für einseitige wie zweiseitige Rechtsgeschäfte. Eine Bindungswirkung tritt also nicht erst nach Abschluß des zweiseitigen Rechtsgeschäftes ein, sondern schon bei Vertragsangebot. Wer einem anderen die Schließung eines Vertrages anträgt, ist an diesen Antrag gebunden, es sei denn, er hat das Gebundensein ausgeschlossen.

> Zu diesem Kapitel finden Sie die Aufgaben C 30 – C 73 im Band „Vorbereitung auf die Meisterprüfung – Test- und Übungsaufgaben".

3.2.2 Angebot und Vertragsabschluß

Wenn zwei oder mehr Personen die Absicht haben, einen Vertrag abzuschließen, so bezeichnet man die Willenserklärung des Vertragsanbieters als Angebot und die des Vertragsannehmers als Annahme.

Dies gilt grundsätzlich für jede Vertragsart. Eine bestimmte Form ist dazu, wie erwähnt, nicht erforderlich. Die Erklärungen können formlos sein. Formlos bedeutet: Der Vertrag kann auch mündlich oder sogar durch schlüssiges Verhalten geschlossen werden.

Preislisten und Bestellscheine

Von dem Angebot ist zu unterscheiden die Einladung zur Abgabe eines Angebotes. Damit sind Schaufensterauslagen, Preislisten, Speisekarten oder Bestellscheine gemeint. Durch solche Hilfsmittel wird der Kunde eingeladen, selbst ein Angebot abzugeben. Da wir den Grundsatz der Vertragsfreiheit als eine der Grundlagen unseres Rechtssystems haben, kann anschließend der andere Vertragspartner entscheiden, ob er mit dem Kunden einen Vertrag abschließen will. Es ist daher sehr zweifelhaft, ob der Kürschnermeister einen versehentlich falsch ausgezeichneten Pelz auch zu diesem Preis verkaufen muß. Grundsätzlich wird man eine solche Verpflichtung verneinen können, da sie dem Grundsatz der Vertragsfreiheit widerspricht. Er kann also von sich aus entscheiden, ob er den Kaufvertrag zu dem falsch ausgezeichneten Preis abschließt.

3.2.3 Zugang von Willenserklärungen

Da an der Gestaltung eines Rechtsgeschäftes regelmäßig mehrere Personen beteiligt sind, muß eine Willenserklärung, durch die dieses Rechtsgeschäft begründet oder geändert wird, dem Geschäftspartner zugehen. Willenserklärungen sind daher empfangsbedürftig. Eine nicht empfangsbedürftige Willenserklärung ist hingegen das Testament. Hier wird die Willenserklärung bereits wirksam, wenn der Wille endgültig formuliert und die Erklärung abgegeben ist. Ein Testament ist daher wirksam, wenn es niedergeschrieben und unterzeichnet ist.

empfangsbedürftig

Wie wichtig der Zugang einer Willenserklärung ist, zeigt folgendes Beispiel: Tischlermeister Huber will seinem Mitarbeiter Lehmann kündigen. Ohne dies Lehmann zu sagen, schickt er die Kündigung mit normaler Post. Dieser Kündigungsbrief kommt bei Herrn Lehmann nicht an. Es ist kein Zugang erfolgt und damit besteht der Arbeitsvertrag weiter.

Um sich vor diesen Folgen zu schützen, wird in der Praxis der Tischlermeister Huber einen solchen Brief immer per Einschreiben oder besser noch per Rückschein (mit Bestätigung des Empfängers) versenden. Damit ist sichergestellt, daß der Zugang der Willenserklärung erfolgt und nachgewiesen ist.

Bindungswirkung einer Willenserklärung

Der Zugang einer Willenserklärung richtet sich danach, ob sie unter Anwesenden oder Abwesenden abgegeben wird. Wird die Willenserklärung in Gegenwart des anderen Teils abgegeben, kann er sie hören oder sehen oder telefonisch zur Kenntnis nehmen, so ist er verpflichtet, sofern er den Vertrag annehmen möchte, sofort die Annahme zu erklären. Erklärungen unter Abwesenden sind zugegangen, sobald sie in ihren Empfangsbereich gelangt sind. Mündliche Erklärungen müssen demnach entweder von Gesprächspartner zu Gesprächspartner geäußert oder durch Boten überbracht, schriftliche dem Empfänger übersandt sein. Hier bleibt die Bindungswirkung so-

Bürgerliches Recht

lange bestehen, wie unter normalen Umständen mit einer Rückantwort gerechnet werden kann. Keine Bindung tritt ein, wenn der Widerruf des schriftlichen Angebots vor dem Angebot oder zumindest gleichzeitig mit dem Angebot beim Partner eintrifft.

Nach Ablauf einer angemessenen Zeit, die selten länger als 14 Tage oder 3 Wochen dauern kann, entfällt das gemachte – schriftliche – Angebot. Es ist dem handwerklichen Bereich jedoch grundsätzlich immer zu empfehlen, ein Angebot zu befristen. Dies schließt zusätzliche Auslegungsschwierigkeiten und Meinungsverschiedenheiten aus. Ein befristetes Angebot bindet schließlich nur für die angegebene Zeit, ein freibleibendes Angebot bindet überhaupt nicht.

3.2.4 Schweigen als Willenserklärung

Eine besondere Rolle spielt Schweigen als Willenserklärung. Normalerweise bedeutet Schweigen Nichts-Tun. Da eine Willenserklärung aber gerade eine Handlung ist, durch die ein bestimmter Geschäftswille zum Ausdruck gebracht wird, kann dann, wenn der „Erklärende" untätig bleibt, auch keine Willenserklärung vorliegen. Schweigen bedeutet daher im Regelfall weder Zustimmung noch Ablehnung. In besonders gelagerten Fällen kann aber der andere Teil verpflichtet sein, zu reagieren, wenn er eine für ihn ungünstige Regelung abwenden will. Dies ist bei Vorliegen besonderer Vertrauenstatbestände zu bejahen, beispielsweise bei Bestehen längerer Geschäftsbeziehungen oder nach dem Abschluß von Vertragsvorverhandlungen. Es handelt sich jedoch um eine Ausnahme und ist im Grundsatz nicht als Willenserklärung anerkannt. Auch im kaufmännischen Bereich gilt grundsätzlich nichts anderes. Aber Schweigen auf ein „kaufmännisches Bestätigungsschreiben" kann Rechtswirkungen auslösen, weil der Hauptvertrag oder zumindest die Vertragsverhandlungen abgeschlossen sind und lediglich Nebenregelungen (Lieferfristen usw.) getroffen werden müssen.

weder Zustimmung noch Ablehnung

Von einer stillschweigenden „Willenserklärung" spricht man dann, wenn der Vertragspartner eine Erklärung abgeben wollte, aber keine Worte gebrauchte, um sich auszudrücken, sondern Handlungen vornimmt, die auf einen ganz bestimmten Geschäftswillen schließen lassen. Aber auch hier kommt es darauf an, daß erkennbar ein Wille geäußert worden ist.

3.2.5 Anfechtung von Willenserklärungen

Grundsätzlich gilt, daß ein zweiseitiges Rechtsgeschäft nicht einseitig zurückgenommen werden kann. Bei Anfechtung wegen Irrtums muß einem Rechtsgeschäft eine Willenserklärung zugrunde liegen, die von einem Irrtum beeinflußt ist, also nicht dem Willen des Anbieters entspricht. Es besteht die Möglichkeit, durch eine Anfechtung eine Berichtigung herbeizuführen. Grundsätzlich sind bei einer Irrtumsanfechtung die Fälle zu unterscheiden, in denen eine Anfechtung möglich ist, und die Fälle, in denen eine solche nicht möglich ist. Bei einem Inhalts-, Erklärungs- oder Eigenschaftsirrtum ist sie möglich, bei einem Irrtum im Beweggrund (Motivationsirrtum) jedoch nicht.

Anfechtung wegen Irrtums

Eine Anfechtung wegen Irrtums setzt voraus, daß Wille und Erklärung nicht übereinstimmen. Dies kann sich auf den Inhalt beziehen. Man spricht dann von einem Inhaltsirrtum: Er liegt vor, wenn bei der Abgabe der Erklärung ein Irrtum über die Bedeutung der Erklärung vorgelegen hat. Beispiel: Tischler-

Inhaltsirrtum

meister Huber will ein neues Kombi-Fahrzeug erwerben. Der Verkäufer stellt einen Kaufvertrag aus, Herr Huber will das Fahrzeug aber leasen.

Erklärungsirrtum Bei einem Erklärungsirrtum liegt der Fehler in der Erklärung, z. B. im Versprechen, im Verschreiben. Beispiel: Schlossermeister Falk will schriftlich ein Stahlgitter für DM 5 000,- anbieten, schreibt aber DM 500,-. Es liegt ein gültiges, wenn auch anfechtbares Angebot vor.

Eigenschaftsirrtum Von einem Eigenschaftsirrtum spricht man, wenn Wille und Erklärung zwar einwandfrei sind, der Erklärende sich jedoch über wesentliche Eigenschaften einer Person oder Sache irrt. Beispiel: Schlossermeister Falk will eine neue Bohrmaschine mit einem Bohrfutter bis 50 mm kaufen. Es stellt sich aber heraus, daß die Bohrmaschine lediglich ein Bohrfutter von 30 mm hat.

In diesen drei Fällen kann die Anfechtung der abgegebenen Willenserklärung erfolgen. Die Anfechtung hat in diesen Fällen unverzüglich zu erfolgen, d. h. ohne schuldhaftes Zögern. Die Anfechtung bedeutet jedoch nicht, daß das Rechtsgeschäft ohne weitere Rechtsfolgen gegenstandslos wird. Vielmehr wird der Anfechtende ersatzpflichtig für den Schaden, der dem anderen Teil dadurch entsteht, daß er auf die Gültigkeit der Erklärung vertraut hat. Dies kann ein Verdienst- oder Gewinnausfall sein, dies kann auch der Differenzbetrag zu dem nächstgünstigen Angebot sein.

Keine Anfechtung ist dagegen möglich, wenn es sich um einen Motivationsirrtum handelt. Hier fallen Wille und Erklärung nicht auseinander. Der Anfechtende hat sich beispielsweise in der Kalkulation, in seiner Preisvorstellung oder in dem Eintritt persönlicher Umstände geirrt. Beispiel: Tischlermeister Huber schließt einen Vertrag mit einer festen Zahlungsfrist zum 1. 6. ab, weil er glaubt, dann die notwendigen Mittel zu haben. Dies ist jedoch nicht der Fall.

Anfechtung wegen Täuschung Wer zur Abgabe einer Willenserklärung durch arglistige Täuschung bestimmt wurde, kann seine Erklärung anfechten. Beispiel: Der Verkäufer eines Gebrauchtwagens erklärt ausdrücklich und wahrheitswidrig, der Wagen sei unfallfrei. In diesem Fall hat der Käufer, der hierdurch zur Abgabe seiner Willenserklärung veranlaßt wird, die Möglichkeit, das Rechtsgeschäft anzufechten. Im Falle einer arglistigen Täuschung oder widerrechtlichen Drohung kann die Anfechtung binnen einer Frist von einem Jahr erfolgen.

Anfechtung wegen Drohung Gleiches gilt, wenn bei der Abgabe einer Willenserklärung eine widerrechtliche Drohung mit im Spiel war. Dies ist z. B. der Fall, wenn ein Vertragspartner einen Vertrag nicht eingehen will und der andere ihm mit einer Anzeige wegen einer früher begangenen Steuerhinterziehung droht.

Die Anfechtung kann innerhalb eines Jahres nach Entdeckung der Täuschung oder nach dem Wegfall der durch die Drohung geschaffenen Zwangslage erfolgen. Die längste Frist ist jedoch 30 Jahre.

Folge: Hat der Getäuschte oder Bedrohte einen Schaden erlitten, so ist der Partner schadenersatzpflichtig.

3.2.6 Wirkung einer Anfechtung

Die Anfechtung ist eine Willenserklärung. Sie kann daher formlos erfolgen, d. h., sie bedarf nicht der Schriftform. Es ist aber eine empfangsbedürftige Willenserklärung, und sie muß damit dem Partner zugehen. Durch die An-

von Anfang an nichtig fechtung wird grundsätzlich die Willenserklärung von Anfang an nichtig, bis zum Zeitpunkt der Anfechtung war sie jedoch voll gültig. Durch die Anfechtungserklärung wird somit der Vertrag von sich aus hinfällig, da eine der beiden Willenserklärungen, die einen Vertrag ausmachen, vernichtet wird. Es ist gleichgültig, ob der Vertragspartner mit der Anfechtung einverstanden ist oder nicht.

3.3 Verjährung

Zeitablauf

Eine Begrenzung eines persönlichen Rechts, das sich aus einem Rechtsgeschäft ergibt, kann sich aus dem Zeitablauf ergeben. Ein Recht, das man jahrelang nicht geltend gemacht hat, wie das Einkassieren einer offenstehenden Forderung, wird zweifelhaft, wenn man es nicht mehr einfordert. Die Veränderung bewirkt aber nicht den völligen Untergang des Anspruches. Der Schuldner, der die Rechnung bezahlen sollte, erwirbt lediglich unter Berufung auf den Zeitablauf das Recht, die Leistung zu verweigern. Der Schuldner kann also – er braucht es aber nicht – durch die „Einrede der Verjährung" die Durchsetzung des Anspruchs des Gläubigers verhindern.

Unter Verjährung versteht man das Recht des Schuldners, nach Ablauf einer Zeit nach Entstehen des Anspruchs die ihm obliegende Leistung zu verweigern.

Einrede der Verjährung

In einem Prozeß über die Bezahlung einer Forderung, die möglicherweise verjährt ist, prüft der Richter nicht von sich aus, ob die Verjährung eingetreten ist, sondern der Schuldner muß die Einrede der Verjährung erheben. Tut er dies, so weist der Richter die Klage wegen Verjährung des Anspruchs sofort ab.

Hat der Schuldner es im Rechtsstreit versäumt, sich auf die Verjährung zu berufen, kann er nach Rechtskraft des Urteils nicht mehr die Einrede der Verjährung erheben. Er muß dann eine an sich verjährte Forderung bezahlen, ebenso erfolgt keine Rückerstattung des Betrages, wenn er aus Unkenntnis oder Irrtum über den Eintritt der Verjährung bezahlt hat.

3.3.1 Verjährungsfrist

normale Verjährungsfrist

30 Jahre ist die sogenannte normale Verjährungsfrist. Sie beginnt mit dem Ablauf des Kalendertages, der auf die Fälligkeit folgt. Hierunter zählen alle Ansprüche, die sich aus dem Eigentum sowie aus Darlehen oder Leihe ergeben.

Von den Verjährungsfristen wegen ausstehender Geldforderungen sind die Fristen für die Gewährleistung, d. h. das Einstehen für das Vorhandensein von Mängeln bei gekauften oder hergestellten Sachen, zu unterscheiden. Im Alltagsgeschäft des Handwerkers sind bei den Verjährungsfristen die Ansprüche aus Geldforderungen die häufigsten.

zwei Jahre

Ansprüche aus den Geschäften des täglichen Lebens, worunter auch die Ansprüche der Kaufleute, Fabrikanten und Handwerker gegenüber ihren Kunden zählen, verjähren in zwei Jahren. Die Frist beginnt aber erst am Ende des Jahres, in dem der Anspruch entsteht, also mit dem 1. Januar des der Lieferung nachfolgenden Jahres zu laufen.

drei Jahre

Bei Ansprüchen aus unerlaubten Handlungen gilt eine dreijährige Frist, deren Lauf mit dem Zeitpunkt der Kenntnis von der Tat und dem Täter beginnt.

Im Gegensatz zu den zweijährigen Verjährungsansprüchen von Handwerkern gegenüber ihren Kunden verjähren Ansprüche von dem gleichen Personenkreis, also von Fabrikanten, Kaufleuten, Handwerkern usw., für Lieferungen und Leistungen, die für den Gewerbebetrieb des Empfängers bestimmt waren, in der doppelten Zeit, also in *vier Jahren*. Außerdem verjähren Ansprüche auf rückständige wiederkehrende Leistungen – darunter zählen Zinsen, Miet- oder Pachtbeträge sowie Rentenzahlungen – in vier Jahren. Auch hier ist der Fristbeginn jeweils der 1. Januar des der Entstehung des Anspruchs darauffolgenden Jahres.

Randnotiz: vier Jahre

Ausnahme davon: Verträge auf Grundlage der VOB (→ S. 424)

Die Verjährung kann durch verschiedene Rechtshandlungen des Schuldners oder des Gläubigers hinausgeschoben werden.

Eine Unterbrechung im Ablauf der Verjährungsfrist tritt ein, wenn der Schuldner seine Zahlungsverpflichtung anerkennt. Mit dieser Unterbrechung beginnt die volle Frist ab dem Zeitpunkt des Unterbrechens neu zu laufen. Eine Unterbrechung der Verjährung erfolgt z. B. durch eine Bitte um Einräumung einer Teilzahlung, jede vorbehaltlose Teilzahlung oder ein sonstiges Anerkenntnis. Der Gläubiger kann die Verjährung durch Erhebung der Klage oder Antrag auf Erlaß eines Mahnbescheids unterbrechen.

Randnotiz: Unterbrechung der Verjährung

Wichtig ist in diesem Zusammenhang, daß ein Mahnschreiben, sei es auch noch so nachdrücklich formuliert, in keinem Fall den Ablauf der Verjährungsfrist unterbricht. Der Ablauf der Verjährungsfrist wird erst durch ein gerichtliches Mahnverfahren (→ S. 457) oder die Klageerhebung unterbrochen.

Eine Hemmung im Ablauf der Verjährung tritt ein, wenn der Schuldner vom Gläubiger eine Stundung erhält, er die Zahlung also erst zu einem späteren Zeitpunkt als ursprünglich vereinbart leisten muß. Nach Wegfall des Hemmungsgrundes läuft die Verjährungsfrist unter Anrechnung der bereits vor der Hemmung abgelaufenen Zeit weiter. Es wird also auf die 2- oder 4-Jahresfrist beispielsweise die Zeit der Stundung hinzugerechnet.

Randnotiz: Hemmung der Verjährung

3.4 Erfüllungsort einer Leistung

Bei den gegenseitigen Verträgen, im Handwerk sind es am häufigsten die Kauf-, Werk-, Miet- oder Pachtverträge, ist jeder der Vertragspartner Schuldner und Gläubiger zugleich. Jeder schuldet dem anderen etwas, jeder hat von dem anderen etwas zu erwarten. Bei einem Kaufvertrag ist der Käufer Schuldner der Kaufpreiszahlung und der Abnahme der Ware und der Verkäufer Schuldner der Eigentumsverschaffung. Daraus ergeben sich Fragen hinsichtlich des Erfüllungsortes für die Lieferung der Ware und bezüglich des Erfüllungsortes für die Bezahlung.

Randnotiz: Schuldner und Gläubiger zugleich

Am Erfüllungsort geht auch die Gefahr des Verlustes oder einer Beschädigung der Sache auf den Käufer über. Selbst wenn der Verkäufer sich bereit erklärt hat, die Waren frei Haus und kostenlos an den Wohnort des Käufers zu liefern, bleibt der Erfüllungsort der Wohnsitz des Verkäufers. Daraus ergibt sich: Reine Warenschulden sind Holschulden.

Randnotiz: Warenschulden = Holschulden

Handwerkerleistungen sind in der Regel Bringschulden, da der Handwerker meistens seine Leistungen beim Auftraggeber erbringt.

Hinsichtlich des Erfüllungsortes des Geldes gilt, daß der Wohnort des Schuldners – bei einem Kaufvertrag also des Käufers – der Erfüllungsort ist. Während der Verkäufer die Ware zu liefern hat, hat der Käufer dafür zu sorgen, daß das Geld kostenfrei und auf seine Gefahr dem Verkäufer geschickt oder gebracht wird. Die Definition für Geldschulden ist: Geldschulden sind Schickschulden.

Geldschulden = Schickschulden

Wichtig ist in diesem Zusammenhang, daß durch das Gerichtsstandsvereinbarungsgesetz von 1974 ein Prozeß des Verkäufers über die gelieferte Ware oder die Bezahlung der Ware am Wohnort des Geldschuldners durchzuführen ist. Unter Nicht-Vollkaufleuten ist eine anderslautende Vereinbarung trotz des Grundsatzes der Vertragsfreiheit nicht möglich. Wenn bei Verträgen mit nicht im Handelsregister eingetragenen Handwerkern vereinbart wird, daß Gerichtsstand und Erfüllungsort eine beliebige Stadt ist, so ist dies nichtig, denn unter Nicht-Vollkaufleuten ist der Wohnort des Geldschuldners als Gerichtsstand zwingend vorgeschrieben.

Gerichtsstand und Erfüllungsort

3.5 Leistungsstörungen

Eine Leistung kann, ohne daß ein direkter Sachmangel vorliegt, unter verschiedenen Gesichtspunkten gestört sein. Sie kann

Möglichkeiten der Leistungsstörung

- ausbleiben (Unmöglichkeit oder Unvermögen)
- verspätet erfolgen (Verzug)
- mit Begleitschäden behaftet sein (Mangelfolgeschäden).

3.5.1 Unmöglichkeit der Leistung

Kann der Schuldner aus persönlichen oder sachlichen Gründen nicht leisten, oder leistet er eine Sache in einem solch unbrauchbaren Zustand, daß sie praktisch wertlos ist, wird die normale Abwicklung des Schuldverhältnisses gestört. Die Gründe für die Nichtleistung oder das Nichtleistenkönnen können bereits zum Zeitpunkt des Vertragsabschlusses - möglicherweise, ohne daß der andere Teil dies wußte - vorgelegen haben. Sie können aber auch erst nach Vertragsabschluß aufgetreten sein. Weiter kann der Grund für eine Nichtleistung darin liegen, daß niemand, aus welchen Gründen auch immer, zur Leistung in der Lage gewesen wäre. Beispiel: Ein bestimmter Schloßtyp, der nur von einem Hersteller angeboten wird, kann nicht geliefert werden, da das Herstellerwerk abgebrannt ist.

Ist die Leistung von Anfang an, also schon vor dem Abschluß des Vertrages, niemandem möglich, so spricht man von anfänglicher objektiver Unmöglichkeit. Ein auf solche Leistung gerichteter Vertrag ist nichtig. Das verkaufte Auto war bereits zum Zeitpunkt des Vertragsabschlusses, ohne daß der Verkäufer es wußte, stark beschädigt. Auch kein anderer könnte dieses spezielle Auto verkaufen. Die Leistung ist somit objektiv unmöglich. Beispiel: Kürschnermeister Pelz sagt die Fertigung eines Mantels aus einem bestimmten Fell zu. Dieses Fell wird, was er vorher nicht wußte und auch nicht in Erfahrung bringen konnte, nicht mehr exportiert.

anfängliche objektive Unmöglichkeit

Auch diese Leistung ist jedermann und damit objektiv unmöglich. Das Leistungshindernis war also bereits bei Abschluß des Kauf- oder Werkvertrages gegeben. Dies führt - wie erwähnt - zur Nichtigkeit des Kaufvertrages.

Nichtigkeit

Nichtigkeit bedeutet, daß aus dem Vertrag selbst keinerlei Rechtsfolgen abgeleitet werden können. Demgemäß stehen dem Käufer aufgrund des zugrundeliegenden Vertrages keinerlei Ansprüche zu, aber auch der Ver-

Bürgerliches Recht

käufer kann keinerlei Ansprüche geltend machen. Wer jedoch weiß oder wissen müßte, daß die versprochene Leistung objektiv unmöglich ist, muß dem anderen Schadenersatz, den sogenannten Vertrauensschaden, ersetzen.

Es kommt aber auch vor, daß die Erfüllung nur dem betreffenden Vertragspartner, dem Schuldner, nicht möglich ist. Dies ist ein Fall der **anfänglichen subjektiven Unmöglichkeit** (auch **Unvermögen** genannt). Sie ist im Gesetz nicht geregelt. *Beispiel:* Der Heizungsbauermeister Rohr sagt die Reparatur des Backofens für den Abend zu. Bei der Zusage (Vertragsabschluß) weiß er jedoch noch nicht, daß sein Kundendienstwagen in einen Unfall verwickelt ist. Hier wäre für jeden anderen Handwerksmeister der Branche die Leistung möglich gewesen.

[Marginalie: anfängliche subjektive Unmöglichkeit]

Anfängliche objektive Unmöglichkeit und das Unvermögen unterscheiden sich hinsichtlich der Folgen. Während im ersten Fall, weil die Leistung von niemandem zu erbringen ist, keinerlei Schadenersatzansprüche entstehen, erwachsen sie im zweiten Fall. Der Grund liegt in den Wurzeln unseres Rechtssystems. Jeder Vertragspartner übernimmt mit dem Vertragsabschluß auch eine garantieartige Einstandspflicht bezüglich seiner Leistungsfähigkeit und dem tatsächlichen persönlichen Leistungsvermögen. Es gilt der germanische Grundsatz: „Ein Mann, ein Wort."

Man ist jedoch der Auffassung, daß auch bei dem Unvermögen eine Haftung dann nicht eintritt, wenn das Unvermögen durch höhere Gewalt – zufällig – herbeigeführt ist, also durch ein Ereignis, das auf bloßem Zufall beruht. Dies gilt bei dem erwähnten Beispiel mit dem Unfall nicht, denn aus bloßem Zufall wird der Unfall, unabhängig von der Verschuldensfrage im Straßenverkehr, nicht entstanden sein.

Ist die Leistung zunächst, und zwar beim Abschluß des Vertrages, möglich, wird sie aber nachher und noch vor der Erfüllung unmöglich, so spricht man von **nachträglicher Unmöglichkeit (Unvermögen)**. Dabei unterscheidet man, im Gegensatz zu der anfänglichen Unmöglichkeit, nicht mehr zwischen objektivem und subjektivem, sondern zwischen verschuldetem und unverschuldetem Unmöglichwerden. Der Grund für diese unterschiedliche Behandlung besteht darin, daß der Vertragspartner, der seine Leistung nun nicht mehr erbringen kann, zum Zeitpunkt des Vertrages leistungsfähig und leistungsbereit war, daß aber nach Vertragsabschluß Gründe aufgetreten sind, die zu einer Nichtleistung führen. Hat der Schuldner die nachträgliche Unmöglichkeit nicht zu vertreten, also nicht verschuldet, so haftet er nicht, er wird von der Leistung frei.

[Marginalie: nachträgliches Unvermögen]

Daraus ergibt sich schon, daß bei zu vertretender oder verschuldeter Unmöglichkeit, wie dies beispielsweise bei einer schlechten Terminplanung der Fall ist, der Handwerksmeister zu haften hat. Der Schaden kann in einem entgangenen Verdienst liegen oder in der Notwendigkeit, Differenzbeträge für eine Ersatzbeschaffung zu leisten.

Wichtig ist jedoch, daß bei einer nachträglichen nicht zu vertretenden Unmöglichkeit ein Schadenersatz doch zu leisten sein kann. Diese Verpflichtung besteht dann, wenn man für die Durchführung einer Arbeit eine feste Zusage gegeben hat. Hier handelt es sich um eine Garantie. Für garantierte Zusagen haftet man ohne Verschulden. Man muß daher sehr vorsichtig mit festen Terminzusagen umgehen. Es empfiehlt sich, Ergänzungen aufzunehmen wie zum Beispiel „ . . . sofern keine Umstände auftreten, die der Auftragnehmer nicht zu vertreten hat".

[Marginalie: Garantie]

3.5.2 Stück- und Gattungsschuld

Die Ausführungen beziehen sich im wesentlichen auf Rechtsfolgen der Unmöglichkeit bei einer Einzelschuld (Stückschuld). Für die Gattungsschuld ist im Gesetz gesagt, daß der Schuldner ein anderes Stück der Gattung liefern muß, wenn das zunächst zur Lieferung an den Gläubiger ausgewählte Stück nicht mehr geliefert werden kann. So erhebt sich deshalb die Frage, wie lange der Verkäufer aus der Gattung liefern muß. Das Gesetz sagt, daß der Schuldner nur noch die ausgewählte Sache zu liefern braucht, wenn er das zur Leistung einer solchen Sache seinerseits Erforderliche getan hat. Dies hängt davon ab, ob es sich um eine Bring-, Hol- oder Schickschuld handelt. Handelt es sich beispielsweise um eine Holschuld, reicht es aus, daß der Verkäufer dem Käufer mitteilt, daß ein bestimmtes oder das von ihm bestellte Stück zum Abholen bereit ist. Hier ist eine Konkretisierung oder Konzentration der Gattungsschuld erfolgt. Der Verkäufer schuldet jetzt nur noch diese Sache als Stückschuld. Auch bei einem zufälligen Untergang braucht der Verkäufer nicht mehr zu haften und eine neue Sache zu liefern. Man sagt, die Leistungsgefahr (auch Sachgefahr) geht auf den Gläubiger über.

Konkretisierung erforderlich

3.5.3 Der Verzug

Als zweite Form einer Leistungsstörung kennt das BGB den Verzug des Schuldners. Hier tritt eine schuldhafte Verzögerung der an sich noch möglichen Leistung ein.

Verzug ist die Nichtleistung trotz Fälligkeit und Mahnung.

Fälligkeit

Um Verzug eintreten zu lassen, muß zunächst Fälligkeit gegeben sein. Eine Handwerkerrechnung beispielsweise ist sofort fällig. Sofort bedeutet ohne schuldhaftes Zögern, also nach einer gewissen Prüfungsfrist von rund 14 Tagen. Eines besonderen Hinweises der Fälligkeit bedarf es auf der Rechnung nicht. Nach Eintritt der Fälligkeit muß der Lieferant mahnen, um den Schuldner in Verzug zu setzen. Zur Mahnung bedarf es keiner vorausgegangenen Erinnerung. Eine Mahnung muß auch nicht mehrmals erfolgen. Es genügt eine in eindeutiger Form erklärte Mahnung. Wesentlicher Bestandteil der Mahnung ist auch die Fristsetzung für die zu erbringende Leistung des Schuldners.

Mahnung

Es muß aber noch eine weitere Voraussetzung hinzukommen. Der Schuldner muß schuldhaft in Verzug kommen. Er darf also beispielsweise nicht durch einen Schädelbasisbruch an der Wahrnehmung seiner Geschäfte, die er alleine besorgt, gehindert sein.

Verschulden

Mit Eintritt des Verzuges kann der Gläubiger den Verzugsschaden, beispielsweise Verzugszinsen, verlangen. Sofern nichts besonderes vereinbart ist, können dann die Zinsen abgewälzt werden, die der Gläubiger selbst bei seiner Bank zu zahlen hat. Wäre der Schuldner nicht in Verzug geraten, so hätte der Gläubiger seinerseits auch weniger Zinsen bezahlen müssen.

Verzugsschaden

Anders als im Falle der Unmöglichkeit – hier kann der Schuldner überhaupt nicht leisten – besteht beim Schuldnerverzug die Leistungspflicht weiter fort. Die Rechtsfolgen dieses Verzuges treten daher – jedenfalls zunächst – neben die ursprünglich vereinbarten Leistungspflichten aus dem Schuldverhältnis. Die Ware muß also geliefert werden, wenn sie zu dem fest zugesagten

Liefertermin nicht ausgeliefert wird. Der Verkäufer kann sich von seiner Leistungspflicht nicht einfach dadurch befreien, daß er nicht zum richtigen Zeitpunkt leistet. Neben dem fortbestehenden Leistungsanspruch hat also der Gläubiger gegen den Schuldner einen Anspruch auf Ersatz der ihm durch die Verzögerung der Leistung nachweislich entstandenen Schäden, z. B. Mietwagenkosten.

Verzugszinsen

Bei Geldschulden kann der Gläubiger auch schon ohne den Nachweis eines entsprechenden Verzugsschadens 4 % Verzugszinsen fordern. Bei Verzugszinsen aus beiderseitigen Handelsgeschäften beträgt der Zinssatz 5 %. Die Geltendmachung darüber hinausgehender, vertraglich vereinbarter Zinsansprüche oder des nachgewiesenen Verzugsschadens etwa in der Höhe des tatsächlich entstandenen Schadens bleibt dem Gläubiger unbenommen.

Von großer Bedeutung ist, daß während des Verzugs die Haftung des Schuldners für das Unmöglichwerden seiner Leistung verschärft wird. Er haftet nunmehr auch für das zufällige Unmöglichwerden der Leistung, falls der Schaden nicht auch bei rechtzeitiger Leistung eingetreten wäre. Beispiel: Die nicht rechtzeitig ausgelieferte Ware wird einen Tag später gestohlen. Der Käufer kann sich daher nur für einen zusätzlichen Betrag einen ähnlichen Gebrauchsgegenstand kaufen.

Schadenersatz wegen Nichterfüllung

Die Leistungsstörung wegen Verzugs kann später durch den Untergang des Leistungsgegenstandes in eine Leistungsstörung wegen Unmöglichkeit übergehen. Dies hat vor allem die Wirkung, daß der Gläubiger nicht mehr die verspätete Leistung anzunehmen braucht und statt dessen Schadenersatz wegen Nichterfüllung verlangen kann. Beispiel: Der Verkäufer hat eine Ware zu einem genau bestimmten Zeitpunkt versprochen, diesen Termin hält er nicht ein. Der Käufer kann daher einen ihm anderweitig angebotenen Gegenstand, z. B. einen Gebrauchtwagen, nach dem vereinbarten Termin und mit Beginn des Verzugs erwerben und den Differenzbetrag als Schadenersatz geltend machen. Zu beachten ist, daß der Gläubiger die erwähnten Befugnisse erst dann ausüben kann, wenn er dem Schuldner eine angemessene

Nachfrist setzen

Nachfrist gesetzt und die Ablehnung einer noch späteren Vertragserfüllung angedroht hat. Grundsätzlich gilt aber auch hier, daß der Verzug des Schuldners dem Gläubiger nicht ohne weiteres das Recht gibt, sich vom Vertrag loszusagen und den Schuldner mit unter Umständen weittragenden Schadenersatzverpflichtungen zu belasten. Er muß dem Schuldner noch eine letzte Chance geben, seine Verpflichtung vertragsgemäß zu erfüllen.

3.5.4 Positive Forderungsverletzung (Mangelfolgeschäden)

Es gibt Fälle, in denen ein Geschäftspartner dem anderen Teil Schäden zufügt, die nicht auf Unmöglichkeit, also der Nichtleistung, oder Verzug, also der verspäteten Leistung, beruhen. Hierbei handelt es sich um eine Gesetzeslücke. Die Rechtsprechung hat diese Lücke sehr bald ausgefüllt und den Begriff der positiven Forderungsverletzung geschaffen. Dies bedeutet eine tatsächlich eingetretene Verletzung des Leistungsverhältnisses.

Verletzung einer Schutzpflicht

Unter einer positiven Forderungsverletzung versteht man die Verletzung einer neben der eigentlichen Hauptleistungspflicht bestehenden Schutzpflicht, die sicherstellen soll, daß der andere Teil bei der Abwicklung des Vertrages keinen Schaden erleiden soll.

Es gibt eine Vielzahl von Fällen, gerade im handwerklichen Bereich, bei denen die positive Forderungsverletzung von Bedeutung ist. Wenn beispielsweise der fehlerhaft reparierte Pkw weitere Personen beschädigt, weil er nicht verkehrsgemäß fährt, so ergeben sich die Schadenersatzansprüche aus diesem Gesichtspunkt. Wenn der Verkäufer es beim Verkauf eines komplizierten Gerätes unterläßt, den Käufer ordnungsgemäß in die Bedienung einzuweisen, und dadurch Schäden entstehen, so ist dies wieder der Fall einer positiven Forderungsverletzung.

Da der Gesetzgeber vergessen hat, die positive Forderungsverletzung zu regeln, fällt sie unter die regelmäßige Verjährungsfrist. Diese Frist beträgt 30 Jahre. Die neuere Rechtsprechung des Bundesgerichtshofes kommt aber immer mehr zu der Erkenntnis, daß die positive Forderungsverletzung im Werkvertragsrecht nicht über die Verjährungsfristen aus einem Werkvertrag, also maximal fünf Jahre, hinausgehen soll.

3.5.5 Fixgeschäfte

Im Rahmen des Verzugs und der Unmöglichkeit sind auch Rechtsgeschäfte zu erörtern, die schon ihrem Inhalt nach nur zu einem bestimmten Termin erfüllt werden können.

einfache Fixschuld — Bei der einfachen Fixschuld handelt es sich um Leistungen, bei denen ein fester Termin oder die Einhaltung einer bestimmten Frist festgelegt und die genaue Einhaltung dieser Zeitbestimmung ausdrücklich vereinbart ist. Wird der so festgelegte Leistungszeitpunkt nicht eingehalten, so kann der Gläubiger sich ohne weiteres vom Vertrag lossagen, er kann zurücktreten. Diese sogenannte einfache Fixschuld ergibt sich allein aus der Parteienvereinbarung. Es kommt daher weder darauf an, ob die geschuldete Leistung auch noch zu einem späteren Zeitpunkt vertragsgemäß erbracht werden könnte, noch hängt das Recht zum Rücktritt davon ab, ob der Schuldner die Verspätung verschuldet hat.

Die Rechtsnatur eines Fixgeschäftes ergibt sich schon aus den Umständen, und zwar aus der Zeitbestimmung, die einer solchen Erklärung beigegeben ist. Im Handelsverkehr werden solche Beifügungen mit Klauseln wie „genau", „spätestens" oder „fix" gekennzeichnet.

absolute Fixschuld — Von der einfachen Fixschuld ist die absolute Fixschuld zu unterscheiden. Bei dieser führt die Versäumung des vereinbarten Zeitpunktes zur Unmöglichkeit, so daß die Erfüllung zu jedem weiteren späteren Zeitpunkt sinnlos ist. Beispiel: Geburtstagstorte oder Blumenschmuck zum Jubiläum.

handelsrechtliches Fixgeschäft — Hat ein Kaufmann Waren oder Wertpapiere fix gekauft oder verkauft, so hat er wie beim „gewöhnlichen" Fixgeschäft die Möglichkeit, ohne weiteres vom Vertrag zurückzutreten. Nachträgliche Lieferung kann er beim handelsrechtlichen Fixgeschäft nur verlangen, wenn er dem Schuldner sofort anzeigt, daß er auf Erfüllung besteht. Im Falle des Verzugs kann der Gläubiger aber ohne Nachfristsetzung Schadenersatz wegen Nichterfüllung verlangen.

3.5.6 Annahmeverzug

Nicht nur der Schuldner kann in Verzug geraten, sondern auch der Gläubiger, wenn er seine vertraglichen Verpflichtungen nicht erfüllt. Nimmt er z. B. bei einem Kaufvertrag die ordnungsgemäß angebotene Ware nicht ab, so kommt er in Verzug. Die Rechte des Schuldners beim Annahmeverzug des Gläubigers bestehen zunächst darin, daß der Schuldner weiterhin auf Erfüllung des Vertrages bestehen und den Gläubiger auf Annahme verklagen kann. Der Schuldner muß bis dahin die Ware aufbewahren, wobei aber die Gefahr eines zufälligen Untergangs beim Gläubiger liegt. Des weiteren kann die Ware in ein öffentliches Lagerhaus auf Kosten des Gläubigers gebracht werden, und der Gläubiger kann dann auf Regreßzahlung verklagt werden. Als letztes kann der Schuldner bei Abnahmeverzug des Gläubigers einen Selbsthilfeverkauf vornehmen, wenn die Sache zur Aufbewahrung oder Hinterlegung nicht geeignet ist, beispielsweise bei verderblichen Gütern. Selbsthilfeverkauf bedeutet, daß die Ware nach vorheriger Androhung öffentlich versteigert wird und der Mindererlös vom Gläubiger eingeklagt werden kann.

3.6 Verschulden und Schadenersatz

rechtswidrig — Rechtswidrig ist eine Handlung oder eine Unterlassung, wenn sie gegen Gebot oder Verbot des Rechts verstößt.

schuldhaft — Schuldhaft ist eine Handlung, wenn dem Schädiger Vorsatz oder Fahrlässigkeit vorgeworfen werden kann.

Die Verpflichtung zu einem Schadenersatz tritt grundsätzlich nur dann ein, wenn der Schädiger rechtswidrig und schuldhaft einen Schaden verursacht hat.

Vorsatz/Fahrlässigkeit — Vorsatz bedeutet mit-Absicht-Handeln, mit Wissen und Wollen eine Handlung herbeiführen, die einen Schaden auslöst. Fahrlässigkeit ist hingegen bei Außerachtlassung der im Verkehr erforderlichen Sorgfaltspflicht gegeben. Der Sorgfaltsbegriff des Zivilrechts unterscheidet sich von dem des Strafrechts. Während im Zivilrecht ein für alle gleicher, ein objektiv bestimmbarer Sorgfaltsbegriff zugrunde gelegt wird, bemißt sich die Vorwerfbarkeit des pflichtwidrigen Handelns im Strafrecht nach den persönlichen Merkmalen, also nach der Fähigkeit, eine Tat zu übersehen und sich danach zu richten.

Naturalherstellung — Wer zum Schadenersatz verpflichtet ist, muß grundsätzlich Naturalherstellung leisten, also den Zustand wieder herstellen, der ohne das schädigende Ereignis bestehen würde. Erst wenn das nicht möglich ist, kann eine Entschädigung in Geld erfolgen. Bei der Verletzung einer Person oder bei der Beschädigung einer Sache hat der Geschädigte allerdings die Wahl, ob er Schadenersatz in Form der Naturalherstellung oder den zur Wiederherstellung erforderlichen Geldbetrag fordert (§ 249 Satz 2 BGB).

Wer Schadenersatz wegen Nichterfüllung eines Vertrages zu leisten hat, muß den Geschädigten so stellen, wie dieser stehen würde, wenn der Vertrag ordnungsgemäß erfüllt worden wäre. Dazu zählt auch der entgangene Gewinn. Es kann auch angegeben werden, wie hoch die eigene Zinsbelastung ist. Schäden, die nicht bewertbar oder bezifferbar sind, wie in der Regel entgangene Genüsse, werden nicht ersetzt. Eine Ausnahme bildet das Schmerzensgeld. Bei der Schadenszumessung ist stets auch zu prüfen, ob den Geschädigten ein Mitverschulden trifft.

Verschulden beim Vertragsabschluß — Schäden durch unsorgfältiges Verhalten eines Vertragspartners können nicht erst bei der Abwicklung eines abgeschlossenen Vertrages entstehen, sondern auch bereits dann, wenn sich beide Vertragspartner noch in der Phase der Anbahnung eines Vertragsabschlusses befinden. Dies schließt mit ein, daß möglicherweise überhaupt kein Vertragsabschluß zustande kommt.

Darunter fallen die bekannten Fälle, bei denen jemand bei dem Besuch eines Kaufhauses auf einer Bananenschale ausrutscht, ohne daß er die Absicht eines Kaufes hatte. Die Rechtsprechung hat hier aus dem Gedanken der Verkehrssicherungspflicht des Eigentümers gegenüber dem interessierten Publikum eine Schadenersatzpflicht bejaht. Beispiel: Der Kunde Müller rutscht in einem Kfz-Betrieb auf einer Öllache aus und kommt zu Schaden. Hier tritt ebenfalls eine Haftung ein, selbst wenn Müller sich nur unverbindlich die neuen Modelle einer Automarke anschauen wollte.

3.7 Haftung für Mitarbeiter

3.7.1 Erfüllungsgehilfen

Wie verhält es sich, wenn man sich zur Erfüllung einer Verpflichtung einer anderen Person bedient (Erfüllungsgehilfe)? Man haftet für das Verschulden des Erfüllungsgehilfen wie für eigenes Verschulden. Die Haftung für das Verschulden des Erfüllungsgehilfen ist eine Art Erfolgshaftung. Sie beruht auf dem Gedanken, daß der Schuldner gegenüber dem Gläubiger für seinen Geschäfts- und Gefahrenkreis verantwortlich ist und daß sich diese Verantwortung auch auf die von dem Schuldner eingesetzten Hilfspersonen erstreckt. Diese Haftung für den Erfüllungsgehilfen ist also eine Haftung für fremdes Verschulden und gilt nur innerhalb eines bestehenden Schuldverhältnisses. Die Haftung für das Verschulden des Erfüllungsgehilfen besteht dann allerdings nicht, wenn der Mitarbeiter anläßlich der Vertragserfüllung, jedoch außerhalb der Vertragsvereinbarungen, dem Auftraggeber durch einen Diebstahl einen Schaden zufügt.

Hilfspersonen

Erfüllungsgehilfe

Erfüllungsgehilfe ist somit, wer nach den tatsächlichen Gegebenheiten dem Willen des Schuldners bei der Erfüllung einer diesem obliegenden Verbindlichkeit als eine Hilfsperson tätig war. Es ist die typische Haftung des Handwerkers für das Tätigwerden seines Mitarbeiters (Meister, Geselle, Lehrling) der bei einem Kunden tätig geworden ist.

Gesamtschuldverhältnis

Der Geschädigte kann sich dann an den Erfüllungsgehilfen und an den Betriebsinhaber wenden und Schadenersatz fordern. Beide sind auch schadenersatzpflichtig (Gesamtschuldverhältnis); der Erfüllungsgehilfe nach den Regelungen des Deliktrechts und der Betriebsinhaber aufgrund des ihm zugerechneten Fremdverschuldens. Leistet der Betriebsinhaber, wird im Außenverhältnis der Geselle von Ansprüchen des Kunden befreit. Grundsätzlich ist jedoch auch der Geselle im Verhältnis zum Betriebsinhaber schadenersatzpflichtig, wenn ihm ein Verschulden zur Last gelegt wird. In diesen Fällen stellt sich sodann die Frage nach dem Gesamtschuldner – interner Haftungsausgleich. Grundsätzlich wird hierdurch der Rückgriff des in Anspruch genommenen Betriebsinhabers gegenüber dem Mitarbeiter eröffnet.

Diese Möglichkeit des Haftungsausgleichs unter Gesamtschuldnern besteht dann nicht, wenn der Arbeitnehmer im Verhältnis zum Betriebsinhaber einen Freistellungsanspruch besitzt. Nach der früheren Rechtsprechung des BAG zur sog. gefahrgeneigten Arbeit war dies in Fällen sog. leichtester Fahrlässigkeit der Fall. In diesen Fällen war der Arbeitnehmer von jeglicher Haftung befreit. In Fällen mittlerer leichter Fahrlässigkeit wurde die Haftung im wesentlichen zwischen Arbeitgeber und Arbeitnehmer unter Berücksichtigung der Umstände des Einzelfalles aufgeteilt. Lediglich bei grober Fahrlässigkeit und Vorsatz haftete der Arbeitnehmer vollständig.

Diese Grundsätze, die früher in Fällen der gefahrgeneigten Arbeit Anwendung fanden, sind nunmehr auf alle Fälle zu übertragen, in denen einem Arbeitgeber dadurch Schäden verursacht werden, daß Arbeiten ausgeführt werden, die durch den Betrieb veranlaßt sind.

Durch diese Entwicklung in der Rechtsprechung wurde eine über viele Jahre bestehende Rechtsunsicherheit in der Frage der Arbeitnehmerhaftung dadurch beseitigt, daß diese für alle Fälle eines betrieblichen Schadensgeschehens vereinheitlicht wurde.

Beachte: Ein formularmäßiger Ausschluß der Haftung von Vorsatz und grober Fahrlässigkeit des Erfüllungsgehilfen ist nach dem AGB-Gesetz unwirksam.

3.7.2 Verrichtungsgehilfen

Eine Verpflichtung zur Haftung kann sich nicht nur aus der Verletzung einer vertraglichen Pflicht, sondern auch aus einer unerlaubten Handlung durch einen Mitarbeiter ergeben.

unerlaubte Handlung

Derjenige begeht eine unerlaubte Handlung, der vorsätzlich oder fahrlässig das Leben, den Körper, die Gesundheit, die Freiheit, das Eigentum oder ein sonstiges Recht eines anderen widerrechtlich verletzt, und ist zum Ersatz des daraus entstehenden Schadens verpflichtet.

Entlastungsbeweis

Der Auftragnehmer haftet grundsätzlich für einen Verrichtungsgehilfen, der eine solche unerlaubte Handlung im Rahmen seiner Tätigkeit für den Meister begeht. Der Meister hat aber die Möglichkeit – im Gegensatz zur Haftung bei einer Verletzung durch den Erfüllungsgehilfen – hier den Entlastungsbeweis zu führen. Dies bedeutet, daß der Unternehmer in einem möglichen Prozeß oder wenn er zur Schadenersatzpflicht herangezogen wird, den Nachweis darüber führt, daß er die notwendige Sorgfalt bei der Auswahl und Überwachung des Verrichtungsgehilfen beachtet hat.

Es gibt auch Unterschiede in der Verjährung. Schadenersatzansprüche aus unerlaubter Handlung verjähren in drei Jahren. Maßgebend für den Beginn der Verjährung ist jedoch nicht das Schadensereignis, sondern der Zeitpunkt, in welchem der Verletzte von dem Schaden und der Person des Ersatzpflichtigen zuverlässig Kenntnis erlangt hat.

Auch hier können Verrichtungsgehilfe und Betriebsinhaber gesamtschuldnerisch in Anspruch genommen werden. Im Innenverhältnis gelten die Grundsätze der gefahrgeneigten Arbeit.

3.7.3 Vertretung

Vollmacht

Grundsätzlich muß das beabsichtigte Rechtsgeschäft selbst erklärt bzw. getätigt werden. Dennoch kann man einem anderen Vollmacht erteilen und sich von ihm vertreten lassen.

Eine Willenserklärung, die jemand im Rahmen der ihm erteilten Vertretungsbefugnis abgibt, wirkt unmittelbar für und gegen den Vertretenen. Die Vollmacht für die Vertretung kann dem Vertreter in der überwiegenden Anzahl der Fälle formlos erteilt werden, so wie die meisten Willenserklärungen formlos gültig sind, d. h. ohne Bindung an die Schriftform. Wenn nicht klar ist, in wessen Namen das Rechtsgeschäft abgeschlossen ist, handelt es sich um ein Eigengeschäft.

Bei einer Überschreitung der Vertretungsmacht erlischt die Vollmacht, so daß, wenn jemand ohne Vollmacht im Namen eines anderen einen Vertrag abschließt oder seine Vollmacht überschreitet, er selbst aus dem geschlossenen Vertrag berechtigt und verpflichtet wird. In diesem Fall wird nicht der Vertretene Vertragspartner. Beispiel: Auf einer Innungsversammlung erzählt Maurermeister Zingel seinem Kollegen Stark, daß er am nächsten Tag eine Partie besonders günstiger Fliesen kaufen will. Stark bittet seinen Kollegen Zingel, auch für ihn eine bestimmte Menge, und zwar 1 000 m², dieser Fliesen zu kaufen. Zingel kauft aber für Stark nicht 1 000 m², sondern 1 500 m² ein. Zingel ist für die über die Vollmacht hinausgehende Menge Vertragschließender. Stark braucht diese 500 m² nicht abzunehmen. Stark kann jedoch durch nachträgliche Genehmigung auch für die 500 m² in das Geschäft einsteigen.

Es empfiehlt sich, eine Vollmacht nur schriftlich zu erteilen.

Stellvertretung Wichtig ist auch, daß man von einer Stellvertretung nur dann spricht, wenn der Vertreter für den Vertretenen eine Willenserklärung abgibt. Dies bedeutet, daß der Vertreter durch ein eigenes Handeln eine Willenserklärung des von ihm Vertretenen nachvollzieht und einen eigenen Entschluß zur Abgabe dieser Willenserklärung bildet, also selbst nahezu einen eigenen Geschäftswillen äußert und mit eigenem Handlungs- und Erklärungsbewußtsein die Kundgabe der Willenserklärung bewirkt (→ auch Anscheinsvollmacht).

3.7.4 Bote

Bote oder Stellvertreter? Durch die Kundgabe eines eigenen Geschäftswillens unterscheidet sich der Stellvertreter vom Boten, der nur eine vom Geschäftsherrn selbst abgegebene Erklärung übermittelt. Der Vertreter kauft beispielsweise die Sache im Auftrage eines anderen. Der Bote hingegen gibt weiter, daß der andere kaufen will. Ein wesentlicher Unterschied zwischen Bote und Stellvertreter besteht darin, daß der Vertreter mindestens beschränkt geschäftsfähig, also mindestens 7 Jahre alt sein muß, während der Bote ein geschäftsunfähiges Kind sein kann.

3.7.5 Duldungs- und Anscheinsvollmacht

Interessant sind in der Praxis auch die Fälle, in denen eine Vollmacht nicht ausdrücklich erteilt worden ist, der Vertretene aber dennoch haften muß. Dies sind die Fälle der sogenannten Duldungs- und Anscheinsvollmacht. Bei *Duldungsvollmacht* der Duldungsvollmacht hat der im Namen eines anderen Handelnde zwar von diesem niemals eine Vollmacht erhalten, der Geschäftsinhaber weiß aber von *stillschweigende* dessen Auftreten und schreitet hiergegen nicht ein. Durch die stillschwei-*Duldung* gende Duldung hat der angeblich Vertretene einen Rechtsschein geschaffen, der im Rechtsverkehr so aussieht, als sei er mit der Vertretung einverstanden. Beispiel: Einem Verkaufsfahrer ist keine Inkasso-Vollmacht erteilt worden. Es hat sich aber eingebürgert, daß er bei den Kunden ständig kassiert. Der Geschäftsinhaber kann, wenn eines Tages der Fahrer das Geld nicht abrechnet, von dem Kunden nicht noch einmal Geld verlangen.

Anscheinsvollmacht Bei der Anscheinsvollmacht hat der angeblich Vertretene zwar keine Kenntnis davon, daß ein Vertreter in seinem Namen für ihn Geschäfte abschließt, er hätte dies aber bei Anwendung entsprechender Sorgfalt bemerken und dagegen einschreiten können. Auch hier entsteht ein Rechtsschein, als sei der

Handelnde tatsächlich bevollmächtigt, für den von ihm angeblich Vertretenen Geschäfte abzuschließen. Beispiel: Ist der Büroverkehr in einem Unternehmen so schlampig organisiert, daß die Mitarbeiter über Geld verfügen können, und zahlt eines Tages der Buchhalter eine größere Summe unberechtigt aus, kann der Geschäftsinhaber sich nicht auf die nicht erteilte Vertretungsbefugnis berufen und das Geld vom Empfänger zurückfordern. Hier hat der Unternehmer den Anschein entstehen lassen, als sei der Buchhalter zu solchen Handlungen befugt.

3.7.6 Vertreter ohne Vertretungsmacht

Tritt jemand als Vertreter für einen anderen auf, ohne von ihm dazu bevollmächtigt zu sein, so ist das Rechtsgeschäft weder für noch gegen den anderen, den angeblich Vertretenen, wirksam. Es liegt aber auch kein Eigengeschäft des Vertreters vor, weil er ja offen in fremdem Namen gehandelt hat. Hier stellt sich die Frage, ob zwischen dem Vertreter ohne Vertretungsmacht und dem Geschäftspartner überhaupt Rechtswirkungen entstanden sind. Es läßt sich jedoch denken, daß der angeblich Vertretene durchaus daran interessiert ist, das unter Ausnutzung seines Namens abgeschlossene Geschäft an sich zu ziehen. Er hat nach dem Gesetz die Möglichkeit, diesen vorhandenen Mangel innerhalb einer Frist von zwei Wochen zu beheben, nachdem er von dem anderen Teil hierzu aufgefordert wurde. Bis zur Entscheidung des angeblich Vertretenen über die Genehmigung des Rechtsgeschäftes ist der vom Vertreter ohne Vertretungsmacht abgeschlossene Vertrag somit nicht vollständig nichtig, sondern nur schwebend unwirksam.

3.8 Beendigung des Schuldverhältnisses

3.8.1 Erfüllung

Ein Schuldverhältnis zwischen zwei Vertragspartnern ist darauf angelegt, den Gläubigern bestimmte Leistungen zu verschaffen. Sind diese Leistungen erbracht, hat auch das Schuldverhältnis seinen Zweck erfüllt. Die Rechtsbindungen können als beendet angesehen werden.

3.8.2 Leistung erfüllungshalber und an Erfüllungs Statt

Es kann vorkommen, daß ein Schuldner seine Verbindlichkeit nicht wie vorgesehen erfüllen kann, z. B. ein Darlehen kann nicht rechtzeitig zurückgezahlt werden; der Schuldner bietet dem Gläubiger Übereignung anderer Güter, z. B. einen Pkw, an. Diese Ersatzleistung geschieht nur erfüllungshalber.

erfüllungshalber — Leistung erfüllungshalber bedeutet, daß das Schuldverhältnis nicht schon dann erlischt, wenn die Ersatzleistung erbracht wird, sondern erst dann, wenn sich der Gläubiger aus dem Ersatzgegenstand für seine ursprüngliche Forderung auch umfassend befriedigen konnte. Nimmt jedoch der Gläubiger

an Erfüllungs Statt — die Ersatzleistung als vollwertige Erfüllung an (Leistung an Erfüllungs Statt), so erlischt die Schuld sofort. In einem solchen Fall, der eine besondere Vereinbarung der Parteien voraussetzt, ist also die Wirkung der Ersatzleistung genauso, als wäre der ursprünglich geschuldete Gegenstand dem Gläubiger erbracht worden. Das Bürgerliche Gesetzbuch stellt klar, daß dem Gläubiger bei der Hingabe einer Sache oder eines Rechts an Erfüllungs Statt die üblichen Mängelgewährleistungsansprüche zustehen. Erweist sich also eine zum Ausgleich für eine Geldforderung an Erfüllungs Statt veräußerte

Sache als fehlerhaft, kann der Gläubiger die ihm zustehenden und noch zu erläuternden Rechte der Wandlung oder der Minderung geltend machen.

3.8.3 Hinterlegung

Unterläßt es der Gläubiger, die ordnungsgemäß am Leistungsort angebotene Leistung vom Verkäufer anzunehmen und befindet er sich somit in Annahmeverzug oder ist der zur Leistung Verpflichtete über die Person des Leistungsberechtigten im Ungewissen, weil beispielsweise sein Gläubiger gestorben ist und ein Rechtsstreit über die Erbnachfolge besteht, so bleibt dem Schuldner die Möglichkeit der Hinterlegung oder des Selbsthilfeverkaufs. Durch die Hinterlegung oder den Selbsthilfeverkauf kann der Schuldner die Erfüllungswirkung auch ohne Mitwirkung des Gläubigers herbeiführen.

Randbemerkung: Selbsthilfeverkauf

3.8.4 Aufrechnung

Steht einem Schuldner z. B. wegen eines Zahlungsanspruches gegenüber seinem Gläubiger eine eigene Geldforderung zu, so kann er mit der Gegenforderung aufrechnen.

Die Aufrechnung wirkt als Erfüllung, sofern sich die gegenseitigen Forderungen wechselseitig decken.

Bei wirtschaftlichen Schwierigkeiten, beispielsweise im Falle eines Konkurses, ist die Aufrechnung mit einer eigenen Geldgegenforderung häufig die einzige Möglichkeit, finanzielle Verluste zu vermeiden. Die Aufrechnung erfolgt durch eine sogenannte einseitige empfangsbedürftige Willenserklärung, sie kann auch gegen den Willen des anderen Teils durchgesetzt werden. Grundsätzlich gilt, daß die beiden Ansprüche, die miteinander aufgerechnet werden, gegenseitig, gleichartig und fällig und damit durchsetzbar und schon jetzt erfüllbar sein müssen.

Randbemerkung: gegenseitig, gleichartig, fällig

3.8.5 Zurückbehaltungsrecht

Aufgrund des Druckmittels „Zurückbehaltungsrecht" darf ein Schuldner die ihm obliegende Leistung so lange verweigern, bis der Gläubiger die seinerseits geschuldete Leistung erbracht hat.

Grundsätzlich hat in einem Vertrag (Kauf-, Werkvertrag u. a.) jede Leistung Zug um Zug zu erfolgen. Jeder Vertragspartner muß leistungsbereit sein und darf seine Leistung (Geld oder Ware) zurückhalten, wenn der andere Teil nicht leistungswillig oder -fähig ist. Beispiel: A will die Reparaturkosten für seinen Pkw nicht bezahlen. Kfz-Betriebsinhaber B kann das Kfz zurückbehalten, bis die Rechnung bezahlt ist.

Randbemerkung: Zurückbehaltung bei einem Vertrag

Neben dem Zurückbehaltungsrecht bei einem Vertrag, das auf dem Gegenüberstehen von Leistung und Gegenleistung beruht, gibt es ein weiteres Zurückbehaltungsrecht einer sonstigen Leistung, wenn die Forderungen fällig sind, aus demselben rechtlichen Verhältnis stammen und sich gegenüberstehen. Beispiel: A und B haben sich wechselseitig etwas geliehen. A hat ein Zurückbehaltungsrecht, bis auch B herausgabebereit ist.

Randbemerkung: Zurückbehaltung einer sonstigen Leistung

Aber: Kein Zurückbehaltungsrecht an Arbeitspapieren oder unpfändbaren Lohnanteilen!

3.8.6 Abtretung

Durch die Abtretung geht die Forderung des Gläubigers gegen den Schuldner auf einen neuen Gläubiger über. Neben dem Forderungsübergang kraft Gesetzes (z. B. wenn Bürge für Schuldner eintritt, wird Bürge Inhaber der Forderung) oder durch gerichtliche Entscheidung (eine gepfändete Forderung wird dem Gläubiger überwiesen) gibt es auch den Forderungsübergang – auch für zukünftige Leistung – kraft Vertrags, die sogenannte Abtretung. Wird eine Forderung (z. B. Darlehensforderung) abgetreten, obwohl vereinbart ist, daß sie nicht abgetreten werde, erwirbt der Dritte die Geldforderung nicht. Ein Fall eines solchen Abtretungsverbotes ist z. B. gegeben, wenn der Arbeitgeber im Rahmen eines Arbeitsvertrages mit seinem Arbeitnehmer vereinbart, daß diesem Abtretungen von seinem Vergütungsanspruch untersagt sind. Ein Beispiel hierfür findet sich in dem Muster-Vertragstext unter § 2 Nr. 4 (→ S. 491f.).

nicht immer Erwerb der Forderung

Eine Benachrichtigung des Schuldners von der Abtretung ist nicht erforderlich. Er kann sich auch nicht dagegen wehren. Solange ihm die Abtretung nicht bekannt ist, kann er erworbene Aufrechnungsmöglichkeiten aus Verbindlichkeiten des alten Gläubigers auch gegen den neuen Gläubiger geltend machen sowie mit schuldbefreiender Wirkung an den alten Gläubiger leisten. Anders verhält es sich, wenn ein neuer Schuldner auftreten soll. Dies hängt von der Genehmigung des Gläubigers ab.

Stellung des Schuldners

Beispiel: A tritt die Forderung gegen B an C ab. B verkauft etwas an A und kann, sofern er von der Abtretung nichts wußte, auch mit Wirkung gegenüber dem neuen Gläubiger aufrechnen. Leistet der Schuldner aber infolge der ihm unbekannt gebliebenen Abtretung noch an den alten Gläubiger, so kann er sich gegenüber dem neuen Gläubiger auf die erfolgte Leistung berufen.

Tritt der Gläubiger seine Forderungen zweimal ab, so ist die zweite Abtretung wirkungslos, da der Gläubiger nicht mehr Inhaber der Forderung war. Der Schuldner leistet jedoch mit befreiender Wirkung an den zweiten „Gläubiger", wenn der alte Gläubiger ihm nur diesen angezeigt hat. Es gibt keinen gutgläubigen Forderungserwerb durch einen Dritten.

3.8.7 Vermögensübernahme

Haftung für Schulden

Die vertragliche Vermögensübernahme begründet die Haftung des Übernehmers für die Schulden des Veräußerers, ohne daß dies wegbedungen werden könnte. Die Haftung ist beschränkt auf das übernommene Vermögen und die sich aus dem Übernahmevertrag ergebenden Ansprüche gegen den Veräußerer. **Beispiel:** Übernimmt A den nicht vollkaufmännischen Betrieb des B, so haftet er auch noch für die Schulden des B in Höhe des übernommenen Vermögens, auch wenn B einen Gegenwert erhalten hat. Daneben haftet aber auch der Veräußerer weiter. Stellen die übertragenen Vermögensgegenstände das Gesamtvermögen des Veräußerers dar, so ist im übrigen die notarielle Beurkundung erforderlich.

Haftung bei Übernahme eines Handelsgeschäftes

Wer ein Handelsgeschäft unter Lebenden erwirbt und unter der bisherigen „Firma" fortführt, haftet für die vom bisherigen Inhaber begründeten Verbindlichkeiten.

Es kann jedoch – im Gegensatz zu der allgemeinen vertraglichen Vermögensübernahme – etwas anderes vereinbart werden, sofern es sich um ein vollkaufmännisches Geschäft handelt, auch wenn die Handelsregistereintragung noch nicht vorliegt. Dies gilt für Warenhandwerker, die aufgrund ihres Umsatzes auch ohne Eintragung im Handelsregister zu Vollkaufleuten werden können. (Ein Minderkaufmann führt keine „Firma"). Darüber hinaus muß der Haftungsausschluß entweder im Handelsregister eingetragen und bekanntgemacht oder dem Dritten vom Veräußerer oder Erwerber mitgeteilt worden sein.

Ausnahme: Ist das Handelsgeschäft aber im wesentlichen das Gesamtvermögen des Veräußerers, so ist auch hier ein Haftungsausschluß nicht wirksam.

3.8.8 Erlaß

Die Partner eines Vertrages können durch Abschluß einer gesonderten Vereinbarung bewirken, daß die vertraglich geschuldeten Leistungen nicht mehr erbracht werden müssen. Durch einen gesonderten Erlaßvertrag verzichtet der Gläubiger auf seine Forderung.

Aufhebungsvertrag — Überdies können die Parteien im Rahmen der Vertragsfreiheit ein längerfristig begründetes Dauerschuldverhältnis durch Abschluß eines Aufhebungsvertrages zu Ende bringen. Der Unterschied zum Erlaßvertrag besteht darin, daß bei dem Aufhebungsvertrag das Dauerschuldverhältnis insgesamt beendet wird, während bei dem Erlaßvertrag lediglich die aus einem bestimmten Vertragsverhältnis begründete Verpflichtung beendet wird.

3.8.9 Rücktritt und Kündigung

Ein Schuldverhältnis und damit ein Vertrag kann nicht nur durch Erfüllung oder durch zweiseitige Vereinbarung aufgehoben oder beendet werden. Unter gewissen Voraussetzungen ist eine Beendigung auch durch eine *einseitige Erklärungen* einseitige Rücktritts- oder Kündigungserklärung eines der Beteiligten möglich.

Rücktritt — Ein Rücktritt zielt darauf ab, das Schuldverhältnis als Ganzes wieder aufzuheben und erbrachte Leistungen wieder rückgängig zu machen. Der Rücktritt wird durch eine einseitige empfangsbedürftige Willenserklärung gegenüber dem anderen Vertragsteil erklärt. Das Recht zum Rücktritt setzt eine entweder im voraus getroffene Vereinbarung mit dem anderen Teil oder einen gesetzlichen Rücktrittsgrund voraus.

Rücktrittsvorbehalt — Die Vereinbarung eines Rücktrittsvorbehaltes kann dann getroffen werden, wenn beide Vertragspartner noch nicht alle Vertragseinzelheiten voraussehen konnten und sich für bestimmte Umstände die Rückabwicklung des Vertrages vorbehalten wollten. Beispiel: Ein Kunde schließt mit einem Maurermeister einen Vertrag über die schlüsselfertige Erstellung eines Hauses, sofern ihm die Baugenehmigung für eine bestimmte Bauweise eingeräumt wird. Unter dieser Voraussetzung ist der Vertrag als solcher bereits fest abgeschlossen. Wird die Baugenehmigung verweigert, so kann der Bauherr vom Vertrag zurücktreten. Hierdurch wird der Gesamtvertrag wieder hinfällig. Bei einer auflösenden Bedingung erfolgt bei Eintritt des ungewissen Ereignisses die Auflösung des Vertrages automatisch. Bei dem Rücktritt behalten sich beide Vertragspartner vor, daß der Vertrag, wenn ein bestimmtes Ereignis eintritt, durch einen gesonderten Gestaltungsakt beendet oder doch weitergeführt wird.

vertragliches und gesetzliches Rücktrittsrecht

Neben den vertraglichen Rücktrittsrechten gibt es auch gesetzliche Rücktrittsrechte, die im BGB vor allem für den Fall vorgesehen sind, daß die ordnungsgemäße Abwicklung des Vertrages durch Leistungsstörungen verzögert oder in anderer Weise gestört ist. Für den oben aufgeführten Fall der Bestellung des schlüsselfertigen Hauses bedeutet dies, daß der Bauherr eine bereits geleistete Anzahlung bei Eintritt der Versagung der Baugenehmigung zurückfordern kann.

Ein gesetzliches Rücktrittsrecht besteht aber auch bei folgendem Fall: Der Kfz-Betrieb hat für den 1. Juni dem Kunden die Lieferung eines gebrauchten Pkw zu einem bestimmten Preis angeboten. Zwischenzeitlich wird dem Kunden ein ähnlicher Wagen angeboten, allerdings zu einem um dreißig Prozent höheren Preis. Der Kunde setzt dem Betriebsinhaber eine letzte Frist bis zum 15. Juni, bis zu der er ihm den versprochenen Pkw liefern soll, andernfalls werde er seine Leistung nicht mehr annehmen. Wenn der Kfz-Betrieb bis zu der gesetzten Frist nicht liefert, kann der Kunde den anderen Wagen kaufen, somit vom Vertrag zurücktreten oder den Differenzbetrag als Schadenersatz wegen Nichterfüllung verlangen.

Kündigung

Kündigung für die Zukunft

Eine Kündigung führt zur Beendigung von Verträgen, deren Abwicklung sich nicht in einer einmaligen Leistung erschöpft, sondern einen mehr oder minder langen Zeitraum ausfüllt, wie dies bei Miet-, Pacht- oder Wartungsverträgen der Fall ist. Anders als beim Rücktritt, der einen Vertrag rückwirkend auflöst, bezieht sich die Kündigung, die ebenfalls durch eine einseitige empfangsdürftige Willenserklärung ausgesprochen wird, nur auf die Zukunft. Der Teil des Vertrages, der vor dem Kündigungstermin liegt, und die während dieser Zeit erbrachten Leistungen bleiben von der Kündigung unberührt. Die Kündigung kann eine ordentliche oder außerordentliche sein und kommt neben den oben genannten Rechtsbereichen vornehmlich im Bereich der Arbeitsverhältnisse vor.

Zu diesem Kapitel finden Sie die Aufgaben C 30 – C 73 im Band „Vorbereitung auf die Meisterprüfung – Test- und Übungsaufgaben".

4. Allgemeine Geschäftsbedingungen (AGB)

Lernziele:

Der Lernende kann, nachdem er dieses Kapitel durchgearbeitet hat,
- darstellen, auf wen die Allgemeinen Geschäftsbedingungen anzuwenden sind,
- die wichtigsten Besonderheiten bei der Anwendung von Allgemeinen Geschäftsbedingungen aufzeigen.

Das „Kleingedruckte", die Allgemeinen Geschäftsbedingungen (AGB), die in Alltagsgeschäften nur eine begrenzte Bedeutung haben, sind aber in den meisten Rechtsgeschäften nicht mehr wegzudenken, zum Beispiel im Umgang und Rechtsverkehr mit Banken oder Versicherungen, auch beim Kauf bei Großhändlern, selbst im Verkehr des Handwerkers mit seinem Kunden, beispielsweise in Kfz-Reparaturwerkstätten oder in Reinigungsbetrieben.

gelten nur bei Kenntnis vor Vertragsabschluß

Im Interesse eines gleichmäßigen und reibungslosen Geschäftsablaufs bringt der Unternehmer seine vertraglichen Wünsche vereinheitlicht in Form von AGB dem Geschäftspartner zur Kenntnis. Dieser muß sie auch vor oder bei Vertragsabschluß akzeptiert haben. Dies bedeutet, daß Allgemeine Geschäftsbedingungen nur dann Vertragsbestandteil geworden sind, wenn der andere Teil vor der Annahme des Vertrages in einer klaren und ausdrücklichen Form Kenntnis von ihnen erhalten hat. Beispielsweise durch den Aufdruck auf Bestellscheinen oder Vertragsformularen oder – je nach Geschäftstyp – auch durch Aushang, beispielsweise in der Reparaturwerkstätte oder im Ladenlokal. Daraus folgt weiter, daß die Allgemeinen Geschäftsbedingungen, wenn sie erst auf der Rechnung formuliert sind, nicht Bestandteil des Vertrages geworden sind, weil der Geschäftspartner sie nicht vor Vertragsabschluß, also zum Zeitpunkt, als die beiden Willenserklärungen – Angebot und Annahme – einander gegenüberstanden, zur Kenntnis bekommen hat.

AGB-Gesetz

Durch das 1977 in Kraft getretene „AGB-Gesetz" soll Mißbrauch von Allgemeinen Geschäftsbedingungen zu Lasten des wirtschaftlich Schwächeren verhindert werden. Es stellt als obersten Grundsatz die Forderung auf, daß der Geschäftspartner nicht „unangemessen" benachteiligt werden darf und auch seine Interessen gebührend berücksichtigt werden müssen. Dieser Grundsatz gilt auch für Kaufleute. Bei der Beurteilung der unangemessenen Benachteiligung sind die im Handelsverkehr geltenden Gewohnheiten und Gebräuche angemessen zu berücksichtigen.

Das Gesetz schließt alle Vertragsarten und Vertragspartner ein, mit Ausnahme von Verträgen im Arbeits-, Erb-, Familien- und Gesellschaftsrecht, gilt also nicht nur für Kauf- und Werkverträge, sondern auch beispielsweise für Mietverträge.

Wenn die Vertragsklauseln jedoch zwischen den Vertragsparteien im einzelnen und für diesen speziellen Vertrag ausgehandelt wurden, dann gilt das AGB-Gesetz nicht.

An den Begriff „Aushandeln" sind strenge Anforderungen zu stellen. Bei der Verwendung von Musterverträgen wird es im Zweifel darauf ankommen, ob und inwieweit der Vertragspartner Einfluß auf die Abmachungen genommen hat. Auch haben individuelle Vertragsabreden grundsätzlich Vorrang vor Allgemeinen Geschäftsbedingungen. Beispiel: Auf der Vorderseite ist als Liefertermin der 1. April angegeben. Der Hinweis auf der Rückseite „Liefertermin unverbindlich" ist dann unwirksam.

Vorrang von individuellen Vertragsabreden

Überraschende Klauseln sind unwirksam. Bestimmungen in AGB, die – vorwiegend nach dem äußeren Erscheinungsbild des Vertrages – so ungewöhnlich sind, daß der Vertragspartner damit nicht zu rechnen braucht, werden nicht Teil des Vertrages. Beispiel: Vertrag über die Installation einer Heizung beinhaltet versteckt – z. B. auf der Rückseite – einen Zusatzauftrag zur Wartung der Anlage. Der Kunde braucht mit einer solchen überraschenden Klausel nicht zu rechnen.

Letztverbraucher besonders geschützt

Der Letztverbraucher ist besonders geschützt. AGB werden bei Geschäften mit diesem Personenkreis nur dann Bestandteil eines Vertrages, wenn der Verwender seinen Vertragspartner bei Vertragsabschluß auf sie ausdrücklich mündlich oder schriftlich (z. B. Aufdruck auf Bestellschein) aufmerksam macht. Der Hinweis kann auch durch einen deutlich sichtbaren Aushang in der Werkstätte oder im Laden erfolgen, da in diesen Fällen ein schriftlicher Hinweis „nur unter unverhältnismäßig großen Schwierigkeiten" möglich ist. Der Kunde muß auch die Möglichkeit haben, in zumutbarer Weise von den AGB Kenntnis zu erlangen, z. B. durch Einsichtnahme beim Auftragnehmer oder Übersendung nach Hause. Dazu zählt weiterhin auch die Übersendung der VOB/B, wenn sie Vertragsbestandteil werden soll. Schließlich muß er mit der Einbeziehung der AGB einverstanden sein.

Bei Verträgen mit Letztverbrauchern darf in Geschäftsbedingungen formularmäßig nicht ausgeschlossen werden:

– Preisänderungsklausel
keine Preisänderung
Preiserhöhungen für Waren oder Leistungen in den ersten vier Monaten nach Vertragsabschluß sind nicht erlaubt. Ausnahme: Dauerschuldverhältnisse wie Miete oder Wartungsverträge.

– Zurückbehaltungsrecht
Der Kunde kann die Herausgabe bereits gelieferter, aber mangelhafter Gegenstände so lange verweigern, bis die Leistung des Unternehmers ordnungsgemäß erbracht wird. Ein Ausschluß oder eine Einschränkung dieses Zurückbehaltungsrechts, insbesondere, wenn es erst dann ausgeübt werden darf, sofern der Verwender die Mängel anerkennt, ist in AGB nicht erlaubt.

keine Einschränkung des Zurückbehaltungsrechts

– Aufrechnung
Aufrechnungsklauseln verboten
Der Gesetzgeber hat solche Aufrechnungsklauseln verboten, durch die dem Kunden die Befugnis genommen wird, mit einer unbestrittenen oder rechtskräftig festgestellten Forderung gegenüber seinem Lieferanten aufzurechnen.

– Pauschalierung von Schadenersatzansprüchen
keine pauschalen Schadenersatzansprüche
Die Vereinbarung eines pauschalen Schadenersatzanspruchs des Verwenders oder eines fixierten Ersatzes einer Wertminderung im Falle der Rücknahme der Sache ist ausgeschlossen, wenn entweder die Pauschale „nach dem gewöhnlichen Lauf" der Dinge überhöht sein wird oder dem anderen

Vertragspartner damit die Möglichkeit genommen wird, einen niedrigeren Schaden oder Schadensfreiheit nachzuweisen.

- Schadenersatz

Schadenersatz erst nach Mahnung und Nachfrist

Schadenersatz, beispielsweise wegen verspäteter Zahlung, kann erst nach Mahnung und Setzung einer angemessenen Nachfrist verlangt werden.

- Vertragsstrafe

keine pauschale Vertragsstrafe

Der Vertragspartner darf nicht mit einer pauschalen Vertragsstrafe belegt werden, wenn er nicht rechtzeitig zahlt oder die Ware nicht abnimmt.

- Kein Haftungsausschluß bei grobem Verschulden

keine Haftungsbeschränkung bei grobem Verschulden

Ein Haftungsausschluß oder eine Haftungsbegrenzung für eigenes Verschulden – Vorsatz und grobe Fahrlässigkeit – sowie für entsprechendes Verschulden eines Erfüllungsgehilfen ist stets unwirksam. Die Verbotsbestimmung verbietet die formularmäßige Freizeichnung sämtlicher Fälle einer grob schuldhaften Vertragsverletzung. Demzufolge spielt es keine Rolle, ob die Schuld bei dem Unternehmer liegt oder auf das Verhalten eines „gewöhnlichen" Erfüllungsgehilfen (z. B. Gesellen) zurückzuführen ist. In all diesen Fällen ist nicht nur der Haftungsausschluß, sondern auch eine Haftungsbegrenzung unzulässig. Für leichte Fahrlässigkeit kann jedoch die Haftung ausgeschlossen oder der Höhe nach begrenzt werden, z. B. bei Reinigungsverträgen auf das 10fache des Reinigungspreises.

Haftungsbeschränkung für leichte Fahrlässigkeit

- Unmöglichkeit der Leistung und Verzug

keine Einschränkung von Rechten bei Unmöglichkeit oder Verzug

Wenn der Verkäufer nicht liefern kann – Verzug oder Unmöglichkeit – muß der Käufer ein Recht auf Rücktritt, Kündigung und Schadenersatz erhalten. Jeder Ausschluß und jede Einschränkung dieser Rechte in AGB ist unwirksam. Das gilt auch, wenn der Verkäufer nur Teile einer Gesamtleistung erbringt.

- Gewährleistung wegen Mängeln

kein Ausschluß von Gewährleistungsansprüchen

Bei der Lieferung mangelhafter Sachen muß der Vertragspartner zumindest den Anspruch auf Nachbesserung oder Ersatzlieferung haben. Der Unternehmer darf dabei die Beseitigung der Mängel nicht von der vorherigen Zahlung des vollständigen Entgelts abhängig machen. Erlaubt ist jedoch, den Kunden auf den Hersteller oder Zulieferer (Garantie) zu verweisen. Lehnt dieser einen Ersatz ab, haftet der Unternehmer selbst.

Der Unternehmer darf die Gewährleistungsansprüche des Kunden auch nicht für einzelne Teile der gelieferten Sache ausschließen oder beschränken, z. B. für Glas in der Eingangstür.

Erlaubt ist jedoch auch in Zukunft, daß der Unternehmer beim Kauf die klassischen Rechte der Gewährleistung (Wandlung und Minderung) in AGB im Kaufvertrag ausschließt und durch ein Recht des Kunden auf Nachbesserung oder Ersatzlieferung ersetzt.

Kunde nicht rechtlos

Allerdings darf auch hier der Partner nicht rechtlos gestellt werden. Erweist sich die Nachbesserung als von vornherein unmöglich, schlägt sie fehl, wird sie unzumutbar hinausgezögert oder endgültig verweigert, muß der Kunde auf andere Rechtsbehelfe zurückgreifen können. Daher ist eine Nachbesserungs- oder Ersatzlieferungsklausel nur dann zulässig, wenn dem Kunden ausdrücklich das Recht vorbehalten wird, bei Fehlschlagen der Nachbesserung oder Ersatzlieferung Herabsetzung des Kaufpreises oder Rückgängigmachung des Vertrages zu verlangen.

Demzufolge muß der Kunde in AGB in jedem Fall ausdrücklich auf diese Rechte hingewiesen werden, soll die Nachbesserungsklausel wirksam sein.

- Nachbesserung

Kosten der Nachbesserung nicht zu Lasten des Kunden

Sämtliche Kosten der Nachbesserung trägt der liefernde Vertragsteil, Aufwendungen, insbesondere für An- und Rückfahrt sowie Reparaturzeit, Material sowie Arbeitskosten, dürfen nicht – auch nicht anteilig – auf den Kunden abgewälzt werden. Dies gilt beispielsweise sowohl für den Kauf- wie auch für den Werkvertrag.

- Rügefrist bei Mängeln

keine Einschränkung der gesetzlichen Rügefrist bei Mängeln

Bei Mängeln der Kaufsache oder eines Werkes kann der Kunde nur dann zur sofortigen Rüge gezwungen werden, wenn sie offensichtlich sind. Bei nicht offenkundigen Mängeln nützt dem Unternehmer die Rügefrist nichts. Hier behält der Käufer nach Ablauf dieser Frist alle Rechte, und zwar im Kaufvertrag und im Werkvertrag bei beweglichen Sachen 1/2 Jahr.

- Verkürzung der Gewährleistung

keine Verkürzung der Gewährleistungsfristen

Eine Verkürzung der Gewährleistungsfrist über die Bestimmungen des BGB und der VOB ist in AGB nicht mehr zulässig. Damit fiel beispielsweise auch in Kfz-Bedingungen die Kilometerbegrenzung bei Reparaturen.

- Zugesicherte Eigenschaften

Haftung für zugesicherte Eigenschaften

Der Vertragspartner haftet für zugesicherte Eigenschaften in vollem Umfang. Ein Ausschluß oder eine Einschränkung dieser Haftung in AGB ist unwirksam.

- Laufzeit bei Dauerschuldverhältnissen

begrenzte Laufzeit bei Dauerschuldverhältnissen

Bei Dauerschuldverhältnissen (z. B. Wartungsvertrag für die Heizung) darf die Vertragsdauer höchstens zwei Jahre betragen. Eine stillschweigende Verlängerung ist höchstens um ein Jahr möglich. Die Kündigungsfrist kann bis zu drei Monaten gehen. Ausgenommen sind Gebrauchsüberlassungsverträge (Miete, Pacht, Leasing).

Beachte: Die vorgenannten Klauselverbote betreffen ausschließlich Verträge über neu gelieferte oder hergestellte Sachen. Im Gebrauchtwarenhandel ist der Gebrauch einschränkender Klauseln weiter erlaubt. Daher kann sich der Verkäufer bei solchen Geschäften weitgehend freizeichnen.

Ausnahme: Handelsgeschäft unter Kaufleuten

Die Geltung ist ausgeschlossen: Wenn die Parteien Kaufleute sind und das abzuschließende Geschäft ein Handelsgeschäft ist, gelten die strengen Vorschriften über die ausdrückliche Einbeziehung der AGB und die beispielhaft aufgeführten Verbote der Einzelklauseln nicht. Diese Regelung der engeren AGB-Anwendung für Kaufleute gilt auch für Handwerker, sofern sie unter den Kaufmannsbegriff fallen.

Mußkaufmann

Dies sind einmal Warenhandwerker (Mußkaufleute), die bei größerem kaufmännischen Umfang ins Handelsregister eingetragen werden müssen. Bau- und Ausbauhandwerker gelten nur dann als Kaufleute, wenn sie im Handels-

Sollkaufmann

register eingetragen sind (Sollkaufleute).

Das Verbot der Verwendung der einzelnen Klauseln gilt auch nicht bei Verträgen mit kommunalen Gebiets- oder sonstigen Körperschaften des öffentlichen Rechts oder mit öffentlich-rechtlichen Sondervermögen (Bahn oder Post) und auch nicht bei Verträgen mit Energieversorgungsunternehmen.

Bürgerliches Recht

Wer gegen die Generalklausel („unangemessene Benachteiligung") oder die einzelnen Klauselverbote verstößt, kann vor dem Landgericht seiner gewerblichen Niederlassung auf Unterlassung oder Widerruf verklagt werden. Klageberechtigt sind die Verbraucherverbände, aber auch die Handwerkskammern. Das Bundeskartellamt führt über die Klagen und Urteile ein Register.

Zu diesem Kapitel finden Sie die Aufgaben C 30 – C 73 im Band „Vorbereitung auf die Meisterprüfung – Test- und Übungsaufgaben".

5. Einzelne Vertragsarten

Lernziele:

Der Lernende kann, nachdem er dieses Kapitel durchgearbeitet hat,
- die einzelnen, im Handwerk besonders wichtigen Vertragstypen und ihre rechtliche Bedeutung nennen,
- die Pflichten von Käufer und Verkäufer nennen,
- die Rechte nennen, die sich aus der Sachmängelhaftung ergeben,
- die rechtliche Bedeutung von Eigentumsvorbehalt aufzeigen,
- die besonderen rechtlichen Folgen bei der Anwendung der VOB aufzeigen,
- die verschiedenen Formen der Bürgschaft und ihre rechtlichen Folgen darstellen.

Vertragsregelungen im 2. Buch BGB

Das Bürgerliche Gesetzbuch enthält in seinem zweiten Buch über Schuldverhältnisse Regelungen, die im wesentlichen gleichmäßig auf alle Rechtsbeziehungen angewendet werden können, wie beispielsweise Leistungsstörung, Verzug oder Erfüllungshilfe; es enthält aber auch eine genaue inhaltliche Regelung der Rechte und Pflichten aus einer Reihe von Vertragsmustern. Es sind Vertragsregelungen, so wie sie sich in vielfacher Weise unter den Vertragspartnern bewährt haben. Wie auch schon erwähnt, stellt der Gesetzgeber es in die freie Entscheidung der Vertragspartner, beim Abschluß eines Vertrages die gegenseitigen Rechte und Pflichten durch eigene Vereinbarungen zu ergänzen, zu vertiefen, auszugestalten oder selbst neue Verträge zu finden. Die Vertragsrechtsregelungen sind somit weitgehend entscheidungsfreies, nachgiebiges (dispositives) Recht: ein Recht, das in die Entscheidungsfreiheit der Partner gelegt ist – mit Ausnahmen, auf die zum Teil auch schon im einzelnen eingegangen wurde. Es kommt auch häufig vor, daß die Rechtsfolgen des einen Vertrages mit dem anderen verquickt werden. So werden in Allgemeinen Geschäftsbedingungen häufig auch Regelungen aus dem Werkvertrag bei einem Kaufvertrag zugrunde gelegt. Statt der Wandlung oder Minderung kann der Verkäufer zunächst nur Nachbesserung verlangen. Der klassische Vertragstypus ist der Kaufvertrag, der im Handwerk am häufigsten vertretene der Werkvertrag.

5.1 Kaufvertrag

Durch einen Kaufvertrag wird die Verpflichtung begründet, Eigentum meist an einer Sache zu verschaffen. Der Käufer ist zur Abnahme und Kaufpreiszahlung verpflichtet, der Verkäufer zur Beschaffung des Besitzes und von rechts- und sachmängelfreiem Eigentum. Daraus ergibt sich schon, daß, wie bei jedem zweiseitigen Vertrag, beide Vertragspartner Rechte und Pflichten haben.

Rechte und Pflichten für beide Seiten

Pflichten des Käufers

Der Käufer hat die Pflicht, die Ware abzunehmen und sie zu bezahlen. Erfüllt er diese Verpflichtung nicht, gerät er in Abnahme- oder Zahlungsverzug und muß die daraus für den Verkäufer entstehenden Schäden bezahlen. Beim Abnahmeverzug können dies besondere Lagerungskosten sein, beim Zahlungsverzug in der Regel Zinsen in der Höhe, die der Verkäufer selbst seiner Bank gegenüber zahlen muß.

Bürgerliches Recht

Pflichten des Verkäufers — Der Verkäufer hat die Pflicht, dem Käufer das Eigentum am Gegenstand zu verschaffen. Hierfür ist die Erfüllung eines eigenständigen Übereignungstatbestandes erforderlich, der im weiteren erläutert wird. Meistens hat dies Zug um Zug, somit gleichzeitig mit der Kaufpreiszahlung zu geschehen. Wichtig ist, daß der Kaufvertrag nur eine Verpflichtung begründet, das Eigentum zu verschaffen. Mit der Kaufpreiszahlung wird der Käufer nicht sofort Eigentümer. Erfüllt der Verkäufer diese Übergabeverpflichtungen nicht, gerät er in einen Lieferverzug und muß gegebenenfalls, wenn er nicht freiwillig liefert, auf Übergabe verklagt werden, die letztlich der Gerichtsvollzieher durch Wegnahme bewirken muß.

Verpflichtungsgeschäft/ Erfüllungsgeschäft — Kaufvertrag und Eigentumsübertragung sind demnach zwei voneinander getrennte Rechtsgeschäfte, wobei man den Kaufvertrag als solchen als Verpflichtungsgeschäft und die Eigentumsübertragung als Erfüllungsgeschäft ansieht.

Die Erfüllung geschieht normalerweise dadurch, daß der Verkäufer dem Käufer die Sache übergibt und die Vertragspartner, wie bei jedem Vertrag, darüber einig sind, daß das Eigentum übergehen soll. Zu einer Eigentumsübergabe sind daher eine Einigung und die tatsächliche Übergabe erforderlich. Wenn der Käufer sich die Sache gegen den Willen des Verkäufers beschafft, liegt eine sogenannte „verbotene Eigenmacht" vor.

Der Verkäufer ist ferner verpflichtet, dem Käufer eine einwandfreie Sache zu Eigentum zu übergeben. Darunter versteht man

- die richtige Ware zum vereinbarten Preis
- nichts anderes als die gekaufte Ware
- eine Ware frei von Rechts- und Sachmängeln.

Qualitätsbegriff — Grundsätzlich ist eine Ware mittlerer Art und Güte zu liefern. Daraus folgt, daß an den Qualitätsbegriff keine überspitzten Anforderungen sowohl im Positiven wie im Negativen gestellt werden können, sofern die Parteien nichts Abweichendes vereinbart haben.

5.1.1 Rechtsmängelhaftung

Rechtsmangel — Rechtsmängel liegen vor, wenn fremde Rechte auf der erworbenen Sache lasten, z. B. fremdes Eigentum oder fremdes Besitzrecht, aber auch ein Pfandrecht. Beispiel: Wenn ein Haus verkauft wird, das vorher weitervermietet wurde, kann dieses Haus mängelbehaftet sein. Dies ist insbesondere dann der Fall, wenn der Verkäufer zugesichert hat, daß das Haus nicht vermietet sei. Der Mieter kann auf Grund seiner Rechtslage (Mieterschutz) den neuen Eigentümer zwingen, ihm das Haus weiterhin mietweise zu überlassen. **Schadenersatz** — Der Verkäufer macht sich in einem solchen Fall schadenersatzpflichtig.

5.1.2 Sachmängelhaftung

Sachmangel — Sachmängel sind Fehler, die die Tauglichkeit der Sache zu dem gewöhnlichen oder dem vorausgesetzten Gebrauch aufheben oder erheblich mindern. Ein Sachmangel ist außerdem gegeben, wenn eine besonders zugesicherte Eigenschaft, beispielsweise die Unfallfreiheit eines Autos, fehlt.

Bei einem Kauf nach Muster oder Probe gelten deren Eigenschaften als Zusicherung für die ganze Ware.

Bürgerliches Recht

Entdeckt der Käufer an der gekauften Sache einen Mangel, muß er innerhalb einer Frist von 6 Monaten (Gewährleistungsfrist) bei beweglichen Sachen nach Ablieferung und ein Jahr nach Übergabe des Grundstücks die sogenannte Mängelrüge erheben. Die Mängelrüge kann, wie jede andere Willenserklärung, formlos geschehen, d. h. auch mündlich. Es empfiehlt sich jedoch, nicht nur bei Geschäften unter Kaufleuten, sondern auch bei Alltagsgeschäften, dies in schriftlicher Form zu tun. Nach Ablauf dieser Fristen ist eine Mängelrüge nicht mehr möglich. Lediglich im Falle einer arglistigen Täuschung haftet der Verkäufer 30 Jahre. Der Käufer kann den Ablauf der Gewährleistungsfrist nur durch eine Klage oder Einleitung eines gerichtlichen Beweissicherungsverfahrens stoppen. Es ist daher erforderlich, die Ware auf offene oder versteckte Mängel sofort zu untersuchen.

Mängelrüge

Liegt ein solcher Mangel vor, kann der Käufer verlangen

Wandlung
– Wandlung, d. h. Rückgängigmachung des Kaufvertrages. Rückgängigmachung bedeutet: Geld zurück – Ware zurück. Es entsteht ein sogenanntes Rückabwicklungsschuldverhältnis

Minderung
– Minderung, hier nimmt der Käufer die Ware ab und läßt sich den Kaufpreis herabsetzen.

Bei der Minderung ist der Kaufpreis in dem Verhältnis herabzusetzen, in welchem zur Zeit des Verkaufs der Wert der Sache in mangelfreiem Zustande zu dem wirklichen Wert gestanden hätte.

Beispiel: Der für DM 1 000,- günstig gekaufte Rohstoff wäre fehlerfrei DM 1 200,- wert gewesen. Wegen der Mängel ist er aber nur (Sachverständigengutachten) DM 800,- wert. Der Minderungsbetrag wird errechnet:

$$\frac{X}{1\,000} = \frac{800}{1\,200} \qquad x = \text{ca. DM } 666,-$$

Obwohl der Rohstoff in fehlerhaftem Zustand noch DM 800,- wert ist, braucht der Kunde nur rund DM 666,- bezahlen.

Vielfach wird in einem Kaufvertrag über eine neue Sache auch das Recht auf Wandlung oder Minderung durch ein Nachbesserungsrecht bei auftretenden Mängeln ersetzt. In diesen Fällen muß dem Kunden aber, wenn es sich um einen in Allgemeinen Geschäftsbedingungen (→ S. 406 ff) vereinbarten Ausschluß handelt, ausdrücklich das Wiederaufleben seines Rechts auf Wandlung oder Minderung für den Fall des Scheiterns der Nachbesserung zugesichert werden.

vereinbarter Ausschluß

Der Käufer kann sich grundsätzlich aussuchen, sofern in den Allgemeinen Geschäftsbedingungen nichts Abweichendes vereinbart ist, ob er eine Wandlung oder Minderung geltend machen will.

Er kann aber auch

Schadenersatz wegen Nichterfüllung
– statt Wandlung oder Minderung Schadenersatz wegen Nichterfüllung oder den Ersatz des entgangenen Gewinns verlangen, wenn der Verkäufer den Mangel arglistig verschwiegen hat oder wenn der Ware eine über eine unverbindliche Anpreisung hinausgehende zugesicherte Eigenschaft fehlt

Umtausch
– bei Gattungssachen, also Waren, die nur nach bestimmten Merkmalen, wie z. B. Serienartikel bestimmt sind, den Umtausch einer Sache in eine einwandfreie Sache verlangen.

Daraus folgt schon, daß der Käufer nicht verpflichtet ist, sich vom Verkäufer mit der Nachbesserung abfinden zu lassen. Wie erwähnt, kann durch die

Allgemeinen Geschäftsbedingungen jedoch eine vorgeschaltete Nachbesserung eingeführt werden. Lediglich bei kleineren Mängeln, die den Wert oder die Tauglichkeit einer Sache nicht beeinträchtigen, muß der Käufer nach Treu und Glauben die Möglichkeit zur Nachbesserung verschaffen. Nimmt der Käufer den mangelhaften Kaufgegenstand in Kenntnis des Mangels an, so verliert er seine Gewährleistungsansprüche; dies gilt nicht, wenn er sich bei der Annahme des Kaufgegenstandes seine Rechte wegen des Mangels vorbehält. Das gleiche gilt grundsätzlich für den Fall, daß dem Käufer der Mangel infolge grober Nachlässigkeit unbekannt geblieben ist. Wenn jedoch beispielsweise in den Allgemeinen Geschäftsbedingungen eine Nachbesserung vertraglich vereinbart ist, so muß diese kostenlos geschehen, damit sind in der Regel auch die dabei anfallenden Wege, Transporte und Arbeitskosten zu übernehmen.

5.1.3 Sachmängelhaftung bei einem Handelskauf

Vorschriften des HGB

Sind beide Partner eines Kaufvertrages Kaufleute, so kommen ergänzend die Vorschriften des Handelsgesetzbuches (HGB) zur Anwendung. Dies bedeutet, daß der Käufer die Pflicht hat, jede Ware unverzüglich, gegebenenfalls durch Stichproben zu prüfen. Unterläßt er bei offensichtlichen Mängeln die unverzügliche Mängelrüge, gilt die Ware als genehmigt, und er kann keinen Gewährleistungsanspruch erheben. Grundsätzlich bleibt jedoch unter Kaufleuten beim sogenannten Handelskauf auch die 6monatige Gewährleistungsfrist erhalten. Dies gilt auch für versteckte Mängel.

5.2 Besondere Kaufverträge

5.2.1 Kauf unter Eigentumsvorbehalt

zunächst kein Eigentum

Eine besondere Art des Kaufvertrages ist der Kauf unter Eigentumsvorbehalt. Hier übergibt der Verkäufer die Sache dem Käufer, ohne daß dieser zunächst Eigentum erhält. Mit der Zahlung der letzten Rate des ausstehenden Kaufpreises geht das Eigentum auf den Käufer über. Mit der Übergabe beim Kaufvertrag geht zwar die Gefahr des zufälligen Untergangs der Sache auf den Käufer über, der Eigentumsübergang erfolgt aber erst dann, wenn die Ware bezahlt ist.

Kommt der Käufer mit seiner Zahlung in Verzug, kann der Verkäufer unter bestimmten Voraussetzungen den Rücktritt vom Vertrag erklären und sein Eigentum zurückverlangen gegen Herausgabe der bereits gezahlten Raten. Dabei darf er einen angemessenen Betrag für den entgangenen Gewinn, den entstandenen Schaden und die ihm erwachsenen Unkosten behalten. Die Rückgabe muß gegebenenfalls im Wege der Klage erzwungen werden.

Formulierungsvorschlag: „Das Eigentum an den von uns gelieferten Sachen bleibt bis zur restlosen Bezahlung des Kaufpreises vorbehalten."

5.2.2 Verlängerter Eigentumsvorbehalt

nur ein gewisser Schutz

Ein Eigentumsvorbehalt ist jedoch wertlos, wenn der Käufer die Ware verbraucht, eingebaut oder weiterveräußert hat. Einen gewissen Schutz bietet im Geschäftsleben der verlängerte Eigentumsvorbehalt: Der Käufer tritt dem Verkäufer die gegenwärtigen und zukünftigen Ansprüche, die er gegen seine eigenen Kunden hat oder haben wird, ab. Mit einem verlängerten Eigentumsvorbehalt kann der Verkäufer sich unmittelbar an die Letztabnehmer, solange diese noch nicht ihrem Verkäufer geleistet haben, wenden und von ihnen Zahlung unmittelbar verlangen.

Formulierungsvorschlag: „Der Abnehmer ist berechtigt, unter Eigentumsvorbehalt erworbene Gegenstände im regelmäßigen Geschäftsgang weiterzuverarbeiten oder weiterzuveräußern. Bei Weiterverarbeitung wird der Lieferant Miteigentümer der neuen Sache. Bei Weiterveräußerung tritt der Abnehmer bereits jetzt seine Forderung gegen seinen Schuldner an den Erwerber ab."

5.2.3 Vorkaufsrecht

Das Vorkaufsrecht wird begründet durch einen Vertrag zwischen Eigentümer und einem möglichen späteren Käufer. Es kann sich auf bewegliche Gegenstände wie auf Grundstücke beziehen. Bei einem Vorkaufsrecht an Grundstücken kann es auch ins Grundbuch eingetragen werden (dingliches Vorkaufsrecht). Durch das Vorkaufsrecht erhält der davon Begünstigte lediglich das Recht, wenn der Eigentümer verkauft, in einen Vertrag, den der Verkäufer mit einem Dritten abschließen würde, in dieselben Bedingungen einzutreten. Verschweigt der Eigentümer den heimlichen Verkauf der Sache, so bekommt der durch die Einräumung des Vorkaufsrechtes Begünstigte lediglich einen Schadenersatzanspruch. Das Eigentum geht auf den Dritten über.

dingliches Vorkaufsrecht

5.2.4 Factoring

Gegenstand des Factoring-Geschäfts ist der gewerbsmäßige Ankauf und die Geltendmachung der Forderung eines Unternehmens aus Warenlieferungen oder Dienstleistungen durch den „Factor", der zudem die Debitorenbuchhaltung für die von ihm bevorschußten und ihm abgetretenen Forderungen des Unternehmens übernimmt. Wie bei dem Leasing-Geschäft (→ Abschnitt 5.6.3 Leasing) ist auch das Factoring-Geschäft ein Dreiecksgeschäft. Es besteht aus dem Unternehmen, das seine sämtlichen gegenwärtigen und künftigen Forderungen aus der laufenden Geschäftstätigkeit gegen Kunden an ein Finanzierungsinstitut abtritt. Es überläßt damit diesem als neuem Gläubiger die Eintreibung der Forderungen von Drittschuldnern, den Abnehmern oder Kunden des Unternehmers.

Dreiecksgeschäft

Die Grundform dieses sogenannten echten Facotoring ist durch drei Bereiche gekennzeichnet:

echtes Factoring

- Im Vordergrund steht die Finanzierungs- oder Liquiditätsfunktion. Der Factor verschafft seinem Kunden durch die Bevorschussung der vor Fälligkeit angekauften Forderung sofortige Liquidität.

- Die zweite Funktion des Factors ist die Dienstleistungs- oder Servicefunktion. Der Factor übernimmt für den Kunden die Debitoren-Buchhaltung von der Rechnungserstellung über das Mahnwesen bis zur Forderungsbeitreibung.

- Darüber hinaus übernimmt der Factor eine Kreditversicherungs- oder Delkredere-Funktion, d. h., er übernimmt das Risiko der Bonität der übertragenen Forderungen. Er kann also bei Uneinbringlichkeit wegen Zahlungsunfähigkeit oder Zahlungsunwilligkeit der Drittschuldner nicht mehr gegen seinen Kunden, den Factoringnehmer, Regreß nehmen. Dieser haftet nur auf den Bestand der Forderungen.

5.2.5 Verbraucherkreditgesetz

Das Abzahlungsgesetz ist durch das Verbraucherkreditgesetz abgelöst worden. Als Kreditvertrag definiert das Gesetz einen Vertrag, „durch den ein Kreditgeber einem Verbraucher einen entgeltlichen Kredit in Form eines Darlehens, eines Zahlungsaufschubs oder einer sonstigen Finanzierungshilfe gewährt oder zu gewähren verspricht". Gegenüber dem Abzahlungsgesetz ist der sachliche Anwendungsbereich stark erweitert worden: nicht der Kauf und die Drittfinanzierung von beweglichen Sachen auf Raten, sondern alle Arten von entgeltlichen Krediten, Gelddarlehen, Waren-, Leistungenkreditierung und sonstige Finanzierungshilfe an Verbraucher über DM 400,- mit längeren Laufzeiten als drei Monaten unterliegen dem Gesetz. Es ist auch denkbar, daß das Gesetz für dieselbe Person einmal gilt, ein anderes Mal nicht: je nachdem, ob der Kredit für den gewerblichen oder den privaten Bereich in Anspruch genommen wird oder nicht. Der nicht im Handelsregister eingetragene Handwerker wird nicht mehr wie noch im Abzahlungsgesetz geschützt.

Kernpunkte der gesetzlichen Regelung sind:

- Der Käufer (Verbraucher/Kreditnehmer) kann seine auf den Vertragsabschluß gerichtete Willenserklärung innerhalb einer Frist von einer Woche ohne Angabe von Gründen schriftlich widerrufen; zur Wahrung der Frist genügt die rechtzeitige Absendung des Widerrufs.
- Die Frist beginnt im übrigen erst zu laufen, wenn dem Verbraucher eine drucktechnisch deutlich gestaltete und von ihm gesondert zu unterschreibende Belehrung über das Widerrufsrecht und seinen Wegfall sowie Name und Anschrift des Widerrufsempfängers ausgehändigt wurde.

Der Kreditvertrag als solcher bedarf der schriftlichen Form. Dabei muß die auf den Vertragsabschluß des Verbrauchers gerichtete Willenserklärung je nach Vertragsart besondere Anforderungen erfüllen.

Bei Kreditverträgen im allgemeinen muß sie enthalten:

- den Nettokreditbetrag, ggf. die Höchstgrenze des Kredits
- den Gesamtbetrag aller vom Verbraucher zur Tilgung des Kredits sowie zur Zahlung der Zinsen und sonstigen Kosten zu entrichtenden Teilzahlungen, wenn der Gesamtbetrag bei Abschluß des Kreditvertrags für die gesamte Laufzeit der Höhe nach feststeht
- die Art und Weise der Rückzahlung des Kredits oder, wenn eine Vereinbarung hierüber nicht vorgesehen ist, die Regelung der Vertragsbeendigung
- den Zinssatz und alle sonstigen Kosten des Kredits einschließlich etwaiger vom Verbraucher zu tragender Vermittlungskosten
- den effektiven Jahreszins oder, wenn eine Minderung des Zinssatzes oder anderer preisbestimmender Faktoren vorbehalten ist, den anfänglichen effektiven Zinssatz
- die Kosten einer Restschuld – oder sonstigen Versicherung, die im Zusammenhang mit dem Kreditvertrag abgeschlossen wird
- zu bestellende Sicherheiten.

Dies gilt nicht für Kreditverträge, bei denen ein Kreditinstitut einem Verbraucher das Recht einräumt, sein lfd. Konto in bestimmter Höhe zu überziehen, wenn außer den Zinsen für den in Anspruch genommenen Kredit keine weiteren Kosten in Rechnung gestellt werden und die Zinsen nicht in kürzeren Perioden als drei Monaten belastet werden (Überziehungskredit).

Bei Kreditverträgen, die die Lieferung einer bestimmten Sache oder die Erbringung einer bestimmten anderen Leistung gegen Teilzahlungen zum Gegenstand haben, muß die auf den Vertragsabschluß des Verbrauchers gerichtete Erklärung enthalten:

- den Barzahlungspreis
- den Teilzahlungspreis (Gesamtbetrag von Anzahlung und allen vom Verbraucher zu entrichtenden Teilzahlungen einschließlich Zinsen und sonstigen Kosten)
- Betrag, Zahl und Fälligkeit der einzelnen Teilzahlungen
- den effektiven Jahreszins
- die Kosten einer Versicherung, die im Zusammenhang mit dem Kreditvertrag abgeschlossen wird
- die Vereinbarung eines Eigentumsvorbehalts oder einer anderen zu bestellenden Sicherheit.

Die Regelungen über die Schriftform des Kreditvertrages und das Widerrufsrecht finden entsprechende Anwendung, wenn die Willenserklärung des Verbrauchers auf den Abschluß eines Vertrages gerichtet ist, der

- die Lieferung mehrerer als zusammengehörend verkaufter Sachen in Teilleistungen zum Gegenstand hat und bei dem das Entgeld für die Gesamtheit der Sachen in Teilleistungen zu entrichten ist
- die regelmäßige Lieferung von Sachen gleicher Art zum Gegenstand hat
- die Verpflichtung zum wiederkehrenden Erwerb oder Bezug von Sachen zum Gegenstand hat.

Die weitreichenden Anforderungen zum Inhalt der Erklärung des Verbrauchers gelten nicht im Rahmen des sogenannten Versandhandels, wenn der Kreditvertrag die Lieferung einer Sache oder die Erbringung einer anderen Leistung zum Gegenstand hat und der Verbraucher das auf den Vertragsabschluß gerichtete Angebot aufgrund eines Verkaufsprospektes abgibt, den er in Abwesenheit der anderen Vertragspartei eingehend zur Kenntnis nehmen konnte.

5.2.6 Verbundene Geschäfte

Verbundene Geschäfte sind Geschäfte, die durch eine <u>wirtschaftliche Einheit bei Aufrechterhaltung der rechtlichen Trennung von Kauf und Darlehensvertrag geprägt</u> sind. Die Widerrufsbelehrung bei dieser Art von Geschäften muß zusätzlich den Hinweis enthalten, daß im Falle des Widerrufs auch der verbundene Kaufvertrag nicht wirksam zustandekommt, da bereits an den Verkäufer in solchen Fällen gezahlt ist. Denn Rechtsgeschäfte, bei denen der Verkäufer selbst dem Kunden Kredit einräumt und ihm den Kaufpreis vorstreckt, sind heute weitgehend durch den <u>„finanzierten Abzahlungskauf"</u> ersetzt worden. Beim Kaufabschluß vermittelt der Verkäufer dem Kunden zugleich ein Bankdarlehen. Die <u>Bank zahlt die Darlehenssumme unmittelbar an den Verkäufer</u> und tilgt damit die Kaufpreisschuld. Der Käufer wird dadurch zum alleinigen Darlehensschuldner der Bank. Demgemäß übereignet dann der Verkäufer die Kaufsache sofort an den Käufer, wickelt also formell den Kaufvertrag vollständig ab. Allerdings wird zur Sicherung der Bank gleichzeitig an der Kaufsache „Sicherungseigentum" bestellt. Die Bank wird damit Eigentümerin der Sache, bis die Ratenzahlungen getilgt sind.

finanzierter Abzahlungskauf

Da diese Verträge meist auf einem Formular zusammengefaßt sind, schließt der Kunde mit dem Verkäufer einen Kaufvertrag, hat also nur gegen ihn Ansprüche auf Lieferung der Kaufsache und Ausgleich bei Sachmängeln. Andererseits vereinbart er mit der Bank ein Darlehen. Beide Verträge stehen im Prinzip selbständig nebeneinander, wenn sie auch bei wirtschaftlicher Betrachtungsweise eine Einheit bilden.

Wenn der Kunde mit den Darlehensraten in Verzug kommt, könnte die Bank das gesamte Darlehen sofort einziehen und aufgrund ihres Sicherungseigentums die Sache an sich nehmen. Doch die Bank wird trotz dieser rechtstechnischen Aufspaltung des Geschäftes in einen Kaufvertrag und einen Darlehensvertrag behandelt wie der Abzahlungsverkäufer.

mindestens 10 % — Daraus folgt: Sie kann das ganze Darlehen nur dann kündigen, wenn der Käufer mit mindestens zwei aufeinanderfolgenden Raten und mit mindestens 10 % der Darlehenssumme in Verzug geraten ist. Die Bank kann die Kaufsache aufgrund ihres Sicherungseigentums nur herausverlangen, wenn sie dem Käufer die bereits geleisteten Zahlungen, gekürzt um die entsprechenden Nutzungsentschädigungen, Zug um Zug zurückerstattet.

Es ist aber auch denkbar, daß der Verkäufer, obwohl die Darlehenszusage der Bank erfolgt ist, seinen Teil nicht erfüllt und die Sache nicht oder nur mangelhaft liefert. Die Rechtsprechung ist der Auffassung, daß durch diese Aufspaltung des finanzierten Abzahlungskaufes in zwei selbständige Rechtsgeschäfte der Kunde nicht schlechter gestellt werden darf. Daraus folgt, daß die Bank die Kreditsumme nur dann an den Verkäufer auszahlen darf, wenn feststeht, daß er seinerseits seinen Beitrag zur Vertragserfüllung geleistet hat.

5.2.7 Widerruf von Haustürgeschäften

Für Willenserklärungen, die der Kunde an seinem Arbeitsplatz oder im Bereich der Privatwohnung nach einer mündlichen Vertragsverhandlung abgegeben hat, gilt ebenfalls ein Widerrufsrecht. Dazu zählen auch Freizeitveranstaltungen oder das überraschende Ansprechen in Verkehrsmitteln oder auf öffentlich zugänglichen Verkehrswegen. Der so geschlossene Vertrag wird *Widerrufsfrist* erst wirksam, wenn der Kunde ihn nicht binnen einer Frist von einer Woche schriftlich widerruft.

Ausnahme — Das Recht auf Widerruf besteht nicht, wenn der Willenserklärung eine vorhergehende Bestellung des Kunden vorausgeht oder bei Abschluß der „Verhandlung" die Leistung sofort erbracht und bezahlt wird und das Entgelt DM 80,- nicht übersteigt.

Zur Wahrung der Frist genügt die rechtzeitige Absendung des Widerrufs. Der Lauf der Frist beginnt erst, wenn die andere Vertragspartei dem Kunden eine drucktechnisch deutlich gestaltete schriftliche Belehrung über seinen Rechtswiderruf einschließlich Name und Anschrift des Widerrufsempfängers wie der Bestimmungen des Widerrufsrechts ausgehändigt hat. Diese Belehrung darf keine anderen Erklärungen enthalten und ist vom Kunden gesondert zu unterschreiben. Unterbleibt die Belehrung, so erlischt das Widerrufsrecht des Kunden erst einen Monat nach beiderseits vollständiger Erbringung der Leistung. Ist streitig, ob und zu welchem Zeitpunkt die Belehrung *Beweislast* dem Kunden ausgehändigt worden ist, so trifft die Beweislast die andere Vertragspartei.

5.3 Dienstvertrag

Dienstleistung gegen Entgelt

Der Dienstvertrag ist die Verpflichtung zwischen Dienstherrn und einem Verpflichteten auf Leistung von Diensten jeder Art gegen Entgelt.

Ein Dienstvertrag kommt mit Rechtsanwälten oder Steuerberatern zustande, aber auch mit Gelegenheitsarbeitern wie Babysittern usw. Bei den unselbständigen Dienstverpflichteten, den Arbeitern und Angestellten, liegt ein sogenannter Arbeitsvertrag (→ S. 489 ff) vor, bei dem neben den Vorschriften des Bürgerlichen Gesetzbuches auch die jeweils geltenden Bestimmungen des Handelsgesetzbuches, des Arbeitsrechtes und der Gewerbeordnung gelten.

Pflichten des Dienstherrn

Der Dienstherr muß das vereinbarte Entgelt nach geleisteter Arbeit bezahlen; soweit es sich um Arbeitnehmer handelt, gelten die besonderen Bestimmungen der Lohnzahlung nach dem Lohnfortzahlungsgesetz (→ S. 509) oder im Konkurs (→ S. 466) usw.

Pflichten des Dienstverpflichteten

Der Dienstverpflichtete muß die Dienste ordnungsgemäß und persönlich leisten. Er muß den Weisungen des Dienstherrn folgen. Er hat ebenso eine Treue- und Verschwiegenheitspflicht, und er unterliegt einem Wettbewerbsverbot.

Die Beendigung der Dienstverhältnisse bestimmt sich im Arbeitsleben nach den entsprechenden Vorschriften des Kündigungsrechts, ansonsten nach der jeweiligen Vereinbarung oder der Erfüllung des Auftrages, zum Beispiel nach der Beratung durch einen Rechtsanwalt.

5.4 Werkvertrag

typisch handwerkliche Leistung

Zwischen einem Dienstvertrag und einem Werkvertrag sind die Grenzen fließend. Der Werkvertrag ist jedoch der im Handwerk mit am meisten gebrauchte Vertrag, denn es geht um eine handwerkstypische Leistung, die Erstellung eines bestimmten Erfolges, die Herstellung eines fertigen Werkes: eines Anzuges, eines Hauses, einer Reparatur, einer Torte. Der Werkvertrag ist somit ein Vertrag zwischen dem Besteller und dem Unternehmer über die Herstellung eines Werkes gegen Entgelt.

Pflichten des Unternehmers

Der Unternehmer hat das versprochene Werk rechtzeitig herzustellen. Andernfalls kann der Besteller

- bei nicht rechtzeitiger Erfüllung nachträgliche Erfüllung verlangen
- nach Fristsetzung mit Ablehnungsandrohung bei nicht nur unerheblicher Verzögerung vom Vertrag zurücktreten. Der Rücktritt setzt weder Verschulden noch Verzug des Unternehmers voraus.
- bei Verzug (somit vorausgegangener Nachfristsetzung und Mahnung) Schadenersatz verlangen: Der Besteller hätte z. B. bei rechtzeitiger Lieferung der Türen die Wohnung einen Monat früher vermieten können, Schadensersatz: eine Monatsmiete.

Der Besteller kann bis zur Vollendung des Werkes auch jederzeit den Vertrag kündigen, z. B. weil ihm das Geld ausgegangen ist. Der Unternehmer kann aber dann die vereinbarte Vergütung – unter Abzug des durch die Kündigung Ersparten – verlangen.

Gewährleistungsverpflichtung

Der Unternehmer haftet für Fehlerfreiheit und zugesicherte Eigenschaften des Werkes. Er hat eine Gewährleistungsverpflichtung. Ist das Werk nicht fehlerfrei oder fehlen die zugesicherten Eigenschaften, kann der Besteller zunächst Nachbesserung verlangen.

Insgesamt kann er verlangen

- Nachbesserung, sofern sie nicht einen unverhältnismäßigen Aufwand erfordert (sonst Minderung)
- nach Ablauf einer gesetzten angemessenen Frist: Ablehnung der Nachbesserung, Wandlung oder Minderung wie im Kaufrecht (bei Geringfügigkeit nur Minderung). Beispiel: Der Bauherr kann z. B. bei geringer Unterschreitung der „lichten Höhe" nicht verlangen, daß der ganze Bau wieder abgerissen wird
- wenn Mangel verschuldet ist, Schadenersatz wegen Nichterfüllung. Beispiel: Kann ein Auftrag nicht ausgeführt werden, weil die Bremsen des Firmenwagens, der soeben aus der Werkstatt kommt, immer noch nicht funktionieren, so steht dem Unternehmer Verdienstausfall zu

Selbsthilferecht des Bestellers

- bei Verzug in der Durchführung der verlangten Nachbesserung: „Selbsthilferecht des Bestellers". Der Auftraggeber kann auf Kosten des Unternehmers den Mangel selbst beseitigen oder durch einen Dritten beseitigen lassen. Der Unternehmer ist sogar verpflichtet, einen Vorschuß zu leisten, wenn der andere Unternehmer vom Besteller einen solchen verlangt.

Wichtig ist, daß nicht nur der Auftraggeber Nachbesserung, sondern auch der Auftragnehmer die Möglichkeit zur Nachbesserung verlangen kann. Erst nach dem fruchtlosen Ablauf einer gesetzten Nachbesserungsfrist oder nach einem vergeblichen Nachbesserungsversuch kann der Auftraggeber weitergehende Rechte geltend machen.

Materialkosten

Im Falle der Nachbesserung hat der Auftragnehmer auch die zum Zwecke der Nachbesserung erforderlichen Aufwendungen, insbesondere Transport-, Wege-, Arbeits- und Materialkosten, selbst zu tragen.

Ausnahme: Die Sache wird, ohne daß dies dem bestimmungsgemäßen Gebrauch der Sache entspricht, an einen anderen Ort gebracht, z. B. Kunde verzieht.

Zu dem bestimmungsgemäßen Gebrauch einer Sache gehört aber auch die weitere Fahrt mit einem Pkw. Wenn dieser infolge eines Reparaturmangels unterwegs ausfällt, kann der Kfz-Mechaniker nicht die Abschleppkosten in Rechnung stellen. Die AGB des Kfz-Handwerks regeln, unter welchen Voraussetzungen eine andere Werkstatt aufgesucht werden kann.

Pflichten des Bestellers

Der Besteller ist verpflichtet, das Werk abzunehmen und es dann zu bezahlen. Es ist wichtig, den genauen Zeitpunkt der Abnahmeverpflichtung zu bestimmen. Dadurch wird klargestellt, wann

- Vergütung fällig wird
- Vergütung verzinst wird
- die Verjährung der Gewährleistungsansprüche einsetzt
- die Gefahr des zufälligen Untergangs auf den Besteller übergeht.

Beispiel: Werden eingebaute Fenster vor Abnahme gestohlen oder verbrennt das reparierte Auto vor Abnahme, so kann der Unternehmer keine Vergütung verlangen.

Die Gefahr des vom Besteller gelieferten Werkstoffes trägt dieser selbst. Beispiel: Ist der Brand auf keine schuldhaft vorwerfbare Betriebsorganisation zurückzuführen, kann der Besteller keinen Ersatz verlangen, wenn das eigene Material des Bestellers, z. B. Anzugstoff beim Schneider, verbrennt oder gestohlen wird.

gesetzliches Pfandrecht — Der Unternehmer hat für seine Forderungen aus dem Werkvertrag für die bei ihm eingebrachten, dem Besteller gehörenden Sachen ein gesetzliches Pfandrecht ähnlich wie der Vermieter. Beispiel: Wenn der Besteller die Autoreparatur nicht bezahlen kann, so kann der Unternehmer das Auto, sofern es dem Besteller gehört, bis zur Bezahlung zurückhalten.

Bauhandwerkersicherungshypothek — Bauhandwerker haben einen Anspruch auf Bestellung einer Sicherungshypothek im Grundbuch, wenn der Auftraggeber auch gleichzeitig der Grundstückseigentümer ist (→ S. 439 f).

Bauhandwerkersicherungsgesetz — Den am Bau beteiligten Betrieben ist seit dem 1. Mai 1993 für alle Verträge ein Leistungsweigerungsrecht eingeräumt, wenn der Auftraggeber nicht eine Sicherheitsleistung erbringt. Das Leistungsverweigerungsrecht kann als gesetzliche Regelung nicht durch Einzelabsprachen oder AGB ausgeschlossen und kann in jeder Phase des Bauvorhabens beansprucht werden.

Die Höhe der veranlagten Sicherheit bemißt sich nach dem voraussichtlichen Vergütungsanspruch abzüglich aller bereits geleisteten Zahlungen. Die Sicherheit kann auch beispielsweise durch die Bürgschaft einer Bank nachgewiesen werden.

Verpflichtet zur Sicherheitsleistung sind alle Bauherren, gleichgültig, ob sie Eigentümer des Baugrundstücks sind. Ausgenommen von der Pflicht zur Sicherheitsleistung sind die öffentlichen Auftraggeber und Bauherren von Einfamilienhäusern mit oder ohne Einliegerwohnung.

Schließlich muß der Bauunternehmer dem Bauherren die üblichen Kosten der erbrachten Sicherheitsleistung bis zu 2 % jährlich erstatten.

Verjährung der Gewährleistung — Die Verjährung zur Beseitigung von Sachmängeln beginnt mit der Abnahme und beträgt

- grundsätzlich sechs Monate, bei Arbeiten an beweglichen Gegenständen
- ein Jahr bei Arbeiten an einem Grundstück. Hierzu gehören Arbeiten, die tatsächlich an dem Grundstück vorgenommen werden, wie z. B. Ausschachtungen, Aufschüttungen oder Sprengungen. Grundstück wird in diesem Zusammenhang allerdings auch als Rechtsbegriff verstanden. Eingeschlossen sind daher auch Arbeiten an Gebäuden, die wesentlicher Bestandteil des Grundstücks sind, z. B. Erneuerung eines Hausanstrichs zur Verschönerung der Fassade oder die nachträgliche Herstellung eines Dachgartens auf der Dachterrasse eines fertigen Wohnhauses
- fünf Jahre bei Arbeiten an Bauwerken. Hierzu gehören Erneuerungs- und Umbauarbeiten an einem bereits errichteten Bauwerk, wenn sie für die Konstruktion, den Bestand, die Erhaltung oder Benutzbarkeit des Gebäudes von wesentlicher Bedeutung sind und wenn die eingebauten Teile mit dem Gebäude fest verbunden werden. Dies wird beispielsweise angenommen bei einer Dachreparatur, der Isolierung von Kelleraußenwänden, der Anbringung eines Spezialfußbodenbelags, dem Einbau einer (auch nicht tragenden) Decke und dem Einbau einer Klimaanlage
- bei Ansprüchen aus positiver Forderungsverletzung (Mangelfolgeschäden) grundsätzlich 30 Jahre, ebenso bei arglistigem Verschweigen eines Mangels. Die Rechtsprechung bemißt aber mittlerweile die Verjährung wegen Mangelfolgeschäden nach den Verjährungsfristen nach BGB oder VOB.

natürlicher Verschleiß — Bei Mängeln aufgrund eines natürlichen Verschleißes, die vor Ablauf der Gewährleistungsfrist eintreten, wird die Verjährung nicht verlängert.

Merke: Die Geltendmachung des Nachbesserungsanspruchs durch den Auftraggeber während der Verjährungszeit hemmt den Ablauf der Verjährungsfrist. Sie beginnt erst wieder zu laufen, wenn der Auftragnehmer die Nachbesserung für durchgeführt erklärt oder sich weigert, sie durchzuführen. Dann stehen dem Auftraggeber weitere, oben erläuterte Rechte zu. Ist VOB vereinbart, wird die Verjährung durch die schriftliche Mängelmitteilung unterbrochen. Sie beginnt neu zu laufen.

Kostenanschlag

Das BGB entscheidet, ob „der Unternehmer die Gewähr für die Richtigkeit des Kostenanschlags übernommen hat" oder nicht. Die Unterscheidung ist für die sich daraus ergebenden Rechtsfolgen von erheblicher Bedeutung.

verbindlich oder nicht

Nach Abgabe eines verbindlichen Kostenanschlages ist der Unternehmer im Falle einer Auftragserteilung verpflichtet, die im Kostenanschlag aufgeführten Leistungen zu dem genannten Preis zu erbringen. Etwaige Kostenüberschreitungen gehen zu seinen eigenen Lasten.

Im nicht verbindlichen Kostenanschlag gibt der Unternehmer eine unverbindliche, gleichwohl fachmännische Berechnung der voraussichtlichen Kosten ab. In diesem Falle dient der Kostenanschlag nicht zur Vereinbarung der Parteien über einen genau festgelegten Werklohn. Der Anschlag sagt dem Auftraggeber lediglich, wieviel er ungefähr für die gewünschte Leistung des Unternehmers zu zahlen haben wird.

wesentliche Überschreitung

Bei einer wesentlichen Überschreitung der Anschlagsumme hat der Auftraggeber ein Kündigungsrecht.

Wann eine wesentliche Überschreitung vorliegt, sagt das Gesetz nicht. Bei der Beurteilung dieser Frage wird es immer auf die Gegebenheiten des Einzelfalles ankommen. Ob der Betrag, um den die Anschlagsumme überschritten wird, als wesentlich oder unwesentlich anzusehen ist, hängt selbstverständlich vom Verhältnis dieses Betrages zur Gesamtsumme des Anschlages ab. Auch werden die finanziellen Verhältnisse des Auftraggebers zu berücksichtigen sein, wenn sie dem Unternehmer bekannt sind oder bekannt sein müßten. Die Rechtsprechung schwankt bei der Beurteilung einer wesentlichen Überschreitung zwischen 10 und 30 % des genannten „Angebotspreises".

Ist eine wesentliche Überschreitung des Kostenanschlags zu erwarten, so hat der Unternehmer dem Auftraggeber unverzüglich Anzeige zu machen.

Kündigt der Auftraggeber wegen einer bevorstehenden wesentlichen Überschreitung des Anschlags, so steht dem Unternehmer nur ein entsprechend geminderter Anspruch auf Vergütung zu. Wird der Unternehmer wegen Unterlassung oder verspäteter Erstattung der Anzeige schadenersatzpflichtig, so muß der Auftraggeber so gestellt werden, wie er bei rechtzeitiger Anzeige und daraufhin ausgesprochener Kündigung gestanden hätte.

Der Unternehmer hat dann also nur einen geminderten Vergütungsanspruch und muß dem Besteller außerdem einen etwaigen weiteren Schaden ersetzen. Diese Rechtsfolgen treten jedoch nicht ein, wenn dem Auftraggeber auch ohne Anzeige des Unternehmers die Überschreitung des Kostenanschlags bekannt war oder die Überschreitung auf seine Weisungen oder Wünsche zurückzuführen ist.

Das spezielle Kündigungsrecht kann der Auftraggeber nur solange für sich in Anspruch nehmen, als er die Leistung des Unternehmers noch nicht „abgenommen" hat, d. h., solange er die vertragsmäßige Erfüllung des Unternehmers noch nicht anerkannt hat.

5.4.1 Werklieferungsvertrag

mit eigenem Material

Ein Werklieferungsvertrag liegt vor, wenn der Unternehmer sich verpflichtet, das vertraglich geschuldete Werk aus von ihm zu beschaffenden Stoffen herzustellen. Dieser Vertrag ist einem Kauf so ähnlich, daß die Vorschriften des Kaufvertrages allein und in einigen Fällen kombiniert mit den Vorschriften über den Werkvertrag Anwendung finden.

Daraus folgt: Tritt der Wert der vom Unternehmer beschafften Materialien deutlich hinter den Wert der in das Werk investierten Arbeitsleistung zurück, dann ist der Vertrag allein nach den Vorschriften über den Werkvertrag zu beurteilen. Im übrigen werden dann Werklieferungsverträge in erster Linie nach Kaufrecht abgewickelt.

Bei speziellen Anfertigungen, eigens nach Wünschen des Bestellers, richtet sich die Gefahrtragung und Sachmängelhaftung allerdings weitgehend nach Werkvertragsrecht.

5.4.2 Verdingungsordnung für Bauleistungen (VOB)

Die VOB wurde 1926 geschaffen, um in der Bauwirtschaft bei der Vergabe von Bauverträgen eine einheitliche Regelung zur Verfügung zu haben. Sie wurde zuletzt 1990 geändert. Die VOB ist aber kein Gesetz. Sie verleiht somit auch keinen Klageanspruch, falls der Zuschlag nicht erteilt wird. Die VOB ist wichtig für alle Betriebe des Bau- und Ausbauhandwerks sowie für alle produzierenden Handwerksbetriebe der Metall- und der Holz-/Kunststoff-Verarbeitung, soweit diese Produkte in einen Bau eingebaut werden.

VOB: drei Teile

Sie hat drei Teile

- Teil A: DIN 1960. Allgemeine Bestimmungen für die Vergabe von Bauleistungen
- Teil B: DIN 1961. Allgemeine Vertragsbedingungen für die Ausführung von Bauleistungen
- Teil C: DIN 18 299. Allgemeine Regelungen für Bauarbeiten jeder Art.

Wird einem Bauvertrag, der seinem Typ nach ein Werkvertrag ist, die VOB nicht zugrundegelegt, so gelten die Bestimmungen des Bürgerlichen Gesetzbuches (BGB) über den Werkvertrag. Die VOB muß also ausdrücklich, aus Gründen der Beweissicherung am besten schriftlich, vereinbart werden.

Die wichtigsten Bestimmungen der VOB im Vergleich zum BGB
- Vertragsbindungen

Mehr- und Minderleistungen

Anders als im BGB kann der Auftraggeber einseitig die Mengen einer Leistung bis zu 10 % ändern, ohne daß sich der Einheitspreis einer einzelnen Position des Leistungsverzeichnisses ändert. Werden die 10 % überschritten, so ist auf Verlangen des Auftragnehmers die Vergütungsgrundlage zu ändern.

- Durchführung des Auftrages

Sofern keine Frist vereinbart ist, hat nach VOB der Auftragnehmer innerhalb von 12 Werktagen (nicht Arbeitstagen) nach Aufforderung durch den Auftraggeber zu beginnen. Nach BGB hat der Auftraggeber nur Anspruch auf rechtzeitige Erfüllung.

- Kostenanschlag

Pauschal- oder Einheitspreise

Dem Vertrag nach VOB liegen verbindliche Pauschal- oder Einheitspreise zugrunde. Es gilt daher der unverbindliche Kostenanschlag nicht. Die Einheitspreise müssen aber bei einer Mengenabweichung von mehr als 10 % auf Verlangen einer Seite neu vereinbart werden.

Bürgerliches Recht

Nach dem BGB ist zwischen unverbindlichem Kostenanschlag und verbindlichem Angebot zu unterscheiden.

Bei erheblicher Überschreitung (in der Regel über 30 %) kann der Auftraggeber kündigen.

- Kostenanschlag oder Angebot unentgeltlich

Bei öffentlicher – nicht beschränkter – Ausschreibung darf für das Leistungsverzeichnis und die anderen Unterlagen eine Vergütung in Höhe der Selbstkosten gefordert werden. Die Unterlagen bleiben geistiges Eigentum des Bieters.

Kostenvoranschlag kostenfrei

Nach BGB ist das Erstellen des Kostenvoranschlags oder Angebots grundsätzlich kostenfrei.

- Abnahme

Abnahmeverpflichtung nach VOB auch bei unwesentlichen Mängeln innerhalb von 12 Werktagen nach Aufforderung zur Abnahme, als Abnahme gilt auch die Ingebrauchnahme. Eine Leistung gilt darüber hinaus als abgenommen mit Ablauf von 12 Werktagen nach der Mitteilung über die Fertigstellung, wenn die Abnahme nicht ausdrücklich verlangt wird.

Nach BGB ist der Auftraggeber verpflichtet, das Werk abzunehmen, ein fester Termin besteht aber nicht.

Kommt er damit in Verzug, ist er zum Schadenersatz verpflichtet.

- Schlußzahlung

Die Schlußzahlung ist alsbald nach Prüfung und Feststellung der vom Auftragnehmer vorgelegten Schlußrechnung zu leisten, spätestens innerhalb von 2 Monaten nach Zugang.

vorbehaltlose Annahme

Die vorbehaltlose Annahme der als solche gekennzeichneten Schlußzahlung schließt Nachforderungen aus, wenn der Auftragnehmer über die Schlußzahlung schriftlich unterrichtet auf die Ausschlußwirkung hingewiesen worden ist. Einer Schlußzahlung steht es gleich, wenn der Auftraggeber unter Hinweis auf geleistete Zahlungen weitere Zahlungen endgültig und schriftlich ablehnt. Auch früher gestellte, aber unerledigte Forderungen sind ausgeschlossen, wenn sie nicht nochmals vorbehalten werden. Ein Vorbehalt ist innerhalb von 24 Werktagen nach Eingang der Schlußzahlung zu erklären. Er wird hinfällig, wenn nicht innerhalb von weiteren 24 Werktagen eine prüfbare Rechnung über die vorbehaltenen Forderungen eingereicht oder, wenn das nicht möglich ist, der Vorbehalt eingehend begründet wird.

- Mängelbeseitigung nach Abnahme

schriftliche Aufforderung zur Mängelbeseitigung

Die Aufforderung zur Mängelbeseitigung muß nach VOB – im Gegensatz zum BGB – schriftlich erfolgen. Ein weiterer Unterschied besteht darin, daß der Auftraggeber nach Ablauf einer gesetzten Frist zur Mängelbeseitigung statt Wandlung wie im BGB nur Minderung verlangen kann.

- Verjährung

Die Verjährung von Zahlungsansprüchen beginnt bei vereinbarter VOB erst, wenn die prüfungsfähige Rechnung vorliegt.

Verjährung nach VOB: zwei Jahre

Die Verjährung des Gewährleistungsanspruchs beginnt mit der Abnahme. Für Arbeiten an Bauwerken beträgt sie nach VOB 2 Jahre, nach BGB 5 Jahre.

Mit Aufforderung zur Mängelbeseitigung beginnt eine neue Verjährungsfrist zu laufen. Wenn BGB gilt, wird der Ablauf der Verjährungsfrist durch die Aufforderung bis zur erfolgten oder verweigerten Nachbesserung gehemmt.

- Zinsen
Zahlt der Auftraggeber bei Fälligkeit nicht, so kann ihm der Auftragnehmer eine angemessene Nachfrist setzen. Zahlt er auch innerhalb der Nachfrist nicht, so hat der Auftragnehmer vom Ende der Nachfrist einen Anspruch auf Zinsen in Höhe von 1 v. H. über dem Lombardsatz der Deutschen Bundesbank, wenn er nicht einen höheren Verzugsschaden nachweist. Außerdem darf er die Arbeiten bis zur Zahlung einstellen.

5.4.3 Produkthaftungsgesetz

Durch das Produkthaftungsgesetz ist eine verschuldensunabhängige Haftung des Produktherstellers auf Schadenersatz für die durch ein fehlerhaftes Produkt verursachte Verletzung des Menschen oder Beschädigung einer Sache eingeführt worden. Auf eine vertragliche Beziehung zwischen dem Geschädigten und den Haftenden kommt es dabei nicht an.

auf Vertrag kommt es nicht an

Jeder Unternehmer, der eine bewegliche Sache selbst herstellt, haftet also verschuldensunabhängig für Körper-, Gesundheits- und Sachschäden, die aufgrund mangelnder Sicherheit des Produkts bei Dritten verursacht werden. Der Produktfehler ist als Mangel an demjenigen Sicherheitsstandard definiert, der zum Zeitpunkt des Inverkehrbringens des Produkts von der Allgemeinheit berechtigterweise erwartet werden durfte. Der Unternehmer kann sich auch nicht darauf berufen, daß es sich um einen sog. Ausreißer handelt.

nur bei beweglichen Sachen

Produkte sind bewegliche Sachen. Dies bedeutet auch, daß Sachen dann in die Haftung einbezogen sind, wenn sie als Teilprodukt in einer anderen beweglichen Sache verwendet werden. Gleiches gilt beim Einbau einer beweglichen Sache in Immobilien. Die Haftung erstreckt sich somit auch auf die beweglichen Sachen, die bei der Errichtung von Bauwerken verwendet oder in Bauwerke eingebaut werden. Nicht erfaßt werden aber von der Produkthaftung die unbeweglichen Sachen als solche, wie z. B. Gebäude oder Grundstücksbestandteile. Demnach dürften auch der Einbau von Sanitär- oder Energieanlagen unter das Produkthaftungsgesetz fallen.

auch bei Einbau

Der Handwerker ist jedenfalls als Lieferant der verschiedenen Einzelprodukte bei einer Hausherstellung der Händlerhaftung und damit dem Produkthaftungsgesetz unterworfen.

Liefert ein Tischler eine von ihm gefertigte Schrankwand, so handelt es sich um eine bewegliche Sache und somit um ein Produkt im Sinne des Gesetzes. Bauunternehmen, in aller Regel auch Ausbaubetriebe, wie z. B. Dachdecker, stellen unbewegliche Sachen her und fallen, sofern sie nicht auch als Lieferanten auftreten, nicht unter das Gesetz.

Ausnahmen

Die Ersatzpflicht des Unternehmers einer beweglichen Sache entfällt jedoch

- wenn er nachweist, daß das Produkt ohne sein Wissen und Wollen in Verkehr gebracht worden ist
- wenn davon auszugehen ist, daß das Produkt den Fehler, der den Schaden verursacht hat, noch nicht hatte, als es in Verkehr gebracht wurde, oder daß der Fehler später entstanden ist
- wenn das schadenstiftende Produkt weder zum Zwecke wirtschaftlicher Betätigung hergestellt noch im Rahmen einer beruflichen Tätigkeit hergestellt oder vertrieben wird
- wenn der Fehler darauf beruht, daß das Produkt bei Inverkehrbringen zwingenden Rechtsvorschriften, z. B. Verordnungen, entsprochen hat
- wenn der Fehler nach dem Stand der Wissenschaft und Technik im Zeitpunkt des Inverkehrbringens nicht erkannt werden konnte

Eine Verringerung des Haftungsrisikos nach dem neuen Gesetz kann am besten durch eine Verringerung der Fehlerquote mit einer verbesserten Qualitätskontrolle erreicht werden. Zusätzlich empfiehlt sich auch für eine Dokumentation der Qualitätskontrolle im Bereich der Konstruktion, Herstellung oder des Vertriebs eine grundlegende umfassende Beschreibung der Produktanwendung. Diese Dokumentation kann im Einzelfall hilfreich sein, wenn der Unternehmer damit nachweisen kann, daß der Fehler des Produkts außerhalb seines Verantwortungsbereichs entstanden ist.

Dokumentation anlegen

Das Produkthaftungsgesetz nennt auch eine Haftungshöchstgrenze von DM 160 Millionen und eine Bagatellgröße von DM 1 125,-, die der Geschädigte selbst tragen muß.

Haftungs- höchstgrenzen

Wichtig ist jedenfalls, daß der Handwerker keine „No-name-Produkte" vertreibt, bei denen der Hersteller nicht zu identifizieren ist, denn Handwerker haften als sogenannte Quasihersteller, wenn sie fehlerhafte Industrieprodukte verkaufen und im Rahmen eines Werkvertrages in ein Gerät oder Gebäude einbauen.

Haftung des Handwerkers als Quasihersteller

5.4.4 Reisevertrag

1979 ist das Reisevertragsrecht eingehend geregelt worden, wobei auch ausführliche Bestimmungen für die Sachmängelhaftung des Reiseveranstalters aufgenommen worden sind. Der Reisevertrag ist ein Werkvertrag, demnach schuldet der Reiseveranstalter nicht nur die Durchführung der Reise, sondern auch die fehlerfreie Erbringung der Reise. Somit steht dem Reisenden bei Beanstandungen unabhängig vom Verschulden des Veranstalters – wie auch bei jedem Werkvertrag – ein Anspruch auf „Abhilfe" (Nachbesserung) zu. Bei Verzug, Weigerung oder besonderem Interesse des Reisenden an sofortiger Abhilfe kann dieser auch Ersatz auf Kosten des Reiseveranstalters wählen.

Reisevertrag = Werkvertrag

Anders als im Werkvertragsrecht muß der Reisende sofort rügen – dies gibt es nur noch einmal für die Sachmängelhaftung beim Handelskauf. Die Ansprüche aus dem Reisevertrag verjähren innerhalb von 6 Monaten nach Beendigung der Reise.

5.5 Schenkung

Unter Schenkung versteht man einen Vertrag zwischen einem Schenkenden und dem Beschenkten über eine unentgeltliche Zuwendung, die ihm aber nicht aufgedrängt werden darf.

unentgeltliche Zuwendung

Für Mängel an dem Schenkungsgegenstand haftet der Schenkende nicht. Er haftet jedoch dann auf Schadenersatz, wenn er einen Mangel an der Schenkung arglistig verschwiegen hat und der Beschenkte dadurch zu Schaden kommt. Dies ist beispielsweise der Fall, wenn ein nicht fahrtüchtiger Pkw verschenkt wird, und dem Beschenkten entsteht dadurch ein Schaden.

Eine sogenannte Handschenkung ist ohne formelle Voraussetzungen gültig. Sie liegt vor, wenn ein beweglicher Gegenstand unmittelbar übergeben wird, gleichgültig, welchen Wert die Schenkung hat.

Handschenkung

Hingegen ist aber das Schenkungsversprechen nur gültig, wenn es in notarieller Form abgegeben wird, auch hierbei kommt es nicht auf den Wert der Zuwendung an. Der Schenker kann die Zuwendung nur dann noch widerrufen, wenn er selbst verarmt oder wenn der Beschenkte sich eines groben Undankes gegen ihn oder seine Angehörigen schuldig macht.

Schenkungs- versprechen

5.6 Leihe, Miete, Leasing, Pacht

Vor allem Leihe und Miete werden häufig miteinander verwechselt und auch falsch bezeichnet. So ist auch fälschlicherweise von einem Leiharbeitsverhältnis die Rede, obwohl Leihe eine unentgeltliche Gebrauchsüberlassung darstellt, die Miete eine entgeltliche Gebrauchsüberlassung, Pacht bedeutet eine entgeltliche Gebrauchsüberlassung und zusätzlich noch ein Fruchtziehungsrecht aus dem überlassenen Gegenstand, z. B. eine Kiesgrube oder eine eingerichtete Werkstatt, Leasing ist vielfach eine Mischung aus Miete und Kauf.

5.6.1 Leihvertrag

unentgeltliche Gebrauchsüberlassung

Durch den Leihvertrag verpflichtet sich der Verleiher, eine Sache unentgeltlich zum vertragsgerechten Gebrauch zu überlassen. Damit hat der Entleiher nur die gewöhnlichen Erhaltungskosten für die Sache zu tragen und keine Haftung für normale Abnutzung zu übernehmen.

Der Entleiher ist zur Rückgabe der Sache nach Ablauf der vereinbarten Zeit oder bei Erfüllung des Leihzweckes verpflichtet. Der Verleiher kann auch wegen unvorhergesehenen Eigenbedarfs oder wegen vertragswidrigen Gebrauchs durch den Entleiher kündigen.

5.6.2 Miete

entgeltliche Gebrauchsüberlassung

Der Mietvertrag ist ein Vertrag zwischen Mieter und Vermieter auf Gebrauchsüberlassung einer Sache gegen Entgelt. Gegenstand eines Mietvertrages können bewegliche Sachen und Grundstücke sein. Nur Mietverträge über Räume und Grundstücke bedürfen der Schriftform, wenn sie länger als 1 Jahr gelten sollen, ansonsten besteht Formfreiheit. Wurde diese Formvorschrift für Mietverträge über Räume und Grundstücke, die länger als 1 Jahr gelten sollen, nicht beachtet, so gilt der Vertrag als für unbestimmte Zeit geschlossen und kann erst am Ende des ersten Jahres gekündigt werden.

Wurden Mietverträge für eine bestimmte Zeit abgeschlossen, sind beide Vertragspartner an diesen Zeitraum gebunden, und man kann den beiderseitigen Vertrag vor Ablauf der Vertragsdauer nur aus einem wichtigen Grund kündigen.

Mietverträge von unbestimmter Dauer enden durch Kündigung unter Einhaltung der gesetzlich oder vertraglich vereinbarten Kündigungsfristen. Auch hier ist beiderseitig eine sofortige Kündigung aus einem wichtigen Grund möglich.

Pflichten des Vermieters

Der Vermieter muß dem Mieter rechtzeitig die Mietsache überlassen. Ebenso muß er für Sachmängel und Rechtsmängel sowie für die besonders zugesicherten Eigenschaften der Mietsache haften. Bei Vorliegen von Mängeln darf der Mieter den Mietzins ganz oder teilweise einbehalten, bis die Mängel behoben sind.

Der Vermieter ist verpflichtet, die Mietsache in gebrauchsfähigem Zustand zu erhalten. Kommt er mit der Beseitigung eines Schadens in Verzug, läßt er z. B. die Hausinstallation nicht reparieren, kann der Mieter Schadenersatz verlangen und sogar nach Fristsetzung die Mängel selbst beheben lassen und seine Aufwendungen vom Mietzins abziehen.

Bürgerliches Recht

Pflichten des Mieters — Der Mieter hat die Pflicht, den Mietzins vereinbarungsgemäß und pünktlich zu zahlen und nach Ablauf der Mietzeit die Sache wieder zurückzugeben.

Der Mieter ist auch berechtigt, die Mietsache mit eigenen Gegenständen zu versehen, z. B. Einbau eines Schrankes oder Einbau einer Waschgelegenheit. Er darf diese Gegenstände bei seinem Auszug **wieder mitnehmen**, wenn ihm nicht der Vermieter eine angemessene Entschädigung dafür bietet. Grundsätzlich ist er auch verpflichtet, den früheren Zustand wieder herzustellen.

Für die normale Abnutzung der Mietsache braucht der Mieter keinen Ersatz zu leisten, denn dies ist Teil des Vertrages und durch den Mietzins abgegolten. Den Mieter trifft auch eine Mitteilungspflicht, sobald Schäden an der Mietsache auftreten.

Pfandrecht des Vermieters — Der Vermieter kann auch ein eigenes Pfandrecht, ein sogenanntes gesetzliches Vermieterpfandrecht, geltend machen. Dies ist dann möglich, wenn der Mieter ausziehen will, ohne den Mietzins voll bezahlt zu haben.

Der Vermieter hat dieses Pfandrecht für seine Forderungen aus dem Mietverhältnis. Es besteht nur an den in die Wohnung eingebrachten Sachen des Mieters, soweit diese pfändbar sind (z. B. sind unpfändbar Bett oder Radio).

Pfandreife — Wenn die Ansprüche fällig sind (Pfandreife), kann der Vermieter das Pfand verkaufen. Der Verkauf muß aber dem Eigentümer vorher angedroht sein. Der Verkauf darf auch nicht vor Ablauf eines Monats nach der Androhung erfolgen.

Verkauft der Eigentümer ein vermietetes Grundstück (Wohnung oder Haus), so tritt der Erwerber automatisch in das bestehende Mietverhältnis mit allen Rechten und Pflichten ein, denn: „Kauf bricht nicht Miete".

soziales Wohnungsmietrecht — Durch eine Reihe von Mieterschutzgesetzen ist der Grundsatz der Vertragsfreiheit des Bürgerlichen Gesetzbuches in den letzten Jahrzehnten erheblich eingeschränkt worden. Für Wohnräume gilt ein Kündigungsschutz: Der Vermieter kann nur im Falle eines berechtigten Interesses an der Beendigung des Mietverhältnisses kündigen. Dies ist bei einer erheblichen Vertragsverletzung durch den Mieter der Fall, dies gilt aber auch bei Eigenbedarf, wenn der Vermieter die Räume für sich oder seine Familienangehörigen benötigt.

Kündigung bei berechtigtem Interesse

Und schließlich gilt dies, wenn der Vermieter durch die Fortsetzung des Mietverhältnisses an einer angemessenen wirtschaftlichen Verwertung des Grundstückes gehindert ist und dadurch erhebliche Nachteile erleiden würde. Ausnahmsweise kann der Vermieter ohne Darlegung eines berechtigten Interesses an der Beendigung des Mietverhältnisses kündigen, wenn es sich um Wohnraum im von ihm selbst bewohnten Zweifamilienhaus handelt. Das gleiche gilt für Wohnraum, der nur zum vorübergehenden Gebrauch vermietet worden ist, für möblierte Zimmer in einer vom Vermieter selbst bewohnten Wohnung und für Wohnräume in einem Studenten- oder Jugendwohnheim.

Der Vermieter muß schriftlich kündigen, im Kündigungsschreiben muß er die Gründe für die Kündigung angeben. Dabei ist eine Kündigung zum Zweck der Mieterhöhung ausgeschlossen.

Der Mieter kann auch einer zulässigen Vermieterkündigung widersprechen, wenn sie für ihn oder seine Familie eine Härte mit sich bringen würde („Sozialklausel").

Der Wohnraum darf des weiteren nicht zweckentfremdet werden. Mietwucher wird bestraft, und schließlich ist eine außerordentliche Kündigung seitens des Vermieters nach Abmahnung wegen fortgesetzten vertragswidrigen Gebrauchs zulässig.

Seit 1983 gelten weitere neue Mietrechtsänderungen. Danach muß der Mieter Modernisierungsmaßnahmen dulden, die damit begründete Mieterhöhung darf aber keine unzumutbare Härte bedeuten. So ist derzeit in der Diskussion, ob die Verlegung von Breitbandkabel in ein Mehrfamilienhaus eine Modernisierungsmaßnahme darstellt oder nicht.

Kaution — Eine Mietkaution darf höchstens drei Monatsraten betragen und ist zu verzinsen.

Staffelmieten, die Steigerungsraten bereits einplanen und vorsehen, sind bei Neuabschlüssen von Mietverträgen zulässig.

Zeitmietverträge sind für eine maximale Laufzeit von fünf Jahren zulässig.

Des weiteren hat der Mieter im sozialen Wohnungsbau ein gesetzliches Vorkaufsrecht.

Mieterhöhung — Mieterhöhungen müssen mit einer der drei gesetzlichen Möglichkeiten begründet werden: ein Mietspiegel, ein Hinweis auf Vergleichswohnungen oder ein Gutachten.

Eine Erhöhung der Kapitalkosten aufgrund der Steigerung des Zinssatzes eines Darlehens kann der Vermieter unter bestimmten, gesetzlich festgehaltenen Voraussetzungen auf die Mieter übertragen.

verlängerte Kündigungsfristen — Zur Erschwerung der Kündigung von Wohnraum und vor allem zum Schutz langjähriger Mieter wurden die Kündigungsfristen für ordentliche Kündigungen verlängert. In den ersten fünf Jahren muß die Kündigung spätestens am 3. Werktag des Kalendermonats zum Ablauf des übernächsten Monats erklärt sein. Somit gilt eine Kündigungsfrist von rund einem Vierteljahr zum Monatsende. Diese Frist verlängert sich nach mehr als fünfjähriger Mietdauer bei 8 und 10 Jahren stufenweise auf bis zu 12 Monate.

Diese Einschränkungen des Mietvertrages bedeuten nicht, daß bei Abschluß eines Mietvertrages die Höhe des Mietzinses nicht frei vereinbart werden könnte. Die Ausnahme gilt lediglich für Sozialwohnungen.

Kündigung bei Tod — Beim Tod des Mieters kann der Vermieter, aber auch die Erben, innerhalb der gesetzlichen Frist kündigen.

Ansprüche auf Zahlung des Mietzinses verjähren bei gewerblicher Vermietung beweglicher Sachen in zwei Jahren, im übrigen verjähren rückständige Miet- und Pachtzinsen in vier Jahren, jeweils beginnend am 1. Januar des nächsten Jahres.

Ersatzansprüche des Vermieters wegen Veränderungen bzw. Verschlechterungen der vermieteten Sache sowie Ansprüche des Mieters auf Ersatz von Verwendungen (z. B. Einbau von Rolläden) verjähren in sechs Monaten, beginnend mit Rückgabe bzw. Beendigung des Mietverhältnisses.

5.6.3 Leasing

Mischung aus Miete und Kauf — Leasing ist eine Art Miete im gewerblichen Bereich. Geleast werden Anlagen, Einrichtungen oder sogar Gebäude, Autos und Maschinen. Der Unternehmer leistet Ratenzahlungen für die Gebrauchsüberlassungen. Die Einzelheiten dazu werden in speziellen Leasing-Verträgen geregelt. Drei Parteien sind an einem Leasinggeschäft regelmäßig beteiligt

- der Unternehmer oder Leasingnehmer, der an dem betrieblichen Einsatz eines Wirtschaftsgutes, z. B. Computer, Kfz oder Maschine, interessiert ist
- der Hersteller oder Händler, der etwas verkaufen oder veräußern will
- der Leasinggeber, der meist ein gewerbliches Leasingunternehmen unterhält, das zur Finanzierung zwischengeschaltet wird.

Leasinggeber schließt Kaufvertrag

Nicht der investierende Leasinginteressent selbst kauft und erwirbt somit das von ihm ausgewählte Leasinggut, sondern der Leasinggeber schließt den Kaufvertrag mit dem Lieferanten und erwirbt von ihm den Leasinggegenstand. Der Lieferant erhält mithin seinen Kaufpreis, ohne einen Kredit einräumen zu müssen. Er ist an dem Leasingvertrag selbst nicht beteiligt.

Aufgrund des Leasingvertrages überläßt der Leasinggeber die ihm jetzt gehörende Sache dem Leasingnehmer für einen bestimmten, von vornherein festgelegten Zeitraum, währenddessen der Leasingnehmer monatliche Leasingraten zu entrichten hat.

Der Leasingnehmer, der zwar kein Eigentum am Leasinggut erhält, dafür aber auch keinen Kaufpreis in einer Summe aufzubringen braucht, kommt unter Schonung von Eigenkapital in den Genuß der unternehmerischen Einsatzmöglichkeiten des Leasinggutes.

Durch Leasing sind geringere betriebliche Kosten anzusetzen, und es ist schließlich das Investitionsrisiko zu verringern. Die Liquidität des Unternehmers wird also durch Leasing nicht so sehr beansprucht wie bei einem Kauf. Leasing steht zwischen Miete und Kauf, denn der Leasinggeber bleibt Eigentümer, der Nehmer trägt jedoch das Risiko der Verschlechterung oder des Untergangs der Sache.

Miete liegt dann vor, wenn der Hersteller das Anlagegut dem Unternehmer zum zeitweiligen Gebrauch gegen Entgelt überläßt, ohne daß zu irgendeinem Zeitpunkt der Eigentumserwerb ins Auge gefaßt ist.

Dagegen bedeutet Leasing Kauf, wenn der Leasingnehmer am Ende der Gebrauchszeit ein vertragliches Optionsrecht (Kaufrecht) erhält und dieses ausübt. Dabei handelt es sich um einen sogenannten Mietkauf, denn die bezahlten Mietraten sind Kaufpreisraten. Die Restkaufpreise bei Leasing sind meist auch relativ niedrig, da die Leasingraten nicht nur Zins- und Gewinnquoten einschließen, sondern auch Abzahlungsbestandteile beinhalten.

5.6.4 Pacht

Der Verpächter überläßt dem Pächter den Besitz an einer Sache oder an einer Sachgesamtheit (z. B. Werkstatt oder Ladengeschäft) oder gestattet ihm die Ausübung eines Rechts (z. B. Patent auf Zeit zum Gebrauch und zum Genuß der bei diesem Gebrauch erzielbaren Früchte) gegen Zahlung eines Pachtzinses als Vergütung.

entgeltliche Gebrauchsüberlassung

Die Vorschriften über den Mietvertrag – ohne Mieterschutzgesetze – sind im wesentlichen auf den Pachtvertrag anzuwenden.

Im Gegensatz zum Mietvertrag ist aber die Kündigung des Pachtvertrages nur – sofern nichts anderes vereinbart worden ist – „am 1. Werktag des halben Jahres zum Ende des Pachtjahres" zulässig. Beispiel: Läuft das Pachtjahr vom 15. April bis zum 14. April des darauffolgenden Jahres, muß die Kündigung am ersten Werktag nach dem 14. Oktober erfolgt sein.

5.7 Darlehen und Bürgschaft

5.7.1 Darlehen

Der Darlehensvertrag ist ein Vertrag, bei dem der Darlehensgeber verpflichtet wird, meist Geld, aber auch der Gattung nach bestimmte Sachen (vertretbare Sachen) zu übergeben und der Darlehensnehmer sich seinerseits verpflichtet, Sachen gleicher Art, Güte oder Menge zurückzugeben. Beispiel: Bäckermeister K „leiht" sich von seinem Kollegen 300 kg Mehl und gibt sie in der darauffolgenden Woche zurück. Dies ist keine Leihe, denn der Bäckermeister gibt nicht dasselbe Mehl zurück, sondern nur 300 kg gleicher Art, Güte und Menge. Wer Geld als ein Darlehen gibt, verlangt in der Regel dafür Sicherheiten in Form von Pfand, Hypothek, Bürgschaft, aber auch Zinsen.

Rückgabe von Sachen gleicher Art

Wenn kein Rückzahlungstermin vereinbart wurde, ist die Rückzahlung erst nach einer Kündigung fällig. Die Kündigungsfrist beträgt bei einem Darlehen bis DM 300,- einen Monat, bei Darlehen über DM 300,- drei Monate.

5.7.2 Bürgschaft

Haftungsübernahme eines Dritten

Bürgschaft bedeutet eine Haftungsübernahme eines Dritten gegenüber einem Gläubiger, mit dem Inhalt, daß der Schuldner seine bestehende oder zukünftige Verbindlichkeit erfüllen wird. Der Bürge verpflichtet sich jedoch zur Zahlung, wenn der Schuldner seinen Verpflichtungen nicht nachkommt.

mündlich nur für Vollkaufleute

Die Bürgschaftserklärung muß schriftlich sein. Nur Vollkaufleute können sich im Rahmen ihres Handelsgewerbes mündlich verbürgen.

Man unterscheidet zwei Arten der Bürgschaft, die Ausfallbürgschaft und die selbstschuldnerische Bürgschaft.

Ausfallbürgschaft

Bei der Ausfallbürgschaft kann vom Bürgen erst Zahlung verlangt werden, wenn beim Schuldner nach einem vorausgegangenen Prozeß erfolglos die Zwangsvollstreckung durchgeführt wurde. Dies nennt man die Einrede der Vorausklage des Bürgen; Einrede deswegen, weil sie im Prozeß – wie auch die Einrede der Verjährung – vom Bürgen ausdrücklich erhoben werden muß.

selbstschuldnerische Bürgschaft

Bei der selbstschuldnerischen Bürgschaft kann der Gläubiger sofort vom Bürgen Zahlung verlangen, wenn der Schuldner bei Fälligkeit nicht zahlt. Diese Besonderheit der selbstschuldnerischen Haftung muß in der Bürgschaftserklärung besonders hervorgehoben werden. Der Bürge hat dann auf die Einrede der Vorausklage verzichtet. Üblicherweise verlangen Banken grundsätzlich selbstschuldnerische Bürgschaften.

Einrede der Vorausklage

Der Bürge kann jedoch grundsätzlich alle Einwendungen (Einreden), die der Schuldner z. B. wegen einer Stundung, Verjährung oder wegen vorliegender Mängel selbst dem Gläubiger entgegenhalten könnte, selbst geltend machen und seine Leistung entsprechend verweigern.

Soweit der Bürge die Hauptforderung des Gläubigers begleicht, geht aufgrund gesetzlicher Anordnung und damit im Wege des gesetzlichen Forderungsüberganges die Forderung auf den Bürgen über. Er tritt in der Höhe, in der die Forderung beglichen wurde, an die Stelle des Gläubigers.

5.8 Schuldanerkenntnis, Schuldversprechen, Schuldschein

Durch ein Schuldversprechen und ein Schuldanerkenntnis werden neue Verbindlichkeiten selbständig begründet, und durch einen Schuldschein wird eine bestehende Verbindlichkeit bestätigt. Schuldanerkenntnis und Schuldversprechen müssen schriftlich erfolgen, sofern es sich nicht um Vollkaufleute und ein Handelsgeschäft handelt. Durch das Schriftstück oder durch die Erklärung der Vollkaufleute wird ein neues selbständiges Schuldverhältnis begründet, das nicht mehr durch die früheren Einwendungen des vorausgegangenen Geschäftes belastet ist.

neues Schuldverhältnis begründet

Ein Schuldschein liegt dagegen vor, wenn der Schuldner in einem Schriftstück das Bestehen einer Verbindlichkeit bestätigt und das Schriftstück dem Gläubiger als Beweismittel übergibt.

5.9 Maklervertrag

Der Maklervertrag ist ein formloser Vertrag zwischen dem Interessenten und dem Makler, in dem sich dieser verpflichtet, dem Interessenten gegen Entgelt Gelegenheit zum Abschluß eines Vertrages zu verschaffen oder einen Vertrag zu vermitteln.

Vermittlung von Verträgen

Der Makler kauft oder verkauft, mietet oder vermietet also nichts selbst für den Interessenten, sondern er verschafft lediglich diesem die Gelegenheit zum Abschluß eines entsprechenden Vertrages. Der Makler kann auch dann erst eine Vergütung verlangen, wenn durch seine Tätigkeit der Vertrag zustande gekommen ist. Ist das nicht der Fall, kann er nicht einmal Ersatz seiner Kosten für Inserate, Reisespesen u. ä. verlangen („Maklers Müh' ist oft umsonst!").

5.10 Spiel und Wette

keine Verbindlichkeiten durch Spiel und Wette

Durch Spiel und Wette können keine Verbindlichkeiten entstehen. Man kann die Bezahlung also nicht erzwingen. Jedoch kann das freiwillig Geleistete nicht mehr zurückverlangt werden. Wer aber bei einem Spiel betrügt, ist wegen dieser unerlaubten Handlung zum Schadenersatz verpflichtet. Auch wenn eine Anzahlung erfolgt ist, kann der Verlierer die Restzahlung verweigern, er kann jedoch nicht das Angezahlte wieder zurückverlangen.

> Zu diesem Kapitel finden Sie die Aufgaben C 30 – C 73 im Band „Vorbereitung auf die Meisterprüfung – Test- und Übungsaufgaben".

6. Sachenrecht

Lernziele:
Der Lernende kann, nachdem er dieses Kapitel durchgearbeitet hat,
- die verschiedenen Formen von Eigentumserwerb erklären,
- Grundbuch und die verschiedenen Formen von Hypothek und Grundschuld darstellen,
- den Unterschied zwischen Eigentum und Besitz erklären,
- verschiedene Formen des Eigentumserwerbs und ihre rechtliche Bedeutung nennen.

Das Sachenrecht regelt die Rechtsbeziehungen einer Person zu einer Sache, während das Schuldrecht das Verhältnis der Personen untereinander regelt. Die wichtigsten Rechtsbeziehungen zwischen einer Person zu einer Sache sind Besitz, Eigentum, Nießbrauch und Pfandrecht. Der wesentliche Unterschied zum Schuldrecht besteht darin, daß das Schuldrecht gekennzeichnet ist durch den Grundsatz der Vertragsfreiheit. Personen können ihre Rechtsbeziehungen weitgehend selbst regeln. Dagegen ist im Sachenrecht immer die gesetzliche Regelung die Grundlage der Rechtsbeziehung der Person zur Sache. Die Möglichkeit einer privaten anderslautenden Vereinbarung schließt sich schon begrifflich aus.

Rechtsbeziehung einer Person zu einer Sache

6.1 Besitz

Mit Besitz bezeichnet man die tatsächliche und der Wirklichkeit entsprechende Herrschaft über eine Sache. Dagegen ist derjenige Eigentümer, der auch die rechtliche Herrschaft über eine Sache ausüben kann. Daraus folgt, daß Besitz und Eigentum nicht immer bei derselben Person liegen müssen. Der Eigentümer ist, wenn ihm die Sache gestohlen worden ist, nicht der Besitzer. Und der Mieter ist der Besitzer, obwohl er nicht der Eigentümer ist. Man unterscheidet zwischen einem unmittelbaren Besitz, wie der Eigentümer ihn inne hat, wenn er die Sache auch in Händen hält, und einem mittelbaren Besitz, wenn der Eigentümer sie verliehen oder verpachtet hat. Dann ist der Eigentümer mittelbarer Besitzer und der Mieter unmittelbarer Besitzer.

tatsächliche Herrschaft

unmittelbarer/ mittelbarer Besitz

6.2 Eigentum

Das wesentliche Merkmal des Eigentums liegt, wie erwähnt, in der rechtlichen Herrschaft über eine Sache. Dies bedeutet, daß der Eigentümer grundsätzlich mit der Sache das tun kann, was er will, sofern er nicht dadurch andere gesetzliche Bestimmungen oder die Rechte anderer Personen verletzt. Der Eigentümer hat das Recht, die Herausgabe seines Eigentums zu verlangen, wenn der Besitzer nicht ein besonderes Recht zum gegenwärtigen Besitz hat.

rechtliche Herrschaft

Das Eigentum an beweglichen Sachen wird erworben, indem der bisherige Eigentümer dem Erwerber den Gegenstand übergibt und sich beide darüber einig sind, daß das Eigentum übergehen soll. Der Grund, weshalb das Eigentum übergehen soll, ist gleichgültig, er kann in einem Kauf oder auch in einer Schenkung liegen.

Die tatsächliche Übergabe einer Sache kann aber unterbleiben, wenn der bisherige Eigentümer dem Erwerber gestattet, sich die Sache selbst abzuholen oder wenn der Eigentümer einen Herausgabeanspruch abtritt oder der Erwerber die Sache bereits in Besitz hat, weil beispielsweise der Eigentümer sie ihm, aus welchen Gründen auch immer, überlassen hatte.

6.2.1 Eigentumserwerb vom Nichteigentümer

Der Eigentumserwerb vom Nichteigentümer bei gutgläubigem Erwerb ist dann möglich, wenn der Eigentümer seinen Besitz freiwillig aus der Hand gegeben hat, z. B. Miete oder Leihe. Dann erwirbt ein gutgläubiger Dritter von dem Leiher oder Mieter Eigentum, wenn dieser die Sache dem Dritten übergibt und sich als Eigentümer ausgibt. Dem bisherigen Eigentümer bleiben dann nur Schadenersatzansprüche gegenüber dem Verkäufer. Auch strafrechtliche Ansprüche sind gegeben.

nicht immer gutgläubiger Erwerb

Wird der Kaufgegenstand dem Eigentümer jedoch gestohlen, geht er verloren, oder kommt er sonst abhanden, so verliert dieser das Eigentum daran nicht. Der gutgläubige Erwerb durch einen Dritten ist in diesen Fällen nicht möglich.

6.2.2 Eigentumserwerb durch Fund

Eine Sache gilt als verloren, wenn der Eigentümer nicht mehr weiß, wo sie sich befindet. Der Finder erlangt das Eigentum oder einen Anspruch auf Finderlohn. Zunächst hat der Finder der Polizei eine Fundanzeige zu machen. Er ist zur Aufbewahrung der Sache verpflichtet, und die Behörde kann Ablieferung verlangen. Meldet sich der Berechtigte nicht, erlangt der Finder, wenn er eine Anzeige erstattet hat, nach 6 Monaten das Eigentum an der Fundsache. Meldet sich der Berechtigte später, ist der Finder noch innerhalb der nächsten 3 Jahre zur Herausgabe der Bereicherung verpflichtet. Hat die Sache nicht mehr Wert als DM 10,-, ist keine Anzeige erforderlich. Der Eigentumserwerb erfolgt 6 Monate ab dem Zeitpunkt des Findens. Hat die Behörde den Fund versteigert, erhält der Finder den Erlös.

Eigentum sechs Monate nach Fund

Finderlohn

Finderlohn beträgt bei Werten bis DM 1 000,- 5 %, vom Mehrwert 3 %, bei Tieren immer 3 %. Der Finderlohn ist ausgeschlossen bei Verletzung der Anzeigepflicht. Der Finder hat weiterhin einen Anspruch auf Ersatz seiner notwendigen Aufwendungen.

Funde in öffentlichen Büros oder öffentlichen Verkehrsmitteln sind sofort diesen Behörden abzuliefern. Der Finderlohn beträgt hier die Hälfte der genannten Prozentsätze und Finderlohn fällt nur an, wenn der Wert über DM 100,- beträgt und der Finder kein Angehöriger dieser Dienststelle ist.

6.2.3 Eigentumsübertragung bei Verbindung von Sachen

Wird eine Sache mit einer anderen Sache so verbunden, daß sie von ihr nicht mehr getrennt werden kann, ohne daß sie zerstört würde, geht das Gesamteigentum daran auf den Eigentümer der Hauptsache über. Liegt keine Hauptsache (wertvollere Sache) vor, tritt Miteigentum nach Bruchteilen ein.

Verbindung mit einem Grundstück

Der wichtigste Bereich ist die Verbindung von Sachen mit einem Grundstück. Werden Baumaterialien, Steine oder welche Materialien auch immer beim Hausbau mit dem Grundstück verbunden, so daß sie als wesentliche Bestandteile des Grundstücks anzusehen sind, so wird der Grundstückseigentümer kraft gesetzlicher Regelung auch Eigentümer dieser Sachen. Daraus folgt, daß auch ein Eigentumsvorbehalt, der dem Handwerker bis zur vollständigen Zahlung des Kaufpreises das Eigentum vorbehalten soll, hier nichts nutzt. Der Rohstofflieferant kann sich bestenfalls durch einen verlängerten Eigentumsvorbehalt an den Bauherrn wenden. Baut ein Handwerker Sachen, die er unter Eigentumsvorbehalt geliefert hat (z. B. Heizkörper), bei Nichtzahlung des Bauherrn wieder aus dem Haus aus, ohne daß der Bauherr dies weiß oder gegen seinen Willen, so handelt es sich um Diebstahl, da das Eigentum bereits auf den Bauherrn übergegangen war.

6.2.4 Eigentumserwerb an Grundstücken

Eintragung ins Grundbuch

Der Eigentumsübergang an einem Grundstück erfolgt durch Einigung und Eintragung in das Grundbuch. Die Einigung nennt man Auflassung. Die Auflassung muß vor einem Notar bei gleichzeitiger Anwesenheit der Vertragspartner erklärt werden. Es handelt sich um eine sogenannte notarielle Beurkundung. Jedes Grundstücksgeschäft, das dieser gesetzlich vorgeschriebenen Form nicht entspricht, ist ungültig.

6.3 Nießbrauch und Dienstbarkeit

6.3.1 Nießbrauch

Nutzen aus einer Sache

Eine Sache kann in der Weise belastet werden, daß ein anderer als der Eigentümer, nämlich der Nießbraucher, den Nutzen aus der Sache ziehen darf. Es gibt einen Nießbrauch an Sachen, an Rechten und am Vermögen. Nießbrauch ist also nicht auf Grundstücke beschränkt, sondern kann auch an beweglichen Sachen oder Vermögensmassen bestellt werden. Der Nießbrauch ist persönlich beschränkt und auf die Person des Nießbrauchers bezogen. Er erlischt also mit seinem Tode.

Nießbrauch am Gewerbebetrieb

Häufig ist der Fall, daß der Vater seinem Sohn den Gewerbebetrieb mit der Auflage, daß ihm ein Nießbrauch beispielsweise in Höhe der Hälfte des gewerblichen Gewinns zusteht, in einer vorweggenommenen Erbfolge überträgt. Für beide bedeutet dies aber, daß beide Einkünfte aus dem Gewerbebetrieb zu versteuern haben.

Grundstücksnießbrauch

Bei einem Grundstücksnießbrauch, also bei der Übertragung des Einziehungsrechts der Mieten, ist immer die vertragliche Gestaltung für die Frage von Bedeutung, wer die gewöhnlichen Reparaturen durchführt und die Abschreibung vom Haus in Anspruch nehmen kann. Häufig auch überträgt der Vater seinen Gewerbebetrieb mit Grundstück auf den Sohn, er behält sich aber ganz oder teilweise den Nießbrauch am Betrieb und Grundstück vor und verpachtet dann das Nießbrauchsrecht wieder an den Sohn. Im Todesfall treten dann keine erbschaftsteuerlichen Folgen auf, weil der Sohn bereits Eigentümer von Grund und Boden geworden ist. Der Vater war aber zu Lebzeiten gesichert und versorgt.

6.3.2 Dienstbarkeiten

Grunddienstbarkeiten

Sie gewähren das Recht auf unmittelbare Nutzung, sind aber ihrem Umfang nach beschränkt. Grunddienstbarkeiten sind Grundstücksbelastungen, die den jeweiligen Eigentümer berechtigen, das dienende Grundstück in einer bestimmten Form zu nutzen.

Dabei kann es sich um das Recht handeln, auf das fremde Grundstück einzuwirken. **Beispiel:** Der Eigentümer muß dulden, daß der Nachbar über sein Grundstück fährt. Durch die Grunddienstbarkeit können aber auch gewisse Handlungen auf dem fremden Grundstück verboten werden, so wenn der Nachbar verlangen kann, daß der andere auf seinem eigenen Grundstück nicht höher als 10 m baut. Die Grunddienstbarkeit ist nie auf ein positives Tun des Eigentümers des dienenden Grundstücks gerichtet, sondern auf ein Dulden oder Unterlassen. Bei einer beschränkt persönlichen Dienstbarkeit ist die Belastung des Grundstücks insoweit eingeschränkt, als die Berechtigung an eine bestimmte Person geknüpft und damit nicht übertragbar und unvererblich ist.

6.4 Pfandrecht

zur Befriedigung einer Forderung

Eine Sache kann in der Weise belastet werden, daß ein Gläubiger berechtigt ist, die Sache zur Befriedigung seiner Forderung zu verwerten. Der belastete und damit verpfändete Gegenstand kann eine bewegliche Sache sein (Faustpfand), ein Recht, z. B. ein Patent, oder ein Grundstück, z. B. Hypothek.

Die Pfandrechte entstehen durch einen Vertrag zwischen Schuldner und Gläubiger und Besitzübertragung bei Faustpfändern und Grundbucheintragungen bei Pfandrechten an Grundstücken (Grundpfandrechten).

gesetzliche Pfandrechte

Pfandrechte können aber auch entstehen aufgrund gesetzlicher Vorschriften (gesetzliche Pfandrechte). **Beispiel:** Der Vermieter hat an den eingebrachten Sachen seines Mieters, der Handwerksmeister an dem sich in seinem Besitz befindlichen Eigentum des Auftraggebers (z. B. Kfz) und der Gastwirt an dem Eingebrachten seines Gastes ein Pfandrecht. Dies bedeutet, daß, solange die zu sichernde Forderung noch nicht bezahlt ist, bis zur Bezahlung der Forderung das Eigentum zurückbehalten werden kann und die betreffende Sache letzten Endes auch versteigert werden kann. Das Pfand haftet nur für die Forderung in ihrem jeweiligen Bestand.

Versteigerung

Die Versteigerung des Pfandes ist nur für Geldforderungen zulässig und nach Androhung der öffentlichen Versteigerung sowie einer gesetzten Frist. Hat das Pfand einen Börsen- oder Marktpreis, so kann der Pfandgläubiger den Verkauf aus freier Hand durch einen zu solchen Verkäufen öffentlich ermächtigten Handelsmakler oder durch eine zur öffentlichen Versteigerung befugte Person zum laufenden Preis bewirken.

Das vertragliche Pfandrecht an Sachen zur Sicherung einer Forderung wird regelmäßig ersetzt durch die Sicherungsübereignung (→ S. 236).

6.5 Grundpfandrecht

Wichtiger als die Pfandrechte an beweglichen Sachen sind die Pfandrechte an einem Grundstück. Hier spricht man von Grundpfandrechten. Sie sollen daher auch ausführlicher behandelt werden. Sie werden ins Grundbuch eingetragen.

Bürgerliches Recht

Zwangs-vollstreckung

Ist für den Gläubiger ein Grundpfandrecht bestellt, ist er berechtigt, die Zwangsvollstreckung zu betreiben. Das kann durch Zwangsversteigerung des Grundstückes oder Zwangsverwaltung (Einsetzen eines Verwalters), der die Nutzungen aus dem Grundstück zur Tilgung der Schuld verwendet, geschehen. Der Gläubiger muß im Besitz einer Urkunde sein, die ihn zu einem solchen Handeln berechtigt. Der dingliche Titel ist von dem persönlichen Titel zu unterscheiden. Der persönliche Titel wendet sich immer gegen den Schuldner der Forderung. Der dingliche Titel wendet sich immer gegen den Eigentümer des Grundstückes. Der Schuldner der Forderung und der Eigentümer des Grundstückes, der haftet, müssen nicht identisch sein.

Hypothek, Grundschuld, Rentenschuld

Das Gesetz unterscheidet drei Arten von Grundpfandrechten: Hypothek, Grundschuld und Rentenschuld, wobei es das Wort „Grundpfandrecht" nicht gebraucht. Der einfachste Fall eines Grundpfandrechtes ist, daß eine Bank sich zur Sicherung eines Kredites eine Hypothek einräumen läßt. Zahlt der Kreditnehmer bei Fälligkeit nicht, so kann die Bank das Grundstück beispielsweise versteigern lassen und sich aus dem Erlös unmittelbar befriedigen. Sie steht also besser da, als wenn sie lediglich ein Urteil auf Zahlung hätte, und nicht weiß, ob ihr Schuldner zahlen kann.

6.5.1 Grundbuch

Eigentums-verhältnisse an einem Grundstück

Das Grundbuch gibt Auskunft über die Eigentumsverhältnisse an einem Grundstück. (Abt. I), über Lasten und Beschränkungen (Abt. II) sowie über Grundpfandrechte, mit denen die Grundstücke belastet sind (Abt. III). Jeder, der ein berechtigtes Interesse hat, kann das Grundbuch einsehen und gegebenenfalls Abschriften verlangen. Jedes private Grundstück ist im Grundbuch beim zuständigen Amtsgericht eingetragen.

Das Grundbuch hat drei Abteilungen

- Erste Abteilung: Eigentumsverhältnisse
- Zweite Abteilung: Lasten und Verfügungsbeschränkungen (z. B. durch Konkurs oder Einleitung der Zwangsvollstreckung)
- Dritte Abteilung: Hypotheken, Grundschulden und Renten.

Gutglaubensschutz des Grundbuches

Alle Eintragungen in das Grundbuch genießen den öffentlichen Gutglaubensschutz. Dadurch kann sich jeder auf die Richtigkeit der Eintragung verlassen, es sei denn, er weiß, daß eine Eintragung unrichtig ist. Wenn z. B. aufgrund einer Verwechslung des Notars oder des zuständigen Amtsgerichtes ein anderer als Eigentümer eingetragen worden ist und dieser das Grundstück weiter veräußert, wird der Erwerber, sofern hier auch die notariellen Vorschriften eingehalten werden, gutgläubig neuer Eigentümer. Schadenersatzansprüche sind nicht ausgeschlossen.

Widerspruch gegen Richtigkeit

Der gleiche Gutglaubensschutz gilt auch hinsichtlich des Erwerbs von in das Grundbuch eingetragenen Hypotheken und sonstigen Rechten. Um sich vor fehlerhaften Eintragungen zu schützen, kann man mit einer einstweiligen Verfügung einen Widerspruch gegen die Richtigkeit des Grundbuches eintragen lassen. Damit ist ein gutgläubiger Erwerb solange gesperrt, wie der Widerspruch im Grundbuch steht. Über den Widerspruch muß dann gegebenenfalls im Prozeß entschieden werden.

Vormerkung

Der Wirkung eines Widerspruchs vergleichbar ist eine Vormerkung. Durch die Eintragung einer Vormerkung werden Ansprüche eines Käufers – auch hinsichtlich des Ranges – auf Grundbucheintragung gesichert.

Bürgerliches Recht

Damit ist ausgeschlossen, daß ein Verkäufer böswillig ein Grundstück zum zweiten Mal an einen gutgläubigen Dritten verkauft oder sonstige Rechte eintragen läßt. Durch die Eintragung einer Vormerkung zugunsten des ersten Käufers wird erreicht, daß alle nachfolgenden Rechtsänderungen ungültig sind, wenn sie das Recht des Vorgemerkten beeinträchtigen.

Reihenfolge im Grundbuch Die Reihenfolge der Eintragungen von Belastungen des Grundstückes ist von erheblicher Bedeutung, denn innerhalb derselben Abteilung des Grundbuches entscheidet die Reihenfolge der eingetragenen Rechte über ihren Rang. Der Rang der Eintragung wiederum entscheidet sich nach dem Datum der Eintragung, wobei gleiches Datum gleicher Rang bedeutet.

Die Bedeutung des Ranges liegt darin, daß die Reihenfolge der eingetragenen Rechte zugleich die Befriedigung aus der Substanz des Grundstücks regelt. Das bedeutet, daß die erstrangige Hypothek am sichersten ist. Infolge dessen zahlt man höhere Zinsen, je höherrangiger die Belastung ist. Beispiel: Wenn bei einer Versteigerung eines Hausgrundstückes, das mit drei Hypotheken mit DM 100 000,-, mit DM 150 000,- und DM 200 000,- belastet ist, die Versteigerung nur einen Betrag von DM 200 000,- bringt, so bekommt der erste Hypothekengläubiger den Betrag voll, der zweite DM 100 000,-, und der dritte geht leer aus.

Hypothek Zur Entstehung der Hypothek ist die Einigung der beiden Parteien, also des Schuldners und des Gläubigers, und die Eintragung im Grundbuch erforderlich. Die Einigung geschieht zwischen dem Gläubiger und dem Eigentümer des zu belastenden Grundstückes. Beispiel: Der Vater des jungen Existenzgründers läßt sich zur Sicherung eines seinem Sohn gewährten Kredits eine Hypothek auf sein Grundstück eintragen. Der Vater hat also den Zugriff auf sein Grundstück zu dulden, falls sein Sohn die Schulden nicht abtragen kann.

Buchhypothek und Briefhypothek Das BGB geht davon aus, daß über die Hypothek ein Hypothekenbrief erteilt wird (Briefhypothek). Soll das nicht geschehen, so muß die Erteilung des Briefes ausgeschlossen und dies im Grundbuch eingetragen werden (Buchhypothek). Im Zweifel ist also die Hypothek eine Briefhypothek. Das bedeutet auch, daß der Gläubiger die Hypothek erst erwirbt, wenn ihm der Brief vom Eigentümer des Grundstückes übergeben wird. Den Brief stellt das Grundbuchamt aus, bei der Buchhypothek wird die Hypothek durch die Eintragung im Grundbuch erworben. Ist schließlich die Hypothek entstanden, so haftet das Grundstück für die Forderung, zu deren Sicherheit die Hypothek bestellt worden ist. Darüber hinaus haftet es für die gesetzlichen Zinsen, die Kosten der Kündigung der Hypothek und der Rechtsverfolgung. Das Grundstück haftet in seinem gesamten Bestand.

Bei Übertragung einer Hypothek ist wieder zwischen Brief- und Buchhypothek zu unterscheiden. Bei einer Buchhypothek muß die Einigung zwischen altem und neuem Gläubiger und der Übergang der Forderung im Grundbuch eingetragen werden. Bei der Briefhypothek muß die Briefübergabe entweder mit der Einigung in Form einer schriftlich und öffentlich beglaubigten Abtretungserklärung oder mit der Eintragung im Grundbuch verbunden werden.

Brief- und Buchhypotheken bestehen trotz einer möglicherweise anderslautenden Eintragung in das Grundbuch nur in der Höhe der zugrundeliegenden Forderung. Brief- und Buchhypothek sind damit „akzessorisch". Beispiel: Hat die Bank A sich von dem Handwerksmeister Fleißig zur Sicherung eines Darlehens eine Hypothek über DM 200 000,- eintragen lassen und benötigt Fleißig jedoch nur DM 150 000,-, so erwirbt die Bank trotz eines anderslautenden Grundbucheintrages auch nur eine Hypothek über DM 150 000,–. Die darüber hinausgehende Hypothek von DM 50 000,– gehört dem Handwerksmeister, der in diesem Fall auch der Grundstückseigentümer war. Man bezeichnet den darüber hinausgehenden Betrag der Hypothek als „Eigentümergrundschuld".

Eigentümergrundschuld

Zwar könnte die Bank einem gutgläubigen Dritten die ganze Hypothek über DM 200 000,– weiterveräußern, so wie sie im Grundbuch steht, sie würde jedoch dem Handwerksmeister gegenüber schadenersatzpflichtig.

Erlöschen der Hypothek

Die Hypothek erlischt durch die Erklärung des Gläubigers, er gebe sie auf, und durch die entsprechende Löschung im Grundbuch. Ferner erlischt die Hypothek dann, wenn der Gläubiger im Wege der Zwangsvollstreckung befriedigt wird. Sie erlischt aber nicht, wenn der Gläubiger durch Zahlung befriedigt ist. Dann erlischt zwar die Forderung durch Erfüllung. Die Forderung geht auf den Eigentümer des Grundstückes über. Da die Hypothek notwendig die Existenz einer zu sichernden Forderung voraussetzt, ist somit die Hypothek jetzt wieder eine sogenannte Eigentümergrundschuld. Der Eigentümer kann sie zur Sicherung weiterer Kredite verwenden. Er kann ein neues Darlehen aufnehmen und es mit einer erstrangigen und damit auch zinsgünstigen Hypothek sichern. Wenn der Eigentümer die Hypothek aber wegen der zurückgezahlten Forderung löschen läßt, rücken die folgenden Hypotheken in ihrer Rangstellung nach.

Sicherungshypothek

Die Sicherungshypothek kann nur als Buchhypothek eingetragen werden. Sie ist streng akzessorisch. Dies bedeutet, daß die Hypothek sich genau nach der Höhe der zugrundeliegenden Forderung richtet. Der gutgläubige Erwerb einer noch im Grundbuch mit höherem Betrag eingetragenen Sicherungshypothek ist ausgeschlossen.

Bauhandwerkersicherungshypothek

Ein häufiger Anwendungsfall ist die „Bauhandwerkersicherungshypothek". Bauhandwerker haben einen Anspruch auf Bestellung einer Sicherungshypothek im Grundbuch, wenn der Auftraggeber auch gleichzeitig der Grundstückseigentümer ist. Die Arbeiten der Maurer, Stukkateure, Tischler oder Zimmerer gehören dazu, wenn die Arbeiten für den Erhalt des Bauwerkes wesentlich sind oder zur Errichtung gehören. Demgegenüber begründen beispielsweise Malerarbeiten zur bloßen Instandsetzung kein Recht auf Einräumung einer Sicherungshypothek.

Eintragung einer Vormerkung

Falls eine Einigung mit dem Auftraggeber, der wie erwähnt auch Grundstückseigentümer sein muß, zur Eintragung einer Hypothek nicht zu erreichen ist, kann der Handwerksunternehmer sich eine solche Hypothek nur im Wege der Vollstreckung eintragen lassen. Er muß durch ein gerichtliches Urteil die Berechtigung seiner Forderung feststellen lassen. Im Vorgriff auf das gerichtliche Urteil und die sich daraus ergebende Vollstreckung kann er sich die Rangstellung der von ihm erstrebten Sicherungshypothek im Grundbuch durch Eintragung einer Vormerkung sichern lassen. Die Eintragung einer Vormerkung erfolgt entweder aufgrund einer Bewilligung des Auftraggebers – die aber, wenn er schon über die Berechtigung der Forderung prozessieren muß, in der Regel nicht zu erreichen ist – oder durch eine vom Auftragnehmer beim Gericht erwirkte einstweilige Verfügung auf Eintragung dieser Vormerkung.

Bei der Errichtung größerer Objekte zeigt es sich häufiger, daß die auftraggebende Gesellschaft oder Firma nicht mit der als Eigentümerin im Grundbuch eingetragenen Gesellschaft oder Firma identisch ist. Die Rechtsprechung ist in den letzten Jahren zu dem Ergebnis gekommen, daß der Handwerker sich dennoch eine Sicherungshypothek eintragen lassen kann, wenn aus einer wirtschaftlichen Betrachtungsweise Auftraggeber und Grundstückseigentümer identisch sind. Dies ist dann der Fall, wenn hinter beiden Firmen oder Gesellschaften eine die Interessen bündelnde einheitliche Gesellschaft, Firma oder Person steht.

Grundschuld — Wie die Hypothek dient auch die Grundschuld der Sicherung einer Forderung. Während aber die Hypothek das Schicksal der Forderung teilt, sie ist „akzessorisch", ist die Grundschuld vom Bestand einer persönlichen Forderung unabhängig. Sie setzt eine solche Forderung auch nicht voraus. Sie entsteht unabhängig von der Existenz einer Forderung. Man nennt die Wirkung einer Grundschuld daher auch „abstrakt". Beispiel: Die Bank B sagt dem Handwerksmeister zum Bau einer Werkshalle ein Darlehen zu. Es wird eine Grundschuld bestellt. Es kommt aber nicht zur Auszahlung des Darlehens. Der Handwerksmeister hat hier einen Anspruch gegenüber der Bank auf Rückübertragung.

wirtschaftlich beweglicher — Dennoch wird die Grundschuld regelmäßig als Sicherung für eine Forderung bestellt, weil sie wirtschaftlich beweglicher als eine Hypothek ist. Eine einmal bestellte Grundschuld kann nach Tilgung der Forderung als Sicherung für weitere Forderungen verwendet werden. Bei der Hypothek ist, wie wir gesehen haben, die Auswechslung von Forderungen nicht einfach. Dort entsteht, wenn die zugrundeliegende Forderung erloschen ist, eine sogenannte Eigentümergrundschuld. Dadurch hat der Eigentümer eine Sicherungsstelle an seinem eigenen Grundstück.

Rentenschuld bei wiederkehrender Leistung — Ein Grundpfandrecht kann auch in Form einer Rentenschuld bestellt werden. Dies geschieht dann, wenn eine wiederkehrende Leistung durch die Belastung eines Grundstücks gesichert werden soll. Beispiel: Der Vater überläßt seinem Sohn die Werkstatt mit dem dazugehörenden Grundstück. Der Sohn schuldet dem Vater dafür eine monatliche Leibrente von DM 2 000,- bis zu seinem Tode. Wenn der Sohn nicht zahlt oder nicht zahlen kann, kann der Vater sich an das mit der Rentenschuld belastete Grundstück halten und hier schlimmstenfalls Zwangsversteigerung oder Zwangsverwaltung betreiben lassen.

Neben der Höhe der Rente wird auch die sogenannte Ablösungssumme in das Grundbuch eingetragen. Das ist der Betrag, der anstelle der fortlaufenden Rente in einer Summe zu zahlen wäre.

Zu diesem Kapitel finden Sie die Aufgaben C 30 – C 73 im Band „Vorbereitung auf die Meisterprüfung – Test- und Übungsaufgaben".

Bürgerliches Recht

7. Familienrecht

Lernziele:

Der Lernende kann, nachdem er dieses Kapitel durchgearbeitet hat,
- die einzelnen Formen des ehelichen Güterrechts darstellen,
- die rechtlichen Folgen der Ehe und der Ehescheidung aufzeigen,
- die Bestimmungen der gesetzlichen Erbfolge nennen,
- die Verwandtschaftsgrade in das System der Erbfolge 1., 2. und 3. Ordnung einordnen.

Im vierten Buch des BGB wendet sich der Gesetzgeber vorwiegend personenrechtlichen Problemen zu. Familienrecht umspannt Eherecht, Recht der Verwandtschaft und Schwägerschaft sowie das Vormundschaftsrecht. Das fünfte Buch schließlich befaßt sich mit dem Erbrecht und damit mit der Rechtsnachfolge in das Vermögen eines Verstorbenen (Erbfolge).

7.1 Ehe

Die einzig zulässige Form der Ehe ist die Einehe, die vor dem Standesbeamten unter gleichzeitiger Anwesenheit der Ehepartner geschlossen wird.

Verlobung = familienrechtlicher Vertrag

Der Ehe kann ein Verlöbnis vorausgehen, ein familienrechtlicher Vertrag, der eine Bindung zwischen den Verlobten herbeiführt, aus der jedoch nicht auf Eingehen der Ehe geklagt werden kann. Im Zusammenhang mit der Auflösung eines Verlöbnisses können sich vermögensrechtliche Folgen für den Zurücktretenden ergeben. Und zwar dann, wenn der andere Teil in Erwartung der Ehe Vermögensaufwendungen gemacht hat, z. B. eine Wohnung gemietet, für die er schon Mietzins bezahlt hat.

Eheverbot

Eheverbote sind Hindernisse, die bei der Eingehung der Ehe im Wege stehen, hierzu gehören vorwiegend Verwandtschaft und Schwägerschaft. Dazu zählen voll- und halbbürtige Geschwister und Schwägerschaft in gerader Linie wie auch die Doppelehe. Bei Schwägerschaft in gerader Linie ist Befreiung durch das Vormundschaftsgericht möglich.

Ehename

Die Ehegatten sollen einen gemeinsamen Familiennamen (Ehenamen), auf den sie sich allerdings verständigen müssen, führen. Bestimmen die Ehegatten keinen Ehenamen, führen sie ihren z. Z. der Eheschließung geführten Namen auch nach der Eheschließung. Nach dem früheren Namensrecht galt für diesen Fall die Regelung, daß ggf. der Geburtsname des Mannes der gemeinsame Ehename wurde.

Zum gemeinsamen Ehenamen können die Ehegatten durch Erklärung gegenüber dem Standesbeamten den Geburtsnamen des Mannes oder den Geburtsnamen der Frau bestimmen. Derjenige Ehegatte, dessen Geburtsname nicht Ehename wird, kann – durch Erklärung gegenüber dem Standesbeamten – seinen Geburtsnamen oder den z. Z. der Erklärung geführten Namen voranstellen oder anfügen. Dies gilt nicht, wenn der Ehename aus mehreren Namen besteht. Besteht der Name des Ehegatten aus mehreren Namen, so kann nur einer dieser Namen hinzugefügt werden.

Für eine Übergangszeit von einem Jahr nach Inkrafttreten des Gesetzes am 1. April 1994 bestand die Möglichkeit, daß solche Ehegatten, die zum Zeit-

Bürgerliches Recht

punkt des Inkrafttretens des Gesetzes einen anderen Ehenamen führen, durch Erklärung gegenüber dem Standesbeamten ihren Geburtsnamen oder den z. Z. der Eheschließung geführten Namen wieder annehmen können. Ebenfalls können Ehegatten, die im Zeitpunkt des Inkrafttretens des Gesetzes einen Ehenamen führen, binnen eines Jahres durch Erklärung gegenüber dem Standesbeamten ihren Ehenamen in Übereinstimmung mit den neuen gesetzlichen Regelungen neu bestimmen.

Scheidung Die Ehescheidung beruhte früher auf dem Verschuldensprinzip. Es mußte also bei einem Scheitern der Ehe nach dem Scheidungsgrund geforscht werden. Dabei war der Ehebruch ein sogenannter absoluter Scheidungsgrund, der betrogene Ehegatte konnte die Scheidung erzwingen, auch wenn die Ehe an sich noch intakt war. Dies führte zu vereinbarten Scheidungen (Konventionalscheidungen). Die Anwälte handelten mit den Parteien vielfach die gewünschte Schuldfeststellung aus.

Zerrüttungsprinzip Seit 1977 gilt nur noch das sogenannte Zerrüttungsprinzip. Es besagt, daß bei der Scheidung überhaupt nicht nach der Schuld gefragt wird, sondern der Richter prüft und stellt fest, ob die Ehe gescheitert ist oder nicht, somit ob die Wiederherstellung der ehelichen Lebensgemeinschaft noch erwartet werden kann.

Eine Scheidung ist ohne weiteres auszusprechen, auch wenn ein Ehegatte die Scheidung nicht will, wenn die Ehegatten seit drei Jahren getrennt leben oder wenn die Ehegatten seit einem Jahr getrennt leben und beide Ehegatten die Scheidung beantragen oder der Antragsgegner der Scheidung zustimmt. Eine gescheiterte Ehe soll jedoch nicht geschieden werden, wenn und so lange die Aufrechterhaltung der Ehe im Interesse der minderjährigen, ehelichen Kinder aus besonderen Gründen ausnahmsweise notwendig ist oder wenn und so lange die Scheidung für den anderen Teil eine besondere Härte bedeutet.

Verfahren der Scheidung Die Ehescheidung ist auch nicht mehr vor dem Landgericht durchzuführen, sondern vor dem Familiengericht (Amtsgericht). Der Familienrichter entscheidet gleichzeitig über Scheidungsantrag, Scheidungsfolgen, Versorgungsausgleich, Ehewohnung, Schicksal der Kinder. Über Verteilung von Hausrat und Vermögen wird ebenfalls zusammen und gleichzeitig entschieden. Vor dem Familiengericht besteht Anwaltszwang, über Rechtsmittel entscheiden die Oberlandesgerichte und eventuell der Bundesgerichtshof. Die Kosten der Scheidung tragen beide Ehegatten je zur Hälfte.

Unterhaltsregelung Jeder Ehegatte hat grundsätzlich für seinen Unterhalt selbst zu sorgen. Doch kann der eine Ehegatte vom früheren anderen Ehegatten Unterhalt verlangen, wenn und so lange er keine Erwerbstätigkeit ausüben kann, weil er ein gemeinschaftliches Kind unter 16 Jahren pflegt und erzieht oder weil von ihm aus Altersgründen oder wegen Krankheit oder anderen Gebrechen keine Erwerbstätigkeit erwartet werden kann.

Hat ein geschiedener Ehegatte aus diesen Gründen keinen Anspruch, so ist er dennoch unterhaltsberechtigt, wenn und so lange er nach der Scheidung keine angemessene Berufsarbeit findet. Es kann auch darüber hinaus „billig" sein, dem anderen Ehegatten einen Unterhalt zu zahlen.

Das Ausmaß der Unterhaltspflicht bestimmt sich nach den bisherigen Lebensverhältnissen. Zum Unterhalt zählen auch Kosten einer Berufsausbildung und Versicherungsbeträge. Der Unterhalt ist in einer Geldrente zu gewähren. Die Ehepartner können auch vertragliche Vereinbarungen für die Unterhaltszahlungen nach der Scheidung treffen.

Versorgungs-ausgleich

Zwischen den geschiedenen Ehegatten findet ferner ein Versorgungsausgleich statt, soweit für sie oder einen von ihnen in der Ehezeit Anwartschaften auf Versorgung wegen Alters- oder Erwerbs- und Berufsunfähigkeit bestanden. Für die geschiedene Frau bedeutet der Versorgungsausgleich, daß die Zeiten der Hausfrauentätigkeit bei der eigenen Altersversorgung nicht mehr unberücksichtigt bleiben. Man stellt demnach fest, welche Versorgungsansprüche jeder Ehegatte während der Ehezeit erworben hat. Es werden dann, falls beide Ehegatten Rentenanwartschaften begründet haben, die ermittelten Versorgungswerte einander gegenübergestellt. Wer den höheren Betrag hat, ist ausgleichspflichtig.

Gegenüberstellung der Anwartschaften

Das Familiengericht kann die Anwartschaft aus der gesetzlichen Rentenversicherung auf den begünstigten Ehegatten übertragen, es kann eine solche Anwartschaft begründen, und es kann schließlich, falls solche Anwartschaften nicht bestehen, dem Verpflichteten deren Begründung durch Beitragszahlung auferlegen.

Dies kann durch den Abschluß eines Lebensversicherungsvertrages oder mittels einer ähnlichen Versorgungsmaßnahme, wie Begründung einer neuen Rentenanwartschaft, geschehen. Vereinbarungen über den Versorgungsausgleich können im Rahmen des Scheidungsverfahrens getroffen werden, sie bedürfen jedoch der Genehmigung durch das Familiengericht.

Schlüsselgewalt

Bis zum 1. 7. 1977 stand die Schlüsselgewalt der Frau zu, denn sie hatte auch den Haushalt zu führen. Jetzt ist geregelt, daß die Ehegatten die Haushaltsführung im gegenseitigen Einvernehmen erledigen. Jeder Ehegatte ist daher berechtigt, Geschäfte zur angemessenen Deckung des Lebensbedarfs der Familie mit Wirkung auch für den anderen Ehegatten zu besorgen. Die Schlüsselgewalt steht also heute der Ehefrau oder dem Ehemann zu, und sie bedeutet für jeden die Berechtigung und Verpflichtung, den Haushalt in eigener Verantwortung zu führen. Das gilt natürlich nur, wenn die Ehegatten in häuslicher Gemeinschaft leben. Jeder Ehegatte kann auch die Berechtigung des anderen beschränken oder ausschließen. Wenn es darüber zu Meinungsverschiedenheiten kommt, muß das Vormundschaftsgericht über die Beschränkung entscheiden.

7.2 Eheliches Güterrecht

Für die Regelung des ehelichen Güterrechts eröffnet das Gesetz zwei verschiedene Möglichkeiten: Die vertraglich geregelten Güterstände der Gütergemeinschaft bzw. Gütertrennung und den gesetzlichen Güterstand der Zugewinngemeinschaft.

Ehevertrag

Wenn Ehegatten einen vertraglichen Güterstand wählen, müssen sie notariell einen sogenannten Ehevertrag abschließen, der auf Antrag in das Güterrechtsregister eingetragen wird. In einem Ehevertrag können die Ehegatten auch durch eine notarielle Vereinbarung den Versorgungsausgleich ausschließen oder anders regeln, als das Gesetz es bestimmt. Ein Ausschluß des Versorgungsausgleiches ist jedoch nur wirksam, wenn innerhalb eines Jahres kein Antrag auf Scheidung gestellt wird.

Gütertrennung/Gütergemeinschaft

Bei dem vertraglichen Güterstand besteht die Wahl zwischen der Gütertrennung und der Gütergemeinschaft. Bei der Gütertrennung werden die Eheleute so betrachtet, als ob sie nicht verheiratet wären, und bei der Gütergemeinschaft wird das gemeinsame Vermögen Gesamtgut. Damit gehört jedem alles. Vermögensgegenstände, die nicht Gesamtgut werden sollen, müssen ausdrücklich zum sogenannten Vorbehaltsgut des jeweiligen Ehegatten erklärt werden. Die Ehegatten können das Gesamtgut grundsätzlich auch nur gemeinschaftlich verwalten.

Zugewinn-gemeinschaft
Der gesetzliche Güterstand heißt Zugewinngemeinschaft. Er tritt bei jeder Eheschließung ein, wenn er nicht ausdrücklich aufgehoben oder durch einen anderen Güterstand ersetzt wird. Er wird also, weil er der automatisch eintretende Güterstand ist, auch nicht in das Güterrechtsregister eingetragen.

Der gesetzliche Güterstand der Zugewinngemeinschaft ist seiner Grundanlage nach der Gütertrennung nachgebildet. Dies bedeutet, daß das Vermögen der beiden Eheleute grundsätzlich getrennt bleibt, und zwar unabhängig davon, ob dies vor der Ehezeit bzw. während der Ehezeit erworben wird.

Zugewinngemeinschaft besagt demnach, daß

- jeder Ehegatte Inhaber seines eigenen Vermögens bleibt, unabhängig davon, ob er es vor der Ehezeit erworben hat oder während dieser. Er haftet damit auch allein für seine persönlich eingegangenen Verbindlichkeiten (Ausnahme: aus Rechtsgeschäften zur angemessenen Deckung des Lebensbedarfs der Familie)

- das Vermögen, das die Ehegatten während der Ehe erwerben (Zugewinn), im Falle der Beendigung der Zugewinngemeinschaft ausgeglichen wird

- jeder Ehegatte über sein Vermögen frei verfügen kann, sofern es sich nicht um sein Vermögen als Ganzes handelt. Ggf. bedarf er der Zustimmung des anderen Ehegatten. Dazu zählt auch, wenn es sich um einen wesentlichen Teil des Vermögens handelt. Der Erwerber ist auch bei Gutgläubigkeit nicht geschützt.

Kein Ehegatte kann ohne die Einwilligung des anderen über ihm gehörende Gegenstände des ehelichen Haushaltes verfügen.

Zugewinnteilung bei Scheidung
Jeder Ehegatte vergleicht den Wert seines Reinvermögens zu Beginn der Ehe mit dem Wert des Reinvermögens am Ende der Ehe. Der sich daraus ergebende Unterschied ist der Zugewinn. Schenkungen seitens Dritter sowie Vermögensteile, die durch einen Erbfall erworben werden, sind dabei nicht mit anzusetzen.

Regelung bei Tod eines Ehegatten
Im Todesfalle eines Ehegatten erfolgt die Aufteilung des von der Zugewinngemeinschaft umfaßten Vermögens der Ehegatten, gleichgültig ob der Verstorbene persönlich einen Zugewinn hatte oder nicht. Der gesetzliche Erbteil des Überlebenden wird, wie noch aufgezeigt wird, um ein Viertel erhöht.

7.3 Verwandtschaft und Schwägerschaft

Die Stellung der Verwandten zueinander ist nicht nur für die Frage der Eheverbote von Bedeutung, sondern vor allem auch für die Regelung der gesetzlichen Erbfolge. Verwandtschaft im Sinne des BGB bedeutet Blutsverwandtschaft. Sie besteht zwischen Personen, die durch Abstammung miteinander verbunden sind. Zu unterscheiden ist zwischen Verwandten in gerader und solchen in der Seitenlinie. Zu den Verwandten in gerader Linie gehören Eltern, Kinder, Enkel, zur Verwandtschaft in der Seitenlinie zählen Geschwister, Onkel, Neffen und Vettern. Verwandtschaft in gerader Linie begründet auch Unterhaltspflichten.

gerade Linie

Grad der Verwandtschaft

Der Grad der Verwandtschaft bestimmt sich nach der Zahl der sie vermittelnden Geburten. Eltern und Kinder sind somit in gerader Linie im 1. Grade, Großeltern und Enkel im 2. Grade verwandt. Bei Seitenverwandten sind die Geburten beider Seiten zu zählen: Geschwister sind im 2. Grade, Onkel und Neffen im 3. Grade der Seitenlinie verwandt. So ist man verwandt in gerader Linie im ersten Grade mit den Eltern, im 2. Grade mit den Großeltern, im 3. Grade mit den Urgroßeltern. Verwandt sind auch nichteheliche Kinder nicht nur mit der Mutter, sondern auch mit dem Erzeuger. Eheleute sind nicht miteinander verwandt.

Die Verwandten eines Ehegatten sind mit dem anderen Ehegatten verschwägert (dagegen nicht Verwandte des einen mit Verwandten des anderen Ehegatten). Die Linie und der Grad der Schwägerschaft bestimmen sich nach Linie und dem Grade der sie vermittelnden Verwandtschaft.

7.4 Adoption

Sie erfolgt durch einen Beschluß des Vormundschaftsgerichtes und bezieht sich meist auf Minderjährige. Voraussetzung ist immer, daß durch sie ein richtiges Eltern/Kind-Verhältnis entsteht. Die Folge der Adoption ist, daß das adoptierte Kind die Rechtsstellung eines ehelichen Kindes erlangt. Das adoptierte Kind wird voll in die Familie des Adoptierenden aufgenommen, es erhält dessen Familienname als Geburtsname, teilt dessen Wohnsitz und wird unterhalts- und erbberechtigt. Die Beziehungen zu den leiblichen Verwandten erlöschen mit Ausnahme von bereits bestehenden Ansprüchen aus Leibrenten, Waisengeld u. ä.

Rechtsstellung des ehelichen Kindes

7.5 Vormundschaft, Betreuung und Pflegschaft

Vormundschaft

Das Vormundschaftsrecht umfaßt nach seiner Reform durch das Betreuungsgesetz drei rechtlich unterschiedlich ausgestattete Bereiche:

- die Vormundschaft über Minderjährige
- die Betreuung psychisch kranker oder körperlich, geistig oder seelisch behinderter Menschen und
- die Pflegschaft.

Eine minderjährige Person erhält einen Vormund, wenn sie nicht unter elterlicher Sorge steht oder die Eltern nicht berechtigt sind, ihrer Verpflichtung zur Ausübung des Sorgerechts nachzukommen. Die Vormundschaft wird durch das Vormundschaftsgericht von Amts wegen angeordnet. Die Eltern des Mündels haben das Recht, einen Vormund zu benennen. Das Vormundschaftsgericht hat dieser Benennung grundsätzlich zu entsprechen, es sei denn, es liegen gesetzliche Gründe vor, die der Berufung entgegen stehen.

Die Übernahme der Vormundschaft kann nur aus besonderen Gründen abgelehnt werden. Notfalls kann das Vormundschaftsgericht den zum Vormund Auserwählten durch Festsetzung von Zwangsgeld zur Übernahme der Vormundschaft anhalten.

elterliche Sorge

Die Vormundschaft begründet das Recht und die Pflicht, für die Person und das Vermögen des Mündels zu sorgen, insbesondere das Mündel zu vertreten, entspricht also der elterlichen Sorge. Der Vormund ist gesetzlicher Vertreter des Mündels. Bei bestimmten Rechtsgeschäften kann der Vormund das Mündel nicht vertreten, etwa bei Rechtsgeschäften mit seinem Ehegatten oder mit Verwandten in gerader Linie oder wenn ihm die Befugnis hierzu durch das Vormundschaftsgericht entzogen wurde.

Mehrere Vormünder führen die Vormundschaft gemeinschaftlich. Bei Meinungsverschiedenheiten entscheidet das Vormundschaftsgericht.

Für einen bestimmten Katalog von Rechtsgeschäften bedarf der Vormund der Genehmigung des Vormundschaftsgerichts. Dies gilt dann, wenn das beabsichtigte Rechtsgeschäft wesentlichen Einfluß auf das Vermögen des Mündels insgesamt haben würde. Werden solche Rechtsgeschäfte ohne die erforderliche Genehmigung des Vormundschaftsgerichts abgeschlossen, hängt ihre Wirksamkeit von der nachträglichen Genehmigung ab.

Der Vormund wird bei der Ausübung seiner Tätigkeit durch das Vormundschaftsgericht überwacht.

Betreuung Anstelle der Vormundschaft über Volljährige sowie der Gebrechlichkeitspflegschaft hat das am 1. 1. 1992 in Kraft getretene Betreuungsgesetz die Betreuung gesetzt. Die Vormundschaft über Minderjährige und die Pflegschaft werden hierdurch nicht berührt.

Wesen der Betreuung ist es, den Wünschen des Betreuten soweit wie möglich den Vorrang zu lassen.

Die Feststellung der Betreuungsbedürftigkeit sowie die Anordnung der Betreuung selbst sollen so wenig wie möglich in die Autonomie des Betroffenen eingreifen.

Die Bestellung des Betreuers erfolgt durch das Vormundschaftsgericht, wenn der Volljährige aufgrund einer psychischen Krankheit oder einer körperlichen, geistigen oder seelischen Behinderung seine Angelegenheiten ganz oder teilweise nicht besorgen kann. Dabei ist die Betreuung auf die Aufgabenkreise zu beschränken, in denen die Betreuung erforderlich ist. In diesem Rahmen hat der Betreuer die Stellung eines gesetzlichen Vertreters.

Die Bestellung eines Betreuers als solche hat zunächst keine Auswirkungen auf die Geschäftsfähigkeit, die Ehefähigkeit oder die Testierfähigkeit. Im Gegensatz zur früheren Entmündigung, die einem psychisch Behinderten durch Gerichtsentscheidung die Geschäftsfähigkeit entzog oder einschränkte, berührt die Betreuung als solche die Geschäftsfähigkeit nicht. Auch besteht keine Verpflichtung zur Offenbarung der Anordnung der Betreuung oder eines Einwilligungsvorbehaltes im Geschäftsverkehr.

Faktisch ergeben sich aber Einschränkungen durch die Vertretungsbefugnis des Betreuers sowie juristisch durch die Anordnung eines Einwilligungsvorbehalts.

Dadurch, daß die Geschäftsfähigkeit des Betreuten durch die Bestellung eines Betreuers nicht berührt wird, kann es zu einander widersprechenden Rechtsgeschäften und Prozeßhandlungen von Betreuer und Betreuten kommen. Gegenüber dem in der Regel unwissenden Geschäftspartner des Betreuten wird sich der Betreuer bei zweifelhafter Geschäftsfähigkeit im Interesse des Betreuten auf dessen Geschäftsunfähigkeit berufen. Hieraus resultieren erhebliche Risiken für die Abwicklung von Rechtsgeschäften mit Betreuten.

Der Einwilligungsvorbehalt ist an die Stelle der mit der Entmündigung einhergehenden Feststellung der Geschäftsunfähigkeit getreten. Sein Sinn besteht

Einwilligungsvorbehalt darin, die Teilnahme des Betreuten am rechtsgeschäftlichen Verkehr nur in dem durch die Beeinträchtigung bedingten Ausmaß einzuschränken oder auszuschließen. Hierdurch soll der Betreute vor schädigenden Rechtsgeschäften bewahrt werden. Der Einwilligungsvorbehalt entspricht der Regelung bei der beschränkten Geschäftsfähigkeit. Dies bedeutet, daß der Betreute zu einer Willenserklärung, die den Aufgabenkreis des Betreuers betrifft, dessen Einwilligung bedarf. Die Teilnahme des Betreuten am Rechtsverkehr wird von Rechts wegen nur in dem nach dem Grad seiner Behinderung erforderlichen Umfang eingeschränkt. Weiß der Geschäftsgegner von einem Einwilligungsvorbehalt, wird er sich unabhängig von dessen Umfang in der Regel unmittelbar an den Betreuer halten. Da der Einwilligungsvorbehalt aber öffentlich nicht bekannt gemacht wird, besteht die Gefahr, daß in Zukunft praktisch bereits die Anordnung der Betreuung den Betreuten unabhängig von der Anordnung eines Einwilligungsvorbehalts aus dem Geschäftsverkehr drängt.

Pflegschaft Die Pflegschaft hat ebenso wie die Vormundschaft eine fürsorgende Tätigkeit zum Inhalt. Während die Vormundschaft grundsätzlich die Fürsorge für alle Angelegenheiten umfaßt, greift die Pflegschaft bei einem Fürsorgebedürfnis für besondere Angelegenheiten ein. Dabei geht es nach der Ersetzung der sogenannten Gebrechlichkeitspflegschaft durch die Betreuung nicht mehr um ein Fürsorgebedürfnis bei geschäftsunfähigen oder beschränkt geschäftsfähigen Personen, sondern um ganz spezifische Tatbestände, in denen ein spezielles Schutzbedürfnis besteht, welches eine Beschränkung der Geschäftsfähigkeit nicht voraussetzt.

Der Pfleger besitzt Vertretungsmacht zur Vertretung des Pfleglings nur innerhalb der ihm vom Vormundschaftsgericht zugewiesenen Grenzen. Die Geschäfts- und damit Prozeßfähigkeit des Schutzbefohlenen wird hierdurch unberührt gelassen.

Abwesenheitspfleger Einen Abwesenheitspfleger erhält, wer bei unbekanntem Aufenthalt zur Wahrnehmung von Vermögensangelegenheiten eines Pflegers bedarf.

Ergänzungspflegschaft Für Minderjährige ist die Pflegschaft möglich als Ergänzungspflegschaft, wenn entweder die Eltern vorübergehend abwesend sind oder sie mit dem eigenen Kind ein Rechtsgeschäft abschließen wollen. Hier besteht eine Interessenkollision, und das Vormundschaftsgericht bestimmt einen Ergänzungspfleger, damit dieser als Vertreter des Kindes mit dem gesetzlichen Vertreter verhandeln kann.

Es gibt aber auch eine Pflegschaft für die Leibesfrucht, wenn für noch nicht geborene eheliche oder nichteheliche Kinder sorgebedürftige Rechte wahrzunehmen sind, beispielsweise über das künftige Erbrecht.

Zu diesem Kapitel finden Sie die Aufgaben C 30 – C 73 im Band „Vorbereitung auf die Meisterprüfung – Test- und Übungsaufgaben".

8. Erbrechtliche Fragen

Lernziele:
Der Lernende kann, nachdem er dieses Kapitel durchgearbeitet hat,
- die Rechtsvoraussetzungen für Testament und Erbvertrag aufzeigen,
- die Pflichtteilsvorschriften darstellen.

Das Erbrecht regelt die Rechtsnachfolge in das Vermögen nach dem Tode eines Menschen. Wenn dieser keine letztwillige Verfügung in Form eines Testaments oder eines Erbvertrages hinterlassen hat, tritt die gesetzliche Erbfolge ein.

Erbe geht als Ganzes über

Damit kommen die vom Gesetz für den Erbfall vorgesehenen Bestimmungen zur Anwendung. Die Erben erhalten das hinterlassene Vermögen bereits im Augenblick des Todes. Das Vermögen ist als Ganzes mit allen Guthaben und Schulden (Aktiva und Passiva) auf den oder die Erben übergegangen. Sind keine Erben vorhanden, erbt der Staat, und zwar das Land, z. B. Nordrhein-Westfalen oder Rheinland-Pfalz, in dem der Erblasser zur Zeit des Todes seinen Wohnsitz hatte.

8.1 Nachlaßgericht

Das Nachlaßgericht (in der Regel der Rechtspfleger) sichert den Umfang des Nachlasses durch Absperrung oder Versiegeln der Wohnung, wenn sie derzeit unbewohnt ist. Auf Antrag eines Erben ist es ferner Aufgabe des Nachlaßgerichtes, die Auseinandersetzung des Nachlasses zu vermitteln. Dazu erstellt das Nachlaßgericht einen Teilungsplan. Können die Erben sich nicht einigen, müssen sie zunächst durch einen Zivilprozeß ihre Ansprüche klären. Bis dahin stellt das Nachlaßgericht seine Tätigkeit ein.

8.2 Gesetzliche Erbfolge

Erben früherer Erbordnung ausgeschlossen

Das Gesetz hat die Reihenfolge der Erben nach Erbordnungen eingeteilt. Die gesetzlichen Erben einer früheren Erbordnung schließen alle Erben einer späteren Ordnung aus. Der überlebende Ehegatte ist immer erbberechtigt, der geschiedene Ehegatte dagegen nicht mehr.

Die gesetzlichen Erben der ersten Ordnung sind die Abkömmlinge: Kinder, Enkel usw. Ein zur Zeit des Erbfalls schon gezeugtes, aber nicht geborenes Kind gilt als vor dem Erbfall geboren, wenn es lebend zur Welt kommt. Nach dem Gesetz erben die Kinder zu gleichen Teilen. Wenn ein Kind nicht mehr lebt, treten dessen Abkömmlinge an seine Stelle.

Der überlebende Ehegatte erhält neben den Erben der ersten Ordnung die Hälfte des Nachlasses, wenn er mit dem Erblasser im gesetzlichen Güterstand der Zugewinngemeinschaft gelebt hat. Lebte er in einem anderen Güterstand, ist er grundsätzlich nur zu einem Viertel als gesetzlicher Erbe berufen. Dies gilt zunächst für den Fall der Gütergemeinschaft. Im Falle der Gütertrennung gilt eine besondere gesetzliche Regelung, wonach der überlebende Ehegatte neben einem oder zwei Kindern zu jeweils gleichen Teilen als Erbe berufen ist. Lediglich wenn mehrere Kinder des Erblassers zu Erben berufen sind, bleibt es bei der Viertel-Regelung.

Die zum ehelichen Haushalt gehörenden Gegenstände gehören dem überlebenden Ehegatten, wenn er sie zu einer angemessenen Haushaltsführung benötigt.

Der geschiedene Ehegatte des Verstorbenen oder ein Stiefkind haben kein Erbrecht. Ein adoptiertes Kind erbt dagegen wie ein leibliches Kind. Nichteheliche Kinder haben nur der Mutter und den mütterlichen Verwandten gegenüber ein unbeschränktes Erbrecht. Gegenüber dem Vater steht dem nichtehelichen Kind lediglich ein Erbersatzanspruch in Höhe des Wertes des Erbteils zu. Im übrigen ist das nichteheliche Kind berechtigt, nach Vollendung des 21. und vor Vollendung des 27. Lebensjahres von seinem Vater den vorzeitigen Erbausgleich in Geld zu verlangen. Der Ausgleichsbetrag beläuft sich auf das dreifache des Unterhalts, den der Vater dem Kind im Durchschnitt der letzten fünf Jahre, in denen es voll unterhaltsbedürftig war, jährlich zu leisten hatte.

Es erbt jedoch dann, wenn beim Tode des Vaters weder eheliche Abkömmlinge noch der Ehegatte vorhanden sind.

Der Erbersatzanspruch ist eine Geldforderung gegen die anderen Erben des Vaters in Höhe des Wertes eines gesetzlichen Erbteils. Der Ehegatte des Erblassers und seine Abkömmlinge werden also in finanzieller Hinsicht so gestellt, als ob ein weiteres eheliches Kind vorhanden wäre.

Leben beide Eltern eines kinderlosen Erblassers noch, so erben sie alleine und zu gleichen Teilen. Ist ein Elternteil bereits verstorben, so treten die Geschwister des Erblassers an dessen Stelle. Die Geschwister erhalten dann gemeinsam, was ein verstorbener Elternteil geerbt hätte. Sind keine Geschwister vorhanden, so erbt der überlebende Elternteil allein.

Der überlebende Ehegatte erbt neben den Erben der zweiten Ordnung drei Viertel des Nachlasses, wenn er mit dem verstorbenen Ehegatten im gesetzlichen Güterstand der Zugewinngemeinschaft gelebt hat. Lebte er in einem anderen Güterstand, dann erbt er neben den Eltern bzw. den Geschwistern des Verstorbenen nur die Hälfte des Nachlasses. Ferner erhält er den sogenannten Voraus: Gegenstände des gemeinsamen Haushaltes und die Hochzeitsgeschenke.

Wenn der Erblasser weder Abkömmlinge (Erben 1. Ordnung) noch Eltern (Erben 2. Ordnung) hinterläßt, sind die Großeltern des Erblassers und deren Abkömmlinge, also Onkel und Tante, die Erben. Leben alle vier Großeltern noch, so erben sie allein und zu gleichen Teilen. Lebt ein Teil eines Großelternpaares nicht mehr, erben seinen Anteil seine Abkömmlinge. Sind keine Abkömmlinge vorhanden, erbt der überlebende Teil dieses Großelternpaares. Lebt ein Großelternpaar nicht mehr und sind auch keine Abkömmlinge vorhanden, erbt dieses andere Großelternpaar oder seine Abkömmlinge.

Der überlebende Ehegatte erbt hier nach den gesetzlichen Bestimmungen, wie sie für die 2. Ordnung gelten, zuzüglich allem, was von bereits verstorbenen Großelternteilen an die Abkömmlinge fallen würde. Onkel und Tanten des Toten erben also nicht, wenn noch der Ehegatte des Verstorbenen lebt. Ferner erhält der überlebende Ehegatte auch hier den Voraus.

Der Ehegatte erbt alles, wenn keine Erben der 1., 2. oder 3. Ordnung vorhanden sind. Für alle Erbordnungen gilt, daß das Erbrecht des Ehegatten ausgeschlossen ist, wenn zur Zeit des Todes des Erblassers die Voraussetzungen für eine Scheidung gegeben waren und der Erblasser die Scheidung beantragt oder ihr zugestimmt hatte. Das gleiche gilt, wenn der Erblasser auf Aufhebung der Ehe zu klagen berechtigt war und die Klage erhoben hatte.

8.3 Testament, Vermächtnis, Erbvertrag

Der Erblasser kann die gesetzliche Erbfolge durch eine letztwillige Verfügung (Testament oder Erbvertrag) ändern.

Beispiel einer Erbfolge

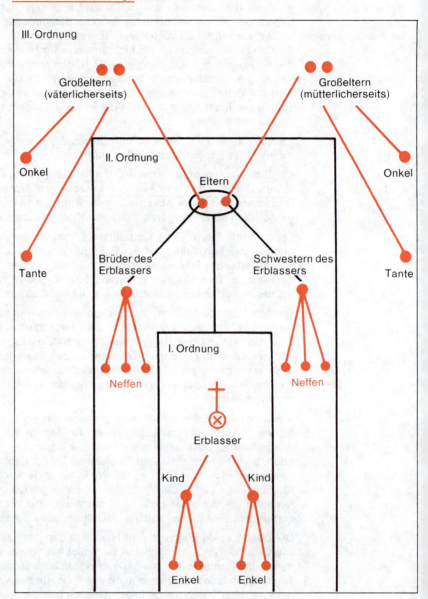

8.3.1 Testament

Testierfähigkeit Wer ein Testament errichtet, muß mindestens 16 Jahre alt sein (Testierfähigkeit → S. 383), bis zur Volljährigkeit kann er nur ein öffentliches Testament errichten. Ein Erbvertrag setzt volle Geschäftsfähigkeit voraus. Geistesgestörte sind nicht testierfähig.

Bürgerliches Recht

Ein Testament kann als öffentliches oder als ein privates (eigenhändiges) Testament errichtet werden.

öffentliches Testament vor dem Notar

Das öffentliche Testament verlangt die Mitwirkung eines Notars. Es kann errichtet werden

- durch die mündliche Erklärung des letzten Willens vor dem Notar
- durch die Übergabe einer offenen Schrift an den Notar mit der Erklärung, daß diese den letzten Willen beinhaltet
- durch die Übergabe einer verschlossenen Schrift an den Notar mit der Erklärung, daß diese den letzten Willen beinhaltet (gilt nicht für Minderjährige).

Der Notar soll beratend bei der Testamentserrichtung mitwirken. Alle öffentlichen Testamente werden in die amtliche Verwahrung des Amtsgerichts genommen. Die Zurücknahme des Testaments aus der öffentlichen Verwahrung gilt als Widerruf des Testaments. Öffentliche Testamente müssen nicht mit der Hand geschrieben sein. Sie brauchen auch keine Unterschrift, die Erklärung vor dem Notar ist ausreichend.

privates Testament ohne Notar

Das Testament kann als privates Testament auch ohne Notar vom Erblasser errichtet und von ihm selbst verwahrt werden.

eigenhändig geschrieben und unterschrieben

Das private Testament muß in allen Teilen vom Erblasser eigenhändig geschrieben und unterschrieben sein. Ein mit der Schreibmaschine geschriebenes Schriftstück reicht also nicht aus. Alle nachträglichen Zusätze und Änderungen müssen ebenfalls handschriftlich geschrieben und unterschrieben sein. Es versteht sich von selbst, daß sich grundsätzlich immer empfiehlt, daß das Testament auch Datum und Ortsangabe enthält. Aus dem Testament muß sich eindeutig entnehmen lassen, wer der Erbe und wer nur Vermächtnisnehmer ist. Das Testament kann jederzeit durch Vernichtung oder durch ein neues Testament widerrufen werden.

Vermächtnis

Vermächtnisse werden durch Testament oder Erbvertrag angeordnet. Es ist eine Zuwendung aus der Erbschaft, ohne daß der Empfänger Erbe ist. Der Vermächtnisnehmer hat gegen den Erben lediglich eine Forderung und wird erst dann Eigentümer des vermachten Gegenstandes, wenn dieser ihm vom Erben übergeben wird. Beispiel: Der Erblasser vermacht einem langjährigen Mitarbeiter seinen Pkw oder bestimmte Wertpapiere.

Auflage verpflichtet

Unter einer Auflage versteht man eine durch Testament oder Erbvertrag getroffene Anordnung, durch die der Erbe oder auch der Vermächtnisnehmer zu einer Leistung verpflichtet wird, ohne daß einer anderen Person ein Recht auf diese Leistung zusteht. Beispiel: Der Betriebsmeister A bekommt DM 20 000,–, wenn er bis zur Meisterprüfung des Sohnes des Erblassers im Betrieb bleibt. Die Vollstreckung dieser Auflage kann von einem testamentarisch vom Erblasser eingesetzten Testamentsvollstrecker kontrolliert und erzwungen werden.

Nottestament

Ist der Erblasser nicht mehr in der Lage, ein handschriftliches Testament anzufertigen (Unfall oder Herzanfall), kann das Testament durch mündliche Erklärung vor dem Bürgermeister der Gemeinde und zwei weiteren neutralen Zeugen erklärt werden. Die Zeugen dürfen weder verwandt noch im Testament bedacht sein. Wenn der Bürgermeister nicht zur Stelle ist, genügen

drei Zeugen

auch drei neutrale Zeugen. In diesen Fällen muß über die Errichtung des Nottestamentes eine Niederschrift angefertigt werden und von den Zeugen unterschrieben sein. Das Nottestament verliert seine Gültigkeit, wenn der Erblasser 3 Monate nach Testamentserrichtung noch lebt.

gemeinschaftliches Testament

Das gemeinschaftliche Testament kann nur von Ehegatten errichtet werden, nicht von zwei Menschen, die, wenn auch noch so lange, zwar in häuslicher Gemeinschaft leben, aber nicht miteinander verheiratet sind. Es genügt, wenn ein Ehegatte das gemeinschaftliche Testament handschriftlich anfertigt und der andere es mitunterzeichnet. Dann liegen in einer Urkunde zwei Testamente vor.

Gerne benutzt wird das „Berliner Testament", bei dem sich die Ehegatten gegenseitig zum Erben einsetzen. Die Ehegatten setzen sich wechselseitig als Erben ein und bestimmen weiter, daß nach dem Tod des Längstlebenden der beiderseitige Nachlaß an einen Dritten, meist die gemeinsamen Kinder, als Schlußerbe für den gesamten Nachlaß fallen soll.

8.3.2 Erbvertrag

auch unter Nichteheleuten

Ein Erbvertrag kann auch unter Nichteheleuten geschlossen werden. Durch einen solchen Erbvertrag verpflichtet sich der Erblasser vertraglich zu einer bestimmten Erbfolge. Der Erbvertrag bedarf der notariellen Form. Durch den Erbvertrag werden alle früheren Testamente aufgehoben, soweit sie mit dem Erbvertrag in Widerspruch stehen.

8.3.3 Pflichtteilsrecht

Hälfte des gesetzlichen Wertes

Zwar kann der Erblasser frei über seinen Nachlaß verfügen, er kann seinen nächsten Angehörigen jedoch nicht auch den sogenannten Pflichtteil entziehen. Der Pflichtteil ist die Hälfte des Wertes des gesetzlichen Erbteils, er besteht in einer Geldforderung. Der Pflichtteilsberechtigte ist demnach nicht automatisch mit dem Todesfall Erbe und Eigentümer eines Nachlasses, sondern er hat nur eine Geldforderung. Der Pflichtteilsanspruch verjährt 3 Jahre ab Kenntnis vom Erbfall, längstens jedoch in 30 Jahren, wenn der Berechtigte nicht vorher Kenntnis erlangt. Pflichtteilsberechtigt sind die Abkömmlinge, der Ehegatte und die Eltern.

Ein Entzug des Pflichtteils ist nur aus gesetzlichen Gründen möglich, z. B. wenn der Berechtigte dem Erblasser oder dessen Ehegatten nach dem Leben trachtet oder sie körperlich mißhandelt oder wenn ein Abkömmling sich einer schweren Straftat schuldig macht oder sich einem ehrlosen Lebenswandel hingibt. Der Entzug muß vom Erblasser in einer letztwilligen Verfügung unter Angabe der Gründe angeordnet sein.

Erbverzicht

Ein Verzicht auf das Erbe ist nur durch notariellen Vertrag zwischen dem künftigen Erblasser und dem künftigen gesetzlichen Erben möglich (Erbverzicht).

8.3.4 Ausschlagung der Erbschaft

Der Nachlaß fällt im Augenblick des Todes des Erblassers mit dem Gesamtvermögen einschließlich der Verbindlichkeiten an den Erben, auch wenn dieser nichts davon weiß oder sogar dann, wenn er die Erbschaft nicht will. Da jedoch niemand gezwungen werden kann, gegen seinen Willen Erbe zu bleiben, kann der Erbe die Erbschaft ablehnen (ausschlagen). Die Erbschaft fällt dann automatisch an den nächsten berufenen Erben. Die Frist für diese Ausschlagung beträgt 6 Wochen ab Kenntnis des Erbfalles. Meistens wird ausgeschlagen, wenn die Erbschaft überschuldet ist.

beschränkte Erbenhaftung — Wenn der Erbe nicht in der Lage ist, sich innerhalb von 6 Wochen einen Überblick über den Stand des Vermögens zu machen, kann er die beschränkte Erbenhaftung beim Nachlaßgericht beantragen. Er haftet dann für die ererbten Verbindlichkeiten nur mit dem ererbten Vermögen.

Erbschein — Wenn der Erbschaftsanfall endgültig ist, kann man sich zum Nachweis dafür, daß und in welchem Umfang man Erbe geworden ist, vom Rechtspfleger des Nachlaßgerichts einen Erbschein ausstellen lassen. Dieser ist erforderlich, um beispielsweise bei Banken an die hinterlassenen Guthaben zu kommen.

Zu diesem Kapitel finden Sie die Aufgaben C 30 – C 73 im Band „Vorbereitung auf die Meisterprüfung – Test- und Übungsaufgaben".

Gerichte in der Bundesrepublik Deutschland

1. Gliederung der Gerichtsbarkeit

Lernziele:
Der Lernende kann, nachdem er dieses Kapitel durchgearbeitet hat,
- die organisatorische Gliederung der Gerichte nach ordentlicher Gerichtsbarkeit, Sondergerichtsbarkeit und Staatsgerichten unterscheiden,
- verschiedene Sondergerichte und ihre Aufgabengebiete nennen.

Bei der Gliederung der Gerichtsbarkeit unterscheidet man zwischen ordentlicher Gerichtsbarkeit, der Sondergerichtsbarkeit und den Staatsgerichten.

ordentliche Gerichtsbarkeit

Zur ordentlichen Gerichtsbarkeit gehören die Zivilgerichte mit den Verfahren vor dem Amts-, Land-, Oberlandesgericht und Bundesgerichtshof. Dabei ist zu unterscheiden zwischen einer streitigen Gerichtsbarkeit zwischen Bürgern, z. B. über Vermögensrechte oder Schadenersatzansprüche, und der freiwilligen Gerichtsbarkeit, die sich mit Vormundschafts- und Nachlaßsachen befaßt, mit Grundbuchregister, Personenstandssachen und auch Beglaubigungen, und schließlich den Strafgerichten, die wieder bei dem Amts-, Land-, Oberlandesgericht und Bundesgerichtshof angesiedelt sind.

Zu der besonderen Gerichtsbarkeit gehören
- Arbeitsgerichte mit den Verfahren vor dem Arbeitsgericht, dem Landesarbeitsgericht und dem Bundesarbeitsgericht. Sie entscheiden in Streitigkeiten zwischen Arbeitgebern und Arbeitnehmern und Tarifpartnern in Arbeitssachen

Klage von Bürgern gegen Verwaltung

- Verwaltungsgerichte mit den Verfahren vor dem Verwaltungsgericht, dem Verwaltungsgerichtshof, je nach Land heißt es auch Oberverwaltungsgericht, und dem Bundesverwaltungsgericht. Sie entscheiden über Klagen von Bürgern, die sich wegen Entscheidungen oder Verwaltungsmaßnahmen der Behörden in ihren Rechten verletzt fühlen
- Sozialgerichte mit den Verfahren vor dem Sozialgericht, dem Landessozialgericht und dem Bundessozialgericht mit Streitigkeiten über Renten und Versorgungsfragen zwischen Bürgern und Versicherungsträgern
- Finanzgerichte mit den Verfahren vor dem Finanzgericht und dem Bundesfinanzhof mit Klagen der Bürger gegen die Finanzbehörden in Steuer- und Zollangelegenheiten
- Patentgerichte mit den Instanzen Patentgericht und Bundespatentgericht, sie entscheiden über Streitigkeiten aufgrund von Beschlüssen des Patentamtes
- Disziplinargerichte mit den Verfahren vor den Disziplinarkammern bzw. Disziplinarhöfen bei den Bundesländern und als der letzten Instanz vor dem Bundesdisziplinarhof.

Gerichte

Staatsgerichtsbarkeit — Zur Staatsgerichtsbarkeit zählen die Verfassungsgerichte, die Verfassungsgerichtshöfe als Verfassungsgerichte der Bundesländer und das Bundesverfassungsgericht. Die Verfassungsgerichte entscheiden über Rechtsfragen aus dem Bereich des Verfassungsrechtes der Länder bzw. der Bundesverfassung (Grundgesetz).

> Zu diesem Kapitel finden Sie die Aufgaben C 74 – C 81 im Band „Vorbereitung auf die Meisterprüfung – Test- und Übungsaufgaben".

2. Rechtsverfolgung mit Hilfe des Gerichts in bürgerlichen Streitigkeiten (Zivilprozeß)

Lernziele:

Der Lernende kann, nachdem er dieses Kapitel durchgearbeitet hat,
- die sachliche Zuständigkeit von Amtsgericht und Landgericht erklären,
- die Rechtszüge Amtsgericht, Landgericht, OLG, Bundesgericht darstellen,
- den Gang des gerichtlichen Mahnverfahrens erklären,
- die einzelnen Teile der Prozeßführung benennen.

sachliche Zuständigkeit — Bei der Frage der Zuständigkeit wird zwischen vermögensrechtlichen (z. B. Kaufpreisanspruch) und nichtvermögensrechtlichen Ansprüchen (Klage auf Ehescheidung) unterschieden. Bei vermögensrechtlichen Streitigkeiten richtet sich die Zuständigkeit nach der Höhe des Streitwertes, bei nichtvermögensrechtlichen nach der Zuordnung durch Gesetz.

örtliche Zuständigkeit — Nach der Neufassung der Zivilprozeßordnung ist für Vertragsstreitigkeiten auch das Gericht des Ortes zuständig, an dem die streitige Verpflichtung zu erfüllen – zu leisten – ist.

Erfüllungsort — Erfüllungsort ist in der Regel derjenige Ort, an dem der Schuldner zur Zeit der Entstehung des Schuldverhältnisses (Vertrages) seinen Wohnsitz hat. Das bedeutet, daß in aller Regel der Schuldner an seinem Wohnsitz verklagt werden muß. Eine Ausnahme hinsichtlich der Vereinbarung von Erfüllungsort und Gerichtsstand ist weiterhin zulässig, wenn beide Vertragspartner Vollkaufleute im Sinne des Handelsgesetzbuches sind.

nicht immer frei vereinbar — Bisher konnte auch ein an sich unzuständiges Gericht durch ausdrückliche (u. a. durch Allgemeine Geschäftsbedingung) oder stillschweigende Vereinbarung der Vertragsparteien für zuständig erklärt werden. Eine solche Vereinbarung über den Gerichtsstand ist jetzt unzulässig. Diese Bestimmung stellt für den nicht vollkaufmännischen Personenkreis einen Schutz dar, da bisher besonders größere Unternehmen in ihren Allgemeinen Geschäftsbedingungen durchweg den Sitz des Unternehmens als Gerichtsstand vorsahen und der wirtschaftlich schwächere und oft nicht so erfahrene Geschäftspartner sich kaum entziehen konnte, den auswärtigen Gerichtsstand anzuerkennen.

Nach wie vor kann daher ein von der gesetzlichen Regelung abweichender Gerichtsstand nur vereinbart werden, wenn dies schriftlich und ausdrücklich geschieht und beide Vertragspartner Vollkaufleute sind.

Das Verbot der Gerichtsstandsvereinbarung gilt nicht nur für alltägliche Rechtsgeschäfte im kaufmännischen Bereich, sondern generell auch für alle sonstigen Verträge des bürgerlichen Lebens. So können beispielsweise die Parteien eines Werk-, Miet- oder sonstigen Vertrages nicht nach ihrem Ermessen für den Fall eines Streites den Gerichtsstand vereinbaren.

Sachliche Zuständigkeit der Gerichte

Amtsgericht (Einzelrichter)	Landgericht Zivilkammer (3 Richter)	Landgericht Kammer für Handelssachen (1 Berufsrichter und 2 Handelsrichter)
- Streitigkeiten bis DM 10 000,- - ohne Rücksicht auf den Streitwert: Streitigkeiten aus Mietverhältnissen und zwischen Reisenden und Wirten sowie aus gesetzlichen Unterhaltsansprüchen - Mahnbescheid (früher Zahlungsbefehl), Zwangsvollstreckungssachen - als Familiengericht für die Scheidung und alle sich aus ihr ergebenden Folgen - Kindschafts- und Entmündigungssachen	- Streitigkeiten über DM 10 000,- - aus Streitigkeiten, die nicht dem Amtsgericht übertragen worden sind - Berufungsinstanz (2. Instanz) für Urteile des Amtsgerichts, wenn die einer Partei auferlegte Belastung (Beschwer) DM 1 500,- übersteigt	Mit mehr als DM 10 000,- Streitwert bei Klagen - gegen einen Kaufmann aus einem beiderseitigen Handelsgeschäft - aus Wechsel- und Scheckverbindlichkeiten - aus Gesellschaftsverträgen - wegen unlauteren Wettbewerbs

Die neue gesetzliche Regelung gilt auch für das Arbeitsgerichtsverfahren. Auch hier sind abweichende Vereinbarungen nicht mehr zulässig. Es muß also der Arbeitnehmer bei dem für den Arbeitgeber örtlich zuständigen Arbeitsgericht seine Ansprüche aus dem Arbeitsverhältnis geltend machen.

2.1 Gerichtliches Mahnverfahren

Das Mahnverfahren („Mahnbescheid" → Formularmuster S. 458) dient dazu, bei voraussichtlich unstreitigen Zahlungsansprüchen dem Gläubiger ein abgekürztes und billigeres Verfahren als das Urteilsverfahren zu ermöglichen. Das Mahnverfahren findet vor den Amtsgerichten ohne Rücksicht auf den Streitwert statt. Der Antragsteller kann sich aussuchen, ob er zunächst ein Mahnverfahren oder direkt einen Zivilprozeß durchführen will.

immer Amtsgericht

Ein Mahnverfahren sollte erwogen werden, wenn der Gläubiger sich seiner Sache sicher ist.

Gerichte

Formularmuster eines Mahnbescheids

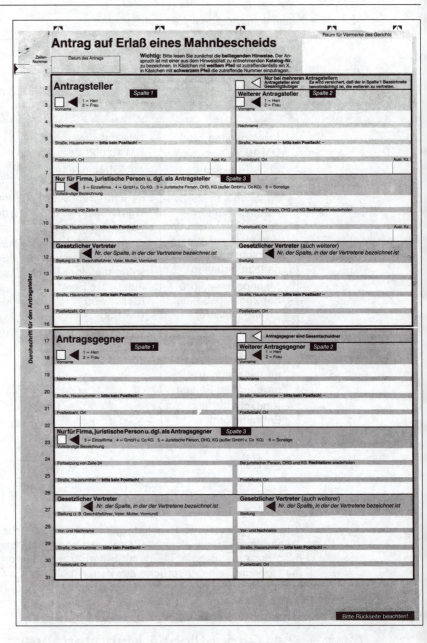

Zu diesem Kapitel finden Sie die Aufgaben C 74 – C 81 im Band „Vorbereitung auf die Meisterprüfung – Test- und Übungsaufgaben".

Gerichte

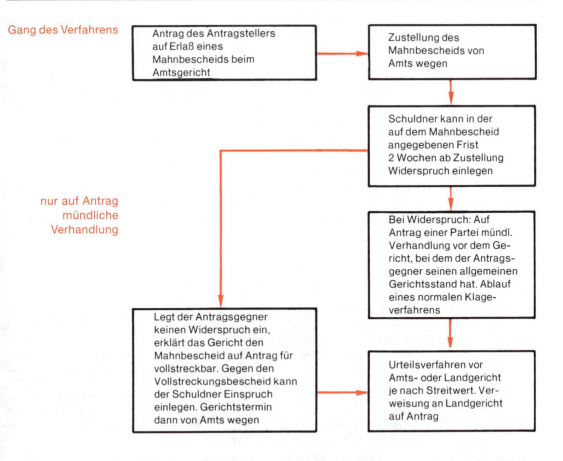

Ist er es nicht und wird Widerspruch eingelegt, so wird dadurch, daß jetzt noch ein mündliches Verfahren vor dem Gericht stattfindet, die endgültige Durchsetzung des Zahlungsanspruchs hinausgeschoben.

Der Gläubiger kann aber auch mit einem Mahnbescheid zunächst die Einstellung des Schuldners zu seinem Zahlungsverlangen prüfen. Legt der Schuldner Widerspruch ein, so kann er, da ein Verfahren vor den Gerichten nur auf Antrag durchgeführt wird, sich immer noch überlegen, ob er mit Hilfe des Gerichts seinen Zahlungsanspruch durchsetzen will.

2.2 Klageverfahren

Das gerichtliche Verfahren wegen bürgerlich-rechtlicher Streitigkeiten vor den Zivilgerichten ist in der Zivilprozeßordnung (ZPO) geregelt.

Das Tätigwerden der Gerichte: Die Tätigkeit der Zivilgerichte gliedert sich in zwei Bereiche

- Erkenntnisverfahren
  Hier geht es um die Feststellung, auf welcher Seite das Recht ist und wer Recht bekommt.

Gerichte

– Vollstreckungsverfahren
Das ist die mit staatlicher Gewalt versehene, auch auf Zwang ausgerichtete Durchsetzung des im Urteil ausgedrückten Ergebnisses.

parteifähig ist, wer rechtsfähig ist

Grundsätzlich kann parteifähig (Kläger oder Beklagter) sein, wer rechtsfähig ist (→ S. 378), und dies sind natürliche und juristische Personen. Dem entgegen bedeutet die Prozeßfähigkeit die Fähigkeit, selbst einen Prozeß zu führen oder als Vertreter einer Partei für diese vor Gericht aufzutreten. Prozeßfähig ist, wer voll geschäftsfähig ist.

Juristische Personen sowie Personengesellschaften, z. B. offene Handelsgesellschaften und die Kommanditgesellschaft, müssen im Prozeß durch ihren gesetzlichen Vertreter, z. B. GmbH-Geschäftsführer, vertreten werden.

Wenn ein Anwalt beauftragt wird, erfolgt dies durch die Erteilung einer Prozeßvollmacht. Das Honorar der Anwälte richtet sich nach der Bundesrechtsanwaltsgebührenordnung. Die Gebühren fallen für jede Instanz gesondert an.

2.2.1 Prozeßkostenhilfe

Beratungshilfe für jeden

Aufgrund des Beratungshilfegesetzes und des Gesetzes über die Prozeßkostenhilfe vom 1. 1. 1981, das das bisherige Armenrecht abgelöst hat, soll jedem eine Beratungshilfe erteilt werden, der die erforderlichen finanziellen Mittel aufgrund seiner persönlichen finanziellen Verhältnisse nicht aufbringen kann. Die Beratungshilfe ist in der Regel kostenlos, wenn ein Alleinstehender nicht mehr als DM 850,– verdient. Muß er Unterhalt für eine Person leisten, liegt die Grenze bei DM 1 300,–, und für jede weitere gesetzlich unterhaltsberechtigte Person erhöht sich dieser Betrag um DM 275,–. Das Amtsgericht stellt einen Berechtigungsschein aus, mit dem der Ratsuchende einen Anwalt seiner Wahl aufsuchen kann.

Prozeßkostenhilfe

Prozeßkostenhilfe erhält, wer bei einem verlorenen Prozeß Prozeßkosten und Gebühren für den eigenen Anwalt zu zahlen hat und aufgrund seiner persönlichen, wirtschaftlichen Verhältnisse nicht oder nur zum Teil oder nur ratenweise in der Lage ist, diese zu zahlen. Das Gericht gewährt die Prozeßkostenhilfe, wenn die beabsichtigte Rechtsverfolgung oder Rechtsverteidigung hinreichend Aussicht auf Erfolg bietet und nicht mutwillig erscheint. Die Prozeßkostenhilfe staffelt sich je nach Einkommen. Übersteigt das Nettoeinkommen die Endbeträge von DM 2 400,– Nettoeinkommen für jemanden, der nur für sich zu sorgen hat, von DM 2 850,– bei einer unterhaltsberechtigten Person und DM 3 125,– bei beispielsweise zwei unterhaltsberechtigten Personen, erhält er grundsätzlich keine Prozeßkostenhilfe.

2.2.2 Prozeßführung

kein Anwaltszwang am Amtsgericht

Eingeleitet wird der Zivilprozeß mit der Einreichung einer Klageschrift durch den Kläger selbst oder seinen Prozeßbevollmächtigten. Am Amtsgericht kann man stets selbst oder zur Niederschrift der Geschäftsstelle die Klage erheben, am Landgericht besteht Anwaltszwang. Eine Durchschrift der Klage wird dem Beklagten vom Gericht zugestellt.

Die Verhandlung über einen Rechtsstreit muß vor Gericht grundsätzlich mündlich erfolgen. In Anwaltsprozessen wird die Verhandlung durch Schriftsätze vorbereitet. Der Richter beteiligt sich nicht am Rechtsstreit der Parteien. Es gilt der Grundsatz „Liefere mir die Fakten, und ich werde Dir Recht sprechen".

2.2.3 Beweiserhebung

Wenn die Parteien streitig verhandeln, wird das Gericht in der Regel über die behaupteten Tatsachen, die entscheidungserheblich sind, Beweis erheben, soweit von der beweispflichtigen Partei dem Gericht ein Beweis angeboten wird. Der Kläger muß die Tatsachen beweisen, die zur Entstehung des Anspruches geführt haben, und der Beklagte muß alle dagegen erhobenen Einreden und Einwendungen beweisen. Beispiel: Mangelhafte Ausführung einer Arbeit durch den Handwerker.

Kläger muß beweisen

Es gibt aber keinen Grundsatz, daß von sich aus eine handwerkliche Leistung fehlerhaft sein könnte. Grundsätzlich wird davon ausgegangen, daß eine handwerkliche Leistung ordnungsgemäß erfolgt ist.

Beweisführung

Ein Beweis kann erfolgen durch die eigene Sinneswahrnehmung des Gerichtes, durch einen von der Handwerkskammer bestellten und beauftragten Sachverständigen, der Beweis kann auch durch Urkunden erbracht werden und schließlich durch eidliche Parteivernehmung.

Wenn die Parteien nicht zu einem Vergleich finden, spricht das Gericht am Schluß der Verhandlung ein Urteil aus, das die gewonnenen Ergebnisse zusammenfaßt. Gegen dieses Urteil ist die Berufung möglich vom Amtsgericht zum Landgericht, wenn die Beschwerde DM 1 500,- übersteigt, und grundsätzlich vom Landgericht zum Oberlandesgericht. Gegen die Urteile des Oberlandesgerichtes sind bei einem Streitwert von DM 60 000,- oder wegen grundsätzlicher Bedeutung, die das Gericht festgestellt hat, Revision zum Bundesgerichtshof möglich.

Versäumnisurteil

Wenn eine Partei unentschuldigt nicht zum Termin zur mündlichen Verhandlung erscheint, obwohl sie ordnungsgemäß geladen wurde, stellt das Gesetz die Vermutung auf, daß sie ihren Anspruch aufgibt oder den gegnerischen Anspruch nicht mehr bestreitet. Das Gericht erläßt dann, wenn die Klage schlüssig ist, auf Antrag der erschienenen Partei ein Versäumnisurteil. Statt eines Versäumnisurteils kann die erschienene Partei aber auch Antrag auf ein Urteil nach Aktenlage stellen. Das Gericht entscheidet dann den Rechtsstreit so, wie die Rechtslage nach dem gegenwärtigen Stand der Prozeßakte ist. Gegen das Versäumnisurteil kann Einspruch eingelegt werden. Der Prozeß wird dadurch wieder in die Lage zurückversetzt, in der er sich vor Erlaß des Versäumnisurteils befunden hat.

2.3 Rechtszug vor den Zivilgerichten

Berufungsfrist/ Revisionsfrist

Die Berufungsfrist beträgt 1 Monat nach Zustellung des erstinstanzlichen Urteils. Die Revisionsfrist beträgt 1 Monat nach Zustellung des Urteils. Die Revision, die nur auf eine Gesetzesverletzung gestützt werden kann, findet gegen die Berufungsurteile des Oberlandesgerichts statt, wenn der Wert des Berufungsgegenstandes DM 60 000,- übersteigt oder das Oberlandesgericht die Revision wegen grundsätzlicher Bedeutung der Streitsache zuläßt. Mit Einwilligung der gegnerischen Partei kann auch vom Landgericht zum Bundesgerichtshof „Sprungrevision" eingeleitet werden.

Gerichte

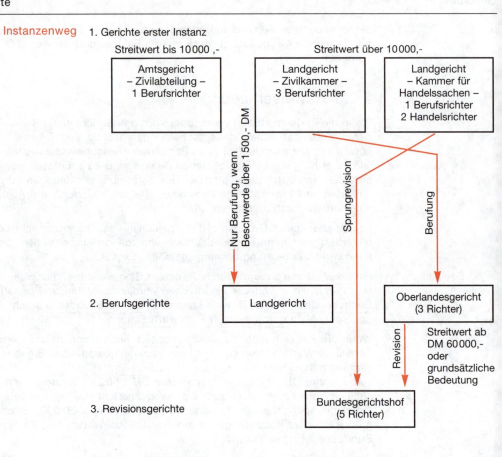

Zu diesem Kapitel finden Sie die Aufgaben C 74 – C 81 im Band „Vorbereitung auf die Meisterprüfung – Test- und Übungsaufgaben".

3. Zwangsvollstreckung

Lernziele:
Der Lernende kann, nachdem er dieses Kapitel durchgearbeitet hat,
- die Rechtsfolge der Zwangsvollstreckung benennen,
- Arrest und einstweilige Verfügung unterscheiden.

Die Zwangsvollstreckung löst das Erkenntnisverfahren ab. Mit staatlicher Gewalt wird ein rechtswirksam festgelegter privatrechtlicher Anspruch durchgesetzt. Vollstreckungsgericht ist das Amtsgericht, in dessen Bezirk die Zwangsvollstreckung erfolgen soll.

Titel, Klausel und Zustellung

Die Zwangsvollstreckung ist nur statthaft, wenn der Gläubiger einen Vollstreckungstitel besitzt und die Zwangsvollstreckung beantragt hat. Vollstreckungstitel können sein: Urteil, gerichtlicher Vergleich, Vollstreckungsbescheid, Auszug aus der Konkurstabelle usw.

Weiter muß die Vollstreckungsklausel erteilt worden sein. Damit erklärt das Gericht die Zulässigkeit der Vollstreckung.

Der Vollstreckungstitel muß ferner dem Schuldner vorher oder gleichzeitig zugestellt werden.

Zur Vollstreckung gehört: Titel, Klausel und Zustellung.

Die Zwangsvollstreckung kann dann aus verschiedenen Gründen erfolgen.

- Zwangsvollstreckung wegen einer Geldforderung
  Die Zwangsvollstreckung wegen einer Geldforderung kann erfolgen in das bewegliche Vermögen oder in das unbewegliche Vermögen des Schuldners, in Forderungen und Rechte des Schuldners, beispielsweise Arbeitseinkommen oder finanzielle Außenstände des Schuldners gegenüber Dritten.

- Zwangsvollstreckung in das bewegliche Vermögen
  Der Gerichtsvollzieher legt in den Wohn- oder Geschäftsräumen des Schuldners den Vollstreckungstitel vor und fordert den Schuldner zur Zahlung auf. Wird die Zahlung verweigert, beginnt er mit der Pfändung. Geld, Schmuck oder Wertpapiere werden gepfändet, indem der Gerichtsvollzieher sie sofort an sich nimmt, während Gegenstände wie Maschinen oder Möbel durch Ankleben einer Pfandsiegelmarke (Kuckuck) gepfändet werden. Der Gegenstand darf nicht mehr veräußert werden, die Entfernung des Pfandsiegels ist strafbar. Der gepfändete Gegenstand kommt in die Pfandkammer des Gerichtes, wenn die Befriedigung des Gläubigers gefährdet ist.

Pfändung

Findet der Gerichtsvollzieher keine pfändbaren Gegenstände vor, kann der Gläubiger, falls er vermutet, daß der Schuldner dennoch pfändbares Vermögen besitzt, die Abgabe einer Erklärung an Eides Statt über seine Vermögensverhältnisse beantragen. Der Schuldner muß dann ein Verzeichnis über sein Vermögen bei Gericht einreichen und die Erklärung an Eides Statt abgeben. Früher war es ein Offenbarungseidverfahren. Kommt der Schuldner dieser Verpflichtung nicht nach, kann er auf Kosten des Gläubi-

Erklärung an Eides Statt

gers bis zu 6 Monate in Beugehaft genommen werden. Der Schuldner wird darüber hinaus in die „Schwarze Liste" beim Amtsgericht eingetragen, in die jedermann Einsicht nehmen und sich über die Kreditwürdigkeit des Schuldners sein eigenes Bild machen kann.

öffentliche Versteigerung

Die gepfändeten Gegenstände werden frühestens 1 Woche nach der Pfändung durch eine öffentliche Versteigerung verwertet. Reicht der Erlös nicht aus, wird eine Nachpfändung durchgeführt. Gegenstände, die der Schuldner und seine Familie zum notwendigen Lebensunterhalt sowie zur Fortführung der Berufs- und Erwerbstätigkeit benötigen, können nicht gepfändet werden. Wurden beim Schuldner Gegenstände gepfändet, die ihm nicht gehören, z. B. dem Schuldner unter Eigentumsvorbehalt gelieferte Waren, muß der Lieferant als Eigentümer eine „Drittwiderspruchsklage" erheben.

– Zwangsvollstreckung in Grundstücke
Hier kann die Pfändung auf drei Arten erfolgen, durch Eintragung einer Sicherungshypothek, durch Anordnung der Zwangsverwaltung, um die Grundstückserträge zur Befriedigung des Gläubigers zu verwenden, und schließlich durch Zwangsversteigerung.

– Zwangsvollstreckung in Forderungen
Der Pfändung unterliegt auch neben finanziellen Außenständen bei Dritten das Arbeitseinkommen des Schuldners. Damit sein Unterhalt und der seiner Familie jedoch nicht gefährdet wird, sind bestimmte Pfändungsgrenzen einzuhalten.

Pfändungsgrenzen

Bei einem monatlichen Nettoeinkommen von DM 2 000,– ist maximal mit einem Pfändungsbetrag von DM 553,70 zu rechnen; ist der Arbeitnehmer verheiratet und hat er zwei Kinder, unterliegt ein Nettoeinkommen dieser Größenordnung keiner Pfändung.

– Zwangsvollstreckung wegen Herausgabe von Sachen
Wurde der Schuldner verurteilt, eine Sache an den Gläubiger herauszugeben, erfolgt dies dadurch, daß der Gerichtsvollzieher die Sache dem Schuldner wegnimmt und dem Gläubiger übergibt.

Gerichtsvollzieher nimmt weg

Hat der Schuldner die Sache nicht mehr und weiß er auch nicht, wo sie sich befindet, kann er gezwungen werden, eine entsprechende Erklärung an Eides Statt abzugeben.

– Zwangsvollstreckung wegen vertretbarer oder nicht vertretbarer Handlungen
Wurde der Schuldner zu einer Handlung verurteilt, die auch ein anderer vornehmen kann, einer sogenannten vertretbaren Handlung, so erfolgt die Zwangsvollstreckung, indem das Gericht den Gläubiger ermächtigt, auf Kosten des Schuldners einen Dritten mit der Arbeit zu beauftragen. Der Schuldner kann auch zu einer Vorauszahlung zur Bezahlung des Dritten verurteilt werden. Beispiel: Über die Berechtigung einer Nachbesserungsarbeit ist es zum Prozeß gekommen. Der Handwerker hatte sich geweigert nachzubessern. Die Nachbesserung kann auch ein anderer Handwerker ausführen.

vertretbare Handlung

nicht vertretbare Handlung

Nicht vertretbare Handlung: Beispiel: Goldschmied Korn hat zugesagt, einen bestimmten Ring herzustellen. Er kommt dieser Zusage nicht nach. Es erfolgt die Zwangsvollstreckung, indem ihn das Gericht durch wiederholte Geld- oder Haftstrafen zur Vornahme der Handlung anhält. Die Leistung kann wegen ihres individuellen Charakters nicht durch einen Dritten vorgenommen werden.

- Zwangsvollstreckung zur Abgabe einer Willenserklärung
  Hier ist keine Zwangsvollstreckung erforderlich, da das Urteil bereits die Einwilligung ersetzt, z. B. wenn es um eine Grundbucheintragung geht.

3.1 Arrest und einstweilige Verfügung

vorläufiger Rechtsschutz

Die Zivilprozeßordnung kennt mit dem Arrest- und einstweiligen Verfügungsverfahren zwei Wege des vorläufigen Rechtsschutzes. Es handelt sich hierbei um zwei zeitlich stark abgekürzte Erkenntnisverfahren, die verhindern sollen, daß der Berechtigte bis zum Vorliegen eines Vollstreckungstitels nicht mehr das bekommt, was ihm zusteht. Arrest und einstweilige Verfügung dienen also lediglich der Sicherung einer späteren, nach einem obsiegenden Urteil durchzuführenden Zwangsvollstreckung.

Arrest

Der Arrest kann vom Gericht angeordnet werden, wenn der Gläubiger dem Gericht glaubhaft versichert, daß seine Geldforderung gefährdet ist, beispielsweise weil der Schuldner sein Vermögen verschiebt. Das Gericht ordnet dann an, daß der Schuldner durch Hinterlegung eines ausreichenden Geldbetrages Sicherheit leistet (dinglicher Arrest).

Wenn diese Sicherheit nicht geleistet wird, darf der Schuldner auch in Haft genommen werden (persönlicher Arrest).

einstweilige Verfügung

Die einstweilige Verfügung regelt einen vorläufigen Rechtszustand. Das Gericht ordnet in der Regel nach mündlicher Verhandlung an, wie eine streitige Angelegenheit bis zum Erlaß des künftigen Urteils zu behandeln ist. Beispiel: Ein Handwerker will sich zur Sicherung seiner vom Kunden nicht bezahlten Forderung aus Arbeiten an einem Grundstück eine Hypothek auf dem Grundstück des Kunden eintragen lassen. Über die Berechtigung der Forderung wird ein Prozeß geführt. Der Handwerker kann sich mit einer einstweiligen Verfügung eine Vormerkung ins Grundbuch eintragen lassen. Die Vormerkung sichert den Rang der nach erstrittenem Urteil einzutragenden Hypothek. Wie wir gesehen haben, richtet sich die Reihenfolge der Eintragungen nach dem Eintragungsdatum. In diesem Fall wird durch die mittels einer einstweiligen Verfügung eingetragene Vormerkung eine bestimmte Rangstellung bis zum Ende des Prozesses offengehalten.

Zu diesem Kapitel finden Sie die Aufgaben C 74 – C 81 im Band „Vorbereitung auf die Meisterprüfung – Test- und Übungsaufgaben".

4. Konkurs und Vergleichsverfahren

Lernziele:
Der Lernende kann, nachdem er dieses Kapitel durchgearbeitet hat,
- das Verfahren im Konkursfall erklären,
- die einzelnen Fälle der Bevorrechtigung im Konkursverfahren nennen,
- die Merkmale des gerichtlichen Vergleichsverfahrens aufzeigen.

4.1 Konkurs

Der Konkurs ist die anteilmäßige Befriedigung der Gläubiger in einem staatlich geordneten Vollstreckungsverfahren bei Zahlungsunfähigkeit des Schuldners (Gemeinschuldners), bei juristischen Personen und Vereinen reicht Überschuldung aus.

gleichmäßige Befriedigung

Der Konkurs erfaßt das gesamte Vermögen im Zeitpunkt der Konkurseröffnung, nicht nur einzelne Gegenstände, und führt zur gleichmäßigen Befriedigung der Gläubiger.

4.1.1 Verfahren

Voraussetzung eines Konkursverfahrens

Das Konkursverfahren wird in der Regel auf Antrag des Schuldners oder eines Gläubigers beim Amtsgericht (Konkursgericht), in dessen Wohnsitz der Gemeinschuldner seinen Wohnsitz bzw. seine gewerbliche Niederlassung hat, eröffnet. Der Antragsteller – dies kann auch der Gemeinschuldner selbst sein – muß einen ausreichenden Vorschuß leisten. Verfahrensvoraussetzung ist auch, daß eine die Verfahrenskosten deckende Masse vorhanden ist. Andernfalls wird die Eröffnung des Konkursverfahrens „mangels Masse" abgelehnt.

Konkurseröffnung

Konkurseröffnung erfolgt durch Gerichtsbeschluß, in dem gleichzeitig der Konkursverwalter ernannt und ein Termin für die erste Gläubigerversammlung bestimmt wird.

Verlust der Verfügungsbefugnis

Der Konkursverwalter nimmt das gesamte zur Konkursmasse gehörige Vermögen des Gemeinschuldners in Besitz, der Gemeinschuldner verliert damit seine Verfügungsbefugnis. Die Konkursgläubiger müssen ihre Forderung in der vom Konkursgericht festgesetzten Frist anmelden, die in die Konkurstabelle aufgenommen wird. Wenn ein Gläubiger eine Forderung eines anderen Gläubigers bestreitet, so muß dieser gegen den bestreitenden Gläubiger auf Feststellung seiner Forderung klagen, um bei der Verteilung Berücksichtigung zu finden.

4.1.2 Verteilung der Konkursmasse

Bevor die Konkursmasse verteilt wird, müssen verschiedene bevorrechtigte Ansprüche befriedigt werden.

Ausscheiden fremden Eigentums	Aussonderung bedeutet das Ausscheiden eines dem Gemeinschuldner nicht gehörenden Gegenstandes aus der Konkursmasse (z. B. unter Eigentumsvorbehalt gelieferte Maschine). Der Aussonderungsgläubiger ist daher auch kein Konkursgläubiger.
Absonderung	Der Absonderungsberechtigte ist ebenfalls kein Konkursgläubiger. Er hat an bestimmten Gegenständen des Gemeinschuldners ein vor der Konkurseröffnung erworbenes Pfandrecht (z. B. Vermieterpfandrecht).
	Auch bei Konkurs desjenigen, der ein Sicherungseigentum übertragen hat, steht dem Empfänger des Sicherungseigentums nur ein Absonderungsrecht zu, obwohl er formal der Eigentümer ist.
Massekosten = gerichtliche Kosten	Massekosten und Masseschulden sind aus der Konkursmasse vorweg zu befriedigen. Massekosten sind die gerichtlichen Kosten für das Konkursverfahren sowie die Ausgaben für die Verwaltung (Vorprüfung des Konkursverwalters), Verwertung und Verteilung der Masse und evtl. auch Unterstützung des Gemeinschuldners.
Masseschulden	Bei Masseschulden handelt es sich um Ansprüche, die aus Geschäften und Handlungen des Konkursverwalters bestehen. Sie umfassen aber auch die Gehälter der weiter Beschäftigten und die Lohnrückstände des letzten halben Jahres vor Konkurseröffnung oder dem Ableben des Gemeinschuldners.
Konkursquote	Die Konkursgläubiger werden in 6 Rangklassen befriedigt. Der Gläubiger aus einer Klasse erhält erst dann noch etwas aus der vorhandenen Konkursmasse, die sogenannte Konkursquote, wenn die vorhergehende Rangklasse befriedigt ist. Die erste Klasse ist den rückständigen Löhnen für das letzte Jahr vor der Konkurseröffnung, die zweite Klasse für rückständige Abgaben (Steuern) des letzten Jahres vorbehalten und die dritte Klasse beispielsweise für Forderungen der Kirchen und Schulen.
	Als „Titel" kann der Konkursgläubiger einen 30 Jahre lang vollstreckbaren Auszug aus der Konkurstabelle beantragen.

4.1.3 Konkursausfallgesetz

Im Falle der Zahlungsunfähigkeit des Arbeitgebers erhält der Arbeitnehmer über das Arbeitsamt eine Lohnersatzleistung (Konkursausfallgeld). Dem Arbeitnehmer wird dadurch der volle Nettolohn für die letzten drei Monate vor Konkurseröffnung gesichert. Trägerin der Konkursausfallversicherung ist die Bundesanstalt für Arbeit. Die Mittel für die Zahlung des Konkursausfallgeldes werden über von den Betrieben erhobene Beiträge von den Berufsgenossenschaften aufgebracht.

Nettolohn der letzten drei Monate

Der Arbeitnehmer hat einen Rechtsanspruch auf Zahlung von Konkursausfallgeld in Höhe des Nettolohnes, wenn sein bisheriger Arbeitgeber mit der Zahlung des Arbeitsentgeltes drei Monate im Rückstand war, als das Konkursverfahren eröffnet wurde. Weihnachtsgratifikationen und z. B. Jubiläumszuwendungen sind voll zu berücksichtigen, wenn sie im Dreimonatszeitraum zu bezahlen waren. Dieser Anspruch steht dem Arbeitnehmer auch dann zu, wenn der Antrag auf Eröffnung des Konkursverfahrens mangels Masse abgewiesen oder die Betriebstätigkeit völlig eingestellt worden und ein Antrag auf Eröffnung des Konkursverfahrens nicht gestellt worden ist bzw. mangels Masse offensichtlich nicht in Betracht kam.

Wird der Konkurs durch ein Vergleichsverfahren abgewehrt, wird kein Konkursausfall gezahlt. *(bei Vergleich keine Zahlung)*

Das Konkursausfallgeld wird nur auf Antrag von dem zuständigen Arbeitsamt ausbezahlt. Dieser Antrag ist innerhalb einer Ausschlußfrist von zwei Monaten nach Eröffnung des Konkursverfahrens zu stellen. Wenn der Arbeitnehmer dies sogleich beantragt, hat das Arbeitsamt einen angemessenen Vorschuß auf das Konkursausfallgeld zu zahlen. Das Konkursausfallgeld ist wie die sonstigen Lohnersatzleistungen nach dem Arbeitsförderungsgesetz steuerfrei. *(Zahlung über Arbeitsamt; steuerfrei)*

Neben den Ansprüchen auf Arbeitsentgelt werden auch die Beitragsansprüche der gesetzlichen Krankenversicherung und Rentenversicherung sowie der Bundesanstalt für Arbeit für die letzten drei Monate vor Konkurseröffnung gesichert.

4.2 Vergleichsverfahren

Das gerichtliche Vergleichsverfahren dient zur Abwendung des Konkurses, wenn der Schuldner zwar zahlungsunfähig, aber sanierungsfähig und vergleichswürdig ist.

Während im Konkurs liquidiert wird, soll im Vergleichsverfahren das Unternehmen des Schuldners zwecks Wiederaufbaus, der von einem Vergleichsverwalter zu überwachen ist, erhalten bleiben. *(Ziel: Erhalt des Betriebes)*

Der den Gläubigern anzubietende Vergleich muß wenigstens 35 % ihrer Forderungen und bei Bezahlung mit länger als Jahresfrist wenigstens 40 % betragen. Mit Annahme des Vergleichsvorschlages und Bestätigung durch das Gericht ist die Schuld, die über den Vergleichsvorschlag hinausgeht, erloschen.

4.3 Zwangsvergleich

Der Zwangsvergleich ist die gesetzliche Möglichkeit, einen schon eröffneten Konkurs durch einen Vergleich abzuwenden und das Unternehmen zu erhalten. Die vergleichswilligen Gläubiger werden zur Annahme des Vergleichs gezwungen.

Für die Durchführung des Zwangsvergleichs ist ein entsprechender Antrag des Gemeinschuldners nach der Konkurseröffnung notwendig. Der beizufügende Vergleichsvorschlag muß mindestens 20 % betragen. Am Zwangsvergleich nehmen die nicht bevorrechtigten Gläubiger (Rangstufe 6) teil. *(mindestens 20 %)*

Bei einem gerichtlich festgesetzten Prüfungstermin muß die Mehrheit der erschienenen Gläubiger zustimmen (Kopfmehrheit) und mindestens drei Viertel aller Forderungen auf sich vereinigen (Summenmehrheit). Die nicht zustimmenden Gläubiger werden dadurch zur Annahme des Vergleichs gezwungen.

Wenn der Vergleich zustande kommt, wird er vom Gericht bestätigt. Das Gericht hebt dann gleichzeitig das Konkursverfahren auf, und der Schuldner erlangt wieder freie Verfügungsgewalt über sein Vermögen.

Selbständige Ausübung des Handwerks

1. Gründung eines Gewerbebetriebes

Lernziele:
Der Lernende kann, nachdem er dieses Kapitel durchgearbeitet hat,
- zwischen genehmigungspflichtiger und anzeigepflichtiger Eröffnung eines Gewerbebetriebes unterscheiden,
- die gewerberechtlichen Voraussetzungen für die Eröffnung eines selbständigen Gewerbebetriebes benennen,
- die Begriffe „Hilfshandel" und „Zubehörhandel" unterscheiden.

stehender Gewerbebetrieb

Die Gewerbeordnung unterscheidet zwischen dem stehenden Gewerbebetrieb, dem Reisegewerbe und dem Marktverkehr. Wir beschäftigen uns mit dem stehenden Gewerbebetrieb. Wer den selbständigen Betrieb eines stehenden Gewerbes (auch einer Zweigniederlassung oder einer unselbständigen Zweigstelle) anfängt, muß dies gem. § 14 der Gewerbeordnung der Gemeinde- oder Stadtverwaltung am Ort der Niederlassung anzeigen.

Anzeigepflicht

Die Anmeldung ist auch erforderlich, wenn der Gegenstand des Gewerbes wechselt oder ausgedehnt wird. Die Behörde bestätigt innerhalb dreier Tage den Empfang der Anzeige. Diese Bestätigung oder die widerspruchslose Entgegennahme der Anzeige ersetzt keine Genehmigung, die andere gesetzliche Bestimmungen für die Eröffnung eines bestimmten Betriebes vorschreiben (z. B. erlaubnispflichtige Dampfkesselanlagen, Handwerksrolleneintragung bei Handwerksbetrieben, Einzelhandelsgenehmigungen, Erlaubnis zum Betrieb einer Gaststätte usw.). Diese Genehmigungen müssen gesondert eingeholt werden!

Nur Gewerbetreibende, die eine Firmeneintragung im Handelsregister beim Amtsgericht erwirkt haben, können die Anmeldung unter dem Firmennamen vollziehen.

Der Gegenstand des Gewerbes ist genau zu bezeichnen. Bei genehmigungspflichtigen oder zulassungspflichtigen Gewerben ist die Genehmigung oder Zulassung nachzuweisen.

Vorlage der Handwerkskarte

Bei der Anmeldung von Handwerksbetrieben bei der Gemeinde oder Stadtverwaltung ist die Handwerkskarte vorzulegen. Sie gilt als Nachweis der Berechtigung zum selbständigen Betrieb eines Handwerks. Wird bei Handwerksbetrieben die Handwerksrolleneintragung nicht nachgeholt, so kann das Ordnungsamt den Betrieb untersagen.

Zur Durchsetzung der Untersagungsverfügung kann das Ordnungsamt sich der im Verwaltungsrecht üblichen Zwangsmittel bedienen, z. B. Festsetzung und Erhebung von Zwangsgeldern, Anwendung von unmittelbarem Zwang, Versiegelung von Werkstatträumen usw.

Einzelhandels-erlaubnis und Nachweise	Bei Anmeldung eines Einzelhandelsbetriebes ist eine Einzelhandelserlaubnis nachzuweisen. Die Erteilung einer solchen Erlaubnis nach dem Einzelhandelsgesetz setzte bis zum Anfang des Jahres 1966 für den allgemeinen Einzelhandel voraus, daß der Betriebsinhaber, ein gesetzlicher Vertreter oder ein Betriebsleiter

- die erforderliche Sachkunde nachweisen konnte und
- die für die Leitung eines Einzelhandelsbetriebes erforderliche Zuverlässigkeit besaßen.

Durch Beschluß vom 14. 12. 1965 hat das Bundesverfassungsgericht das Erfordernis des Sachkundenachweises im allgemeinen Einzelhandel für verfassungswidrig erklärt. Damit ist die Einzelhandelserlaubnis jedoch nicht insgesamt weggefallen. Der Zuverlässigkeitsnachweis ist weiterhin zu führen, die Einzelhandelserlaubnis weiterhin vor Betriebseröffnung bei den nach Landesrecht zuständigen Behörden (Gemeinde bzw. Kreisverwaltung) einzuholen. Allerdings braucht der Sachkundenachweis nicht mehr erbracht zu werden.

Beim Einzelhandel mit Lebensmitteln hat das Bundesverfassungsgericht durch Beschluß vom 11. 10. 1972 die geltende gesetzliche Regelung für verfassungswidrig erklärt. Das Gericht sieht es als unzulässig an, daß eine Einzelhandelserlaubnis für den Handel mit Lebensmitteln nicht auf bestimmte Warenarten beschränkt werden kann. Nach diesen beiden zitierten Entscheidungen ist es an der Zeit, daß der Gesetzgeber das Einzelhandelsgesetz generell einer Neuregelung zuführt.

Handwerksbetriebe benötigen keine besondere Einzelhandelserlaubnis, soweit sie

- Hilfshandel (zugekaufte Waren, die die eigene Herstellung vervollständigen)
  Beispiel: Verkauf von Brillenhülsen zusammen mit den angefertigten Brillen durch den Optiker
- Zubehörhandel (zugekaufte Ware, die üblicherweise mit der eigenen Herstellung vertrieben wird)
  Beispiel: Verkauf von Schals und Gürteln durch Modisten oder Verkauf von Zucker, Mehl und Hefe durch Bäcker

tätigen.

Das Vorstehende gilt auch für solche Handwerksbetriebe, deren Tätigkeit nicht im Verkauf hergestellter Waren, sondern im Erbringen gewerblicher Leistungen besteht (z. B. Gas- und Wasserinstallateur hinsichtlich des Verkaufs von Ersatzteilen).

Erlaubnisse in anderen Gesetzen	Neben dem Einzelhandelsgesetz gibt es eine große Anzahl anderer Gesetze und Vorschriften, die die Ausübung eines Gewerbes von einer Erlaubnis abhängig machen.

Die nachfolgende Aufstellung enthält – ohne Ansprüche auf Vollständigkeit – für Gewerbe, die besondere Erlaubnis benötigen, einige Beispiele: Außenhandel, Bankgeschäfte, Bewachungsgewerbe, Blindenwarenvertrieb, Dampfkesselerrichtung und -betrieb, weitere genehmigungsbedürftige Anlagen nach § 16 GewO, Fahrlehrer, Gaststättengewerbe, Getränkeschankanlagen, Hufbeschlag, Masseur, Personenbeförderung, Pfandleiher, Reisegewerbe, Schornsteinfeger, Aufstellung von Spielgeräten mit Gewinnmöglichkeit, Versteigerungsgewerbe.

2. Handwerksbetrieb und Handwerksrolleneintragung

Lernziele:

Der Lernende kann, nachdem er dieses Kapitel durchgearbeitet hat,
- die Voraussetzungen für die selbständige Führung eines Handwerksbetriebes erklären,
- handwerksähnliche Gewerbe kennzeichnen,
- mindestens vier Möglichkeiten der Handwerksrolleneintragung erläutern,
- den Begriff Schwarzarbeit erklären und mehrere Folgen der Schwarzarbeit aufzeigen.

Auch die Handwerksrolleneintragung ist gewerberechtlich als Erlaubnis zu werten. Das ergibt sich aus § 1 der Handwerksordnung (HwO) in der Fassung vom 28. 12. 1965. Die Vorschrift lautet: „Der selbständige Betrieb eines Handwerks als stehendes Gewerbe ist nur den in der Handwerksrolle eingetragenen natürlichen und juristischen Personen und Personengesellschaften (selbständige Handwerker) gestattet."

Einordnung als Handwerksbetrieb

Die Ausübung eines Handwerks ist ohne die Handwerksrolleneintragung nicht erlaubt. Wann jedoch ein Gewerbebetrieb Handwerksbetrieb ist, wird gesetzlich nicht eindeutig definiert. Die Handwerksordnung führt in einer Anlage A 127 Gewerbe auf, die handwerksmäßig betrieben werden können. Diese Berufe untergliedern sich in folgende sieben Gruppen

- I. Gruppe der Bau- und Ausbaugewerbe
- II. Gruppe der Elektro- und Metallgewerbe
- III. Gruppe der Holzgewerbe
- IV. Gruppe der Bekleidungs-, Textil- und Ledergewerbe
- V. Gruppe der Nahrungsmittelgewerbe
- VI. Gruppe der Gewerbe für Gesundheits- und Körperpflege sowie der chemischen und Reinigungsgewerbe
- VII. Gruppe der Glas-, Papier-, keramischen und sonstigen Gewerbe.

Wird ein Gewerbebetrieb in dieser Liste aufgeführt, so entscheidet sich seine Einordnung im Zweifelsfalle an bestimmten, von der Verwaltungspraxis und Rechtsprechung herausgearbeiteten Abgrenzungsmerkmalen und an den vom Bundeswirtschaftsminister erlassenen Berufsbildern. Abgrenzungsmerkmale sind Betriebsgröße, Betriebsorganisation, Vertriebsform, Flexibilität und Kundennähe, handwerkliche Qualifikation der Mitarbeiter und die Arbeitsgebiete des Betriebes, die wesentliche Teile des Berufsbildes umfassen müssen.

Handwerksrolle

Die Handwerkskammer führt das Verzeichnis der selbständigen Handwerker, die Handwerksrolle, und stellt Bescheinigungen über die Eintragungen in Form von Handwerkskarten aus. Die Handwerksordnung sieht verschiedene Möglichkeiten der Handwerksrolleneintragung vor.

2.1 Voraussetzungen für die Eintragung in die Handwerksrolle

Wer wird in die Handwerksrolle eingetragen?

- In die Handwerksrolle wird eingetragen, wer in dem zu betreibenden Handwerk oder in einem mit diesem verwandten Handwerk die Meisterprüfung abgelegt hat.

Der Bundesminister für Wirtschaft hat durch Verordnung vom 18. 12. 1968, zuletzt geändert durch Verordnung vom 19. 3. 1989, festgelegt, welche Handwerke miteinander verwandt sind. In einem Verzeichnis sind die Handwerkszweige genannt, deren Meisterprüfung zur Ausübung weiterer verwandter Handwerkszweige berechtigt.

Großer Befähigungsnachweis

Die Verpflichtung zur Ablegung der Meisterprüfung vor Eröffnung eines Handwerksbetriebes und vor Eintragung in die Handwerksrolle nennt man den Großen Befähigungsnachweis. Er schließt den Kleinen Befähigungsnachweis (Ausbildungsbefugnis) ein. Er bedeutet keine unzumutbare Beschränkung des Selbständigwerdens und ist vom Bundesverfassungsgericht mit Beschluß vom 17. 6. 1961 als mit dem Grundgesetz vereinbar anerkannt worden. Dadurch hat das Bundesverfassungsgericht die Ziele des Handwerks, seine Leistungsfähigkeit und sein Ausbildungsniveau zu erhalten, zu heben und an die wachsenden Anforderungen anzupassen, als berechtigt angesehen.

- Ferner wird in die Handwerksrolle eingetragen, wer eine als gleichwertig anerkannte Prüfung abgelegt hat.

gleichwertig anerkannte Prüfungen

Die Gleichwertigkeit der Prüfungen ist ebenfalls durch Verordnung des Bundesministers für Wirtschaft vom 2. 11. 1982 festgelegt worden. Die Gleichstellung umfaßt u. a. Diplomprüfungen und Abschlußprüfungen an deutschen Hochschulen und Fachhochschulen, sofern der Inhaber des Prüfungszeugnisses die Gesellenprüfung in dem zu betreibenden Handwerk oder einem verwandten Handwerk abgelegt hat. Statt der Gesellenprüfung genügt auch eine entsprechende Abschlußprüfung in der Industrie (Facharbeiterprüfung) oder der Nachweis einer praktischen Tätigkeit von drei Jahren in dem zu betreibenden Handwerk. Die Verordnung legt im einzelnen fest, welche Handwerkszweige mit dem abgelegten Diplom oder Ingenieurexamen ausgeübt werden können.

Ausnahmebewilligung

- Auch wer eine von der höheren Verwaltungsbehörde (Regierungspräsident) erteilte Ausnahmebewilligung für das zu betreibende Handwerk besitzt, wird in die Handwerksrolle eingetragen. Ausnahmebewilligungen werden nur bei Vorliegen eines besonderen Ausnahmegrundes und beim Nachweis von meisterlichen Kenntnissen und Fähigkeiten erteilt. Ein Ausnahmefall liegt vor, wenn die Ablegung der Meisterprüfung eine unzumutbare Belastung bedeuten würde.

Personengesellschaften

- Bei Personengesellschaften (Gesellschaften bürgerlichen Rechts, offenen Handelsgesellschaften, Kommanditgesellschaften → S. 476 ff) genügt es für die Handwerksrolleneintragung, wenn für die technische Leitung des Betriebes persönlich haftender Gesellschafter vorhanden ist, der für sich selbst die Eintragungsvoraussetzungen (Meisterprüfung, Ausnahmebewilligung usw.) besitzt.

juristische Personen

- Bei juristischen Personen (z. B. GmbH) wird die Handwerksrolleneintragung vollzogen, wenn ein Betriebsleiter mit persönlicher Eintragungsvoraussetzung vorhanden ist. Das kann ein angestellter Meister oder Inhaber ns einer Ausnahmegenehmigung sein. Jedenfalls braucht der Betriebsleiter nicht, wie bei Personengesellschaften, Gesellschafter zu sein (zur Erläuterung des Begriffes „juristische Personen" → S. 379).

mögliche Zweiteintragungen

- Weitere Eintragungsmöglichkeiten ergeben sich für Inhaber von Handwerksbetrieben mit bereits existierender Handwerksrolleneintragung, wenn sie für zusätzliche in wirtschaftlichem Zusammenhang stehende Gewerbe handwerkliche Betriebsleiter beschäftigen, oder wenn sie in zusätzlichen Gewerben durch den Nachweis der erforderlichen Kenntnisse und Fertigkeiten eine Ausübungsberechtigung bei der höheren Verwaltungsbehörde erwerben.

Diese beiden seit dem 1. 1. 1994 in Kraft getretenen Bestimmungen der Handwerksordnung sollen es dem Handwerk ermöglichen, am Markt mehr handwerkliche Leistungen aus einer Hand anzubieten und auszuführen. Beim einzelnen Auftrag wird dies auch schon durch eine weitere Fassung des § 5 der Handwerksordnung ermöglicht. Im Einzelfall genügt der fachlich-technische oder aber der wirtschaftliche Zusammenhang. Beispiele: Der Dachdeckermeister darf beim Dachdeckungsauftrag kleinere Arbeiten aus dem Klempnerhandwerk miterledigen. Oder der Karosseriebauer darf nach Beseitigung des Unfallschadens Karosserieteile lackieren – also Arbeiten des Malerhandwerks – miterledigen, um eine vollständige Wiederherstellung aus einer Hand zu gewährleisten.

- Auch Inhaber handwerklicher Nebenbetriebe werden in die Handwerksrolle eingetragen, wenn für die Leitung des Nebenbetriebes ein angestellter Betriebsleiter vorhanden ist, der die Eintragungsvoraussetzungen (Meisterprüfung, Ausnahmegenehmigung) erfüllt. Der Inhaber des Gesamtbetriebes selbst (z. B. Autohandelshaus mit angeschlossener Werkstatt) braucht also handwerklich nicht qualifiziert zu sein.

Ausnahmeregelungen für Witwen und Erben

- Nach dem Tode eines selbständigen Handwerkers darf der Ehegatte den Betrieb fortführen und in die Handwerksrolle eingetragen werden. Man spricht von Witwenprivileg.

Nach Ablauf eines Jahres muß allerdings ein Betriebsleiter vorhanden sein, der selbst die Eintragungsvoraussetzungen erfüllt. In Härtefällen kann die Frist verlängert, zur Vermeidung von Gefahren kann sie verkürzt werden. Dieselbe Regelung findet auf Testamentsvollstrecker, Nachlaßverwalter, Nachlaßkonkursverwalter und Nachlaßpfleger Anwendung.

- Erben können sich dieser Regelung bis zur Vollendung des 25. Lebensjahres und mit Genehmigung der Handwerkskammer zwei Jahre darüber hinaus bedienen. Die Zwei-Jahres-Frist gilt auch für Erben, die bei Eintritt des Erbfalles das 25. Lebensjahr bereits überschritten haben. Nach Ablauf dieser Fristen müssen sie selbst die Meisterprüfung abgelegt haben, eine Ausnahmegenehmigung besitzen oder den Betrieb aufgeben.

Übergangsvorschriften für neue Bundesländer

- Schließlich enthalten die Übergangsvorschriften der Handwerksordnung noch eine Eintragungsmöglichkeit. Wer bei Inkrafttreten der Handwerksordnung oder bei Neuaufnahme eines Gewerbezweiges in der Anlage A zur HwO ein Gewerbe berechtigt betreibt, wird ohne Meisterprüfung in die Handwerksrolle eingetragen (z. B. die Hörgeräteakustiker bei Inkrafttreten der novellierten Handwerksordnung). In den neuen Bundesländern gilt dieses Übergangsrecht für Handwerksbetriebe, die im Zeitpunkt des Beitritts zur Bundesrepublik nach DDR-Recht zulässig geführt worden sind.

Erst die Handwerksrolleneintragung berechtigt zur selbständigen Ausübung eines Handwerks.

2.2 Handwerksähnliches Gewerbe

Die Novelle zur Handwerksordnung vom 9. 9. 1965 brachte in der Anlage B zur Handwerksordnung 40 sogenannte handwerksähnliche Gewerbezweige in die Betreuung der Handwerkskammern. Mit der am 1. 1. 1994 in Kraft getretenen weiteren Gesetzesnovelle ist diese Anlage B um zehn neue handwerkliche Gewerbezweige auf nunmehr insgesamt 50 erweitert worden. Es handelt sich um Gewerbe, die ohne Prüfungen oder Handwerksrolleneintragung betrieben werden können, z. B. Gerüstbauer, Bodenleger, Holz- und Bautenschutzgewerbe, Einbau von genormten Baufertigteilen (Fenster, Türen, Zargen, Regale), Metallschleifer und Metallpolierer, Dekorationsnäher, Flickschneider, Speiseeishersteller, Schönheitspfleger, Bestatter.

ohne Eintragung in die Handwerksrolle

Die Inhaber von handwerksähnlichen Betrieben sind verpflichtet, den Beginn des Betriebes bei der Gemeinde oder Stadtverwaltung und bei der Handwerkskammer anzuzeigen. Sie werden in das Verzeichnis der handwerksähnlichen Gewerbe eingetragen.

2.3 Unberechtigte Ausübung des Handwerks – Schwarzarbeit

Folgen von Schwarzarbeit

Wenn ein Handwerk unberechtigt und ohne Handwerksrolleneintragung ausgeübt wird (Schwarzarbeit), kann die Verwaltungsbehörde eine Untersagungsverfügung erlassen und den Betrieb schließen. Die Handwerkskammern können vom Betriebsinhaber Auskünfte verlangen, Betriebsbesichtigungen durchführen und Untersagungen beantragen.

Daneben können nach dem Ordnungswidrigkeitsgesetz von der Stadt- oder Kreisverwaltung Bußgelder festgesetzt werden. Die Geldbuße soll den Gewinn, den der Täter aus der Ordnungswidrigkeit gezogen hat, übersteigen. Schließlich kann nach dem Gesetz zur Bekämpfung der Schwarzarbeit vom 30. 3. 1957 die unberechtigte Ausübung des Handwerks oder die Nichtanzeige eines Gewerbes mit DM 50 000,- Bußgeld belegt werden, wenn der Täter aus Gewinnsucht gehandelt hat.

Sozialversicherungsausweis

Es ist mühsam, die Schwarzarbeit zu bekämpfen, da häufig konkrete Beweise fehlen, weil Schwarzarbeiter und Auftraggeber zusammenhalten und Rechnungen und Geschäftsunterlagen bei der Abwicklung derartiger Aufträge nicht entstehen. Ab 1. 7. 1991 sind Beschäftigte insbesondere im Bau- und Ausbaugewerbe verpflichtet, den neu eingeführten Sozialversicherungsausweis mitzuführen. Damit soll die illegale Beschäftigung von Arbeitskräften und der Leistungsmißbrauch in der Arbeitslosenversicherung eingedämmt werden. Ob dieser Ausweis ein wirksames Mittel gegen Schwarzarbeit darstellt, wird vorerst noch bezweifelt. Die Schwierigkeit, einen Fachbetrieb für spezielle Arbeiten zu finden, darf jedoch nicht darüber hinwegtäuschen, daß die Schwarzarbeit volkswirtschaftlich gesehen einen großen Schaden anrichtet und für den einzelnen Auftraggeber böse Folgen haben kann.

Folgende Konsequenzen werden häufig nicht gesehen

Schwarzarbeit hat Konsequenzen

- der Schwarzarbeiter zahlt keine Steuern und Abgaben und handelt damit gemeinschaftsschädigend

- bei der Schwarzarbeit werden regelmäßig keine Beträge zu den Krankenkassen und zur Altersversorgung gezahlt
- es besteht kein Versicherungsschutz bei Arbeitsunfällen, so daß Personen und Sachschäden nicht versichert sind
- kommt es bei unsachgemäßer Arbeit zu Personen- und Sachschäden, so droht außerdem strafrechtliche Verfolgung wegen Körperverletzung, fahrlässiger Tötung, Brandstiftung oder Sachbeschädigung
- ist die Arbeit oder die Dienstleistung mangelhaft, so können Regreßansprüche bei mittellosen Schwarzarbeitern nicht realisiert werden
- häufig ist die Schwarzarbeit ein grober Verstoß gegen die Treuepflicht aus dem bestehenden Arbeitsvertrag; sie kann zur fristlosen Entlassung führen
- wird die Schwarzarbeit mit gestohlenem Material ausgeführt, setzt sich der Auftraggeber dem Verdacht der Hehlerei aus.

Zu diesem Kapitel finden Sie die Aufgaben C 82 – C 111 im Band „Vorbereitung auf die Meisterprüfung – Test- und Übungsaufgaben".

3. Gesellschaftsrecht und Gesellschaftsformen

Lernziele:

Der Lernende kann, nachdem er dieses Kapitel durchgearbeitet hat,
- Personengesellschaften kennzeichnen und ihre verschiedenen Erscheinungsformen unterscheiden,
- Kapitalgesellschaften kennzeichnen und Merkmale der GmbH benennen,
- angeben, wo das Handelsregister geführt wird und wer sich ins Handelsregister eintragen lassen muß,
- Konsequenzen der Handelsregistereintragung für die eingetragene Unternehmung erläutern.

3.1 Allgemeines

Gründung durch Gesellschaftsvertrag

Alle Gesellschaften entstehen durch Abschluß eines Gesellschaftsvertrages zur Erreichung eines gemeinsamen Gesellschaftszwecks, z. B. zum gemeinsamen Betrieb eines Gewerbes (Handwerk, Handel, Dienstleistungen usw.). Bei den Personengesellschaften steht die persönliche Bindung der Gesellschafter untereinander mehr im Vordergrund. Deshalb sind Austritt und Auflösung erschwert; außerdem haben die Gesellschafter in aller Regel mehr persönliche Rechte, wenn es um die Willensbildung und Vertretung der Gesellschaft geht. Bei den Kapitalgesellschaften, von denen uns nur die Gesellschaft mit beschränkter Haftung (GmbH) und die Aktiengesellschaft (AG) interessieren, erhalten die Gesellschaften bei ihrer Entstehung eine eigene Rechtspersönlichkeit (sind Träger von Rechten und Pflichten). Sie gehören daher zu den „juristischen Personen" des privaten Rechts (nicht zu verwechseln mit „Juristen"). Bei ihnen tritt der Kapitaleinsatz in den Vordergrund und die persönlichen Einflußmöglichkeiten der Gesellschafter zurück.

Bei der Eintragung von Personengesellschaften in die Handwerksrolle verlangen die Handwerkskammern zur Vermeidung von Scheingeschäften die Vorlage von schriftlichen Gesellschaftsverträgen. Das gleiche gilt für solche Eintragungen, bei denen es auf die Beschäftigung von Betriebsleitern ankommt, hinsichtlich der Vorlage von Anstellungsverträgen.

3.2 Personengesellschaften

GBR

Die einfachste Form der Personengesellschaften ist die der Gesellschaft bürgerlichen Rechts (→ S. 193). Handwerker bedienen sich ihrer häufig, um einen Kaufmann oder die Ehefrau und die Kinder am Betrieb zu beteiligen. Für den Gesellschaftsvertrag gibt es keine Formvorschriften, jedoch ist die schriftliche Abfassung immer zu empfehlen. Ist etwas im Vertrag nicht geregelt, so gelten die Bestimmungen des Bürgerlichen Gesetzbuches. Die Gesellschaft bürgerlichen Rechts (GBR) muß im Geschäftsverkehr mit den ausgeschriebenen Vor- und Zunamen der Gesellschafter auftreten, z. B. „Fritz

Lehmann und Paul Müller, Schlosserei". In das Handelsregister wird die GBR nicht eingetragen; daher ist der Eindruck einer Firmeneintragung zu vermeiden.

Die Geschäftsführung steht allen Gesellschaftern gemeinschaftlich zu, soweit nichts anderes vereinbart ist. Alle Gesellschafter haften mit ihrem gesamten Vermögen für Verbindlichkeiten der GBR; die Aufteilung von Gewinn und Verlust steht im Belieben der Gesellschafter und sollte sich nach der Höhe der Einlagen und dem Umfang des Arbeitseinsatzes richten. Die Gesellschaft kann jederzeit gekündigt werden, sodann findet eine Auseinandersetzung statt.

OHG Eine Weiterbildung der GBR ist die Offene Handelsgesellschaft (OHG) (→ S. 193). Sie muß in das Handelsregister beim Amtsgericht eingetragen werden. Die Gesellschaft tritt unter einer Firmenbezeichnung (kurz Firma genannt) im Geschäftsverkehr auf, z. B. „Meyer & Schuhmann"; „Bauunternehmen Meyer & Co."; „Meyer & Sohn"; „Meyer OHG". Die Geschäftsführung, Haftung für Verbindlichkeiten und die Gewinn- und Verlustrechnung sind wie bei der Gesellschaft bürgerlichen Rechts geregelt. Vertragliche Abänderungen sind möglich; allerdings nicht bei der Haftung. Die OHG muß kaufmännische Bücher führen; kann Prokura erteilen und sich mündlich verbürgen. Bei Rechtsgeschäften gelten verkürzte Rüge- und Anzeigepflichten.

KG Eine erneute Weiterbildung der OHG ist die Kommanditgesellschaft (→ S. 193). Neben den persönlich und mit ihrem Vermögen haftenden Gesellschaftern (Komplementäre) gibt es Kommanditisten, die nur mit einer Kommanditeinlage haften. Die letzteren sind von der Geschäftsführung ausgeschlossen; sie haben nur Kontrollrechte. Im Firmennamen dürfen nur die Namen von Komplementären erscheinen. Firmenbeispiele: „Metallbau Wieland KG"; „Heinrich Herzog & Co. Holzgroßhandel"; „Richter & Bauer KG". Eine Variante der KG ist die GmbH & Co. KG.

stille Gesellschaft Die stille Gesellschaft (→ S. 195) gehört eigentlich nicht in den Rahmen der Personengesellschaften, da sie nach außen, d. h. im Verkehr mit Dritten, nicht in Erscheinung tritt. Typisch ist, daß eine Person sich durch Abschluß eines Gesellschaftsvertrages mit einer Vermögenseinlage an einem Gewerbebetrieb beteiligt und einen Anteil vom Gewinn erhält. Die geleistete Einlage geht in das Vermögen des Betriebsinhabers über, der das Gewerbe allein weiterführt. Der „Stille Gesellschafter" wird nirgendwo erwähnt, so daß für die Handwerksrolleneintragung, Gewerbeanmeldung, Firmeneintragung, Geschäftsführung und Haftung allein der auftretende Betriebsinhaber in Frage kommt.

3.3 Kapitalgesellschaften

GmbH Die Gesellschaft mit beschränkter Haftung (GmbH) (→ S. 195) entsteht mit der Handelsregistereintragung. Die Firmenbezeichnung kann aus den Namen von Gesellschaftern gebildet oder aus dem Gegenstand des Unternehmens entlehnt sein, z. B. „Fritz Hübner GmbH"; „Dortmunder Maschinenbau GmbH". Der Gesellschaftsvertrag muß notariell beurkundet werden und u. a. den Gegenstand des Unternehmens, den Betrag des Stammkapitals (mindestens DM 50 000,-) und die Höhe der Stammeinlagen der einzelnen Gesellschafter (mindestens DM 500,-) enthalten. Von dem Stammkapital müssen 50 % (= DM 25 000,-) eingezahlt oder durch Sacheinlagen nachgewiesen werden.

Einmann-GmbH Nach dem neuen GmbH-Gesetz (1980) kann auch eine Einmann-GmbH gegründet werden. In diesem Fall müssen 50 % des Stammkapitals eingezahlt oder durch Sacheinlagen nachgewiesen und für die anderen 50 % eine Sicherheit bestellt werden.

Die Haftung der Gesellschafter beschränkt sich auf die Stammeinlage. Nur wenn es der Vertrag vorsieht, bestehen sogenannte Nachschußpflichten. Geschäftsanteile können in notarieller Form veräußert werden. Die Gesellschafter erledigen ihre durch das Gesetz festgelegten Aufgaben durch Beschlußfassung in Gesellschafterversammlungen. Die alleinige Geschäftsführung liegt aber bei einem oder mehreren Geschäftsführern, die nicht Gesellschafter zu sein brauchen.

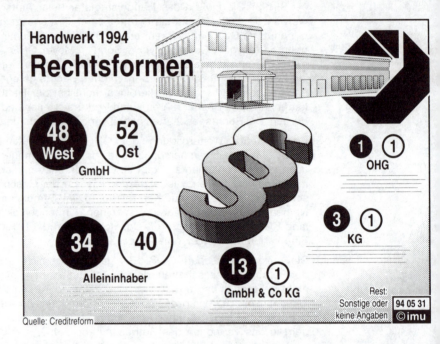

AG Die Aktiengesellschaft (AG) ist eine Unternehmensform für Großbetriebe (Mindestgrundkapital DM 100 000,-). Das Kapital wird durch die Ausgabe von Aktien aufgebracht, die frei verkäuflich sind und an der Börse gehandelt werden.

Die Aktien gewähren den Inhabern Stimmrecht in der Hauptversammlung und Anteile am Gewinn. Beschlüsse in der Hauptversammlung werden mit Stimmenmehrheit gefaßt. Die Leitung der Aktiengesellschaft obliegt einem Vorstand, der vom Aufsichtsrat überwacht wird. Der Firmenname muß die Bezeichnung „Aktiengesellschaft" enthalten, z. B. „Daimler Benz AG"; „Commerzbank AG".

Es gibt keine für jeden Betrieb passende Gesellschaftsform; sie muß immer individuell ausgewählt werden. Bei Gesellschaftsgründungen im Handwerk sollte immer der Betriebsberater der Handwerkskammer zugezogen werden.

3.4 Eintragung in das Handelsregister

Eintragung bei Handwerksbetrieben

Seit Inkrafttreten des Gesetzes über die Kaufmannseigenschaft von Handwerkern vom 31. 3. 1953, jetzt § 2 HGB, können und müssen Handwerksbetriebe, die nach Art und Umfang einen in kaufmännischer Weise eingerichteten Geschäftsbetrieb erfordern, in das Handelsregister beim Amtsgericht eingetragen werden. Die Inhaber sind Vollkaufleute.

Das Gesetz bietet also seit 1953 den Handwerkern die Möglichkeit einer Handelsregistereintragung, wenn ein bestimmter Betriebsumfang erreicht und der Geschäftsablauf so kompliziert ist, daß der Betrieb ohne kaufmännische Einrichtungen (Buchführung, Kundenkartei, Bankkonten) nicht ordnungsgemäß geführt werden kann. In diesem Falle hat die Eintragung ohne Rücksichtnahme auf die Wünsche und Vorstellungen des Handwerksmeisters zu erfolgen. Das gleiche gilt nach dem Handelsgesetzbuch für Handelsgewerbetreibende außerhalb des Handwerks und für Mischbetriebe (Handwerk und Handel).

Das Registergericht (Amtsgericht) wacht über die Einhaltung der Vorschriften des Handelsgesetzbuches. Es ist befugt, Ordnungsstrafen bei Zuwiderhandlungen zu verhängen. Nach § 126 des Gesetzes über die freiwillige Gerichtsbarkeit sind die Handwerkskammern und die Industrie- und Handelskammern verpflichtet, die Registergerichte bei der Berichtigung und Vervollständigung des Handelsregisters sowie beim Einschreiten gegen unzulässigen Firmengebrauch zu unterstützen.

keine Eintragungspflicht bei Minderkaufleuten

Minderkaufleute brauchen keine Eintragung vornehmen zu lassen. Wann ist aber jemand Minderkaufmann im Sinne des Handelsgesetzbuches (§ 4)? Wenn ein Gewerbetreibender nicht in das Handelsregister eingetragen zu werden braucht. Wegen der Vielfältigkeit der Gewerbe in Handwerk und Handel hat der Gesetzgeber davon abgesehen, konkrete und allgemeinverbindliche Richtlinien für die Handelsregistereintragungspflicht festzulegen, die für alle Gewerbezweige Geltung haben. Es ist z. B. nicht möglich, von einer bestimmten Umsatzhöhe auszugehen; denn ein Jahresumsatz von DM 400 000,- ist im Dienstleistungsgewerbe viel, im Baugewerbe wenig. Im Lebensmittelhandwerk erfordert dieser Umsatz eine große Anzahl von Einzelverkäufen – wenn auf Kredit verkauft würde, benötigte man eine Kundenkartei –; im Straßenbauerhandwerk kann ein einziger Auftrag diesen Umsatz erzielen. Andere Abgrenzungsmerkmale (z. B. mehrere Betriebsniederlassungen, Beschäftigtenzahl, Kreditgeschäfte, Größe der gewerblichen Räume, Anzahl der Auftraggeber bzw. Kunden) haben – jedes für sich betrachtet – ebenso wenig entscheidende Aussagekraft für die Eintragungspflicht.

Daher muß zur Feststellung der Eintragungspflicht der gesamte Betrieb untersucht werden. Jeder Betriebsinhaber, der von sich aus eine Eintragung vornehmen lassen möchte oder der zur Antragstellung aufgefordert wurde, sollte sich zuerst an seine Kammer wenden. Dabei können alle Fragen des Firmenrechts, der Eintragungspflicht und der Gesellschaftsgründung geklärt werden.

Die Handelsregistereintragung und die Handwerksrolleneintragung sind keine Gegensätze. Die Handelsregistereintragung nimmt das Amtsgericht vor. Die Handwerksrolleneintragung geschieht bei der Handwerkskammer.

Kammerzugehörigkeit

Wird die Eintragung eines Gewerbetreibenden, der ausschließlich ein Handwerk betreibt, in das Handelsregister vollzogen, so gehört der Betriebsinhaber – auch bei Gesellschaften – weiterhin allein zur Handwerkskammer. Liegt ein gemischter Betrieb vor (teilweise Handel und teilweise Handwerk), so wird die Mitgliedschaft zu beiden Kammern, also auch zur Industrie- und Handelskammer begründet. Das gilt jedoch nicht, sofern ein Handwerker als Ergänzung zu seinem Handwerk nur den Zubehörhandel oder Ergänzungshandel betreibt.

Wahl der Firmenbezeichnung
Die Firma ist der Name, unter dem Kaufleute im Geschäftsverkehr auftreten. Für die Wahl der richtigen Firma (d. h. also der Firmenbezeichnung) gibt es im Handelsgesetzbuch eine Reihe von Regeln und Vorschriften.

Bei Unternehmen mit nur einem Inhaber muß die einzutragende Firma den Familiennamen des Inhabers und wenigstens einen ausgeschriebenen Vornamen enthalten.

Zusätze im Firmennamen
Zusätze, die zur Unterscheidung von anderen Personen und Geschäften dienen bzw. auf das Arbeitsprogramm des Betriebes hinweisen, sind gestattet, z. B. „Elektromaschinen Wolfgang Heimann jun.". Zusätze, die geeignet sind, eine Täuschung über die Art und den Umfang des Betriebes herbeizuführen, sind nicht erlaubt. Das sind insbesondere bei kleineren Betrieben die Zusätze, z. B. „Haus" (Autohaus), „Markt" (Schuhmarkt), „Zentrale" (Reifenzentrale), „Werk" (Reparaturwerk bei einer kleineren Kraftfahrzeugwerkstatt) oder „Werkstätten" (wenn nur eine Werkstatt vorhanden ist). Schwierigkeiten bereiten auch geographische Bezeichnungen im Firmennamen (z. B. „Hagener Betonsteinwerk Herbert Jansen"). Diese geographische Bezeichnung in der Firma ist nur zulässig, sofern das Unternehmen für den genannten Wirtschaftsraum überragende Bedeutung besitzt.

Folgen der Eintragung ins Handelsregister
Ist eine Firma im Handelsregister eingetragen, findet das Recht des Handelsgesetzbuches voll Anwendung. Es kann die Firmenbezeichnung auch dann weitergeführt werden, wenn der Betrieb an einen Nachfolger abgegeben wird. Dadurch wird bei Inhaberwechsel die Kontinuität des Firmennamens gewährleistet.

Die Firmeneintragung bringt ferner die besonderen Buchführungspflichten des Handelsrechts mit sich; sie berechtigt zur Prokura-Erteilung, schafft Erleichterungen bei Formvorschriften (mündliche Verbürgung z. B. möglich) und strengere Verpflichtungen bei anderen Rechtsgeschäften (keine Möglichkeit, Vertragsstrafen herabzusetzen; keine Einrede der Vorausklage bei der Bürgschaft).

Handelsrecht gilt weitgehend auch für Minderkaufleute
Die sonstigen Bestimmungen des Handelsrechts für Handelsgeschäfte gelten jedoch auch für Minderkaufleute, also auch für Handwerker, die nicht im Handelsregister eingetragen sind. Daher gelten bestehende Handelsbräuche auch für Handwerker. Ist der Handwerker mit Vertragsangeboten, Rechnungen oder Bestätigungsschreiben anderer Gewerbetreibender nicht einverstanden, so muß er unverzüglich Einwendungen erheben. Schweigen gilt als Zustimmung! Warenlieferungen muß der Handwerker sofort untersuchen und bei entdeckten Mängeln dem Lieferanten unverzüglich Anzeige (Mängelrüge) erstatten. Andernfalls verliert er seine Gewährleistungsansprüche.

Zu diesem Kapitel finden Sie die Aufgaben C 82 – C 111 im Band „Vorbereitung auf die Meisterprüfung – Test- und Übungsaufgaben".

4. Wettbewerbsrecht

Lernziele:
Der Lernende kann, nachdem er dieses Kapitel durchgearbeitet hat,
- Möglichkeiten zum Schutz des gewerblichen Urheberrechts aufzeigen,
- wichtige Regelungen des Preis- und Wettbewerbsrechts erklären,
- Verstöße gegen unlauteren Wettbewerb nennen.

4.1 Gewerbliches Urheberrecht

Patentschutz — Ein Patent (DBP) wird für neue, gewerblich verwertbare Erfindungen gewährt, und zwar auf die Dauer von 20 Jahren. Der Inhaber des Patents ist allein befugt, es wirtschaftlich auszunutzen, kann diese Befugnis aber gegen Entgelt übertragen (Lizenz).

Patentanmeldung — Anmeldungen haben beim Patentamt in München zu erfolgen. Der Anmeldung sind Zeichnungen und genaue Beschreibungen beizufügen. Bei Patentfähigkeit erfolgt die Eintragung in die Patentrolle und Veröffentlichung. Das Patent ist gebührenpflichtig, die Gebühr steigt von Jahr zu Jahr. Die Verletzung eines Patents und der anderen Schutzrechte kann Unterlassungs- und Schadenersatzansprüchsklagen mit erheblichen Kosten nach sich ziehen. Hat ein Arbeitnehmer auf Grund seiner Tätigkeit im Betrieb eine Erfindung gemacht, so hat der Betriebsinhaber das Recht der Ausnutzung, muß aber dem Mitarbeiter eine angemessene Vergütung zahlen (Arbeitnehmererfindung).

Gebrauchsmusterschutz — Gebrauchsmusterschutz wird gewährt für neugestaltete Modelle von Arbeitsgeräten und Gebrauchsgegenständen. Anmeldung ebenfalls beim Patentamt. Bei Schutzgewährung Eintragung in die Gebrauchsmusterrolle (DBGM). Schutzdauer 3 bis 6 Jahre. Gebührenpflichtig!

Warenzeichenschutz — Das Warenzeichen (W. Z.) ist das Schutzrecht für Zeichen oder Namen, die zur Unterscheidung eigener Waren von den Waren anderer dienen soll. Anmeldung beim Patentamt in München und Eintragung in die Warenzeichenrolle. Schutzdauer 10 Jahre. Verlängerung ist möglich. Gebührenpflicht!

Geschmacksmusterschutz — Geschmacksmusterschutz wird gewährt für neue und eigentümliche gewerbliche Muster oder Modelle, wie z. B. Stoffmuster. Dauer 3 bis 15 Jahre. Anmeldung beim Amtsgericht (Musterregister) des Wohnsitzes. Gebührenpflicht! Beratung in derartigen Angelegenheiten durch die Gewerbeförderungsstelle der Handwerkskammer und besondere Patentanwälte.

Geistiges Eigentum sollte zur besseren wirtschaftlichen Nutzung durch Anmeldung von Schutzrechten gesichert werden.

4.2 Preisrecht

In der Bundesrepublik Deutschland haben wir die soziale Marktwirtschaft. *Grundsatz der freien Preisgestaltung* — Die Preise für Güter und Leistungen richten sich nach dem ungeschriebenen Gesetz von Angebot und Nachfrage. Es besteht somit grundsätzlich freie Preis- und Lohngestaltung im Rahmen eines freien wirtschaftlichen Wettbewerbs.

Selbständige Ausübung des Handwerks

Grenzen der Preisbildung — Auch die Marktwirtschaft bedarf gewisser Ordnungsgrenzen. Sie liegen dort, wo anomale Situationen entstehen oder entstehen können, z. B. gesetzlich festgelegte Mietpreise in den neuen Bundesländern. Insofern gibt es hauptsächlich folgende Ausnahmen von dem Grundsatz der freien Preisgestaltung:

Wucher ist strafbar — Wucherische Geschäfte sind ungültig und außerdem strafbar. Wucher liegt vor, wenn die Notlage oder Unerfahrenheit eines einzelnen ausgebeutet wird und der Preis im auffälligen Mißverhältnis zur Gegenleistung steht.

Gesetz gegen Wettbewerbsbeschränkungen — Bei unangemessenen Preiserhöhungen für Gegenstände oder Leistungen des lebenswichtigen Bedarfs infolge Beschränkung des Wettbewerbs oder infolge Ausnutzung einer wirtschaftlichen Machtstellung durch marktbeherrschende Unternehmen kann das mißbräuchliche Verhalten untersagt und mit Geldbußen geahndet werden (Gesetz gegen Wettbewerbsbeschränkungen).

keine Preisabsprachen — Kartellvereinbarungen und Preisabsprachen von Unternehmern, die im Wettbewerb zueinander stehen, sind grundsätzlich verboten und ebenfalls strafbar, ja selbst die Empfehlung von gleichen Preisen. Ausnahmen nur mit Erlaubnis der Kartellbehörde. Genehmigungsfähig sind z. B. Konditionenkartelle, die die Anwendung einheitlicher Geschäfts- und Lieferungsbedingungen zum Gegenstand haben.

Kalkulationsschulungen, z. B. im Rahmen einer Innungsversammlung, die den Zweck haben, die Höhe der Selbstkosten aufzuzeigen, sind gestattet, ja im Handwerk empfehlenswert.

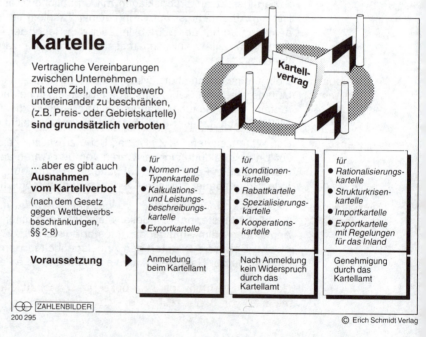

Preisangabenpflicht — Es ist vorgeschrieben, daß der Handel und die Anbieter gewerblicher Leistungen in ihrem Geschäftslokal alle zum Verkauf angebotenen Waren und gewerblichen Leistungen mit den Verkaufspreisen auszeichnen müssen. Bei den Leistungen können, soweit üblich, Stundensätze, Kilometersätze und andere Verrechnungssätze angegeben werden. Einzelheiten sind in der neuen Preisangabenverordnung vom 14. 3. 1985 festgelegt.

Verstöße gegen die Preisauszeichnungspflicht können als Ordnungswidrigkeiten durch Geldbußen geahndet werden. Da es Ausnahmen und Übergangsregelungen gibt, sollte im Zweifelsfall die Innung oder die Handwerkskammer befragt werden.

4.3 Unlauterer Wettbewerb

Was ist unlauterer Wettbewerb?

Das deutsche Recht legt Wert auf einen fairen und anständigen Wettbewerb. Unlauter handelt, wer im Geschäftsverkehr zu Wettbewerbszwecken Handlungen vornimmt, die gegen die guten Sitten verstoßen. Verstöße gegen den lauteren Wettbewerb können mit Unterlassungsklagen und mit Schadenersatzklagen verfolgt werden.

Im einzelnen gilt als unlauteres Verhalten im Wettbewerb, wenn

- unwahre Angaben über eigene Waren, Leistungen, über Art und Umfang des Geschäftsbetriebes usw. gemacht werden, um den Anschein eines besonders günstigen Angebots zu erwecken. *Irreführende Werbung.* Unlauter handelt auch derjenige, der im geschäftlichen Verkehr mit dem Letztverbraucher auf seine Eigenschaft als Großhändler hinweist, wenn er nicht überwiegend Wiederverkäufer beliefert und dem Letztverbraucher den echten Großhandelspreis einräumt oder unmißverständlich auf die unterschiedlichen Preise hinweist. Ausverkäufe und Räumungsverkäufe dürfen nur unter bestimmten Voraussetzungen in der Werbung herausgestellt werden. Sie sind vorher unter Einhaltung einer Frist der Industrie- und Handelskammer anzuzeigen

irreführende Werbung

- üble Nachrede über Mitbewerber aus Konkurrenzgründen betrieben wird (Anschwärzung von Konkurrenten); auch die vergleichende Werbung ist nicht statthaft

vergleichende Werbung

- Bestechungen von Mitarbeitern eines geschäftlichen Betriebes vorgenommen werden, um bevorzugt zu werden (Schmiergelder)

- Geschäftsgeheimnisse verraten oder mißbraucht werden.

Alles Nähere hierüber findet man im „Gesetz gegen den unlauteren Wettbewerb" von 1909.

Zugaben

- Als unlauterer Wettbewerb gilt auch, wenn unzulässige Zugaben gemacht werden, Ausnahme: geringwertige Reklameartikel und andere Kleinigkeiten

Schutzmaßnahmen gegen den unlauteren Wettbewerb

Wer sich durch unlautere Wettbewerbsmaßnahmen betroffen fühlt, kann gegen den Störer auf Unterlassung und oft auch auf Schadenersatz klagen. Klageberechtigt sind geschädigte Wettbewerber, aber auch Wirtschaftsverbände, z. B. Innungen oder Fachverbände. Oft empfiehlt es sich, um schnell wirksam zu werden, eine einstweilige Verfügung beim Gericht zu beantragen. Dabei kann man die „Zentrale zur Bekämpfung des unlauteren Wettbewerbs" in Anspruch nehmen.

Auskünfte erteilen die Rechtsabteilungen der Handwerkskammern. Eine Reihe von Tatbeständen z. B. bewußt irreführende Werbung, Bestechung von Angestellten, Kreditschädigung, Verrat von Betriebsgeheimnissen, können als Straftatbestände mit Geldstrafe und sogar mit Gefängnis geahndet werden.

Zu diesem Kapitel finden Sie die Aufgaben C 82 – C 111 im Band „Vorbereitung auf die Meisterprüfung – Test- und Übungsaufgaben".

Arbeitsrecht

1. Allgemeines

Lernziele:
Der Lernende kann, nachdem er dieses Kapitel durchgearbeitet hat,
- mindestens fünf Rechtsquellen des Arbeitsrechts nennen,
- die Begriffe Arbeitnehmer und Arbeitgeber gegeneinander abgrenzen,
- die Funktion des Arbeitsrechts erklären.

Geschichte des Arbeitsrechts — Erst im 19. Jahrhundert, im Zuge der Industrialisierung und mit Erstarkung der Gewerkschaften wurden erste arbeitsrechtliche Bestimmungen geschaffen. Mit dem Ende des ersten Weltkrieges 1918 trat das Arbeitsrecht in eine neue Phase der Entwicklung ein. Es begann die Epoche des kollektiven Arbeitsrechts mit Tarifverträgen, Betriebsräten, besserem Arbeitsschutz und Arbeitsgerichtsbarkeit. Während der nationalsozialistischen Herrschaft von 1933 bis 1945 war das Tarifvertragsrecht weitgehend außer Kraft gesetzt. Die Gewerkschaften und Arbeitgeberverbände waren abgeschafft. An ihre Stelle trat ein Einzelgebilde, die „Deutsche Arbeitsfront". Die Tarifverträge wurden durch Tarif„ordnungen" ersetzt. Nach 1945 wurde das Arbeitsrecht durch viele neue gesetzliche Bestimmungen, aber auch durch die Arbeitsrechtsprechung erheblich ergänzt.

Definition — Das Arbeitsrecht ist die Gesamtheit aller staatlichen und autonomen Vorschriften sowie der Grundsätze der Rechtsprechung, die die Beziehungen zwischen Arbeitnehmern und Arbeitgebern sowie den rechtlichen Rahmen und die Bedingungen der zu leistenden Arbeit regeln. Das wichtigste Anliegen des Arbeitsrechts ist der Schutz des Arbeitnehmers.

Ein einheitliches Arbeitsgesetzbuch gibt es in der Bundesrepublik bisher nicht. Verschiedene Reformansätze zu einem solchen Werk sind in den 70er Jahren nicht zu Ende gebracht worden, da der Interessengegensatz der beteiligten Gruppen zu groß war. Im Gegensatz dazu hat die frühere DDR ein solches Arbeitsgesetzbuch gekannt. Artikel 30 des Einigungsvertrages legt dem gesamtdeutschen Gesetzgeber auf, das Arbeitsvertragsrecht „möglichst bald einheitlich zu kodifizieren". Dem heutigen Arbeitsrecht liegt eine große Zahl einzelner Gesetze und Verordnungen zugrunde, von denen die ältesten ihren Ursprung im vorigen Jahrhundert haben. Das Arbeitsrecht ist *Bundesrecht* vorrangig Bundesangelegenheit, Artikel 74 Nr. 12 Grundgesetz; die Bundesländer haben die Befugnis zur Gesetzgebung nur, soweit der Bund von seinem Gesetzgebungsrecht keinen Gebrauch macht. In Ausführung der gesetzlichen Bestimmungen haben die Ministerien auch Erlasse und Richtlinien herausgegeben, die ebenfalls beachtet werden müssen. *Beispiele:* Bürgerliches Gesetzbuch, Gewerbeordnung, Tarifvertragsgesetz, Betriebsverfassungsgesetz, Arbeitszeitgesetz, Kündigungsschutzgesetz, Arbeitsgerichtsgesetz, Arbeitnehmerüberlassungsgesetz, Beschäftigungsförderungsgesetz.

Landesrecht — Ländergesetze sind z. B. das Frauenförderungsgesetz NRW und das Arbeitnehmerweiterbildungsgesetz NRW.

Außerdem sind die Entscheidungen der höheren Arbeitsgerichte wichtige Rechtsquellen des Arbeitsrechts.

Man unterscheidet
- Arbeitnehmer: Arbeiter, (im Handwerk auch Gesellen), Angestellte, leitende Angestellte, Auszubildende (Lehrlinge), Werkmeister, Praktikanten u. a.

Arbeitnehmer Als Arbeitnehmer gilt derjenige, der aufgrund eines privatrechtlichen Vertrages im Dienst eines anderen zur Arbeit verpflichtet ist.

- Nicht zu den Arbeitnehmern zählende Personen: selbständige Unternehmer und sonstige selbständige Personen. Diese können die Tätigkeit (Zeit, Ort und Art und Weise) selbst bestimmen und sind nicht in einen anderen Betrieb eingegliedert.
- Unselbständig Tätige: Beamte, unselbständige Handelsvertreter, Heimarbeiter, Hausgewerbetreibende, mithelfende Familienangehörige (soweit nicht in einem Arbeitsverhältnis) u. a.

Arbeitgeber
- Arbeitgeber: Als Arbeitgeber gilt derjenige, der Arbeitnehmer in seine Dienste nimmt. Als Arbeitgeber können sowohl natürliche als auch juristische Personen tätig sein.
- Selbständige, die nicht Arbeitgeber sind: alleintätige Handwerker, Landwirte, Makler, ferner Schriftsteller, Wohnungsvermieter u. a.

Zu diesem Kapitel finden Sie die Aufgaben C 112 – C 200 im Band „Vorbereitung auf die Meisterprüfung – Test- und Übungsaufgaben".

2. Kollektives Arbeitsrecht

Lernziele:
Der Lernende kann, nachdem er dieses Kapitel durchgearbeitet hat,
- Merkmale und Ausprägungen des kollektiven Arbeitsrechts angeben,
- Funktion und Bedeutung von Tarifverträgen erläutern,
- Mittel des Arbeitskampfes erklären.

Das kollektive Arbeitsrecht beinhaltet alle Bestimmungen und Rechtsgrundsätze, die gemeinsames Handeln einer größeren Anzahl von im Arbeitsleben Stehenden, insbesondere Arbeitnehmern, zur Grundlage haben. Im Vordergrund steht das Tarifvertragsrecht.

2.1 Tarifvertragsrecht

Ein Tarifvertrag kommt zustande durch eine schriftliche Vereinbarung, die zwischen Gewerkschaften und Vereinigungen von Arbeitgebern (z. B. im Handwerk Landes- oder Bundesfachverbände) ausgehandelt wird. Die Arbeitnehmer und Arbeitgeber haben ein verfassungsmäßig garantiertes Recht, sich zur Vertretung gemeinsamer Interessen je zusammenzuschließen, die sog. Koalitionsfreiheit. Die Mitgliedschaft zu den Verbänden ist freiwillig. Grundlage des Tarifvertragsrechts ist das Tarifvertragsgesetz (1969).

Koalitionsfreiheit

Die Koalitionsfreiheit und sich daraus ergebend die Tarifvertragshoheit wird von Gewerkschaften und Arbeitgeberverbänden als ein wichtiges Grundrecht der Bundesrepublik angesehen!

Ein Tarifvertrag regelt Arbeitsbedingungen für die von ihm beruflich und bezirklich erfaßten Arbeitnehmer. Man unterscheidet Lohn- und Gehaltstarifverträge, soweit sie hauptsächlich die Höhe der Löhne und Gehälter festsetzen und Rahmen- oder Manteltarifverträge, die die übrigen Arbeitsbedingungen (Urlaub, Kündigungsfristen usw.) regeln, ferner Bezirks-, Landes- und Bundestarifverträge, je nach Geltungsbereich. Beispiele: Lohn- und Gehaltstarifvertrag für das Bäckerhandwerk in Nordrhein-Westfalen; Bundesrahmentarifvertrag für das Baugewerbe.

Lohn-/ Gehaltstarifvertrag

Rahmentarifvertrag

Die tariflichen Bestimmungen finden unmittelbar auf das betroffene Einzelarbeitsverhältnis Anwendung, auch wenn sie dem Arbeitgeber oder Arbeitnehmer nicht bekannt sind. Sie haben normative Wirkung! Sie können zuungunsten des Arbeitnehmers abgeändert werden, jedoch zu seinen Gunsten. Beispiel: Ist der tarifliche Stundenlohn DM 13,-, so kann statt dessen ein solcher von DM 14,- vereinbart werden. Würde der Arbeitnehmer nur DM 12,- erhalten, so könnte die Differenz jederzeit bis zum Ablauf der Verjährungs- bzw. Ausschlußfrist nachgefordert werden, auch wenn sich der Arbeitnehmer mit der Minderbezahlung vorher ausdrücklich einverstanden erklärt hatte.

keine tariflichen Vereinbarungen

Untertarifliche Vereinbarungen sind also ungültig!

Eine verbindliche, d. h. zwingende Wirkung für den Einzelfall ist jedoch nur in den folgenden Fällen gegeben
- wenn beide Partner eines Arbeitsverhältnisses ihrer Arbeitgeber- bzw. Arbeitnehmerorganisation angehören
- wenn bei Nichtmitgliedschaft des einen oder anderen Teils die Geltung des Tarifvertrages dennoch im Einzel-Arbeitsvertrag vereinbart ist

Allgemeinverbindlichkeit
- wenn ein Tarifvertrag durch die staatlich zuständige Stelle für allgemeinverbindlich erklärt worden ist. Die Folge der Allgemeinverbindlich-Erklärung ist die Ausdehnung des Tarifvertrages auf alle Außenseiter, die sonst nicht tariflich erfaßt sind.

2.2 Arbeitskampfrecht

Arbeitskampf ist die von Arbeitnehmern oder Arbeitgebern ausgehende planmäßige Störung des Arbeitsfriedens, um durch kollektive Maßnahmen einen bestimmten Zweck zu erreichen.

Streik
Streik ist das wichtigste und häufigste Mittel im Arbeitskampf. Es ist die gemeinsame und planmäßige Einstellung der Arbeit durch eine Mehrzahl von Arbeitnehmern mit dem Willen, nach Beendigung des Kampfes die Arbeit wieder aufzunehmen. Deshalb ist in der Arbeitseinstellung noch keine Kündigung zu erblicken.

Im allgemeinen rufen die Gewerkschaften zum Streik auf. Während des Streiks werden die ihnen als Mitglieder angehörenden Arbeitnehmer finanziell unterstützt (Streikkasse!). Vom Streik betroffene, jedoch nicht beteiligte Arbeitnehmer erhalten Arbeitslosengeld nur unter bestimmten Voraussetzungen.

Es gibt u. a. den Teilstreik, den Warnstreik, den Sympathiestreik, den Generalstreik.

Aussperrung
Aussperrung ist das dem Streik entsprechende Kampfmittel der Arbeitgeber. Dabei wird eine größere Zahl von Arbeitnehmern fristlos entlassen, in der Absicht, sie nach Beendigung wieder einzustellen. Das Kündigungsschutzgesetz findet in einem solchen Fall keine Anwendung. In der Nachkriegszeit ist die Aussperrung bisher nur als Antwort der Arbeitgeber auf einen ausgerufenen Streik eingesetzt worden. Mit einer Aussperrung ist ein Arbeitskampf bisher nicht eröffnet worden.

Das Recht zur Aussperrung wird von den Gewerkschaften aus grundsätzlichen Erwägungen heraus bestritten, weil mit der Einräumung des Rechts auf Aussperrung eine Überparität zugunsten der Arbeitgeber gegeben sei. Nach der hessischen Landesverfassung ist die Aussperrung beispielsweise rechtswidrig. Das Bundesarbeitsgericht hat 1988 jedoch entschieden, daß diese Verbotsnorm durch Bundesrecht verdrängt werde, denn das Aussperrungsrecht sei ein Teil des Tarifrechts, und dieses wiederum ist Bundesrecht.

Friedenspflicht
Friedenspflicht ist die Verpflichtung, Kampfhandlungen der Arbeitnehmer oder Arbeitgeber zu unterlassen, die sich gegen den Bestand eines Tarifvertrages richten, indem sie z. B. eine vorzeitige Aufhebung oder Änderung bezwecken.

2.3 Schlichtungsrecht

Wenn sich Arbeitgeber- und Arbeitnehmerseite bei Meinungsverschiedenheiten nicht einigen können, insbesondere im Verlauf von Arbeitskämpfen, ist ein Schlichtungsverfahren möglich.

Schlichtungsausschuß Wenn die Tarifvertragsparteien sich auf einen bestimmten Schlichter oder Schlichtungsausschuß geeinigt haben, bemüht dieser sich um eine Einigung, in der Regel ein Kompromiß. Es liegt jedoch an den beteiligten Verbänden, ob sie den Schlichtungsvorschlag annehmen oder nicht.

Schiedsspruch Ein Schiedsspruch des Schlichters ist nur dann verbindlich, wenn sich die Parteien von vornherein damit einverstanden erklärt haben.

Zu diesem Kapitel finden Sie die Aufgaben C 112 – C 200 im Band „Vorbereitung auf die Meisterprüfung – Test- und Übungsaufgaben".

3. Individuelles Arbeitsrecht

Lernziele:
Der Lernende kann, nachdem er dieses Kapitel durchgearbeitet hat,
- die Aufgaben der Arbeitsverwaltung benennen,
- das Arbeitsamt verwaltungsorganisatorisch einordnen,
- mindestens zwei Arten von Arbeitsverhältnissen unterscheiden und ihr Zustandekommen erklären,
- verschiedene Lohnformen gegeneinander abgrenzen,
- die arbeitsvertraglichen Rechte und Pflichten des Arbeitgebers und Arbeitnehmers aufzeigen,
- Arten der Beendigung eines Arbeitsverhältnisses systematisieren,
- die fristgemäße und fristlose Kündigung kennzeichnen.

Grundrecht — Nach dem Grundgesetz (Art. 12) haben alle Deutschen das Recht, den Beruf und den Arbeitsplatz frei zu wählen. Niemand darf zu einer bestimmten Arbeit gezwungen werden (Ausnahmen: für alle gleiche öffentliche Dienstleistungspflicht, z. B. Wehrdienst, Notstand).

Arbeitsamt — Eine wichtige Behörde für den einzelnen wie auch für die Gesamtheit ist das Arbeitsamt. Zu seinen Aufgaben gehören die
- Berufsberatung für Berufsanfänger und Berufswechsler
- Arbeitsvermittlung
- finanzielle Förderung der beruflichen Bildung (z. B. Ausbildung, Umschulung, Fortbildung)
- Gewährung von Arbeitslosengeld
- Gewährung von Leistungen zur Erhaltung und Schaffung von Arbeitsplätzen.

Als zusätzliche Aufgabe ist den Arbeitsämtern auch die Auszahlung des Kindergeldes übertragen worden.

Träger der Organisation der Arbeitsverwaltung ist die Bundesanstalt für Arbeit mit dem Sitz in Nürnberg. Sie ist oberste Bundesbehörde und untersteht dem Bundesminister für Arbeit und Soziales. In ihren Organen wirken Arbeitnehmer- und Arbeitgebervertreter paritätisch mit. Die Bundesanstalt gliedert sich in die Hauptstelle, die Landesarbeitsämter und die Arbeitsämter.

3.1 Arbeitsvertrag

Die gegenseitigen Rechtsbeziehungen des Arbeitsverhältnisses zwischen Arbeitgeber und Arbeitnehmer werden durch den Arbeitsvertrag geregelt.

Vertragsinhalt — Ein Arbeitsvertrag kommt dadurch zustande, daß sich Arbeitgeber und Arbeitnehmer über das Zustandekommen des Arbeitsverhältnisses, insbesondere Arbeitsleistung und Vergütung, einig geworden sind. Der Arbeitsvertrag ist nicht formgebunden; neben einem schriftlichen Vertrag ist also auch ein mündlicher Arbeitsvertrag wirksam.

Gleichbehandlungsgebot

Bei der Begründung eines Arbeitsverhältnisses darf der Arbeitgeber den Arbeitnehmer nicht wegen seines Geschlechts benachteiligen. Dies sieht § 611a BGB vor. Eine unterschiedliche Behandlung wegen des Geschlechts ist nur dann zulässig, soweit eine Vereinbarung die Art der vom Arbeitnehmer auszuübenden Tätigkeit zum Gegenstand hat und ein bestimmtes Geschlecht unverzichtbare Voraussetzung für diese Tätigkeit ist. Ein Verstoß gegen dieses Benachteiligungsverbot führt zum Schadenersatz.

Minderjährige

Minderjährige Arbeitnehmer bedürfen zum Abschluß eines Arbeitsvertrages der Ermächtigung ihres gesetzlichen Vertreters. Die für einen einzelnen Fall erteilte Ermächtigung gilt im Zweifel als allgemeine Ermächtigung zur Eingehung von Rechtsgeschäften derselben Art. Beispiel: Ein 17 Jahre alter Jugendlicher möchte nach Ausscheiden aus der Realschule ein Arbeitsverhältnis als Hilfsarbeiter eingehen. Zum Abschluß des ersten Arbeitsvertrages bedarf es der Ermächtigung des gesetzlichen Vertreters, die am besten schriftlich gegeben werden sollte.

3.1.1 Vertragsarten

In der Praxis unterscheidet man verschiedene Arten von Arbeitsverträgen
- die Regel ist ein auf unbestimmte Zeit abgeschlossener Arbeitsvertrag, der auch eine Teilzeitbeschäftigung umfassen kann
- ein von vornherein befristeter Arbeitsvertrag endet mit Ablauf der festgelegten Zeit, ohne daß es einer Kündigung bedarf
- bei Leiharbeitsverhältnissen überläßt ein Arbeitgeber gewerbsmäßig Arbeitnehmer einem Dritten

Arbeiter/Angestellte

- man unterscheidet bei Arbeitsverträgen auch solche mit gewerblichen Arbeitern (Gesellen) und Angestellten. Gewerbliche Arbeiter sind solche, die überwiegend körperliche Arbeiten ausführen, Angestellte solche Arbeitnehmer, die eine kaufmännische oder auch leitende Tätigkeit ausüben. (Die Unterscheidung hat Bedeutung u. a. hinsichtlich arbeitsrechtlicher Regelungen und der Sozialversicherung.)

Für das Einzel-Arbeitsverhältnis gelten die in Frage kommenden gesetzlichen und verbindlichen tariflichen Bestimmungen, ohne daß es einer ausdrücklichen Erwähnung bedarf. Soweit zwingendes Recht nicht dagegen steht, können abweichende oder ergänzende individuelle Vereinbarungen getroffen werden.

Schriftform

Da es zweckmäßig ist, daß auch die tariflichen Bestimmungen in jedem Fall Anwendung finden, empfiehlt es sich – um jeden Zweifel wegen der Verbindlichkeit auszuschalten – dieses ausdrücklich beim Abschluß des Arbeitsvertrages zu vereinbaren, und zwar am besten schriftlich. Der schriftliche Abschluß eines Vertrages ist im übrigen auch bei Einstellung besonders qualifizierter Gesellen oder leitender Angestellter sehr zu empfehlen. Beispiel: Da dem Arbeitgeber bei der Einstellung eines neuen Mitarbeiters nicht bekannt ist, ob dieser der zuständigen Gewerkschaft angehört oder nicht, vereinbart er in einem kurzen schriftlichen Arbeitsvertrag: „Auf das Arbeitsverhältnis finden alle für den Betrieb maßgeblichen tariflichen Bestimmungen Anwendung."

Arbeitsrecht

Arbeitsvertrag für Arbeitnehmer im Handwerk

Arbeitsvertrag
für Arbeitnehmer im Handwerk

Zwischen _____ (Name des Betriebes)

_____ (vollständige Anschrift)
- im folgenden Arbeitgeber genannt -

und Herrn/Frau _____ geb. am _____

_____ (vollständige Anschrift)
- im folgenden Arbeitnehmer genannt -

wird folgender Arbeitsvertrag geschlossen:

§ 1 Inhalt, Beginn des Arbeitsverhältnisses

1. Herr/Frau _____

   tritt ab _____ als _____ (genaue Berufsbezeichnung)

   ☐ **auf unbestimmte Dauer** *)
   o d e r
   ☐ **zunächst in einem befristeten Arbeitsverhältnis von 6 Monaten bis zum _____** *)
   in die Dienste des oben genannten Arbeitgebers.

2. Die Beschäftigung erfolgt als ☐ **gewerbliche(r) Arbeitnehmer(in)** *)
   ☐ **Angestellte(r)** *)

3. Für das Arbeitsverhältnis gelten die für das _____ -Handwerk
   jeweils gültigen tariflichen Bestimmungen (Lohn-, Gehalts-, Rahmen- bzw. Manteltarifvertrag etc.).

4. Eine Probezeit ist in dem Umfang vereinbart, der tarifvertraglich maximal vorgesehen ist. Soweit eine tarifliche Regelung nicht entgegensteht, gilt eine Probezeit von 6 Monaten.

§ 2 Arbeitsentgelt

1. Der Arbeitnehmer erhält folgendes Arbeitsentgelt:

Bruttovergütung je Stunde/Woche/Monat		**Akkordlohn**	
- Tariflohn/Gehalt der Gruppe	_____	a) gemäß Akkordtarifvertrag im _____ -Handwerk	
im _____ Beschäftigungs- bzw. Berufsjahr	_____ DM		_____ DM
- außertarifliche Zulage	_____ DM	b) gemäß folgender Vereinbarung:	
- Zulage aufgrund besonderer Umstände des Einzelfalls	_____ DM	(siehe evtl. Beiblatt)	
Bruttovergütung gesamt:	_____ DM		_____ DM

2. Die außertarifliche Zulage ist jederzeit frei widerruflich und kann bei Änderungen der tariflichen Vergütung aufgerechnet werden.
3. Das Arbeitsentgelt ist jeweils am _____ zahlbar. Bei unbarer Zahlung gehen die Bankkosten zu Lasten des Arbeitnehmers.
4. Lohn-, Gehalts- und sonstige Ansprüche auf Vergütung darf der Arbeitnehmer weder abtreten noch verpfänden.
5. Bei Pfändungen der Arbeitsvergütung ist der Arbeitgeber berechtigt, 3 % des jeweils an den Gläubiger zu überweisenden Betrages als Kosten für die Bearbeitung der Pfändung einzubehalten.

*) (Zutreffendes bitte ankreuzen)

© Verlagsanstalt Handwerk GmbH, Postfach 10 51 62, 40042 Düsseldorf · Best.-Nr. 3030   2/94
Nachdruck und jede Form der Vervielfältigung verboten.

Arbeitsrecht

Arbeitsvertrag für Arbeitnehmer im Handwerk

§ 3 Besondere Bezüge

1. In (neben) dem in § 2 festgelegten Arbeitsentgelt sind (werden) folgende Leistungen oder Sachbezüge gewährt:

2. Soweit dem Arbeitnehmer eine Gratifikation (z. B. Weihnachtsgratifikation) ausschließlich oder über die tarifliche Leistung hinaus auf betrieblicher Grundlage gewährt wird, erfolgt dies freiwillig ohne Begründung eines Rechtsanspruchs. Ist das Arbeitsverhältnis im Zeitpunkt des vereinbarten Auszahlungstages gekündigt, so entfällt die Gratifikation. Wird das Arbeitsverhältnis im Falle der Weihnachtsgratifikation bis zum 31.3. des folgenden Jahres, bei sonstigen Gratifikationen binnen drei Monaten nach Auszahlung seitens des Arbeitnehmers oder seitens des Arbeitgebers, aus Gründen, die im Verhalten des Arbeitnehmers liegen, gekündigt, so ist die Gratifikation zurückzuzahlen oder kann vom Arbeitgeber unter Beachtung der Pfändungsfreigrenzen mit Vergütungszahlungen verrechnet werden. Diese Rückzahlungsvereinbarung gilt nicht, wenn die Gratifikation 200,- DM nicht übersteigt.

3. Die vorstehende Regelung findet entsprechende Anwendung auf alle freiwilligen Sonderleistungen.

§ 4 Arbeitsfähigkeit

1. Der Arbeitnehmer erklärt, daß er an keiner ansteckenden Krankheit leidet, keine körperlichen oder gesundheitlichen Mängel (z. B. chronische Krankheiten) verschwiegen hat und im Zeitpunkt des Abschlusses dieses Vertrages den Bestimmungen des Schwerbehindertengesetzes nicht unterliegt.

2. Die Feststellung von Rechten aus dem Schwerbeschädigtengesetz und anderen Schutzgesetzen ist dem Arbeitgeber unverzüglich bekanntzugeben.

3. Der Arbeitnehmer ist verpflichtet, dem Arbeitgeber bei Krankheit oder einer sonstigen entschuldbaren Verhinderung den Grund oder die voraussichtliche Dauer seiner Verhinderung vorher bzw. unverzüglich mitzuteilen und im Krankheitsfalle zusätzlich spätestens vor Ablauf des dritten Arbeitstages durch eine Bescheinigung der Krankenkasse oder des behandelnden Arztes nachzuweisen.

§ 5 Beendigung des Arbeitsverhältnisses

1. Das Arbeitsverhältnis kann beiderseitig unter Beachtung der tariflichen Kündigungsfrist, ansonsten unter Einhaltung der kürzesten möglichen gesetzlichen Kündigungsfrist[1] gekündigt werden. Im Falle der Befristung endet das Arbeitsverhältnis mit Ablauf der vereinbarten Frist, ohne daß es einer Kündigung bedarf.

2. Das Arbeitsverhältnis endet ohne Kündigung mit Vollendung des 65. Lebensjahres.

3. Entgeltliche, vom Arbeitgeber nicht ausdrücklich genehmigte Nebentätigkeit jeder Art, vor allen Dingen aber Schwarzarbeit und Nebentätigkeit im Gewerk des Arbeitgebers, gelten als wichtiger Kündigungsgrund, der den Arbeitgeber zur fristlosen Kündigung berechtigt.

§ 6 Vertragsstrafe bei Vertragsbruch

Tritt der Arbeitnehmer das Arbeitsverhältnis schuldhaft nicht an oder kündigt er das Arbeitsverhältnis ohne Einhaltung der maßgeblichen vertraglichen/tariflichen/gesetzlichen Kündigungsfrist (wobei die jeweilige Kündigungsfrist vom Tage des Zugangs der Kündigung zu berechnen ist) vor Vertragsbeginn oder während der Dauer des Arbeitsverhältnisses oder wird der Arbeitgeber durch schuldhaft vertragswidriges Verhalten des Arbeitnehmers zur fristlosen Kündigung des Arbeitsverhältnisses veranlaßt, so hat der Arbeitnehmer an den Arbeitgeber eine Vertragsstrafe in Höhe von _____ DM zu zahlen.

§ 7 Ausschlußfrist

Soweit eine tarifliche Ausschlußfrist nicht besteht bzw. nicht zur Anwendung kommt, verfallen alle beiderseitigen Ansprüche aus dem Arbeitsverhältnis und solche, die mit dem Arbeitsverhältnis in Verbindung stehen, wenn sie nicht binnen zwei Monaten nach Fälligkeit gegenüber der anderen Vertragspartei schriftlich geltend gemacht werden. Lehnt die Gegenpartei den Anspruch ab oder erklärt sich nicht innerhalb von zwei Wochen nach der Geltendmachung des Anspruchs, so verfällt dieser, wenn er nicht innerhalb von zwei Monaten nach der Ablehnung oder dem Fristablauf gerichtlich geltend gemacht wird.

§ 8 Kurzarbeit

Der Arbeitgeber ist berechtigt, Kurzarbeit im Sinne des § 19 Kündigungsschutzgesetz, § 63 ff. Arbeitsförderungsgesetz einzuführen.

§ 9 Vertragsänderungen

Änderungen dieses Vertrages bedürfen der Schriftform.

§ 10 Besondere Abmachungen (ggf. zusätzliches Blatt verwenden)

_____

_____, den _____
(Ort)

_____   _____
(Unterschrift des Arbeitgebers)   (Unterschrift des Arbeitnehmers)

[1] Kürzeste mögliche gesetzliche Kündigungsfristen:
   a) bei Probezeit von längstens 6 Monaten: Kündigungsfrist 2 Wochen
   b) in Betrieben bis zu 20 Arbeitnehmern (ohne Azubi): Kündigungsfrist 4 Wochen ohne festen Endtermin
   c) ansonsten: Kündigungsfrist 4 Wochen zum 15. oder Ende eines Kalendermonats.
Die gesetzlichen Kündigungsfristen verlängern sich für arbeitgeberseitige Kündigungen ab einer Betriebszugehörigkeit von 2 Jahren, gerechnet ab Vollendung des 25. Lebensjahres.

3.1.2 Vergütung

Lohnzahlungspflicht — Die Hauptpflicht des Arbeitgebers ist die Lohnzahlungspflicht. Sie gibt dem Rechtsverhältnis zwischen Arbeitnehmer und Arbeitgeber auf der Seite des Arbeitgebers sein Gepräge. Beim Arbeitsentgelt ist zwischen Lohn und Gehalt zu unterscheiden.

Lohn / Gehalt — Während ein arbeiterrentenversicherungspflichtiger Arbeitnehmer (Arbeiter, Geselle) Lohn erhält, spricht man beim angestelltenversicherungspflichtigen Arbeitnehmer (technischer, kaufmännischer Angestellter) von Gehalt. Soweit eine vertragliche Vereinbarung über die Lohnhöhe fehlt und kein Tarifvertrag Anwendung findet, gilt die übliche Vergütung als vereinbart. Das Gehalt wird monatlich gezahlt; der Lohn ist im allgemeinen wöchentlich fällig. Weitgehend sind aber auch hierbei wöchentliche Abschlagszahlungen und monatliche Abrechnung üblich.

Bruttolohn ist der gesamte Betrag des Entgelts, während beim Nettolohn die gesetzlich vorgeschriebenen Abzüge vorgenommen worden sind.

Akkordlohn — Beim Zeitlohn handelt es sich im Gegensatz zum Akkordlohn um einen Lohn, dem eine Zeiteinheit zugrundegelegt wird, z. B. Stunden-, Tages-, Wochenlohn. Der Akkordlohn ist ein Stücklohn; d. h., der Arbeitslohn wird nach der Zahl der in einer bestimmten Zeit hergestellten Stücke berechnet. Ähnlich der Zeitakkord, bei dem die Zeit, innerhalb der eine Arbeit verrichtet wird, Maßstab der Entlohnung ist.

Lohnbestandteile — Neben dem Grundlohn, der sich in den ersten Berufsjahren oft nach deren Anzahl oder dem Alter, aber auch nach Ortsklassen und der Qualifikation (Geselle, angelernte Kräfte, Hilfsarbeiter) richtet, gibt es Zulagen bzw. Zuschläge für Überstunden, Feiertags- und Nachtarbeit, Wegegelder, Auslösungen (bei auswärtiger Beschäftigung), Gefahren- oder Schmutzzulagen, Leistungszulagen. Sondervergütungen sind u. a. Gewinnbeteiligungen, Provisionen, vermögenswirksame Leistungen, Weihnachtsgratifikationen.

Grundsätzlich darf der Lohn nur in bar ausgezahlt werden. Die Vereinbarung bargeldloser Zahlung (auf das Lohn- oder Gehaltskonto des Arbeitnehmers) ist möglich, Zahlung mit Waren ist unzulässig; eine Ausnahme bildet lediglich die Gewährung von Kost und Wohnung, falls dies vereinbart ist.

Lohnabrechnung — Der Lohnzahlung liegt die Lohnabrechnung, unter Angabe des verdienten Bruttolohnes, der Zulagen, der gesetzlichen Abzüge und des auszuzahlenden Nettolohnes zugrunde. Eine Durchschrift der Lohnabrechnung sollte jeder Arbeitnehmer jeweils erhalten. Für Betriebe, die regelmäßig mindestens 20 Arbeiter beschäftigen, ist dies gesetzlich vorgeschrieben (§ 134 GewO). Der Arbeitgeber kann für den ausgezahlten Lohn eine Quittung durch Unterschrift verlangen.

Eine regelmäßige Lohnabrechnung gehört in die Hand jedes Arbeitnehmers!

3.1.3 Arbeitszeit

Arbeitszeitgesetz — Hinsichtlich der Arbeitszeit ist die Lage und die Dauer zu unterscheiden. Während die Dauer sich weitgehend nach gesetzlichen (Arbeitszeitgesetz = ArbZG) und tariflichen Bestimmungen richtet, ist die Lage der Arbeitszeit, also Beginn und Ende sowie der Pausen in erster Linie Angelegenheit der betrieblichen Regelung.

Kurzarbeit Kurzarbeit ist vorübergehende Verkürzung der betrieblichen regelmäßigen Arbeitszeit – ohne Berücksichtigung der Überstunden – mit der Folge einer entsprechenden Lohnverkürzung. Sie kann z. B. bei Auftrags-, Absatz- oder Rohstoffmangel wirksam werden.

Die für den Betrieb in Frage kommende Kurzarbeit kann nicht einseitig, z. B. von der Betriebsleitung angeordnet werden. Voraussetzung für ihre Einführung ist eine Vereinbarung zwischen Arbeitgeber- und Arbeitnehmerseite, z. B. durch Tarifvertrag oder Betriebsvereinbarung. Falls Betriebsrat vorhanden, ist dessen Zustimmung erforderlich. Bei Nichteinigung kann die Einigungsstelle angerufen werden. Sinn der Kurzarbeit ist, möglichst Entlassungen zu vermeiden. Auf Antrag, in der Regel der Betriebsleitung, wird **Kurzarbeitergeld** vom Arbeitsamt gezahlt (→ S. 539).

3.1.4 Gleichbehandlung von Männern und Frauen am Arbeitsplatz

Richtlinien der Europäischen Gemeinschaft und Entscheidungen des Europäischen Gerichtshofes haben die Gleichbehandlung von Mann und Frau in der gesetzlichen Ausgestaltung des Arbeitsrechts maßgeblich beeinflußt.

Gleichbehandlungsgebot § 611 a BGB verbietet dem Arbeitgeber insbesondere bei Begründung eines Arbeitsverhältnisses, beim beruflichen Aufstieg oder bei einer Kündigung einen Arbeitnehmer wegen seines Geschlechts zu benachteiligen. Im Streitfall braucht der Arbeitnehmer, der sich benachteiligt fühlt, nur Tatsachen glaubhaft machen, die seine Benachteiligung vermuten lassen; der Arbeitgeber muß dann den Beweis führen, daß eine geschlechtsbedingte Benachteiligung nicht stattgefunden hat.

Die Benachteiligung bei der Einstellung eines Arbeitnehmers führt zur Schadensersatzpflicht; die Höhe beträgt bis zu drei Monatsverdiensten. Diesen Schadensersatzanspruch muß der Arbeitnehmer zwei Monate nach Zugang der Ablehnung schriftlich geltend machen; lehnt der Arbeitgeber ab oder reagiert er gar nicht, muß die Klage innerhalb von weiteren drei Monaten vor dem Arbeitsgericht erhoben werden.

Eine Stellenausschreibung muß grundsätzlich Männer und Frauen ansprechen. Eine unterschiedliche Behandlung ist nur noch dann zulässig, wenn ein bestimmtes Geschlecht ausschlaggebend für die Tätigkeit ist. *Beispiel:* Theaterschauspieler.

Beschäftigten-Schutzgesetz Das „Gesetz zum Schutz der Beschäftigten vor sexueller Belästigung am Arbeitsplatz (Beschäftigtenschutzgesetz)" vom 24. Juni 1994 soll die Würde von Männern und Frauen am Arbeitsplatz wahren. Arbeitgeber haben die Beschäftigten vor sexueller Belästigung am Arbeitsplatz zu schützen. Dazu gehören neben den einschlägigen Straftaten sonstige sexuelle Handlungen und Aufforderungen zu diesen, sexuell bestimmte körperliche Berührungen, Bemerkungen sexuellen Inhalts sowie das Zeigen und sichtbare Anbringen von pornografischen Darstellungen, die von den Betroffenen erkennbar abgelehnt werden. Betroffene haben ein Beschwerderecht. Der Arbeitgeber ist verpflichtet, die Belästigung durch innerbetriebliche Maßnahmen abzustellen und notfalls dem Täter zu kündigen, weil dieser seine arbeitsvertraglichen Pflichten verletzt hat. Bei unzureichenden Maßnahmen hat der oder die Belästigte ein Arbeitsverweigerungsrecht, und zwar ohne Verlust des Arbeitsentgeltes.

3.1.5 Schriftliche Unterlagen

Bei der Einstellung des Arbeitnehmers hat dieser dem Arbeitgeber seine Arbeitspapiere auszuhändigen, wie z. B. Lohnsteuerkarte, Versicherungsnachweisheft, Urlaubskarte (im Baugewerbe). Dazu gehört auch der Sozialversicherungsausweis. Diesen Sozialversicherungsausweis erhält jeder Beschäftigte von seinem Rentenversicherungsträger. Der Ausweis ist bei Ausübung der Beschäftigung mitzuführen, beim Arbeitgeber und bei Kontrollen zur Aufdeckung illegaler Beschäftigungsverhältnisse vorzulegen sowie zur Verhinderung von Leistungsmißbrauch bei dem zuständigen Leistungsträger zu hinterlegen. Für die Einführung dieses Ausweises gelten Übergangsvorschriften bis zum 31. Dezember 1995.

Lohnsteuerkarte
Versicherungs-
nachweis

In Betrieben des Fleischer- und Konditoren-, unter Umständen auch des Bäckerhandwerks ist dem Arbeitgeber ein Attest des Gesundheitsamtes aufgrund des Bundesseuchengesetzes vorzulegen.

3.2 Rechte und Pflichten aus dem Arbeitsverhältnis

Den Pflichten des Arbeitgebers entsprechen die Rechte des Arbeitnehmers und umgekehrt.

3.2.1 Pflichten des Arbeitnehmers

In erster Linie hat der Arbeitnehmer seine Arbeitskraft zur Verfügung zu stellen, und zwar im Rahmen der Tätigkeit, für die er eingestellt ist. Er unterliegt hierbei dem Weisungsrecht des Arbeitgebers, soweit dessen Anordnungen zumutbar sind. Die Arbeitszeiten sind einzuhalten. Darüber hinaus obliegt ihm eine gewisse Treuepflicht dem Arbeitgeber oder Betrieb gegenüber. Er soll z. B. drohende Schäden und Mißstände anzeigen, damit für die Abstellung gesorgt wird; er soll ferner alles unterlassen, was dem Betrieb abträglich sein könnte.

Treuepflicht

Der Arbeitnehmer haftet grundsätzlich für vorsätzliches und fahrlässiges Verhalten und ist ggf. zum Ersatz des Schadens gegenüber dem Arbeitgeber verpflichtet. Diese Haftung hat das Bundesarbeitsgericht hinsichtlich des Grades des Verschuldens differenziert entwickelt.

Haftung
des Arbeitnehmers

- Bei Vorsatz haftet der Arbeitnehmer immer.
- Bei grober Fahrlässigkeit haftet der Arbeitnehmer ebenfalls für den gesamten Schaden; nach der Rechtsprechung des Bundesarbeitsgerichts kann die Schadensersatzforderung des Arbeitgebers reduziert werden, wenn das Haftungsrisiko in keiner Relation zum Arbeitseinkommen des Arbeitnehmers steht.
- Bei normaler oder mittlerer Fahrlässigkeit wird der Schaden in der Regel zwischen Arbeitnehmer und Arbeitgeber aufgeteilt, wobei die Gesamtumstände von Schadensanlaß und Schadensfolgen nach Billigkeitsgründen und Zumutbarkeitsgesichtspunkten gegeneinander abzuwägen sind.
- Bei leichter Fahrlässigkeit haftet der Arbeitnehmer grundsätzlich nicht.

3.2.2 Pflichten des Arbeitgebers

Beschäftigungspflicht Der Arbeitgeber ist zur Beschäftigung des Arbeitnehmers, und zwar im Rahmen der vereinbarten Tätigkeit, verpflichtet. Er hat alle gesetzlichen Bestimmungen und vertragliche Vereinbarungen, insbesondere auch die tariflichen, einzuhalten.

Fürsorgepflicht Jedem Arbeitsverhältnis ist auch eine Fürsorgepflicht des Arbeitgebers zu eigen, d. h., bei allen seinen Maßnahmen hat der Arbeitgeber, auch soweit er Rechte ausübt, auf das Wohl seiner Arbeitnehmer Bedacht zu nehmen. Beispiele: Der Arbeitgeber bietet seinen Arbeitnehmern die Möglichkeit einer sicheren Verwahrung ihrer zur Arbeitsstelle mitgebrachten Sachen; der Arbeitgeber hält die Arbeitsräume im Winter genügend warm.

Die Fürsorge für seine Arbeitnehmer ist eine zwar ungeschriebene, aber das Betriebsklima stark beeinflussende Pflicht des Arbeitgebers!

3.2.3 Rechte des Arbeitnehmers

Das Arbeitsrecht bietet insbesondere dem Arbeitnehmer eine Reihe von Rechten. Der Arbeitnehmer kann beanspruchen, daß er vom Arbeitgeber über seine Aufgaben und Verantwortung sowie über die Art seiner Tätigkeit und ihrer Einordnung in den Arbeitsablauf des Betriebes unterrichtet wird. Der Arbeitnehmer kann verlangen, daß ihm die Berechnung und Zusammensetzung seines Arbeitsentgelts erläutert und daß mit ihm die Beurteilung seiner Leistungen erörtert werden.

Lohnfortzahlung Bei Lohn besteht ein Anspruch auf Vergütung für die geleisteten Dienste. Es gibt aber auch eine Reihe von Fällen, in denen ein Lohnanspruch besteht, ohne daß entsprechende Dienstleistungen erfolgt sind

- bei Annahmeverzug, d. h., wenn der Arbeitgeber mit der Annahme der Arbeitsleistung im Verzuge ist, z. B. bei Betriebsstörungen, Arbeitsmangel oder unberechtigter vorzeitiger Entlassung. Beispiel: Wenn in einem Maschinenbaubetrieb der Strom für 2 Stunden ausfällt, kann nicht gearbeitet werden; der Lohnanspruch bleibt
- wenn der Arbeitnehmer für eine verhältnismäßig nicht erhebliche Zeit durch einen in seiner Person liegenden Grund ohne sein Verschulden an der Dienstleistung verhindert ist, z. B. für eigene Hochzeit, Trauerfall, Arztbesuch (in vielen Fällen liegt hierüber eine tarifliche Regelung vor)
- für gesetzliche Feiertage nach dem Entgeltfortzahlungsgesetz das Arbeitsentgelt, das der Arbeitnehmer ohne den Arbeitsausfall erhalten hätte; Arbeitnehmer, die am letzten Arbeitstag vor oder am ersten Arbeitstag nach Feiertagen unentschuldigt der Arbeit fernbleiben, haben keinen Anspruch auf Bezahlung für diese Feiertage
- bei Krankheit des Arbeitnehmers, gleich ob Arbeiter, Angestellter oder Lehrling. Der Arbeitnehmer behält seinen Anspruch auf Arbeitsentgelt (Lohnfortzahlung) für die Zeit der Arbeitsunfähigkeit bis zur Dauer von 6 Wochen, sofern ihn kein Verschulden an der Erkrankung trifft
- während des zustehenden Erholungsurlaubs
- bei der Musterung. Wenn sich der Arbeitnehmer aufgrund der Wehrpflicht bei Behörden melden oder vorstellen muß, so ist für die Ausfallzeit der übliche Lohn vom Arbeitgeber zu zahlen; der Arbeitnehmer hat die Ladung unverzüglich seinem Arbeitgeber vorzulegen

- bei Wehrübungen von nicht länger als 3 Tagen, für die der Arbeitnehmer unter Weitergewährung des Arbeitsentgelts von der Arbeit freigestellt ist
- bei Teilnahme an Weiterbildungsmaßnahmen, soweit gesetzlich geregelt, von den einzelnen Ländern z. T. noch unterschiedlich. So hat in Nordrhein-Westfalen jeder Arbeiter und Angestellte nach dem „Gesetz zur Freistellung von Arbeitnehmern zum Zwecke der beruflichen und politischen Weiterbildung" (1984), kurz Arbeitnehmerweiterbildungsgesetz genannt, Anspruch auf finanziell abgesicherte Arbeitnehmerweiterbildung an 5 Arbeitstagen im Jahr. Diese Vergünstigung kann nur für anerkannte Bildungsveranstaltungen in Anspruch genommen werden
- bei der Betreuung seines kranken Kindes. Ein versicherungspflichtiger Arbeitnehmer hat hierbei einen Anspruch auf Freistellung von der Arbeitsleistung gegen den Arbeitgeber, wenn der Arbeitnehmer einen Anspruch auf Krankengeld wegen der Pflege gegen die Krankenkasse hat. Der Zeitraum beträgt je Kalenderjahr für jedes Kind längstens zehn Tage, insgesamt höchstens 25 Tage, bei Alleinerziehenden je das Doppelte (§ 45 SGB V).

betriebliche Altersversorgung

Insbesondere größere Betriebe machen ihren Arbeitnehmern – allen oder unter der Voraussetzung einer bestimmten zeitlichen Betriebszugehörigkeit – oftmals Zusagen für eine zusätzliche betriebliche Altersversorgung. Hierbei handelt es sich um freiwillige Zusagen, die privatrechtlich eingehalten werden müssen. Endet das Arbeitsverhältnis vor Eintritt des Versorgungsfalles, so behält der Arbeitnehmer seine Anwartschaft, sofern er mindestens 35 Jahre alt ist und die Versorgungszusage mindestens 10 Jahre bestanden hat oder der Beginn der Betriebszugehörigkeit mindestens zwölf Jahre zurückliegt und die Versorgungszusage für ihn mindestens drei Jahre bestanden hat. Beispiel: Der Arbeitgeber hat im Anstellungsvertrag zugesagt, daß der Arbeitnehmer bei Ausscheiden aus dem Betrieb, frühestens mit dem 60. Lebensjahr, eine bestimmte zusätzliche Altersrente seitens des Betriebes erhält. Der bereits 14 Jahre im Betrieb tätige Arbeitnehmer scheidet im 42. Lebensjahr freiwillig aus, da er sich verändern möchte. Der spätere Anspruch auf die sich aus 14 Betriebsjahren ergebende Zusatzrente verbleibt ihm.

Bei Konkurs des Betriebes werden die Versorgungsansprüche durch den Pension-Sicherungs-Verein a. G. in Köln erfüllt. Die Mittel hierfür werden durch regelmäßige Beiträge aller Arbeitgeber aufgebracht, die Leistungen der betrieblichen Altersversorgung zugesagt haben.

Verjährung von arbeitsrechtlichen Ansprüchen

Arbeitsrechtliche Ansprüche aller Art, insbesondere also auch Lohnansprüche unterliegen der Verjährung oder dem Ausschluß. D. h., wenn sie bis zu einem bestimmten Zeitpunkt nicht vom Arbeitnehmer geltend gemacht oder vom Arbeitgeber anerkannt werden, kann der Arbeitgeber die Befriedigung verweigern. Die normale – gesetzliche – Verjährungsfrist für derartige Ansprüche beträgt 2 Jahre, beginnend mit dem Schluß des Jahres, in dem der Anspruch entstanden ist.

Ausschluß

Beim Ausschluß handelt es sich um eine zeitlich kürzere „Verjährung" von arbeitsrechtlichen Ansprüchen beider Seiten. Der Ausschluß ist nicht gesetzlich geregelt. Vielmehr ist er oftmals durch eine Ausschlußklausel in den Tarifverträgen verankert. Die Ausschlußfrist beträgt im allgemeinen 3 Monate, beginnend z. T. mit Entstehung des Anspruches, z. T. auch erst mit Beendigung des Arbeitsverhältnisses. Beispiel: In einem Tarifvertrag ist eine Ausschlußfrist von 3 Monaten, beginnend mit Entstehung des Anspruchs festgelegt. Ein Arbeitnehmer stellt bei Erhalt seiner Lohnabrechnung am

31. 8. 1990 fest, daß 6 Überstunden nicht berücksichtigt worden sind. Der Arbeitnehmer muß seinen Vergütungsanspruch dafür bis spätestens 30. 11. 1990 beim Arbeitgeber geltend machen, andernfalls der Anspruch durch Ausschluß verloren geht.

Verjährung und Ausschluß schließen die Geltendmachung arbeitsrechtlicher Ansprüche aus!

3.3 Beendigung des Arbeitsverhältnisses

Ein Arbeitsverhältnis kann aus recht unterschiedlichen Anlässen enden. Die wichtigsten sind:

3.3.1 Beendigung durch Zeitablauf

Ein Arbeitsvertrag kann auf bestimmte Zeit, also befristet, abgeschlossen werden. Er endet mit Ablauf der vereinbarten Zeit, ohne daß es einer Kündigung bedarf. Hierzu gehört auch der Arbeitsvertrag zur Probe. Solche Verträge sind grundsätzlich nur zulässig, wenn sachliche Gründe dafür vorliegen und dürfen nicht der Umgehung sozialer Schutzgesetze dienen. Ein sachlicher Grund, der die Befristung eines Arbeitsvertrages rechtfertigt, liegt z. B. vor, wenn ein Arbeitnehmer zur Vertretung eines anderen für die Dauer der Beschäftigungsverbote nach dem Mutterschutzgesetz oder für die Dauer eines Erziehungsurlaubs oder für Teile davon eingestellt wird.

Zeitarbeitsverhältnis

Durch das Beschäftigungsförderungsgesetz 1985 – zunächst gültig bis zum 31. Dezember 2000 – besteht die Möglichkeit, Zeitarbeitsverhältnisse zu begründen, ohne daß es danach eines sachlichen Grundes bedarf. Das Gesetz erlaubt den einmaligen befristeten Abschluß des Arbeitsvertrages bis zur Dauer von 18 Monaten (bis zu 2 Jahren in Betrieben mit höchstens 20 Arbeitnehmern), und zwar unter den Voraussetzungen, daß der Arbeitnehmer

- neu eingestellt wird oder
- im Anschluß an seine Berufsausbildung wegen Arbeitsplatzmangel voraussichtlich nur vorübergehend weiterbeschäftigt werden kann.

Das Kündigungsschutzgesetz greift also in diesen Fällen nicht ein!

3.3.2 Aufhebungsvertrag

Im gegenseitigen Einvernehmen kann jeder Arbeitsvertrag zu einem vereinbarten Zeitpunkt beendet werden. Man spricht dann von einem Aufhebungsvertrag. Scheidet ein Arbeitnehmer im gegenseitigen Einvernehmen vorzeitig aus, so wird oftmals eine Abfindung in Geld in einer bestimmten Höhe vereinbart. Diese Abfindung ist Gegenstand von Verhandlungen; ein Rechtsanspruch besteht darauf – entgegen häufig anzutreffender Meinung – nicht.

Zu diesem Kapitel finden Sie die Aufgaben C 112 – C 200 im Band „Vorbereitung auf die Meisterprüfung – Test- und Übungsaufgaben".

Arbeitsrecht

Befristeter Arbeitsvertrag

Befristeter Arbeitsvertrag
für Arbeitnehmer im Handwerk
(nach Art. 1 § 1 Beschäftigungsförderungsgesetz)

Zwischen _____ (Name des Betriebes)

_____ (vollständige Anschrift)
- im folgenden Arbeitgeber genannt -

und Herrn/Frau _____ geb. am _____

_____ (vollständige Anschrift)
- im folgenden Arbeitnehmer genannt -

wird folgender **befristeter** Arbeitsvertrag geschlossen:

§ 1 Inhalt, Beginn und Ende des Arbeitsverhältnisses

1. Herr/Frau _____

   tritt ab _____ als _____ (genaue Berufsbezeichnung)
   in die Dienste des oben genannten Arbeitgebers.

   Das Arbeitsverhältnis endet am _____, ohne daß es einer Kündigung bedarf.

2. Die Beschäftigung erfolgt als   ☐ **gewerbliche(r) Arbeitnehmer(in)** *)
   ☐ **Angestellte(r)** *)

3. Für das befristete Arbeitsverhältnis gelten die für das _____ -Handwerk jeweils gültigen tariflichen Bestimmungen (Lohn-, Gehalts-, Rahmen- bzw. Manteltarifvertrag etc.).

4. Eine Probezeit ist in dem Umfang vereinbart, der tarifvertraglich maximal vorgesehen ist. Soweit eine tarifliche Regelung nicht entgegensteht, gilt eine Probezeit von 6 Monaten.

§ 2 Arbeitsentgelt

1. Der Arbeitnehmer erhält folgendes Arbeitsentgelt:

Bruttovergütung je Stunde/Woche/Monat	**Akkordlohn**
- Tariflohn/Gehalt der Gruppe _____	a) gemäß Akkordtarifvertrag im _____ -Handwerk
im _____ Beschäftigungs- bzw. Berufsjahr _____ DM	_____ DM
- außertarifliche Zulage _____ DM	b) gemäß folgender Vereinbarung: _____
- Zulage aufgrund besonderer Umstände des Einzelfalls _____ DM	(siehe evtl. Beiblatt)
Bruttovergütung gesamt: _____ DM	_____ DM

2. Die außertarifliche Zulage ist jederzeit frei widerruflich und kann bei Änderungen der tariflichen Vergütung aufgerechnet werden.
3. Das Arbeitsentgelt ist jeweils am _____ zahlbar. Bei unbarer Zahlung gehen die Bankkosten zu Lasten des Arbeitnehmers.
4. Lohn-, Gehalts- und sonstige Ansprüche auf Vergütung darf der Arbeitnehmer weder abtreten noch verpfänden.
5. Bei Pfändungen der Arbeitsvergütung ist der Arbeitgeber berechtigt, 3 % des jeweils an den Gläubiger zu überweisenden Betrages als Kosten für die Bearbeitung der Pfändung einzubehalten.

*) (Zutreffendes bitte ankreuzen)

© Verlagsanstalt Handwerk GmbH, Postfach 10 51 62, 40042 Düsseldorf - Best.-Nr. 3032   2/94
Nachdruck und jede Form der Vervielfältigung verboten.

Befristeter Arbeitsvertrag

§ 3 Besondere Bezüge

1. In (neben) dem in § 2 festgelegten Arbeitsentgelt sind (werden) folgende Leistungen oder Sachbezüge gewährt:

_____

2. Soweit dem Arbeitnehmer eine Gratifikation (z. B. Weihnachtsgratifikation) ausschließlich oder über die tarifliche Leistung hinaus auf betrieblicher Grundlage gewährt wird, erfolgt dies freiwillig ohne Begründung eines Rechtsanspruchs. Ist das Arbeitsverhältnis im Zeitpunkt des vereinbarten Auszahlungstages gekündigt, so entfällt die Gratifikation. Wird das Arbeitsverhältnis im Falle der Weihnachtsgratifikation bis zum 31.3. des folgenden Jahres, bei sonstigen Gratifikationen binnen drei Monaten nach Auszahlung seitens des Arbeitnehmers oder seitens des Arbeitgebers, aus Gründen, die im Verhalten des Arbeitnehmers liegen, gekündigt, so ist die Gratifikation zurückzuzahlen oder kann vom Arbeitgeber unter Beachtung der Pfändungsfreigrenzen mit Vergütungszahlungen verrechnet werden. Diese Rückzahlungsvereinbarung gilt nicht, wenn die Gratifikation 200,- DM nicht übersteigt.

3. Die vorstehende Regelung findet entsprechende Anwendung auf alle freiwilligen Sonderleistungen.

§ 4 Arbeitsfähigkeit

1. Der Arbeitnehmer erklärt, daß er an keiner ansteckenden Krankheit leidet, keine körperlichen oder gesundheitlichen Mängel (z. B. chronische Krankheiten) verschwiegen hat und im Zeitpunkt des Abschlusses dieses Vertrages den Bestimmungen des Schwerbehindertengesetzes nicht unterliegt.

2. Die Feststellung von Rechten aus dem Schwerbeschädigtengesetz und anderen Schutzgesetzen ist dem Arbeitgeber unverzüglich bekanntzugeben.

3. Der Arbeitnehmer ist verpflichtet, dem Arbeitgeber bei Krankheit oder einer sonstigen entschuldbaren Verhinderung den Grund oder die voraussichtliche Dauer seiner Verhinderung vorher bzw. unverzüglich mitzuteilen und im Krankheitsfalle zusätzlich spätestens vor Ablauf des dritten Arbeitstages durch eine Bescheinigung der Krankenkasse oder des behandelnden Arztes nachzuweisen.

§ 5 Beendigung des Arbeitsverhältnisses

1. Das befristete Arbeitsverhältnis kann vor Zeitablauf beiderseitig unter Beachtung der tariflichen Kündigungsfrist, ansonsten unter Einhaltung der kürzesten möglichen gesetzlichen Kündigungsfrist[1] gekündigt werden.

2. Entgeltliche, vom Arbeitgeber nicht ausdrücklich genehmigte Nebentätigkeit jeder Art, vor allen Dingen aber Schwarzarbeit und Nebentätigkeit im Gewerk des Arbeitgebers, gelten als wichtiger Kündigungsgrund, der den Arbeitgeber zur fristlosen Kündigung berechtigt.

§ 6 Vertragsstrafe bei Vertragsbruch

Tritt der Arbeitnehmer das befristete Arbeitsverhältnis schuldhaft nicht an oder kündigt er das befristete Arbeitsverhältnis ohne Einhaltung der maßgeblichen vertraglichen/tariflichen/gesetzlichen Kündigungsfrist (wobei die jeweilige Kündigungsfrist vom Tage des Zugangs der Kündigung zu berechnen ist) vor Vertragsbeginn oder während der Dauer des befristeten Arbeitsverhältnisses oder wird der Arbeitgeber durch schuldhaft vertragswidriges Verhalten des Arbeitnehmers zur fristlosen Kündigung des befristeten Arbeitsverhältnisses veranlaßt, so hat der Arbeitnehmer an den Arbeitgeber eine Vertragsstrafe in Höhe von _____ DM zu zahlen.

§ 7 Ausschlußfrist

Soweit eine tarifliche Ausschlußfrist nicht besteht bzw. nicht zur Anwendung kommt, verfallen alle beiderseitigen Ansprüche aus dem befristeten Arbeitsverhältnis und solche, die mit dem befristeten Arbeitsverhältnis in Verbindung stehen, wenn sie nicht binnen zwei Monaten nach Fälligkeit gegenüber der anderen Vertragspartei schriftlich geltend gemacht werden. Lehnt die Gegenpartei den Anspruch ab oder erklärt sie sich nicht innerhalb von zwei Wochen nach der Geltendmachung des Anspruchs, so verfällt dieser, wenn er nicht innerhalb von zwei Monaten nach der Ablehnung oder dem Fristablauf gerichtlich geltend gemacht wird.

§ 8 Kurzarbeit

Der Arbeitgeber ist berechtigt, Kurzarbeit im Sinne des § 19 Kündigungsschutzgesetz, § 63 ff. Arbeitsförderungsgesetz einzuführen.

§ 9 Vertragsänderungen

Änderungen dieses Vertrages bedürfen der Schriftform.

§ 10 Besondere Abmachungen (ggf. zusätzliches Blatt verwenden)

_____ , den _____
(Ort)

_____   _____
(Unterschrift des Arbeitgebers)   (Unterschrift des Arbeitnehmers)

[1] Kürzeste mögliche gesetzliche Kündigungsfristen:
    a) bei Probezeit von längstens 6 Monaten: Kündigungsfrist 2 Wochen
    b) in Betrieben bis zu 20 Arbeitnehmern (ohne Azubi): Kündigungsfrist 4 Wochen ohne festen Endtermin
    c) ansonsten: Kündigungsfrist 4 Wochen zum 15. oder Ende eines Kalendermonats.
Die gesetzlichen Kündigungsfristen verlängern sich für arbeitgeberseitige Kündigungen ab einer Betriebszugehörigkeit von 2 Jahren, gerechnet ab Vollendung des 25. Lebensjahres.

3.3.3 Kündigung

Die Kündigung ist der häufigste Endigungsgrund. Sie ist eine einseitige, empfangsbedürftige Willenserklärung einer Vertragspartei. Die Kündigung wird also erst rechtswirksam, wenn sie dem Empfänger zugeht. Das Bundesarbeitsgericht hat 1988 entschieden, daß auch während des Urlaubs des Arbeitnehmers ein an die Heimatanschrift gerichtetes Kündigungsschreiben dem Arbeitnehmer grundsätzlich auch dann zugeht, wenn dem Arbeitgeber bekannt war, daß der Arbeitnehmer während seines Urlaubs verreist war.

Willenserklärung

Zugang

keine Formvorschrift

Die Kündigung ist grundsätzlich an keine Form gebunden. Daher ist auch die mündliche Kündigung rechtswirksam, sofern nicht betrieblich oder tariflich Schriftform vorgeschrieben ist. Aus Beweisgründen und der Klarheit halber empfiehlt es sich jedoch seitens des Arbeitgebers, die Kündigung schriftlich abzufassen bzw. zu bestätigen. Die Kündigung braucht im allgemeinen keine Angabe des Kündigungsgrundes zu enthalten; es ist jedoch zweckmäßig, dieses zu tun. Bei der Kündigung unterscheidet man die fristgemäße (ordentliche) und die fristlose (außerordentliche) Kündigung.

Das Bundesverfassungsgericht hat die früher unterschiedlichen Kündigungsfristen für Arbeiter und Angestellte für unvereinbar mit dem Gleichheitsgebot des Grundgesetzes erklärt. Am 15.10.1993 ist nun die vom Bundestag beschlossene neue gesetzliche Regelung in § 622 in Kraft getreten. Die wesentlichen Neuregelungen sind:

Kündigungsfrist bei Probezeit

- Die Kündigungsfrist während einer vereinbarten Probezeit beträgt zwei Wochen, wobei die Probezeit längstens sechs Monate dauern darf, § 622 Absatz 3 BGB.

Grundkündigungsfrist

- Die vom Arbeitgeber und vom Arbeitnehmer einzuhaltende Grundkündigungsfrist beträgt vier Wochen zum 15. oder zum Ende eines Kalendermonats, § 622 Absatz 1. In Betrieben mit bis zu 20 Arbeitnehmern kann eine vierwöchige Grundkündigungsfrist ohne festen Termin einzelvertraglich vereinbart werden.

verlängerte Kündigungsfristen

- Die verlängerten Kündigungsfristen für die Arbeitgeberkündigung betragen nach

    2jähriger Betriebszugehörigkeit – einen Monat zum Monatsende,
    5jähriger Betriebszugehörigkeit – zwei Monate zum Monatsende,
    8jähriger Betriebszugehörigkeit – drei Monate zum Monatsende,
    10jähriger Betriebszugehörigkeit – vier Monate zum Monatsende,
    12jähriger Betriebszugehörigkeit – fünf Monate zum Monatsende,
    15jähriger Betriebszugehörigkeit – sechs Monate zum Monatsende,
    20jähriger Betriebszugehörigkeit – sieben Monate zum Monatsende.

Berechnet wird die Betriebszugehörigkeit vom 25. Lebensjahr des Arbeitnehmers an.

- Die Kündigungsfristen können auch weiterhin durch die Tarifpartner frei gestaltet werden, § 622 Absatz 4. Im Geltungsbereich eines solchen Tarifvertrages gelten die abweichenden tarifvertraglichen Bestimmungen zwischen nichttarifgebundenen Arbeitgebern und Arbeitnehmern, wenn ihre Anwendung zwischen ihnen vereinbart ist.

- Einzelvertraglich ist wie bisher eine Verlängerung sämtlicher Kündigungsfristen möglich; bei der Kündigung des Arbeitsverhältnisses durch den Arbeitnehmer darf jedoch keine längere Frist vereinbart werden als für die Kündigung durch den Arbeitnehmer.

- Einzelvertraglich kann weiterhin eine kürzere Kündigungsfrist nur vereinbart werden, wenn der Arbeitnehmer zur vorübergehenden Aushilfe eingestellt ist und das Arbeitsverhältnis nicht über die Zeit von drei Monaten hinaus fortgesetzt wird.

Der gesetzliche Kündigungsschutz bleibt von dieser Neuregelung unberührt; eine Kündigung darf auch weiterhin grundsätzlich nur ausgesprochen werden, wenn sie sachlich begründet ist. Anhand der Rechtsprechung des Bundesarbeitsgerichts gibt es verschiedene Gründe, die eine Kündigung rechtfertigen.

unentschuldigtes Fehlen

Fehlt ein Arbeitnehmer mehrfach unentschuldigt im Betrieb, kann das eine ordentliche Kündigung des Arbeitgebers rechtfertigen; dabei kommt es nicht darauf an, ob es zu Störungen des Betriebsablaufes (z. B. zur Beeinträchtigung der Produktion) gekommen ist. Nur gewichtige Gründe in der Person des Arbeitnehmers können bei der vorzunehmenden Interessenabwägung zu seinen Gunsten berücksichtigt werden (Urteil vom 17. Januar 1991).

Trunksucht

Das Bundesarbeitsgericht hält auch die Kündigung eines Arbeitnehmers wegen Trunksucht für gerechtfertigt. Es gelten die Rechtssätze für die krankheitsbedingte Kündigung. Aus den Besonderheiten der Trunksucht kann sich aber die Notwendigkeit ergeben, an die Prognose im Hinblick auf die weitere Entwicklung der Alkoholabhängigkeit geringe Anforderungen zu stellen. Ist der Arbeitnehmer zum Zeitpunkt der Kündigung nicht therapiebereit, kann davon ausgegangen werden, daß er von dieser Krankheit in absehbarer Zeit nicht geheilt wird (Urteil vom 4. April 1987).

Krankheit

Auch die krankheitsbedingte Kündigung ist grundsätzlich zulässig. Das Bundesarbeitsgericht prüft die Sozialwidrigkeit einer wegen häufiger Kurzerkrankungen ausgesprochenen Kündigung des Arbeitgebers in drei Stufen in folgender Form:

- Zunächst ist eine negative Gesundheitsprognose erforderlich. Zum Zeitpunkt der Kündigung müssen objektive Tatsachen vorliegen, die die Besorgnis weiterer Erkrankungen in bisherigem Umfang rechtfertigen. Hierbei können häufige Kurzerkrankungen in der Vergangenheit für eine entsprechende künftige Entwicklung des Krankheitsverlaufes sprechen.

- Die erwarteten Fehlzeiten sind nur dann geeignet, eine krankheitsbedingte Kündigung sozial zu rechtfertigen, wenn sie zu einer erheblichen Beeinträchtigung der betrieblichen Interessen führen. Diese Beeinträchtigung ist Teil des Kündigungsgrundes. Neben Störungen im Betriebsablauf kann ein Kündigungsgrund auch eine erhebliche wirtschaftliche Belastung des Arbeitgebers, beispielsweise durch außergewöhnlich hohe Lohnfortzahlungskosten, sein.

Lohnfortzahlungskosten

- Liegt nach diesen Grundsätzen eine erhebliche Beeinträchtigung betrieblicher Interessen vor, so ist in der dritten Stufe im Rahmen der gebotenen Interessenabwägung zu prüfen, ob diese Beeinträchtigungen vom Arbeitgeber billigerweise nicht mehr hingenommen werden müssen. Insbesondere ist einzukalkulieren, ob die Erkrankungen auf betriebliche Ursachen zurückzuführen sind, ob und gegebenenfalls wie lange das Arbeitsverhältnis ungestört verlaufen ist und das Alter und der Familienstand des Arbeitnehmers. Geht es um besonders belastende Lohnfortzahlungskosten, so ist bei der Interessenabwägung zugunsten des Arbeitgebers zu berücksichtigen, ob neben diesen Kosten auch Betriebsablaufstörungen vorliegen und ob der Arbeitgeber zusätzlich auch mit den Kosten für eine Ersatzkraft belastet ist.

Änderungskündigung — Kündigt der Arbeitgeber das Arbeitsverhältnis und bietet er dem Arbeitnehmer im Zusammenhang mit der Kündigung die Fortsetzung des Arbeitsverhältnisses zu geänderten Arbeitsbedingungen an – man spricht dann von einer Änderungskündigung –, so kann der Arbeitnehmer dieses Angebot annehmen oder ablehnen. Im Falle der Ablehnung kann er Kündigungsschutz geltend machen.

fristlose Kündigung nur bei wichtigem Grund — Die fristlose Kündigung ist eine Kündigung ohne Einhaltung einer gesetzlichen oder vertraglichen Kündigungsfrist. Sie kann von beiden Teilen ausgesprochen werden. Zur Rechtswirksamkeit einer fristlosen Kündigung muß jedoch ein wichtiger Grund gegeben sein. Das ist dann der Fall, wenn Tatsachen vorliegen, aufgrund derer dem Kündigenden unter Berücksichtigung aller Umstände des Einzelfalles und unter Abwägung der Interessen beider Vertragsteile die Fortsetzung des Arbeitsverhältnisses bis zum Ablauf der Kündigungsfrist nicht zugemutet werden kann. Bei der Beurteilung der Wirksamkeit einer fristlosen Kündigung wird ein strenger Maßstab angelegt.

Unpünktlichkeit — Wiederholte Unpünktlichkeiten eines Arbeitnehmers sind dann an sich geeignet, eine außerordentliche Kündigung zu rechtfertigen, wenn sie den Grad und die Auswirkung einer beharrlichen Verweigerung der Arbeitspflicht erreicht haben. In diesem Fall ist für die Interessenabwägung erheblich, ob es neben einer Störung im Leistungsbereich auch noch zu nachteiligen Auswirkungen im Bereich der betrieblichen Verbundenheit gekommen ist; hier war der Arbeitnehmer u. a. in einem Zeitraum von drei Monaten allein an 27 Tagen erst nach Beginn der regelmäßigen Arbeitszeit erschienen (Urteil vom 17. März 1988).

fehlende Krankmeldung — Die Verletzung der dem Arbeiter gesetzlich bzw. einem Angestellten tariflich oder einzelvertraglich obliegende Pflicht, seine Arbeitsunfähigkeit durch ärztliche Bescheinigung nachzuweisen, kann unter besonderen Umständen ein wichtiger Grund für eine außerordentliche Kündigung sein; besondere Umstände ergeben sich beispielsweise dann, wenn sich die Pflichtverletzung des Arbeitnehmers als besonders beharrlich und deshalb schwerwiegend darstellt (Urteil vom 15. Januar 1986).

Kündigungsgrund — Die fristlose Kündigung kann nur innerhalb von zwei Wochen erfolgen, berechnet von dem Zeitpunkt an, an dem die für die Kündigung maßgebenden Tatsachen bekannt geworden sind. Der Kündigende muß dem anderen Teil in einem solchen Falle auf Verlangen den Kündigungsgrund unverzüglich schriftlich mitteilen.

3.3.4 Auflösung durch Gerichtsurteil

Im Zuge eines Kündigungsschutzprozesses hat das Arbeitsgericht das Arbeitsverhältnis auf Antrag des Arbeitnehmers durch Urteil aufzulösen, wenn die Kündigungsgründe des Arbeitgebers nicht ausreichen, dem Arbeitnehmer aber die Fortsetzung des Arbeitsverhältnisses nicht mehr zuzumuten ist. Das gleiche gilt auch auf Antrag des Arbeitgebers, wenn eine weitere betriebsdienliche Zusammenarbeit nicht mehr zu erwarten ist. Der Arbeitgeber ist dann zu einer angemessenen Abfindung zu verurteilen. Der Höchstbetrag

Abfindung — der Abfindung beträgt 12 (Brutto-) Monatsverdienste, bei über 55 Jahre alten Arbeitnehmern bis zu 18 Monatsverdienste, wenn das Arbeitsverhältnis mindestens zwanzig Jahre bestanden hat. Beispiel: Das Arbeitsgericht hat festgestellt, daß das Arbeitsverhältnis eines seit 10 Jahren beschäftigten

Arbeitnehmers durch die Kündigung nicht aufgelöst ist. Auf Antrag des Arbeitgebers löst das Gericht jedoch das Arbeitsverhältnis auf, da es als erwiesen ansieht, daß eine den Betriebszwecken dienliche weitere Zusammenarbeit zwischen Arbeitgeber und Arbeitnehmer nicht zu erwarten ist. Der Arbeitgeber wird jedoch zu einer Abfindung verurteilt, die in diesem Fall ein Betrag bis zu 12 Monatsverdiensten sein kann.

3.3.5 Vertragsbruch

Schadenersatz bei Vertragsbruch

Vertragsbruch ist die einseitige fristlose Lösung des Arbeitsverhältnisses, ohne daß ein wichtiger Grund vorliegt. Er begründet einen Schadenersatzanspruch des gekündigten Teils. Der Arbeitnehmer kann mindestens seinen Lohn bis zur ordentlichen Beendigung des Arbeitsverhältnisses verlangen. Der Arbeitgeber kann Ausgleich des Schadens verlangen, der durch die Nichteinhaltung der Kündigungsfrist entstanden ist, z. B. durch Verzögerung einer Auftragsausführung oder Zeitungsinserat. Der Schaden muß aber nachgewiesen werden können! Beispiel: Der Geselle M. ist am Montag ohne Angabe von Gründen nicht zur Arbeit erschienen und ist offenbar an seinem bisherigen Arbeitsverhältnis nicht mehr interessiert. Der Betriebsinhaber kann deswegen einen Auftragstermin nicht einhalten und muß für 2 Tage verspäteter Auftragserledigung eine vereinbarte Vertragsstrafe in Höhe von DM 200,- an den Auftraggeber zahlen. Mindestens in dieser Höhe kann der Betriebsinhaber Schadenersatz von dem Gesellen M. fordern.

3.3.6 Betriebsübernahme

Eine Beendigung des Arbeitsverhältnisses tritt nicht automatisch ein, wenn ein Betrieb durch Tod des Arbeitgebers, also Erbfall, oder durch Rechtsgeschäft, z. B. Veräußerung oder Verpachtung, auf einen anderen übergeht. Der Nachfolger tritt kraft gesetzlicher Regelung in die Rechte und Pflichten aus den im Zeitpunkt des Übergangs bestehenden Arbeitsverhältnissen ein (§ 613 a BGB). Der bisherige Arbeitgeber haftet zunächst noch als Gesamtschuldner. Diese Regelung gilt grundsätzlich auch für Veräußerungen eines Betriebes oder Betriebsteiles im Rahmen eines Konkursverfahrens.

3.3.7 Arbeitspapiere, Zeugnis und Ausgleichsquittung

Bei Beendigung des Arbeitsverhältnisses müssen die Arbeitspapiere dem Arbeitnehmer unverzüglich ausgehändigt werden, spätestens am letzten Tag des Arbeitsverhältnisses. Dazu gehören: Lohnsteuerkarte, Versicherungsnachweisheft und Zeugnis, ferner im Baugewerbe Urlaubskarte und Karte der Lohnausgleichs- und Zusatzversorgungskasse.

Ein Zurückbehalten der Arbeitspapiere ist nicht statthaft, auch wenn der Arbeitgeber noch Gegenforderungen hat.

Zeugnis

Jedem ausscheidenden Arbeitnehmer ist ein schriftliches Zeugnis über Art und Dauer des Arbeitsverhältnisses auszustellen (einfaches Zeugnis oder Arbeitsbescheinigung). Auf sein Verlangen ist es auch auf Führung und Leistungen zu erstrecken (qualifiziertes Zeugnis). Ein Zeugnis muß wahr sein; soll allerdings mit einem gewissen Wohlwollen für den Arbeitnehmer ausgestellt sein. Für ein unrichtig ausgestelltes Zeugnis kann der Zeugnisaussteller haftbar gemacht werden. Das Datum des Zeugnisses darf nach der Rechtsprechung des Bundesarbeitsgerichts nicht auffällig weit vom Datum des Ausscheidens abweichen. Auch wenn nach einem Streit um den Inhalt des Zeugnisses dieses später in veränderter Form neu ausgestellt wird, ist das Datum des ersten Zeugnisses beizubehalten. Dies folgt aus der Fürsorgepflicht des Arbeitgebers, der dem bisherigen Arbeitnehmer das berufliche Fortkommen nicht erschweren darf.

Der Arbeitnehmer ist grundsätzlich verpflichtet, sich das Zeugnis beim Arbeitgeber abzuholen. Nur dann, wenn das Abholen des Zeugnisses für den Arbeitnehmer mit unzumutbaren Belastungen verbunden ist, ist der Arbeitgeber verpflichtet, ihm das Zeugnis zuzusenden.

Ein Zurückbehalten der Arbeitspapiere bei Ausscheiden des Arbeitnehmers ist in keinem Falle statthaft!

Ausgleichsquittung

Zulässig ist, daß der Arbeitgeber sich vom Arbeitnehmer schriftlich bestätigen läßt, daß diesem keinerlei Ansprüche mehr aus dem bestandenen Arbeitsverhältnis und dessen Beendigung zustehen. Eine solche schriftliche Erklärung heißt Ausgleichsquittung. Dieser Verzicht ist jedoch nur dann und umfassend wirksam, wenn im Zusammenhang mit anderen Erklärungen ausdrücklich das Wort Verzicht gebraucht wird und auf die Wirkung dieser Erklärung hingewiesen wird. Dies gilt vor allem bei vorformulierten Ausgleichsquittungen. Der Arbeitnehmer ist nicht verpflichtet, sie zu unterschreiben. Geschieht dies aber, verzichtet er damit auf alle möglicherweise noch bestehenden Ansprüche, mit Ausnahme solcher, die unverzichtbar sind, wie z. B. gesetzliche oder tarifliche.

> Zu diesem Kapitel finden Sie die Aufgaben C 112 – C 200 im Band „Vorbereitung auf die Meisterprüfung – Test- und Übungsaufgaben".

4. Arbeitnehmer-Schutzrechte

Lernziele:
Der Lernende kann, nachdem er dieses Kapitel durchgearbeitet hat,
- den allgemeinen Kündigungsschutz vom besonderen Kündigungsschutz abgrenzen,
- die sozial ungerechtfertigte Kündigung erklären,
- mindestens drei Formen des besonderen Kündigungsschutzes benennen,
- mindestens sechs Formen des sonstigen Arbeitsschutzes erläutern.

4.1 Kündigungsschutz

4.1.1 Allgemeiner Kündigungsschutz

Jedes – unbefristete – Arbeitsverhältnis in der privaten Wirtschaft kann jederzeit vom Arbeitgeber oder Arbeitnehmer unter Einhaltung der in Frage kommenden Kündigungsfrist gekündigt werden. Dabei muß bei verhaltensbedingten Gründen vor Ausspruch der Kündigung grundsätzlich eine Abmahnung erfolgen. Die – aus Beweisgründen am besten schriftliche – Abmahnung muß ihren Grund, z. B. Leistungsmängel, angeben und den deutlichen Hinweis enthalten, daß im Wiederholungsfall der Inhalt oder sogar der Bestand des Arbeitsverhältnisses gefährdet ist. Durch eine Reihe von Gesetzen ist die Kündigung seitens des Arbeitgebers jedoch unter bestimmten Voraussetzungen erschwert.

Abmahnung

Das Kündigungsschutzgesetz in der Fassung von 1969 gibt grundsätzlich jedem Arbeitnehmer die Möglichkeit, eine fristgemäße Kündigung für rechtsunwirksam feststellen zu lassen, wenn sie sozial ungerechtfertigt ist. Das Arbeitsverhältnis muß aber in demselben Betrieb – ohne Unterbrechung – länger als 6 Monate bestanden haben. Für Betriebe, die in der Regel höchstens 5 Arbeitnehmer (ausschließlich der Lehrlinge) beschäftigen, kommt das Gesetz nicht zur Anwendung. Sozial ungerechtfertigt ist eine Kündigung insbesondere, wenn sie nicht durch

Kündigungsschutzgesetz

- Gründe, die in der Person des Arbeitnehmers liegen (z. B. mangelnde körperliche oder geistige Eignung) oder
- Gründe, die in dem Verhalten des Arbeitnehmers liegen (z. B. Nichteinhaltung des Arbeitsvertrages, Unkollegialität) oder
- dringende betriebliche Erfordernisse, die einer Weiterbeschäftigung des Arbeitnehmers in diesem Betrieb entgegenstehen (betriebsbedingte Gründe),

bedingt ist.

Wer geltend machen will, daß seine Kündigung sozial ungerechtfertigt ist, muß innerhalb von 3 Wochen nach Zugang der Kündigung Klage beim Arbeitsgericht erheben.

Klageerhebung

Ist einem Arbeitnehmer aus dringenden betrieblichen Erfordernissen gekündigt worden, so ist die Kündigung trotzdem sozial ungerechtfertigt, wenn der Arbeitgeber bei der Auswahl des Arbeitnehmers soziale Gesichtspunkte

Sozialauswahl

nicht oder nicht ausreichend berücksichtigt hat. Auf Verlangen des Arbeitnehmers hat ihm der Arbeitgeber die Gründe anzugeben, die zu der getroffenen Auswahl geführt haben. Der Arbeitnehmer hat die Tatsachen zu beweisen, die die Kündigung sozial ungerechtfertigt erscheinen lassen. Beispiel: Kann der Arbeitgeber infolge einer Veränderung der Produktionsmethoden nur einen Teil der bisherigen Arbeitnehmer fortbeschäftigen, so muß der Unverheiratete vor Familienvätern, Jüngere vor Älteren entlassen werden.

Stellt das Gericht fest, daß die Kündigungsgründe nicht ausreichen, so besteht das Arbeitsverhältnis fort. Bei Nichtzumutbarkeit kann das Gericht den Arbeitgeber zu einer angemessenen Abfindung verurteilen.

Betriebsrat — Wenn ein Betriebsrat besteht, so ist dieser aufgrund des Betriebsverfassungsgesetzes vor jeder – auch einer außerordentlichen – Kündigung zu hören (§ 102 BetrVG). Ihm sind vom Arbeitgeber auch die Gründe der Kündigung mitzuteilen. Eine ohne Anhörung des Betriebsrats ausgesprochene Kündigung ist unwirksam, gleich welche Gründe vorliegen. Widerspricht der Betriebsrat rechtzeitig einer ordentlichen Kündigung und erhebt der Arbeitnehmer Klage aufgrund des Kündigungsschutzgesetzes, so muß der Arbeitgeber auf Verlangen des Arbeitnehmers diesen bis zum rechtskräftigen Abschluß des Rechtsstreits weiter beschäftigen. Beispiel: Im Betrieb Schmelz & Co., in dem ein Betriebsrat besteht, wird einem Arbeitnehmer wegen schweren Diebstahls fristlos gekündigt. Es ist jedoch versäumt worden, den Betriebsrat dazu zu hören. Im darauffolgenden Arbeitsgerichtsprozeß wird die Kündigung für unwirksam erklärt, da der Betriebsrat nicht gehört wurde.

Eine Kündigung, gleich ob fristgemäß oder fristlos, ist stets unwirksam, wenn bei Bestehen eines Betriebsrats dieser nicht angehört worden ist!

4.1.2 Besonderer Kündigungsschutz

In einer Reihe von Gesetzen ist für bestimmte Tatbestände ein besonderer Kündigungsschutz vorgesehen:

Kündigungsschutz für Betriebsratsmitglieder — Betriebsratsmitgliedern kann nach dem Kündigungsschutzgesetz (§ 15) nicht gekündigt werden, es sei denn, daß ein wichtiger Grund vorliegt, der eine fristlose Kündigung rechtfertigt. Dieser Kündigungsschutz wirkt noch bis zu einem Jahr nach Beendigung der Amtszeit nach. Er gilt auch für den Wahlvorstand vom Zeitpunkt der Bestellung und für die Wahlbewerber von der Aufstellung des Wahlvorschlages an.

Arbeitsplatzschutzgesetz — Aufgrund des Gesetzes über den Schutz des Arbeitsplatzes bei Einberufung zum Wehrdienst (= Arbeitsplatzschutzgesetz von 1980) darf das Arbeitsverhältnis bei Einberufung zum Wehrdienst seitens des Arbeitgebers aus Anlaß des Wehrdienstes nicht gekündigt werden. Es ruht während dieser Zeit und lebt nach Beendigung des Wehrdienstes von selbst wieder auf. Der Einberufungsbescheid ist nach Erhalt unverzüglich dem Arbeitgeber vorzulegen.

Kleinbetriebsregelung — Ausnahme: In Betrieben mit in der Regel höchstens 5 Arbeitnehmern (ausschl. Auszubildenden) ist die Kündigung eines unverheirateten Arbeitnehmers, der zu einem Grundwehrdienst von mehr als 6 Monaten einberufen ist, zulässig, wenn dem Arbeitgeber infolge Einstellung einer Ersatzkraft die Weiterbeschäftigung des Arbeitnehmers nach Entlassung aus dem Wehrdienst nicht zugemutet werden kann. Die Kündigung muß in diesem Fall jedoch mindestens 2 Monate vor der Entlassung aus dem Wehrdienst ausgesprochen werden. Derartige Vorschriften gelten auch für den zivilen Ersatzdienst. Beispiel: Im Betrieb K., der 4 Gesellen und 2 Auszubildende beschäftigt, ist der unverheiratete Geselle G. zum Grundwehrdienst einberufen. Wegen der Auftragslage ist für ihn ein anderer Geselle eingestellt worden. Es zeichnet sich ab, daß bei Rückkehr des Gesellen G. nicht genügend Arbeit für beide vorhanden ist; der Arbeitgeber möchte sich daher von ihm trennen. Eine Kündigung ist möglich, muß jedoch spätestens 2 Monate vor der Entlassung erfolgen.

Mutterschutz

Nach dem Mutterschutzgesetz darf einer Frau nicht gekündigt werden

- während ihrer Schwangerschaft, wenn dem Arbeitgeber z. Z. der Kündigung die Schwangerschaft oder Entbindung bekannt war oder ihm innerhalb von 2 Wochen nach Zugang der Kündigung mitgeteilt wird. Das Überschreiten dieser Frist ist unschädlich, wenn es auf einem von der Frau nicht zu vertretenden Grund beruht und die Mitteilung unverzüglich nachgeholt wird. Beispiel: Eine junge Frau wird am 15. 8. eingestellt. Am 20. 9. teilt sie dem Arbeitgeber mit, daß sie im 4. Monat schwanger ist. Eine Kündigung durch den Arbeitgeber mit dem Hinweis, daß die Arbeitnehmerin bei Einstellung am 15. 8. die Tatsache der Schwangerschaft verschwiegen hat, bleibt unwirksam, da die Arbeitnehmerin nicht verpflichtet war ihren Zustand zu offenbaren

- bis zum Ablauf von 4 Monaten nach der Entbindung

- während des Erziehungsurlaubs und bis zu 2 Monaten nach Beendigung desselben.

Der absolute Kündigungsschutz gilt grundsätzlich auch bei einer fristlosen Kündigung; die Gewerbeaufsichtsbehörde kann jedoch in besonderen Fällen ausnahmsweise eine Kündigung für zulässig erklären. Beispiel: Eine schwangere Frau stiehlt aus der Ladenkasse DM 100,-. Der Diebstahl wird am nächsten Tag entdeckt und die Arbeitnehmerin fristlos entlassen. Die Kündigung ist unwirksam.

Ihrerseits kann die durch das Mutterschutzgesetz geschützte Frau das Arbeitsverhältnis jederzeit ohne Einhaltung einer Frist zum Ende der Schutzfrist nach der Entbindung kündigen, während des Mutterschaftsurlaubs unter Einhaltung einer Kündigungsfrist von einem Monat zum Ende dieses Urlaubs. Der Arbeitgeber hat davon die Aufsichtsbehörde, also in der Regel die Gewerbeaufsichtsbehörde, zu benachrichtigen.

Das Bundesarbeitsgericht hat 1993 entschieden, die Frage nach der Schwangerschaft vor der Einstellung einer Arbeitnehmerin enthalte in der Regel eine unzulässige Benachteiligung wegen des Geschlechts und verstoße damit gegen das Diskriminierungsverbot des § 611 a BGB, und zwar gleichgültig, ob sich nur Frauen oder auch Männer um den Arbeitsplatz bewerben. Die Frage nach der Schwangerschaft ist ausnahmsweise dann sachlich gerechtfertigt, wenn sie objektiv dem gesundheitlichen Schutz der Bewerberin und des ungeborenen Kindes dient, wie beispielsweise bei einem Arbeitsplatz in einer Praxis für Labormedizin.

Werdende und junge Mütter unterstehen einem weitgehenden Schutz, der strikt beachtet werden muß!

Schwerbehinderte

Nach dem Schwerbehindertengesetz (Gesetz zur Eingliederung Schwerbehinderter in Arbeit, Beruf und Gesellschaft i. d. F. von 1986) kann Schwerbehinderten nur mit vorheriger Zustimmung der Hauptfürsorgestelle gekündigt werden. Die Kündigungsfrist beträgt mindestens 4 Wochen. Auch außerordentliche Kündigungen bedürfen der Zustimmung; sie können nur innerhalb von 2 Wochen seit Kenntnis des Kündigungsgrundes beantragt werden. Ohne Zustimmung ist eine Kündigung rechtsunwirksam. Beispiel: Ein Schwerbehinderter ist wegen Diebstahls fristlos entlassen worden. Es wurde versäumt, die Zustimmung der Hauptfürsorgestelle einzuholen, zumal sich der Arbeitnehmer zunächst mit der Kündigung abzufinden schien. Da die 2-Wochenfrist abgelaufen ist, besteht das Arbeitsverhältnis weiter. Die Klage hat Erfolg.

Massenentlassungen
Bei Massenentlassungen muß der Arbeitgeber dem Arbeitsamt Anzeige erstatten. Eine Massenentlassung liegt vor, wenn der Arbeitgeber

- in Betrieben mit in der Regel mehr als zwanzig und weniger als sechzig Arbeitnehmern mehr als fünf Arbeitnehmer
- in Betrieben mit in der Regel mindestens sechzig und weniger als fünfhundert Arbeitnehmern zehn vom Hundert der im Betrieb regelmäßig beschäftigten Arbeitnehmer oder aber mehr als 25 Arbeitnehmer
- in Betrieben mit in der Regel mindestens fünfhundert Arbeitnehmern mindestens dreißig Arbeitnehmer

innerhalb von dreißig Kalendertagen entläßt.

Der Betriebsrat ist rechtzeitig über die Gründe, die Zahl der betroffenen Arbeitnehmer und andere Einzelheiten schriftlich zu verständigen. Vor Ablauf eines Monats nach Eingang der Anzeige wird die Entlassung nur mit Zustimmung des Landesarbeitsamtes wirksam.

4.2 Sonstiger Arbeitsschutz

4.2.1 Lohnfortzahlung bei Krankheit

Die Lohnfortzahlung an Arbeiter im Krankheitsfall war bislang im „Lohnfortzahlungsgesetz von 1969" für technische Angestellte im bürgerlichen Gesetzbuch und für kaufmännische Angestellte teilweise in der Gewerbeordnung geregelt. Im Zusammenhang mit der Einführung der Pflegeversicherung wurde auch das „Gesetz über die Zahlung des Arbeitsentgeltes an Feiertagen und im Krankheitsfall (Entgeltfortzahlungsgesetz – EFZG)" verabschiedet. Neben der Entgeltfortzahlung im Krankheitsfall regelt das Gesetz auch die Feiertagsentgeltfortzahlung und vereinheitlicht die bisher unterschiedlichen Regelungen für Arbeiter und Angestellte.

Entgeltfortzahlungsgesetz

Nach § 1 Abs. 2 EFZG sind Arbeitnehmer im Sinne dieses Gesetzes Arbeiter und Angestellte sowie die zu ihrer Berufsbildung Beschäftigten, also auch Lehrlinge. Die Vorschriften gelten auch für geringfügig oder kurzfristig Beschäftigte; damit ist Entscheidungen des Europäischen Gerichtshofes und des Bundesarbeitsgerichtes aus 1989 und 1991 Rechnung getragen worden.

Dauer der Lohnfortzahlung
Wird ein Arbeitnehmer durch Arbeitsunfähigkeit infolge Krankheit an seiner Arbeitsleistung gehindert, ohne daß ihn ein Verschulden trifft, so verliert er dadurch nicht den Anspruch auf Arbeitsentgelt für die Zeit der Arbeitsunfähigkeit bis zur Dauer von 6 Wochen. Wird der Arbeitnehmer infolge derselben Krankheit erneut arbeitsunfähig, so verliert er wegen der erneuten Arbeitsunfähigkeit den Anspruch für einen weiteren Zeitraum von höchstens 6 Wochen dann nicht, wenn er

- vor der erneuten Arbeitsunfähigkeit mindestens 6 Monate nicht infolge derselben Krankheit arbeitsunfähig war oder
- seit Beginn der ersten Arbeitsunfähigkeit infolge derselben Krankheit eine Frist von 12 Monaten abgelaufen ist.

Als unverschuldete Krankheit gilt auch eine Arbeitsverhinderung aufgrund eines nicht rechtswidrigen Schwangerschaftsabbruches sowie Maßnahmen der medizinischen Vorsorge oder Rehabilitation, die ein Träger der gesetzlichen Renten-, Kranken- oder Unfallversicherung bewilligt hat und die in einer Einrichtung der medizinischen Vorsorge oder Rehabilitation stationär durchgeführt wird.

In dem Zeitraum der gesetzlich vorgesehenen Entgeltfortzahlung ist dem Arbeitnehmer das ihm bei der für ihn maßgebenden regelmäßigen Arbeitszeit zustehende Arbeitsentgelt fortzuzahlen.

Ausgenommen sind dagegen Leistungen für Aufwendungen des Arbeitnehmers, soweit der Anspruch auf sie im Falle der Arbeitsfähigkeit davon abhängig ist, daß dem Arbeitnehmer entsprechende Aufwendungen tatsächlich entstanden sind und dem Arbeitnehmer solche Aufwendungen während der Arbeitsunfähigkeit nicht entstehen, wie beispielsweise Auslösungen, Schmutzzulagen, etc.

Erhält der Arbeitnehmer eine auf das Ergebnis der Arbeit abgestellte Vergütung – Akkordlohn –, so ist der von dem Arbeitnehmer in der für ihn maßgebenden regelmäßigen Arbeitszeit erzielbare Durchschnittsverdienst fortzuzahlen. Durch Tarifverträge können abweichende Bemessungsgrundlagen des fortzuzahlenden Arbeitsentgeltes festgelegt werden.

Neuregelung der Anzeige- und Nachweispflichten

Die Anzeige- und Nachweispflichten sind einheitlich teilweise neu gestaltet worden. Der Arbeitnehmer ist weiterhin verpflichtet, dem Arbeitgeber die Arbeitsunfähigkeit und deren voraussichtliche Dauer unverzüglich mitzuteilen. Dauert die Arbeitsunfähigkeit länger als drei Kalendertage, hat der Arbeitnehmer eine ärztliche Bescheinigung über daß Bestehen der Arbeitsunfähigkeit sowie deren voraussichtliche Dauer spätestens an dem darauffolgenden Arbeitstag vorzulegen, also am vierten Tag der Erkrankung. Der Arbeitgeber ist allerdings berechtigt, die Vorlage der ärztlichen Bescheinigung schon früher zu verlangen. Dauert die Arbeitsunfähigkeit länger als in der Bescheinigung angegeben, ist der Arbeitnehmer verpflichtet, eine neue ärztliche Bescheinigung vorzulegen. Hält sich der Arbeitnehmer bei Beginn seiner Arbeitsunfähigkeit im Ausland auf, so ist er nun verpflichtet, dem Arbeitgeber die Arbeitsunfähigkeit, deren voraussichtliche Dauer und auch die Adresse am Aufenthaltsort in der schnellstmöglichen Art der Übermittlung mitzuteilen. Die Kosten für diese Mitteilung hat der Arbeitgeber zu tragen. Der Arbeitnehmer ist ferner verpflichtet, auch seiner gesetzlichen Krankenkasse die Arbeitsunfähigkeit unverzüglich anzuzeigen.

Die Krankenkassen sind gem. § 275 Sozialgesetzbuch V verpflichtet, wenn es nach Art, Schwere, Dauer oder Häufigkeit der Erkrankung erforderlich ist, zur Beseitigung von Zweifeln an der Arbeitsunfähigkeit eine gutachterliche Stellungnahme des medizinischen Dienstes einzuholen. Der Arbeitgeber kann dies seinerseits von der Krankenkasse verlangen. Zweifel an der Arbeitsunfähigkeit sind insbesondere in Fällen anzunehmen, in denen

- Versicherte auffällig häufig oder auffällig häufig nur für eine kurze Dauer arbeitsunfähig sind oder der Beginn der Arbeitsunfähigkeit häufig auf einen Arbeitstag am Beginn oder am Ende einer Woche fällt oder

- die Arbeitsunfähigkeit von einem Arzt festgestellt worden ist, der durch die Häufigkeit der von ihm ausgestellten Bescheinigungen über Arbeitsunfähigkeit auffällig geworden ist.

Der Arbeitgeber ist berechtigt, die Fortzahlung des Arbeitsentgeltes zu verweigern, solange der Arbeitnehmer die von ihm vorzulegende ärztliche Bescheinigung nicht vorlegt oder seiner Mitteilungspflicht aus dem Ausland nicht nachkommt. Dies gilt allerdings dann nicht, wenn der Arbeitnehmer die Verletzung seiner Verpflichtungen nicht zu vertreten hat.

Hat der Arbeitnehmer seinerseits einen Schadensersatzanspruch, z. B. nach einem Unfall wegen des durch die Arbeitsunfähigkeit entstandenen Verdienstausfalles, so geht dieser Anspruch auf den Arbeitgeber über, wenn dieser dem Arbeitnehmer das Arbeitsentgelt fortzahlt.

Anspruchsdauer Grundsätzlich endet die Anspruchsdauer auf Entgeltfortzahlung bei Krankheit mit der Beendigung des Arbeitsverhältnisses. Dies gilt jedoch dann nicht, wenn der Arbeitgeber das Arbeitsverhältnis aus Anlaß der Arbeitsunfähigkeit kündigt.

Der Entgeltfortzahlungsanspruch bleibt auch bestehen, wenn der Arbeitnehmer das Arbeitsverhältnis aus einem vom Arbeitgeber zu vertretenden Grund kündigt, der den Arbeitnehmer zur Kündigung aus wichtigem Grund ohne Einhaltung einer Kündigungsfrist berechtigt. Wenn das Arbeitsverhältnis, beispielsweise bei einem befristeten Arbeitsverhältnis, ohne Kündigung endet, besteht keine Entgeltfortzahlungsverpflichtung.

Ausgleichskassen Ausgleichskassen bei den Innungs-, Orts- und Landeskrankenkassen erstatten den Arbeitgebern, die in der Regel nicht mehr als 20 Arbeitnehmer (ausschließlich Auszubildender) beschäftigen, bis 80 % des fortgezahlten Arbeitsentgeltes einschließlich der Arbeitgeberanteile zur Sozialversicherung. Die dafür erforderlichen Mittel werden durch Umlage von allen am Ausgleich beteiligten Arbeitgebern der gleichen Kasse erhoben. Für Betriebe eines Wirtschaftszweiges mit mehr als 20 Arbeitnehmern können Ausgleichskassen errichtet werden, für die die Mitgliedschaft freiwillig ist. Beispiel: In einem der Innungskrankenkasse angehörenden Betrieb mit 8 Arbeitnehmern erkrankt ein Geselle für 4 Wochen. Während dieser Zeit wird ihm der übliche Lohn vom Arbeitgeber weiterbezahlt. Der Arbeitgeber seinerseits erhält anschließend von der Innungskrankenkasse 80 % der Lohnbeträge zusätzlich der Beiträge an die Arbeitslosen- und Arbeitgeberanteile für die Kranken- und Rentenversicherung.

4.2.2 Arbeitszeitschutz

Arbeitszeitgesetz Die Regelungen über die Arbeitszeit, Arbeitszeitordnung (AZO), aus dem Jahr 1938 sind zum 1. Juli 1994 durch das „Arbeitszeitgesetz" – kurz: ArbZG abgelöst worden. Das neue Gesetz gibt den Betrieben größere Gestaltungsmöglichkeiten und beschränkt sich auf den notwendigen Schutz des Arbeitnehmers vor Überforderung.

Arbeitszeit im Sinne des Gesetzes ist die Zeit vom Beginn bis zum Ende der Arbeit, ohne die Ruhepausen. Arbeitnehmer sind Arbeiter und Angestellte sowie die zu ihrer Berufsbildung Beschäftigten.

Arbeitsrecht

werktägliche Arbeitszeit

Die werktägliche Arbeitszeit der Arbeitnehmer darf 8 Stunden nicht überschreiten. Sie kann auf bis zu 10 Stunden nur verlängert werden, wenn innerhalb von 6 Kalendermonaten oder innerhalb von 24 Wochen im Durchschnitt 8 Stunden werktäglich nicht überschritten werden.

Die Arbeitszeit ist durch im voraus feststehende Ruhepausen von mindestens 30 Minuten bei einer Arbeitszeit von mehr als 6 bis 9 Stunden und 45 Minuten bei einer Arbeitszeit von mehr als 9 Stunden insgesamt zu unterbrechen. Die Ruhepausen können in Zeitabschnitte von jeweils mindestens 15 Minuten aufgeteilt werden. Länger als 6 Stunden hintereinander dürfen Arbeitnehmer nicht ohne Ruhepause beschäftigt werden.

Ruhezeiten

Neben den Ruhepausen regelt das Gesetz auch die Ruhezeiten. Arbeitnehmer müssen danach nach Beendigung der täglichen Arbeitszeit eine ununterbrochene Ruhezeit von mindestens 11 Stunden haben. Für die Länge dieser Ruhezeiten gibt es Ausnahmen für bestimmte Bereiche, wie beispielsweise Krankenhäuser, Gaststätten, etc.

Die nach Landesrecht zuständigen Aufsichtsbehörden können auch längere Arbeitszeiten und kürzere Ruhezeiten in besonderen im Gesetz aufgeführten Fällen zulassen.

Nachtarbeit

Nachtarbeit im Sinne dieses Gesetzes ist jede Arbeit, die mehr als 2 Stunden der Nachtzeit umfaßt. Die Nachtzeit ist die Zeit von 23 bis 6 Uhr. Nachtarbeitnehmer sind Arbeitnehmer, die

– aufgrund ihrer Arbeitszeitgestaltung normalerweise Nachtarbeit in Wechselschicht zu leisten haben oder

– Nachtarbeit an mindestens 48 Tagen im Kalenderjahr leisten.

Die werktägliche Arbeitszeit dieser Nachtarbeitnehmer darf 8 Stunden nicht überschreiten. Sie kann auf bis zu 10 Stunden nur verlängert werden, wenn innerhalb von einem Kalendermonat oder innerhalb von 4 Wochen im Durchschnitt 8 Stunden werktäglich nicht überschritten werden.

Nachtarbeitnehmer sind berechtigt, sich vor Beginn der Beschäftigung und danach in regelmäßigen Zeitabständen von nicht weniger als 3 Jahren arbeitsmedizinisch untersuchen zu lassen. Unter bestimmten Voraussetzungen hat der Arbeitgeber den Nachtarbeitnehmer auf dessen Verlangen hin auf einen für ihn geeigneten Tagesarbeitsplatz umzusetzen. Es ist darüber hinaus auch sicherzustellen, daß Nachtarbeiter den gleichen Zugang zur betrieblichen Weiterbildung haben wie die übrigen Arbeitnehmer.

Sonntags- / Feiertagsarbeit

Arbeitnehmer dürfen an Sonn- und gesetzlichen Feiertagen von 0 bis 24 Uhr in der Regel nicht beschäftigt werden. Das Gesetz sieht in § 10 eine Reihe von Ausnahmetatbeständen vor, insbesondere zur Aufrechterhaltung von Notdiensten, Pflegeeinrichtungen, Gaststätten, etc. Mindestens 15 Sonntage im Jahr müssen beschäftigungsfrei bleiben. Werden Arbeitnehmer an einem Sonntag beschäftigt, müssen sie einen Ersatzruhetag haben, der innerhalb eines den Beschäftigungstag einschließenden Zeitraumes von 2 Wochen zu gewähren ist. Auch von diesen Bedingungen kann durch Tarifvertrag eine Abweichung zugelassen werden.

Das neue Gesetz sieht nur Höchstarbeitszeiten vor. Eine Mehrarbeitsvergütung kommt konsequenterweise dabei nicht mehr in Betracht.

Nach dem weiterhin geltenden Gesetz über die Arbeitszeit in Bäckereien und Konditoreien dürfen an Sonn- und Feiertagen während einer Stunde zwischen 4 und 21 Uhr dringende Vorbereitungsarbeiten für den nächsten Werktag vorgenommen werden. Leicht verderbliche Konditorwaren dürfen während zwei ununterbrochenen Stunden hergestellt, ausgetragen oder ausgefahren werden und Konditorwaren für die Dauer von zwei Stunden verkauft werden.

Der Gesetzgeber hat als Reaktion auf Entscheidungen des Europäischen Gerichtshofes sämtliche bislang in der Arbeitszeitordnung enthaltenen Beschäftigungsverbote für Frauen gestrichen. Dies bedeutet, daß Frauen uneingeschränkt nachts und im Baugewerbe arbeiten dürfen, was ihnen bisher nicht erlaubt war.

Die Beachtung der arbeitszeitrechtlichen Bestimmungen ist wichtig, da andernfalls mit Ahndungsmaßnahmen (z. B. Bußgelder) durch die zuständige Aufsichtsbehörde zu rechnen ist.

4.2.3 Erholungsurlaub

Bundesurlaubsgesetz

Nach dem Mindesturlaubsgesetz für Arbeitnehmer (1963), genannt Bundesurlaubsgesetz, hat jeder Arbeitnehmer in jedem Kalenderjahr Anspruch auf bezahlten Erholungsurlaub.

Jahresurlaub

Der Jahresurlaub beträgt gesetzlich 24 Werktage (das sind solche, die nicht Sonn- oder Feiertage sind). Tariflich wird im allgemeinen ein längerer Jahresurlaub gewährt. Teilzeitbeschäftigte erhalten zeitlich den gleichlangen Urlaub wie Vollbeschäftigte, jedoch mit entsprechend geringerem Urlaubsentgelt. Der volle Jahresurlaub kann im allgemeinen erst nach Ablauf einer bestimmten Wartezeit, meistens 6 Monate, beansprucht werden. Neu eingestellte und ausscheidende Arbeitnehmer haben grundsätzlich Anspruch nur auf einen anteilmäßigen Jahresurlaub. Beispiel: Der Geselle D. tritt seine neue Arbeitsstelle am 1. August an. Er kann bis Ende des Jahres nur 5/12 Jahresurlaub beanspruchen.

Das Urlaubsentgelt bemißt sich nach dem durchschnittlichen Arbeitsverdienst, das der Arbeitnehmer in den letzten 13 Wochen erhalten hat. Es ist vor Antritt des Urlaubs fällig. Kuren und nachgewiesene Krankheitstage dürfen nicht auf den Jahresurlaub angerechnet werden.

Bei der zeitlichen Festlegung des Urlaubs sind die Urlaubswünsche des Arbeitnehmers zu berücksichtigen, es sei denn, daß ihrer Berücksichtigung dringende betriebliche Belange oder Urlaubswünsche anderer Arbeitnehmer, die unter sozialen Gesichtspunkten den Vorrang verdienen, entgegenstehen. Im Zweifel entscheidet der Arbeitgeber. Weitgehend üblich ist die Aufstellung eines Jahres-Urlaubsplanes. Schwerbehinderte haben gesetzlich Anspruch auf einen bezahlten zusätzlichen Urlaub von 5 Arbeitstagen im Jahr.

4.2.4 Mutterschutz

Außer weitgehendem Kündigungsschutz gewährt das Mutterschutzgesetz Anspruch auf volle Bezahlung durch den Arbeitgeber, auch wenn aus gesundheitlichen Gründen im Einzelfalle nur Teilbeschäftigung gestattet ist.

Beschäftigungsverbote sieht u. a. auch die Gefahrstoffverordnung vor. Der Arbeitgeber darf danach werdende oder stillende Mütter mit sehr giftigen, gesundheitsschädlichen oder in sonstiger Weise den Menschen chronisch schädigenden Gefahrstoffen nicht beschäftigen, wenn eine Auslöseschwelle überschritten wird. Das gleiche gilt auch für werdende Mütter bei einer Beschäftigung mit krebserzeugenden, fruchtschädigenden oder erbgutverändernden Gefahrstoffen. Nach Ablauf des 5. Monats der Schwangerschaft ist eine Beschäftigung mit Arbeiten, bei denen die werdende Mutter ständig stehen muß, nur für 4 Stunden täglich zulässig. Auch dürfen werdende Mütter in den letzten 6 Wochen vor der Entbindung (Ausnahme: bei ausdrücklich erklärter Bereitschaft) und bis zum Ablauf von 8 Wochen (unter Umständen 12 Wochen) nach der Entbindung nicht beschäftigt werden. Während dieser Schonfrist zahlt die Krankenkasse Mutterschaftsgeld (zu Lasten des Bundes).

Werdende bzw. junge Mütter dürfen in den letzten 6 Wochen vor und bis 8 Wochen nach der Geburt nicht beschäftigt werden!

Arbeitszeit Mehrarbeit ist grundsätzlich verboten. Die höchstzulässige Arbeitszeit für mindestens 18 Jahre alte Frauen ist 8 1/2 Stunden täglich oder 90 Stunden in der Doppelwoche. Stillenden Müttern ist auf Verlangen die zum Stillen erforderliche Zeit, mindestens täglich 1 Stunde, freizugeben, ohne daß ein Verdienstausfall eintreten darf.

In Betrieben, in denen werdende oder stillende Mütter beschäftigt werden, sind bei der Einrichtung und Unterhaltung des Arbeitsplatzes einschließlich der Maschinen, Werkzeuge und Geräte und bei der Regelung der Beschäftigung die erforderlichen Vorkehrungen und Maßnahmen zum Schutze von Leben und Gesundheit der werdenden und stillenden Mütter zu treffen.

4.2.5 Erziehungsurlaub

Der Erziehungsurlaub soll dem Sorgeberechtigten eines Kleinkindes mehr Zeit für die Betreuung und Erziehung geben, und zwar für drei Jahre nach der Geburt. In Anspruch nehmen können ihn Arbeitnehmer – gleich ob Vater oder Mutter –, wobei sogar ein dreimaliger Wechsel zwischen beiden möglich ist. Der Arbeitnehmer muß gegebenenfalls solchen unbezahlten Urlaub spätestens 4 Wochen vor Beginn verlangen und gleichzeitig erklären, bis wann er ihn in Anspruch nehmen will.

Kündigungsschutz Der Arbeitgeber darf das Arbeitsverhältnis während des Erziehungsurlaubs grundsätzlich nicht kündigen, kann aber den dem Arbeitnehmer zustehenden Jahreserholungsurlaub angemessen kürzen. Der Arbeitnehmer kann das Arbeitsverhältnis – unter Einhaltung einer Kündigungsfrist von einem Monat – zum Ende des Erziehungsurlaubs kündigen.

In Tarifverträgen ist häufig die Zahlung einer Jahressonderzuwendung (Weihnachtsgeld) vereinbart. Nach der Rechtsprechung des Bundesarbeitsgerichts (Urteil vom 24. Oktober 1990) wird ein tarifvertraglicher Anspruch auf eine Jahressonderzuwendung durch Erziehungsurlaub im Bezugszeitraum nicht gemindert, wenn der Tarifvertrag zum Erziehungsurlaub keine derartige Regelung enthält.

4.2.6 Unfall- und Gefahrenschutz

Der Arbeitgeber ist verpflichtet, die Arbeitsräume, Betriebsvorrichtungen, Maschinen und Gerätschaften so einzurichten und so zu unterhalten und den Betrieb so zu regeln, daß die Arbeitnehmer gegen Gefahren für Leben und

Gesundheit soweit geschützt sind, wie es die Art des Betriebes gestattet. Von den Berufsgenossenschaften (→ S. 545) werden Unfallverhütungsvorschriften herausgegeben. Sie müssen vom Arbeitgeber, aber ebenso auch vom Arbeitnehmer strikt beachtet werden.

Arbeitssicherheitsgesetz

Das Gesetz über Betriebsärzte, Sicherheitsingenieure und andere Fachkräfte für Arbeitssicherheit (Arbeitssicherheitsgesetz v. 1973) sieht vor, daß der Arbeitgeber Betriebsärzte und Fachkräfte für Arbeitssicherheit zu bestellen hat; im allgemeinen aber nur bei Betrieben mit mehr als 20 Beschäftigten (Regelung durch die einzelnen Berufsgenossenschaften). Diese haben den Arbeitgeber beim Arbeitsschutz und bei der Unfallverhütung in allen Fragen des Gesundheitsschutzes zu unterstützen. Erforderlich: schriftliche Bestellung.

Der Betriebsarzt hat insbesondere in arbeitsmedizinischen, arbeitspsychologischen und arbeitshygienischen Fragen zu beraten, Arbeitnehmer zu untersuchen und die Arbeitsstätten in regelmäßigen Abständen zu begehen.

Die Fachkraft für Sicherheit hat neben der Beratung die Durchführung des Arbeitsschutzes und der Unfallverhütung zu beobachten, Betriebsanlagen sicherheitstechnisch zu überprüfen und darauf hinzuwirken, daß sich alle Arbeitnehmer arbeitsschutzmäßig richtig verhalten. Als Fachkräfte für Sicherheit kommen Sicherheitsingenieure, -techniker oder -meister in Frage.

Der Arbeitgeber hat der zuständigen Behörde auf deren Verlangen, die zur Durchführung des Gesetzes erforderlichen Auskünfte zu erteilen.

Die Verpflichtung des Arbeitgebers, Betriebsärzte und Fachkräfte für Arbeitssicherheit zu bestellen, kann auch dadurch erfüllt werden, daß der Arbeitgeber einen überbetrieblichen Dienst zur Wahrnehmung dieser Aufgaben verpflichtet (z. B. Berufsgenossenschaft, TÜV). Die Berufsgenossenschaften haben die näheren Vorschriften zu erlassen und können auch Anordnungen im einzelnen treffen. Verstöße gegen das Gesetz, z. B. auch gegen die jährliche Meldepflicht, können als Ordnungswidrigkeit mit hohen Geldbußen geahndet werden.

Arbeitsstättenverordnung

Der Arbeitgeber eines Gewerbebetriebes hat Arbeitsstätten (Arbeitsräume, Arbeitsplätze im Freien, Baustellen u. ä.) gemäß den Bestimmungen der Arbeitsstättenverordnung einzurichten.

Die Arbeitsstättenverordnung (1975) enthält genaue Anforderungen an die Beschaffenheit der Arbeits-, Pausen- und Sanitärräume, die Baustellen und Arbeitsplätze auf dem Betriebsgelände im Freien. Die Anforderungen beziehen sich nicht nur auf die bauliche Beschaffenheit, sondern auch auf die Lüftung, Beleuchtung, Raumtemperatur, Schutz gegen Dämpfe und Lärm, Verkehrswege usw.

Die Anforderungen nach der Arbeitsstätten-VO müssen bei allen neu zu errichtenden oder umzubauenden Arbeitsstätten genau beachtet werden. Ausnahmen können unter bestimmten Voraussetzungen auf schriftlichen Antrag vom Gewerbeaufsichtsamt gestattet werden. Überwachung der Einhaltung aller dieser Bestimmungen durch das zuständige Gewerbeaufsichtsamt und die Berufsgenossenschaften. Zuwiderhandlungen, insbesondere Verstöße gegen berechtigte Anordnungen des Gewerbeaufsichtsamtes, können als Ordnungswidrigkeit mit Geldbußen geahndet werden.

Unfallverhütungsvorschriften sind strikt zu beachten!

4.2.7 Pfändungsschutz und Lohnsicherung

Um dem Arbeitnehmer ein Existenzminimum zu belassen, sind bei Zwangsvollstreckungsmaßnahmen Löhne und Gehälter bis zu bestimmten Beträgen pfändungsfrei (→ S. 464).

Lohnabtretung — Soweit der Lohn pfändungsfrei ist, kann er vom Arbeitnehmer auch nicht rechtswirksam an einen Dritten abgetreten werden. Ebensowenig ist eine Aufrechnung des Arbeitgebers wegen evtl. Forderungen an den Arbeitnehmer (z. B. wegen Schadenersatz) in dieser Höhe möglich; anders bei vorsätzlich zugefügtem Schaden.

Bei Zahlungsunfähigkeit ihres Arbeitgebers haben Arbeitnehmer einen Anspruch auf Ausgleich ihres ausgefallenen Arbeitsentgeltes (Konkursausfallgeld → S. 467 f).

4.2.8 Schwerbehindertenschutz

Durch das Schwerbehindertengesetz (→ S. 508), soll Schwerbehinderten weitgehend eine Erwerbstätigkeit ermöglicht werden. Schwerbehinderte sind Personen mit einem Grad der Behinderung von wenigstens 50 %, bei Gleichstellung durch das Arbeitsamt von wenigstens 30 %.

Beschäftigungspflicht — Arbeitgeber mit mindestens 16 Arbeits- und Ausbildungsplätzen sind grundsätzlich verpflichtet, Schwerbehinderte zu beschäftigen, und zwar mindestens 6 % der Belegschaft (eine Herauf- oder Herabsetzung des Prozentsatzes durch die Bundesregierung ist möglich). Bei der Berechnung der Mindestzahl von Arbeitsplätzen und der Zahl der Pflichtplätze zählen bis zum 31. Dezember 2000 Stellen, auf denen Auszubildende beschäftigt werden, nicht mit. *Ausgleichsabgabe* — Private Arbeitgeber, die die für ihren Betrieb vorgeschriebene Zahl Schwerbehinderter nicht beschäftigen, haben eine Ausgleichsabgabe zu zahlen, und zwar an die Hauptfürsorgestelle. Die Ausgleichsabgabe beträgt je Monat und unbesetzten Pflichtplatz z. Z. DM 200,-. Außerdem ist eine Zwangseinstellung möglich. Für die beschäftigungspflichtigen Betriebe besteht Anzeigepflicht an das Arbeitsamt. Beispiel: Der Betrieb B. bildet aus und beschäftigt ziemlich konstant 33 Arbeitnehmer und Auszubildende. Er ist verpflichtet, bei dieser Zahl darunter 2 Schwerbehinderte zu beschäftigen. Ist das nicht möglich, so hat er (z. Z.) jährlich DM 4 800,- an die Hauptfürsorgestelle zu zahlen.

4.2.9 Ladenschluß

Ladenschlußgesetz — Auch das Gesetz über den Ladenschluß (1956) dient vorwiegend dem Schutz der in Läden beschäftigten Arbeitnehmer.

Ladengeschäfte müssen grundsätzlich für den geschäftlichen Verkehr mit Kunden geschlossen sein

- an Sonn- und Feiertagen
- montags bis freitags bis 7 und ab 18.30 Uhr
- sonnabends bis 7 und ab 14 Uhr, jeden ersten Sonnabend im Monat ab 18 Uhr (in den Monaten April bis September ab 16 Uhr).

Ausnahmen gelten u. a. für Bäckereien, Konditoreien, Friseure, Kur- und Erholungsorte, Messen und Märkte sowie für den sogenannten Dienstleistungsabend am Donnerstag, an dem die Verkaufsstellen bis 20.30 Uhr geöffnet sein dürfen, wenn dadurch die zulässige Gesamtöffnungszeit in der Woche nicht überschritten wird.

4.2.10 Heimarbeitsschutz

Heimarbeiter und Hausgewerbetreibende unterliegen einem besonderen Schutz durch das Heimarbeitsgesetz (1951). Heimarbeiter ist, wer in selbstgewählter Arbeitsstätte (z. B. eigene Wohnung) allein oder mit seinen Familienangehörigen, Hausgewerbetreibender, wer in eigener Arbeitsstätte (z. B. eigene Wohnung oder eigener Betrieb) mit nicht mehr als 2 Hilfskräften im Auftrag von Gewerbetreibenden oder Zwischenmeistern gewerblich arbeitet, jedoch die Verwertung der Arbeitsergebnisse dem Auftraggeber überläßt.

Wer Heimarbeit ausgibt, hat dies dem Gewerbeaufsichtsamt anzuzeigen und die Beschäftigten listenmäßig zu führen. Entgeltverzeichnisse müssen offen im Vergabebetrieb ausgelegt werden. Es gibt gesetzliche Regelungen über einen besonderen Arbeitszeit-, Gefahren-, Entgelt-, Urlaubs- und Kündigungsschutz. Verstöße können geahndet werden.

4.2.11 Jugendschutz

Zum Schutz der Jugend gibt es das Jugendarbeitsschutzgesetz und das Gesetz zum Schutz der Jugend in der Öffentlichkeit.

4.2.12 Aushänge und Auslagen

Der Arbeitgeber ist aufgrund verschiedener Gesetze und bei bestimmten Voraussetzungen verpflichtet, für Aushänge und Auslagen Sorge zu tragen. Der Arbeitgeber ist verpflichtet

- Tarifverträge, die für den Betrieb maßgebend sind, an geeigneter Stelle im Betrieb auszulegen (Tarifvertr. Ges. 1969)
- Betriebsvereinbarungen, falls vorhanden, an geeigneter Stelle im Betrieb auszulegen (BetrVG 1972)
- einen Abdruck vom Arbeitszeitgesetz (ArbZG) sowie von den aufgrund dieses Gesetzes erlassenen, für den Betrieb geltenden Rechtsverordnungen und von den für den Betrieb geltenden Tarifverträgen und Betriebsvereinbarungen an geeigneter Stelle im Betrieb zur Einsicht auszulegen oder auszuhängen
- das Mutterschutzgesetz bei Beschäftigung von regelmäßig mehr als drei Frauen an geeigneter Stelle auszulegen oder auszuhängen
- das Ladenschlußgesetz (1956) bei Beschäftigung von regelmäßig mindestens einem Arbeitnehmer an geeigneter Stelle in der Verkaufsstelle auszulegen oder auszuhängen
- die in Frage kommenden Unfallverhütungsvorschriften nebst Anschrift der Berufsgenossenschaft auszuhängen
- das Gesetz über die Gleichbehandlung von Männern und Frauen (1980) am Arbeitsplatz an geeigneter Stelle im Betrieb auszulegen
- das Gesetz zum Schutz der Beschäftigten vor sexueller Belästigung am Arbeitsplatz (Beschäftigungsschutzgesetz) an geeigneter Stelle zur Ansicht auszulegen oder auszuhängen

- bei Beschäftigung Jugendlicher bestimmte Aushänge und Verzeichnisse zu beachten.

Die Nichteinhaltung der Aushang- bzw. Auslegegebote ist eine Ordnungswidrigkeit und kann durch Bußgelder geahndet werden. Zuständig ist das Gewerbeaufsichtsamt.

4.2.13 Gewerbeaufsichtsbehörden

Überwachung

Mit der Überwachung der Arbeitnehmer-Schutzbestimmungen sind die Gewerbeaufsichtsbehörden beauftragt. Sie sind Landesbehörden und unterliegen der Organisationsbefugnis der Länder. In Nordrhein-Westfalen werden beispielsweise die Arbeitnehmer-Schutzvorschriften von den staatlichen Ämtern für Arbeitsschutz wahrgenommen.

Die Gewerbeaufsichtsbehörden haben weitgehende Befugnisse, insbesondere das Recht, die Betriebe jederzeit zu besichtigen. Die Ämter können Abhilfe verlangen, Geldbußen festsetzen und erforderlichenfalls sogar die Schließung eines Betriebes anordnen.

Zu diesem Kapitel finden Sie die Aufgaben C 112 – C 200 im Band „Vorbereitung auf die Meisterprüfung – Test- und Übungsaufgaben".

Arbeitsrecht

5. Betriebsverfassungsgesetz

Lernziele:
Der Lernende kann, nachdem er dieses Kapitel durchgearbeitet hat,
- die Funktion des Betriebsverfassungsgesetzes (BetrVG) skizzieren,
- die wichtigsten Bestimmungen zur Errichtung von Betriebsräten angeben,
- Mitwirkungs- und Mitbestimmungsmöglichkeiten des Betriebsrats aufzeigen,
- Grundzüge der Arbeitsgerichtsbarkeit erklären.

Durch das Betriebsverfassungsgesetz (Fassung von 1988) ist das Zusammenleben und -wirken der Arbeitgeber und Arbeitnehmer in den Betrieben und Unternehmen umfassend geregelt.

5.1 Errichtung von Betriebsräten

In Betrieben mit in der Regel mindestens 5 ständigen wahlberechtigten Arbeitnehmern, von denen 3 wählbar sind, werden Betriebsräte gewählt. Die regelmäßigen Wahlen finden alle vier Jahre statt, und zwar in der Zeit vom 1. März bis zum 31. Mai.

Wahlberechtigt sind alle Arbeitnehmer, die das 18. Lebensjahr vollendet haben.

Wählbar sind alle Wahlberechtigten, die dem Betrieb mindestens 6 Monate angehören.

Arbeitnehmer im Sinne des Gesetzes sind auch Auszubildende, aber (u. a.) nicht der Ehegatte, Verwandte und Verschwägerte 1. Grades, die in häuslicher Gemeinschaft mit dem Arbeitgeber leben.

In Betrieben bis zu 20 wahlberechtigten Arbeitnehmern besteht der Betriebsrat aus einer Person, bis 50 aus 3 Mitgliedern, bis 150 aus 5 Mitgliedern usw.

Betriebsratswahl Die Wahl der Betriebsräte erfolgt aufgrund der Wahlordnung und nach Wahl oder Bestellung eines Wahlvorstandes. Der Arbeitgeber ist zwar rechtlich nicht verpflichtet, für die Wahl eines Betriebsrats zu sorgen, er darf diese aber auch nicht zu verhindern versuchen. Die Initiative zur Bildung eines Betriebsrates kann, wenn ein alter nicht vorhanden ist, von der Belegschaft ausgehen. Ein Wahlvorschlag der Arbeitnehmer muß dann von mindestens einem Zwanzigstel, jedoch von mindestens drei wahlberechtigten Gruppenangehörigen, unterzeichnet sein. In Betrieben mit in der Regel bis zu zwanzig wahlberechtigten Arbeitnehmern genügt die Unterzeichnung durch zwei Wahlberechtigte. Die Initiative kann auch von einer im Betrieb vertretenen Gewerkschaft ausgehen. Eine Gewerkschaft ist im Betrieb vertreten, wenn ihr mindestens ein Arbeitnehmer des Betriebes, z. B. auch ein Auszubildender, als Mitglied angehört. Beispiel: Im Betrieb Sch. sind 15 wahlberechtigte Arbeitnehmer beschäftigt. Einer von ihnen gehört der zuständigen Gewerkschaft an und betreibt die Wahl eines Betriebsrates. Er darf darin nicht behindert werden.

Der Betriebsrat wählt aus seiner Mitte den Vorsitzenden. Dieser beruft die Sitzungen ein. Sie finden in der Regel während der Arbeitszeit statt.

Die Mitwirkung der Gewerkschaften kommt im Betriebsverfassungsgesetz dadurch zum Ausdruck, daß

- sie innerhalb der Betriebsverfassung ein Zutrittsrecht zu den Betrieben haben
- das Teilnahmerecht von Gewerkschaftsbeauftragten an Betriebsratssitzungen verstärkt ist
- auch die Möglichkeit besteht, im Bedarfsfall durch das Arbeitsgericht nichtbetriebsangehörige Gewerkschaftsmitglieder in den Wahlvorstand zu berufen.

Die Bildung von Betriebsräten entspricht dem Willen des Gesetzgebers und darf nicht verhindert werden!

5.2 Stellung und Rechte des Betriebsrats

Die Mitglieder des Betriebsrats führen ihr Amt unentgeltlich als Ehrenamt. Für die Durchführung ihrer Aufgaben sind sie von der beruflichen Tätigkeit ohne Minderung des Arbeitsentgelts freizustellen. Beispiel: In einem größeren Betrieb möchte der Betriebsrat einmal im Monat an einem Wochenende, aber noch während der Arbeitszeit, eine Sprechstunde durchführen. Der Arbeitgeber muß den Betriebsrat zu diesem Zweck von der Arbeit, ohne Kürzung der Vergütung, freistellen (§ 39 BetrVG).

Das Gleiche gilt auch für Schulungs- und Bildungsveranstaltungen, soweit diese Kenntnisse vermitteln, die für die Arbeit des Betriebsrats erforderlich sind. Die dafür, aber auch die sonst durch die Tätigkeit des Betriebsrats entstehenden Kosten trägt der Arbeitgeber.

Betriebs-versammlung

Der Betriebsrat hat einmal in jedem Kalendervierteljahr eine Betriebsversammlung einzuberufen und in ihr einen Tätigkeitsbericht zu erstatten. Der Arbeitgeber ist einzuladen.

5.3 Mitwirkung des Betriebsrats

Arbeitgeber und Betriebsrat sollen zum Wohl des Betriebes und seiner Mitarbeiter zusammenarbeiten. Über strittige Fragen soll mit dem ernsten Willen zur Einigung verhandelt werden. Dem Betriebsrat sind gesetzlich weitgehende Mitwirkungs- und Mitbestimmungsrechte eingeräumt worden, und zwar in

Soziales
- sozialen Angelegenheiten
Z. B. Beginn und Ende der täglichen Arbeitszeit einschließlich der Pausen sowie Verteilung der Arbeitszeit auf die einzelnen Wochentage, ferner Aufstellung des Urlaubsplanes, Regelungen über die Verhütung von Arbeitsunfällen, Aufstellung von Entlohnungsgrundsätzen, Festsetzung der Akkord- und Prämiensätze, Fragen der Ordnung des Betriebes u. a. m. unterliegen dem Mitwirkungsrecht des Betriebsrats.

Über die Planung von Neu-, Um- und Erweiterungsbauten, neuer Arbeitsverfahren u. ä. hat der Arbeitgeber den Betriebsrat rechtzeitig zu unterrichten und hinsichtlich der Auswirkungen auf die Arbeitnehmer mit ihm zu beraten.

Arbeitsrecht

Personelles
- personellen Angelegenheiten
Der Betriebsrat ist über die Personalplanung und Maßnahmen der Berufsbildung anhand von Unterlagen rechtzeitig zu unterrichten. Darüber hinaus hat der Betriebsrat bei der Durchführung von Maßnahmen der betrieblichen Berufsbildung mitzubestimmen. In Betrieben mit mehr als 20 Arbeitnehmern muß der Arbeitgeber den Betriebsrat vor jeder Einstellung und Umgruppierung unterrichten. Bei geplanten Betriebsänderungen mit wirtschaftlichen Nachteilen für Arbeitnehmer kann ein Sozialplan aufgestellt werden. Der Betriebsrat kann aus bestimmten, im Gesetz festgelegten Gründen die Zustimmung verweigern. Geschieht das, so kann der Arbeitgeber beim Arbeitsgericht beantragen, die Zustimmung zu ersetzen. Ein weitgehendes Mitbestimmungsrecht hat der Betriebsrat auch bei allen Kündigungen, die der Arbeitgeber aussprechen möchte.

- wirtschaftlichen Angelegenheiten
Wirtschaftsausschuß
In Betrieben mit in der Regel mehr als 100 ständig beschäftigten Arbeitnehmern ist ein Wirtschaftsausschuß zu bilden. Dieser Wirtschaftsausschuß hat die Aufgabe, wirtschaftliche Angelegenheiten mit dem Unternehmer zu beraten und den Betriebsrat zu unterrichten. Zu den wirtschaftlichen Angelegenheiten im Sinne dieser Vorschrift gehören insbesondere die wirtschaftliche und finanzielle Lage des Unternehmens, Rationalisierungsvorhaben, die Einführung neuer Arbeitsmethoden, die Einschränkung oder Stillegung von Betrieben oder Betriebsteilen, die Verlegung von Betriebsteilen und anderes.

Die Mitwirkung bzw. Mitbestimmung des Betriebsrats ist wichtiger Bestandteil unserer demokratischen Rechtsordnung!

5.4 Betriebsvereinbarungen

Betriebsvereinbarungen können in jedem Betrieb abgeschlossen werden, und zwar zwischen dem Arbeitgeber und dem Betriebsrat. Sie gelten unmittelbar und zwingend, auch für den einzelnen Arbeitnehmer. Jedoch können Arbeitsentgelte und sonstige Arbeitsbedingungen, die durch Tarifvertrag geregelt sind oder üblicherweise geregelt werden, nicht Gegenstand einer Betriebsvereinbarung sein.

Schriftform und Aushang
Betriebsvereinbarungen sind schriftlich niederzulegen und an geeigneter Stelle im Betrieb auszulegen.

5.5 Einigungsstellen

Zur Beilegung von Meinungsverschiedenheiten zwischen Arbeitgeber und Betriebsrat ist bei Bedarf eine Einigungsstelle zu bilden. Sie besteht aus einer gleichen Zahl von Beisitzern, die vom Arbeitgeber und Betriebsrat bestellt werden und einem unparteiischen Vorsitzenden. Einigt man sich über die Person des Vorsitzenden nicht, so bestellt ihn das Arbeitsgericht.

Einigung von Arbeitgeber und Betriebsrat
Der Spruch der Einigungsstelle ersetzt die Einigung zwischen Arbeitgeber und Betriebsrat, wenn dies durch Betriebsvereinbarung so festgelegt ist oder beide Seiten sich dem Spruch im voraus unterworfen oder ihn nachträglich angenommen haben oder das Gesetz es ausdrücklich vorsieht. Beispiel: Arbeitgeber und Betriebsrat können sich nicht darüber einigen, ob die glei-

tende Arbeitszeit im Betrieb eingeführt werden soll oder nicht. Für die Einigungsstelle, die nach dem Willen beider Seiten verbindlich entscheiden soll, werden von jeder Seite 2 Beisitzer benannt. Da man sich nicht über die Person eines Vorsitzenden einigen kann, wird ein solcher vom Arbeitsgericht bestellt. Die Einigungsstelle tritt zusammen und entscheidet, daß die gleitende Arbeitszeit einzuführen ist. Dieser Spruch ist für beide Seiten verbindlich.

5.6 Erzwingbarkeit

Bestimmte Verstöße gegen das Betriebsverfassungsgesetz können auf Antrag mit Geldbuße, Geld- oder Freiheitsstrafen geahndet werden.

5.7 Arbeitsgerichtsbarkeit

Arbeitsgericht

Wenn sich Streitigkeiten aus dem Arbeitsverhältnis nicht gütlich regeln lassen, besteht die Möglichkeit der gerichtlichen Entscheidung. Hierfür gibt es besondere Arbeitsgerichte.

Eine Klage ist beim örtlich zuständigen Arbeitsgericht zu erheben. Dieses entscheidet – falls keine gütliche Einigung zustandekommt, was in erster Linie angestrebt wird –, durch sog. Kammern in Besetzung mit einem Vorsitzenden (Berufsrichter) und zwei Beisitzern, von denen der eine von der Arbeitnehmer- und der andere von der Arbeitgeberseite benannt worden ist.

Verfahren

Gegen das Urteil des Arbeitsgerichts ist die Berufung an das Landesarbeitsgericht möglich. Voraussetzung dafür ist, daß sie wegen der grundsätzlichen Bedeutung der Sache vom Arbeitsgericht zugelassen ist oder aber der Wert des Beschwerdegegenstandes DM 800,- übersteigt. Gegen das Urteil des Landesarbeitsgerichts gibt es noch die Revision, wenn sie vom Landesarbeitsgericht ausdrücklich zugelassen ist. Die letzte Entscheidung trifft dann das Bundesarbeitsgericht in Kassel.

Rechtszug

Vor den Arbeitsgerichten kann jeder selbst auftreten. Vertretung durch die Berufsorganisation (z. B. Geschäftsführer der Innung oder Gewerkschaftssekretär) oder Rechtsanwalt ist möglich. Vor dem Landesarbeitsgericht herrscht Vertreterzwang, vor dem Bundesarbeitsgericht Anwaltszwang.

Arbeitsgerichtsverfahren sind gebührenpflichtig.

Zu diesem Kapitel finden Sie die Aufgaben C 112 – C 200 im Band „Vorbereitung auf die Meisterprüfung – Test- und Übungsaufgaben".

Schutz gegen Wechselfälle des Lebens (Sozialrecht und Versicherungen)

1. System der sozialen Sicherung

Lernziele:
Der Lernende kann, nachdem er dieses Kapitel durchgearbeitet hat,
- zwischen Versicherung, Versorgung und Fürsorge unterscheiden,
- den Sammelbegriff Sozialversicherung erklären,
- die wesentlichen Rechtsgrundlagen des Sozialrechts nennen,
- die Instanzen der Sozialgerichtsbarkeit darstellen.

1.1 Allgemeines

In der UNO-Menschenrechtserklärung von 1948 heißt es: „Jeder Mensch hat als Mitglied der Gesellschaft Recht auf soziale Sicherheit." Denn das menschliche Leben ist von zahllosen Wechselfällen, wie Krankheiten, Unfällen, Arbeitslosigkeit, Alter, Tod, Vermögenseinbußen durch Sachschäden und dergleichen, begleitet, die den einzelnen oder seine Familie in wirtschaftliche Not bringen können, wenn er nicht ausreichende Schutzvorkehrungen getroffen hat.

Versicherung — Einrichtungen, die speziell einer solchen Vorsorge dienen, sind z. B. Versicherungen; sie haben entweder öffentlich-rechtlichen Zwangscharakter wie die Sozialversicherung oder beruhen auf privat-rechtlichen Verträgen wie die Privatversicherung und gewähren Leistungen aufgrund gezahlter Beiträge.

Versorgung — Im Rahmen einer Versorgung werden Ansprüche aus Steuermitteln befriedigt, die sich aus einer im öffentlichen Interesse erbrachten Leistung oder Tätigkeit ergeben, z. B. die Kriegsopferversorgung.

Fürsorge — Unter dem Gesichtspunkt der Fürsorge entstehen Ansprüche bei Vorliegen von Bedürftigkeit. Diese werden ebenfalls aus Steuermitteln finanziert.

In diesen drei Formen der sozialen Sicherung hat sich in der Bundesrepublik Deutschland ein sehr eng geknüpftes Netz der sozialen Sicherheit entwickelt, das allerdings alle Beteiligten zunehmend belastet.

Die gesetzliche Sozialversicherung ist eine Versicherung besonderer Art. Sie bezweckt im wesentlichen einen Schutz gegen die Folgen vorübergehender oder dauernder Erwerbsbehinderung.

Solidaritätsprinzip — Getragen wird sie von der Versichertengemeinschaft, einem überwiegend pflichtmäßig verbundenen Personenkreis, der von dem Prinzip der Zwangssolidarität und des sozialen Ausgleichs beherrscht wird, wonach der Leistungsstarke für die Lasten des Leistungsschwachen einzustehen hat. Mitglieder dieser Gemeinschaft sind in erster Linie alle unselbständig Beschäftigten.

Bei Eintritt des Versicherungsfalles (Krankheit, Unfall, Alter u. a.) hat der einzelne einen festen Rechtsanspruch auf bestimmte Unterstützungsleistungen, deren Umfang den Versicherten in die Lage versetzen soll, seinen bisherigen Lebensstil, soweit er durch Arbeitseinkommen ermöglicht wurde, aufrecht zu erhalten. Die Leistungen der Sozialversicherung werden durch Zwangsbeiträge, an deren Aufbringung die Arbeitgeber beteiligt sind, sowie – z. B. in der gesetzlichen Rentenversicherung – durch Zuschüsse des Bundes finanziert. Ihren unterschiedlichen Aufgaben entsprechend gliedert sich die Sozialversicherung in die Krankenversicherung, die Unfallversicherung, die Rentenversicherung und die Pflegeversicherung. Im weiteren Sinne umfaßt sie auch die Arbeitslosenversicherung.

gegliederte Sozialversicherung

Abgerundet wird das System der sozialen Sicherung durch weitere Leistungsbereiche, in denen unmittelbar aus Steuermitteln Unterstützungen gewährt werden wie Wohngeld, Kindergeld, Ausbildungsförderung usw. (→ Kapitel 3).

Die Privatversicherung – als Alternative, eher aber noch als Ergänzung zur gesetzlichen Versicherung – ist eine Individualversicherung, die auf einem frei ausgehandelten, privatrechtlichen Vertrag basiert. Auch für sie gilt der Grundsatz, daß mögliche Risiken durch Zusammenfassung in einer großen Gemeinschaft ausgeglichen und damit für den einzelnen tragbar gemacht werden. Ihre Beiträge sind gänzlich unabhängig vom Einkommen des Versicherten und richten sich allein nach den gewünschten Leistungen und dem zu erwartenden Risiko. Das ermöglicht einen „maßgeschneiderten" Versicherungsschutz.

Individualversicherung

Zu diesem Kapitel finden Sie die Aufgaben C 201 – C 224 im Band „Vorbereitung auf die Meisterprüfung – Test- und Übungsaufgaben".

1.2 Geschichtliche Entwicklung

Versicherungsähnliche Einrichtungen gab es bereits im antiken Griechenland und in Rom in Form staatlich genehmigter und beaufsichtigter Krankenkassen und Sterbevereine.

Einrichtungen der Zünfte

Vorläufer der Sozialversicherung im heutigen Sinne finden sich jedoch erst im Mittelalter. Die besondere Berufsgefahr im Bergbau veranlaßte die Knappschaft, sich zu sogenannten Büchsenkassen, später Knappschaftskassen, zusammenzuschließen, die erkrankten oder verunglückten Bergleuten und ihren Familien Unterstützungen gewährten. In gleicher Weise schufen die Handwerkerzünfte Selbsthilfeeinrichtungen, die notleidenden Mitgliedern und ihren Familien bzw. Hinterbliebenen Hilfe zuteil werden ließen. Daneben gab es Gesellenvereinigungen (Gesellenbruderschaften) mit gleicher Zielsetzung. Aus den genannten Zusammenschlüssen entwickelten sich die heutigen Knappschafts- und Innungskrankenkassen.

kaiserliche Botschaft

Die in der Mitte des vorigen Jahrhunderts einsetzende Industrialisierung führte innerhalb der ständig wachsenden Arbeitnehmerschaft in Deutschland zu sozialen Notständen, die mit den überkommenen Selbsthilfeeinrichtungen nicht mehr zu bewältigen waren. Aus der Erkenntnis, daß die Verhältnisse nur durch staatliche oder staatlich gelenkte Maßnahmen geändert werden konnten, proklamierte Kaiser Wilhelm I. am 17. 11. 1881 in einer von Bismarck verfaßten Botschaft an den Reichstag den systematischen Aufbau einer umfassenden Sozialversicherung. In Ausführung dieser Botschaft, die als Geburtsurkunde der deutschen Sozialversicherung bezeichnet wird, ergingen 1883 das Gesetz über die Krankenversicherung der Arbeiter, 1884 das Unfallversicherungsgesetz und 1889 das Gesetz betreffend die Invaliditäts- und Altersversicherung. Kernstück dieser Gesetze waren die Einführung des Versicherungszwanges und die Zusicherung klagbarer Leistungsansprüche. 1911 wurden die Gesetze in der Reichsversicherungsordnung (RVO) zusammengefaßt, einem Gesetzeswerk, das heute noch erhebliche Bedeutung hat.

Entwicklung der Gesetzgebung

Eine gesonderte gesetzliche Regelung erfuhren u. a. die Angestelltenversicherung (1911), die Knappschaftsversicherung (1923) und die Arbeitslosenversicherung (1927). Das Jahr 1957 brachte eine weitgreifende Umgestaltung der Rentenversicherung (Rentenreform mit Einführung der „dynamischen Rente"). 1963 folgte die entsprechende Neuordnung der gesetzlichen Unfallversicherung. Weitere Schritte waren das 1969 in Kraft getretene Arbeitsförderungsgesetz und das seit 1970 geltende Lohnfortzahlungsgesetz.

Eine ganz grundsätzliche Entwicklung, die noch immer andauert, begann 1976, als der erste Teil eines neuen Sozialgesetzbuches in Kraft trat. Mit diesem ist beabsichtigt, das enorm unübersichtlich gewordene Sozialrecht zu vereinheitlichen, zu vereinfachen und insgesamt in einem einzigen Gesetz zusammenzufassen. Nachdem weitere – für den Versicherten aber weniger bedeutende – Teile 1977, 1981 und 1983 in Kraft traten, kam man in den letzten Jahren mit großen Schritten voran, nämlich folgende Bereiche von erheblicher materieller Tragweite wurden neu geregelt: Ab 1. 1. 1989 die Krankenversicherung durch das Gesundheitsreformgesetz, ab 1. 1. 1991 die Kinder- und Jugendhilfe durch das Kinder- und Jugendhilfegesetz und ab 1. 1. 1992 die Rentenversicherung durch das Rentenreformgesetz. Ab 1. 1. 1995 folgte die Pflegeversicherung.

Der nächste Schritt wird wohl die Eingliederung der Unfallversicherung in das Sozialgesetzbuch sein.

1.3 Rechtsgrundlagen des Sozialrechts

Wie schon im vorhergehenden Abschnitt angedeutet, befinden wir uns gegenwärtig in einer Übergangsphase, in der das in vielen Gesetzen verstreute Sozialrecht selbst Fachleuten den Umgang mit dieser Materie außerordentlich erschwert. Inzwischen ist das neue Sozialgesetzbuch soweit vorangekommen, daß man es schon als entscheidende Grundlage für diesen Rechtsbereich bezeichnen kann. Es wird sich nach seiner Fertigstellung voraussichtlich in dreizehn „Bücher" gliedern, von denen inzwischen sechs ganz oder teilweise abgeschlossen sind. So ist z. B. die Krankenversicherung im Fünften Buch geregelt, das mit der Abkürzung „SGB V" zitiert wird.

Sozialgesetzbuch

Neben diesen bereits beschlossenen Neuregelungen gelten als besondere Teile des Sozialgesetzbuches die bisherigen Gesetze weiter. Es sind dies immerhin noch fast zwanzig Gesetze, zu denen beispielsweise gehören:

weitere Gesetze

- Arbeitsförderungsgesetz (AFG)
- Reichsversicherungsordnung (RVO)
- Bundesausbildungsförderungsgesetz (BAFöG)
- Bundessozialhilfegesetz (BSHG)
- Bundesversorgungsgesetz (BVG)
- Bundeskindergeldgesetz (BKGG)
- Bundeserziehungsgeldgesetz (BErzGG)
- Wohngeldgesetz (WoGG)
- Schwerbehindertengesetz (SchwbG).

Weiter sind von Bedeutung die in Ergänzung der Gesetze erlassenen Rechtsverordnungen sowie das von den Trägern der Selbstverwaltung beschlossene Satzungsrecht in Gestalt von Satzungen, Versicherungsbedingungen, Krankenordnungen u. a. m.

Rechtsverordnungen
Satzungsrecht

In den neuen Bundesländern gilt im Grundsatz inzwischen auch das Bundesrecht. Allerdings gibt es übergangsweise noch eine Reihe von Abweichungen, die sich z. B. im Sozialrecht aus den immer noch unterschiedlichen Einkommensverhältnissen ergeben. Einzelheiten sind in den nachfolgenden Abschnitten berücksichtigt.

neue Bundesländer

1.4 Sozialgerichtsbarkeit

Über Sozialrechtsstreitigkeiten, beispielsweise wegen einer Verweigerung von Versicherungsleistungen oder Nichtanrechnung von Beitragszeiten, entscheiden die Gerichte der Sozialgerichtsbarkeit: die Sozialgerichte im ersten Rechtszug, die Landessozialgerichte als Berufungs- und das Bundessozialgericht in Kassel als Revisionsinstanz.

Aufbau

Mit wenigen Ausnahmen setzt das sozialgerichtliche Verfahren die Durchführung eines Vorverfahrens (Widerspruchsverfahrens) vor den Sozialleistungsträgern voraus. An den Entscheidungen der Gerichte wirken neben Berufsrichtern (einer in der 1., je drei in der 2. und 3. Instanz) auch je zwei ehrenamtliche Richter mit. Vor dem Bundessozialgericht müssen sich die Prozeßbeteiligten durch einen Rechtsanwalt oder Bevollmächtigten bestimmter Berufsvereinigungen vertreten lassen. Das Verfahren vor den Gerichten der Sozialgerichtsbarkeit ist grundsätzlich kostenfrei; allerdings können außergerichtliche Kosten im Falle des Unterliegens anfallen.

Verfahren

2. Sozialversicherung

Lernziele:

Der Lernende kann, nachdem er dieses Kapitel durchgearbeitet hat,
- die Gliederung der Sozialversicherung und ihre Träger beschreiben,
- Aufgaben und Organe der Selbstverwaltung darstellen,
- die Versicherungszweige sowie ihre Träger und Aufgaben nennen,
- die verschiedenen Meldetatbestände und die entsprechenden Fristen unterscheiden,
- die Beitragsregelungen für Pflicht- und freiwillig Versicherte darstellen,
- die versicherungs- und beitragsrechtlichen Sonderregelungen für rentenversicherte Handwerker beschreiben,
- einen Überblick über die Leistungen der verschiedenen Versicherungszweige geben.

2.1 Gliederung und Selbstverwaltung

Arbeitslosenversicherung

Träger der Arbeitslosenversicherung ist die Bundesanstalt für Arbeit (BA) mit Hauptsitz in Nürnberg, Landesarbeitsämtern in den einzelnen Bundesländern sowie einem weitverzweigten Netz von Arbeitsämtern mit zahlreichen Nebenstellen.

Krankenversicherung

Die gesetzliche Krankenversicherung kennt im sogenannten gegliederten System mit den Krankenkassen fast 1 200 Träger. Zu den Pflichtkassen zählen die Allgemeinen Ortskrankenkassen (AOK), die Innungskrankenkassen (IKK), die Betriebskrankenkassen (BKK) sowie bestimmte Sondereinrichtungen (Bundesknappschaft für Bergleute, Seekasse für Seeleute, Landwirtschaftliche Kasse für selbständige Landwirte). Ein Betrieb kann eine Betriebskrankenkasse unter der Voraussetzung errichten, daß er mindestens 1 000 Arbeitnehmer hat, die versicherungspflichtig sind. In gleicher Weise kann eine Innung – oder auch mehrere gemeinsam – eine Innungskrankenkasse errichten, wenn ihre Mitglieder zusammen mindestens 1 000 Versicherungspflichtige beschäftigen. Erforderlich sind gegebenenfalls Beschlüsse der Innungsversammlung und des Gesellenausschusses, die der Genehmigung des Landesversicherungsamtes bedürfen; dieser wiederum kann die betroffene AOK widersprechen, wenn sie ihre Leistungsfähigkeit oder gar ihren Bestand gefährdet sieht. Ist eine Innung Trägerinnung, dann ist allein die jeweilige IKK Pflichtkasse für alle Beschäftigten der Innungsmitglieder. Die Mitgliedschaft bei einer Ersatzkasse wird durch einen Antrag des Versicherten erworben und ersetzt die sonst bestehende Mitgliedschaft bei der Pflichtkasse; gegebenenfalls führt also die Ersatzkasse die gesetzliche Pflichtversicherung (!) durch. Es gibt sieben Ersatzkassen für Angestellte, z. B. Barmer Ersatzkasse (BEK), Deutsche Angestelltenkrankenkasse (DAK), Kaufmännische Krankenkasse (KKH), Technikerkrankenkasse (TK), und acht für Arbeiter, z. B. Schwäbisch Gmünder Ersatzkasse (GEK), Buchdruckerkrankenkasse, diese aber größtenteils mit eng begrenztem Personen- und Wirkungskreis. Ab 1997 müssen die Ersatzkassen alle Versicherungspflichtigen auf Antrag aufnehmen.

Schutz gegen Wechselfälle des Lebens

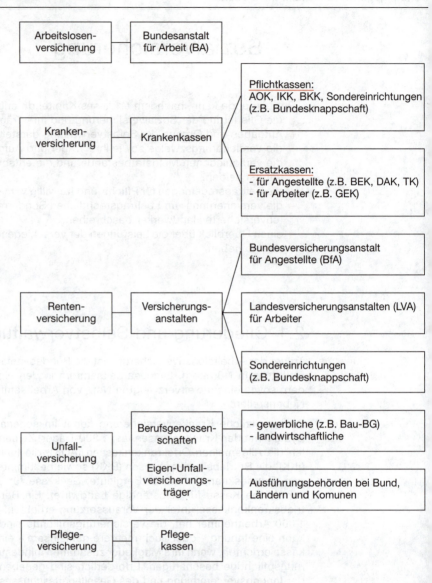

Rentenversicherung Träger der Rentenversicherung sind die Versicherungsanstalten, und zwar die Bundesversicherungsanstalt für Angestellte (BfA) in Berlin sowie für Arbeiter die 23 Landesversicherungsanstalten (LVA). Daneben gibt es einige Sondereinrichtungen, z. B. die Bundesknappschaft, die Seekasse, die Bundesbahnversicherungsanstalt.

Angestellter oder Arbeiter Ob jemand Angestellter oder Arbeiter ist, bestimmt sich im übrigen ausschließlich nach der Art der ausgeübten Tätigkeit. Angestelltentätigkeiten sind z. B. kaufmännische, Büro- oder Verwaltungstätigkeiten, die Ausübung einer leitenden Funktion – auch im Handwerk – sowie Tätigkeiten mit überwiegend geistiger Leistung im Gegensatz zur körperlichen Arbeit. Ohne Bedeutung sind Berufsbezeichnungen (Sozialarbeiter, Hausangestellte) und Entlohnungsart (Monatsgehalt, Stundenlohn).

Schutz gegen Wechselfälle des Lebens

Übersicht

Versicherungszweig	Rechtsgrundlage	Träger	Versicherungspflichtige	Versicherungsberechtigte	Beitragssatz (1995) %	Bemessungsgrenze (1995) DM
Arbeitslosenversicherung	AFG	Bundesanstalt für Arbeit	Arbeitnehmer Wehrpflichtige	–	6,5	West: 7 800,– Ost: 6 400,–
Krankenversicherung	SGB V	Krankenkassen	Arbeitnehmer bis zur Jahresarbeitsentgeltgrenze Studenten (soweit nicht anderweitig versichert) Wehrpflichtige Empfänger von Entgeltersatzleistungen Rentner (bei Erfüllung bestimmter Versicherungszeiten)	bisher (mindestens 12 Monate) Pflichtversicherte bisher Familienversicherte	ca. 11 bis 15 je nach Kasse	West: 5 850,– Ost: 4 800,–
Rentenversicherung	SGB VI	Versicherungsanstalten	Arbeitnehmer selbständige Handwerker sonstige Selbständige auf Antrag Wehrpflichtige Empfänger von Entgeltersatzleistungen	jeder, der 16 Jahre alt und nicht versicherungspflichtig ist Ausnahme: Beamte u. ä.	18,6	West: 7 800,– Ost: 6 400,–
Unfallversicherung	RVO	Berufsgenossenschaften Eigen-Unfallversicherungsträger	alle Beschäftigten bestimmte Unternehmer Schüler, Studenten u. ä. Personen, die im öffentlichen Interesse tätig werden	je nach Satzung Unternehmer und mithelfende Familienangehörige	je nach Satzung ca. 2 bis 10 ‰	je nach Satzung bis zu 12 000,–
Pflegeversicherung	SGB IX	Pflegekassen	jeder Krankenversicherte	–	1,0	West: 5 850,– Ost: 4 800,–

Unfallversicherung Für die Unfallversicherung sind zuständig die nach Berufszweigen gegliederten Berufsgenossenschaften wie Bau-BG, Holz-BG, Verwaltungs-BG und für die Gebietskörperschaften (Bund, Bundesländer, Kommunen) die sogenannten Eigen-Unfallversicherungträger wie z. B. für den Bund die Bundesausführungsbehörde für Unfallversicherung in Wilhelmshaven oder für Kommunen auch entsprechende Verbände wie z. B. der Gemeindeunfallversicherungsverband Westfalen-Lippe in Münster.

Pflegeversicherung Die Pflegeversicherung wird von den Pflegekassen abgewickelt, die zwar rechtlich selbständige Einrichtungen sind, deren Verwaltung aber von der jeweils zuständigen Krankenkasse vorgenommen wird. Für privat Versicherte ist die jeweilige Krankenversicherung zuständig.

Selbstverwaltung Soweit der Staat ihm obliegende, sogenannte hoheitliche Aufgaben anderen Institutionen zur Verwaltung überläßt, spricht man von Selbstverwaltung. Solche Einrichtungen erhalten gegebenenfalls den Status einer Körperschaft des öffentlichen Rechts. Die Sozialversicherung ist seit ihrem Bestehen nach dem Prinzip der Selbstverwaltung organisiert. Dadurch ist gewährleistet, daß alle Beteiligten – Arbeitnehmer und Arbeitgeber – bei der Durchführung der Aufgaben der Sozialversicherung mitwirken und selbst die Verantwortung für eine geordnete Verwaltung tragen. Der Staat übt nur eine begrenzte Aufsicht aus.

Organe Als Organe der Selbstverwaltung werden bei jedem einzelnen Versicherungsträger eine Vertreterversammlung und ein Vorstand gebildet. Sie setzen sich je zur Hälfte aus Vertretern der Versicherten und Arbeitgeber zusammen; davon gibt es allerdings einige Ausnahmen, z. B. bei der Bundesanstalt für Arbeit (zusätzlich Vertreter der öffentlichen Körperschaften) und bei den Ersatzkassen (keine Arbeitgebervertreter). Das Amt der Organmitglieder ist ein Ehrenamt. Die Wahl erfolgt frei und geheim im Rahmen der sogenannten Sozialwahlen, die im Abstand von sechs Jahren stattfinden.

Der Vertreterversammlung – dem Legislativorgan – obliegt im wesentlichen die Aufstellung und Änderung der Satzung, die Wahl der Vorstandsmitglieder und die Feststellung des Haushaltsplanes. Der Vorstand – das Exekutivorgan – hat die Stellung eines gesetzlichen Vertreters des Versicherungsträgers. Er bestimmt innerhalb der gesetzlichen und satzungsmäßigen Schranken die Richtlinien für die Arbeit des Versicherungsträgers.

Aufsicht Die staatliche Aufsicht über die Träger der Sozialversicherung wird von den Versicherungsbehörden wahrgenommen, das sind die Versicherungsämter, die Landesversicherungsämter und das Bundesversicherungsamt in Berlin. Diese haben darauf zu achten, daß von den Versicherungsträgern Gesetz und Satzung eingehalten werden.

Zu diesem Kapitel finden Sie die Aufgaben C 201 – C 224 im Band „Vorbereitung auf die Meisterprüfung – Test- und Übungsaufgaben".

2.2 Versicherungsrecht

Versicherungspflicht In der Annahme besonderer Schutzbedürftigkeit unterliegen der Versicherungspflicht nach dem Gesetz beispielsweise in der

	Arbeitslosenversicherung	Krankenversicherung	Rentenversicherung	Pflegeversicherung
Arbeitnehmer	X	X*)	X	X
Studenten, Praktikanten		X		X
Wehrpflichtige, Zivildienstleistende	X	X	X	X
Pflegepersonen			X	X
Krankengeldbezieher	X		X	X
Empfänger von sonstigen Entgeltersatzleistungen		X	X	X
selbständige Handwerker			X	X
sonstige Selbständige auf Antrag			X	X
Rentner bei Erfüllung bestimmter Vorversicherungszeiten		X		X

*) Ausnahmen:
- Wer überwiegend selbständig tätig ist, ist als Arbeitnehmer nicht krankenversicherungspflichtig.
- Wer die Jahresarbeitsentgeltgrenze überschreitet, d. h. 75 % der Beitragsbemessungsgrenze (→ S. 535) in der Rentenversicherung (1995 West DM 5 850,- bzw. Ost DM 4 800,-) ist krankenversicherungsfrei. Bei der Berechnung ist von einem Zwölftel des Entgelts der folgenden zwölf Monate auszugehen, also einschließlich einmaliger Zuwendungen wie Weihnachtsgeld, Urlaubsgeld usw., aber ohne Überstundenvergütungen.

Versicherungsfreiheit Versicherungsfrei sind grundsätzlich Beamte, Richter u. ä. sowie eingeschriebene Studenten, soweit sie während der Vorlesungszeiten nicht mehr als 20 Stunden wöchentlich gegen Entgelt arbeiten.

Auch Nebenbeschäftigungen bleiben versicherungsfrei (mehrere werden allerdings zusammengerechnet), wenn es sich um geringfügig entlohnte (Teilzeitjob) oder kurzfristige (Aushilfsjob) handelt. Folgende Voraussetzungen müssen aber erfüllt sein:

Teilzeitbeschäftigung Eine geringfügige Nebenbeschäftigung liegt nur vor, wenn

- die wöchentliche Arbeitszeit unter 15 Stunden liegt
- das monatliche Entgelt 1995 West DM 580,- bzw. Ost DM 470,- oder ein Sechstel des Gesamteinkommens nicht überschreitet.

Beispiel: Haupteinkommen aus Arbeitnehmertätigkeit,
Gewerbebetrieb, Vermögen usw.   DM 3 000,-
Nebeneinkommen   DM 600,-

Gesamteinkommen   DM 3 600,-

davon 1/6   DM 600,-

Die Nebentätigkeit bleibt versicherungsfrei.

Schutz gegen Wechselfälle des Lebens

Aushilfs-beschäftigung

Eine kurzfristige Nebenbeschäftigung liegt nur vor, wenn
- sonst keine Berufstätigkeit ausgeübt wird (Hausfrau, Schüler, Rentner)
- die Dauer der Tätigkeit von vornherein auf zwei Monate oder 50 Arbeitstage innerhalb von zwölf Monaten ab Beschäftigungsbeginn beschränkt ist.

Arbeitslosen-versicherungs-freiheit

Außerdem besteht in der Arbeitslosenversicherung Versicherungsfreiheit in folgenden drei Fällen (ohne daß mehrere Beschäftigungen zusammengerechnet werden!)
- bei einer wöchentlichen Arbeitszeit unter 18 Stunden
- nach Erreichen des 65. Lebensjahres (Arbeitgeberanteil ist trotzdem zu entrichten)
- bei Bezug einer Erwerbsunfähigkeitsrente (Arbeitgeberanteil ist trotzdem zu entrichten).

Unfallversicherte

In der Unfallversicherung sind versichert
- alle Arbeitnehmer sowie Personen, die wie ein Arbeitnehmer tätig werden
- Pflegepersonen
- Arbeitslose bei Erfüllung der Meldepflicht
- bestimmte Unternehmer, insbesondere in der Landwirtschaft (andere evtl. kraft Satzung)
- Personen, die im öffentlichen Interesse tätig werden, z. B. Blutspender, Helfer im DRK, THW u. ä., bei Hilfeleistung bei Unglücken oder Verfolgung einer Person, ehrenamtlich Tätige (Mitglieder von Innungsvorständen, Prüfungsausschüssen, Organen der Versicherungsträger usw.)
- Kindergartenkinder, Schüler, Studenten, Lehrgangsteilnehmer
- Personen, die ein Haus in Selbsthilfe errichten.

freiwillige Versicherung

In gewissem Umfang besteht auch ein Recht zur freiwilligen Versicherung
- in der Arbeitslosenversicherung gibt es eine solche Möglichkeit nicht
- in der Krankenversicherung besteht eine Art „Bleiberecht", d. h. in der Regel ist nur nach vorheriger Pflicht- oder Familienversicherung eine Weiterversicherung zulässig, z. B. nach Wegfall der Versicherungspflicht, wenn diese mindestens zwölf Monate ununterbrochen oder innerhalb der letzten fünf Jahre insgesamt 24 Monate bestanden hat, für geschiedene bzw. verwitwete Ehegatten, für bisher familienversicherte Kinder bei Überschreiten der Altersgrenze, für Ehegatten und Kinder bei Überschreiten der Einkommensgrenze (Näheres → S. 540)
- in der Rentenversicherung kann sich jeder Nichtversicherungspflichtige, der mindestens 16 Jahre alt ist, freiwillig versichern, insbesondere also Selbständige und Hausfrauen. Ausgenommen sind Beamte, Richter usw.
- in der Unfallversicherung können sich je nach Satzung der Berufsgenossenschaft Unternehmer und mithelfende Familienangehörige versichern.

Zu diesem Kapitel finden Sie die Aufgaben C 201 – C 224 im Band „Vorbereitung auf die Meisterprüfung – Test- und Übungsaufgaben".

2.3 Melde- und Beitragsrecht

Seit zwanzig Jahren bedienen sich die Träger der Arbeitslosen-, Kranken- und Rentenversicherung gemeinsam der Möglichkeiten der elektronischen Datenverarbeitung, insbesondere beim Austausch von versicherungsrelevanten Daten. Für den Versicherten findet das seinen Ausdruck im sogenannten Versicherungsnachweisheft, das ihm auf Antrag vom Rentenversicherungsträger übersandt wird und vor allem auch seine Versicherungsnummer enthält, die ihn zeit seines Lebens – stets unverändert – begleitet. Auch dem Betrieb wird vom Arbeitsamt eine Betriebsnummer zugeteilt.

Versicherungsnachweis

Die Formulare des Versicherungsnachweisheftes sollen vom Arbeitgeber für folgende Meldungen verwendet werden:

Meldefristen

Meldung	Frist
Anmeldung Versicherungspflichtiger	2 Wochen nach Aufnahme der Beschäftigung
Abmeldung Versicherungspflichtiger	6 Wochen nach Ende der Beschäftigung
Jahresmeldung des beitragspflichtigen Entgelts	bis zum 31. März des Folgejahres
Unterbrechungsmeldung (bei Entgeltausfall für mindestens einen vollen Kalendermonat)	2 Wochen

Seit 1990 sind auch Nichtversicherungspflichtige zu melden, und zwar auf besonderen Meldevordrucken.

Sozialversicherungsausweis

Diese Regelung hängt zusammen mit der Einführung eines Sozialversicherungsausweises ab 1. Juli 1991 (Muster → S. 534). Dieser ist am ersten Tage einer Beschäftigung dem Arbeitgeber vorzulegen; in sogenannten gefährdeten Branchen (Bau- und Ausbaugewerbe, Gebäudereiniger, Messebau, Schausteller) ist er außerdem mit einem Lichtbild zu versehen und während der beruflichen Tätigkeit stets bei sich zu führen. Er kann bei Bezug von Lohnfortzahlung vom Arbeitgeber, bei Bezug von Sozialleistungen vom Sozialleistungsträger eingezogen werden.

Über die Meldungen hinaus hat der Arbeitgeber dem Versicherungsträger jede gewünschte Auskunft über (früher) Beschäftigte zu geben, die monatlichen Beitragsnachweisungen zu erstellen, eine Betriebsprüfung zu dulden usw. Auch der Versicherte ist entsprechend zu Auskünften und Meldungen – vor allem bei freiwilliger Versicherung – verpflichtet. Verstöße können mit Geldbußen bis zu DM 5 000,- geahndet werden.

Bei Pflichtversicherung erhebt die Krankenkasse als Einzugsstelle den Gesamtsozialversicherungsbeitrag, der die Beiträge (Arbeitnehmer- und Arbeitgeberanteile) zur Arbeitslosen-, Kranken- und Rentenversicherung beinhaltet.

Schutz gegen Wechselfälle des Lebens

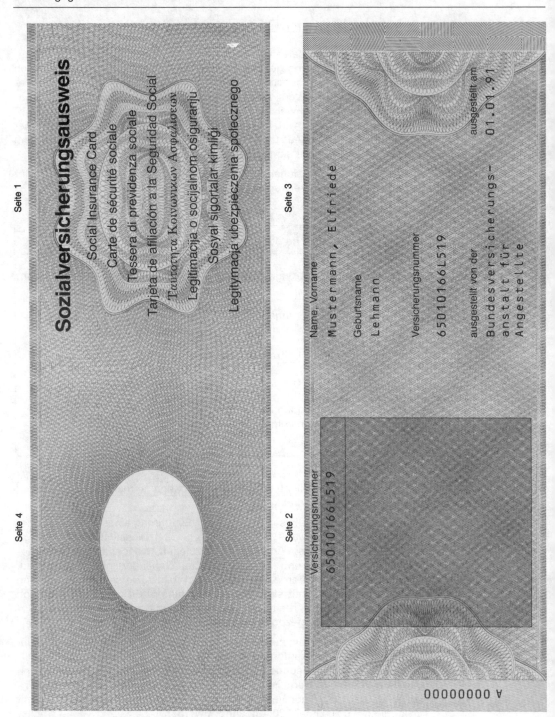

Anmerkung:

Gerastertes Feld stellt die Lichtbildschutzklebefolie für das Lichtbild in der Größe 60 mm × 60 mm dar.

Schutz gegen Wechselfälle des Lebens

Beitragsbemessung — Bemessungsgrundlage ist das beitragspflichtige Entgelt, d. h. alle laufenden, aber auch einmaligen Einnahmen aus der Beschäftigung. Im Grundsatz sind diejenigen Bezüge beitragspflichtig, die auch lohnsteuerpflichtig sind. Steuerfreibeträge wirken sich allerdings nicht beim Beitrag aus. Pauschalversteuerte Bezüge bleiben ganz beitragsfrei. Außerdem werden Beiträge maximal bis zur Beitragsbemessungsgrenze erhoben, wobei für einmalige Zuwendungen wiederum komplizierte Sonderregelungen gelten. Im einzelnen sind folgende Faktoren von Bedeutung (Werte für 1995):

	Arbeitslosenversicherung	Krankenversicherung	Rentenversicherung	Pflegeversicherung
Beitragssatz	6,5 %	ca. 13,3 %	18,6 %	1,0 %
Beitragsbemessungsgrenze				
– West	DM 7 800,–	DM 5 850,–	DM 7 800,–	DM 5 850,–
– Ost	DM 6 400,–	DM 4 800,–	DM 5 900,–	DM 4 800,–
Geringverdienergrenze				
– West	DM 610,–	DM 610,–	DM 610,–	DM 610,–
– Ost	DM 500,–	DM 500,–	DM 500,–	DM 500,–

Der Beitragssatz einer Krankenkasse hängt trotz im wesentlichen gleicher Leistungsansprüche von den unterschiedlich hohen Ausgaben der einzelnen Kassen ab; denn je nach versichertem Personenkreis differieren Krankheitshäufigkeit, Krankheitsdauer und Zahl der beitragsfrei mitversicherten Familienangehörigen. Auch ein über- oder unterdurchschnittlich hohes Einkommen in einer Region sowie der Anteil der Frauen, die höhere Kosten verursachen, beeinflussen den Beitragssatz. Seit 1994 führen diese unterschiedlichen Risikofaktoren zu einem Finanzausgleich zwischen allen Krankenkassen.

Geringverdiener — Den Beitragsaufwand haben Arbeitnehmer und Arbeitgeber je zur Hälfte zu tragen. Bis zur o. g. Geringverdienergrenze hat der Arbeitgeber den Gesamtaufwand allein zu bestreiten. Wird diese Grenze durch einmalige Zuwendungen (z. B. Weihnachtsgeld) überschritten, hat der Versicherte nur die Hälfte des Beitrages vom Entgelt oberhalb der Grenze zu tragen.

Für die Abführung der Pflichtbeiträge ist der Arbeitgeber verantwortlich. Bei Leiharbeitnehmern besteht auch eine Haftung des Entleihers.

freiwilliger Beitrag — Für freiwillig Versicherte richtet sich der Beitrag zur Krankenversicherung nach dem gesamten Einkommen, wird aber mindestens nach einem Drittel der sogenannten Bezugsgröße berechnet:

1995 West 1/3 von DM 4 060,– = DM 1 353,33
     Ost 1/3 von   DM 3 290,– = DM 1 096,67.

Für hauptberuflich Selbständige ist von Bedeutung, daß die Beiträge im Grundsatz von der Beitragsbemessungsgrenze (1995 West DM 5 850,– bzw. Ost DM 4 800,–) zu berechnen sind. Nur bei Nachweis geringerer Einnahmen werden diese zugrunde gelegt, mindestens aber 75 % der Bezugsgröße, also 1995 75 % von (West) DM 4 060,– = DM 3 045,– bzw. (Ost) DM 3 290,–.

Auch freiwillig oder privat versicherten Arbeitnehmern steht die Hälfte ihres Beitrags als Arbeitgeberzuschuß zu, höchstens aber so viel, wie bei Versicherungspflicht zu zahlen wäre.

Für die freiwillige Rentenversicherung können Beiträge in beliebiger Höhe entrichtet werden, allerdings mindestens nach einem Siebentel der Bezugsgröße (1995 1/7 von West DM 4 060,- = DM 580,- bzw. Ost DM 3 290,- = DM 470,-), also DM 107,88 bzw. DM 87,42 und höchstens von der Beitragsbemessungsgrenze (1995 West DM 7 800,-), also DM 1 450,80. Die Zahlung kann jeweils bis zum 31. März des folgenden Jahres erfolgen.

In der Unfallversicherung ist der Beitrag allein vom Arbeitgeber zu tragen und richtet sich nach der jährlich zu meldenden Lohnsumme des Betriebes, also der Summe aller gezahlten Entgelte, wobei für den Unternehmer in der Regel ein Entgelt bis zur satzungsmäßigen Höchstgrenze frei bestimmt werden kann. Durch unterschiedliche Gefahrenklassen wird dem Grad der Unfallgefahr des Betriebes bzw. des Versicherten Rechnung getragen. Die Beiträge werden in Promillesätzen berechnet, die naturgemäß je nach Berufsgenossenschaft sehr unterschiedlich ausfallen. Schließlich kann sich der errechnete Beitrag noch durch Zuschläge erhöhen, wenn die Unfallkosten des Betriebes in der Satzung festgelegte Grenzwerte überschreiten. Damit soll die Unfallverhütung gefördert werden. Zur Deckung des laufenden Bedarfs können Beitragsvorschüsse erhoben werden.

Beitrag zur Berufsgenossenschaft

2.4 Rentenversicherung des selbständigen Handwerkers

Das bereits seit 1939 geltende Handwerkerversorgungsgesetz wurde durch das 1962 in Kraft getretene Handwerkerversicherungsgesetz abgelöst. Ab 1992 sind nun alle entsprechenden Vorschriften durch das Rentenreformgesetz in das Sechste Buch des Sozialgesetzbuches (SGB VI) übernommen worden. Die Abwicklung erfolgt im Rahmen der Arbeiterrentenversicherung durch die Landesversicherungsanstalten, d. h., es gelten auch die allgemeinen Vorschriften der Rentenversicherung, soweit nicht Sonderregelungen für Handwerker getroffen sind.

Versicherungspflicht Versicherungspflichtig sind Handwerker, die als Alleininhaber oder eintragungsfähige Personengesellschafter in der Handwerksrolle eingetragen und auch tatsächlich tätig sind, und zwar selbst dann, wenn sie außerdem als Arbeitnehmer versicherungspflichtig sind. Von der Versicherungspflicht ausgenommen bleiben Inhaber handwerklicher Nebenbetriebe (§§ 2 und 3 HwO) und die nach dem Witwen- bzw. Erbenprivileg Eingetragenen (§ 4 HwO). Die Versicherungspflicht beginnt mit dem Tage der Eintragung, frühestens mit der Aufnahme der selbständigen Tätigkeit, und endet mit dem Tage der Löschung bzw. Einstellung der Tätigkeit. Die Handwerkskammern sind zu entsprechenden Meldungen an die LVA verpflichtet.

Befreiung Eine Befreiung von der Versicherungspflicht - allerdings nicht für Bezirksschornsteinfegermeister - ist auf Antrag möglich nach Erreichen von 216 Pflichtbeiträgen (18 Jahre) einschließlich früherer Beiträge als Arbeitnehmer. Allerdings ist darauf hinzuweisen, daß gegebenenfalls die Ansprüche auf Berufs- oder Erwerbsunfähigkeitsrente verloren gehen können, weil diese voraussetzen, daß in den letzten fünf Jahren vor Eintritt des Versicherungsfalles mindestens 36 Pflichtbeiträge gezahlt wurden. Nur wer schon bis 1983 60 Beiträge erreicht hatte, kann mit freiwilligen Beiträgen die genannten Ansprüche sicherstellen, wenn seit 1984 keinerlei Beitragslücken bestehen. Ohnehin sollte klar sein, daß der Handwerker aufgrund seiner Pflichtbeiträge

Gefahr für Rentenansprüche

in den ersten 18 Jahren seiner Versicherungszeit nur eine verhältnismäßig niedrige Rente beanspruchen kann (→ Beispiel auf S. 544). Daher ist ihm dringend der Abschluß einer ergänzenden Lebensversicherung zu empfehlen, die vor allem auch eine ausreichende Rente für den Fall der Berufsunfähigkeit vorsehen muß.

Regelbeitrag

Für selbständige Handwerker und sonstige Selbständige, die – auf Antrag – versicherungspflichtig sind, wird der Regelbeitrag nach der sogenannten Bezugsgröße berechnet. Diese beträgt für 1995 DM 4 060,- (West) bzw. DM 3 290,- (Ost), so daß der Beitrag DM 755,16 bzw. DM 611,94 beträgt. Bei Nachweis eines niedrigeren oder höheren Einkommens kann dieses auf Antrag (allerdings nicht bei Bezirksschornsteinfegermeistern) zugrunde gelegt werden, so daß sich ein Höchstbeitrag von DM 1 450,80 (West) bzw. DM 1 190,40 (Ost), berechnet jeweils von der Beitragsbemessungsgrenze (→ S. 535), ergibt.

Ausnahmeregelungen

In den ersten drei Jahren nach Aufnahme der selbständigen Tätigkeit (Junghandwerker) – Bezirksschornsteinfegermeister wiederum ausgenommen – kann auf Antrag der halbe Regelbeitrag gezahlt werden. Das ist gegebenenfalls für denjenigen von Bedeutung, dessen Einkommen DM 2 030,- (West) bzw. DM 1 645,- (Ost), also die Hälfte der Bezugsgröße, nicht überschreitet.

2.5 Leistungen der Arbeitslosenversicherung

Zur Arbeitsförderung gehören neben der Berufsberatung und der Arbeitsvermittlung vor allem die Förderung der beruflichen Bildung, die Förderung der Arbeitsaufnahme, die Arbeits- und Berufsförderung Behinderter und die produktive Winterbauförderung.

Die Arbeitslosenversicherung dient dem Zweck, Arbeitnehmern im Falle der Arbeitslosigkeit den notwendigen Lebensunterhalt zu sichern und sie so vor sozialem Abstieg zu bewahren.

Mehr noch als bei den anderen Versicherungszweigen stehen hier vorbeugende Maßnahmen im Vordergrund, also solche, mit denen Arbeitslosigkeit verhindert werden soll.

Im Rahmen der Arbeitsförderung gibt es folgende Leistungen

Beratung

– Berufs- und Arbeitsberatung, Arbeitsvermittlung
  Berufsberatung, Vermittlung einer Ausbildungsstelle, Auskunft über Arbeitsmarktlage und Berufschancen sowie die Vermittlung von Arbeitsplätzen sind wichtige Maßnahmen zur Verhinderung oder Beseitigung von Arbeitslosigkeit.

individuelle Förderung

– Förderung der beruflichen Bildung
  Bei Ausbildung in einem anerkannten Ausbildungsberuf und – bei Minderjährigen – notwendiger Unterbringung außerhalb des Elternhauses sowie bei der Teilnahme an berufsvorbereitenden Lehrgängen gewährt das Arbeitsamt eine Berufsausbildungsbeihilfe (z. B. für Auszubildende bis 21 Jahren DM 685,- monatlich), allerdings unter Anrechnung des eigenen Nettoeinkommens und Teilen des Elterneinkommens. Daneben werden Kosten für Arbeitsgeräte, Fahrtkosten, Prüfungsgebühren u. a. erstattet.

Schutz gegen Wechselfälle des Lebens

persönliche Voraussetzungen

Die Förderung der beruflichen Fortbildung und Umschulung erfordert in der Regel zunächst einmal die Erfüllung folgender persönlicher Voraussetzungen
- berufliche Tätigkeit
  nach abgeschlossener Berufsausbildung mindestens dreijährige berufliche Tätigkeit
  oder
  ohne abgeschlossene Berufsausbildung mindestens sechsjährige berufliche Tätigkeit
- für den Anspruch auf Unterhaltsgeld zusätzlich innerhalb der letzten drei Jahre Beitragsleistung zur Arbeitslosenversicherung von mindestens zwei Jahren
  oder
  Bezug von Arbeitslosengeld aufgrund des Anspruchs von mindestens 156 Tagen (ohne Rücksicht auf die tatsächliche Bezugsdauer)
  oder
  im Anschluß daran Bezug von Arbeitslosenhilfe.

Maßnahme notwendig/ zweckmäßig?

Wichtig für den Umfang des Leistungsanspruchs ist des weiteren die Unterscheidung zwischen notwendigen und zweckmäßigen Maßnahmen
- notwendig ist eine Maßnahme u. a., wenn der Antragsteller
  der arbeitslos ist, durch die Maßnahme beruflich eingegliedert wird
  oder
  von Arbeitslosigkeit bedroht ist, z. B. bei bereits ausgesprochener Kündigung oder Antrag des Arbeitgebers auf Eröffnung des Konkursverfahrens
  oder
  der keinen beruflichen Abschluß hat, durch die Maßnahme eine berufliche Qualifikation erwerben kann
- zweckmäßig ist die Maßnahme in allen übrigen Fällen, sofern die sonst geforderten Voraussetzungen erfüllt sind.

Zweckmäßige Maßnahmen werden seit 1994 nicht mehr gefördert. Für Kosten notwendiger Maßnahmen können weiterhin Zuschüsse gewährt werden. Auch kann in diesen Fällen ein Unterhaltsgeld gezahlt werden.

Schließlich gewährt die Bundesanstalt im Rahmen der sogenannten Institutionellen Förderung auch Darlehen bzw. Zuschüsse zur Errichtung beruflicher Bildungsstätten.

sonstige Förderung

- Förderung der Arbeitsaufnahme
  Um Arbeitslosen zu einem Arbeitsplatz zu verhelfen, können Bewerbungs-, Reise- und Umzugskosten erstattet sowie Trennungs- und Überbrückungsbeihilfen gewährt werden. Arbeitgeber können gegebenenfalls Eingliederungsbeihilfen für 6 bis 24 Monate in Höhe von bis zu 50 % des Entgelts erhalten.

- Arbeits- und Berufsförderung Behinderter
  Hierzu gehört die berufliche Eingliederung Behinderter u. a. durch Förderung besonderer Behindertenwerkstätten und Berufsförderungswerke.

- Produktive Winterbauförderung
  Arbeitnehmer des Baugewerbes, die auf einem witterungsabhängigen Arbeitsplatz beschäftigt sind, erhalten vom 1. bis 24. 12. und vom 2. 1. bis 15. 3. für jede geleistete Arbeitsstunde ein steuer- und beitragsfreies Wintergeld von DM 2,–.

Leistungen aus der Arbeitslosenversicherung sind

- Arbeitslosengeld
Es kann beansprucht werden von Personen, die arbeitslos sind, der Arbeitsvermittlung zur Verfügung stehen, die Anwartschaft erfüllen und sich beim Arbeitsamt mit dem Antrag auf Zahlung von Arbeitslosengeld arbeitslos gemeldet haben.

Die Anwartschaft hat erfüllt, wer in einer Rahmenfrist von drei Jahren an mindestens 360 Kalendertagen eine beitragspflichtige Beschäftigung ausgeübt hat.

Das Arbeitslosengeld beträgt bei mindestens einem Kind 67 %, sonst 60 % des letzten Nettoarbeitsentgelts.

Höhe und Dauer des Arbeitslosengeldes

Für je vier Monate Beitragszeit wird zwei Monate lang Arbeitslosengeld gezahlt, im allgemeinen für maximal 12 Monate. Allerdings erhöht sich für ältere Arbeitslose die Höchstdauer wie folgt: nach dem 42. Lebensjahr 18 Monate, nach dem 44. 22 Monate, nach dem 49. 26 Monate und nach dem 54. 32 Monate.

Ein Hinzuverdienst ist nur bis zu DM 30,– je Woche möglich, höhere Beträge werden zur Hälfte auf die Leistung angerechnet. Jede Tätigkeit ist selbstverständlich umgehend dem Arbeitsamt zu melden.

Arbeitslosenhilfe

- Arbeitslosenhilfe
Arbeitslose, denen kein Anspruch auf Arbeitslosengeld zusteht, weil sie entweder diesen Anspruch erschöpft oder einen solchen Anspruch gar nicht erworben haben, sind bei Erfüllung bestimmter Mindestvoraussetzungen (z. B. eine Beschäftigung von mindestens 150 Kalendertagen) gleichfalls gegen die Folgen der Arbeitslosigkeit geschützt. Sie erhalten unter der Voraussetzung, daß sie der Arbeitsvermittlung zur Verfügung stehen und bedürftig sind, Geldleistungen, die als Arbeitslosenhilfe bezeichnet werden. Diese kann unbefristet gewährt werden und beträgt bei mindestens einem Kind 57 %, sonst 53 % des Nettoarbeitsentgelts.

Kurzarbeit

- Kurzarbeitergeld
Wenn ein Betrieb infolge eines unvermeidbaren, jedoch vorübergehenden Arbeitsausfalls gezwungen ist, Kurzarbeit einzuführen, erhalten die davon betroffenen Arbeitskräfte Kurzarbeitergeld. Der Arbeitsausfall ist dem Arbeitsamt anzuzeigen, das (frühestens) vom Tage der Meldung an den entstandenen Lohnausfall zu 67 % bzw. 60 % (→ Arbeitslosengeld) erstattet.

Schlechtwetter

- Schlechtwettergeld
Lohnausfälle, die Arbeitnehmern im Baugewerbe durch witterungsbedingte Arbeitsausfälle in der Schlechtwetterzeit (vom 1. November bis 31. März) entstehen, werden vom Arbeitsamt durch Zahlung von Schlechtwettergeld ausgeglichen, allerdings nur noch bis Ende 1995. Voraussetzung für die Zahlung ist u. a., daß nach der Witterungslage die Durchführung der Arbeit technisch unmöglich oder für den Arbeitnehmer unzumutbar ist und der Ausfall dem Arbeitsamt unverzüglich angezeigt wird. Die Höhe des Schlechtwettergeldes beträgt 67 % bzw. 60 % (→ Arbeitslosengeld) des Lohnausfalls.

Konkurs

- Konkursausfallgeld (→ S. 467 f)
Falls über das Vermögen eines Arbeitgebers das Konkursverfahren eröffnet oder die Eröffnung mangels Masse abgelehnt wird, werden ausstehende Lohnforderungen für die letzten 3 Monate durch das Arbeitsamt befriedigt. Dieses zahlt gleichzeitig die fälligen Sozialversicherungsbeiträge für diesen Zeitraum.

2.6 Leistungen der Krankenversicherung

Zweck der gesetzlichen Krankenversicherung ist es, den Versicherten und ihren Familienangehörigen neben vorbeugenden Maßnahmen sachliche und finanzielle Unterstützung bei Krankheit, Mutterschaft und Tod zu gewähren.

Familienversicherung

Ehegatten und Kinder, die nicht selbst bei einer gesetzlichen Kasse versichert sind, nicht – außer bei Nebentätigkeiten – versicherungsfrei sind, nicht selbständig erwerbstätig sind und deren Gesamteinkommen 1995 monatlich DM 580,– (West) bzw. DM 470,– (Ost) nicht übersteigt, sind beitragsfrei beim Mitglied mitversichert.

Für Kinder ist die Mitversicherung beschränkt

- in der Regel bis zum 18. Lebensjahr
- wenn sie nicht erwerbstätig sind, bis zum 23. Lebensjahr
- wenn sie sich in der Ausbildung befinden, bis zum 25. Lebensjahr.

Die Leistungen sind weitgehend gesetzlich geregelt, die von allen Krankenkassen in gleichem Umfang, in gleicher Höhe und unter gleichen Bedingungen gewährt werden müssen. Leistungen, die nach Maßgabe der Satzung im Rahmen der geltenden Vorschriften freiwillig von den Kassen erbracht werden können, spielen heute kaum noch eine Rolle.

Zu den Leistungen zählen

- Maßnahmen zur Förderung der Gesundheit und Verhütung von Krankheiten.

Vorsorge

Die werdende Mutter hat Anspruch auf Vorsorgeuntersuchungen. Kinder bis zum 6. Lebensjahr werden kostenlos auf frühkindliche Schäden untersucht. Für weibliche Versicherte ab 21 und männliche Versicherte ab 40 Jahren werden die Kosten für bestimmte Untersuchungen zur Krebsfrüherkennung übernommen, für Versicherte ab dem 35. Lebensjahr jedes zweite Jahr für eine allgemeine Gesundheitsuntersuchung. Zahnärztliche Vorsorgeuntersuchungen werden ab dem 12. Lebensjahr halbjährlich, ab dem 21. jährlich bezahlt. Die Kassen können – je nach ihrer Satzung – Kosten für Kuren, Krankheitsverhütung und ähnliche Maßnahmen übernehmen.

Im Zusammenhang mit den Vorschriften des § 218 StGB haben die Kassen die Kosten einer ärztlichen Beratung über die Empfängnisregelung, bis zum 20. Lebensjahr der Versorgung mit empfängnisverhütenden Mitteln, einer Sterilisation oder eines Schwangerschaftsabbruches zu übernehmen.

- Leistungen bei Krankheit

Hierzu gehören die Krankenbehandlung, das Krankengeld und die Krankenhauspflege.

Krankenbehandlung

Die Krankenbehandlung umfaßt die kostenlose ärztliche bzw. zahnärztliche Behandlung sowie die Versorgung mit Arzneien, kleineren Heilmitteln, Zahnersatz u. a., allerdings unter Kostenbeteiligung des Versicherten. Sie wird zeitlich unbegrenzt gewährt.

Krankengeld

Krankengeld erhält ein arbeitsunfähig erkrankter Versicherter wegen derselben Krankheit bis zur Dauer von 78 Wochen innerhalb eines Zeitraumes von drei Jahren. Es beträgt 80 % des entgangenen regelmäßigen Bruttoarbeitsentgelts (Regellohn) bis zur Beitragsbemessungsgrenze (1995 DM 5 850,–), wobei es den Nettolohn nicht übersteigen darf. Vom Krankengeld sind Beiträge zur Arbeitslosen- und Rentenversicherung zu entrichten, die zur Hälfte die Krankenkasse übernimmt. Der Krankengeldanspruch ruht (in der Regel für die ersten sechs Wochen der Arbeitsunfähigkeit), solange der Versicherte seinen Lohn vom Arbeitgeber fortgezahlt erhält (→ S. 509). Falls Beaufsichtigung oder Pflege eines erkrankten Kindes unter zwölf Jahren erforderlich ist, besteht Anspruch auf Arbeitsbefreiung und Krankengeld für längstens zehn Arbeitstage im Jahr, bei Alleinstehenden bis zu 20 Tagen.

Haushaltshilfe Wenn dem Versicherten oder seinem Ehegatten die Weiterführung des Haushalts, in dem ein Kind unter 12 Jahren lebt, wegen eines Krankenhaus- oder Kuraufenthaltes nicht möglich ist und auch eine andere im Haushalt lebende Person den Haushalt nicht führen kann, besteht Anspruch auf Haushaltshilfe, und zwar in Form einer von der Kasse zu stellenden Ersatzkraft oder Erstattung der Kosten für eine selbstbeschaffte Kraft.

Krankenhauspflege Notwendige Krankenhauspflege wird ohne zeitliche Begrenzung gewährt. Daneben wird das Krankengeld ungekürzt ausgezahlt. Bis zu 14 Tagen im Jahr ist eine Eigenbeteiligung von DM 12,- (West) bzw. DM 9,- (Ost) je Tag zu zahlen.

– Mutterschaftshilfe

Mutterschaft Weibliche Versicherte erhalten als Mutterschaftshilfe ärztliche Betreuung und Hilfe, Arzneien, Verband- und Heilmittel, Hebammenhilfe, Pflege in einer Entbindungs- oder Krankenanstalt und ein Mutterschaftsgeld, dessen Höhe sich bei Arbeitnehmerinnen nach dem Durchschnittsverdienst der letzten 13 Wochen bemißt, höchstens aber DM 25,- je Kalendertag beträgt. Der Anspruch auf Mutterschaftsgeld ist von bestimmten versicherungs- und arbeitsrechtlichen Voraussetzungen abhängig und besteht für die Dauer der sogenannten Schutzfristen vor und nach der Entbindung (→ S. 513). Wenn kein Anspruch auf Mutterschaftsgeld besteht, wird ein einmaliges Entbindungsgeld von DM 150,- gezahlt.

– Sterbegeld

Tod Es beträgt DM 2 100,- wenn ein Mitglied stirbt, und DM 1 050,- für einen versicherten Familienangehörigen, wenn am 1. 1. 1989 eine Versicherung bestanden hat.

2.7 Leistungen der Rentenversicherung

Die Rentenversicherung bezweckt, den Versicherten oder seinen Hinterbliebenen bei Erwerbsminderung, Alter und Tod durch Zahlung von Renten wirtschaftlich sicherzustellen. Sie hat außerdem die Aufgabe, Maßnahmen zur Erhaltung, Besserung und Wiederherstellung der Erwerbsfähigkeit des Versicherten durchzuführen.

Die Regelleistungen in der Rentenversicherung sind

Rehabilitation – medizinische bzw. berufsfördernde Leistungen zur Rehabilitation.

Hierbei kommen im wesentlichen in Betracht: die Heilbehandlung (Gewährung von Kuren in Kurorten und Spezialanstalten), die Berufsförderung (Umschulung, Hilfe bei Arbeitsstellenbeschaffung), die soziale Betreuung (finanzielle Unterstützung während der Dauer der Heilbehandlung und der Berufsförderung).

– Rentengewährung

Renten werden gewährt wegen Alters, wegen verminderter Erwerbsfähigkeit oder wegen Todes.

Wartezeit Bei Eintritt des Versicherungsfalles muß die Wartezeit erfüllt sein, d. h., es wird eine Mindestversicherungszeit verlangt, nämlich bei Berufsunfähigkeits-, Erwerbsunfähigkeits- oder Hinterbliebenenrente 5 Jahre, bei Altersruhegeld mit 65 Jahren 5, sonst 15 bzw. – bei „Renten an langjährig Versicherte" – 35 Jahre.

Versicherungszeiten Als Versicherungszeiten kommen in Betracht
- Beitragszeiten
  Dazu gehören auch Zeiten der Wehrpflicht und des Bezugs von Entgeltersatzleistungen wie Krankengeld, Übergangsgeld, Arbeitslosengeld usw.
- Kinderberücksichtigungszeiten
  Das sind Zeiten der Erziehung eines Kindes bis zum 10. Lebensjahr. Bei der eigentlichen Rentenberechnung werden sie nicht mitgerechnet.
- Kindererziehungszeiten
  Diese werden bis 1991 mit einem Jahr, ab 1992 mit drei Jahren angerechnet.
- Ersatzzeiten
  Zeiten des Kriegsdienstes, der Kriegsgefangenschaft, der Evakuierung, der Flucht oder der Vertreibung bis zum 31. 12. 1991.
- Anrechnungszeiten
  Zu diesen – bis 1991 als Ausfallzeiten bezeichneten – Zeiträumen gehören: Schulzeiten nach dem 16. Lebensjahr; Zeiten der Teilnahme an berufsvorbereitenden Maßnahmen der Bundesanstalt für Arbeit; abgeschlossene Fach- (auch Meister-)Schulzeiten und Hochschulzeiten, die zusammen mit den Schulzeiten allerdings mit maximal 7 Jahren berücksichtigt werden; Gewahrsamszeiten (ab 1992) nach dem Häftlingshilfegesetz; Zeiten des Bezugs einer Berufs- oder Erwerbsunfähigkeitsrente.
- Zeiten des Versorgungsausgleichs
  Nach einer Ehescheidung.
- Zurechnungszeit
  Diese ist von weittragender Bedeutung bei Renten wegen Erwerbsminderung vor dem 60. Lebensjahr. Gegebenenfalls wird die Zeit vom Eintritt des Versicherungsfalles bis zum 55. Lebensjahr voll und bis zum 60. Lebensjahr zu einem Drittel angerechnet. Damit wird vor allem für jüngere Versicherte eine erheblich höhere Rente erreicht, als sich bei alleiniger Berücksichtigung der sonstigen Versicherungszeiten ergäbe (→ Berechnungsbeispiel S. 544).

Altersrente Die Regel-Altersrente wird mit Vollendung des 65. Lebensjahres gewährt. Vorzeitige Arbeitslosen-Altersrente kann ab dem 60. Lebensjahr beansprucht werden, wenn in den letzten eineinhalb Jahren mindestens 52 Wochen Arbeitslosigkeit bestand und in den letzten zehn Jahren für mindestens acht Jahre Pflichtbeiträge entrichtet wurden. Vorzeitige Frauen-Altersrente wird Frauen ab dem 60. Lebensjahr gewährt, wenn sie ihre Beschäftigung aufgeben und nach dem 40. Lebensjahr mehr als 10 Jahre Pflichtbeitragszeiten nachweisen können.

Der Bezug einer „Rente an langjährig Versicherte" ist schon ab 63 Jahren, bei Schwerbehinderung, Berufs- oder Erwerbsunfähigkeit sogar schon ab 60 Jahren möglich.

Hinzuverdienst Bei Bezug von Altersrente vor dem 65. Lebensjahr ist ein Hinzuverdienst nur in eingeschränktem Umfang möglich, nämlich 1995 bis zu DM 580,- (West) bzw. DM 470,- (Ost) monatlich.

Mit dem Rentenreformgesetz werden die Möglichkeiten, vor dem 65. Lebensjahr Rente zu beziehen, weitgehend abgebaut. Das geschieht allerdings stufenweise erst ab 2001 und betrifft Frauen in vollem Umfang erst ab 2012.

Teilrente — Gleichzeitig wird aber zur Erleichterung des gleitenden Übergangs in das Rentnerleben ab 1992 die Regelung neu eingeführt, eine Teilrente (ein Drittel, die Hälfte oder zwei Drittel der Vollrente) zu erhalten, gegebenenfalls mit beschränkten Hinzuverdienstmöglichkeiten.

Berufs-/ Erwerbsunfähigkeitsrente — Berufsunfähigkeit liegt vor, wenn der Versicherte infolge seiner Erwerbsminderung nicht mehr die Hälfte des Einkommens eines vergleichbaren gesunden Versicherten, Erwerbsunfähigkeit, wenn er nur noch geringfügige Einkünfte erzielen kann, nämlich 1995 DM 580,- (West) bzw. DM 470,- (Ost).

Durchschnittliches Bruttojahresarbeitsentgelt aller Versicherten

Jahr	DM	Jahr	DM	Jahr	DM
1957	5 043,-	1970	13 343,-	1983	33 293,-
1958	5 330,-	1971	14 931,-	1984	34 292,-
1959	5 602,-	1972	16 335,-	1985	35 286,-
1960	6 101,-	1973	18 295,-	1986	36 627,-
1961	6 723,-	1974	20 381,-	1987	37 726,-
1962	7 328,-	1975	21 808,-	1988	38 896,-
1963	7 775,-	1976	23 335,-	1989	40 063,-
1964	8 467,-	1977	24 945,-	1990	41 946,-
1965	9 229,-	1978	26 242,-	1991	44 421,-
1966	9 893,-	1979	27 685,-	1992	45 889,-
1967	10 219,-	1980	29 485,-	1993	49 663,-
1968	10 842,-	1981	30 900,-		
1969	11 839,-	1982	32 198,-		

Voraussetzung für den Rentenanspruch ist neben der Erfüllung der Wartezeit (s. o.), daß in den letzten fünf Jahren mindestens 36 Pflichtbeiträge entrichtet wurden. Wer bis zum 31. 12. 1983 schon fünf Versicherungsjahre hatte, hat den Anspruch auch dann, wenn er ab 1984 für jeden Monat lückenlos freiwillige Beiträge – auch die geringsten – entrichtet hat.

Hinterbliebenenrenten — Bei der Witwen- bzw. Witwerrente wird zwischen „großer" und „kleiner" unterschieden. Die große wird gezahlt, wenn dem Rentenbezieher eine Erwerbstätigkeit nicht zuzumuten ist, d. h., wenn er entweder 45 Jahre alt ist oder mindestens ein Kind erzieht oder berufs- bzw. erwerbsunfähig ist. Ansonsten besteht nur Anspruch auf die kleine Rente. Geschiedene, die mindestens ein Kind erziehen, erhalten beim Tode des früheren Ehegatten, wenn dieser Unterhalt gewährt hat, eine Erziehungsrente in Höhe der Erwerbsunfähigkeitsrente aus ihrer eigenen Versicherung. Waisenrenten werden bis zum 18. Lebensjahr, bei Ausbildung bis zum 27. Lebensjahr gewährt. Hinzuverdienst wird bei vorgenannten Renten angerechnet, und zwar jeweils mit 40 %, soweit er bei Witwen-, Witwer- und Erziehungsrenten bis 30. Juni 1996 DM 1 229,47 (West) bzw. DM 959,11 (Ost) zuzüglich DM 258,89 bzw. DM 203,45 für jedes waisenrentenberechtigte Kind und bei Waisenrenten DM 813,65 (West) bzw. DM 639,41 (Ost) übersteigt.

Rentenberechnung — Nach der seit 1992 geltenden Rentenformel sind folgende Faktoren für die Berechnung einer Rente von Bedeutung:

$$\text{Monatsrente} = \text{PEP} \times \text{RAF} \times \text{ARW}$$

Dabei bedeuten

PEP = persönliche Entgeltpunkte

Das jeweilige Einkommen wird Jahr für Jahr ins Verhältnis zum Durchschnittseinkommen aller Versicherten (= 1) gesetzt, so daß sich beispielsweise nebenstehende Werte ergeben.

RAF = Rentenartfaktor

Dieser beträgt in der Regel, also z. B. bei einer Erwerbsunfähigkeits- oder Altersrente 1,0, dagegen bei der Berufsunfähigkeitsrente 0,667, bei der großen Witwen-/Witwerrente 0,6, bei der kleinen 0,25, bei der Halbwaisenrente 0,1 und bei der Vollwaisenrente 0,2.

ARW = aktueller Rentenwert

Dieser wird jährlich für die Zeit vom 1. 7. bis 30. 6. aufgrund der Entwicklung des durchschnittlichen Nettoeinkommens aller Versicherten neu ermittelt, z. B. beträgt er bis 30. 6. 1996 DM 46,23 (West) bzw. DM 36,33 (Ost).

Lebensjahr	PEP
16.	0,10
17.	0,22
18.	0,23
19.	0,45
20.	0,51
21.	0,63
22.	0,70
23.	0,78
24.	0,86
25.	0,92
26.	0,96
27.	1,05
28.	1,10
29.	1,19
30.	1,00
31.	1,00
32.	1,00
33.	1,00
34.	1,00
	14,70

Beispiel: Unter Zugrundelegung vorstehender Entgeltpunkte ergeben sich z. B. in den alten Bundesländern folgende Renten:

	PEP	x	RAF	x	ARW	
Altersrente	14,70	x	1,0	x	46,23	= 679,58

Aufgrund der Zurechnungszeit (→ S. 542) – 34.-55. Lebensjahr 252 Monate, bis zum 60. Lebensjahr 20 Monate – von 272 Monaten, bewertet mit den Entgeltpunkten aus dem sogenannten Gesamtleistungswert (hier: 14,70 : 216 Monate) von 0,07 ergeben sich zusätzliche Entgeltpunkte von 19,04 für die

	PEP	x	RAF	x	ARW	
Erwerbsunfähigkeitsrente	33,74	x	1,0	x	46,23	= 1 559,80
Berufsunfähigkeitsrente	33,74	x	0,667	x	46,23	= 1 040,39
Große Witw.-Rente	33,74	x	0,6	x	46,23	= 935,88
Kleine Witw.-Rente	33,74	x	0,25	x	46,23	= 389,95
Halbwaisenrente	56,40*)	x	0,1	x	46,23	= 260,74
Vollwaisenrente	54,14**)	x	0,2	x	46,23	= 500,58

*) einschl. PEP-Zuschlag 272 x 0,0833 = 22,66
**) einschl. PEP-Zuschlag 272 x 0,075 = 20,40

Die vorstehend errechneten Hinterbliebenenrenten werden gegebenenfalls noch aufgrund des Hinzuverdienstes gekürzt, wie schon auf Seite 543 beschrieben.

2.8 Leistungen der Unfallversicherung

Die Unfallversicherung hat die Aufgabe, die versicherten Personen vor den Folgen eines Arbeitsunfalls oder einer Berufskrankheit zu schützen. Darüber hinaus dient sie dem Zweck, Arbeitsunfälle zu verhüten.

Vordringliche Aufgabe der Berufsgenossenschaften ist es, mit allen geeigneten Mitteln für die Verhütung von Arbeitsunfällen zu sorgen. Sie kommen dieser Aufgabe u. a. dadurch nach, daß sie sogenannte Unfallverhütungsvorschriften erlassen und deren Beachtung in den Betrieben überwachen. Auch die vom Betrieb einzusetzenden Sicherheitsbeauftragten dienen diesem Ziel.

Arbeitsunfall

Leistungen aus der Unfallversicherung werden gewährt, wenn ein Arbeitsunfall eingetreten ist. Als Arbeitsunfall bezeichnet man einen Unfall, den ein Versicherter in Ausübung seiner beruflichen Tätigkeit erleidet. Als Arbeitsunfälle gelten auch Wegeunfälle, d. h. Unfälle, die sich auf einem mit der versicherten Tätigkeit zusammenhängenden Weg nach und von dem Ort der Tätigkeit (Arbeits- oder Ausbildungsstätte) ereignen, sowie die sogenannten Arbeitsgeräte-Unfälle, das sind solche bei Verwahrung, Beförderung, Instandhaltung und Reinigung des Arbeitsgeräts (z. B. Werkzeug, evtl. Pkw). Entschädigt werden außerdem Berufskrankheiten, das sind bestimmte, in einer Rechtsverordnung aufgeführte Krankheiten, die infolge der beruflichen Tätigkeit entstehen (z. B. Bäckerekzem, Staublungenerkrankung).

Die Leistungen der Unfallversicherung umfassen Sach- und Geldleistungen. Sie werden von Amts wegen festgestellt, d. h. gewährt, ohne daß es eines Antrages des Versicherten oder seiner Hinterbliebenen bedarf.

Die Leistungen umfassen im einzelnen

Sachleistungen
- Heilbehandlung

Ärztliche Behandlung, Versorgung mit Arzneien, Heil- und Hilfsmitteln, Gewährung von Anstaltspflege. Während der Heilbehandlung erhält der Verletzte, sofern er arbeitsunfähig ist und weder Arbeitslohn noch Krankengeld bezieht, ein Verletztengeld, das im wesentlichen wie Krankengeld berechnet wird.

- Berufshilfe

Maßnahmen, durch die der Verletzte die Fähigkeit wiedererlangen soll, den bisherigen oder nach Möglichkeit einen gleichwertigen Beruf auszuüben (Umschulung, Vermittlung einer neuen Arbeitsstelle u. a.).

Geldleistungen
- Verletztenrente

Kann die Erwerbsfähigkeit des Verletzten nicht wieder hergestellt werden, ist ihm eine Rente zu gewähren, deren Höhe sich im allgemeinen nach dem Arbeitseinkommen bemißt, das der Verletzte in den letzten 12 Monaten vor dem Unfall oder dem Beginn der Berufskrankheit erzielt hat; z. B. bei 100%iger Erwerbsminderung zwei Drittel des Bruttoentgelts. Unter bestimmten Voraussetzungen kann statt laufender Rentenzahlung eine Kapitalabfindung gewährt werden.

- Geldleistungen an Hinterbliebene

Hat der Arbeitsunfall oder die Berufskrankheit zum Tode des Versicherten geführt, gewährt die Berufsgenossenschaft Sterbegeld und Hinterbliebenenrente. Das Sterbegeld beträgt ein Zwölftel des Jahresarbeitsverdienstes des Versicherten, mindestens aber DM 400,-. Hinterbliebenenrenten sind Renten an die Witwe oder an den Witwer, die unterhaltsberechtigten

Kinder des Verstorbenen (Waisen) und evtl. die Eltern und Großeltern, sofern der Verstorbene sie aus seinem Arbeitsverdienst wesentlich unterhalten hat.

Heiraten eine Witwe oder ein Witwer wieder, erhalten sie eine Abfindung in Höhe des zweifachen Jahresbetrages ihrer bisherigen Rente.

Pflichten des Unternehmers

Der Unternehmer hat insbesondere folgende Pflichten:
- Eröffnung und Beendigung eines Betriebes sind binnen einer Woche der zuständigen Berufsgenossenschaft zu melden
- innerhalb von sechs Wochen nach Ablauf des Geschäftsjahres ist der Berufsgenossenschaft ein Lohnnachweis vorzulegen. Bei Versäumnis wird eine Einschätzung vorgenommen
- alle Arbeitsstätten, Maschinen und Geräte sind so einzurichten und zu erhalten, daß die Versicherten gegen Arbeitsunfälle geschützt sind
- die Unfallverhütungsvorschriften sind den Betriebsangehörigen in geeigneter Weise bekanntzugeben
- die exakte Befolgung der Unfallverhütungsvorschriften ist sorgfältig zu überwachen
- in Unternehmen mit mehr als 20 Beschäftigten ist ein Sicherheitsbeauftragter zu bestellen
- Verletzte sind grundsätzlich dem sog. Durchgangsarzt zuzuleiten
- ein Arbeitsunfall mit Verletzungsfolgen, der eine mehr als dreitägige Arbeitsunfähigkeit bedingt, ist binnen 3 Tagen der Berufsgenossenschaft sowie dem Gewerbeaufsichtsamt zu melden. Bei einem tödlichen Unfall sind die genannten Stellen und darüber hinaus die Ortspolizeibehörde sofort (evtl. telefonisch) zu benachrichtigen.

Gegen Unternehmer, die diese Pflichten vorsätzlich oder fahrlässig verletzen, können Geldbußen bis zu DM 20 000,- festgesetzt werden.

Die Versicherten sind zu einer strengen Befolgung der Unfall- und Krankheitsverhütungsvorschriften verpflichtet. Bei schuldhaften Zuwiderhandlungen können die Versicherten ebenfalls mit Geldbußen belegt werden.

2.9 Leistungen der Pflegeversicherung

Pflegebedürftigkeit

Leistungen aus diesem neuen Versicherungszweig setzen Pflegebedürftigkeit voraus, die vorliegt, wenn der Bedürftige „für die gewöhnlich und regelmäßig wiederkehrenden Verrichtungen des täglichen Lebens auf Dauer – mindestens sechs Monate – in erheblichem oder höherem Maße auf Hilfe angewiesen" ist. Die genannten Verrichtungen erstrecken sich auf folgende vier Bereiche:

1. Körperpflege (Waschen, Rasieren, Darm- und Blasenentleerung usw.)
2. Ernährung (Zubereitung und Aufnahme der Nahrung)
3. Mobilität (Zubettgehen, Aufstehen, An-/Auskleiden, Gehen u. a.)
4. Hauswirtschaftliche Versorgung (Einkaufen, Reinigen, Waschen von Kleidung/Wäsche, Heizen)

Einstufung

Unter Beteiligung des Medizinischen Dienstes der Krankenkassen erfolgt – abhängig vom Umfang der notwendigen Verrichtungen – eine Einstufung in folgende drei Stufen:

I = erheblich pflegebedürftig
II = schwerpflegebedürftig
III = schwerstpflegebedürftig

Z. B. erfordert die Stufe II mindestens dreimal täglich zu verschiedenen Tageszeiten Verrichtungen nach den oben genannten Gruppen 1 bis 3 und außerdem mehrfach in der Woche nach der Gruppe 4.

Leistungen Folgende <u>Leistungen</u> werden gewährt:
- <u>ambulante Pflege</u>, d. h.
    a) entweder als Sachleistung, also Pflegeeinsätze durch anerkannte Pflegedienste bis monatlich DM 750,- (Stufe I), DM 1 800,- (II) oder 2 800,- (III) bzw. in Härtefällen bis DM 3 750,-
    b) oder als Pflegegeld monatlich DM 400,- (I), DM 800,- (II) oder DM 1 300,- (III)
    c) oder als Kombination von a) und b)
    d) Pflegevertretung bei Urlaub oder sonstiger Verhinderung bis zu vier Wochen im Jahr bis zum Wert von DM 2 800,-

- <u>Tages- und Nachtpflege</u>
Falls sich häusliche Pflege nicht ausreichend sicherstellen läßt, teilstationäre Pflege in einer Einrichtung der Tages- oder Nachtpflege im Wert von monatlich DM 750,- (I), DM 1 500,- (II) oder DM 2 100,- (III)

- <u>Kurzpflege</u>
Unterbringung in einer Kurzzeitpflegeeinrichtung bis zu vier Wochen im Jahr bis zum Wert von DM 2 900,-

- <u>stationäre Pflege</u> (ab 1. Juli 1996)
für pflegebedingte Aufwendungen bis DM 2 800,- in Härtefällen bis DM 3 300,- monatlich (Kosten für Unterbringung und Verpflegung hat der Versicherte selbst zu tragen!)

- sonstige Leistungen
Pflegehilfsmittel und technische Hilfen im Haushalt (Pflegebett, Rollstuhl, Hebegerät, Umbauten bis DM 5 000,-), Kurse für Pflegepersonen

---

Zu diesem Kapitel finden Sie die Aufgaben C 201 - C 224 im Band „Vorbereitung auf die Meisterprüfung - Test- und Übungsaufgaben".

3. Sonstige Sozialleistungsbereiche

Lernziele:

Der Lernende kann, nachdem er dieses Kapitel durchgearbeitet hat,
- mindestens drei sonstige Sozialleistungsbereiche aufzeigen,
- die wichtigsten Kriterien der Ausbildungsförderung erläutern,
- beispielhaft einige Leistungen der Sozialhilfe nennen,
- das Kindergeldsystem in seinen Grundzügen darstellen.

Mit Inkrafttreten des Sozialgesetzbuches (→ S. 526) ist auch festgelegt worden, welche Rechtsbereiche dem Sozialrecht zuzurechnen sind. Dazu gehören neben der unter 2. dargestellten Sozialversicherung auch die folgenden Gebiete:

3.1 Ausbildungsförderung

Förderung für Schüler und Studenten

Nach dem Bundesausbildungsförderungsgesetz (BAföG) werden gefördert Schüler von weiterführenden allgemeinbildenden und Berufsfachschulen nur bei notwendiger auswärtiger Unterbringung, und zwar ab Klasse 10, des weiteren Studenten an Hoch- und Fachhochschulen und schließlich Schüler und Studenten bestimmter vergleichbarer Einrichtungen (z. B. Abendschulen oder – unter gewissen Voraussetzungen – Fernunterrichtslehrgänge). Die Höhe der Leistungen orientiert sich an monatlichen Bedarfssätzen (DM 540,– bis DM 795,–) und hängt von der Art der Bildungseinrichtung ab sowie von der Frage, ob der Anspruchsberechtigte bei seinen Eltern wohnt oder nicht. Von den Bedarfssätzen weicht die tatsächlich gewährte Leistung in der Mehrzahl der Fälle ab, weil das eigene Nettoeinkommen, das des Ehegatten und das der Eltern von einer bestimmten Höhe ab ganz oder zum Teil angerechnet werden.

Studenten von Hoch- und Fachhochschulen erhalten die Leistungen zur Hälfte als Darlehen. Dieses ist, beginnend fünf Jahre nach Förderungsende, in Monatsraten von mindestens DM 200,– innerhalb von 20 Jahren zurückzuzahlen. Die Rückzahlung verringert sich für diejenigen, die zu den 30 % eines Prüfungsjahrganges mit den besten Prüfungsergebnissen gehören oder bei vorzeitiger Rückzahlung.

Die Bearbeitung erfolgt durch die Ämter für Ausbildungsförderung der Kreise, für Studenten durch die Hochschule bzw. das Studentenwerk.

3.2 Kinder- und Jugendhilfe

Förderung der Persönlichkeitsentwicklung

Im Achten Buch des Sozialhilfegesetzbuches (SGB VIII) ist das Recht des jungen Menschen „auf Förderung seiner Entwicklung und auf Erziehung zu einer eigenverantwortlichen und gemeinschaftsfähigen Persönlichkeit" verankert.

Bei der Gewährung folgender Leistungen arbeiten die Jugend- und Landesjugendämter eng mit den freien Trägern, der Kinder- und Jugendhilfe, also z. B. Paritätischer Wohlfahrtsverband, Sozialdienst Katholischer Frauen bzw. Männer, Diakonisches Werk, zusammen:

- Jugendarbeit; Kinder- und Jugendschutz
- Erziehungshilfe; Hilfe für junge Volljährige
- Inobhutnahme; Pflegeerlaubnis
- Mitwirkung in Vormundschafts- und Familiensachen und vor dem Jugendgericht.

3.3 Sozialhilfe

Mit dem Bundessozialhilfegesetz ist ein Auffangsystem geschaffen worden, das dann helfen soll, wenn Einkommen, Vermögen, Unterhaltsansprüche (gegen Ehegatten und Verwandte 1. Grades) sowie andere Sozialleistungen nicht ausreichen, den Lebensunterhalt zu bestreiten.

Bei Vorliegen von Bedürftigkeit bestehen Ansprüche auf folgende Leistungen:

Hilfe bei Existenzbedrohung

- Hilfe in besonderen Lebenslagen

  Dazu gehören: Hilfe zum Aufbau oder zur Sicherung der Lebensgrundlage, Krankenhilfe (z. B. Heimunterbringung eines kranken Kindes), Pflegehilfe, Eingliederungshilfe für Behinderte, Blindenhilfe, Hilfe zur Überwindung besonderer sozialer Schwierigkeiten (Nichtseßhafte, Obdachlose, Suchtkranke) u. a. m.

- Hilfe zum Lebensunterhalt

  Barleistungen nach sogenannten Regelsätzen für Ernährung, Körperpflege und sonstige Bedürfnisse des täglichen Lebens bilden hierbei die Grundlage. Daneben werden die Miete, gegebenenfalls die Krankenversicherungsbeiträge übernommen und einmalige Leistungen für Hausrat, Kleidung, Heizmaterial, Diät, evtl. Telefon, Umzugskosten usw. gewährt.

  Eine Rückzahlungspflicht besteht in der Regel nur bei darlehensweiser Gewährung oder bei grober Fahrlässigkeit. Die Kommunen sind mit der Abwicklung beauftragt.

3.4 Soziale Entschädigung

Versorgungsansprüche

Nach dem Bundesversorgungsgesetz haben Kriegsopfer Anspruch auf Heil- und Krankenbehandlung, Einkommensausgleich (Übergangsgeld, dem Krankengeld vergleichbar), berufliche Rehabilitation, Renten und Hinterbliebenenversorgung. Die sogenannte Beschädigtenrente beträgt z. B. bei einer Minderung der Erwerbsfähigkeit (MdE) von 25 % (Mindest-Anspruchsvoraussetzung) seit 1. 7. 1995 DM 212,-, bei einer MdE von 60 % DM 490,-, die sogenannte Ausgleichsrente (Anspruch ab 50 % MdE) bei einer MdE von 60 % bis zu DM 679,-. Neben den Renten gibt es unter bestimmten Voraussetzungen Pflege-, Schwerstbeschädigten-, Ehegatten- und Alterszulagen. Schließlich wird ein Berufsschadensausgleich gewährt, der 40 % des schädigungsbedingten Einkommensverdienstes ausgleichen soll.

In gleicher Höhe bestehen Ansprüche für Wehrdienstleistende nach dem Soldatenversorgungsgesetz, für Zivildienstleistende nach dem Zivildienstgesetz, für Opfer nationalsozialistischen Unrechts nach dem Wiedergutmachungsgesetz, für bestimmte politisch Verfolgte nach dem Häftlingshilfegesetz und für Opfer von Gewalttaten nach dem Opferentschädigungsgesetz.

Zuständig für die Abwicklung sind die Versorgungs- und Landesversorgungsämter.

3.5 Kindergeld und Erziehungsgeld

Kindergeld

Nach dem Kindergeldgesetz wird Kindergeld für jedes Kind bis zum 16. Lebensjahr grundsätzlich gezahlt, bis zum 27. Lebensjahr, soweit es sich in Ausbildung befindet, bis zum 21. Lebensjahr auch, soweit es arbeitslos ist. Voraussetzung ist bei einem über 16 Jahre alten Kind, daß sein eigenes Monatseinkommen DM 750,-, bei Arbeitslosen DM 400,- unterschreitet.

Die Höhe des monatlichen Kindergeldes für jedes anspruchsbegründende Kind ergibt sich aus folgender Übersicht:

	DM	Einkommensgrenze Ehepaare DM	Einkommensgrenze Alleinerziehende DM	Reduzierung*) bis auf DM
erstes Kind	70,-	–	–	keine
zweites Kind	130,-	3 830,-	3 197,-	70,-
drittes Kind	220,-	4 597,-	3 967,-	140,-
weiteres Kind	240,-	+ 767,-	+ 767,-	140,-

*) Werden die genannten Einkommensgrenzen überschritten, vermindert sich das Gesamtkindergeld für je DM 40,- Überschreitung um DM 20,-, maximal bis auf die genannten Beträge. Bei Einkommen über DM 100 000,- bzw. DM 75 000,- (+ DM 9 200,- ab dem 4. Kind) werden generell nur DM 70,- gezahlt.

Die Auszahlung erfolgt durch das zuständige Arbeitsamt („Kindergeldkasse"), im öffentlichen Dienst durch den Arbeitgeber.

Ab 1996 ist mit einer generellen Neuregelung dieses Leistungsbereichs zu rechnen.

Erziehungsgeld

Nach dem Bundeserziehungsgeldgesetz erhalten erziehende Mütter bzw. Väter, die nicht voll erwerbstätig, d. h. nicht mehr als 19 Stunden wöchentlich beschäftigt sind, von der Geburt eines Kindes an ein Erziehungsgeld von DM 600,- monatlich, und zwar bis zum 24. Lebensmonat des Kindes.

Auf die Leistung werden gegebenenfalls Mutterschaftsgeld sowie ab dem 7. Monat nach der Geburt Einkommen angerechnet, letzteres zu 40%, soweit es im vorletzten Jahr bei Verheirateten monatlich DM 2 450,-, bei Ledigen DM 1 975,- zuzüglich DM 350,- je Kind überstiegen hat. Bei Einkommen über DM 100 000,- (Verheiratete) bzw. DM 75 000,- (sonstige) erfolgt eine Anrechnung vom Beginn des Anspruchs an.

In einem Arbeitsverhältnis Stehenden steht für die Dauer des Anspruchs – auch wenn er wegen der Einkommensanrechnung nicht erfüllt wird – Erziehungsurlaub zu. (→ S. 514)

3.6 Wohngeld

Miet-/Lastenzuschuß

Als Wohngeld wird an Mieter Mietzuschuß, an Eigentümer eines Einfamilienhauses oder einer Eigentumswohnung Lastenzuschuß gezahlt, wenn die Miete bzw. Belastung eine gewisse Grenze übersteigt. Dabei werden aber nur bestimmte Höchstbeträge berücksichtigt, die abhängig sind von der Zahl der Familienangehörigen, der Gemeinde sowie Baujahr und Ausstattung der Wohnung. Je nach Miete bzw. Belastung und Höhe des Nettoeinkommens der Familie ergibt sich das Wohngeld.

Die Auszahlung erfolgt durch die Kommunen.

3.7 Eingliederung Schwerbehinderter

Regelungen zur Eingliederung Schwerbehinderter in Arbeit, Beruf und Gesellschaft finden sich vor allem im Schwerbehindertengesetz, z. T. aber auch in anderen Rechtsbereichen.

Wer gilt als schwerbehindert?

Voraussetzung für die Anerkennung als Schwerbehinderter ist ein Grad der Behinderung (GdB) von mindestens 50 %. Darüber hinaus ist eine sogenannte Gleichstellung bei einem GdB von 30 bis 50 % möglich, wenn ein Arbeitsplatz sonst nicht erlangt oder erhalten werden kann. Für die Abwicklung ist das Versorgungsamt zuständig, für die Gleichstellung allerdings das Arbeitsamt. Als Nachweis wird gegebenenfalls ein entsprechender Ausweis ausgestellt.

Nachteilsausgleiche

Schließlich sind zahlreiche Nachteilsausgleiche vorgesehen, z. B. bei Beförderung im öffentlichen Personennahverkehr, Kfz-Steuer, Wohngeld, Rundfunkgebühr (arbeitsrechtliche Aspekte → S. 516).

Zu diesem Kapitel finden Sie die Aufgaben C 201 – C 224 im Band „Vorbereitung auf die Meisterprüfung – Test- und Übungsaufgaben".

4. Privatversicherungen

Lernziele:

Der Lernende kann, nachdem er dieses Kapitel durchgearbeitet hat,
- mindestens vier Möglichkeiten für Privatversicherungen unterscheiden,
- die Aufgaben der Haftpflichtversicherung und einige typische Anwendungsbereiche erläutern,
- einige Beispiele für Sachversicherungen nennen.

ergänzende Hilfe

Die durch die Sozialversicherung abgesicherten Risiken sind gesetzlich begrenzt. Es gibt noch viele andere Risiken im Leben und besonders auch für Gewerbetreibende, für die sich der Abschluß einer Versicherung lohnt, ja in manchen Fällen notwendig ist. Auch sind dem Versicherungsschutz der in der Sozialversicherung versicherten Personen Grenzen gesetzt. Für alle diese Fälle gibt es die Möglichkeit der Versicherung auf privater Grundlage. Hierfür steht eine große Anzahl privater Versicherungsgesellschaften zur Verfügung, von denen die sogenannten berufsständisch orientierten Versicherungen dem Handwerk am nächsten stehen.

4.1 Private Kranken- und Unfallversicherungen

Privatpatient

Krankenversicherungsvereine, öffentlich-rechtliche Versicherer sowie Versicherungsgesellschaften in Form der AG versichern unter Zugrundelegung bestimmter Tarife gegen das Kostenrisiko bei Krankheit, Unfall und Mutterschaft. Einen Teil der Kosten muß der Versicherte in der Regel selbst tragen (Prinzip der Selbstbeteiligung); es gibt daneben auch 100%-Tarife; dafür ist er beim Arzt Privatpatient. Es gibt außerdem private Unfallversicherungen, die zur Ergänzung des gesetzlichen Unfallversicherungsschutzes (nur bei Arbeitsunfall) sehr zu empfehlen sind.

4.2 Lebensversicherungen

Versicherung für Berufsunfähigkeit

Mit einer Lebensversicherungsgesellschaft kann man einen Versicherungsvertrag abschließen, der gegen Zahlung einer Prämie die Zahlung einer Versicherungssumme im Falle des vorzeitigen Todes an die Bezugsberechtigten oder im Alter (z. B. 65. Lebensjahr) an den Versicherten sicherstellt. Auch ist eine Umwandlung in eine Rentenzahlung möglich. Der Abschluß einer Lebensversicherung zusammen mit einer Berufsunfähigkeits-Zusatzversicherung empfiehlt sich insbesondere für jüngere verheiratete Handwerker. Auch neben einer Pflicht- oder freiwilligen Rentenversicherung kommt unter Umständen eine Lebensversicherung in Frage. Als sogenannte Direktversicherung ist sie auch eine vorzüglich geeignete Form der betrieblichen Zusatzversorgung.

4.3 Haftpflichtversicherungen

Große finanzielle Schäden, die unter Umständen zum wirtschaftlichen Ruin führen, können durch mancherlei gesetzliche Haftpflicht entstehen, der jedermann, insbesondere aber der Gewerbetreibende, ausgesetzt ist. Aufgabe einer Haftpflichtversicherung ist es, Schäden, die man schuldhaft einem anderen zugefügt hat, zu ersetzen bzw. unberechtigte Ansprüche abzuwehren.

Schutz bei Regreßforderungen

Die Kfz-Haftpflichtversicherung ist gesetzlich für jeden Halter eines Kraftfahrzeuges vorgeschrieben. Sie umfaßt die Absicherung der Sachschäden außerhalb des eigenen Kfz sowie die körperlichen Schäden fremder Personen innerhalb und außerhalb des eigenen Kfz, die durch den Betrieb des Fahrzeugs entstanden sind.

Auch gegen die Inanspruchnahme als Privatmann einschließlich der Familienangehörigen wegen schuldhaft verursachten Sach-, Personen- oder Vermögensschadens kann man sich haftpflichtversichern.

Sonstige Haftpflichtversicherungen: z. B. Betriebshaftpflichtversicherungen, Bauherrenhaftpflichtversicherungen, Vermögensschadenhaftpflichtversicherungen u. a.

4.4 Sachversicherungen

Ersatz bei „höherer Gewalt" u. ä.

Diese bieten finanziellen Schutz gegen eigene Sachschäden, vor allem größeren Ausmaßes. In Frage kommen Schäden durch Feuer, Einbruchdiebstahl, Leitungswasser und Sturm (für den Privatmann z. B. die Hausratversicherung). Daneben gibt es Kfz-, Kasko-, Glas- Transport-, Maschinenversicherungen u. a.

4.5 Sonstige Versicherungen

Erwähnenswert sind noch die Betriebsunterbrechungsversicherung sowie die Rechtsschutzversicherung.

Zu diesem Kapitel finden Sie die Aufgaben C 201 – C 224 im Band „Vorbereitung auf die Meisterprüfung – Test- und Übungsaufgaben".

Vermögensbildung

1. Vermögensbildung in der Bundesrepublik Deutschland

Lernziele:

Der Lernende kann, nachdem er dieses Kapitel durchgearbeitet hat,
- den Einfluß der Inflationsrate erläutern,
- zwei Arten der Vermögensbildung unterscheiden und verdeutlichen,
- den Einfluß der Zinsen auf die Vermögensbildung, insbesondere bezüglich der Anlageentscheidung, erklären.

Sparmotive

In der Bundesrepublik Deutschland sparen die privaten Haushalte traditionell einen Teil ihres Einkommens und bilden somit Vermögen. Die Gründe für die Vermögensbildung sind vielfältig, z. B. eine verbesserte Altersvorsorge, der Wunsch nach Eigentum und finanzieller Unabhängigkeit.

1.1 Wertbeständigkeit

Realzins

Entsprechend der Vielfalt der Sparmotive existieren die unterschiedlichsten Möglichkeiten der Geldanlage. Sie sollte zu einem Zinssatz erfolgen, der mindestens die gegenwärtige Teuerungsrate (Inflationsrate) auffängt, sie möglichst noch übersteigt. Nur dann kann eine Verminderung des Vermögens verhindert werden.

Beispiel: Jemand spart zehn Jahre lang monatlich DM 100,-. Bei einer Verzinsung von 4 % einschließlich Zinsen und Zinseszinsen verfügt er nach Ablauf des 10. Jahres über ein Sparvermögen von rund DM 14 500,-, wovon er selbst DM 12 000,- aufgebracht hat. Bei einem Wertverlust von 3 % jährlich hat er nach zehn Jahren jedoch nur noch ein reales Vermögen von DM 10 150,- d. h. weniger, als er selbst an Sparbeträgen eingezahlt hat. Beträgt der Geldwertverlust 4 % jährlich, so beläuft sich sein reales Sparvermögen nach zehn Jahren sogar nur noch auf DM 8 700,-.

Wertbeständigkeit

Ziel der Vermögensbildung muß es also sein, für den einzelnen Bürger Werte zu schaffen, die nicht automatisch von der Geldentwertung aufgezehrt werden.

Gerade die letzten Jahre haben gezeigt, daß sich die Wertbeständigkeit von Vermögensanlagen ständig ändert. Das wird in der Veränderung der Aktienkurse (z. B. schwarzer Montag 1987) ebenso deutlich wie in der unterschiedlichen Bewertung von Grundeigentum. Konnte man bis Anfang der 80er Jahre mit einem kontinuierlichen Wertzuwachs bei Grundvermögen rechnen, so sanken in der Zeit von 1982 bis etwa 1987 die erzielten Erlöse aus der Veräußerung von Grundeigentum und Eigentumswohnungen. Erst in jüngster Zeit ist wieder eine verstärkte Nachfrage nach Wohnungen und Häusern zu verzeichnen, die zu einer spürbaren Erhöhung der Grundeigentumswerte führt.

1.2 Verfügbarkeit

Neben der Höhe des erzielten Ertrages oder Wertzuwachses ist die freie Verfügbarkeit ein weiterer wichtiger Gesichtspunkt. Je nach Interessenlage des Anlegers wird er daher eine kurzfristige oder längerfristige Anlage auswählen.

Liquiditätsgrad bei Anlagen

Anlageformen mit hohem Liquiditätsgrad
- Bargeld
- Girokonto
- Termineinlagen
- Spareinlagen mit gesetzlicher Kündigungsfrist
- Bundesschatzbriefe

Anlageformen mit relativ hohem Liquiditätsgrad
- Aktien
- Spareinlagen mit vereinbarter Kündigungsfrist (6-24 Monate)
- festverzinsliche Wertpapiere
- Investmentfondsanteile

Anlageformen mit niedrigem Liquiditätsgrad
- Lebens- und Rentenversicherungen
- Immobilien
- Grundstücke

Vermögensbildung

1.3 Sachvermögen

Grundsätzlich wird bei der Geldanlage zwischen Sach- und Geldvermögen unterschieden.

Sachvermögen überwiegend langfristig

Zu der Sachvermögensanlage zählen Beteiligungen am Produktivkapital (Aktien, Beteiligungen usw.) und Wohneigentum sowie Gold. Diese Art der Vermögensbildung ist überwiegend langfristig angelegt. Eine genaue Rendite kann im vorhinein nicht angegeben werden, da sie sich erst im Zeitablauf herausstellt. Der Ertrag einer Sachvermögensanlage ist häufig geringer als der einer Geldwertanlage. Dieser Nachteil wird in Kauf genommen, da die Wertsteigerungschancen (Kursanstieg von Aktien, Wertsteigerungen von Immobilien) größer sind als bei Geldvermögen.

Wertsteigerung

Der Anleger sollte sich stets über die Wertentwicklung seines Vermögens informieren und es gegebenenfalls (bei einer unrentablen Anlage) umschichten. Hierzu sind Kenntnisse und Informationen nötig, die Banken und Sparkassen gerne vermitteln.

1.4 Geldvermögen

Zinsstruktur

Geldvermögen kann sowohl kurzfristig als auch langfristig angelegt werden, zu unterschiedlichen Zinssätzen. In der Regel werden langfristige Geldanlagen höher verzinst als kurzfristige. Aber auch der umgekehrte Fall ist denk-

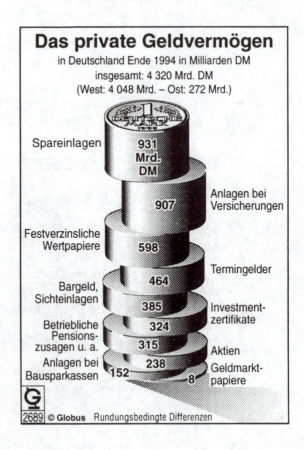

Das private Geldvermögen
in Deutschland Ende 1994 in Milliarden DM
insgesamt: 4 320 Mrd. DM
(West: 4 048 Mrd. – Ost: 272 Mrd.)

- Spareinlagen: 931 Mrd. DM
- Anlagen bei Versicherungen: 907
- Festverzinsliche Wertpapiere: 598
- Termingelder: 464
- Bargeld, Sichteinlagen: 385
- Investmentzertifikate: 324
- Betriebliche Pensionszusagen u. a.: 315
- Aktien: 238
- Anlagen bei Bausparkassen: 152
- Geldmarktpapiere: 8

2689 © Globus Rundungsbedingte Differenzen

bar (inverse Zinsstruktur), nämlich dann, wenn in einer Volkswirtschaft ein hoher Kapitalbedarf herrscht und/oder Zinssteigerungen erwartet werden.

Diese Situation trat 1980 und 1989 auf und herrscht teilweise immer noch vor. Der Anleger sollte daher nicht nur die Angebote der Kreditinstitute (Banken, Sparkassen) vergleichen, sondern auch die Zinssätze bei unterschiedlicher Laufzeit der Anlage.

Sparquote

Auffallend ist, daß trotz des gestiegenen verfügbaren Einkommens der privaten Haushalte die Sparquote (sie drückt das Verhältnis der Ersparnis zum verfügbaren Einkommen der Privaten aus) gesunken ist. Dies bedeutet eine Änderung des Sparverhaltens bzw. der Vermögensbildung.

zinsbewußtes Anlageverhalten

Auch das Anlageverhalten der Arbeitnehmer hat sich geändert. So wenden sich die Anleger vermehrt der längerfristigen und damit in der Regel der zinsgünstigeren Geldvermögensbildung zu. Ein Grund hierfür ist der vergrößerte Geldvermögensbestand aufgrund der ständig steigenden Einkommen in den privaten Haushalten. Hinzu kommt die relativ stabile Entwicklung der Inflationsrate in der Bundesrepublik. An dieser Stelle sei erwähnt, daß die Bundesrepublik Deutschland zu den preisstabilsten Marktwirtschaften der Welt gehört, mit einer relativ niedrigen Inflationsrate (derzeit ca. 3 %).

In den vergangenen Jahren stiegen die Zinseinkünfte mehr als die übrigen Einkommen, so daß ihre Bedeutung als Einkommensquelle und damit auch als Quelle der Geldvermögensbildung für private Haushalte beträchtlich zugenommen hat.

Zu diesem Kapitel finden Sie die Aufgaben C 225 – C 231 im Band „Vorbereitung auf die Meisterprüfung – Test- und Übungsaufgaben".

2. Staatliche Förderung der Vermögensbildung

Lernziele:
Der Lernende kann, nachdem er dieses Kapitel durchgearbeitet hat,
- die Gründe der staatlichen Vermögensförderung nennen,
- verschiedene Möglichkeiten der Vermögensbildung unterscheiden.

Staatsinteresse

Die Vermögensbildung der privaten Haushalte liegt im Interesse der einzelnen, aber auch in der des Staates. So hat sich die Bundesregierung die Verteilung des Vermögens auf breite Bevölkerungsschichten zum Ziel gemacht. Zu diesem Zweck fördert der Staat die Vermögensbildung besonders bei einkommensschwachen Haushalten. Durch die staatliche Förderung erhält der Staat die Gelegenheit, das Sparverhalten der Anleger zu beeinflussen. Dies wird besonders deutlich durch die unterschiedlichen Schwerpunkte der bisher erlassenen Vermögensbildungsgesetze.

unterschiedliche Förderung

Früher wurde allgemein die Eigentumsbildung und insbesondere der Erwerb von Wohneigentum gefördert. Dies ist zwar heute auch noch der Fall, aber nicht mehr so stark wie in den vergangenen Jahren. Durch die Neuregelung der staatlichen Sparförderung zum 4. 3. 1994 wurden die Prämien, die für das Bausparen gewährt wurden, gekürzt. Das sogenannte Versicherungssparen (Lebens- und Rentenversicherung) wird seither nicht mehr staatlich gefördert. Die höchste Förderung wird derzeit dem Erwerb von Aktien, Investmentanteilen und Beteiligungen gewährt.

Staat fördert besonders Beteiligung am Produktivvermögen

Die Verschiebung der staatlichen Förderungsschwerpunkte kann ein Hinweis dafür sein, daß der Staat neben einer allgemeinen Verteilung des volkswirtschaftlichen Vermögens insbesondere auch die Beteiligung am Produktivvermögen auf breite Bevölkerungsschichten ausdehnen will.

Über die Gesetzesänderung von 1994 bezüglich der staatlichen Sparförderung gibt nachfolgende Tabelle Auskunft.

Zu diesem Kapitel finden Sie die Aufgaben C 225 – C 231 im Band „Vorbereitung auf die Meisterprüfung – Test- und Übungsaufgaben".

Vermögensbildung

Übersicht

	Staatliche Sparförderung und Neuregelungen durch das Steuerreformgesetz 1990
	Neue Regelung
1. Fünftes Vermögensbildungsgesetz Arbeitnehmer-Sparzulage und Förderungshöchstbeträge – Kontensparen – festverzinsliche Wertpapiere – Investmentanteile von Rentenfonds – Gewinnschuldverschreibungen und Genußscheine von Kreditinstituten – Kapitalversicherungen	**Vertragsabschluß ab 1989** Einzahlungen 1989; wie bisher Einzahlungen ab 1990: keine Förderung mehr **Vertragsabschluß bis 1988** Einzahlungen 1989: wie bisher Einzahlungen ab 1990: bis Vertragsende: 10 % DM 624,-
– Vermögensbeteiligungen, zum Beispiel Aktien, Investmentanteile von Aktienfonds und Beteiligungs-Sondervermögen, Genossenschaftsanteile, GmbH-Anteile	Einzahlungen ab 1990: 20 % DM 936,- Einzahlungen ab 1994: 10 % DM 936,-
– Bausparen (Anlagen nach dem Wohnungsbau-Prämiengesetz und zum Bau, zum Erwerb, zur Erweiterung oder zur Entschuldung eines Wohngebäudes u. ä.	Einzahlungen ab 1990: 10 % DM 936,-
2. Wohnungsbau-Prämiengesetz Wohnungsbau-Prämie und Förderungshöchstbetrag – Alleinstehende – Verheiratete In den neuen Bundesländern – Alleinstehende – Verheiratete	Einzahlungen ab 1989: 10 % (kein Kinderzuschlag mehr) DM 800,- DM 1 600,- Einzahlungen ab 1991: bis 1993: 15 % DM 2 000,- DM 4 000,-
Sonderausgabenabzug statt Wohnungsbau-Prämie (im Rahmen der jeweils zulässigen Höchstbeträge)	Einzahlungen ab 1990: 50 % der Sparleistung

2.1 Fünftes Vermögensbildungsgesetz (936-DM-Gesetz)

Die Gesetze zur Vermögensbildung stellen die wichtigsten vom Staat geförderten Maßnahmen zu einer Vermögensbildung der Arbeitnehmer dar. 1961 wurde erstmals eine Vermögensbildungsmaßnahme beschlossen. Seit Februar 1987 gilt das Fünfte Vermögensbildungsgesetz, das heute durch die Zahl der Begünstigten eine erhebliche Bedeutung und Breitenwirkung zeigt.

Vermögensbildung

Arbeitnehmer

Die Förderungsmaßnahmen des 936-DM-Gesetzes gelten für alle Arbeitnehmer im Bundesgebiet – auch wenn sie noch nicht 18 Jahre alt sind. Als Arbeitnehmer gelten Beamte und Angestellte, Lehrlinge, Volontäre, Praktikanten, Heimarbeiter, Berufssoldaten, mithelfende Familienangehörige, sofern ein steuerlich anerkanntes Arbeitsverhältnis vorliegt. Es gilt auch für Soldaten auf Zeit, Angehörige auf Zeit des Zivilschutzcorps und für deutsche Grenzgänger, die im benachbarten Ausland arbeiten, sowie für ausländische Arbeitnehmer, die in Deutschland beschäftigt sind. Ausgeschlossen sind u. a. Rentner und alle Selbständigen, auch wenn sie vermögenslos sind.

Arbeitnehmer-Sparzulage

Die Vergünstigung dieses Gesetzes besteht in der Arbeitnehmer-Sparzulage, die der Staat als Anreiz für diese Form der Vermögensbildung gewährt. Um die Sparzulage zu erhalten, muß der Arbeitnehmer eine vermögenswirksame Leistung von maximal DM 936,– im Jahr erbringen. Dabei darf er bestimmte Einkommenshöchstbeträge nicht überschreiten. Für Alleinstehende liegt diese Grenze bei DM 27 000,– und bei Verheirateten bei DM 54 000,– des zu versteuernden Einkommens.

einkommensabhängig

Die Beträge für zu versteuerndes Einkommen sind nicht mit dem Bruttoeinkommen identisch. Das Bruttoeinkommen liegt in der Regel deutlich über dem zu versteuernden Einkommen, da verschiedene Frei- und Pauschbeträge zu berücksichtigen sind. Es hängt auch davon ab, in welcher Höhe Werbungskosten, außergewöhnliche Belastungen, erhöhte Sonderausgaben geltend gemacht werden können. Nach pauschaler Berücksichtigung dieser steuerlich anzusetzenden Werte ist ein Bruttoeinkommen von ungefähr DM 32 000,– bei Alleinstehenden mit einem zu versteuernden Einkommen von DM 27 000,– zu vergleichen. Ein Bruttoeinkommen von DM 63 200,– entspricht etwa einem zu versteuernden Einkommen von DM 54 000,–.

Arbeitgeberleistung

Die vermögenswirksame Leistung muß auf Antrag des Arbeitnehmers vom Arbeitgeber unmittelbar vom Lohn einbehalten und an ein vom Arbeitnehmer benanntes Kreditinstitut überwiesen werden.

Grundsätzlich wird die vermögenswirksame Leistung freiwillig vom Arbeitnehmer geleistet, um in den Genuß der Sparzulage zu gelangen. Aber in vielen Tarifverträgen wurde zwischen den Arbeitgebern und den Gewerkschaften vereinbart, daß neben der Lohnzahlung auch Zahlungen der Arbeitgeber für die vermögenswirksame Anlage erfolgen.

Sperrfristen für vermögenswirksame Anlagen

Die gewährte Sparzulage beträgt 10 %. Die vermögenswirksamen Leistungen und die Arbeitnehmer-Sparzulage unterliegen einer Sperrfrist. Während der Sperrfrist kann über die entsprechenden Anlagen nicht verfügt werden. Vorzeitige Verfügung ist nur in besonderen Ausnahmefällen möglich, z. B. bei Tod, bei Eintritt der Erwerbsunfähigkeit, bei mindestens einjähriger Arbeitslosigkeit, bei Heirat, Aufgabe der Arbeitnehmereigenschaft durch Selbständigmachen, bei Übertragung der eingezahlten vermögenswirksamen Leistungen auf andere Anlageformen.

Antrag

Die Sparzulage wird seit dem 1. Januar 1994 erst bei Fälligkeit bzw. bei tatsächlicher Inspruchnahme der Anlageform durch das Finanzamt ausgezahlt. Auch hierfür muß der Arbeitnehmer einen Antrag stellen. Es ist vorgesehen, daß der Arbeitnehmer am Jahresende im Rahmen des Lohnsteuer-Jahresausgleichs einen Antrag auf Arbeitnehmer-Sparzulage stellt. Das Finanzamt überweist dann nachträglich die Sparzulage. Der Arbeitnehmer kann anschließend über die Sparzulage verfügen.

Vermögensbildung

Die Bescheinigung über die zulagebegünstigte Leistung ist für nach dem 31.12.1993 angelegte Leistungen nicht mehr vom Arbeitgeber, sondern vom Anlageinstitut zu erstellen.

Die folgende Tabelle gibt eine zusammenfassende Übersicht über die staatliche Förderung der privaten Vermögensbildung.

	Höchstbetrag DM	Höhe Sparzulage %	Sperrfrist Jahre
1. Sparvertrag	624,-	10	7
2. Sparverträge über Wertpapiere oder andere Vermögensbeteiligungen zum Erwerb			
a) von Aktien des Arbeitgebers oder anderer Unternehmen	936,-	10	7
b) von Kuxen, Wandel- oder Gewinnschuldverschreibungen Namensschuldverschreibungen des Arbeitgebers, jedoch nur dann, wenn die Ansprüche des Arbeitgebers verbürgt oder versichert sind	936,-	10	7
c) von Anteilscheinen an einem Wertpapier-Sondervermögen (Fonds)	936,-	10	7
d) von Anteilscheinen an einem Beteiligungssondervermögen	936,-	10	7
e) von Anteilscheinen an einem ausländischen Investmentfonds (Bedingung, daß dieser Fonds bestimmte Vorschriften erfüllt)	936,-	10	7
f) von Genußscheinen	936,-	10	7
g) von Begründungen von Wirtschaftsguthaben bei einer Genossenschaft	936,-	10	7
h) von Stammeinlagen oder Gesellschaftsanteilen an einer GmbH	936,-	10	7
i) einer Beteiligung als stiller Gesellschafter	936,-	10	7
j) von Arbeitnehmer-Darlehen gegenüber Arbeitgebern. Voraussetzung: Ansprüche des Arbeitnehmers müssen verbürgt oder versichert sein	936,-	10	7
k) von Mitarbeiter-Genußrechten (Recht einer Gewinnbeteiligung des Unternehmens des Arbeitgebers)	936,-	10	7

Vermögensbildung

	Höchst-betrag DM	Höhe Sparzulage %	Sperrfrist Jahre
3. Wertpapier-Kaufverträge für alle unter 2 a – f genannten Anlagemöglichkeiten	936,-	10	6
4. Beteiligungsverträge bzw. -kaufverträge zur Begründung von Rechten der Nr. 2 g – i	936,-	10	6
5. Aufwendungen des Arbeitnehmers nach dem Wohnungsbau-Prämiengesetz	936,-	10	6
6. Aufwendungen – zum Bau, Erwerb, Ausbau oder Erweiterung eines Wohngebäudes oder einer Eigentumswohnung	936,-	10	
– zum Erwerb eines Dauerwohnrechts	936,-	10	
– zum Erwerb eines Grundstücks für Wohnungsbau	936,-	10	
– Erfüllung von Verpflichtungen im Zusammenhang mit den vorgenannten Vorhaben	936,-	10	

2.2 Wohnungsbau-Prämiengesetz

Bausparen

Eine weitere staatliche Sparförderung besteht in der Wohnungsbauprämie, die derjenige erhält, der sein Bausparkonto zusätzlich mit eigenen Sparbeträgen erhöht. Mit dieser Förderung soll der Erwerb und die Instandhaltung von Häusern und Eigentumswohnungen für viele Bürger möglich gemacht werden.

Bei Einzahlungen ab 1989 werden bei Alleinstehenden auf DM 800,- und bei Verheirateten auf DM 1 600,- je 10 % Prämie gewährt. Für die neuen Bundesländer sind in den Jahren 1991 bis 1993 Bausparbeiträge bei Alleinstehenden mit DM 2 000,- und bei Verheirateten mit DM 4 000,- zu 15 % prämienbegünstigt. Ab 1990 können Sparleistungen zu 50 % als Sonderausgaben vom zu versteuernden Einkommen abgezogen werden, allerdings entfällt dann die Prämie.

Bau-Kindergeld

Familien, die ab 1990 bauen oder ein Objekt kaufen, erhalten eine Förderung von DM 1 000,- je Kind. Dieses sogenannte Bau-Kindergeld senkt die Steuerlast maximal acht Jahre lang ab Einzug ins Wohneigentum. Auch hier muß mit der Steuererklärung ein Antrag auf Lohnsteuerermäßigung gestellt werden. Gewährt wird dieses Bau-Kindergeld nur dem Steuerzahler, der auch den Steuervorteil des § 10 e EStG in Anspruch nehmen kann.

Steuern

1. Wichtigste Steuerarten

Lernziele:

Der Lernende kann, nachdem er dieses Kapitel durchgearbeitet hat,
- die wichtigsten, für den Handwerker bedeutsamen Steuern nennen,
- bei der Mehrwertsteuer die Begriffe Nettoumsatzsteuer und Vorsteuerabzug erläutern,
- bei der Mehrwertsteuer die Sonderregelungen für den ermäßigten Steuersatz nennen,
- die Grundsätze und das Verfahren bei pauschalierten Reisekosten darstellen,
- die Sonderregelungen für Besteuerung der Kleinunternehmer nennen,
- bei der Einkommensteuer die Ermittlung des zu versteuernden Einkommens darstellen,
- die Überschußrechnung und den Vermögensvergleich darstellen,
- den Begriff der Steuerprogression erläutern,
- die Betriebsausgaben, Werbungskosten und Sonderausgaben an einigen Beispielen erläutern,
- bewertungsrechtliche Fragen, Betriebsvermögen, Privatvermögen beantworten,
- die steuerlichen Vorschriften für Abschreibung im Grundsatz darstellen,
- die Lohnsteuerzahler in die einzelnen Steuerklassen einordnen,
- die Aufzeichnungspflichten des Arbeitgebers darstellen,
  bei der Lohnsteuer die Vorschriften der Pauschalierung nennen,
- die Besteuerung durch die Gewerbesteuer erläutern,
- eine Übersicht über andere wichtige Steuern gewinnen.

1.1 Übersicht über Bundes-, Landes-, Gemeindesteuern

Steuerbegriff Steuern sind Zwangsabgaben an Bund, Länder bzw. Gemeinden. Ihre Höhe wird durch die Parlamente dieser Körperschaften festgelegt. Im Gegensatz zu den Gebühren stehen den Steuern besondere Gegenleistungen des Staates nicht gegenüber.

In der Bundesrepublik Deutschland gibt es rund 50 verschiedene Steuern, von denen hier nur die wichtigsten behandelt werden können. Einige von ihnen sind von den Steuerpflichtigen unmittelbar zu erheben und werden als direkte Steuern bezeichnet (z. B. Lohnsteuer, Einkommensteuer), andere sind in den Preisen der angebotenen Produkte und Leistungen meist unsichtbar enthalten und werden auf die Verbraucher indirekt abgewälzt (z. B. Umsatzsteuer sowie Verbrauchsteuern wie z. B. Tabaksteuer, Sektsteuer, Mineralölsteuer u. a.). Entsprechend unserem föderalistischen Staatsaufbau

Steuern

sind im übrigen die Steuerquellen unter Bund, Ländern und Gemeinden aufgeteilt.

wichtigste Steuereinnahmen

Die wichtigsten Steuereinnahmen des Bundes sind die Anteile an der Umsatzsteuer (Mehrwertsteuer) sowie der Einkommensteuer. Auf der Ebene der Länder ist wegen ihres hohen Aufkommens in erster Linie die anteilige Lohn- sowie Einkommen- und Körperschaftsteuer zu nennen, während sich die Gemeinden bislang im wesentlichen auf die Gewerbesteuer stützten, die zumeist den Hauptpfeiler der kommunalen Einnahmen dargestellt hat. Aus dem Aufkommen der Lohn- sowie Einkommen- und Körperschaftsteuer erhält der Bund von den Ländern einen veränderlichen Prozentsatz, dessen Höhe zwischen den Beteiligten von Zeit zu Zeit neu ausgehandelt wird. Ein weiterer Anteil mit steigender Bedeutung fließt von den Ländern nach einem bestimmten Verteilerschlüssel den Gemeinden zu.

1.2 Umsatzsteuer (Mehrwertsteuer)

1.2.1 Wirkungsweise

Die Mehrwertsteuer ist eine Nettoumsatzsteuer mit Vorsteuerabzug. Sie erfaßt alle steuerpflichtigen Umsätze mit den jeweils für sie vorgesehenen Steuersätzen. Von der ermittelten Steuerschuld sind die sogenannten Vorsteuern abzugsfähig.

> Zu diesem Kapitel finden Sie die Aufgaben C 232 – C 267 im Band „Vorbereitung auf die Meisterprüfung – Test- und Übungsaufgaben".

Vorsteuerabzug — Vorsteuern sind Umsatzsteuerbeträge, die über den Preis bereits an die Lieferanten und über diese an das Finanzamt entrichtet worden sind. Der Abzug der Vorsteuern macht die Umsatzsteuer in der Unternehmenswelt zu einem durchlaufenden Posten und nimmt ihr somit im Grunde jeglichen Kostencharakter. Die vom Lieferanten über den Preis „eingekaufte" Vorsteuer kann von der eigenen Umsatzsteuerschuld abgezogen werden, und die Gesamtbelastung der Produkte oder Leistungen mit Umsatzsteuer wird den Abnehmern in Rechnung gestellt.

Das nachfolgende Beispiel verdeutlicht diesen Tatbestand. Ihm ist ein Steuersatz in Höhe von 15 % zugrundegelegt.

Beispiel: Werte in DM

Einkauf		Verkauf				Zahllast an Finanzamt (5./.2)
Bruttopreis	darin Umsatzsteuer (Vorsteuer)	Wertschöpfung	Nettopreis (1./.2+3)	zzgl. Umsatzsteuer	Bruttopreis (4+5)	
(1)	(2)	(3)	(4)	(5)	(6)	(7)
115,00	15,00	50,00	150,00	22,50	172,50	7,50
172,50	22,50	70,00	220,00	33,00	253,00	10,50
253,00	33,00	80,00	300,00	45,00	345,00	12,00
345,00	45,00	60,00	360,00	54,00	414,00	9,00

Durch die Mehrwertsteuer wird also das betriebliche Kostengefüge nicht berührt.

Dies gilt jedoch nicht für solche Umsätze, bei denen der Vorsteuerabzug kraft Gesetzes ganz oder teilweise ausgeschlossen ist (so z. B. im allgemeinen bei Bezügen zur Ausführung steuerfreier Umsätze bzw. bei der Pauschalierung der Reisekosten).

1.2.2 Was unterliegt der Umsatzbesteuerung?

steuerbare Umsätze — In ihrer Wirkungsweise erfaßt die geltende Nettoumsatzsteuer (Mehrwertsteuer) alle Phasen des Wirtschaftsgeschehens. Ihr unterliegen grundsätzlich die Lieferungen und sonstigen Leistungen, die ein Unternehmer im Inland gegen Entgelt im Rahmen seines Unternehmens ausführt.

Die Steuerbarkeit entfällt nicht, wenn der Umsatz gesetzlich oder behördlich angeordnet wird bzw. wenn die Lieferungen oder sonstigen Leistungen an Arbeitnehmer des Unternehmens oder deren Angehörige ohne besonderes berechnetes Entgelt erbracht werden. Das gilt jedoch nicht für Aufmerksamkeiten in Form von Sachzuwendungen, die ohne rechtliche Verpflichtung gewährt werden und deren Wert DM 60,- nicht übersteigt.

Eigenverbrauch — Der Umsatzsteuer unterworfen ist auch der Eigenverbrauch. Eigenverbrauch liegt vor, wenn ein Unternehmer im Inland
- Gegenstände aus seinem Unternehmen für private Zwecke entnimmt (z. B. Waren für den Verbrauch im Haushalt)

- betriebliche Gegenstände vorübergehend für den privaten Gebrauch verwendet (z. B. ein betriebliches Kraftfahrzeug am Wochenende für private Fahrten)
- sonstige Leistungen für private Zwecke ausführt (z. B. Reparaturen am Privathaus des Unternehmers durch Arbeitnehmer seines Unternehmens)
- Aufwendungen (außer Geldgeschenke) tätigt, deren Abzug als Betriebsausgabe gem. § 4 Abs. 5 Nr. 1 bis 7 und Abs. 7 oder nach § 12 Nr. 1 des Einkommensteuergesetzes nicht zugelassen ist. Unter dieses Abzugsverbot fallen im wesentlichen Sachgeschenke an Geschäftsfreunde, deren Nettowert DM 75,- je Jahr und Empfänger übersteigt, sodann Aufwendungen für die Bewirtung, Beherbergung und Unterhaltung von Geschäftsfreunden, soweit sie unangemessen sind bzw. Freizeitcharakter haben. Zum Abzug ebenfalls nicht zugelassen sind pauschale Tage- bzw. Kilometergelder, soweit sie bestimmte Höchstbeträge übersteigen, und sonstige Aufwendungen, die unangemessen hoch oder aber dem Bereich der persönlichen Lebensführung zuzuordnen sind. Das Abzugsverbot greift schließlich ein, wenn die Aufwendungen nicht einzeln und von den sonstigen Betriebsausgaben getrennt aufgezeichnet sind.

  Seit 1990 ist die einkommensteuerliche Abzugsfähigkeit von angemessenen und betrieblich veranlaßten Aufwendungen für die Bewirtung von Geschäftsfreunden auf 80 % beschränkt (§ 4 Abs. 5 Nr. 2 EStG). Das einkommensteuerliche Abzugsverbot für 20 % dieser Aufwendungen steht gleichwohl dem vollen Vorsteuerabzug nicht entgegen (§ 1 Abs. 1 Nr. 2 Buchstabe c UStG). Im Bereich der Reisekosten nach Einzelnachweis ist Eigenverbrauch anzunehmen, wenn die Mehraufwendungen für Verpflegung 140 % der höchsten Tagegeldbeträge des Bundesreisekostengesetzes übersteigen

- <u>unentgeltliche Lieferungen und sonstige Leistungen</u>, die von Körperschaften, Personenvereinigungen sowie Gemeinschaften im Inland im Rahmen ihres Unternehmens an ihre Mitglieder oder diesen nahestehende Personen ausgeführt werden.

  Dieser Tatbestand liegt z. B. vor, wenn eine GmbH ein Betriebsfahrzeug einem Gesellschafter für dessen Privatfahrten im Inland unentgeltlich zur Verfügung stellt. Leistungen zur Erfüllung des Vereinszwecks bzw. solche, die durch Mitgliederbeiträge abgegolten sind, werden dagegen der Umsatzsteuer nicht unterworfen.

Einfuhr Mehrwertsteuerpflichtig ist darüber hinaus die <u>Einfuhr</u> von Gegenständen aus Ländern außerhalb der Europäischen Union (sog. Drittländer).

Steuerschuldner <u>Steuerschuldner</u> ist grundsätzlich der Unternehmer, also derjenige, der eine gewerbliche oder berufliche Tätigkeit selbständig und nachhaltig zur Erzielung von Einnahmen ausübt.

Zu diesem Kapitel finden Sie die Aufgaben C 232 – C 267 im Band „Vorbereitung auf die Meisterprüfung – Test- und Übungsaufgaben".

Steuern

Grundlagen für die Bemessung

Bemessungsgrundlage zur Berechnung der Umsatzsteuer bei Lieferungen und sonstigen Leistungen im gewöhnlichen Geschäftsverkehr ist das gewährte Nettoentgelt. Im Falle der Entnahme von Gegenständen für den privaten Verbrauch sowie bei unentgeltlichen oder verbilligten Sachzuwendungen an Mitarbeiter des Unternehmens gilt als Entgelt der Nettoeinkaufspreis zuzüglich Nebenkosten, ersatzweise der Betrag der Selbstkosten (§ 10 Abs. 4 Nr. 1 UStG).

Der gleiche Grundsatz herrscht bei der Gewährung von Sachzuwendungen von Personenvereinigungen an ihre Mitglieder. Bei der Ausführung von sonstigen Leistungen für private Zwecke bzw. bei sonstigen Leistungen an Mitarbeiter des Unternehmens oder Mitglieder der Personenvereinigung gilt als Entgelt die Summe der bei diesen Umsätzen entstandenen Kosten. Bezogen auf die Aufwendungen, die unter das Abzugsverbot nach einkommensteuerlichen Vorschriften fallen, gilt als Entgelt die Höhe dieser Aufwendungen.

Die Bewertung nach dem Nettoeinkaufspreis zuzüglich Nebenkosten bzw. den entstandenen Kosten ist auch dann vorzunehmen, wenn das geforderte Entgelt unter diesen Werten liegt.

Das Entgelt für die Lieferung kann im übrigen eine Gegenlieferung (Tausch gemäß § 3 Abs. 12 Satz 1 UStG) oder eine sonstige Leistung (tauschähnlicher Umsatz gemäß § 3 Abs. 12 Satz 2 UStG) sein.

1.2.3 Steuerentstehung und -entrichtung

Zahlung der Umsatzsteuer

Die Voranmeldung und Vorauszahlung der Umsatzsteuer erfolgt generell aufgrund der vereinbarten Entgelte (Soll-Versteuerung). Die Steuerschuld entsteht mit dem Ablauf jenes Voranmeldungszeitraumes, in dem die Lieferung oder sonstige Leistung ausgeführt bzw. der Eigenverbrauch getätigt wurde. Als Voranmeldungszeitraum gilt im Regelfall der Kalendermonat. An seine Stelle tritt das Kalendervierteljahr, wenn die Umsatzsteuerschuld im vorangegangenen Kalenderjahr nicht mehr als DM 6 000,- betragen hat.

Wenn die Umsatzsteuerschuld im vorangegangenen Kalenderjahr einen Betrag von DM 1 000,- nicht überstiegen hat, kann das Finanzamt den Unternehmer von der Voranmeldungs- und Vorauszahlungspflicht befreien.

Rückerstattung eines Guthabens

Bis zum 10. Tag nach Ablauf eines Voranmeldungszeitraumes hat der Unternehmer seine anteilige Umsatzsteuerschuld auf amtlichem Formblatt selbst zu berechnen und dem Finanzamt mitzuteilen. Zum gleichen Zeitpunkt ist die Vorauszahlung der Umsatzsteuerschuld in errechneter Höhe fällig. Ergibt sich nach der Voranmeldung ein Vorsteuerüberschuß, ist er vom Finanzamt zu erstatten. Bis zum 31. Mai nach Ablauf des Kalenderjahres ist zusätzlich eine Umsatzsteuer-Jahreserklärung für das vergangene Jahr abzugeben. Das Finanzamt führt daraufhin eine Veranlagung durch, wobei die gegenseitigen Ansprüche durch Erstattung eines Guthabens bzw. eine Nachzahlung der zu wenig entrichteten Umsatzsteuer glattgestellt werden.

kombinierte Soll-Ist-Versteuerung

Auf Antrag kann das Finanzamt solchen Betrieben, deren Gesamtumsatz im jeweils vorangegangenen Kalenderjahr DM 250 000,- nicht überschritten hat, bzw. solchen, die nicht verpflichtet sind, Bücher zu führen und regelmäßig Abschlüsse zu machen, abweichend von der generellen Regelung gestatten, daß die Umsatzsteuer nach Ist-Einnahmen (nach Zahlung des Kunden also) berechnet wird (Soll-Ist-Versteuerung).

Die auf den Lieferungen lastende Vorsteuer wird von dieser Regelung nicht berührt, d. h., sie kann sofort steuermindernd von der eigenen Zahllast an das Finanzamt abgezogen werden. Ein Vorteil ist hier z. B. darin zu sehen, daß der Betrieb die abzuführende Umsatzsteuer nicht mehr vorzufinanzieren braucht. Allerdings kann dieses Verfahren u. U. einen erhöhten Arbeitsaufwand im Rahmen der Buchführung bedingen.

Behandlung von Teilzahlungen

Wenn Kunden Teilzahlungen (z. B. Anzahlungen, Abschlags- oder Vorauszahlungen) auf noch nicht erbrachte Lieferungen und Leistungen gewähren, ist die erhaltene Gesamtsumme in einen Netto- und in einen Steuerbetrag aufzuteilen. Die in der Teilzahlung enthaltene Umsatzsteuer ist auch dann an das Finanzamt abzuführen, wenn sie nicht gesondert in Rechnung gestellt worden ist. Die früher bekannte Regelung, wonach Teilzahlungen unter zehntausend Deutsche Mark netto vereinnahmt werden konnten, ist zum 1. Januar 1994 weggefallen. In der Endrechnung des Unternehmens sind die erhaltenen Anzahlungen und die auf sie entfallenden Umsatzsteuerbeträge gesondert aufzuführen.

1.2.4 Steuersätze, Aufzeichnungspflichten

begünstigte Umsätze

Der allgemeine Umsatzsteuersatz beträgt z. Z. 15 % des Nettoentgelts. Er ermäßigt sich auf 7 % für bestimmte begünstigte Umsätze, die im § 12 Abs. 2 und in der Anlage 1 des Umsatzsteuergesetzes aufgeführt sind.

Zu ihnen zählen beispielsweise die Lieferungen und der Eigenverbrauch von

- Nahrungsmitteln (Ausnahmen: Kaviar, Langusten, Hummern, Austern und Schnecken)
- Kaffee, Tee, Gewürzen und nicht gezuckertem Kakaopulver
- Wasser, Milch, Milcherzeugnissen und Milchmischgetränken
- Zucker und Zuckerwaren
- Waren des Buchhandels und Erzeugnissen des graphischen Gewerbes (Ausnahme: jugendgefährdende Schriften)
- orthopädischen Apparaten sowie Vorrichtungen und Körperersatzstücken für Menschen sowie
- die Beförderung von Personen im Schienenbahnverkehr (ohne Bergbahnen), im Verkehr mit Oberleitungsomnibussen, im genehmigten Linienverkehr mit Kraftfahrzeugen und im Kraftdroschkenverkehr, und zwar innerhalb einer Gemeinde bzw. wenn die Beförderungsstrecke nicht mehr als fünfzig Kilometer beträgt.

Zu diesem Kapitel finden Sie die Aufgaben C 232 – C 267 im Band „Vorbereitung auf die Meisterprüfung – Test- und Übungsaufgaben".

Steuern

Beispiel einer
Umsatzsteuer-
Voranmeldung
1. Seite

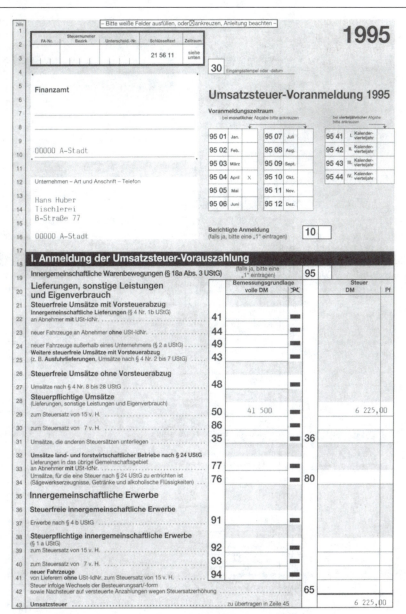

Der Verzehr von Speisen und Getränken an Ort und Stelle ihrer Lieferung unterliegt nicht dem ermäßigten Steuersatz. Beispiel: Der Fleischermeister, der in einer Ecke seines Fleischergeschäftes einen Imbißstand unterhält, muß die als Imbiß verkauften Waren mit dem vollen Steuersatz (z. Z. 15 %) versteuern.

Neben dem allgemeinen sowie dem ermäßigten Steuersatz gibt es Umsatzsteuersätze in abweichender Höhe beispielsweise im Rahmen der Land- und

Steuern

Beispiel einer Umsatzsteuer-Voranmeldung 2. Seite

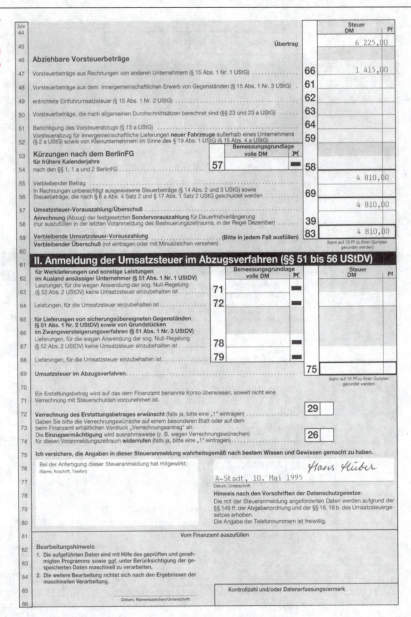

Forstwirtschaft und bei Reisekosten (→ S. 572 f). Darüber hinaus gibt es Durchschnittssätze zur Abgeltung sämtlicher Vorsteuern für bestimmte Berufsgruppen (→ S. 576 f).

Jeder Unternehmer, der das allgemeine System anwendet, ist verpflichtet, zur Feststellung der Umsatzsteuer und der Grundlagen ihrer Berechnung Aufzeichnungen zu machen. Aus ihnen müssen aufgeteilt nach steuerfreien und steuerpflichtigen Umsätzen sowie nach Steuersätzen ersichtlich sein

- die vereinbarten Entgelte für die ausgeführten Lieferungen und sonstigen Leistungen. Bei der Soll-Ist-Versteuerung ist der Nachweis über die vereinnahmten Entgelte zu führen
- die vereinnahmten Teilzahlungen für Lieferungen und sonstige Leistungen, die noch nicht ausgeführt sind. Aus den Aufzeichnungen muß ersichtlich sein, wie die Teilzahlungen den jeweiligen Schlußrechnungen zuzuordnen sind
- die Bemessungsgrundlagen für unentgeltliche oder verbilligte Sachzuwendungen und sonstige Leistungen an Mitarbeiter des Unternehmens sowie im Falle von Personenvereinigungen an die Mitglieder
- die Bemessungsgrundlagen für den Eigenverbrauch
- die Entgelte für bezogene Lieferungen und sonstige Leistungen sowie die geleisteten Teilzahlungen, einschließlich der auf sie entfallenden Steuerbeträge
- die Bemessungsgrundlagen für die aus Drittländern (außerhalb der EU) eingeführten Gegenstände nebst der entrichteten oder zu entrichtenden Umsatzsteuer.

Diese Angaben sind fortlaufend aufzuzeichnen. Die erfaßten Entgelte und Steuerbeträge sowie die genannten Bemessungsgrundlagen sind spätestens zum Schluß jedes Voranmeldungszeitraumes aufzurechnen.

Zur Ermittlung der Steuerschuld ist es zulässig, an Stelle der Nettoentgelte die jeweiligen Bruttoentgelte (also einschließlich Mehrwertsteuer) aufzuzeichnen. Aus ihnen müssen jedoch spätestens am Schluß eines jeden Voranmeldungszeitraums die Nettoentgelte errechnet werden. Bei Vorliegen bestimmter Voraussetzungen kann das Finanzamt auf Antrag eine nachträgliche Entgeltstrennung nach anderen Merkmalen (z. B. unter Berücksichtigung des Wareneingangs) zulassen. Bei der Anwendung von Durchschnittssätzen zur Abgeltung sämtlicher Vorsteuern erstreckt sich die Nachweispflicht ausschließlich auf die abzuführende Umsatzsteuer sowie auf die Grundlagen ihrer Berechnung.

Zusätzliche Aufzeichnungspflichten ergeben sich für Betriebe, die sich im Rahmen der EU an dem innergemeinschaftlichen Waren- oder Leistungsaustausch beteiligen.

1.2.5 Abziehbare und nicht abziehbare Vorsteuern

abzugsfähige Vorsteuer

Unternehmer können als Vorsteuer abziehen
- die ihnen von anderen Unternehmern gesondert in Rechnung gestellte Umsatzsteuer für bezogene Lieferungen und sonstige Leistungen
- die Umsatzsteuer für Teilzahlungen, soweit sie gesondert in Rechnung gestellt und die Zahlung geleistet worden ist
- die entrichtete Einfuhrumsatzsteuer für Gegenstände, die von ihren Unternehmen aus Drittländern (außerhalb der EU) eingeführt worden sind.

Vom Vorsteuerabzug bleibt grundsätzlich ausgeschlossen die Umsatzsteuer
- für die Lieferung und die Einfuhr von solchen Gegenständen, die zur Ausführung steuerfreier Umsätze verwendet werden
- für sonstige Leistungen, die das Unternehmen zur Ausführung steuerfreier Umsätze in Anspruch nimmt.

Steuern

Der Ausschluß vom Vorsteuerabzug tritt bei bestimmten steuerfreien Umsätzen (z. B. § 4 Nr. 1 bis 6 UStG) nicht ein. Zu nennen sind insbesondere Ausfuhrlieferungen und die Lohnveredelung an Gegenständen der Ausfuhr sowie Umsätze für die Seeschiffahrt und für die Luftfahrt. Wenn sowohl steuerpflichtige als auch solche Umsätze getätigt werden, die den Vorsteuerabzug ausschließen, sind die Vorsteuerbeträge im Verhältnis der beiden Umsatzgruppen aufzuteilen. Auf Antrag kann jedoch das Finanzamt gestatten, daß die Vorsteuerbeträge nicht, wie oben beschrieben, schematisch aufgeteilt, sondern den einzelnen Umsätzen (die also vom Vorsteuerabzug ausschließen bzw. dazu berechtigen) zugeordnet werden. Der Bundesfinanzminister ist ermächtigt, weitere Vereinfachungen auf dem Erlaßwege zu schaffen.

Vorsteuerabzug bei Reisekosten
Die in den Reisekosten enthaltene Vorsteuer kann aus Einzelbelegen, Pauschalen bzw. mit Hilfe der Gesamtpauschalierung ermittelt werden.

Ermittlung der Umsatzsteuer aus Einzelbelegen
- Ermittlung aus Einzelbelegen
Aus allen Rechnungen, die Aufwendungen anläßlich einer Dienst- oder Geschäftsreise belegen (z. B. Übernachtung, Verpflegung, Kraftstoffbezug), können jene Steuerpflichtigen, die das allgemeine Umsatzsteuersystem praktizieren, die Vorsteuer grundsätzlich voll abziehen, die ihnen gesondert in Rechnung gestellt ist. Bei Kleinbetragsrechnungen (bis DM 200,- einschließlich Umsatzsteuer) erfolgt der Abzug nach Maßgabe des angegebenen Steuersatzes.

Da solche Rechnungen sowie Fahrausweise in der Regel Bruttobeträge ausweisen, muß die jeweils in ihnen enthaltene Umsatzsteuer mit Hilfe von Vervielfältigern oder Teilern errechnet werden. Der Vervielfältiger, mit dem aus einem Bruttorechnungsbetrag die darin anteilig befindliche Umsatzsteuer errechnet werden kann, beträgt für den allgemeinen Steuersatz 13,04 % und für den ermäßigten 6,54 %. Der Teiler ist für den Regelsteuersatz 7,66 und für den ermäßigten 15,28. Zur Vermeidung von Rundungsdifferenzen errechnet man den Nettobetrag, indem die Bruttosumme durch 1,15 bzw. 1,07 geteilt wird, und schlägt hierauf die Umsatzsteuer mit 15 % bzw. 7 % auf.

Aus den Fahrausweisen kann die Vorsteuer mit 13,04 % errechnet werden, wenn die Tarifentfernung 50 km überschreitet. Bei geringeren Tarifentfernungen bzw. fehlenden Kilometerangaben und im Ortsverkehr wird die Vorsteuer mit 6,54 % des Fahrpreises errechnet. Im Schiffs- und Luftverkehr muß der Steuersatz im Fahrausweis angegeben sein.

Soweit Verpflegungsmehraufwendungen anläßlich einer Geschäftsreise des Unternehmers in ihrer Nettohöhe den Höchstbetrag lt. Einkommensteuer-Durchführungsverordnung – zur Zeit DM 64,- – übersteigen, stellen sie umsatzsteuerlich Eigenverbrauch dar, der mit dem vollen Satz zu versteuern ist.

Umsatzsteuer in steuerlichen Pauschbeträgen
- Ermittlung aus steuerlichen Pauschbeträgen
Wenn Mehraufwendungen für Verpflegung anläßlich einer Dienst- oder Geschäftsreise unter Verzicht auf Einzelbelege nach steuerlichen Pauschbeträgen abgerechnet werden, wird die Vorsteuer mit 12,3 % aus diesen Summen errechnet.

Werden geringere Pauschalen als die steuerlich zulässigen angesetzt bzw. erstattet, so wird die Vorsteuer unter Beibehaltung dieses Satzes aus den niedrigeren Beträgen ermittelt. Bei höheren Leistungen kann höchstens der Wert der steuerlich zulässigen Pauschale angesetzt werden.

Wenn Arbeitnehmern anläßlich einer Dienstreise mit dem eigenen Kraftfahrzeug ein Kilometergeld erstattet wird, kann die Vorsteuer mit 8,2 % aus höchstens 52 Pfennig je Kilometer errechnet werden. Maßgebend bleibt der tatsächlich erstattete Kilometersatz. Für Unternehmer, die ein privates Kraftfahrzeug für betriebliche Zwecke verwenden, beträgt unter den gleichen Voraussetzungen der pauschale Vorsteuersatz 5,7 %.

Pauschbeträge für Übernachtungskosten bei Geschäftsreisen eines Unternehmers im Inland werden nicht gewährt. Bei Dienstreisen von Mitarbeitern im Inland kann der Unternehmer je Übernachtung einen Pauschbetrag von DM 39,- erstatten und daraus die Vorsteuer mit 12,3 % errechnen.

Höchst- und Pauschbeträge für Verpflegungsmehraufwendungen anläßlich von Geschäfts- und Dienstreisen im Inland einschließlich Umsatzsteuer

Dauer der Dienstreise	Höchstbetrag bei Einzelnachweis DM	Pauschbeträge für	
		eintägige Reisen DM	mehrtägige Reisen DM
über 12 Stunden	64	35	46
über 10 bis 12 Stunden	51	28	36
über 8 bis 10 Stunden	32	17	23
über 6 bis 8 Stunden	19	10	13
bis 6 Stunden	19	–	–

Im Falle des Einzelnachweises gelten als Verpflegungsmehraufwendungen die tatsächlichen Aufwendungen einschließlich Umsatzsteuer, vermindert um die Haushaltsersparnis, mindestens jedoch der jeweils maßgebende Pauschbetrag. Die Haushaltsersparnis ist mit 1/5 der tatsächlichen Aufwendungen anzusetzen.

– Gesamtpauschalierung

Gesamtpauschalierung

Anstelle des gesonderten Vorsteuerabzugs aus Einzelbelegen oder aus steuerlichen Pauschbeträgen kann die Vorsteuer für alle Reisekosten eines Jahres mit einem einheitlichen Satz in Höhe von 9,8 % insgesamt pauschaliert werden.

Hierbei ist es grundsätzlich unerheblich, ob und in welcher Höhe die einzelnen Reisekosten mit Umsatzsteuer belastet sind und ob die formellen Voraussetzungen für den Vorsteuerabzug jeweils vorliegen. Wer die Methode der Gesamtpauschalierung wählt, muß sie für alle Reisekosten eines Jahres gelten lassen. Ein gesonderter Vorsteuerabzug aus Einzelbelegen oder Pauschbeträgen bzw. ein Wechsel der Ermittlungsart ist dann innerhalb eines Jahres nicht zulässig. Der Vorteil der Gesamtpauschalierung wird vielfach in der einheitlichen Erfassung und Behandlung aller Reisekosten erblickt, wodurch der Erfassungsaufwand entsprechend gesenkt werden kann.

Belegerstellung bei Pauschverfahren

Falls die Vorsteuer aus steuerlichen Pauschbeträgen errechnet werden soll, sind Eigenbelege zu erstellen. Sie müssen Zeit, Ziel und Zweck der Reise, die Namen der Teilnehmer und den Betrag angeben, aus dem die Vorsteuer errechnet wurde. Falls Kilometergeld gewährt wird, ist auch die Anzahl der dienstlich gefahrenen Kilometer zu erfassen. Bei der Gesamtpauschalierung muß aus den Belegen zusätzlich zu ersehen sein, wie sich der Gesamtbetrag der Reisekosten zusammensetzt. Die Belege sind leicht auffindbar aufzubewahren.

Dienstreise — Eine Geschäfts- oder Dienstreise liegt nur dann vor, wenn sich der Zielort der Reise in einer Mindestentfernung von mehr als 20 km sowohl von der Wohnung als auch von der regelmäßigen Betriebsstätte des Reisenden befindet (Abschnitt 119 Abs. 2 EStR). Ansonsten können die Voraussetzungen für einen Geschäfts- oder **Dienstgang** und bei Arbeitnehmern für eine Einsatzwechsel- oder Fahrtätigkeit gegeben sein.

1.2.6 Steuerbefreiungen

Im § 4 des Umsatzsteuergesetzes sind die Steuerbefreiungen bei Lieferungen, sonstigen Leistungen und dem Eigenverbrauch erschöpfend aufgeführt. In Ergänzung dazu regelt § 5 UStG die Steuerbefreiungen bei der Einfuhr.

Ausschluß des Vorsteuerabzugs — Zu den steuerfreien Umsätzen, die den Vorsteuerabzug ausschließen, zählen Umsätze der Heilberufe, der Banken und Kreditinstitute im Geld- und Kapitalverkehr, der Blinden sowie Blindenwerkstätten, sodann Umsätze aus der Vermietung, Verpachtung und Überlassung von Grundstücken und der Bestellung von Grundstücksrechten sowie schließlich solche Umsätze, die anderen Verkehrssteuern unterliegen (z. B. Grunderwerbsteuer, Versicherungsteuer, Rennwett- und Lotteriesteuer).

Berechtigung zum Vorsteuerabzug — Steuerfreie Umsätze, die zum Vorsteuerabzug berechtigen, sind

- Ausfuhrlieferungen sowie Lohnveredelungen an einem Gegenstand der Ausfuhr, wenn buchmäßig nachgewiesen wird, daß der Unternehmer den bearbeiteten oder verarbeiteten Gegenstand in ein Drittland (außerhalb der EG) befördert oder versendet hat
- steuerfreie Leistungen für die Luft- und Seeschiffahrt (z. B. Lieferungen, Umbauten, Instandsetzungen)
- Leistungen im Rahmen des NATO-Truppenstatuts.

Verzicht auf Steuerbefreiung — Die Steuerbefreiung ist vielfach unerwünscht, wenn mit ihr der Ausschluß des Vorsteuerabzugs verbunden ist, zumal hierdurch erhebliche Wettbewerbsnachteile bei Lieferungen und Leistungen an regelbesteuerte Abnehmer entstehen können. Deshalb ist es zulässig, bei bestimmten Umsätzen an andere Unternehmer auf die Steuerbefreiung zu verzichten. Zu ihnen zählen beispielsweise die

- Umsätze im Geld- und Kapitalverkehr
- Umsätze, die unter das Grunderwerbsteuergesetz fallen
- bestimmte Umsätze aus der Vermietung, Verpachtung und Überlassung von Grundstücken sowie der Bestellung von Grundstücksrechten
- Leistungen der Wohnungseigentümer-Gemeinschaften an die Wohnungseigentümer und Teileigentümer
- Umsätze der Blinden und Blindenwerkstätten.

Die Verzichtserklärung ist an keine Form oder Frist gebunden und kann sich auf jeden einzelnen Umsatz (Einzeloption) an regelbesteuerte Abnehmer erstrecken. Ihre Gültigkeitsdauer umfaßt ein volles Kalenderjahr.

1.2.7 Besteuerung der Kleinunternehmer

Steuerbefreiung der Kleinunternehmer — Die geschuldete Umsatzsteuer wird bei Unternehmern nicht erhoben, deren Umsatz einschließlich Umsatzsteuer im vorangegangenen Kalenderjahr DM 25 000,- nicht überstiegen hat und im laufenden Kalenderjahr voraussichtlich DM 100 000,- nicht übersteigen wird.

Unter Umsatz sind die vereinnahmten Entgelte einschließlich Umsatzsteuer gekürzt um die gegebenenfalls in ihnen enthaltenen Umsätze von Wirtschaftsgütern des Anlagevermögens zu verstehen.

Der Kleinunternehmer, der diese Regelung anwendet, braucht grundsätzlich keine Umsatzsteuer zu entrichten und ist nicht verpflichtet, Voranmeldungen oder Jahreserklärungen abzugeben. Andererseits darf er keine Vorsteuern abziehen und die Umsatzsteuer nicht gesondert in Rechnung stellen. Falls er die Umsatzsteuer dennoch gesondert in Rechnung stellt, schuldet er den entsprechenden Betrag trotz seiner grundsätzlichen Befreiung.

Verzicht auf die Steuerbefreiung ist möglich

Der Unternehmer ist nicht verpflichtet, diese Vergünstigung in Anspruch zu nehmen. Er kann auf sie verzichten und sich dem allgemeinen Umsatzsteuersystem unterwerfen. Der Verzicht empfiehlt sich insbesondere dann, wenn der Unternehmer seine Umsätze ganz oder überwiegend an umsatzsteuerpflichtige Empfänger bewirkt, und ist dem Finanzamt bis zur Unanfechtbarkeit der Steuerfestsetzung zu erklären. Nach Eintritt dieses Zeitpunktes bindet die Erklärung den Unternehmer mindestens für fünf Kalenderjahre. Sie kann nur mit Wirkung vom Beginn eines Kalenderjahres widerrufen werden. Der Widerruf ist spätestens bis zur Unanfechtbarkeit der Steuerfestsetzung des Kalenderjahres, für das er gelten soll, zu erklären.

Bei Verzicht auf die Nichterhebung der Umsatzsteuer unterliegt der Kleinunternehmer dem allgemeinen Umsatzsteuersystem mit seinen Steuersätzen. Er kann zugleich die Vorsteuern abziehen und die Umsatzsteuer gesondert in Rechnung stellen.

Ermittlung des Jahresgesamtumsatzes

Wenn der Unternehmer seine gewerbliche oder berufliche Tätigkeit nur in einem Teil des Kalenderjahres ausübt, ist sein tatsächlicher Gesamtumsatz in einen Jahresgesamtumsatz umzurechnen. Angefangene Kalendermonate sind bei der Umrechnung als volle Kalendermonate zu behandeln, es sei denn, daß die Umrechnung nach Tagen zu einem niedrigeren Gesamtumsatz führt.

Beispiel: Der Unternehmer ist im ersten Geschäftsjahr vier Monate und zwei Tage tätig gewesen und hat einen Umsatz in Höhe von DM 9 000,- erzielt. Der Jahresgesamtumsatz errechnet sich wie folgt:

$$\frac{\text{DM } 9\,000,-}{(4 + 1 \text{ Monate})} \times 12 \text{ Monate} = \text{DM } 21\,600,-.$$

Bei der Umrechnung nach Tagen würde sich ein höherer Jahresgesamtumsatz ergeben, der jedoch bestimmungsgemäß außer Ansatz bleibt.

Aufzeichnungspflicht für Kleinunternehmer

Kleinunternehmer haben folgende Angaben laufend aufzuzeichnen
- die Werte der Gegenleistungen für die von ihnen ausgeführten Lieferungen und sonstigen Leistungen
- den Eigenverbrauch, dessen Wert ebenfalls durch die übliche Gegenleistung bestimmt wird.

Wenn der Unternehmer unzulässigerweise eine Rechnung mit gesondertem Umsatzsteuerausweis erteilt oder einen höheren als den gesetzlichen Umsatzsteuersatz in Ansatz bringt, schuldet er die unrichtig ausgewiesene Umsatzsteuer auch dann, wenn er grundsätzlich befreit ist. Die unrichtigen Angaben hat er zusätzlich aufzuzeichnen.

Zu diesem Kapitel finden Sie die Aufgaben C 232 - C 267 im Band „Vorbereitung auf die Meisterprüfung - Test- und Übungsaufgaben".

Steuern

1.2.8 Anwendung von Durchschnittssätzen

Zur Vereinfachung des Besteuerungsverfahrens können für Gruppen von Unternehmern, bei denen annähernd gleiche Verhältnisse vorliegen und die nicht verpflichtet sind, Bücher zu führen und aufgrund jährlicher Bestandsaufnahmen regelmäßig Abschlüsse zu machen, Durchschnittssätze für die abziehbaren Vorsteuerbeträge bzw. für die zu entrichtende Steuer oder aber die Grundlagen ihrer jeweiligen Berechnung gebildet werden.

Fristen bei der Anwendung von Durchschnittssätzen

Die Besteuerung nach Durchschnittssätzen ist bei dem Finanzamt bis zur Unanfechtbarkeit der Steuerfestsetzung zu beantragen und kann nur mit Wirkung vom Beginn eines Kalenderjahres an widerrufen werden. Im Falle des Widerrufs ist eine erneute Besteuerung nach Durchschnittssätzen frühestens nach Ablauf von fünf Kalenderjahren zulässig. Für viele Handwerks- und Gewerbezweige sind Durchschnittssätze zur Abgeltung sämtlicher Vorsteuern gebildet worden. Sie können nur dann in Anspruch genommen werden, wenn der Umsatz im vorangegangenen Kalenderjahr DM 100 000,– nicht überstiegen hat. Er setzt sich zusammen aus den Umsätzen im Inland im Rahmen der jeweiligen Berufs- und Gewerbezweige, mit Ausnahme der Einfuhr und bestimmter steuerfreier Umsätze (§ 4 Nr. 8, Nr. 9 Buchstabe a und Nr. 10). Durchschnittssätze für Handwerksberufe sind in der nachfolgenden Übersicht zusammengestellt. Bei ihrer Anwendung ist der Unternehmer von der Aufzeichnungspflicht zur Ermittlung der abziehbaren Vorsteuerbeträge befreit.

Durchschnittssätze für die Abgeltung sämtlicher Vorsteuern

Übersicht

Berufs- oder Gewerbezweig	Anrechnungssatz in % des Umsatzes	Ergänzende Angaben über die Leistungen
Bäckerei	5,2	Handwerksbetriebe mit allen Arten von Brot, Brötchen und Feingebäck, die an Endverbraucher abgesetzt werden. Caféumsätze dürfen 10 % des Umsatzes nicht übersteigen
Bau- und Möbeltischlerei	8,4	Handwerksbetriebe, bei denen bestimmte Erzeugnisse nicht klar überwiegen
Beschlag-, Kunst- und Reparaturschmiede	7,0	Auch für Reparaturarbeiten
Buchbinderei	4,9	Buchbindearbeiten aller Art
Druckerei	6,0	Hoch-, Flach-, Licht-, Sieb- und Tiefdruck, Weichpackungen, Kalender, Spiele und Spielkarten (nicht Gesellschafts- und Unterhaltungsspiele), zeichnerische Herstellung von Landkarten, Bauskizzen u. a. für Druckzwecke

Steuern

Übersicht

Berufs- oder Gewerbezweig	Anrechnungssatz in % des Umsatzes	Ergänzende Angaben über die Leistungen
Elektroinstallation	8,5	Auch Reparatur- und Unterhaltungsarbeiten
Fliesen- und Plattenlegerei, sonstige Fußbodenlegerei und -kleberei	8,1	Handwerksbetriebe für Bodenverlegungen aller Art, auch Reparatur- und Instandhaltungsarbeiten
Friseure	4,2	Damen- und Herrenfriseure
Glasgewerbe	8,6	Alle Glaserarbeiten, darunter Bau-, Auto-, Bilder- und Möbelarbeiten
Hoch- und Ingenieurhochbau	5,9	Hoch- und Ingenieurhochbauten, aber nicht Brücken- und Spezialbauten, Reparatur- und Unterhaltungsarbeiten sind eingeschlossen
Klempnerei, Gas- und Wasserinstallation	7,9	Reparatur- und Unterhaltungsarbeiten sind eingeschlossen
Maler- und Lackierergewerbe, Tapezierer	3,5	Auch Schiffsmalerei und Entrostungsarbeiten, nicht dagegen Lackieren von Straßenfahrzeugen
Polsterei und Dekorateurgewerbe	8,9	Auch Reparaturarbeiten und Herstellen von Möbelpolstern u. a., Anbringen von Dekorationen, ohne Schaufensterdekorationen
Putzmacherei	11,4	Nicht dazu gehören Herstellung und Umarbeitung von Huthalbfabrikaten aus Filz
Reparatur von Kraftfahrzeugen	8,5	Ausgenommen sind Ackerschlepper
Schlosserei und Schweißerei	7,4	Reparaturen sind eingeschlossen
Schneiderei	5,6	Maßanfertigung, aber nicht Maßkonfektion, Reparatur- und Hilfsarbeiten eingeschlossen
Schuhmacherei	6,1	Auch orthopädisches Schuhwerk und Reparatur
Steinbildhauerei und Steinmetzerei	7,9	Einschließlich Denkmäler, Skulpturen und Reparaturen

Übersicht

Berufs- oder Gewerbezweig	Anrechnungssatz in % des Umsatzes	Ergänzende Angaben über die Leistungen
Stukkateurgewerbe	4,1	Auch Herstellung von Rabitzwänden
Zimmerei	7,6	Einschließlich Dachstuhl- und Treppenbau sowie Reparaturarbeiten

1.2.9 Umsatzsteuer und Binnenmarkt

Mit der Einführung des EU-Binnenmarktes zum 1. Januar 1993 sind grundsätzlich auch die Grenzkontrollen für den innergemeinschaftlichen Warenverkehr entfallen. Bislang wurde bei grenzüberschreitenden Geschäften der deutsche Export von der Umsatzsteuer entlastet und der Import mit der Einfuhrumsatzsteuer belegt. Voraussetzung hierfür war die Erfassung dieser Warenbewegungen unter Einschaltung des Zolls. Der Bundestag hat die entsprechenden EU-Richtlinien mit dem Umsatzsteuer-Binnenmarktgesetz (UStBG) vom 28. August 1992 (BStBl I S. 522) in nationales Recht umgesetzt. Das neue System für innergemeinschaftliche Lieferungen (bislang Exporte) oder Erwerbe (bislang Importe) regelt die Steuerpflicht für Unternehmer und Letztverbraucher unterschiedlich:

- Liefert ein Unternehmer an einen anderen Unternehmer in einem anderen EU-Staat, bleibt für ihn die Lieferung umsatzsteuerfrei (wie bislang bei der Ausfuhr). Der Abnehmer entrichtet in seinem Heimatland nach den dort geltenden Steuersätzen die Umsatzsteuer für diesen Erwerb (wie früher die Einfuhrumsatzsteuer), die er als Vorsteuer im selben Veranlagungszeitraum abziehen kann. Für die praktische Abwicklung des neuen Verfahrens benötigt jeder Unternehmer, der grenzüberschreitend liefert oder bezieht, eine Umsatzsteuer-Identifikationsnummer (USt-ID-Nr.), die in jedem EU-Staat von einer Zentralbehörde vergeben wird. In Deutschland ist hierfür das Bundesamt für Finanzen, Außenstelle Saarlouis, Industriestraße 6, 66740 Saarlouis, zuständig, dem auch die Umsatzsteuer-Identifikationsnummern der in einem anderen EU-Staat ansässigen Geschäftspartner aus Haftungsgründen zur Prüfung vorgelegt werden sollten (Bestätigungsverfahren nach § 18 e UStBG). In allen Rechnungen über die innergemeinschaftliche Lieferung ist die eigene und die Umsatzsteuer-Identifikationsnummer des Abnehmers auszuweisen. Damit wird der Beweis erbracht, daß die Geschäftspartner umsatzsteuerpflichtige Unternehmer sind.

- Erwirbt ein privater Käufer eines EU-Staates Waren in einem anderen EU-Staat, dann versteuert der ausländische Unternehmer diesen Umsatz wie eine Inlandslieferung zu den Bedingungen seines Landes. Umsatzsteuerliche oder Zollfolgen innerhalb des Binnenmarktes treten danach für den Erwerber nicht mehr auf. Wird der private Käufer über den Versandhandel bedient, muß der Lieferer die Umsatzsteuer nach den Vorschriften des Bestimmungslandes entrichten. Innergemeinschaftlich erworbene neue Fahrzeuge zur Personen- und Güterbeförderung sind ebenfalls im Bestimmungsland der Umsatzsteuer zu unterwerfen. Landfahrzeuge gelten als neu, wenn sie nicht mehr als 6 000 km zurückgelegt haben oder nicht schon länger als sechs Monate zugelassen sind (§ 1 b Abs. 3 UStG).

1.2.10 Differenzbesteuerung für Gebrauchtwaren

Wenn ein Unternehmer gebrauchte Waren, Kunstgegenstände, Sammlungsstücke und Antiquitäten von einem nicht zum Vorsteuerabzug berechtigten Verkäufer erwirbt, kann er seit dem 1. Januar 1995 neben der Regelbesteuerung die sog. Differenzbesteuerung für diese Produkte anwenden. Er unterwirft dann lediglich den Unterschiedsbetrag zwischen dem Bruttoeinkaufs- und dem -verkaufspreis in Nettohöhe der Umsatzsteuer.

Beispiel: Ein regelbesteuerter Autohändler erwirbt von einer Privatperson ein gebrauchtes Kraftfahrzeug für DM 10 500,-, den er an eine andere Privatperson nach wenigen Tagen für DM 13 950,- veräußert. Er wendet die Differenzbesteuerung wie folgt an:

Verkaufspreis	DM 13 950,-
./. Einkaufspreis	DM 10 500,-
= Differenz	DM 3 450,-
./. im Bruttobetrag enthaltene Umsatzsteuer (DM 3 450,- : 1,15 = DM 3 000,- × 15 % = DM 450,-)	DM 450,-
= umsatzsteuerliche Bemessungsgrundlage	DM 3 000,-

Dem Käufer erteilt er eine Rechnung ohne gesonderten Umsatzsteuerausweis über DM 13 950,-.

Die Differenzbesteuerung darf in der Bundesrepublik jeder umsatzsteuerpflichtige Unternehmer anwenden, der im Gemeinschaftsgebiet von einem dort ansässigen Verkäufer Gebrauchtwaren ohne die Möglichkeit des Vorsteuerabzugs für den gewerbsmäßigen Verkauf erworben hat (§ 25 a Abs. 1 Nr. 2). Von der Möglichkeit der Differenzbesteuerung sind lediglich Edelmetalle (Gold, Silber, Platin) und Edelsteine ausgeschlossen (§ 25 a Abs. 1 Nr. 3).

Ausdrücklich zugelassen ist die Differenzbesteuerung für Kunstgegenstände, Sammlungsstücke und Antiquitäten (§ 25 a Abs. 2 UStG), und zwar auch dann, wenn der gewerbliche Wiederverkäufer sie steuerpflichtig eingeführt hat. Hat er sich für die Differenzbesteuerung entschieden, ist er an ihre Anwendung für zwei Jahre gebunden.

Zusätzlich aufzuzeichnen sind bei der Anwendung der Differenzbesteuerung die einschlägigen Bruttoverkaufspreise, die jeweiligen Einkaufspreise und die entstehenden Differenzen zwischen diesen beiden Größen, gekürzt um die darin befindliche Umsatzsteuer. Dieser Betrag ergibt die umsatzsteuerliche Bemessungsgrundlage.

1.3 Einkommensteuer

1.3.1 Rechtsgrundlagen – Steuerpflicht

Die wesentlichen Rechtsgrundlagen zur Erhebung der Einkommensteuer sind
- das Einkommensteuergesetz (EStG)
- die Einkommensteuer-Durchführungsverordnung (EStDV)
- die als Verwaltungsanordnung erlassenen Einkommensteuer-Richtlinien (EStR).

unbeschränkte Steuerpflicht

Mit ihren sämtlichen Einkünften unbeschränkt steuerpflichtig sind natürliche Personen (also Einzelpersonen und Mitunternehmer von Personengesellschaften), die ihren Wohnsitz oder gewöhnlichen Aufenthaltsort im Inland haben.

1.3.2 Einkommensermittlung

Das zu versteuernde Einkommen ergibt sich für jedes Kalenderjahr aus den sieben Einkunftsarten. Seine Ermittlung verdeutlicht die nebenstehende Übersicht.

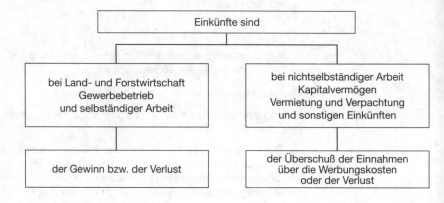

Einkünfte

Einkünfte sind bei den ersten drei Einkunftsarten (Land- und Forstwirtschaft, Gewerbebetrieb, selbständige Arbeit) die dort entstehenden Gewinne bzw. Verluste. Bei den restlichen vier gelten als Einkünfte die Überschüsse der Einnahmen über die Werbungskosten. An Stelle der Überschüsse treten die Verluste, falls die erzielten Einnahmen zur Deckung der Werbungskosten nicht ausreichen.

Gewinnermittlung durch Vermögensvergleich

Die Gewinnberechnung erfolgt bei buchführungspflichtigen Unternehmen auf der Grundlage des Vermögensvergleichs. Man zieht von dem Betriebsvermögen am Schluß eines Wirtschaftsjahres das Betriebsvermögen am Anfang des gleichen Wirtschaftsjahres ab. Zu dem so ermittelten Betrag rechnet man die Privatentnahmen hinzu, während die Einlagen abgezogen werden.

Privatentnahmen

Unter Privatentnahmen sind alle Barentnahmen, Waren, Erzeugnisse, Nutzungen und Leistungen zu verstehen, die der steuerpflichtige Unternehmer im Laufe eines Wirtschaftsjahres für betriebsfremde Zwecke (z. B. für seinen Haushalt) dem Betrieb entnommen hat. Einlagen sind dagegen alle Wirtschaftsgüter (auch Bargeld), die er dem Betrieb aus eigenen Mitteln zuführt.

Betriebsvermögen

Unter Betriebsvermögen wird das betriebliche Reinvermögen (Eigenkapital) verstanden.

Bei der Gewinnermittlung sind die Vorschriften über Betriebsausgaben, über die Bewertung sowie über die Absetzungen für Abnutzung und gegebenenfalls für Substanzverringerung zu befolgen. Unter Betriebsausgaben sind dabei Aufwendungen zu verstehen, die durch den Betrieb veranlaßt sind. Sie können in der Regel im vollen Umfang gewinnmindernd abgesetzt werden. Hiervon abweichende Ausnahmen sind im § 4 Abs. 5 EStG zusammengefaßt.

Steuern

Ermittlung des zu versteuernden Einkommens

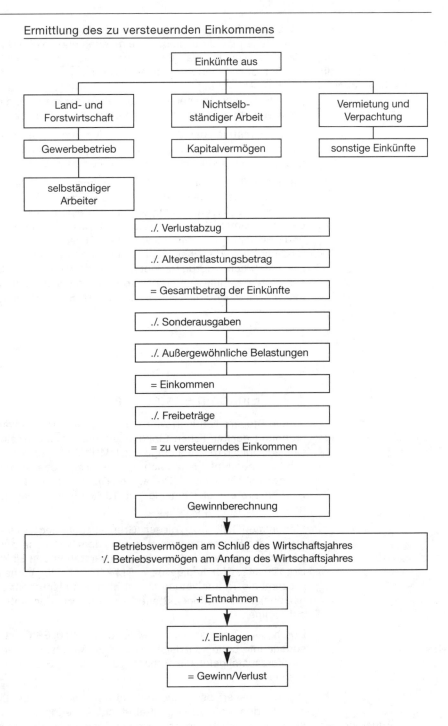

Zu diesem Kapitel finden Sie die Aufgaben C 232 – C 267 im Band „Vorbereitung auf die Meisterprüfung – Test- und Übungsaufgaben".

Gewinnermittlung durch die Überschußrechnung

Bei Steuerpflichtigen, die gesetzlich nicht verpflichtet sind, Bücher zu führen sowie regelmäßig Abschlüsse zu machen und solche Unterlagen tatsächlich nicht erstellen, kann als Gewinn der Überschuß der Betriebseinnahmen über die Betriebsausgaben angesetzt werden. Die Vorschriften über die Absetzung für Abnutzung bzw. für Substanzverringerung sind auch hier zu befolgen. Betriebseinnahmen und -ausgaben im Namen und auf Rechnung eines anderen sind als durchlaufende Posten auszuscheiden.

Für die Ermittlung des Gewinns bzw. des Überschusses können auch Durchschnittssätze herangezogen werden. Der Steuerpflichtige kann allerdings gegen sie nicht einwenden, daß ihre Festsetzung zu hoch erfolgt ist.

Die Einkünfte von Gesellschaften des bürgerlichen Rechts sowie von Personengesellschaften des Handelsrechts werden einkommensteuerlich den beteiligten Gesellschaftern zugeordnet. In einem besonderen Verfahren stellt das Finanzamt fest, wie hoch die Einkünfte der Gesellschaft insgesamt waren und welcher Anteil auf jeden einzelnen Gesellschafter entfällt. Dieses Verfahren nennt man die einheitliche und gesonderte Feststellung von Einkünften. Die entsprechend zugeordneten Einkunftsanteile werden bei den Gesellschaftern der Einkommen- bzw. der Körperschaftsteuer unterworfen. In dieses Verfahren sind die Gemeinschaften (z. B. Erbengemeinschaft) mit einbezogen.

1.3.3 Einkommensteuertarif

tarifliche Freibeträge

Jedem Steuerpflichtigen wird ein Grundfreibetrag gewährt, der bei der Berechnung der tariflichen Einkommensteuer außer Ansatz bleibt. Er beläuft sich auf DM 5 616,- für Ledige und DM 11 232,- für Verheiratete. Liegt das zu versteuernde Einkommen höher, so wird sein über dem Grundfreibetrag liegender Teil bis zu einem Betrag von DM 8 153,- für Ledige und DM 16 307,- für Verheiratete gleichmäßig mit 19 % Einkommensteuer belastet (sogenannte untere Proportionalzone).

Einkommensteile über diesen Grenzen unterliegen einer linear-progressiv steigenden Einkommensteuer, die bei dem Spitzensatz von 53 % endet (Progressionszone). Er wird bei einem zu versteuernden Einkommen in Höhe von DM 120 042,- für Ledige bzw. DM 240 084,- für Verheiratete erreicht. Die prozentuale Tarifbelastung nimmt hiernach nicht mehr zu (obere Proportionalzone). Die zutreffende Steuerbelastung wird den amtlichen Steuertabellen entnommen.

Durch den Progressionsvorbehalt des § 32 b EStG ist sichergestellt, daß sogenannte Lohnersatzleistungen (z. B. Arbeitslosengeld, Arbeitslosenhilfe, Konkursausfallgeld) die tariflich geschuldete Steuer nicht unangemessen verringern.

Änderung des Grundfreibetrages

Das Bundesverfassungsgericht hat mit Beschluß vom 25. September 1992 entschieden, daß der Grundfreibetrag zu niedrig bemessen ist, und daß bei der Einkommensbesteuerung jedem Steuerpflichtigen die „Erwerbsbezüge", zu belassen sind, die aus der Sicht des Sozialhilferechts unter dem Existenzminimum liegen. Nach der Bestimmung des § 32 d des Einkommensteuergesetzes bleiben „Erwerbsbezüge" bis zu den in der Tabelle angegebenen Jahresbeträgen steuerfrei.

Durch eine Milderungsregelung ist sichergestellt, daß die volle Einkommensbesteuerung nach Überschreiten dieser Summen nicht sofort eingreift.

Jahr	Freistellung bis ..... DM Erwerbsbezüge		Gemilderte ESt bis ..... DM Erwerbsbezüge gemäß Zusatztabellen	
	Ledige	Verheiratete	Ledige	Verheiratete
1994	DM 11 069,-	DM 22 139,-	DM 13 607,-	DM 27 215,-
1995	DM 11 555,-	DM 23 111,-	DM 15 173,-	DM 30 347,-

Für gewerbliche Einkünfte ist beginnend mit dem Veranlagungszeitraum 1994 die Grenzbelastung durch die Einkommensteuer nach § 32 c des Einkommensteuergesetzes auf 47 % begrenzt. Sie wird erreicht bei einem zu versteuernden Einkommen von DM 100 224,- für Ledige und DM 200 448,- für Verheiratete. Die Tarifbegrenzung erfolgt technisch durch Festlegung des Anteils der gewerblichen Einkünfte an dem zu versteuernden Einkommen, der sich aus dem Verhältnis der gewerblichen Einkünfte zur Summe der Einkünfte aus den anderen Einkunftsarten ergibt. Falls die gewerblichen Einkünfte die genannten Beträge übersteigen, wird durch Gewährung eines Entlastungsbetrages sichergestellt, daß sich die tarifliche Einkommensteuer auf die überschießenden Anteile nicht auswirkt.

1.3.4 Betriebsausgaben

Als Betriebsausgaben gelten alle Aufwendungen, die durch den Betrieb veranlaßt sind. In der Regel sind sie in voller Höhe gewinnmindernd abzugsfähig. Bestimmte Betriebsausgaben dürfen jedoch den Gewinn nicht mindern (§ 4 Abs. 5 Ziff. 1-9 EStG). Zu ihnen zählen insbesondere Aufwendungen für Geschenke, Bewirtung, Unterbringung sowie Freizeitbedarf von Geschäftsfreunden. Zum Teil sind hier Höchstbeträge und besondere Vorschriften zu berücksichtigen.

nicht abzugsfähige Aufwendungen

Geschenke an Personen, die nicht Arbeitnehmer des Betriebes sind, können nur dann als Betriebsausgabe anerkannt werden, wenn ihre Anschaffungs- oder Herstellungskosten netto DM 75,- je Wirtschaftsjahr und Empfänger nicht übersteigen.

Bewirtungskosten

Kosten für die Bewirtung von Geschäftsfreunden werden nur dann als Betriebsausgabe anerkannt, wenn sie nicht unangemessen hoch und betrieblich veranlaßt sind. Zum Abzug zugelassen sind 80% der angemessenen und nachgewiesenen Aufwendungen. Ab 1995 werden nur noch Rechnungen anerkannt, die maschinell erstellt und registriert wurden. Voll abzugsfähig sind dagegen Zuwendungen an eigene Arbeitnehmer anläßlich von üblichen Betriebsveranstaltungen (Betriebsausflug, Weihnachtsfeier), soweit sie nicht länger als einen Tag dauern, höchstens zweimal im Jahr stattfinden und ihre anteiligen Gesamtkosten DM 200,- je Veranstaltung und Arbeitnehmer nicht übersteigen.

Alle einschlägigen Aufwendungen sind einzeln und getrennt von den sonstigen Betriebsausgaben aufzuzeichnen. Eine Nichtbefolgung dieser Vorschrift bewirkt die Versagung der Abzugsfähigkeit.

Die Anschaffungs- oder Herstellungskosten von Wirtschaftsgütern, die in der Regel länger als ein Jahr nutzungsfähig sind, gelten ebenfalls als Betriebsausgaben. Sie dürfen jedoch nicht in einer Summe, sondern nur zeitanteilig, d. h. verteilt auf die Jahre der betriebsgewöhnlichen Nutzungsdauer, abgesetzt werden. Der Jahresanteil dieser Betriebsausgaben heißt steuerlich Absetzung für Abnutzung (AfA).

AfA

Eine Ausnahme bilden dabei die sogenannten geringwertigen Wirtschaftsgüter. Darunter versteht man Gegenstände, die einer selbständigen Bewertung und Nutzung fähig sind und deren Anschaffungs- oder Herstellungskosten bzw. deren Einbringungswert – vermindert um einen darin enthaltenen Vorsteuerbetrag – DM 800,- nicht übersteigen. Sie können sofort in voller Höhe als Betriebsausgaben abgesetzt werden, wenn sie unter Angabe des Tages der Anschaffung oder Herstellung sowie der einschlägigen Kosten in einem besonderen und laufend geführten Verzeichnis erfaßt sind. Das Verzeichnis ist nur dann entbehrlich, wenn die geforderten Angaben aus der Buchführung hervorgehen. Eine Verteilung der Kosten auf die Jahre der betriebsgewöhnlichen Nutzungsdauer ist jedoch zulässig.

geringwertige Wirtschaftsgüter

Bei einer außergewöhnlichen technischen oder wirtschaftlichen Entwertung von Gegenständen des Anlagevermögens kann eine Absetzung für Substanzverringerung vorgenommen werden. In diesem Fall wird der höhere Buchwert auf den niedrigeren Teilwert abgeschrieben.

Absetzung für Substanzverringerung

Neben der planmäßigen Absetzung für Abnutzung kommen gegebenenfalls erhöhte (z. B. § 7 Abs. 5 EStG) oder Sonderabschreibungen (z. B. § 7g EStG) in Frage.

Für Wirtschaftsjahre, die nach dem 31. Dezember 1994 beginnen, dürfen kleinere und mittlere Unternehmen eine steuerstundende Ansparrücklage zur Finanzierung neuer beweglicher Wirtschaftsgüter des Anlagevermögens bilden (sog. Ansparabschreibung). Sie beträgt 50 % der Anschaffungs- oder Herstellungskosten jener begünstigten Investitionen, die voraussichtlich bis zum Ende des zweiten auf die Rücklagenbildung folgenden Wirtschaftsjahres angeschafft oder hergestellt werden. Sie ist gewinnerhöhend aufzulösen, sobald für das angeschaffte oder hergestellte Wirtschaftsgut reguläre Abschreibungen vorgenommen werden dürfen, spätestens jedoch zum Ende des zweiten auf die Bildung der Rücklage folgenden Wirtschaftsjahres.

Ansparrücklage

Wird die Investition nicht oder nicht in der geplanten Höhe realisiert, muß ein Gewinnzuschlag in Höhe von 6 % des aufgelösten Rücklagenbetrages für jedes Wirtschaftsjahr vorgenommen werden, in dem die Rücklage bestanden hat. Als kleine und mittlere Unternehmen zählen solche Betriebe, deren Einheitswert DM 240 000,- und – falls sie gewerblich sind – deren Gewerbekapital DM 500 000,- nicht übersteigen.

1.3.5 Werbungskosten

Unter Werbungskosten fallen alle Ausgaben, die der Erzielung von Einnahmen sowie der Sicherung und Erhaltung der Erwerbsquelle dienen. Sie können nur bei den Einkunftsarten „nichtselbständige Arbeit", „Kapitalvermögen", „Vermietung und Verpachtung" sowie „Sonstige Einkünfte" entstehen und dürfen nur von der Einkunftsart abgesetzt werden, durch die sie veranlaßt sind.

Begriff der Werbungskosten

Steuern

Pauschbeträge

Zur Vereinfachung des Besteuerungsverfahrens sind folgende <u>Werbungskosten-Pauschbeträge</u> vorgesehen

- bei Einnahmen aus nichtselbständiger Arbeit DM 2 000,- (Arbeitnehmer-Pauschbetrag)
- bei Einnahmen aus Kapitalvermögen DM 100,- (für zusammen veranlagte Ehegatten DM 200,-)
- bei wiederkehrenden Bezügen (§ 22 Ziff. 1 EStG) DM 200,-.

Wenn die einschlägigen Aufwendungen die Höhe der genannten Pauschbeträge nicht übersteigen, entfällt durch sie die Notwendigkeit des Einzelnachweises. Liegt die Summe der Aufwendungen über den Pauschbeträgen, dann bleibt dem Steuerpflichtigen der Einzelnachweis nicht erspart, wenn der Abzug von den Einnahmen zugelassen werden soll.

Voraussetzung für die Inanspruchnahme von Pauschbeträgen ist die Erzielung von Einnahmen aus der jeweils betreffenden Einkunftsart. Sie dürfen jährlich nur einmal und auch nur bis zur Höhe der aus der jeweiligen Einkunftsart erzielten Einnahmen abgezogen werden. Dadurch wird gewährleistet, daß durch die Anwendung von Pauschbeträgen keine negativen Einkünfte entstehen.

Die Pauschbeträge werden auch dann in voller Höhe gewährt, wenn nicht während des gesamten Kalenderjahres Einkünfte erzielt wurden.

Als typische Werbungskosten bei den einzelnen Einkunftsarten können beispielsweise folgende entstehen:

Werbungskosten bei Arbeitnehmern

Bei Einkünften aus nichtselbständiger Arbeit

- Aufwendungen für Fahrten mit dem eigenen Kraftfahrzeug zwischen Wohnung und Arbeitsstätte (Pauschbetrag bei Benutzung eines Kraftwagens: arbeitstäglich DM 0,70 je Entfernungskilometer, bei Benutzung eines Motorrades oder Motorrollers DM 0,33 je Entfernungskilometer)
- notwendige Mehraufwendungen wegen einer doppelten Haushaltsführung (einschließlich wöchentlicher Familienheimfahrten)
- Aufwendungen für Arbeitsmittel (z. B. Werkzeuge, typische Berufskleidung, Fachliteratur)
- Beiträge zu Berufsständen und Berufsverbänden.

Werbungskosten bei Vermietung und Verpachtung

Bei Einkünften aus Vermietung und Verpachtung

- Steuern vom Grundbesitz
- sonstige öffentliche Abgaben (z. B. Straßenreinigung)
- laufende Kosten (z. B. Hausverwaltung, Versicherungen)
- Aufwendungen für die Instandhaltung
- Absetzungen für Abnutzung (§ 7 Abs. 4 und 5 EStG, gegebenenfalls § 7 b EStG oder § 10e EStG).

keine Abzugsfähigkeit

Auch solche Ausgaben, die sich sowohl auf den privaten als auch auf den beruflichen Bereich erstrecken, können teilweise als Werbungskosten anerkannt werden, wenn eine leichte und eindeutige Zuordnung zur beruflichen Sphäre möglich ist. In allen anderen Fällen werden sie den Kosten der privaten Lebensführung zugerechnet und bleiben vom Abzug ausgeschlossen. Werbungskosten können nur im Kalenderjahr ihrer Entstehung Berücksichtigung finden.

1.3.6 Sonderausgaben

Aus sozialen oder volkswirtschaftlichen Gründen sind bestimmte Aufwendungen, die weder Betriebsausgaben noch Werbungskosten darstellen – und somit eigentlich zu den Kosten der privaten Lebensführung zählen – als Sonderausgaben ganz oder teilweise vom Gesamtbetrag der Einkünfte abzugsfähig. Man unterscheidet in diesem Zusammenhang Vorsorgeaufwendungen, die nur beschränkt abzugsfähig sind, sowie unbeschränkt abzugsfähige Sonderausgaben.

Begriff der Sonderausgaben

Zu den Vorsorgeaufwendungen gehören eigene Beiträge zu Kranken-, Unfall- und Haftpflichtversicherungen, zu den gesetzlichen Rentenversicherungen, zu Versicherungen auf den Erlebens- oder Todesfall, Beiträge an die Bundesanstalt für Arbeit sowie an Bausparkassen zur Erlangung von Baudarlehen. Letztere werden zu jeweils 50 % berücksichtigt.

Vorsorgeaufwendungen

Versicherungsbeiträge können zunächst im Rahmen eines besonderen Höchstbetrages abgezogen werden. Dieser Vorwegabzugsbetrag beläuft sich für Ledige auf DM 6 000,– und für Ehegatten auf DM 12 000,–. Bei Arbeitnehmern vermindert er sich um den Arbeitgeberanteil zur gesetzlichen Renten- und Krankenversicherung bzw. um den Arbeitgeberanteil zu einer befreienden Lebens- oder zu einer privaten Krankenversicherung. Der Abzug wird mit einem Kürzungssatz vorgenommen, der in Prozenten des Arbeitslohns angegeben ist und von den tatsächlichen, in der Lohnsteuerkarte ausgewiesenen Arbeitgeberanteilen gegebenenfalls abweicht. Der Kürzungssatz beträgt einheitlich 16 % des Arbeitslohns, höchstens jedoch der jeweiligen Beitragsbemessungsgrenze zur Rentenversicherung der Angestellten (West 1995: DM 93 600,–; Ost: DM 76 800,–). Wird eine kürzungspflichtige Tätigkeit nur teilweise im Kalenderjahr ausgeübt, ist die Kürzung anteilig entsprechend vorzunehmen.

Die nach diesem Vorwegabzug verbleibenden Vorsorgeaufwendungen können im Rahmen eines Grundhöchstbetrages steuerlich berücksichtigt werden. Er beträgt je Kalenderjahr für Ledige DM 2 610,– und für Verheiratete DM 5 220,–.

Höchstbeträge für Vorsorgeaufwendungen

Abzugsfähige Höchstbeträge für Vorsorgeaufwendungen in DM

	Vorwegabzugsbetrag	Grundhöchstbetrag	Zusatzhöchstbetrag		Gesamtaufwand	absetzbarer Aufwand
			Aufwand	max. abzugsfähig		
	(1)	(2)	(3)	(4)	(5)=(1)+(2)+(3)	(6)=(1)+(2)+(4)
Ledige	6 000,–	2 610,–	2 610,–	1 305,–	11 220,–	9 915,–
Verheiratete	12 000,–	5 220,–	5 220,–	2 610,–	22 440,–	19 830,–

Für den Fall, daß die Vorsorgeaufwendungen auch diesen Höchstbetrag überschreiten, dürfen sie nur noch zur Hälfte, höchstens jedoch bis zur halben Höhe des Grundhöchstbetrages abgezogen werden. Dieser zusätzliche Höchstbetrag bemißt sich somit maximal für Ledige auf DM 1 305,– und für Ehegatten auf DM 2 610,–, falls Vorsorgeaufwendungen in zweifacher Höhe der genannten Beträge tatsächlich geleistet wurden. Höhere Vorsorgeaufwendungen können steuerlich nicht berücksichtigt werden.

Die Vorsorgeaufwendungen werden nur dann zum Abzug zugelassen, wenn

- sie keine vermögenswirksamen Leistungen darstellen, für die ein Anspruch auf eine Arbeitnehmer-Sparzulage nach § 13 des 5. Vermögensbildungsgesetzes besteht
- ein unmittelbarer wirtschaftlicher Zusammenhang mit steuerfreien Einnahmen nicht gegeben ist
- die Zahlungsempfänger ihren Sitz oder ihre Geschäftsleitung in einem EU-Staat haben in und ihnen die Erlaubnis zum Geschäftsbetrieb im Inland erteilt worden ist.

Bausparer, die Anspruch auf eine Prämie nach dem Wohnungsbau-Prämiengesetz haben, können für jedes Kalenderjahr wählen, ob sie die Prämie oder aber den Sonderausgabenabzug erhalten wollen. Die getroffene Wahl zwischen dem Sonderausgabenabzug und der Wohnungsbauprämie kann der Steuerpflichtige bis zur Bestandskraft der Einkommensteuerveranlagung bzw. der Prämienfestsetzung ändern.

unbeschränkt abzugsfähige Sonderausgaben

Unbeschränkt als Sonderausgabe sind folgende Aufwendungen abzugsfähig
- Renten und dauernde Lasten, sofern sie nicht mit steuerfreien Einkünften im Zusammenhang stehen
- die gezahlte Kirchensteuer
- Zinsen auf Steuernachforderungen, Stundungs- und Aussetzungszinsen
- Steuerberatungskosten (soweit sie Personensteuern betreffen)
- Unterhaltsleistungen an den geschiedenen Ehegatten bis DM 27 000,- je Kalenderjahr
- Aufwendungen des Steuerpflichtigen und seines Ehegatten für die Berufsausbildung oder für die Weiterbildung in einem nicht ausgeübten Beruf (bis DM 900,- je Kalenderjahr, DM 1 200,- bei auswärtiger Unterbringung)
- Aufwendungen des Steuerpflichtigen für hauswirtschaftliche Beschäftigungsverhältnisse in bestimmten Fällen (§ 10 Abs. 1 Nr. 8 EStG) bis zu DM 12 000,- im Kalenderjahr
- Spenden zur Förderung kirchlicher, religiöser und gemeinnütziger Zwecke (5 % des Gesamtbetrags der Einkünfte oder 0,2 % des Umsatzes und der aufgewendeten Löhne und Gehälter je Kalenderjahr), im Falle von mildtätigen, wissenschaftlichen und anerkannt förderungswürdigen kulturellen Zwecken 10 % des Gesamtbetrages der Einkünfte oder ebenfalls 0,2 % des Umsatzes und der Lohn- und Gehaltssumme je Kalenderjahr
- Verluste aus vorangegangenen Veranlagungszeiträumen, soweit ein Ausgleich oder Abzug der Verluste in den beiden vorangegangenen Veranlagungszeiträumen nicht möglich war
- Mitgliedsbeiträge und Spenden an politische Parteien dürfen bis zu DM 3 000,- pro Jahr und Person zur Hälfte von der geschuldeten Einkommensteuer abgezogen werden (§ 34g EStG). Darüber hinausgehende derartige Spenden sind bis zu DM 3 000,- pro Jahr und Person als Sonderausgabe abzugsfähig.

Zur Vereinfachung des Besteuerungsverfahrens sind im Bereich der Sonderausgaben Pauschbeträge und Pauschalen wie folgt vorgesehen

Sonderausgaben-Pauschbetrag
- der Sonderausgaben-Pauschbetrag in Höhe von DM 108,- (bei zusammenveranlagten Ehegatten DM 216,-). Mit diesem Pauschbetrag werden die unbeschränkt abzugsfähigen Sonderausgaben abgegolten, soweit nicht höhere abzugsfähige Aufwendungen nachgewiesen werden

Vorsorgepauschale
- die Vorsorgepauschale wird bei Bezug von Arbeitslohn gewährt und soll die dabei anfallenden Vorsorgeaufwendungen abgelten, soweit nicht höhere nachgewiesen werden. Sie beträgt zunächst 18 % des Arbeitslohnes,

höchstens jedoch die Höhe des gekürzten Vorwegabzugsbetrages (DM 6 000,- ./. 16 % des Arbeitslohnes). Verbleibende Vorsorgeaufwendungen werden bis zum Grundhöchstbetrag (DM 2 610,-) voll berücksichtigt, danach nur noch zur Hälfte, höchstens jedoch bis DM 1 305,-. Für Ehegatten sind die Beträge zu verdoppeln.

Unter Arbeitslohn ist der um den Versorgungsfreibetrag sowie Altersentlastungsbetrag verminderte Arbeitslohn zu verstehen, höchstens jedoch bis zur Höhe der maßgebenden Beitragsbemessungsgrenze zur gesetzlichen Rentenversicherung der Angestellten. Mit der Vorsorgepauschale werden im wesentlichen die Eigenanteile der gesetzlichen Sozialversicherungsbeiträge abgegolten, wenn nicht höhere abzugsfähige Aufwendungen nachgewiesen werden. Sie ist in die Lohnsteuertabelle eingearbeitet. Höhere Vorsorgeaufwendungen sind im dargestellten Rahmen als Sonderausgaben nachzuweisen.

1.3.7 Außergewöhnliche Belastungen

Aus Gründen der sozialen Gerechtigkeit sowie der gleichmäßigen Steuerbelastung können außergewöhnliche Belastungen von dem Gesamtbetrag der Einkünfte abgesetzt werden.

Begriff der außergewöhnlichen Belastung

Die Ausgaben müssen zwangsläufig erwachsen, tatsächlich getätigt sein und einen außergewöhnlichen Charakter haben. Hierunter versteht man, daß sie größer sein müssen als bei der überwiegenden Mehrzahl der Steuerpflichtigen in gleichen Einkommens- und Vermögensverhältnissen sowie mit gleichem Familienstand.

Die Absetzung erfolgt auf Antrag z. T. nach Höchstbeträgen, die sich für jeden vollen Monat, in dem die Aufwendungen nicht erwachsen sind, um ein Zwölftel kürzen. Sie betreffen

- Aufwendungen für den Unterhalt und eine etwaige Berufsausbildung von Personen, für die weder der Steuerpflichtige noch eine andere Person Anspruch auf einen Kinderfreibetrag hat. Anerkannt werden die Aufwendungen, bei Minderjährigen jedoch höchstens DM 4 104,- und bei Volljährigen DM 7 200,-. Eigene Einkünfte oder Bezüge der unterhaltenen Person werden mit jenem Anteil vom Höchstbetrag abgezogen, um den sie DM 6 000,- übersteigen. Eine Anrechnung der Einkünfte oder Bezüge findet für jene Monate nicht statt, in denen die Voraussetzungen für die Gewährung eines Ausbildungsfreibetrages nicht vorlagen (§ 33 a Abs. 4).

- Aufwendungen für die Berufsausbildung von Kindern. Anerkannt werden nach Vollendung des 18. Lebensjahres DM 2 400,- pro Jahr, im Fall der auswärtigen Unterbringung DM 1 800,- für minderjährige und DM 4 200,- für volljährige Kinder. Zuwendungen aus öffentlichen Mitteln als Ausbildungsbeihilfe oder -zuschuß werden dabei voll, eigene Einkünfte des Kindes dagegen nur dann angerechnet, wenn sie DM 3 600,- übersteigen.

- Aufwendungen für eine Hilfe im Haushalt sowie für eine Heimunterbringung. Anerkannt werden nach Vollendung des 60. Lebensjahres oder im Falle von Krankheit DM 1 200,-, bei schwerer Behinderung DM 1 800,-.

zumutbare Belastung

Im übrigen können außergewöhnliche Belastungen auf Antrag nur dann vom Gesamtbetrag der Einkünfte abgesetzt werden, wenn sie die sogenannte zumutbare Belastung übersteigen. Sie errechnet sich aus dem Gesamtbetrag der Einkünfte unter Abzug der unbeschränkt abzugsfähigen Sonderausgaben sowie Spenden und unter Berücksichtigung der persönlichen Umstände des Steuerpflichtigen. Typische außergewöhnliche Belastungen in dieser Kategorie stellen Krankheitskosten dar, sodann Aufwendungen für die Beschaffung von Hausrat und Kleidung, die durch ein unabwendbares Ereignis (z. B. Brand, Hochwasser, Diebstahl, Unwetter) verlorengegangen sind, Beerdigungskosten, soweit sie den Wert des Nachlasses übersteigen und ihre Notwendigkeit nachgewiesen wird.

Höhe der zumutbaren Belastung in % des Gesamtbetrages der Einkünfte

Gesamtbetrag der Einkünfte	bis DM 30 000,-	über DM 30 000,- bis DM 100 000,-	über DM 100 000,-
Steuerpflichtige ohne Kinder Versteuerung nach a) Grundtabelle b) Splittingtabelle	5 4	6 5	7 6
Steuerpflichtige mit a) bis zu 2 Kindern b) 3 oder mehr Kindern	2 1	3 1	4 2

1.3.8 Sonderfrei- und -abzugsbeträge zur Steuerentlastung, außerordentliche Einkünfte

Zusätzlich zu den bereits dargestellten Freibeträgen sind Sonderfreibeträge zur Steuerentlastung wie folgt zu nennen

Kinderfreibetrag
- Kinderfreibetrag in Höhe von DM 4 104,- je Kind für zusammen veranlagte Ehegatten bzw. in Höhe der Hälfte je Elternteil

- Haushaltsfreibetrag in Höhe von DM 5 616,-. Er wird Alleinstehenden gewährt, die auf Dauer getrennt leben, geschieden oder verwitwet sind und einen Kinderfreibetrag für mindestens ein Kind erhalten, das in ihrer Wohnung gemeldet ist

- Altersentlastungsbetrag für Steuerpflichtige nach Vollendung des 64. Lebensjahres. Er beträgt 40 % des Arbeitslohns und der positiven Summe der übrigen Einkünfte, höchstens DM 3 720,-

Sparerfreibetrag
- Sparerfreibetrag in Höhe von DM 6 000,- für Ledige und DM 12 000,- für Verheiratete

- Freibetrag für Belegschaftsrabatte in Höhe von DM 2 400,-

- Sonderausgabenabzug bis zu DM 12 000,- pro Jahr für Beschäftigte in der Hauswirtschaft, soweit sie sozialversicherungspflichtig angestellt sind. Voraussetzung ist bei Alleinerziehenden, daß zum Haushalt mindestens ein Kind, bei Ehegatten mindestens zwei Kinder bis zum 10. Lebensjahr oder eine schwer pflegebedürftige Person gehören

- Pflegepauschbetrag von DM 1 800,- für die häusliche Pflege von Schwerbehinderten, soweit nicht eine Steuerermäßigung als außergewöhnliche Belastung geltend gemacht wird

- Pauschbeträge für Behinderte in Abhängigkeit vom Grad der Behinderung zwischen DM 600,- bis DM 7 200,- je Kalenderjahr.

außerordentliche Einkünfte

Die Begünstigung der außerordentlichen Einkünfte erfolgt auf Antrag durch Herabsetzung der tariflichen Einkommensteuer. Bei außerordentlichen Einkünften im Zusammenhang mit der Veräußerung eines Gewerbebetriebes bleibt ein Betrag von DM 30 000,– vom Veräußerungsgewinn steuerfrei, wenn er insgesamt DM 100 000,– nicht überstiegen hat. Der Freibetrag ermäßigt sich um den Anteil, um den der Veräußerungsgewinn über DM 100 000,– liegt. Wenn der Steuerpflichtige nach der Vollendung seines 55. Lebensjahres oder wegen dauernder Berufsunfähigkeit den Betrieb aufgibt, erhöht sich der Freibetrag auf DM 120 000,– und die unschädliche Höhe des Veräußerungsgewinns auf DM 300 000,–. Die gleiche Regelung greift ein, wenn ein Teilbetrieb oder ein Anteil an einer Personengesellschaft veräußert wird, allerdings mit der Maßgabe, daß die genannten Beträge nur anteilig ausgeschöpft werden können. Die Vergünstigung wird allerdings nur gewährt, wenn auf der Seite des Veräußerers bzw. des Erwerbers nicht dieselben Personen als Unternehmer oder Mitunternehmer auftreten. Als Veräußerungsgewinn gilt der Betrag, um den der Veräußerungspreis abzüglich der Veräußerungskosten den Buchwert des Betriebsvermögens oder den Anteil am Betriebsvermögen übersteigt. Ein Veräußerungsgewinn ab DM 130 000,– bzw. DM 420 000,– ist zwar steuerpflichtig, bis zu einem Höchstbetrag von 30 Millionen Deutsche Mark wird er jedoch nur mit der Hälfte des durchschnittlichen Steuersatzes erfaßt.

1.3.9 Verlustausgleich, Verlustabzug, Erhebung und Entrichtung der Einkommensteuer

Verlustausgleich

Unter dem Verlustausgleich versteht man die Verrechnung von negativen und positiven Einkünften innerhalb eines Veranlagungszeitraumes.

Zunächst erfolgt der Ausgleich im Rahmen einer Einkunftsart (horizontal), falls dann noch Verluste übrigbleiben, werden sie unter Heranziehung anderer Einkunftsarten (vertikal) mit positiven Einkünften verrechnet. Wenn positive Einkünfte nicht mehr vorliegen, sind die Möglichkeiten des Verlustausgleichs erschöpft.

Verlustabzug

Im Gegensatz zum Verlustausgleich ist es im Rahmen des Verlustabzugs zulässig, nicht ausgeglichene Verluste des laufenden Veranlagungszeitraums wie Sonderausgaben vom Gesamtbetrag der Einkünfte zunächst der beiden vorangegangenen Veranlagungszeiträume abzuziehen (Verlustrücktrag). Soweit dann noch Verluste übrig bleiben, können sie in den Veranlagungszeiträumen, die auf das Verlustjahr folgen, ebenfalls wie Sonderausgaben vom Gesamtbetrag der Einkünfte abgezogen werden (Verlustvortrag). Der Verlustabzug wird von Amts wegen durchgeführt.

Seine Inanspruchnahme ist bei Einkünften aus allen Einkunftsarten möglich. Der Verlustrücktrag ist allerdings betragsmäßig auf 10 Millionen Mark je Jahr beschränkt, wobei im Rahmen einer Personengesellschaft die Begrenzung für jeden einzelnen Gesellschafter gilt. Wenn der Verlustrücktrag zu einer Herabsetzung der bereits festgesetzten Einkommensteuer führt, wird der rechtskräftige Steuerbescheid ebenfalls von Amts wegen berichtigt. Im Zeitpunkt der Erteilung des Änderungsbescheides entsteht zugleich ein Anspruch auf Steuererstattung. Der Verlustrücktrag bei beschränkt haftenden Gesellschaftern darf nicht zu einem negativen Kapitalkonto führen.

Bei Verlusten, die ab 1994 entstehen, kann ganz oder teilweise statt des Verlustrücktrags sofort der Verlustvortrag auf das nächste Folgejahr gewählt werden.

Im Gegensatz zu früheren Vorschriften ist die Ordnungsmäßigkeit der Buchführung keine zwingende Voraussetzung für die Inanspruchnahme von Steuervergünstigungen. Seit dem 1. 1. 1975 genügt es, wenn die Sonderabschreibungen bzw. erhöhte Absetzungen aus der Buchführung hervorgehen oder wenn entsprechende Verzeichnisse angelegt sind. Eine wichtige Bedingung ist allerdings die Art der Gewinnermittlung: Sie muß in aller Regel durch Vermögensvergleich erfolgen. Die Überschußrechnung reicht nur für die Bewertungsfreiheit geringwertiger Wirtschaftsgüter aus.

Zahlung der Einkommensteuer

Die Steuerentrichtung erfolgt aufgrund von vierteljährlichen Vorauszahlungen (beginnend mit dem 10. März) auf der Basis des letzten Einkommensteuerbescheides. Nach Ablauf des Kalenderjahres ist bis zum 31. Mai des Folgejahres eine Einkommensteuererklärung auf vorgeschriebenem Formular dem Finanzamt einzureichen. Für Ehegatten besteht ein Wahlrecht auf getrennte oder Zusammenveranlagung. Wegen der Anwendung des sogenannten Splitting-Verfahrens ist die letztere steuerlich günstiger. Hierbei wird das gemeinsam zu versteuernde Einkommen halbiert, und zwar auch dann, wenn nur ein Ehegatte Einkünfte bezogen hat. Anschließend wird in der Grundtabelle der Steuerbetrag für das halbierte Einkommen abgelesen und verdoppelt. Daraus ergibt sich eine Milderung der Steuerprogression und damit eine geringere Steuerlast.

Splitting-Verfahren

Einkommensteuerbescheid

Aufgrund der Steuererklärung erfolgt die Einkommensteuerveranlagung durch das Finanzamt. Das Ergebnis wird dem Steuerpflichtigen durch den Einkommensteuerbescheid mitgeteilt. Im Steuerbescheid erfolgt zugleich eine Verrechnung der geleisteten und eine Festsetzung der zu leistenden Vorauszahlungen.

Für die Besteuerung von nichtbuchführenden Gewerbetreibenden gelangen Richtsätze als Hilfsmittel zur Anwendung. Der Steuerpflichtige hat hier gegebenenfalls zu beweisen und im einzelnen zu belegen, aus welchem Grund die Richtsätze bei ihm zu einer unzutreffenden Besteuerung führen.

1.3.10 Einkommensteuerliches Bewertungsrecht, Absetzung für Abnutzung

einkommensteuerliches Bewertungsrecht

Zur zutreffenden Gewinnermittlung ist die Zuordnung und Bewertung jener Wirtschaftsgüter unerläßlich, die der Einnahmenerzielung dienen. Man unterscheidet zwischen

- notwendigem Betriebsvermögen, das sind Wirtschaftsgüter, die ihrer Art und Verwendung nach objektiv dazu bestimmt sind, dem Betrieb zu dienen

- notwendigem Privatvermögen, das sind Vermögenswerte, die ausschließlich privaten Zwecken dienen und mit der privaten Sphäre eng verbunden sind

- gewillkürtem Betriebsvermögen, das sind Vermögenswerte, die sowohl dem privaten als auch dem betrieblichen Bereich zugeordnet werden können und weder notwendiges Privatvermögen noch notwendiges Betriebsvermögen darstellen (z. B. Wertpapiere). Über die Zuordnung dieser Wirtschaftsgüter zur betrieblichen Sphäre gibt die Bilanz Auskunft.

Grundstücke und Gebäude können zum Teil zum Privatvermögen und zum Teil zum Betriebsvermögen zählen. Eigenbetrieblich genutzte Grundstücks- und Gebäudeteile gehören zum notwendigen Betriebsvermögen, wenn ihr Anteil mehr als 20 % am Gesamtobjekt oder ihr Wert mehr als DM 20 000,-

beträgt. Bei der Bestimmung des betrieblichen Anteils ist in der Regel von dem Verhältnis der Nutzflächen auszugehen. Bei der Wertermittlung ist der gemeine Wert (Verkehrswert) zugrundezulegen. Wenn der Grundbesitz überwiegend betrieblichen Zwecken dient, kann er insgesamt als Betriebsvermögen behandelt werden, und zwar auch dann, wenn der restliche Anteil privat genutzt wird.

Das einkommensteuerliche Bewertungsrecht setzt grundsätzlich die Einzelbewertung voraus. Lediglich annähernd gleichwertige und gleichartige Wirtschaftsgüter des Vorratsvermögens können zu Gruppen zusammengefaßt werden. Als Bewertungsmaßstäbe gelten die Anschaffungskosten, die Herstellungskosten oder der Teilwert.

Anschaffungskosten Als Anschaffungskosten sind die Kosten für den Erwerb eines Wirtschaftsgutes und für seine Integration in den betrieblichen Organismus anzusehen. Sie werden in der Regel aus dem Erwerbspreis ohne Umsatzsteuer unter Abzug der Einkaufsvorteile (z. B. Skonti, Rabatte) und unter Hinzufügung der Nebenkosten (Verpackung, Spedition) sowie der innerbetrieblichen Kosten (Ablade-, Transport- und gegebenenfalls Anschlußkosten) errechnet.

Herstellungskosten Unter Herstellungskosten versteht man alle Aufwendungen, die durch den Verbrauch von Gütern und durch die Inanspruchnahme von Diensten für die Herstellung eines Wirtschaftsgutes im Betrieb entstehen. Zu ihnen zählen neben den Einzelkosten für Material und Fertigung auch die einschlägigen Gemeinkosten, die Sondereinzelkosten (z. B. Entwürfe, Lizenzen) und die anteilige Absetzung für Abnutzung (nicht jedoch Teilwertabschreibung). In Bezug auf bestimmte Aufwendungen (z. B. Verwaltungskosten, freiwillige soziale Leistungen, Gewerbeertragsteuer) hat der Steuerpflichtige ein Wahlrecht, ob er sie als Bestandteil der Herstellungskosten ausweisen will. Zusätzliche Regelungen sind bei den Herstellungskosten für Gebäude zu beachten.

Teilwert Als Teilwert gilt der Betrag, den ein Erwerber des ganzen Betriebes im Rahmen des Gesamtkaufpreises für das einzelne Wirtschaftsgut unter der Voraussetzung ansetzen würde, daß er den Betrieb fortführt.

Nach dem Grundsatz des uneingeschränkten Wertzusammenhangs darf der Bilanzansatz von Wirtschaftsgütern, die zum abnutzbaren Anlagevermögen gehören und bereits im vorangegangenen Wirtschaftsjahr im Anlagevermögen desselben Steuerpflichtigen ausgewiesen waren, nicht über den letzten Bilanzansatz hinausgehen. Das bedeutet, daß eventuelle Wertsteigerungen (stille Reserven) in der Bilanz keinen Niederschlag finden können. Im übrigen ist die Inanspruchnahme der zeitanteiligen Absetzung für Abnutzung in jedem Wirtschaftsjahr zwingend. Ist der Teilwert niedriger als der Bilanzansatz, so kann zwischen diesen beiden Werten ein beliebiger Zwischenwert gewählt werden. Wenn jedoch eine dauernde Wertminderung anzunehmen ist, muß der niedrigere Teilwert (Niederstwert) angesetzt werden.

Bei anderen Wirtschaftsgütern des Anlage- und Umlaufvermögens gilt für die Bewertung der eingeschränkte Wertzusammenhang. Wenn sie bereits im vorangegangenen Wirtschaftsjahr zum Betriebsvermögen desselben Steuerpflichtigen gehörten, darf ihr jeweiliger Teilwert höher sein als der letzte Bilanzansatz, solange er die ursprünglich ausgewiesenen Anschaffungs- oder Herstellungskosten nicht übersteigt.

> Zu diesem Kapitel finden Sie die Aufgaben C 232 – C 267 im Band „Vorbereitung auf die Meisterprüfung – Test- und Übungsaufgaben".

Steuern

Bewertungswahlrecht für geringwertige Wirtschaftsgüter

Ein Bewertungswahlrecht besteht bei Einkünften aus Land- und Forstwirtschaft, Gewerbebetrieb und selbständiger Arbeit für geringwertige Wirtschaftsgüter, soweit sie zum beweglichen und abnutzbaren Anlagevermögen zählen und einer selbständigen Bewertung und Nutzung fähig sind. Wenn ihre Anschaffungs- und Herstellungskosten bzw. ihr Einbringungswert ausschließlich Umsatzsteuer DM 800,- nicht übersteigen, können sie wahlweise im Jahr der Anschaffung oder Herstellung in voller Höhe oder aber verteilt auf die betriebsgewöhnliche Nutzungsdauer als Betriebsausgabe abgesetzt werden. Der Tag der Anschaffung oder Herstellung sowie die einschlägigen Kosten müssen aus der Buchführung oder einem besonderen Verzeichnis ersichtlich sein.

Lifo-Verfahren

Im Bereich des Vorratsvermögens wird bei bilanzierenden Betrieben seit 1990 die handelsrechtlich zuvor schon anwendbare sogenannte Lifo-Methode (last-in-first-out) auch steuerrechtlich ausdrücklich zugelassen. Sie unterstellt, daß die zuletzt angeschafften Vorräte bei gleichartigen Gütern auch zuerst veräußert werden und vermeidet hierdurch die Entstehung und Besteuerung von Scheingewinnen. Der jeweilige Vorratsbestand am Schluß des Wirtschaftsjahres, das der erstmaligen Anwendung dieser Bewertung vorangeht, gilt mit seinem Durchschnittswert als erster Zugang des neuen Wirtschaftsjahres. Die neue Verbrauchs- und Veräußerungsfolge muß den handelsrechtlichen Grundsätzen ordnungsmäßiger Buchführung und dem Wertansatz auch im handelsrechtlichen Jahresabschluß entsprechen. Eine Abweichung von ihr in den folgenden Wirtschaftsjahren ist nur mit Zustimmung des Finanzamtes möglich.

Absetzung für Abnutzung (Abschreibung) – AfA

lineare und degressive Abschreibung

Die Anschaffungs- bzw. die Herstellungskosten von Wirtschaftsgütern, die dem Betrieb länger als ein Jahr dienen, dürfen nicht in einer Summe, sondern nur verteilt auf die betriebsgewöhnliche Nutzungsdauer als Betriebsausgabe abgesetzt werden. Hierfür kommen in der Praxis zwei Abschreibungsmethoden in Frage: Entweder werden die Anschaffungs- oder Herstellungskosten in gleichen Beträgen auf die Jahre der betriebsgewöhnlichen Nutzungsdauer verteilt (lineare Abschreibung) oder aber mit Hilfe eines gleichbleibenden Prozentsatzes vom jeweiligen Buchwert ermittelt (degressive Abschreibung). Dieser Prozentsatz darf höchstens das Dreifache der linearen AfA betragen und 30 % nicht übersteigen. Der Wechsel von der degressiven zur linearen AfA ist zulässig, nicht jedoch umgekehrt. Für neue bewegliche Wirtschaftsgüter des Anlagevermögens darf für das Jahr ihrer Anschaffung oder Herstellung und in den vier folgenden Jahren eine Sonder-AfA von insgesamt 20 % zusätzlich vorgenommen werden. Begünstigt sind Betriebe mit einem Einheitswert bis zu DM 240 000,- bzw. einem Gewerbekapital bis zu DM 500 000,-, wenn die Wirtschaftsgüter nach dem 31. Dezember 1987 erworben oder hergestellt wurden, zu mindestens 90 % betrieblich genutzt werden und mindestens ein Jahr lang nach ihrem Zugang im inländischen Betriebsvermögen verbleiben. Bis auf diese Begünstigung ist die Inanspruchnahme von Sonderabschreibungen bzw. Absetzungen für eine außergewöhnliche technische oder wirtschaftliche Abnutzung an die Anwendung der linearen Abschreibung und an die Erfüllung besonderer Aufzeichnungsvorschriften (§ 7 a Abs. 8 EStG) gebunden.

Beispiel einer Abschreibung

Beispiel: Übergang von der degressiven zur linearen AfA (ohne Sonder-AfA von 20 %): Der Werkzeugmacher-Fachbetrieb Paul Glaeser kauft eine neue Maschine für DM 70 000,- zuzüglich Umsatzsteuer, deren betriebsgewöhnliche Nutzungsdauer sieben Jahre beträgt. Der lineare AfA-Betrag wäre (DM 70 000,- : 7 Jahre =) DM 10 000,- jährlich, degressiv könnte das Dreifa-

Steuern

che dieses Betrages – höchstens jedoch 30 % der Anschaffungskosten (DM 21 000,–) – abgeschrieben werden. Der Wechsel von der degressiven zur linearen AfA kann steuerlich von Vorteil sein und ist dann geboten, wenn der Restbuchwert geteilt durch die Jahre der Restnutzungsdauer ein höheres AfA-Volumen ergibt, als die degressive AfA:

	degressiv	linear
1. Jahr	DM 70 000,–	
./. 30 %	DM 21 000,–	DM 0,–
2. Jahr	DM 49 000,–	
./. 30 %	DM 14 700,–	DM 0,–
3. Jahr	DM 34 300,–	
./. 30 %	DM 10 290,–	DM 0,–
4. Jahr	DM 24 010,–	
./. 30 %	DM 7 203,–	DM 0,–
5. Jahr	DM 16 807,–	DM 16 807,– : 3 Jahre
		./. DM 5 602,33
6. Jahr		DM 11 204,67
		./. DM 5 602,33
7. Jahr		DM 5 602,34
		./. DM 5 602,34
		DM 0,–

Die Fortführung der degressiven Abschreibung im fünften Jahr hätte mit (DM 16 807,– x 30 % =) DM 5 042,10 ein geringeres AfA-Volumen gebracht, als die Verteilung des Restwertes auf die restliche Nutzungsdauer, im sechsten Jahr wäre das AfA-Volumen auf (DM 16 807,– ./. DM 5 042,10 = DM 11 764,90,– ./. 30 % =) DM 3 529,47,– gesunken. Die Maschine wird mit einem Erinnerungswert von DM 1,– im Anlagevermögen geführt, wenn sie nach ihrer steuerlichen Vollabschreibung noch dem Betrieb dient.

1.4 Körperschaftsteuer

1.4.1 Wirkungsweise und Steuerpflicht

Mit Hilfe der Körperschaftsteuer erfolgt die Besteuerung des Einkommens von nicht natürlichen Personen, also Kapitalgesellschaften (z. B. Aktiengesellschaft, Gesellschaft mit beschränkter Haftung), Erwerbs- und Wirtschaftsgenossenschaften, juristischen Personen, Vereinen, Anstalten und Stiftungen des privaten Rechts sowie von Betrieben gewerblicher Art, von juristischen Personen des öffentlichen Rechts. Unbeschränkt steuerpflichtig mit ihren sämtlichen Einkünften sind Körperschaften, die ihre Geschäftsleitung oder ihren Sitz im Inland haben. Besteuert wird das zu versteuernde Einkommen eines Kalenderjahres, das unter Anwendung der Vorschriften des Einkommensteuergesetzes und unter Beachtung zusätzlicher Bestimmungen nach dem Körperschaftsteuergesetz ermittelt wird. Für solche Steuerpflichtige, die Bücher nach den Vorschriften des Handelsgesetzbuches zu führen haben, tritt an Stelle des Kalenderjahres jener Zeitraum, für den sie

unbeschränkte Steuerpflicht

regelmäßig Abschlüsse machen. Im Falle von Gewinnausschüttungen wird die gezahlte Körperschaftsteuer sowie die einzubehaltende Kapitalertragsteuer auf die zu zahlende Einkommensteuer nach einem besonderen Verfahren angerechnet.

1.4.2 Steuersätze

Tarif- und Ausschüttungsbelastung

Die Körperschaftsteuer beträgt für den nicht ausgeschütteten Gewinn 45 % (Tarifbelastung) und für den ausgeschütteten Gewinn 30 % (Ausschüttungsbelastung). Wenn die Gesellschaft den bereits mit 45 % Körperschaftsteuer belasteten Gewinn aufgrund eines entsprechenden Gesellschafterbeschlusses ausschüttet, muß sie nachträglich die Ausschüttungsbelastung (30 %) herstellen. Das geschieht in der Form, daß sie zusätzlich zum Gewinnanteil des Anteilseigners eine Steuergutschrift in Höhe von 15/55 des ausgeschütteten Gewinns erteilt. Von dem Gesamtbetrag der Ausschüttung (also Gewinnanteil zuzüglich Steuergutschrift) hat sie die Kapitalertragsteuer in Höhe von 25 % einzubehalten, die ebenso wie die einbehaltene Körperschaftsteuer auf die Einkommensteuerschuld des Anteilseigners anzurechnen ist.

1.4.3 Anrechnungsverfahren

Steuererstattung im Anrechnungsverfahren

Die im Zuge der Ausschüttung einzubehaltende Körperschaftsteuer sowie Kapitalertragsteuer wird auf die persönliche Einkommensteuerschuld der Anteilseigner angerechnet. Eine Erstattung ist für den Fall der Überzahlung sowie für jene Steuerpflichtigen vorgesehen, die nicht zur Einkommensteuer veranlagt werden.

Die Anrechnung oder Vergütung der einbehaltenen Körperschaftsteuer und Kapitalertragsteuer ist nur dann möglich, wenn

- der Anteilseigner unbeschränkt der Einkommen- oder Körperschaftsteuer unterliegt
- die ausschüttende Körperschaft unbeschränkt körperschaftsteuerpflichtig ist
- die Ausschüttung beim Empfänger nicht zur Steuerbefreiung führt
- der Anteilseigner durch die Ausschüttung Einnahmen im Sinne von § 20 Absatz 1 Ziffer 1 oder 2 des Einkommensteuergesetzes bezogen hat (z. B. Gewinnanteile, Zinsen und sonstige Bezüge aus Aktien und GmbH-Anteilen, Einkünfte aus der Beteiligung an einem Handelsgewerbe als stiller Gesellschafter).

Steuerbescheinigung im Veranlagungsverfahren

Der Anrechnungsanspruch ist mittels einer Steuerbescheinigung im Veranlagungsverfahren geltend zu machen. Sie ist von der ausschüttenden Körperschaft oder von den Kreditinstituten auszustellen, die für Rechnung dieser Körperschaft die Dividende an die Anteilseigner auszahlen. Der Aussteller hat in der Bescheinigung regelmäßig anzugeben

- den Namen und die Anschrift des Anteilseigners
- die Höhe der Leistungen
- den Zahlungstag
- den Betrag der anrechenbaren Körperschaftsteuer.

Zusätzlich wird eine Kapitalertragsteuer-Bescheinigung erteilt.

Steuern

Beispiel: Besteuerung der Kapitalgesellschaft

Gewinn vor Abzug der Körperschaftsteuer	DM 100,-
abzüglich Körperschaftsteuer	DM 45,-
verbleiben zur Ausschüttung	DM 55,-
Minderung der Körperschaftsteuer bei Vollausschüttung (15/55 von DM 55,-)	DM 15,-
Zur Ausschüttung verfügbarer Betrag (Bruttodividende)	DM 70,-
einzubehaltende Kapitalertragsteuer (25 % von DM 70,-)	DM 17,50
Barausschüttung	DM 52,50

Besteuerung des Anteilseigners

Barausschüttung	DM 52,50	
anrechenbare Körperschaftsteuer	DM 30,-	
anrechenbare Kapitalertragsteuer	DM 17,50	
zu versteuernder Betrag	DM 100,-	
auf die Einkommensteuer sind anzurechnen (DM 30,- + DM 17,50)		DM 47,50
abzüglich Einkommensteuer (angenommener Steuersatz 40 %)		DM 40,-
an den Anteilseigner zu erstatten		DM 7,50

Wenn für den Anteilseigner eine Veranlagung zur Einkommensteuer nicht in Betracht kommt, kann er einen Vertreter beauftragen, für ihn die Vergütung der einbehaltenen Körperschaftsteuer und Kapitalertragsteuer im Wege eines Sammelantrags zu beantragen. Den Sammelantrag als Vertreter des Anteilseigners können stellen

Sammelantrag zur Steuererstattung

- inländische Kreditinstitute, die ein Wertpapierdepot für den Anteilseigner führen, in dem die Aktie im Zuflußzeitpunkt verzeichnet ist

- Kapitalgesellschaften, soweit die Vergütung auf Belegschaftsaktien entfällt und die Aktien von der Kapitalgesellschaft oder einem Kreditinstitut verwahrt werden

- ein von der Kapitalgesellschaft beauftragter Treuhänder, soweit die Vergütung auf Belegschaftsaktien entfällt und die Aktien von dem Treuhänder oder einem Kreditinstitut verwahrt werden

- eine Erwerbs- oder Wirtschaftsgenossenschaft, soweit die Vergütung auf Einnahmen ihrer Mitglieder aus dieser Genossenschaft entfällt.

Im Falle von Belegschaftsaktien bzw. von Erwerbs- und Wirtschaftsgenossenschaften ist die Vergütung in einem vereinfachten Verfahren möglich, wenn die einschlägigen Einnahmen des Anteilseigners DM 100,- im Wirtschaftsjahr nicht übersteigen.

1.5 Lohnsteuer

Besteuerung des Arbeitslohns

Die Lohnsteuer ist eine Erscheinungsform der Einkommensteuer zur Besteuerung von Einkünften aus nichtselbständiger Arbeit durch unmittelbaren Abzug vom Arbeitslohn. Steuerschuldner ist der Arbeitnehmer. Der Arbeitgeber hat auf Rechnung des Arbeitnehmers bei jeder Lohnzahlung die Lohnsteuer vom Arbeitslohn einzubehalten. Als Arbeitslohn gilt dabei die Summe der Bar- und Sachbezüge, die den Arbeitnehmern aus ihren Dienstverhältnissen zufließen. Steuerpflichtig sind auch übliche Zahlungen für die Arbeitsleistungen, die nicht vom Arbeitgeber gewährt werden (z. B. Trinkgelder, soweit sie jährlich DM 2 400,- übersteigen).

Wenn der Barlohn zur Deckung der Lohnsteuer nicht ausreicht, hat der Arbeitnehmer den Fehlbetrag dem Arbeitgeber zur Verfügung zu stellen. Gegebenenfalls muß der Arbeitgeber einen Teil der anderen Bezüge des Arbeitnehmers zurückbehalten. Wenn die angeforderte Zahlung nicht eintrifft und eine volle Aufrechnung nicht möglich ist, muß der Arbeitgeber dem Finanzamt, das für die Betriebsstätte zuständig ist, Mitteilung machen. Die Nachforderung der Lohnsteuer wird dann von dort veranlaßt.

Steuerklassen

Zur Durchführung des Lohnsteuerabzugs sind die steuerpflichtigen Arbeitnehmer in Steuerklassen eingeordnet. Über die jeweilige Zugehörigkeit gibt die nachstehende Übersicht Aufschluß.

Steuerklasse I	Ledige sowie Verheiratete, Verwitwete oder Geschiedene, bei denen die Voraussetzungen für die Steuerklasse III oder IV nicht erfüllt sind.
Steuerklasse II	Arbeitnehmer der Steuerklasse I, wenn sie mindestens ein berücksichtigungsfähiges Kind (§ 32 Abs. 4 bis 7 EStG) haben.
Steuerklasse III	Verheiratete, die unbeschränkt steuerpflichtig sind und nicht dauernd getrennt leben, wenn der Ehegatte des Arbeitnehmers keinen Arbeitslohn bezieht oder auf Antrag in die Steuerklasse V eingereiht wird. Verwitwete, und zwar für das Kalenderjahr, das dem Sterbejahr des Ehegatten folgt, wenn das Ehepaar zum Zeitpunkt des Todes des Ehegatten unbeschränkt steuerpflichtig war und nicht dauernd getrennt lebte. Geschiedene für das Jahr, in dem die Ehe aufgelöst wurde, wenn zu diesem Zeitpunkt die Ehegatten unbeschränkt steuerpflichtig waren bzw. nicht dauernd getrennt lebten und der andere Ehegatte wieder geheiratet hat und die gleichen Voraussetzungen erfüllt.
Steuerklasse IV	Verheiratete, wenn beide Arbeitslohn beziehen, unbeschränkt steuerpflichtig sind und nicht dauernd getrennt leben.
Steuerklasse V	Verheiratete, wenn ein Ehegatte aufgrund gemeinsamen Antrags in die Steuerklasse III eingereiht wird. Im übrigen gelten die Voraussetzungen der Steuerklasse IV.
Steuerklasse VI	Arbeitnehmer mit mehreren Dienstverhältnissen. Für das zweite und jedes weitere Dienstverhältnis ist eine zusätzliche Steuerkarte dieser Klasse erforderlich.

> Zu diesem Kapitel finden Sie die Aufgaben C 232 – C 267 im Band „Vorbereitung auf die Meisterprüfung – Test- und Übungsaufgaben".

Steuern

Lohnsteuerkarte — Die Ausfertigung und Übersendung der Lohnsteuerkarten mit amtlichem Vordruck an unbeschränkt steuerpflichtige Arbeitnehmer erfolgt kostenlos durch die Gemeinden. Lediglich für Ersatz-Lohnsteuerkarten kann eine Gebühr erhoben werden. Der Arbeitnehmer ist verpflichtet, die eingetragenen Angaben zu prüfen und gegebenenfalls bei Unrichtigkeiten unverzüglich die Änderung zu verlangen. Treten während des Kalenderjahres die Voraussetzungen für eine günstigere Steuerklasse oder -gruppe ein, so kann bis zum 30. November des jeweils laufenden Jahres eine Änderung der Angaben auf der Lohnsteuerkarte beantragt werden. Bis zur gleichen Frist haben Ehegatten die Möglichkeit, einmal im Kalenderjahr eine Umgruppierung in eine für sie günstigere Steuerklasse zu bewirken, wenn die Voraussetzungen hierfür vorliegen.

Lohnsteuerermittlung — Die Ermittlung der einzubehaltenden Lohnsteuer erfolgt mit Hilfe der Lohnsteuertabelle. Sie wird auf der Grundlage des Einkommensteuergesetzes im Bundesfinanzministerium erstellt und weicht von den Einkommensteuertabellen deshalb ab, weil sie bestimmte Frei- und Pauschbeträge von vornherein berücksichtigt.

In dem Lohnsteuertarif sind folgende Freibeträge bereits enthalten

- der Grundfreibetrag in Höhe von DM 5 616,- in den Steuerklassen I bis IV
- der Arbeitnehmer-Pauschbetrag für die Steuerklassen I – V in Höhe von DM 2 000,-
- der Kinderfreibetrag in den Steuerklassen II und III in voller und für die Steuerklasse IV in halber Höhe
- der Werbungskostenpauschbetrag für die Steuerklassen I – V
- der Sonderausgabenpauschbetrag in Höhe von DM 108,- für die Steuerklassen I, II und IV und in Höhe von DM 216,- für die Steuerklasse III
- die Vorsorgepauschale in der jeweils für die Steuerklassen zutreffenden Höhe
- der Haushaltsfreibetrag für die Steuerklasse II
- ein Rundungsbetrag von DM 2,- für die Steuerklasse VI.

Freibeträge auf der Lohnsteuerkarte — Zur Vermeidung von Überzahlungen und damit zur Sicherstellung einer zutreffenden Besteuerung können bestimmte Freibeträge auf der Lohnsteuerkarte eingetragen und zum Abzug vom steuerpflichtigen Arbeitslohn zugelassen werden.

Zu ihnen zählen beispielsweise

- die Pauschbeträge für Körperbehinderte und Hinterbliebene
- Werbungskosten aus nichtselbständiger Arbeit (soweit sie den Arbeitnehmer-Pauschbetrag übersteigen)
- Sonderausgaben (soweit sie den Sonderausgaben-Pauschbetrag übersteigen)
- die außergewöhnlichen Belastungen
- der Pflege-Pauschbetrag
- die erhöhten Absetzungen nach den §§ 7 b oder 10 e EStG.

Mindestgrenze zur Eintragung von Freibeträgen auf der Lohnsteuerkarte — Einen Steuerfehlbetrag fordert das Finanzamt an, wenn er DM 20,- übersteigt. Die Antragsgrenze für die Eintragung von Freibeträgen liegt zur Zeit bei DM 1200,- nach Überschreitung des Arbeitnehmer-Pauschbetrags von DM 2 000,-. Liegt die voraussichtliche Jahressumme an Werbungskosten, Sonderausgaben bzw. außergewöhnlichen Belastungen unter dem Betrag von DM 3 200,-, so ist die Antragstellung sinnlos.

steuerfreie Zuwendungen des Arbeitgebers

Zahlreiche Leistungen des Betriebes an seine Mitarbeiter sind lohnsteuerfrei und können trotzdem in voller Höhe als Betriebsausgabe abgesetzt werden. Zu ihnen zählen

- Heiratsbeihilfen innerhalb eines Zeitraumes von drei Monaten vor oder nach der Eheschließung bis zu DM 700,-

- Geburtsbeihilfen innerhalb eines Zeitraumes von drei Monaten vor oder nach der Geburt bis zu DM 700,- pro Kind

- Zuschüsse des Arbeitgebers zur Unterbringung und Betreuung von nicht schulpflichtigen Kindern der Arbeitnehmer in Kindergärten und vergleichbaren Einrichtungen (§ 3 Nr. 33 EStG)

- Annehmlichkeiten, wie typische Berufskleidung, die dem Mitarbeiter nur während seines betrieblichen Einsatzes zur Verfügung steht, kostenlose oder verbilligte Überlassung von Erfrischungsgetränken

- Aufmerksamkeiten (z. B. Tabakwaren, Speisen, Getränke, Theater- und Konzertkarten), wenn die Zuwendungen anlaßbedingt üblich und von geringem Wert sind. Ein geringer Wert ist bis zu DM 60,- je Mitarbeiter und Veranstaltung anzunehmen

- Barzuwendungen aus betrieblichen Anlässen bleiben ebenfalls steuerfrei, wenn ihre anderweitige Verwendung ausgeschlossen ist

- die Erstattung von Fahrtkosten anläßlich von Dienstreisen. Bei Benutzung öffentlicher Verkehrsmittel können die tatsächlich angefallenen Kosten steuerfrei ersetzt werden. Bei Dienstreisen mit dem eigenen Pkw des Arbeitnehmers kann der Arbeitgeber DM 0,52 je gefahrenen Kilometer (bei Motorrad oder -roller DM 0,23) steuerfrei vergüten

- die Erstattung von pauschalierten Reisekosten (Tagegelder) in zutreffender Höhe (→ S. 573) ist steuerfrei, ebenso die Erstattung von Übernachtungskosten in pauschaler oder nachgewiesener Höhe

- Fehlgeldentschädigung für Mitarbeiter im Kassen- oder Zähldienst bis DM 30,- pro Monat

- Aufwendungen für die doppelte Haushaltsführung können in der Höhe steuerfrei ersetzt werden, wie sie bei dem Arbeitnehmer als Werbungskosten anzuerkennen wären

- die Kosten eines beruflich veranlaßten Umzuges können von dem Arbeitgeber in der Höhe steuerfrei erstattet werden, wie sie vergleichbaren Bundesbeamten vergütet werden

- die Zuwendung von Weihnachtspäckchen innerhalb einer Betriebsveranstaltung ist steuerfrei, soweit die Grenzen des üblichen nicht überschritten werden

- Jubiläumszuwendungen aus Anlaß eines Arbeitnehmerjubiläums sind bei einem 10jährigen Jubiläum bis DM 600,-, einem 25jährigen bis DM 1 200,- und bei einem 40jährigen bis DM 2 400,- lohnsteuerfrei

- Belegschaftsrabatte für den Erwerb bzw. Inanspruchnahme von Waren oder Dienstleistungen aus der allgemeinen Angebotspalette des Arbeitgebers bis zu DM 2 400,- pro Jahr. Der Abgabepreis ist vorher um 4 % zu kürzen

- Fahrtkostenerstattungen an Auszubildende im Zusammenhang mit einer überbetrieblichen Ausbildung, soweit die Maßnahme weniger als drei zusammenhängende Monate dauert (§ 3 Nr. 16 EStG)

- Kostenübernahme für sog. Job-Tickets (ermäßigte Fahrausweise für Mitarbeiter) und BahnCards

- Abfindungen wegen einer vom Arbeitgeber veranlaßten oder gerichtlich ausgesprochenen Entlassung bleiben generell bis zu DM 24 000,- steuerfrei. Hat das Dienstverhältnis mindestens 15 Jahre bestanden und der Arbeitnehmer das 50. Lebensjahr vollendet, beläuft sich der Höchstbetrag auf DM 30 000,-. Bei einem 20jährigen Dienstverhältnis sind DM 36 000,- steuerfrei, wenn der Arbeitnehmer das 55. Lebensjahr im Zeitpunkt der Auflösung vollendet hat.

Die aufgeführten Beispiele sind keineswegs erschöpfend. Die Steuerfreiheit gilt weiterhin z. B. im Fall der Lohnzuschläge für die Sonntags-, Feiertags- und Nachtarbeit.

Anmeldung und Abführung der Lohnsteuer

Der Arbeitgeber hat spätestens am 10. Tag nach Ablauf eines jeden Monats dem Finanzamt, das für den Betriebssitz zuständig ist, eine Steuererklärung (Lohnsteuer-Anmeldung) einzureichen, in der die Summe der einzubehaltenden Lohnsteuer anzugeben ist. Zugleich hat er diese einbehaltene Lohnsteuer abzuführen. Wenn sie im vorangegangenen Jahr nicht mehr als DM 1 200,- betragen hat, tritt an Stelle der Monatsfrist das Kalenderjahr. Lag der Betrag der abzuführenden Lohnsteuer im vorangegangenen Jahr über DM 1 200,-, jedoch nicht höher als DM 6 000,-, so ist der Anmeldungszeitraum das Kalender-Vierteljahr. Für den Fall, daß der Betrieb während des vorangegangenen Jahres gegründet wurde, findet eine Umrechnung zur Feststellung des maßgebenden Zeitraumes statt.

Aufzeichnungspflichten des Arbeitgebers

Der Arbeitgeber hat für jeden Arbeitnehmer und jedes Kalenderjahr am Ort der Betriebsstätte ein Lohnkonto zu führen.

Unter Betriebsstätte ist der Betrieb oder Teil des Betriebes des Arbeitgebers zu verstehen, in dem der Arbeitslohn ermittelt wird. Im Lohnkonto sind die Merkmale der vorgelegten Lohnsteuerkarte oder einer entsprechenden Bescheinigung aufzuführen. Darüber hinaus muß aus ihm die Höhe der gezahlten Entgelte bzw. der sonstigen Bezüge, die Höhe der einbehaltenen oder durch den Arbeitgeber übernommenen Lohnsteuer sowie der steuerfreien Bezüge ersichtlich sein. Die Aufzeichnungen sind bis zum Ablauf des sechsten Kalenderjahres, das auf die zuletzt eingetragene Lohnzahlung folgt, aufzubewahren.

Aufzeichnungserleichterungen werden in besonderen Fällen zugelassen.

Lohnsteuerbescheinigung

Bei Beendigung des Dienstverhältnisses oder am Ende eines Kalenderjahres ist das Lohnkonto abzuschließen. Aufgrund der Eintragungen hat der Arbeitgeber eine Lohnsteuerbescheinigung zu erteilen. Darin ist die Dauer des Dienstverhältnisses für die Zeit der Gültigkeit der Lohnsteuerkarte, die Art und Höhe des gezahlten Arbeitslohns und die einbehaltene Lohnsteuer aufzuführen. Die Bescheinigung ist dem Arbeitnehmer auszuhändigen, wenn er zur Einkommensteuer veranlagt oder wenn sein Dienstverhältnis vor Ablauf des Kalenderjahres beendet wird. In allen anderen Fällen ist sie dem Betriebssitzfinanzamt zuzuleiten.

Pauschsätze bei Teilzeitbeschäftigten

Der Arbeitgeber kann für Teilzeitkräfte die Lohn- und Kirchensteuer aus dem Arbeitsverhältnis übernehmen und diese Mitarbeiter ohne Vorlage einer Lohnsteuerkarte beschäftigen. Die übernommene Lohn- und Kirchensteuer wird mit Hilfe von Pauschsätzen berechnet und bildet bei dem Arbeitgeber eine voll abzugsfähige Betriebsausgabe.

25 % Lohnsteuer bei kurzfristig Beschäftigten

Im Falle einer kurzfristigen Beschäftigung beträgt die pauschale Lohnsteuer 25 % des Arbeitslohns und die Kirchensteuer 7 % der errechneten Lohnsteuer. Eine kurzfristige Beschäftigung liegt vor, wenn die Teilzeitkraft bei dem Arbeitgeber gelegentlich und nicht regelmäßig wiederkehrend beschäftigt wird und die Dauer der Beschäftigung 18 zusammenhängende Werktage nicht übersteigt. Zusätzlich wird vorausgesetzt, daß der durchschnittliche Arbeitslohn nicht mehr als DM 120,- je Arbeitstag erreicht und der durchschnittliche Stundenlohn DM 20,30 nicht übersteigt.

15 % Lohnsteuer bei geringfügig Beschäftigten

Bei einer Beschäftigung im geringen Umfang und gegen geringen Arbeitslohn beträgt die pauschale Lohnsteuer 15 % des Arbeitslohns und die Kirchensteuer ebenfalls 7 % der errechneten Lohnsteuer. Sie liegt vor, wenn die Teilzeitkraft bei dem Arbeitgeber laufend beschäftigt wird und bei monatlicher Lohnzahlung die Beschäftigungsdauer 86 Stunden und der Arbeitslohn DM 580,- nicht übersteigt. Bei kürzeren Lohnzahlungszeiträumen darf die wöchentliche Beschäftigungsdauer 20 Stunden und der Arbeitslohn DM 135,33 je Woche nicht übersteigen. Der Höchstlohn je Arbeitsstunde ist auf DM 20,30 begrenzt.

Bei nachgewiesenem Austritt des Arbeitnehmers aus einer kirchensteuererhebenden Religionsgemeinschaft entfällt die pauschale Kirchensteuer (BFH-Urteil v. 30. November 1989 – IR 14/87).

Der Arbeitgeber kann die Lohnsteuer von Beiträgen für eine Direktversicherung seiner Arbeitnehmer bzw. von Zuwendungen an eine Pensionskasse mit einem Pauschsteuersatz von 15 % entrichten. Diese Vergünstigung ist allerdings zu versagen, wenn die Beiträge oder Zuwendungen je Arbeitnehmer DM 3 000,- jährlich im Durchschnitt übersteigen oder nicht aus dem ersten Dienstverhältnis bezogen werden.

Lohnsteuer-Jahresausgleich

Mit dem Steueränderungsgesetz 1992 ist der Lohnsteuer-Jahresausgleich durch Aufhebung der §§ 42 und 42a EStG mit rückwirkender Kraft entfallen. Die überzahlte Lohnsteuer wird einer neuen Antragsveranlagung erstattet.

Haftung für die Lohnsteuer

Der Arbeitgeber haftet nicht nur für die einzubehaltende und abzuführende Lohnsteuer, sondern auch für Beträge, die zu Unrecht im Rahmen des Jahresausgleichs erstattet wurden. Darüber hinaus wird er für die Summe in Anspruch genommen, um die aufgrund fehlerhafter Angaben im Lohnkonto oder in der Lohnsteuerbescheinigung die Einkommen- oder Lohnsteuerschuld verkürzt wird. Er haftet nicht, soweit in eng umgrenzten Fällen die Lohnsteuer vom Arbeitnehmer nachzufordern ist (§§ 39 Abs. 4, 39 a Abs. 5, 41 c Abs. 4 EStG) oder eine Nachversteuerung durchzuführen ist.

Für die Tatbestände der Arbeitgeberhaftung sind Arbeitgeber und Arbeitnehmer jedoch Gesamtschuldner. Im Rahmen dieser Gesamtschuldnerschaft kann der Arbeitnehmer aber nur dann in Anspruch genommen werden, wenn der Arbeitgeber die Lohnsteuer nicht vorschriftsmäßig einbehalten hat bzw. der Arbeitnehmer darüber Kenntnis hat und dem Finanzamt nicht unverzüglich Mitteilung macht. Eines Haftungsbescheids oder einer Zahlungsaufforderung gegenüber dem Arbeitgeber bedarf es nicht, wenn er die einzubehaltende Lohnsteuer angemeldet hat oder seine Zahlungsverpflichtung nach Abschluß einer Lohnsteuer-Außenprüfung schriftlich anerkennt.

Lohnsteuer-Außenprüfung

Für die Lohnsteuer-Außenprüfung ist das Betriebsstättenfinanzamt zuständig. Auf Anfrage eines Beteiligten hat es über die Anwendung der Lohnsteuervorschriften Auskunft zu geben. Die Mitwirkungspflicht im Rahmen der Außenprüfung erstreckt sich sowohl auf den Arbeitgeber (nach § 200 der Abgabenordnung 1977) als auch auf die Arbeitnehmer.

1.5.1 Einkommensteuerveranlagung von Arbeitnehmern

Veranlagungsgrenzen und -gründe

Lohnsteuerpflichtige haben jährlich eine Einkommensteuererklärung u. a. dann abzugeben, wenn

- ihre Lohneinkünfte über DM 27 000,- liegen (bei Ehegatten, die unbeschränkt steuerpflichtig sind und nicht dauernd getrennt leben, gilt ein Betrag von DM 54 000,-)
- ihr zu versteuerndes Einkommen aus mehreren Dienstverhältnissen bezogen wurde
- ihre Nebeneinkünfte mehr als DM 800,- betragen haben
- auf ihrer Lohnsteuerkarte ein Freibetrag eingetragen worden ist
- bei Verheirateten, die beide Arbeitslohn bezogen haben, ein Ehegatte in die Steuerklasse V oder VI eingereiht war
- sie die Aufteilung oder Übertragung des ihnen zustehenden Kinderfreibetrages beantragt haben
- mit Zustimmung der Mutter auf der Lohnsteuerkarte des Vaters die Lohnsteuerklasse II bescheinigt wurde oder der Vater den Haushaltsfreibetrag beantragt hat
- sie geheiratet haben und der Ehegatte auf seiner Lohnsteuerkarte einen Freibetrag wegen Kinderbetreuungskosten (§ 33 c EStG) eintragen ließ
- sie ihre Ehe im selben Veranlagungszeitraum beenden und neu begründen
- sie im Veranlagungszeitraum teilweise Arbeitslohn und teilweise Lohnersatzleistungen bezogen haben (z. B. Arbeitslosengeld, Arbeitslosenhilfe, Kurzarbeitergeld, Schlechtwettergeld, Konkursausfallgeld, Überbrückungsgeld, Krankengeld, Verletztengeld)
- sie die Veranlagung selbst beantragen, um Steuervergünstigungen zu beanspruchen (Antragsveranlagung) oder weil sie die getrennte Veranlagung wünschen.

1.6 Gewerbesteuer

1.6.1 Wirkungsweise und Besteuerungsgrundlage

Steuerobjekt

Die Gewerbesteuer erfaßt als Steuerobjekt den Gewerbebetrieb ohne Berücksichtigung persönlicher Verhältnisse. Ihre Rechtsgrundlagen werden vom Gewerbesteuergesetz (GewStG), von der Gewerbesteuer-Durchführungsverordnung (GewStDV) und den als Verwaltungsanweisung ergangenen Gewerbesteuer-Richtlinien (GewStR) gebildet. Sie besteuert den Gewerbeertrag und das Gewerbekapital in den alten Bundesländern zwangsläufig, in den neuen Bundesländern entfällt die Besteuerung des Gewerbekapitals bis einschließlich 1995, wenn die Gewerbebetriebe zu Beginn des jeweiligen Erhebungszeitraums und am 1. Januar 1991 ihre Geschäftsleitung dort hatten.

1.6.2 Gewerbeertrag

Begriff des Gewerbeertrags

Als Gewerbeertrag gilt der nach Einkommen- oder Körperschaftsteuerrecht ermittelte Gewinn aus Gewerbebetrieb unter Berücksichtigung bestimmter Hinzurechnungen und Kürzungen. Mit ihrer Hilfe soll die tatsächliche Ertragskraft des Betriebes ermittelt werden.

Hinzurechnungen Die Hinzurechnungen ergeben sich aus § 8 des Gewerbesteuergesetzes. Zu ihnen zählen beispielsweise

- 50 % der Entgelte für Dauerschulden mit fester Verzinsung, soweit sie den Gewinn gemindert haben. Als Dauerschulden gelten in der Regel aufgenommene Kredite mit einer Laufzeit von mehr als einem Jahr, wobei Warenschulden nicht als Dauerschulden anzusehen sind. Weist der Betrieb während des Wirtschaftsjahres laufend ein negatives Bankkonto aus, so wird in der Regel das Mindestmaß an Verschuldung ebenfalls als Dauerschuld angenommen
- Gewinnanteile eines stillen Gesellschafters, soweit sie bei dem Empfänger nicht zum Gewerbeertrag gehören
- Renten und dauernde Lasten, die mit der Gründung oder dem Erwerb eines Betriebes oder eines Anteils an einem Betrieb zusammenhängen, soweit sie bei dem Empfänger nicht zum Gewerbeertrag gehören
- die Hälfte der Miet- und Pachtzinsen für die Benutzung von Wirtschaftsgütern des Anlagevermögens ohne Grundbesitz, die im Eigentum eines anderen stehen, soweit sie beim Empfänger nicht zum Gewerbeertrag gehören. Übersteigen die Miet- und Pachtzinsen für einen Betrieb oder Teilbetrieb DM 250 000,- im Jahr, so sind sie in jedem Fall dem Gewerbeertrag hinzuzurechnen
- die Anteile am Verlust einer anderen Personengesellschaft, bei der die Gesellschafter als (Mit-)Unternehmer anzusehen sind.

Kürzungen Die Summe des ausgewiesenen Gewinns zuzüglich der Hinzurechnungen wird um die Kürzungsbeträge nach § 9 des Gewerbesteuergesetzes gemindert. Zu ihnen zählen beispielsweise

- 1,2 % vom erhöhten Einheitswert (140 %) des zum Betriebsvermögen gehörenden Grundbesitzes
- Anteile am Gewinn einer anderen Personengesellschaft, bei der die Gesellschafter als (Mit-)Unternehmer anzusehen sind
- die im Gewinn enthaltenen Miet- und Pachtzinsen für Wirtschaftsgüter des Anlagevermögens ohne Grundbesitz, soweit sie dem Gewinn aus Gewerbebetrieb des Mieters bzw. Pächters hinzugerechnet wurden.

Der korrigierte Gewerbeertrag ist auf volle hundert Mark nach unten abzurunden. Weicht das Wirtschaftsjahr vom Kalenderjahr ab, so gilt für die Veranlagung das Kalenderjahr, in dem das Wirtschaftsjahr endet.

1.6.3 Gewerbekapital

Begriff des Gewerbekapitals Als Gewerbekapital gilt der vom Finanzamt festgestellte Einheitswert des Betriebsvermögens unter Berücksichtigung bestimmter Hinzurechnungen und Kürzungen. Sie sind bezogen auf den Stichtag anzuwenden, an dem der Einheitswert festgestellt worden ist.

Hinzurechnungen Dem Einheitswert sind hinzuzurechnen (§ 12 Abs. 2 GewStG)

- die Verbindlichkeiten, die den Entgelten für langfristige Schulden, Renten und dauernden Lasten sowie den Gewinnanteilen von Stillen Gesellschaftern entsprechen, soweit sie bei der Feststellung des Einheitswertes abgezogen worden sind. Verbindlichkeiten, für die Schuldzinsen im Sinne des § 8 Nr. 1 GewStG zu zahlen waren, werden nur hinzugerechnet, wenn der abgezogene Betrag DM 50 000,- übersteigt. Der übersteigende Betrag wird zu 50 % hinzugerechnet.

Steuern

- der Wert oder Teilwert von Wirtschaftsgütern ohne Grundbesitz, soweit sie gemietet oder gepachtet wurden und bei dem Eigentümer nicht zum Gewerbekapital zählen, bzw. wenn ihr Wert DM 2,5 Millionen übersteigt.

Kürzungen Der Einheitswert wird u. a. gekürzt (§ 12 Absatz 3 GewStG)

- um die Summe der Einheitswerte zuzüglich 40 %, mit denen Betriebsgrundstücke im Einheitswert enthalten sind
- um den Wert einer im Einheitswert enthaltenen Beteiligung an einer Personengesellschaft, die ihrerseits gewerbesteuerpflichtig ist
- um den Wert oder Teilwert von vermieteten oder verpachteten Wirtschaftsgütern ohne Grundbesitz, soweit sie dem Gewerbekapital des Mieters oder Pächters hinzugerechnet wurden.

Das berichtigte Gewerbekapital ist auf volle tausend Mark nach unten abzurunden.

1.6.4 Ermittlung und Erhebung der Gewerbesteuer

Ermittlung der Steuerschuld Die Ermittlung und Erhebung der Gewerbesteuer erfolgt mit Hilfe eines besonderen Verfahrens. Durch Anwendung von Steuermeßzahlen auf Gewerbeertrag und Gewerbekapital wird ein einheitlicher Meßbetrag für das Kalenderjahr errechnet, der von dem Betriebssitzfinanzamt durch Gewerbesteuermeßbescheid festgestellt wird. Auf diesen festgestellten Meßbetrag erhebt die Betriebssitzgemeinde einen für jedes Rechnungsjahr durch Satzung festgesetzten und für alle ansässigen Gewerbebetriebe gleichermaßen gültigen Hebesatz (in Höhe von mindestens 120 %) und erteilt den Gewerbesteuerbescheid.

Die Ermittlung des Steuermeßbetrages nach dem Gewerbeertrag erfolgt nach Abzug eines Freibetrages für natürliche Personen und Personengesellschaften in Höhe von DM 48 000,- mit Hilfe von Meßzahlen, die beginnend mit 1 % und endend mit 5 % in Stufen von DM 24 000,- auf den Gewerbeertrag angewendet werden:

1. Stufe: DM 24 000,- x Meßzahl 1 %
2. Stufe: DM 24 000,- x Meßzahl 2 %
3. Stufe: DM 24 000,- x Meßzahl 3 %
4. Stufe: DM 24 000,- x Meßzahl 4 %
5. Stufe und Rest   x Meßzahl 5 %.

Die höchste Meßzahl wird also auf Gewerbeerträge angewendet, die über DM 144 000,- liegen.

Die Ermittlung des Steuermeßbetrages nach dem Gewerbekapital erfolgt nach Abzug eines Freibetrages von DM 50 000,- für Dauerschulden und eines weiteren Freibetrages von DM 120 000,- unter Anwendung einer Steuermeßzahl in Höhe von 2 von Tausend. Die um den Freibetrag geminderten Dauerschulden sind nur zur Hälfte dem Gewerbekapital hinzuzurechnen.

In den neuen Bundesländern soll die Gewerbekapitalsteuer erst ab 1996 erhoben werden.

Zu diesem Kapitel finden Sie die Aufgaben C 232 – C 267 im Band „Vorbereitung auf die Meisterprüfung – Test- und Übungsaufgaben".

Steuern

Rechenbeispiel **Beispiel:** Vereinfachtes Beispiel für die Berechnung der Gewerbesteuerschuld 1994

Gewinn des Einzelunternehmers	DM 100 000,-
Zinsen für Dauerschulden DM 70 000,- davon hinzuzurechnen 50 %	+ DM 35 000,-
Gewerbeertrag	DM 135 000,-
Freibetrag	./. DM 48 000,-
Zwischensumme	DM 87 000,-

Steuermeßbeträge nach Gewerbeertrag
1 % von   DM 24 000,- = DM   240,-
2 % von   DM 24 000,- = DM   480,-
3 % von   DM 24 000,- = DM   720,-
4 % von   DM 15 000,- = DM   600,-

insgesamt DM 87 000,- DM 2 040,-		DM 2 040,-
Einheitswert des Gewerbebetriebes		DM 145 000,-
Dauerschulden	DM 500 000,-	
./. Freibetrag	DM 50 000,-	
Zwischensumme	DM 450 000,-	
davon hinzuzurechnen (50 %)		+ DM 225 000,-
Gewerbekapital		DM 370 000,-
Freibetrag		./. DM 120 000,-
Zwischensumme		DM 250 000,-
Steuermeßbetrag nach Gewerbekapital (2 v. T. von DM 250 000,-)		DM 500,-
einheitlicher Gewerbesteuermeßbetrag		DM 2 540,-

Bei einem angenommenen Hebesatz der Betriebssitzgemeinde von 390 % beträgt die Gewerbesteuer-Jahresschuld (DM 2 540,- x 3,9 =) DM 9 906,-.

1.6.5 Zerlegung, Zahlungsweise, Steuerschuldner

Betriebsstätten in mehreren Gemeinden Wenn ein Gewerbebetrieb in verschiedenen Gemeinden Betriebsstätten unterhält, dann zerlegt das zuständige Finanzamt den einheitlichen Steuermeßbetrag und verteilt ihn durch Zerlegungsbescheid auf die hebeberechtigten Gemeinden. Als Zerlegungsmaßstab bei Handwerksbetrieben gilt die Summe der Arbeitslöhne in den entsprechenden Betriebsstätten im Verhältnis zu den Gesamtlöhnen des Betriebes. Bei der Ermittlung der Quoten ist auf volle Tausend Mark abzurunden.

Gewerbetreibende, deren Wirtschaftsjahr vom Kalenderjahr abweicht, haben die Vorauszahlungen während jenes Wirtschaftsjahres zu entrichten, das im Erhebungszeitraum endet.

Vorauszahlungen und Abschlußzahlung Auf die Gewerbesteuer sind Vorauszahlungen zu leisten jeweils am 15. Febr., 15. Mai, 15. August und 15. November eines Kalenderjahres. Die Höhe der Vorauszahlung beträgt ein Viertel der Gewerbesteuerschuld des zuletzt veranlagten Kalenderjahres. Deckt die Summe der Vorauszahlungen die

Steuerschuld im Erhebungszeitraum nicht voll ab, so ist die Differenz durch Nachzahlung (Abschlußzahlung) zu entrichten. Für die voraussichtliche Abschlußzahlung ist eine Gewerbesteuerrückstellung zu bilden. Liegt die Steuerschuld niedriger als die Summe der Vorauszahlungen, so ist die Differenz zu aktivieren.

Steuerschuldner, Haftung

Steuerschuldner ist der Unternehmer, Mitunternehmer sind Gesamtschuldner. Bei der Veräußerung eines Gewerbebetriebes ist bis zu seinem Übergang auf einen anderen Unternehmer der bisherige Inhaber Steuerschuldner. Der Erwerber eines ganzen oder gesondert geführten Betriebes haftet allerdings grundsätzlich für die Steuerschulden des übernommenen Betriebes (§ 75 der Abgabenordnung 1977).

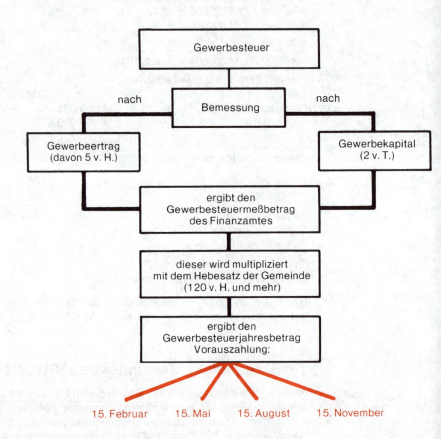

1.7 Andere Steuern

Vermögensteuer

Von der Vielzahl der übrigen Steuerarten sollen hier die wichtigsten erörtert werden, so zum Beispiel die Vermögensteuer, die das gesamte, am 1. Januar eines Jahres im Eigentum des Steuerpflichtigen befindliche Vermögen erfaßt, unabhängig davon, ob hierfür bereits andere Steuern (so für das Grundvermögen Grundsteuer, für das Betriebsvermögen Gewerbekapitalsteuer) entrichtet worden sind. Als Bemessungsgrundlage gilt der Wert des Vermögens, bei Grundvermögen der um 40 % erhöhte Einheitswert. Eine laufende Anpassung der Einheitsbewertung ist vorgesehen.

Seit 1995 beträgt der Steuersatz für natürliche Personen 1 %, mit Ausnahme des land- und forstwirtschaftlichen Vermögens, des Betriebsvermögens und der Anteile an Kapitalgesellschaften, die mit 0,5 % besteuert werden. Der Steuersatz für juristische Personen ist 0,6 %. Bei der Veranlagung bleibt ein Vermögen bis zu DM 120 000,- für jede zu einer Veranlagungsgemeinschaft gehörende Person (persönlicher Freibetrag) steuerfrei, Betriebsvermögen ist bis zu einem Wert von DM 500 000,- von der Besteuerung ausgenommen (§ 117a BewG). Der den Freibetrag übersteigende Teil des Betriebsvermögens wird nur mit 75 % seines Wertes für die Berechnung der Vermögensteuer herangezogen. Für die Bewertung des Betriebsvermögens sind die ertragsteuerlichen Bilanzwerte maßgebend. Ausnahmen bilden Grundstücke und Gebäude sowie Beteiligungen an Personen- und Kapitalgesellschaften. Die Vermögensteuer wird in den neuen Bundesländern erst ab 1996 erhoben. Die letzte ist Hauptveranlagung erfolgte zum 1. Januar 1995, die nächste ist zum 1. Januar 1999 vorgesehen.

Erbschaftsteuer In Erbfällen oder bei schenkungsweisen Übertragungen unterliegt das Vermögen eines Steuerpflichtigen auch der Erbschaft- bzw. Schenkungsteuer. Als Bemessungsgrundlage gilt der Wert der Erbschaft oder Schenkung, bei Grundvermögen der um 40 % erhöhte Einheitswert. Die Steuersätze liegen je nach dem persönlichen Verhältnis des Erwerbers zu dem Erblasser und je nach Höhe des steuerpflichtigen Erwerbs zwischen 0 und 70 %.

Es werden vier Steuerklassen unterschieden, die keine Parallele zum Lohnsteuerrecht haben. Zur Steuerklasse I gehören Ehegatten und Kinder – sofern ein Kind bereits verstorben ist, auch Enkel. In der Steuerklasse II werden Enkel – soweit sie nicht unter die Steuerklasse I fallen – sowie weiter entfernte Abkömmlinge geführt. In die Steuerklasse III ist eine Vielzahl von Personen eingestuft: Eltern, Geschwister, Großeltern, Schwiegereltern und Schwiegerkinder, außerdem die Adoptiveltern und der geschiedene Ehegatte. In der Steuerklasse IV werden alle übrigen Erben sowie Beschenkten erfaßt.

Der Freibetrag für Ehegatten beträgt DM 250 000,-. Zusätzlich wird ein Versorgungsfreibetrag in gleicher Höhe gewährt, von dem allerdings der kapitalisierte Wert der steuerfrei ererbten Versorgungsbezüge abgesetzt wird. Der Freibetrag für Kinder sowie für Enkel der Steuerklasse I beläuft sich auf DM 90 000,-, für Angehörige der Steuerklasse II auf DM 50 000,-. Ein zusätzlicher Versorgungsfreibetrag wird für Kinder nach dem Tod jedes Elternteils gewährt. Er beträgt zunächst DM 50 000,-, ermäßigt sich jedoch mit steigendem Lebensalter und läuft mit Vollendung des 27. Lebensjahres aus. Für die Steuerklassen III und IV sind schließlich die Freibeträge auf DM 10 000,- bzw. DM 3 000,- bemessen.

Empfänger von Betriebsvermögen haben einen Anspruch auf Stundung bis zu 7 Jahren, wenn sie zur Erhaltung der betrieblichen Existenz notwendig wird. Bei einem Erwerb von Todes wegen erfolgt die Stundung zinslos.

Erbschaftsteuerfreibetrag für Betriebsvermögen

Entstehung und Höhe Durch Artikel 13 des Standortsicherungsgesetzes (StandOG) ist in § 13 des Erbschaftsteuergesetzes (ErbStG) ein neuer Absatz 2 a eingefügt worden, der nach § 37 Abs. 10 ErbStG (Art. 13 Nr. 3 Buchstabe d StandOG) erstmals auf Erwerbe anzuwenden ist, für die die Erbschaftsteuer nach dem 31. Dezember 1993 entsteht. Er enthält sowohl für den Erbanfall als auch für die vorweggenommene Erbfolge einen Freibetrag von einem Wert bis zu

Steuern

DM 500 000,- für inländisches gewerbliches und freiberufliches Betriebsvermögen.

Aufteilung

Bei einem Erwerb durch mehrere Erben wird der Freibetrag nach den jeweiligen Erbanteilen aufgeteilt, „wenn nicht der Erblasser schriftlich eine andere Aufteilung des Freibetrages verfügt hat". Für die vorweggenommene Erbfolge fordert das Gesetz im Falle von mehreren Bedachten die Bestimmung des für jeden maßgeblichen Teilbetrages von DM 500 000,- durch den Schenker. Er beantragt in Schriftform und unwiderruflich den Freibetrag und teilt ihn auf.

Nach jedem Vermögensübergang ist der Freibetrag erschöpft, auch wenn der Wert des Vermögens geringer ist. Er kann alle 10 Jahre (§ 14 ErbStG) durch Erbschaften bzw. Schenkungen neu beansprucht werden.

Behaltefrist nach §13a Abs. 20 Satz 3 ErbStG

Der Freibetrag entfällt rückwirkend, innerhalb von 5 Jahren nach dem Erwerb, wenn
- ein Betrieb, Teilbetrieb, Mitunternehmeranteil oder ein Anteil als persönlich haftender Gesellschafter einer KGaA veräußert wird,
- wesentliche Betriebsgrundlagen veräußert, in das Privatvermögen überführt oder betriebsfremd genutzt werden,
- der Betrieb aufgegeben wird.

Dies gilt auch bei Veräußerung von Anteilen an Kapitalgesellschaften, die der Veräußerer durch eine Sacheinlage aus begünstigtem Betriebsvermögen (§ 20 Abs. 1 UmwStG) erworben hat.

Begünstigter Personenkreis

Der Freibetrag steht nur Erben zu, sie sind durch gesetzliche Vorschriften, durch Testament oder durch Erbvertrag als solche bestimmt. Der Freibetrag wird mithin den Vermächtnisnehmern nicht gewährt, auch den Personen nicht, die den Pflichtteil fordern, und auch nicht den Erbersatzberechtigten.

Grundsteuer

Die Grundsteuer belastet alle Grundstücke einschließlich der auf ihnen gegebenenfalls errichteten Baulichkeiten, wenn nicht ein besonderer Befreiungsgrund vorliegt. Sie wird ausgehend von den Einheitswerten erhoben, und zwar ähnlich wie bei der Gewerbesteuer mit gemeindlichen Zuschlägen auf Meßbeträge. Sie ist an die Gemeinde zu zahlen.

Zu diesem Kapitel finden Sie die Aufgaben C 232 – C 267 im Band „Vorbereitung auf die Meisterprüfung – Test- und Übungsaufgaben".

2. Rechtsverfahren bei Steuern

Lernziele:

Der Lernende kann, nachdem er dieses Kapitel durchgearbeitet hat,
- die Möglichkeiten des Einspruchs und der Beschwerde gegen die Steuerveranlagung darstellen,
- die Grundsätze der Steuerprüfung und des Steuerstrafverfahrens aufzeigen.

2.1 Rechtsbehelfe gegen Steuerveranlagung

Einspruch und Beschwerde

Gegen die schriftliche Entscheidung des Finanzamtes, insbesondere gegen steuerliche Verwaltungsakte kann Einspruch (§ 348 AO 1977) oder Beschwerde (§ 349 AO 1977) erhoben werden. Der Einspruch ist innerhalb eines Monats nach Bekanntgabe des Verwaltungsaktes einzulegen, die Beschwerde ist dagegen unbefristet. Sie sind schriftlich oder zur Niederschrift bei dem Finanzamt vorzubringen, dessen Verwaltungsakt angefochten oder begehrt wird. Zur Einlegung von Rechtsbehelfen ist nur derjenige berechtigt, der durch einen Verwaltungsakt oder dessen Unterlassung beschwert ist.

Einspruchs-entscheidung

Hilft das Finanzamt dem Einspruch nicht ab, so hat es eine Einspruchsentscheidung zu erlassen. Gegen die Einspruchsentscheidung des Finanzamtes kann der Steuerpflichtige Klage beim Finanzgericht einreichen. Wird der Beschwerde nicht abgeholfen, so ist sie durch das Finanzamt an die zuständige Oberfinanzdirektion weiterzuleiten, die eine Beschwerdeentscheidung zu treffen hat. Auch gegen die Beschwerdeentscheidung kann Klage beim Finanzgericht eingereicht werden, das durch Urteil entscheidet. Gegen das Urteil des Finanzgerichts kann mit Hilfe der Revision beim Bundesfinanzhof vorgegangen werden. Die Revision wird grundsätzlich zugelassen bei einem Streitwert von mindestens DM 10 000,–. Bei einem niedrigeren Streitwert ist die Revision möglich, wenn sie vom Finanzgericht selbst zugelassen wird.

Klage

Das Finanzamt prüft die Zulässigkeit der Rechtsbehelfe in eigener Zuständigkeit. Werden Form- oder Fristerfordernisse nicht erfüllt, so ist der Rechtsbehelf als unzulässig zu verwerfen.

Aussetzung der Vollziehung

Grundsätzlich kann weder der Einspruch noch die Beschwerde oder Klage den angefochtenen Verwaltungsakt und die Erhebung einer Abgabe hemmen (§ 361 AO 1977). Auf Antrag kann jedoch das Finanzamt die Vollziehung ganz oder teilweise aussetzen, wenn ernstliche Zweifel an der Rechtmäßigkeit des angefochtenen Verwaltungsaktes bestehen oder wenn die Vollziehung für den Betroffenen eine unbillige und unbegründete Härte zur Folge hätte. Die Aussetzung kann von einer Sicherheitsleistung abhängig gemacht werden.

2.2 Steuerstundung, -ermäßigung und -erlaß

Stundung

Wenn die Einziehung der geschuldeten Steuern zum Zeitpunkt ihrer Fälligkeit für den Steuerpflichtigen eine erhebliche Härte bedeutet, kann das Finanzamt auf Antrag den abzuführenden Gesamtbetrag ganz oder teilweise stunden. Das gilt auch dann, wenn ein Verwaltungsakt rechtskräftig geworden und die Zahlung fällig gestellt ist. Der Steueranspruch darf durch die Stundung nicht gefährdet werden. In der Regel fordert daher das Finanzamt eine Sicherheitsleistung. Die Stundungszinsen liegen zur Zeit bei 0,5 % monatlich.

Ermäßigung

Unter ähnlichen Voraussetzungen kann auch einem Antrag auf Steuerermäßigung stattgegeben werden. Mit Zustimmung des Steuerpflichtigen kann bei der Besteuerung des Einkommens gestattet werden, daß einzelne Besteuerungsgrundlagen, soweit sie die Steuern erhöhen, erst in einer späteren, bzw. soweit sie die Steuern mindern, schon zu einer früheren Zeit Berücksichtigung finden.

Erlaß

Der Erlaß von Steuerschulden erfolgt nur in seltenen Ausnahmefällen, in denen eine zwangsweise Beitreibung eine unbillige Härte für den Steuerpflichtigen bzw. seinen Betrieb oder seine Familie bedeuten würde.

Für die Stundung, Ermäßigung oder Erlaß von Gemeindesteuern ist die hebeberechtigte Gemeinde zuständig.

2.3 Außenprüfung, Steuerstrafverfahren

Außenprüfung

Die steuerlichen Verhältnisse des Steuerpflichtigen können durch eine Außenprüfung des Finanzamtes zusätzlich erforscht werden. Sie ist bei Einkünften aus Land- und Forstwirtschaft, Gewerbebetrieb und selbständiger Arbeit grundsätzlich zulässig.

Die Außenprüfung kann eine oder mehrere Steuerarten umfassen (zumeist Umsatzsteuer, Einkommensteuer, Körperschaftsteuer, Gewerbesteuer) und sich auf einen oder mehrere Besteuerungszeiträume bzw. Sachverhalte konzentrieren. Ihr Umfang wird durch eine Prüfungsanordnung festgesetzt, die in der Regel eine angemessene Zeit vor Beginn der Prüfung bekanntzugeben ist und den voraussichtlichen Prüfungsbeginn sowie die Namen der Prüfer enthalten soll. Der angekündigte Termin kann verschoben werden, wenn der Steuerpflichtige wichtige Gründe dafür glaubhaft macht (§ 197 AO 1977).

Verlauf der Außenprüfung

Der Außenprüfer hat sich bei Erscheinen unverzüglich auszuweisen. Er macht sodann den Beginn der Prüfung unter Angabe von Datum und Uhrzeit aktenkundig und prüft zu Gunsten wie zu Lasten des Steuerpflichtigen die für die Steuerpflicht sowie Steuerbemessung maßgebenden tatsächlichen und rechtlichen Verhältnisse. Hierbei hat der Steuerpflichtige durch Erteilung von Auskünften, Bereithaltung und Erläuterung von Unterlagen sowie durch die unentgeltliche Zurverfügungstellung eines Raumes bzw. Arbeitsplatzes und der sonst erforderlichen Hilfsmittel im vollen Umfang mitzuwirken. Ein Auskunftsverweigerungsrecht ist lediglich bei Eröffnung eines Strafverfahrens gegeben. Die Prüfung wird während der üblichen Geschäfts- oder Arbeitszeit durchgeführt. Über ihr Ergebnis findet in der Regel eine Schlußbesprechung statt, in der die strittigen Sachverhalte und die steuerlichen Folgen erörtert werden. Abschließend ergeht über die Prüfung ein Prüfungsbericht, der dem Steuerpflichtigen auf Antrag zuzustellen ist. Im Anschluß an eine Außenprüfung kann das Finanzamt auf Antrag des Steuerpflichtigen eine verbindliche Zusage in Schriftform darüber erteilen, wie ein für die Vergangenheit geprüfter und im Prüfungsbericht dargestellter Sachverhalt in Zukunft steuerrechtlich behandelt wird. Über Form und Bindungswirkung sowie Außerkrafttreten, Aufhebung und Änderung der verbindlichen Zusage sind besondere Regelungen getroffen.

Kontrollmitteilungen

Ein wichtiges Hilfsmittel für den Prüfer sind die sogenannten Kontrollmitteilungen. Wird z. B. bei der Prüfung eines Transportunternehmers in der Stadt

A festgestellt, daß er für Kraftfahrzeugreparaturen Zahlungen u. a. an den Betrieb B in der Gemeinde C geleistet hat, so kann von dem Prüfer in A eine Kontrollmitteilung dem für die Gemeinde C zuständigen Finanzamt gemacht werden. Im Rahmen der nächsten Betriebsprüfung stellt das Finanzamt in C dann fest, ob diese Einnahme bei B in voller Höhe gebucht worden ist.

Hält das Finanzamt eine regelmäßige Außenprüfung nicht für erforderlich, so kann sie eine abgekürzte Außenprüfung anordnen, die sich auf die wesentlichen Besteuerungsgrundlagen beschränkt. Die steuerlich erheblichen Feststellungen werden dem Steuerpflichtigen spätestens mit den Steuerbescheiden mitgeteilt (§ 203 AO 1977). Vor Abschluß der Prüfung ist der Steuerpflichtige darauf hinzuweisen, ob und inwieweit von den Steuererklärungen oder -festsetzungen abgewichen werden soll.

Steuerfahndung

Bei dem Verdacht einer Steuerstraftat ermittelt die Finanzbehörde den Sachverhalt. Dabei wird in der Regel der Steuerfahndungsdienst eingesetzt, dessen Nachforschungen zumeist in der Form einer außerordentlichen Außenprüfung durchgeführt werden. Die Finanzbehörde kann die Strafsache an die Staatsanwaltschaft abgeben, die ihrerseits wiederum die Strafsache jederzeit an sich ziehen kann (§ 386 AO 1977). Die Beamten der Steuerfahndung haben im Strafverfahren wegen Steuerstraftaten dieselben Rechte und Pflichten wie die Beamten des Polizeidienstes. Sie sind befugt, alle unaufschiebbaren Anordnungen zu treffen und der Verdunkelungsgefahr entgegenzuwirken. Insbesondere können sie Maßnahmen wie Beschlagnahmen anordnen.

Steuerverkürzung

Die Steuerordnungswidrigkeiten werden mit Geldbußen in unterschiedlicher Höhe geahndet. Im Falle der leichtfertigen Steuerverkürzung beträgt das Bußgeld bis zu DM 100 000,-. Sie liegt bereits dann vor, wenn der Steuerpflichtige oder eine zur Wahrnehmung seiner Angelegenheiten betraute Person den Behörden über steuerlich erhebliche Tatsachen unrichtige oder unvollständige Angaben macht oder die Finanzbehörden über steuerlich erhebliche Tatsachen in Unkenntnis läßt. Die Geldbuße wird nur dann nicht festgesetzt, wenn die Angaben berichtigt, ergänzt oder nachgeholt werden, bevor dem Steuerpflichtigen oder seinem Vertreter die Einleitung eines Straf- oder Bußgeldverfahrens bekanntgegeben worden ist. Selbstverständlich hat er die hinterzogenen Steuern nachzuentrichten. Eine Steuergefährdung wird mit einer Geldbuße bis zu DM 10 000,- geahndet. Sie liegt bereits vor, wenn unrichtige Belege erstellt oder aufzeichnungspflichtige Geschäftsvorfälle nicht oder unrichtig gebucht werden.

Strafen bei Steuerhinterziehung

Bei versuchter oder vollendeter Steuerhinterziehung werden Geld- und Freiheitsstrafen (bis zu zehn Jahren) durch die zuständigen Gerichte verhängt. Darüber hinaus kann den Tätern die Fähigkeit aberkannt werden, öffentliche Ämter zu bekleiden oder Rechte aus öffentlichen Wahlen zu erlangen. Bei vollendeter Steuerhinterziehung, Schmuggel oder Steuerhehlerei können schließlich die Gegenstände, auf die sich die Straftat erstreckt, sowie die zur Tat benutzten Beförderungsmittel eingezogen werden.

Selbstanzeige

Eine Möglichkeit zur Straffreiheit bietet bei Steuerhinterziehung die Selbstanzeige, begleitet durch die Berichtigung, Ergänzung oder Nachholung der einschlägigen Angaben und Abführung der hinterzogenen Beträge. Die Straffreiheit tritt jedoch nicht ein, wenn vor Erstattung der Selbstanzeige ein Amtsträger der Finanzbehörde zur steuerlichen Prüfung erschienen ist, dem Täter oder seinem Vertreter die Einleitung eines Straf- oder Bußgeldverfahrens wegen der Tat bekanntgegeben wurde bzw. der Täter wußte oder bei verständiger Würdigung der Sachlage damit rechnen mußte, daß die Hinterziehung ganz oder zum Teil schon entdeckt war.

Handwerk in Wirtschaft und Gesellschaft

1. Geschichtliche Entwicklung

Lernziele:

Der Lernende kann, nachdem er dieses Kapitel durchgearbeitet hat,
- die Anfänge des eigenständigen Handwerks im Mittelalter darstellen,
- die Bedeutung der Zünfte im Sozialgefüge der mittelalterlichen Städte darstellen,
- die Gewerbefreiheit und ihre Bedeutung für das Handwerk benennen,
- die Errichtung der Handwerkskammern, Innungen und Kreishandwerkerschaften zeitlich einordnen und ihre gegenwärtigen Aufgaben und Organisationsstrukturen erklären,
- Funktion und wesentliche Punkte der Handwerksordnung sowie ihre Anlagen A und B benennen.

1.1 Handwerk im Mittelalter

Anfänge des Handwerks

Die Anfänge eines eigenständigen Handwerks finden sich in den Städten des Mittelalters. Nachdem Heinrich I. (919 – 936), um seine neu erbauten Städte zu besiedeln, verordnet hatte, daß jeder neunte freigewordene Mann in die befestigte Stadt zu ziehen hatte (‚Stadtluft macht frei'), und nachdem die Naturalwirtschaft von der Geldwirtschaft abgelöst worden war, konnte das Handwerk eigenständische Berufsgruppen entwickeln. Die in die Städte gezogenen Fronhofhandwerker schlossen sich ohne obrigkeitliche Veranlassung zu Zünften zusammen und entwickelten ein wohldurchdachtes System von Ordnungsgrundsätzen. Dabei stand im Anfang nicht das Bedürfnis nach wirtschaftsregulierenden Maßnahmen im Vordergrund. Die Ursachen für die Zusammenschlüsse waren zunächst geselliger und religiöser Natur und das Bedürfnis, sich gegenseitig sozialen Beistand zu leisten. Später traten Einrichtungen zur Berufsausbildung und Berufserziehung hinzu.

1.2 Zünfte

Sie waren im Sozialgefüge der mittelalterlichen Städte das beste Instrument, die Angelegenheiten der Handwerker in eigenverantwortlicher Selbstverwaltung zu regeln. In ihrer besten Zeit waren die Zünfte auf folgenden Gebieten tätig

Tätigkeitsgebiete der Zünfte

- Überwachung und Förderung der Berufsausbildung, Regelung von Lehre, Gesellenzeit, Wanderschaft und Meisterprüfung, wobei z. B. die Dauer der Lehre oder der Wanderschaft vorgeschrieben wurde

- Festlegung der Voraussetzungen für die Gründung eines selbständigen Betriebes bis zur Festlegung des Betriebsstandortes (die Tatsache, daß die Schuhmacher oder die Fleischer oder die Weber häufig alle in einer Gasse saßen, war keineswegs ein zufälliges Ergebnis, sondern Beschluß der Zünfte)
- da nach mittelalterlicher Vorstellung die sozialen Verhältnisse der Betriebsinhaber keine großen Unterschiede aufweisen sollten, war sicherzustellen, daß niemand mehr verdiente als die anderen. Das Denken und Leben in der Gemeinschaft war ausgeprägter, und die Zunft übte die Kontrolle über Preise, Gewichte und über die Güte der Leistungen aus. Übermäßige und nicht reelle Kundenwerbung waren verboten. Regelmäßig wurden Höchstzahlen für die Beschäftigung von Gesellen und Lehrlingen festgesetzt (waren so alle vorgesehenen Stellen in einem Ort besetzt, mußte der arbeitswillige Wandergeselle weiterziehen, wurde allerdings mit einem Zehrpfennig versehen). Die Zunft hatte also Polizeigewalt auf dem Gewerbesektor
- sehr häufig hatte sie auch die Ermächtigung zur Steuereinziehung
- sodann bildete sie genossenschaftliche Funktionen aus, vollzog den zentralen Rohstoffeinkauf und war Bank- und Kreditinstitut für die Mitglieder
- durch Unterhaltung eines Sozialfonds war die Zunft auch Kranken- und Lebensversicherung
- sie stellte bei kriegerischen Auseinandersetzungen eigene Kampfverbände.

Die Aufnahme der Jugendlichen in das Handwerk erfolgte nach dem Begriff der Ehrbarkeit als Auswahlprinzip. Die Gesellschaft unterhielt besondere Verbände und Bruderschaften und verpflichtete ihre Mitglieder zur Wanderschaft. Es gab kaum soziale Spannungen.

Spezialisierung der Handwerke

Im Laufe der Zeit erfolgte dann eine Aufgliederung der Stammhandwerke in weitere spezialisierte Berufstätigkeiten, die etwa um 1300 begann. Im 14. Jahrhundert waren die Zünfte wirtschaftlich und sozial so selbstbewußt geworden, daß sie sich um politische Gleichberechtigung mit anderen Gruppierungen innerhalb der städtischen Verfassungen bemühten. Es leuchtet ein, daß in dieser Blütezeit der Zünfte das mittelalterliche Handwerk gleichzeitig Grundlage und Ursprung kultureller Entwicklungen war. Das gilt insbesondere für den musischen Bereich und den Bereich der Baukunst.

Abgrenzung gegen andere Berufe

Gegen Ende des Mittelalters wurde der Lebensraum für den einzelnen Handwerker in den Städten immer enger, jeder Berufszweig versuchte, sich durch strenge Maßnahmen gegenüber anderen Berufen abzugrenzen. Um den Lebensraum der bereits selbständig Tätigen abzusichern, versperrte man den Gesellen immer mehr den Aufstieg in die Selbständigkeit dadurch, daß unangemessene Forderungen an die Dauer der Wanderschaft oder an die fachliche Qualifikation in der Meisterprüfung gestellt wurden. Gleichzeitig schwächte sich das soziale Pflichtbewußtsein ab, und die Zünfte erstarrten in Formalismus, Geldstrafsystemen und anderen regulierenden Maßnahmen.

Zu diesem Kapitel finden Sie die Aufgaben C 268 – C 284 im Band „Vorbereitung auf die Meisterprüfung – Test- und Übungsaufgaben".

Handwerk in Wirtschaft und Gesellschaft

Diese Entwicklung brachte das Handwerk und die Zünfte in Mißkredit, obwohl diese Organisationskrise in dem engen Lebensraum der mittelalterlichen Städte nicht auf das Handwerk beschränkt war. Vielmehr vollzogen sich insgesamt tiefgreifende politische, wirtschaftliche, technische und soziale Wandlungen.

1.3 Gewerbefreiheit und ihre Folgen

Gewerbefreiheit

Als in Preußen im Jahre 1810 die Gewerbefreiheit eingeführt wurde, die bedeutete, daß jedermann sich in jedem Beruf ohne Nachweis einer Meisterprüfung oder einer anderen Qualifikation selbständig machen konnte, kamen die Zünfte völlig zum Erliegen. Mit dem Einsetzen der Industrialisierung in Deutschland im Jahre 1835 (Beginn des Eisenbahnbaues) kamen erstmals Massenkonsumgüter auf den Markt, die die handwerkliche Produktion in verschiedenen Bereichen ersetzten.

Damit ging das Handwerk aber keineswegs unter. Einerseits entwickelten sich neue handwerkliche Berufstätigkeiten am Rande der Industrie und als deren Zulieferer bzw. im Reparaturbereich, andererseits lernte der Handwerker mit der Entwicklung der Kleinkraftmaschinen rationeller zu arbeiten.

Gewerbevereine

In den Jahren von 1830 bis 1840 entstand mit den Gewerbevereinen wieder eine handwerkliche Organisation, die im Zusammenhang mit den politischen Ereignissen des Jahres 1848 eine umfassende Handwerks- und Gewerbeordnung verlangte. Das Verlangen wurde von dem Hinweis auf die fehlende Berufsausbildung unterstützt. Dieser Mangel machte sich im Wettbewerb mit den europäischen Industrieländern unangenehm bemerkbar, da deutsche Industrieerzeugnisse infolge der schlechteren Ausbildung auch eine schlechtere Qualität besaßen.

schlechte Qualität durch fehlende Berufsausbildung

Hauptereignisse dieser Handwerkerbewegung waren der Hauptkongreß der Handwerks- und Gewerbetreibenden vom 15. 7. bis 15. 9. 1848 in der Paulskirche in Frankfurt am Main, neben dem gleichzeitig ein Gesellenkongreß tagte. Die Beratungen der Nationalversammlung über den eingereichten Entwurf einer Handwerks- und Gewerbeordnung für das Deutsche Reich endeten zunächst ergebnislos, hinterließen aber als Grundstock für spätere Bemühungen den Gedanken an eine lückenlose Organisation des Handwerks mit angemessener Beteiligung der Gesellen und den Gedanken an ein geordnetes Ausbildungssystem.

Zunächst aber setzte sich weiterhin der wirtschaftliche Liberalismus durch, der die absolute Gewerbefreiheit propagierte. Sie wurde 1869 durch die Gewerbeordnung des norddeutschen Bundes auch bestätigt.

1.4 Aufbau der Kammern, Innungen und Kreishandwerkerschaften

Qualitätsverbesserung

Eine positive Einstellung von Regierung und Öffentlichkeit zum handwerklichen Berufsstand wurde gegen Ende des 19. Jahrhunderts aus der Notwendigkeit herbeigeführt, die Qualität handwerklicher und industrieller Erzeugnisse zu verbessern, um mit den übrigen westeuropäischen Ländern auf dem Weltmarkt konkurrieren zu können.

Stationen auf diesem Wege waren Gewerberechtsnovellen von 1881 bis 1887, die die Innungen im Interesse der **Erneuerung der Berufsausbildung** wieder mit öffentlich-rechtlichen Befugnissen ausstatteten und u. a. die Befugnis zur Haltung von Lehrlingen auf die Mitglieder von Innungen beschränkten. Die entscheidenden Schritte erfolgten durch das **Handwerksgesetz vom 26. 7. 1897** mit der **Errichtung der Handwerkskammern** und der **fakultativen Zwangsinnungen** sowie der **Neuregelung des Lehrlingswesens** und der Befugnis, den Meistertitel zu führen. Es handelte sich hierbei weniger um Schutzmaßnahmen vor industrieller Konkurrenz. Es ging vielmehr darum, die Selbsthilfe-Kräfte des Handwerks mit Hilfe der Staatsgewalt zu organisieren. Die Forderung des Handwerks nach einem Befähigungsnachweis wurde nicht erfüllt. 1905 wurde auf sie sogar vorläufig verzichtet.

Der das Handwerk verbindende berufsständische Gedanke erhielt seinen Ausdruck durch die Bildung von **Gesellenausschüssen** bei den Handwerkskammern und Innungen. Durch die Novelle vom 30. Mai 1908 gelangte der **kleine Befähigungsnachweis** zur Einführung. Danach hatten nur diejenigen Handwerker das Recht, Lehrlinge anzuleiten und den Meistertitel zu führen, die eine **Meisterprüfung** bestanden hatten.

Die Handwerksnovelle von 1929 führte für die Mitglieder der Handwerkskammern und ihre Stellvertreter das allgemeine, gleiche, unmittelbare und geheime Wahlrecht ein und übertrug die Aufsicht über die Handwerkskammern an die Landeszentralbehörden. Vor allem aber brachte dieses Gesetz die Errichtung der **Handwerksrolle** und die Befugnis, Sachverständige zur Erstattung von Gutachten über die Güte von Lieferungen und Leistungen von Handwerkern und die Angemessenheit der von ihnen geforderten Preise zu beeiden und öffentlich anzustellen.

Das Gesetz über den vorläufigen Aufbau des Deutschen Handwerks vom 29. November 1933 machte allgemeine **Pflichtinnungen** zur Grundlage der Handwerksorganisation. Sie umfaßten alle in die Handwerksrolle eingetragenen Betriebe. Die Dritte Verordnung über den vorläufigen Aufbau des Deutschen Handwerks vom 18. Januar 1935 führte den **„Großen Befähigungsnachweis"** als Voraussetzung für den selbständigen Betrieb eines Handwerks als stehendes Gewerbe ein.

Mit den Pflichtinnungen zusammen wurden 1934 die **Kreishandwerkerschaften als Körperschaften des öffentlichen Rechts** errichtet. Die fachliche Zusammenfassung des gesamten Handwerks im damaligen Reichsgebiet erfolgte Ende 1934 in einer **Reichsgruppe Handwerk**.

Kriegserfordernisse führten 1942/43 zur Überführung der Handwerkskammern und Industrie- und Handelskammern in die Gauwirtschaftskammern, zur Auflösung des Deutschen Handwerks- und Gewerbekammertages und zur Bildung einer Handwerksabteilung in der Reichswirtschaftskammer.

Nach Beendigung des zweiten Weltkrieges wurde auf die Handwerksgesetzgebung vor 1933 zurückgegriffen. Insbesondere wurden die allgemeine Pflichtorganisation auf der Innungsebene und die Ehrengerichtsbarkeit aufgegeben. Die Handwerkskammern konstituierten sich anstelle der Gauwirtschaftskammern neu. Der Große Befähigungsnachweis wurde wenigstens teilweise in einer Reihe von Ländern der Bundesrepublik beibehalten (britische und französische Zone). Die Verordnung über den Aufbau des Handwerks in der britischen Zone von 1946 bestimmte, daß die Handwerkskammern zu einem Drittel ihrer Mitglieder aus Gesellen bestehen mußten. Das gleiche galt für die Vorstände der Handwerkskammern.

1.5 Handwerksrecht nach 1945

Handwerksordnung

Die Verschiedenheit des Handwerksrechts nach Besatzungszonen wurde für die Bundesrepublik Deutschland durch das Gesetz zur Ordnung des Handwerks (Handwerksordnung) vom 17. September 1953 beseitigt. Es stellte die Einheitlichkeit des Handwerksrechts und der Handwerksorganisation im Bundesgebiet wieder her und gewährleistet seitdem eine wirkliche Geschlossenheit

- der Regelung der Ausübung eines Handwerks
- der Berufsausbildung in Handwerksbetrieben
- der Meisterprüfung und der Führung des Meistertitels
- der Organisation des Handwerks und seiner Zusammensetzung, wie sie sich aus der sogenannten Positivliste (Anlage A des Gesetzes) ergibt.

Nach mehr als 10jährigen Erfahrungen erwies es sich als nötig, die Handwerksordnung von 1953 der Entwicklung anzupassen und entsprechend zu ändern. Das Gesetz zur Änderung der Handwerksordnung vom 9. September 1965 ist am 16. September 1965 in Kraft getreten. Es führt unter anderem auch den Begriff des „verwandten Handwerks" wieder ein und enthält neue Bestimmungen über die handwerksähnlichen Gewerbe. Es erweitert die Möglichkeiten zur Eintragung in die Handwerksrolle u. a. im Rahmen der EU.

Berufsbildungsgesetz

Eine wichtige Station im Rahmen der Handwerksgesetzgebung ist das am 1. September 1969 in Kraft getretene Berufsbildungsgesetz, das sich nicht nur mit der Berufsbildung im Handwerk, sondern allgemein mit der Berufsbildung in der gewerblichen Wirtschaft befaßt.

Es enthält Rahmenbestimmungen für die Ausgestaltung der Berufsausbildungsverhältnisse und Verordnung der Berufsbildung, wobei die Berechtigung zum Einstellen und Ausbilden, die Anerkennung von Ausbildungsberufen, die organisatorische Überwachung der Ausbildungsverhältnisse und das Prüfungswesen geregelt wird.

Die Ausdehnung der Handwerksordnung auf die neuen Bundesländer ist im Einigungsvertrag vom 20. September 1990 geregelt und mit dem Beitritt der ehemaligen DDR zur Bundesrepublik am 3. Oktober 1990 erfolgt.

Novelle zur Handwerksordnung

Mit Wirkung vom 1. Januar 1994 ist die Handwerksordnung erneut überarbeitet worden, wobei ca. 60 Gesetzesänderungen eingearbeitet wurden. Die wichtigsten Änderungen befinden sich im ersten Teil des Gesetzes, der sich mit der Berechtigung zum selbständigen Betrieb eines Handwerks befaßt. Die dort eingearbeiteten Änderungen zielen insgesamt darauf ab, den Handwerkern am Markt mehr Aufträge aus einer Hand zu ermöglichen, auch wenn die Auftragsinhalte mehrere Handwerksberufe betreffen. Dieses Ziel wird beim einzelnen Auftrag durch eine erweiterte Fassung des § 5 erreicht, während man über den § 7 Abs. 6 und § 7 Abs. 7 in Verbindung mit § 7 a zusätzliche Eintragungen durch Einstellung eines Betriebsleiters bzw. durch Erwerb einer zusätzlichen Ausübungsberechtigung erwirken kann. Erleichterungen bringen auch eine erweiterte Anerkennung von Prüfungen und Prüfungsteilen bei gleichen Prüfungsinhalten und die erleichterte Zulassung zur zweiten Meisterprüfung. Und schließlich sind 10 neue handwerksähnliche Gewerbe in die Anlage B zur Handwerksordnung aufgenommen worden, während die generelle Überarbeitung der Anlage A noch aussteht und vom Gesetzgeber möglichst bald in Angriff genommen werden soll.

2. Handwerk als Wirtschaftsgruppe

Lernziele:
Der Lernende kann, nachdem er dieses Kapitel durchgearbeitet hat,
- unterscheiden, welcher Betrieb zum Handwerk und welcher zur Industrie gehört,
- die sieben Gewerbegruppen des Handwerks nennen,
- grundsätzliche statistische Angaben über Beschäftigte, Gesamtumsatz, Betriebsgröße, Zahl der Ausbildungsverhältnisse machen,
- die Schwerpunkte handwerklicher Leistungen herausstellen.

2.1 Welcher Betrieb ist Handwerksbetrieb?

individuelle Leistung

Das typische Merkmal der Handwerkswirtschaft gegenüber der massengütererzeugenden Industrie ist die Deckung des Bedarfs an individuellen Lieferungen und Leistungen, sowohl für die privaten Verbraucher als auch für Industrie, Handel, öffentliche Auftraggeber usw., wobei sich das Handwerk modernster technischer und betriebswirtschaftlicher Einrichtungen und Verfahren bedient.

In reiner Form gibt es den individuell tätigen Handwerker auf der einen und die automatisierte Fabrik auf der anderen Seite nur selten; das Wirtschaftsleben weist zahllose Mischformen und Übergänge auf, setzt die grundsätzliche Unterscheidung aber nicht außer Kraft. Die für das Handwerk typische „Polifunktionalität", d. h. die Fähigkeit zur gleichzeitigen oder wechselnden Ausübung mehrerer Teilfunktionen im Rahmen wirtschaftlicher Grundsachverhalte ist auch die Ursache dafür, daß sich das Handwerk schnell an veränderte Marktlagen anpassen kann.

Flexibilität

dynamischer Handwerksbegriff

Die Zugehörigkeit zum Handwerk wird in Deutschland nicht mit Hilfe eines einzigen Merkmals wie Betriebsgröße, Zahl der Beschäftigten oder der Höhe des Umsatzes bestimmt. Wir haben in Deutschland also einen dynamischen Handwerksbegriff, im Gegensatz zu Frankreich, wo die Zugehörigkeit zum Handwerk von der Zahl der Beschäftigten abhängt (statischer Handwerksbegriff). Nach der Handwerksordnung zählt in der Bundesrepublik ein Gewerbebetrieb dann zum Handwerk, wenn er handwerksmäßig betrieben wird und zu einem Gewerbe gehört, das in der Anlage A zur Handwerksordnung aufgeführt ist.

Anlage A der HwO

Die Anlage A in der Handwerksordnung nennt 127 Handwerksberufe in folgenden Gruppen

    I.   Bau- und Ausbaugewerbe (z. B. Maurer, Beton- und Stahlbetonbauer, Zimmerer, Dachdecker, Straßenbauer, Wärme-, Kälte- und Schallschutzisolierer)

    II. Elektro- und Metallgewerbe (z. B. Metallbauer, Maschinenbaumechaniker, Werkzeugmacher, Kraftfahrzeugmechaniker, Gas- und Wasserinstallateure, Zentralheizungs- und Lüftungsbauer, Elektroinstallateure, Radio- und Fernsehtechniker, Goldschmiede)

III. Holzgewerbe (z. B. Tischler, Parkettleger, Rolladen- und Jalousiebauer, Modellbauer)

IV. Bekleidungs-, Textil- und Ledergewerbe (z. B. Herrenschneider, Damenschneider, Modisten, Kürschner, Raumausstatter)

V. Nahrungsmittelgewerbe (z. B. Bäcker, Konditoren, Fleischer)

VI. Gewerbe für Gesundheits- und Körperpflege (z. B. Augenoptiker, Hörgeräteakustiker, Zahntechniker, Friseure, Gebäudereiniger)

VII. Glas-, Papier-, keramische und sonstige Gewerbe (z. B. Glaser, Feinoptiker, Fotografen, Buchdrucker, Schriftsetzer, Keramiker, Orgel- und Harmoniumbauer, Schilder- und Lichtreklamehersteller, Vulkaniseure).

Anlage B der HwO — Die Anlage B nennt seit der am 1. 1. 1994 in Kraft getretenen Novelle zur Handwerksordnung 50 handwerksähnliche Gewerbezweige, die zur Handwerksorganisation gehören, die jedoch zur selbständigen Ausübung des Gewerbes eine fachliche Qualifikation nicht nachzuweisen brauchen.

2.2 Wirtschaftliche Bedeutung des Handwerks

Die Zahl der Handwerksbetriebe hatte nach dem letzten Krieg aus verschiedenen Gründen eine ungewöhnliche Höhe erreicht (1950: 886 500 Betriebe). Seither hat die Zahl der Betriebe in Folge eines anhaltenden Konzentrationsprozesses stetig abgenommen. Inzwischen ist der Betriebsrückgang zum Stillstand gekommen und weist nach der Wiedervereinigung rund 720 000 Unternehmen des Handwerks und des handwerksähnlichen Gewerbes auf (Stand 1990). Wegen der Entwicklung in den neuen Bundesländern sind z. Zt. zahlenmäßige Schwankungen möglich.

Handwerk in Zahlen:

Beschäftigte im Handwerk — Beschäftigte im Handwerk (einschließlich handwerksähnliches Gewerbe): 4,626 Millionen (einschließlich Inhaber)
Die Zahl der Beschäftigten im Handwerk ist im Laufe der Nachkriegsjahre zunächst ständig gewachsen. Nur 1967 und 1974/75 und in den letzten Jahren war ein geringer Rückgang zu verzeichnen. Trotz Arbeitslosigkeit besteht ein Mangel an Fachkräften.

Betriebsgröße — durchschnittliche Betriebsgröße: 6,4 Personen pro Betrieb
Die durchschnittliche Betriebsgröße lag 1949 bei 3,6 Personen. Sie ist – bis auf das Jahr 1975 – gestiegen und zeigt die Tendenz zur Bildung krisenfester, gesunder Mittelbetriebe.

Umsatz — Gesamtumsatz: 553,5 Milliarden DM (1990)

Umsatz pro Beschäftigten:		
	1949	DM 6 400,-
	1970	DM 45 500,-
	1980	DM 90 800,-
	1986	DM 105 200,-
	1988	DM 114 600,-
	1990	DM 119 650,-

Zu diesem Kapitel finden Sie die Aufgaben C 268 – C 284 im Band „Vorbereitung auf die Meisterprüfung – Test- und Übungsaufgaben".

Handwerk in Wirtschaft und Gesellschaft

Übersicht über Betriebsgrößen

Von den rd. 4,6 Millionen im Handwerk Beschäftigten arbeiten im Unternehmen mit:

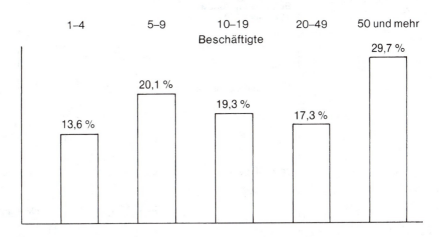

1–4	5–9	10–19	20–49	50 und mehr
Beschäftigte				
13,6 %	20,1 %	19,3 %	17,3 %	29,7 %

Entwicklung des Handwerks 1968 bis 1990 (Angaben ohne handwerksähnliche Betriebe)

Entwicklung in Zahlen

Jahr	Unternehmen	Veränderungen gegen Vorjahr in %	Beschäftigte	Veränderungen gegen Vorjahr in %	Umsatz in Milliarden	Veränderungen gegen Vorjahr in %
1968	614 844	(−2,3)	4 108 400	(+0,5)	148,3	(+ 4,4)
1970	585 100	(−2,6)	4 100 500	(+0,2)	186,3	(+15,1)
1976	507 300	(−2,3)	3 906 500	(+1,4)	280,1	(+ 8,4)
1980	496 200	(−0,1)	4 116 200	(+2,1)	373,4	(+ 9,8)
1982	492 229	(−0,6)	3 972 953	(−2,8)	368,9	(− 1,6)
1984	493 600	(+0,3)	3 913 300	(+0,2)	387,6	(+ 1,7)
1986	492 600	(−0,4)	3 808 300	(−1,0)	400,6	(+ 4,4)
1988	489 600	(−0,2)	3 809 800	(+0,0)	435,8	(+ 5,2)
1989	489 300	(−0,1)	3 847 900	(+1,0)	464,6	(+ 6,6)
1990	489 200	(−0,0)	3 932 600	(+2,2)	518,5	(+11,6)

Gesamtinvestitionen 1979: rund 30   Milliarden DM (geschätzt)
Gesamtinvestitionen 1980: rund 15   Milliarden DM (geschätzt)
Gesamtinvestitionen 1983: rund 14,5 Milliarden DM (geschätzt)
Gesamtinvestitionen 1986: rund 17,5 Milliarden DM (geschätzt)
Gesamtinvestitionen 1988: rund 15   Milliarden DM (geschätzt)
Gesamtinvestitionen 1989: rund 17   Milliarden DM (geschätzt)
Gesamtinvestitionen 1990: rund 18,7 Milliarden DM (geschätzt)

Handwerk in Wirtschaft und Gesellschaft

Entwicklung in Zahlen (Grafik)

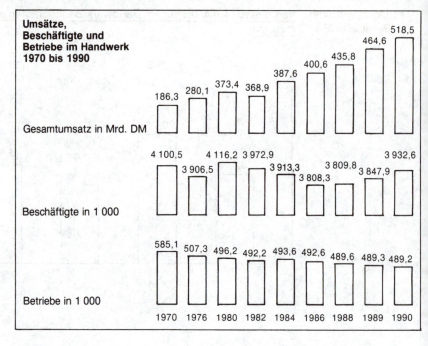

Ausbildungsverhältnisse
- Zahl der Ausbildungsverhältnisse: 532 529 (1989)
Damit ist die Gesamtzahl der Ausbildungsverhältnisse nach jahrelangen Steigerungen bis zum Jahre 1984 angestiegen und anschließend wieder bis auf den heutigen Stand gefallen. Die betriebliche Berufsausbildung wird zunehmend durch überbetriebliche Lehrgänge ergänzt.

- Anzahl der Gesellenprüfungen 205 231 (davon 84,2 % bestanden)
- Anzahl der Meisterprüfungen 50 799 (davon 75,0 % bestanden).

Hinsichtlich Beschäftigtenzahl und Wertschöpfungsquote ist das Handwerk nach der Industrie der stärkste Wirtschaftsbereich der Bundesrepublik.

2.3 Arbeitsgebiete des Handwerks

Schwerpunkte des Handwerks

Der Schwerpunkt handwerklicher Leistungen liegt bei der Neuherstellung, der Instandhaltung (einschließlich Bauleistungen, Installation, Montage) sowie Wartung, Pflege und Reparatur industrieller und handwerklicher Erzeugnisse.

In letzter Zeit hat die Restaurierung an Bedeutung gewonnen. Besonderes Gewicht kommt schon heute und mehr noch in der Zukunft der Zulieferung für die Industrie zu.

Steigender Wohlstand erschließt immer neue Käuferschichten für Güter des gehobenen Bedarfs und individueller Fertigung und bietet den Handwerkszweigen auf den Arbeitsgebieten Ernährung, Kleidung, Schmuck, Frisur, Körperpflege, Kultur und Luxusbedarf – so auch den einzelnen Zweigen des Kulturhandwerks – neue Aufgaben.

Dienstleistung

Die kundennahe Versorgung und Dienstleistung – vor allem hinsichtlich Reparatur und Wartung technischer Haushaltseinrichtungen und Geräte – gewinnt immer größere Bedeutung und macht das Handwerk lebenswichtig für die Aufrechterhaltung der technischen Zivilisation.

Handwerkshandel

Der Handwerkshandel spielt in manchen Zweigen, besonders in technischen Handwerken, eine besondere Rolle. Gerade in diesen Bereichen wird die Sachkunde des Meisters auch bei der Beratung erwartet. Vom gesamten Umsatz des Handwerks entfallen ca. 70 % auf den eigentlichen Handwerksumsatz, ca. 30 % auf den sogenannten Handwerkshandel, besonders auf den einschlägigen Fachhandel.

Dezentralisierte, kundennahe handwerkliche Fertigkeit, vielseitig verwendbare technische Betriebseinrichtungen und erwiesene Anpassungs- und Umstellungsfähigkeit sichern dem Handwerksbetrieb auch in Zukunft eine Schlüsselstellung in der Wirtschaft.

arbeitsmarktpolitische Bedeutung

Eine immer größere Bedeutung gewinnt das Handwerk in arbeitsmarktpolitischer Hinsicht. Mit zunehmender Automatisierung werden immer mehr Arbeitskräfte von der Industrie zum Handwerk abwandern, dessen Betriebe sich nicht im gleichen Ausmaß rationalisieren lassen.

2.4 Soziologische Bedeutung des Handwerks

Gerade das moderne Handwerk bietet in weitem Umfang noch die Möglichkeit, aus der Unselbständigkeit heraus zur wirtschaftlichen Selbständigkeit zu gelangen. Der Zugang zur handwerklichen Ausbildung mit der abschließenden Meisterprüfung steht Angehörigen aller Bevölkerungskreise offen, die somit in den Bereich der wirtschaftlich Selbständigen eintreten können. Aus der beruflichen Vorbildung für ein Handwerk ist auch leicht der Übergang in andere Sparten der Wirtschaft und in gehobene unselbständige Betätigungen möglich.

soziologische Bedeutung Soziologisch wichtig ist, daß infolge der relativen Kleinheit der Handwerksbetriebe die menschlichen Beziehungen zwischen den im Betrieb Tätigen enger sind als sie im allgemeinen in der Industrie sein können. Das mit der Selbständigkeit verbundene Risiko begünstigt die Entwicklung selbstverantwortlicher Persönlichkeiten. Der persönliche Einsatz bei der beruflichen Arbeit und der daraus erwachsende Berufsstolz, die Freude an der beruflichen Betätigung und das Arbeiten in Selbstverantwortung und Selbsthilfe machen den Handwerker als Staatsbürger zu einem Faktor der Stabilität und zu einem Gegengewicht gegen kollektivistische Tendenzen, die ihm genauso widerstreben wie den anderen Bereichen der freien Wirtschaft.

Zu diesem Kapitel finden Sie die Aufgaben C 268 – C 284 im Band „Vorbereitung auf die Meisterprüfung – Test- und Übungsaufgaben".

3. Handwerksorganisation

Lernziele:
Der Lernende kann, nachdem er dieses Kapitel durchgearbeitet hat,
- die verschiedenen Organisationsstufen des Handwerks benennen,
- die Funktion der Innung als Keimzelle der handwerklichen Organisation beschreiben
- die Aufgabenbereiche der Innung, der Kreishandwerkerschaft und der Kammer beschreiben,
- die Aufgaben der Spitzenorganisationen des Handwerks benennen.

3.1 Gesamtaufbau

Organisationsstufen des Handwerks

Die gemeinsame Basis der Gesamtorganisation sind die Innungen. Von ihnen führt eine Säule des Aufbaus über die Kreishandwerkerschaften und Handwerkskammern zum Deutschen Handwerkskammertag. Die andere führt über die Landes- und Zentralfachverbände (Landes- und Bundesinnungsverbände) zur Vereinigung der Zentralfachverbände des deutschen Handwerks.

ZDH

Diese beiden Spitzenverbände bilden zusammen mit den Spitzenorganisationen der handwerksfördernden Einrichtungen wie etwa den berufsständischen Versicherungen, dem Hauptverband der Innungskrankenkassen und den handwerklichen Genossenschaften den Zentralverband des Deutschen Handwerks (→ S. 629).

3.1.1 Grundsatz der Freiwilligkeit

freiwillige Mitgliedschaft

Die Organisation des Handwerks beruht im wesentlichen auf dem Grundsatz der freiwilligen Mitgliedschaft zur Innung und über die Innung zum Landes- und Bundesverband. Jeder selbständige Handwerker tut jedoch gut daran, Mitglied der für den Ort seiner Niederlassung und für seinen Handwerksberuf bestehenden Innung zu werden, da er dadurch die mannigfaltigen Vorteile und Leistungen der Innung in Anspruch nehmen kann (→ S. 625 f). Der Organisationsgrad der Betriebe in den Handwerksinnungen ist sehr hoch.

Pflichtmitgliedschaft

Pflichtmitgliedschaft hat der Gesetzgeber jedoch für alle Handwerksbetriebe und alle handwerksähnlichen Betriebe (einschließlich der Gesellen und Lehrlinge) zur Handwerkskammer festgelegt.

3.1.2 Selbstverwaltung

Der Organisation des Handwerks liegt der Gedanke der Selbstverwaltung zugrunde. Die handwerkliche Selbstverwaltung erledigt die Angelegenheiten im beruflichen Bereich des Handwerks in eigener Verantwortung und Zuständigkeit mit eigenen Mitteln und durch die eigenen Mitglieder.

Darstellung des Organisationsaufbaus

Aufbau der Handwerksorganisation

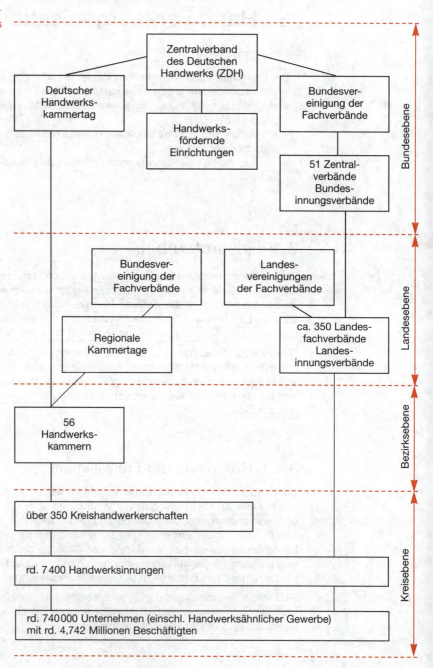

Den Umfang und die Grenzen der Selbstverwaltung regelt der Staat durch Gesetz. Er übt auch die Aufsicht über die Selbstverwaltungskörperschaften aus, um die Einhaltung der Gesetze sowie die ordnungsgemäße Erfüllung der Pflichtaufgaben und der Auftragsangelegenheiten (z. B. Prüfungswesen) zu überwachen.

berufsständische Selbstverwaltung	Die berufsständische Selbstverwaltung des Handwerks lebt aus einem gemeinsamen beruflichen Heimatgefühl aller Handwerker, aus der Gemeinsamkeit der wirtschaftlichen Existenzbedingungen, des sozialen Lebensgefühls, des Schaffens im Betrieb, aus dem gemeinsamen Berufsethos, der geschichtlichen Überlieferung und dem gemeinsamen beruflichen Werdegang vom Lehrling über den Gesellen zum Meister. Sie umfaßt deshalb auch alle Berufsstandsangehörigen mit Einschluß der mitarbeitenden Familienangehörigen, der kaufmännischen Lehrlinge und Angestellten, der technischen Angestellten und der un- und angelernten Arbeiter, die in handwerklichen Betrieben tätig sind. Das Handwerk fordert so viel Selbstverwaltung wie möglich, aber Staatsaufsicht nicht mehr als im Interesse der Allgemeinheit unbedingt erforderlich.
ehrenamtliche Tätigkeit	Die Ämter in der Handwerksorganisation werden grundsätzlich ehrenamtlich verwaltet. Die Organisationssatzungen enthalten nähere Bestimmungen darüber, inwieweit Ersatz barer Auslagen und Entschädigung für Zeitversäumnis sowie entgangenen Arbeitsverdienst (für ehrenamtlich tätige Gesellen) gewährt werden kann.

3.2 Innungen

Selbständige Handwerker des gleichen Berufes oder solcher Handwerke, die sich fachlich oder wirtschaftlich nahestehen, können innerhalb eines bestimmten Bezirkes zu einer Handwerksinnung zusammentreten. Für jedes Handwerk kann im gleichen Bezirk nur eine Innung gebildet werden. Die Zugehörigkeit zur Innung ist freiwillig. Sie kann solche Personen als Gastmitglieder aufnehmen, die ihrem Handwerk beruflich oder wirtschaftlich nahestehen. Die Innungsbezirke decken sich im allgemeinen mit den Stadt- oder Landkreisen.

Gründung und Mitgliedschaft

Bei selteneren Handwerkszweigen erstrecken sie sich über mehrere Kreise oder über den Kammerbezirk oder auch über das Land. Übt ein Handwerker mehrere Handwerke aus, empfiehlt es sich, auch mehreren Innungen beizutreten.

Die Bestimmungen über die Aufgaben der Innung und über ihre Verwaltung sowie über die Aufgaben und Rechte der Organe und Mitglieder enthält die Satzung, die von der Innungsversammlung beschlossen und von der Handwerkskammer genehmigt wird. Die Handwerksinnung ist eine Körperschaft des öffentlichen Rechts. Sie untersteht der Aufsicht der Handwerkskammer.

Satzung und Aufsicht

Aufgabe der Handwerksinnung ist, die gemeinsamen gewerblichen Interessen ihrer Mitglieder zu fördern. Insbesondere hat sie

Aufgaben

- den Gemeingeist und die Berufsehre zu pflegen und ein gutes Verhältnis zwischen Meistern, Gesellen und Lehrlingen anzustreben
- für die technische, gewerbliche und sittliche Ausbildung der Lehrlinge zu sorgen und die Ausbildung zu überwachen
- Gesellenprüfungen abzuhalten
- das handwerkliche Können der Meister und Gesellen zu fördern
- das Genossenschaftswesen zu fördern, handwerkliche Organisationen zu unterstützen, die Anordnungen der Handwerkskammer durchzuführen und den Behörden Gutachten und Auskünfte zu erstatten.

Daneben soll die Innung

- Einrichtungen zur Verbesserung der Wirtschaftlichkeit (Arbeitsweise, Betriebsführung) der Betriebe schaffen und das handwerkliche Pressewesen fördern.

Die Innung kann

- Tarifverträge abschließen – soweit kein überregionaler Verbandstarif gilt
- Unterstützungskassen für alle Fälle der Krankheit, des Todes oder der Bedürftigkeit schaffen
- bei Streitigkeiten zwischen Innungsmitgliedern und Auftraggebern vermitteln
- Innungskrankenkassen errichten.

Die Innung darf keinen Einfluß auf die Preisgestaltung nehmen. Jedoch ist gestattet, die Mitglieder bei der Kalkulation zu beraten.

In Ausführung der vorgenannten Aufgaben unterhalten die Innungen häufig Sterbekassen, Streikfonds, Einziehungsstellen für Handwerkerforderungen, Buchstellen, Schlichtungsstellen und Auftragsdienste. Außerdem beraten sie ihre Mitglieder in arbeitsrechtlichen Fragen und vertreten sie vor dem Arbeitsgericht.

Gesellenausschuß Der Gesellenausschuß muß

- beim Erlaß von Vorschriften über die Regelung der Lehrlingsausbildung
- bei Maßnahmen zur Fürsorge für die technische, gewerbliche und sittliche Ausbildung der Lehrlinge
- bei der Abnahme der Gesellenprüfungen
- bei Maßnahmen zur Förderung des handwerklichen Könnens der Gesellen
- bei der Begründung und Verwaltung aller Einrichtungen, für welche die Gesellen Beiträge entrichten oder eine besondere Mühewaltung übernehmen oder die zu ihrer Unterstützung bestimmt sind

mitwirken.

3.3 Kreishandwerkerschaften

Die Handwerksinnungen, die in einem Stadt- oder Landkreis ihren Sitz haben, bilden kraft Gesetzes (§ 86 HwO) die Kreishandwerkerschaften.

Satzung Die Kreishandwerkerschaften sind Körperschaften des öffentlichen Rechts. Aufgaben, Rechte und Pflichten der Organe und Mitglieder sowie die Verwaltung der Kreishandwerkerschaft regelt die Satzung. Die Satzung bedarf der Genehmigung der Handwerkskammer, die die Aufsicht über die Kreishandwerkerschaften ihres Bezirkes führt.

Organe Organe der Kreishandwerkerschaft sind die Mitgliederversammlung, der Vorstand und die Ausschüsse. Der Vorsitzende des Vorstandes führt die Bezeichnung Kreishandwerksmeister. Der Mitgliederversammlung gehören gewählte Vertreter der Innungen an, die die Kreishandwerkerschaft bilden.

Aufgaben Die Kreishandwerkerschaften führen auf Ansuchen die Geschäfte der im Bezirk ansässigen Innungen, vertreten in ihrem Bereich die Gesamtinteressen des Handwerks und des handwerksähnlichen Gewerbes (→ S. 474), errichten Fördereinrichtungen, die von dem Zusammenschluß mehrerer Innungen besser getragen werden können (Schulungswerkstätten, Buchstellen, Einziehungsstellen) und beraten und helfen den Mitgliedern der Innungen in allen mit der gewerblichen Tätigkeit zusammenhängenden Fragen.

Es ist zweckmäßig, daß die Innungen die Führung ihrer Geschäfte der zuständigen Kreishandwerkerschaft übertragen, weil dadurch in der Regel die Abwicklung derselben verbilligt und erleichtert wird und den Ehrenamtsträgern mehr Zeit zur Erledigung ihrer speziellen Aufgaben und für die Tätigkeit in ihren Betrieben verbleibt.

Die Kreishandwerkerschaften haben sich bei der Erfüllung ihrer Aufgaben und insbesondere als Verbindungsstelle zwischen den Innungen und ihren Mitgliedern und den Handwerkskammern und Fachverbänden bestens bewährt.

Jede Kreishandwerkerschaft hat mindestens einen hauptberuflichen Geschäftsführer, der zugleich auch die Geschäftsführung der angeschlossenen Innungen wahrnimmt.

3.4 Innungsverbände (Fachverbände)

Organisation Nach § 79 der HwO sind die Landesinnungsverbände der Zusammenschluß von Handwerksinnungen des gleichen Handwerks oder sich fachlich oder wirtschaftlich nahestehender Handwerke im Bezirk eines Landes oder Landesteils.

Die Landesinnungsverbände sind juristische Personen des privaten Rechts; sie werden mit Genehmigung der Satzung rechtsfähig. Die Aufsicht führt die oberste Landesbehörde (Landeswirtschaftsminister).

Aufgaben Die Landesinnungsverbände nehmen die fachlichen und wirtschaftlichen Interessen der Handwerkszweige wahr, für die sie gebildet sind, unterstützen die angeschlossenen Innungen, errichten Fachschulen und Fachkurse und schließen Tarifverträge in den Ländern ab.

An der Spitze des Landesinnungsverbandes steht ein von den Innungsvertretern gewählter Vorstand, dessen Vorsitzender im allgemeinen die Bezeichnung Landesinnungsmeister führt. Beschlußfassendes Organ des Landesinnungsverbandes ist die Mitgliederversammlung.

Bundesebene Die Landesinnungsverbände des gleichen Handwerks oder sich fachlich oder wirtschaftlich nahestehender Handwerke können sich im Bundesgebiet zu Bundesinnungsverbänden (Zentralfachverbänden) zusammenschließen. Ihre Zahl beträgt augenblicklich 51. Ihre Aufgaben sind für das Bundesgebiet die gleichen, die die Landesinnungsverbände auf Landesebene erfüllen.

3.5 Handwerkskammern

Zur Vertretung der Interessen des Handwerks und des handwerksähnlichen Gewerbes sind Handwerkskammern („Geschichtliche Entwicklung des Handwerks" → S. 612 ff) von der obersten Landesbehörde errichtet. Sie sind Körperschaften des öffentlichen Rechts. In der Regel umfassen sie das Gebiet eines Regierungsbezirkes oder größere Teile davon.

Handwerk in Wirtschaft und Gesellschaft

Satzung — Die Verwaltung der Handwerkskammern, ihre Organe, die Rechte und Pflichten der Mitglieder derselben, ihre Aufgaben usw. werden in der von der obersten Landesbehörde genehmigten Satzung geregelt.

Angehörige der Handwerkskammer sind die selbständigen Handwerker, die Inhaber handwerksähnlicher Betriebe und deren Gesellen und Lehrlinge.

Aufgaben — Aufgaben der Handwerkskammer sind nach dem Wortlaut des § 91 HwO insbesondere

- Interessenförderung, Interessenausgleich zwischen den Handwerken, Gutachtenerstattung für Behörden und Berichterstattung über die Verhältnisse des Handwerks
- Führung der Handwerksrolle
- Führung der Lehrlingsrolle und Regelung sowie Überwachung der Lehrlingsausbildung
- die Geschäfte der Meisterprüfungsausschüsse zu führen
- Unterhaltung von Gewerbeförderungsstellen (für die technische und betriebswirtschaftliche Fortbildung) und Betriebsberatungsstellen (für Einzelberatungen)
- Vereidigung von Sachverständigen.

Die Handwerkskammer soll in allen wichtigen, das Handwerk berührenden Angelegenheiten, gehört werden.

Die Handwerkskammer hat also hoheitliche Aufgaben, die unter anderem in der Überwachung und Kontrolle, z. B. bei der selbständigen Ausübung des Gewerbes, und bei der Berufsausbildung besteht, die sich aber auch auf die Abnahme von Prüfungen und die Beteiligung bei Prüfungen erstreckt und die Beaufsichtigung der Innungen und Kreishandwerkerschaften umfaßt. Daneben haben sich in den letzten Jahren immer mehr betreuende Funktionen in den Vordergrund geschoben, so z. B. die Unterhaltung von Meisterschulen, die Durchführung von Kursen und Lehrgängen in der überbetrieblichen Unterweisung der Auszubildenden und die fachliche und allgemeintheoretische Weiterbildung von Gesellen und Meistern. Dazu gehört auch die Beratung der Betriebe und die Vertretung der Betriebe gegenüber Behörden auf allen Gebieten, die mit der Ausübung eines Gewerbes zusammenhängen.

Organe der Handwerkskammer sind Mitgliederversammlung (Vollversammlung), Vorstand und Ausschüsse.

Vollversammlung — Die Vollversammlung besteht aus gewählten Mitgliedern, die zu zwei Dritteln dem Stand der selbständigen Handwerker und zu einem Drittel dem Gesellenstand angehören müssen. Die Mitglieder der Vollversammlung und ihre Stellvertreter werden durch Listen in allgemeiner, gleicher und geheimer Wahl auf 5 Jahre gewählt. Die Wahl der Gesellenvertreter erfolgt durch Wahlmänner. Auch die Betätigung in den Organen der Handwerkskammer erfolgt ehrenamtlich.

Als wichtigste Rechte der Vollversammlung sind das der Beschlußfassung über den Haushaltsplan und das der Wahl des Vorstandes und des Hauptgeschäftsführers anzusprechen.

Die Mitglieder der Vollversammlung sind Vertreter des gesamten Handwerks und des handwerksähnlichen Gewerbes und als solche an Aufträge und Weisungen nicht gebunden.

Vorstand Die Vollversammlung der Handwerkskammer wählt den Vorstand. Er setzt sich ebenfalls zu zwei Dritteln aus selbständigen Handwerkern und einem Drittel aus Gesellenvertretern der Vollversammlung zusammen. Der Vorstandsvorsitzende führt die Bezeichnung Präsident. Er hat zwei Stellvertreter, von denen einer aus dem Gesellenstande sein muß.

Dem Vorstand obliegt die Verwaltung der Handwerkskammer. Präsident und Hauptgeschäftsführer vertreten die Handwerkskammer gerichtlich und außergerichtlich.

Ausschüsse Die Kammer hat mindestens zwei ständige Ausschüsse, den Berufsbildungsausschuß und den Rechnungsprüfungsausschuß.

Der Berufsbildungsausschuß hat 18 Mitglieder, und zwar 6 selbständige Handwerker, 6 Arbeitnehmer und 6 Lehrer von berufsbildenden Schulen. Die Lehrer haben lediglich beratende Stimme. Dieser durch das Berufsbildungsgesetz eingeführte Ausschuß hat eine Sonderstellung innerhalb der Handwerkskammer, da seine Vorschläge und Stellungnahmen im Normalfall als von der Vollversammlung angenommen gelten, wenn sie nicht von der Vollversammlung mit qualifizierter Mehrheit abgelehnt werden (§§ 43, 44 HwO).

Häufig haben die Handwerkskammern daneben einen Finanzausschuß, einen Ausschuß für Gewerbeförderung und Gesellenprüfungsausschüsse (letztere insbesondere für schwächere Handwerkszweige).

Beiträge Die Aufbringung der Kosten der Handwerkskammer erfolgt durch Beiträge der selbständigen Handwerker und handwerksähnlichen Unternehmer nach Maßgabe des von der Vollversammlung beschlossenen Haushaltsplanes. Die Vollversammlung bestimmt die Höhe des Grundbeitrages für jeden Betrieb und des Zusatzbeitrages, der meistens unter Zugrundelegung des Gewerbesteuermeßbetrages festgesetzt wird.

3.6 Spitzenorganisationen des Handwerks

DHKT Der Deutsche Handwerkskammertag (DHKT) in Bonn ist aus dem freiwilligen Zusammenschluß der 56 Handwerkskammern im Bundesgebiet entstanden. Ihm ist die Aufgabe gestellt, die Arbeit der einzelnen Handwerkskammern aufeinander abzustimmen und insbesondere eine möglichst einheitliche Regelung des handwerklichen Berufsausbildungs- und -erziehungswesens herbeizuführen.

BFH Die Bundesvereinigung der Fachverbände (BFH) erfüllt die gleiche Aufgabe für den fachlichen Bereich. Sie beschäftigt sich in der Hauptsache mit sozialpolitischen Fragen und der Tarifkoordinierung.

ZDH Der Deutsche Handwerkskammertag und die Bundesvereinigung der Fachverbände bilden den Zentralverband des Deutschen Handwerks (ZDH), mit dem sie in Bonn im Hause des Handwerks eine Bürogemeinschaft bilden. Der Zentralverband dient der einheitlichen Willensbildung in allen grundsätzlichen Fragen der Handwerkspolitik und der Vertretung der Wünsche und Forderungen des Gesamthandwerks gegenüber der Bundesregierung, den zentralen Organisationen anderer Wirtschaftsgruppen usw.

Aufgaben Zu seinen besonderen Aufgaben gehört die Mitarbeit bei der Schaffung und Erhaltung eines einheitlichen Handwerksrechts, bei Maßnahmen zur Verbesserung der Aus- und Fortbildung aller selbständigen und unselbständigen Angehörigen des Handwerks (z. B. Leistungswettbewerb der Handwerksjugend), bei der Hebung der Wettbewerbsfähigkeit der Betriebe (das große und wichtige Gebiet der Gewerbeförderung), bei der gerechten Behandlung des Handwerks in der allgemeinen Wirtschafts- sowie in der Steuer- und Sozialpolitik u. a. m.

Organe Die Organe des Zentralverbandes des Deutschen Handwerks sind

- die aus den Vertretern der angeschlossenen Handwerkskammern, zentralen Fachverbände und sonstigen Einrichtungen (berufsständische Versicherungen, Genossenschaften, wissenschaftliche Institute, Handwerkspresse usw.) bestehende Vollversammlung
- der Handwerksrat, der aus dem Präsidium und 33 Personen besteht. Je 15 Mitglieder entfallen auf die Kammern und die Fachverbände, 3 auf die sonstigen Einrichtungen
- das Präsidium, das sich aus dem Präsidenten, 4 Stellvertretern und 17 weiteren Mitgliedern zusammensetzt.

Präsident des Zentralverbandes des Deutschen Handwerks ist seit 1. 1. 1988 Dipl.-Ing. Heribert Späth, München.

Im Zusammenhang mit der Arbeit der Spitzenorganisationen ist das Deutsche Handwerksinstitut in München mit seinen dezentralisierten Forschungsinstituten zu erwähnen.

3.7 Gesellenzusammenschlüsse

Gesellenvereine Außerhalb des Betriebes und der Innung haben sich z. T. Gesellen auf konfessioneller, örtlicher oder fachlicher Grundlage zu Gesellenvereinigungen zusammengeschlossen.

Es bestehen die konfessionell orientierten Gesellenzusammenschlüsse der Kolpingsfamilien und der evangelischen Gesellen- und Meistervereine. Sie sehen den Schwerpunkt ihrer Tätigkeit in der Heranbildung der Gesellen zu guten Christen, Familienvätern, Meistern und Staatsbürgern. Ihr Hauptanliegen ist, das ganze berufliche und persönliche Leben mit christlichem Geist zu erfüllen. Familie und Beruf sind die Haupträume ihrer Bildungsarbeit. In den Kolpingsfamilien wird darüber hinaus in besonderen Fachabteilungen auch die fachliche Weiterbildung gepflegt.

Ferner gibt es Gesellenvereine auf beruflicher Basis, denen Gesellen einzelner Handwerksberufe örtlich angehören, und interfachliche Vereinigungen ohne besondere berufliche Betonung.

Junghandwerkerbund Der Junghandwerkerbund ist ein Zusammenschluß von Handwerksgesellen, fachlichen Gesellenvereinen und bezirklichen Junghandwerkergemeinschaften, z. T. auch jungen Meistern im Bundesgebiet. Neben fachlichen und handwerklichen Aufgaben dient der Junghandwerkerbund auch der Pflege der Geselligkeit und der Stärkung des Gemeinschaftsgefühls unter den Mitgliedern. Die Bundeszentrale hat ihren Sitz in Stuttgart.

Zu diesem Kapitel finden Sie die Aufgaben C 268 – C 284 im Band „Vorbereitung auf die Meisterprüfung – Test- und Übungsaufgaben".

> # 4. Organisation der übrigen gewerblichen Wirtschaft
>
> ## Lernziele:
> Der Lernende kann, nachdem er dieses Kapitel durchgearbeitet hat,
> - die wichtigsten Organisationen der gewerblichen Wirtschaft außerhalb des Handwerks nennen,
> - die Gewerkschaften und ihre Hauptzielsetzung beschreiben.

4.1 Industrie- und Handelskammern

Rechtsstellung und Aufgaben der Industrie- und Handelskammern sind durch ein Gesetz vom 18. 12. 1956 geregelt. Die Industrie- und Handelskammern sind Körperschaften des öffentlichen Rechts.

Aufgaben — Zu ihnen gehören Industriebetriebe, Handelsunternehmen und Dienstleistungsgewerbe (ausgenommen sind Handwerksbetriebe, landwirtschaftliche Betriebe und freie Berufe). Aufgaben sind: Interessenwahrnehmung für die Mitglieder, Förderung der gewerblichen Wirtschaft, Interessenausgleich zwischen den Gewerbezweigen und Gutachtenerstattung für Behörden.

Deutscher Industrie- und Handelstag — Die Spitzenorganisation der Industrie- und Handelskammern ist der Deutsche Industrie- und Handelstag.

4.2 Landwirtschaftskammern

Gesetzliche Berufsvertretungen in der Landwirtschaft sind die Landwirtschaftskammern. *Aufgaben* — Aufgabe der Landwirtschaftskammern ist die Betreuung und Beratung der landwirtschaftlichen Betriebe, die Regelung der Berufsausbildung, des Ausstellungs- und Vereinswesens, der Entwicklung der landwirtschaftlichen Technik und des Bauwesens u. a. m. Der Hauptversammlung gehören zu zwei Dritteln Landwirte, zu einem Drittel Arbeitnehmer an.

Neben den Landwirtschaftskammern bestehen freie landwirtschaftliche Organisationen, die sich vornehmlich mit wirtschaftspolitischen Fragen befassen. Die Landwirtschaftskammern haben Kreisstellen, die Landwirtschaftsverbände sind in Kreisverbände untergliedert. *Deutscher Bauernverband* — Die Spitzenorganisation der freien landwirtschaftlichen Verbände ist der Deutsche Bauernverband in Bonn.

4.3 Fachverbände

Die in der gewerblichen Wirtschaft zahlreich vorhandenen Wirtschaftsvereinigungen und Fachverbände, z. B. des Einzelhandels insgesamt (Hauptgemeinschaft) und der verschiedenen Sparten, der Maschinen-, Möbel-, Nahrungsmittelindustrie und anderer Wirtschaftszweige mehr, vertreten die wirtschaftspolitischen Interessen der ihnen angeschlossenen Mitglieder und beraten sie fachlich in wirtschaftlichen, betrieblichen und steuerlichen Angele-

Handwerk in Wirtschaft und Gesellschaft

BDI genheiten. Sie sind im Bundesverband der Deutschen Industrie e. V. zusammengeschlossen.

4.4 Arbeitgeberverbände

Die Arbeitgeberverbände haben ausschließlich sozialpolitische Aufgaben zu lösen. Sie sind nach den verschiedenen Wirtschaftszweigen gegliedert und befassen sich überwiegend mit den Fragen des Lohn- und Tarifwesens und des Arbeitsrechts. Die Mitgliedschaft ist – so verlangt es das Tarifvertragsgesetz – freiwillig.

Die bezirklichen Arbeitgeberverbände haben sich zur Bundesvereinigung der deutschen Arbeitgeberverbände zusammengeschlossen.

4.5 Gewerkschaften

Aufgaben Die Gewerkschaften sind Organisationen von Arbeitnehmern zur Verbesserung der wirtschaftlichen und sozialen Lage ihrer Mitglieder sowie zur Förderung und Durchsetzung der Belange der Arbeiterschaft gegenüber den Arbeitgebern. Die Gewerkschaften verstehen sich heute als Ordnungsfaktoren innerhalb unserer Gesellschaft.

Nach den Bundessatzungen haben sie sich folgende wesentliche Aufgaben und Ziele gesetzt

- Sicherung des Mitbestimmungsrechts bei Regelung aller wirtschaftlichen, sozialen und arbeitsrechtlichen Angelegenheiten
- gleichberechtigte Teilnahme der Arbeitnehmer in den für die Wirtschaft bestehenden und einzurichtenden Körperschaften sowie an der Selbstverwaltung aller Versicherungsträger einschließlich der Arbeitsverwaltung

- Abschluß von Tarifverträgen und Durchführung einer einheitlichen Lohn- und Preispolitik
- Aufbau und Unterhaltung eigenwirtschaftlicher Unternehmungen und Förderung des Genossenschaftswesens. Die Gewerkschaften sind auch Träger von Bildungs-, Schulungs- und Erholungseinrichtungen. Auf die Konsumvereinsbewegung haben sie maßgeblichen Einfluß.

Kampfmittel zur Erreichung der tarifpolitischen Ziele ist der Streik.

Organisation Im Gegensatz zu anderen Ländern (z. B. Großbritannien) und der Gewerkschaftsorganisation der Weimarer Republik, die viele – oft kleine – Einzelgewerkschaften kennt, ist nach dem II. Weltkrieg die Deutsche Gewerkschaftsbewegung als Einheitsgewerkschaft gegründet worden. D. h. für die einzelnen Wirtschaftsbereiche gibt es innerhalb des DGB nur eine Gewerkschaft.

Den Unterbau der Gewerkschaftsorganisation bilden die einzelnen fachlich orientierten Industrie-Gewerkschaften. Sie erstrecken sich räumlich über das ganze Bundesgebiet und gliedern sich in Landes-, Kreis- und Ortsverwaltungen. An der Spitze der einzelnen Gewerkschaften stehen die Hauptvorstände. Die Vereinigung der Industrie-Gewerkschaften auf Bundesebene führt den Namen „Deutscher Gewerkschaftsbund" (DGB) mit Sitz in Düsseldorf.

Die Mitgliedschaft in den Gewerkschaften ist freiwillig.

Zu diesem Kapitel finden Sie die Aufgaben C 268 – C 284 im Band „Vorbereitung auf die Meisterprüfung – Test- und Übungsaufgaben".

Abkürzungsverzeichnis

A

AfA	– Absetzung für Abnutzung
AFG	– Arbeitsförderungsgesetz
AG	– Aktiengesellschaft
AGB	– Allgemeine Geschäftsbedingungen
AHS	– Außenhandelsstelle f. d. mittelständische Wirtschaft NRWs
AMVO	– Verordnung über gemeinsame Anforderungen in der Meisterprüfung im Handwerk
AO	– Abgabenordnung
AOK	– Allgemeine Ortskrankenkassen
ArbZG	– Arbeitszeitgesetz
ARW	– aktueller Rentenwert
AV	– Anlagevermögen

B

BA	– Bundesanstalt für Arbeit
BAB	– Betriebsabrechnungsbogen
BAFöG	– Bundesausbildungsförderungsgesetz
BDE	– Betriebsdatenerfassung
BDI	– Bundesverband der Deutschen Industrie e. V.
BDSG	– Bundesdatenschutzgesetz
BEK	– Barmer Ersatzkassen
BErzGG	– Bundeserziehungsgeldgesetz
BetrVG	– Betriebsverfassungsgesetz
BfA	– Bundesversicherungsanstalt für Angestellte
BFH	– Bundesvereinigung der Fachverbände
BG	– Berufsgenossenschaft
BGB	– Bürgerliches Gesetzbuch
BiRiLiG	– Bilanzrichtliniengesetz
BKGG	– Bundeskindergeldgesetz
BKK	– Betriebskrankenkassen
BSHG	– Bundessozialhilfegesetz
Btx	– Bildschirmtext
BVW	– Betriebliches Vorschlagswesen

C

CAD	– Computer Aided Design
CAM	– Computer Aided Manufacturing
CAQ	– Computer Aided Quality Assurance
CIM	– Computer Integrated Manufacturing
CNC	– Computer Numeric Control
CPM	– Critical Path Method
CPU	– Central Processing Unit
CUBIS	– Computerunterstützter Beratungs- und Informations Service

D

DAK	– Deutsche Angestelltenkrankenkasse
dB (A)	– Dezibel
DBB	– Deutscher Beamtenbund
DBGM	– Deutsches Bundes-Gebrauchsmuster
DBP	– Deutsches Bundespatent
DGB	– Deutscher Gewerkschaftsbund
DHKT	– Deutscher Handwerkskammertag
DIN	– Deutsche Industrie-Norm
DOS	– Disc Operating System
DRK	– Deutsches Rotes Kreuz

E

EB	– Eröffnungsbilanz
EKH	– Eigenkapitalhilfeprogramm
ERP	– Existenzgründungsprogramm
EStDV	– Einkommensteuer-Durchführungsverordnung
EStG	– Einkommensteuergesetz
EStR	– Einkommensteuer-Richtlinien
EU	– Europäische Union
EURATOM	– Europäische Gemeinschaft für Atomenergie

Abkürzungsverzeichnis

F

FIBU	– Finanzbuchhaltung

G

GdB	– Grad der Behinderung
GEK	– Schwäbisch Gmünder Ersatzkasse
GewStG	– Gewerbesteuergesetz
GG	– Grundgesetz
GmbH	– Gesellschaft mit beschränkter Haftung
GoB	– Grundsätze ordnungsmäßiger Buchführung
G u. W-Programm NRW	– Gründung und Wachstum – Programm zur Förderung von Investitionen kleiner und mittlerer Unternehmen in Nordrhein-Westfalen
GWG	– Geringwertige Wirtschaftsgüter

H

HGB	– Handelsgesetzbuch
HiKSt	– Hilfskostenstellen
HKSt	– Hauptkostenstellen
HÜ	– Hauptabschlußübersicht
HWK	– Handwerkskammer
HwO	– Handwerksordnung

I

IHK	– Industrie- und Handwerkskammer
IHM	– Internationale Handwerksmesse München
IKK	– Innungskrankenkassen
ISDN	– Integrated Services Digital Network

K

KA	– Kassenausgang
KB	– Kilobyte
KG	– Kommanditgesellschaft
KKH	– Kaufmännische Krankenkassen
kW	– Kilowatt

L

LBB	– Landesbürgschaftsbank
LESS	– Least cost estimating and scheduling
LGH	– Landesgewerbeförderungsstelle des nordrhein-westfälischen Handwerks
Lifo	– Last-in-first-out
LStDV	– Lohnsteuer-Durchführungsverordnung

M

MB	– Megabyte
MdE	– Minderung der Erwerbsfähigkeit
MIPS	– Millionen Instruktionen pro Sekunde
MPM	– Metra potential method
MPO	– Meisterprüfungsordnung
MS	– Microsoft
MwSt	– Mehrwertsteuer

N

NATO	– North Atlantic Treaty Organization

O

OHG	– Offene Handelsgesellschaft

P

PC	– Personalcomputer
PEP	– Persönliche Entgeltpunkte
PERT	– Program Evaluation and Review Technique
PPS	– Produktions-, Planungs- und Steuerungssystem

R

RAF	– Rentenartfaktor
RAM	– Random Access Memory
REFA	– Reichsausschuß für Arbeitszeitermittlung
ROM	– Read Only Memory
RVO	– Reichsversicherungsordnung
RWTH	– Rheinisch-Westfälisch Technische Hochschulen (Aachen)

S

SchbG	– Schwerbehindertengesetz
SGB	– Sozialgesetzbuch
SOS-Prinzip	– Prinzip der Sauberkeit, Ordnung, Sicherheit
STLB	– standardisierte Leistungsbeschreibung

T

TBNW	– Technologie-Beratungs-Programm NRW
THW	– Technisches Hilfswerk
TK	– Technikerkrankenkasse

U

UNESCO	– United Nations Educational, Scientific, and Cultural Organization
UNO	– United Nations Organization
USt	– Umsatzsteuer
UStBG	– Umsatzsteuer-Binnenmarktgesetz
USt-ID-Nr	– Umsatzsteuer-Identifikationsnummer
UV	– Umlaufvermögen
UZH	– Zentrum für Umweltschutz und Energieeinsparung

V

VDI	– Verein Deutscher Ingenieure
VOB	– Verdingungsordnung für Bauleistungen

W

WG	– Wechselgesetz
WoGG	– Wohngeldgesetz
W. Z.	– Warenzeichen

Z

ZDH	– Zentralverband des Deutschen Handwerks
ZEWU	– Zentrum für Energie-, Wasser- und Umwelttechnik
ZPO	– Zivilprozeßordnung

Stichwortverzeichnis

A

Abfindung 498, **503**, 600
Abgrenzungskonten 51, 53
Ablage- und Aktenstruktur 287
Ablauforganisation 262
Ablehnung der Nachbesserung 420
Abmahnung 506
Abnahme 424
Abnahmeverpflichtung 420, **424**
Absatz 209
Absatzförderung 218
Absatzorientierte Betriebe 187
Absatzpolitische Instrumente 221
Abschluß der Konten 54
Abschlußbogen 83
Abschlußkonten 51, 53, 58
Abschreibung **45**, 593
Absetzung für Abnutzung (AfA) 593
Abtretung 403
Abzahlungsgesetz → Verbraucherkreditschutzgesetz
AfA → Abschreibung
AFG → Arbeitsförderungsgesetz
AG → Aktiengesellschaft
AGB → Allgemeine Geschäftsbedingungen
AGB-Gesetz 406
Akademie des Handwerks 347
Akkordlohn 493
Aktiengesellschaft (AG) 194, **478**
Aktiv-Konten 31, 57
Aktiv-Passiv-Mehrung **37**, 38
Aktiv-Passiv-Minderung **37**, 38
Aktiv-Seite **31**, 133
Aktiv-Tausch **37**, 38
Aktiva 31
Akzept 250
Allgemeine Geschäftsbedingungen (AGB) 406
Allgemeine Ortskrankenkassen (AOK) 527
Allgemeine Wohngebiete 188
Altersentlastungsbetrag 589
Altersrente 542
Altersversorgung, betriebliche 497
Amerikanisches Journal 79
Amtsgericht 457

AMVO → Verordnung über gemeinsame Anforderungen i. d. Meisterprüfung im Handwerk
Änderungsdaten 304
Änderungskündigung 503
Anfängliches Unvermögen 393
Anfechtung von Willenserklärungen 388
Anfechtung wegen Drohung 389
Anfechtung wegen Irrtums 388
Anfechtung wegen Täuschung 389
Anfechtung, Wirkung einer 389
Anforderungen an ein Textverarbeitungssystem 313
Angebot 387
Angemessene Nachfrist 395
Anhang 22
Anlagedeckung 151
Anlagedeckungsberechnung **150**, 231
Anlagegrad 135
Anlagekartei 24
Anlagekonten **50**, 52
Anlagespiegel 24
Anlagevermögen **29**, 32, 135, **150**
Anlageverzeichnis 24
Anrechnungszeiten 542
Anschaffungskosten 592
Anscheinsvollmacht 400
Anwaltszwang 460
Anwenderprogramme 302
Anwendung von Durchschnittssätzen 576
Anzeige 226
Arbeit 214
Arbeitgeber 485, **494**
Arbeitgeberverbände 632
Arbeitnehmer 485, **495**
Arbeitnehmer-Pauschbetrag 598
Arbeitnehmerweiterbildungsgesetz 497
Arbeitsamt 489
Arbeitsförderung 537
Arbeitsgebiete des Handwerks 621
Arbeitsgericht 522
Arbeitsgerichtsbarkeit 522
Arbeitskampfrecht 487
Arbeitskraft als Produktionsfaktor 214
Arbeitskraftorientierte Betriebe 187
Arbeitslosengeld 539
Arbeitslosenhilfe 539
Arbeitslosenversicherung 527, **537**
Arbeitsorganisation **266**, 276
Arbeitspapiere 495, **504**
Arbeitsplan 267
Arbeitsplatzschutzgesetz 507
Arbeitsplatzsicherungsprogramm 349
Arbeitsrecht 484
Arbeitsrechtliche Beratung 346

Stichwortverzeichnis

Arbeitssicherheitsgesetz 515
Arbeitsstättenrichtlinien 265
Arbeitsstättenverordnung 265, **515**
Arbeitssteuerung **271**, 274
Arbeitsüberwachung 276
Arbeitsunfähigkeitsbescheinigung 510
Arbeitsunfall 545
Arbeitsverhältnis 496, 498
Arbeitsvermittlung 537
Arbeitsvertrag 334, **489**
Arbeitsvorbereitung 266
Arbeitszeit 493
Arbeitszeitgesetz (ArbZG) 493, **511**
Arbeitszeitschutz 511
Archivdaten 311
Arrest 465
Artikelgesetz 21
Aufbau der Handwerksorganisation 624
Aufbauorganisation 261, **331**
Aufbereitung einer Bilanz 133
Aufbewahrungsfristen 21
Aufbewahrungspflicht **21**, 287
Aufgabenanalyse 329
Aufgabensynthese 329
Aufhebungsvertrag 498
Auflassung 435
Aufrechnung 402
Aufrechnungsklausel 407
Auftragsabrechnung 274
Auftragsabwicklung 274
Auftragsbestätigung 274
Auftragsformulare 267
Aufwand 36, 61, **105**, 156
Aufwendungen 36, 62, **155**
Aufzeichnungspflichten **23**, 24, 568
Ausbildungsförderung 548
Ausfallbürgschaft 236, **431**
Ausgaben 36, 105
Ausgleichsabgabe 516
Ausgleichskassen 511
Ausgleichsquittung 504
Aushänge 517
Auskunft an Versicherungsträger 533
Auslegung von Verträgen 385
Ausnahmebewilligung 472
Ausschüsse, ständige 629
Aussperrung 487
Auszahlung 36
Außenfinanzierung 233
Außenprüfung 610
Außergewöhnliche Belastungen 588
Autoritärer Führungsstil 337

B

Balkendiagramm 269
Bankeinzug → Lastschrift
Bargeldlose Zahlung 241
Bargeldsparende Zahlung 241
Bargründung 199
Barscheck 244
Barwert des Wechsels 254
Barzahlung 241
BASIC 301
Bauantrag 188
Baugenehmigungsbehörde 188
Baugesetzbuch 187
Bauhandwerker 421
Bauhandwerkersicherungshypothek 439
Bauleitplan 187
Baunutzungsverordnung 187
Bauplanungsrecht 187
Baurecht 187
Beantragung öffentlicher Mittel 205
Bebauungsplan 187
Bedarfsmeldekarte 211
Bedürftigkeit 523
Beendigung des Arbeitsverhältnisses 498
Befähigungsnachweis, Großer 472, **615**
Befähigungsnachweis, Kleiner 472, **615**
Befristeter Arbeitsvertrag 490
Beitragsbemessung 535
Beitragsbemessung, freiwilliger Beitrag 535
Beitragsbemessung, Geringverdiener 535
Beitragsbemessung, Rentenversicherung Selbständiger 536
Beitragsbemessung, Unfallversicherung 536
Beitragspflichtiges Entgelt 535
Beitragssätze 535
Belastungen, außergewöhnliche 588
Beleg-Nummern 57
Belegschaftsrabatte 599
Bemessungsgrenzen 535
Bemessungsgrundlage 537
Bemessungsgrundlage bei der Umsatzsteuer 567
Berater, freiberufliche 344
Beraternetz 344
Beratung, arbeitsrechtliche 346
Beratungszuschüsse des Bundes 350
Berliner Testament 452
Berufsbildungsgesetz 616
Berufsgenossenschaften 545
Berufskrankheit 545

Berufsunfähigkeit 543
Berufungsfrist 461
Berufungsgerichte 462
Berufungsinstanz 457
Beschaffung 209
Beschaffungsdisposition 210
Beschaffungskonditionen, monetäre 211
Beschäftigungsförderungsgesetz 498
Beschäftigungsgrad 198
Beschäftigungsverbot 513
Beschränkte Deliktsfähigkeit 382
Beschränkte Geschäftsfähigkeit 381
Beschwerde 609
Besitz 433
Besondere Wohngebiete 188
Bestandsdaten 304
Bestandskonten 51, 52
Bestandsschutz 190
Bestellkartei 211
Besteuerung der Kleinunternehmer 574
Beteiligung an einem bestehenden Betrieb 202
Beteiligung am Produktivkapital 556
Betrieb **183**, **197**, 199
Betriebliche Altersversorgung 497
Betriebliche Daten 304
Betriebliche Grundaufgaben 209
Betriebliches Rechnungswesen 103, 264
Betriebs-GmbH 196
Betriebsabrechnungsbogen (BAB) 120
Betriebsarzt 515
Betriebsaufspaltung 196
Betriebsausgaben 580, **583**
Betriebsbörse 353
Betriebsgröße 197
Betriebskauf 200
Betriebskrankenkassen (BKK) 527
Betriebsleistung 156
Betriebsmittel 210
Betriebsorganisation 258
Betriebspacht 200
Betriebsrat 507, **519**
Betriebsratsmitglieder 507, **520**
Betriebsschulden 29
Betriebsstoffe 210
Betriebssystem 301
Betriebsübernahme 504
Betriebsvereinbarungen 521
Betriebsverfassungsgesetz 519
Betriebsvergleich 131, 137, **176**, 352
Betriebsvermittlung 353
Betriebsvermittlungsdienst 199
Betriebsvermögen 29, 580
Betriebswirt des Handwerks 347

Betriebswirtschaftliche Beratung 345
Bewegungsdaten 305, 314, 326
Bewertungsrecht, einkommensteuerliches 591
Bewirtungskosten 583
Bezogener 250
Bezugsquellendisposition 211
Bezugsquellenkartei 211
BGB-Gesellschaft (Gesellschaft bürgerlichen Rechts) 193
Bilanz 21, **31**
Bilanzanalyse **130**, 133
Bilanzgliederungsvorschriften 32
Bilanzidentität 27, 132
Bilanzierung, ordnungsmäßige 26
Bilanzierungsgrundsätze 26, **132**
Bilanzierungspflicht 21
Bilanzierungsvorschriften 20, 22
Bilanzklarheit 26, 132
Bilanzkontinuität 27
Bilanzrichtliniengesetz (BiRiLiG) 20
Bilanzveränderungen 37
Bilanzvergleich 135
Bilanzverkürzung 37
Bilanzverlängerung 37
Bilanzwahrheit 26, 132
Bildungszentrum 347
Blankoakzept 252
Blankoindossament 254
Branchenprogramme 302
Break even point 128
Bruttoangebotspreis 117, 123
Bruttolohnbuchung 69
Btx 243, **281**
Buchführung **20**, 49, 82
Buchführungsaufzeichnungen 21
Buchführungsbeispiel 85
Buchführungspflichten **21**, 480
Buchführungsvorschriften 20, 22
Buchgeld 240
Buchinventur 28
Buchung auf dem Privatkonto 76
Buchung des Lohnaufwandes 66
Buchung fertiger Erzeugnisse 65
Buchung teilfertiger Erzeugnisse 65
Buchung von Abschreibungen 70
Buchung von Anlageabgängen 77
Buchung von Aufwendungen 60
Buchung von Eigenverbrauch 76
Buchung von erfolgswirksamen Geschäftsvorfällen 59
Buchung von erfolgswirksamen (erfolgsneutralen) Geschäftsvorfällen 54
Buchung von Erträgen 60
Buchung von Privateinlagen/-entnahmen 76

Buchung von Rückstellungen 75
Buchung von Skonti 71
Buchung von Sofortabschreibungen (GWG) 70
Buchung von sonstigen Forderungen/Verbindlichkeiten 73
Buchungsbeleg 57
Buchungsgrundsätze 56
Buchungsmäßige Berücksichtigung der MwSt 62
Buchungsmäßige Berücksichtigung des Materialverbrauchs 64
Buchungssatz 55
Buchungstext 55
Buchungsvermerk 57
Bundesanstalt für Arbeit 489
Bundesbank 238
Bundesbankpolitik 239
Bundesgerichtshof 462
Bundesinnungsverbände 627
Bundeskanzler 366, **368**
Bundespräsident 367
Bundesrat 367
Bundesregierung 367
Bundesrepublik Deutschland 362
Bundesstaat 363
Bundestag 365
Bundesurlaubsgesetz 513
Bundesvereinigung der Fachverbände 629
Bundesverfassungsgericht 366
Bundesversammlung 367
Bundesversicherungsanstalt für Angestellte (BfA) 528
Bürgerliches Gesetzbuch (BGB) 376
Bürgerliches Recht 374
Bürgschaft 236, 351, **431**
Büroorganisation 264, **277**
Byte 307

C

CAD (Computer Aided Design) **292**, 295
Cash-Flow **169**, 232
CNC (Computer Numeric Control) **292**, 295
COBOL 301
Compiler 301
Computerprogramm (Software) 301
CUBIS (Computerunterstützter Beratungs- und Informations Service) 345

D

Damnum 234
Darlehen 431
Darlehen zur Existenzgründung 206
Datei 306, 307
Daten, aktuelle 309
Daten, betriebliche 304
Daten, externe 305
Daten, interne 305
Datenaustausch 323
Datenbank 309
Datenfernverarbeitung 301
Datenklassen 304
Datenschutz 316
Datensicherung 316
Datenspeicherung 309
Datenverarbeitungsgerät 298
Datowechsel 249
Dauerauftrag 242
Deckungsbeitrag 107, 126
Degressive Abschreibung 593
Deliktsfähigkeit 382
Demokratischer Staat 356
Deutscher Gewerkschaftsbund (DGB) 633
Deutscher Handwerkskammertag (DHKT) 629
Dienstbarkeiten 436
Dienstherr, Pflichten 419
Dienstprogramme 301
Dienstverpflichteter, Pflichten 419
Dienstvertrag 419
Diktatur 358
DIN-Normen 217
Disagio 234
Diskette 311
Diskontierung 254
Diskontpolitik 239
Diskontsatz 239
Disziplinargerichte 454
Divisionskalkulation 117
Divisionsmethode 151, 153
Doppelte Buchführung 82
Dorfgebiet 188
Duldung, stillschweigende 400
Duldungsvollmacht 400
Durchführung des Auftrages 423
Durchlaufzeiten 271
Durchschnittslagerbestand **212**, 273
Durchschnittssätze 576
Durchschreibebuchführung 80
Dynamische Liquiditätsberechnung 147

E

EDV 294
EDV-Buchführung 82
Effektiver Lagerbestand 273
Ehe 383, **441**
Ehefähigkeit 383
Eheliches Güterrecht 443
Ehenamen 441
Ehescheidung 442
Eigenfinanzierung 232
Eigenkapital, Gliederung 33
Eigenkapitalentwicklung 101, **140**
Eigenkapitalhilfeprogramm für die neuen Länder 206
Eigenkapitalquote 137
Eigenkapitalrentabilität 168
Eigenmittel 229
Eigenschaftsirrtum 389
Eigentum 433
Eigentümergrundschuld 439
Eigentumsvorbehalt **236**, 414
Eigenverbrauch **76**, 566
Eigenwechsel 249
Einfuhrumsatzsteuer 571
Eingabe 298
Einheitsgewerkschaft 633
Einheitskontenrahmen für das Deutsche Handwerk 50, **52/53**
Einigungsstellen 521
Einkommen 554
Einkommensermittlung 580
Einkommenshöchstbeträge 560
Einkommensteuer 579
Einkommensteuerbescheid 591
Einkommensteuererklärung 591
Einkommensteuergesetz (EStG) 579
Einkommensteuerliches Bewertungsrecht 591
Einkommensteuertarif 582
Einkommensteuerveranlagung 591, **602**
Einkünfte aus nichtselbständiger Arbeit 585
Einkünfte aus Vermietung und Verpachtung 585
Einliniensystem 331
Einnahmen-Überschuß-Rechnung 23
Einplatz-Computer 300
Einrede der Verjährung 390
Einrede der Vorausklage 431
Einrichten von Konten 54
Einschränkungen der Geschäftsfähigkeit 381
Einspruch 609
Einstweilige Verfügung 465
Eintragung in das Handelsregister 479
Einzahlung 36
Einzelakten 288
Einzelhandelserlaubnis 470
Einzelkosten 106, **112**
Einzelunternehmen 192
Einzugsermächtigung 242
Eiserner Bestand **212**, 273
Electronic Banking 243
Energieeinsparberatung 350
Energieorientierte Betriebe 187
Entgelt, beitragspflichtiges 535
Entgeltfortzahlungsgesetz 509
Erben 448
Erbfolge 448
Erbrecht 377
Erbschaft, Ausschlagung der 452
Erbschaftsteuer 607
Erbvertrag 448
Erfolgsbilanz 84
Erfolgskonten 51, 53
Erfolgskontrolle 162
Erfüllungsort **391**, 456
Erholungsurlaub 513
Erklärung an Eides Statt 463
Erklärungsirrtum 389
Erlaß 404
Erlöskonten 50, 53
Ermittlung des Materialverbrauchs 64
Eröffnungsbilanz **31**, 83, 93, 132
ERP-Existenzgründungsprogramm 206
Ersatzbeschaffung 393
Ersatzkassen 527
Ersatzzeiten 542
Ertrag **36**, 61, **155**, 156
Erwerbsunfähigkeit 543
Erziehungsgeld 550
Erziehungsurlaub 514
EU-Binnenmarkt 361
Eurocheque-System 242
Europäische Kommission 360
Europäische Union (EU) 359
Europäischer Gerichtshof 360
Europäisches Parlament 360
Euroscheck 246
Exekutive 356
Existenzaufbauberatung 350
Existenzgründung 206
Existenzgründungsberatung 350
Existenzgründungsprogramm 206
Existenzgründungsprogramm der Deutschen Ausgleichsbank 206
Exportberatung 351

Externe Daten 305
Externer Speicher 298, **310**
Externer Vergleich 131

F

Fachliche Vorschriften 17
Fachverbände 631
Factoring 235
Fälligkeit 394
Fälligkeitstag 249
Familiengericht 457
Familienrecht 377
Familienversicherung 540
Faustpfand 436
Fehlen, unentschuldigtes 502
Feinplanung 273
Fertigung 214
Fertigungslohn **110**, 120
Fertigungsmaterial 110
Fertigungsplan 216
Festplatte 310
Festspeicher (ROM) 299
Finanzgericht **454**, 609
Finanzierung 203, **229**
Finanzierung der Bildungsangebote 348
Finanzierung aus Abschreibung 232
Finanzierungsarten 232
Finanzierungsgrundsätze 231
Finanzierungshilfen 205, **349**
Finanzierungsmittel 229
Finanzierungsmöglichkeit 205
Finanzierungsplan 208, **237**
Finanzierungsregeln 151, 152
Finanzkonten 50, 52
Finanzplan **147**, 231
Finderlohn 434
Firmeneintragung im Handelsregister 469
Firmenname 469
Fixe Kosten 106, **126**
Fixgeschäft 396
Fixschuld 396
Flächennutzungsplan 187
Fördereinrichtungen 626
Förderung der beruflichen Bildung 537
Forderungen 48, 73, **138**
Forderungsintensität 138

Forderungsverletzung, positive 395
Formulare **285**, 321
Freiberufliche Beratung 344
Freibeträge 598
Freiheitsrechte 365
Freistellung bei Krankheit des Kindes 497
Freiwillige Mitgliedschaft 623
Freiwillige Versicherung 532
Fremdfinanzierung 233
Fremdkapital 31
Fremdmittel 229
Friedenspflicht 487
Fristlose Kündigung 503
Fristsetzung 394
Führung der Handwerksrolle 628
Führungsmittel 339
Führungsstile 337
Fürsorge 523
Fürsorgepflicht des Arbeitgebers 496

G

Gantt-Diagramm 269
Garantie 393
Gebrauchsmusterschutz 481
Gebrochene Preise 221
Geburtsbeihilfen 599
Gefälligkeitsakzept 252
Gegenkonto 55
Gehalt 493
Gehaltsabrechnung 294
Gehaltstarifverträge 486
Geld 238
Geldfunktionen 238
Geldkapital 215
Geldvermögen 556
Geldwirtschaft **238**, 612
Gemeinden 371
Gemeindeverfassung 371
Gemeinkosten **106**, 110, **112**
Gemeinkostenzuschlagsatz 114
Gemeinschaftliches Testament 452
Gemeinschaftskontenrahmen 50
Gerichte erster Instanz 462
Gerichtliches Mahnverfahren 457
Gerichtsbarkeit 454
Gerichtsstand 392, **456**

Geringverdiener 535
Geringwertige Wirtschaftsgüter (GWG) 111, **584**
Geringwertige Wirtschaftsgüter (GWG), Buchen von 70
Gesamtkostenverfahren 34
Geschäftsfähigkeit 380
Geschäftsfreundebuch 24
Geschäftsunfähigkeit 381
Geschäftswert 200
Geschmacksmusterschutz 481
Gesellenausschuß 626
Gesellschaft bürgerlichen Rechts → BGB-Gesellschaft
Gesellschaft mit beschränkter Haftung (GmbH) 195, **477**
Gesellschaftsformen 476
Gesellschaftsrecht 476
Gesetze 368
Gesetz gegen den unlauteren Wettbewerb 483
Gesetz gegen Wettbewerbsbeschränkungen 482
Gesetzgebende Gewalt 356
Gesetzgebungsverfahren 368
Gesetzliche Bilanzierungsvorschriften 20
Gesetzliche Buchführungsvorschriften 20
Gesetzliche Feiertage 496
Gesetzlicher Güterstand 444
Gesetzliches Rücktrittsrecht 405
Gestalter im Handwerk 348
Gesundheitsreformgesetz 525
Gewährleistung **408**, 421
Gewerbeanmeldung 469
Gewerbeaufsichtsbehörde 518
Gewerbebetrieb, Gründung 469
Gewerbeertrag 602
Gewerbeförderung 341
Gewerbefreiheit 614
Gewerbegebiet 188
Gewerbekapital 603
Gewerbesteuer 602
Gewerbeverein 614
Gewerbliches Urheberrecht 481
Gewerkschaften 487, **632**
Gewinn- und Verlustkonto 61
Gewinn- und Verlustrechnung **34**, 84, 101, 131, 155
Gewinnausschüttung 196
Gewinnberechnung 580
Gewinnermittlung 580, 582
Gewinnschwelle 128
Gewohnheitsrecht 375
Gezogener Wechsel 249
Giralgeld 240
Girokonto 241

Gleichbehandlung von Männern und Frauen 494
Gleichwertigkeit der Prüfungen 472
GmbH & Co. KG 196
Grenzen der Preisbildung 482
Grenzen der Vertragsfreiheit 384
Grundbuch 78, **437**
Grunddienstbarkeiten 436
Grundgesetz 363, **374**
Grundkosten 105
Grundlohn 493
Grundpfandrecht 236, **436**
Grundpreis 211
Grundrechte 363
Grundschuld 437, **440**
Grundsteuer 608
Grundstück, Eigentumserwerb an einem 435
Gründung eines Handwerksbetriebes 199
Gründungsfinanzierung 203
Güterdisposition 210
Gütergemeinschaft 443
Gütertrennung 443
Gutglaubensschutz des Grundbuches 437

H

Haben 49
Haben-Seite 49
Haftpflichtversicherungen 553
Haftung des Komplementärs 193
Haftungsausschluß 196
Handelsgesetzbuch (HGB), Buchführungs- und Bilanzierungsvorschriften 20
Handelsrecht 480
Handelsrechtliche Buchführungsvorschriften 20
Handelsrechtliches Fixgeschäft 396
Handelsregister 479
Handelssachen 457
Handwerk 612
Handwerk im Mittelalter 612
Handwerk, Arbeitsgebiete 621
Handwerk, soziologische Bedeutung 621
Handwerk, wirtschaftliche Bedeutung 618
Handwerkerversicherung 536
Handwerklicher Nebenbetrieb 473, 536
Handwerksähnliches Gewerbe **474**, 616
Handwerksbetrieb **471**, 617
Handwerkskammer 623, **627**
Handwerkskarte 469

Handwerksordnung (HwO) 471, **616**
Handwerksorganisation 623
Handwerksrolle **471**, 628
Handwerksrolleneintragung 471
Hängeregistratur 288
Hardware **298**, 302, 320
Hauptabschlußübersicht **83**, 92
Hauptbuch 78
Hauptkostenstellen 119
Hauptspeicher 298, 309
Haushaltsfreibetrag **589**, 598
Heimarbeitsschutz 517
Heiratsbeihilfen 599
Hemmung der Verjährung 391
Herstellungskosten 592
Hilfshandel 470
Hilfskostenstellen 120
Hilfslöhne 110
Hilfsprogramme 301
Hilfsstoffe 210
Hinterbliebenenrente 545
Hintergrunddaten 310
Hinterlegung 402
Hinterlegungspflicht 22
Hinzuverdienst bei Rente 542
Hochpreispolitik 221
Holschuld **250**, 391
Hypothek 438

I

Illiquidität **142**, 231
Immissionen 189
Immissionsschutz 189
Immissionsschutzbeauftragter 189
Immissionsschutzgesetz 189
Indossament 252
Industrie- und Handelskammern 631
Industrie- und Handelstag 631
Industriegebiet 188
Inflation 238
Inhaberscheck 244
Inkassoindossament 254
Innenfinanzierung 232
Innerbetrieblicher Vergleich 176
Innung 615, **625**
Innungskrankenkassen (IKK) 527
Innungsverbände (Fachverbände) 627

Innungsversammlung 625
Internationale Handwerksmesse 353
Interne Daten 305
Interner Vergleich 131, **135**, 137
Inventar **28**, 29
Inventur **28**, 42
Investitionsplan 204
Investitionsüberlegung 203

J

Jahresabschluß 20
Jahresabschlußprüfung bei Kapitalgesellschaften 22
Jahresabschlußvergütung 221
Journal 78
Judikative 356
Jugendschutz 517
Junghandwerker (Rentenversicherung) 537
Juristische Person **379**, 472

K

Kalkulation 116
Kalkulationsschema 117, **123**
Kalkulationsschulungen 482
Kalkulationsverfahren 116
Kalkulatorische Abschreibungen 111
Kalkulatorische Eigenkapitalverzinsung 111
Kalkulatorische Kosten 109, **110**, 122
Kalkulatorische Miete 111
Kalkulatorische Wagnisse 112
Kalkulatorischer Unternehmerlohn 110
Kammern 614
Kammerzugehörigkeit 479
Kapitalbedarf 204
Kapitalbedarfsplan 237
Kapitaldeckungsplan 237
Kapitaldienstbelastung 208
Kapitalgesellschaften 195, **477**
Kapitalkonten 50, 52
Kapitalkosten 106
Kartellvereinbarungen 482

Kassenbuch 23
Kauf unter Eigentumsvorbehalt 414
Kaufentscheidende Faktoren 224
Kaufvertrag 411
Kennziffern der Bilanz 131, **135**, 168
Kennziffern aus der Gewinn- und Verlustrechnung 131, **168**
Kennziffern der Lagerwirtschaft 212
Kerngebiet 188
KG → Kommanditgesellschaft
Kinderberücksichtigungszeiten 542
Kindererziehungszeiten 542
Kinderfreibetrag 589
Kindergeld 550
Klageverfahren 459
Kleinunternehmer, Besteuerung der 574
Koalitionsfreiheit 486
Kollektives Arbeitsrecht 486
Kommanditgesellschaft **193**, 477
Kommanditist **193**, 477
Kompatibilität 301
Komplementär **193**, 477
Konkurs 466
Konkursausfallgeld **467**, 539
Konkursausfallgesetz 467
Konkursmasse 466
Konkursquote 467
Konkurstabelle 467
Konkursverwalter 466
Konten der Bestände an Verbrauchsstoffen und Erzeugnissen 50, 52
Konten der Kostenarten 50, 53
Konten, ruhende 50
Kontenabschluß 58
Kontenanrufe 56
Kontengruppen 51
Kontenklassen 50
Kontenplan **51**, 85
Kontenrahmen **50**, 108
Konto 49
Kontoabstimmung 92
Kontokorrentbuch 24
Kontokorrentkredit **233**, 239
Kontrolle der betrieblichen Finanzierung 231
Kontrollmitteilungen 610
Kooperativer Führungsstil 338
Körperschaften des Öffentlichen Rechts 627
Körperschaftsteuer 195, **594**
Kosten 105
Kostenanalyse 156
Kostenanschlag 422, 423
Kostenarten 108
Kostenartenrechnung 108

Kostendegression 197
Kostenkontrolle 162
Kostenrechnung 103
Kostensenkung 160
Kostenstellen 119
Kostenstellenrechnung 119
Kostenträgerrechnung 116
Kostenträgerstückrechnung 116
Kostenträgerzeitrechnung 116
Krankenbehandlung 540
Krankengeld 540
Krankenhauspflege 541
Krankenkassen 527
Krankenversicherung 527, **540**
Krankheit des Arbeitnehmers 496
Krankmeldung, fehlende 503
Kredite 233
Kreditabsicherung 236
Kreditkarten 247
Kreditsicherheiten 236
Kreditwürdigkeit 246
Kreisdiagramm 174
Kreishandwerkerschaften 615, **626**
Kreishandwerksmeister 626
Kriegsopferversorgung 549
Kundendienst 222
Kundenzeitschrift 227
Kündigung 404, **501**
Kündigungsfristen (Arbeit) 501
Kündigungsfristen, verlängerte (Wohnraum) 429
Kündigungsgründe 502, 503
Kündigungsschutz 506
Kündigungsschutzgesetz 506
Kurvendiagramm 174
Kurzarbeit 494
Kurzarbeitergeld 494, **539**
Kurzfristige Beschäftigung 532, 601
Kurzfristige Erfolgsrechnung 131, **162**
Kurzfristige Kredite 233

L

Ladenschluß 516
Lagerbestand 212
Lagerdauer 213
Lagerkartei 211
Lagerkosten 213
Lagerumschlagshäufigkeit 171

Stichwortverzeichnis

Lagerwirtschaft, Kennziffern der 212
Länder 370
Landesbürgschaftsbank (LBB) **236**, 351
Landesgewerbeförderungsstelle des nordrhein-westfälischen Handwerks (LGH) 176, 344
Landesinnungsmeister 627
Landesinnungsverbände 627
Landesmittel 206
Landgericht 457, 462
Landwirtschaftskammern 631
Lärmimmissionen 188
Lastschrift 242
Leasing 235, **429**
Lebenshaltungskostenindex 202
Lebensversicherungen 552
Legislative 356
Lehrwerkstätten, überbetriebliche 347
Leiharbeitsverhältnisse 490
Leihe 427
Leihvertrag 427
Leistungen an Erfüllungs Statt 401
Leistungen der Arbeitslosenversicherung 537, 539
Leistungen der Krankenversicherung 540
Leistungen der Rentenversicherung 541
Leistungen der Unfallversicherung 545
Leistungen erfüllungshalber 401
Leistungsfähigkeit der Mitarbeiter 265
Leistungsstörungen 392
Lieferantenkartei 211
Lieferantenkredit 234
Lieferantenverbindlichkeiten 143
Lifo-Verfahren 593
Lineare Abschreibung 593
Liquide Mittel 138, **139**, 230
Liquidität 142
Liquiditätsberechnung **142**, 147
Liquiditätsgrad 230
Lizenz 210
Lohn 493
Lohnabrechnung 493
Lohnbuch 24
Lohnbuchhaltung 24
Lohnfortzahlungsgesetz 509, **525**
Lohnfortzahlungskosten 502
Lohnkonto **24**, 600
Lohnkosten, Einsparungsmöglichkeiten 160
Lohnsicherung 516
Lohnsteuer 596
Lohnsteueranmeldung 600
Lohnsteueraußenprüfung 601
Lohnsteuerbescheinigung 600
Lohnsteuerermittlung 598
Lohnsteuerjahresausgleich 601

Lohnsteuerkarte 598
Lohntarifvertrag 486
Lohnzahlung 493
Lombardsatz 239
Löschung 439

M

Mahnbescheid 457
Mahnung 394
Mahnverfahren, gerichtliches 457
Maklervertrag 432
Mängelbeseitigung nach Abnahme 424
Mangelfolgeschäden 395
Mängelrüge 413
Managementtechniken 339
Manteltarifvertrag 486
Marketing 218
Marktanalyse 220
Marktbeobachtung 220
Markterkundung 220
Marktforschung 220
Marktuntersuchung 220
Marktwirtschaft 481
Maschinenstundenverrechnung 124
Massekosten 467
Masseschulden 467
Maßgeblichkeit 46
Material, Einsparungsmöglichkeiten 160
Materialbestand 48, 49, 64, **139**
Materialintensität 139
Materialkontrolle 213
Materialorientierte Betriebe 187
Materialverbrauch **64**, 120
Matrixorganisation 333
Mehrliniensystem 332
Mehrwertsteuer 62, **564**
Meisterprüfung 472
Mengendisposition 210
Menschenrechte 363
Mietdauer 202
Miete 427
Mieter, Pflichten 428
Mieterhöhung 429
Mieterschutzgesetz 428
Mietkaution 429
Mietpreis 202
Mietvertrag 202
Minderkaufleute 479

Minderung 413
Mindestreservepolitik 239
Mischgebiet 188
Mißbrauch der Vertragsfreiheit 385
Mitbestimmungsrechte 520
Mitgliederversammlung 626
Mittel 230
Modem 298
Modul 302
Monopolstellung 384
Motivation 335
Motivationsirrtum 389
MS-DOS 301
Muster für befristeten Arbeitsvertrag 499
Mußkaufmann 409
Mutterschaftsgeld **541**, 550
Mutterschaftshilfe 541
Mutterschutz 508, **513**
Mutterschutzgesetz 508

N

Nachbesserung **409**, 420
Nachfrist 395
Nachkalkulation 119
Nachlaß 448
Nachlaßgericht 448
Nachsichtwechsel 249
Nachträgliches Unvermögen 393
Naturalherstellung 397
Natürliche Personen, Rechtsfähigkeit 378
Nebenbeschäftigung, versicherungsfreie 531
Nebenkostenstellen 120
Nettoangebotspreis 117, 123
Nettolohn 493
Nettolohnbuchung 69
Netzplantechnik 270
Neuerrichtung eines Betriebes 203
936-DM-Gesetz 559
Neutraler Aufwand 105
Nichtrechtsfähige Vereine 379
Nichtselbständige Arbeit, Einkünfte aus 585
Niedrigpreispolitik 221
Nießbrauch 435
Normung 217
Notifikation 255
Notleidender Scheck 245
Nottestament 451

O

Objektive Unmöglichkeit 392
Offene Handelsgesellschaft (OHG) 193, 477
Offenmarktpolitik 239
Öffentliches Recht 375
Öffentliches Testament 451
Ohne-Kosten-Vermerk 255
Ökonomisches Prinzip 216
Optimale Betriebsgröße 197
Optimaler Betrieb 197
Optimumprinzip 216
Optionsrecht 430
Ordentliche Gerichtsbarkeit 454
Ordnungsdaten 304
Ordnungsmäßige Buchführung 26
Ordnungswidrigkeiten 483
Organigramm 261, 331
Organisationsbereiche 259
Organisationsprinzipien 260
Örtliche Zuständigkeit 456

P

Pacht 427, **430**
Pachtvertrag 200
Pachtzins 201
Parteifähigkeit 380
Pascal 301
Passiv-Konten 31, 57
Passiv-Mehrung **37**, 38
Passiv-Minderung **37**, 38
Passiv-Seite 31, 133
Passiv-Tausch 37, 38
Passiva 31
Patentamt 481
Patentgerichte 454
Pauschalierung von Schadenersatzansprüchen 307
Pauschbeträge, steuerliche 572
Personalführung 335
Personalkosten 106, **110**
Personalorganisation 264, **329**
Personalplanung 334
Personengesellschaften 192, 472, **476**
Personenkarteien 289

Personenkonto 81
Pfandrecht 436
Pfandrecht des Vermieters 428
Pfändung 463
Pfändungsschutz 516
Pflegeversicherung 546
Pflegschaft 447
Pflichten des Arbeitgebers 496
Pflichten des Arbeitnehmers 495
Pflichten des Bestellers 420
Pflichten des Dienstherrn 419
Pflichten des Dienstverpflichteten 419
Pflichten des Unternehmers 419
Pflichten des Vermieters 427
Pflichtenheft 295, **319**
Pflichtkassen 527
Pflichtmitgliedschaft 623
Pflichtteilsrecht 452
Planung der betrieblichen Finanzierung 231
Planungsbeauftragter 346
Positive Forderungsverletzung 395
Postbankverkehr 242
Postbearbeitung 278
Posteingang 278
Postscheck 242
Postsparkonto 242
Preisabzüge 211
Preisänderungsklausel 407
Preisangabenpflicht 482
Preisangabenverordnung 482
Preisbildung, Grenzen der 482
Preisdisposition 210
Preisniveau 239
Preispolitik 221
Preispsychologie 221
Preisstabilität 239
Preiszuschläge 211
Prestigepreispolitik 221
Private Nutzung betrieblicher Gegenstände 76
Privateinlagen 76
Privatentnahmen 48, 76, **141**, 580
Privates Recht 376
Privatkonto 76
Privatrecht 376
Privatversicherungen 552
Produktdifferenzierung 224
Produktgestaltung 224
Produktinnovation 224
Produktion 209, **214**
Produktionsfaktor Arbeit 214
Produktionsfaktor Boden 214
Produktionsfaktor Kapital 214
Produktivkapital, Beteiligung am 556
Produktvariation 224

Programmfunktionen 319
Programmiersprachen 301
Progressionszone 582
Prokura-Erteilung 480
Prospekt 227
Prozeßfähigkeit 382
Prozeßführung 460
Prozeßkostenhilfe 460
Prozeßrecht 376

R

Rabatte 211
Rahmentarifvertrag 486
RAM 299, **309**
Raumsparjournal 79
Rechenwerk 298
Rechnungsabgrenzungsposten, Buchung der 73
Rechnungswesen, betriebliches 19
Recht, Begriff und Einteilung 374
Recht, öffentliches 375
Recht, privates 376
Rechte des Arbeitnehmers 496
Rechtsbehelfe 609
Rechtsfähigkeit juristischer Personen 379
Rechtsfähigkeit natürlicher Personen 378
Rechtsform 192
Rechtsmängelhaftung 412
Rechtsnormen 374
Rechtsordnung 374
Rechtsprechende Gewalt 356
Rechtsprechung 375
Rechtsschutzversicherung 553
Rechtsverfahren bei Steuern 609
Rediskontkontingent 239
Referenzdaten 305
Registergericht 479
Registratur 286
Reichsversicherungsordnung 525
Reifegrad von Mitarbeitern 339
Reihenregreß 256
Reine Wohngebiete 188
Reinvermögen, betriebliches 29
Reisegewerbe 469
Reisekosten 570
Reisekosten, Vorsteuerabzug bei 572
Reisekostenpauschbeträge 573

Stichwortverzeichnis

Reisevertrag 426
Rektaindossament 254
Rentenberechnung 543
Rentenreformgesetz 525
Rentenschuld 440
Rentenversicherung 528
Rentenversicherung des selbständigen Handwerkers 536
Repräsentativer Betrieb 197
Restaurator im Handwerk 348
Revisionsfrist 461
Revisionsgericht 462
Rohstoffe 210
ROM 299, **309**
Rückgriff 256
Rückscheck 246
Rückstellungen 43, 75
Rücktritt 404
Rücktrittsrecht 405
Rücktrittsvorbehalt 404
Rügefrist bei Mängeln 409

S

Sachenrecht 377, **433**
Sachgründung 199
Sachgüter 210
Sachkapital 215
Sachkartei 289
Sachkonto 82
Sachkunde 470
Sachmängelhaftung 412
Sachvermögen 556
Sachversicherungen 553
Saldenbilanz 84
Saldo 58
Sammelakten 288
Satzung **374**, 625
Schadenersatz in AGB 408
Schadenersatz wegen Nichterfüllung **397**, 413, 420
Schadenersatzansprüche, Pauschalierung von 407
Schadenszumessung 397
Scheck 244
Scheckkarte 246
Scheckverlust 246
Scheck-Wechsel-Verfahren (Umkehrwechsel) 243
Schenkung 426
Schenkungsteuer 607
Schickschulden 392
Schlechtwettergeld 539
Schlichtungsausschuß 488
Schlichtungsrecht 488
Schlußbilanz 31, 100
Schlußbilanz-Konto **58**, 62
Schlußzahlung 424
Schreib-/Lesespeicher (RAM) 309
Schuldanerkenntnis 432
Schulden, betriebliche 29
Schuldrecht 376
Schuldschein 432
Schuldversprechen 432
Schütt-aus-hol-zurück-Prinzip 196
Schwangerschaft 508
Schwarzarbeit 474
Schweigen als Willenserklärung 388
Schwerbehindertengesetz **508**, 551
Schwerbehindertenschutz 516
Selbständige Ausübung eines Handwerks 473
Selbstanzeige 611
Selbstfinanzierung 232
Selbstfinanzierungsgrad 233
Selbstkosten 104, **107**, 117, 123
Selbstkostenrechnung 221
Selbstschuldnerische Bürgschaft 431
Selbstverwaltung im Handwerk 623
Selbstverwaltung in der Sozialversicherung 530
Selbstverwaltungsaufgaben der Gemeinden 373
Server 300
Serviceleistung 222
Sicherheiten 207
Sicherheitsbeauftragter 545
Sicherungshypothek 439
Sicherungsübereignung **236**, 436
Sichtwechsel 249
Skonto 211, **222**
Skonto, Buchen von 71
Sofortabschreibung, Buchen von 70
Software **301**, 320
Solawechsel 249
Solidaritätsprinzip 523
Soll 49
Soll-Seite 49
Soll-Ist-Vergleich **176**, 276
Soll-Ist-Versteuerung 567
Sollkaufmann 409

Sonderausgaben-Pauschbetrag 587
Sondereinzelkosten 106
Sonderfreibeträge 589
Sondervergütung 493
Sonntags- und Feiertagsarbeit 512
Sonstige Verbindlichkeiten, Buchung 73
Sortiment 226
Sortimentspolitik 226
Sozialauswahl 506
Soziale Rechte 365
Soziales Wohnungsmietrecht 428
Sozialgerichte 454
Sozialgesetzbuch 526
Sozialgesetzgebung, Entwicklung der 525
Sozialhilfe 549
Sozialversicherung 523, **527**
Sozialversicherungsausweis 534
Sparprinzip 217
Spartenorganisation 333
Sparzulage 560
Spezialisierung 217
Splitting-Verfahren 591
Sprungregreß 256
Staat 355
Staatliche Förderung der Vermögensbildung 558
Staatsgebiet 355
Staatsgewalt 355
Staatsvolk 355
Stabdiagramm 173
Stabliniensystem 331
Staffelmiete 429
Stammdaten 304, 305
Standardsoftware 302
Standort des Betriebes 183
Standortfaktoren 184
Standortkalkulation 191
Standortrechtsberater 346
Standortspaltung 190
Standortwahl 183
Standortwechsel 190
Statische Liquiditätsberechnung **143**, 147, 231
Statistik, betriebliche 130, **172**
Stehender Gewerbebetrieb 469
Stellenbeschreibung **261**, 329
Stellenbewertung 330
Stellung und Rechte des Betriebsrats 520
Stellvertretung 400
Sterbegeld **541**, 545
Steuerbefreiung 574
Steuerentrichtung 567
Steuerentstehung 567
Steuerermäßigung 610
Steuerfestsetzung 576

Steuerfreie Zuwendungen 599
Steuerhinterziehung 611
Steuerklassen 597
Steuerliche Pauschbeträge 572
Steuern 563
Steuern, Rechtsverfahren bei 609
Steuerrechtliche Bilanzierungsvorschriften 22
Steuerrechtliche Buchführungsvorschriften 22
Steuersätze 568
Steuersätze bei der Körperschaftsteuer 595
Steuerschuldner 566, **606**
Steuerstrafverfahren 610
Steuerstundung 609
Steuerwerk 298
Stiftung 380
Stille Beteiligung 235
Stille Gesellschaft 195, 477
Stillschweigende Duldung 400
Stoffkosten 106
Strafrecht 375
Streik 487
Stück- und Gattungsschuld 394
Stundenverrechnungssatz 118
Subtraktionsmethode 151, 152, 154
Summenbilanz 84
Systemsoftware 301

T

Tagwechsel 249
Tarifvertrag, Wirkung 486
Tarifvertragsgesetz 486
Tarifvertragsrecht 486
Technische Beratung 345
Technischer Arbeitsplatz, Ausgestaltung 265
Technologie-Beratungs-Programm 351
Technologie-Transfer-Beratung 346
Teilakzept 252
Teilkostenrechnung 107, 126
Teilrente 543
Teilung der Gewalten 356
Teilwert **45**, 592
Teilwertabschreibung 592
Teilzeitbeschäftigte 600
Terminkarteien 289
Terminplanung 271
Testament 448, **450**

Testierfähigkeit **383**, 450
Textsystem 284
Textverarbeitung **283**, 313
Textverarbeitungssystem, Anforderungen an ein 313
T-Konto 49
Tratte 249
Treuepflicht 495
Treuhandkonto 69
Typung 217

U

Überbetriebliche Lehrwerkstätte 347
Überliquidität 140, 231
Übernahme eines bestehenden Betriebes 199
Überorganisation 260
Überweisung 241
Überweisungsauftrag 242
Umbuchung 84, **94**
Umbuchungsschlüssel 95
Umgründung 199
Umkehrwechsel 243
Umlaufvermögen 29, **48**
Umsatzbilanz 83
Umsatzkostenverfahren 34
Umsatzrentabilität 132, 156, **157**
Umsatzsteuer 564
Umschlagshäufigkeit 171, **212**
Umwandlung 199
Umweltschutzberatung 350
Unfallschutz 514
Unfallverhütungsvorschriften 515, 545
Unfallversicherung 523, 536, **545**
Ungedeckter Scheck 246
Unlauterer Wettbewerb 483
Unmöglichkeit der Leistung 392
Unselbständig Tätige 485
Unterbrechung der Verjährungsfrist 391
Unterhaltsgeld, Anspruch auf 538
Unterhaltsregelung 442
Unternehmensfinanzierung 230
Unternehmensform 192
Unternehmensrentabilität 168
Unternehmer 419
Unterorganisation 260
Untersagungsverfügung 474

Unverletzlichkeitsrechte 364
Unvermögen 393
Urkundsprozeß 257
Urlaubsentgelt 513

V

Variable Kosten 106, **126**
Verbindlichkeiten → Schulden
Verbraucherkreditgesetz 416
Verdingungsordnung für Bauleistungen (VOB) 423
Verein 379
Verfalltag 250
Vergleich 461
Vergleichsverfahren 468
Vergleichsvorschlag 468
Vergütung 493
Verjährung **390**, 424
Verjährung der Gewährleistung 421
Verjährung von Zahlungsansprüchen 424
Verjährungsfrist **390**, 396
Verkehrsbilanz 83
Verkehrsorientierte Betriebe 187
Verkehrssicherungspflicht 398
Verkehrssitte 385
Verletztenrente 545
Verlustabzug 590
Verlustausgleich 590
Verlustrücktrag 590
Verlustvortrag 590
Vermieter 427
Vermietung und Verpachtung, Einkünfte aus 585
Vermittlungsausschuß 369
Vermögen 554
Vermögensbilanz 84
Vermögensbildung 554, 558
Vermögensteuer 606
Vermögensübernahme 403
Vermögensvergleich 580
Verordnung 374
Verordnung über gemeinsame Anforderungen in der Meisterprüfung im Handwerk (AMVO) 17
Verrechnungsscheck 245
Verrichtungsgehilfen 399
Versicherung 523

Versicherungsfreie Nebenbeschäftigung 531
Versicherungsfreiheit 531
Versicherungsnachweisheft 533
Versicherungsnummer 533
Versicherungspflicht 531
Versorgungsansprüche 549
Versorgungsausgleich **443**, 542
Verteilung der Konkursmasse 466
Vertrag zu Lasten Dritter 385
Verträge zugunsten Dritter 385
Verträge, Auslegung von 385
Vertraglicher Güterstand 443
Vertragliches Rücktrittsrecht 405
Vertragsabschluß **387**, 397
Vertragsbindungen 423
Vertragsbruch 504
Vertragsfreiheit 384
Vertragsstrafe 408
Vertreterversammlung 530
Vertretung 399
Vertretungsbefugnis 399
Verwaltungsdaten 304
Verwaltungsgerichte 454
Verwaltungsgerichtsbarkeit 369
Verwaltungsrecht 375
Verwandte Handwerke 616
Verzug 392, **394**, 408
Verzugsschaden 394
Verzugszinsen 222, **394**
Vollakzept 252
Vollindossament 252
Vollkaufleute 479
Vollkostenrechnung 107, **125**
Vollmacht 399
Vollstreckungstitel 463
Vollversammlung 628
Voranmeldungszeitraum 567
Vordrucke 284
Vorgangsliste 268
Vorkalkulation 119
Vormerkung 437
Vorsorgeaufwendungen 586
Vorsorgepauschale 587
Vorstand 530, **629**
Vorsteuerabzug **564**, 572
Vorsteuern 571
Vortragsbilanz 83
Vorzeitige Arbeitslosen-Altersrente 542

W

Wahlen 356
Währung 238
Waisenrente 543
Wandlung **413**, 420
Wareneingangsbuch 23
Warenkartei 211
Warenzeichenschutz 481
Wartezeit 542
Wechsel 248
Wechselakzept 250
Wechselannahme 250
Wechselaussteller (Gläubiger) 248, 250
Wechselbürge 252
Wechseleinlösung 255
Wechselgesetz 249
Wechselgläubiger (Aussteller) 248
Wechselklage 257
Wechselkredit **233**, 248
Wechselnehmer 250
Wechselprolongation 257
Wechselprotest 255
Wechselrückrechnung 256
Wechselschuldner (Bezogener) 248
Wechselsumme 250
Wechselverlust 257
Wechselzahlungsbefehl 257
Weiterbildungsmaßnahmen 497
Werbebrief 227
Werbeerfolgskontrolle 227
Werbegeschenk 227
Werbemittel 226
Werbewirksamkeit 227
Werbung 226
Werbungskosten 580
Werbungskostenpauschbetrag 585
Werklieferungsvertrag 423
Werkstoffe 210
Werkvertrag 419
Wertdaten 304
Wertsicherungsklausel 202
Wettbewerb, unlauterer 483
Wettbewerbsrecht 481
Widerspruchsverfahren im Sozialrecht 526
Wiederverkaufsrabatte 221
Willenserklärung 384, **386**, 399
Winterbauförderung 538
Wirtschaftliche Bedeutung des Handwerks 618
Wirtschaftliche Bedeutung des Wechsels 248
Wirtschaftlichkeit 104

Stichwortverzeichnis

Wirtschaftlichkeit der Werbung 227
Wirtschaftsausschuß 521
Wirtschaftsgüter, geringwertige 584
Wirtschaftsgüter, geringwertige, Buchen von 70
Witwen-/Witwerrente 543
Witwenprivileg 473
Wohngebiete 188
Wohngeld 551
Wohnungsbauprämien 562
Wohnungsbau-Prämiengesetz 562
Wohnungsmietrecht, soziales 428

Zusatzkosten 105, 109, **122**
Zuschlagskalkulation 117
Zwangsvergleich 468
Zwangsvollstreckung 463
Zweckaufwand 105
Zwischenbetrieblicher Vergleich 176
Zwischenkalkulation 119

Z

Zahlung, bargeldlose 241
Zahlung durch Scheck 242
Zahlungsanweisung 242
Zahlungsbedingung 221
Zahlungsfähigkeit 142
Zahlungsmittel 238, **240**
Zahlungsverkehr 238, **240**
Zahlungsweisen 241
Zahlungsziel 222
Zeitarbeitsverhältnis 498
Zeitdisposition 210
Zeitlohn 493
Zeitungsbeilage 226
Zeitvergleich 131, **135**, 137
Zentralbank 238
Zentraleinheit (CPU) 298
Zentralverband des Deutschen Handwerks (ZDH) 629
Zentrum für Energie-, Wasser- und Umwelttechnik 348
Zentrum für Umweltschutz und Energieeinsparung 348
Zeugnis 504
Zielgruppe 227
Zinsen 425
Zivilprozeß 456
Zubehörhandel 470
Zugabe 483
Zugesicherte Eigenschaften 409
Zugewinngemeinschaft 444
Zugewinnteilung 444
Zurechnungszeit 542
Zurückbehaltungsrecht **402**, 407

Das Meisterwerk

mehr als 33000 Installationen

... vielfach ausgezeichnet!

mehr als 600 Fachhändler

- **Auftragsbearbeitung**
  - Angebot
  - Kalkulation
  - Objektverwaltung
  - Rechnung
  - Nachkalkulation

- **Lohn/Gehaltsabrechnung**

- **Finanzbuchhaltung**

PCAS ist Partner des Handwerks und seiner Organisationen

PCAS Vertrieb GmbH
Am Schornacker 13
46485 Wesel
Tel:0281/9520-0
Fax:0281/9520-100

Die Software für Handwerk und Handel